陕西师范大学一流学科建设基金资助

陕西师范大学西北历史环境与经济社会发展研究院学术文库

工业化进程中的农业发展

Agricultural Development in the Process of Industrialization

（上卷）被发展的农业

郭剑雄◎ 著

中国社会科学出版社

图书在版编目（CIP）数据

工业化进程中的农业发展/郭剑雄著 . —北京：中国社会科学出版社，
2017.8

ISBN 978 - 7 - 5203 - 0718 - 5

Ⅰ.①工… Ⅱ.①郭… Ⅲ.①农业发展—研究—中国 Ⅳ.①F323

中国版本图书馆 CIP 数据核字（2017）第 170476 号

出 版 人	赵剑英
责任编辑	张 林
特约编辑	郑成花 宋英杰
责任校对	李 莉
责任印制	戴 宽

出 版	中国社会科学出版社
社 址	北京鼓楼西大街甲 158 号
邮 编	100720
网 址	http://www.csspw.cn
发 行 部	010 - 84083685
门 市 部	010 - 84029450
经 销	新华书店及其他书店

印刷装订	北京君升印刷有限公司
版 次	2017 年 8 月第 1 版
印 次	2017 年 8 月第 1 次印刷

开 本	710×1000 1/16
印 张	63.5
插 页	2
字 数	1012 千字
定 价	288.00 元（上、下卷）

总目录

上　卷

下　卷

目　录
（上　卷）

第一部分　要素替代

第二部分　技术进步

第三部分　结构转变

第四部分　制度变迁

第五部分　外生动力

第六部分　发展模式

前　言

　　自 20 世纪 90 年代中期始，我专注于发展经济学农业发展方向研究。多年来的研究形成的一个基本认识是，传统农业向现代农业过渡这一艰难而长期的过程，大致可以区分为差异化明显的两个发展阶段。第一阶段存在于工业化初期甚或延及至中期。此时，农业自身并不具备逃离马尔萨斯陷阱和实现"起飞"的条件，其发展必须借助于"工业化"等外部力量的驱动。或者说，该阶段农业发展的突出特征是外生性或被动性。但是，当经济发展越过工业化中期特别是进入工业化中后期及后期时，农业发展的内部因素和外部环境完全改变了，农业发展的目标开始转向投资收益率与现代产业趋同的现代农业建设方面。这一阶段，内在因素对于农业发展的决定意义逐渐凸显出来。因为，没有人力资本要素或现代农民，现代农业的资源结构、技术体系、企业化组织和商业化运营是难以设想的。相对于前一阶段，后一阶段的显著特征无疑是其关键性发展要素的内生性。

　　本书（上卷和下卷）是我过去农业发展研究主要成果的汇集。巧合的是，大致以 10 年为界，20 年的研究工作也可以划分出两个阶段。前 10 年，基于研究的立足点是 20 世纪 80 年代和 90 年代的中国农业（特别是西部地区的农业），形成的成果主要对应于前述农业发展第一阶段的问题。后 10 年间，中国现代农业建设日益紧迫地提上日程，研究重心也相应地转向第二阶段的内生发展主题。本书的上、下两卷，分别讨论的是农业发展两个阶段的问题，分别汇集的也是我前后大致两个 10 年间的研究成果。需要特别说明的是，为了真实反映我对农业发展问题认识的历程，本书在汇集整理时，未对早期形成的研究成果的观点和数据作出订正或更新，尽管现在看来缺憾颇多。

郭剑雄

2016 年 2 月

第一部分

‧+‧

要素替代

第 一 章

生产函数转变的改造传统农业理论[*]

农业发展即传统农业向现代农业的过渡。传统农业是以土地、劳动等禀赋性资源为基本投入的生产形式；而现代农业的投入，则以资本、技术等再生性资源为主。在技术层面上，农业发展即农业生产函数的转变。这一转变的内容，就是在农业领域实现现代要素对传统要素的替代。

一 传统农业的投入与增长

（一）传统农业投入的特征

传统农业在世界上持续了几千年。直到 19 世纪中叶，世界上绝大部分地区的农业还处在传统阶段；到 20 世纪中叶，亚洲、非洲和拉丁美洲大多数国家的农业依然是传统的；近几十年来，低收入国家的农业部门程度不同地采用了一些以科学为基础的更有生产性的新技术和新投入品，但是，直到今天，仍然有为数众多的发展中国家的农民使用着传统农业的生产工具和耕作方式。

什么是传统农业？许多经济学家往往从一个社会的文化特征、制度结构以及生产要素的技术特征来论述传统农业的性质。舒尔茨（Schultz,T. W. 1987）认为，传统农业是一个经济概念，不能根据其他非经济特征来分析传统农业。他指出："完全以农民世代使用的各种生产要素为基础

---

[*] 本章在作者所著《二元经济与中国农业发展》（经济管理出版社 1999 年版）第五章《现代要素引入模型》的基础上修改而成。

的农业可以称之为传统农业。"① 从经济分析的角度来看，"传统农业应该被作为一种特殊类型的经济均衡状态"。② 形成这种均衡的主要条件是：（1）技术状况长期保持不变，传统农民世世代代使用的祖先传下来的农业生产要素，并不因为长期的经验积累而有多大的改变，农民对所使用的要素的了解和上几代人所了解的一样。（2）如果把生产要素作为收入的来源，那么，获得与持有这种生产要素的动机也是长期不变的，即人们缺乏增加使用传统生产要素的激励。（3）由于以上两种状况的长期不变，传统农业生产要素的供给和需求处于长期均衡状态。在美国农业发展经济学家史蒂文斯（Stevens，R. D.）和杰巴拉（Jabara，C. L.）看来，"传统农业可以定义为这样一种农业，在这种农业中，使用的技术是通过那些缺乏科学技术知识的农民对自然界的敏锐观察而发展起来的。……建立在本地区农业的多年经验观察基础上的农业技术是一种农业艺术，它通过口授和示范从一代传到下一代"。③

根据舒尔茨等人的上述定义，我们就可以判别一个农业地区、一种农业生产方法是否是传统的。如果观察到某一农业地区几代人都是使用同样的生产工具，运用同样的生产方法，种植同样的农作物，在正常年景下，产量大致相同，那么，就可以说这一地区的农业还处在传统阶段。中东"肥沃的月牙"（Fertile Cresent）地区就是传统农业的一个例子。生产的主要产品在《圣经》产生以来一直没有发生变化：用作面包的小麦，用作水果和食油原料的橄榄，用作葡萄酒的葡萄，还有少量产自牛羊的肉、奶和羊毛。生产方法千年不变，作物播种和收割的时间和方法与公元前一样，耕作、收割、脱粒和扬簸与《圣经》上记述的相同。④

（二）传统农业要素的配置效率

"一个依靠传统农业的国家必然是贫穷的。"⑤ 许多发展经济学家认

---

① 〔美〕西奥多·W. 舒尔茨：《改造传统农业》，北京：商务印书馆1987年版，第4页。

② 同上书，第24页。

③ 〔美〕史蒂文斯、杰巴拉：《农业发展原理》，1988年英文版，第60页。转引自郭熙保《农业发展论》，武汉：武汉大学出版社1995年版，第122页。

④ 同上书，第122页。

⑤ 〔美〕西奥多·W. 舒尔茨：《改造传统农业》，北京：商务印书馆1987年版，第4页。

为，导致传统农业贫穷的原因在于，传统农业资源的配置是无效率的。而造成传统农业资源配置无效率的重要原因是，第一，传统农业社会中的农民愚昧、落后，对经济刺激不能做出正常反应，经济行为缺乏理性；第二，传统农业中存在着大量过剩劳动力，这部分劳动力的边际生产力等于零，就是说，尽管这部分劳动力在干活，实际上对生产毫无贡献。这种就业实际上是隐蔽失业，把这部分劳动力从农业部门撤出，不会使农业产出减少。

舒尔茨不同意上述看法。他从理论上和经验上论证了农民像其他人一样是有理性的，对价格和其他经济刺激有灵敏反应。他说："农民在他们的经济活动中一般是精明的、讲究实效和善于盘算的。只要有真正的高效益，他们就会做出反应。"[①] "全世界的农民都在与成本、利润和风险打交道，他们都是时刻算计个人收益的经济人。在自己那小小的、个人的和分配的领域里，这些农民都是企业家。"[②] 舒尔茨详细分析了"零值农业劳动学说"的历史渊源与理论基础，并根据印度1918—1919年流行感冒所引起的农业劳动力减少使农业生产下降的事实证明：在传统农业中，农业产量的增减与农业人口的增减之间有着极为密切的关系，农业劳动力的减少必然使农业产量下降。他指出："在没有其它重大变化的条件下，当较大部分劳动力转移走时，农业生产一般会减少。"认为"贫穷社会中部分农业劳动力的边际生产率为零的学说是一种错误的学说"[③]。

舒尔茨提出了"传统农业贫穷而有效率"的著名假说。这一假说的基本含义是，传统农业中各种资源的配置，包括种植的谷物的配合，耕种的次数与深度，播种、灌溉和收割的时间，手工工具、灌溉渠道、役畜与简单设备的配合等方面，都很好地考虑到了边际成本与边际收益；一个精于农业经营的外来专家，也不能找到传统农业要素配置有什么明显的低效率之处。因而，依靠重新配置受传统农业束缚的农民所拥有的要素不会使农业生产有显著的增加。舒尔茨援引塔克斯对危地马拉的帕那加撒尔社会和霍珀对印度塞纳普尔村的研究成果，来支持他传统农业贫穷而有效率的

---

① ［美］西奥多·W. 舒尔茨：《经济增长与农业》，北京：北京经济学院出版社1992年版，第13页。

② ［美］西奥多·W. 舒尔茨：《论人力资本投资》，北京：北京经济学院出版社1990年版，第45页。

③ ［美］西奥多·W. 舒尔茨：《改造传统农业》，北京：商务印书馆1987年版，第43、54页。

假说。帕那加撒尔是一个没有工厂和公司的非常贫苦的印地安人农业社会，这个社会却"处于强大的竞争行为之下"，一切商品和生产要素都是通过竞争定价的。像企业家和商人一样，印第安人总是竭力寻求哪怕能赚到一个便士的新途径。他们购买自己能买得起的东西时非常注意不同市场上的价格；认真地计算其生产用于销售或家庭消费的谷物时自己劳动的价值，并与受雇工作带来的收入加以比较，然后才采取行动；在购置生产资料时，也是如此，从价格、成本和收益方面看，他们在配置所能得到的生产要素时是非常有效率的。印度塞纳普尔村的经济条件比帕那加撒尔社会要好些，但仍然是贫穷的。塞纳普尔人根据他们的知识和文化背景一般都接近于做他们最合适做的工作。霍珀根据收集到的数据，以大麦价格为法定价格即等于1，然后计算小麦、豌豆和绿豆所配置的要素，求出以大麦表示的这些作物的隐含价格。计算的结果是，这些隐含价格和产品、要素的市场价格非常接近。霍珀的考察有力地证实了舒尔茨提出的假说。根据以上考察，舒尔茨说，传统农业社会的贫穷，"并不是要素配置有什么明显的低效率造成的"，"这个社会之所以贫穷是因为经济所依靠的要素在现有条件下无法生产得更多"。①

（三）传统农业增长缓慢的原因

既然传统农业中生产要素的配置是合理的、有效率的，那么，传统农业为什么长期停滞和落后呢？

传统农业增长的主要源泉来自传统农业要素的增加，这些要素包括土地和劳动。在传统农业中也有生产工具、建筑物和水利设施等简单物质资本，但它们基本上是由农民自己生产出来的。与土地和劳动相比，资本在传统农业中不是一个重要的生产要素。

传统农业的技术停滞并不意味着传统农业的总产出也完全停滞。在历史上，由于人口的增长和土地的扩张，传统农业的总产出呈缓慢增长趋势。但是，在舒尔茨看来，传统农业的增长是高成本的，或者说，向传统农业要素投资的收益率极其低下。

一般认为，传统农业停滞、落后的原因，在于传统农业储蓄率和投资

---

① ［美］西奥多·W. 舒尔茨：《改造传统农业》，北京：商务印书馆1987年版，第38页。

率低下，缺乏资本；而储蓄和投资率低下的原因，又是农民没有节约和储蓄的习惯，或缺乏能抓住投资机会的企业家才能。舒尔茨认为，传统农业中确实存在着储蓄率和投资率低下的现象，但其根源并不是农民储蓄少或缺乏企业家才能，而在于传统农业中对原有生产要素增加投资的收益率低，对农民储蓄和投资缺乏足够的经济刺激。为了说明这一问题，舒尔茨提出了收入流价格理论。

随着经济增长，收入在不断地发生着变化。从这种动态和变化的角度，舒尔茨把收入看作"是一个流量概念，它由单位时间既定数量的收入流组成，例如，每年的收入流为 1 美元。因此，收入流数量的增加就等于经济增长"。① 收入流是由生产要素生产出来的，生产要素是收入流的来源。要得到收入流，就必须得到收入流的来源；要增加收入流，就要增加收入流的来源。作为收入流来源的生产要素是有价值的，在这一意义上，收入流也是有价格的。收入流价格的高低，直接制约着收入流的增长。因此，研究经济增长就应该研究收入流的价格，"中心经济问题就是要解释由什么决定这些收入流的价格"。②

舒尔茨用均衡分析方法来说明收入流价格的决定。"像价格决定中的其他任何一个问题那样"，"收入流价格的确定是相应的需求者和供给者的行为的结果"。"可以按常规画出一条需求曲线和供给曲线，其交点就是价格。"③ 在传统农业中，由于生产要素和技术状况不变，持久收入流来源的供给是不变的，即持久收入流来源的供给曲线是一条垂线。另外，传统农业中农民持有和获得收入流的偏好和动机是不变的，即对持久收入流来源的需求维持在一个较少的水平上。这样，持久收入流的均衡价格就长期在高水平上稳定不变。这说明，"在传统农业中，来自农业生产的收入流来源的价格是比较高的"。换句话说，"传统农业中资本的收益率低下"。④ 舒尔茨还用危地马拉的帕那加撒尔和印度的塞纳普尔资本收益率低下的事实，来证明他的上述结论。"在帕那加撒尔，要由土地得到 1 美

---

① ［美］西奥多·W. 舒尔茨：《改造传统农业》，北京：商务印书馆 1987 年版，第 57 页。

② 同上书，第 57 页。

③ 同上书，第 58 页。

④ 同上书，第 64 页。

元的收入流是昂贵的，约需 25 美元的成本。"①

舒尔茨用收入流价格理论解释了传统农业停滞、不能成为经济增长源泉的原因。传统农业收入流的来源是传统的生产要素，"当农民局限于使用传统生产要素时，他们会达到某一点，此后，他们就很少能对经济增长做出什么贡献，这是因为要素的配置很少有什么改变后可以增加当前生产的明显的低效率"。② 当追加的收入流来源被局限于传统农业生产要素时，相对于表现为实际收入的边际产量而言，这些要素的价格是高昂的。或者说，"在传统农业中，社会所依靠的生产要素是高昂的经济增长的源泉"。③ 收入流来源价格高，亦即传统生产要素投资的成本高或资本的收益率低，对传统农民把收入中的更大部分储蓄起来投资于这类要素就缺乏足够的吸引力。"每当收入流的价格变得如此之高，以至于供给曲线和需求曲线的交点沿着长期均衡的水平需求曲线时，（纯）投资就会是零。"④ 储蓄和投资不能增加，传统农业长期停滞的均衡状态也就不可能打破。

二　现代农业增长的特征和源泉

（一）现代农业增长的特征

现代农业增长的主要特征表现为农业生产率的不断提高。农业生产率通常分为劳动生产率、土地生产率和全要素生产率三种形式。

世界各国经济发展的经验表明，农业劳动生产率与一国的经济发展程度正相关。经济发达的国家和地区，农业劳动生产率水平高且增速较快；经济落后的国家和地区，农业劳动生产率水平较低，增长速度较缓慢。从表 1—1 可以看到，在 1961—1989 年，发达国家作为一个整体，农业劳动生产率增长率比发展中国家要高得多。20 世纪 60 年代，发达国家的农业劳动生产率的年均增长率是发展中国家的 2.7 倍，1970—1976 年，前者是后者的 2.8 倍，到 20 世纪 80 年代，前者是后者的 2.4 倍多。从 1965—

---

① ［美］西奥多·W. 舒尔茨：《改造传统农业》，北京：商务印书馆 1987 年版，第 71 页。
② 同上书，第 20 页。
③ 同上书，第 74 页。
④ 同上书，第 61 页。

1995 年这一时间区间来观察，发达国家的农业劳动生产率的年均增长率为 3.4%，而发展中国家平均仅为 1.5%，前者约为后者的 2.27 倍。

表1—1　　发达国家与发展中国家农业劳动生产率增长率比较（%）

	1961—1970 年	1970—1976 年	1980—1989 年	1965—1995 年
发达国家（1）	5.7	4.8	4.4	3.4
发展中国家（2）	2.1	1.7	1.8	1.5
（1）/（2）×100	271	282	244	227

资料来源：1961—1989 年的数据转引自郭熙保《农业发展论》，武汉：武汉大学出版社 1995 年版，第 184 页。1965—1995 年的数据来自［日］速水佑次郎、神门善久《农业经济论》，北京：中国农业出版社 2003 年版，第 8 页。

农业现代化的基本标志之一，是农业部门的人均收入与城市非农产业部门人均收入的趋同。农业劳动生产率的提高，是实现这一趋同目标的根本途径，因而它也就成为农业现代化程度提高的最重要的衡量标准。

土地生产率的高低，与一个国家的土地资源禀赋状况有关。一般来讲，在土地资源丰裕的国家里，土地生产率不高且增长率缓慢；而在土地资源稀缺而人口增长较快的国家里，土地生产率较高并增长较快（郭熙保，1995）。比如：土地资源丰富的美国，土地生产率在 19 世纪末 20 世纪初呈下降趋势。1880—1900 年，单位面积产量每年平均下降 0.4%，1900—1920 年，每年平均下降 0.3%，只是到了 20 世纪 30 年代以后，土地生产率才开始有明显提高。人均耕地在 1880 年不到美国 1% 的日本，则主要依靠土地生产率的提高来实现农业产出的增长。在 1880—1900 年间，日本土地生产率年均增长 1.2%，1900—1920 年间上升到 2.6%，1920—1940 年为 1.6%。[①]

同时，土地生产率的高低与经济发展程度存在着很高的相关性。表 1—2 表明，粮食高产国家主要是高收入国家，低产国家则主要集中在低收入国家组，而中等收入国家的粮食单位面积产量介于两者之间。例

---

① 参见郭熙保《农业发展论》，武汉：武汉大学出版社 1995 年版，第 187—188 页。

如，在 23 个高收入国家中，就有 15 个国家每公顷耕地谷物产量达到 4 吨以上，占总数的 65%；而在 43 个低收入国家中，只有中国和埃及两个国家谷物单产达到 4 吨以上，占总数的比例不到 5%。相反，高收入国家中只有两个单产在 2 吨以下，占总数的 9%；而低收入国家却有 32 个在 2 吨以下，占总数的比例高达 74%。土地生产率对粮食生产的贡献，发达国家远大于发展中国家。1948/1952—1978/1980 年，发达国家土地生产率的贡献高达 82%，发展中国家为 71%；1979/1981—1989 年，前者为 209%，而后者只有 89%。这说明，在 20 世纪 80 年代，发达国家在粮食播种面积减少的情况下实现了产出增长，在发展中国家，粮食产出增长中还有播种面积增加的贡献。[①]

表 1—2　　　　　　　　　按每公顷耕地谷物产量与人均
GNP 关系分组的国家数（1989 年）

	个数	4 吨以上	3—4 吨	2—3 吨	2 吨以下
高收入国家	23	15（0.65）	4（0.17）	2（0.09）	2（0.09）
上中等收入国家	17	4（0.23）	2（0.12）	6（0.35）	5（0.30）
下中等收入国家	40	2（0.05）	5（0.13）	8（0.20）	25（0.62）
低收入国家	43	2（0.05）	2（0.05）	7（0.16）	32（0.74）

注：括号内的数字表示占各组国家总数的比例。

资料来源：《1992 年世界发展报告》。

与劳动生产率和土地生产率相一致，经济较发达和经济发展较快的国家和地区，其农业全要素生产率水平及其增长率也较高；反之，经济较落后和增长较慢的国家和地区，其农业全要素生产率水平和增长率也较低。

表 1—3 提供了亚洲 4 个国家和地区的农业全要素生产率增长率数据。以人均收入来衡量，在这 4 个国家和地区中，日本最发达，其后依次为中国台湾省、韩国和菲律宾。在 20 世纪 50 年代和 60 年代，农业全要素生

---

① 参见郭熙保《农业发展论》，武汉：武汉大学出版社 1995 年版，第 189—190 页。

产率增长率的高低在这 4 个国家和地区中也呈现出同样的梯次。日本为
1.99%，中国台湾省和韩国分别是 1.72%、1.31%，菲律宾最低，仅为
0.71%。农业全要素生产率增长率对农业增长的贡献，日本最高，达到
57.2%；中国台湾省次之，为 36%；再次是韩国，为 34%；贡献最小的
是菲律宾，只有 17.9%。

表 1—3　　　　日本、中国台湾、韩国和菲律宾农业全要素
生产率增长率及其相对贡献 （%）

	总产出 (1)	总投入 (2)	全要素生产率 (3) = (1) / (2)	相对贡献	
				投入 （%） (2) / (1)	生产率 （%） (3) / (1)
日本					
1880—1900 年	1.64	0.39	1.25	23.8	76.2
1900—1920 年	1.99	0.49	1.50	24.6	76.4
1950—1969 年	3.48	1.49	1.99	42.8	57.2
中国台湾					
1913—1940 年	3.01	2.24	0.77	74.4	25.6
1950—1969 年	4.78	3.06	1.72	64.0	36.0
韩国					
1920—1940 年	1.05	1.51	- 0.46	143.8	- 43.8
1950—1969 年	3.85	2.54	1.31	66.0	34.0
菲律宾					
1950—1969 年	3.96	3.25	0.71	82.1	17.9

资料来源：郭熙保：《农业发展论》，武汉：武汉大学出版社 1995 年版，第 182 页。

由于全要素生产率增长率的差异，使这 4 个国家和地区的农业全要
素生产率水平出现很大差别。在 20 世纪 60 年代末，上述 4 个国家和地
区的农业全要素生产率指数分别为 1.45、1.36、1.27 和 1.14。农业全
要素生产率指数的高低与经济发展程度呈现出高度的一致性 （见表 1—
4）。

表 1—4 　　　　　　日本、中国台湾、韩国和菲律宾 1969 年
农业全要素生产率水平比较（1950 = 100）

	产出指数 （1）	投入指数 （2）	全要素生产率水平 （3）=（1）/（2）
日本	191.7	132.5	1.45
中国台湾	240.3	177.3	1.36
韩国	205.0	161.1	1.27
菲律宾	209.0	183.6	1.14

资料来源：同表 1—3。

（二）现代农业增长的源泉

既然现代农业增长的主要特征表现为农业生产率的提高，那么，农业生产率不断增长的源泉来自何处？这是一个依据经验数据便可回答的问题。

农业劳动生产率的提高，主要是依靠替代劳动的现代农业机械如拖拉机、收割机等的大量使用实现的。第二次世界大战以来，无论是发达国家，还是发展中国家，农业机械的投入都显著地增加了。世界拖拉机总拥有量，从 1950 年的 544 万台增加到 2000 年的 2641 万台，50 年间增加了 3.85 倍；每千公顷耕地拖拉机拥有量从 4.4 台增加到 19.4 台，增加了 3.4 倍。世界联合收割机总拥有量，由 1965 年的 230 万台增加到 2000 年的 413.4 万台，35 年增加了近 80%；每千公顷耕地联合收割机拥有量从 1.65 台增加到 3 台，增加了 82%。[①]

农业劳动生产率较高的发达国家的农业机械拥有量，远高于农业劳动生产率较低的发展中国家。如表 1—5 所示，在 2000 年，美国每千公顷耕地拥有拖拉机和联合收割机台数分别为 27.1 和 3.7，中国这两项数据分别是 0.7 台和 1.6 台，美国是中国的 38.7 倍和 2.3 倍。如果以人均拥有量来比较，两国的差距则更大。美国每百名农业经济活动人口拥有拖拉机

[①] 上述数据来自郭熙保《农业发展论》，武汉：武汉大学出版社 1995 年版，第 198 页；《国际统计年鉴 2003》，北京：中国统计出版社 2003 年版。

158.6 台，中国这一指标仅为 0.19 台，美国超过中国 833.7 倍。

表 1—5　　　2000 年农业劳动生产率与农业机械投入的国际比较

	谷物产量（万吨）	农业经济活动人口（万人）	劳均谷物产量（吨/人）	拖拉机数量（台/千公顷）	拖拉机数量（台/100 人）	联合收割机（台/千公顷）	联合收割机（台/1000 人）
美国	29874.5	302.7	98.7	27.1	158.6	3.7	218.7
加拿大	3544.0	39.0	90.9	15.6	182.3	2.9	338.5
法国	6915.8	89.9	76.9	68.5	140.6	4.9	101.2
德国	4339.1	101.3	42.8	87.3	1.0	11.4	133.3
英国	2311.5	53.7	43.1	85.1	93.1	8.0	87.5
日本	1218.4	276.9	4.4	453.3	73.2	232.9	376.3
澳大利亚	1765.6	44.7	39.5	6.3	70.5	1.1	127.5
中国	39799.0	51079.7	0.78	0.7	0.19	1.6	—
印度	21359.0	26369.1	0.81	9.4	0.58	—	0.02
巴基斯坦	2676.8	2452.1	1.09	15.0	1.31	0.1	0.08
埃及	1946.4	859.1	2.27	30.4	1.00	0.8	0.23
尼日利亚	2208.9	1503.0	1.47	1.1	0.20	—	—
墨西哥	2773.4	874.1	3.17	7.5	2.12	0.9	2.63
巴西	5043.6	1322.5	3.81	15.2	6.10	1.0	4.08

资料来源：《国际统计年鉴 2003》，北京：中国统计出版社 2003 年版。

　　土地生产率的提高，主要来自化肥、农药、新品种等生物化学技术投入的增加。与农业机械投入的增长相类似，第二次世界大战以来，世界各国农业领域中的生物、化学技术的投入也在迅猛增长。以化肥为例，从 1950 年到 2000 年，世界氮肥施用量从 390 万吨增加到 8163 万吨，50 年提高了 20.9 倍；磷肥施用量从 570 万吨增加到 3263 万吨，增加了 4.73 倍。从 1965 年到 1989 年，世界每公顷耕地化肥消费量每年平均增长 4.9%。[①]

---

　　① 上述数据来自郭熙保《农业发展论》，武汉：武汉大学出版社 1995 年版，第 198 页；《国际统计年鉴 2003》，北京：中国统计出版社 2003 年版。

从世界各国的横向比较中可以看到，土地生产率与化肥施用量之间大致呈正向关联。高收入国家的土地生产率平均比低收入国家高，与之相适应，前者的化肥施用量一般也比后者高（见表1—6）。虽然发展中国家的生物化学技术进步比发达国家快，比如，1970—1990年，低收入国家的化肥施用量年均增长率达9%，中等收入国家是3.3%，高收入国家只有0.6%，然而，从化肥使用的效率来看，高收入国家比低收入国家要高得多。低收入国家每增加1%的化肥投入，只能带来0.33%的谷物单位面积产量的增加；中等收入国家每增加1%的化肥投入，可以带来0.61%单位产量的增加；高收入国家化肥消费量每增长1%，单位面积产量能够增加2.67%。化肥产出弹性，高收入国家是低收入国家的8.1倍，是中等收入国家的4.4倍。[①]

表1—6　　　　　　　　土地生产率与化肥施用量的国际比较

	2002年谷物收获面积（万公顷）	2002年谷物总产量（万吨）	2002年谷物单位面积产量（吨/公顷）	2000年化肥施用量（吨/千公顷）
美国	5363.6	29874.5	5.57	104.6
加拿大	1550.9	3544.0	2.29	54.4
法国	930.7	6915.8	7.43	224.8
德国	694.1	4339.1	6.25	232.4
英国	324.6	2311.5	7.12	288.3
日本	200.1	1218.4	6.09	325.0
澳大利亚	1628.3	1765.6	1.08	45.7
中国	8099.3	39799.0	4.91	279.1
印度	9128.9	21359.0	2.34	103.4
泰国	1132.3	3048.4	2.69	105.5
蒙古	22.1	15.1	0.68	2.9
尼日利亚	2105.3	2208.9	1.05	6.6
墨西哥	999.3	2773.4	2.78	73.9
巴西	1799.0	5043.6	2.80	139.7

资料来源：《国际统计年鉴2003》，北京：中国统计出版社2003年版。

―――――――――

① 参见郭熙保《农业发展论》，武汉：武汉大学出版社1995年版，第201页。

三 要素替代与农业发展

以上分析表明，如果仅限于对传统农民世代使用的生产要素做出更好的资源配置以及对传统要素进行更多的投资，并无助于经济的增长，充其量也只能有很小的增长机会。但是，舒尔茨认为，这并不意味着农业部门不能成为经济增长的重要来源，相反，农业也可以成为经济增长的强大发动机。使农业成为经济增长来源的关键，在于给予农业投资以平等的获利机会。"在欠发达国家中间，把农业看作是经济活动的一种低级形式，已十分流行；在经济、政治和社会歧视的共同压力之下，农业已成为这些国家经济计划中的薄弱环节。它们的错误在于没有认识到在给农业以平等经济待遇的条件下其潜在的经济贡献。我的任务是阐明农业中的机会，也就是它对经济增长的潜在贡献。"① "我确信经济增长理论的中心概念应当是投资的收益率。……如果农业中得到的收益率等于或高于其它经济机会的收益率，那么就意味着，就每个单位的投资而言，农业对经济增长的贡献与其它投资对经济增长的贡献相等或更大一些。"② 可见，把农业改造成为经济增长的重要源泉，从根本上说是一个投资问题，即必须使农业投资变得有利可图。

在什么情况下对农业的投资才是有利的呢？由于传统农业生产要素是"高昂的经济增长的源泉"，或者说，传统农业要素投资的收益低下，因此，农业投资不能投向已耗尽其有利性的传统农业生产要素。"处于传统农业中的农民一定要以某种方式获得、采取并学会有效地使用一套有利的新要素。"③ 这些新要素可以使农业收入流价格下降，使农业投资有利可图，从而把"农业改造成一个比较廉价的经济增长的源泉"④。

这里有两个问题：第一，这种廉价的新生产要素新在哪里呢？舒尔茨特别强调，新生产要素的新特之处，实际上就是许多经济学家反复强调

① ［美］西奥多·W. 舒尔茨：《经济增长与农业》，北京：北京经济学院出版社1992年版，第3页。
② 同上书，前言。
③ ［美］西奥多·W. 舒尔茨：《改造传统农业》，北京：商务印书馆1987年版，第109页。
④ 同上书，第78页。

的、促进经济增长的关键因素——技术变化。"特殊新生产要素现在是装在被称为'技术变化'的大盒子里。""一种技术总是体现在某些特定的生产要素之中，因此，为了引进一种新技术，就必须采用一套与过去使用的生产要素有所不同的生产要素。"① 第二，新生产要素为什么可以成为廉价的经济增长源泉呢？这是因为，新生产要素比传统要素有着高得多的产出效率，或者说有着更高收益率。这样，在单位产出中投资的比重就下降了，从而使对新的现代生产要素的投资比对传统要素的投资更为合算。舒尔茨反复论证了新的现代生产要素高收益率的特征。他说："要实现农业现代化，农民必须能够得到现代的投入——机械、杀虫剂、化肥和其它东西。……从这些新式农业投入中能够获得的收益是很大的。"② 从世界农业发展的实践来看，"最近几十年在许多国家里农业生产的增加显然是巨大的。这些增加表明农民对新经济机会的反应。一般说来，这些机会既不是来自可以定居的新开发的农用土地，也不是主要来自农产品相对价格的上升。这些机会主要来自更高产的农业要素"③。在美国，农业增长主要是由技术变化而引起的要素效率改善带来的。"产出的增长有多少来自增加的土地、劳动和'传统'的可再生资本？对美国长期来看，绝大部分（约 4/5）来自'国民效率的改善'，只有大约 1/5 来自增加的传统形式资源的投入。"④ 所以，舒尔茨认为，一旦辨明了隐蔽在技术变化中的新的生产要素，经济增长源泉的问题也就基本弄清楚了。

改造传统农业的目的，就是要把停滞、贫穷、落后的农业部门，转变为可以对经济增长做出重要贡献的高生产率的现代产业部门。要实现由长期停滞到快速增长的转化，唯有用高生产率的现代农业要素去替代已耗尽有利性的传统要素。因此，引入现代农业生产要素，是改造传统农业的关键之举和根本出路。

---

① [美] 西奥多·W. 舒尔茨：《改造传统农业》，北京：商务印书馆 1987 年版，第 79、100 页。

② [美] 西奥多·W. 舒尔茨：《经济增长与农业》，北京：北京经济学院出版社 1992 年版，第 39 页。

③ [美] 西奥多·W. 舒尔茨：《改造传统农业》，北京：商务印书馆 1987 年版，第 80 页。

④ [美] 西奥多·W. 舒尔茨：《经济增长与农业》，北京：北京经济学院出版社 1992 年版，第 202 页。

四　现代要素的供给与需求

（一）现代农业生产要素的供给

既然现代农业生产要素的引入是传统农业摆脱停滞落后局面和实现增长的根本出路，那么，在改造传统农业之前，就必须能够获得这种现代生产要素，即"新的高盈利的投入，必须在农民进行投资时能够利用它们之前被发现、发展和提供出来"①。或者说，现代农业生产要素的现实供给是改造传统农业的基本前提。舒尔茨把现代农业生产要素的供给分为"生产"（即研究与开发）与推广两个方面。

1. 现代农业生产要素的研究开发

舒尔茨认为，贫穷国家农业增长所依赖的现代生产要素主要不能通过进口获得，而必须立足于本国进行研究开发。高生产率的现代农业要素主要是可以再生的资源，这些资源由高技术含量的现代物质投入品和成功地使用这些投入品所需要的技艺和能力两方面组成。在这两个方面中，具有高水平耕作技能的农民虽然可以通过人口迁移引入到一个贫穷社会，"但这只能是获得这种技能的一种例外方式，一般来说，贫穷农业社会只有通过向他们自己的人民进行投资才能获得必要的技能"。② 由于农业环境的差异，发达国家或某一个地区的现代物质投入品也不是可以在贫穷国家或另一个地区现成拿来使用的。舒尔茨举例说，适用于衣阿华州的杂交玉米种植在印第安纳州就比种植在亚拉巴马州好；在温带地区生产率高的奶牛品种就不适用于热带环境。因此，适用于一个贫穷社会的现代农业要素首先应该利用现有的科学与技术知识立足于本国进行研究与开发。研究和开发的主要作用就是使现代农业生产要素适应于贫穷社会的特定条件。

现代农业生产要素的研究与开发，需要相应的农业研究机构。由于现代农业生产要素研究与开发的特殊性，舒尔茨认为，农业研究机构一般应

---

① ［美］西奥多·W. 舒尔茨：《经济增长与农业》，北京：北京经济学院出版社 1992 年版，第 42 页。

② ［美］西奥多·W. 舒尔茨：《改造传统农业》，北京：商务印书馆 1987 年版，第 111 页。

由国家设置。现代农业生产要素的研究或"生产"具有两大特征：第一，外部性。"'生产者'一般不能占有由这种生产所得到的全部收入（收益）。"现代农业要素投入生产带来的"许多收益不能由该企业所得到而是广泛地扩散了——某些收益归其它企业，而某些收益归消费者"。① 第二，不可分性。农业技术研究与开发是一项花费颇多的事业。一个小规模的即只有简陋实验室和个别科学家的研究机构，在生产适用于所在社会环境的新生产要素时，效率是很低的。必然不能获得多大成就。"适于这一任务的方法，一般要求要有许多各类科学家和辅助人员以及各种用于实验工作的昂贵设备，以便接近于达到最优规模。"② 以上两个特征决定了现代农业生产要素的研究与开发工作不适合由营利性的私人企业来承担，"如果基础研究完全依靠营利的私人企业，那么对这种研究的投资必然会很少"。这样，"一个有效的研究机构的规模排除了以确保企业竞争为基础的安排"，而"组织公共和私人非营利集团去完成某些研究和开发的职能是必要的"。也就是说"必须使大部分基础研究和部分应用研究或开发研究'社会化'"。③

　　2. 现代农业生产要素的推广

　　从现代农业生产要素的形成到其被广泛地采用之间还有相当长的一段距离。通过适当的机构运用介绍、示范等方式，将新生产要素推荐给广大农民并使他们相信使用这些新要素是有利可图的，是新生产要素从"生产"到被采用之间的一个必要环节。这个环节即现代农业生产要素的推广。现代农业要素的推广工作是其供给的一个重要方面。

　　现代农业要素的推广工作，可以由营利性的企业或非营利性的机构来承担，但在贫穷国家，则主要应由政府或其他非营利性企业来进行。

　　营利性企业是否从事推广工作，取决于推广新农业要素所能期望获得的利润，而利润主要取决于营利性企业进入该行业的成本和市场规模。舒尔茨指出，营利性企业从事新农业要素推广工作的成本是高的，而新农业

　　① ［美］西奥多·W. 舒尔茨：《改造传统农业》，北京：商务印书馆1987年版，第113、114页。
　　② 同上书，第114页。
　　③ 同上书，第115、113页。

生产要素的市场一般都非常小，因而，营利性企业"从这一业务中获得利润的可能性是很小的"①，这就决定了"在私人公司能进入这一领域之前，经常需要非营利机构来开辟道路"。②

舒尔茨所说的非营利性机构指，政府农业部门、政府建立的农业推广站、学校、国外基金会、联合国粮农组织以及外国政府等。与研究工作一样，推广工作也具有外部性和不可分性的特征，由此决定了如上非营利性机构成为从事农业新要素推广工作的合理承担者。"只有这样做时，它才会为私人公司参与某些新农业要素的分配开辟道路。也才会使非营利企业和营利企业实现专业化，以便达到它们之间的有效分工变得必要。"③

（二）现代农业生产要素的需求

现代农业生产要素能否引入农业生产，既取决于社会是否能够生产出这些新要素，也决定于农民是否乐意接受这些新要素。需求与供给一样，都是现代农业要素引入农业生产的决定性条件，而且，只有二者的共同作用，才会有现代农业要素引入的现实后果。

1. 有利性：现代农业要素需求的经济基础

新农业生产要素的需求者是农民。农民是否愿意接受这些新要素，取决于新要素使用后的盈利情况。舒尔茨说："贫穷社会农民接受一种新农业要素的速度可以根据采取和使用该要素的有利性做出最好解释。"④ 那么，使用新生产要素的有利性又是由什么决定的呢？

第一，新农业要素的价格和边际产量。由于"相对于市场规模而言，供给一种新品种种子、肥料、农药或简单机器，其进入成本是高的"，⑤所以，在贫穷社会，新生产要素的价格相对来说是比较高的。新要素价格即采用新要素的成本，价格高即新要素的使用成本高。这构成对新要素需求的一个不利因素。但使用新要素的有利性并不完全取决于成本方面，还应看其使用后的收益或产量情况。舒尔茨肯定，新投入要素的边际产量比

---

① ［美］西奥多·W. 舒尔茨：《改造传统农业》，北京：商务印书馆1987年版，第116页。
② 同上书，第118页。
③ 同上书，第121页。
④ 同上书，第126页。
⑤ 同上书，第125页。

它所代替的旧要素要高得多，因为"有高度生产性和获利性的农业投入来源于适用农业生产的科学知识的进步"。① 但是，新要素的营利性，又主要不是取决于新旧要素相比较的相对产量的增长，而取决于新要素投入带来的产量增加的绝对量。因为产量增加的绝对量才是弥补成本后取得利润的来源。

第二，农业租佃制度。某种租佃制度"会把为获得与采用新要素所需要的全部追加成本都加在农民身上，而只让他得到由此所增加的部分产量"。"这种制度使得一种新农业要素的真正有利性只有部分归农民所有。"② 在这样的农业租佃制度下，农民采用新要素的经济刺激就会受到损害，从而对大规模地引入新农业要素形成限制。

2. 知识与技能：现代农业要素需求的文化基础

即使在新农业要素生产出来以后，农民认识到了其有利性，并愿意接受和采用这些新要素，还有一个问题存在：农民必须懂得如何最好地使用这些新要素。这就需要学习新的有用知识和新的有用技能。舒尔茨举例说，即使采用杂交玉米这种简单的新要素，也有许多新知识需要学习，比如不能像自然授粉品种那样从杂交品种的地里选取下一年的种子，要种得比自然授粉的高秆品种更密一些、需要施用更多肥料，等等。使用更为复杂的新要素就更需要学习了。舒尔茨指出："这种知识和技能在本质上是向农民的一种投资。""正是这种学习构成作为现代农业特征的生产率提高的基础。"③

舒尔茨把学习新知识和新技能的方式分为三种：直接经验、在职培训和学校教育。通过直接经验即试验和错误来学习，是一种代价高昂的方法，也是一种学会如何最好地使用现代农业要素非常缓慢的方法，因而"技术先进的国家已用其它方法代替了这种方法"。如果不再满足于只从经验中高代价地缓慢地学习，而是希望在短期内学会使用现代农业要素，在职培训就是一种理想方式。"在职培训起着很大作用，特别是对这一代

---

① ［美］西奥多·W. 舒尔茨：《经济增长与农业》，北京：北京经济学院出版社 1992 年版，前言。

② ［美］西奥多·W. 舒尔茨：《改造传统农业》，北京：商务印书馆 1987 年版，第 126 页。

③ 同上书，第 131、129 页。

人更是如此。"① 学校教育是在长期最为有效的方法。

五 引入现代要素的制度安排

与许多发展经济学家一样，舒尔茨重视制度安排对经济发展的作用。他指出："经济现代化的必要条件之一是制度的变革。" 就是说，不适宜的制度安排，会限制农业对经济增长的贡献和传统农业的现代转型；而适宜的制度选择，则有利于通过现代要素的顺利引入完成对传统农业的改造，并使农业在增长中做出较大贡献。因此，"经济分析中把制度作为变量处理是必要的"。② 在现代农业要素引入过程中，市场体制和农场规模是最重要的两项制度安排。

（一）市场方式：激励制度的选择

落后国家建立什么样的经济体制去完成对传统农业的改造，不仅是必然面临的问题，而且也是能否成功地完成改造的一个关键性问题。改造传统农业的体制无非是两种："有一种依仗政权的命令方式，这种政权不仅要重新组织农业生产，而且要指挥农业活动。此外，还有一种主要以经济刺激为基础的市场方式，这种刺激指导农民做出生产决策并根据农民配制要素的效率而进行奖励。"③ 在这两种方式中，舒尔茨认为，命令方式即政府的统一计划是改造传统农业的不适当的体制选择，市场方式才是有利于传统农业改造的适当的体制安排。

舒尔茨在阐述市场体制必要性问题时，使用了"效率价格"这一概念。所谓效率价格，即依据市场供求形成的并在资源配置中充分发挥作用的市场价格，亦即非人为因素控制下形成的价格。它与政府干预下人为制定的价格是一个相对的概念。其所以被称为效率价格，是因为这种价格可以引导资源的有效率配置。改造传统农业，不能离开农民对投入现代农业

---

① ［美］西奥多·W. 舒尔茨：《改造传统农业》，北京：商务印书馆1987年版，第131页。

② ［美］西奥多·W. 舒尔茨：《经济增长与农业》，北京：北京经济学院出版社1992年版，第217页。

③ ［美］西奥多·W. 舒尔茨：《改造传统农业》，北京：商务印书馆1987年版，第78页。

要素的积极性，而"用刺激的办法去指导和奖励农民是一个关键部分。一旦有了投资机会和有效的刺激，农民将会点石成金"。① 将农民点石成金的关键，就是效率价格。因而舒尔茨指出："在改造传统农业时不能没有产品和要素价格对资源配置的作用。"② "农产品、农业投入和农民购买的日用品的效率价格是必不可少的。"③ 效率价格形成并发挥作用的基础是市场体制，所以，要让效率价格在改造传统农业中充分发挥作用，就必须选择市场经济体制。

政府计划体制下的价格往往背离效率价格，从而不利于传统农业的改造。政府对效率价格的干预表现在两个方面：（1）为了支持工业化，将农产品价格降低到效率价格之下。"自从第二次世界大战以来，多数欠发达的国家为了加速它们自己的工业化和有利于城市消费，一直奉行着廉价食品和进口替代政策。因而在其中的许多国家内，农产品价格与其它价格相比被压低了，而农业投入的价格相对来说则是较高的。由于缺乏效率价格，配置不当现象如同野草一样的蔓长着。"④ （2）为了保护农业，实行农产品支持价格。舒尔茨认为，农产品支持价格，从本质上说是一种收入转移手段，而不是增进经济效率的途径，从国民经济整体的角度来考察，支持价格也会降低资源的配置效率。比如在美国 1960 年至 1962 年间，农民的净收入从 117 亿美元增加到 128 亿美元，政府对农民的支付增加了12 亿美元，比农民收入的增加还要多。

（二）要素均衡配置：农场规模的确立原则

人们一般认为，大规模农场是现代化农业的一个重要特征。因此，要把传统农业改造成为一个高生产率的部门，就应当伴随着这种改造过程建立起大规模农业经营单位。舒尔茨从多方面批驳了这种大农场学说。

专业化与农场规模。主张建立大规模农场的依据之一，是大规模农场有利于现代农业研究。舒尔茨指出，认为农场规模取决于它从事现代农业

---

① ［美］西奥多·W. 舒尔茨：《改造传统农业》，北京：商务印书馆 1987 年版，第 5 页。

② 同上书，第 97 页。

③ ［美］西奥多·W. 舒尔茨：《经济增长与农业》，北京：北京经济学院出版社 1992 年版，第 41 页。

④ 同上书，第 100 页。

研究能力的看法是荒谬的。由于农业研究的外部性和不可分性，"无论农场规模多大，要有效地从事所有必要的农业研究是根本不现实的"。"这是一个超出农场能力的专业化问题。"① 现代社会是一个分工细密的专业化社会。现代农业研究工作可以由农场以外的专门的研究机构承担。这种专业化分工，制约着农场规模的不适当扩大。

假不可分性与农场规模。主张建立大规模农场的另一个主要依据是，作为现代农业生产要素的拖拉机等大型农业机械具有不可分性的特征。因而，只有建立大规模的农场，才能让拖拉机这样一些大型机械充分发挥效能。舒尔茨指出："这样设想的拖拉机是一种假不可分性，因为可以按各种不同规格和型号的订货来制造拖拉机。……一部拖拉机可能会如此之大，以致在一次耕作时它不仅能牵引 12 个犁，而且还能牵引一部播种机、一部把地机及其他附属设备。……一部拖拉机可以如此之小，以至于在做牵引工作时，它仅相当于播种稻米时用的一头水牛。"② 所以，不能把拖拉机的使用作为建立大农场的依据。

决策所在地与农场规模。舒尔茨把农场的生产经营决策分为两种类型：不在所有决策和居住所有决策。这两种决策形式与农场规模大小直接相关。小规模农场的所有者即为经营者，一般为居住所有决策类型。大规模农场一般所有者与经营者分离，所以多为不在所有决策类型。这两种决策类型的效率是不同的。"一般来说，不在所有的安排效率是低的。"③ 这是因为不在农场居住的所有者不能获得充分的信息，往往不能有效地对生产经营出现的细节做出处理，甚至在利用应用知识进步的决策中滞后。居住所有决策则可避免这些弊端。由此，舒尔茨倾向于支持居住所有决策类型的农场规模的选择。

舒尔茨没有把农场规模的大小作为传统农业与现代农业区别的标志，因而主张"在改造传统农业中至关重要的投资类型并不取决于大农场的建立"。④ 舒尔茨的基本观点是，农场的规模取决于效率原则，最有效率

---

① ［美］西奥多·W. 舒尔茨：《改造传统农业》，北京：商务印书馆 1987 年版，第 88 页。
② 同上书，第 93 页。
③ 同上书，第 90 页。
④ 同上书，第 84 页。

的规模才是合理的规模;而农场的效率来自农场内部要素配置的均衡性。他说:"在这种改造所引起的过程中,关键问题不是规模问题,而是要素的均衡性问题。"[1] 要素配置的均衡性,即不同要素的合理组合和匹配。这种均衡性可以分为两个方面:其一,技术性均衡,即根据要素的技术特征实现不同要素的合理组合。比如具有现代化生产技能的农民与现代物质生产要素的有效组合。其二,经济性均衡,即根据不同要素相对价格的高低寻求生产要素的最适组合。比如,在劳动比较便宜的条件下,较多地配置劳动;在物质资本相对便宜的情况下,较多地配置物质资本。

参考文献

国家统计局:《国际统计年鉴2003》,北京:中国统计出版社2003年版。

郭熙保:《农业发展论》,武汉:武汉大学出版社1995年版。

[美] 西奥多·W. 舒尔茨:《改造传统农业》,北京:商务印书馆1987年版。

[美] 西奥多·W. 舒尔茨:《经济增长与农业》,北京:北京经济学院出版社1992年版。

[美] 西奥多·W. 舒尔茨:《论人力资本投资》,北京:北京经济学院出版社1990年版。

[日] 速水佑次郎、神门善久:《农业经济论》,北京:中国农业出版社2003年版。

---

① [美] 西奥多·W. 舒尔茨:《改造传统农业》,北京:商务印书馆1987年版,第84页。

第二章

农业剩余劳动力转移的经典模型[*]

在发展经济学中，由刘易斯（Lewis，W. A.）系统提出后经费景汉（Fei，John C. H.）和拉尼斯（Ranis，Gustav）等人加以修改和扩充的二元经济理论占有极其重要的地位。这一理论研究的中心问题，是不发达国家利用什么样的经济机制和通过何种路径，才能使国民经济结构从以仅能维持生存的传统农业为主转变为以现代工业为主。刘易斯等人认为，整个经济的发展过程，就是从维持生计的落后部门向发达的资本主义部门，或者说，由传统农业经济向现代城市工业经济不断地转变的过程。在不发达经济的两个部门中，现代化的城市工业部门被看作经济增长的主导部门，农村中的传统农业只是被动地起作用。因此可以说，刘易斯、费景汉和拉尼斯建构的二元经济发展理论，实际上是一个系统的工业化理论。

虽然刘易斯、费景汉和拉尼斯把经济发展的主要着眼点放在工业化方面，但他们并没有也不可能完全忽视农业的发展。相反，在他们建构的二元经济发展理论中，蕴含着一种至今仍具影响力的农业发展模型。该模型涉及农业发展的前提、动力和阶段等方面的内容。

一　工业部门扩张与劳动力非农化

二元经济理论属于"类型学"的范畴，它只适用于劳动力剩余类型

＊　本章由作者所著《二元经济与中国农业发展》（经济管理出版社 1999 年版）第三章《工业化带动模型》和《刘易斯模型与托达罗模型的否定之否定》（《中央财经大学学报》2002 年第 3 期）合并整理写成。

的发展中国家。对于农业部门存在着大量过剩劳动力的发展中国家来说，经济发展过程在很大程度上是劳动力在国民经济不同部门之间的再配置过程。更明确地说，是传统农业部门中的过剩劳动力向现代工业部门的转移过程。劳动力的这一再配置过程，一方面使劳动力资源由边际生产率低的部门转向边际生产率高的部门，从而有利于促成资本积累和推动工业部门的扩张。另一方面又为农业发展创造了必要的条件，因为它有利于打破传统农业部门资源配置的低效率均衡态。过多的劳动投入与过少的资本、技术投入的均衡是传统农业资源配置的基本特点，也是传统农业低效率的根源。传统农业要实现发展，就必须打破这种稳态。它依赖于资源两方面的流动：剩余劳动力流出农业部门和资本、技术等要素流入农业部门，从而在农业部门形成高效率的要素替代。刘易斯、费景汉和拉尼斯关于农业劳动力向工业部门流动的分析，同时就是对农业发展所必需的基本前提的阐释。

（一）刘易斯农业剩余劳动力转移模型

刘易斯（1989）认为，发展中国家的国民经济中一般含有两个性质显著不同的部门，即城市中以制造业为中心的现代部门和主要存在于农村的农业、手工业等传统部门。现代部门生产规模大，所使用的生产和管理技术比较先进，生产动机是利润最大化，生产的产品基本在市场上销售。反之，传统部门则生产规模小，技术原始，生产动机主要是满足自己的消费，产品很少在市场上出售。

刘易斯假定，传统农业部门的劳动力供给具有无限弹性。这一假定基于：相对于资本和自然资源来说，传统农业部门的人口存量过大，农业劳动生产率很低，随人口的增长甚至在继续下降，以致农业劳动力的边际生产力降低至零。这说明传统农业部门中劳动力是相对过剩的。也就是说，一部分劳动力对生产毫无贡献，甚至他们的参加反而妨碍别人的劳动。与此相联系，农业劳动力的收入水平非常低下，一般只能维持劳动者本人和家庭最低限度的生活需要。由于城市工业部门的工资水平高于农业劳动者的收入水平，在不受阻碍的情况下，农业劳动者存在着向城市流动的自然倾向，从而工业部门可以获得来自农村的劳动力的充分供给。在农业剩余劳动力被吸纳完毕前，现代工业部门如果要扩大生产规模，它就可以按现行工资水平不断地雇用到所需的劳动力。

刘易斯认为："扩大的资本主义部门所必须支付的工资，取决于人们在这一部门以外所能赚得的收入。"[①] 由于传统农业部门存在着大量剩余劳动力，农业人均收入水平很低，这一水平决定了现代工业部门工资的基础。只要农业剩余劳动力没有被城市吸收罄尽，工业部门的工资水平就会保持不变。

剩余劳动力由农业部门向现代工业部门的转移过程，可由图 2—1 说明。

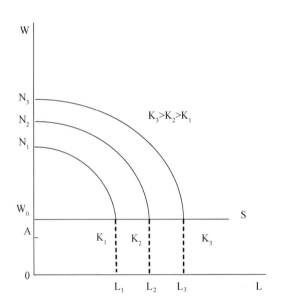

图 2—1　刘易斯农业剩余劳动力转移模型

在图 2—1 中，横轴 0L 表示劳动力数量，纵轴 0W 表示实际工资或劳动的边际产品，0A 表示农业部门维持最低生活水平的实际收入水平，0W 表示工业部门的实际工资水平。在 0W 的工资水平上，来自农村的劳动力供给是有完全弹性的，水平的 W_0S 线即为劳动力的供给曲线。

定工业部门在初始阶段的资本量为 K_1。在资本固定为 K_1 而逐渐增加劳动的投入时，劳动的边际生产力就会逐步降低，因而此时劳动的边际生

① 　[美] 阿瑟·刘易斯：《二元经济论》，北京：北京经济学院出版社 1989 年版，第 9 页。

产力曲线 N_1K_1 就表现为从左上方向右下方倾斜，它同时也是劳动的需求曲线。依据利润最大化的决策原则，工业部门雇用的劳动力的数量将直到劳动的边际产品等于工业实际工资为止，即达于劳动供给曲线 W_0S 与劳动需求曲线 N_1K_1 相交的均衡点。这时，工业部门雇用的劳动数量为 $0L_1$，总产量为 $0N_1K_1L_1$，支付的工资总量为 $0W_0K_1L_1$，剩余产出 $W_0N_1K_1$ 为工业部门资本的报酬即利润。利润可以再投资而形成资本，资本量遂由 K_1 增加到 K_2。

资本投入量增加，劳动的边际生产力水平也将提高。当资本量增加到 K_2 时，劳动的边际生产力曲线（亦即劳动的需求曲线） N_1K_1 向上位移至 N_2K_2。新的劳动需求曲线 N_2K_2 与具有无限弹性的劳动供给曲线 W_0S 形成新的均衡点。这时，雇用的劳动力数量为 $0L_2$，工业部门的总产量扩大为 $0N_2K_2L_2$，支付的工资总量为 $0W_0K_2L_2$，剩余产出即利润量为 $W_0N_2K_2$。

工业部门利润的增长可以促成资本的进一步增长。设资本量由 K_2 增大为 K_3，劳动的边际生产力曲线也相应地上移为 N_3K_3，工业部门雇用的劳动数量也可以扩大至 $0L_3$。只要农业部门存在着过剩劳动力，上述过程就会循环往复地进行下去，直至农业部门的剩余劳动力全部流向工业部门为止。剩余劳动力被现代工业部门完全吸纳之后，二元经济也就转变成了一元经济，传统农业部门也就转化成现代化部门，不发达经济完成了它的发展使命。

（二）费景汉—拉尼斯农业劳动力转移模型

费景汉和拉尼斯（1992，2004）在刘易斯模型的基础上，提出了他们的农业劳动力转移模型。刘易斯模型只描述了现代工业部门的扩展过程，对农业的发展没有作出具体分析，费景汉和拉尼斯则把农业劳动力转移和农业、工业两个部门的进步联系起来加以考察。

1. 费景汉—拉尼斯模型图示

费景汉—拉尼斯模型可以借助图 2—2（a）、图 2—2（b）和图 2—2（c）加以描述。

2. 农业过剩劳动力的非农化

与刘易斯一样，费景汉和拉尼斯也认为，农业剩余劳动力要由现代工业部门的扩展来吸纳。工业部门扩张对农业剩余劳动力的吸收可以由图 2—2（a）来说明。图中，横轴 $0L$ 表示工业部门的劳动量，纵轴 $0P$ 表

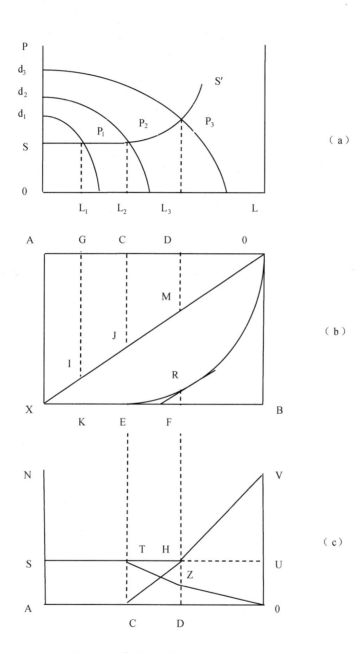

图 2—2 费景汉—拉尼斯农业劳动力转移模型

示劳动的边际生产力和实际工资。劳动边际生产力曲线（即劳动需求曲线）在不同阶段分别为 d_1、d_2、d_3。劳动供给曲线由水平部分的 SP_2 和上升部分 P_2S' 构成，P_2 为转折点。P_2 点之前显示劳动供给具有无限弹性，P_2 点之后显示劳动供给与实际工资率呈正相关。当劳动需求曲线为 d_1 时，劳动雇佣量为 $0L_1$。随着产出剩余转化而来的资本的增加，劳动边际生产率逐步提高，劳动需求曲线将分别上移至 d_2 和 d_3 等新的位置，劳动雇佣量也将逐渐扩大到 $0L_2$、$0L_3$ 等。可见，费景汉—拉尼斯模型关于现代工业部门扩张和农业劳动力转移的分析，与刘易斯模型基本相同。由于两个模型之间存在着一脉相承的关系，通常被合称为刘易斯—费景汉—拉尼斯模型。

3. 劳动力流出对农业总产出的影响

费景汉和拉尼斯不仅分析了农业劳动力流向工业部门的过程，而且考察了农业劳动力流出引起的农业部门的变化。这种变化如图 2—2（b）、图 2—2（c）所示。

第一，边际生产力等于零的农业劳动力流出不影响农业总产出。在图 2—2（b）中，原点在右上角，横轴 $0A$ 由右向左表示农业劳动力数量，纵轴 $0B$ 由上至下表示农业总产出。$0REX$ 为农业部门总产出曲线。这条曲线由两个形状不同的部分组成：$0RE$ 部分由原点开始向左下方倾斜，表示随着农业劳动力投入量的增加，其边际生产力递减，但农业总产出在增长；EX 部分是水平的，表明劳动的边际生产力等于零，即在 C 点以后，劳动投入的增加，并不能带来农业总产出的增长。在图 2—2（c）中，原点设在右下方，横轴 $0A$ 由右向左表示农业劳动量，纵轴 $0V$ 从下至上表示农业劳动边际产品和平均产品，$VHCA$ 曲线为劳动边际产品曲线，它也由两部分构成，边际生产力递减的 VHC 部分和边际生产率为零的 CA 部分。$VHCA$ 曲线与图 2—2（b）中的 $0REX$ 曲线所说明的问题是一致的，即当农业劳动量逐渐增加时，边际生产力递减，总产出以递减的速率增加，但当农业劳动量增加到 C 点以后，边际生产率为零，总产出不再增加。费景汉和拉尼斯把边际生产力等于零的这部分农业劳动者［图 2—2（b）、图 2—2（c）中的 AC 量农业劳动者］称为"多余劳动力"。这部分劳动力从农业部门中抽出，对农业产出量没有影响。

第二，边际生产力大于零的农业劳动力流出则会影响农业部门的产出量。如果在边际生产率等于零的"多余劳动力"完全被扩张的工业部门吸收的情况下，农业劳动力继续流出农业部门，农业部门的总产出就会受到影响。因为，这时农业劳动力的边际产出为正，农业劳动力的抽出，意味着总产出的减少；随着劳动抽出量的增加，劳动的边际产出递增，农业总产出的减少会加速。这说明，工业部门的扩张不会自然而然地带来农业部门的发展，一个国家在经济发展过程中，如果把注意力全部放在工业化程度提高方面，则可能导致农业部门的停滞甚至萎缩。费景汉、拉尼斯关于农业劳动力流动对农业部门影响的分析得出的正面结论是，在工业化过程中，必须同时重视农业部门本身的发展，促成工业和农业两个部门的平衡增长。

二 劳动力非农化与农业剩余增长

（一）农业剩余

费景汉和拉尼斯认为，存在剩余劳动力的传统农业部门中，劳动者不是按照边际产出而是按照平均产出来取得收入的。这是因为，存在剩余劳动力的条件下，农业劳动的边际产出很小甚至为零，按照边际产出取得收入，农业劳动者无法维持最低水平的生活。费景汉和拉尼斯把按照平均产出取得的农业劳动收入称为"不变制度工资"。它不是由市场机制的竞争力量决定的，而是由习惯、道德等制度因素决定的。在图 2—2（b）中，不变制度工资由 OX 线的斜率（即 AX/OA）表示。假设农业劳动者所获收入全部留于农业部门内部由农业劳动者消费，那么，OX 线也可视为农民的消费曲线。

费景汉和拉尼斯把农业总产出减去农业部门总消费量的余额称为农业总剩余。在图 2—2（b）中，农业总剩余等于 OX 线与 OREX 线之间的垂直距离。在农业劳动生产率不变的条件下，农业总剩余与流出的农业劳动量之间有着密切的关系。例如，流出的农业劳动量为 GA 时，农业总剩余为 KI；流出的农业劳动量为 CA 时，农业总剩余为 EJ；等等。

农业总剩余除以流出的农业劳动量等于农业平均剩余。如，当流入工业部门的农业劳动量为 CA，农业总剩余为 EJ 时，农业平均剩余则为 EJ/CA。随着流出的农业总劳动数量的增加和农业总剩余的变化，农业平均剩余也在变化。当流出的农业劳动力为边际生产力等于零的"多余劳动力"时，农业总产出并不减少，这时，农业平均剩余等于农业平均产出或不变制度工资。在图2—2（c）中，表现为农业平均剩余曲线STZ0中ST部分与不变制度工资线SU相重合。当边际生产力大于零的农业劳动力流出农业部门时，农业总产出就会下降，农业部门的消费水平不变，农业平均剩余就会低于农业部门的平均产出或不变制度工资。在图2—2（c）中，表现为农业平均剩余曲线STZ0中TZ0部分位置处于不变制度工资曲线SU中GU部分位置的下方。

（二）工业部门扩张对农业剩余的依赖

在费景汉和拉尼斯看来，农业剩余对工业部门的扩张具有决定性意义。

没有农业剩余，农业劳动力流向工业部门是不可能的。农业是提供粮食这种特殊产品的特殊产业部门。如果农业部门生产的粮食仅能满足本部门内部的消费需要，那么，其他产业就失去了存在的基础。这就是说，农业剩余是其他产业存在和发展的必要条件。农业劳动力流向工业部门，他们就由原来自己生产的农产品消费者转变成为农业剩余的消费者。没有农业剩余，农业劳动力流出就会受到阻碍，工业部门也会由于没有扩大的劳动力供给而无法扩张。

农业剩余的多少影响工业部门的工资水平。在边际生产力等于零的"多余劳动力"流向工业部门的过程中，农业总产出不减少，农业平均剩余，即流出劳动量人均占有的农业剩余等于农业部门的平均产出，这时，不会造成工业部门的粮食短缺，因而也不会影响工业部门的现行工资水平。这一情况可由图2—2（a）中劳动力供给曲线SS′中SP$_2$线段说明。工业部门0L$_2$劳动的雇佣量，恰好等于农业部门的多余劳动力，他们的流出没有造成农业总产出的减少和粮食短缺的出现，因而工业工资水平不变，劳动供给曲线在这一阶段是水平的。当农业劳动力的流出量突破"多余劳动力"的界限，农业总产出就会减少，农业平均剩余也会小于不变制度工资，提供给工业部门消费的粮食不足以按不变制度工资满足工人的需要，于是，粮食价格上涨，工业工资水平不得不随之提高。在此阶段，劳动供给曲线就转为上升。如图2—2（a）SS′曲线上P$_2$S′部分所示。农业剩余对工业工资水平的影响，进而会影响到工业部门的扩张速度和农业劳动力的流出速度。

在费景汉—拉尼斯模型中，农业剩余实际上是工业部门的"工资基金"。因此，要加速工业化进程，"社会政策的主要职能是：（1）设计使这种剩余的所有权从农业部门向政府或商品化工业部门的企业家转移的制度；（2）避免潜在的剩余在乡村通过较高消费的方法浪费掉"。①

（三）农业剩余增长与农业发展

费景汉和拉尼斯认为，刘易斯模型有两个主要的缺陷：其一，没有足够重视农业在促进工业增长中的重要性；其二，没有注意到农业部门提供的农业剩余是农业劳动力向工业部门转移和工业部门扩张的先决条件。正是在这两个方面，他们拓展了刘易斯模型。既然农业剩余被视为工业部门扩张的先决条件，那么，在工业化推进过程中，实现农业剩余的不断增长，也就成为费景汉—拉尼斯模型应有的内容。

实现农业剩余不断增长的根本途径是提高农业生产率。"提高农业生产率已经成为使劳动力不断地从农业部门向工业部门再分配的一种机制。"② 提高农业生产率，就应更快地变革农业技术，即在农业部门传播新技术。这种新技术包括采用新的耕作方法、使用高产品种、投入技术含量高的其他新要素等。"当技术变革确实可行时，它就以包含在投入中的形式被引入农业部门，诸如从非农业部门购买的化肥和杀虫剂。在维持生存部门的生产函数中，不包括资源可以流入农业部门的期限，说明没必要限制使用体现技术变革的从现代部门购买的投入。"③

工业部门扩张对农业剩余需求的增长，带动了农业部门技术变革的加速和生产率的提高。不言而喻，农业部门技术进步和生产率提高的过程，同时就是农业部门自身的发展过程。可见，费景汉和拉尼斯在强调工业进步的同时，也十分重视农业部门本身的进步。他们坚持认为："任何试图加快工业化步伐的不发达经济，当其无视先行的——或至少与其他部门同

---

① ［日］早见雄次郎（速水佑次郎）、［美］弗农·拉坦：《农业发展：国际前景》，北京：商务印书馆1993年版，第21页。

② 同上，第21页。

③ 同上书，第23页。

时进行的农业部门革命的必要性，都将在前进中遇到极大的困难。因此，我们强烈地意识到这样的事实，即任何只是反映工业部门吸收劳动力能力的成功标准，纯粹是明确总结农业部门同时释放劳动力能力的指数。"①可以说，费景汉和拉尼斯关于农业剩余重要性的阐释，也就是对农业发展必要性的论述。工业的进步，一方面对创造农业剩余的农业部门的发展产生了需求，另一方面又以凝结着技术进步成果的新要素供给农业部门。把工业部门看作经济进步的火车头，农业部门将在这种火车头的牵引下实现一同进步。

三 劳动力非农化与农业部门的商业化

（一）农业劳动力流向工业部门的三个阶段

在图2—2（b）的农业总产量曲线 OREX 上，可以找到一点 R，其切线与农业平均产出线 OX 平行。表明在 R 点上，农业劳动的投入量为 OD 时，劳动的边际产出与平均产出（亦即不变制度工资）相等；当劳动投入量小于 OD 时，劳动的边际产出大于平均产出；当劳动投入量大于 OD 时，则劳动的边际产出小于其平均产出。D 点是农业劳动投入的一个重要分界点。由于 D 点以后农业劳动的边际产出小于平均产出（即不变制度工资），费景汉和拉尼斯把 D 点以后 DA 量的农业劳动力称为"伪装失业者"。伪装失业者由两部分构成：一部分为边际生产力等于零的"多余劳动力"，即图2—2（b）中代表农业劳动量的横轴的 CA 部分；一部分为边际生产力大于零但小于平均产出的劳动力，表现为图2—2（b）中横轴的 DC 部分。"伪装失业者"这一概念也可由图2—2（c）作出说明。不变制度工资曲线 SU 与劳动边际产品曲线 VHCA 相交于 H 点，H 点表示劳动的边际产出与平均产出（不变制度工资）相等。与 H 点相对应，劳动的投入量为 OD。超过 OD 量的农业劳动力 DA 即为"伪装失业者"，其中 CA 部分为"多余劳动力"。

在"多余劳动力""伪装失业者"以及"不变制度工资"等概念的基础上，费景汉和拉尼斯把伴随工业部门扩张的农业劳动力的流动过程分

---

① ［美］费景汉、拉尼斯：《劳动剩余经济的发展》，北京：经济科学出版社1992年版，第12页。

为三个阶段。

第一阶段："多余劳动力"的转移阶段，即图2—2（b）、图2—2（c）中CA部分的劳动力流向工业部门的阶段。这一阶段的基本特征是，从农业劳动力转移的全过程来看，该阶段是农业劳动力转移的最初阶段，即在劳动力剩余经济中，这部分劳动力最早流向工业部门。从转移的内容来看，这一阶段流出的劳动力是农业部门的"多余劳动力"，其边际生产力等于零。从转移的后果来看，由于这一阶段流出的劳动力的边际生产力等于零，他们的流出不影响农业总产出，不会带来粮食的短缺，因而也不会造成工业部门贸易条件的恶化和工业工资水平的上升。因此，这一阶段是工业化的无代价阶段。

第二阶段：图2—2（b）、图2—2（c）中DC部分农业劳动力流向工业部门的阶段。与上一阶段不同，这一阶段是在"多余劳动力"完全流出农业部门之后才发生的，这时流出农业部门的劳动力，其边际生产力大于零，但边际产出小于农业劳动力的平均产出。由于边际生产率为正数，这部分劳动力由农业部门流向工业部门，就不再是无代价的了。首先，他们的流出将导致农业总产量的减少，在图2—2（b）中，表现为从E点开始，总产量曲线从左向右逐渐回落。同时，由于农业总产出减少，在农业部门消费不变的情况下，提供给工业部门的粮食不足以按不变制度工资满足工人的需要，于是，粮食价格上涨，工业工资也随之提高。在图2—2（a）中，在P2点之后，劳动供给曲线开始上升，表明劳动雇用量的增长，要比以前付出更高的工资代价。

第三阶段：即图2—2（b）、图2—2（c）中DA量劳动力全部流出之后的更多的农业劳动力流向工业部门的阶段。经过一、二两个阶段，"伪装失业者"已全部流出农业部门。进入第三阶段，农业劳动力的边际产出开始大于平均产出。如果工业部门要吸引这部分劳动力离开农业部门，就不能再按等于平均产出的不变制度工资支付报酬，而必须按照其边际产出支付报酬，随着吸引的劳动量的增加，报酬水平必须不断提高。即是说，工资水平不再由制度因素决定，而转由市场力量决定，农业劳动力已变成竞争性上市场的商品。在图2—2（c）上，工资曲线SU从H点开始向右上方上升。SHV曲线即为农业劳动力由A到D再向0接近的逐渐转移过程中的工资变动轨迹。

（二）农业部门商业化与农业发展的完成

在农业劳动力流向工业部门的三个阶段中，由于不同阶段农业劳动力的边际生产力不同，农业劳动力的转移对整个经济发展的影响也不同。第一阶段，劳动边际生产力等于零，农业平均剩余等于不变制度工资，农业多余劳动力流入工业部门，不会产生粮食短缺问题，也不会影响工业部门的现行工资水平。第二阶段，劳动边际生产力大于零小于平均产出，农业平均剩余小于平均产出（不变制度工资），这部分农业劳动力流入工业部门，则会造成农业总产出的减少和工业部门粮食供给的短缺，进而将导致工业工资的上升（即图2—2（a）中的SS'曲线中的 P_2P_3 部分）。费景汉和拉尼斯把第一阶段和第二阶段的交界处（即图2—2（b）、图2—2（c）中的C点）称为短缺点。其含义是，当农业劳动力流出量超过这一点时，将出现粮食短缺。第三阶段，由于边际劳动产出大于不变制度工资，工业部门不能继续以不变制度工资雇用到劳动力，而必须把工资提高到至少等于农业劳动边际产品价值的水平；这时，农业部门的边际生产力等于工业部门，农业劳动力已成为竞争性商品，与工业部门一样，农业部门也被商业化了。因此，第三阶段即农业部门的商业化阶段。费景汉和拉尼斯把第二阶段与第三阶段的分界处（即图2—2（b）、图2—2（c）中的D点）称为商业化点。越过这一点，劳动供给曲线迅速向右上方升起，如图2—2（a）中 P_3S' 线所示。进入这一阶段，农业部门也就完成了从传统部门向现代化部门的发展过程，整个经济由二元结构变为一元结构。

费景汉和拉尼斯认为，发展中国家经济发展的最大困难在第二阶段。因为，进入第二阶段以后，农业总产出因农业劳动力的减少而减少，从而出现粮食短缺，进而引起粮食价格和工业工资的上涨。农业劳动力流出越多，粮食价格越高，工业工资上涨也越快，工业劳动供给弹性趋小。结果，在"伪装失业者"全部流入工业部门之前，农业劳动力的流出就将会受到阻碍，工业部门的扩张就会因此停滞下来。当然，农业部门也就不会进入商业化的发展阶段。

因此，发展中国家经济发展的关键，在于如何把农业部门的"伪装失业者"全部转移到工业部门中去，或者说，在于如何实现第二阶段向第三阶段的成功过渡。实现这一成功过渡的根本途径，是在农业劳动力流出过程中，不断地提高农业生产率。如果生产率的提高足以抵偿农业劳动力流出带来的产量损失，那么，农业平均剩余就不致降低，工业工资也不会升高。这样，工业部门的扩张就不会受到阻碍，农业发展也不会出现停滞。换句话说，农业生产率提高的重要意义在于，它可以把短缺点向后推移。如果农业生产率的提高可以满足工业部门不断扩张的粮食需求，短缺点就会与商业化点重合为"转折点"。那时，农业发展就进入商业化和现代化阶段。

四　刘易斯—费景汉—拉尼斯模型的否定之否定

刘易斯—费景汉—拉尼斯模型是对发达国家曾经经历过的经济发展道路的理论概括，具有一定的历史经验基础。但这一理论特别是刘易斯模型提出之后，受到来自理论研究和发展实践方面的种种挑战：刘易斯模型关于城市不存在失业、农村剩余劳动力被吸纳完毕前城市部门实际工资保持不变、农村零值边际生产力的剩余劳动，以及城市工业的就业创造率与其资本积累率成正比等种种假定，不符合发展中国家的实际情况。也不能对发展中国家城市失业与农村人口流入城市同步增长现象作出合理解释。更为严重的是，这一模型在发展初期大多造成对农业的过度损害。

（一）托达罗模型对刘易斯模型的否定

托达罗（Todaro，M. P. 1988）从发展中国家城乡普遍存在失业的前提出发，提出了他的乡城人口流动模型。托达罗模型的政策含义与刘易斯模型相反：第一，城市就业机会的创造无助于解决城市的失业问题。如果听任城市工资增长率一直快于农村平均收入的增长率，尽管城市失业情况不断加剧，由农村流入城市的劳动力仍将源源不断。城市就业机会越多，诱导了人们对收入趋涨的预期，从而造成城市失业水平越高。第二，改变政府干预城市工资水平形成的政策。政府干预城市工资水平特别是制定最低工资线，并对城市失业人口给予最低生活补贴，会导致要素价格的扭曲，带来更多农村劳动力进入城市，使城市失业率更高。第三，调整教育投资结构。农村人口的教育学历越高，其向城市转移的预期收入越高，不加区别地发展教育事业，会加剧劳动力的迁移和城市失业。因而"应当减少发展教育事业方面的过度投资，特别是在高等教育方面更应如此"。①
第四，重视农村与农业发展，缩小城乡经济机会的不均等，扩大农村中的
就业机会。超出城市就业机会供给的农村劳动力的迁移，既是发展中国家
不发达的标志之一，又是加剧不发达的因素。并且，"由于现代工业部门
的大多数职位需要大量的补充资源的投入，使得城市职位的创造远比农村
职位创造困难，代价也更为昂贵"。②"要解决城市失业问题，最重要的是
农村和农业的发展，……恢复城市和乡村在实际收入方面的适当平衡。"③

与刘易斯重点分析农村失业问题相反，托达罗将分析的重点放在城市
失业问题的解决方面；与刘易斯将经济发展的重点放在城市工业部门相
反，托达罗特别强调农业部门和农村发展的重要性。如果说，前者是一个
城市化战略模型，那么，后一模型则包含着抑制城市化的倾向。

（二）托达罗模型的实践回应

20 世纪 60 年代以来，中国乡城人口流动实践与托达罗模型极为吻
合：用户籍制度和行政手段限制农村人口向城市迁移；控制城市特别是
大、中城市的发展；大搞农田水利建设，在农村建立科技推广站、农机站
等，扩大农村中的就业机会；动员 2000 万知识青年去农村就业，缓解城
市就业压力；在"以粮为纲"、"粮食安全"原则的指导下，强调农业发
展的特殊重要性；改革前兴办"五小"工业，改革后一段时间采取离土
不离乡、进厂不进城的方针，实现乡村工业化；等等。中国的发展实践表
明，否定刘易斯模型的托达罗模型，并没有为发展中国家的成功发展找到
一条可行的道路，反而，将国民经济特别是农业的发展推入更加困难的
境地。

1. 农业发展的低水平均衡

托达罗模型从两个方面加大了农业和农村发展面临的人口压力：过分
强调农村就业的积极意义和可行性，限制了农村剩余劳动力向城市转移；

---

① ［美］M. P. 托达罗：《第三世界的经济发展》，北京：中国人民大学出版社 1988 年版，
第 356 页。

② 同上书，第 347 页。

③ 同上书，第 358 页。

庞大的人口存量和低生育成本，导致了农村人口的过速增长。有人估计，抑制城市化政策的推行，35 年来中国多生育人口至少达 2 个亿（周天勇，2001）。

在高农业人口比重的条件下，农业资本的积累能力很低，资本始终是比劳动力更为稀缺的资源；农业资本的边际生产力即使较高，也会由于高资本含量的机械技术的推广，会剥夺无其他就业机会的一部分农业劳动力的生活出路，因而不能形成这一技术普遍运用的现实条件。

托达罗模型为农业现代化进程中的制度变迁带来诸多困难。首先，在高度人口压力下，以利润最大化为目标的企业化农业是不可能实现的。其次，人—地比例关系的高度紧张，必然导致农业的超小规模经营，现代农业所要求的适度经营规模难以建立。最后，在小规模经营的条件下，近距离、面对面的初级市场交易，取代规模大、范围广和远距离的高级市场交易，成为农产品的主要交易类型，高级市场交易的比重难以提升，市场关系难以得到充分发展。

高农业人口比重抑制着农业结构调整的收入效应。农产品国内市场的扩大受到非农人口规模相对较小的限制；由于小规模所决定的高成本，农业的国际市场的拓展能力必然较弱；农业资源农内调整与农外转移相比，前者的收入效应低于后者；更为重要的是，根据恩格尔定律，食物需求的收入弹性是递减的。这说明，在托达罗模型中，农业结构调整不可能持续地大幅度地提高农民收入，不可能平衡中国农业与非农产业之间业已存在的巨大收入差距。

2. 经济增长的高昂成本

依照托达罗的政策建议，经济发展走的是一条空间分散型的资源配置道路。空间分散的人口、企业、基础设施、市场等给经济发展造成以下问题：因距离较远，技术和信息交流较慢，运输、交易和要素获得等成本大大上升；在乡村投资所建的企业，因人口分散，商品性消费比重低，市场容量不足；分工协作企业因距离较远和基础设施条件差而外部不经济；劳动力和企业家市场狭小，很难获得高素质的劳动力资源和企业管理人才；稀缺土地资源利用不经济，同样的产出水平，由于居住、市场、企业极为分散，需要的土地资源成倍上升。[①]

农村人口变为城市人口，其自给性消费占较大比重转化为完全商品性消费；城市居民能够获得比农民更高的收入，因而可以有更多的消费支出；城市居民的消费环境比农民优越，消费领域比农民广泛。同时，人口和经济活动在城市集中，还创造出对城市基础设施的需求。托达罗模型的反城市化倾向，在很大程度上抑制了国内市场的潜在需求，因而使国民经济增长的拉力不足。在20世纪90年代，中国经济持续在低谷运行和回升无力，很大程度上是托达罗模型所导致的国内需求不足的结果。

3. 经济结构的低度化与次级分化

钱纳里等人（1995）认为："发展就是经济结构的成功转变。"[②] 所谓经济结构转变，即城市非农经济比重的提升和农村农业经济比重的下降，伴随这一转变，城乡经济发展差距逐渐缩小乃至最终消失。在托达罗发展模型中，二元结构矛盾非但没有缓解，反而被不断强化。中国工业与农业之间的相对国民收入差异，1952年是4.56倍，1985年仍为4.54倍，1999年则提高到6.38倍。1952年，中国城乡居民消费水平之比为2.4:1，1993年达到3.2:1，1999年进一步提高到3.5:1。[③]

在城市化进程滞后的条件下，农业剩余劳动力的出路只有两条：（1）盲目流入城市。由于现有城市工业部门不可能提供充分的就业机会，流入城市的农业劳动者会因找不到稳定的工作而沦为棚户和贫民窟的居住者。他们只能从事一些可能的个体劳动，成为个体手工业者、小商小贩、搬运工、擦皮鞋者以及保姆等。在这些行业中，人们一般在较为困难的物质条件下从事长时间的劳动，收入微薄。这样，城市部门被分为两个次级部门：一个是有组织的、主要是工业的正式部门，另一个是无组织的非正式部门。（2）由于剩余劳动力不可能被现有城市部门完全吸收，相当一部分愿意进入但无法进入城市的农民只能继续留在农村。这将导致农村部门也向两个次级部门演化：一个是受城市现代经济影响而形成的有组织的正

---

① 周天勇：《托达罗模型的缺陷及其相反的政策含义》，《经济研究》2001年第1期。

② ［美］H. 钱纳里等：《工业化和经济增长的比较研究》，上海：上海三联书店、上海人民出版社1995年版。

③ 参见郭剑雄《二元经济与中国农业发展》，经济管理出版社1999年版。

式部门，它包括商业化农场、种植园等。它们采用现代化管理和先进的生产技术，雇用工资劳动者。另一个是以小农户为组织载体的继续保持原样的传统农业。在传统农业中，农民为家庭消费而生产，收入来源单一且微少。

（三）刘易斯模型对拉尼斯模型的再否定

毫无疑问，在托达罗模式的发展框架内，不可能找到突破其困境的缺口。走出托达罗模型困境的可行选择，是降低农业人口比重，缓解农业发展面临的巨大人口压力。唯其如是，才能够摆脱由于劳动力比重过大而导致的农业部门资源配置的低效率均衡；才能够加速农业部门的技术创新特别是机械技术进步，有利于提高农业劳动生产率和增加农民收入；才有利于农业部门的企业化、规模化经营，确立起现代农业所要求的产权基础、组织形式和交易体系；才有利于打破二元经济社会结构的对立，实现产业结构的转换与升级，缩小乃至消除城乡之间的收入差距；才能够有效地、持久地扩大国内市场需求，推动国民经济持续、稳定增长。

降低农业和农村人口比重的必然选择是加速城市化进程。如果说20世纪60年代以来，中国经济发展战略在很大程度上是托达罗模式的不自觉实践，那么，在21世纪，我们必须将刘易斯—费景汉—拉尼斯模型作为发展战略重点的自觉选择。事实上，无论是在理论界还是实际决策部门，已经充分认识到了加速城市化对于中国经济当前和今后发展的决定性意义。否定刘易斯模型的托达罗模型，面临着刘易斯模型的否定之否定。经济发展理论自身的成长，伴随着现实经济发展战略重点的转换，走出了一条螺旋式上升的道路。

必须注意到，中国当前经济发展面临的约束条件，与刘易斯模型的基本假设存在着很大距离。结合中国的实际，需要对刘易斯模型的基本假设作出修正和补充：第一，放弃刘易斯模型只有农业和农村存在剩余劳动力而城市无失业的假设，承认中国城市部门与农村部门的失业是同时存在的。第二，放弃刘易斯模型城市部门资本积累率与就业机会创造率成正比的假设。随着产业结构的高度化，在现有城市工业部门，就业机会创造率趋于下降是一条客观规律。第三，农业剩余劳动力被吸纳完毕之前，城市工资水平维持不变是脱离实际的。必须面对中国城乡居民收入增长率存在明显差距和城乡收入水平不断拉大的现实。第四，虽然农业劳动的边际生产力不一定如刘易斯所说等于零，但刘易斯无限剩余劳动供给的假设直至目前仍然是能够成立的。

上述基本假设的修正，并不否定刘易斯模型的城市化含义，而是从中国当前经济发展面临的实际情况出发，赋予了刘易斯模型城市化新的内容。

中国的城市化必须从三个方面同时推进：（1）现有大城市通过吸纳部分农村人口实现人口规模的扩张；（2）通过农村人口向现有中、小城市（镇）的较大规模转移，扩大现有中、小城市（镇）规模，并使部分中、小城市（镇）发展成为大城市和中等城市；（3）在合理规划的基础上，在农村地区建立新城市。不能否认第一层面的城市化对于缓解中国农村人口压力的积极意义，但以此作为农业剩余劳动力转移的主渠道，中国城市化进程可能无法完成，经济发展走出托达罗困境的前景也将变得非常渺茫。中国城市化的重点只能放在第二和第三两个层面上，即农业剩余劳动力转移的主要出路，是新兴城市的建立和现有中、小城市的扩张。

在中国城市化进程中，增长的城市人口的就业出路是：（1）两大产业一个重点。从中国产业结构的现状来看，工业化程度已相当高，工业部门的扩张空间相对较小；第三产业比重，不仅大大低于发达国家水平，而且与同等发展程度的发展中国家相比也存在着相当差距，其发展空间相对较大。因而，在城市两大产业中，第三产业是城市化人口的主要就业出路。（2）三类企业两个重点。在城市大、中、小三类企业中，大型企业由于技术不断升级和资本有机构成逐步提高，就业机会的增长率很低，对低技术能力的农村转移劳动力几乎不存在需求。因此，农村人口城市化的就业空间将主要集中在中、小企业。（3）经济增长与就业机会的创造。在一个停滞和低增长的经济中，即使在第三产业和中、小企业，新就业机会的创造也将是缓慢的。就业机会的不断扩张，只有在经济加速增长的过程中实现。城市化—经济增长加速—就业机会增长—城市化水平提高，是城市化良性发展的必由路径，其中经济增长速度是决定城市化进程的关键因素。

参考文献

［美］费景汉、古斯塔夫·拉尼斯：《劳动剩余经济的发展》，北京：经济科学出版社1992年版。

［美］费景汉、古斯塔夫·拉尼斯：《增长和发展：演进的观点》，北京：商务印书馆2004年版。

郭剑雄：《二元经济与中国农业发展》，经济管理出版社1999年版。

［美］阿瑟·刘易斯：《二元经济论》，北京：北京经济学院出版社1989年版。

［美］H·钱纳里等：《工业化和经济增长的比较研究》，上海：上海三联书店、上海人民出版社1995年版。

［美］M. P. 托达罗：《第三世界的经济发展》，北京：中国人民大学出版社1988年版。

［日］早见雄次郎（速水佑次郎）、［美］弗农·拉坦：《农业发展：国际前景》，北京：商务印书馆1993年版。

周天勇：《托达罗模型的缺陷及其相反的政策含义》，《经济研究》2001年第1期。

第 三 章

中国农业劳动力转移的泛工业化模型[*]

一 中国农业发展面临的人口压力

截至 1994 年，中国 12 亿人口中，仍有 71.38% 的人口为农业人口。85000 多万农业人口，给中国农业发展形成巨大压力，使农业生产呈现出两头"紧"中间"松"的运行格局。

（一）两大资源的紧配置

耕地资源的紧张分配。这种紧张态势具体表现在：（1）农业人口平均耕地面积甚少。1994 年，中国耕地总面积为 14.24 亿亩，农村居民人数为 85549 万人。每个农业人口平均占有耕地仅 1.66 亩。这一数量不及美国农村居民人均占有耕地 23 亩的 1/14，也不及印度农业人口人均耕地 3.85 亩的 1/2。（2）农户土地经营规模过小。1994 年，中国农户总数已超过 2.3 亿户，与 1994 年拥有的耕地总面积相折算，户均耕地面积不足 6.2 亩。如此小的土地经营规模在世界各国是罕见的。（3）耕地利用方向狭窄。由于现有耕地承载的人口数量过大，使得解决农业人口吃饭问题成为耕地利用的首要选择。在农作物总播种面积中，粮食作物特别是谷物的播种面积占很高比例。1994 年，中国粮食播种占农作物总播种面积的 74%；谷物播种面积又占粮食播种面积的 80%。

---

 * 本章内容由发表在《人文杂志》（1997 年第 1 期）的《泛工业化：突破中国农业发展人口障碍的门径》和发表在《经济改革》（1997 年第 1 期）的《泛工业化模型与农业剩余劳动力转移》两篇文章合并整理而成。合并整理时仅对个别文字做了改动，保留了原文观点，原文数据也未更新。

农业劳动的紧张就业。到 1994 年，中国农业劳动总量约 3.4 亿人。如此庞大的农业劳动人数，使中国农业部门成为吸纳就业最为紧张的部门。为了说明中国农业部门劳动就业的紧张关系，笔者引入了"农业部门就业密度"这一指标。这一指标由农业劳动占总劳动人数的比重与每百公顷耕地承载农业劳动人数两个项目的加权平均数形成（见表 3—1）。

表 3—1 表明，中国农业部门的就业密度不仅远远大于美、英等完成农业现代化改造的发达国家，而且明显大于巴西、印度这些传统农业仍居重要地位的发展中国家；不仅超过耕地资源丰裕的美国的几十倍，而且也是耕地资源相当稀缺的日本的 5 倍以上。

表 3—1 不同国家农业部门就业密度比较

国家	农业劳动力占总劳动力的百分比（%）	中国农业劳动力比重与其他国家的比较 中国 = 100 ①	每百公顷耕地承载农业劳动力人数 单位：人	中国每百公顷耕地承载农业劳动力人数与其他国家的比较 中国 = 100 ②	就业密度 （①＋②）/2
美国	2.7	4.79	1.89	0.54	2.76
英国	1.8	3.31	7.80	2.23	2.77
德国	2.9	5.34	7.80	2.23	3.79
法国	4.4	8.10	6.10	1.74	4.92
日本	5.8	10.68	94.40	26.97	18.83
巴西	22.0	40.51	28.65	8.18	24.35
印度	75.0	138.12	156.53	44.72	91.42
中国	54.3	100	350	100	100

说明：①除印度外，以上数字均根据《中国统计年鉴 1995》数字列出或推算得出。②中国的两项数字均为 1994 年的，印度为 1990 年的，其他国家农业劳动占总劳动比重为 1993 年的，每百公顷耕地承载农业劳动人数根据 1992 年耕地总面积与 1993 年农业劳动人口计算得出。

（二）农业产出的紧缩状

农业劳动生产率低。1985 年，发达国家平均每个农业劳动者生产的谷物达 15300 公斤，而同年，中国每个农业劳动者生产的谷物量仅为 1048.5 公斤，前者是后者的 14.59 倍。如果与美国相比，农业劳动生产率的差距就更大。据有关资料，美国一名农业劳动力每年可生产 8.5 万公斤粮食；1994 年，中国粮食总产量为 4450 万吨，种植业劳动者为 28870 万人，每个种植业劳动者生产粮食约为 1540 公斤。仅此一项指标来看，中国农业劳动生产率只及美国的 1/55。中国农业劳动生产率也明显低于国内非农产业的劳动生产率。1994 年，占全国劳动力总数 54.3% 的农业劳动力只生产出占国内生产总值 21% 的农产品。这意味着非农产业劳动生产率是农业生产率的 5 倍之多。

农业产品商品率低。2/3 以上国民在农业部门的巨量沉积和耕地资源的紧缺，使中国农业呈现出"口粮农业"的突出特征。农业部门生产的粮食必须首先满足这 2/3 以上国民自身的食品需要，农业部门为非农部门提供的商品粮受到严重制约。1957 年至 1978 年的 20 年间，国家向农民的粮食收购量占粮食总产量的比重，一直维持在 20%—25%，而净收购量仅占总产量的 15% 左右。改革开放以来，粮食商品率有所提高，但提高得极其有限。据对 26810 个样本农户的调查，1987 年平均每户生产粮食 2606 公斤，出售 844 公斤，商品率为 32.4%。如果除去合同订购量 557 公斤，市场交易量仅为 287 公斤，占总产量的比重只有 11%。[①]

（三）生产过程的松弛态

土地对劳动吸纳有限——劳动利用松弛。由于非劳动资源特别是土地资源的稀缺，使得农业的现实就业量与可容就业量之间存在着巨大的落差，相当大比例的农业劳动力成为农业部门并不需要的过剩劳动力。据调查测算，依据 20 世纪 90 年代中期的农业非劳动资源存量，农业部门可容

---

① 资料来源：国务院农村发展研究中心联络室编《土地规模经营论》，北京：农业出版社 1990 年版，第 16 页。

纳劳动力约为 15025 万，在 28870 万总劳动力中，其余 13845 万即为农业过剩劳动力或隐蔽失业人口，隐蔽失业率达 31%。[①] 表明我国农业劳动资源的利用存在着巨大浪费。

土地对劳动报酬有限——土地利用松弛。由于劳均耕地面积小和非农业就业机会的大量出现，进入 20 世纪 80 年代中期以来，中国农民出现了普遍的兼业化倾向。当非农就业收入成为家庭主要收入来源而土地经营收入只占很小比例时，农户经营土地的目标就会变成保障家庭获得稳定的口粮供给。同时，由于非农就业风险的存在，继续保留土地又是一种"就业保险"措施。在这种背景下，农户对土地往往会实行粗放耕作乃至撂荒。据 1993 年农业部百县万户蹲点调查，安徽省巢湖市 1990 年撂荒耕地 3918 亩，1992 年骤增到 18659 亩，占到总耕地面积的 2.35%。湖北省新洲县 30 个村至 1993 年 8 月共有 928 户撂荒土地 2488.4 亩，分别占农户和耕地总数的 9.6% 和 4.6%。如果说，农业劳动力过剩和闲置是一种资源浪费，是十分可惜的，那么，土地资源的撂荒，则是更为痛心的，因为它是发生在中国土地资源极其稀缺前提下的一种悖谬现象。

二　人口压力缓解与农业发展的相关性

（一）经验考察

所谓农业发展，即把传统农业转变为现代农业的过程。从世界各国的经验来看，农业发展程度的高低与农业部门承受的人口压力大小存在着明显的相关性。

1. 截面分析

农业发展是国民经济发展的一个组成部分。在表 3—2 中，农业发展程度越高的国家，农业劳动人口在总劳动人口中所占的比重越低；农业发展程度越低的国家，农业劳动人口所占的比重越高。说明，农业发展程度与农业劳动力比重即农业部门的人口压力呈负相关关系。

---

① 资料来源：《经济研究》1996 年第 5 期，第 41 页。

表 3—2　　　　　　　不同国家农业发展程度与农业劳动力比重

国家	农业发展程度指标		农业劳动力比重（%）（1989 年）
	人均 GNP（美元）（1989 年）	农业劳动产出量（吨小麦/人）（1980 年）	
印度	340	3.1	66.8
中国	350	1.1[①]	68.2
巴基斯坦	370	4.2	50.2
埃及	640	4.6	41.0
菲律宾	710	5.9	47.2
南非	2470	16.7	14.1
英国	14610	116.3	2.0
美国	20910	285.1	2.4
日本	23810	27.5	6.8

①农业劳均粮食产量。

资料来源：郭熙保：《农业发展论》，武汉：武汉大学出版社 1995 年版；《中国统计年鉴 1995》，中国统计出版社 1995 年版。

2. 动态分析

在过去一百多年的时间里，英、法、德、美、日等国都先后完成了农业现代化改造。表 3—3 表明伴随着农业现代化改造的完成和现代化程度的进一步提高，这些国家的农业劳动力比重在不断下降。这就进一步证实了前面截面分析中所得到的农业发展程度与农业部门人口压力呈负相关的结论。

表 3—3　　　　　　五个发达国家农业发展过程与农业劳动力比重变化

国家	年份	农业劳动力比重（%）
英国	1800	35
	1841	23
	1901	9
	1921	7
	1980	2.6

国家	年份	农业劳动力比重（%）
法国	1866	43
	1911	30
	1955	20
	1980	5.5
德国	1852—1858	54.1
	1907	37.1
	1939	26.0
	1964①	11.3
	1980	5.8
美国	1840	68
	1870	51
	1910	32
	1960	8.1
	1980	3.5
日本	1872	85
	1900	71.1
	1920	54.6
	1964	27.6
	1980	11.2

①1964年后指联邦德国。

资料来源：根据郭熙保《农业发展论》表2—3中的有关数据列出。

（二）理论说明

农业发展与农业劳动力比重下降的规律性关联，不仅可以从农业发展国际经验的观察中得到，也可以从理论上作出说明。

农业发展与现代要素的投入。从某种意义上说，从传统农业向现代农业的发展过程，同时就是具有现代性的新生产要素在农业部门投入的增长过程。现代要素与传统要素的区别在于，传统要素都是从农业部门内部和大自然中获取的，技术含量很低，运用这种技术从事农业生产所需的劳动力密度必然大；而现代要素大都是由农业部门外部的现代工业部门提供的，这些现代要素凝结着现代科学技术的进步，它们在农业部门投入的增长，使农业生产效率特别是农业劳动生产率不断提高。在耕地面积不变或变化不大的情况下，农业劳动生产率的提高必然使农业部门劳动力容量趋于下降。

农业发展与农业生产目标的转换。传统农业技术原始、生产率低下，农民经常处于生存边缘，同时，传统农民抗灾能力很低，农业生产受自然环境影响较大，从而给他们的生存带来威胁。受生存原则支配，传统农民必然以产量最大化为其生产目标。传统农业中，增产的主要手段是加大劳动投入。在小农生产条件下，劳动由家庭成员提供，而家庭成员的劳动是不需支付费用的。在没有其他就业出路的情况下，其劳动的机会成本又为零。这样，生产中的劳动投入会直到劳动的边际产量等于零为止，即只要增加劳动投入能带来大于零的产出，就会继续投入劳动。劳动的高集约度必然导致传统农业较大的劳动力比重和较多的农业人口。现代农业中的农场主由于收入和生产水平远远超过最低生存需要，其经营目标是利润最大化。在一种要素为可变投入的情况下，利润最大化原则是边际收益等于边际成本。由这一原则决定，现代农业中农场主的劳动投入边际就有别于传统农业中的农户。农场主雇用劳动力需支付工资，只有当劳动的边际收益大于工资的时候，农场主才会增加劳动投入；否则，就减少劳动投入。所以，在现代农业中，劳动投入的集约度要小于传统农业。随着传统农业向现代农业的转变，农业部门的劳动集约程度下降，劳动力比重减少。

如果说，中国农业发展也就是要把中国的传统农业改造为现代化农业，中国农业的现代化也必然意味着农业部门现代生产要素投入的增长和农业生产目标的转换，那么，降低农业劳动力比重，缓解农业人口压力，也就是中国农业发展的题中应有之义。

三　泛工业化模型的含义及其就业效应

（一）泛工业化模型的基本含义

1. 泛工业化模型的理论基础

如何实现农业剩余劳动力转移？国内外理论界对此已有过深入探讨，其主要成果可以概括为以下两种模型。

城市工业化模型。即通过城市工业部门的不断扩张来吸纳农业部门剩余劳动力的劳动力转移模式。这一模式首先由美国著名经济学家阿瑟·刘易斯在20世纪50年代提出。在这一模式中，由于工业工资水平与农业劳动收入水平之间存在着明显差异，在不存在人为障碍的情况下，农业剩余劳动力会源源不断地流向工业部门。工业部门吸纳农业剩余劳动力后，便可扩大生产，增加利润；增加的利润转化为资本，又可以雇用更多的农业剩余劳动力，进一步扩大生产。如此循环往复，直至农业部门剩余劳动力全部被工业部门吸收为止。刘易斯模式提出后，曾受到高度关注，并成为20世纪五六十年代发展中国家推动工业化进程的重要理论支柱。

农村非农化模型。发展中国家的工业化进程非但没有有效地解决农业剩余劳动力转移的问题，而且严重地制约了农业的发展。从20世纪70年代起，西方一些经济学家和许多发展中国家的决策者们又重新开始把解决农业剩余劳动力就业问题的中心，由城市转向农村。改革开放以来，中国农村非农产业主要是乡镇企业的崛起，为农业剩余劳动力转移开辟了广阔的道路。1978年至1990年，平均每年转移到乡镇企业的劳动力约500万人。仅1984—1988年的5年内，乡镇企业就吸纳6000多万人，平均每年净吸纳1200万人。① 面对这一现实，国内许多学者主张，"需要在农村经济自我循环中实现农业的发展"，认为"积极发展（农村）农外产业和大力建设农村集镇是农业剩余劳动力转移……的主要途径"。② "离土不离乡、进厂不进城"是对这一转移思路的典型概括。与"城市工业化模型"比，可以把这一思路称为"农村非农化模型"。这一农业剩余劳动力转移思路是建立在对"城市工业化模型"的反思和批判基础之上的，因此，也可以命名为"城市工业批判模型"。

2. 泛工业化模型含义界定

从中国的具体国情出发，任何单一渠道分流巨量农业过剩劳动力的企图都是难以达到目的的。只有通过多种渠道向多个地域、多种产业实现四溢分流，才能为中国农业发展的人口重负减压。可以把这种多渠道、多地域、多产业分流农业剩余人口的思路定义为"泛工业化模型"。"泛工业

① 周志祥、曹寅初：《农村产业经济》，北京：中国人民大学出版1995年版，第58页。
② 参见周志祥、曹寅初《农村产业经济》，北京：中国人民大学出版1995年版。

化模型"的基本含义由如下两个方面构成：

第一，泛工业化不仅指狭义的工业部门的扩张，而且指包括第三产业在内的整个非农产业的扩张。工业可以有狭义与广义之分，狭义的工业即制造业，广义的工业指二、三产业或非农产业。泛工业概念即广义工业的概念。泛工业概念的依据是，现实世界中的工业化国家并不是制造业化的国家，而是非农产业化的国家。比如，在1987年美国的国内生产总值中，农业部门和制造业部门的产值比重分别2%和19.3%，其余78%以上的产值份额中绝大部分是由第三产业部门提供的，这种产业构成并不影响人们把美国看作工业化国家。习惯上，人们已经把工业化等同于非农产业化即泛工业化。

第二，泛工业化不仅指城市二、三产业的发展，而且特别强调农村地区二、三产业的发展。在产业的地域分布上，二、三产业一般集中于城市。强调二、三产业的发展，人们往往首先想到的是城市产业的扩张。泛工业化概念的提出，不仅强调二、三产业在城市的发展与扩张，而且特别强调二、三产业在农村地区的发展。也就是说，泛工业化的"泛"字所指，不仅是把工业化的概念在产业上泛化，而且在地域上也予以泛化。

概言之，泛工业化是指非农产业或二、三产业在城市和农村两大地域的普遍扩张与发展。

3. 泛工业化模型的选择依据

第一，农业剩余劳动力转移模式的选择只能从本国的具体国情出发。当今中国最大的国情是，占人口70%以上的8亿5000多万的农业人口和占农业劳动力1/3左右的1亿2000多万农业剩余劳动力在农业部门的沉聚。如此庞大的农业人口和农业剩余劳动力成为农业部门向现代化目标迈进的最大障碍。在这种背景下，如果单纯依赖"城市工业化模型"为农业发展减轻人口压力，那将会把中国农业的现代化推向遥遥无期；"农村非农化模型"虽然可以比"城市工业化模型"更为有效地实现农业剩余劳动力的分流，但它忽视城市部门的吸纳作用不能不说是一个缺憾。因为中国是一个城市化水平不足的国家，城市部门的扩张对农业剩余劳动力的吸纳作用是不应当忽视的。"泛工业化模型"正是在中国农业发展面临的人口压力背景下提出来的一种更为有效地实现农业人口分流的理论模型。

第二，农业剩余劳动力转移模式的选择必须符合经济现代化的一般规律。世界各地的发展历史一致表明，随着现代化进程的推进，第一产业产值比重和就业比重大幅度下降，二、三产业产值比重和就业比重却在大幅度提高；二、三产业比重的上升过程同时也是城市化水平的提高过程。因此可以说，由农业文明转向泛工业文明，由农村文明转向城市文明是经济现代化的一般规律。如果说，中国现代化并不能超越现代化发展的一般规律，那么，泛工业化和城市化水平的提高，也就是中国发展的必由之路。正因为如此，我们不主张把"农村工业化模型"作为农业剩余劳动力转移的单一途径。因为它没有确切地昭示现代化发展的一般规律，而"泛工业化模型"可以弥补"农村非农化模型"这方面的缺陷。

（二）泛工业化模型的就业效应

1. 泛工业化与"城市工业化模型"的不同就业效应

与"城市工业化模型"相比，泛工业化路径更有利于农业剩余劳动力的转移。第一，它扩大了农业剩余劳动力转移的空间。泛工业化路径把农业剩余劳动力的吸纳部门由"城市工业化模型"的城市工业的一个部门扩展为城市第二产业、城市第三产业、农村第二产业和农村第三产业四个部门，即整个非农产业部门。形象地说，在农业剩余劳动力这个巨大的"蓄水池"上，现在不只是给它打开一道阀门，而是同时打开多道阀门实现分流。这样，自然可以更为有效地为农业发展减轻人口压力。从中国的具体情况来看，如果没有向其他三个部门的同时分流，依靠城市工业部门吸纳农业剩余劳动力，那将会把中国农业的现代化推向遥遥无期。

第二，它提高了农业剩余劳动力吸纳部门的就业密度。非农产业部门的就业密度，可以由劳动与资本之间的配合比例来表示。在资本既定的前提下，使用的劳动越多，就业密度越高；反之则低。由于城市工业部门的资本有机构成大大高于第三产业部门，也明显高于农村第二产业部门，在社会非农产业新增资本量既定的条件下，其他三个非农产业部门的扩张，可以比城市工业部门的扩张创造出更多的就业机会。据统计，等量投资第三产业容纳的劳动力要比工业多出2—3倍。泛工业化路径，把农业剩余劳动力的吸纳部门扩大到四个部门，不仅意味着扩大了就业空间，同时意味着提高了就业密度，从而增加了农业剩余劳动力的分流量。

第三，它有利于降低农业剩余劳动力的供给弹性。"城市工业化模型"的重点是城市现代工业部门的扩张。在刘易斯看来，在剩余劳动力消失之前，农业不过是一个向城市工业部门输送劳动力的被动的消极的部门。农业的发展，在刘易斯模型中是被忽视的。忽视农业必然导致农业部门的生产率落后于工业部门，而生产率进而报酬率的差异，正是农业剩余劳动力向工业部门转移的动因。这样，工业部门的扩张，一方面在为农业部门吸纳过剩劳动力，另一方面由于固化了工业工资水平与农业劳动收入之间的差距，又成为农业剩余劳动力供给增长的根源。泛工业化路径把农村二、三产业部门作为吸纳农业剩余劳动力最为重要的部门。农村二、三产业的发展可以比城市工业的扩张更为直接地支援农业的发展，农业部门的生产率伴随着农村二、三产的发展而提高，从而一定程度上可以抑制农业剩余劳动力供给的增长。

2. 泛工业化与"农村非农化模型"的吸纳取向差异

由于都强调农村非农产业的发展和农村非农产业对农业剩余劳动力吸纳的主渠道作用，"农村非农化模型"与泛工业化路径有着基本共同点。但在农业剩余劳动力的吸纳取向上，二者又存在着区别。

第一，"农村非农化模型"强调把创造就业机会的重心放在农村的时候，有意无意地排斥或忽视了城市二、三产业对农业剩余劳动力的吸纳作用。泛工业化路径则可以避免这种从一个极端走向另一个极端的倾向。中国是一个二、三产业发展滞后的国家。这种滞后性不仅可以通过农村二、三产业的发展来弥补，而且也需要通过城市二、三产业的发展来推动。从中国国情出发，可以肯定，农村二、三产业对农业剩余劳动力的吸纳量必将远远大于城市部门。但是，也不能由此否定城市部门对农业剩余劳动力吸纳的可能性。这样做，至少在理论上是正确的，在现实中是无害的。

第二，"农村非农化模型"没有从发展的角度明确肯定农业剩余劳动力的转移去向不在农村而在城市。这里的城市既包括现在已有的城市，而且也包括农村城市化而诞生的未来城市。从现代化进程的一般规律来看，农业剩余劳力的转移与农村城市化是同步的。泛工业化路径可以比"工业化批判模式"更清楚地揭示现代化规律，更清楚地指明农业剩余劳动力的转移方向。

第三，"农村非农化模型"有一个非常重要的观点，主张通过农业广度和深度开发，在其内部自我消化剩余劳动力。这表明，这一模式是把就业最大化作为其主要目标来追求的。泛工业化路径与此不同，它把农业现代化作为农业发展的目标，剩余劳动力的转移正是服务于农业现代化目标的。这是因为，"如果限制农业劳动力脱离农业，经济发展就会受到严重削弱"。[①] 劳动密集型技术或者说节约土地技术的应用只能延缓矛盾，而不能从根本上解决农业的发展问题。

四　泛工业化模型的吸纳容量分析

据测算，到 2000 年，中国剩余劳动力将超过 2 亿。泛工业化模型是否可以吸纳达 2 亿多劳动力在非农部门就业呢？

（一）农村非农化扩展的吸纳量

20 世纪 70 年代末以来，中国乡镇企业的崛起已经吸纳了 1 亿 2000 多万农业剩余劳动力在非农部门就业。随着农村非农产业的进一步发展，对农业剩余劳动力的需求还将增长。

我们仅以乡镇企业来代表农村非农产业。乡镇企业对农业剩余劳动力的吸纳量，主要取决于乡镇企业今后将如何发展。中国农业科学院的学者根据中国乡镇企业发展的阶段性，确立了中国乡镇企业今后发展的三种水平方案：低水平方案，采用 1988—1991 年的乡镇企业年均增长率确定的发展方案；中水平方案，采用 1978—1992 年乡镇企业平均增长率确定的发展方案；高水平方案，根据 1983—1988 年乡镇企业腾飞阶段的平均增长率确立的方案。他们分别测算了到 2000 年三种方案下乡镇企业吸纳的劳动力数量。到 2000 年，若依据低方案发展，只能吸收 1.57 亿劳动力就业；若依据中方案发展，可以吸收 2.75 亿劳动力就业；依据高方案发展，则将吸收 6.35 亿劳动力就业。也就是说，依据三种不同发展方案，到 2000 年，中国乡镇企业对农业剩余劳动力的吸纳增量分别为 0.37 亿、1.55 亿和 5.15 亿。他们认为，在这三种方案中，低水平方案虽然有可能出现，但与中国摆脱人口压力实现农业发展的初衷不符，高水平方案在理

---

① 参见［美］马尔科姆·吉利斯等《发展经济学》，北京：经济科学出版社 1989 年版。

论上和实践中却很难行得通，只有中水平方案比较合适而且可行。[①]

我们以为，把中方案作为乡镇企业发展目标是有一定道理的，至少是我们可以力争实现的目标。这就是说，关于农村非农化扩展对农业剩余劳动力的吸纳量，我们即以上述中方案作为依据。但需做一点补充，2000年并不是一个严格的时间界限，实现这一目标的时间可以有一定的弹性。

（二）　城市化水平提高的吸纳量

与经济发展水平相比，中国的城市化[②]进程是滞后的。首先，中国城市化水平明显低于同等收入水平的国家。1992年发展中国家的城市人口比重达到44%左右，而1994年中国城镇人口的比重只有28.62%。中国的城市化水平低于包括巴基斯坦、尼日利亚在内的多数发展中国家，只高于泰国、孟加拉国等少数几个发展中国家。其次，中国城市化进程与工业化进程明显不同步。1952—1978年，工业生产增长了16.5倍，城镇人口比重由12.4%上升到17.9%，仅增长了5.5个百分点。1952年。非农劳动力比重16.5%，城市人口比重12.5%，二者相差仅4个百分点；到1992年，非农劳动力比重增加到41.5%，城市人口比重增加到27.6%，二者差距放大到近14个百分点。

中国城市化进程滞后的原因，是由于采取了抑制城市发展的政策人为造成的，而抑制城市发展政策的实施又根源于对城市化的片面认识。随着改革开放的深入，对城市化已取得了新的认识，城市发展政策也在改变。可以预想，在通向21世纪的经济发展过程中，中国的城市化水平必将获得加大提高。只要放弃抑制城市发展的政策，到2000年或其后几年内，中国城市化水平将会提高到40%左右。这一判断的基本依据有二：一是到2000年时，中国人均国民生产总值可达1000美元左右。根据国外一些学者就一个国家人均收入与城市化水平所作的回归分析，在这一水平上，城市化水平即在40%左右。而是根据中国权威经济部门的预测，今后中国每年进入城镇的人口达3000万左右。依次推算，到2000年中国城市化水平亦在40%左右。

---

① 夏之翠、王济民：《对我国乡镇企业劳动力的需求分析》，《经济科学》1995年第6期。
② 本章没有区分城市化与城镇化的差异，两个概念视为同义。

　　城市人口比重如果提高到 40%，到 2000 年，中国城市人口总数将达到 5.2 亿（13 亿×40%），比现在净增城市人口 1.8 亿（5.2 亿－3.4 亿）。根据相关资料，在中国新建城镇和重大扩建城镇中，劳动人口占总人口的比重可达 70% 以上。[①] 即以 70% 计，那时由于城镇化扩张新吸纳劳动力可超过 1.2 亿（1.8 亿×70%）。

（三）泛工业化模型的吸纳量确定

　　泛工业化是农村非农化和城市化的同时扩展，泛工业化的就业吸纳量，似乎应是农村非农化水平提高的吸纳增量与城市化水平提高的吸纳增量之和。那么，到 2000 年左右，泛工业化发展模型是否可以让 2.75 亿（1.55 亿＋1.2 亿）农业剩余劳动力在非农行业就业呢？不是。在这 2.75 亿个就业岗位中。还须作如下两项扣除：

　　（1）在城市化水平提高所创造的 1.2 亿个就业岗位中，有一部分岗位将由城镇部门的待业劳动者和新增劳动力占用。中国现在待业劳动者超过 400 万，城市内部机关和企业还有将近 2000 万"冗员"，加上新增劳动力，到 2000 年城市富余劳动力将达到 4000 万左右。由于这部分劳动力的素质高于农业转移劳动力，在城市化扩展中，他们将首先就业。这样，城市化扩展可向农业剩余劳动力提供的就业岗位是 8000 万左右。

　　（2）城市化水平提高有两种渠道，一是现有城市规模的扩大，二是新城市的建立。较 1978 年，中国现有城市总数增加了 394 座，年均增加 26 座。随着城市化水平的迅速提高，在中国必将有更多的新城市出现。新城市是由现在的乡村转变而来的，而新城市取代乡村的前提是乡村非农产业的迅速发展。也就是说，乡镇企业的发展和农村非农化水平的提高，将会导致一部分乡村转化为城市。假设 20 世纪 90 年代中期以后城市化水平比 1978 年以来提高 1 倍，年均新设城镇 50 座，每座城镇平均人口 20 万，这样，新增城市的人口容量为 1000 万。以 70% 的劳动人口计算，这部分新增城镇可吸纳劳动力 700 万。因为我们把这部分城镇新增劳动岗位看作由乡村非农产业发展带来的，所以这部分劳动力吸纳量应在农村非农

---

　　① "城镇合理规模"课题调研组：《研究城镇合理规模的理论与方法》，南京：南京大学出版社 1986 年版，第 72 页。

化扩展所产生的就业量中扣除。这样，单纯农村非农化的就业吸纳量就应为 1.48 亿（1.55 亿 - 0.07 亿）。

泛工业化模型的吸纳总量即为作了如上两项扣除的农村非农化和城市化扩张的吸纳量总和，为 2.2 亿至 2.3 亿。按照这一模型，以现有生产力水平计算的农业剩余劳动力数量在七八年之后就可能基本转移完毕。

五　泛工业化模型吸纳量的可行性

（一）资本：泛工业化模型的基本制约因素

泛工业化模型的上述吸纳量，其确定虽有一定的根据，但它的实现并不是自然而然的，而需建立在一定的前提之上。最主要的前提，一是政府必须采取积极鼓励农村非农产业加速发展和城市化扩张的相关政策；二是泛工业化部门的扩张应有必要的新增资本相配套。没有这些基本的条件，泛工业部门的扩张就会受到限制，它的前述吸纳量也就只能是一种假设。

政府是否采取鼓励农村非农产业发展和推进城镇化进程的政策，主要取决于政府决策者对这一政策后果利弊得失的评估。毫无疑义，农村非农化和城镇化发展将积极推动中国的现代化进程，有利于全体社会成员的长远利益和根本利益。因此，我们的判断是，政府的政策并不构成泛工业化发展的掣肘因素。这样，泛工业化模型吸纳量的最基本制约因素就是资本。

生产要素的投入是一种联合投入，劳动和资本又是最基本的生产要素。泛工业部门劳动吸纳量的增长，必然要求资本量也需要相应的增长。泛工业化模型实现前述吸纳量所需的资本量，决定于泛工业部门每吸纳单位劳动力平均占用的资本额的多少。

（1）城市化扩张带来的就业增量所需的资本量。对城镇每安排一个劳动力就业所需的资本量，理论界有不同的估算。有人估计较低，约 1 万元或 1 万多元；[①] 有人估计较高，为 2.5 万元。[②] 取最低值 1 万元来计算，城镇化扩张仅单纯吸纳农业剩余劳动力就需资本 8000 多万元。

---

① 郭书田等：《失衡的中国》，石家庄：河北人民出版社 1990 年版，第 98 页。
② 魏杰：人大复印资料《农业经济》1995 年第 12 期。

（2）农村非农产业新增就业量所需的资本量。如果把农村非农产业的发展仅看作乡镇企业的发展，即使以现有乡镇企业每年占有的资本额来计算，新增 1.48 亿劳动力就业，所需资本量亦是一个庞大的数字。中国乡镇企业现在占用资产总额约 1.5 万亿元，以 1.2 亿职工计算，平均每位职工占用资产 1.25 万元。① 这样，1.48 亿劳动者就需资本近 2 万亿元。

如上两项合计，在泛工业化模型中，实现 2 亿多农业剩余劳动力的转移，就需动员资本近 3 万亿元。在这一资本量的估算中，还存在两个明显不足：第一，城市吸纳单位劳动力就业所需的资本量低于乡镇企业，这肯定与事实相左。第二，没有考虑到资本有机构成的提高。这就是说，按照现在的就业方式，这近 3 万亿元的资本量估算是偏低的。

（二）加速第三产业发展，降低单位劳动力的资本占用量

通过国内积累和国外引进等途径，在短短的七八年里，要动员起 3 万亿元左右的资本量是难以实现的。因此，泛工业化模型的就业扩张，必须走出一条节约资本的新路子。这就是加速第三产业的发展，加大第三产业部门的就业容量。

中国是一个第三产业发展水平很低的国家，表现在第三产业比重不仅低于发达国家，而且也低于大多数发展中国家。低收入国家 1992 年人均国民生产总值是 390 美元，第三产业产值比重平均为 40%；中国同期人均国民生产总值达 470 美元，而第三产业产值比重仅达 38%（世界银行数据）。经济发展水平落后于中国的印度（41%）、巴基斯坦（49%），第三产业发展水平高于中国。

在资本量既定的条件下，第三产业发展不足就会抑制就业量的增长；而在就业量既定的条件下，第三产业发展滞后则会加大资本投入量。这是因为在第三产业部门安排就业所需资本要明显低于工业部门。据有关部门测算，中国每安排一个劳动力需增加的固定资产，在重工业部门为 1 万元，在轻工业部门为 6000 元，而在商业和饮食服务业只需 1000 元。② 二、三产业单位劳动力资本占用之比为 6∶1 至 10∶1. 考虑到流动资本占有量的

---

① 数据来源：《中国统计年鉴 1995》，北京：中国统计出版社 1995 年版。
② 杨玉川：《第三产业概说》，天津：天津人民出版社 1986 年版，第 98 页。

差距较小，这一比例我们可以调整为 5：1。这样，工业部门单位劳动力资本占用为 1 万元的话，第三产业部门只有 2000 元即可。

1994 年，中国第二产业就业比重为 22.7%，第三产业就业比重为 23%，二、三产业就业比重之比约为 1：1。根据法国经济学家的估计，工业部门每增加 1 人就业，就需第三产业增加 3 人至 5 人为之服务。可以肯定，随着第三产业的发展，中国第三产业就业比重也将得到提高。如果在泛工业化模型中，2 亿多新增劳动力在二、三产业间就业量之比实现 1：3，即 5000 多万在第二产业就业，1 亿 5000 多万在第三产业就业，那样，就可使吸纳 2 亿多劳动力所需的资本量减少 2/3。所以，要摆脱泛工业化就业模式所受到的资本限制，就必须加速发展第三产业，提高第三产业部门的就业比重。舍此，别无佳途。

参考文献

"城镇合理规模"课题调研组：《研究城镇合理规模的理论与方法》，南京：南京大学出版社 1986 年版。

国家统计局：《中国统计年鉴 1995》，北京：中国统计出版社 1995 年版。

国务院农村发展研究中心联络室编：《土地规模经营论》，北京：农业出版社 1990 年版。

郭书田等：《失衡的中国》，石家庄：河北人民出版社 1990 年版。

郭熙保：《农业发展论》，武汉：武汉大学出版社 1995 年版。

[美] 马尔科姆·吉利斯等：《发展经济学》，北京：经济科学出版社 1989 年版。

谭崇台主编：《发展经济学概论》，沈阳：辽宁人民出版社 1992 年版。

夏之翠、王济民：《对我国乡镇企业劳动力的需求分析》，《经济科学》1995 年第 6 期。

杨玉川：《第三产业概说》，天津：天津人民出版社 1986 年版。

[日] 早见雄次郎（速水又次郎）、[美] 弗农·拉坦：《农业发展：国际前景》，北京：商务印书馆 1993 年版。

周志祥、曹寅初：《农村产业经济》，北京：中国人民大学出版社 1995 年版。

第 四 章

物质资本深化与农业产出增长[*]
——中国的经验证据

一 物质资本深化与中国农业产出增长

随着工业化、城市化进程的推进，自 20 世纪 80 年代中期以来，中国农村劳动力出现了大规模和持续的转移。农村转移劳动力从 1985 年的 6385 万人增加到 2007 年的 34119 万人，22 年间增长了 4.34 倍；农村劳动力转移数量占乡村劳动力比重由 1983 年的 14.16% 提高到 2007 年的 66.33%[①]。近些年，中国农业从业者的绝对量也开始下降，2002 年，乡村就业人员中从事第一产业的人数是 3.69 亿，到 2008 年减少至 3.07 亿[②]；每公顷耕地上的劳动力从 1991 年的 2.285 个，下降到 2007 年的 1.866 个，单位耕地的劳动力人数下降了 18%[③]。

在劳动力大规模非农转移的同时，中国农业的总产出却实现了较快增长，使农业部门也成为国民经济高速增长的一个重要部门。1985 年，农林牧渔业的总产值是 3619.5 亿元，2008 年，该总产值达到 58002.2 亿元。

---

[*] 本章由郭剑雄、鲁永刚《劳动力转移、物质资本深化与农业产出增长》（《延安大学学报》2011 年第 2 期）一文改写而成。

[①] 基于目前统计数据的局限，我们参照陆学艺的计算方法，该方法将城镇从业人数减去城镇职工人数得到进入城市的"农民工"人数；将乡村从业人员减去农业就业人数得到农村中非农劳动力数，合计二者之和就是农村转移劳动力总量。数据来源于各年《中国统计年鉴》《中国农村住户调查年鉴》。

[②] 数据来源：国家统计局农村社会经济调查司：《中国农村统计年鉴 2009》3—1，北京：中国统计出版社 2009 年版。

[③] 数据来源：根据相关年份《中国农村统计年鉴》计算得到。

23 年间增长超过了 15 倍（以当年价格计算）。以可比价格计算，1990 年至 2008 年，农林牧渔业总产值的年均增长率为 6.14%[①]。同期，农林牧渔业的增加值也实现了大幅度增长，从 1985 年的 2564.4 亿元增加到 2008 年的 33702.2 亿元。增长了 12 倍多（以当年价格计算）[②]。以 1978 年价格为不变价格计算，2008 年农林牧渔业实现增加值是 1985 年的 2.46 倍[③]。

中国农业的迅速增长始于改革开放，因此，相当一部分学者认为制度变革的作用至关重要。原因在于，家庭联产承包责任制的制度创新，使得农民的生产积极性得到空前提高，被压抑的农业生产力得到释放。林毅夫（1992）的研究发现，从 1978 年至 1984 年，以不变价格计算的农业总产值增加了 42.23%，其中 46.89% 的贡献来自家庭承包责任制的改革。乔榛等（2006）对 1978 年至 2004 年中国农业增长进行了理论与经验分析，认为在农业生产中实施的不同土地制度对从事农业生产的人们形成了不同的激励，而农产品价格和财税制度改革又以形成的利益空间影响着农业生产经营者的积极性。但 Huang 和 Rozelle（1996）、Fan 和 Pardy（1997）等指出，以往的研究高估了制度变革的贡献程度，随着时间的推移，农村改革对农业增长效应的释放趋于结束，1985 年是一个明显的转折点，其后技术进步才是农业增长的原因所在。高帆（2010）则考察了资本深化对上海农业劳动生产率的贡献，指出由于结构转变和资本深化的双重作用，使得上海农业劳动生产率水平得到显著提高。同时，一些学者也讨论了劳动力转移对农业产出增长的影响，朱贵云（2008）的实证分析得出农业劳动力向非农部门的转移促进了农业增长的结论。蔡银寅和杜凯（2009）认为，是农业资本的投入促进了农业技术进步，同时加速了农业部门剩余劳动力向非农部门转移，在农业资本投入和劳动力转移之间存在着相互作用。

---

① 数据来源：国家统计局：《中国统计年鉴 2009》12—4，北京：中国统计出版社 2009 年版。

② 数据来源：国家统计局农村社会经济统计司：《中国农村统计年鉴 2009》6—1，北京：中国统计出版社 2009 年版。

③ 数据来源：根据国家统计局农村社会经济统计司《中国农村统计年鉴 2009》（北京：中国统计出版社 2009 年版）6—1 有关数据计算得出。

　　我们注意到，在劳动力非农转移使得从事农业人员数量减少的同时，农业部门的物质资本投入却一直在持续增加，即农业部门的物质资本在不断深化。而技术进步的重要途径之一正是物质资本的深化。本章采用1985年至2004年20年的全国样本数据，通过计量分析，观察劳动力转移条件下物质资本深化对中国农业产出增长的影响。

二　计量模型与数据说明

（一）计量模型

　　影响农业产出的因素很多，例如土地、劳动力、农用机械、化肥、水利设施、技术进步和制度等。根据新古典增长理论，资本[①]是生产的关键要素投入。考虑资本深化在计算上的可操作性，本章选取农用机械与化肥代表农业资本投入；选取第一产业从业人员代表农业劳动力投入；选取农作物总播种面积代表实际耕地面积。为了考察资本深化对农业产出的作用，本章借鉴新古典生产函数的集约形式，取对数后构造如下计量回归方程：

$$lny = c + \alpha Lnkm + \beta Lnkf + \varepsilon \tag{4.1}$$

　　其中，y、km 和 kf 分别表示农业部门劳动力的人均农业产出、人均农用机械投入量和单位耕地化肥投入量[②]，c 为常数，表示技术进步对农业产出的影响，α、β 分别是各要素的产出弹性，ε 表示随机误差项。

（二）数据说明

　　被解释变量人均农业产出以实际农业产值与第一产业从业人员数的比值来衡量。为消除物价波动的影响，本章根据第一产业 GDP 平减指数将农业生产总值调整为1978年不变价格，从而得到实际人均农业产值。解释变量人均农用机械投入量以农用机械总动力与第一产业从业人员数的比值来衡量。单位耕地化肥投入量以化肥施用总量与农作物总播种面积的比

---

　　①　指物质资本，下同。
　　②　本章以单位耕地上化肥使用量的增加来度量化肥物质资本的深化，与以人均占用量表示的机械物质资本深化的表示方法有所区别。

值来衡量，以这两个单位资本投入量具体衡量资本深化。

考虑到统计数据的可得性和一致性，农用机械总动力、化肥施用量和农作物总播种面积的数据来自《新中国五十五年统计资料汇编》，第一产业从业人员数、农业生产总值以及第一产业 GDP 平减指数的数据来自《中国统计年鉴 2009》。本章使用的样本范围为 1985 年至 2004 年。选取 1985 年为起始年份主要是为了剔除农村经济体制改革对农业增长的效应，同时农村劳动力在该时期也开始自由流动。

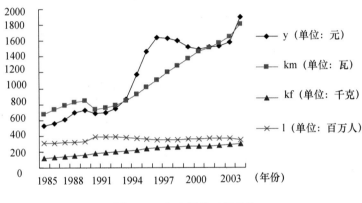

图 4—1   各变量的时间趋势

图 4—1 描述了 1985 年至 2004 年人均农业实际产值、人均农用机械投入量、单位耕地化肥投入量以及农业劳动力的时间趋势。由图 4—1 中各个变量的变化趋势可以看出，农业劳动力数量和单位耕地化肥投入量的变化幅度不明显，人均农业实际产值和人均农用机械投入量的变化趋势相对明显。从 1985 年到 1992 年人均农业实际产值的增长比较缓慢，但从 1993 年开始迅速提高，1997 年之后经历了一个小幅下降过程，此后从 2002 年至今又稳步上升。总的来看，1985 年以来，中国农业产出增长的幅度较大。在这一时期，农业劳动力数量前期略有增加后期逐渐减少，但幅度较小。人均农用机械投入量和单位耕地化肥投入量一直在增加，相比单位耕地化肥投入量而言，人均农用机械投入量增加的幅度更加明显，即资本深化呈上升趋势，说明农业部门的资本深化与农业产出增长之间存在相关关系，下文的回归检验将具体分析该关系。

三　计量结果与分析

（一）单位根检验

本章选取的数据为时间序列，而大部分整体经济时间序列都有一个随机趋势，即"非平稳性"时间序列。当把平稳时间序列的统计方法运用于非平稳的数据分析时，很容易造成"伪回归"（Spurious Regression）的错误分析结果。因此，必须首先对时间序列变量进行平稳性检验。检验序列平稳性的标准方法是单位根检验，本章采用 ADF 检验进行单位根检验，运用 Eviews5.0 软件检验结果如表 4—1 所示。由表 4—1 中可以看出，各变量取对数后在相应显著性水平上均通过平稳性检验，即在时间上存在一定程度的稳定性。由于各变量都具有平稳性，所以可以直接采用平稳时间序列的统计方法最小二乘法回归分析。

表 4—1　　　　　　　　　　各变量的 ADF 检验结果

变量	检验类型 (C, T, L)	ADF 统计量	临界值			D. W.	平稳性
			1%	5%	10%		
Lny	(C, T, 1)	− 3.850549	− 4.571559	− 3.690814	− 3.286909	1.834153	平稳**
Lnkm	(C, T, 4)	− 10.70139	− 4.728363	− 3.759743	− 3.324976	1.541030	平稳*
Lnkf	(C, 0, 0)	− 3.864441	− 3.831511	− 3.029970	− 2.655194	1.316445	平稳*

注：检验类型中，C 表示含常数项，T 表示含趋势项，L 表示滞后阶数，0 表示不含该项。***、**、*分别表示 1%、5%、10% 显著性水平上通过检验。

（二）回归分析

运用 Eviews5.0 软件对 1985 年至 2004 年的样本数据采用 OLS 法回归分析，估计结果存在自回归现象。本章采用迭代法消除自相关，根据拉格朗日乘数检验残差序列是否存在自相关，检验结果显示修正后的残差序列不存在相关性，最后得到的回归估计结果如表 4—2 所示。

表 4—2   消除自相关后的回归结果

变量	系数	t 检验值	prob
常数	− 1.633348	− 1.786607	0.0973
Lnkm	0.643372	2.403411	0.0319
Lnkf	0.775401	2.235403	0.0436
Adj R^2	0.978661	F 统计量	195.9157
D − W 值	1.932496	F 统计量概率	0.000000

从表 4—2 的回归结果可以看出，修正后的模型解释能力较好。在整体上模型的回归效果比较理想，因为 F 统计量达 195.92。各变量的 T 统计量较高，既说明各变量对农业人均产值的影响都是显著的，又可以排除多重共线性的存在。调整后的拟合优度非常高，达到 0.98，可见人均农用机械投入量和单位耕地化肥投入量两个解释变量可以对人均农业产值作出 97.87% 的解释。

人均农用机械投入量和单位耕地化肥投入量对农业产出的影响在统计上均是显著的，两种要素投入量对农业产出均具有显著的正向效应，两要素均是农业经济增长的重要源泉，表明物质资本深化促进农业产出增长的解释是成立的。但这两个解释变量对被解释变量的影响却存在差异，机械和化肥的投入产出弹性分别为 0.64 和 0.78，化肥投入的作用效果更明显。农用化肥的产出弹性为 0.78，即单位耕地化肥投入量每增加 1%，人均农业产出增加 0.78%。可见二十来年农业产出增加依靠的物质资本源泉主要是农用化肥，这一结论和林毅夫（1992）、Fan 和 Pardy（1997）等人的研究是一致的。林毅夫的估计指出，从 1978 年至 1984 年，在实物投入中化肥的贡献最大，大约为 32.2%。Fan 等人的测算表明，从 1965 年至 1993 年农业增长中 21.7% 的贡献来源于化肥投入，其他贡献相对很小。这一特征与绿色革命的现象是非常相似的，假定"烧苗"现象不出现，农作物对化肥的反应很大，化肥施用量的迅速增加必然导致增产。舒尔茨认为，农民是理性的，对市场价格的变动能作出迅速而正确的反应，事实上亦是如此。农业生产活动具有极强的"干中学"效应，通过多年的农业生产活动，农民对土地的资源禀赋状况和如何施用化肥更加了解，理所当然会竭力避免"烧苗"现象的出现。化肥施用的效果主要表现在短期，投入没有沉没成本，对于承担风险能力很低的农民来说，权衡收益与成本，施用化肥是一种理性的选择。

农用机械的产出弹性为0.64，即人均农用机械投入量每增加1%，人均农业产出增加0.64%。说明农业部门机械的大规模投入同样促进了农业产出的增加，只是相比农业化肥效果较小。在农业生产中机械化的最大特点就是高效率，农机的使用可以减少单位耕地的劳动力投入，又缩短了农忙时节，这为释放束缚在土地上的劳动力和促进劳动力转移提供了前提条件，既保障了劳动力从事其他产业的可能性，又提高了农机本身对农业产出的贡献。农业现代化的重要特征之一就是农业生产机械化，机械资本的深化效果偏小是值得关注的。众所周知，农业生产中农业机械的使用往往以大块耕地为前提，家庭联产承包责任制实行以后耕地在村民小组内被均分，土地的细化并不适合农业机械的大规模作业，农业机械的生产潜力没有充分发挥出来。一种特定的农业机械在一个农业生产周期的使用通常是有限的，对农业增长影响较小。例如，小麦播种机和收割机，每年仅在农忙时节使用一次，其余时间闲置着，并且还需要维护保养。与农业机械相比，化肥可以在农作物的生长周期中发挥重要作用。尽管农业机械投入对农业产出贡献较小，农业机械的拥有量却逐年递增，这主要由农业增产、农民增收和政府补贴政策所导致。由于农民承担风险的能力很低，缺乏资金投入，政府对农民购置大型农业机械给予补贴，从而提高了农民添置机械的积极性，这在一定程度上说明补贴缺乏效率。

四　因果关系检验

前面分析了农业物质资本深化对农业产出的影响，接下来进一步考察各要素资本深化与产出之间的因果关系，以便深入研究农业增长的作用机制。格兰杰（Granger）因果关系检验是从统计上对两个变量之间的因果关系进行检验。只有时间序列平稳或非平稳序列存在协整关系时才可以检验格兰杰因果关系。根据前面的单位根检验可知，各变量取对数均具有平稳性，因此满足格兰杰因果关系检验的前提。运用 Eviews5.0 软件对各投入要素和总产出作格兰杰因果关系检验，结果如表4—3所示。

表4—3　　　　　　　　　　格兰杰因果关系检验结果

原假设	滞后期数	F 统计量	概率	结论
Lnkm 不是 Lny 的格兰杰原因	2	0.69703	0.51575	不拒绝原假设
Lny 不是 Lnkm 的格兰杰原因		0.85608	0.44744	不拒绝原假设
Lnkm 不是 Lny 的格兰杰原因	5	3.05059	0.15118	不拒绝原假设
Lny 不是 Lnkm 的格兰杰原因		15.6132	0.00989	拒绝原假设
Lnkf 不是 Lny 的格兰杰原因	2	7.72278	0.00616	拒绝原假设
Lny 不是 Lnkf 的格兰杰原因		2.61272	0.11123	不拒绝原假设
Lnkf 不是 Lny 的格兰杰原因	5	2.57011	0.19070	不拒绝原假设
Lny 不是 Lnkf 的格兰杰原因		2.75955	0.17348	不拒绝原假设

在格兰杰因果关系检验中，滞后期的增加会导致自由度的减小，直接影响估计结果，所以，格兰杰因果检验结果对滞后期长度的选择具有很强的敏感性。本章分别选择滞后期数为2和5以判断短期和长期的滞后效应。由表4—3可以看出，在短期机械资本深化不是农业增长的格兰杰原因，在长期机械资本深化也不是农业增长的格兰杰原因，在长期农业增长反而是农业机械资本深化的格兰杰原因，说明农业增产以及农民增收可以对农民添置机械和加速资本深化作出因果解释。在短期化肥资本深化是农业增长的格兰杰原因，在长期这种因果关系则不成立，说明化肥资本深化的短期效果非常明显。

根据最小二乘法的估计结果和格兰杰因果关系的检验结果，我们可以一致肯定化肥资本深化对农业增长的贡献，但机械资本深化的作用则需要进一步具体分析。农用机械资本深化对农业产出的正向影响是显著的，但因果关系不能通过显著性检验，这种看似矛盾的关系恰恰反映了国外对以拖拉机为代表的农业机械化的争论。该争论有两种截然不同的观点，即净收益观点和替代观点，前者强调机械化带来生产率的净提高，后者强调机械化是畜力和人力的纯粹替代。在机械化问题上，学者们往往持非此即彼的偏颇观点，我们的实证分析发现农业机械化的这两种效应在中国农业生产中均得到反映。一方面，农用机械对农业生产具有积极作用，这是因为农机投入带来生产率的提高。农用机械可以耕翻并深耕土壤，在化肥和水利等的配套投入下能极大改善土壤结构，最后引起作物增产。农用机械对提高农作物的复种指数同样起着非常重要的作用。在复种土地前后茬农作物收获和播种的过程中，机械化迅速实现了作物收割、土地耕翻和平整、种子播种等。另一方面，机械化带来的生产率相当有限，在计量分析中表现出因果关系不能通过显著性检验。在劳动力不断转移的背景下，农业产出依然不断增长，可见机械对劳动力的替代作用不容忽视。农用机械的采用大大缓解了劳动力的季节性短缺，农民工外出就业的稳定性得到加强，农民工在农忙时节可以继续从事非农产业活动，这有助于克服农民工农忙季节性返乡形成的一系列问题，机械对劳动力的替代推动了劳动力大规模和长期性的转移。在农用机械效率效应和替代效应的双重作用下，机械资本深化既对农业增长贡献了一定作用，又促进了劳动力的顺利转移。

五　关于物质资本贡献的结论

本章运用最小二乘法和格兰杰因果检验法，对农用机械和化肥资本深化与农业产出的关系进行了研究。分析结果显示，农业部门物质资本深化对农业产出增长具有显著的正向效应，格兰杰因果关系检验反映物质资本深化和农业产出增长存在部分因果性。这表明，家庭联产承包责任制确立之后，从20世纪80年代中期以来，中国农业增长出现了要素投入替代劳动的趋势，物质资本深化成为农业经济增长的重要源泉。由此可见，中国农业发展出现摆脱传统农业走向现代化的迹象。目前施用化肥可以提高产量，但按照新古典增长理论的要素边际报酬递减规律，农业面临着能否持续增长的问题。化肥的过量施用容易出现土壤硬化，导致土壤肥力下降，最终可能降低农业产出。农用机械投入促进农业增长的因果关系不成立，反映出目前农用机械的有效使用面临不少问题。对农民来说，农用机械不仅可以用于农业生产性活动，而且可以用于非农生产活动。本章研究的结论主要针对生产性活动。农民和政府要设法将农业机械的生产功能充分发挥出来，最大限度地挖掘农业生产机械化的潜力。由于现行土地制度造成的土地细化阻碍了农机的大规模作业，只有土地流转等创新变革的切实推行才能为农业的不断增长提供动力。至于非农生产活动，可能是消费性的，"购买拖拉机的农民同时考虑到它在消费领域的广泛用途，例如各种目的的运输等"。① 农用机械的非农生产活动尽管没有促进农业产出的增长，但有利于农村其他产业经济的发展，农用机械对整个农村经济具有广泛的影响。

要实现工业化，消除城乡二元结构，农业劳动力向非农产业的转移是大势所趋。农业劳动力流出之后，农业要保持发展，推动技术进步和提高物质资本深化就需要给予极大地关注。这给农业发展政策的制定提供了借鉴之处。物质资本深化，一方面，要加速农业部门劳动力的转移，为农业劳动力转移提供有力保障，减少各种流动障碍。城乡分割的户籍制度和社会保障制度，严重限制了劳动力的自由流动，使农业劳动力向城镇转移的阻力增大。近年来户籍管理虽然在部分省份有所松动，但在全国范围内建立统一的户籍管理制度在改革上需要迈出更大的步伐。另一方面，要提高农业生产技术，在劳动力外流的情况下从技术上保证资本深化的可行性。如舒尔茨所言："各种历史资料都表明，农民的技能和知识水平与其耕作的生产率之间存在着密切的正相关关系。"② 因此，加强农业科研投入，提高对科研成果的推广，重视对农业从业人员的教育和技术培训，增加对农业部门人力资本的投资，培育新型农民，最终才能促成农业现代化，实现农业的可持续发展。

参考文献

蔡银寅、杜凯：《资本投入、劳动力转移和农业经济增长》，《产业经济研究》2009 年第 3 期。

高帆：《结构转化、资本深化与农业劳动生产率提高——以上海为例的研究》，《经济理论与经济管理》2010 年第 2 期。

林毅夫：《制度、技术与中国农业发展》，上海：上海三联书店、上海人民出版社 1995 年版。

乔榛、焦方义、李楠：《中国农村经济制度变迁与农业增长——1978—2004 年中国农业增长的实证分析》，《经济研究》2006 年第 7 期。

朱贵云：《劳动力转移下的中国农业经济增长——基于 1986—2005 年的经验证据》，《华中师范大学研究生学报》2008 年第 3 期。

［英］弗兰克·艾利思：《农民经济学》，上海：上海人民出版社 2006 年版。

---

① ［英］弗兰克·艾利思：《农民经济学》，上海：上海人民出版社 2006 年版，第 263 页。

② ［美］西奥多·W. 舒尔茨：《改造传统农业》，北京：商务印书馆 2006 年版，第 155 页。

［美］西奥多·W. 舒尔茨:《改造传统农业》，北京：商务印书馆 1987 年版。

Fan, S. , Pardey, P. 1997: Research, productivity, and output growth in Chinese agriculture, *Journal of Development Economics*, 53: 115 – 137.

Huang, J. , Rozelle, S. 1996: Technological Change: Rediscovering the Engine of Productivity Growth in China's Rural Economy, *Journal of Development Economics*, 49: 337 – 369.

第 五 章

超越土地的农业发展[*]

土地是农业生产的基本投入。但是，对于土地在农业生产中的作用，现代经济学家与早期的经济学家有着截然不同的看法。土地资源观为什么会转变？土地重要性下降的依赖条件是什么？是发展中国家，特别是存在土地资源强约束的发展中国家，在构建自己农业发展战略时，应给予充分关注的问题。

一　古典经济理论的土地资源观

一国的经济发展集中表现为国民收入水平的提高，而国民收入被认为是由资源提供的生产性服务产生的收入流。土地和劳动、资本一起，是形成收入流的基本源泉。

在古典经济学中，土地资源的经济重要性被予以充分关注。劳动是财富之父，土地是财富之母，[①] 是古典经济学家对土地重要性的经典表述。配第（William）曾指出："所有物品都是由两种自然单位——即土地和劳动——来评定价值。……都是土地和投在土地上的人类劳动所创造的。"[②] 斯密（Smith，Adam1981）在《国民财富的性质和原因的研究》第一篇中，用超过 2/5 的篇幅来讨论地租。在李嘉图（Ricardo，David 2013）的

＊　本章由笔者发表于《人文杂志》2004 年第 4 期的《超越土地的农业发展》一文改写而成。

①　此语出自威廉·配第。参阅《马克思恩格斯全集》第 23 卷，北京：人民出版社 1972 年版，第 57 页。

②　［英］威廉·配第：《赋税论　献给英明人士　货币略论》，北京：商务印书馆 1978 年版，第 42 页。

价值理论中，土地非常关键。地租、地租税、土地税以及与斯密和马尔萨斯有关的地租观点，是《政治经济学及赋税原理》重点讨论的问题。西斯蒙第（Sismondi）则认为："从土地产生的财富……是所有财富中最必须的，因为全人类的生活资料都必须来自土地；土地财富为一切其他劳动提供原料。"①

与其他资源不同，土地供给是缺乏弹性的。随着人口增加和经济发展水平的提高，土地资源的经济稀缺性会递增。马尔萨斯（Malthus，Thomas Robert 2008）是最先注意到日益增大的土地资源相对稀缺性可能束缚经济增长的学者。他认为，基于永恒的人类两性间的情欲，会使人口按指数率繁衍；而食品生产受到土地资源禀赋的制约，只能按算术级数增长。由于人均食品供给超过生存水平的余量最终都将被增长的人口所消耗，所以人口的进一步增长会被饥荒、疫病和孤注一掷地竞争有限食品供给的战争所制止，从而，绝大多数人的生活水平只能维持在最低生存水平。在图 5—1 中，横轴反映工资率或人均收入，纵轴表示人口增长率。人口增长率与工资率之间的关系由直线 G 来表达。由 0 和 W_0 之间的距离度量的工资率被定义为生存工资率。G 线向右上方倾斜表明，工资率超过 $0W_0$ 水平的任何提高都会导致正的人口增长率。人口和劳动力的指数增长会受到土地生产力的限制，进而使工资率回到 W_0。相反，持续的人口增长造成的劳动力过量供给，工资率则被压到生存水平以下，人口会经由马尔萨斯式的抑制而下降，并在生存工资率水平上恢复劳动力供求均衡。

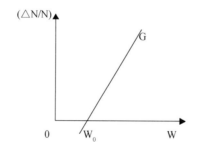

图 5—1　马尔萨斯经济发展的土地资源约束理论

①　［法］西斯蒙第：《政治经济学新原理》，参见王亚南主编《资产阶级古典政治经济学选集》，北京：商务印书馆 1979 年版，第 668 页。

阐明土地资源禀赋如何制约经济发展之机制的经济学家是李嘉图。第一，由于其所处的工业革命背景，李嘉图把经济发展等同于工业部门的不断扩张。第二，资本和劳动被设定为支撑工业增长的两大源泉。第三，在资本和劳动之间，资本被看作更为关键的要素。同时，资本主要被定义为雇用劳动的"工资基金"。劳动力需求是和工资基金的增长成比例地提高的。第四，李嘉图采用马尔萨斯法则，假定长期劳动力供给具有充分弹性，即在生存工资上保持水平状态。如图5—2（a）中的LS线所示。第五，工业部门的扩张过程可以描述为：在工业化的始点上，对应于工业企业家拥有的资本存量 K_0，劳动力的需求曲线为 DD_0。劳动力长期均衡就业点为A，以生存工资率雇用的劳动力数量为 OL_0。以 DW_0A 所表示的工业企业家利润是资本积累的来源，导致资本存量从 K_0 增加到 K_1，劳动力需求曲线由 DD_0 右移至 DD_1，以生存工资率雇用的劳动力为 OL_1。这时，利润量进一步增加为 DW_0B。利润量的增加带来资本规模的扩大，资本扩张又促使劳动力雇佣量的增长。在资本和劳动使用量的累积性增长中，工业化进程被不断推进。第六，工业的扩张会受到来自农业部门土地资源日益紧缺的压力。工业中劳动力的生存工资依赖于食品价格的稳定。当食品需求都是用最肥沃的优等土地生产来满足的情形下，食品的边际成本保持不变，价格也可以维持稳定。如果由于人口增长导致食品需求的增加超过了最优等土地上的产出，就需要将次优土地投入耕种。由于在单位次优土地上生产同量食品需要更多投入，所以食品的边际成本上升。随着越来越次的土地用于生产，食品的边际成本进而价格将不断提高［如图5—2（b）所示］。在食品价格上升的条件下，为了保持工业部门工人的生计，就需要提高他们的工资。这样，就会挤占利润份额。当食品价格上升到某一水平导致利润率极为低下时，以资本为基本驱动力的经济增长过程就会停止下来。这种由于固定土地资源禀赋所带来的经济发展的停滞，被称为"李嘉图陷阱"。

古典经济学家的土地资源观中蕴含着两点基本结论：第一，由于土地资源缺乏弹性供给的特征，决定了劳动与资本在土地上的边际产出必然递减，即存在土地收益递减规律。第二，随着人口和经济增长所带来的土地稀缺性的增加，地租的上升将成为长期趋势。

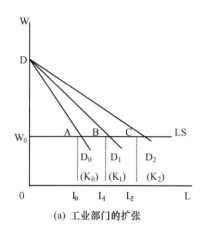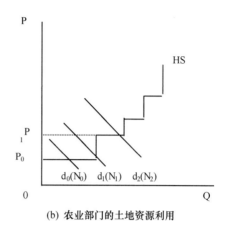

(a) 工业部门的扩张　　　　　　(b) 农业部门的土地资源利用

图5—2　李嘉图经济发展的土地资源制约理论

二　摒弃土地要素的现代经济理论

关于土地在经济增长和发展中的作用，在 20 世纪中、后期以来的当代经济学文献中，我们看到了完全不同于古典经济学家们的论述。新古典经济学在设定生产函数时，只选取了劳动和资本作为自变量，不见了土地的踪影。哈罗德（Harrod，R. F. 1948）在 1948 年为其《动态经济学导论》选择经济变量时，决定将土地整个摒弃掉。哈罗德说："在一个进步经济的基本决定因素中，我打算抛弃来自土地的报酬递减规律。……我之所以抛弃它仅仅因为在我们这样一个特定环境下，土地的影响在数量上已无足轻重。"[1] 新古典生产函数，是索洛（Solow，Robert M. 1956）构建其经济增长模型的基本前提。舒尔茨（Schultz，T. W. 2001）发现，土地在经济增长中的作用与常识或古典经济学有关土地的观点完全不同。"作为生产要素，土地的经济重要性一直在下降。"[2]"很明显，在特定国家，土地不再像过去一样是制约因素。比如在英国、美国以及其他许多科技高度

---

① R. F. Harrod：Towards a Dynamic Economics，Macmillan，London，1948，p. 20.

② ［美］西奥多・W. 舒尔茨：《报酬递增的源泉》，北京：北京大学出版社 2001 年版，第 135—136 页。

发达的社会，经济已经摆脱了原先由土地施加的桎梏。"① 速水佑次郎（Hayami，Yujiro 2003）与舒尔茨持有同样的观点。他认为，不能把自然资源禀赋状况看作经济增长无法逾越的限制。②

土地资源经济重要性下降的结论，源于如下一些方面的经验事实：

从世界各国的截面资料中，看不出土地资源的丰缺程度与人均收入高低之间存在着系统的相关性。如果粗略地以每平方公里地表面积的平均人口数量作为土地资源相对稀缺程度的测度指标，那么，从表5—1中的相关数据中可以看出：土地资源禀赋极为匮乏的日本，却达到了同美国大体相同的人均收入水平；资源贫乏的韩国，取得了超过拉丁美洲资源丰富国家的收入水平；中国与法国的土地资源稀缺程度大体相当，然而，在20世纪90年代初，人均国民收入水平仅为法国的1/50。依据速水佑次郎的计算，土地资源的稀缺程度与人均国民收入之间的相关系数仅为0.008。③ 舒尔茨指出：不同国家和地区的经济表现为什么会有那么大的差异呢？"是因为没有煤、石油、铁和其他矿产吗？根据我对事实的解释，答案是否定的。"④ 基于"荷兰病"现象，速水佑次郎甚至认为："自然资源禀赋丰富并不一定是支持经济发展的必要条件，而有可能反过来成为发展的障碍。"⑤

在经济发展的时间序列资料中，也能够获得同样的结论。以美国为例，1896年到1955年，"全部土地"所代表的财富比例从38%下降至17%，农业土地从国民财富的17%降到5%（见表5—2）。在1910—1914年到1955—1957年，农用地（不包括资本设施）带来的收入，从农业净收入的18%降为11%，从农业毛收入的13%降为5.4%，从国民净产值的3.2%降为0.6%（见表5—3）。这些数据表明，土地资源与收入的联

① ［美］西奥多·W. 舒尔茨：《报酬递增的源泉》，北京：北京大学出版社2001年版，第91—92页。

② ［日］速水佑次郎：《发展经济学——从贫困到富裕》，北京：社会科学文献出版社2003年版，第49页。

③ 同上书，第48页。

④ ［美］西奥多·W. 舒尔茨：《报酬递增的源泉》，北京：北京大学出版社2001年版，第284页。

⑤ ［日］速水佑次郎：《发展经济学——从贫困到富裕》，北京：社会科学文献出版社2003年版，第115页。

系，随时间的推移越来越小，土地带来的收入，现在变成只占美国资源所产生的收入流的很小部分。

表 5—1　　　　　土地资源稀缺程度与人均国民收入水平
之间的国际比较（1990 年）

	每平方公里土地人口	人均国民收入（美元）
非洲（撒哈拉以南）	21	340
坦桑尼亚	26	110
尼日利亚	125	290
肯尼亚	42	370
南亚	223	330
孟加拉国	741	210
印度	258	350
东亚和太平洋	101	600
中国	119	370
印尼	94	570
泰国	109	1420
韩国	432	5400
拉丁美洲和加勒比地区	21	2180
阿根廷	12	2370
墨西哥	44	2490
巴西	18	2680
高收入国家（经合组织）	25	20170
英国	234	16100
法国	102	19490
美国	27	21790
日本	327	25430
世界	40	4200

资料来源：［日］速水佑次郎：《发展经济学——从贫困到富裕》，北京：社会科学文献出版社 2003 年版，第 28、48—49 页。

表 5—2　　　　　　　美国 1896—1955 年土地和全部国民财富

年份	全部国民财富	全部土地		农用土地	
	10 亿美元	10 亿美元	占国民财富%	10 亿美元	占国民财富%
1896	69	26	38	12	17
1900	88	31	35	15	17
1910	152	55	36	30	20
1920	374	103	28	50	13
1930	410	104	25	32	8
1940	424	92	22	24	6
1945	571	128	22	45	8
1949	898	160	19	54	6
1955	1344	224	17	69	5

资料来源：［美］西奥多·W. 舒尔茨：《报酬递增的源泉》，北京：北京大学出版社 2001 年版，第 119 页。

表 5—3　　　　　1910—1914 年至 1955—1957 年美国农用地收入的变化

单位：10 亿美元/每年

	农 用 地（除设施）带 来 的 收入（1）	农业净收入（2）	（1）/（2）的百分比（3）	农业毛收入（4）	（1）/（4）的百分比（5）	国民净产值（6）	（1）/（6）的百分比（7）
1910—1914 年	0.99	5.33	17.9	7.6	13.0	31.0	3.2
1955—1957 年	1.53	16.60	11.1	34.2	5.4	292.0	0.6

资料来源：［美］西奥多·W. 舒尔茨：《报酬递增的源泉》，北京：北京大学出版社 2001 年版，第 126 页。

古典经济学家关于地租将长期上升的假说，也不能得到现代经济事实的支持。恰好相反，与其他要素相比，土地提供的生产性服务价值在长期呈下降趋势。在 1901 年，法国农业土地租金占农业收入的 25.5%，到 1947—1948 年，这一比重降为 9%；英国净地租占农业净收入的百分比，在 1925 年是 16.8%，1946 年下降到 5.6%。[①]

三 土地资源约束是如何突破的？

土地资源的经济重要性缘何下降？现代经济理论在给出上述结论的同时，也指出了发生在这一现象背后的原因。对土地资源瓶颈约束的超越，是经济成功发展的结果；土地资源约束的破解途径，只能从经济发展过程内部寻求。

（一）新型资源对土地的替代

与其他资源相比，土地是属于存量相对不能增加的一个特殊的资源类别。但是，缺乏供给弹性的土地是可以被其他资源替代的。舒尔茨把资源分为两大类型：一类包括劳动、土地和可再生的物质资本，即那些被传统经济理论处理和度量的资源；另一类是独立于传统类别以外的新型资源，它们由具有更高知识与技术含量的人力资本和物质资本构成。长期以来，这些新的更好的资源被贴上"技术进步"的标签，当作特别的变量对待。这类资源的功用主要与传统资源质量的提高相关。[②] 这样，对土地的替代就可以在两个层面上发生：在传统经济中，土地资源紧张造成的产出约束，只有通过劳动和简单物质资本的密集投入弥补；而新型资源出现之后，它们就成为土地的主要替代物。与传统资源相比，新型资源具有更高的替代效率。

在舒尔茨（2002）和速水佑次郎看来，土地资源重要性的下降主要是由新型资源出现带来的。"通过研究，我们找到了耕地的替代物，这是李嘉图未能预见到的。……历史已经证明，我们能够通过知识的进步来增加资源。……人类的未来并不是预先由空间、能源和耕地所决定，而是要由人类的智识发展来决定。"[③] "随时间推移，经济增长极大地改变了自然

---

① ［美］西奥多·W. 舒尔茨：《报酬递增的源泉》，北京：北京大学出版社 2001 年版，第100、101 页。

② 同上书，第 133、114 页。

③ ［美］西奥多·W. 舒尔茨：《对人进行投资——人口质量经济学》，北京：首都经济贸易大学出版社，2002 年版，第 6 页。

资源、可再生非人力资本以及劳动力之间的联系。我们所经历的这类经济增长表现为一种通过利用新的更好资源所引致的经济变迁。这些资源在经济中的许多地方成为一种或多种自然资源的有效替代品。"①"在某种意义上说,文明的进步就是在人口增长的压力下用人造资本替代自然资源的过程。"② 人力资本是被舒尔茨等人特别看重的一类新型资源。"经济增长率不仅取决于资本积累率,而且取决于资本在各种投资机会中的配置,特别是有形资本和无形资本(指人力资本)之间的配置。"③ "在人口质量及知识方面的投资,在很大程度上决定了人类未来的前景。如果我们将这些投资计算在内,就一定不会听信有关地球之物质资源将被耗尽的可怕预言。"④ 这是因为,与自然资源和物质资本不同,人力资本是收益递增的源泉。他们将马歇尔(Marshall,Alfred1964)"知识是我们最有力的生产动力"⑤ 的观点发展到了极致。

新古典经济学框架内的诱致性创新理论,可以用来说明土地资源的替代机制。随着经济发展水平的提高,各种资源的相对丰裕程度在发生变化。一般来说,禀赋性资源(如土地)的稀缺性在增加,而获得性资源逐渐变得丰裕起来。当一种资源相对于另一种资源变得更为丰富时,其相对价格就会下降。这样就会诱导出相对丰裕的廉价资源对相对昂贵的稀缺资源的替代。换言之,要素投入量变化是与其相对价格变化反向关联的。以日本为例,从1890—1995年,土地对农产品的比价平均每年上涨1.2个百分点,农机具和化肥相对于农产品的价格则每年平均分别下降1.5和2.3个百分点。战前增速最快的是化肥等经常性农业支出,其价格的下降幅度最大;而战后增速最快的是农机具,期间该类要素价格的下降也最为

①　[美]西奥多·W.舒尔茨:《报酬递增的源泉》,北京:北京大学出版社2001年版,第113页。

②　[日]速水佑次郎:《发展经济学——从贫困到富裕》,北京:社会科学文献出版社2003年版,第47—48页。

③　同上书,第117页。

④　[美]西奥多·W.舒尔茨:《对人进行投资——人口质量经济学》,北京:首都经济贸易大学出版社2002年版,作者前言。

⑤　[英]马歇尔:《经济学原理》上卷,北京:商务印书馆1964年版,第157页。

剧烈。[①]　这种有偏颇的技术变迁源于追求利润的农业企业家降低生产成本的努力。

（二）土地被改造成为高效率资源

土地要素的质量，在经济发展过程中也在改进。这种改进是通过向土地投资获得的。即，土地的改进主要表现为土地资本存量的增长。土地改进的结果：一是土地内在质量的提高，包括土壤土质改良、土地的工程化（如地膜覆盖、地下加温系统）等；二是土地外在条件的改善，包括道路、水利等基础设施建设和农业生态条件的改善。

舒尔茨指出："长期以来的农业现代化已经把原始的土地改造成了比其自然状态下具有更高生产率的资源。"他比较了农业现代化程度不同国家土地质量改进方面的差异。"芬兰的土质原本比邻近的苏联西部地区土地的生产效率要低，然而目前芬兰耕地的质量却大大超过了苏联。日本耕地的生产率最初远远低于印度北部的耕地生产率，而如今却比后者要高得多。"[②]　温室栽培和地膜覆盖是土地改进的一个重要方面。日本开发室内暖气设备的杉浦辐射公司和三井物产公司，联合推出了"地中加温系统"。该系统的原理是，在苗圃的地下埋入几根管道，经锅炉加热的液体在管道中循环，把热传到土壤中。由于是从根部加热，所以会促使蔬菜产量增加和提早成熟。[③]　土地质量的改进，同时是时间的函数。"除了某些地区以外，欧洲的原始土壤的质量大都十分低劣，但是现在它们却具有了较高的生产率。"[④]　以美国为例，"我们观察到农业资本设施的增加越来越多：在 1910—1914 年间约占农业不动产的 15%，到 1948—1949 年，上升为约 32%。我们对 1955—1957 年的估计是这种趋势的延续，农业资本设

---

①　参见［日］速水佑次郎、神门善久《农业经济论·新版》，北京：中国农业出版社 2003 年版，第 101—103 页。

②　［美］西奥多·W. 舒尔茨：《对人进行投资——人口质量经济学》，北京：首都经济贸易大学出版社 2002 年版，第 7 页。

③　参见贾生华、张宏斌《农业产业化的国际经验研究》，北京：中国农业出版社 1999 年版，第 81 页。

④　［美］西奥多·W. 舒尔茨：《对人进行投资——人口质量经济学》，北京：首都经济贸易大学出版社 2002 年版，第 7 页。

施占农业不动产的 37%"。① 另据统计，美国每公顷农地的不动产价值在 1950—1985 年增加了 8.14 倍，1985—1996 年又上升了 24.6%。1982 年铺有路面的乡村公路里程比 1910 年增加了 13.5 倍，加上内河航运和海运，形成了发达的交通运输网络。1983 年，美国谷物仓储总容量达 192 亿蒲式耳，相当于当时年谷物产量的 1.5 倍。可自动控温的冷库总容量达 5.5 万立方米。1992 年美国的灌溉面积比 1949 年增加了 90.7%。②

随着社会生产力的进步，土地质量的改进呈现出新的发展趋势。第一，土地资源外延扩展，主要表现为"海洋农业"和"太空农业"的出现。海洋是巨大的资源宝库，可加工成人类食物的近海藻类植物，年产量相当于目前世界小麦总产量的 15 倍以上。如果把藻类植物和浮游生物纳入人类的食物范围，海洋可养活 300 亿人。像提高地力一样提高"海力"，促进水产养殖、增殖向集约化方向发展，是 21 世纪农业发展的重要特点。随着航天技术的发展，科学家开始利用太空这一特殊环境研究和培育农作物新品种，具有一定规模的太空农业科学可望诞生。第二，土地资源工程化建设的进一步加强，主要表现为"工厂化农业"的出现。所谓工厂化农业，是利用现代工程技术建立"农业生产车间"，使农业生产摆脱或部分摆脱自然条件的制约，配合集约型农业生产技术，实现人工控制栽培和饲养。目前，全天候的工厂化暖房生产设备在荷兰已经发展到 1.1 万公顷。③ 第三，农业生态环境保护和农业资源的可持续利用。如果说，工业经济时代农业技术的发展主要表现为对大自然的掠夺和征服，那么，进入知识经济时代，农业技术发展的一个突出特征，是对大自然的保护和回归。工业化农业发展的代价，使人们充分认识到："人与自然世界的重新和好已经不只是合乎需要，而且是必要的。"④

土地质量的改进，大大地扩展了土地的生产可能性边界，"这使得自

① ［美］西奥多·W. 舒尔茨：《报酬递增的源泉》，北京：北京大学出版社 2001 年版，第 125 页。

② 参见贾生华、张宏斌《农业产业化的国际经验研究》，北京：中国农业出版社 1999 年版，第 48 页。

③ 杨万江、徐星明：《农业现代化测评》，北京：社会科学文献出版社 2001 年版，第 93—96 页。

④ ［英］E. F. 舒马赫：《小的是美好的》，北京：商务印书馆 1984 年版，第 76 页。

然不像先前那样吝啬了"，① 单位土地面积给人们贡献着日益增大的产出。1979 年，美国玉米的种植面积比 1932 年减少了 1336.5 万公顷，但其产量却是 1932 年的 3 倍。② 1880—1995 年，日本土地生产率的年均增长率为 1%，土地生产率对劳动生产率增长的贡献率达 41%。③

（三）土地重要性下降的结构性因素

钱纳里（Chenery, H. 1995, 1991）在研究经济发展问题时，把着眼点主要放在发展前后两种相对稳定的状态方面，观察前后两种状态的区别、变化。他注意到，经济发展的基本标志，是经济结构在发展过程中出现了明显转变。所谓经济结构，即"不同部门中劳动、资本和自然资源等生产要素的供给及使用"；经济结构的转变，指"随人均收入增长而发生的需求、贸易、生产和要素使用的全面转变"。④ 钱纳里认为："经济发展可被视为增长所必需的经济结构的一系列互相关联的变化。它们涉及需求、生产和就业的构成以及贸易和资本流动的外部结构等因素。总之，这些结构变化表明了传统经济体系向现代经济体系的转换。"⑤ 发展即经济结构转变的观点，首先源于发达国家成功发展的经验——所有发达国家是具有同质经济结构的集团；同时建立在发展中国家由于其不同于发达国家经济结构的特征而制约发展的事实的基础之上。

经济结构转变的中心内容，是产业结构的演进与升级。依据配第—克拉克（Clark, Colin C.）定律和库兹涅茨（Kuznets, S. S.）对产业结构演变规律的研究，随着人均收入水平的提高，相对于传统农业部门来说，工业和服务业部门的资源占用比重和产出比重在不断提升。换言之，工业化和城市化是经济结构转变的主线和实现这一转变的必然途径。"一

---

① ［美］西奥多·W. 舒尔茨：《报酬递增的源泉》，北京：北京大学出版社 2001 年版，第 104 页。

② 参见 ［美］西奥多·W. 舒尔茨《对人进行投资——人口质量经济学》，北京：首都经济贸易大学出版社 2002 年版，第 7 页。

③ 其余 59% 为人均土地装备率提高的贡献。参见 ［日］速水佑次郎、神门善久《农业经济论·新版》，北京：中国农业出版社 2003 年版，第 99 页。

④ ［美］H. 钱纳里等：《工业化与经济增长的比较研究》，上海：上海三联书店、上海人民出版社 1995 年版，第 57、48 页、原版前言。

⑤ ［美］H. 钱纳里：《结构变化与发展政策》，北京：经济科学出版社 1991 年版，序言。

且……经济成功地实现了工业化，它们对自然资源的依赖性会迅速下降。"[1] 这是因为，初级产业和第二、三次产业对自然资源的依赖程度不同。产业层次越低，对自然资源的依赖度越高；反之，依赖度下降。正如舒尔茨所指出的："在初级、次级和第三级这三个类别的产品中……初级产品最依赖于土地（自然资源），第三级服务对土地的依赖度最轻。"[2] 在马克思以资本积累和工业化为主线的资本主义经济发展模式中，我们看不到他对食品问题的过分关注。这似乎反映了随着工业化的进展，依赖土地的食品生产问题的重要性会下降。或者说，成功的工业化具有使经济摆脱自然资源制约的趋势。产业结构层次的高低与土地资源约束强度大小之间呈负相关，是一个可以经受经验事实检验的结论。

与土地替代、土地改进等技术性突破措施相比，经济结构升级是缓解土地资源压力更为根本的途径。结构性途径同时是技术性措施实施的前提和保障。替代土地的新型资源如农业机械、化肥和农药等，不能由农业部门自己生产，而要由城市工业部门来提供。在工业不断进步的条件下，工业部门生产的凝结着先进技术的新型要素，能够以日益低廉的价格供给农业部门，从而激发农民较多地使用这些新型资源。没有非农产业部门的高度发展，不可能获得土地替代型技术和土地改进型技术进步所需要的大量的资本来源。这正是资本丰裕的发达国家为什么土地资源约束强度较低的重要原因。

四 土地资源观演进对中国农业发展的启示

中国是土地资源稀缺型国家，人均耕地资源低于世界平均水平。经济发展特别是农业发展，面临的土地资源约束非常突出。当前农业领域中存在的农地经营规模过小、农民种粮积极性下降和农民收入增长缓慢等问题，都程度不同地与人均土地资源紧张相关。如果我们没有对农业发展过程中土地资源的约束问题予以足够的重视，同时，不能对解脱土地约束的

---

① ［日］速水佑次郎：《发展经济学——从贫困到富裕》，北京：社会科学文献出版社2003年版，第116页。

② ［美］西奥多·W.舒尔茨：《报酬递增的源泉》，北京：北京大学出版社2001年版，第125页。

路径作出正确选择，那么，农业发展乃至国民经济整体发展的预期目标就不可能实现。舒尔茨和速水佑次郎等人关于土地经济重要性下降的思想，为解决中国农业发展当前面临的土地资源约束提供了有益的启示。

第一，提高城市化水平，实现产业结构升级。产业结构低度化和城市化进程滞后，是形成中国当前农业发展土地资源压力的最根本原因。从总体上说，中国城市化明显滞后于经济发展。根据世界银行的资料，1997年人均 GNP 在 630—1090 美元的 12 个国家，平均城市化水平为 41.3%，比人均收入大体相当的中国高出 11 个百分点。若按购买力平价计算，1997 年中国人均 GNP 为 3570 美元，同年按购买力平价计算的人均 GNP 在 2040—4840 美元的 28 个国家平均城市化水平是 52.6%，中国低了 22 个百分点。中国城市化明显落后于产业结构和就业结构的变化，农村人口占总人口的比重（2003 年为 59.5%），高出农业产值占 GDP 比重（2003 年为 14.6%）的近 45 个百分点，高出农业就业人口比重（2003 年这一比重为 49.1%）的 10.4 个百分点。在 21 世纪中叶，中国要基本实现现代化。从现代化与城市化的相关性考虑，基本实现现代化时的城市化水平可以确定为 70% 左右。为此，在未来 30—40 年内，中国的城市化率需年均提高 1 个百分点左右。只有这样，才能从根本上降低整体经济活动对土地资源的依赖程度。

第二，加速土地替代技术和土地改进技术进步，实现土地资源的高效率利用。从总体上看，中国农业技术水平是比较低的，主要表现在：（1）农业科技投入水平较低。中国农业科技投入不到农业总产值的 1%，发达国家在 3% 以上，一些发展中国家也在 1.5%—2% 的水平上。（2）农业科技成果转化率、利用率低。中国每年取得农业科技成果约 6000 项，但转化率只有 30%—40%，真正形成规模的不到 20%，与欧美国家成果转化率在 65%—85% 的情况相比，差距很大；中国作物良种覆盖率为 80%，发达国家达到 100%；化肥当年利用率为 30%—35%，发达国家达到 60%；灌溉水利用率为 30%—40%，发达国家超过 60%。（3）农业科技进步贡献率低。早在 20 世纪 70 年代初，发达国家科技进步对农业增长的贡献份额就达到 60%—80%，技术进步已成为农业经济增长的第一因素；而中国在最近 20 年内才达到 31% 左右，变化幅度在 27%—35%，是低于物质投入的农业经济增长的第二位因素。（4）粮食单产还有较大潜力可挖。

中国粮食单产虽居世界中上水平，但与一些先进国家甚至发展中国家相比仍有较大差距。韩国亩产达 370 公斤，埃及达到 410 公斤，最高的荷兰超过 500 公斤，高于中国 20%—60%。依据林毅夫的一项研究，在现有生产条件和技术水平下，中国粮食单产潜力可相当于目前实际单产水平的 2—3 倍。[①] 可见，土地资源的生产可能性边界，借助技术进步能够不断地扩展。

第三，加大农业领域的人力资本投资。中国农业发展的落后状态与农业部门人均人力资本存量较低是密切相关的。2002 年，中国农村就业人口中文盲、半文盲占 7.59%，小学文化程度占 30.63%，中专和大专及其以上程度分别占 2.09%、0.56%。[②] 这与发达国家相去甚远。德国农民中大学毕业的占 6.7%，受过职业教育的占 85%；日本农民中大学毕业的占 5%，高中以上毕业的占 74.8%；英国 70%—80% 的农民受过良好的职业技术教育。中国每万名农业人口只有 1 名农业技术人员，而德国、美国和日本这一指标分别是 13.5 人、7.2 人和 5 人。在舒尔茨看来："有能力的人民是现代经济丰裕的关键。"[③] "离开大量的人力投资，要取得现代化农业的成果和达到现代工业的富足程度是完全不可能的。"[④] 舒尔茨通过经验事实的大量对比，来说明人力资本是现代农业增长主要源泉的观点："一个像其祖辈那样耕作的人，无论土地多么肥沃或他如何辛勤劳动，也无法生产出大量食物。一个得到并精通运用有关土壤、植物、动物和机械的科学知识的农民，即使在贫瘠的土地上，也能生产出丰富的食物。他无须总是那么辛勤而长时间地劳动。"[⑤] 舒尔茨发现，在西方发达国家，人力资本的增长要比物质资本的增长迅速得多。因而认为，人力资本投资的

---

① 林毅夫：《粮食增产潜力究竟有多大》，《经济日报》1995 年 2 月 27 日。

② 国家统计局农村社会经济调查总队：《中国农村统计年鉴 2000》，北京：中国统计出版社 2000 年版，第 35 页。

③ ［美］西奥多·W. 舒尔茨：《经济增长与农业》，北京：北京经济学院出版社 1992 年版，第 92 页。

④ ［美］西奥多·W. 舒尔茨：《论人力资本投资》，北京：北京经济学院出版社 1990 年版，第 16 页。

⑤ ［美］西奥多·W. 舒尔茨：《经济增长与农业》，北京：北京经济学院出版社 1992 年版，第 4 页。

快速增长是"技术先进国家在生产力方面占优势的主要原因"。[①] 速水佑次郎和弗农·拉坦（Vernon W. Ruttan）也认识到："以有知识、有创新精神的农民、称职的科学家和技术人员、有远见的公共行政管理人员和企业家的形式表现出来的人力资本的改善，是农业生产率能否持续增长的关键。"[②] 据此，借助政府政策促使教育特别是基础教育和职业教育向农业部门倾斜，应是解决中国农业发展和土地资源紧缺压力问题的关键。

参考文献

贾生华、张宏斌：《农业产业化的国际经验研究》，北京：中国农业出版社 1999 年版。

[英] 大卫·李嘉图：《政治经济学及赋税原理》，北京：北京联合出版公司 2013 年版。

林毅夫：《粮食增产潜力究竟有多大》，《经济日报》1995 年 2 月 27 日。

[英] 马尔萨斯：《人口论》，北京：北京大学出版社 2008 年版。

[英] 马歇尔：《经济学原理》上卷，北京：商务印书馆 1964 年版。

[美] H. 钱纳里等：《工业化与经济增长的比较研究》，上海：上海三联书店、上海人民出版社 1995 年版。

[美] H. 钱纳里：《结构变化与发展政策》，北京：经济科学出版社 1991，序言。

[美] 西奥多·W. 舒尔茨：《报酬递增的源泉》，北京：北京大学出版社 2001 年版。

[美] 西奥多·W. 舒尔茨：《对人进行投资——人口质量经济学》，北京：首都经济贸易大学出版社 2002 年版。

[美] 西奥多·W. 舒尔茨：《论人力资本投资》，北京：北京经济学院出版社 1990 年版。

[日] 速水佑次郎：《发展经济学——从贫困到富裕》，北京：社会科学文献出版社 2003 年版。

[日] 速水佑次郎、神门善久：《农业经济论·新版》，北京：中国农业出版社 2003 年版。

[日] 速水佑次郎、[美] 弗农·拉坦：《农业发展的国际分析》，北京：中国社会科学出版社 2000 年版。

[英] 亚当·斯密：《国民财富的性质和原因的研究》，北京：商务印书馆 1981 年版。

王亚南：《资产阶级古典政治经济学选集》，北京：商务印书馆 1979 年版。

杨万江、徐星明：《农业现代化测评》，北京：社会科学文献出版社 2001 年版。

Solow, Robert M.: A Contribution to the Theory of Economic Growth. *Quarterly Journal of Economics*, Vol. 70, 1956: 65-94.

---

① [美] 西奥多·W. 舒尔茨：《论人力资本投资》，北京：北京经济学院出版社 1990 年版，第 4 页。

② [日] 速水佑次郎、[美] 弗农·拉坦：《农业发展的国际分析》，北京：中国社会科学出版社 2000 年版，第 165 页。

第二部分

技术进步

第 六 章

农业技术的诱致变迁模型[*]

日本东京大学教授速水佑次郎（Hayami，Yujiro）和美国明尼苏达大学教授弗农·拉坦（Ruttan，Vernon W.）在各自多年研究亚洲乡村发展和技术变迁问题的基础上，合作探讨农业发展问题。他们打破传统农业发展和经济发展理论对研究农业发展问题的限制，从寻求世界各国农业生产与资源利用的变化规律出发，集中分析了技术变迁对农业发展的贡献以及技术变迁在农业发展过程中的作用，特别是提出了一个农业技术的诱致变迁模型。

一　农业发展与农业技术变迁

速水佑次郎和弗农·拉坦非常重视农业本身的发展问题。他们注意到："最近几十年，在经济文献中，关于农业发展和工业发展对国民经济增长的相对贡献的认识，发生了急剧的变化。从早期的'工业基础论'转向强调农业生产增长和农业生产率增长对总发展过程的意义。"① 但是，他们认为，这种认识的转变还是远远不够的。因为它只是看到了农业部门在总发展过程中的作用和贡献，还很少考虑到农业发展过程本身，或者

　＊　本章是笔者《二元经济与中国农业发展》（经济管理出版社 1999 年版）第六章《诱导技术变迁模型》的修改稿。

　①　［日］早见雄次郎（速水佑次郎）、［美］弗农·拉坦：《农业发展：国际前景》，北京：商务印书馆 1993 年版，第 11 页。

说，"农业自身的增长过程仍然处于多数发展经济学家的关注之外"。[1] 速水和拉坦则把自己的研究深入农业发展过程本身，去探求"各国农业生产与资源利用的变化规律"。他们主要从农业产出增长和农业生产率增长来界定农业发展的基本内涵，认为这种增长对社会经济的发展是至关重要的。他们指出："在多数国家，农业产出的增长对发展过程是必要的，农业增长对发展过程的贡献肯定与农业部门生产率的增长速度有关。""由于农业部门生产率的增长，使可用于社会的资源为物质财富的增长创造了机会。"[2]

在速水和拉坦确立的"诱致技术变迁模型"中，农业技术进步被视为决定农业发展的基本力量。换言之，这一模型把技术变革当作农业发展过程的内生变量，而不是作为独立于发展过程而起作用的外生要素。"诱导技术变迁模型"对技术进步在农业发展过程中重要性的肯定表现在：第一，把技术变迁作为说明农业生产率增长的最重要变量。"成功获得农业生产率迅速增长的共同基础在于，每一个国家或发展地区产生在生态上可用、经济上可行的农业技术的能力。""……有效的经济发展战略，特别是在经济发展初期，主要取决于可以引起农业生产率增长的技术迅速变革的成就。"[3] 第二，技术变迁被视为突破资源约束，开发农业生产增长潜力的源泉。各类农业资源的供给并非是均衡增长的，某些资源会随着发展过程而成为瓶颈性资源，突破瓶颈的约束需要依靠技术进步。"农业科学技术进步是打破由缺乏供给弹性的生产要素对农业生产制约的必要条件。""即使在土地和劳力紧缺的情况下，农业生产迅速增长的潜力依然存在。潜力的发挥靠技术和人力资本投资。"[4] 第三，把农业技术研究的先进状态作为农业现代化的标志。美、日等完成农业现代化改造的国家，都是农业技术研究非常先进和研究体制比较成熟的国家。"美国和日本都把农业研究的'社会化'作为农业现代化的一种标志。两个国家的农业

---

[1] ［日］早见雄次郎（速水佑次郎）、［美］弗农·拉坦：《农业发展：国际前景》，北京：商务印书馆 1993 年版，第 30 页。

[2] 同上书，第 6—7 页。

[3] 同上书，第 7、5 页。

[4] 同上书，第 144—115 页。

现代化过程都伴随着试验站的发展和工业生产能力的发展。"① 这里所谓的工业生产能力主要指工业部门提供现代农业生产要素的能力。概言之，实现农业的发展，离不开农业技术的变迁。从一定意义上说，农业发展过程即农业技术的进步过程。

如果说技术变革是决定农业发展的基本力量，农业技术水平是衡量农业发展程度的基本指标，那么，农业技术水平的差异也就是世界各国农业发展不平衡的基本原因。不发达国家农业发展水平的落后是与农业技术的落后、停滞相联系的，而高科学技术投入是发达国家现代化农业的一个重要特征。据此，速水和拉坦指出："加剧世界农业不均衡的基本原因，是欠发达国家由自然资源型农业向科学型农业转变方面落后。发达国家的农业，在现代经济的增长中，已经由资源型产业转变为科学型产业。"②

速水和拉坦不仅把农业发展过程视作农业技术的进步过程，而且对农业技术进步的动态过程进行了描述。首先，他们认为，农业技术进步起因于资源配置过程中产生的不均衡。在 19 世纪中叶的美国农业中，由于耕作边界迅速向西部推移，土地相对于劳动变得日益丰富。为了防止作物的损失，发明了收割机。收割机的发明利用，"是种植和收割管理之间劳动不平衡的结果"。③ 其次，在时间序列上，他们指出，农业技术变革是一个累积呼应的过程。农业技术变革起因于资源配置中的瓶颈，而"一个瓶颈引起的问题的解决通常产生另一个瓶颈。这是技术变革从一个生产过程向另一个生产过程传播的动力"。④ 比如，收割机的使用节省了割地劳动，却形成了耙和捆工作的瓶颈，从而引起了自耙收割机和打捆机的发明；收割机械化又产生了脱粒方面的瓶颈，动力脱粒机随之被发明。通过这种累积呼应，实现了农业技术的不断变迁和进步。最后，在空间范围上，他们认为，农业技术呈梯度扩散。不同国家、不同地区、不同农场，在采用新技术的能力上存在着差别。这是"农业技术梯度扩散的结果，在更大程度上，是发明和开发新的机械、生物和化学技术的能力梯度扩散

---

① ［日］早见雄次郎（速水佑次郎）、［美］弗农·拉坦：《农业发展：国际前景》，北京：商务印书馆1993年版，第144页。

② 同上书，第253页。

③ 同上书，第59页。

④ 同上。

的结果"。①

二　农业技术变迁的价格诱致机制

现代农业的发展依赖农业生产率的持续增长，而生产率的增长又取决于现代农业技术的不断进步。那么，农业技术的进步又是如何实现的呢？

速水和拉坦没有把农业技术变化看作科学技术进步的自发产物，而是看作对资源禀赋状况和产品需求增长的动态反应。换句话说，农业技术变迁被认为是在经济力量或价格机制的诱导下实现的。农业技术的变革行为，实质上就是经济人利益最大化行为在农业领域中的反应。在这里，农业技术变迁的基础，是一个国家或地区的资源条件和产品需求的增长；农业技术变迁的目标，是通过农业技术进步摆脱资源瓶颈的约束和满足不断增长的产品需求；实现农业技术变迁的机制即联结基础与目标之间的桥梁，是经济利益机制或市场机制。这种机制，不是实现农业技术变迁的强制性力量，而是引导人们从事农业技术选择的诱导性力量。不论一个国家的资源条件如何，农业技术的进步大都是在经济力量的诱导下实现的。不难看出，速水和拉坦的"诱致技术变迁模型"，是建立在微观经济学理论基础上的一种农业发展理论。

（一）经济力量诱致下的技术变迁

技术变迁是对不同供给弹性资源的相对价格的反应。技术变迁与一个国家或地区的初始资源禀赋状况密切相关。"两种初级资源，即土地和劳动的相对量和存量，是决定农业技术变革实际方式的主要因素。农业与国民经济的其他部门比起来，在生产上以受土地更大的制约为特点。可以把农业生产看成是不断消除由缺乏弹性供给的土地和劳动对生产施加制约的一个过程。"② 不同国家和不同地区，初始农业资源（土地和劳动）条件不同，或者土地相对于劳动丰裕，或者劳动相对于土地丰裕。农业资源的

---

①　［日］早见雄次郎（速水佑次郎）、［美］弗农·拉坦：《农业发展：国际前景》，北京：商务印书馆1993年版，第94页。

②　同上书，第7页。

特定禀赋，会随着农业生产扩张出现资源供给的不同弹性，或者富有弹性，或者缺乏弹性。由资源相对稀缺性决定的不同供给弹性，在要素市场上表现为资源相对价格的差异。例如，在一个人口密度较大、人口增长迅速的国家里，土地相对于劳动变得越来越稀缺，于是土地价格（地租）相对于劳动价格（工资）变得越来越高；在一个人口密度小而非农业部门扩张迅速的国家里，劳动相对于土地变得更加稀缺，从而，劳动的价格相对于土地的价格不断上涨。在"诱致技术变迁模型"里，农业技术的发明和选择主体被设定为经济人。按照经济人行为原则，面对不同资源相对价格的差异，他们会进行不同的资源利用组合，实现用相对低廉价格的要素替代相对高价的要素。当土地价格相对劳动价格更高时，他们采用替代土地的农业技术以降低资源使用成本。生物化学技术就是适应这种资源相对价格变化而被发明和利用的。相反，当劳动价格相对于土地价格更高时，就会采用节约劳动的技术来降低资源利用成本，结果替代劳动的机械技术不断被发明出来和运用于生产中。速水和拉坦指出："农业技术变革，最好可以理解为是对资源条件和一国自身的现代化过程开端形成的经济环境的动态反应。……技术变革和生产率增长，是对要素价格的具体变动趋势的反应，反映了每一个国家资源条件和资源存量的经济意义。"①

技术变迁也是对现代农业要素相对价格下降的反应。按照舒尔茨的观点，现代农业要素的投入过程，即为农业技术变迁过程。在速水和拉坦看来，这种技术变迁过程又与现代农业投入要素的相对价格密切相关。为了解决土地和劳动初始资源形成的生产瓶颈，发明了化肥和机械等替代性要素。这些非农业部门提供的人工替代要素相对于土地和劳动价格的下降，是推动农业技术变迁即现代农业要素使用量增长的重要经济力量。"每个农场工人动力数和每公顷耕地化肥施用量的增加是与机械价格相对于工人工资，化肥价格相对于土地价格的迅速下降同时发生的。"② 不同现代农业要素相对价格的变化，决定了农业技术改进重点的不同。20 世纪 30 年

---

① ［日］早见雄次郎（速水佑次郎）、［美］弗农·拉坦：《农业发展：国际前景》，北京：商务印书馆 1993 年版，第 30 页。

② 同上书，第 127 页。

代以前，美国农业技术变迁主要表现为机械技术的采用。20世纪30年代以后，由于化肥价格急剧下降，于是农业技术改进的重点，就由原来的机械技术转向作物良种和生产工艺改进的生物技术方面，以便利用低价化肥带来的生产机会。速水和拉坦不仅把农业技术变迁看作对现代农业要素相对价格下降带来的经济机会利用的结果，而且认为，"农业部门对相对于土地和劳力及农产品价格较低的现代生物化学、机械产品投入的反应能力是农业发展过程的关键"。[①]

（二）经济力量诱致下的农业技术研究

现代农业技术是由农业研究机构开发和提供的。农业研究机构有私人部门，但更主要的是公共部门。无论是私人部门还是公共部门，其开发研究和技术供给行为都受到经济力量的诱导。

私人部门从事农业技术开发和供给活动的目的，是赚取利润，因此，它们必然要对农民现代技术投入需求作出反应。农民受要素相对价格变化的引诱，总是寻求那些节约相对稀缺要素的农业技术；这种技术由于市场需求的拉动会呈现为较高的市场价格，而较高的市场价格则激发出私人部门从事该类技术的开发研究和供给行为。这表明，一方面，私人部门的农业技术开发和供给行为是由现代投入品的市场价格引诱的；另一方面，私人部门的开发、供给行为又必然与农民的技术需求是一致的，即"企业家设想了各种可供选择的新技术，它们都能用同量的研究费用加以开发，如果在整个时期一种要素相对于另一种要素来说变得更昂贵，企业家的革新研究将趋向节约更为昂贵的要素"。[②]

由于农业技术研究成果的公共产品性质，农业技术研究活动主要由公共部门承担。农业技术的创造发明者——农业研究科学家和研究管理者一般是非营利性的公共部门的雇员，他们的研究支出一般来自公共部门的拨款和社会资助，他们的研究成果不直接在市场上买卖。在这种情况下，研究科学家和管理者在研究目标选择上对市场价格或对农民的技术需求就不

---

① ［日］早见雄次郎（速水佑次郎）、［美］弗农·拉坦：《农业发展：国际前景》，北京：商务印书馆1993年版，第84页。

② 同上书，第54页。

一定作出反应。那么，怎样诱导科学研究人员从事的研究工作与社会对技术的需求相一致呢？速水和拉坦提出："建立一种有效的奖励科学家或管理人员的制度，根据他们对解决重大社会问题的贡献，进行物质和精神奖励。"① 公共部门的研究科学家虽然不是直接由价格和利润来诱导的，却受到"职业成就或被人承认这一动力的驱动"。研究科学家的职业成就往往与个人利益之间存在着联系，这样，公共部门的诱导机制也就类似于私人部门。在这种机制的诱导下，公共部门的技术供给就与农民对技术的需求大致保持着动态的平衡。

公共研究部门对技术需求的反应不限于应用科学领域。从事应用科学研究的科学家常常请教于基础理论研究的科学家或请求合作。如果基础科学家对应用科学家的要求作出反应，他们实际上也是对社会需求作出反应。速水和拉坦指出："假定基础研究也趋向于减轻相对稀缺要素给农业生产带来的制约，显然是合理的。"②

（三）诱致技术变迁与市场体制

以上表明，技术变迁的诱导机制即市场调节机制。因此，技术变迁被成功有效地推进的关键，是需要存在一个充分竞争的市场环境。在这种环境中，要素的价格变化能正确地反映要素供求的变化；现代农业要素的供给和需求主体是对市场价格变化具有充分反应能力的经济人。美国经济学家贝克福特（Beckford，G. L.）评论说，速水和拉坦的模型是在传统的厂商理论的一般框架里建立起来的资源配置模型，它的关键是存在一个与企业利润最大化行为相一致的竞争环境。速水与拉坦他们自己也明确指出，有效的市场体系是实现技术变迁的关键因素。③

既然市场体系是诱导技术变迁的有效的制度保证，那么，哪里市场体系不健全，或哪里市场机制受到干扰，技术进步的进程就会受到阻碍。"无论是由于市场不健全，还是由于政府对市场的干预，哪里产生

---

① ［日］早见雄次郎（速水佑次郎）、［美］弗农·拉坦：《农业发展：国际前景》，北京：商务印书馆 1993 年版，第 56 页。

② 同上。

③ 同上书，第 8 页。

价格关系失调，私人企业和公共机构的革新行为与生产行为都要失调。"①

　　既然市场体系是诱致技术变革的有效的制度保证，那么，在技术不断进步的过程中，就应当通过体制改革建立和完善市场体系。技术进步是经济增长的重要源泉，在市场制度不健全的经济中，经济增长就离不开相应的体制变革。速水和拉坦认识到："经济增长最终取决于社会自身改革对技术与经济机会反应的灵活性和有效性。"② 也就是说，他们把体制革新既看作对由技术进步开拓的资源生产性利用的新机会的一种反应，同时又视为实现经济增长的基本条件。有利于技术进步和经济增长的最重要的体制变革，是市场制度的建立和完善。速水和拉坦认为，在技术进步缓慢或停滞的经济中，市场改革不会对经济增长做出多少贡献。然而，在技术进步迅速的情形下，市场改革则可以为经济增长做出巨大贡献。这是因为，一方面，市场改革能够充分利用技术进步带来的增长机会；另一方面，市场机制能够诱导技术变迁沿着资源供给变化的方向合理推进，从而实现资源的合理替代和有效利用。在农业技术变迁过程中，建立和逐步完善市场体制，是诱导技术变迁模型的基本结论。

三　诱致技术变迁模型

（一）理论模型

　　诱致技术变迁模型的基本内涵可以表述如下：一个国家农业生产的增长受其资源条件的制约，但这种制约可以通过技术变迁来突破。初始资源相对稀缺程度和供给弹性的不同，在要素市场上表现为资源相对价格的差异。相对价格的差异会诱导出节约相对稀缺的价格相对高昂的资源的技术变迁，以缓解稀缺的和供给缺乏弹性的资源给农业发展带来的限制。土地供给缺乏弹性或土地相对于劳动价格昂贵会诱导出节约土地的生物化学技术的进步；劳动供给缺乏弹性或劳动相对于土地价格昂贵则会诱导出节约

---

　　① ［日］早见雄次郎（速水佑次郎）、［美］弗农·拉坦：《农业发展：国际前景》，北京：商务印书馆 1993 年版，第 320 页。

　　② 同上书，第 58 页。

劳动的机械技术的进步。因此，农业技术变迁可以归结为两种类型：生物化学技术的进步和机械技术的进步。诱导技术变迁模型可以由图 6—1 和图 6—2 来描述。

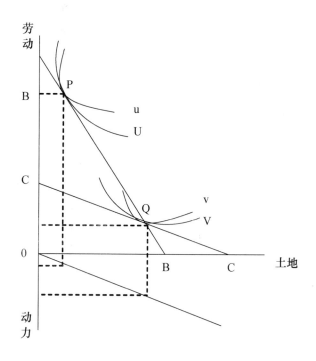

图 6—1 农业机械技术进步

图 6—1 表示机械技术进步过程。U 代表初期的创新可能性曲线，它是一系列较无弹性的单位等产量曲线的包络线，每条曲线对应着一种机械技术，越是往右的曲线，机械化程度越高。假设初期的土地—劳动价格比率由 BB 线表示。于是，一种机械技术被发明出来，由图 6—1 中的单位等产量曲线 u 表示。u 与 BB 线相切于 P 点，在这一点上，生产一单位产出所需的劳动、土地以及机械动力组合，即为既定资源价格条件下的最优组合。

在图 6—1 中，V 代表后期的创新可能性曲线。它位于初期创新可能性曲线 U 的下方，意味着与初期相比，后期的农业生产率提高了，生产一单位产出所需的资源减少了。假设从初期进行到后期，由于工业部门的迅速扩张使劳动力转移到工业部门的速度大于人口增长率，劳动相对于土地变得更稀缺了，从而地租相对于工资下降了；并假设由于工业的发展使机械动力的供给更加丰富，从而机械动力价格相对于劳动工资也下降了。于是土地—劳动价格比率从 BB 下降到 CC，导致一种新的机械技术的发现和应用。这一新技术用单位等产量曲线 v 来表示。它与 CC 线相切于 Q 点，决定了后期资源价格条件下的资源最优配置。显然，与初期相比，生产一单位产出的劳动减少了，土地和机械动力增加了。这是劳动稀缺诱导的技术变化的结果。

　　生物化学技术进步过程可由图 6—2 说明。图中Ⅰ表示初期的创新可能性曲线，它是由一系列较无弹性的单位等产量曲线构成的包络线，每条曲线对应着一种不同的生物技术，这里用作物品种代表。越是靠右的单位等产量曲线所表示的作物品种对化肥的反应越大，即生物技术水平越高。假设初期的化肥—土地价格比率是 bb。这时一种作物品种被发明出来并

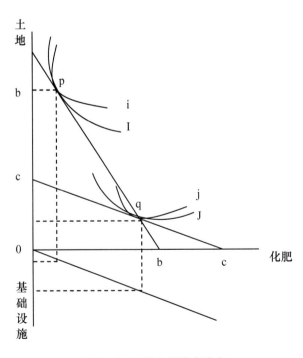

图6—2　生物化学技术进步

被投入使用，这种品种对化肥反应不大，如单位等产量线 i 所示。一般来说，促进化肥替代土地的技术要求较好的灌溉、排涝等基础设施的投入。当作物品种对化肥反应很大时，化肥和基础设施形成互补性投入共同代替土地。

在图 6—2 中，J 代表后期创新可能性曲线，它是后期由作物品种表示的一系列较无弹性的单位等产量曲线的包络曲线。它位于 I 下方，表示农业生产率随时间变化而提高了。当土地变得相对稀缺时，土地相对价格就会上升，而化肥和基础设施价格因工业发展而相对下降。于是，化肥—土地价格比率就从初期的 bb 线下降为后期的 cc 线。从而导致一种新型高产且对化肥反应较大的作物品种的出现，这种新的生物技术由 j 表示。显然，与初期相比，这种新作物品种对化肥的反应要大得多（q 位于 p 的右边）。这是土地稀缺导致的生物技术进步的结果。

（二）经验考察

诱致技术变迁模型是否揭示了农业技术变迁的一般规律，可以通过各国的经验数据予以检验。

农业技术变迁有着特定的资源背景。不同国家或地区，农业资源的禀赋存在着明显的差异。如表 6—1 所示。日本、中国台湾等属人地比例关系十分紧张的国家和地区；澳大利亚、新西兰、加拿大和美国等属人地比例关系十分有利的国家；德国、法国、瑞典等国家农业资源状况则介于两者之间。

根据诱致技术变迁模型，不同的农业资源禀赋状况会表现为资源相对价格的差异。1960 年，美国平均每个男性农场工人的农业土地面积大约是日本的 87 倍，因而，土地和劳动的比价在两个国家显著不同。如果把每公顷农业土地的价格折算为每个农场工人的工作天数，那么，1960 年日本每公顷土地的价格大约是美国的 75 倍，就是说，1 个日本农场工人必须工作 75 倍于美国农场工人的时间，才能得到 1 公顷农业土地。见表 6—2。

表 6—1   不同国家（地区）土地—劳动资源比较

国家或地区	农业土地面积（千公顷）	男农业劳动者数量（千人）	每个农业劳动者占有农业土地数量（公顷/人）
日　本	7020	4897	1.43
中国台湾	880	1116	0.78
毛里求斯	123	56	2.20
比利时	1875	215	8.64
荷　兰	2317	387	5.99
联邦德国	14254	1477	9.65
挪　威	1033	103	10.03
丹　麦	3127	303	10.32
芬　兰	2849	187	15.24
法　国	34539	2395	14.42
瑞　士	2161	233	9.27
瑞　典	4282	225	19.03
英　国	19894	4046	4.92
奥地利	4050	297	13.64
阿根廷	137829	1295	106.43
澳大利亚	468135	395	1185.15
新西兰	13341	112	119.12
加拿大	62848	484	129.85
美　国	439941	3542	124.21

资料来源：根据［日］早见雄次郎（速水佑次郎）、［美］弗农·拉坦《农业发展：国际前景》表 A.5 中有关数据列出或计算得出。表中所列均为 1960 年数据。

表 6—2   美日两国土地—劳动价格比

	美　国	日　本
农业土地价格（每公顷）	285 美元（1959）*	1415000 日元
农场工人工资（每天）	6.60 每元	440 日元
以工作日表示土地价格（天/公顷）	43 天	3216 天

* 表中所列除注明年份外，均为 1960 年数据。

资料来源：根据［日］早见雄次郎（速水佑次郎）、［美］弗农·拉坦《农业发展：国际前景》表 6.1 中有关数据列出。

在不同的土地—劳动比率和不同的土地—劳动相对价格的诱导下，会产生出不同的技术变迁路径。这一结论，与世界各国农业技术变迁的事实大致吻合。如图6—3所示。图中，用肥料作为土地替代要素指标，并把每公顷耕地肥料投入绘制在纵轴上；用拖拉机马力作为劳动替代要素指标，并把每个男工拖拉机马力数据标在横轴上。图6—3表明，日本、中国台湾等土地稀缺的国家和地区，主要通过增加化肥投入即生物技术的进步来减轻土地对产量增长的限制；澳大利亚、加拿大和美国等土地丰裕而劳动相对稀缺的国家，则主要通过机械技术的进步来减轻劳动对农业生产增长的限制；英国、法国和丹麦等欧洲国家，资源状况介于上述两组国家或地区之间，技术进步路径亦介于二者之间。

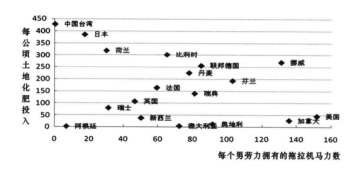

图6—3 不同资源禀赋国家（地区）的技术进步路径

资料来源：［日］速水佑次郎、［美］弗农·拉坦：《农业发展的国际分析》（修订扩充版），北京：中国社会科学出版社2000年版，第十三章附录A：表A—4。1980年数据。

技术进步路线的差异，必然表现为土地生产率和劳动生产率的差异。以生物技术进步为主的国家或地区，应当有较高的土地生产率；而以机械技术进步为主的国家，则应当有较高的劳动生产率。这一点也可由各国的经验数据予以证明。在图6—4中，纵轴表示土地生产率，横轴表示劳动生产率。从图中可以观察到，以新西兰、澳大利亚、加拿大和美国为代表的以机械技术进步为主的国家，劳动生产率大大超过其他国家；以中国台湾、日本为代表的以生物技术进步为主的国家和地区，有着很高的土地生产率；比利时、丹麦等欧洲国家，土地生产率和劳动生产率介于上述两组国家之间，这与其中性的技术进步路线相一致。

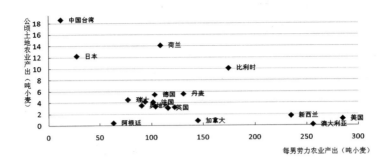

图 6—4　不同资源禀赋国家（地区）的土地生产率和劳动生产率

资料来源：〔日〕速水佑次郎、〔美〕弗农·拉坦：《农业发展的国际分析》（修订扩充版），北京：中国社会科学出版社 2000 年版，第十三章附录 A：表 A—4。1980 年数据。

四　工业进步与农业技术变迁

（一）　工业进步与农业发展的新机会

工业化进程可以在许多方面影响农业发展。比如，非农部门的扩张对农产品需求和农业劳动力需求的增长，一部分工业利润转化为农业基础设施投入等。但速水和拉坦认为，工业进步对农业发展最重要的影响，是它推动着农业技术的迅速进步。或者说，工业进步为农业发展提供了许多新机会，这种新机会的利用过程就是农业技术进步和农业发展的过程。

工业进步为农业发展提供的新机会来自工业为农业提供着价格日趋低廉的现代农业投入。农业技术的进步过程即现代农业要素不断地替代传统农业要素的过程。现代要素替代传统要素的基本条件，是现代要素的价格相对土地、劳动及农产品价格是否较低。只有当现代要素相对价格较低，农民使用现代要素更加有利可图时，现代要素替代传统要素的技术进步过程才会发生。现代农业要素的主要供给者是工业部门。工业部门的效率是决定由工业部门生产的现代农业投入价格高低的重要因素。"由于工业专业化和分工的进一步发展，新知识的应用造成效益提高的结果使工业部门生产的现代农业投入，如：肥料、化学品、机械的成本降低。"① 就是说，随

①　〔日〕早见雄次郎（速水佑次郎）、〔美〕弗农·拉坦：《农业发展：国际前景》，北京：商务印书馆 1993 年版，第 84 页。

着工业的进步，现代农业投入的生产成本和价格是在不断下降的。这一点已为发达国家工业进步和农业发展的事实所证实。"无论是美国还是日本，迅速发展工业，为农业提供相对价格持续下降的机械和化肥，是农业迅速发展必不可少的要求。"[①] 现代农业投入价格相对土地和劳动价格趋于下降，促使农民去寻求利用这种价格变化形成的新的生产可能性，于是，节约劳动的机械技术或节约土地的生物化学技术就被引入农业生产过程之中。据此，速水和拉坦指出："工业技术的进展，即降低投入到农业部门的生物和机械投入品的成本，是导致农业部门技术变化和生产率提高的唯一途径。"[②]

工业进步还为农业部门充分利用现代农业要素创设条件。农业技术的进步，不仅取决于现代农业要素的供给，而且取决于这些新型要素能否被充分地利用即现代农业要素的需求方面。首先，不断进步的工业通过加强支持农业技术研究和推广工作，促成农业部门对现代农业要素的充分利用。比如，要充分利用低价化肥带来的增长机会，就必须培育出对化肥具有较大反应能力的作物品种。工业部门对农业科研和推广工作的支持，是农业部门充分利用现代工业进步成果的不可缺少的条件。其次，具有较高知识水平和技能的现代农民，既是现代农业要素被有效利用的重要条件，也是农业技术进步的结果和最高体现。现代农民的培养，离不开不断进步的工业部门对农村普通教育和生产技能教育的扶持。此外，工业部门还可以在交通、通信、基础设施建设等方面支持农业，以便于农业部门更好地利用现代农业投入，促进农业技术的扩散和更新。

不难看出，在速水和拉坦的诱导技术变迁模型中，是不能离开工业进步抽象地孤立地来考察农业技术变迁的。在他们看来："农业生产率的增长必然是农业部门适应新的机会的过程，这些新的机会是由于知识的进步和伴随着工业化的工业分工的进步创造的。"[③]

（二）工业进步与农业生产率的提高

如果说工业进步带来的农业发展的新机会必然表现为农业技术的进

[①] ［日］早见雄次郎（速水佑次郎）、［美］弗农·拉坦：《农业发展：国际前景》，北京：商务印书馆1993年版，第141页。

[②] 同上书，第70页。

[③] 同上书，第80页。

步,那么,农业技术进步必然表现为农业生产率的增长。因为,"工业部门提供的技术投入是农业生产率增长的重要原因",而农业生产率增长是工业部门提供给农业的技术投入的必然结果。

从各国的截面资料来看,工业化程度高的发达国家,农业生产率水平较高;相反,工业化程度较低的发展中国家,农业生产率明显低于发达国家,如表6—3所示。尽管某些发展中国家的土地生产率会高于个别发达国家,但它们的劳动生产率则大大低于发达国家,某些发展中国家的劳动生产率与个别发达国家接近,但土地生产率又明显的落后。从平均值来看,发达国家与发展中国家农业生产率的差距是显著的。

表6—3　　　　发达国家与发展中国家农业生产率比较（1980年）

	国家	每公顷农业产出（吨小麦单位）	每男劳力农业（吨小麦单位）
发达国家	美　国	1.16	285.07
	英　国	3.09	116.26
	日　本	12.23	27.84
	联邦德国	5.44	103.32
	丹　麦	5.58	131.25
	法　国	4.09	101.79
发展中国家	印度	1.58	3.11
	墨西哥	0.52	7.48
	菲律宾	3.47	5.87
	土耳其	1.09	12.72
	委内瑞拉	0.55	22.71
	秘鲁	0.37	10.14

资料来源:［日］速水佑次郎、［美］弗农·拉坦:《农业发展的国际分析》(修订扩充版),北京:中国社会科学出版社2000年版,第十三章附录A:表A—4。

从时间序列资料来看,随着工业化程度的提高,农业生产率水平也相应地提高。图6—5和图6—6是根据1880—1980年美国和日本有关时间序列数据绘制出的工业进步和农业生产率增长间相关关系的曲线。图中,纵轴表示土地生产率,横轴表示劳动生产率;工业化程度用非农业部门男劳动力数量与全部男劳动力数量的比率来表示。图中曲线表明：（1）工业化水平的提高，对于美国和日本土地生产率和劳动生产率影响的程度是不同的。在美国，工业化水平的提高对农业生产率的影响，主要表现为劳动生产率的迅速增长；在日本则主要表现为土地生产率的提高。（2）无论是美国还是日本，工业化水平与土地生产率和劳动生产率均呈正向关系。即随着工业进步，土地生产率和劳动生产率均是提高的，所以曲线向右上方倾斜。人们对工业化程度提高带来农业技术进步没有怀疑，对机械技术带来劳动生产率增长和生物技术带来土地生产率提高也不会怀疑，但是，对工业进步是否会带来劳动生产率和土地生产率的同时增长，则存有疑虑。上述考察对于这一问题作出了有利的回答。

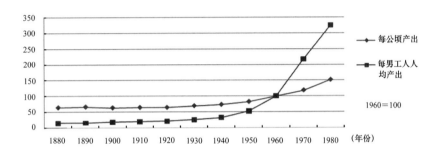

图6—5 美国农业生产率历史增长曲线

资料来源：［日］速水佑次郎、［美］弗农·拉坦：《农业发展的国际分析》（修订扩充版），北京：中国社会科学出版社2000年版，第十三章附录B：表B—1。

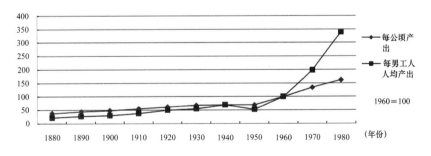

图6—6 日本农业生产率历史增长曲线

资料来源：［日］速水佑次郎、［美］弗农·拉坦：《农业发展的国际分析》（修订扩充版），北京：中国社会科学出版社2000年版，第十三章附录B：表B—2。

五　对诱致技术变迁模型的简单评论

速水佑次郎和弗农·拉坦是在充分借鉴各种农业发展理论的基础上来建构自己的诱致技术变迁模型的。他们明确地讲，诱致技术变迁模型是舒尔茨高产出投入模式与其他一些农业发展模式相结合的产物。[①] 这样，一方面他们可以充分地吸取其他理论成果的长处，同时避免其缺憾与疏漏。与其他农业发模型相比，诱导技术变迁模型表现出更高的理论完整性与对农业发展历史事实更强的解释力。

诱致技术变迁模型是对舒尔茨模型的发展和完善。速水和拉坦充分肯定了舒尔茨模型的积极意义：舒尔茨模型强调了加速农业发展的重要意义，"以该模式为基础的政策能够产生足够高的农业增长速度，以便为与现代人口增长和收入增长的要求相一致的整个经济的增长提供基础"。[②] 舒尔茨模型正确地指出了加速农业发展的关键是通过在农业科学研究和对农民教育方面投资以加速新投入或技术的传播。

但是，他们认为，舒尔茨在《改造传统农业》中提出的被他们命名为"高产出投入模型"，作为一种农业发展理论，依然是不完善的。主要表现在："对一个特定社会而言，这一个模式并没有说明经济活动如何诱导发展和诱导采用一系列有效的技术。实际上，这一模式没有尝试说明要素和产品价格关系诱导按某一特定方向从事投资研究的这一过程。"[③] 就是说，舒尔茨虽然把现代投入作为农业高产出的源泉，但他并没有指出某一特定社会引入现代投入的技术方向，即是以生物技术为主还是以机械技术为主。舒尔茨更没有对现代农业技术变革的诱导机制作出说明，在农业技术研究和现代要素生产方面如何配置资源仍是一个有待解决的问题。简言之，虽然舒尔茨认识到了现代要素引入的技术变革对农业发展的关键性作用，但他缺乏对技术变革的约束条件和诱导机制的深入分析。速水和拉

---

① 　[日]早见雄次郎（速水佑次郎）、[美]弗农·拉坦：《农业发展：国际前景》，北京：商务印书馆1993年版，第43页。

② 　同上书，第41页。

③ 　同上书，第43页。

坦正是从舒尔茨模型的这一不足出发，来展开他们的研究的，并建构起诱致技术变迁模型。

诱致技术变迁模型选择性吸收了刘易斯—费景汉—拉尼斯模型的积极成果。刘易斯—费景汉—拉尼斯模型，由于第一，把经济发展的主要着眼点放在工业化方面，相对地忽视了农业本身的发展；第二，一些发展中国家工业化发展战略并没有带来农业的应有增长，反而给农业发展造成诸多消极影响，因而招致了较多的批评。作为一种农业发展模式其影响力在逐渐减退。速水和拉坦对刘易斯—费景汉—拉尼斯模式没有采取简单抛弃的态度，而是注意吸取其有价值和合理的成果。在探讨农业内在发展规律的同时，也充分肯定了工业化进程对农业发展的积极影响。他们正确地指出，没有工业的进步，没有相对价格日趋下降的现代农业要素的供给，没有工业对农业研究、农民教育、农业基础建设的支持，就不可能有农业的快速增长。这表明了诱致技术变迁模型的综合性和兼容性。这也正是这一模型更具完整性和解释力的原因所在。

与其他发展模式一样，诱致技术变迁模型也难免存在着不足。其主要缺陷在于充分竞争环境的设定，即只有在完善的健全的市场体制下，诱导的技术变迁才顺利和有效。这种前提设定，降低了这一模型对市场体系不完善的发展中国家的适用性和指导意义。但是，并不能由此得出结论，诱导技术变迁模式只适用于发达国家，而对发展中国家无借鉴意义。

诱导技术变迁模型对于发展中国家的借鉴意义在于：（1）不管人地比例关系如何，发展中国家农业生产增长的潜力还是很大的，潜力就来源于农业技术变迁。正如速水和拉坦所指出的："某些欠发达国家在人均劳力土地面积保持不变或略为减少时，单位劳力产量也可能增长几倍。要取得这样大的增长，需要对农村教育，对更有效技术的发明、开发和推广所需的物理、生物和社会科学进行必要的投资，同时需要分配必要的资源，以生产由工业部门供给的技术投入。"[①]（2）各个国家的资源禀赋不同，决定了生产要素的供给条件不同，发展中国家应致力于创造自己的农业发展模式。这一点可以通过速水和拉坦对美国和日本不同农业发展道路的分

---

① ［日］早见雄次郎（速水佑次郎）、［美］弗农·拉坦：《农业发展：国际前景》，北京：商务印书馆1993年版，第106页。

析得到启示。美国和日本农业开始于完全不同的初始生产要素条件和供给条件，因而它们的技术变革路径也明显不同，但它们都成功地实现了农业发展。发展中国家只要从本国的资源条件出发，探索出一条适宜的技术变革路径，并进行相应的体制创新，也可以实现农业的成功发展。

参考文献

［日］早见雄次郎（速水佑次郎）、［美］弗农·拉坦：《农业发展：国际前景》，北京：商务印书馆 1993 年版。

［日］速水佑次郎、［美］弗农·拉坦：《农业发展的国际分析》（修订扩充版），北京：中国社会科学出版社 2000 年版。

第 七 章

农业技术进步：类型扩展及演进趋势*

一　技术进步对于农业发展的意义

技术进步问题，很早就受到经济学家的关注。斯密（Smith，1972）认为，分工和专业化是劳动生产率提高的首要途径，也是国民财富增加的主要来源，专业分工的细化是对当时技术进步的一种表述。马克思则把经济过程的长期演化建立在技术创新特别是生产工具的进步上。然而，在马歇尔（Marshall，2013）为代表的主流微观经济学体系中，技术进步通常被假定为不变。技术状况仅仅构成经济分析的前提，而不是经济分析的对象，一般以行为方程的参数来刻画技术进步的状况。考虑到长期的经济增长特别是经济发展时，技术进步问题才重新受到关注。在对宏观经济增长进行计量分析时，经济学家发现，除了资本和劳动数量增加的贡献外，还有大量的经济剩余，技术进步成了这些剩余来源的最好解释。发展经济学迄今为止最重要的成果之一，就是对技术进步和经济发展关系的重新认识。

如果说，经济学家对技术进步问题的关注并非是始终一贯的，那么，在技术进步对农业发展或农业现代化进程的决定性影响问题上，人们的认识则没有出现过动摇。

舒尔茨（1987）认为，从经济分析的角度来看，"传统农业应该被作为一种特殊类型的经济均衡状况"。[2] 形成这种均衡的主要条件，是技术

---

　*　本章内容是作者《农业技术进步类型的一个扩展及其意义》（《农业经济问题》2004 年第3 期）和《农业发展的技术含义》（《开放条件下的中国农业发展》第一章，中国社会科学出版社 2004 年版）的综合。

　②　［美］舒尔茨：《改造传统农业》，北京：商务印书馆 1987 年版，第 24 页。

状况长期保持不变，农民世代使用的祖先传下来的生产要素，并不因为长期的经验积累而有多大改变，农民对所使用的要素的了解和上几代人一样。如果仅限于对传统农业要素进行更多的投资或对传统要素作出重新配置，舒尔茨认为并无助于经济增长，充其量也只能有很小的增长机会。要把传统农业改造成为可以对经济增长作出重要贡献的高生产率的现代产业部门，唯有用高生产率的现代要素去替代已耗尽有利性的传统要素。也就是说，引入现代农业生产要素，是改造传统农业的根本出路。舒尔茨指出，现代生产要素的新特之处，就是许多经济学家反复强调的促进经济增长的关键因素——技术变化。"特殊新生产要素现在是装在被称为'技术变化'的大盒子里。""一种技术总是体现在某些特定的生产要素之中，因此，为了引进一种新技术，就必须采用一套与过去使用的生产要素有所不同的生产要素。"①

在速水佑次郎和弗农·拉坦（2000）确立的"诱致技术变迁模型"中，技术进步被视为决定农业发展的基本力量。该模型把技术变革当作农业发展过程的内生变量，而不是作为独立于发展过程起作用的外生要素。"对于一个经济制度来说，技术变革的产生过程在传统上被作为是外生的，即被看作是科学技术知识自发进步的产物。诱导创新理论则试图把技术变革过程看作是经济制度的内生变量。根据这一观点，技术变革被认为是对资源禀赋变化和需求增长的一种动态反应。"② 速水佑次郎和弗农·拉坦对技术进步在农业发展过程中重要性的肯定表现在：第一，把技术变迁作为说明农业生产率增长的最重要变量。"成功地获得农业生产率迅速增长的共同基础是，每个国家或发展地区产生生态上适应的、经济上可行的农业技术的能力。""……有效的经济发展战略，特别是在经济发展初期，主要取决于迅速技术变革的获得。"③ 第二，技术变迁可以突破瓶颈资源的约束，发掘农业生产增长的潜力。各类农业资源的供给并非是均衡增长的，某些资源会随着发展过程而成为瓶颈性资源，突破瓶颈的约束需

---

① ［美］舒尔茨：《改造传统农业》，北京：商务印书馆1987年版，第79、100页。

② ［日］速水佑次郎、［美］弗农·拉坦：《农业发展的国际分析》，北京：中国社会科学出版社2000年版，第102页。

③ 同上书，第4、2页。

要依靠技术进步。"农业科学技术进步是打破由缺乏供给弹性的生产要素对农业生产制约的必要条件。"[1] "由无弹性的土地供给给农业发展带来的制约可以通过生物技术的进步加以消除,由无弹性的劳动力供给带来的制约则可以通过机械技术的进步解决。"[2] 第三,把农业技术水平作为衡量农业发展程度的基本指标。欠发达国家农业发展水平的落后是与农业技术的落后和进步缓慢相联系的,而高科学技术投入是发达国家现代化农业的一个重要特征。"加剧世界农业不均衡的基本原因,是欠发达国家由自然资源型农业向科学型农业转变方面落后。发达国家的农业,在现代经济的增长中,已经由资源型产业转变为科学型产业。"[3]

如果没有农业技术进步,就不可能打破传统农业资源配置的低效率均衡,就不可能有传统农业向现代农业的过渡;如果没有现代农业技术在农业领域的广泛应用,就不会有农业的现代化。农业技术的现代化是农业整体现代化的重要方面。

二 现代农业技术类型的一种扩展认识

现代农业是用现代农业技术装备起来的现代产业,现代农业技术是现代农业确立的最重要的条件之一。现代农业技术,从纵向上说,是农业技术发展的现代阶段;从横向来看,是国民经济中先行现代化的产业部门所形成的先进技术向农业部门的渗透。也就是说,现代农业技术的现代性,既表现在与传统农业技术的质的区别方面,也表现为与其他现代产业部门技术特征在某些方面的趋同。

"诱致技术变迁模型"把现代农业技术主要分为替代劳动的机械技术和替代土地的生物化学技术两种类型。[4] 这种分类虽然可以很好地说明不同资源结构国家农业技术变迁的不同路径,但它并没有涵盖现代农业技术

---

① [日] 速水佑次郎、[美] 弗农·拉坦:《农业发展的国际分析》,北京:中国社会科学出版社 2000 年版,第 7 页。

② 同上书,第 101 页。

③ 同上书,第 253 页。

④ 这里将机械技术和生物化学技术并重的中性技术,视为前两种技术的衍生技术。因此,未将其作为一种独立的技术类型。

的全部。土地和劳动这些初始资源虽然可以被替代，但不可能被完全替代。农业技术的进步，不仅表现为对传统资源的替代，同时体现在传统资源自身的进步之中。传统资源在农业发展过程中由于质量的提升而带来的技术进步，在速水和拉坦的农业技术变迁体系中被忽略了。

也就是说，现代农业技术不仅反映在资本投入对劳动、资本投入对土地的替代，同时存在于资本投入对劳动、资本投入对土地的改进。应当在"诱致技术变迁模型"的两类替代型技术的基础上，再加上劳动改进和土地改进两种改进型技术。现代农业技术的先进性，分别表现在上述四个方面。

（一）现代农业技术之一：替代劳动型技术

从世界农业发展的历史进程来考察，现代农业技术的一个突出方面是替代劳动的农业机械技术。从已经完成农业现代化改造的发达国家来看，其农业中机械技术的应用相当普遍，农业资本有机构成很高；相反，农业现代化程度较低的发展中国家，农业中机械技术的应用水平则较低。当农业中机械技术的应用达到某种程度时，用布莱克的话说，就是"无生命动力源泉对有生命动力源泉的比例已经增长到了或者超过了不可回转的程度"，[①] 现代农业即告确立。

在表7—1中，机械技术应用水平很高的发达国家，农业劳动人数比例很低，表明传统劳动资源在很大程度上被资本这一现代要素所替代，从而带来农业中现代技术水平的大幅度提高；机械技术应用水平较低的发展中国家，农业人口比重则较大，表明资本对劳动的替代程度较低，从而农业技术的现代含量也较低。不同的劳动替代程度，是与不同的劳动生产率相联系的。农业中劳动替代程度很高的发达国家，均具有很高的农业劳动生产率水平；而农业劳动替代程度较低的发展中国家，农业劳动生产率普遍较低。因此，舒尔茨认为："把用于农业的'人均小时农业产量'作为现代化过程的标志是恰当的。"[②] 因为农业发展的本质是"加速农业产出

① 参见张培刚《新发展经济学》，郑州：河南人民出版社1992年版，第109页。
② ［美］舒尔茨：《改造传统农业》，北京：商务印书馆1987年版，第91页。

和生产率的增长率，以便与现代化经济中的其他部门的增长相一致"。①

表 7—1　　部分发达国家和发展中国家替代劳动技术水平的比较

国家	农用拖拉机（万台）（1992—1993 年）	自动收割脱粒机（万台）（1992—1993 年）	人均商用能源（公斤：石油当量）（1995 年）	农业人口比重（%）（1995 年）	农业劳动生产率（1995 年美元/人）（1996—1998 年）
美国	481.0	66.2	7905	2.6	39523
英国	50.0	4.7	3780	2.0	31000
法国	146.0	15.4	4150	4.3	36889
德国	132.2	12.0	4156	3.2	22452
意大利	147.0	4.8	2821	6.8	20031
日本	200.3	115.8	3964	5.4	30272
加拿大	74.0	15.5	7879	3.1	20000
中国	75.9	5.1	707	75.7	307
印度	113.6	0.3	260	57.2	406
巴西	73.5	4.8	772	19.3	4081
印尼	3.5	1.8	442	47.4	749
巴基斯坦	28.3	0.2	243	53.1	623
尼日利亚	1.2	–	165	38.0	624
孟加拉国	0.5	–	67	60.6	227
菲律宾	1.2	0.1	307	42.4	1352

　　资料来源：世界银行 2000 年 CD—ROM；United Nations，FAO《Yearbook of Fertilizer》（1993）；《中国农村统计年鉴 2000》。

　　现代农业中的替代劳动技术，不仅可以在现代化程度相异的不同国家间的截面资料中得到反映，也能够从同一国家农业现代化进程的时间序列数据的观察中得出。以美国为例，如果以 1967 年的要素投入指数为 100，从 1930 年到 1984 年的 50 多年间，机械与能源的投入指数从 39 提高到 106，而劳动力投入指数则从 326 下降到 57（见表 7—2）。

① ［日］速水佑次郎、［美］弗农·拉坦：《农业发展的国际分析》，北京：中国社会科学出版社 2000 年版，第 48 页。

表 7—2   美国农业不同要素投入指数的历史变化（1967 年 = 100）

年份	机械与能源	劳动力
1930	39	326
1935	32	299
1940	42	293
1945	58	271
1950	84	217
1955	97	185
1960	97	145
1965	94	110
1970	100	89
1975	113	96
1980	121	65
1984	106	57

资料来源：Willard W. Cochrane：The Development of American Agriculture：A Historical Analysis，University of Minnesota Press，1989.

（二）现代农业技术之二：替代土地型技术

"农业的特点是，土地对生产的约束比经济中大多数其他部门要强烈得多。"[1] 因此，以外延的土地扩大为基础的农业增长在长期内是不可持续的。为了维持农业增长，有必要从外延的土地扩大型向内涵的土地扩大型转变，即通过化肥、种子技术的开发而获得土地生产率的提高。对于那些土地资源稀缺的国家来说，通过生物化学技术的应用实现土地生产能力的扩张比农业中机械技术的应用更为重要。在速水佑次郎和弗农·拉坦的"诱致技术变迁模型"中，内涵的土地扩大不仅被看作在技术上是必要的，而且在经济上也是合理的。"随着人口压力把耕作边疆向边缘地区推进，我们预期通过耕地的扩张而产生的农业生产边际成本相对于集约化所发生的生产边际成本而上升。最后，经济将达到一个阶段——在这个阶段上，内涵的土地扩大与外延的土地扩大相比，变成一个较为便宜的增加农

---

[1] ［日］速水佑次郎、［美］弗农·拉坦：《农业发展的国际分析》，北京：中国社会科学出版社 2000 年版，第 5 页。

业产出的手段。"①

表 7—3 和表 7—4 的有关数据表明,无论从发达国家和发展中国家的比较来看,还是从美国 20 世纪 30 年代以来的历史演进过程考察,农业现代化均表现为生物化学技术水平的不断提高过程。就是说,替代土地的生物化学技术是构成现代农业的最重要技术之一。

表 7—3　　　　　　　发达国家与发展中国家替代土地型技术比较

国家	化肥投入量（公斤/公顷）（1994—1996 年）	谷物单产（公斤/公顷）（1996—1998 年）	土地生产率（1987 年美元/公顷）（1994—1996 年）
美国	106.1	5380	261
日本	426.7	6017	12445
德国	242.1	6366	10000
法国	262.8	7126	1113
英国	379	6891	12000
意大利	229.7	4920	1964
加拿大	51.9	2738	154
发达国家平均	242.6	5634	5419.6
中国	353.9	4821	184
印度	82.6	2200	520
印尼	143.9	3915	519
巴西	89.4	2480	119
巴基斯坦	108.5	2064	382
孟加拉国	131.6	2716	863
尼日利亚	8.2	1197	150
菲律宾	109.1	2437	835
发展中国家平均	128.4	2728.8	446.5

资料来源:世界银行 2000 年 CD—ROM 和《世界发展指标》(1997)。

---

① [日] 速水佑次郎、[美] 弗农·拉坦:《农业发展的国际分析》,北京:中国社会科学出版社 2000 年版,第 367 页。

表7—4　　　　　　　　　美国农业中替代土地的现代要素
投入指数的历史变化（1967 年 ＝100）

年份	农用化工产品	种子、饲料等
1930	10	30
1935	8	25
1940	13	42
1945	20	54
1950	29	63
1955	39	72
1960	45	84
1965	75	93
1970	115	104
1975	127	101
1980	189	128
1984	185	119

资料来源：Willard W. Cochrane：The Development of American Agriculture：A Historical Analysis，University of Minnesota Press，1989.

（三）现代农业技术之三：劳动改进型技术

在农业现代化进程中，滞留在农业部门的劳动力会发生适应性变化。劳动力的变化主要表现为劳动者知识水准和技术能力的提高，它通常用人力资本概念来表示。农业部门的人力资本是指通过向农民进行教育、培训、健康、迁徙等方面投资而形成的更高生产能力。"这些能力与资本品一样是被生产出来的生产资料"，[1] 并随着经济发展和向人的投资的增加而成为"一种不断完善的生产力"。[2]

舒尔茨指出："有能力的人民是现代经济丰裕的关键。"[3] "离开大量的人力投资，要取得现代化农业的成果和达到现代工业的富足程度是完全

---

[1] ［美］舒尔茨：《改造传统农业》，北京：商务印书馆1987年版，第132页。

[2] ［美］舒尔茨：《对人进行投资——人口质量经济学》，北京：首都经济贸易大学出版社2002年版，第84页。

[3] ［美］舒尔茨：《经济增长与农业》，北京：北京经济学院出版社1992年版，第92页。

不可能的。"① 并且预见，人类的未来不是由空间、能源和耕地所决定的，而要由人类的知识发展来决定。舒尔茨通过经验事实的大量对比，来说明人力资本是现代农业增长主要源泉的观点："一个像其祖辈那样耕作的人，无论土地多么肥沃或他如何辛勤劳动，也无法生产出大量食物。一个得到并精通运用有关土壤、植物、动物和机械的科学知识的农民，即使在贫瘠的土地上，也能生产出丰富的食物。他无须总是那么辛勤而长时间地劳动。"② 舒尔茨发现，在西方发达国家，人力资本的增长要比物质资本的增长迅速得多。因而认为，人力资本投资的快速增长是"技术先进国家在生产力方面占优势的主要原因"。③ 速水和拉坦也认识到："以有知识、有创新精神的农民、称职的科学家和技术人员、有远见的公共行政管理人员和企业家的形式表现出来的人力资本的改善，是农业生产率能否持续增长的关键。"④ 约翰·梅勒（Mellor, John W. 1988）把人力资本的重要性概括为："虽然教育本身不是农业发展的充分条件，但它肯定是农业发展的一个必要条件。"⑤

经济发展过程中劳动者素质的提高是一个很易被观察到的经验事实。经济发展水平和农业现代化水平高的发达国家，劳动者的受教育程度明显高于落后国家。表7—5表明，公共教育支出占国民生产总值的比重，发达国家一般超过5%，欠发达国家低于4%，而落后国家不足3%。与发达国家相比，中国劳动者的人力资本存量明显偏低。1992年，15—64岁人口的平均受教育年限，美国为18.04年，日本为14.87年，中国仅有8.50年（见表7—6）。经济发展程度与人力资本投资间的正相关关系，也可以从世界各国的时间序列资料中得到佐证。1950—1992年，美国和日本劳动者（15—64岁人口）受教育年限分别提高6.77年、5.76年；中国提高6.90年。

---

①　［美］舒尔茨：《论人力资本投资》，北京：北京经济学院出版社1990年版，第16页。

②　［美］舒尔茨：《经济增长与农业》，北京：北京经济学院出版社1992年版，第4页。

③　［美］舒尔茨：《论人力资本投资》，北京：北京经济学院出版社1990年版，第4页。

④　［日］速水佑次郎、［美］弗农·拉坦：《农业发展的国际分析》，北京：中国社会科学出版社2000年版，第165页。

⑤　［美］约翰·梅勒：《农业经济发展学》，北京：农村读物出版社1988年版，第33页。

表7—5　　　　世界不同地区公共教育支出占国民生产总值的比例

年份	公共教育支出占 GNP 的比例（%）				
	1980	1985	1990	1995	1997
世界总体	4.9	4.8	4.7	4.7	4.8
发达国家	5.1	4.9	5.0	5.0	5.1
欠发达国家	3.8	3.9	3.8	3.8	3.9
落后国家	2.8	2.7	2.3	2.1	2.0

资料来源：UNESCO，World Education Report 2000.

表7—6　　　　　　中国与发达国家劳动者受教育年限

比较（15—64 岁人口平均受教育年限*）

年份	美国	法国	德国	荷兰	英国	日本	中国
1950	11.27	9.58	10.40	8.12	10.60	9.11	1.60
1973	14.58	11.69	11.55	10.27	11.66	12.09	4.09
1992	18.04	15.96	12.17	13.34	14.09	14.87	8.50

*初等教育当量年。初等教育的权重为1，中等教育为1.4，高等教育为2。

资料来源：安格斯·麦迪森：《世界经济二百年回顾》，北京：改革出版社1996年版。

（四）现代农业技术之四：土地改进型技术

　　土地资源的质量，在农业现代化过程中也在改进。这种改进是通过向土地投资获得的。即，土地改进型技术主要表现为土地资本存量的增长。土地改进的结果：一是土地内在质量的提高，包括土壤土质改良、土地的工程化（如地膜覆盖、地下加温系统）等；二是土地外在条件的改善，包括道路、水利等基础设施建设和农业生态条件的改善。由于向土地投资可以带来土地生产率的明显提高，与其他类型的技术变革具有相似的性质，因而，可以将其归为一种独立的技术类型。

　　早在一百多年前，马歇尔（2013）就注意到，被李嘉图（Ricardo，2013）归入土壤之"固有的"和"不灭的"特性一类中的那些自然的赠予，已经大有改变。人类能够把土壤的肥力置于其控制之下，差不多可以使任何土地生长大量作物。这是因为，土壤中包含了很大的资本因素。舒尔茨指出："长期以来的农业现代化已经把原始的土地改造成了比其自然状态下具有更高生产率的资源。"他比较了农业现代化程度不同国家土地质量改进方面的差异。"芬兰的土质原本比邻近的苏联西部地区土地的生产效率要低，然而目前芬兰耕地的质量却大大超过了苏联。日本耕地的生产率最初远远低于印度北部的耕地生产率，而如今却比后者要高得多。"[①]温室栽培和地膜覆盖是土地改进的一个重要方面。日本开发室内暖气设备的杉浦辐射公司和三井物产公司，联合推出了"地中加温系统"。该系统的原理是，在苗圃的地下埋入管道，经锅炉加热的液体在管道中循环，把热传到土壤中。由于是从根部加热，所以会促使蔬菜产量增加和提早成熟。[②] 土地质量的改进，是时间的函数。"除了某些地区以外，欧洲的原始土壤的质量大都十分低劣，但是现在它们却具有了较高的生产率。"[③]以美国为例，"我们观察到农业资本设施的增加越来越多：在1910—1914年间约占农业不动产的15%，到1948—1949年，上升为约32%。我们对1955—1957年的估计是这种趋势的延续，农业资本设施占农业不动产的37%"。[④] 据统计，美国每公顷农地的不动产价值在1950—1985年增加了8.14倍，1985—1996年又上升了24.6%。[⑤]

三　替代型技术与改进型技术间的关系

（一）共同的资源结构基础

凡劳动稀缺而土地资源丰裕的国家和地区，在替代型技术的选择上，更加重视节约劳动的机械技术进步；在改进型技术方面，同时偏重劳动者

---

① ［美］舒尔茨：《对人进行投资——人口质量经济学》，北京：首都经济贸易大学出版社2002年版，第7页。

② 贾生华、张宏斌：《农业产业化的国际经验研究》，北京：中国农业出版社1999年版，第81页。

③ ［美］舒尔茨：《对人进行投资——人口质量经济学》，北京：首都经济贸易大学出版社2002年版，第7页。

④ ［美］西奥多·W.舒尔茨：《报酬递增的源泉》，北京：北京大学出版社2001年版，第125页。

⑤ 贾生华、张宏斌：《农业产业化的国际经验研究》，北京：中国农业出版社1999年版，第48页。

素质提高的技术进步选择。这是因为，其一，节约劳动的机械技术，对劳动者的技术素质有较高的要求；其二，单位劳动推动的非劳动资源规模较大，提高劳动者素质是合理利用非劳动资源的要求。这一点，可以得到经验事实的证明。表7—7提供了世界部分国家农业机械技术水平与劳动者文化水平之间正相关的截面数据。相对于中国、印度等发展中国家，机械技术水平高的美国、加拿大等国，劳动者的文化素质特别是高等教育程度明显较高。

表 7—7　　　　部分国家的农业机械技术水平与劳动者的文化水平

国别	每千公顷耕地上拖拉机台数（1999 年）	每千公顷耕地上联合收割机台数（1999 年）	大学生粗入学率（1998 年）	中学生净入学率（1998 年）	小学生净入学率（1998 年）
美国	27.1	3.7	77.0	92.6	95.4
加拿大	15.6	2.9	58.3	52.6	96.4
澳大利亚	6.6	1.2	79.8	48.8	94.8 *
尼日利亚	1.1		4.0	92.9	
印度	9.4	0.03	7.2 *		
中国	6.4	1.6	6.2	73.6	98.9

说明：＊1997 年数据。

资料来源：朱之鑫主编：《2002 国际统计年鉴》，北京：中国统计出版社 2002 年版。

　　土地资源稀缺的国家和地区，偏重土地节约型的生物化学技术进步，同时，对土地改进型技术也有着较高的需求。因为，提高单位土地面积的产出，是这一资源结构的国家和地区农业发展的重要目标之一。土地质量的改进与生物化学技术对于实现这一目标具有同样重要的意义。但在现实经济中，土地改进型技术的进步，不仅取决于土地资源稀缺程度所决定的改进土地质量的要求，而且决定于资本丰裕程度所提供的改进土地质量的能力。

（二）替代型技术引致改进型技术进步

　　在工业经济时代，替代型技术和改进型技术之间，替代型技术居于主导地位。首先，替代型技术的出现，成为传统农业向现代农业转变的首要推动力。从世界农业发展的历史进程来看，机械技术和生物化学技术，是农业现代转型过程中发生最早和最主要的技术变革，正是由于这些技术变革，才使得现代农业开始走上历史舞台。因而，人们一般把机械技术和生物化学技术的进展作为衡量现代农业的主要标准。其次，改进型技术，在很大程度上是由替代型技术所引致的，具有从属性和依附性特征。土地的改进，或者是为了适应农业机械更好地作业的需要，或者是为了使生物化学技术更好地发挥作用。为什么要对传统农民进行人力资本投资？因为传统劳动力素质的低下，成为替代型技术运用的制约因素。对此，舒尔茨曾作过很好的说明：如果在美国的农业部门，耕种的土地和物质资本投入维持现有水平，由具有一个世纪前耕作经验又没有受过教育的农民替代现在所有从事农业的人，那将会如何呢？"很显然，这对农业生产将产生极不利的影响。"舒尔茨假设，在印度农民现有的技能和知识条件下，印度农业部门一夜之间获得了一套可以与美国农业相比的自然资源、设备以及其他现代物质农业要素，可以肯定，由于物质资本和人力资本之间的巨大不平衡，使他们不可能作出像美国现代农民那样大的成绩。[①]

（三）改进型技术推动替代型技术发展

改进型技术在很大程度上同时又是替代型技术运用的依赖条件。以土地改进型技术为例，速水佑次郎和弗农·拉坦指出："为了维持农业增长，有必要从资源开发转变到（1）资源保持型或增进型技术（如作物轮作或施肥）的开发；（2）用化肥这样的现代工业投入品代替自然土壤肥力；（3）化肥反应性的现代作物品种的开发。为了获得这些增长的新源泉，一个社会必须对土地和水利基础设施……进行投资。"[②]"农业技术的扩散和土地基础设施的投资是相互加强的。环境条件的改变（如通过灌溉更好地控制水）常常是有效使用新技术（如现代半矮脚水稻品种）的

---

① ［美］西奥多·W. 舒尔茨：《改造传统农业》，北京：商务印书馆1987年版，第133页。

② ［日］速水佑次郎、［美］弗农·拉坦：《农业发展的国际分析》，北京：中国社会科学出版社2000年版，第52页。

前提条件。"① 由于发展基础实施将使新技术更具生产性，因而，对改进土地基础实施的投资的预期收益率相应提高，土地改进型技术的运用在经济上也具有了合理性。

四　农业技术进步类型扩展的意义

在舒尔茨看来，农业技术是附着在农业要素之上的一种高效生产力。"一种技术总是体现在某些特定的生产要素之中，因此，为了引进一种新技术，就必须采取一套与过去使用的生产要素有所不同的生产要素。"② 农业技术进步的实现途径，就是在农业领域引入现代农业生产要素。

农业技术进步的效率，不仅决定于现代农业要素技术含量的高低，而且取决于不同投入要素之间的均衡性。这种均衡性可以分为两个方面：（1）技术性均衡，即根据要素的技术特征实现不同要素之间的合理配置；（2）经济性均衡，依据不同要素相对价格的高低寻求生产要素的最适组合。经济性均衡的要求，决定了不同技术类型之间在一定范围内是可以相互替代的；而技术性均衡的内在规定，则要求不同类型技术的投入必须相互适应和保持一定的比例。没有现代生产技能的农民，高技术含量的现代物质生产要素的性能难以得到充分发挥，技术进步的效率就要大打折扣。现代农业技术类型扩展的主要意义在于，有利于实现现代农业要素引入中对技术均衡的要求，提高农业技术进步的效率。

在中国农业现代化建设过程中，庞大的农业人口被认为是一个巨大的障碍。如果将农业劳动者的素质视为既定，我们确实难以建立起劳动者数量增加与农业现代化加速推进之间正向关联的农业发展模型，也不能找到相应的经验证据，相反，它恰恰是农业机械技术进步的制约因素，而农业劳动者的非农转移又受到其人力资本存量不足的限制。劳动改进型技术类型的提出，为我们破解这一问题提供了新的思路。第一，高人力资本存量的劳动者是农业现代化的基本条件，劳动力数量不能作为衡量现代化水平

---

① ［日］速水佑次郎、［美］弗农·拉坦：《农业发展的国际分析》，北京：中国社会科学出版社 2000 年版，第 355 页。

② ［美］西奥多·W. 舒尔茨：《改造传统农业》，北京：商务印书馆 1987 年版，第 100 页。

的指标，尽管低农业人口比重是现代农业的基本经验事实，但离开人力资本增长无论如何不能解释农业现代化。第二，向农民投资应成为我国农业现代化建设的基本对策。首先，向农民投资本身是现代农业技术体系的内容，同时，它又决定着其他技术类型进步的效率和进程。更为重要的是，它将实现农业部门劳动力的量质转换。劳动者素质的提高既使其非农就业成为可能，也为农业部门劳动生产率的提高和农业产出增长提供了保障。

在马尔萨斯（Malthus，2012）和李嘉图那里，土地被看作非常重要的资源，舒尔茨等现代经济学家则认为，土地的经济重要性在下降。"在特定国家，土地不再像过去一样是制约因素。"① 这是因为，在发达国家，他们已经找到了摆脱土地资源限制的有效途径。而在中国，农业发展还严重受制于土地紧缺的制约。缓解来自土地资源紧张的发展压力，离不开土地替代型技术的广泛运用，也需要土地改进型技术的配套推行。

五　现代农业技术的动态性

现代农业是农业发展的前沿，但这一前沿并非凝固的，而是不断向前拓展的。随着人类文明形态的提升，现代农业也在（或将）不断丰富其内涵。支撑现代农业现代性的现代农业技术，也不是一成不变的，它依托于现代工业而产生，又随着其他产业技术水平的提高而变换其现代形态。就是说，现代农业技术是在不断创新和不断选择、淘汰的过程中存在的，现代农业技术的现代性具有动态化和不断演进、更新的特征。

（一）工业经济时代现代农业技术的基本特征

现代化源于工业化。一般而言，现代化指18世纪工业革命以来人类社会所发生的深刻变化。罗荣渠（1993）指出："从历史的角度来透视，广义而言，现代化作为一个世界性的历史过程，是指人类社会从工业革命以来所经历的一场急剧变革，这一变革以工业化为推动力，导致传统的农业社会向现代工业社会的全球性的大转变过程，她使工业主义渗透到经

---

① ［美］西奥多·W. 舒尔茨：《报酬递增的源泉》，北京：北京大学出版社2001年版，第91—92页。

济、政治、文化、思想各个领域，引起深刻的相应变化；……作为人类近期历史发展的特定过程，把高度发达的工业社会的实现作为现代化完成的一个主要标志也许是合适的。"①

工业革命在改变了人类社会的同时，也改变了或正在改变着农业这一古老产业，使其由传统的、技术落后的产业转变为现代的和具有技术先进性的产业。农业现代化的启动，肇始于工业革命成果向农业领域的渗透；农业现代化改造完成的最初标志，是工业化农业的确立，即由于工业技术的渗透使农业在技术水平、资本装备、投资收益率以及生产率水平等方面实现与工业和其他非农产业的趋同。塞缪尔·P. 亨廷顿认为："现代化是一个同质化的过程"，② 农业的工业化，可以理解为现代化所具有的同质化特性的一个重要表现。

在工业经济时代，农业技术的进步深深打上了工业革命的烙印。近现代工业，主要是使用能源和机械技术从事制造商品的产业。工业向农业渗透而启动的农业现代化，首先表现为机械技术在农业领域的运用。替代劳动的农业机械既是工业机械技术的应用，同时也是工业部门的产品。其他替代和改进传统农业要素的技术，在很大程度上，也是以工业领域中的技术进步为基础的。化肥是化学工业的成果；现代生物技术进步离不开专门化、社会化的科学研究，而这一研究离开工业技术和工业利润的支持是难以开展起来的。改进劳动力素质的人力资本投资，其主要形式是正规的学校教育，离开工业化水平的提高，现代教育的快速发展是难以想象的；人口迁徙之所以可以作为人力资本投资的一种形式，是由于传统农民在向现代工业集中的城市的流动过程中，能够开阔眼界，增长知识和才干。改进土地资源生产力的诸种技术，如喷灌、滴灌、渗灌、地膜、地下加热系统等，均需以工业技术或工业成果在农业中的运用为条件。

---

① 罗荣渠：《现代化新论》，北京：北京大学出版社 1993 年版，第 16—17 页。

② 参见［美］西里尔·E. 布莱克《比较现代化》，上海：上海译文出版社 1996 年版，第 46 页。

（二）知识经济时代现代农业技术的发展趋势

工业社会不是人类文明发展的终点，而是一个驿站。[①] 随着信息革命和知识革命的迅速发展，世界经济正在发生着转型，知识经济取代工业经济逐渐成为世界经济发展的主导形态。知识经济崛起的主要标志是：第一，知识产业比重上升。根据美国著名经济学家马克卢普的计算，1980年美国知识产业占 GNP 的比例达到 34%，经济合作与发展组织在《以知识为基础的经济》研究报告中估计，1996 年，经济合作与发展组织主要成员国知识经济占国民经济的比例超过 50%。第二，知识劳动者比重上升。在美国，1980 年，知识劳动者占全国劳动力比例达 45%；1986 年，信息劳动者（与知识劳动者的内涵大体一致）占总劳动力的比重达到 52%。第三，知识对经济增长的贡献率上升。经济学家通过分析经济增长的贡献因子发现，20 世纪 60—80 年代，发达国家的经济增长，50%—87% 来自全要素生产率的贡献（即知识和技术进步的贡献），17%—27% 来自资本的贡献。[②] 经济合作与发展组织的著名出版物《以知识为基础的经济》明确指出："知识经济是建立在知识和信息基础之上的经济，以知识和信息的生产、分配和使用为直接依据的经济，知识是提高生产率和实现经济增长的驱动器。"[③] 随着知识经济的到来，现代农业技术也在提高着其知识含量，显现出新的发展趋势。

替代劳动型技术的发展趋势。丹尼尔·贝尔（1997）指出："广泛地说，如果工业社会以机器技术为基础，后工业社会是由知识技术形成的。如果资本与劳动是工业社会的主要结构特征，那么信息和知识是后工业社会的主要结构特征。"[④] 就是说，在知识经济时代，信息技术成为生产力发展最具代表性的先进技术。以计算机多媒体技术、光纤和卫星通信技术

[①]　中国现代化报告课题组《中国现代化报告 2001》，北京：北京大学出版社 2001 年版，第 72 页。

[②]　参见中国现代化报告课题组《中国现代化报告 2001》，北京：北京大学出版社 2001 年版，第 8—10 页。

[③]　转引自经济合作发展组织（OECD）编，杨宏进、薛澜译《以知识为基础的经济》，北京：机械工业出版社 1997 年版，第 8 页。

[④]　［美］丹尼尔·贝尔：《后工业社会的来临》，北京：新华出版社 1997 年版，第 9 页。

为主要内容的信息技术向农业生产的渗透和扩散，将工业经济时代的机械化农业进一步提升为信息化农业。信息化农业的基本特征是：农业基础装备信息化，农业技术操作全面自动化，农业经营管理信息网络化。如果说，机械化农业主要表现为对农业劳动者体力的替代，那么，信息化农业不仅表现为对劳动者体力的替代，更主要表现为对农业劳动者智力的替代或放大。在知识经济时代，现代农业由机械力农业上升为高智力农业。

替代土地型技术的发展趋势。20 世纪末以来，生物化学技术的发展出现了重大进展。转基因作物育种技术是现代生物技术发展的前沿，人类开始利用 DNA 重组技术、克隆技术等培育出新的、安全的食物。到 1998年年末，全世界转基因作物种植面积达 2800 万公顷，世界转基因作物的销售额为 12 亿—15 亿美元。转基因猪、牛、羊、兔都已获得成功。转基因技术将使人类 1 万年的家畜（禽）饲养史和 6000 年的作物栽培史出现一场空前的革命。微生物发酵工程开始应用于农业，生物化肥、生物农药、兽药抗生素、饲料添加剂、农用酶制剂、动物生长调节剂已在农业生产中见到效益。微生物工程可以大大节约土地资源，一座占地不多的年产10 万吨单细胞蛋白的微生物工厂，相当于 180 万亩耕地生产的大豆蛋白质，或 3 亿亩草原饲养牛产出的动物蛋白。[①]

劳动改进型技术的发展趋势。如果说，现代农业是以人力资本投入增长和劳动者素质提高为条件的，那么，进入知识经济时代，加大人力资本投入实现劳动者受教育水平的进一步提高就是必然趋势。因为，知识经济的典型特征，是知识和技术成为经济发展的关键资源和主要动力。在工业经济时代，农业领域中使用的非劳动现代要素的知识和技术含量并不很高，受过初等教育甚至经过短期培训的劳动者便可驾驭这些要素，因此，农业部门人力资本投资以初等教育为主要形式，初等教育也具有较高的收益率。"一般来说，对教育收益率的估算是初等教育大大高于中等和高等教育。"委内瑞拉初等教育（从一年级到六年级）增加的收益率是每年130%；在美国南部，改善和增加初等教育量追加的 10% 的投资大概可以

---

① 参见杨万江、徐星明《农业现代化测评》，北京：社会科学文献出版社 2001 年版，第90—93 页。

产生 30% 的收益率。① 进入知识经济时代，物质形态的现代农业要素的知识技术含量大大提高，驾驭这类要素的劳动者的知识水平和技术能力也必须相应提高，因而，高等教育的潜在收益率正在逐渐显现，人力资本投资也在向高等教育迅速扩展（见表 7—8）。

表 7—8　发达国家高等教育普及率（在校大学生占 20—24 岁人口的比例）

	加拿大	美国	澳大利亚	芬兰	英国	法国	德国 *	日本
1980 年	52	56	25	32	19	25	27	31
1990 年	70	75	35	47	25	40	32	31
1997 年	90	81	80	74	52	51	47	43

＊1980—1990 年数据为联邦德国数据。

资料来源：1993 World Development Indicators；1997 World Development Indicators；World Bank：2000 World Development Indicators.

　　土地改进型技术的发展趋势。随着知识经济时代的来临，土地改进型技术也呈现出新的发展趋势。第一，土地资源外延扩展，主要表现为"海洋农业"和"太空农业"的出现。海洋是巨大的资源宝库，可加工成人类食物的近海藻类植物，年产量相当于目前世界小麦总产量的 15 倍以上，如果把藻类植物和浮游生物纳入人类的食物范围，海洋可养活 300 亿人。像提高地力一样提高"海力"，促进水产养殖、增殖向集约化方向发展，是 21 世纪农业发展的重要特点。随着航天技术的发展，科学家开始利用太空这一特殊的环境研究和培育农作物新品种，具有一定规模的太空农业科学可望诞生。未来人类将有可能在太空或月球上大规模种植农作物。第二，土地资源工程化建设进一步加强，主要表现为"工厂化农业"的出现。所谓工厂化农业，是利用现代工程技术建立"农业生产车间"，使农业生产摆脱或部分摆脱自然条件的制约，配合集约型农业生产技术，实现人工控制栽培和饲养。目前，全天候的工厂化暖房生产设备在荷兰已经发展到 1.1 万公顷。② 第三，农业生态环境保护和农业资源的可持续利

---

① ［美］西奥多·W. 舒尔茨：《改造传统农业》，北京：商务印书馆 1987 年版，第 153 页。
② 参见杨万江、徐星明《农业现代化测评》，北京：社会科学文献出版社 2001 年版，第 93—96 页。

用。如果说，工业经济时代农业技术的发展主要表现为对大自然的掠夺和征服，那么，进入知识经济时代，农业技术发展的一个重要方向，是对大自然的保护和回归。工业化农业发展的代价，使人们充分认识到："人与自然世界的重新和好已经不只是合乎需要，而且是必要的。"①

参考文献

［美］丹尼尔·贝尔：《后工业社会的来临》，北京：新华出版社 1997 年版。

［美］西里尔·E. 布莱克：《比较现代化》，上海：上海译文出版社 1996 年版。

贾生华、张宏斌：《农业产业化的国际经验研究》，北京：中国农业出版社 1999 年版。

［英］大卫·李嘉图：《政治经济学及赋税原理》，北京：北京联合出版公司 2013 年版。

罗荣渠：《现代化新论》，北京：北京大学出版社 1993 年版。

［英］马尔萨斯：《人口原理》，北京：华夏出版社 2012 年版。

［英］阿弗里德·马歇尔：《经济学原理》，北京：华夏出版社 2013 年版。

［美］约翰·梅勒：《农业经济发展学》，北京：农村读物出版社 1988 年版。

农业部国外农业调研组：《国外农业发展研究》，北京：中国农业科技出版社 1996 年版。

［美］舒尔茨：《改造传统农业》，北京：商务印书馆 1987 年版。

［美］舒尔茨：《经济增长与农业》，北京：北京经济学院出版社 1992 年版。

［美］舒尔茨：《论人力资本投资》，北京：北京经济学院出版社 1990 年版。

［美］舒尔茨：《对人进行投资——人口质量经济学》，北京：首都经济贸易大学出版社 2002 年版。

［英］E. F. 舒马赫：《小的是美好的》，北京：商务印书馆 1984 年版。

［英］亚当·斯密：《国民财富的性质和原因的研究》，北京：商务印书馆 1972 年版。

［日］速水佑次郎、［美］弗农·拉坦：《农业发展的国际分析》，北京：中国社会科学出版社 2000 年版。

经济合作发展组织（OECD）编，杨宏进、薛澜泽：《以知识为基础的经济》，北京：机械工业出版社 1997 年版。

杨万江、徐星明：《农业现代化测评》，北京：社会科学文献出版社 2001 年版。

［日］早见雄次郎（速水佑次郎）、［美］弗农·拉坦：《农业发展：国际前景》，北京：商务印书馆 1993 年版。

张培刚：《新发展经济学》，郑州：河南人民出版社 1992 年版。

中国现代化报告课题组：《中国现代化报告 2001》，北京：北京大学出版社 2001 年版。

---

① ［英］E. F. 舒马赫：《小的是美好的》，北京：商务印书馆 1984 年版，第 76 页。

第八章

经济全球化下的农业技术进步[*]

一 农业的保护与开放

农业是保障人类生存繁衍、决定国民经济发展规模和速度的基础产业部门，它的发展状况如何，直接关系到国家的安全和社会的稳定。农业又是一个承受着自然、市场等多种风险的弱质产业。由于其在国民经济中的重要性和特殊性，长期以来，农业生产和农产品贸易受到各国，特别是发达国家的高度保护。自1957年以来，欧盟（欧共体）通过共同农业政策，包括各种政策手段，形成一种有效的保护体系，对农业长期进行保护。这种保护既有对欧盟各国内部生产的直接支持，也有对来自国际竞争的抵制。在内部，欧盟实行农产品干预价格或支持价格制度，保证在农产品过剩时按照支持价格收购农民的农产品，以保护农民的利益；对外，欧盟制定了高于内部支持价格的门槛价格，以限制国外农产品的进入。在限制进口的同时，欧盟还对其农产品的出口进行补贴，补贴额相当于欧盟内部价格和国际市场价格之间的差额。同样，美国和日本为了扩大其在世界农产品市场上所占的份额和保护国内农业发展，也都采取了农业保护政策。农业保护政策的实施，在一定程度上有利于保护国农业的发展，促进了保护国农业出口的快速增长。

农业的高度保护政策首先给保护国国内财政造成沉重负担，引起了国内关于利益分配不均的争议。据世界贸易组织的资料，在1986—1990年

---

* 本章内容由郭剑雄、王学真发表于《经济学家》2002年第2期的《开放条件下的我国农业技术进步》一文修改扩充而成。原文观点、数据未作更新。

间，欧盟每年向农业生产者提供的国内综合支持量（AMS）高达 920 亿美元，占其农业国内生产总值的 63.4%。同期，欧盟每年提供的农业出口补贴高达 130 亿美元以上。日本和美国分别为 350 亿美元和 240 亿美元，分别占其农业国内生产总值的 50.5% 和 27%。欧盟、日本和美国对农业的财政支持占政府支出的比例达到 15% 左右。[①]

农业的高度保护同时带来了大量的国际贸易争端，制约着农业的全球化发展。在国际贸易争端中，既有进口国与出口国的矛盾，也有出口国相互之间的摩擦。在后者中，欧盟和美国之间的争端尤为突出。从 20 世纪 60 年代以来，农业贸易问题一直是欧盟和美国这两个主要农产品竞争对手之间矛盾冲突较为突出的领域。欧盟通过对农业的保护和出口支持，使其农产品在国际市场上逐渐挤占了美国的一些传统市场，特别是挤占了美国的部分小麦和奶制品市场，从而引起了美国的不满和报复。美国在 1985 年颁布了以谷物为主的"出口促进计划"。1985—1990 年，美国用于该计划的开支达 32.2 亿美元，其中 19 亿美元是用于小麦的出口补贴。此外，美国对大米、饲料和植物油的出口也进行补贴。主要农产品生产和贸易国（或国家集团），特别是欧盟和美国在农业领域的严重对抗，不仅造成世界农业生产结构的不合理，造成世界农产品市场的混乱和扭曲，严重损害了许多农产品出口国和潜在出口国的利益，而且增加了发达国家消费者和纳税人的负担，对发达国家的宏观经济也产生了不利影响。在这种背景下，寻求某种形式的制度安排，改变农业保护政策给各方带来的不利局面，已成为全球的共识。

1962 年，美国总统肯尼迪向关贸总协定有关成员国发出倡议，在关贸总协定框架内就农业问题进行多边谈判，以解决日趋激烈的农产品贸易摩擦问题。肯尼迪回合多边谈判于 1964 年 5 月正式开始，农产品贸易被作为重要的谈判议题列入日程。谈判中，美国以自由贸易的姿态出现，要求对农产品大幅减税，并取消进口数量限制。本回合谈判由于欧盟（欧共体）的抵制并未取得多大进展，但它开创了在关贸总协定框架下就农产品自由贸易进行谈判的先河。

---

① 转引自唐正平、郑志海《入世与农产品市场开放》，北京：中国对外经济贸易出版社 2000 年版，第 3 页。

随着肯尼迪回合多边谈判协议的签署，农业外的其他贸易活动的保护主义有所收敛，国际贸易也有较快发展。但进入20世纪70年代，保护主义又在全世界抬头，集中表现为区域贸易保护主义的出现。鉴于农产品贸易领域的重重壁垒，1973年，新一轮多边贸易谈判——东京回合开始启动。这一回合的农产品贸易谈判，也如肯尼迪回合一样，主要在美国和欧盟（欧共体）之间进行。作为最大的农产品出口国，美国从自身利益出发，主张贸易自由化，力图通过谈判消除对农产品贸易的限制，以扩大本国的出口市场。而欧盟（欧共体）则从保护国内农业出发，坚持其贸易保护主义政策不肯放宽进口限制。双方分歧严重，谈判进展缓慢。直到1979年4月东京回合谈判结束时，取得的成果极为有限。

农产品贸易自由化真正取得突破性进展的是乌拉圭回合农产品多边谈判。1986年10月，乌拉圭回合多边谈判启动。为解决农产品贸易自由化问题，专设一个议题组，试图从根本上就农产品贸易自由化问题达成一揽子协议。与前两次不同，本次农产品谈判不仅是美国和欧盟双方，而且还有凯恩斯集团（包括澳大利亚、加拿大、阿根廷、巴西、智利、新西兰、哥伦比亚、斐济、南非、巴拉圭、印度尼西亚、马来西亚、菲律宾、泰国和乌拉圭15国）及广大发展中国家。这一谈判格局，反映了广大发展中国家在全球经济地位的提升和参与建立全球经济秩序积极性的增强，也使谈判结果在一定程度上可以体现发展中国家的意志和利益，但以美国和欧盟（欧共体）为主导的局势并未发生转变。凯恩斯集团由于其主张与美国较接近，因此表现为以美国为首主张农产品自由贸易的一方与以欧盟为首坚持农产品贸易保护政策的另一方的对抗。整个谈判过程进行得激烈而又艰难，甚至几度走向破裂的边缘。经过多次谈判，终于于1993年12月7日各方就农产品补贴问题达成协议，为乌拉圭回合取得成功消除了最大障碍。

乌拉圭回合谈判的成功，为农产品贸易自由化揭开了新的篇章，标志着农业也将成为一个开放的部门逐渐融入国际化的进程之中。与其他产业部门相比，农业的国际化进程是滞后的，乌拉圭回合仅仅是农业国际化的起点。随着经济全球化的发展，农业的国际开放也将被逐渐推进。

农业的国际开放，是建立在当代世界技术、制度、观念等一系列重大变革和进步基础之上的。以量子论、相对论的创立为理论基础，以微电子学和电子计算机技术为主要标志，20世纪兴起了现代科学技术革命。现代科技革命的突出特征是智能革命。这次革命的实质主要不是减轻或替代人的体力，而是替代或延伸人脑的部分职能，是人脑的一次解放。在此基础上，出现了包括生物工程、激光通信、空间技术、海洋开发、新材料、新能源等新兴工业部门。新兴工业的出现使生产效率显著改善，企业规模不断扩大，生产社会化程度不断提高，也使得世界各国之间的经济联系进一步加强，世界商品贸易额增长率超过世界生产总值增长率，资本流动的国际化进程成为一个令人瞩目的亮点，世界范围内的产业结构发生着深刻变化。现代科学技术，特别是日臻完善的信息技术，已经造成空前的时空压缩，全球正变成一个唯一的"地方"，全球正在被联结成一个无所不在的网络，旧有的"中心"和"边缘"界限日趋模糊且处于不断游移之中。如果说经济的国际化、全球化是科学技术进步的必然结果，农业作为国民经济的一个有机组成部分，也必然在科学技术迅猛发展的推动下走向国际化。

世界各国市场经济体制的一体化演进，为农业国际化、经济全球化创造出制度性条件。这是因为，经济国际化、全球化在本质上是经济体制的世界一体化。具体来讲，第一，市场经济是一种开放经济。在市场经济条件下，商品生产者对自身利益的追求，要求商品不受任何阻碍而能自由流通。商品自由流通的要求决定了市场的开放性。这种开放性不仅要求一切商品、一切生产要素在一国范围内自由流通，而且同时要求打破国与国之间的市场割据与封锁，实行对外开放。第二，市场经济体制的建立，是世界各国经济走向国际化的共同起点。经济国际化要求各国之间相互开放市场，要求在世界范围内统一配置资源，这就必然要求参与国际化的各国实行市场经济体制。否则，以各国之间经济相互渗透为基本内容的经济国际化便不可能"化"起来。第三，市场经济中蕴含着经济国际化的推动力量。经济国际化最深层次的根源，是市场主体的逐利本性。市场经济的逐利性和竞争性，不断地打破着经济的国家和地域限制，推动着不同经济体之间的相互开放和国际化。第四，世界市场的形成是经济国际化的基本前提和基本内容。马克思和恩格斯在《共产党宣言》中指出："资产阶级，由于开拓了世界市场，使一切国家的生产和消费都成为世界性的了。……新的工业的建立已经成为一切文明民族的生命攸关的问题；这些工业所加工的，已经不是本地的原料，而是来自极其遥远的地区的原料；它的产品不仅供本国消费，而且同时供世界各地消费。旧的、靠本国产品来满足的需要，被新的、要靠极其遥远的国家和地带的产品来满足的需要所代替了。过去那种地方性的和民族性的自给自足和闭关自守的状态，被各民族的各方面的互相往来和各方面互相依赖所代替了。"①

　　斯密以后的经济学，特别是凯恩斯主义经济学的产生和盛行，并没有从根本上推翻以斯密为代表的世界主义经济学。在很大程度上，斯密以后的经济学家所做的工作，只是对这种世界主义经济学的补充和润色。20世纪70年代以来，又出现了新自由主义经济思潮复兴的所谓"回归斯密"的现象。新自由主义经济学，体现着鲜明的经济国际化和全球化倾向。可以说，经济全球化是新自由主义（包括其他自由派）经济学家心目中经济发展的最终和理想状态。他们力图用新的方法、分析工具、理论和政策，来论证和维护自由主义经济信条，强调市场机制调节的有效性；把经济全球化的根本动力归结为市场的发展，从而把国家在理论上推到全球化障碍的一面，试图弱化国家对经济生活的干预是他们的基本政策主张。如果说，以斯密为代表的古典经济学，是经济国际化和经济全球化的最深层的思想根源，那么，新自由主义经济思潮的复兴，就是当前包括农业国际化在内的经济全球化发展趋势在思想和观念层面直接的和重要的推动力量。

二　农业技术的外源供给

（一）国外新产品引入与农业技术供给增长

　　在农业全球化背景下，国际间农业及其相关部门的产品贸易，由于贸易壁垒和其他人为障碍的消解而增长。这为发展中国家农业领域的技术变化提供了一个契机，因为贸易是有助于技术传播的过程。"将技术变化当作完全独立于贸易之外是非常困难的，贸易可以作为技术的传播渠道，并成为技术进步的压力。"② 新经济增长理论的有关内容，为我们认识这一

---

① ［德］马克思、恩格斯：《马克思恩格斯选集》第1卷，北京：人民出版社1972年版，第254—255页。

② ［美］丹尼·罗德瑞克：《全球化走得太远了吗？》，北京：北京出版社2000年版，第18页。

问题提供了有益的分析框架。

这里，我们把全球化限定在发达国家与发展中国家之间的范围。发达国家与发展中国家的科学技术发展是不平衡的，这种不平衡决定了两类国家之间产业结构和产品结构的差异。新经济增长理论的代表人物之一阿温·杨（Young，Alwyn1991），在技术知识总水平的发展遵循边干边学方程的前提下，将所有商品分为两个集合：边干边学正在发挥作用的商品（集合Ⅰ）和边干边学已耗尽的商品（集合Ⅱ）。由于技术知识水平的差异，发达国家商品多半居于集合Ⅰ，而发展中国家商品则多半居于集合Ⅱ。基于此，新经济增长理论主张，国际贸易原则应当从传统贸易理论的"比较成本优势"或"资源优势"转变为"技术或人力资本优势"，并认为，国与国之间发展对外贸易可以产生一种技术"外溢效应"，可以加速先进科学技术、知识和人力资本在世界范围内的传递，使参与贸易各国的知识、技术和人力资本水平得到提高。

如果发达国家与发展中国家的商品贸易是互补性质的，那么，从发达国家引进高技术含量的新产品，会引起发展中国家国内生产中的水平产品创新。罗默（Rome，P. 1990）在其所确立的技术创新模式中，视技术进步为水平差异产品不断扩大的过程。所有设计（知识或技术）体现在不同的中间产品中，而这些中间产品的数量和种类对最终产品的生产有直接作用。专业化中间产品的不断积累是技术进步的集中表现。史格斯罗姆、安南特和迪诺波洛斯（Segerstrom，P. ，Anant，T. &Dinopoulos，E. ）的"南—北"贸易模式，具体描述了发展中国家引入发达国家新产品所引起的技术进步过程。[①] 发达国家以固定的速率开发并生产新产品，发展中国家被假定为没有产品创新能力。发达国家发明的新产品经过一个时滞以后，由于对发达国家技术的模仿而开始在发展中国家生产，当生产方法为世所周知时，生产就转向发展中国家。每一产品都经历在发达国家发明，出口、转移到发展中国家，再由发展中国家向发达国家出口这样几个阶段。这一模式探讨了国际贸易与技术创新、技术转移之间的关系，揭示了国际贸易所引起的发达国家向发展中国家的技术"溢出效应"。

发达国家与发展中国家的商品贸易如果是替代性的，引进发达国家高

---

① 　参见谈崇台《发展经济学的新发展》，武汉：武汉大学出版社 1999 年版。

技术含量的新产品，则会引起发展中国家国内生产中的垂直产品创新。英国经济学家阿格辛和霍维特（Aghion，P. & Howitt，P. 1992），继承熊彼特关于"创造性破坏"的基本思想，引入老化因素——新产品使以前的旧产品老化，提出了一个产品质量不断提高，即高质量产品不断生产，低质量产品不断淘汰的技术创新模式。这一模式有助于理解从发达国家引进竞争性替代商品的技术进步效应。格罗斯曼和赫尔普曼（Grossman，G. &Helpman，E. 1991）指出，每一产品都有一个随机提高的质量阶梯，这种提高在不同国家之间是不均匀分布的，因此，产品质量的均匀分布随时间而不断变动。不同国家产品质量的竞争过程，具有连续和周期性质，每一新产品只享有有限时期的技术领先地位，当更高技术产品出现时，它就会被取代。格罗斯曼和赫尔普曼发现，在长期均衡中，通过分工，产品改进会发生在每一个国家。

（二）国际资本流动与农业技术供给增长

资本缺乏是发展中国家农业资源结构的一般特征。法国经济学家雅克·阿达指出，发展中国家经济中的资本匮乏，会比发达国家经济可能缺乏劳动力造成更大的损害，因为发达国家可以用鼓励资本更加密集的生产方式来缓解劳动力缺乏的问题，而发展中国家则很难依靠自己的资本积累打破纳克斯（Nurkse，Ragnar1953）所描述的贫困的怪圈。[①] 经济的国际化和全球化，可以使生产要素跨国界流动的障碍不断减少，从而扩大发展中国家稀缺资本的外源供给。

技术是以资本为载体的，资本的国际流动，必然带来技术在国际间的转移。在资本移动的条件下，发展中国家农业资本的缺乏，在性质上就"具有重要意义，……这与先进技术的引进紧密相连"。[②] 外国资本进入有多种形式，其中，国际直接投资即建立跨国公司是最主要的和对技术开发与传播最具影响力的形式。首先，"国际直接投资与任何其他国际资本进入都截然不同，它将源头国家正在使用的生产技术直接引入"。[③] 20 世纪

---

① ［法］雅克·阿达：《经济全球化》，北京：中央编译出版社 2000 年版，第 192 页。

② 同上书，第 193 页。

③ 同上书，第 92 页。

80 年代，美国 50 家跨国公司转让出去的专利，占到全部技术专利转让的 1/4 强。这可以直接增加资本接受国的技术存量。[①] 其次，"与设备进口不同，技术不仅包含在接受国安装的机器系统之内，同时掌握在国际直接投资者、外国商人的手中"。[②] 跨国公司的建立，会相伴有发达国家高技术人才的流动，从而产生以人力资本为载体的"技术外溢"。最后，国际直接投资可以"把源头国现实的社会关系也一并带进"，实现资本接受国经济管理技术的进步。

速水佑次郎和弗农·拉坦（2000）认为，一个国家农业技术进步路线受其资源禀赋结构的制约。资源相对稀缺程度不同，在要素市场上表现为资源相对价格的差异。相对价格差异会诱导出节约相对稀缺同时价格相对高昂的资源的技术变迁，以缓解稀缺资源给农业发展带来的限制。按照这一理论，资本丰裕、劳动力相对短缺的发达国家，农业技术进步就会沿着利用资本和节约劳动的方向展开；而缺乏资本和劳动力充裕的发展中国家，只能走密集使用劳动的技术进步道路。速水和拉坦的诱致技术变迁模式，是以国际间要素的非流动性假设为前提的。在开放农业的条件下，速水和拉坦模式所描述的不同国家农业技术进步路线的差异，就不具有长期性特征。由于国际资本的进入，发展中国家的农业部门，也可以实现由低资本技术向高资本技术的转变。

农业资本的自由流动，还可以提高国际农业资源配置的技术效率。我们采用生产单一产品、使用两种要素的两国模型来作分析。图 8—1 中，横轴代表资本量，纵轴表示资本边际生产率，M_H 线和 M_P 线分别表示在给定其他要素总量的前提下，H 国和 P 国资本总量与资本边际产品之间的关系。设 H 国的资本总量是 M，P 国的资本总量为 Q。在开放农业之前，H 国的总产出是 $q+t+p+s+r$，其中，$q+t$ 是资本的收益，$p+s+r$ 为其他要素收益；同样，在 P 国，资本份额为 $x+z$，y 则是其他要素所得。由于两国资本丰裕程度的区别，资本回报存在着差异，P 国高于 H 国。开放农业之后，要素流动障碍消除，H 国的资本流向报酬更高的 P 国。当两国的资本配置达到同等边际生产率时，就形成均衡。这时，H 国的资本总量是

---

① 雷达、于春海：《走近经济全球化》，北京：中国财政经济出版社 2001 年版，第 52 页。
② ［法］雅克·阿达：《经济全球化》，北京：中央编译出版社 2000 年版，第 142 页。

N，国内产品减少至 q＋s＋p，但它的国民产值为 q＋s＋p＋v＋u（包括投资 P 国的资本利润 v＋u），比资本流动前增加 v—r。P 国的资本总量增加至 R，国内产值增加了 v＋u＋w，v＋u 汇出后，仍有增加的国民产值 w。[①] 国内一些学者推断，加入 WTO 之后，我国全要素生产率的增长每年将提高 0.8 个百分点。[②]

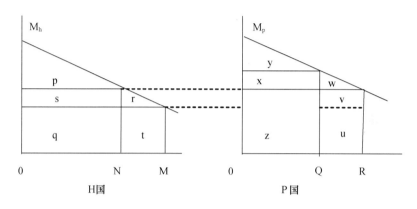

图 8—1　资本自由流动对资源配置的影响

（三）国际农业科研的规模效应和知识外溢

技术变化缘何而来？在以索洛（Solow，Robert M. 1956）为代表的新古典增长模式中，技术是外在于经济体系的一种变量；斯多克和阿温·杨等人在他们确立的边干边学增长模式中，把技术变化视作产品生产中生产经验的偶然的副产品；罗默则提出一个源于利润极大化经济主体有意识投资决策的内生技术变化模式。在罗默看来，有意识的发展研究所取得的知识是经济增长的源泉，它是由配置到研究部门的人力资本生产出来的，其生产率可通过研究部门的知识存量来提高。罗默强调指出："如果我们不能持续地发现新思想的话，那确实会限制增长。是思想（整个探索发现的进程）导致增长的。"[③] 根据罗默的内生技术变化模式，农业技术的供

———————

① 参见［英］彼得·罗布森《国际一体化经济学》，上海：上海译文出版社 2001 年版，第 71 页。

② 参见李善同、王直等《WTO：中国与世界》，北京：中国发展出版社 2000 年版，第 62 页。

③ 转引自谭崇台主编《发展经济学的新发展》，武汉：武汉大学出版社 1999 年版，第 583 页。

给水平，最终取决于农业技术的研究和开发能力。从国际比较来看，农业技术水平较高的经济体，其研究开发支出占国内生产总值的比重也较高，日本、韩国和中国台湾分别达到 3.02%、1.86%、1.69%；而农业技术水平较低的中国大陆只有 0.72%。[①]

现代技术创新是世界性的。在发轫于西方工业革命的现代经济中，绝大多数经济技术和方法都源自西方发达国家。据世界知识产权组织的统计，发展中国家占世界发明专利的比重，1967—1979 年只有 0.004，1983 年下降为 0.002。[②] 发展中国家的科学技术活动，必须并且只能以世界上现有的科技成果为前进的基础。农业的全球化，有利于世界整体农业技术研究开发水平的提高，从而可以使发展中国家面临更加有利的农业技术供给的外部环境。首先，对于技术领先的发达国家来说，一方面，农业国际化可以扩大其消费者基数规模，产生对技术创新投资的潜在利益的刺激；另一方面，一部分无比较优势产品的生产向发展中国家转移，从而能够将更多的资源从现期生产转向新技术、新产品的研究和开发活动中。这样，可能会产生两种相互矛盾的后果：在进一步扩大发达国家和发展中国家农业技术之间差距的同时，提高了发达国家的技术供给能力。其次，弗农·拉坦认为："最近 20 年最突出的制度创新之一，就是一种新的国际农业研究机构体系的建立。"[③] 农业的全球化，会强化国际间这一制度的创新进程，促进不同国家在农业技术研究领域的合作。例如，在入世谈判中达成的有关农业问题的协议中，中、美两国同意加强在高科技领域的合作与交流，鼓励研究机构和农业企业在高科技领域的研究、开发与合作。合作的领域主要有：牧场和园艺产品、生物工艺技术、肉类、家禽和家畜、水产业、自然资源和环境。

---

①　转引自王春法《经济全球化背景下的科技竞争之路》，北京：经济科学出版社 2000 年版，第 391 页。

②　参见刘力、章彰《经济全球化：福兮？祸兮？》，北京：中国社会出版社 2000 年版，第 154 页。

③　转引自宣杏云、王春法《西方国家农业现代化透视》，上海：上海远东出版社 1998 年版，第 82 页。

三　农业技术的内源供给

农业的全球化，不仅开辟或扩大了农业技术的国外供给源，而且可以提高国内农业技术的供给能力。在农业国际化背景下，农业技术内源供给能力的提高，主要表现在两个方面或主要表现为两个发展阶段：一是对引进的外源技术的消化、吸收，以及由于外源技术的知识外溢而产生的国内效应；二是随着国内知识存量增长和知识创新环境的逐步改善而带来的国内技术创新能力的提高。

（一）外源技术消化与模仿型内源技术的生成

农业技术的供给分为"生产"（研究和开发）和推广两个方面。从国外农业技术的引进到其被国内广泛采用还有相当一段距离，还需要通过适当的机构运用介绍、示范等方式，将新技术推荐给广大农民并使他们相信使用这些新技术是有利可图的，这就是农业技术的推广工作。根据阿罗（Arrow，K. J. 1962）等人的"边干边学"模式，国外农业技术的推广过程，也就是国内农民在实践中对新技术的学习过程，进而也是国内农业技术能力的提高过程。

更为重要的是，由于农业环境的差异，发达国家或某一地区的先进农业技术，不是可以在发展中国家或另一地区现成地拿来使用的。舒尔茨（Schultz，T. W. 1987）举例说，适用于美国衣阿华州的杂交玉米种植在印第安纳州就比种植在亚拉巴马州好，在温带地区高产的奶牛品种就不适合于热带环境。速水和拉坦也指出："农业技术在国际间转移时，受各国生态环境和要素禀赋的限制，技术不能直接转移。""如果要加速国际技术的转移来促进农业发展，就必须建立富有弹性的适应性研究开发机制。"[①]就是说，许多外源技术的引进，是需要结合本国实际进行改造和再创新的。外源技术的"本地化"改造过程，同时是本国农业技术创新能力的提高过程。

---

① ［日］速水佑次郎、［美］弗农·拉坦：《农业发展的国际分析》，北京：中国社会科学出版社 2000 年版，第 305、308 页。

（二）　创新条件改善与原创型内源技术的增长

对于发展中国家来说，"能否启动国内技术进步……成为脱离不发达境遇的主要标志之一"。[①] 农业的全球化，提供了提高发展中国家国内农业技术创新能力的有利机会。这首先源于国际化过程中发展中国家国内农业资本积累能力的增强。不同商品需要不同的生产要素比例，而不同国家拥有的生产要素比例是不同的。"一体化为成员国提供了根据比较优势在集团内进行产业间专业化的广阔机会，因此带来了合理化生产。"[②] 在农产品自由贸易的条件下，各国在生产那些能够比较密集地利用其较充裕的生产要素的商品时，就会有源于资源利用效率提高的比较利益的产生。据世界贸易组织的估计，乌拉圭回合的实施，将使世界收入增加 1090 亿—5100 亿美元。在开放农业的条件下，由于国外农业生产要素的进入，农民可以以较低的价格获得所需要要素，从而降低农业生产成本和实现利润增长。贝文（Bevan，David）等人在《外部冲击的宏观经济学》中指出："贸易冲击往往改变储蓄倾向。暂时性有利冲击特别会增加储蓄……"[③] 如果这一结论是经得起事实检验的，那么，农业国际化所带来的贸易冲击就会加速国内储蓄的增长。这些方面表明，农业国际化中存在着提高国内农业资本积累能力的积极因素。罗默指出，新资本与知识之间是以固定的比例生产的，因为技术进步是由生产新知识的资本积累决定的。

斯密（Smith，Adam1972）认为，以物易物是人类的一种"自然需要"。人的这种自然需要，在不受来自政治或道德权力的武断禁止的条件下，能够使劳动分工成为可能。同时，劳动分工的程度取决于市场范围的大小。根据"斯密定理"，农业的国际化，将农业市场空间由国内扩展到国外，必然会促进农业部门分工的发展。在斯密看来，分工与技术进步是同义的，它可以大大提高劳动生产率。雅克·阿达指出："交换空间的扩展使经济的总体生产力得以提高，这不仅是因为进行专业生产的行业和部

---

① ［法］雅克·阿达：《经济全球化》，北京：中央编译出版社 2000 年版，第 193 页。

② ［英］彼得·罗布森：《国际一体化经济学》，上海：上海译文出版社 2001 年版，第 78 页。

③ ［英］V.N. 巴拉舒伯拉曼雅姆、桑加亚·拉尔：《发展经济学前沿问题》，北京：中国税务出版社、北京腾图电子出版社 2000 年版，第 108 页。

门数量增加，还因为每个企业内部也有了技术上的分工。"① 在国际贸易环境中，生产方式由比较优势决定，各国生产其人力资本投入最适宜于生产的商品，而且在一段时间内，决定一国最初商品组合的比较优势会随人力资本积累而得到强化。但各国间的比较优势并非恒定不变的。随着经济发展和可再生资源的不断积累，发展中国家的比较优势会发生转变。比较优势的变化，将使发展中国家由原来国际分工格局下低技术产品生产转向高技术产品的生产。卢卡斯认为，不同商品具有不同的学习率，选择生产哪一种商品也就是选择不同的人力资本积累率。在开放经济中，随着比较优势的转换和人力资本积累率的提高，发展中国家的技术进步率和技术创新能力也将获得提高。

在农业国际化进程中，发展中国家国内农业技术的研究和开发水平可以加速提高。第一，加入到国际一体化中的发展中国家，可以使其农业科研和技术创新获得外在规模经济，它们可以分享比在孤立状态下更大的技术知识基础。要设计某个新产品，就得承担固定成本，如果两国是封闭的，则两国要分别承担固定成本，实现经济一体化后，只需承担一次即可。就是说，一旦发达国家承受了新技术的创新成本，这些技术就可以不追加成本地被反复使用，发展中国家没有必要再进行相同技术的创新投资。第二，农业技术的研究和开发，是一项需要巨大投资的事业。一个小规模的只有简陋实验室和个别科学家的研究机构，在创造适用于所在社会环境的新技术时，效率是很低的，不能获得多大成就。"适合这一任务的方法，一般要求要有许多各类科学家和辅助人员以及各种用于实验工作的昂贵设备，以便接近于达到最优规模。"② 农业国际化，在市场规模扩大诱发对农业技术研发投资激励的同时，又由于资源利用效率的提高和资本积累能力的增强，存在着扩大农业技术研究、开发投资的现实条件，从而有利于农业研究机构达到合理规模。

---

① ［法］雅克·阿达:《经济全球化》，北京:中央编译出版社 2000 年版，第 9 页。
② ［美］西奥多·W. 舒尔茨:《改造传统农业》，北京:商务印书馆 1987 年版，第 114 页。

四　农业技术需求的变化

（一）　农业技术需求的决定因素

农业技术的有利性。农业技术的需求主体是农民。农民是否愿意采用新的农业技术，主要取决于这些新技术运用后的盈利状况。舒尔茨说："贫穷社会农民接受一种新农业要素的速度可以根据采取和使用该要素的有利性作出最好的解释。"[①] 那么，使用农业新技术的有利性又是由什么决定的呢？在农业租佃制度为既定的条件下，它由新技术产品的价格和新技术运用的收益两个方面构成。市场经济中，技术产品和其他产品一样是有价格的，农民必须为获得新技术支付代价。新技术的价格形成农民运用新技术的成本，它是决定农业新技术有利性的一个基本方面。在成本既定时，新技术的有利性就由其收益决定。新技术的收益，是新技术运用所带来的产量增量和所生产的产品价格的乘积。设产品价格不变，新技术的收益就由新技术运用带来的产量的增量决定。

农民的知识与技能。就物质形态的农业技术成果来看，即使存在着现实供给，农民也认识到了其有利性，并愿意接受和采用这些新技术，还有一个问题存在：农民必须懂得如何最好地使用这些新技术。就是说，较高的文化水平、运用新技术所需的相关知识和能力，是决定农民对新技术需求的重要因素。这就要求农民学习新的有用知识和有用技能。舒尔茨举例说，即使采用像杂交玉米这种简单的新技术，也有许多新知识需要学习。比如不能像自然授粉品种那样从杂交品种的地里选取下一年的种子，要种得比自然授粉的高秆品种更密一些，需要更多的肥料等。使用更为复杂的新技术就更需要学习了。舒尔茨指出："这种知识和技能在本质上是向农民的一种投资。"[②]

（二）　国际开放对农业技术有利性的影响

依据前述分析，农业全球化从两个方面——农业技术国外供给源的扩大

---

① ［美］西奥多·W. 舒尔茨：《改造传统农业》，北京：商务印书馆 1987 年版，第126页。

② 同上书，第131页。

和国内供给能力的提高——带来农业技术的供给增加。根据供求定理，在农业技术需求为既定的条件下，农业技术产品供给的增长将导致其价格的下降。这表明，农业的国际化可以从成本节约方面提高农业技术运用的有利性。

农业全球化对农业技术的收益或产量会产生什么样的影响呢？这是一个比较复杂的问题。首先，这与新技术所生产的产品的性质有关；其次，与新技术所生产的产品的市场份额的变化有关。为了简化分析，我们把农业国际化的含义仅设定为农产品贸易的自由化，同时假设农产品的价格不变。

按照国际分工原则，参与国际贸易的各国，应当根据它们不同的资源禀赋，生产和出售其具有比较优势的产品。这样，各国生产的产品就具有一种互补的性质。美国学者丹尼·罗德瑞克（Rodrik，Dani 2000）指出："在有关贸易的经验性著作中，最有活力的发现之一就是贸易一体化会增强本国生产者所面临的商品的需求弹性。"[①] 在生产互补性产品的前提下，一国参与国际化，需求弹性的变化就意味着产品市场空间的扩大，意味着产量可以有较大增长。产品需求弹性的这种变化，将明显提高技术进步的有利性，从而诱发出对新技术运用的巨大需求。这是因为，在决定经济增长的各种因素中，劳动、资本和自然资源在生产过程中都服从于收益递减规律，建立在这些要素投入增加基础上的经济增长是不可持续的；相反，技术进步因素则是推动经济长期增长的更为经济的资源，因为技术创新不仅自身具有收益递增趋势，而且它还能够抵消甚至超出其他要素的收益递减趋势。舒尔茨（1992）反复论证了凝结在现代农业生产要素中的新技术的高收益率特征。他说："要实现农业现代化，农民必须能够得到现代的投入——机械、杀虫剂、化肥和其他东西。……从这些新式农业投入中能够获得的收益是很大。"[②] 从世界农业发展的实践来看，"最近几十年在许多国家里农业生产的增加显然是巨大的。这些增加表明农民对新经济机会的反应。一般说来，这些机会既不是来自可以定居的新开发的农用土地，也不是主要来自农产品相对价格的上升。这些机会主要来自更高产的农业要素"。[③] 在美国，农业增长主要是由技术变化而引起的要素效率改

---

① ［美］丹尼·罗德瑞克：《全球化走得太远了吗？》，北京：北京出版社 2000 年版，第 19 页。

② ［美］西奥多·W. 舒尔茨：《经济增长与农业》，北京：北京经济学院出版社 1992 年版，第 39 页。

③ ［美］西奥多·W. 舒尔茨：《改造传统农业》，北京：商务印书馆 1987 年版，第 80 页。

善带来的。"产出的增长有多少来自增加的土地、劳动和'传统'的可再生资本？对美国长期来看，绝大部分（约 4/5）来自'国民效率的改善'，只有大约 1/5 来自增加的传统形式资源的投入。"①

建立在先天资源禀赋基础上的国际贸易，可能产生一种锁入效应。这种贸易使两国专业化于生产它们具有比较优势的产品，各国在专业化产品的生产中获得技能的增加。如果发展中国家专业化生产某种学习速度低的低技术含量产品，它的技术进步率和经济增长率必然落后于生产高技术含量产品的发达国家，甚至可能低于它处在自给自足时的情形。所以，"越来越多的发展中国家拒绝被固定不变的相对优势概念所左右，拒绝被禁锢于对它们极为不利的国际劳动分工之中……"，② 它们会逐渐转向具有高学习率产品的生产。这样，发展中国家和发达国家就会由不同产品之间的互补性贸易转向同类产品间的竞争性贸易。在竞争性贸易的条件下，发展中国家在短期内会面临着极为不利的局面，由于产品的低技术含量，它们不仅难以开拓国际市场，而且不得不让出一部分国内市场。其产量的减少成为必然趋势。这说明，传统技术的有利性在国际化背景下将消耗殆尽。发展中国家摆脱这种不利局面的唯一出路，是通过产品创新来提高本国产品的国际竞争力。农业国际化可以从两个方面推动发展中国家农产品国际竞争能力的提高。（1）改变了农业生产者和经营者的激励结构。在保护国内农业的制度环境下，农业企业对政府的支持政策存在着依赖，市场信号并非引导农业生产者行动的唯一变量。国际化使政府的干预变为中立，市场信号和竞争原则成为对农业企业非常重要的刺激。"一般认为，实现中性的制度也比内向型为主的制度更易于降低和减少可变的激励偏重（即一般来说更自由和向国际竞争开放）。据认为，低保护和出口激励的结合既产生了静态利益（来自更好的资源配置，更高的运行效率，规模经济的充分实现，以及减少了寻租），更产生了动态利益（更快的国内技术进步，对世界技术与市场变动更大的接受性）。"③ 虽然这是巴拉舒伯拉

---

① ［美］西奥多·W. 舒尔茨：《经济增长与农业》，北京：北京经济学院出版社 1992 年版，第 202 页。

② ［法］雅克·阿达：《经济全球化》，北京：中央编译出版社 2000 年版，第 83 页。

③ ［英］V. N. 巴拉舒伯拉曼雅姆、桑加亚·拉尔：《发展经济学前沿问题》，北京：中国税务出版社、北京腾图电子出版社 2000 年版，第 136 页。

曼雅姆和拉尔（Balasubraman，V. N. & Lall，Sanjaya 2000）对部分发展中国家和地区成功工业化战略的一种解释，但它对农业的成功发展同样是适用的。（2）加大了农业企业面临的竞争压力。国内农业企业只有通过技术进步、创新产品，才能够为自己求得生存空间。为有保护的国内市场开发产品只需利用对地域而言是新的技术即可，但要想在国际市场的竞争中取胜，就必须生产在世界范围内具有创新的产品。农业国际化条件下，各国之间的贸易壁垒拆除，但技术壁垒依然存在。要想打破别国的技术壁垒，开拓国际市场，只有依靠技术的不断创新。农业的国际化使不同国家农业之间的竞争战线前移到产品的研究开发阶段甚至基础研究阶段。农业国际化所带来的竞争性贸易的强化，直接增加了对新技术的需求，同时提高了技术进步的收益率，使技术进步更为有利可图。

（三）农业全球化对农民知识和技能的影响

农业全球化中农业技术有利性的提高，必然刺激农民对农业技术的需求，也必然激发农民掌握现代农业技术所需知识和技能的学习。在我国东南沿海地区，农业的外向化程度较高，农民学习知识和技能的积极性也较高，就是这一问题的证明。

现代农业技术，是由高技术含量的现代物质投入品和成功地使用这些投入品所需要的技艺与能力两方面组成的。农业技术的进步，表现为这两个方面的平衡增长。没有农业劳动者技艺和能力的相应提高，高技术物质投入品难以获得高生产率。舒尔茨假设，在印度农民现有的技能和知识条件下，印度农业部门一夜之间获得了一套可以与美国相比的自然资源、设备以及其他现代农业要素，可以肯定，由于物质资本与人力资本之间的巨大不平衡，使他们不可能作出美国现代农民那样大的成绩。发展中国家可以通过引进的方式从国外得到高技术的物质投入品，但不能通过同样的方式获得高知识和高技术的农民。"一般来说，贫穷农业社会只有通过向他们自己的人民进行投资才能获得必要的技能。"[1] 国外物质资本的进入，不仅要求国内人力资本投资的增长相配套，而且为国内人力资本水平的提高提供了现实途径。"国际直接投资是知识和手段转让的时机，亦是当地

---

[1]　[美] 西奥多·W. 舒尔茨：《改造传统农业》，北京：商务印书馆1987年版，第111页。

企业的经营者——股东、干部、技术员、工人——学习甚至适应外国技术、组织方式和管理方法的时机。"[1] 伴随物质形态技术进步的人力资本投资的增长，农民的知识和技能将不断得到提高。这既是农业技术进步的表现之一，亦为非人力形态技术需求的增长准备了相应的文化基础。

五　全球化背景下的农业技术进步机制

综前所述，农业的国际开放，空前地提高了农业新技术应用的有利性，极大地刺激了农民对新技术的需求，从而导致国内农业技术需求曲线的右移；同时，从国内和国外两个方面扩大了农业技术的供给源泉，使国内农业技术的供给曲线也显著地向右移动。与国际化前相比，国内农业技术的应用会在更高水平上形成均衡。换句话说，农业国际化将加速国内农业技术进步的进程。这一结论，是建立在如下两个基本分析前提基础之上的：第一，农业国际化是农业市场体制的国际一体化。不管农业国际化的历史可以追溯到何时，今天的农业国际化有着不同于以往的一些重要特点，其中之一便是建立在市场经济基础上的各国农业之间的相互融合，市场机制成为国际间配置农业资源包括农业技术资源的重要手段。第二，遵循了新古典经济学以充分竞争为条件的供求分析方法。如果说，第一个前提的设定是符合实际的，农业技术与普通产品一样又适用于充分竞争条件下的供求分析，那么，农业国际化可以加速国内农业技术进步就是合乎逻辑的结论。

但是，技术产品与普通产品之间存在着重要区别。罗默认为，技术或知识既不同于正常的竞争性物品，也有别于公共产品。非竞争性和部分排他性二者共同刻画了技术的特征。技术的非竞争性表现在，一个厂商或个人对技术的使用并不阻碍他人同时使用该技术，技术的复制成本可以视为零。技术的部分排他性保证了研究厂商可以从技术创新中受益。技术或知识的非竞争性，意味着其生产和配置不可能完全由竞争性市场力量来控制。在完全竞争市场中，技术或知识的社会边际产出与私人边际产出之间存在差异，每一竞争性厂商将不会选择取得社会最优量的技术或知识积累，结果，竞争性均衡增长总是低于帕累托最优增长水平。或者说，完全

---

[1]　[法] 雅克·阿达：《经济全球化》，北京：中央编译出版社 2000 年版，第 142 页。

竞争条件下技术或知识的租金价格为零，技术或知识的生产就会由于不受私人经济利益的驱动而缺乏供给。这说明，即使农业国际化可以创造出有利于国内农业技术供给的积极因素，也不意味着仅仅依靠竞争性市场力量就可以保证国内所需农业技术供给的有效增长。

按照新古典经济增长模式的假设，资本等生产要素服从于边际生产力递减规律。因而，资本的报酬在资本稀缺的发展中国家要高于资本充裕的发达国家。如果资本品的贸易是自由的、竞争性的，那么新资本投资将会较多地出现在发展中国家，并且这种状况一直持续到两国间的资本收益率相等时为止。新古典增长模式的这一假说与经验事实间存在着矛盾。表8—1表明，发展中国家获得的国际资本只占国际直接投资总额的一小部分。发达国家间的相互投资则占有绝对优势。新经济增长理论认为，这是由于知识和人力资本积累可以产生递增收益，发达国家的资本收益不是呈递减趋势而是不变或有所提高。这就不仅有效地阻止了发达国家的资本外流，而且引起了发达国家已输出资本的回流，甚至吸引了大量发展中国家的资本。如果说，技术的转移依赖于资本的转移，技术转移在很大程度上寓于资本的转移之中，那么，完全竞争性力量所诱导的国际资本转移不可能有效地促进发展中国家的农业技术进步，更不可能缩小发展中国家与发达国家之间巨大的技术差距。

表8—1　　　　　　　1990 年国际直接投资总额一览表（％）

目的地 来源	工业化国家	美国	西欧	日本	其他工业 化国家	发展中国家	全世界
工业化国家	78	22	44	2	10	16	94
美国	19	—	13	1	5	6	25
西欧	46	14	27	1	4	6	52
日本	9	6	2	—	1	3	12
其他工业化国家	4	2	2	—	—	1	5
发展中国家	4	2	2	—	—	2	6
全世界	82	24	46	2	10	18	100

资料来源：［法］雅克·阿达：《经济全球化》，北京：中央编译出版社 2000 年版，第 97 页。

以上分析表明，技术或知识的进步，包括技术从发达国家向发展中国家的转移，不是在完全竞争市场条件下自发进行的，很大程度上依靠发展中国家对技术进步和技术转移采取的反应。彼得·罗布森在肯定国际经济一体化可获得许多潜在收益的同时，明确指出："区域一体化显然不能替代健全的国内经济政策，缺了后者也不可能成功。"① 在国际化背景下的国内农业技术进步过程中，政府政策具有十分重要的作用。各种能够消除技术或知识社会边际产出与私人边际产出的差别，使现期产出由消费转移到研究中去的政策措施，都可以取得帕累托改进的效果，提高技术进步率和经济增长率。作为农业科学研究的一个重要机构，美国农业部的相关政策对美国农业技术的进步起了很大的推动作用。据美国农业部推广局的一份资料，1992 年美国共有 4000 万人通过与农业技术推广人员的直接接触接受了实用教育，有 4800 人通过与志愿人员的接触而间接接受了实用教育。从 1950 年到 1982 年，在面向农作物的合作推广项目上每增加 1 美元的投资，即可获得 5.9—8.62 美元的农作物价值增值；在面向家畜的推广项目上每增加 1 美元投资，可获得 4.60—5.80 美元的畜产品价值增值。②

如何在农业国际化背景下设计促进国内农业技术进步的政策？政策设计应该遵循两条基本原则：第一，政府政策不是去取代市场竞争原则，而是弥补市场机制的不足；第二，政府政策必须在国际规则、国际惯例的框架内建立。具体的措施可以是，对知识资本的持有、知识资本的积累或知识的生产过程提供补贴，并对知识资本以外的要素征税。或者说，政府对厂商所拥有的每单位知识支付一个依时而变的单位消费品补贴。这样，既可避免扭曲市场价格体系，又是国际化规则所许可的，同时有针对性地反映出国内政策的明确导向。必须注意到，发展中国家由于科技人才供给缺乏弹性，"导致农业实验站开发生物技术和机械技术的能力有限，成为农业技术在国际间转移的最大约束条件"。③ 因而，发展中国家农业技术政

① ［英］彼得·罗布森：《国际一体化经济学》，上海：上海译文出版社 2001 年版，第 6 页。

② 参见王春法《经济全球化背景下的科技竞争之路》，北京：经济科学出版社 2000 年版，第 263 页。

③ ［日］速水佑次郎、［美］弗农·拉坦：《农业发展的国际分析》，北京：中国社会科学出版社 2000 年版，第 308 页。

策的重点应是加大农业部门的人力资本投资。

参考文献

［英］V. N. 巴拉舒伯拉曼雅姆、桑加亚·拉尔：《发展经济学前沿问题》，北京：中国税务出版社、北京腾图电子出版社 2000 年版。

［美］丹尼·罗德瑞克：《全球化走得太远了吗?》，北京：北京出版社 2000 年版。

《马克思恩格斯选集》第 1 卷，北京：人民出版社 1972 年版。

［美］西奥多·W. 舒尔茨：《改造传统农业》，北京：商务印书馆 1987 年版。

［美］西奥多·W. 舒尔茨：《经济增长与农业》，北京：北京经济学院出版社 1992 年版。

［英］亚当·斯密：《国民财富的性质和原因的研究》，北京：商务印书馆 1972 年版。

［日］速水佑次郎、［美］弗农·拉坦：《农业发展的国际分析》，北京：中国社会科学出版社 2000 年版。

Aghion, P. , Howitt, P. 1992: A Model of Growth Through Creative Destruct, *Econometrica*, Vol. 60, No. 2: 323 – 351.

Arrow, K. J. : The Economic Implications of Learning by Doing. *Review of Economic Studies*, 1962 (6): 155 – 173.

Grossman, G. and Helpman, E. 1991: Quality Ladders and Product Cycles, *Quarterly Journal of Economics*, 106: 557 – 586.

Rome, P. 1990: Endogenous Technological Change, *Journal of Political Economy*, October.

Solow, Robert M. 1956: A Contribution to the Theory of Economic Growth. *Quarterly Journal of Economics*, Vol. 70: 65 – 94.

Young, Alwyn. 1991: Learning by Doing and Dynamic Effects of International Trade, *Quarterly Jounal of Economics*, (5): 17 – 19.

第 九 章

中国农业技术进步路线和机制选择[*]

一　中国农业新增长源的开掘

（一）技术进步与现代农业增长

农业增长可以通过两种方式来实现。一种是粗放型增长，即单纯依靠土地和劳动等传统生产要素投入量的增加来实现农业生产的增长；一种是集约型增长，即在传统要素投入基本不变甚至有所减少的条件下，通过技术创新提高原有生产要素利用效率来实现农业生产的增长。这两种增长方式，是传统农业与现代农业相区别的一个重要标志。粗放型增长往往与传统农业相联系；而高新技术的广泛应用日益成为现代农业发展的主要动力。

20 世纪是传统农业向现代农业逐渐过渡，现代农业不断成长和农业生产能力迅速提高的一个历史时期。这一时期的农业飞跃是与农业技术的重大突破和应用分不开的。20 世纪以来，世界农业出现过三次大的技术变革：（1）从畜力转变为机械动力的农业动力变革。从 40 年代美国最早基本实现农业机械化至今，发达国家机械作业面积的比重已经超过 80%，并且向电气化、自动化、配套化和高效化发展。（2）化肥、农药、塑料薄膜等化学物质和措施广泛应用的农业化学技术变革。从 20 世纪初出现化肥至今，农用化学品的品种和数量得到极大发展。目前世界平均每公顷

---

　　* 本章在作者的《中国农业技术进步路线选择的思考》（《经济改革》1999 年第 1 期）和《二元经济与中国农业发展》（经济管理出版社 1999 年版）第九章《技术进步与中国农业发展》两部分内容的基础上综合写成。

的化肥施用量已超过 90 公斤，发达国家超过 130 公斤；全世界商品农药按化合物种类计算，已超过 600 种，加工制剂近一万种。（3）从常规品种向杂交良种演进的农业育种技术变革。从 30 年代开始推广杂交玉米，40 年代推广杂交小麦到 50 年代推广杂交高粱、60 年代开始推广杂交水稻，杂交良种的利用现在已遍及世界各国和主要农作物。这三次重大技术变革，使世界农业获得了巨大增长。1948—1995 年，世界耕地面积仅增长 6.8%，由于持续的技术进步，世界粮食产量却增加了 1.85 倍，超过同期世界人口 1.44 倍的增长幅度。世界人均粮食产量从 282 公斤上升至 328 公斤，使得部分发达国家的粮食生产出现过剩，也使得一些发展中国家逐步实现粮食自给乃至出口。据一项估计，1929—1972 年，美国农业增产值中的 81% 和劳动生产率增长率的 71% 要归功于农业科学研究和技术推广。随着时间的推移，技术进步在农业生产增长中的作用趋于提高。据发达国家的统计，20 世纪初，这些国家农业生产率增长量中不到 20% 是靠科学技术进步实现的，而现在这个增长量中的 60%—80% 应归功于农业科学技术成就的作用。正如马克思曾经所预言的："随着大工业的继续发展，创造现实财富的力量已经不复是劳动时间和适用的劳动数量了，……相反地决定于一般的科学水平和技术进步程度或科学在生产中的应用。"[①]

技术进步在现代农业增长中的关键性作用，不仅表现在农业技术创新在农业生产能力提高方面的作用越来越重要，而且表现在技术进步的程度已成为农业区分为发达与不发达的根本标志，技术进步的差距已成为发达国家与发展中国家农业发展差异的根本原因。表 9—1 和表 9—2 中的有关数据表明，农业发展水平较高的发达国家，其节约劳动的机械技术和节约土地的化学技术的采用程度也较高；相反，农业发展水平较低的落后国家，则其机械技术和化学技术在农业中的采用程度也相对较低。

[①]　马克思：《政治经济学批判大纲（草稿）》第 3 分册，第 356 页。

表 9—1　　　　1980 年农业劳动生产率和农业机械投入的国际比较

国　家	劳均谷物产量 (公斤/人)	拖拉机数量 (台/千公顷)	联合收割机数量 (台/千公顷)	台数/100 人	
				拖拉机	联合收割机
联邦德国	14023	194.1	21.9	89	10
丹麦	37101	71.4	14.6	96	19
比利时	17242	130.4	10.7	96	8
法国	22772	79.2	7.5	74	7
美国	79268	25.0	3.5	125	18
奥地利	14363	190.3	19.1	102	10
加拿大	68474	15.3	3.8	108	27
澳大利亚	45460	7.8	1.4	71	12
英国	26685	73.1	6.5	73	6
阿根廷	18197	4.7	1.2	12	3
南非	8556	13.7	1.9	11	2
土耳其	2289	15.5	0.5	4	0
突尼斯	1675	6.9	0.7	5	0
摩洛哥	1385	3.1	0.4	1	0
中国	706	7.4	0.3	0	0

资料来源：郭熙保：《农业发展论》，武汉：武汉大学出版社 1995 年版，表 7—8。

表 9—2　　　　　　　土地生产率与化肥消费量的国际比较

	1989 年谷物 单位面积产量 （吨/公顷）	1970—1971 年 化肥消费量 （公斤/公斤）	1979—1980 年 化肥消费量 （公斤/公顷）	1990—1991 年 化肥消费量 （公斤/公顷）
低收入国家*	1.9	9.1	20.4	39.4
中等收入国家	2.2	36.3	71.5	69.7
高收入国家	3.9	102.2	132.1	115.8

* 不包括中国和印度。

资料来源：郭熙保《农业发展论》，武汉：武汉大学出版社 1995 年版，表 7—9。

　　综上所述，技术进步已成为现代农业增长的关键因素和根本动力。为什么现代农业技术会取代土地和劳动成为现代农业增长的主要源泉呢？首先，现代农业的增长不可能主要依靠土地投入的增加来实现。这是因为土地作为一种自然禀赋资源，其供给数量是有限的；同时，由于工业和第三产业的扩张，土地的非农使用量在增长。其次，现代农业的增长也不能主要依靠劳动投入的增加来实现。在劳动力资源充裕而土地无法增加甚至不可避免地减少的情况下，劳动的连续增加，会导致其边际收益递减，达到一定点以后，劳动的边际产量会成为零甚至负数。即在其他投入不变的前提下，劳动不会成为农业不断增长的源泉。在劳动力资源稀缺的条件下，农业劳动投入的增加会受到高劳动使用成本的制约。技术是一种不同于土地和劳动的特殊要素。它可以不断地被改进和创新，其供给不像土地一样存在着自然赋予的限制。不断改进和创新的技术，其增产潜力是无穷的，一种技术的增产潜力发掘尽了，可以创造和开发新的技术替代原有技术。技术还是一种比其他资源使用代价相对低廉的要素。正因为如此，人们越来越重视技术进步对经济增长和农业发展的作用。

（二）技术进步与中国农业增长

21 世纪中国经济的发展战略，是用 30—50 年时间，达到中等发达国家的水平。能否实现这一宏伟目标，农业是基础和关键。正如邓小平指出的："如果农业出了问题，多少年缓不过来，整个经济和社会发展的全局就要受到严重的影响。"[①] 面对 21 世纪，中国农业必须实现较快的增长和较大的发展。但是，中国农业的发展面临着诸多因素的制约：

自然资源的制约。中国农业发展受到自然资源不足的强烈约束。中国耕地总面积 1995 年为 14.25 亿亩，人均耕地面积不足 1.2 亩，不到世界平均水平的 1/3。而且随着工业化进程的推进，耕地资源呈不断减少趋势，1978—1995 年，中国耕地面积平均每年减少 550 万亩。不仅如此，耕地中近 1 亿亩为山坡和边远劣地，一般要逐步退耕；近 30% 的耕地位于日照和降水条件较差的东北和西北地区。中国水资源总量 2.8 亿立方米，人均年占有量为世界平均水平的 1/4；亩均占有量为世界平均水平的

[①] 转引自《江泽民同志在六省农业和农村工作座谈会上的讲话》，《人民日报》1992 年 11 月 28 日。

4/5。水资源的分布很不均衡，华北、西北和东北耕地占全国58%，而水资源只占18%。由于缺水，导致中国耕地灌溉面积减少，受旱成灾面积由50年代的平均1.7亿亩扩大到90年代的4亿亩。

人口制约。在中国12亿人口中，目前仍有70%以上的农业人口。8亿5000多万的农业人口，给农业发展形成巨大压力。首先，如此庞大的农业人口导致农业资源的极不合理配置。耕地资源被分割细碎，形不成规模效益。1994年，中国每个农业人口平均占有耕地1.66亩，户均耕地面积仅有6亩左右。劳动资源在农业部门巨量沉积，不能被有效利用。1995年我国从事农业的劳动力人数为3.23亿，占社会总劳动力的52%。由于非劳动资源特别是耕地资源的稀缺，使得农业部门的现实就业量与可容就业量之间存在着巨大的落差。有人测算，目前中国大约有1.5亿的农业劳动力为农业部门并不需要的过剩劳动力。这说明中国农业劳动资源的利用存在着巨大浪费。其次。如此庞大的农业人口导致农业部门效率低下，发展滞后。1985年，发达国家平均每个农业劳动者生产谷物达15300公斤，同年中国每个农业劳动者生产的谷物仅为1048.5公斤，前者是后者的14.59倍。1994年，占全国劳动力总数54.3%的农业劳动力只生产出占国内生产总值21%的农产品，这意味着非农产业劳动生产率是农业劳动生产率的4倍之多。

资金制约。中国正处在一个经济较快增长的周期中，总的资金缺口较大。大量资金投向效益更好、见效更快的非农产业，参与农业的投资相对不足。中央和地方的财政支农资金比重、农业基建投资比重均呈下降或实际减少的状况。1952—1980年，国家财政对农业基本建设投资年均递增9.9%，高于同期全国基本建设投资8.2%的增长速度；20世纪80年代后，国家财政农业基建投资增长开始低于全国基建投资增速，国家农业基建投资占全国基建投资总额的比重从1980年的9.3%下降到1995年的1.6%。地方财政对农业的资金投入份额也不断下降。据统计，地方财政农业基建支出占地方财政基建支出的比例从"五五"时期的24.19%下降至"六五"时期的14.3%和"七五"时期的12.5%；地方财政支农支出占其财政支出比重由"六五"时期的15.6%下降到"七五"时期的10.6%。

面对自然、人口、资金等种种因素的强烈制约，中国农业要实现新的突破和发展，根本的出路只能是依靠技术进步，即通过技术进步提高农业的资源利用效率、劳动生产效率和投入效益，使中国农业从以资源为基础的农业进入以技术为基础的农业。

纵观中国农业发展历程，技术进步已成为推动农业增长的重要因素。40 多年来，特别是改革开放以来，农业科技事业的进步有力地推动了我国农业由传统型向现代型的转变，技术进步成为农业生产要素组合中最活跃的因素。以中国主要农作物水稻为例，1949 年以来，中国水稻生产经历了三次品种更新，三次都使单产水平大幅度提高。20 世纪 50 年代推广地方良种，全国水稻单产从 1952 年的平均亩产 161 公斤提高到 1965 年的196 公斤；20 世纪 60 年代初开始推广矮秆良种，到 1978 年单产提高到265 公斤；70 年代开始推广杂交良种，到 1995 年水稻单产达到 402 公斤。40 多年来我国水稻平均单产提高 2.5 倍，这其中虽然有制度创新的作用，但技术进步因素显得更为长久和主要。1964—1978 年，中国农业体制与政策并未发生重大变化，但水稻单产仍然提高了 35%。显然，这是依靠包括推广矮秆良种在内的技术进步取得的。据不完全统计，1983—1988年我国种植业中重点推广 627 项农业科技成果，获直接经济效益 404 亿元，其中获国家发明奖的鲁棉一号、籼型杂交水稻、原丰早稻品种、绵阳八号小麦、津研 1—7 号黄瓜品种和徐薯 18 号甘薯品种等的经济效益均超过亿元。1972—1980 年期间，科技进步使农业增长量占总增长量的比重是 27%；而"六五"期间，科技进步对农业增长的贡献份额上升到35%。这显示了农业技术进步对农业增长的巨大贡献和作用的日益加强。

但是，从总体上看，中国农业技术水平是比较低的，主要表现在：（1）农业科技投入水平较低。中国农业科技投入不到农业总产值的 1%，而经济发达国家在 3% 以上，一些发展中国家也在 1.5%—2% 的水平上。（2）农业科技人员匮乏。目前中国每万名农业人口、每 7000 亩耕地只有一名农业技术人员，而德国、美国和日本每万名农业人口中的农业技术人员分别是 13.5 人、7.2 人和 5 人。（3）农业科技成果转化率、利用率低。中国每年取得农业科技成果约 6000 项，但转化率只有 30%—40%，真正形成规模的不到 20%，与欧美国家成果转化率在 65%—85% 的情况相比，差距很大；中国作物良种覆盖率为 80%，发达国家达到 100%；化肥当年利用率为 30%—35%，发达国家达到 60%；灌溉水利用率为 30%—40%，发达国家超过 60%。（4）农业科技进步贡献率低。科技进步对农业增长的贡献份额，发达国家早在 20 世纪 70 年代初就已达到 60%—80%，而我国在最近 20 年内才达到 31% 左右，变化幅度在 27%—35%。发达国家，技术进步已成为农业经济增长的第一位重要因素，虽然 1978 年以来中国农业技术进步在农业经济增长中的贡献率提高了，但仍低于物质投入为农业经济增长的第二位因素。（5）农业劳动者素质低。中国农村人口中文盲、半文盲多达 3 亿，农村就业人口中文盲、半文盲占 20.7%，小学文化程度占 38.8%。这与发达国家相去甚远。德国农民中大学毕业的占 6.7%，受过职业教育的占 85%；日本农民中大学毕业的占 5%，高中以上毕业的占 74.8%；英国 70%—80% 的农民受过良好的职业技术教育。（6）粮食单产还有较大潜力可挖。中国粮食单产水平虽居世界中上水平，但与一些先进国家甚至发展中国家相比仍有较大差距。韩国亩产达 370 公斤，埃及达到 410 公斤，最高的荷兰超过 500 公斤，高于中国 20%—60%。1995 年中国高、中、低产田的粮食亩产分别为 390 公斤、303 公斤和 231 公斤，中、低产田与高产田相差 30%—70%。依据林毅夫的一项研究，在现有生产条件和技术水平下，中国粮食单产潜力可相当于目前实际单产水平的 2—3 倍。[①] 可见，仅仅依靠现有技术就可以实现中国农业的较大增长。

21 世纪的世界农业，正面临着新的一次技术革命即基因技术革命的到来。这次技术革命采用包括遗传工程、细胞工程等在内的现代生物技术，通过无性繁殖和变异方式创造新的生物类型或把不同生物的优良性状结合在一起，定向改变生物遗传特性，培育出光合作用好、抗逆性能强、生长速度快和种植成本低的优良动植物品种，从而使农产品品质大大改善，单产较大提高，农业生产以更快速度增长。基因技术将是 21 世纪世界农业最现实、前景最为广阔的一次技术突破。它必然为中国农业以技术进步为主导的发展战略的实施提供可能。

以上分析说明，在中国单纯依靠增加土地和劳动投入来实现农业总量增长的时代已基本结束，农业的进一步增长必须通过技术进步提高农业生

① 　林毅夫：《粮食增产潜力究竟有多大》，《经济日报》1995 年 2 月 27 日。

产率来实现。以技术进步为突破口推动农业发展，标志着中国农业增长方式将最终实现从粗放型到集约型的根本转变。

二 中国农业技术进步路线的选择

面向 21 世纪，必须以技术进步为突破口，来实现中国农业的总量增长和由传统农业向现代农业的转型。农业技术进步可以有不同的路径。那么，中国应当选择何种路径实现农业技术的进步呢？

（一）农业技术进步的不同路线

农业技术进步的实质，是由于新技术的采用使既定的劳动与土地投入获得了更大产量，或较少的劳动和土地投入实现了既定产量。也可以简单地说，农业技术进步就是农业等产量线的内移。图 9—1 中，横轴代表劳动的投入量，纵轴代表土地的投入量。曲线 Q 表示不同的劳动与土地组合下的相同产量，即等产量线。技术进步后，生产与先前相等的产量仅需较少的投入，从而使等产量线由 Q 内移至 Q'。Q 与 Q' 代表的产量水平是相同的，只是由于技术的变动实现了投入要素的节约而使曲线位置发生了移动。

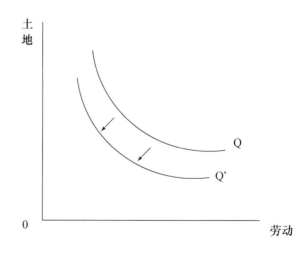

图 9—1 农业技术进步的实质

技术进步不仅会引起要素投入量的变动，而且，对不同要素投入量变化的影响又会有所不同。依据技术进步对劳动、土地等投入要素影响程度的不同，可以把农业技术进步分为三种类型（设投入要素价格不变和总产量水平不变）：（1）中性型。技术进步引致土地与劳动的同比例节约，即土地—劳动比在技术进步前后维持不变。（2）劳动节约型。技术进步带来劳动使用量的明显减少，从而使土地—劳动比上升。（3）土地节约型。在实现既定产量的前提下，技术进步导致土地要素投入量的减少，从而使土地—劳动比下降。农业技术进步的三种类型如图9—2所示。曲线Q为技术进步前的等产量线，斜线NL为土地与劳动的价格比例曲线（或称等成本线），射线OE为土地—劳动比。技术进步后，等产量线Q向原点内移，表示同等产量仅需较少的土地和劳动的投入量；由于要素价格为既定，因而要素价格比例曲线平行向内移动。这时，位置移动后的产等量线与要素价格比例曲线的新的切点位置，就决定着技术进步对土地和劳动投入量的不同影响。若等产量线移至 Q_1，土地—劳动比（OE射线）不变，表示技术进步为中性型；若等产量线移至 Q_2，土地—劳动比上升，表示技术进步为劳动节约型；若等产量线移至 Q_3，土地—劳动比下降，则表示技术进步为土地节约型。

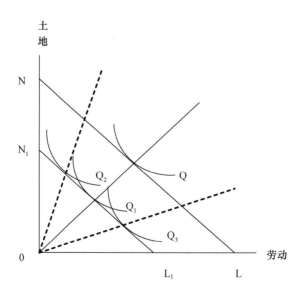

图9—2 农业技术进步的三种类型

农业技术进步的三种类型即为农业技术进步的三条不同路线。由于劳动的节约主要是通过机械技术的采用实现的，因此劳动节约型技术即为农业机械化技术；土地的节约主要是通过化肥、农药和优良品种等生物、化学措施的采用来实现的，因而土地节约型技术即为生物化学技术；而中性型技术则是生物化学措施和农业机械措施二者并重的技术。这样，农业技术进步路线也就可以区分为机械技术进步路线，生物化学技术进步路线和机械技术、生化技术共同进步路线。

（二）农业技术进步路线的选择依据

一个国家或一个独立发展区域，采取何种农业技术进步路线，不能主观臆定，而必须依据科学、合理的原则作出正确选择。否则，必然影响农业增长的能力和农业发展的进程。

技术进步路线的选择，是技术采用主体的一种行为。不同技术采用主体，其技术进步路线选择的依据会有所不同。对于市场经济条件下的农业企业来说，其技术选择的基本依据始终是最优生产原则，即采用何种类型的技术，主要取决于所用技术的成本与收益之间的对比。这就决定了企业的技术进步总是倾向于用相对廉价的资源去替代相对昂贵的资源。对于宏观经济主体的国家来说，其农业技术进步路线的选择依据不同于企业，且远比微观企业复杂。综观世界各国农业发展的经验，并借鉴现代农业发展理论，一个国家在进行农业技术进步路线选择时，必须综合考虑如下一些因素。

农业资源的自然禀赋。与其他产业相比，农业在生产上受到自然资源（土地）的更大程度的约束。农业生产从要素组合的角度可以看作缺乏弹性供给的土地与劳动等资源耦合运作的过程。不同的农业技术类型，要求有不同的资源配置比例，农业技术变迁就是对初始农业资源配置比例的调整，亦即对农业生产中瓶颈资源形成的约束的解除。可见，农业资源与农业技术之间存在着高度关联，一个国家或地区在进行农业技术进步路线的选择时，不得不首先考虑农业资源的客观赋予状况。具体地说，一个国家或地区，如果土地资源稀缺而劳动资源丰裕，就应当选择土地节约型的生物化学技术进步路线；如果劳动资源短缺而土地资源相对丰裕时，就应当选择劳动节约型的机械技术进步路线；如果资源类型介于上述二者之间，则应当选择中性型技术进步路线。对此，前述"农业技术的诱致变迁模型"已作出描述。唯其如是，才有利于发挥农业资源的相对优势，才能充分挖掘农业生产的潜力。

农业发展的目标。农业技术进步本身并不是目的，它只是推动农业发展的手段，而农业发展又总是从属于一定的发展目标的。不同的农业发展目标，引导着不同的农业发展类型；不同的农业发展类型又要求有不同的农业技术进步路线的选择。如果农业发展的目标被设定为增加农业产出总量，提高土地产出率的生物化学技术的创新就会被作为首要选择；如果增加农业生产者收入被确立为农业发展的目标，有利于扩大耕作规模的机械技术就会受到充分重视；如果农业发展目标是早日实现农业现代化，就会偏重机械技术的选择，因为农业机械化是农业现代化的最主要指标。这就是说，农业发展目标是制约技术进步路线选择的重要因素，农业技术进步路线的选择必然服从于农业发展目标的要求。需强调指出，农业发展目标制约着农业技术进步路线的选择，但并不等于说，依据农业发展目标作出的技术路线选择就必然是正确的。这种正确性只能就其作为实现目标的手段而言，而对于农业资源的禀赋状况来说，就不一定正确。只有当农业发展目标符合农业资源禀赋条件的要求时，才能说符合农业发展目标的技术路线选择同时也符合农业资源赋予条件的要求，才是合理的正确的选择。这就要求，在农业技术进步路线选择之前，必须确立起正确的农业发展目标。

农业发展所处的阶段。美国农业发展经济学家约翰·梅勒（Mellor, John W. 1988）把传统农业向现代农业的发展过程划分为三个阶段：第一阶段是传统农业阶段。在这个阶段中，农业技术处于停滞状况，农业生产的增长取决于传统要素供给相称的增加。第二阶段为传统农业向现代农业的过渡阶段。由于农业劳动力的较大比重和工业扩张对资本的占用，在这一阶段劳动节约型的农业机械的使用受到限制，农业发展主要依赖以提高土地产出率为重点的劳动使用型的生物化学技术创新。第三阶段是农业现代化阶段。在这个阶段中，农业部门在整个经济中所占的比重大大下降；

人地比例下降使平均农场规模趋于扩大；资本供给越来越充裕而劳动成本越来越高昂。因此，用机器替代劳动不仅具有经济合理性而且具有现实可行性。劳动节约型的大型机械和其他资本密集型技术不断被发明出来，并被运用到农业生产中。梅勒实际上是以农业技术进步的不同特征来区分农业发展阶段的。这一理论指明，农业技术进步路线的选择并不是一成不变的，而是随着农业发展阶段的变化而变化的。在不同农业发展阶段上，有着与其相适应的技术变迁路径。从本质上讲，梅勒关于农业技术变迁路线的选择依据与速水佑次郎和拉坦（2000）是一致的。因为在不同发展阶段，农业资源的相对稀缺度也是在变化的；资源赋予条件的变化才是技术选择变化的最根本原因。

农业发展的区域性差异。在一个国家的不同地区，农业资源的赋予状况是有差别的。如我国东北的三江平原、新疆兵团农场等地区，人地比例较为宽松，而在南方的一些省市，人地比例就高度紧张。在一个国家的不同地区，经济发展的程度又是不平衡的。有的地区经济发展较快，农业劳动力向非农产业实现了较大程度转移，从而使农业中人地比例下降较快；有的地区则发展较慢，农业人口的相对比重和农业中的人地比例始终维持在一个较高水平。这种资源赋予与发展程度的区域性差异，也应成为一个国家在进行总体农业技术进步路线选择时不得不考虑的因素。

综合上述四个方面，我们可以把宏观上农业技术进步路线的选择依据归纳为三条原则：（1）解束性原则。要求技术路线选择必须以资源赋予条件为依据，就是要求通过技术创新形成相比丰裕的资源对稀缺资源的替代，从而缓解稀缺资源对农业发展形成的瓶颈约束。缓解瓶颈资源的约束，是技术创新的本质，也是资源条件成为技术进步路线选择依据的根本原因。（2）先进性原则。农业发展目标的超前性，决定了农业技术手段的选择必须着眼于目标实现的未来，当前的技术类型选择必须有利于未来目标的实现。这就要求所选择的农业技术应当具有先进性，特别是在将农业现代化明确作为农业发展目标的条件下更要求如此。（3）适用性原则。农业发展的不同阶段与农业发展的区域性差异对农业技术变革路线的制约，要求所选择的农业技术类型必须具有时间上和空间上的适用性，不能脱离实际地照搬别人的经验，也不能超越发展阶段单纯考虑技术的先进性。在以上三条原则中，解束性原则是最基本和最重要的，但其他两项原则在进行农业技术进步路线选择时也必须予以考虑。对于一个幅员辽阔的发展中大国来说，成功的农业技术进步路线的选择，应当综合体现三条原则的共同要求。脱离上述原则作出的农业技术进步路线的选择必然把农业发展引入歧途，只符合其中某项原则的要求而背离其他原则要求的技术进步路线选择，也可能延缓农业发展的进程。

（三）　中国农业技术进步路线选择的反思

1. 传统体制下农业技术变革的主要方向

在传统计划经济体制下，中国曾把农业机械化作为农业技术变革的主要方向。1959 年 4 月，毛泽东提出"农业的根本出路在于机械化"的论断，并指示"每省每地每县都要设一个农具研究所"，要求"四年以内小解决，七年以内中解决，十年以内大解决"。1962 年中共八届十中全会确定："我们党在农业问题上的根本路线是，第一步实现农业集体化，第二步是在农业集体化的基础上实现农业机械化和电气化。"根据在 1980 年基本实现农业机械化的设想，中央于 1966 年 7 月、1971 年 8 月、1978 年 1 月召开了三次农业机械化工作会议，采取了一系列强有力的措施，以推动农业机械化的进程。在政府农业机械技术偏好的引导下，中国农业机械技术水平迅速提高。1978 年与 1952 年相比，农业机械总动力由 18 万千瓦提高到 11749.9 万千瓦，增长 651 倍；机耕面积由 13.6 万公顷增加到 4067 万公顷，增长 298 倍；机电灌溉面积比重由 1.6% 上升到 55.4%，提高 53.8 个百分点；机种、机收等技术也得到广泛应用。

应该说，农业机械技术进步路线的选择，并非出于党和国家领导者的主观偏好，而是从属于国民经济赶超战略要求的一种顺理成章的选择。赶超发达国家的经济发展战略确定之后，发达国家的经济结构和技术装备水平成为赶超战略的基本参照目标。人们看到，发达国家先进的农业是与其高度发达的技术装备特别是机械化作业水平紧密联系在一起的，因此，在农业方面赶超发达国家，就必须实现农业机械化。这就是说，农业机械技术路线的选择，是根据经济赶超战略决定的农业发展目标来作出的。作为实现其特定目标的手段，这一选择不能说并不具有一定的合理性。

虽然农业机械化是符合当时所确立的农业发展目标要求的合理选择，或者说，符合技术先进性原则的要求，但它严重背离了农业技术路线选择其他两项原则的要求，更没有实现三条原则要求的有机统一。首先，农业机械化是一项资本替代劳动的技术，这一技术的运用适应于人地关系宽松，资本充裕而劳动力不足的资源环境；而中国农业资源禀赋恰好相反，人地关系相当紧张，资本稀缺而劳动力充裕。在这种资源条件下实现农业机械化，非但不能形成丰裕资源对稀缺资源的替代，使农业发展的瓶颈约束缓解，反而强化了瓶颈制约，造成农业中资源的闲置与浪费。因此，农业机械化的技术选择与解束性原则的要求是不相一致的。其次，农业机械化也不合于适用性原则的要求。根据梅勒的农业发展阶段理论，机械技术进步即资本密集型技术进步，主要出现在农业发展的高级阶段即农业现代化阶段。改革前的我国农业仅处在传统农业向现代农业过渡的起步阶段，其适用性技术是劳动密集型的生物化学技术而非资本密集型的机械技术。可见，农业机械化不仅背离了我国资源禀赋的特点，而且超越了中国农业发展阶段。

由于背离了解束性原则和适用性原则的要求，中国的农业机械化没能真正地"化"起来。第一，直到目前，中国仍有 80% 的农活是靠人力、畜力和运用传统的犁耙、扁担之类的工具来完成的。从统计数字上看，中国农业机械化水平是较高的，如拖拉机数量增长迅速，但这些拖拉机大部分是用作运输工具，而不是从事田间作业。第二，农业机械化的直接后果是农业劳动生产率的提高。传统体制时期农业机械化的推行并没有使中国的农业劳动生产率获得提高。1960—1970 年，苏联由于农业机械化水平的提高使农业劳动生产率提高 144%，而 1957—1977 年中国农业劳动生产率反而下降 6.7%。[①]

2. 改革以来农业技术变迁路线的重新选择

1980 年基本实现农业机械化目标的落空，加之改革开放带来的理论环境的宽松，曾被确立为农业"根本出路"和"根本路线"的农业机械化受到质疑，有人甚至将其视为农业和农民的"三害"之一、极"左"

---

① 　参见李心合《论传统农业及其改造》，《农业经济问题》1996 年第 4 期。

路线的产物予以批评。国际上有机农业和无机农业的争论，特别是"诱致技术变迁模型"的新兴农业发展理论介绍到国内之后，更加强化了对中国农业机械化技术创新的否定。直到今天，比较普遍的观点是，人多地少的基本国情，决定了中国不宜搞农业机械化，而只能走生物化学技术进步的道路。比如有的学者指出："中国只能在相当长的时间里走生物技术进步的道路，一方面提高土地生产率，以满足经济发展对农产品日益扩大的需求；另一方面解决农业剩余劳动力的就业压力。"[1] "根据我国资源赋予的特点，为实现更多的潜在利益，我国的农业现代化技术选择应当是以生物技术为主、提高单位土地产出率的技术选择。"[2] 鉴于巨大的人口压力，在今后相当长的一段时间内，政府把增加粮食总产量作为农业发展的最重要的目标之一。这种目标选择，决定了中国也只能走提高土地产出率的生物化学技术进步道路。

与农业机械化相比，中国农业技术创新选择生物化学技术进步路线，比较好地符合了农业技术进步路线选择原则的要求，而且可以实现三条原则共同要求的内在统一。（1）中国是一个人多地少的国家，人均耕地面积只有世界人均耕地面积的32%；农业劳动力人均耕地面积则更少，1988年，世界农业劳动力人均耕地面积是1.27公顷，而中国仅为0.21公顷，后者只及前者的16%。无疑，土地是中国农业的短边要素，技术创新应当沿着节约土地的方向推进。生物化学技术正是一项节约土地型的技术，因而它是符合解束性原则的合理选择。（2）改革开放以来中国农业发展虽然取得了巨大成就，但中国农业仍然处于传统农业向现代农业的过渡阶段，农业现代化还仅仅是中国农业的目标追求。因此，与中国农业发展阶段相适应的技术只能是劳动密集型的生物化学技术而非资本密集型的机械技术。也就是说，中国农业现阶段生物化学技术的选择是适用性原则要求的体现。（3）如果政府把农业发展的目标确立为最大限度地增加粮食总量，那么，以提高土地生产率为主要特征的生物化学技术的应用也

---

① 郭熙保：《农业发展论》，武汉：武汉大学出版社1995年版，第235页。

② "中国传统农业向现代农业转变的研究"课题组：《从传统到现代：中国农业转型的研究》，《农业经济问题》1997年第7期。

就是最为合理的技术手段选择。因为机械技术是一项提高劳动生产率的技术，而不一定有利于土地生产率的提高。

如果生物化学技术进步路线的确立同时排斥机械技术的推广应用，那么，虽然它符合中国国情并能同时满足三条选择原则的要求，也是存在问题的。（1）从眼前来看，它不利于农民种粮收入的增长。由于种种原因，中国农业部门的比较利益长期地明显低于其他产业部门，营田种粮远不如务工经商。这种现象已严重地制约了农民粮食生产的积极性，并将农业逐步推向兼业化的道路。要改变农业发展的这种不利局面，必须通过扩大土地经营规模提高劳动生产率的途径去改变农业比较利益偏低的局面，而扩大经营规模和提高劳动生产率的技术措施就是机械技术的进步。重视生物化学技术的进步，本来意在增加粮食总产量，如果它制约了农民收入的增长，进而限制了农民粮食生产的积极性，那么最终也不利于粮食产量增长目标的实现。（2）从长远来看，它不利于农业的现代转型。中国农业正处在由传统农业向现代农业转变的重要时期。能否顺利地实现转型，不仅影响到农业本身的发展，而且制约着国民经济的现代化进程。不管转型是否顺利，农业的现代化是中国农业的必然归宿，或者说是中国农业发展的最终目标。因此，农业技术创新必须服务于农业现代化目标，或有利于推进农业现代化目标的早日实现。根据马克思主义劳动资料、生产工具的性质决定生产力水平的观点，农业现代化最根本的标志是生产手段的现代化。这就表明，农业机械化是农业现代化最重要的组成部分，离开机械化的农业现代化在世界上还没有先例。如果我们把农业现代化目标提上农业发展的日程，单纯的生物化学技术的进步还是远远不够的。只考虑增加产量的需要，不考虑向现代化农业转型的需要，必将延滞农业的发展，最终也不利于产量的持续增长，因为产量增长还有一个在何种生产力水平上实现的问题。

生物化学技术进步路线同时满足了各项选择原则的要求，为什么还会存在上述问题呢？是否前述选择依据的设置不合理呢？问题并不在选择依据的设置方面，而是作为选择依据之一的发展目标的设定过低所致。在中国农业发展的现阶段，产量增长虽然绝对不能掉以轻心，但它不应作为农业发展最高目标或根本目标，而应作为农业现代化进程的一个分支目标。

农业现代化的实现或农业的转型，才应是现阶段农业发展的根本目标。将农业现代化确立为现阶段农业发展目标的依据是：一方面，中国工业化进程已进入中期阶段，国民经济结构进入快速调整时期，降低农业比重，提高农业素质是工业化中期阶段经济发展的一般规律。没有农业的转型，就不会有国民经济的现代化，21世纪中叶进入中等发达国家行列的发展战略也不可能实现。另一方面，产量增长可以在传统农业的基础上追求，也可以在现代农业的基础上实现。产量增长目标没有指明农业转型的发展趋势，是一个没有涵盖质态内容的单纯的量的目标。农业现代化是农业的革命性变革，是农业生产力水平的大幅度提高，产量的增长是农业现代化题中应有之义。因此，现阶段农业发展目标应明确地确立为农业的现代化或农业的现代转型。如果将农业发展目标由产量增长调整为现代转型，忽略机械技术进步的单纯的生物化学技术路线就不一定是适合发展目标要求的技术手段选择了。近年来农业规模经营问题的提出，正是看到了单纯的生化技术进步在实现农业转型方面的不足，并试图在技术选择上通过对机械技术进步重要性的强调去克服生化技术偏狭的弊端。

（四）转型期中国农业技术进步路线的选择

中国农业技术进步路线的选择，是一个颇具复杂性的问题。前面所列举的制约技术进步路线选择的诸种因素，在中国均具有多样化的特征。从资源禀赋条件来看，总体上中国是属于土地极为稀缺、人地关系高度紧张的国家，但在不同地区不同省份，土地稀缺程度存在着很大差异。比如，黑龙江省农业劳动者人均耕地面积1994年约为1.9公顷，不仅大大超过全国农业劳动人口平均耕地面积，也明显高于世界农业劳均耕地面积，与四川、江苏一些省份相比，则无疑属于土地资源丰裕的类型。从农业发展阶段来看，整体上中国农业处于由传统农业向现代农业的过渡阶段，但不同地区农业的发展又极为不平衡。在中西部地区，农业还处在由传统农业向现代农业转变的起步阶段，传统农业特征相当明显；而在东部一些地区，由于非农产业的迅速增长，农业劳动力大量转移，农业中资本投入的增长和农业的企业化经营，现代农业已初露端倪。从农业发展的目标来看，虽然我们认为在中国农业发展的现阶段必须把实现现代化作为中国农业发展的根本目标，但是我们也清楚地懂得，占世界 1/5 以上人口且人口处于高速增长期的中国，粮食产量的增长比其他国家更具有特殊重要的意义。加速中国农业向现代农业转型，并不是要排斥粮食总量的增长，而是试图从根本上有效解决粮食总量的增长问题。也就是说，农业现代化目标中必须而且能够包含粮食总量有效增长的要求在其内。

从总体资源条件出发，中国应当选择生物化学技术进步的路线，但资源禀赋的地区性差异，决定了在个别地区也可以有以机械技术进步为主的不同选择。根据农业发展所处的阶段，中国当前应选择劳动密集型的生物化学技术进步路线，但在个别经济发达地区，也具备了资本密集型的机械技术进步为主的实施条件。随着经济发展程度的提高，机械技术进步为主的选择范围还会扩大。根据粮食总量增长的要求，当前生物化学技术广泛应用更具有现实可行性，但从农业现代转型的需要出发，机械技术的应用更具有实质性意义。制约中国农业技术进步路线选择因素的多重性质，决定了在中国农业发展的现阶段，不可能选择忽视机械技术进步的单纯生物化学技术进步路线；更不能选择轻视生物化学技术进步的单纯的机械技术进步路线；而只能选择一条非均衡、动态式、中性型技术创新路线。

非均衡动态式中性型技术进步路线的基本内涵是：（1）在总体上，中国农业技术的创新方向是生物技术进步与机械技术进步的并重，即选择中性型技术进步路线。（2）在空间范围上，这种生物技术与机械技术并重的中性技术进步，并不意味着在全国各地都均衡地各占其半地予以推进，而是根据各地区资源禀赋特点和发展程度的差别，选择相适宜的技术类型。有的地区可以选择生物技术进步为主机械技术进步为辅的路线，有的地区则可以把机械技术进步提高到突出的位置。就是说，从总体上来看的中性技术类型在不同地区则各有侧重，呈现为一种非均衡非均质的分布。（3）在时间序列上，这种中性技术进步路线，也不意味着生物技术和机械技术各自进步的程度在发展的全过程始终是大体相同的，而是在不同时期二者进步的程度可以有所差异。具体说，在经济发展的较低阶段，应当更加重视生物化学技术的进步；随着经济发展程度和农业现代化水平的提高，则应在继续重视生物化学技术的基础上加快机械技术进步的步伐。从不同发展时期看，中国农业的技术类型是有所侧重的，但从长期的和动态发展的过程来看，则是中性技术类型。

　　非均衡动态式中性型技术进步路线，既可以在总体上适应中国农业资源禀赋的特点，又可以满足资源条件差异的不同地区的要求；既是适合当前农业发展阶段的适用技术的选择，又有利于推动中国农业向更高级的现代化阶段发展；既考虑到粮食总量增长的要求，又将这种要求纳入农业现代化发展进程之中。这样，无论是从整体还是局部，长远还是当前，都能够满足农业技术进步路线选择的三条原则的共同要求。

　　发达国家农业现代化的发展历史表明，动态式中性型技术进步是农业技术进步的一般规律。依据诱导技术变迁模型，土地资源稀缺的日本，选择的是"节约土地型"的生物化学技术进步路线。这种概括可能与日本农业现代化起步阶段的情形是相吻合的，但从日本农业发展的现阶段来看，其农业机械化水平并不低于土地资源比日本丰裕得多的其他发达国家。例如，1982 年日本平均每千公顷耕地农用拖拉机和联合收割机的台数已分别达到 358.6 台和 2290 台，是澳大利亚的 50 倍和 191 倍，是法国的 4 倍和 29 倍，是联邦德国的 1.8 倍和 10 倍。美国、法国、联邦德国的农业生产技术一般归为节约劳动的机械技术，从理论上讲，其土地生产率和化肥施用量应低于日本，事实并不尽然。1988 年日本每公顷 5487 公斤的单位面积谷物产量虽然比美国同年的 3680 公斤高 1807 公斤，但比法国同年的 5993 公斤低 506 公斤，比联邦德国同年的 5763 公斤也低 276 公斤。日本化肥使用量每公顷高达 412.1 公斤，但人均耕地面积和家庭农场平均规模分别是日本 2.5 倍和 15 倍的联邦德国的化肥使用量高于日本，达到 435 公斤。[①] 这就表明，从农业现代转型的动态过程来考察，农业技术的选择会受到各国资源禀赋和发展阶段等因素的制约而有所不同，但将整个转型过程作为一个整体来考察，并从农业现代化实现以后的农业发展高级阶段来观察，农业生产技术都是生物化学技术和机械技术相互补充、有机结合的现代生产技术体系。现代农业生产技术进步的一般规律，可以作为中国农业转型期技术进步路线选择的重要的经验性依据。

----

　　① 参见孟繁琪等《现代化农业的模式选择》，北京：农业出版社 1991 年版，第 27—28 页。

三 中国农业技术进步机制的选择

(一) 技术进步机制的类型

中国要沿着非均衡动态式中性型的路线实现农业技术的快速进步，必须借助于适当的技术进步机制。所谓技术进步机制，即有利于推动技术创新的制度性手段设计，其关键性内涵是技术进步推动力的源泉。根据技术进步推动力源泉的不同，可以将技术进步机制划分为三种类型。

1. 政府主导型技术进步机制

在政府主导型技术进步机制中，技术进步的基本推动力量来源于政府。政府是整个技术进步过程的组织者、领导者；离开政府的其他力量，则不能有效地影响整个社会的技术进步过程。具体来说：（1）技术进步路线由政府根据宏观资源结构、农业发展所处阶段和农业发展目标等因素来确定。（2）新型技术的研究、开发、试验、推广由政府投入物力和人力组织开展。（3）农业生产单位往往由于激励机制、信息等方面的原因是新技术的被动接受者，虽然也存在着主动的需求，但并未成为影响技术进步的主导性力量。（4）调节技术进步进程的手段是行政力量或政府的计划。政府主导型技术进步机制引导下的技术进步模式可由图9—3描述：

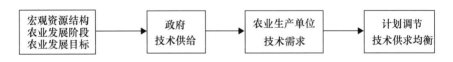

图9—3 政府主导型技术进步

政府主导型技术进步机制有其突出的优越性。由于农业技术的研究开发是一项高投入的活动，又存在着研究开发者不能享受全部收益的外部性问题，私人企业一般无力或不愿从事农业技术的开发，因而，政府承担此项工作可以保证新技术开发的充分投入和有效供给。同时，政府作为技术进步的主导力量，可以实现技术进步的快速启动，在短期内，推动农业技术的较大进步。但是，这种技术进步机制也存在着明显的缺陷：一是易造成技术产品的供求脱节。由于政府的技术供给决策主要是根据宏观资源结构和政府农业发展目标作出的，而主要不是以农业生产单位的需求作为依据，因此供求不一致就很难避免，其必然表现是农业科技成果的转化率低。二是农业技术的研究者、采用者处于被动从属地位，对微观主体缺乏有效的激励，容易造成农业科研成本大、周期长、技术成果应用不合理等不足。政府主导型技术进步机制适应于计划经济体制或不完善不发达市场经济体制下的农业环境。

2. **市场诱导型技术进步机制**

在完善的发达的市场经济条件下，农业技术的进步可以借助于市场机制的诱导功能来实现。在这种技术进步机制中：（1）技术创新活动有大量的微观主体参与，广大农户不是新技术的被动接受者，而是推动技术进步的最为积极的力量，农业研究以民营化为重要方面；（2）技术创新主体技术创新的积极性来源于自身利益最大化的追求，因而，技术创新是其内在的要求，创新活动的成本与收益是其从事技术创新活动的主要参照指标；（3）资源的相对价格是资源稀缺度的准确反映，并引导着技术创新的基本方向；（4）新技术的供给与需求可以在市场机制的调节下大体达于均衡。概言之，市场成为推动农业技术进步的主要力量。市场机制诱导的技术创新过程如图9—4所示：

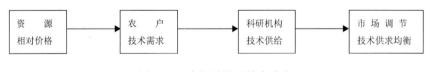

图9—4　市场诱导型技术进步

市场诱导型技术进步机制的优点在于：（1）农户及民营的农业技术推广机构出于自身利益的需要对农业技术创新活动具有较高的积极性，有利于农业技术的推广、应用。（2）新技术的供给是在市场需求的引导下进行的，可以使技术供给与需求相一致，并使农业科技投入获得较高产出。

市场诱导型技术进步机制的不足有：（1）由于农业科技开发的外部

性和适度规模的要求，民营企业不能保证新技术的充分有效供给。
（2）在市场经济不发达、市场机制不健全的条件下，它不能像政府主导
型机制那样快速有效地启动农业技术的创新活动。

3. 双轨协调型技术进步机制

所谓双轨协调型技术进步机制，简单地说，就是综合地协调地运用政
府和市场两种力量推动农业技术进步的制度设计。具体来说：（1）技术
创新活动的主体不是单纯的政府，也不是单纯的农户和私人企业；技术创
新活动有政府和农户及其他私人企业的共同参与且有着合理的分工。（2）
技术创新的动力源，既有微观主体对经济利益的追逐，同时来源于政府实
现农业发展目标的政府绩效的谋求。（3）政府的行政力量或计划与市场
同时都是技术进步进程的操作手段。在这种技术进步机制中，政府虽然不
像政府主导型那样包揽了技术创新的主要活动，但也不像市场诱导型那样
把技术创新活动主要交给市场去完成，而是在充分利用市场机制作用的前
提下，积极地主动地去开展农业技术创新活动，谋求技术进步的快速推
进。在双轨协调型技术进步机制中，政府和市场都是技术进步的积极的主
动的推动力量。双轨协调型技术进步机制如图9—5所示：

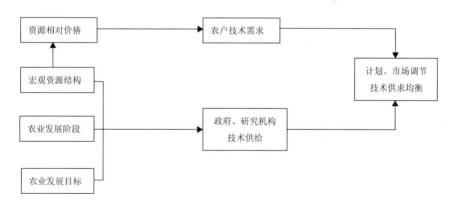

图9—5 双轨协调型技术进步

双轨协调型技术进步机制，可以综合政府主导型和市场诱导型的长处
而避免二者的不足，既有利于调动微观主体技术创新活动的积极性，使技
术创新活动有广厚的基础；又有利于发挥政府在农业技术这种公共产品的

生产活动中不可替代的作用。与市场诱导型技术进步机制相似,这种技术进步机制也需要以发达或较为发达的市场经济为存在条件。

(二) 中国农业技术进步机制的选择

在中国农业发展的现阶段,必须主要依赖政府主导型机制来推动中国农业技术的进步;只有通过政府主导型机制,才能够加速技术进步步伐,尽快缩短中国与发达国家农业发展水平的差距。政府主导型技术进步机制的选择依据是:

第一,由当前中国农业很低的市场发育程度决定的。市场诱导型和双轨协调型均以发达或较为发达的市场经济体系为存在条件。在发达或较为发达的市场经济体系中,有一个灵敏反映产品和资源供需变化的价格制度,其市场信号、农业主体、公共研究试验与推广机构、投入品供给者诸环节之间存在着使技术供求自动均衡的内在关联,因而市场具有强劲的技术创新的组织功能。在市场经济处于起步阶段的我国现阶段,农业领域中的市场组织、市场功能还很不健全,最基本的资源——耕地还未进入市场,因而还不具备主要借助市场机制来推进农业领域技术创新的条件。

第二,政府主导型机制,是小农经济基础上快速启动技术进步实现农业现代化要求的合理抉择。小农经营是我国现阶段和今后较长时期农业的基本组织形式。小农体制虽然被认为在既定科技水平下能够实现生产要素的高效率配置,但由于其规模狭小,产品的市场量较小,外源可替代的关键技术的输入对其总体效益的影响不十分显著,因而对于新技术成果与生产条件改善技术的应用反应迟钝。同时,由于接近于零的净储蓄均衡状态导致小农持有外源生产要素的偏好持续不变,少量农户对技术变革的偏好改变引发的投资,不足以启动农业技术创新浪潮。加之,一旦劳动、资金等要素机会成本增大成为现实,还会出现现存生产要素投入下降的现象。这表明,小农体制下农业技术的进步不能依托于农户的主动吸收,而需借助于外在力的推动。这个外在力只有来自政府。政府对农业技术创新的积极投入和大力引导,可以有效地打破小农体制固有的均衡对农业技术变迁的锁定,使技术创新快速启动。离开政府而单纯依赖小农体制中市场机制的自发生成与诱导,那将把农业现代化推向遥远的未来。

第三，新中国成立以来农业发展的历程表明，政府是推动农业技术进步的关键性力量。过去几十年，中国借助于政府的力量组织建立了一个学科较为齐全的农业科研系统与从上到下的农业技术推广组织网络。据统计，中国现在拥有农业科研人员 12 万多人，农业技术推广队伍上百万人，农民专业技术协会 16 万个。① 正是有了这支队伍，使得我国农业有了一个翻天覆地的变化。20 世纪 70 年代开展的杂交水稻培育和大面积推广推动的农业技术变迁，至今仍然是农业稳定增长的技术保证。1989 年政府主导实施的农业技术创新的"丰收计划"使农业技术创新的贡献率由"七五"的 24% 上升到"八五"的 35%。但值得注意的是，在农村改革重建小规模农业体制后，政府在农业技术创新中的主导作用下降，农业技术进步的进程也受到了影响。结果，自 20 世纪 80 年代以来，中国农业基本上没有重大创新，有分量的农业技术成果数量下降。

政府主导型技术进步机制的选择，主要基于当前中国农业仍处于市场体制还未确立、传统农业特征还比较明显的落后的发展阶段的判断。只要农业中市场发育程度还很低，只要农业中的技术水平明显落后于发达国家和其他产业部门，只要农业现代化建设任务还相当繁重。政府就始终担负着推动农业技术进步的不可替代的责任，政府主导型机制就应当予以充分重视和利用。

随着市场经济体制的逐步完善，农业中市场机制的不断发育，政府主导型机制应逐步让位于双轨协调型机制。如果把健全的社会主义市场经济体制作为中国经济体制的目标模式，双轨协调型也就成为我国农业技术进步机制的目标形态。

在市场体制逐步发育之后，农业技术创新领域不可能也不应当排除市场机制的诱导促进作用。否则，不会有完善的技术市场，不会有技术成果供求间的有效联系和均衡，农业技术创新活动中的资源配置就难免存在效率损失，就会人为地增大技术进步过程的摩擦力。事实上，排除技术进步领域市场诱导功能的经济也不是成熟的健全的市场经济。因此，随着市场

① 参见蒋建平等编《中国现代农业之发展》，北京：中国农业出版社 1996 年版，第 213 页。

经济体制的发育，我们必须充分地利用市场诱导机制来促进农业技术创新的进程，而不能把政府主导型机制强调到不适当程度和推广到所有阶段。

　　也需强调指出，即使中国市场经济发育程度有了较大提高，农业技术的进步机制也不应是纯粹的市场诱导型，而必须是市场调节与政府参与的协调互补的双轨型。这是因为：（1）纯粹的市场诱导机制存在着固有的缺陷。由于农业技术研究私人收益与社会收益不一致产生的外部性，重大技术创新所需要的广泛协作和严密的组织协调，人力资本方面的巨额投资等，决定了没有政府参与就不能有效地开展农业技术创新活动，技术成果的现实供给就会远远小于其可能的供给。（2）将长期存在的巨大人口压力的特殊国情决定了中国政府必须始终重视农业的发展与增长。由于技术进步在今后中国农业发展与增长中地位的日益增强，不得不把农业增长始终放在特殊重要地位的中国政府，也不得不对农业技术进步始终倾注心血和投入物力、财力。（3）即使在西方发达的市场经济国家，农业技术的进步机制也不是完全市场诱导型的，政府在农业技术进步中也扮演着重要的角色。政府主导技术创新的潜在高效率成为近年来"政府创新体制"在西方国家悄然兴起的重要原因。

参考文献

郭熙保：《农业发展论》，武汉：武汉大学出版社 1995 年版。

蒋建平等：《中国现代农业之发展》，北京：中国农业出版社 1996 年版。

李心合：《论传统农业及其改造》，《农业经济问题》1996 年第 4 期。

林毅夫：《粮食增产潜力究竟有多大》，《经济日报》1995 年 2 月 27 日。

［美］约翰·梅勒：《农业经济发展学》，北京：农村读物出版社 1988 年版。

孟繁琪等：《现代化农业的模式选择》，北京：农业出版社 1991 年版。

［日］速水佑次郎、［美］弗农·拉坦：《农业发展的国际分析》，北京：中国社会科学出版社 2000 年版。

"中国传统农业向现代农业转变的研究"课题组：《从传统到现代：中国农业转型的研究》，《农业经济问题》1997 年第 7 期。

第 十 章

中国农业技术进步效率评价[*]

一 农业技术进步效率评价的意义

在过去的几十年中，特别是家庭联产承包责任制改革以来，中国的农业产出一直在持续快速增长。尤其是 20 世纪 90 年代中期以后，中国农业发展进入到一个新的阶段。农业生产的投入更多地体现为现代要素对传统要素的替代，其中，人力资本成为重要性日渐显现的新要素。舒尔茨（1987）指出，在研究农户技术采用行为时有三个问题非常关键：农户对新要素的接受速度、对新要素的寻求能力以及对新要素的使用能力。经验事实表明，农民的技能和知识水平与其耕作的生产力之间存在着高度的正相关性。所以，农民所获得的能力是实现农业现代化的一个十分重要的条件。

早期的研究者把生产率的增长归于技术水平的提高；现在，越来越多的学者把技术水平进一步分解为技术进步和技术效率两个方面。[①] 技术效率反映了在技术的稳定使用过程中某一产业内技术推广的有效程度，该产业领域中技术的更新速度以及该产业增长的质量；更进一步讲，技术效率可以推动经济结构的转变与升级过程，实现制度和体制的改革与转型。

农业技术效率的意义在于，通过农业新技术的应用，有效地突破农业部门的资源瓶颈，实现农业全要素生产率乃至农业综合生产能力的持续提

---

　　* 本章收录的是李志俊、郭剑雄发表在《华东理工大学学报》（社会科学版）2007 年第 1 期的《人力资本条件下的中国农业生产效率的评价与分析》一文。收录时作了扩充和修改。

　　① Farrel，M. J. 1957：The Measurement of Production Efficiency. Journal of Royal Statistical Society，130 （3）：353－381.

高。换言之，通过对农业生产过程增加新要素投入并合理配置资源，形成高效率资源对低效率资源的替代，在此基础上生成新的资源结构和资源配置格局，进而实现农业生产整体增长率的提高。因此，技术效率在现代农业生产率问题的研究中，占有相当重要的地位。

本章通过测度中国农业部门的实际生产率，对中国农业全要素生产率增长及其构成进行估计，计量不同要素在中国农业产出增长中的贡献，从而探求造成农业生产技术有效或无效的原因。这一研究，对于明确农业成功发展的关键因素以及完善农业发展政策具有重要意义。

二 技术效率测度的模型选择

20 世纪 50 年代，在英国出现了对技术效率含义和测度方法的讨论。剑桥大学经济学家 Farrel（1957）首次从投入的角度提出了技术效率、价格效率和效率生产函数的概念。Farrel 认为，技术效率就是在产出规模不变和市场价格不变的条件下，按照既定的要素投入比例所能达到的最小生产成本占实际生产成本的百分比，并把效率分析扩大到所有产业领域。虽然 Farrel 的技术效率理论被学术界普遍接受了，但他的研究方法是有缺陷的。主要表现在：一是边界生产函数只能由部分样本观察值决定，因而没有充分利用所有的样本资料；二是边界生产函数的估计严重地受数据质量的影响；三是由于这种方法计算出来的参数不具备统计性质，因而不可能进行统计检验和统计推断。

1966 年，Leiben Stein 从产出角度出发对技术效率的概念作了新的定义。Leiben Stein 认为，技术效率是在市场价格不变、投入规模及要素比例不变的情况下，实际产出水平与所能达到的最大产出的百分比。这种从产出角度所定义的技术效率被普遍接受，因而在应用研究中被广泛使用。1972 年，S. N. Afriat 第一次使用最大似然法建立了具有统计性质的边界生产函数模型。这是运用计量经济模型来研究技术效率的开端。其形式为：

$$\lg y_i = \lg \left[f(x_i) \right] - u \qquad (10.1)$$

其中，u_i 代表第 i 个生产单位的残差，$u_i \geq 0$。（10.1）式中 $\lg [f(x_i)]$ 为边界生产函数的确定性部分。当 $u_i = 0$ 时，实际产出 y_i 落在边界上，此时技术效率为 100% ；当 $u_i > 0$ 时，u_i 是实际产出与最大产出之间的差距。技术效率表示为：技术效率 = $\lg y_i / \lg [f(x_i)]$，u_i 服从 γ 分布。最大似然估计方法结果受残差分布形式的影响很大，不同的假设常常导致不同的估计结果。为此，J. Richmond 于 1974 年第一次提出了用修正过的普通最小二乘法来研究边界生产函数。

以上模型均假设，被考察的所有生产单位共用一个边界生产函数，而且每个生产单位的实际产出与边界产出之间的差别纯粹是由技术低效率引起的。这些假设与生产实际情况是不相符的，尤其是在农业生产中，由于各生产单位的生产环境不同，一些非技术因素如气候等，可以引起某单位的实际产出低于边界产出。随机生产函数是为解决这一问题而产生的。随机边界生产函数于 1977 年由美国的 D. J. Aigner、C. A. Knox Lovell 等人和比利时的 W. Meeu Sen 等人分别提出。随机边界生产函数的创立，使技术效率的估计由纯理论探索转向应用成为可能。从 20 世纪 80 年代初，这种可能性成为现实。Data Envelopment Analysis（简记为 DEA）是著名的运筹学家 A. Charnes 和 W. W. Cooper 等人于 1978 年提出的、以相对效率概念为基础而发展起来的一种有效性评价新方法。1985 年，他们两人与 B. Celany、L. Seiford 和 J. Stutz 合作，提出了专门用于技术效率判别的 $C^2 GS^2$ 模型。技术效率的经验研究，即测量生产单位的实际技术效率，从而研究造成生产单位技术有效或无效的原因，对于经济分析和管理研究是非常有价值的。

目前对于生产效率的测算，理论界有两种方法比较流行：一种是非参数方法，另一种是参数方法。参数方法是通过估计生产函数来实现对所考察对象的生产效率的测算的，而非参数方法是一种数据包络分析方法，它无须设定生产函数。非参数方法是在 Farrel 和 Afriat 提出技术效率的测量以后，[①] 由 Variran、Fare 等人从理论和运用方面发展和完善起来的。它有几种不同的模型，其中最基本的是 $C^2 R$ 模型。假设有 n 个决策单元，用 (X_j, Y_j) 表示第 j 个决策单元 DEM_j，每个决策单元的效率可以用以下指

---

① 参照 Farrel，M. J.，1957：The Measurement of Production Efficiency. Journal of Royal Statistical Society，130（3）：353 – 381；Afriat，S. N.，1973：Efficiency of Production Functions ［J］. International Economic Review，13（10）：568 – 598。

数衡量：[①]

$$h_j = \frac{u^T Y_j}{v^T X_j}, \quad j = 1, 2 \cdots, n \qquad (10.2)$$

其中，$X_j = (x_{1j}, x_{2j}, \cdots, x_{mj})^T$，$Y_j = (y_{1j}, y_{2j}, \cdots, y_{sj})^T$，$v = (v_1, v_2 \cdots, v_m)^T$，$u = (u_1, u_2 \cdots, u_s)^T$（$x_{ij} > 0, y_{ij} > 0, v_i \geqslant 0, u_r \geqslant 0$，$i = 1, 2, \cdots, m; r = 1, 2, \cdots, s; j = 1, 2, \cdots, n$）。$x_{ij}$ 表示第 j 个决策单元对第 i 种类型投入的使用量；y_{rj} 表示第 j 个决策单元第 r 种产出的产出量；v_i 和 u_r 分别表示对第 i 种投入和对第 r 种输出的一种度量（"权"）。我们总可以适当选择权数 v 和 u，使其满足 $h_{ij} \leqslant 1, j = 1, 2, \cdots, n$。对于某决策单元 DEM_{j0}，有如下最优化模型：

$$\begin{cases} \max h_{j_0} = = \dfrac{u^T Y_{j_0}}{v^T X_{j_0}} \\ s.t.\ h_j = \dfrac{u^T Y_j}{v^T X_j} \leqslant 1, j = 1, 2, \cdots, n \\ v \geqslant 0, u \geqslant 0 \end{cases} \qquad (10.3)$$

利用 $Charnes - Cooper$ 变换，可以将之化为一个等价的线性规划问题。令：$t = 1/v^T X_0, \omega = tv, \mu = tu$，则有：

$$\begin{cases} \max \mu^T Y_0 = VP \\ s.t.\ \omega^T X_j - \mu^T Y_j \geqslant 0, j = 1, 2, \cdots, n \\ \omega^T X_0 = 1 \\ \omega \geqslant 0, \mu \geqslant 0 \end{cases} \qquad (10.4)$$

如果有面板数据（Panel data），则我们可以用曼奎斯特生产率指数[②]来测算生产效率的变化，并将全要素生产率的变化分解为技术进步的变化

---

① 魏权龄、岳明：《DEA 概论与 C²R 模型——数据包络分析技术（一）》，《系统工程理论与实践》1989 年第 1 期。

② 参考 Fare, R., Grosskopf, S., & Lovel, C. A. K. 1994：Production Frontiers, Cambridge University Press。

与技术效率的变化。[①]　用基于产出的曼奎斯特生产率指数来测定生产率：

$$M_o(y_{t+1},x_{t+1},y_t,x_t) = \left[\frac{d_o^t(x_{t+1},y_{t+1})}{d_o^t(x_t,y_t)} \times \frac{d_o^{t+1}(x_{t+1},y_{t+1})}{d_o^{t+1}(x_t,y_t)}\right]^{\frac{1}{2}} \quad (10.5)$$

由此，即有：

$$M_o(y_{t+1},x_{t+1},y_t,x_t) = \left[\frac{d_o^t(x_{t+1},y_{t+1})}{d_o^t(x_t,y_t)} \times \frac{d_o^{t+1}(x_{t+1},y_{t+1})}{d_o^{t+1}(x_t,y_t)}\right]^{\frac{1}{2}}$$

$$= \frac{d_o^{t+1}(x_{t+1},y_{t+1})}{d_o^t(x_t,y_t)} \left[\frac{d_o^t(x_t,y_t)}{d_o^{t+1}(x_t,y_t)} \times \frac{d_o^t(x_{t+1},y_{t+1})}{d_o^{t+1}(x_{t+1},y_{t+1})}\right]^{\frac{1}{2}} \quad (10.6)$$

$$= E(y_{t+1},x_{t+1},y_t,x_t)\,TP(y_{t+1},x_{t+1},y_t,x_t)$$

其中，$M_0(\cdot)$ 为基于产出的曼奎斯特全要素生产率指数，它测度了生产点 (x_{t+1},y_{t+1}) 相对于生产点 (x_t,y_t) 生产率的变化。该指数大于 1 表示相对于第 t 期，$t+1$ 期的全要素生产率提高。$E(\cdot)$ 和 $TP(\cdot)$ 分别测度第 $t+1$ 年相对于第 t 年技术效率的变化和技术进步的变化。

三　指标选择与数据来源

本章中测算农业生产效率的数据是 1990—2005 年中国大陆 31 个省、自治区和直辖市的农业投入和产出数据。而人力资本对农业经济增长的贡献率的测定则是利用 1982 年到 2005 年的相应时序数据。[②]　所有的数据均来自《新中国五十年农业统计资料》和历年的《中国统计年鉴》、《中国农村统计年鉴》。本章使用的农业投入和产出变量的定义如下：[③]

1. 农业产出指标（Y）：农业产出是以 1990 年不变价格计算的农、

---

① 参考 Fare, R., Grosskopf, S., & Lovel, C. A. K., 1992：Productivity Change in Swedish Pharmacies 1980 – 1989：A Nonparametric Malmquist Approach, Journal of Productivity Analysis. (3)：85 – 101. 和 Fare, R., Grosskopf, S., & Norris, M., 1997：Production Growth, Technical Progress, and Efficiency Change in Industrialized Countries：Reply, American Economic Review. 87 (a)：1040 – 1043。

② 因为 1990 年以前及 1991—1994 年农村居民的受教育程度的截面数据不可得，因此在面板数据测算中国农业生产效率时以 1990 年为基期，剩余年份为 1995—2005 年。而利用模型 10.2 所测算的人力资本贡献率则使用 1982—2005 年的时序数据。

③ 除了劳动力受教育年限，其他变量均取自然对数。

林、牧、渔业总产值，它代表中国农业的总体发展水平。

2. 农业投入指标：农业投入变量包括劳动力、土地、机械动力、化肥四个方面。其中，劳动力投入状况涵盖了劳动力的数量和质量；而农业部门的资本投入主要从机械动力和化肥两种投入来反映。具体指标如下：

（1）劳动力数量投入（L）：劳动投入以乡村年底农、林、牧、渔业从业人员数计算，乡村从事工业、服务业的劳动不包括在农业劳动投入内。

（2）劳动力质量投入（H）：劳动力的质量（即人力资本）投入以年底农村居民的平均受教育年限来衡量。平均受教育年限的计算方法如下：文盲 $\times 0$ + 小学 $\times 6$ + 初中 $\times 9$ + 高中和中专 $\times 12$ + 大学 $\times 16$。

（3）农业机械动力投入（P）：机械动力投入以农业机械总动力计算，为主要用于农、林、牧、渔业的各种动力机械的动力总和，包括耕作机械、排灌机械、收获机械、农用运输机械、植物保护机械、牧业机械、林业机械、渔业机械和其他农业机械；不包括专门用于乡镇、村组办工业、基本建设、非农业运输、科学实验和教学等非农业生产方面用的机械和作业机械。

（4）化肥投入（F）：化肥投入以当年度实际用于农业生产的化肥折纯数量计算，包括氮肥、磷肥、钾肥和复合肥。

四　中国农业技术效率评价

（一）中国农业生产效率的 DEA 评价

基于面板数据利用数据包络分析技术，不但可以用曼奎斯特全要素生产率指数来测算生产效率的变化，并且可将其进一步分解为技术进步变化与技术效率的变化，以便我们考察各决策单位全要素生产率、技术进步和技术效率的变化情况，而且还可以对所考察期间各决策单位的效率变化做出动态分析。另外，用该项分析还可以将技术效率的变化进一步分解为纯技术效率的变化和规模效率的变化，进一步揭示生产率变化的源泉。[①] 表 10—1 给出了 1995—2005 年各年农业生产效率相对指数，表 10—2 给出了在此期间中国各

---

① Fare, R., S. Grosskopf, & C. A. K. Lovel, 1994：Production Frontiers, Cambridge University Press.

省市区农业部门的平均曼奎斯特生产率变化指数及其分解情况。

表 10—1 1995—2005 年各年农业部门平均曼奎斯特生产率指数的变化

年份	技术效率 变化指数	技术进步 变化指数	纯技术效率 变化指数	规模效率 变化指数	曼奎斯特全要素 生产率变化指数
1995	0.816	1.468	0.882	0.925	1.198
1997	0.960	1.142	1.000	0.961	1.097
1998	0.984	1.003	0.980	1.005	0.987
1999	0.964	1.005	0.967	0.996	0.968
2000	0.990	1.021	0.964	1.028	1.012
2001	0.998	1.019	1.067	0.935	1.017
2002	1.005	0.998	0.929	1.083	1.004
2003	1.011	1.117	1.098	0.921	1.130
2004	1.021	1.100	0.966	1.056	1.123
2005	0.990	1.068	0.977	1.013	1.058
平均值	0.972	1.087	0.981	0.991	1.057

从生产率变化的分解来看，期间技术进步变化指数为 1 或大于 1 时，说明该生产部门或单元的生产活动的技术创新及其更新已处于最大可能性边界，生产的发展必须通过技术效率的提升来实现。表 10—1 的测度结果显示，从 1995 年到 2005 年的十多年间，中国农业部门全要素生产率增长约为 5.7 个百分点，期间技术进步变化指数只有在 2002 年小于 1，其余年份均在技术进步的最大可能沿面上；而技术效率却在大部分年份低于 1，说明中国农业生产率的增长主要是由技术进步导致，而非效率的改善。从构成上看，20 世纪中期以后，中国农业生产的技术进步年均增长 8.7%，而技术效率的变化指数反而年均下降 2.8%，农业生产整体上处于农业技术进步和技术效率损失并存的状态。这一结果与薛春玲等没有考虑农业劳动力的人力资本因素而对我国农业生产技术效率的测度结果不相吻合。[①] 进一步地，从技术效率变化的分解情况看，农业生产的纯技术效

---

① 在未考虑人力资本因素的情况下，中国农业生产的技术进步变化受到限制，并且技术进步缺乏效率。参见薛春玲等《农业生产的技术效率测度模型及实证分析》，《农业科技管理》2006 年第 2 期。

率与规模效率呈现出此消彼长的态势，说明农业生产无论纯技术效率还是规模效率方面均没有得到充分的发挥。因此，现有农业技术的巩固、推广和扩散成为解决技术效率缺失的主要途径。而农业技术的巩固、推广和扩散需要一支文化和技能水平较高的农业劳动力队伍，因此，解决这一问题需要从提升乡村劳动力的人力资本水平着手。

表10—2　中国各省市区农业部门1990—2005年间平均生产效率指数

省　区	技术效率 变化指数	技术进步 变化指数	纯技术效率 变化指数	规模效率 变化指数	曼奎斯特全要素 生产率变化指数
北　京	1.000	1.130	1.000	1.000	1.130
天　津	0.986	1.101	0.998	0.989	1.086
河　北	0.991	1.095	0.992	0.999	1.085
山　西	0.901	1.110	0.927	0.972	1.000
内蒙古	0.969	1.110	0.976	0.994	1.076
辽　宁	1.000	1.112	1.000	1.000	1.112
吉　林	0.981	1.111	0.985	0.996	1.090
黑龙江	0.969	1.112	0.976	0.992	1.078
上　海	1.000	1.123	1.000	1.000	1.123
江　苏	1.000	1.099	1.000	1.000	1.099
浙　江	1.000	1.089	1.000	1.000	1.089
安　徽	0.955	1.076	0.973	0.982	1.028
福　建	1.000	1.097	1.000	1.000	1.097
江　西	0.960	1.064	0.968	0.992	1.022
山　东	1.000	1.097	1.000	1.000	1.097
河　南	0.995	1.072	0.997	0.998	1.067
湖　北	0.979	1.082	0.983	0.996	1.059
湖　南	0.982	1.082	0.986	0.997	1.063
广　东	1.000	1.090	1.000	1.000	1.090
广　西	0.950	1.081	0.964	0.985	1.026
海　南	1.000	1.082	1.000	1.000	1.082
重　庆	0.960	1.049	0.968	0.992	1.007
四　川	1.000	1.069	1.000	1.000	1.069
贵　州	0.943	1.051	0.952	0.990	0.991

省　区	技术效率 变化指数	技术进步 变化指数	纯技术效率 变化指数	规模效率 变化指数	曼奎斯特全要素 生产率变化指数
云　南	0.951	1.073	0.970	0.981	1.021
西　藏	0.988	1.026	1.000	0.988	1.014
陕　西	0.916	1.078	0.941	0.974	0.988
甘　肃	0.928	1.070	0.945	0.982	0.993
青　海	0.970	1.058	0.978	0.992	1.026
宁　夏	0.899	1.099	0.960	0.936	0.988
新　疆	0.981	1.118	0.988	0.994	1.097

表 10—2 给出了 1990—2005 年中国各省、市和自治区的农业全要素生产率的增长及其构成变化的计算结果。测算结果表明，1990—2005 年，只有陕西和宁夏两个省区的农业全要素生产率是负增长，其余省、市和自治区的农业全要素生产率都实现了正增长。从增长速度看，农业全要素生产率的省际差异明显。年均增长率在前 11 名的除新疆和辽宁外，都位于东部地区；而农业全要素生产率的年均增长率在倒数 11 位中除山西省之外全部位于西部地区。显然，省际间农业全要素生产率增长的差异性与经济发展水平具有较高的一致性。从生产率增长的构成上看，农业技术的进步与农业技术效率缺失仍然并存，仅有东部几个省区农业效率保持不变，而且从技术效率的分解来看，其纯技术效率与规模效率在省际间的差异与上面的分析一致，尤其是西部地区农业的纯技术效率与规模效率提升的空间更为广阔。

采用 nearest neighbor 的聚类方法（测量间距为欧几里德距离平方和），对中国各省、市、区农业生产的技术效率变化指数和技术进步变化指数作聚类分析，结果见表 10—3。北京、上海和辽宁无论是技术效率变化指数，还是技术进步变化指数都处在第一层面；江苏、浙江、福建、广东和山东五个省的技术效率变化处于第一层面，而技术进步变化处于第二层面，说明这五个省区的农业技术进步效率需要改进；内蒙古、新疆、吉林和黑龙江四个省、区的技术进步变化处于第一层面，技术效率变化处于第二层面，说明这些省、区的农业生产存在技术效率的提升空间；青海、西藏两个省、区的农业生产相对于其技术效率变化而言，技术进步的速度显得更加缓慢，技术进步的相对停滞也是可能的，因此需要大力提高农业生产技术的更新速度；安徽、江西、广西、云南、重庆、贵州、陕西和甘肃这些中、西部省、区农业生产的技术效率和技术进步都存在一定的滞后性，这些省区处于传统农业向现代农业转变的初始阶段，农业投入结构需从传统的土地或资源投入增长型转向技术投入增长型，农业增长需要更多地依托农业技术与知识创新。要建立效率主导型农业，提高农业产出效率，必须开发以现代农业技术，用资源节约型技术取代资源消耗型技术，实现由"资源依存型"向"科技依存型"转变。

表 10—3　　　　1990—2005 年中国各省市区技术效率变化指数和

技术进步变化指数的聚类分析

地区	技术效率	技术进步	地区	技术效率	技术进步
北　京	1	1	河　北	2	2
上　海	1	1	湖　北	2	3
辽　宁	1	1	湖　南	2	3
江　苏	1	2	青　海	2	4
浙　江	1	2	西　藏	2	5
福　建	1	2	山　西	3	1
广　东	1	2	宁　夏	3	2
山　东	1	2	安　徽	4	3
河　南	1	3	江　西	4	3
海　南	1	3	广　西	4	3
四　川	1	3	云　南	4	3
内蒙古	2	1	重　庆	4	4
新　疆	2	1	贵　州	4	4
吉　林	2	1	陕　西	5	3
黑龙江	2	1	甘　肃	5	3
天　津	2	2			

（二）人力资本对中国农业经济增长贡献率的测定

根据丁伯根（Tinbergen，Jan）对 C—D 函数改进的指数形式的生产

函数,[①] 即

$$Y = Ae^{rt}L^{\alpha}K^{\beta} \qquad (10.7)$$

其中，Y 为产出，L 和 K 分别代表劳动力和资本的投入，α 和 β 分别为劳动力和资本的弹性系数，r 为科技教育进步增长率，[②] t 为时间变量，A 是一个常数。将这一生产函数应用于农业生产中，根据投入产出关系，可以建立以下模型：

$$Y = Ae^{Ht}L^{\alpha}P^{\beta}F^{\gamma} \qquad (10.8)$$

将（10.5）式两边取对数后，得到相应函数的线性形式。对各个指标（农业总产值、劳动力、机械总动力、化肥施用量）的相应数值也取对数后得到表 10—4。

表 10—4　　　　　　　　C²R 模型输入输出指标数据表

年份	农业总产值 Y	劳动力 L	机械总动力 P	化肥施用量 F	受教育程度 H
1982	8.32327	10.33718	7.415416	7.322114	4.73
1983	8.39316	10.34660	7.496763	7.414452	4.90
1984	8.52409	10.33748	7.575431	7.461525	5.07
1985	8.53382	10.34593	7.645517	7.482006	5.60
1986	8.56213	10.34990	7.738488	7.565586	5.73
1987	8.59540	10.36290	7.817464	7.600752	5.81
1988	8.60174	10.38124	7.885141	7.669262	5.92
1989	8.60222	10.41106	7.939765	7.765187	6.03
1990	8.94404	10.56911	7.962336	7.859529	6.20
1991	9.00663	10.57383	7.985777	7.939194	6.55
1992	9.11435	10.56357	8.016595	7.982826	6.63
1993	9.30524	10.53688	8.065158	8.055761	6.76
1994	9.66463	10.50857	8.125705	8.107087	6.86
1995	9.92039	10.47813	8.191973	8.186938	6.99
1996	10.01475	10.45795	8.257046	8.250072	7.25

---

①　丁伯根认为，C—D 生产函数反映技术对经济贡献的 A 是随时间呈指数变化的。

②　科技教育进步增长率表现为农村劳动力文化水平的提高，也即农村劳动力的文化程度增长指数。

年份	农业总产值 Y	劳动力 L	机械总动力 P	化肥施用量 F	受教育程度 H
1997	10.07695	10.45852	8.343211	8.289213	7.37
1998	10.10814	10.46815	8.416438	8.314759	7.45
1999	10.10721	10.48481	8.496911	8.324652	7.54
2000	10.12326	10.49247	8.567384	8.329996	7.67
2001	10.17274	10.50542	8.615628	8.355568	7.74
2002	10.21796	10.51515	8.664404	8.375491	7.80
2003	10.29863	10.50633	8.705936	8.391993	7.82
2004	10.49789	10.47076	11.067074	8.441737	7.88
2005	10.58281	10.43323	11.133096	8.469305	8.03

根据表10—4，结合 C^2R 模型，利用 LIN6.1 解相应的线性规划（即10.4)，得到：

$u = 0.094493$；$w_1 = 0.035591$，$w_2 = 0.008587$，$w_3 = 0.036959$，$w_4 = 0.027404$。

各投入要素的贡献率分别为：

$L = 10.43323 \times 0.035591 = 37.133\%$，$P = 11.133096 \times 0.008587 = 9.600\%$，

$F = 8.469305 \times 0.036959 = 31.302\%$，$H = 8.03 \times 0.027404 = 22.005\%$。

测度结果显示，反映农业生产现代化水平的机械总动力对经济的贡献率仅为 9.60%，显著低于其他指标的贡献。中国的基本国情和统分结合的土地基本经营制度，决定了中国农业生产的基本特征是单个家庭的小规模分散经营，[①] 这在一定程度上制约了农业机械化技术的推广应用，影响了农业机械的使用效率和经济效益，进而也影响到农业生产的规模效率。

农业生产函数中劳动力数量和化肥施用量的贡献率分别为 37.13% 和

① 据统计 2005 年中国农村居民家庭人均耕地面积 2.08 亩，世界人均耕地面积为 3.76 亩，其中，澳大利亚 38 亩、加拿大 22.5 亩、俄罗斯 13.6 亩，美国的人均耕地面积为 10.5 亩。资料来源：［美］美国世界资源研究所等编，国家环保总局国际司译：《世界资源报告（1998—1999)》，北京：中国环境科学出版社 1999 年版。

31.30%，大于人力资本贡献率22.00%，表明这两个变量在农业经济增长中发挥重要作用，也就是说中国农业仍带有明显的传统农业的特点。同时人力资本水平对农业经济的贡献表现出显著的正向外部效应，进一步从经验上说明人力资本水平的提高有利于农村经济的发展。

五 提升劳动力人力资本的效率含义

从中国当前农业发展的实际情况来看，农业全要素生产率的增长主要源自农业技术进步，技术进步对中国农业总要素生产率的提高起着关键作用，尤其是对于经济较发达的东南部沿海省份，因为这些省份的技术效率为1，即它们处于生产前沿面上。由于中国地域分布较广，对于经济发展落后的一些农业省份和西部省份如河南、山西、安徽、湖南、陕西、贵州、云南、甘肃等，它们与发达地区的经济发展条件相差悬殊、很难发挥追赶效应。这些省区的农业生产条件特殊，市场体系不健全，市场经济不发达，产业结构不合理，农业比较效益低，技术推广难度大，造成农业生产总是远离其生产前沿。因此这些省区的农业生产率提高，在效率改善方面还有很大的空间，其中，农业生产的纯技术效率与规模效率均有待提升。结合其他农业投入要素的贡献，劳动者人力资本的提升，有助于其有效应用现有技术，提高农业的技术效率。

虽然多年来中央政府实施的一系列体制改革和政策调整，对农业生产产生了显著的影响，但目前农业技术低效率，与农业生产者对技术的驾驭和推广能力不足直接相关。另外从区域性差异来看，造成技术效率省际差别的原因固然有自然条件和历史因素的作用，但更为重要的还是在于不同区域间农业技术运用的差别而导致的农业技术效率的分异。

中国目前实行以土地承包关系为基础的农户家庭经营形式，一方面，由于规模小必然产生一系列的"不经济"，尤其由于农户对于农业技术投资的边际效率递减，使农业技术投资受到很大限制；另一方面，分散经营的农户难以获得现代技术的支持，农业技术运用的专业化管理和社会化服务水平也相对较低。其次，中国农民整体的科技文化素质较低，在很大程度上使农业和农村的科技机制难以有效运行，并最终影响技术的推广范围和扩散速度，进而影响到农业综合生产能力的持续提高。在美国，一项先进技术在全国推广只需一年半的时间，而在中国平均需要 6 年。林毅夫曾研究了教育在一个农户决定采用杂交水稻时所起的作用。他的研究表明：教育可以提高一个决策者获得和理解信息的能力，使新技术可能带来的风险降低，因此教育对新技术的扩散有促进作用。[①]

结合前面所分析的中国农业生产效率的现状，通过增加人力资本的积累来提高各种生产要素的利用效率，从而提高农业的整体生产效率，对提高农业产出水平和农业发展阶段具有重要的意义。随着人力资本的积累，农业生产的可能性边界会逐渐向外扩展，人力资本将逐渐取代其他要素成为对农业生产效率贡献最大的因素。现代农业建设，日益依赖于农民的人力资本水平。

参考文献

林毅夫：《制度、技术与中国农业发展》，上海：上海三联书店、上海人民出版社 1999 年版。

［美］舒尔茨：《改造传统农业》，北京：商务印书馆 1987 年版。

［美］世界资源研究所等编：《世界资源报告 1998—1999》，北京：中国环境科学出版社 1999 年版。

魏权龄、岳明：《DEA 概论与 C^2R 模型——数据包络分析技术（一）》，《系统工程理论与实践》1989 年第 1 期。

薛春玲等：《农业生产的技术效率测度模型及实证分析》，《农业科技管理》2006 年第 2 期。

Afriat, S. N. 1973: Efficiency of Production Functions, *International Economic Review*, 13（10）：568 – 598.

Fare, R., Grosskopf, S., & Lovel, C. A. K., 1992: Productivity Change in Swedish Pharmacies 1980 – 1989；A Nonparametric Malmquist Approach, *Journal of Productivity Analysis*.（3）：85 – 101.

Fare, R., Grosskopf, S., & Lovel, C. A. K. 1994: *Production Frontiers*, Cambridge University Press.

Fare, R., Grosskopf, S., & Norris, M. 1997: Production Growth, Technical Progress, and Efficiency Change in Industrialized Countries：Reply, *American Economic Review*. 87（a）：1040 – 1043.

Farrel, M. J. 1957: The Measurement of Production Efficiency. *Journal of Royal Statistical Society*, 130（3），353 – 381.

---

① 林毅夫：《制度、技术与中国农业发展》，上海：上海三联书店、上海人民出版社，1999 年版。

第三部分

++

结构转变

第十一章

结构转变背景下的农业发展[*]

一　发展即经济结构的成功转变

（一）钱纳里关于经济发展的重要观点

发展是发展中国家面临的共同课题，也是任何一个研究经济发展问题的经济学家所必须回答的问题。不同的经济学家可能会对发展作出不同的定义，但在钱纳里（Chenery, Hollis B. 1995）看来，"发展就是经济结构的成功转变"[①]。

发展是动态的过程，是一种状态向另一种状态的过渡。钱纳里在研究经济发展问题时，运用比较静态研究方法，把着眼点主要放在发展前后两种相对稳定的状态，观察前后两种状态的区别、变化。他注意到，经济发展的基本标志，是经济结构在发展过程中出现了明显变化。所谓经济结构，即"不同部门中劳动、资本和自然资源等生产要素的供给及使用"；所谓经济结构的转变，即"随人均收入增长而发生的需求、贸易、生产和要素使用的全面转变"，其突出特征是资源由农业部门向工业部门的转移。[②] 基于此，钱纳里（1991）认为："经济发展可被视为增长所必需的经济结构的一系列互相关联的变化。它们涉及需求、生产和就业的构成以

---

　　* 本章由作者的《二元经济与中国农业发展》（经济管理出版社 1999 年版）第四章《结构转变发展模型》和《钱纳里结构转变理论中的农业发展观》（《山东工程学院学报》2000 年第 1 期）综合整理而成。

　　① ［美］H. 钱纳里等：《工业化和经济增长的比较研究》，上海：上海三联书店、上海人民出版社 1995 年版，原版序言。

　　② ［美＼同上书，第 57、48 页、原版序言。

及贸易和资本流动的外部结构等因素。总之，这些结构变化表明了传统经济体系向现代经济体系的转换。"① 多年来，他一直倡导并使用结构分析方法，通过国际比较研究，探索不同国家经济发展过程中结构变化所具有的共性和特殊性。

发展即经济结构转变的观点，首先源于发达国家成功发展的经验。从静态的角度来观察，所有发达国家是具有同质经济结构的集团。在《发展的型式 1950—1970》一书中，钱纳里等人（与 Robinson，S. 和 Syrquin，M. 合著，1988）选择了 10 个基本过程②来表现所有国家经济发展的本质特点。1950 年，只有美国、加拿大、瑞士、瑞典、澳大利亚、英国、丹麦、法国、联邦德国等 14 个国家，就 10 个基本过程而言可划分为发达国家。20 年后，又有新西兰、日本、以色列、意大利等 9 个国家在几乎所有 10 个方面具与前述 14 个国家类似的结构。在动态上，"从目前发达国家的这些变量来看，几乎所有变量的长期时间序列通常都显示出一个相当快速的变化时期，随之而来的是减速，在某些场合甚至出现反方向的变化"。③ 发展即经济结构转变的观点，同时建立在钱纳里观察到的许多发展中国家由于经济结构不合理而制约发展的事实的基础上。"在过去的 20 年里所发生的通常每年 5% 或 6% 的增长率，已经导致经济发展的重点转移到避免各种形式的结构性失衡和促进增长利益的广泛分配。'重新构造'经济关系，现在已被看作是国际和国内发展问题的中心。"④

（二）结构转变与经济增长

关于经济增长方式，钱纳里有着与新古典主义不同的认识。新古典主义从竞争性均衡的假设条件出发，认为国民生产总值的增长是资本积累、劳动力增加和技术变化长期作用的结果，而需求变化和部门间的资源流动

---

① ［美］H. 钱纳里：《结构变化与发展政策》，北京：经济科学出版社 1991 年版，序言。

② 参见［美］霍利斯·钱纳里、［以］莫伊思·赛尔昆《发展的型式 1950—1970》，北京：经济科学出版社 1988 年版，第 17—18 页表 1。

③ 同上书，第 16 页。

④ ［美］H. 钱纳里：《结构变化与发展政策》，北京：经济科学出版社 1991 年版，序言。

则是相对不重要的，因为所有部门的劳动和资本都带来同样的边际收益。钱纳里则认为，需求变化和部门间的资源流动，即经济结构的转变，同经济增长之间具有密切的相关关系。这种相关性不仅表现在不同收入水平上经济结构的状况不同，如人均收入悬殊的发达国家和发展中国家经济结构的明显差异；而且表现为经济结构的转变，特别是部门非均衡发展条件下的结构转变，能够加速经济增长。

经济结构转变，其所以可以视作经济增长的源泉，是由于经济结构转变的实质，是资源在不同部门之间的重新配置；而不同部门之间的发展又往往是非均衡的，这种非均衡性突出表现在不同部门要素生产率的差异方面；当经济结构发生转变时，即资源由低生产率部门向高生产率部门转移时，就会加速经济的增长。"对于整个经济来说，要素生产率的增长往往包含结构转变的成分，这是在资源从低生产率活动到高生产率活动再配置时出现的。……一个国家出口部门的要素边际产量比其他部门更高。那么，该部门的比重的增加，尤其是制成品出口的增加，可以提高总生产率。"[①] "增长不仅来源于总量投入地增加，而且来源于流向生产率更高的部门的资源再配置。"[②]

结构转变对于经济增长的潜力和意义，对于发展中国家比对发达国家更为重要，即发展中国家的资源转移和再配置较之发达国家是更重要的增长因素。因为发展中国家要素市场的非均衡现象表现得更为突出，结构变化的余地也更大。"非均衡现象，诸如要素市场分割和调整滞后等，则隐含着通过减少瓶颈和再分配资源于高生产率部门以加速增长的潜力。发展中国家的种种潜力可能大于发达国家，它们经受着较大的非均衡冲击和程度较高的非均衡市场的制约。"[③] 因此，钱纳里认为，把发展中国家的增长进程理解为经济结构全面转变的一个组成部分最恰如其分。

钱纳里及其合作研究者，不仅抽象地阐明了结构转变对经济增长的贡

① ［美］H. 钱纳里等：《工业化和经济增长的比较研究》，上海：上海三联书店、上海人民出版社1995年版，第311页。

② 同上书，第360页。

③ 同上书，第56页。

献，而且依据不同国家大量的经验统计材料，对这种贡献进行了定量分析。钱纳里发现："资源再配置，即资本和劳动自农业向其他生产率较高的部门转移，约占平均增长的20%。"[①] 结构转变的增长效应，并不限于资源向高生产率部门转移而直接带来的增长，还会产生于整体经济中资源重新配置的"总体再配置效应"。所谓总体再配置效应是指，由于资源在不同部门间的重新配置，生产率总增长率与生产率部门增长率的加权平均数间的差距。他们的研究表明，"总体再配置效应在每一时期都是正的"，"总体再配置效应是全要素生产率增长的一个巨大组成部分，尤其是在工业化阶段"。在高收入的准工业国家，"它总共达到产出增长的11%，而超过劳动生产率增长的15%"。[②]

（三）结构转变与农业发展

农业发展是每一位发展经济学家必然要论及的问题。虽然钱纳里没有对农业发展问题进行专门的和系统的论述，但不能说在他的发展理论中忽略了农业发展。从某种意义上可以说，钱纳里的结构转变理论就是农业发展理论。因为，农业发展是经济结构转变的基本内容之一。

从结构转变的基本内容来看，依照二元经济模型（刘易斯，1989；费景汉、拉尼斯，1989，2004），国民经济大体可以分解成传统部门和现代部门两个相互关联的部分。所谓结构转变，简单地说，就是传统部门向现代部门的转化，最终使国民经济由传统和现代并存的二元结构转变为单一现代部门的一元结构。在二元结构条件下，农业是构成传统部门的主体。结构转变所包含的传统部门向现代部门的转化，即传统农业向现代农业的转化。传统农业向现代农业的转化过程，就是农业的发展过程。

从结构转变的过程与阶段来看，一个国家经济结构的转变过程，是需要经历较长时期的历史过程。钱纳里把经济结构转变的全部过程分为逐步

①　[美] H. 钱纳里等：《工业化和经济增长的比较研究》，上海：上海三联书店、上海人民出版社1995年版，第46页。

②　同上书，第347—348页。

推进的三个阶段：（1）初级产品阶段。这是经济结构转变的起始阶段。在这一阶段，"占统治地位是初级产品的市场活动——主要指农业，这是可交易商品的产出增长的主要来源"。① 由于技术进步缓慢，这一阶段农业处于停滞和进步缓慢的发展阶段。（2）工业化阶段。这是经济结构迅速变化的阶段。"结构转变第Ⅱ阶段的经济中心由初级产品生产向制造业生产转移为特征。这一转移的主要指标，是制造业对增长贡献……将高于初级产品生产的贡献。"② （3）发达经济阶段。此为结构转变的完成阶段。经过第二阶段的发展，传统的农业部门完成了现代化改造，整个国民经济呈现为一元结构。如果把发达经济阶段的出现，看作经济结构转变的必然结果，那么在这一结果中，同时包含了农业发展的目标追求。经济结构的转变过程，将传统农业向着现代农业的进步过程包含于其中。

二　结构转变中农业份额的下降

在《发展的型式 1950—1970》一书中，钱纳里等人运用同一的回归方程，通过对 101 个国家约两万个数据的处理，得出每一结构变量随人均收入增长而变化的逻辑曲线，从而揭示出经济发展的标准型式。由于这一型式是根据世界大多数国家 1950—1970 年经济结构变化的经验统计数据得出的，因此，也可以称其为经济结构转变的多国模型。

在钱纳里等人经济结构转变的多国模型中，经济发展程度的高低，或者说人均收入水平的高低，与不同产业间份额的大小存在密切的关系（见表 11—1）。

---

① ［美］H. 钱纳里等：《工业化和经济增长的比较研究》，上海：上海三联书店、上海人民出版社 1995 年版，第 97 页。

② 同上。

表 11—1   产业份额变化的标准型式

人均 GNP (1964 年美元)	占 GDP 份额（%）			占总就业人口份额（%）		
	农业	工业	服务业	农业	工业	服务业
低于 100	52.2	12.5	35.3	71.2	7.8	21.0
100	45.2	14.9	39.9	65.8	9.1	25.1
200	32.7	21.5	45.7	55.7	16.4	27.9
300	26.6	25.1	48.2	48.9	20.6	30.4
400	22.8	27.6	49.6	43.8	23.5	32.7
500	20.2	29.4	50.4	39.5	25.8	34.7
800	15.6	33.1	51.4	30.0	30.3	39.6
1000	13.8	34.7	51.5	25.2	32.5	42.3
高于 1000	12.7	37.9	49.5	15.9	36.8	47.3

资料来源：〔美〕霍利斯·钱纳里、〔以〕莫伊思·塞尔昆：《发展的型式 1950—1970》，北京：经济科学出版社 1988 年版，第 32 页。

根据表 11—1 中所列数据，可以在直角坐标系中做出不同产业产值份额和就业份额随人均收入增长而变化的曲线，如图 11—1 和图 11—2 所示。

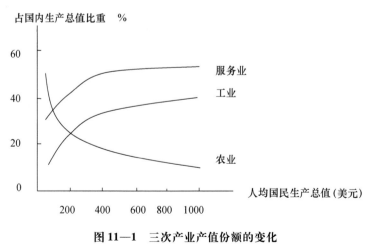

图 11—1　三次产业产值份额的变化

表 11—1 和图 11—1、图 11—2 清楚地表明，随着经济的发展，人均

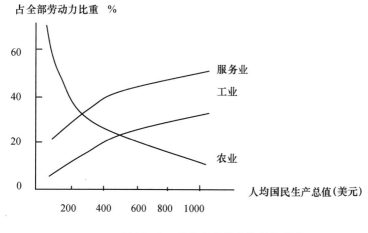

图11—2　三次产业就业份额的变化

收入水平的提高，工业和服务业的产值比重和就业比重呈不断提高的变化趋势，而农业的产值份额和就业份额则显著地下降了。产业结构的这种演变趋势，并非钱纳里和赛尔昆的发现。在其之前，威廉·配第、科林·克拉克和西蒙·库茨涅茨等经济学家已作过充分的研究。钱纳里和赛尔昆的结构变化分析，是对配第—克拉克定理①及库茨涅茨研究成果的深入证明。如果说，经济发展就是经济结构的成功转变，而经济结构成功转变的基本内容就是产业结构的如上演变，那么，农业份额的下降也就是经济发展的必然结果；如果说，经济发展必然包含农业部门的发展在其中，那么，农业份额的下降也就是农业发展的内容之一。

　　农业份额为什么随经济的发展而下降呢？钱纳里等人运用实证分析手段对此予以了深刻揭示。他们指出："最根本的发展型式之一——农业向工业的转移——是由于内部需求构成的变化，不断提高的技术和比较优势在国际上的转移促成的。"②

---

　　①　即随着人均收入水平的提高，第一次产业中的劳动力比重不断下降，第二次产业和第三次产业中的劳动力比重逐渐提高。

　　②　[美] 霍利斯·钱纳里、[以] 莫伊思·赛尔昆：《发展的型式1950—1970》，北京：经济科学出版社1988年版，第13页。

第一，国内最终需求中食物消费需求随收入增长而下降是农业份额下降的主要原因。食物需求的增长速度，随着人们收入水平的提高越来越落后于收入增长速度的现象，早在 1875 年就为德国社会统计学家恩格尔（Engel，E.）所发现。这一发现被称为恩格尔定律。一方面，钱纳里等肯定了恩格尔定律的客观存在，"随收入水平上升食品消费份额下降的恩格尔定律在许多研究中得到了证实，它们为结构变化方面的经验和理论研究提供了一个原形"；[①] 另一方面，又没有局限于恩格尔定律的既有结论，而是运用许多国家的最新经验统计材料，对食物消费需求在国内需求所占份额的变化做出了进一步的研究（见表 11—2）。表 11—2 所列数据说明，无论是在几个样本国家还是多国模型中，食物需求占国内最终需求的份额均随收入水平的提高而下降了。食物需求相对比重的这种下降趋势，必然导致供给食品的农业部门相对比重的降低。

表 11—2　　　　　　　食物需求占国内最终需求的份额变化

国家（地区）	基准年	人均收入 （1970 年美元）*	农业和食品 需求份额（%）	变化（%）
哥伦比亚	1953	274	34.9	-4.7
	1970	369	30.2	
墨西哥	1950	380	25.1	-5.6
	1975	736	19.5	
土耳其	1953	230	40.1	-14.0
	1973	460	26.1	
南斯拉夫	1962	469	33.9	-11.1
	1972	781	22.8	
日本	1955	500	27.0	-15.4
	1970	1897	11.6	
韩国	1955	131	46.1	-13.0
	1973	323	33.1	
中国台湾	1956	203	36.1	-11.6
	1971	426	24.5	

① ［美］霍利斯·钱纳里、［以］莫伊思·赛尔昆：《发展的型式 1950—1970》，北京：经济科学出版社 1988 年版，第 44 页。

续表

国家（地区）	基准年	人均收入 （1970 年美元）*	农业和食品 需求份额（%）	变化（%）
以色列	1958	1067	23.0	-10.4
	1972	2372	12.6	
挪威	1953	1171	20.9	-6.0
	1969	2769	14.9	
多国模型		140	29.0	
		560	19.0	-10.0
		2100	13.0	-6.0

*1970 美元与 1964 美元的换算比率为 1.4∶1。此表中的 140 美元、560 美元即为表 9—1 中的 100 美元和 400 美元。

资料来源：［美］H·钱纳里等：《工业化和经济增长的比较研究》表 3—8，上海：上海三联书店、上海人民出版社 1995 年版，第 80—80 页。

第二，国际贸易中比较优势的变化，也是农业份额下降的一个重要原因。在以初级产品生产为主的发展时期，比较优势在初级产品的生产方面，国际贸易也以初级产品的出口为主。随着经济的发展和资源由初级产业向制造业的转移，生产的比较优势转向制造业部门，国际贸易也转变为以制成品的出口为主。国际贸易这种比较优势的变化，必然带动制造业的充分扩张和造成初级产业（主要是农业）的相对萎缩。正如钱纳里等所指出的："通过进口替代和制成品的出口扩张，发展中国家改造了专门进行初级产品生产这一早期发展阶段的特征。这种转变的基础是供给条件的变化：劳动技能和实物资本的积累，中间投入使用量的增加，以及制成品国内市场扩大为基础的规模经济的出现。"[1]

三 结构转变中农业质态的改善

在钱纳里结构转变的多国模型中，仅看到农业份额的下降并把它作为

---

[1] ［美］H. 钱纳里等：《工业化和经济增长的比较研究》，上海：上海三联书店、上海人民出版社 1995 年版，第 87 页。

农业发展的表征是片面的。伴随结构转变和农业份额下降这一过程，是农业资源及其配置状态的改善和农业生产率的提高。就是说，结构转变对农业发展的影响，是相辅相成的两个方面：（1）由于农业资源的流出导致农业份额的下降；（2）农业资源得以替换而带来的农业质态的改善或农业现代化程度的提高。结构转变对农业质态的影响，表现在如下三个方面：

第一，经济结构的转变、升级的过程，是农业中高效率资源对低效率资源的替换过程。过多的劳动投入和过少的资本、技术投入的均衡，是传统农业资源配置等基本特点，也是传统农业低效率的根源。传统农业要实现发展，就必须打破资源配置的这种低效率均衡。这依赖于资源的两方面流动：过剩劳动力流出农业部门和资本、技术等要素流入农业部门，从而在农业部门形成高效率的资源替代。经济结构的转变，为农业部门这两类资源的流动提供了条件。在结构转变的过渡时期，即工业化时期，"农业中就业的劳动力比例表现为持续的下降，而且大致从收入水平1000美元开始，农业中就业的劳动力绝对地下降了"。"一旦现代产业部门吸收了农业中的大部分多余劳动力，资本的密集度……就迅速提高。"[1] "农业劳动力的持续转移，……促进了资本对劳动的替代和各种技术进步。"[2] 农业部门的这种资源替代，已为多国经济结构转变的历史事实所证实（见表11—3）。

表11—3　　多国模型农业部门每一单位总产出的劳动和资本需求

人均收入 （1970年美元）	资本系数（单位产出 所需要的资本数量）	劳动系数（100万美 元产出所需个人数量）
140	1.00	3610
280	1.20	2150
560	1.44	1280

---

① ［美］H.钱纳里等：《工业化和经济增长的比较研究》，上海：上海三联书店、上海人民出版社1995年版，第338—339页。

② 同上书，第99页。

续表

人均收入 （1970 年美元）	资本系数（单位产出 所需要的资本数量）	劳动系数（100 万美 元产出所需个人数量）
1120	1.72	685
2100	2.03	300
3360	2.18	163
5040	2.32	95

资料来源：［美］H. 钱纳里等：《工业化和经济增长的比较研究》，上海：上海三联书店、上海人民出版社 1995 年版，第 316—317 页。

表 11—3 中，经济发展和经济结构转变的过程由人均收入水平的变化来表示。随着经济结构的转变和升级，农业单位产出所使用的资本量不断提高，而所需劳动量却明显地减少了。表明经济结构转变过程中，农业部门的低效率资源配置状态得到了改变。

第二，在经济结构转变过程中，农业生产率特别是农业劳动生产率明显提高，如表 11—4 所示。农业发展的初始阶段，"由于未充分就业的劳动力大量存在，早期农业全要素生产率增长缓慢，但随着工业化的发展而不断加快"。[1] "一旦人口迁徙和资本积累使农业的剩余劳动力大量减少，其相对工资便会增长，农业的赶超过程也就会发生。因而，和其他部门相比，这一部门的资本密集度提高得更快一些，这是和要素生产率的连续增长相关联的。结果，农业开始缩小生产率的差距。"[2] 在整个结构转变时期，"劳动生产率在几乎所有的生产部门都有所增长，但增长率不一样"。"农业劳动生产率的水平也不是始终低于制造业和服务业的劳动生产率。生产率的距离通常在初级阶段拉宽，然后，随着农业生产劳动率的加速增长，差距才开始缩小，直到农业劳动生产率增长超过平均增长。"[3] 进入发达阶段，"最引人注目的变化发生在农业，多数发达国家的农业，已由

———————

[1] ［美］H. 钱纳里等：《工业化和经济增长的比较研究》，上海：上海三联书店、上海人民出版社 1995 年版，第 94 页。

[2] 同上书，第 327 页。

[3] 同上书，第 323 页。

生产率低速增长的部门转变为劳动生产率增长速度最高的部门"。①

表 11—4　　　　　　　　　不同时期农业生产率的变化

人均收入 （1970 年美元）	产出年增长率（%）	全要素生产率年增长率（%）	劳动生产率年增长率（%）*	全要素生产率对产出增长的贡献（%）
100—140	2.98	0	0.74	0
140—280	3.90	0.11	1.32	3
280—560	3.92	0.23	2.03	6
560—1120	3.52	0.86	3.54	24
1120—2100	2.68	1.46	5.71	54
2100—3360	1.57	1.55	6.22	99
3360—5040	2.06	1.49	5.83	72

* 该列劳动生产率的增长数据为初级产业部门。

资料来源：根据［美］H. 钱纳里等《工业化和经济增长的比较研究》表 8—6 和表 8—4 中的有关数据列出。

　　第三，在经济结构实现成功转变的过程中，农业产出也在不断增长。经济结构转变导致农业比重下降，并不意味着农业产出绝对量的减少。这是因为：（1）农业份额的下降是与工业、服务业相比较相对比重下降，它是由农业的增长率慢于工业和服务业增长率造成的。正如赛尔昆所说的："在一些更为成功的国家，部门转化以下列现象为标志：农业迅速增长，但工业增长更快。"② 就是说，农业份额的下降与农业产出的增长并不矛盾。（2）农业份额的下降，从资源供给的角度看，主要是劳动力份额的下降。这种份额下降在结构转变的大部分时期，也是相对的下降，只有在结构转变的后期，才会出现绝对量的减少。与农业部门劳动力供给这种相对量甚至绝对量减少相对应，是农业部门资本投入和技术投入的增加，还有生产率水平的提高。"生产率增长和投入增加相结合，导致了产

―――――――――

　　① ［美］H. 钱纳里等：《工业化和经济增长的比较研究》，上海：上海三联书店、上海人民出版社 1995 年版，第 99 页。

　　② 同上书，第 330 页。

出的增长。"①

在钱纳里的经济发展理论中，伴随经济结构转变的农业发展过程，就是农业比重逐步下降和农业资源现代技术含量及产出效率不断提高的同步变化过程。或者说，在钱纳里看来，农业发展的基本标志，一是宏观经济结构中农业份额的下降；二是伴随农业份额下降过程中农业质态（即农业的现代化程度）的提高。份额下降是质态改善的前提，质态改善是份额下降的要求乃至必然的结果。

四　农业发展对工业化的依赖

（一）工业化与结构转变

在结构转变过程中部门之间的增长率是不平衡的。"当一个部门的增长率在相当长的时期内快于平均增长率，致使总增长率趋近该部门增长率，并且当它可以通过和其他部门的密切联系而扩散其推动力的时候，这个部门就被称为主导部门。"主导部门不会是传统的农业部门，因为它"处于很低的收入水平"，"它就被限制在这一地位之外"。"从历史上看，农业常常在增长启动过程中发生作用，但最终的引导地位还是会转入其他部门，主要是制造业。"②

工业部门的迅速扩张，是结构转变最为突出的特征。钱纳里和赛尔昆依据大量经验材料建构的结构转变的多国模型表明，在结构转变过程中与农业份额下降相对应，工业份额明显地增长了。如在表9—1中，当人均收入由 100 美元增加到 1000 美元时，农业的产值份额和就业份额由 45.2% 和 65.8% 下降为 13.8% 和 25.5%；与之相反，工业的产值份额与就业份额却由 14.9% 和 9.1% 提高到 34.7% 和 32.5%。因此，钱纳里和赛尔昆指出："用初级产品产出的下降和工业的上升来衡量，工业化是构

---

① ［美］H. 钱纳里等：《工业化和经济增长的比较研究》，上海：上海三联书店、上海人民出版社 1995 年版，第 351 页。

② 同上书，第 328 页。

成这一过渡的结构变化的突出特征。"① "结构转变最值得注意的特征，是国民生产总值中制造业所占份额的上升，以及农业所占份额的相应下降。生产结构这种基本变化引起资本和劳动自农村向城市转移，其他许多工业化的有关现象也随之发生。"②

工业化是否结构转变过程中的必然现象？钱纳里认为，答案是肯定的。他分析了答案不成立的三个条件：（1）需求的早期转变，即制成品的收入弹性，在不到 1000 美元的人均收入水平上就下降到全部产品平均收入弹性之下，而这与经济发展的现象是不相符合的。（2）"荷兰病"现象的持续存在，即初级产品出口在国民生产总值中比重的迅速上升足以抵消制成品需求增长的影响。"尽管短期内可以观察到非工业化（或称'荷兰病'）现象，但是却难以找到发展中国家非工业化现象持续 10 年以上的例证。"③ 就是说，"这种荷兰病在整个转变时期不可能始终存在"。④（3）像旅游之类的服务出口或金融的过早发展。但这未必能完全补偿制成品需求的增加。因此"结构转变的主要问题，不在于是否需要工业化，而在于何时、以何种方式实现工业化"。⑤

钱纳里结构转变理论不仅表明，结构转变的主要特征是工业化现象的凸显；而且表明，结构转变主要发生在工业化阶段。钱纳里把整个结构转变过程依据人均收入水平的变化分为六个时期，它覆盖了从不发达经济到成熟的工业经济这一整个转变时期的全部收入水平（见表 11—5）；又将结构转变分为初级产品生产、工业化和发达经济三个阶段。六个时期和三个阶段的互相关系如图 11—3 所示。图 11—3 表明，以初级产业下降和制造业迅速扩张为主要内容的结构转变，主要发生在结构转变过程的第二阶段即工业化阶段。"在发展的初期，初级产品出口可以在长期内抵消实现工业化的内在需求；在发展的末期，制造业的长势停

---

① ［美］霍利斯·钱纳里、［以］莫伊思·赛尔昆：《发展的型式 1950—1970》，北京：经济科学出版社 1988 年版，第 55 页。

② ［美］H. 钱纳里等：《工业化和经济增长的比较研究》，上海：上海三联书店、上海人民出版社 1995 年版，第 58—59 页。

③ 同上书，第 20 页。

④ 同上书，第 482 页。

⑤ 同上书，第 21 页。

止了，因为制成品最终需求的增长速度不再超过国民生产总值的增长速度。工业化处于发展的中期，这一时期发生了初级产品生产向制造业生产的重大转移。"①

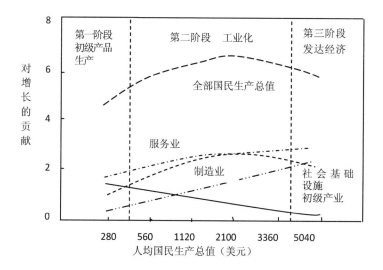

图 11—3　工业化与结构转变

说明：每一部门对增长的贡献，由它在全部国民生产总值中的平均份额来计算，其权数是部门增长率。

资料来源：[美] H. 钱纳里等：《工业化和经济增长的比较研究》，上海：上海三联书店、上海人民出版社 1995 年版，第 95 页。

表 11—5　　　　　　　　　　结构转变过程的时期划分

时　　期	收入变动范围（人均美元）	
	1964 年美元	1970 年美元
1	100 200	140 280

① ［美］H. 钱纳里等：《工业化和经济增长的比较研究》，上海：上海三联书店、上海人民出版社 1995 年版，第 133—134 页。

续表

时　　期	收入变动范围（人均美元）	
	1964 年美元	1970 年美元
2	200 400	280 560
3	400 800	560 1120
4	800 1500	1120 2100
5	1500 2400	2100 3360
6	2400 3600	3360 5040

资料来源：［美］H. 钱纳里等：《工业化和经济增长的比较研究》，上海：上海三联书店、上海人民出版社 1995 年版，第 71 页。

（二）　工业部门迅速扩张的原因

与农业份额下降的原因相关联，工业部门的扩张首先源于恩格尔效应，即随着人均收入的增加，需求结构向有利于制造业的方向发生强有力的转变。在钱纳里标准变动模型中，国内总需求结构存在着两类主要变化：（1）随着人均收入的增长，食品需求的份额显著下降。（2）由于投资和消费品需求的增加，使产品、机械和社会基础设施的需求份额上升。制成品需求份额的增加为制成品提供了广阔的和更为有利的国内市场，从而为自愿向制造业转移的扩张提供了条件。工业部门的扩张，也与国际贸易中比较优势的变化相关。随着制成品国内市场的扩大，随着资源向制成品生产的转移和制成品生产规模经济的出现，发展中国家的贸易类型也会发生变化。当市场的比较优势在初级食品生产方面时，国际贸易就会以初级产品的出口和制成品进口为主，当生产的比较优势转向制造业生产以后，就会出现制成品的进口替代和出口扩张。贸易类型的这种转变，为工业部门的扩张创造了更为有利的条件。

但是，钱纳里一再指出，制造业份额增加的原因同初级产品份额减少的原因完全不同。工业特别是制造业产出在国民生产总值中所占份额增加的主要原因，是中间需求而不是国内最终需求的变动。如表 11—6 所示，中间需求份额的增加占工业产出份额增长的一半以上，而国内需求份额的增加仅占 12%。钱纳里的合作研究者对钱纳里多国模型的进一步研究发现："在整个结构转变时期（约 50 年），中间使用在国内总需求中的均衡份额从大约 33% 增加到 45%。中间使用率的典型变化在 50 年内大致是 12 个百分点；这表明整个比率 10 年有 2.4 个百分点的变化。"[①] 因此，钱纳里认为，必须对工业化主要源于恩格尔效应的公认观点加以重大修正。中间需求份额的增加说明，在实行工业化的国家中，产出中更大的一部分出售给了生产者而不是最终使用者，生产过程变得比以前更迂回了。"这表明生产的专业化程度和产业联系的复杂程度都在提高。这种发展趋势是工业化的确定特征之一。"[②]

表 11—6 转变时期制造业需求结构的变化（国内生产总值的百分比）

人均收入 （1970 年美元）	国内需求	净贸易	中间需求	总产出 （前三项之和）
140	28	− 14	22	36
2100	34	0	51	85
增量	+6	+14	+29	+49
占产出增长的份额	12%	27%	59%	

资料来源：根据［美］H. 钱纳里等《工业化和经济增长的比较研究》表 3—7 中的有关数据列出。

（三）工业化与农业发展

在钱纳里的结构转变理论中，工业化、农业发展与经济结构转变存在着非常密切的逻辑联系。

工业化被视作经济结构转变的主导力量。经济结构转变，简单地说，就是将以传统农业为主体的国民经济结构转变为以现代工业为主并运用现代工业的先进成果装备其他产业的国民经济结构。从结构转变的起点来

---

① ［美］H. 钱纳里等：《工业化和经济增长的比较研究》，上海：上海三联书店、上海人民出版社 1995 年版，第 275 页。

② 同上书，第 172 页。

看，是国民经济中工业比重的微弱；从结构转变的结果来看，是国民经济中工业份额大幅度提高及其力量的扩散。因此，结构转变的突出特征，就是工业部门的扩张。没有工业部门的扩张，也就没有经济结构的成功转变。

结构转变包含了农业发展在其内。钱纳里关注的焦点是经济结构的转变，而不是农业本身的发展。但是钱纳里的结构转变理论确实涉及了农业的发展问题。所谓农业发展，就是传统农业向现代农业的转化。这一转化不是孤立的过程，而必须在整个国民经济结构的转换和升级的大背景下完成。没有经济结构的转变，就不会有传统农业部门过剩劳动力的流出和资源低效率配置均衡状态的打破；没有经济结构的转变，就不会有资本、技术等新型要素向农业部门的流入和用现代机械技术、生物化学技术和管理技术装备起来的现代化农业。一句话，没有经济结构的成功转变，也就不会有农业本身的成功发展。

在工业化与农业发展之间，工业化是农业发展的基本推动力量。既然农业发展依赖于经济结构的成功转变，而经济结构的成功转变又依赖于工业部门的扩张，那么农业发展依赖于工业化进程也就成为必然的逻辑结论。在钱纳里的结构转变理论中，看不出农业发展的独立道路；只有在工业化进程中，才有传统农业向现代农业的转变。工业化既是经济结构转变的主导力量，又是农业完成现代转型的必然轨道。

如果承认钱纳里模型揭示了经济结构转变的一般规律，那么农业份额的下降，农业发展对工业化的依赖，也就是传统农业完成转型的必由之路。任何一个国家，特别是农业比重较大的发展中国家，不管它如何重视农业，不管它如何强调农业发展的本国特色，也不应违背农业发展的这一基本趋势。发展农业不从本国国情出发，难免要付出代价，但过分强调国情而背离农业发展的一般规律，也注定要走弯路。这一点，对于农业比重仍然很大、农业发展任务十分迫切的中国来说，尤其具有启迪意义。

参考文献

［美］费景汉、古斯塔夫·拉尼斯：《劳力剩余的经济发展》，北京：华夏出版社 1989 年版。

［美］费景汉、古斯塔夫·拉尼斯：《增长和发展：演进的观点》，北京：商务印书馆 2004 年版。

［美］阿瑟·刘易斯：《二元经济论》，北京：北京经济学院出版社 1989 年版。

〔美〕H. 钱纳里：《结构变化与发展政策》，北京：经济科学出版社1991年版。

〔美〕H. 钱纳里等：《工业化和经济增长的比较研究》，上海：上海三联书店、上海人民出版社1995年版。

〔美〕霍利斯·钱纳里、〔以〕莫伊思·赛尔昆：《发展的型式1950—1970》，北京：经济科学出版社1988年版。

第十二章

农业外部结构与内部结构的演化[*]

一 农业发展即农业结构转变

经济结构依从于经济发展水平的提高而演进，不仅存在于一个社会的整体经济中，而且发生在构成社会经济整体的不同产业部门。发展即经济结构转变的观点，在农业部门的具体化，就是农业发展即农业经济结构的转变。

在农业发展的不同阶段，农业结构会呈现出明显的差异。首先，不同农业发展阶段的投入结构不同。李斯特（List，Friedrich 1997）把经济发展包括农业发展分为四个阶段，同时分析了不同阶段农业投入结构的差别。在缺少贸易联系的原始农业阶段，农业投入物只能是土地和劳动力这类原始要素，在通过贸易建立起与国内外工业联系的农业发展新阶段，"农业经济就会出现巨大的变化。农民可以获得较好的机器和工具……接踵而来的是诸如新的作物，更优良的有用工具等等各种改良和新生产方法的出现"。[①] 舒尔茨（1987）在《改造传统农业》中区分了传统农业与现代农业的生产要素投入结构。传统农业"完全以农民世代使用的各种生产要素为基础"，农民世世代代使用祖先传下来的生产要素，并不因为长期的经验积累而有多大改变。把传统农业改造成为现代农业的根本出路，

———————————

  * 本章由作者的《农业比重与农业现代化负相关规律》（《当代经济科学》1997 年第 6 期）、《农业现代化的结构含义》（《青岛科技大学学报》2002 年第 3 期）和《开放条件下的中国农业发展》（中国社会科学出版社 2004 年版）第二章《农业发展的结构含义》合并整理写成。合并整理时保留了原稿观点，数据也未作更新。

  ① ［德］弗里德里希·李斯特：《政治经济学的自然体系》，北京：商务印书馆 1997 年版，第 54 页。

是引入现代生产要素。现代要素区别于传统要素的重要特点是"技术变化","一种技术总是体现在某些特定的生产要素之中"。①

其次，不同农业发展阶段生产结构存在差异。托达罗（Todaro, M. P. 1988）将发展中国家的农业现代化进程分为三个阶段。在维持生存的农业发展阶段，农业种植结构较为单一，"一、两种主要农作物是人们食物的主要来源"。农业发展的下一个阶段是向混合的和多种经营的农业转变。"在这个阶段中，由于已经开始种植新的经济作物……并经营简单的畜牧业，因而农业生产不再由一种主要产品所主宰了。"第三阶段是专业化农业阶段。专业化农业的特点之一是，"强调对一种特殊作物的栽种"。②李斯特认为，农业生产的专业化出现在农业对国内工业存在很大依从性的经济发展的第三阶段。这时，"每个地区可以根据自己有利的自然条件在农业生产中专业化，通过交换又从国内其他地区获得本地不种植的那些产品"。③

最后，不同农业发展阶段的需求结构有别。在农业发展的初级阶段，农产品的市场需求份额很小；随着农业发展水平和现代化程度的提高，市场需求份额逐渐提高直至占绝对大比重。托达罗指出："对于专业化的农业来讲，用一些剩余农产品向市场提供商品供应已不再是农户的基本目的了……生产完全是为了满足市场的需要。"④李斯特注意到，随着经济发展水平的变化，农业内部高收入弹性产品的需求比重在提高。在经济发展第三阶段，"对许多过去需求很小……的产品，如肥牛、肉类、家禽、禽蛋……等，会引发新的需求。对烟草及油料、染料作物也会有需求"。⑤

从上述观点出发，农业的现代化过程，也就是农业结构的转换、升级

---

① ［美］西奥多·W. 舒尔茨：《改造传统农业》，北京：商务印书馆1987年版，第100页。

② ［美］M. P. 托达罗：《第三世界的经济发展》，北京：中国人民大学出版社1988年版，第414、419、421页。

③ ［德］弗里德里希·李斯特：《政治经济学的自然体系》，北京：商务印书馆1997年版，第62页。

④ ［美］M. P. 托达罗：《第三世界的经济发展》，北京：中国人民大学出版社1988年版，第421页。

⑤ ［德］弗里德里希·李斯特：《政治经济学的自然体系》，北京：商务印书馆1997年版，第61页。

的过程；建立现代农业，也就是要建立起与现代农业发展阶段相适应的现代农业经济结构。

二　农业外部结构的变化

（一）农业外部结构的内涵界定

农业是国民经济产业体系的一个组成部分，其存在状态和变化趋势受到国民经济产业体系结构现状和运动方向的制约。因此，跃出农业内部，在农业与非农产业构成的整体产业空间认识和把握农业经济结构，具有重要的实际意义。基于这一认识，我们引入了农业外部结构这一概念。所谓农业外部结构，是指农业在国民经济三大产业体系中所占的地位和比重，又可分为农业相对于城市二、三产业的比重和农业与农村非农产业结构两个方面。农业外部结构是由农业经济系统的外生因素给定的，农业在这一结构中的地位变化具有从属和被动的性质。

虽然农业外部结构与产业结构的涵盖范围相同，二者却不是可以相互替代的同一概念。产业结构的着眼点是国民经济的整体，而农业外部结构的出发点和归宿始终在农业方面。它是从农业部门观察农业相对于其他产业的地位变化而形成的一个专有概念。更为重要的是，产业结构范畴的实际意义在于，揭示工业化进程的必然性和产业结构转换、升级的基本规律；农业外部结构范畴的提出，目的是要揭示产业结构转换对农业部门的影响，以及在这种转换中农业本身的发展问题。

（二）农业外部结构的演化趋势

1. 农业现代化与农业比重负相关规律——截面分析

当今世界各国的农业发展水平存在着明显差异，这种差异经常分别用两个方面的经验数据加以揭示：（1）农业占国民经济的比重；（2）农业现代化的实现程度。把经济发展水平不同的各国如上两方面的经验数据放在一起加以比较，不难发现，农业比重的高低与农业现代化水平之间存在着明显的反向关联（见表12—1）。

表 12—1   不同国家农业现代化水平与农业外部结构的比较

国别		农业份额		农业现代化水平				
		GDP 比重 (1985 年)	就业比重	拖拉机台数/千公顷耕地	拖拉机台数/百农业劳动者	联合收割机台数/千公顷耕地	联合收割机台数/百农业劳动者	农学院毕业生/万农业劳动者 (1965 年)
发达国家	英国	2	3	73.1	73	6.5	6	8.51
	美国	2	4	25.0	125	3.5	18	29.78
	联邦德国	2	6	194.1	89	21.9	10	8.06
	法国	4	9	79.2	74	7.5	7	3.75
	意大利	5	12	86.3	41	2.8	1	1.65
发展中国家	阿根廷	–	13	4.7	12	1.2	3	2.18
	突尼斯	17	35	6.9	5	0.7	0	—
	摩洛哥	18	46	3.1	1	0.4	0	—
	土耳其	19	58	15.5	4	0.5	0	1.51
	中国	33	74	7.4	0	0.3	0	–

说明：表中数据除注明年份的两栏外，其余均为 1980 年数据。

资料来源：世界银行：《1987 年世界发展报告》；速水佑次郎、弗农·拉坦：《农业发展的国际分析》；郭熙保：《农业发展论》。

"现代化是系统的过程，一个因素的变化将联系并影响到其他各因素的变化。"[①] 农业现代化尽管会涉及农业领域许多方面的变化，但机械技术的采用是其最主要的变化。因此，表 12—1 把拖拉机和联合收割机的使用数量作为衡量农业现代化程度的主要指标。舒尔茨说，"离开大量的人力投资，要取得现代化农业的成果和达到现代工业的富足程度是完全不可能的"。[②] 据此，我们把农业劳动者中农学院毕业生人数也列为衡量农业现代化程度的指标之一。表 12—1 表明，农业份额很小的英、美等国，农业机械拥有量和农业劳动者中农学院毕业生人数明显较高；农业份额较大

---

① 亨廷顿：《导致变化的变化：现代化，发展与政治》，见［美］西里尔·E. 布莱克《比较现代化》，上海：上海译文出版社 1996 年版，第 45 页。

② ［美］西奥多·W. 舒尔茨：《论人力资本投资》，北京：北京经济学院出版社 1990 年版，第 16 页。

的中国和摩洛哥等国家，上述两项指标远远落后于农业份额很小的国家；农业份额介于两者之间的国家，农业现代化指标也介于这两类国家之间。

2. 农业现代化与农业比重负相关规律——时序分析

表12—2选取了美国和日本近一百多年以来的农业现代化水平变化与农业份额变动的有关数据。这些数据表明，已经完成农业现代化改造的发达国家，它们农业中现代要素投入不断增长、从而农业现代化水平不断提高的历史过程，同时也是农业产值比重和就业比重不断下降的过程。

表12—2　　　　　1870—1980年美国和日本农业外部结构的变化

国别	农业份额变化				农业中现代要素投入变化		
	年份	产值份额（%）	年份	劳动力份额（%）	年份	拖拉机（马力/人）	化肥（公斤/公顷）
美国	1879	49	1870	51	1880	—	00
	1919—1928	12	1910	32	1920	48	4.31
	1960	4.1	1960	8.1	1960	38.51	36.36
	1980	2.1	1980	3.5	1980	154.58	108.90
日本	1879—1883	62.5	1872	85.8	1880		13.27
	1904—1913	40.6	1900	71.1	1910	—	40.15
	1924—1933	22.4	1920	54.6	1940	003	115.16
	1959—1961	13.6	1964	27.6	1960	64	260.09
	1980	3.6	1980	11.2	1980	15.91	425.20

资料来源：根据郭熙保《农业发展论》表2—3、表8—3中有关数据列出。

农业份额与农业现代化水平的反向变动，也可由中国农业发展的时间序列资料予以证明（见表12—3）。1978年以来，中国农业机械总动力增长了4.17倍，化肥使用量增长了4.67倍。同期，农业占国内生产总值的份额由1978年的28.1%下降到1999年的17.6%，下降了10.5个百分点；农业就业比重由1978年的70.5%下降到1999年的50.1%，下降20.4个百分点。

表 12—3 1978 年以来我国农业现代要素投入变化和农业外部结构变化

年份	农业现代要素投入变化		农业份额变化	
	农业机械总动力（亿瓦特）	化肥施用量（万吨）	占 GDP 份额（%）	占总劳动力份额（%）
1978	1175.0	884.0	28.1	70.5
1982	1661.4	1513.4	33.3	68.1
1986	2295.0	1930.6	27.1	60.9
1988	2657.5	2141.5	25.7	59.4
1990	2870.8	2590.3	27.0	60.1
1992	3030.8	2930.2	21.8	58.5
1994	3380.3	3317.9	20.2	54.3
1997	4201.6	3980.7	19.1	49.9
1999	4899.6	4124.3	17.6	50.1

资料来源：国家统计局农村社会经济调查总队：《中国农村统计年鉴 2000》，北京：中国统计出版社 2000 年版。

以上两个方面的资料表明，无论从当今世界各国农业发展水平的横向来看，还是从不同国家农业发展过程的纵向考察，农业在国民经济中份额的大小与农业现代化水平的高低存在着明显的负向关联。即对于不同的国家来说，农业现代化水平高的国家，农业比重则低；农业现代化水平低的国家，农业比重则高。对于同一个国家来说，农业现代化水平低的时期，农业比重则高；当农业现代化水平提高后，农业比重则下降。据此，现代农业外部结构的基本特征，我们可以归纳为农业的小部门化。换言之，在现代农业阶段，无论是在投入方面还是产出方面，农业所占的份额都很小，农业成为国民经济中一个很小的部门。

（三）农业外部结构演化的理论解释

1. 对农业现代化与农业比重负相关规律的补充说明

第一，农业比重与农业现代化的反向关联是一种整体性和趋势性变动规律，二者之间不存在严格的对应关系。从不同国家的横向比较来看，不能说，农业比重最低的国家，反映农业现代化程度的指标和各项数值就一定最高。这是因为：（1）不同国家由于资源禀赋的差异，农业技术进步的道路有所不同。有的国家在农业现代化进程中偏重机械技术的运用，有的国家则偏重生物技术的采用或人力资本投资。（2）表12—1所列的反映农业现代化程度的指标是个量指标，而非系统性指标。它没有抽象出涵盖不同国家农业现代化进程普遍特征的一般性指标。因此，二者之间不能作严格对比。尽管如此，如果我们把不同国家分为发达、欠发达和中等发达几个类别来作比较，二者之间的反向关联还是显而易见的。在纵向比较方面，也不能说农业比重在短期内的升降变化必然与农业中现代要素投入的降升变化严格对应。比如中国在1978年至1984年间，农业中现代要素的投入在增长，农业占国民收入的份额也在增长。这是因为，这一期间属中国农业恢复性增长的非常时期。这个时期过去以后或从长期来看，二者之间仍然表现为反向关联。

第二，农业比重下降与农业现代化水平提高是一个同步过程。在前面分析农业比重与农业现代化呈负相关关系时，我们把农业份额的下降列在前，农业现代化水平提高列在后，这并不是说，农业份额的下降是农业现代化水平提高的前提。如果把农业现代化不是理解为农业发展过程中的一次性质变，而是理解为由传统农业向现代农业的渐变过程，那么，农业比重下降和农业现代化水平提高就是同步推进的。实际情况是，传统农业的进步和农业剩余的出现，为工业化的起步提供了条件，工业化的推进一方面导致农业份额下降，另一方面又为农业现代化提供了条件，从而推动了农业现代化水平的提高。

第三，农业比重与农业现代化负相关规律若人为地予以违背，农业乃至国民经济的发展必然要走弯路，最终还须恢复到二者应有的规律性变动的道路上来。一个国家在农业比重很高的条件下，如果推行不适当的发展政策阻碍农业份额下降，那么，它要完成农业的现代化改造，则是相当困难甚至是不可能的事情。这一点已为中国改革前20多年农业发展的曲折历史所证明。即使在今天，50%以上的农业就业比重和70%以上的农业人口，仍然成为中国农业完成现代转型的重大障碍。农业现代化进程如果是不可违背的历史趋势，农业比重的下降也就具有不可抗逆性。钱纳里等人指出，"尽管在短期内可以观察到非工业化（或称荷兰病）现象，但是却难以找到发展中国家非工业化现象持续 10 年以上的例证"。① 一个国家如果在农业份额不断下降的过程中忽视农业的发展和现代化建设，必然要付出高昂的代价。20 世纪 50 年代，许多发展中国家在以工业为中心的发展战略指导下致力于工业发展，在实现了较高的工业增长率和农业份额下降的同时，却忽视了农业的现代化改造。有些国家甚至以损害农业来发展工业，结果是经济并没有真正得到发展，人民的生活没有得到多少改善，甚至连吃饭也成了问题。到后来不得不重新重视农业的发展和现代化建设。农业比重和农业现代化反向变动的这种不可抗逆性，是其规律的充分体现。

2. 农业现代化与农业比重负相关规律的原因分析

近代以来的科学技术革命是农业现代化与农业比重负相关规律存在的必要条件。农业比重下降与农业现代化水平提高是国民经济现代化进程在农业部门的表现，而现代化"发生于……对一种特殊的刺激——科技革命——有所反应的社会中"。② 以技术革命为先导，现代工业部门从传统的产业部门独立出来并迅速扩张。由于新兴的工业部门充分吸纳了科技进步的成果，使其生产率的增长大大快于传统的农业部门；另外又由于比较利益的差异导致农业资源特别是劳动力资源大量流入工业部门，从而造成农业份额的相对下降。希克斯（Hicks，John1987）在《经济史理论》一书中写道："众所周知，在本世纪内使无数国家的农业大为改观的那些技术改良正在减少从事于农业的人口的比例。在各种经济工作中曾经处于首位的农业，像其他工作一样，正在变成一个'行业'。"③ 技术进步在带来工业部门迅速扩张和农业份额下降的同时，也将其先进成果扩散到农业部门。当近代以来不断创造发明的机械技术、生物化学技术、管理技术运用到农业领域之后，农业的现代化过程也发生了。因此，科学技术革命是农业现代化水平提高和农业份额下降的基本原因和必要条件之一。没有近代以来发生的深刻的技术革命，就不会有工业部门的迅速扩张和农业份额的

---

① ［美］钱纳里等：《工业化经济增长的比较研究》，上海：上海三联书店 1995 年版，第 20 页。

② ［美］西里尔·E. 布莱克：《比较现代化》，上海：上海译文出版社 1996 年版，第 153 页。

③ ［英］约翰·希克斯：《经济史理论》，北京：商务印书馆 1987 年版，第 109 页。

下降，也不会有用现代技术装备起来的现代农业。

　　农业的产业特性是农业现代化与农业比重负相关规律存在的充分条件。首先，农业部门提供的产品是解决人们吃、穿问题的消费资料，最终多构成人们的生活必需品，而生活必需品的需求具有低收入弹性的特征。随着人们收入的增加，对农业部门提供的生活必需品需求的增加不断地落后于其他产业部门的需求的增加。需求结构的这种变化，最终必然引起国民收入在产业间相对比重的变化。需求高增长的非农产业部门又会形成对农业劳动力的强大吸引力，导致农业人口的非农转移和农业劳动力比重的下降。其次，农业是国民经济的基础。这种基础性一方面表现在由于其产品的特殊性使它成为一个社会的生存保障部门，另一方面它又是其他产业部门扩张的前提条件。没有稳定的和不断增长的农业，就不可能有其他产业和整个国民经济的顺利发展，甚至没有社会的安定和国家的安全。这样，在农业与工业和服务业相比的趋势性衰减中，社会不得不充分重视对农业的投入，从而农业的现代化进程也被推进了。

三　农业内部结构的演进

（一）农业内部结构的含义

　　农业内部结构，在一般的和抽象的意义上，可以界定为农业经济系统中不同构成因子之间质的联系和量的比例关系的总和。农业经济系统的构成，可以从不同的层面进行考察，因而，农业内部结构也可以从多个角度作出定义。

　　在农业投入的层面，存在着农业的投入结构。农业投入，即农业中使用的各种生产要素，包括土地、劳动、资本和技术四个类别。前两类土地和劳动是传统的或原始的要素，后两类资本和技术是现代的或新型的要素。依据传统要素和现代要素投入比重的大小，可以将农业投入结构区分为传统要素投入为主与现代要素投入为主两种结构类型。

　　从要素的使用方向、方式即生产活动的角度，可以考察农业的生产结构。从纵向来看，农业生产结构包括：农业生产的行业结构——农、林、牧、渔的构成；行业内部的产品结构，如种植业内部的粮食作物、经济作物、饲料作物的比例；以及各种产品的品种结构等。从横向即一个国家的不同地域来看，市场化和现代化的农业生产往往呈现出一种区域化特征，农业生产结构又表现为生产专业化特征明显的区域结构。

根据农业产出的使用去向，可以建立起农业产出结构这一概念。对于微观单位来说，农业产出可以分为自给性需求和市场性需求两个方面。农业产出结构因而也就存在着自给性需求为主和市场性需求为主两个类别。

（二）农业内部结构的演化趋势

1. 现代要素取代传统要素的投入结构变化

在舒尔茨看来，传统农业过渡到现代农业的根本途径，就是用现代农业要素取代传统农业要素成为农业的基本投入。"处于传统农业中的农民一定要以某种方式获得、采取并学会有效地使用一套有利的新要素。"从而使农业投资有利可图，把"农业改造成为一个比较廉价的经济增长的源泉"。[①] 现代农业要素取代传统要素的一个主要表现，就是农业资本对农业劳动的替代。"一旦现代产业部门吸收了农业中的大部分多余劳动力，资本的密集度……就迅速提高。""农业劳动力的持续转移，……促进了资本对劳动的替代和各种技术进步。"[②] 现代农业进程中资本对劳动的这种资源替代，已为钱纳里多国模型经济结构转变的历史事实所证实（见表12—4）。在钱纳里的多国模型中，经济发展水平包括农业现代化水平的高低，是用人均收入水平的高低来表示的。不同国家农业现代化水平的差异，是与现代要素和传统要素投入比重的不同相一致的。随着现代化水平的提高，单位产出中所使用的资本量不断增加，而所需劳动量却明显减少。

---

① ［美］西奥多·W. 舒尔茨：《改造传统农业》，北京：商务印书馆1987年版，第109、78页。

② ［美］H. 钱纳里等：《工业化和经济增长的比较研究》，上海：上海三联书店、上海人民出版社1995年版，第339、99页。

表 12—4　　多国模型农业部门每一单位总产出的资本和劳动需求

人均收入 （1970 年美元）	资本系数（单位产出 所需的资本数量）	劳动系数（每 100 万美元 产出所需劳动者数量）
140	1.00	3610
280	1.20	2150
560	1.44	1280
1120	1.72	685
2100	2.03	300
3360	2.18	163
5040	2.32	95

资料来源：［美］钱纳里等：《工业化和经济增长的比较研究》，上海：上海三联书店、上海人民出版社 1995 年版，第 316—317 页。

　　国外一些学者把用于公共部门农业研究的经费占农业 GDP 的比例定义为"农业科研强度"（ARI），并对 110 个国家的 ARI 作了估算（见表 12—5）。表 12—5 表明，从不同国家和地区的横向比较来看，已经完成农业现代化改造的发达国家，农业研究经费占农业 GDP 的份额较大，农业技术水平较高；还处在传统农业向现代农业过渡进程中的欠发达国家和地区，农业科研强度则较低，农业技术水平也相应较低。从纵向历史过程来考察，农业现代化水平的提高过程，也就是农业科研强度提高及其农业技术投入不断增长的过程。

表 12—5　　不同国家和地区农业研究经费占农业 GDP 的份额

	1961—1965 年	1966—1970 年	1971—1975 年	1976—1980 年	1981—1985 年
92 个欠发达国家	0.24	0.29	0.34	0.41	0.41
30 个低收入国家	0.22	0.21	0.27	0.36	0.35
16 个高收入国家	1.08	1.44	1.57	1.78	2.23
日本	1.29	1.48	1.96	2.22	2.89
澳大利亚	1.97	2.71	3.49	2.91	4.02
7 个西欧国家	0.72	1.13	1.51	1.76	1.99
美国，加拿大	1.60	2.11	1.67	1.92	2.42

资料来源：转引自牛若峰《中国发展报告：农业与发展》，杭州：浙江人民出版社 2000 年版，第 226 页。

2. 高收入弹性产品比重大幅提升和区域生产专业化的生产结构转变

从截面资料来看，凡是进入现代农业发展阶段的发达国家，农业内部结构中，高收入弹性产品的份额较大，而低收入弹性产品的比重则较小。比如，20 世纪 90 年代初，丹麦农业中畜牧业占据主导地位，其产值占农业总产值的 90%，谷物生产在国内的主要用途是饲料（520 万吨），食用只占很小一部分（46.5 万吨）。谷物种植业主要是为畜牧业服务的。[①] 1994 年，荷兰畜牧业和园艺业产值分别占农业总产值的 56.9% 和 28.4%，大田作物产值仅占 14.7%。凡处在传统农业向现代农业过渡中的发展中国家，农业中高收入弹性产品的份额相对较小，而低收入弹性产品的比重则较大。泰国、印尼和我国，1990 年粮食作物产值占农业总产值的比重分别高达 75%、60.9% 和 64.7%，畜牧业产值比重仅为 12%、10.6% 和 25.7%。[②]

从时间序列资料来看，随着农业现代化水平的提高，农业内部结构也在发生转变，低收入弹性产品逐渐减少其比重，高收入弹性产品的比重则趋于不断提高。1961—1994 年，世界人均肉类占有量以超过世界人均谷物占有量 0.95% 的年均速度增长。[③] 1978—1998 年，中国种植业产值在农业总产值中所占比重由 80% 下降到 56.2%，而林业、牧业和渔业产值所占比重由 20% 提升到 43.8%；粮食作物种植面积在农作物总面积中所占比重由 80.3% 下降为 73.1%，经济作物种植面积比重则由 19.3% 上升为 26.9%。

现代农业是建立在发达市场经济基础上的现代产业，成本、利润、价格是调节现代农业运行的基本经济杠杆。在这些经济杠杆的引导下，现代农业必然充分利用当地的地域特征，生产具有比较优势的产品。这样，就出现了同一产品集中连片生产和不同产品不同地域分布的区域专业化生产格局。

3. 市场需求导向的产出结构变化

现代农业是企业化、商业化农业，其生产目的已由传统农业的自给性

---

① 农业部国外农业调研组：《国外农业发展研究》，北京：中国农业科技出版社 1996 年版，第 27—28 页。

② 同上书，第 1—7 页。

③ 牛若峰：《中国发展报告：农业与发展》，杭州：浙江人民出版社 2000 年版，第 221 页。

消费转向利润最大化；现代农业又是具有较大组织规模（与传统小农相比）和先进技术特征的高生产率农业，因而其产品的绝大部分甚至一些产品全部是为了满足市场需求而生产的，自给性需求的比重很低。在约翰·梅勒（1988）等人看来，在完成现代化改造的农业发展的第三阶段，生产目标已由"家庭消费和生存"转为"收入和净利润"；农业产出已由"自给或半自给"转变成"商品性的"。① 他们的观点从一个侧面说明了现代农业以市场需求为导向的产出结构特征。以美国为例，1979 年其农业最终产品的商品率，大米为 99.5%，小麦为 96%，稞麦为 81%，玉米为 62%。1979 年在农场的全部产品中，只有 1.1% 是直接在农场内消费的，就是说，美国农民的消费几乎完全商品化了。②

（三）现代农业内部结构形成的决定因素

1. 工业化与城市化

随着工业化的推进和城市化水平的提高，农业劳动力和农村人口向非农产业和城市部门大规模转移。这在一方面打破了传统农业中过多劳动投入和过少资本、技术投入的低效率均衡，为农业部门形成高效率的资源替代创造出必要前提；另一方面，工业化又形成了现代农业要素的现实供给能力。工业化形成"较有利的要素—产品价格比率，增加农业生产者对机械和生物投入的需求"。"由于工业专业化和分工的进一步发展，新知识的应用造成效益提高的结果使工业部门生产的现代农业投入，如肥料、化学品、机械的成本降低。不断发展的工业经济还通过提高支持农业研究的能力、扶持农村普通教育和生产技能教育的能力、支持发展更有效的交通和通讯系统的能力、进一步加强为农村服务的自然和社会基础设施的其他方面的能力"，③ 从而使农业投入结构发生现代性转变成为可能。

从当今世界各国有关经验材料的比较中可以发现，处于工业化加速和

---

① 参见［日］早见雄次郎（速水佑次郎）、［美］弗农·拉坦《农业发展：国际前景》，北京：商务印书馆 1993 年版，第 17 页。

② 宣杏云、王春法等：《西方国家农业现代化透视》，上海：上海远东出版社 1998 年版，第 11 页。

③ ［日］早见雄次郎（速水佑次郎）、［美］弗农·拉坦：《农业发展：国际前景》，北京：商务印书馆 1993 年版，第 83—84 页。

城市化水平提高过程中的发展中国家，农业内部生产结构的转变较为明显。比如，20 世纪 60 年代以来，巴西、印度、越南和中国，人均肉类产量的增长幅度均高于人均谷物产量的增长幅度。已经实现工业化和城市化水平相当高的发达国家，农业内部生产结构的转换则趋于减缓。美、法、加、澳等国，20 世纪 60 年代以来，人均肉类产量的增长率与人均谷物产量的增长率基本接近，甚至前者略低于后者（见表 12—6）。

表 12—6　　不同工业化和城市化国家农业生产结构转变情况比较

（单位：公斤/人·年）

	农业内部结构*	1961 年	1994 年	增长倍数	增长倍数差
美国	人均谷物产量	891.3	1369.9	1.54	
	人均肉类产量	84.8	126.3	1.49	−0.05
加拿大	人均谷物产量	944.4	1612.9	1.71	
	人均肉类产量	76.1	102.9	1.35	−0.36
法国	人均谷物产量	456.5	932.2	2.05	
	人均肉类产量	68.7	106.3	1.55	−0.5
澳大利亚	人均谷物产量	872.4	1419.2**	1.63	
	人均肉类产量	136.8	190.5	1.46	−0.17
越南	人均谷物产量	254.3	329.1	1.29	
	人均肉类产量	8.8	17.8	2.02	0.73
印度	人均谷物产量	192.3	231.8	1.21	
	人均肉类产量	1.8	4.5	2.50	1.29
巴西	人均谷物产量	200.5	289.1	1.44	
	人均肉类产量	27.4	50.9	1.86	0.42
中国	人均谷物产量	163.4	328.4	2.01	
	人均肉类产量	2.9	37.1	12.79	10.78
世界	人均谷物产量	287.8	346.5	1.20	
	人均肉类产量	21.1	34.6	1.64	0.44

说明：*以人均谷物产量和人均肉类产量表示农业内部结构是粗略的。谷物产量增长的主要部分是饲料物产量的增长，而饲料产量增长与肉类产量增长具有一致性。**为 1992 年数据。

资料来源：根据农业部国外农业调研组《国外农业发展研究》表 1—5、表 1—7 中有关数据列出，北京：中国农业科技出版社 1996 年版。

农业和农村人口向城市非农产业部门转移，使一部分社会成员由农产品的生产者转变为单纯的消费者，必然扩大农产品的市场需求规模。在工业化过程中，以农产品为原料的工业部门的扩张对相关农产品产生不断增长的需求。同时，在工业化和城市化进程中，城市工业部门的工资水平不断提高，收入增长也是拉动农产品市场需求扩大的因素。没有工业化和城市化的推进，不可能有以市场需求份额提升为特征的现代农业产出结构的转变。

2. 经济增长

与工业化和城市化相比，经济增长是影响农业内部结构转变更为直接的因素。世界各国经济发展的经验表明，随着经济增长，"人均国民收入接近 1000 美元时，农业内部产业结构变化才能加速。因为，只有到了这样的水平，人们的收入水平提高才能形成一种相对高级食品更有利的消费模式，通过需求收入弹性对产业结构变革进行导向。也只有到了这个时候，才有可能在国内农业资源相对不足的国家，通过进口相当数量的农产品来为结构转换创造条件"。① 同时，在经济增长过程中，农业资本的形成能力才有条件大大提高，使资本要素成为相对于其他要素更为廉价的资源，从而导致农业投入中资本比重的提升和劳动份额的下降。莫斯利（Mosley，Paul）就此评论道，结构调整可能是中等收入国家消费的东西。"80 年代初世界银行结构调整政策的主要建立者之一把结构调整过程作为所有发展中国家都必须消费的东西，设计为适应于'现代发展的中心问题'。80 年代的经历使我们看清了，按照世界银行的意图所进行的结构调整是有针对性的，总体上是针对中等收入阶层的消费品。"②

3. 市场扩展和分工深化

农业市场的发展程度与农业的现代化水平是密切相关的。农业生产者面对着什么样的市场，决定着他们所从事的农业生产活动处于什么样的发展阶段，同时在很大程度上也决定了相应的农业内部结构。当农业生产者进行的是调剂余缺的日常交易时，其投入必然是低效率的传统要素；生产

---

① 周志祥：《农村产业经济》，北京：中国人民大学出版社 1995 年版，第 83 页。

② 引自［英］V. N. 巴拉舒伯拉曼雅姆、桑加亚·拉尔《发展经济学前沿问题》，北京：中国税务出版社、北京图腾电子出版社 2000 年版，第 270 页。

结构必然以维持生存需要的种植业为主；产出只能以满足自给性消费为主要目的，市场需求份额极小。随着交易范围的扩展，农产品的商品化程度提高，产出结构的现代化特征逐渐显现；市场范围的扩大会诱发农业生产者市场导向的生产安排，多样化和多变的市场需求必然带来生产结构的转变。远程贸易往往与高额利润相联系，农业收入由于交易范围的扩大和交易的经常化而大幅度增加，从而为农业部门的高效率要素替代准备起所需的经济条件。

在很大程度上，农业内部结构的转变，就是农业面对市场的发展和成熟而进行的适应性调整。正如莫斯利所认为的，结构调整是发展政策的一部分，它用于通过消除市场的不完善性来刺激经济的供给一方。[①] 根据市场范围决定分工和专业化水平的"斯密定理"，农业生产的专业化水平与农业部门的市场化程度必然是正相关的。随着市场半径的扩大和市场体系的完善，以专业化为特征的农业结构转变就会得到发展。

四　农业外部结构与内部结构的相关性

（一）内外部结构变动存在共同原因

决定农业外部结构变动的主要因素之一是国内最终需求构成的变化。恩格尔定律表明，国内最终需求的构成是收入变动的函数，而收入变化又是经济增长的函数。可见，经济增长不仅决定着农业内部结构的变化，而且与农业外部结构的变动不无相关。

工业化是决定农业内部结构发生一系列变化的根本因素，显而易见，它同时又是农业比重下降的先决性条件。没有工业部门的扩张，就不可能有非农就业机会的增长和农业劳动力的农外转移，因而也就不可能出现农业就业比重以及相应的产值比重的下降。影响农业外部结构变化的国际贸易比较优势的改变，也是由工业化进程所决定的。没有工业化水平的提高，不会产生制造业相对于初级产业的比较优势，因而也不会有由于制成品比重增长而带来的出口贸易中比较优势的出现。

---

① ［英］V. N. 巴拉舒伯拉曼雅姆、桑加亚·拉尔：《发展经济学前沿问题》，北京：中国税务出版社、北京图腾电子出版社2000年版，第9页。

技术进步，首先促成了工业部门的迅速扩张，进而改变了农业部门和非农产业部门的相对比重；凝结先进技术的工业制成品又成为农业中现代要素的供给源泉，成为农业投入结构现代化改变的重要的决定条件。

（二）外部结构转变对内部结构变动的影响

在高农业比重的外部结构条件下，农业内部结构不可能出现根本性转变。首先，高比重农业仍为传统农业，其生产以自给或满足生存需要为目的，农业剩余少，农业资本积累能力低。在这种条件下，不可能出现高资本含量和高技术含量的投入结构的重大转变。其次，大量人口沉积在农业部门，使农业部门首先成为生存保障部门而不是致富部门，这就决定了对收入变动反映较小的以种植业为主的生产结构。最后，在高农业人口比重的条件下，农业产出的很大部分为农业内部所消费，农产品的商品化率较低，农业产出结构必然以自给性需求占有较大比重为特点。

无论从世界各国农业发展的截面资料还是时间序列资料来看，只有当农业比重出现大幅度下降以后，才会有农业内部结构的较为明显的改变。前面指出，当今丹麦、荷兰这些国家，其农业生产结构均以高收入弹性产品为主。与此相应的是，它们的农业都已变成一个很小的部门。丹麦的农业就业比重，在20世纪90年代初就降到6%以下。荷兰的农业人口占总人口的比重，1998年仅为3.6%。1961—1994年，在世界人均肉类占有量以超过世界人均谷物占有量0.95%的年均速度增长的同时，世界农业劳动力占社会劳动力比重却以年均0.9%的速度下降。

农业外部结构对内部结构变动产生影响的原因在于，第一，农业份额下降的过程，是工业化水平不断提高、资源从边际生产率低的传统部门向边际生产率高的新兴产业部门转移的过程，在这一过程中，国民收入实现了较快增长，国民的食物结构相应地发生了改变，优质食物相对于低质食物的需求提高了份额。食物结构的这一变动，成为影响农业资源配置方向的基本市场信号，诱导了农业内部低收入弹性产品比重下降和高收入弹性产品比重上升的生产结构变化。第二，农业内部结构的转变与农业自身的商业化程度相关。在自给自足的条件下，农业不会太多地去关注市场需求结构的变化；只有在商业化因素提高之后，农业才会跟随市场需求变化调整生产结构。农业外部结构转变，是农业实现商业化的必要条件。只有农业人口的大规模转移，才会有农产品市场规模的扩大和农业产出结构的转换，才会有农业资源的市场化配置和农业的企业化经营。第三，在农业外部结构转变过程中，农业技术创新和技术推广能力提高，使农业内部投入结构的转变成为可能。

（三）内部结构转变对外部结构变化的影响

如果说外部结构对内部结构的影响，主要表现为外部结构转变在很大程度上是内部结构变动的前提，那么，内部结构对外部结构的影响，则主要是内部结构的合理转变可以推动和加速外部结构的转变。

当农业内部的投入结构发生现代化转变时，农业要素的生产率提高，农业产出增长，工业部门扩张产生的食品需求的增长就可以得到保障，农业劳动以及其他农业资源向非农部门转移也就具备了现实可行性。农业内部生产结构的转变，可以保证农产品加工业和其他涉农产业的原料需求，有利于工业部门的扩张和增加非农就业机会，从而成为加速农业劳动力转移和农业外部结构转变的积极因素。

五 农业内外部结构演进的政策含义

中国经济已开始进入到工业化的中期阶段。工业化中期阶段，是经济结构转变的一个重要时期，也是农业发展的一个非常关键时期。如何抓住这一有利时机，促进中国农业的革命性发展，是关注中国农业改革的许多有识之士高度重视的问题。农业外部结构和内部结构的演变趋势，为在工业化中期阶段推动中国农业的合理化发展提供了有益的启示。

第一，在经济发展的现阶段，应积极推进中国农业的现代转型。所谓现代转型，就是农业"一低一高"的转变。"一低"即农业比重的降低，其中具有决定性意义的是农业就业比重的降低。农业的这"一低"变化具有双重的积极效应。其一，有利于加速整个国民经济的增长。因为，"劳动和资本从生产率较低的部门向生产率较高的部门转移，能够加速经济增长"，"增长较快的国家倾向于有较快的结构转变率"。① 其二，有利于打破农业部门资源配置的低效率均衡。过多的劳动投入与过少的资本、技术投入的均衡是传统农业资源配置的基本特点，也是传统农业低效率的根源。要实现对传统农业的改造，就应打破这种均衡。这依赖于资源两方面的流动：剩余劳动力流出农业部门和资本技术等要素流入农业部门，从而在农业部门形成高效率的要素替代。因此，加速农业剩余劳动力非农转移，降低农业就业比重，应成为促进中国农业发展的重要内容。"一高"即农业现代化水平的提高。对于发展中国家而言，农业现代化是国民经济现代化的难点和关键。没有农业的现代化，也就不可能有其他方面的现代化。农业的现代化建设应成为中国现代化建设的重点。农业现代化与农业比重负相关规律表明，农业的"一低一高"之间存在着一种相互制约关系。如果要不断地提高中国农业现代化水平，就应加速农业剩余劳动力的转移和农业就业份额的下降。舍此，则难以有农业现代化目标的实现。

第二，农业现代转型与粮食总量增长目标之间是可以协调的。鉴于巨大的人口压力和经济快速增长对粮食需求的增加，粮食总量的增长成为中国当前和今后农业政策的首要目标之一。《关于国民经济和社会发展"九五"计划和 2010 年远景目标纲要的报告》中指出，粮食生产具有特殊的重要性。"为了满足经济发展和人民生活的需要，一定要保证粮、棉、油等基本农产品稳定增产。……2000 年粮食总产量要保证达到 4900 亿公斤，力争达到 5000 亿公斤。"农业的现代转型，即农业"一低一高"的转变，是否会冲击粮食总量增长的目标呢？如果农业的现代转型只有"一低"的变化，或由于"一低"变化而带来的产量损失大于"一高"变化带来的产量增长，这种冲击就是存在的。农业现代化与农业比重负相关规律告诉我们，这种冲击至少是有消解途径的。农业份额下降与农业现代化水平提高的同步过程，实际是农业中高效率资源对低效率资源的替代过程，或者说是低质态农业向高质态农业、低生产率农业向高生产率农业的转换过程。对工业化期间农业资源流出可能带来的农业停滞的担心，是只看到了问题的一半。不应忽略的另一半是，与此同时农业现代化进程的

---

① ［美］钱纳里等：《工业化经济增长的比较研究》，上海：上海三联书店 1995 年版，第 22、265 页。

加快。世界各国农业发展进程表明，农业现代化水平的提高对农业增长的贡献日益突出。从 1950 年到 1989 年，世界农业生产每年以 2.86% 的速度增长，而农业劳动人数年均增长率为 1.23%，耕地面积仅增加 0.5%。农业生产的较快增长主要源于机械技术和生物化学技术的广泛采用。这就告诉我们，农业的现代转型不是有碍于而是有利于粮食总量的增长。不应把粮食总量的增长建立在传统农业粗放经营的基础上，而应建立在现代农业集约化经营的条件之上。农业现代转型与粮食总量增长目标之间的一致性，是农业现代化与农业比重负相关规律存在的基本条件，也应成为加速中国农业现代转型的可行性依据。

参考文献

［英］V. N. 巴拉舒伯拉曼雅姆、桑加亚·拉尔：《发展经济学前沿问题》，北京：中国税务出版社、北京图腾电子出版社 2000 年版。

［美］西里尔·E. 布莱克：《比较现代化》，上海：上海译文出版社 1996 年版。

［德］弗里德里希·李斯特：《政治经济学的自然体系》，北京：商务印书馆 1997 年版。

［美］约翰·梅勒：《农业经济发展学》，北京：农村读物出版社 1988 年版。

牛若峰：《中国发展报告：农业与发展》，杭州：浙江人民出版社 2000 年版。

农业部国外农业调研组：《国外农业发展研究》，北京：中国农业科技出版社 1996 年版。

［美］H. 钱纳里：《工业化与经济增长的比较研究》，上海：上海三联书店、上海人民出版社 1995 年版。

［美］H. 钱纳里：《结构变化与发展政策》，北京：经济科学出版社 1991 年版。

［美］H. 钱纳里、［以］M. 赛尔昆：《发展的型式 1950—1970》，北京：经济科学出版社 1988 年版。

［美］西奥多·W. 舒尔茨：《改造传统农业》，北京：商务印书馆 1987 年版。

［美］西奥多·W. 舒尔茨：《论人力资本投资》，北京：北京经济学院出版社 1990 年版。

［美］M. P. 托达罗：《第三世界的经济发展》，北京：中国人民大学出版社 1988 年版。

［英］约翰·希克斯：《经济史理论》，北京：商务印书馆 1987 年版。

宣杏云、王春法等：《西方国家农业现代化透视》，上海：上海远东出版社 1998 年版。

［日］早见雄次郎（速水佑次郎）、［美］弗农·拉坦：《农业发展：国际前景》，北京：商务印书馆 1993 年版。

周志祥：《农村产业经济》，北京：中国人民大学出版社 1995 年版。

第十三章

开放条件下的农业结构转变*

一　农业开放的结构效应

（一）农业开放结构效应的含义

库兹涅茨（Kuznets，S. S. 1989）指出："各个国家并不是孤立地生存，而是互相联系的，所以一个国家的增长会影响其他国家，反过来，它也受到这些国家的影响。因而，经济增长除了可以从总量上和结构上来考察外，还应从国际因素影响的角度来考察。"① 同样，一个国家的产业结构包括农业结构也不是一种孤立存在。从历史上看，它是逐步由相对封闭走向开放的。随着社会生产力和社会分工的发展，一国产业结构的演进达到一定程度，就会跃出国界，首先与周边相邻或相近的国家产业结构体发生联系，进而与其他国家的产业结构相互关联。一国只要存在着对外经济关系，其产业结构就必然是一个开放体系，无非是开放或与外部产业结构联系的程度有所不同而已。在当代国际经济一体化、集团化乃至全球化的背景下，一国产业结构对国际经济环境的依赖性进一步加强，与其他国家或世界整体产业结构之间的联系和互动更为紧密。

在国际间产业结构相互联系和互动影响的前提下，一国农业结构的转

---

　　* 本章收录的是作者承担的山东省哲学社会科学规划重点课题"农业国际化对我国农业现代化进程影响的研究"（批准号：01BJJ35）最终成果《开放条件下的中国农业发展》（中国社会科学出版社 2004 年版）中的第六章《农业国际化与农业结构转变》。收录时保留了原文的观点和数据，题目和文字有改动。

　　① ［美］西蒙·库兹涅茨：《现代经济增长》，北京：北京经济学院出版社 1989 年版，第 1 页。

换与升级，就不仅是本国需求结构、供给条件和技术进步等因素变化的函数，同时，与农业的开放程度存在着不可分割的联系。就是说，农业的国际化，也是影响其农业经济结构的一种十分重要的变量。这就表明，加入世界贸易组织而带来的农业的国际性开放，必然为农业结构转变增添新的动因，必然有利于农业结构的调整和优化。在本章，我们试图从理论上揭示出农业国际化对农业结构影响的具体表现和内在机制。

如果说，农业开放是影响农业结构转变的一个重要因素，那么，一个简单的推论就是，在农业结构调整的过程中，就不应将着眼点仅仅局限于国内，而应充分利用国际经济环境这一巨大的资源调配空间，来实现本国农业结构的转化、升级与整体产业结构的重组。从国际经验来看，哪个国家善于利用外部环境，其产业结构就可以更好地获得优化调整；否则，产业结构的调整进程就会受到影响。美国产业结构的调整就不是在国内而是在全球范围内进行的，它将一些"夕阳"产业以及一些"朝阳"产业的"夕阳"环节，转移到其他国家，自己集中力量发展高新技术，使美国经济出现持续多年的增长。英国过去为了淘汰纺织工业而进行的产业结构调整，付出过沉重的代价，造成了大量的失业，原因是其产业结构的调整是在英国本土上进行的。

（二）农业开放结构效应的原因

如何建立起农业国际化对农业结构转变影响的理论分析模型？钱纳里等人在克拉克（Glark，G.）和库兹涅茨研究成果的基础上，深入揭示了产业结构变动的一般趋势，并归纳了解释结构转变基本过程的各种假说。他们把这些假说分为三组："需求说"、"贸易说"和"技术说"。① 就是说，钱纳里等人把需求结构、贸易结构和技术进步等因素的变化，看作影响产业结构演进的基本因素。前人关于结构转变问题的已有研究成果，是我们开展农业国际开放对农业结构转变影响问题分析的出发点，也是确立农业国际开放与农业结构转变两者之间相关性的基本理论依据。

农业国际开放对农业结构的影响，一方面，无疑会由对需求、贸易、

---

① ［美］H. 钱纳里等：《工业化与经济增长的比较研究》，上海：上海三联书店、上海人民出版社 1995 年版，第 59 页。

技术等决定结构的一般因素的变化引起，由这些因素的变化进而影响到农业结构，这是一种间接影响；另一方面，农业国际化也会产生一些新的结构影响变量，对农业结构变动产生直接影响。概括起来，农业国际开放的结构效应与如下几个方面因素的变化有关。

农业资源供给条件的变化。农业国际开放将从两个方面引起本国农业资源的供给变化。首先，农产品国际贸易在农业国际开放过程中将得到发展，而国际贸易是建立在各国生产比较优势基础上的，比较优势又是由各国的资源禀赋状况决定的。国际贸易的加强，将使各国的优势资源得到充分利用，劣势资源由于产品的进口而间接获得补充。其次，各国拥有的生产要素是不同的，任何一个国家都不可能在任何要素上都占有比较优势，这就造成了各国之间生产要素结构的差异，从而产生了国际间生产要素流动的必要性。农业国际开放减少了农业资源国际间流动的人为障碍，无疑会加速农业要素在不同国家之间的流动。这将有利于改变国际间由于自然禀赋和发展程度所造成的资源结构差异。对于发展中国家来说，资本是其最为稀缺的资源之一。国际开放将会导致国际资本的更方便进入，从而使本国落后的资源结构得到改善。如果国际开放带来国际间劳动力更大量和更经常地流动，这对一个国家劳动力资源状况将会产生十分重要的影响。这种影响主要不是发生在劳动力数量规模的变动方面，而是发生在劳动力质量的改进方面。"当一个经济向移民开放时，该经济中的工人将被赋予一个新的机会集和一个新的激励结构。尽管机会的扩大导致了人力资本的流失，而修正的激励结构导致人力资本的形成：国外的本国技能工人的高报酬推动了本国中更多的技能工人的形成。……当移民机会出现时，接受教育的本国劳动力的比率将会高于缺乏移民机会时的。"[①] 资源供给条件是决定一个国家产业结构的最基本的因素，资源供给结构的改变，必然会引起经济结构的变动。如果农业国际开放对一个国家资源结构的影响是积极的，那么，农业国际开放就会导致农业结构的优化与升级。

农业技术进步的加速。技术水平是产业结构形成和变动的基本决定因素。从国际范围来看，技术落后的国家，其产业结构是以初级产品生产为

①　［以色列］阿沙夫·拉辛等：《全球化经济学——从公共经济学角度的政策透视》，上海：上海财经大学出版社 2001 年版，第 439 页。

主的低层次结构；技术先进的发达国家，其产业结构的特征则表现为以制成品和高技术产品的生产占有主要比重。当今世界信息技术和生物技术的迅猛发展，使世界经济面临着一次新的产业结构升级的浪潮。从一个国家来看，技术进步快的部门，正是其发展迅速的新兴产业部门；而传统产业部门则是与技术相对落后甚至停滞相联系的。产业结构的非均衡发展是由技术水平的部门差异所决定的。在《经济全球化下的农业技术进步》一章中，我们考察了农业开放的技术效应。农业国际开放可以从国内和国外两个方面改变农业技术的供给源泉，使国内农业技术的供给曲线显著右移；同时，提高了农业新技术应用的有利性，极大地刺激农民对新技术的需求。只要农业技术政策适当，与国际开放前相比，国内农业技术进步的速率会加快。如果说，技术进步与产业结构的变动相关，农业的国际开放又必然加速农业技术进步，那么，就无法割裂农业国际开放与农业结构乃至整体产业结构变动间的相关性。

农业生产国际分工的发展。资源禀赋和技术水平的差异，是国际间产生分工的主要根源。农业国际开放，由于降低了资源和技术在国际间转移的门槛，因而有利于加速资源、技术的国际性流动和改变各国间资源与技术的分布状况。资源和技术拥有状况的变化，必然改变一个国家在国际分工中的地位。就是说，农业国际开放必然会影响到农业生产的原有国际分工格局。产业结构的演化和国际分工的发展有着密切的内在联系。国际分工是建立在不同国家资源、技术利用比较优势基础上的，而比较优势的发挥总是与特定的产业形态联系在一起的。比如，资本相对丰裕的比较优势与资本密集型产业的相对发达共生，而比较优势为劳动力资源丰富则与劳动密集型产业的比较发达相联系。农业国际开放所引起的农业国际分工的动态演化，必然导致各国生产的相对优势的改变，进而使优势产业存在的基础变化，最终使产业结构发生转变。

农业市场需求的变化。农业国际开放对本国农业市场需求会产生重大影响。这种影响表现在两个方面。（1）农业国际开放将促进农业国际分工的发展，建立在国际分工基础上的各国农业，就具有相互依存的互补性。在互补性贸易的前提下，农业国际开放就意味着本国具有比较优势的农产品市场需求的扩大，因为除了本国市场之外，它还会获得一个新的更大的国际市场。（2）农业国际开放同时意味着本国无比较优势产品生产规模的缩小甚至放弃。这样，原来由本国生产并供应的一部分农产品的国内市场不得不让与国外厂商，农业国际开放又是国内农产品市场需求的一个减弱过程。农业国际开放从总体上究竟是扩大还是缩小本国农产品需求，取决于国际开放后本国农业生产比较优势的大小，或者本国农业在国际分工体系中所处的地位。需求变化是产业结构变动的最深层次的根源。国际开放后，具有比较优势的产品、行业将会由于市场空间的扩大而加大产业规模；相反，原来生产的无比较优势的产品、行业则不得不缩减产业规模。产业结构因国际开放的发展而变化。

农业生产国际竞争的加剧。农业的国际开放，把各国相互割裂的农业市场整合为一个统一的世界市场，使各国农业生产者在同一市场上面对共同的农产品消费者，这就大大增强了农业生产者面临的市场竞争压力。具有竞争优势的农业生产者将在国际化中获得较大的市场份额，并使其所在的产业部门发展壮大；而无竞争优势的农业生产者，国际开放最终将迫使其退出所在的产业部门，并使所在产业的存在规模缩小。与其他农业国际开放结构影响因素相比，国际竞争对国内农业结构变动的影响更为直接，更为强烈，也更为痛苦。"全球化、资本主义生产与交换关系的国际扩展，是一个具有破坏性的、痛苦的过程。实施北美自由贸易协定的恶果将在未来几年内暴露出来。墨西哥的农民作为一个阶级将最终消失，因为来自美国谷物生产者的大规模竞争把他们从土地上赶走。"[①]

（三）农业开放结构效应的实现机制

理论上讲，农业国际开放可以通过上述若干因素的变动对农业结构产生影响，在现实中，这种影响还必须借助于一定的途径或机制来实现。

农产品国际贸易。更加开放的农产品国际贸易是农业国际开放的基本方面，也是农业国际开放对农业结构产生影响的基本途径之一。农产品国际贸易对农业结构是一种间接性的影响。第一，农产品国际贸易首先影响的是市场需求、国际竞争和农业技术等因素的变化，通过这些因素的变动改变国内资源投入的方向与规模，进而引起产业结构的转变。第二，农产

---

① ［美］阿瑟·麦克艾文：《全球化与停滞》，转引自雷达、于春海《走近经济全球化》，北京：中国财政经济出版社 2001 年版，第 64 页。

品国际贸易与农业资源供给、农业国际分工之间也是一种间接性联系。国际贸易的基础是产品生产的比较优势，而比较优势一方面是由国内资源结构的特点所决定的，另一方面又决定了本国在国际分工中的地位。随着国际贸易的发展，比较优势在发生转化，即一国的资源供给条件和它在国际分工中的地位随着国际贸易的发展而改变。资源供给条件和国际分工地位的变化与产业结构变动之间是同一事物的两个方面。

农业要素的国际化配置。农业国际开放消除或减少了农业要素国际间流动的人为屏障，在一定程度上为农业要素的国际化配置提供了可能。农业资源的国际化配置，首先将提高全球农业资源的利用效率，同时也将极大地改变全球农业结构。各国农业作为全球农业的一个有机组成部分，其结构形态必然在世界农业结构的变化中相应地发生转变。农业要素的国际性流动，是农业国际开放最为重要的内容，其对一国农业结构的影响是非常明显的，与农产品国际贸易相比，其作用也更为直接。如果农业要素的国际性流动将在农业国际开放过程中实际发生，那么，一国乃至世界农业结构的变动也就是必然出现的结果。或者说，农业要素的国际化配置，是农业国际开放过程中农业结构发生演变的更为重要的途径。

二　农业开放与农业外部结构转变

（一）国际开放与比较优势演化

在开放的国际经济环境中，各国的生产方式由比较优势决定。在李嘉图（Ricardo, David）比较优势概念的基础上，赫克歇尔（Heckscher, E. F.）和俄林（Ohlin, B. G.）对国际经济关系中比较优势的来源作出了正统的说明。赫克歇尔和俄林认为，生产产品要用各种生产要素，所有生产要素都会影响产品的成本。同时，不同产品需要不同的生产要素组合。有些产品生产的技术性较高，要用大量的资本性投入，这些产品可以称为资本密集型产品；有些产品的生产主要是手工操作，需要大量的劳动力，这些产品则为劳动密集型产品。在特定时期内，各国生产要素的比例结构是不同的。赫克歇尔和俄林指出，各国应该集中生产并出口那些能够充分利用本国充裕要素的产品，以换取那些需要密集使用其稀缺要素的产品。这样，可以提高各国的资源利用效率，使参与国际经济交往的各国获益。约翰·梅勒指出：

"一个国家在某种产品的生产上具有明显的比较利益，就应该完全地加以开发。外汇应该用于迅速发展基础结构。保持和提高这种产品的生产效率，这转而又为其他产品的多样化发展提供了经济动力。"①

卢卡斯（Lucas，R. 2003）在肯定各国生产其人力资本投入最适于生产的商品条件下具有比较优势的同时，注意到，在一段时间内，决定一国最初商品组合的比较优势会随人力资本的积累而得到强化。② 就短期来说，确是如此。但在长期，各国的比较优势并不是恒定的，而是随着经济进步在发生转化。这是由于：第一，在经济发展的客观进程中，一国的资源结构会相应地发生变动。库兹涅茨和钱纳里等人的研究表明，在经济发展过程中人口会有所增长，但人口总量的增长速度远远低于技术存量和资本存量的增长速度。由于土地的数量是不可改变的，因此，随着发展的推进，一国的资源结构必然从偏重土地和劳动力向偏重于技术和资本转化。资源结构的这种转变，必然导致生产的比较优势由土地和劳动密集型产品转向资本、技术密集型产品。第二，发展中国家在赶超型发展战略的驱使下，也不会满足于由静态资源结构所决定的不利的国际分工格局。经济学家们注意到，建立在静态比较优势基础上的国际分工体系，可能在技术方面对发展中国家产生一种"锁入效应"。即如果一国专业化生产某种学习速度低的初级产品，不仅会拉大其与发达国家的技术差距，甚至可能低于它在自给自足时的技术进步率。因此，发展中国家政府会采用鼓励引进外资、加大智力投资等政策，开发稀缺资源，使劣势变为优势。发展中国家的发展政策因而也成为引致其比较优势转变的一个重要决定因素。

国际开放与国际间生产比较优势的转变存在着一定的相关性。首先，比较优势存在于各国经济相互联系、相互依从之中。没有国际经济间的相互开放，就没有各国之间的比较优势问题的存在。其次，如果说资源结构变动是比较优势转变的基本决定因素之一，那么，国际开放就是比较优势变动的重要的相关变量。因为，国际开放通过要素在国际间的自由流动有利于改变一国的资源结构，特别是某些稀缺资源的存量。再次，比较优势

---

① ［美］约翰·梅勒：《农业经济发展学》，北京：农村读物出版社1988年版，第106页。
② 参见谭崇台主编《发展经济学的新发展》，武汉：武汉大学出版社1999年版，第407—420页。

的发挥必须依赖于市场机制，而经济国际开放，从一个侧面来讲，就是市场经济体制的国际一体化。参与国际化，必然强化市场机制在资源配置方面的职能。最后，国际开放加大了不同经济体之间的竞争。从积极的方面来看，国际竞争压力的加大有利于加速国内经济的发展，有利于国内的技术进步和资本积累，从而有利于比较优势的转变；从消极的方面来看，竞争也可能被对手打败，原有生产方面的比较优势为竞争对手所取代。

（二）比较优势演变与经济结构升级

比较优势变化的直接后果是经济结构的转变。当一国处在农产品和初级产品生产比较优势阶段时，这个国家的资源将主要被用来生产农产品和初级产品，并出口农产品和初级产品以换取制成品，农业和初级产业在生产、就业和出口中就会占有较大比重。随着经济发展和收入水平的提高，每个劳动力可用工业资本量增加，工资水平将逐渐上升，劳动力被不断地吸收到制造业部门，生产的比较优势逐渐向加工产业品和工业部门转移，制成品和制造业在生产、就业和出口中所占的比重相应提升。随着制造业中资本密集程度的提高，一国制成品的生产与出口，将逐渐从非熟练劳动密集向熟练劳动密集进而向资本和技术密集过渡。其时，一国的经济结构就完成了以农业为主向工业为主的转变。

1. 世界各国的截面资料

在《发展的型式 1950—1970》一书中，钱纳里和赛尔昆（1988）选择了 27 个变量定义的 10 个基本过程，来描述经济发展中结构转变的一般过程。通过运用统一的回归方程，对 101 个国家约两万个数据的处理，得出每一结构变量随人均收入增长而变化的逻辑曲线，从而揭示出经济发展过程中结构变化的标准形式。由于这一形式是根据世界大多数国家 1950—1970 年经济结构变化的经验统计材料得出的，因此，可以称其为经济结构变化的多国模型。这一模型揭示了经济结构转变的一般规律和基本趋势。[①]

在钱纳里和赛尔昆经济结构转变的多国模型中，经济发展程度是以人均国民收入水平的高低来表示的。该模型表明，人均收入水平的差异，或者说经济发展程度的不同，与不同产业间份额的大小存在着密切的关系。

---

① 参见本书第十一章。

如果说经济发展水平的变动会引起比较优势的变化，那么，钱纳里和赛尔昆多国模型中的经济发展差异即人均收入水平的不同，就可以同时用来反映比较优势的区别。因为，人均收入水平的增长必然带来人均资本占有量的提高。比较优势变动对经济结构转变的影响，在钱纳里和赛尔昆多国模型中间接地得到证明。

2. 东亚地区的时序数据

比较优势变化和经济结构转变之间的相关性，在日本和东亚新兴工业化国家或地区的经济发展进程中可以进一步获得验证。从表13—1中可以看出，日本、韩国和中国台湾地区农产品的"显示"比较优势指数，随着时间的推移而不断下降。20世纪50年代，中国台湾地区农产品占出口总额的比重相当于世界平均水平的约两倍半，而到了20世纪80年代中期，该项数值已降到世界平均水平的一半。近一百年来，日本农业的"显示"比较优势指数也是一直在下降的。到20世纪80年代中期，日本农产品占出口的比重只相当于世界平均水平的1/10。与农业比较优势下降的历史进程相关联，是这些国家和地区农业相对重要性的急剧下降和整体经济结构的转变。由经济发展初期农业在国内总产值、社会就业和出口等方面占有优势比重，当逐渐向农业的小部门化方向演变时，比较优势逐渐被加工业部门所取代。

表13—1　　日本、韩国和中国台湾农产品的比较优势变化与农业比重变化

国家或地区	年份	比较优势指数 *	年份	GDP比重（%）	就业比重（%）	出口比重（%）
日本	1899	>1.0	1880	38	74	63
	1954—1956	0.4	1900	29	60	30
	1964—1966	0.3	1920	22	51	23
	1971—1973	0.2	1939	15	42	18
	1976—1978	0.2	1960	13	33	11
	1982—1984	0.1	1970	6	19	5
	1985—1986	0.1	1980	4	11	2
			1987	3	8	1

国家或地区	年份	比较优势指数*	年份	GDP 比重（%）	就业比重（%）	出口比重（%）
韩国	1954—1956	2.7	1956	46	—	89
	1964—1966	1.6	1960	40	66	56
	1971—1973	0.7	1970	26	50	17
	1976—1978	0.6	1980	15	34	10
	1982—1984	0.5	1987	12	20	5
	1985—1986	0.3				
中国台湾	1954—1956	2.6	1953	38	56	92
	1964—1966	2.1	1960	33	50	68
	1971—1973	0.8	1970	18	37	21
	1976—1978	0.7	1980	9	20	9
	1982—1984	0.6	1987	6	15	6
	1985—1986	0.5				

  *指"显示"比较优势指数，即一个国家某种商品占其出口总值的份额与世界该类商品占世界出口份额的比率。

  资料来源：〔澳〕基姆·安德森：《中国经济比较优势的变化》，北京：经济科学出版社1992年版；陈武：《比较优势与中国农业经济国际化》，北京：中国人民大学出版社1997年版。

3. 中国的时序资料

表13—2表明，从1965年到1987年，中国农产品的比较优势明显地下降了，"显示"比较优势指数由2.1降为1.3；而纺织品和服装的比较优势却获得大幅度提升，由3.3上升为6.5。同期，其他制成品的比较优势也增长了。与中国经济中比较优势转变的历史进程相对应，是国民经济结构中农业份额的显著下降。（见表13—3）1978年，中国农业增加值占国内生产总值比重与农业劳动力占全社会劳动力比重分别为28.4%和70.2%，到1997年，这两项数值分别下降为19.3%和46.6%。

表 13—2　　中国农产品、纺织品与服装及其他制成品的比较优势*

年份	农产品	纺织品与服装	其他制成品
1965—1969	2.1	3.3	0.44
1970—1974	2.3	3.4	0.48
1975—1977	2.2	3.9	0.46
1978—1980	1.9	4.6	0.48
1981—1983	1.6	5.0	0.47
1984—1986	1.4	5.1	0.47
1987	1.3	6.5	0.49

*比较优势由"显示"比较优势指数表示。

资料来源：陈武：《比较优势与中国农业经济国际化》，北京：中国人民大学出版社 1997 年版。

表 13—3　　　　　中国农业占国内生产总值和就业的比重（%）

年份	农业增加值占 GDP 比重	农业劳动力占社会劳动力比重
1970	—	80.8
1978	28.4	70.2
1982	34.0	67.8
1987	28.3	60.0
1992	23.6	58.6
1997	19.3	46.6

资料来源：《中国农村统计年鉴（1998）》，第 33 页。

（三）农业开放与农业的小部门化

综前所述，经济的高度开放，由于比较优势原理的充分利用和随着时间推移比较优势的演变，必将加速一国经济结构的转变与升级。虽然经济国际开放对不同国家经济结构的影响会表现出差异，但它与经济结构演变之间的相互关联性是不可割断也不能低估的。甚至可以说，经济国际化和经济全球化浪潮的兴起，就是当今世界范围内经济结构的重新整合。这种整合必然影响到参与国际化的各个不同的经济体。农业国际开放是一个国家整体经济国际化的一个重要部分，因而，它无疑会成为一国经济结构转变的重要影响力量。从整体经济结构的层面来看，这种影响的突出表现就是农业的小部门化趋势。

杨桂芳、李海静和 T·鲁瑟福特（2001）的一项研究表明，中国（包括台湾省）加入 WTO 之后，将不可避免地引起劳动力在部门之间的转移。如表 13—4 所示，加入 WTO 之后，就业量增加最多的行业是服装业，就业量的增加大于 50%。其次是电子和纺织业。就业量下降最大的行业是汽车业，就业量下降份额大于 30%。农业部门的就业量也将下降，特别是土地密集的种植业部门。李善同、王直等人（2000）的一项模拟分析表明，中国加入 WTO，由于经济结构的调整，大约 960 万农业劳动力需要转移到制造业和服务业部门。同时，由于中国产业结构将向着更加偏向于劳动密集型的方向发展，所以，与加入 WTO 前相比，每年可多转移50 万个农业劳动力到非农产业部门。这两项研究的结论与我们前述分析所得出的结论是一致的。

表 13—4　　　中国和中国台湾地区加入 WTO 后的就业转移

（相对于中国和中国台湾地区没有加入 WTO 的就业百分比变化）

	2005 年	2010 年
纺织品	5.0	5.3
服装	60.2	56.6
电子	5.2	8.9
轻工业产品	1.8	4.5
公用事业和服务	2.1	1.5
农业部门 I [*]	−3.2	−2.4
农业部门 II [*]	−0.2	−0.1
汽车和零部件	−34.6	−35.3
采矿业	−0.6	0.2
机械和半成品制造业	−1.7	−0.2

[*] 农业部门 I 包括大米、小麦、其他谷物、种植纤维、其他非谷物作物和加工食品；农业部门 II 包括家畜产品、肉类和奶制品、渔业和林业。

资料来源：文贯中等主编：《WTO 与中国：走经济全球化发展之路》，北京：中国人民大学出版社 2001 年版，第 141—142 页。

三　农业开放与农业内部结构转变

（一）国际开放与农业投入结构变化

直至今天，为数众多的发展中国家其农业部门仍然是相当落后的。这种落后性的一个突出表现，是它们的农业仍以传统性要素的投入占有相当大比重。正如舒尔茨（1987）所说的，它们的农业还是"以农民世代使用的各种生产要素为基础的农业"。[①] 在发达国家的农业部门，则以资本和技术含量较高的现代要素为其主要的投入品。如果从投入结构来考察，传统农业向现代农业的转变过程，就是现代农业要素取代传统农业要素成为主要农业投入的变化过程。农业的国际开放，将会成为加剧农业投入结构现代化转变的积极因素。

土地与劳动投入的增加是传统农业增长的两大源泉。在土地资源既定的条件下，劳动就成为传统农业增长的主要依赖条件。农业国际开放会在两个方向上对发展中国家农业部门的劳动需求产生影响。（1）从理论上讲，在开放的国际农业环境中，发展中国家农业的比较优势会集中在其丰裕且廉价的劳动力资源密集的产品和行业上。如果这种比较优势不仅使它们保住了国内市场，而且也拓展出更大的国际市场，那么，农业国际开放对发展中国家农业劳动力就意味着更大的需求。在事实上，农业国际开放对发展中国家农业劳动力需求的影响远非这么简单。这是因为：（2）农业国际开放存在着对发展中国家落后农业中劳动力需求增长的抑制因素。首先，农业国际开放不仅意味着国外市场对一国的开放，同时也必然是一国国内市场对国际的开放。在产品质量、成本和技术等方面处于劣势的发展中国家的农业，它们在国际市场开拓能力极其有限的情况下，还不得不让出相当份额的国内市场。就是说，农业国际开放对发展中国家来说，可能意味着更大的农产品需求弹性。"因为劳动力需求是一种派生需求，可以对商品的需求弹性做出成比例的变化，所以仅仅商品市场的一体化就可促使对国内劳动力的需求更有弹性。"[②] 其次，在当今国际市场上，具有

---

① ［美］西奥多·W.舒尔茨：《改造传统农业》，北京：商务印书馆1987年版，第4页。
② ［美］丹尼·罗德瑞克：《全球化走得太远了吗？》，北京：北京出版社2000年版，第19页。

较大市场空间的劳动密集型产品，同时也是技术密集型产品。发展中国家农业部门的劳动密集型产品，由于技术含量较低，其国际市场的拓展能力并不强。因此，发展中国家难以依靠低技术含量的劳动密集型产品来扩大农业部门的劳动力需求。还有在上面刚刚分析过的一个原因，农业国际开放会带来农业的小部门化。即在农业国际化过程中，随着比较优势由初级产业向制造业的转移，农业劳动力就业份额将趋于下降。分析表明，农业国际开放将在很大程度上改变发展中国家农业部门以劳动投入为主要增长源泉的农业投入结构。

农业国际开放将不同国家的农业置于同一竞技场上。国际农业竞争的一个重要方面是农产品品质和质量的竞争，而决定农产品品质和质量差异的关键是农业部门科技投入的水平。不仅如此，各个国家还在 WTO 框架内设置技术壁垒，以提高他国农产品进入本国市场的门槛和保护本国农业。WTO 的有关政策规定，各国可以采取保护人类健康、动植物生命安全及生长为目的的环境保护政策。发达国家于 1995 年 4 月通过了《国际环境监查标准制度》，要求产品达到 ISO 9000 系列标准。欧盟也启动了 ISO 14000 的环境管理系统。这表明，进入国际农业市场并在农产品品质和质量竞争中取胜，加大农业技术投入和推动农业技术进步，成为问题的关键。山东省潍坊市的农业国际化实践表明，农业开放过程，也是农民注重学习技术和加大技术投入的过程。仅寿光县，就有八九万农民获得了"绿色证书"，2.4 万人取得了"农民技术员"资格，有 130 人被授予了"农民科技专家"称号，90% 以上的农民掌握了 1 门到 3 门实用技术。[①]

农业技术进步是以农业资本投入为载体的。农业开放进程中农业技术进步的过程，同时是农业部门资本投入增长的过程。发展中国家，一方面由于农业资本的稀缺，另一方面由于在传统农业部门资本投入的低收益率，农业领域中的资本投入特别是用于农业科技研究和开发的资本投入较少。以中国为例，20 世纪 80 年代以来，全国科研投入的总经费占国内生产总值的 0.5%—0.7%，而农业科研投入经费仅占农业总产值的 0.2% 左右。与美国、英国、日本、意大利等国农业科研投入经费占农业总产值的

---

① 参见曹学成主编《潍坊农业：从产业化到国际化》，北京：红旗出版社 2001 年版，第 330 页。

比重达 1.6% —2% 相比，农业科研方面的资本投入强度太低。① 农业的国际性开放，有利于从两个方面加大本国农业部门的资本投入。一是由于生产要素市场的开放有利于国际资本的进入，从而提高了本国农业资本的供给能力；二是由于农业生产市场化程度的加深提高了农业资本投资的收益率，从而有利于刺激农民对农业资本的需求。农业资本供给和需求方面的积极变化，必然有利于农业部门资本投入的增长。在中国山东省潍坊市的农业国际化实践中，招商引资成为他们解决农业资本短缺和加大农业资本投入的重要措施。他们通过代理招商、网上招商、以商招商、以会招商等多种方式，扩大招商规模和提高引资水平。他们认为，招商引资是借助外力发展自己的有效途径。② 面对"入世"给农业发展带来的冲击，中国苏州农业也在设法加大资本投入，以提高自己的竞争能力。③

（二）国际开放与农业生产结构变化

1. 农业产品结构转变

各国农业资源的自然禀赋是不同的，有的国家土地资源较为丰裕，而有的国家则劳动力资源较为充足。在开放农业的条件下，各国可以在更大程度上在国际范围内调配农业生产资源。某种资源丰裕的国家，可以充分利用其丰裕资源生产该资源密集型产品，以换取他国丰裕资源而本国稀缺资源生产的产品。这表明，农业开放对参与国际化的各国来说，就意味着农业资源利用结构的转化。

资源是用来生产产品的，不同产品所需的资源配合比例是不同的。有些产品（如粮食、棉花、油料作物等）的生产需要耗费较多的土地资源，因而称为土地密集型产品；有些产品（如养殖、水产和园艺等产品）的生产则需要使用更多的劳动力资源，因而称为劳动密集型产品。由不同产品资源配合比例的差别所决定，一个国家资源利用结构的转变，必然导致其产品结构的变化。即当一个国家较充分地利用其丰裕的土地资源时，其

---

① 牛若峰主编：《中国发展报告：农业与发展》，杭州：浙江人民出版社 2000 年版，第 178 页。

② 参见曹学成主编《潍坊农业：从产业化到国际化》，北京：红旗出版社 2001 年版，第 107—109 页。

③ 参见王小静、钱剑林《入世给苏州农业带来的机遇及对策》，《世界农业》2002 年第 5 期。

产品结构就自然表现为土地密集型产品为主；相反，劳动力资源丰裕国家充分利用其劳动力资源进行生产时，劳动密集型产品在产品结构中的比重就会提升。

从先行国家的经验来看，农业国际开放过程，同时也是其农业产品结构的转变过程。荷兰是一个典型的人多地少的国家。人口密度高达 411 人/平方公里，是欧洲人口最稠密的地区之一。人均耕地面积仅 0.061 公顷，低于中国的 0.087 公顷，是世界平均水平的 1/5。由于土地资源的稀缺，粮食成为其比较劣势产品。但它拥有丰富的天然牧场和温带海洋性气候，因此发展畜牧业、花卉、蔬菜及农产品加工业就具有相对优势。这样，在充分利用国际农业市场的条件下，荷兰将农业生产主要集中在其具有比较优势的产品方面，而大幅度降低了粮食生产的比重。1991 年，肉类、奶和蛋等畜产品出口就净赚汇 65.8 亿美元，而粮食成为其每年大量进口的产品，粮食自给率是欧盟各国中最低的。[①] 日本也是一个农地资源十分稀缺的国家。他们也通过农业的国际化，改变本国的农业资源利用结构和产品结构。1994 年，东京都蔬菜生产产值占农业生产总额的 59%，花卉、水果占 16%。稻米生产仅占 1%。1995 年，大阪农业生产总额为 550 亿日元，其中蔬菜类占 41.8%，水果类占 17%，花卉类占 6.6%，畜产类占 19.2%，而稻米类仅占 19%。经测算，为确保国内粮食供给，1996 年，日本大约需要农业用地 1705 万公顷，而该年日本所能提供的农地仅为 505 万公顷，通过粮食进口，日本实际利用国外农地 1200 万公顷。[②]

2. 农产品品质结构的提高

许多发展中国家，由于农业生产力水平低下和生存压力的约束，农业生产长期以来形成数量型增长的目标偏好。随着人均收入水平的提高和农业市场化进程的发展，这种数量型农业的弊端日益显现出来。其突出表现是，农产品的供给结构特别是品质结构与市场需求结构之间不能实现有效衔接。以中国为例：一方面，现阶段我国农产品总体供给水平较高，存在

---

① 参见陈武《比较优势与中国农业经济国际化》，北京：中国人民大学出版社 1997 年版，第 84 页。

② 参见焦必方主编《战后日本农村经济发展研究》，上海：上海财经大学出版社 1999 年版，第 25、114 页。

着部分质量水平较低的农产品如粮食、棉花"卖难"的问题；另一方面，为了满足国内市场需求，我们又不得不进口部分优质农产品，如1996年我国粮食进口量为1223万吨，棉花进口量为65万吨。农业开放在加速国内农业市场化进程的同时，又进一步加剧了国内农产品品质结构与市场需求结构之间的矛盾。

农业开放也为解决农产品品质结构矛盾提供了有利条件。农业国际开放，将一国农业置于激烈的国际竞争环境中。在决定农产品竞争力的诸因素中，价格因素和产品质量因素是最为主要的方面。随着农产品国际市场的一体化和农产品供求关系的变化，许多农产品的市场价格差异日渐缩小乃至消失，价格因素的作用将趋于下降。随着人民收入水平的增长，消费者对农产品品质的要求越来越高。特别是随着绿色国际贸易壁垒与技术性贸易壁垒的加强，农产品品质更是决定农产品竞争力的关键因素。面对入世给中国农产品质量提出的挑战，农业部决定，从2001年起，中国将用5年或稍长一点的时间，制定和修订2500项农业行业标准。这些标准将涉及种植业、养殖业、渔业、农业能源环保、饲料工业和植物新品种保护等多个方面，从而确立起既符合中国国情又能与国际接轨的农产品质量标准体系。农业部还提出，用3—5年的时间，让消费者基本吃上"放心菜"，基本解决蔬菜、水果和茶叶等农产品污染物超标的问题。所有这些措施，无疑有利于提高中国农产品的品质和国际竞争力。

农产品品质的改善，与农业部门的资本投入和技术投入水平相关。我们知道，传统农业资源如土地的供给是缺乏弹性的，而资本、技术等现代农业资源的供给则是随着经济发展水平的提高不断增长的。根据罗勃津斯基定理（Rybczynski theorem），一种生产要素的增长将导致密集使用该要素的产品的增加，而密集使用另一种要素生产的产品将减少。农业国际开放过程，是有利于加速农业资本积累和农业技术进步的过程。随着农业部门资本、技术等现代要素供给的增加，运用该类要素生产的高品质农产品将必然趋于增长。这说明，农业国际开放不仅提出了农产品质量提高的要求，而且为农产品品质改进提供了可能。

3. 农业产业结构的细分化和农业区域结构的专业化

国际开放农业是市场化农业发展的高级形态。适应市场化和国际化的要求，传统农业产业链的延长和产业的细分化将是必然趋势。农业产业链的延长和产业细分化主要表现为两个方面的内容：一是低收入弹性的植物产品向高收入弹性的动物产品的转化和延伸；二是初级产品向加工产品的转化。这是因为，第一，开放农业是高效率农业，而农业产业链的延伸与农业产业的细分化可以提高农产品的利用率。例如，畜牧业的发展可以使种植业的副产品得到充分利用，而加工业的发展一般能够大大降低鲜活农产品的浪费和损耗。第二，开放农业是需要紧跟市场需求变化的农业，而通过产业链的延长，可以保证满足农产品市场需求结构的变化。农产品市场需求结构变化的一般规律是，随着人们收入的增加，在全部食品消费中，对初级产品的消费比例逐渐下降，而对加工食品的消费比例则逐渐上升。这种消费趋势的变化只能通过农产品的加工和转化才能得到满足。第三，农业的国际开放会给农民收入和就业增长带来巨大压力，而农业产业链的延长和农业产业的细分化，是提高农产品增加值、增加农民就业和收入的有效途径。

在封闭型农业中，自给自足的发展战略往往导致背离比较优势原则的雷同的区域生产结构。从中国各地区农业产业结构的比较来看，中西部地区和东部沿海地区之间，农业生产结构并未表现出实质性差异。三个地区种植业产值比重最大落差只有 10 个百分点左右，林业和牧业的产值比重的差距更小（见表 13—5）。这种不按比较优势原则安排农业生产的自给自足的地区经济发展模式，必然以牺牲当地优势和效益为代价，必然制约农业生产的发展，也必然不利于农业参与国际竞争。

表 13—5　　　　　　　　中国农业产业结构地区比较　　　　　　　单位：%

地区	农业产值	林业产值	牧业产值	渔业产值	粮食播种面积占总播种面积
东部	54.6	3.3	26.0	16.1	72.1
中部	59.4	3.6	31.5	5.5	73.3
西部	65.8	3.4	29.3	1.5	74.2

资料来源：杨鹏飞、洪民荣等编著：《WTO 法律规则与中国农业》，上海：上海财经大学出版社 2000 年版，第 133 页。

在一定意义上说，农业开放就是在国际范围内对农业资源的重新整合。这种整合是以比较优势原则以及分工和专业化原则的充分运用为基础的。参与国际竞争的各地区农业，为了提高其竞争力，必然要充分利用当地资源相对优势。由于资源优势在地区之间的客观差异，不同地区之间的农业生产会形成明显的分工以及专业化特点。就中国来说，随着农业市场化和国际化程度的逐渐提高，不同地区以及一个地区内部的区域生产专业化特征已显雏形。东部沿海地区，正在大力发展外向型农业；中部地区发挥粮食生产优势，把商品粮、加工专用粮和饲料粮作为农业生产的重点；西部地区则根据其生态脆弱的特点，加快发展生态农业、特色农业和旱作节水农业。在一些地区，已开始形成"一县一色、一乡一业、一村一品、一户一专"的生产格局。

（三） 国际开放与农业产出结构变化

如果说，农业开放能够带来农业投入结构与农业生产结构的变化，那么，农业产出结构也必然在农业开放过程中相应地发生变化。因为，农业产出结构是农业投入结构与生产结构的函数。农业产出结构的变化可以表现在许多不同的方面，这里仅以贸易结构作为产出结构的考察指标。

农业开放过程中产出结构的变化，首先会表现为贸易结构中高收入弹性产品比重的提升。高收入弹性产品贸易比重的增长是经济结构演进的一般规律。根据美国普度大学的资料，在 1980—1995 年，深加工食品贸易的增长速度最快，年均增长 8.3%；其次为畜产品和园艺产品，增长速度分别为 6.9% 和 6.6%；粮食和油料贸易增长速度仅为 2.1%。在西欧、北美和日本等发达国家，进口的食物和农产品中以供最终消费的深加工产品为主，而且其比例日渐增长。[①] 由于国际开放进程中农业生产的品种结构在向高收入弹性产品转变，因而，农业开放无疑会成为高收入弹性产品贸易比重提升的推动因素。

农业开放对农业贸易结构的影响，也会表现为国际化程度不同的国家在世界农产品市场上贸易份额的变化。农业开放程度较高的国家，本国农业资源的比较优势利用充分，其农产品国际贸易份额相应较大；相反，开放程度较低、比较优势利用不充分或在农业生产方面无比较优势的国家，

---

① 转引自唐正平、郑志海主编《入世与农产品市场开放》，北京：中国对外经济贸易出版社 2000 年版，第 141 页。

其在国际农产品市场上的贸易份额就较小。表13—6表明，农业开放程度较高和善于利用农业资源比较优势组织农业生产的美国、荷兰等国，农业净出口量很大；而作为农业大国的中国，由于农业国际开放程度低，农产品净出口量不仅远远小于发达国家，而且小于两个国家农民人数总计仅为中国1/1730的丹麦和新西兰。如果说，农业生产比较优势的利用程度与农产品国际市场份额的大小相关，农业开放程度又与农业比较优势利用水平相关，那么，农业开放也必然与农产品国际市场份额的大小相关。

表13—6　　　　　中国与世界主要农业出口国农产品净出口量比较　　单位：亿美元

国　家	1970 年	1980 年	1990 年	1995 年
美　国	12.1	245.1	181.2	284.0
荷　兰	10.3	44.5	129.6	154.0
法　国	—	36.5	108.2	119.1
澳大利亚	20.8	82.5	100.3	101.2
阿根廷	13.7	48.4	67.5	89.3
巴　西	16.5	68.5	65.0	74.8
泰　国	4.1	27.1	37.9	61.5
丹　麦	6.6	28.6	52.1	57.3
新西兰	9.1	29.8	41.1	51.3
中　国	2.6	-34.3	4.1	-39.3

资料来源：联合国粮农组织1995年《贸易年鉴》。

参考文献

曹学成主编：《潍坊农业：从产业化到国际化》，北京：红旗出版社2001年版。

陈武：《比较优势与中国农业经济国际化》，北京：中国人民大学出版社1997年版。

焦必方主编：《战后日本农村经济发展研究》，上海：上海财经大学出版社1999年版。

[美] 西蒙·库兹涅茨：《现代经济增长》，北京：北京经济学院出版社1989年版。

[以] 阿沙夫·拉辛等：《全球化经济学——从公共经济学角度的政策透视》，上海：上海财经大学出版社2001年版。

李善同、王直、翟凡、徐林：《WTO：中国与世界》，北京：中国发展出版社2000年版。

[美] 小罗伯特·E.卢卡斯：《经济发展讲座》。南京：江苏人民出版社2003年版。

[美] 丹尼·罗德瑞克：《全球化走得太远了吗？》，北京：北京出版社2000年版。

[美] 阿瑟·麦克艾文：《全球化与停滞》，转引自雷达、于春海《走近经济全球化》，北京：中

国财政经济出版社 2001 年版。

［美］约翰·梅勒：《农业经济发展学》，北京：农村读物出版社 1988 年版。

牛若峰主编：《中国发展报告：农业与发展》，杭州：浙江人民出版社 2000 年版。

［美］霍利斯·钱纳里、［以］莫伊思·赛尔昆：《发展的型式 1950—1970》，北京：经济科学出
　　版社 1988 年版。

［美］H. 钱纳里等：《工业化与经济增长的比较研究》，上海：上海三联书店、上海人民出版社
　　1995 年版。

［美］舒尔茨：《改造传统农业》，北京：商务印书馆 1987 年版。

谭崇台主编：《发展经济学的新发展》，武汉：武汉大学出版社 1999 年版。

唐正平、郑志海主编：《入世与农产品市场开放》，北京：中国对外经济贸易出版社 2000 年版。

王小静、钱剑林：《入世给苏州农业带来的机遇及对策》，《世界农业》2002 年第 5 期。

杨桂芳、李海静、T. 鲁瑟福特：《中国加入世界贸易组织对其劳动力市场的影响》，文贯中等主
　　编《WTO 与中国：走经济全球化发展之路》，北京：中国人民大学出版社 2001 年版。

第十四章

中国农业结构的双重调整[*]

一 农业的内部结构与外部结构

农业产业结构，一般被界定为农业内部不同产业要素间质的联系和量的比例关系的总和。也就是说，在对农业产业进行结构分析时，是把视野限定在农业部门本身，将农业与其他产业之间的关系作为既定因素来处理。这种分析方法所形成的农业产业结构主要包括：农业行业结构、农业产品结构、农业产品品质结构等多层纵向结构，以及由农业产业要素空间分布所形成的农业生产区域结构。

农业产业结构含义的上述确定在理论上无疑是严谨的。在中国当前整体产业结构背景下，将农业产业结构调整的视野仅仅局限于农业内部，却潜藏着难以克服的矛盾。第一，农业产业结构是国民经济产业构成的一个子系统，其存在状态和变化趋势受到整体产业结构现状与运动方向的制约，农业产业结构的变动，不过是整体产业结构转变在农业部门的表现之一。从农业内部孤立考察农业产业结构，容易割裂农业产业结构与整体产业结构之间的有机联系，不利于产业结构的转换、升级，也将延缓农业现代化进程。第二，中国当前经济结构的突出问题，不仅表现在农业内部产业结构不合理方面，更表现为整体产业结构的落后，后者又是前者存在的基本条件。在 2/3 以上人口仍为农民的背景下，农业内部产业结构调整的

---

　　* 本章由笔者发表于《青岛化工学院学报》（社会科学版）2001 年第 2 期和第 3 期的《农业结构调整：视野、目标与宏观协调》《试论我国农业结构的双重调整》两篇文章合并整理写成。整理时仅对个别文字做了修改，未更新原文的观点和数据。

空间究竟有多大，它是否成为解决中国当前农业发展中诸多矛盾的根本办法，是一个疑存颇多的问题。

依据本书第十二章，本章在将前述农业产业结构定义为农业产业内部结构的基础上，引入农业产业外部结构这一范畴。所谓农业产业外部结构，即农业在整个产业体系中的地位与比重，包括农业相对于城市二、三产业的比重和农业与农村非农产业结构两个方面。农业产业外部结构是由农业经济系统的外生因素给定的，农业在这一结构中的地位变化具有从属和被动的性质。

虽然农业产业外部结构与产业结构的涵盖范围相同，二者却不是可以相互替代的同一概念。产业结构的着眼点是国民经济整体，而农业产业外部结构的出发点和归宿点在农业方面，它是从农业部门观察农业相对于其他产业的地位变化而形成的一个专有概念。更为重要的是，产业结构范畴的实际意义在于，揭示工业化进程的必然性和产业结构转换、升级的基本规律；农业产业外部结构范畴的提出，目的是要揭示产业结构转换对农业部门的影响，以及在这种转换中农业本身的发展问题。从某种意义上说，农业产业外部结构是产业结构与农业产业内部结构相互衔接的中间环节。

农业产业内部结构是其外部结构在农业部门的折射。在高农业比重条件下，农业产业内部结构以高粮食比重、低专业化水平为主要特征；与低农业比重的外部结构相适应，农业内部结构则出现重大转变。这表明，农业产业外部结构不仅决定着农业产业内部结构的存在状态，而且其转化、升级可以成为农业产业内部结构调整的引致力量。当然，农业产业内部结构的变化对外部结构转变也有着积极影响。内部结构若能适应产业结构演进规律的要求作出积极调整，可以加速农业产业外部结构的合理变化；否则，外部结构的优化则会受到落后内部结构的掣肘。

如果农业产业外部结构对内部结构的制约和二者间的互动影响是客观存在的，那么，在中国当前农业结构的调整中，就不能将视野仅仅局限于农业内部的狭小范围，而必须同时拓展到农业产业外部结构的更大空间。针对中国当前农业产业外部结构的落后状况，甚至可以说，农业产业外部结构转变比内部结构调整更具现实性和紧迫感。

二 高人口比重下农业内部结构调整的效应

中国农业产业外部结构的现状是：第一，相对于二、三产业，农业地位呈不断下降趋势。到 1998 年，农业与二、三产业的产值之比为 18:49:31，说明中国已经实现了较高的工业化水平。但是，与发达国家的农业产值比重相衡，中国仍然具有低收入国家农业比重较大的农业产业外部结构的明显特征。第二，农业产值比重与农业就业比重、农业人口比重存在着较大偏离。目前，中国农业劳动者占全社会劳动者比重是 46%，农业人口占全社会人口比重高达 70%。表明占全社会近半数的农业劳动者仅创造了不到 1/5 的国内生产总值，而这不到 1/5 的国内生产总值却要由占全国近 3/4 的农业人口来分享。

假设农业产业外部结构维持基本不变，其主要方面是农业人口比重和农业劳动力比重没有出现较大幅度降低，农业产业内部结构调整的实际意义如何呢？

农业产业内部结构调整的基本趋势是，适应国民收入增长和市场需求结构的变化，高收入弹性的农产品对低收入弹性农产品的替代。与低收入弹性产品相比，高收入弹性产品具有价格高和市场需求份额日渐趋大的特点，这种替代必然给农民带来收入的增加。从资源配置的角度看，农业产业内部结构调整，是农业资源从边际生产率低的传统行业、传统产品的生产向边际生产率高的新行业、新产品生产的转移，这一转移无疑可以改善农业资源进而全社会资源的配置效率，加速农业增长和国民经济增长。农业产业内部结构调整的收入效应的大小，主要取决于调整后由价格提高和市场需求量增加而形成的新产品边际收益提高的幅度，价格越高，需求量越大，收入效应越高，相反则小；同时，与调整后新产品生产占用的农业资源份额的大小也相关，在其他条件不变的情况下，新产品生产占用农业资源份额越大，收入效应越高，反之则反是。农业产业内部结构调整的收入效应，预示着工业化进程中农业自身的增长潜力。

在农业人口和农业劳动力无法实现较大幅度农外转移的条件下，农业产业内部结构调整可以在一定程度上扩大农业部门的就业机会。"很幸运，随着收入增长需求迅速扩大的那些农产品，大多都是劳动密集型的，最重要的例子是牛奶和蔬菜。消费者收入水平的提高为农民提供了市场以扩大牛奶和蔬菜的生产，这样在每英亩土地上可以投入更多的劳动力，获得更多的产量，这又为闲置劳动力提供了生产性出路。"① 对于土地资源稀缺，非农就业机会增长缓慢，大量农业劳动力被迫闲置的我国来说，农业产业内部结构调整的这种就业效应，无疑具有重要的意义。

在高农业人口比重得不到明显改善的前提下，农业产业内部结构调整的收入效应将是十分有限的。第一，农产品国内市场的扩大将受到非农人口规模相对较小的限制；第二，由于大量农业人口存在形成的农业超小规模经营，其国际市场的拓展能力必然较弱；第三，农业资源的农内调整和农外转移相比，前者的收入效应一般低于后者；更为重要的是，第四，根据恩格尔定律，食物需求的收入弹性是递减的，国外学者的研究表明，当人均收入达到 2000 美元时，食物需求的收入弹性几乎为零。② 这说明，没有农业产业外部结构的相应转换，农业内部结构调整不可能持续地、大幅度地提高农民收入，不可能平衡中国农业与非农产业之间业已存在的巨大收入差距。同样，没有非农产业就业机会的大量增长，农业产业内部结构调整不可能从根本上解决中国农业剩余劳动力的出路问题，因为，没有一种经济的现代化是在如此之高的农业人口比重基础上建成的。还必须注意到，农业产业内部结构调整的收入效应，提高了农业劳动力非农转移的机会成本，从农业内部强化了农业外部结构调整的难度。

三　降低人口比重对农业内部结构调整的影响

（一）经验考察

从截面资料来看，凡是农业人口和农业劳动力比重较低的国家，农业产业内部结构中，高收入弹性产品的份额较大，而低收入弹性产品的份额则较小。比如：20 世纪 90 年代初，农业就业比重不足 6% 的丹麦，农业中畜牧业占据主导地位，其产值占农业总产值的 90%，谷物生产在国内的主要用途是饲料（520 万吨左右），食用只占很小一部分（46.5 万吨）。

---

① ［美］约翰·梅勒：《农业经济发展学》，北京：农村读物出版社 1988 年版，第 62 页。
② 同上书，第 56 页。

谷物种植业主要是为畜牧业服务的。[①] 1994 年，荷兰农业就业比重为
4%，畜牧业和园艺业产值分别占农业总产值的 56.9%、28.4%，而大田
作物产值仅占 14.7%。凡农业人口和农业劳动力比重较高的国家，农业
中高收入弹性产品的份额相对较小，而低收入弹性产品的比重则相对较
大。泰国、印尼和我国这些农业人口比重较高的发展中国家，1990 年，
粮食作物产值占农业总产值的比重分别高达 75%、60.9% 和 64.7%，畜
牧业产值比重仅为 12%、10.6% 和 25.7%。[②]

　　从时间序列资料来看，伴随着农业人口和农业劳动力比重下降的动态
过程，农业产业内部结构也在发生转换，低收入弹性产品在逐渐减少其比
重，而高收入弹性产品比重则趋于不断提高。1961—1994 年，在世界农
业劳动力占社会劳动力比重以年均 0.9% 的速度下降的同时，世界人均肉
类占有量却以超过世界人均谷物占有量 0.95% 的年均速度增长。[③] 1978—
1998 年，中国农业劳动力占全社会劳动力的比重由 70.2% 下降到约
46%，种植业产值在农业总产值中所占比重由 80% 下降到 56.2%，而林
牧渔业产值所占比重由 20% 提升到 44.8%；粮食作物种植面积在农作物
总面积中所占比重由 80.3% 下降为 73.1%，经济作物种植面积比重则由
19.3% 上升为 26.9%。

　　在截面资料和时间序列资料的综合考察中可以发现，已完成工业化的
发达国家，农业产业内部结构的转换速度逐渐趋缓。如表 14—1 所示，美
国、法国、加拿大和澳大利亚等国，在 20 世纪 60 年代以来，人均肉类产
量的增长幅度与人均谷物产量的增长幅度基本接近，甚至前者略低于后
者。处于工业化进程中的发展中国家，农业产业内部结构的转换则较为明
显。20 世纪 60 年代以来，巴西、印度、越南和中国，人均肉类产量的增
长幅度均高于人均谷物产量的增长幅度。这说明，农业产业内部结构转换
主要发生在工业化快速发展时期，而这一时期农业人口比重和农业劳动力
比重下降最为显著。

---

　　① 农业部国外农业调研组：《国外农业发展研究》，北京：中国农业科技出版社 1996 年版，
第 27—28 页。

　　② 参见农业部国外农业调研组《国外农业发展研究》，北京：中国农业科技出版社 1996 年
版，第 1—7 页。

　　③ 牛若峰：《中国发展报告：农业与发展》，杭州：浙江人民出版社 2000 年版，第 221 页。

表 14—1　　不同工业化进程国家农业产业内部结构转变幅度比较

（单位：公斤／人·年）

	农业内部结构*	1961 年	1994 年	增长倍数	增长倍数差
美国	人均谷物产量	891.3	1369.9	1.54	
	人均肉类产量	84.8	126.3	1.49	−0.05
加拿大	人均谷物产量	944.4	1612.9	1.71	
	人均肉类产量	76.1	102.9	1.35	−0.36
法国	人均谷物产量	456.5	932.2	2.05	
	人均肉类产量	68.7	106.3	1.55	−0.5
澳大利亚	人均谷物产量	872.4	1419.2**	1.63	
	人均肉类产量	136.8	190.5	1.46	−0.17
越南	人均谷物产量	254.3	329.1	1.29	
	人均肉类产量	8.8	17.8	2.02	0.73
印度	人均谷物产量	192.3	231.8	1.21	
	人均肉类产量	1.8	4.5	2.50	1.29
巴西	人均谷物产量	200.5	289.1	1.44	
	人均肉类产量	27.4	50.9	1.86	0.42
中国	人均谷物产量	163.4	328.4	2.01	
	人均肉类产量	2.9	37.1	12.79	10.78
世界	人均谷物产量	287.8	346.5	1.20	
	人均肉类产量	21.1	34.6	1.64	0.44

说明：*以人均谷物产量和人均肉类产量表示农业产业内部结构是粗略的。谷物产量增长的主要部分是饲料作物产量的增长，而饲料产量增长与肉类产量增长具有一致性。**为 1992 年数据。

资料来源：根据农业部国外农业调研组《国外农业发展研究》（北京：中国农业科技出版社 1996 年版）表 1—5、表 1—7 中有关数据列出。

（二）理论分析

农业劳动力以及农业人口比重下降的过程，是工业化程度不断提高、资源从边际生产率低的传统产业部门向边际生产率高的新兴产业部门转移的过程。在这一过程中，国民收入实现了较快增长。随着收入水平的提高，国民食物结构发生改变，优质食物的需求随着收入增长而增长，低质食物则随着收入的增长减少了其需求份额。食物结构的这一变动，成为决定农业资源配置方向的基本市场信号，诱导了农业内部低收入弹性产品比重下降和高收入弹性产品比重上升的结构性变化。同时，农业劳动力以及农业人口比重的快速下降，与轻工业部门的快速发展是相适应的，轻工业部门的发展会对农业原材料产生旺盛的需求，因而促成农业内部由粮食作物向原料作物的转换。

农业产业内部结构的现实转变，不仅取决于农产品市场需求结构的变化，而且与农业自身的商业化程度相关。在自给自足的条件下，农业不会太多地去关注市场需求结构的变化，只有在商业化因素提高之后，农业才会跟随市场需求变化调整生产结构。以农业劳动力和农业人口比重不断下降为核心内容的农业外部结构转变，是农业实现商业化的必要条件。只有农业劳动力、农业人口的大规模农外转移，才会有可用于交易的大量的农业剩余产品产生；只有农业劳动力、农业人口的大规模转移和工业部门的不断扩张，才会有农产品市场规模的不断扩大和市场结构的转换；只有农业劳动力和农业人口向非农产业不断分流，才会改变人—地比例的紧张关系，实现农地资源规模经营和整体农业资源的市场化配置；同时，只有农业劳动力的大规模非农转移，才能实现农业的企业化经营。

农业劳动力、农业人口比重的下降以及相应的工业化程度的提高，为农业产业内部结构的转变提供了所需的技术创新的条件。在农业外部结构转变的过程中，农业技术创新和技术推广能力提高，使农产品品种改良、品质提高成为可能。

四　农业结构的演进趋势及其调整目标

世界农业发展的共同实践表明，农业产业结构的演进呈现如下基本趋势：（1）小部门化趋势。在农业与二、三产业形成的农业产业外部结构层面上，农业的相对比重是不断下降的。这一趋势性变化不仅可以从发达国家和发展中国家农业份额明显差异的截面资料中观察得来，而且能够在发达国家农业成长的时间序列资料中得到佐证。（2）产业细分化趋势。随着经济发展和市场化程度的提高，农业内部的分工也获得了发展，主要表现为农业生产部门与农业社会化服务部门的分化。在现代农业中，不仅产前、产后的各种工序被分离出去，就是产中的部分工序也先后独立出来。（3）空间布局专业化趋势。随着农产品市场的扩大和农业商业化因素的提升，农业生产必然会充分利用当地的地域特征，生产具有比较优势的产品。这样，就出现了"一村一品"、"一乡一品"或"一地一品"的专业化生产格局。（4）粮食和种植业比重下降基础上的产品多样化趋势。不同农产品的收入弹性不同，高收入弹性的农产品随国民收入的增长而扩大需求，低收入弹性的农产品则随着收入水平的提高减少其需求份额。需求结构的改变引致了农业生产结构的适应性变化，低收入弹性的粮食和其他种植业产品的比重趋于下降，高收入弹性的畜牧业、渔业产品以及经济作物的比重不断提升。农业生产由种植业为主的结构逐渐向多种行业、多种产品的多样化结构转变。（5）品质优良化趋势。如果说，产品品种的增加是为了适应需求结构变化而进行的结构性调整，那么，产品质量的升级则是适应需求结构的变化而进行技术创新的结果。

顺应农业产业结构演进的一般趋势，当前中国农业产业结构调整的基本任务和主要目标是：

加速农业劳动力和农业人口的非农转移，优化农业产业外部结构。1980—1997 年，中国农业增加值占国内生产总值的比重由 30.4% 下降到 19.3%，农业劳动力占全社会劳动力的比重由 68.6% 减少至 46.6%，乡村人口占全国总人口的比重由 80.6% 降为 70.6%，[①] 表明中国农业亦是从小部门化方向变动的。但是，中国农业产值比重与农业就业比重之间存在着较大偏离。从农业产值比重看，农业小部门化特征明显；从就业比重看，农业还占有绝对优势。这种高就业、高人口比重，严重制约着中国农业的发展。它导致了大量农业剩余被内部过剩人口所消耗，降低了农业部门的资本积累能力和技术变革进程；使农业生产者始终受到生存的压力和贫困的威胁，缺少农业现代转型必要的人力资本投资；造成稀缺土地资源的过度利用，使现代农业所要求的规模经营受到严重制约。如果把农业与二、三产业间的外部关系构造纳入农业结构调整的视野，那么，降低农业就业比重和农业人口比重，就应当成为中国当前农业结构调整的重要内

---

① 牛若峰：《中国发展报告：农业与发展》，杭州：浙江人民出版社 2000 年版，第 244、245 页。

容，使农业小部门化趋势不仅表现在产出比重上，同时表现在劳动力和人口份额方面，使农业部门能够获得与二、三产业部门相同或相近的比较收益。

加速农业产业化进程，实现农业生产经营的专业化和规模化。在中国，农业结构演变的专业化和规模化趋势被概括为农业产业化。就传统农业生产某些环节独立而形成新的产业因素这一个侧面而言，农业产业化实质上是农业的非农产业化，因为"这些相关的环节和劳务主要地属于经济中的非农产业部门"。① 它是农业小部门化趋势在农村地区的表现。在中国当前的农业结构调整中，应当通过农业产业化的深入发展，实现农业与农产品加工、运输、农业社会化服务体系等涉农产业的进一步剥离，并在非农产业不断扩张的基础上，实现农业生产经营的规模化。需要强调指出，农业生产经营的专业化、规模化，不仅表现在农业生产区域相对专一和集中方面，而且最终由于资源结构和生产手段技术升级方面的变化，表现为生产单位质的变迁与量的扩张。因为"农业面临的真正问题是，在满足人类最基本的生存需要的基础上，农业如何为扩大人类的选择领域做出最大的贡献"，② 即把农业改造成为追求利润最大化目标的企业化农业。

调整农业产品结构和农产品品质结构，实现农业产业内部结构与市场需求结构的有效衔接。农业产业的内部结构是由农产品的市场需求结构决定的，而市场需求结构又是人们收入水平的函数。收入提高对食物需求的影响分为需求数量增加和对于较好食物倾斜的结构转变两个阶段，就经济社会整体而言，这两种影响是相继发生的。③ 随着国民收入的快速增长，中国农产品市场需求结构已经越过第一阶段。这就要求，在种植业与林、牧、渔结构中，提高畜牧业、渔业等提供高收入弹性产品行业的比重；在种植业内部，提高经济作物和饲料作物的份额；并不断改良农产品品种和扩大优质产品的比重。对于中国现阶段来说，这一调整的意义，不仅在于更好地满足了非农人口和非农产业对农产品与农业原料的市场需求，更为

---

① ［美］约翰·梅勒：《农业经济发展学》，北京：农村读物出版社1988年版，第19页。

② 同上书，前言。

③ 张培刚：《农业与工业化》（上卷），武汉：华中工学院出版社1984年版，第131—132页。

重要的是：（1）由于比重提升的产品具有高收入弹性的特征，它可以提高农民的收入；（2）"很幸运，随着收入增长需求迅速扩大的那些农产品，大多数是劳动密集型的"，因而它在农业内部扩大了就业机会，"预示着以农业资源替代非农业资源的巨大可能性"。①

毫无疑问，农业产业内部结构的转换，即提高高收入弹性产品的比重，是增加农民收入的有效手段，但降低农业人口比重、扩大农业生产经营规模，在提高农民收入、平衡农业部门与非农产业部门比较利益方面，则是更为根本性的途径。后者同时又是前者的依存条件。

五　农业结构变动与宏观经济的统筹

农业产业结构的演变规律是由影响农业产业结构的相关因素的变化趋势决定的。工业化是影响整体产业结构转变、升级的关键因素，同时也是农业产业外部结构变化的直接决定力量。当一个国家工业化进程启动之后，农业的小部门化趋势即开始出现；工业化的加速发展过程，是农业产业外部结构快速变动的时期；工业化进程结束，农业的小部门化演变完成，农业部门成为与工业部门一样的高生产率和高收益率的现代产业部门。根据分工和专业化水平决定于市场范围的"斯密定理"，农业产业的细分化和区域生产专业化趋势，与农业部门的市场化程度必然是正相关的。随着农业市场半径的延伸与农业市场体系的完善，以细分化和专业化为特征的农业产业结构转变将会得到进一步发展。农业国际开放是农业市场化趋势突破国界的空间扩张，它不仅通过改变农产品的需求结构影响农业产业结构，而且会在资源组合和要素供给的更深层次上促成农业产业结构的进一步转变。如果说，工业化和市场化是农业产业结构转变的必要条件，而国际开放是其充分条件，那么，经济增长就是影响农业产业结构持久变化的充分必要条件。无论是农业产业外部结构的小部门化趋势，还是内部结构的产品多样化和品质优良化趋势，都最终根源于收入增长所带来的需求结构的变化。

---

① ［美］约翰·梅勒：《农业经济发展学》，北京：农村读物出版社1988年版，第62、65页。

　　农业产业结构变动的决定因素表明，农业产业结构的有效调整，仅仅从农业内部某些产业要素的增减入手是不够的，必须同时在整体经济的工业化、市场化、国际化和持续增长等多维空间协同推进。1978 年以来中国经济的快速增长，使中国农业产业结构发生了重大变化。有关研究表明，人均国民收入接近 1000 美元时，农业产业内部结构的变化才能加速。① 中国已经开始进入到这样一个时期。这就要求我们既要抓住经济增长带来的农业产业结构调整的有利时机，也需要将农业产业结构调整建立在经济快速、持续增长的基础之上。农业市场化是当今世界农业发展的基本趋势之一，从某种意义上说，当前世界范围的农业结构调整，就是在减少政府保护的基础上扩大市场机制对农业资源的配置作用。在中国，农业市场化对农业产业结构转变的影响呈不断加强之势，通过加速农业市场化进程推进农业产业结构转变，无疑是现实而有效的选择。

　　"工业化国家，农民社会"的结构偏离，决定了中国新时期的工业化战略必须作出有利于农业劳动力转移的调整。第一，将工业化的重点转向农村，在现有乡镇企业发展的基础上，进一步加快农村地区的工业化进程。第二，城市部门的工业化扩张，应适当向劳动密集型产业倾斜。第三，加速第三产业的发展，进一步提高第三产业的就业比重。第四，把农村地区的工业化与小城镇建设结合起来，提高中国的城市化水平。同时，彻底废除有碍于农业劳动力和农村人口非农化的现行二元户籍管理制度。随着中国加入 WTO，农业开放必将对中国农业产业结构的转变产生重要影响。必须充分认识到，农业参与国际竞争是需具备一定条件的，其中最为重要的是，适应国际市场需求变换农业资源的流动性重组，而这一条件的形成，又需要有充分就业弹性和较强资本、技术支援能力的发达的工业部门作为后盾。没有这样一种雄厚的非农产业基础，农业开放的后果就可能是灾难性的。可见，农业产业结构调整的直接工作在农业部门，但顺利完成的条件却在农业部门之外，应当将农业产业结构的调整纳入宏观经济整体协调运行的框架内考虑。

---

① 周志祥、曾寅初：《农村产业经济》，北京：中国人民大学出版社 1995 年版，第 83 页。

参考文献

［美］约翰·梅勒：《农业经济发展学》，北京：农村读物出版社1988年版。

农业部国外农业调研组：《国外农业发展研究》，北京：中国农业科技出版社1996年版。

牛若峰主编：《中国发展报告：农业与发展》，杭州：浙江人民出版社2000年版。

［日］田岛俊雄：《中国农业的结构与变动》，北京：经济科学出版社1998年版。

张培刚：《农业与工业化》（上卷），武汉：华中工学院出版社1984年版。

周志祥、曾寅初：《农村产业经济》，北京：中国人民大学出版社1995年版。

第十五章

城市化与粮食安全目标间的协调*

一 城市化对中国粮食安全问题的挑战

在改革开放政策的驱动下，中国经济实现了持续高速增长，城市化也步入了快速发展时期。在这一时期，由于第二产业和第三产业的快速增长，及其与传统农业收益率的相对拉大，导致了农业资源较快地向城市非农产业转移。

第一，农业劳动力的大规模非农转移已成为当今中国最突出的经济社会现象之一。根据第五次全国人口普查长表资料计算，1995 年 11 月至 2000 年 10 月，中国常住地发生变化（跨乡、镇、街道迁移流动）的人口（即"流动人口"）为 13714 万人。其中，在省、自治区、直辖市内流动的人口 10014 万人，跨省（自治区、直辖市）流动的人口 3700 万人。在全部流动人口中，15 岁及以上的就业人口为 8341 万人，其中省（自治区、直辖市）内 5524 万人，跨省（自治区、直辖市）2817 万人（见表 15—1）。另据资料，1997 年，中国农村外出劳动力为 3890 万人，2000 年增至 6134 万人，到 2004 年，进一步增加到 10260 万人。[1]至今，这一流动趋势仍在继续，并在可预见的今后 10 年或 20 年内还将持续下去。

---

* 本章在发表于《农业现代化研究》2004 年第 5 期的《城市化与粮食安全目标间的协调》一文基础上修改写成。原文观点及数据未更新，个别文字有改动。

① 参见蔡昉《科学发展观与增长可持续性》，北京：社会科学文献出版社 2006 年版。

表 15—1　　　　　　　　　　人口及劳动力流动状况　　　　　　　单位：万人，%

	推算总体数据			占合计的比例	
	合计	省内流动	跨省流动	省内流动	跨省流动
流动人口	13714	10014	3700	73.02	26.98
15 岁以上流动人口	12208	8794	3414	72.03	27.97
15 岁以上流动就业人口	8341	5524	2817	66.23	33.77

资料来源：人口和社会科技司：《我国劳动力迁移流动的情况和特征》，《中国人口统计年鉴 2004》，北京：中国统计出版社 2004 年版，第 310—315 页。

　　第二，耕地资源不可避免地为日益扩张的非农产业和道路建设及城市基础设施建设占用。国际经验表明，人口密集型国家在城市化进程中，必然遭受耕地资源的损失。从 1955—1994 年，日本的耕地面积减少了52%；在1965—1994 年，韩国的耕地减少了 46%；同样，在中国台湾，1962 年至 1994 年耕地面积也下降了 42%。这三个国家和地区总计，从 1956 年到 1993 年，耕地面积减少了 48%，年均减少 1.2%。在未来大约 30 年，如果中国耕地也每年平均减少 1.2%（即每年减少 156 万公顷），到 2030 年以后，耕地将减少 0.468 亿公顷，是目前耕地总面积的 36%。

　　第三，与农业劳动力转移和耕地资源的非农占用成为共生现象的是，在 20 世纪 90 年代末以来，中国粮食总产量一直在低位徘徊。从 1999 年到 2003 年，各年粮食总产量分别为 45304.1 万吨、40522.4 万吨、39648.2 万吨、39798.7 万吨和 37428.7 万吨。虽然粮食总产出的变化会受到诸如政策、价格、气候等多种因素的影响，但传统农业资源减少的负面效应也是不可回避的原因之一，特别是在现代农业要素投入没有显著增长的情况下。

　　中国拥有世界 22% 的人口，是第一粮食消费大国。在颇有成效的节制生育政策的管制下，人口仍以每年 1000 多万的幅度增长，据有关预测，至 2030 年前后，中国人口将达到 16.5 亿的最大值。[①] 随着人口增加，粮食需求量必然增加。此外，人均粮食需求量还会由于人均收入水平的提高而增长。目前，中国人均粮食需求量为 390 公斤，预计在 2030 年，将达到 460 公斤左右。[②] 其时，中国粮食需求总量将是 7.59 亿吨。这就是说，在今后城市化加速推进的二三十年时间里，必须使中国的粮食产量比目前再增加 3 亿吨以上，才能实现国内粮食供求的大体平衡。

由于中国拥有世界 1/5 人口的特殊国情，粮食需求缺口不能主要依赖国际市场的进口来满足，而必须立足于国内自己生产解决。如何在城市化进程中寻求国内粮食安全目标的实现，是中国现代化建设过程中无法绕开的重大课题。

二　城市化与粮食安全关系的理论分析

从主权国家的角度来看，粮食安全的压力，来自相对于本国居民食品需求而言其粮食供给能力不足，进而产生对国际粮食市场较大程度的依赖。国内粮食需求和供给能力之间的相互关系，是决定粮食安全问题的两个基本因素。城市化对粮食安全影响的考察，应当从城市化与粮食需求变动以及城市化与粮食供给能力之间的关系入手。

一个国家的粮食需求水平，主要取决于人口规模和人均收入水平。粮食需求的增长率，可以近似地用下列关系式表示：

$$\frac{\Delta D}{D} = \frac{\Delta P}{P} + \eta \frac{\Delta\ (Y/P)}{Y/P} \tag{15.1}$$

式中，$\Delta D/D$ 表示粮食需求增长率，$\Delta P/P$ 表示人口增长率，$\Delta Y/P$ 与 Y/P 之比为人均收入增长率，η 是粮食需求的收入弹性。价格既定时，粮食需求的增长率，取决于人口增长率、人均收入增长率与粮食需求的收入

---

① 胡靖：《中国粮食安全：公共品属性与长期调控重点》，《中国农村观察》2000 年第 4 期。

② 目前发达国家人均粮食需求量最高为 1000 公斤，最低为 500—600 公斤。

弹性。[①]

在人口增长率和人均收入水平增长率一定的条件下，城市化不会对国内粮食需求产生影响。但从一个特定时期来看，其一，城市化可能影响人口增长率，因为城市人口生育率低于农村，$\Delta P/P$ 的值会随着城市化水平的提高而下降；其二，由于农业部门的边际产出低于工业和服务业部门，资源使用的城市比重提升，会增加产出水平和人均收入水平；其三，基于恩格尔定律，η 值是随着收入水平的提高而下降的。可见，在城市化进程中，既有加大粮食需求的因素，也存在着抑制粮食需求增长的成分。粮食需求增长率是否提高，决定于这两类因素何者的影响更大一些。

根据经济增长因素理论，粮食供给增长的源泉可以分解为两类：要素投入量增长和要素生产率的提高。劳动（L）、土地（N）和资本（K）是粮食生产的基本要素，要素投入量增长可以分别表示为：L_t/L_0、N_t/N_0 与 K_t/K_0；要素生产率（T）的提高，可由 T_t/T_0 来表示。这样，则有粮食供给增长率的如下表达式：

$$\frac{Q_t}{Q_0} = \frac{T_t}{T_0} \times \left[\alpha \left(\frac{L_t}{L_0} \right) + \beta \left(\frac{N_t}{N_0} \right) + (1 - \alpha - \beta) \left(\frac{K_t}{K_0} \right) \right] \quad (15.2)$$

（15.2）式中，α 和 β 分别表示全部投入中劳动与土地权重，且有 $0 < \alpha + \beta < 1$。

城市化对粮食供给能力的影响，在短期和长期具有完全不同的意义。

---

① 粮食需求量（D）等于人口（P）与人均需求量（D/P）的乘积，即：$D = P (D/P)$ 基期数值的下标量用 0 表示，比较期数值的下标量用 1 表示，可得下式：

$$D_1 = P_1 \left(\frac{D}{P} \right)_1 = P_0 \left(1 + \frac{\Delta P}{P} \right) \left(\frac{D}{P} \right)_0 \left[1 + \frac{\Delta (D/P)}{D/P} \right]$$

D 的增长率为：

$$\frac{\Delta D}{D} = \frac{D_1 - D_0}{D_0} = \frac{\Delta P}{P} + \frac{\Delta (D/P)}{D/P} + \frac{\Delta P}{P} \times \frac{\Delta (D/P)}{D/P}$$

如果人口增长率和人均需求增长率的数值都很小，那么，上式中的第三项可以忽略不计。这时，上式可改写成：

$$\frac{\Delta D}{D} = \frac{\Delta P}{P} + \frac{\Delta (D/P)}{D/P}$$

因为收入弹性定义为：$\eta = [\Delta (D/P) / (D/P)] / [\Delta (Y/P) / (Y/P)]$，则，

$$\frac{\Delta (D/P)}{D/P} = \eta \frac{\Delta (Y/P)}{Y/P}$$

因此得关系式（15.1）。

所谓短期，是指农业技术水平、农业和非农部门使用的土地数量和资本存量均为既定的情况。在短期，城市化水平的提高，会与农业部门形成资源竞争关系，即后一个公式中的 L_t/L_0、N_t/N_0、K_t/K_0 均可能小于 1。在 $T_t/T_0 = 1$ 时，国内粮食供给的增长率（Q_t/Q_0）必然下降。换言之，城市化在短期会加大粮食安全的压力。

长期中抑制粮食生产能力增长的因素依然存在，如 L_t/L_0 和 N_t/N_0 仍然是下降的，甚至比短期降得更为厉害。但是，长期中出现了提升粮食生产能力的有利条件。由于国民收入水平的提高，农业资本的投入量将增加，长期内可以实现资本对劳动和土地的替代，即（$1 - \alpha - \beta$）在提高。这样，综合要素投入量在产出增长中的贡献份额就不一定降低。更为重要的是，长期内，由于农业技术的进步，要素生产率在不断提高。实际经验表明，农业领域的技术进步和生产率的提高，已成为现代农业增长的主要途径。由此，可以得出如下结论：只要农业资本投入能够实现较大增长，农业技术能够实现不断创新，在长期，有可能实现城市化水平和粮食生产能力的同步提高，粮食安全的压力不一定增加，反而可能得到缓解。

三 城市化与粮食安全关系的经验考察

（一）基本数据

表 15—2　　　　　　城市化率的国际比较（1997 年）

不同收入水平国家	城市化率（%）
低收入国家	28
下中等收入国家	42
上中等收入国家	74
高收入国家	76

资料来源：转引自"工业化与城市化协调发展研究"课题组《工业化与城市化关系的经济学分析》，《中国社会科学》2002 年第 2 期。

表 15—3　　　　　　　发达国家与发展中国家谷物供求状况及变动趋势

（单位：百万吨）

	1961—1963 年平均			1979—1981 年平均			1995—1997 年平均		
	生产	消费	净出口	生产	消费	净出口	生产	消费	净出口
世界	855	855	0		1511	1511	0	1972	1972
发达国家	283	287	− 3	516	476	39	593	547	47
发展中国家	572	569	3	996	1035	− 39	1379	1425	− 47
中等收入国家	263	258	5	418	449	− 31	468	504	− 36
低收入国家	309	310	− 2	577	585	− 8	911	921	− 10

说明：总和不一致的地方，由四舍五入引起。

资料来源：［日］速水佑次郎、神门善久：《农业经济论·新版》，北京：中国农业出版社 2003 年版，第 2 页。

（二）截面数据的基本结论及其原因分析

表 15—2 提供了 20 世纪 90 年代后期发达国家和发展中国家城市化水平差异的数据，表 15—3 最后一列提供了大体同期这两类国家粮食供求关系的数据。对照这两类数据不难发现，城市化水平高的发达国家，总体来看，国内粮食生产能力是过剩的；而城市化水平较低的发展中国家，在整体上则存在着供给小于需求的缺口。在此，我们难以把高城市化水平与粮食安全压力之间相关联，恰好相反，城市化水平的提高，似乎是解决粮食安全问题的可行途径。这是为什么呢？

决定粮食需求增长的第一因素是人口增加，而人口增长率在发达国家和发展中国家间截然不同。发达国家人口出生率的下降速度超过其死亡率的降低速度，人口趋向于零增长。许多发展中国家尤其是低收入国家，至今仍未摆脱高出生率、低死亡率的状态。本书表 10—4 提供的数据表明，从 1960—1998 年，平均来看，中等收入国家的人口增长率是发达国家的 2.2 倍，低收入国家则是其 2.6 倍。

表 15—4　　　　　　　　发达国家和发展中国家人口增长率比较

	1998 年值 (百万人)	年增长率（%）		
		1960—1980 年	1980—1998 年	1960—1998 年
世界	5897	1.9	1.6	1.8
发达国家	886	1.0	0.6	0.8
发展中国家	5011	2.2	1.8	2.0
中等收入国家	1476	2.0	1.6	1.8
低收入国家	3536	2.3	1.9	2.1

资料来源：World Bank，World Development Indicators，2000。

从决定粮食需求增长的另一大因素人均收入增长的情况来看，在 20 世纪 60 年代至 90 年代，整个发展中国家人均 GNP 的增速基本接近于发达国家的水平（见表 15—5）。但发达国家和发展中国家收入增长对粮食需求产生的影响效果却不大一样。有的学者估计，按市场价格计算，发展中国家的实际粮食需求的收入弹性在 0.5 左右或略高一点，而人均收入超过 1 万美元的北美和西欧各国，实际粮食需求收入弹性约在 0 附近。[①] 就是说，伴随发展中国家收入增长其粮食需求也在明显增加，而发达国家的粮食需求却没有与人均收入水平一同提高。

表 15—5　　　　　　发达国家和发展中国家人均 GNP 增长率比较

	1998 年值 (美元/人)	年增长率（%）		
		1960—1980 年	1980—1998 年	1960—1998 年
世界	5276	2.6	1.0	1.8
发达国家	27911	3.4	1.9	2.7
发展中国家	1272	3.2	1.3	2.3
中等收入国家	3052	3.7	0.5	2.2
低收入国家	529	1.8	4.6	3.1

资料来源：World Bank，World Development Indicators，2000。

---

① ［日］速水佑次郎、神门善久：《农业经济论·新版》，北京：中国农业出版社 2003 年版，第 7 页。

综合上述两个方面的因素，在 20 世纪的后 40 年中，直接消费和饲料用粮合计的粮食需求，中等收入国家每年增加 2%—3%，低收入国家每年增加 3%—4%，而发达国家每年只增加不到 1%。[①]

1965—1995 年期间，农业产值的实际年增长率，发达国家为 1.2%，发展中国家为 2.2%。但在这两类国家中，引起农业生产增长的因素不同。发达国家年均 1.2% 的农业生产增长率，伴随着年均 2.2% 的农业劳动力减少，亦即农业劳动生产率平均每年提高 3.4%。低收入国家 2.3% 的年均农业生产增长率中，只有 0.5% 是由劳动生产率的提高而获得，其余的 1.8% 是由劳动投入增加带来的。综合要素投入量和综合要素生产率的变动趋势亦与上相同。这说明，发展中国家农业生产的增长，主要是通过增加要素投入获得的，发达国家则主要依靠技术进步的途径来实现农业增长。经济发展水平越高，农业产出增长率中来自技术进步和生产率提高的贡献比重越大。

表 15—6   1965—1995 年农业投入和农业生产率的国际比较（%）

	发达国家	发展中国家		
		合计	中等收入国家	低收入国家
实际农业产出（Y）	1.2	2.2	2.1	2.3
农业劳动力（L）	−2.2	0.7	−0.1	1.8
劳动生产率（Y/L）	3.4	1.5	2.2	0.5
综合投入（I）	−0.6	2.1	1.3	3.1
综合生产率（Y/I）	1.8	0.1	0.8	−0.8

资料来源：[日] 速水佑次郎、神门善久：《农业经济论·新版》，北京：中国农业出版社 2003 年版，第 8 页。

低城市化率的发展中国家，虽然能够通过劳动、土地等要素投入的增加实现粮食生产的较快增长，但相对于其更快的粮食需求增长率，仍然存在着国内粮食供给的不足；城市化率很高的发达国家，它们依靠技术进步

---

① [日] 速水佑次郎、神门善久：《农业经济论·新版》，北京：中国农业出版社 2003 年版，第 7 页。

提高要素生产率，弥补了要素投入减少带来的负面影响，也实现了较快的产出增长，与其较低的需求增长率相比，国内供给倾向于过剩。

（三）时序数据的结论与成因考察

从对发展中国家和发达国家间的大跨度考察中，我们获得了高城市化水平与高粮食安全保障之间相统一的理想结论，并且可以明确，实现这种统一的机制是由城市化水平提高而内生的。但是，当我们对城市化进程与粮食安全关系作动态分析时，二者相统一的结论就不能贯彻始终了。观察表15—3发展中国家的相关数据，从20世纪60年代到90年代，发展中国家的粮食自给率是在下降的，从20世纪60年代的自给有余，到20世纪70年代末以后的进口依赖，而且随着时间推移，依赖程度在加深。其中，供求缺口最大和变化最为显著的是中等收入国家组。只有进入高收入的发达国家所处的发展阶段，粮食生产与消费间的关系才出现了根本性改善。依据钱纳里等的结构转变理论，经济发展阶段与城市化水平是高度正相关的。[①] 那么，由低收入向中等收入、中等收入向高收入阶段演进，也就是城市化水平不断提高的过程。全面考察城市化进程与粮食安全之间的相互关系，可以发现，在城市化的不同发展阶段，粮食安全问题呈现出不同特征：由低收入向中等收入过渡阶段，粮食安全压力在变大；在中等收入阶段，面临的国内粮食供给不足的缺口最大；进入高收入阶段，则出现了普遍的国内粮食供给过剩。城市化进程中粮食安全压力的变换，呈现为一条倒U形曲线（见图15—1）。这是就世界范围的总体趋势而言的，在个别国家，可能会有例外。

倒U形曲线的演进路径缘何出现？其中的低收入和中等收入阶段，粮食安全的压力为什么会加大呢？对此，仍然可以借助前面的理论分析模型作出解释。

---

① 钱纳里和赛尔昆在研究各国经济结构转变趋势时，曾概括了经济发展水平与城市化关系的一般变动模式：随着经济发展水平或现代化水平的动态演进（用人均收入水平的上升来表示），城市化程度在相应提高。如当人均GNP分别为100以下、100、200、300、400、500、800、1000和1000以上美元（1964年美元）时，城市化水平相应地为12.8%、22%、36.2%、43.9%、49.9%、52.7%、60.1%、63.4%和65.8%。参见［美］霍利斯·钱纳里、［以］莫伊思·赛尔昆《发展的型式1950—1970》，北京：经济科学出版社1988年版，第32页。

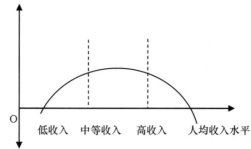

图 15—1　城市化进程中粮食安全压力转换曲线

　　在中、低等收入阶段，相对于高收入阶段的较高人口增长率和食品需求收入弹性，决定了其粮食需求的增长较快。在粮食供给方面，第一，进入高收入阶段前，要素投入量特别是劳动和土地的投入量会由于工业化和城市化的推进而形成竞争性挤占。中等收入阶段是工业化、城市化的加速发展时期，此时农业要素投入量的减少最为显著。第二，在工业化和城市化显著推进阶段，工业部门与农业部门的发展是不平衡的，比较生产率呈现出不利于农业部门的变化（见表15—7）。这会导致农业部门资本投入的不足，因而形不成资本对传统农业要素的充分替代。第三，更为重要的是，在较低收入阶段，新型农业技术的开发能力较弱，要素生产率在农业产出中的贡献份额相对较低，在抵消要素投入量减少的负面影响之后，粮食生产能力的提高极为有限。

表 15—7　1965—1995 年部分发展中国家农业与制造业之间生产率比较　　（%）

	劳动生产率实际年均增长率		比较劳动生产率
	农业（1）	制造业（2）	(1)—(2)
韩　国	5.3	11.0	－5.7
菲律宾	1.4	10.2	－8.8
印　度	1.7	2.3	－0.7
平　均	2.8	7.8	－5.0

　　说明：合计误差由四舍五入引起。

　　资料来源：［日］速水佑次郎、神门善久：《农业经济论·新版》，北京：中国农业出版社2003年版，第12页。

　　相对于中、低收入阶段，高收入的发达经济出现了一系列有利于粮食生产能力提高的因素。第一，由于城市化的完成，农业部门资源的竞争性占用强度降低。同时，资本供给的丰裕使农业部门的资本装备水平大幅度提高。早在 1975 年，美国农业工人的平均资本投资已达 98000 美元，超过制造业部门每个工人 55000 美元的资本投资量。[①] 第二，工业与农业之间的部门发展差异消除，农业比较生产率大幅提升（见表 15—8），向农业领域的投资变得有利可图。第三，在高收入阶段，技术研发能力提高，农业技术进步速度加快，要素生产率在农业生产中的贡献份额提升。

表 15—8　1965—1995 年部分发达国家农业与制造业之间生产率比较　　　（%）

	劳动生产率实际年均增长率		比较劳动生产率
	农业（1）	制造业（2）	（1）—（2）
美　国	2.7	3.4	-0.7
英　国	2.7	3.2	-0.5
法　国	5.2	3.6	1.6
德　国	5.1	4.0	1.1
日　本	5.1	5.5	-0.3
平　均	4.2	3.9	0.2

　　说明：合计误差由四舍五入引起。

　　资料来源：［日］速水佑次郎、神门善久：《农业经济论·新版》，北京：中国农业出版社 2003 年版，第 12 页。

四　中国城市化与粮食安全目标的协调

　　前述分析表明，以保障粮食安全延缓城市化进程，将阻碍国民经济增长，也无助于粮食安全问题的根本解决；放弃粮食安全保障，不仅要承担巨大的政治、社会风险，也可能陷入经济发展的"李嘉图陷阱"。[②] 寻求

　　[①]　陈宝森：《美国经济与政府政策——从罗斯福到里根》，北京：世界知识出版社 1988 年版，第 271 页。

　　[②]　李嘉图认为，在各等级土地面积固定的自然资源禀赋条件下，由人口增长导致的食品价格上升，将迫使经济处于停滞状态，在该状态下，利润率如此之低，以致无法为追加投资提供激励。这种制约工业化初期经济增长的固定土地资源禀赋机制，通常被称为"李嘉图陷阱"。

城市化与粮食安全之间的某种统一，成为中国经济发展战略的基本目标之一。二者之间统一发展的路径无疑是相当狭窄的，但协调的可能性也存在。

第一，必须把大幅度提高农业综合要素生产率作为城市化进程中保障粮食安全的主要途径。如果说，耕地面积减少是城市化水平提高的必然代价，那么，粮食产量的增长，只有通过土地节约化技术的进步以及综合要素生产率的提高来实现。技术进步和要素生产率提高，对中国粮食生产增长的空间是很大的。中国农业技术水平与发达国家还有相当大的差距，作物单产还有很大的潜力可挖（见表15—9）。在不放弃城市化水平合理提高的前提下，保障粮食安全，农业技术进步是比控制耕地面积减少更为现实的选择。

表15—9 若干国家（地区）粮食作物单产比较（1984年） 单位：吨/公顷

作物	中国	美国	欧洲	世界	最高纪录	最高纪录与中国之比
水稻	2.98	2.61	4.72	2.25	14.5	4.87
小麦	5.27	5.52	5.19	3..19	28.0	5.31
玉米	3.85	6.69	5.27	3.47	22.2	5.77
高粱	3.16	3.54	3.49	1.46	21.5	6.80
大麦	2.50	2.78	4.25	2.18	11.4	4.56
燕麦	1.28	2.08	3.19	1.70	10.6	8.28
大豆	1.29	1.89	1.64	1.73	5.6	4.34
马铃薯	13.74	31.18	20.29	15.38	95.0	6.91

资料来源：单产据FAO1984年生产年鉴；最高纪录据 S. H. Wittwer, 1981: The Further Frontiers: Research and Technology for Global Food Production in the 21st Century, Michigan Agricultural Experiment Station Publication。

第二，必须走出一条节约耕地资源的城市化道路。保障粮食安全的城市化战略，需要满足两个条件：其一，城市化推进中耕地减少而带来的粮食生产能力的损失，不能大于同期农业技术进步而获得的农业生产能力的提高。其二，应当选择耕地资源损失最小化的城市化路径。表15—10中的数据表明，土地利用的集约程度随居民点规模的下降呈显著下降态势。

小城市的人均建设用地是特大城市的将近 1 倍，而建制镇的人均建设用地则超过特大城市的 1 倍。据有关资料，到 1997 年年底，中国设市城市、建制镇、集镇、村庄的建设用地合计为 1895 万公顷，其中，城镇（包括设市城市、县城及一般建制镇）用地 428 万公顷，占 22.6%；乡村居民点（包括集镇和村庄）用地 1467 万公顷，占 77.4%。与粮食安全目标相协调的城市规模结构选择，只能是大城市为主而中小城市为辅。

表 15—10　中国不同规模城市和农村居民点建设用地比较（1998 年）

城市规模	城市人口数（万人）	人均建设用地（平方米）	建设用地总量（平方公里）
特大城市	7973.07	75	5979.8
大城市	3349.94	88	2947.9
中等城市	6160.99	108	6653.9
小城市	4450.10	143	6363.6
建制镇	7199.68	154	11087.5
农村居民点	95665.12	170	162630.7
合计	124810	157	195662.4

资料来源：王一鸣等：《关于加快城市化进程的若干问题研究》，《宏观经济研究》2000 年第 2 期。

参考文献

蔡昉：《科学发展观与增长可持续性》，北京：社会科学文献出版社 2006 年版。

陈宝森：《美国经济与政府政策——从罗斯福到里根》，北京：世界知识出版社 1988 年版。

"工业化与城市化协调发展研究" 课题组：《工业化与城市化关系的经济学分析》，《中国社会科学》2002 年第 2 期。

人口和社会科技司：《我国劳动力迁移流动的情况和特征》，《中国人口统计年鉴 2004》，北京：中国统计出版社 2004 年版。

［美］霍利斯·钱纳里、［以］莫伊思·赛尔昆：《发展的型式 1950—1970》，北京：经济科学出版社 1988 年版。

［日］速水佑次郎、神门善久：《农业经济论·新版》，北京：中国农业出版社 2003 年版。

王一鸣等：《关于加快城市化进程的若干问题研究》，《宏观经济研究》2000 年第 2 期。

Wittwer，S. H. 1981：The Further Frontiers：Research and Technology for Global Food Production in the 21st Century，Michigan Agricultural Experiment Station Publication.

World Bank，2000：World Development Indicators.

第四部分

制度变迁

第十六章

农业发展的制度含义^{*}

一 农业发展与农业的商业化

农业发展起始于农业中商业活动的产生。早在 19 世纪上半期，李斯特（List，Friedrich 1997）就指出："完全依赖农业生存的人们，散居在广阔的地域上，过着与世隔绝的生活，老死不相往来。……这样的人只要不能建立工场或从事对外贸易，就别指望会有进步或改善政治地位。""只要他们不与邻居进行贸易，这些耕地农民实际上就仍处于野蛮状态。"① "正是商人促进了农业的发展，……正是商人使人们作好了进入经济和社会新阶段的准备。是商人的努力猛力地冲击着偏见、狂信、体力和智力的懒惰、有害的贵族特权和暴君的专制统治的基础。是商人激起落后原始民族改善自己处境的意愿和能力。"② 美国学者施坚雅（Skinner，G. W. 1998）在对 20 世纪上半叶中国农村市场的发展和演进的考察中注意到，农村和农业的发展，总是首先发生在城市周边地区，这是"由于一个城市贸易体系内的农业的现代化通常开始于一波又一波的商业化"。③

---

* 本章由作者发表于《经济问题》2002 年第 5 期的《现代农业的制度含义》和《开放条件下的中国农业发展》（中国社会科学出版社 2004 年版）第三章《农业发展的制度含义》基础上综合整理写成。

① ［德］弗里德里希·李斯特：《政治经济学的自然体系》，北京：商务印书馆 1997 年版，第 52 页。

② 同上书，第 98 页。

③ ［美］施坚雅：《中国农村的市场和社会结构》，北京：中国社会科学出版社 1998 年版，第 95 页。

农业贸易为什么能够促进农业发展呢？李斯特至少给出了三个方面的原因：第一，农业贸易可以改变传统农民的观念，激起他们改善落后境遇的愿望。第二，农业贸易有利于促进农业内部分工与专业化的发展。"对各种农产品的需求……是推进农业专业化的强有力的因素。……每个地区可以根据自己有利的自然条件在农业生产中专业化，通过交换又从国内其他地区获得本地不种植的那些产品。这种劳动分工——或更准确地说是商品生产分工——会极大地提高农业生产。"① 李斯特特别强调农业对外贸易对农业分工和专业化的积极影响。"对外贸易会促进……农产品的出口，也会刺激在土地上劳动的人们进行劳动分工，鼓励他们在作物种植中专业化。"② 第三，农业贸易能够把农业体系外的制成品引入农业内部，改善农业资源结构。"随着对外贸易把制成品带入一个农业国家以交换农产品，农业经济就会出现巨大变化。农民可以获得较好的机器和工具，更有效率地进行他们必须做的工作。随之，接踵而来的是诸如新的作物，更优良的有用工具等等各种改良和新生产方法的出现。"③

如果说农业发展开始于农产品的商业化，那么，农业发展的完成则依赖于农业要素特别是农业劳动力的商业化。希克斯（Hicks，John1999）指出："当市场体系开始形成土地和劳动市场即要素市场时，便渗透到或者说'打入'比较顽固的区域。"④ 拉尼斯和费景汉（Ranis，G. & Fei, J. 2004）把作为农业发展先决条件的农业劳动力的流动过程分为三个阶段：首先是边际生产力等于零的多余劳动力的转移阶段。这部分劳动力的流出不影响农业总产出，不会带来粮食的短缺，因而也不会造成工业部门贸易条件的恶化和工业工资水平的上升。其次是边际产出大于零小于平均产出的劳动力流出阶段。这部分劳动力的流出将导致农业总产量的减少，在农业部门消费水平不变的前提下，提供给工业部门的粮食不足以按不变制度工资满足工人的需要，粮食价格将上涨，工业工资也随之提高。拉尼斯和费景汉把第一阶段与第二阶段的交界处称为短缺点（shortage point），

---

① ［德］弗里德里希·李斯特：《政治经济学的自然体系》，北京：商务印书馆1997年版，第62页。

② 同上书，第54页。

③ 同上书，第54页。

④ ［英］约翰·希克斯：《经济史理论》，北京：商务印书馆1999年版，第92页。

含义是当农业劳动力流出量超过这一点时将出现粮食短缺。最后是边际产出大于平均产出的农业劳动力流向工业部门的阶段。如果工业部门要吸引这部分劳动力离开农业，就不能再按等于平均产出的不变制度工资支付报酬，而必须按其边际产出付给工资。这时，农业劳动力和工业劳动力一样，成为竞争性市场上的商品。当农业发展进入到这一阶段，农业也就完成了从传统部门向现代部门的转变。拉尼斯和费景汉把第三阶段称为农业的商业化阶段，把第二阶段与第三阶段的分界处称为商业化点（commercialization point）。不难看出，拉尼斯和费景汉把农业劳动力的商品化视为农业商业化的决定因素，而把农业商业化等同于农业现代化。

在农业要素的商业化过程中，农业的生产目标也商业化了，即由产量最大化目标转向利润最大化目标。在托达罗（Todalo，M. P. 1988）看来，农业的现代化与商业化、专业化是统一的。他指出："对于专业化的农业来讲，用一些剩余农产品向市场提供商品供应已不再是农户的基本目的了。完全商业化的'利润'成了评价经营成败的准则，……生产完全是为了满足市场的需要。诸如固定成本和可变成本、储蓄、投资和收益率、生产要素的最佳组合、高产的各种可能性、市场价格和支持性价格等，这些经济学的概念产生了重要的数量和质量方面的意义。"[1] 约翰·梅勒（1988）特别强调，"农业面临的真正问题是，在满足人类最基本的生存需要的基础上，农业如何为扩展人类的选择领域做出最大贡献"，[2] 即如何把农业改造成为追求利润最大化目标的商业化农业。

农业的商业化，大大改变了农业的交易关系，同时改变了农业组织结构、组织规模与组织功能，也使农业的产权形态发生了重要变化。农业的商业化赋予了农业全新的制度内涵。

二　商业化进程中交易关系的变迁

农业的商业化，首先表现为农业中交易关系的不断深化。传统农业与

---

① ［美］M. P. 托达罗：《第三世界的经济发展》，北京：中国人民大学出版社 1988 年版，第 421 页。

② ［美］约翰·梅勒：《农业经济发展学》，北京：农村读物出版社 1988 年版，前言。

现代农业的区别，不在于有无经济交易，而在于交易关系中存在着一个从量的积累到质的飞跃的分界点。具体来说，在于交易强度、交易结构以及交易秩序等方面蕴含的制度性规定的重要转变。

（一）交易强度

交易强度，即交易发生的频率以及交易活动在整个经济活动中所占的比重。可以由交易主体的普遍化程度即社会成员参与交易的比重大小和经济活动成果的商品化程度来衡量。

交易强度的高低可以作为传统农业与现代农业区分的标志。虽然传统农业中也有交易活动存在，但交易主体的普遍化程度较低，交易活动并没有成为农业生产者普遍从事的基本经济活动；用于交易的产品也只是农业生产者自给自足之后的剩余，农业劳动成果的商品化率不高。现代农业的形成过程，是交易强度不断加大从而导致农业中商业化因素日益提高而自给性成分逐渐减少的过程。在这一过程中，交易活动在面上逐渐推开，日益成为广大农业生产者普遍参与的经济活动；同时，市场交易日益成为广大农民的基本经济活动，农业劳动成果的商品化率不断提高。据美国学者丹霍夫的计算，美国农产品的商品率 1820 年约为 25%，1870 年上升为50%—55%。进入 20 世纪之后，商品化率提高迅速。根据美国农业部的统计资料，1926—1927 年，美国小麦生产的商品化率已经达到 84.6% 左右。[①] 就交易强度而言，现代农业区别于传统农业的基本标志是：第一，从人的方面来看，是绝大多数农民普遍参与市场交易，农业市场主体普遍化；第二，在物的方面，是农民的经济活动以及所生产的产品大部分乃至绝大部分卷入市场交易。概言之，现代农业是大部分农民的大部分经济活动纳入市场交易的经济。

交易强度提升使得大部分农民的大部分活动卷入市场交易之后，农业经济活动的制度基础相应发生了重要改变。第一，市场范围充分延展。法国学者布罗代尔指出："市场是一种解放，一种开放，是进入另一个世界，是冒出水面。……这一演变过程的终端是'市场遍布的社会'。""市

---

① 转引自宣杏云、王春法《西方国家农业现代化透视》，上海：上海远东出版社 1998 年版，第 39 页。

场实际上是条像分水岭那样的界线。根据你处在这条界线的一侧或另一侧，你就有不同的生活方式。"① 第二，市场规模不断扩大。随着交易范围的扩大和交易强度的增加，人口向着便利于交易的城市集中，城市化水平的提高扩大了农业的市场规模，并使市场在农业活动中发挥着更大的作用。正如约翰·梅勒所指出的："市场的作用与农业人口的比例相关。"② 第三，分工制度获得重要发展。亚当·斯密在《国民财富的性质和原因的研究》中明确指出："分工起因于交换能力，因此，分工的程度因此总要受交换能力大小的限制，换言之，要受到市场广狭的限制。"③ 在交易强度增加和市场范围、市场规模扩大的同时，农业领域中的纵向和横向分工得到了发展，这一发展成为现代农业高效率的原因之一。第四，资源配置方式市场化。舒尔茨认为："在改造传统农业时不能没有产品和要素价格对资源配置的作用。还没有有效的替代方法。"④ 现代农业的高交易强度，决定了市场机制成为现代农业资源配置的基础性手段。所谓现代农业，也可以说是完全市场经济条件下的农业，或者说，是农业自身发展的完全市场经济阶段。

（二）交易结构

从一般意义上来说，交易结构是整体经济中不同交易成分之间质的联系和量的比例关系的总和。依据交易对象的特点和交易范围的大小，可以把交易结构分为日常交易与市场交易两大层次。

日常交易的基本特点是：第一，它是具有一定人际关系的人们之间的交易，通常发生于一个熟悉的、没有陌生人的社会。在这种交易中，物与物的关系是通过人与人的关系发生的。第二，经济交易与社会交易紧密地结合在一起。社会交易区别于经济交易的关键方面是，"社会交换带来未作具体规定的义务"。"只有社会交换会引起个人的责任、感激和信任

---

① ［法］布罗代尔：《15—18世纪的物质文明、经济和资本主义》第二卷，北京：生活·读书·新知三联书店1993年版，第2、35页。

② ［美］约翰·梅勒：《农业发展经济学》，北京：农村读物出版社1988年版，第317页。

③ ［英］亚当·斯密：《国民财富的性质和原因的研究》上卷，北京：商务印书馆1972年版，第16页。

④ ［美］西奥多·W. 舒尔茨：《改造传统农业》，北京：商务印书馆1987年版，第97页。

感。……社会交换有内在收益，价格不确定"，常常"以授予地位的方式平衡"交易中经济价值的不对称。[1] 第三，交易更为依赖传统习俗和人际关系准则来维系。由于交易者在文化上的同质性和交易对象的大量重复往来，人们对交易的"规矩"十分熟悉，从而在这种交易中，"社会的信用并不是对契约的重视，而是发生于对一种行为的规矩熟悉到不假思索时的可靠性"。[2]

与日常交易不同，市场交易突破了亲戚、邻里关系的局限，物—物关系成为人—人关系的媒介；经济交易与社会交易的分离度较高，交易以经济价值的"对称"、"等价"为原则；交易秩序主要依靠正规的契约来维系。市场交易可以进一步分为初级市场交易和高级市场交易两个部分。初级市场交易通常以集市贸易的形式出现，其主要特征是：第一，就交易方式而言，它是手握着手、眼对着眼的交易，是最直接、最透明和监督得最好的交易形式。第二，从规模上看，它基本上是小规模交易，主要参与者是集生产者、销售者和消费者于一身的农民。第三，在空间上，初级市场具有强烈的地域性。初级市场通常被称为社区、地方或地域市场。高级市场交易与初级市场交易的区别在于：其一，交易的地域范围很大，存在着统一的、开放的国内市场甚至世界市场。其二，这一交易是在分工充分发展的基础上产生的，交易主体主要是专门从事贸易的商人阶层，因此，交易规模较大。其三，交易方式变得间接、多元和复杂。

无论在何种经济中，生产品并非全部交易品，总有一定比例的产品要用来满足自给性用途。自给性产品比重的大小对整体交易结构有着重要的影响。考虑到这种影响，可以在交易结构中扩展出一个新的层次——自给自足部分。

传统农业与现代农业交易结构的区别，可以用下面两个图来（图16—1、图16—2）表示。无论是传统农业还是现代农业，其交易结构都存在自给自足、日常交易、初级市场交易和高级市场交易四个层次。但在两种经济中，四个层次的相对比重和地位不同。传统农业中，在自给自足和经

---

① ［美］彼得·布劳：《社会生活中的交换与权力》，北京：华夏出版社1988年版，第109、111页。

② 费孝通：《乡土中国》，北京：生活·读书·新知三联书店1985年版，第5页。

济交易之间，自给自足占主导地位；在日常交易和市场交易之间，日常交易占主导地位；在初级市场交易和高级市场交易之间，初级市场较易占主导地位。传统农业的交易结构是一种以自给自足为底，以高级市场交易为顶的金字塔形结构。现代农业的交易结构与传统农业刚好相反，它是经济交易、市场交易与高级市场交易相对于自给自足、日常交易与初级市场交易占据着主导地位，呈倒金字塔形的一种结构。传统农业向现代农业的过渡，亦即现代农业的形成，在交易结构方面就体现为上述正金字塔向倒金字塔的转变。在经济史中，这被称为一个"伟大的转变"。[①]

图16—1　传统农业的交易结构

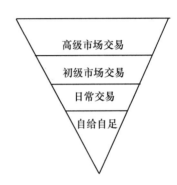

图16—2　现代农业的交易结构

依据上述讨论，可以把现代农业交易结构的本质规定概括为两个方面：交易对象的普遍化和交易范围的广延性。当交易对象的选择从一个熟悉的社会走向一个陌生的世界，当社区市场、地域市场被扩展为统一的、开放的国内市场和世界市场时，现代农业就在交易活动中被孕育；当市场交易特别是高级市场交易成为基干交易形式时，现代农业就在交易关系中生成。

（三）交易秩序

交易是人与人之间的一种相互关系，它以一定的人际关系为基础。帕森斯（Parsons，T.）和希尔斯（Shils，E. A.）区分出了特殊主义与普遍

---

① 参见王询《文化传统与经济组织》，大连：东北财经大学出版社1999年版，第160—161页。

主义两种不同的人际关系模式。① 所谓特殊主义是指，根据行为者与对象的特殊关系而认定对象及其行为的价值高低。具有特殊主义取向的人们更重视已经存在的各种关系，他们倾向于与自己有某些特殊关系的人们进行交往，这种交往又会使他们原有的关系得到加强。这种人际关系的价值取向产生的后果是，他们把所接触的人分为两类：一类是与自己已经有某种或某些特殊关系的、可信任的自己人，另一类是在此之前没有特殊关系的人，特殊主义的行动者常常认为后一类人是难以信任的。普遍主义是指，对对象及其行为的价值认定独立于行为者与对象在身份上的特殊关系。具有普遍主义取向的人们不大重视已经存在的各种关系，在交往中，更多地依据理性的计算作出抉择。"普遍主义的标准引起了社会地位的分化，因为普遍受到重视的属性或成绩把声誉和权力给予了具有这些属性或成绩的那些人。"同时，"它们把交换交易和地位结构的范围扩大到社会互动的界限之外"。② 在普遍主义人际关系盛行的社会中，人际关系更具匀质性，其亲疏不甚分明。

在不同的人际关系模式中，交易秩序的维系准则是不同的。处在先赋性、重复性、非正式和非经济的特殊主义人际关系网络之内的人们之间，其经济交易包括市场交易被纳入情感性的人际关系框架之中，人情或人格成为维持交易秩序的基本准则。由于关系网络具有现实的或潜在的利益价值，因而它能够成功地为稳定的交易建立起所需要的信任。在普遍主义人际关系模式下，人们之间的关系是后致性的、一次性的、正式的和经济的关系，即交易双方一般为没有特殊关系的陌生人或关系不甚密切的人。这样，维持交易秩序的基本准则只能依赖于正规的契约。诺思（North, Douglass C. 1995）把这两种交易秩序区别为人格化交换和非人格化交换。"人格化交换是建立在个人之间相互了解基础上的交流。在这种交换中，由于人们的知识水准低，经济规模小，交易成本较高。相反，非人格化的交易，意味着我们对交易的另一方没有任何个人了解，我们不能以任何个

---

① 参见王询《文化传统与经济组织》，大连：东北财经大学出版社 1999 年版，第 41—56 页。

② ［美］彼得·布劳：《社会生活中的交换与权力》，北京：华夏出版社 1988 年版，第 308 页。

人形态来区分交易对方。"①

一般来说，特殊主义和人格化交易，是传统经济中人际关系的基本模式和相应的交易秩序的基本形态；而普遍主义与非人格化交易，则是现代经济中人际关系模式和交易秩序的常态。在现代化过程中，存在着特殊主义向普遍主义、人格化交易向非人格化交易转化的趋势。正如诺思所指出的："对所有愿意取得高效率现代化经济发展的国家来说，我们仍然面临着从人格化交换向非人格化交换转变的困境，仍然面临着彻底地、完全地重新构造我们社会的两难处境。"② 现代农业作为现代经济的一个组成部分，其交易秩序必然是建立在普遍主义人际关系模式基础之上的非人格化交易。

三　商业化过程中的组织结构转型

保尔·芒图（Mantoux，Joseph Paul1983）在考察 18 世纪产业革命时形成这样一个观点："所谓大工业，首先必须将其理解为一种生产组织，一种生产制度。"③ 保尔·芒图观点的一个简单推论，那就是现代农业也应被理解为一种新的生产组织，一种新的生产制度。从某种意义上说，农业的发展也就是农业组织的发展。从传统农业向现代农业的过渡，同时就是现代农业组织逐渐取代传统农业组织而占据支配地位的过程。卢西恩·派伊认为："发展和现代化方面的问题，都渊源于能否建立起更有效、更灵活、更复杂和更合理的组织……鉴别发展的最终试金石在于一个民族是否有能力建立和维系庞大、复杂、灵活的组织形式。"④ 罗纳德·奥克森（Oakerson，Ronald）指出："应将发展看做是各种共同体的人们通过各种社团来解决其集体问题的能力的扩大。"⑤ 诺思和托马斯（North，D. C. &

① ［美］道·诺思：《制度变迁理论纲要》，北京大学中国经济研究中心：《经济学与中国经济改革》，上海：上海人民出版社 1995 年版，第 3 页。

② 同上书，第 9 页。

③ ［法］保尔·芒图：《十八世纪产业革命》，北京：商务印书馆 1983 年版，第 9 页。

④ 转引自［美］亨廷顿《变化社会中的政治秩序》，北京：生活·读书·新知三联书店 1989 年版，第 29 页。

⑤ ［美］V. 奥斯特罗姆等：《制度分析与发展的反思》，北京：商务印书馆 1992 年版，第 117 页。

Thowmas，R. P. 1999）则把有效率的经济组织看作经济增长的关键，"一个有效率的经济组织在西欧的发展正是西方兴起的原因所在"。[1]

（一）农业组织的体系与结构

从一个经济社会整体的角度来考察，经济组织表现为经济组织体系或经济组织结构，它说明一种经济的组织载体的类型及其相互关系。经济组织体系可以分为微观经济组织、中间经济组织和宏观经济组织三个层面。不过，在不同的经济中，三个层面经济组织的相对地位以及相互间的相关程度存在着差别。

在传统农业中，绝大部分经济活动是在微观经济组织内以家庭或农户的组织形式进行的，只有少量的经济活动是由超家庭的中间组织和更高层次的地域性组织或国家组织进行的。就各层次组织所进行的经济活动量占社会全部经济活动的比例而言，是以家庭经济活动为基础，各种中间组织的经济活动只居次要地位，地域性或国家宏观组织的经济活动则更少的金字塔结构。新中国成立以来我国的农业组织结构，则又具特点，是微观组织与宏观组织两头强而中间弱的"工"字形结构。

现代农业组织结构区别于传统农业的一个重要方面，是中间组织（主要是服务于市场交易的社会化组织）的充分发展及其经济活动比重的大幅提升。在现代农业中，不仅产前、产后的各种工序被分离出去，就是产中的部分重要工序也先后独立出来，形成农业的社会化服务体系。原来由一个农场完成的各种工作，现在则由专业服务组织分别承担。据不完全统计，美国为农业生产提供产中服务的企业，早在 1968 年就有 3.26 万家，有职工 42 万余人，年收入达 20.9 亿美元。到 1989 年，美国农业及其关联产业的就业人数为 2320 万人，其中，直接从事农业生产的劳动力只有 320 万人，其余 2000 万则在农业服务业和农业其他关联产业就业。[2]许多社会学者特别重视中间组织的地位，认为中间组织的发育是一个社会

---

① ［美］道格拉斯·诺思、罗伯特·托马斯：《西方世界的兴起》，北京：华夏出版社 1999年版，第 5 页。

② 宣杏云、王春法：《西方国家农业现代化透视》，上海：上海远东出版社 1998 年版，第52 页。

发展的重要基础，也是区分不同发展阶段的一个重要标志。与传统农业金字塔式（或工字形）的经济组织结构相比，现代农业组织结构是以中间组织所进行的经济活动占据主导地位的菱形结构。从经济组织结构演进的角度来看，农业现代化即为上述金字塔形（或工字形）结构向菱形结构的转化过程。

决定农业经济组织结构变迁的因素可能是多种多样的，但最深层次的原因，是农业商业化进程中交易关系的改变和市场范围的扩大。分工与交换是市场经济发展中不可分割的两个方面。随着市场交换范围的扩展，农业中的专业化分工日益发达。农业专业化的发展过程，同时就是农业组织形式创新和农业组织结构变迁的过程。诺思和托马斯在《西方世界的兴起》中指出："市场的扩大使专业化产生了某些增益，同时在另一方面似乎又带来了组织效率问题"，因而使组织创新成为必要。通过对近代荷兰农业发展的考察，他们发现，市场的扩大特别是国际市场的兴起，使"农业已经如此专业化，市场对农业组织的渗透已如此深入，以致被当作肥料利用的粪肥都有专门市场生产"。[①] 就是说，只有为大规模市场交易而进行的生产，才能由专业化经济组织进行。现代农业中间组织的发展，实际上就是现代农业分工体系的扩展。

（二）农业组织的企业化与规模化

如果把农业的商业化视作农业制度的进化过程，那么，农业组织的企业化就是这一过程的必然内容。所谓农业组织的企业化，是指农业组织特别是农业生产单位与工业企业或商业企业的趋同。其主要表现是：第一，生产决策类型由生产导向的自主决策向市场导向的自主决策转变。换言之，生产目标由产量最大化转向利润最大化。第二，产出商品化，即产出中自给性消费部分已微不足道，市场销售量成为总产出的主要构成。第三，投入契约化。现代企业理论认为，企业是要素交易的契约。对于现代企业来说，要素已不一定或不可能完全自有，而主要通过交易契约获得。世界农业发展的历史经验告诉我们，当这种交易契约仅限于土地要素时，

---

① ［美］道格拉斯·诺思、罗伯特·托马斯：《西方世界的兴起》，北京：华夏出版社 1999年版，第 77、178 页。

农业生产单位还不能完全具备企业的性质；只有当这种交易契约同时遍及非土地要素时，农业生产单位才被企业化。第四，利润率平均化，即农业部门的资本投入能够获得与非农产业部门大体相等的利润率。从本质上说，农业企业化是市场经济条件下农业生产者经济人本性的组织体现，同时也是农业产业成为现代产业的重要的制度保证之一。

农业组织的企业化与规模化是密切相关的。当农业生产组织的目标转向利润最大化时，当农业市场扩大导致农业领域分工和专业化程度提高时，当农业贸易特别是高级市场交易带来不断增长的利润从而使农业资本积累加速时，当农业日益成为资本密集和技术密集的产业时，当交易秩序准则由以特殊主义人际关系为基础的人格化交易过渡到以普遍主义人际关系为基础的非人格化交易时，当非农产业部门就业机会的增长对农业劳动力形成较大吸纳力时，农业组织的规模化就不仅是必要的事情，而且同时成为可能。虽然农业组织的规模化受制于一个国家或地区的资源结构，因而会使不同国家或地区的规模化表现出不同的特点，但规模的合理化是经济发展的普遍的和一般的规律，并不以国别或资源结构的差异而转移。农业组织规模合理化的基本趋势，是小农业向大农业的转变。18 世纪中叶，重农学派的代表人物魁奈分析法国农业经营情况时认为，大农业比小农业具有优越性。英国经济学家阿瑟·杨（Yung，Arther）在 1770 年出版的《农业经济论》中，比较详细地论述了农业中生产要素的配合比例、生产费用和经营收益的关系。他认为，资本主义大农业具有比传统小农经济更大的优越性，主张按追求利润的原则，建立大型的雇用农业工人为主的资本主义农场经济。[①] 约翰·梅勒指出："如果我们考察整个农业生产，规模效益从整个生产过程的一个部分到另一个部分都会发生很大的变化。总的来讲，农业服务机构比直接生产过程有更大的规模效益。然而，即使在生产方面，也有很多情形，在这些情形下，大规模经营也能取得很大的经济效益。"[②] 托达罗把"注重实行使单位成本降低和利润最大化的规模经

---

① 参见李宗正、姚开建、于同声《西方农业经济思想》，北京：中国物资出版社 1996 年版，第 74—75 页。

② ［美］约翰·梅勒：《农业经济发展学》，北京：农村读物出版社 1988 年版，第 355 页。

济"看作"所有专业化农场的共同特点"之一。[①] 雷纳（Rayner, A. J.）和英格尔森特（Ingersent, K. A.）认为："由于作为新技术一个不可分割部分的固定资本投入的不可分性，农户规模越大，单位成本必然越低，利润也越高。因此，在每单位产量利润更高反映了效率优势的意义上说，由于传统农业的现代化，大农户会比小农户效率更高。"[②]

（三）农业组织的性质、功能与关联性

王询（1999）在《文化传统与经济组织》中归纳了传统社会与现代社会组织方面的若干差异：从组织性质上说，可将组织区分为本体性组织（组织自身的生存和发展不仅是满足其成员需要的手段，也是组织成员所追求的目标）和功能性组织（组织的存在只是实现特定目标的一种手段）。在传统社会中，本体性组织占主导地位；而在现代社会中，则是由功能性组织居支配地位。从组织功能来看，传统社会的本体性组织是一种多功能的组织，即经济组织与非经济组织是合一的；而在现代化过程中，则存在经济组织从非经济组织中分化出来的现象，而且，即使在经济活动领域，组织之间也存在着较高程度的专业化分工。从组织之间的关系来看，传统社会本体性和多功能的组织，与其他组织缺少功能上的互补性和相互依存性，因而具有较强的自足性和封闭性；在现代社会中，由于专业化分工程度比较高，各种组织的功能是非自足的，因此，必然与其他组织发生更多的联系，组织更具有开放性。[③] 作为现代社会经济组织的现代农业组织，功能性、单一性和开放性也是其必然具有的特征。

四　商业化进程中产权制度的演进

交易的实质是产权的交易。在农业发展的不同阶段，由于商业化程度不同，交易关系的内涵与外延存在着差别，因而交易的产权基础亦不相

---

① ［美］M. P. 托达罗：《第三世界的经济发展》，北京：中国人民大学出版社1988年版，第421页。

② ［英］V. N. 巴拉舒伯拉曼雅姆、桑加亚·拉尔：《发展经济学前沿问题》，北京：中国税务出版社、北京图腾电子出版社2000年版，第30页。

③ 王询：《文化传统与经济组织》，大连：东北财经大学出版社1999年版，第58—59页。

同。农业产权关系的核心和基础是土地产权，我们对现代农业产权问题的讨论也仅限于土地产权方面。

产权经济学将产权视为一个社会所强制实施的对一种经济物品如何选择使用的权利。[①] 就是说，产权是附着在或内含于一种资产或物品实体中的一组权利，这种权利是由社会设定的，它决定着由谁来支配、运用这种资产或物品，以及由谁来享受支配和运用这种资产或物品的收益。据此，可以将土地产权定义为，附着在土地资源上的一切权利；土地产权制度即社会对土地资源内含的种种权利的设置以及关于这些权利的分配、收益和转让的规则。

传统农业与现代农业的土地产权制度不同。不同的土地产权制度意味着人们拥有的土地产权是有差异的。依据土地权利主体拥有的权利的程度，可以将土地产权分为有保障的土地产权和缺乏保障的土地产权。在传统农业中，农业生产者的土地产权往往是缺乏保障的。主要表现为：土地拥有者对土地使用的选择权利受到限制；利用土地的成果受到侵蚀；土地的转让权受到禁止或不充分等。土地产权缺乏保障可能表现为前述某一项权利不足，也可能表现为这几个方面的总和。"从经济角度来看，权利的无保障应是三个方面的函数：（1）权利的量不适当；（2）期限不够；（3）由于实施成本高昂，使其行使权利的确定性不充分。"[②]

现代商业化农业在交易范围、强度、结构等方面的变化，决定了现代农业的产权关系特别是土地产权必须是有保障的。有保障的土地产权是指：（1）土地权利主体对体现其权利的土地具有排他性的使用权，即土地权利主体在被许可的范围内，对其土地具有不受限制的使用选择权，他可以采取任何方式使用他的土地，并能依法排斥他人对其土地的使用与限制。（2）土地权利主体能完全享有其土地利用所产生的收益，即土地权利主体通过合法方式利用土地进行生产所获得的收益，政府、其他组织或个人不仅不能通过强制手段攫取，而且也不能通过其他手段进行侵蚀。

---

① ［美］A. 阿尔钦：《产权：一个经典注释》，《财产权利与制度变迁》，上海：上海三联书店 1994 年版，第 166 页。

② 米切尔·卡特等：《土地制度与农业绩效》，中国农地制度课题组：《中国农村土地制度的变革》，北京：北京大学出版社 1993 年版，第 173 页。

（3）土地权利主体对其土地拥有自由转让权，也就是说，土地拥有者有权决定土地是否转让，转让给谁，以及采取什么样的转让方式。土地产权的保障性或完整性取决于如下三个条件：第一，土地权利的强度或量必须充足。其充足的标志是土地拥有者获得的权利足以保证其使用的排他性、收益的独享性和转让的自由性。第二，土地权利的期限应当持续一个较长的时期。"期限是对一个给定权利具有法律效力的时间长度。"土地产权在"经济方面则要求时间水平线长到足以使持有者确信，他的投资所形成的全部收入流能得到补偿"。① 第三，土地权利的实现具有确定性。土地权利的强度和期限首先是一种法律承诺，这种承诺能否在经济方面完全实现，主要取决于一个社会的法律实施能力。有保障的土地产权不仅取决于社会对土地拥有者权利的承诺，还取决于社会必须具备较强的法律实施能力以保证其法律承诺的经济实现具有确定性。

有保障的土地产权是现代农业高效率的重要的制度性根源。（1）有保障的土地产权能够对农业经济主体产生有效激励。诺思指出，"制度构造了人们在政治、社会或经济方面发生交换的激励结构"。② 土地产权的基本作用就是通过激励机制诱导农业经济活动主体的行为决策，并通过这些决策来影响一个社会的农业绩效。有保障的土地产权制度与缺乏保障的土地产权制度的一个重要区别，在于二者对农业活动主体的激励程度存在着明显的差异。当人们对于土地具有排他性使用和收益独享等项权利时，就可以保证人们生产努力的成果为自己所拥有，从而对他们产生寻求更有效利用土地资源的激励，并带来农业经济的高效率。同时，由于有保障的土地产权使土地利用者生产努力的成果为自己所有的预期较为稳定，因而其激励导向是生产性的。它"将会使农民增加对土地的中期和长期改进，流动性农场设备的需求……也可望增加对互补性的短期投入或改进的需求（如肥料、劳动）"。③ 农民的这种生产性努力必然有利于农业绩效的提高。

---

① 米切尔·卡特等：《土地制度与农业绩效》，中国农地制度课题组：《中国农村土地制度的变革》，北京：北京大学出版社1993年版，第172页。

② ［美］道格拉斯·诺思：《制度、制度变迁与经济绩效》，上海：上海三联书店1994年版，第3页。

③ 米切尔·卡特等：《土地制度与农业绩效》，中国农地制度课题组：《中国农村土地制度的变革》，北京大学出版社1993年版，第177页。

（2）有保障的土地产权可以提高农业资源的配置效率。土地的自由转让是有保障土地产权的一项基本权利，这一权利决定了土地资源获得正确价格的可能性，从而可以借助市场机制将土地配置到最具效率的使用者手中和用途方面。在有保障的土地产权制度下，土地持有者的信用价值较高，土地有条件作为抵押品获得信贷资金的支持，从而有利于农业突破资本瓶颈的约束。（3）有保障的土地产权有利于加速农业技术进步。西蒙·库兹涅茨认为，广泛使用先进的科学技术是经济增长的来源，而制度和意识形态的调整则是利用先进的科学技术实现经济增长的保证。据此推论，土地产权制度的创新可以影响一国的农业技术进步。土地产权制度是通过约束、规范和诱导人们的行为决策，从而加快或减慢农业科技研究开发和采纳传播的过程，最终影响一个社会的农业绩效。（4）有保障的土地产权有利于降低交易费用。制度的主要功能是为人们的经济活动提供规范和保证，使复杂的、不确定的经济关系稳定有序。文森特·奥斯特罗姆（Os-trom，Vincent 1992）明确指出："任何社会中秩序模式都依赖于一套共同的规则，该规则使得大众个人能够按照一种共同的知识而行动。这套共同的规则把大众改变为一个有秩序的关系共同体。"① 土地产权制度正是通过建立起农业经济主体共同遵守的规则，实现交易关系的有序化，从而降低交易费用，又通过交易费用的节约影响农业绩效。

参考文献

［美］A. 阿尔钦：《产权：一个经典注释》，《财产权利与制度变迁》，上海：上海三联书店 1994 年版。

［美］V. 奥斯特罗姆等：《制度分析与发展的反思》，北京：商务印书馆 1992 年版。

［英］V. N. 巴拉舒伯拉曼雅姆、桑加亚·拉尔：《发展经济学前沿问题》，北京：中国税务出版社、北京图腾电子出版社 2000 年版。

北京大学中国经济研究中心：《经济学与中国经济改革》，上海：上海人民出版社 1995 年版。

［美］彼得·布劳：《社会生活中的交换与权力》，北京：华夏出版社 1988 年版。

［法］布罗代尔：《15—18 世纪的物质文明、经济和资本主义》第二卷，北京：生活·读书·新知三联书店 1993 年版。

---

① ［美］V. 奥斯特罗姆等：《制度分析与发展的反思》，北京：商务印书馆 1992 年版，第46 页。

［美］费景汉、古斯塔夫·拉尼斯：《增长和发展：演进的观点》，北京：商务印书馆 2004 年版。

费孝通：《乡土中国》，北京：生活·读书·新知三联书店 1985 年版。

［美］亨廷顿：《变化社会中的政治秩序》，北京：生活·读书·新知三联书店 1989 年版。

［德］弗里德里希·李斯特：《政治经济学的自然体系》，北京：商务印书馆 1997 年版。

李宗正、姚开建、于同声：《西方农业经济思想》，北京：中国物资出版社 1996 年版。

［法］保尔·芒图：《十八世纪产业革命》，北京：商务印书馆 1983 年版。

［美］约翰·梅勒：《农业经济发展学》，北京：农村读物出版社 1988 年版。

［美］道格拉斯·诺思：《制度、制度变迁与经济绩效》，上海：上海三联书店 1994 年版。

［美］道格拉斯·诺思、罗伯特·托马斯：《西方世界的兴起》，北京：华夏出版社 1999 年版。

［美］施坚雅：《中国农村的市场和社会结构》，北京：中国社会科学出版社 1998 年版。

［英］亚当·斯密：《国民财富的性质和原因的研究》上卷，北京：商务印书馆 1972 年版。

［美］西奥多·W. 舒尔茨：《改造传统农业》，北京：商务印书馆 1987 年版。

［美］M. P. 托达罗：《第三世界的经济发展》，北京：中国人民大学出版社 1988 年版。

王询：《文化传统与经济组织》，大连：东北财经大学出版社 1999 年版。

［英］约翰·希克斯：《经济史理论》，北京：商务印书馆 1999 年版。

宣杏云、王春法：《西方国家农业现代化透视》，上海：上海远东出版社 1998 年版。

中国农地制度课题组：《中国农村土地制度的变革》，北京：北京大学出版社 1993 年版。

第十七章

开放条件下的农业制度变迁[*]

一 农业开放的制度效应

与存在技术方面的巨大差距一样，参与国际化的各国农业，在制度方面也存在着区别。有的国家主要是发达国家，由于市场经济发展的历史较长，市场经济制度发育较为完善，现代农业所赖以存在的制度框架已经形成。这种制度基础，不仅给其农业生产带来高效率，也使它们的农业具有较强的市场竞争力。广大发展中国家，农业部门仍然是一个"非资本主义化"的或者说市场化程度较低的传统部门，现代农业所要求的制度基础尚在孕育之中。落后的制度，既制约着这些国家农业的发展进程，也使发展中国家的农业在开放的国际竞争环境中处于极其不利的地位。农业制度的非对称性，是当今世界农业开放的基本背景之一。美国学者丹尼·罗德瑞克（2000）指出："在世界贸易组织和关贸总协定（GATT）的传统多边贸易政策体系下，生产产品的'工艺流程'和'技术'是无所谓并且是不重要的，贸易伙伴的社会制度也是如此。各国惯例间的差别被当成要素禀赋或其他任何比较优势决定因素之间的差别。"[①]

"国家间社会制度安排的差别会对贸易和资本流动产生影响。反过来，贸易和投资流动也会在其他方面对社会制度安排发生影响。"[②] 农业

---

　　[*] 本章在作者《开放条件下的中国农业发展》（中国社会科学出版社 2004 年版）第七章《农业国际化与农业制度变迁》和发表于《唐都学刊》2005 年第 6 期《开放条件下的农业制度变迁》基础上整理写成。原稿观点和材料未更新。

　　① ［美］丹尼·罗德瑞克：《全球化走得太远了吗?》，北京：北京出版社 2000 年版，第 6 页。
　　② 同上书，第 56 页。

开放，在扩大全球市场并使各国市场主体进入同一市场相互竞争的同时，也使各国的农业制度（农业产权制度、组织制度、交易规则、宏观经济调控体系以及各种非正式的行为规范和社会准则）展开竞争。制度的竞争在很大程度上决定着市场竞争的结果。与产品竞争一样，制度间的竞争亦遵循着优胜劣汰的规则。"好"制度驱逐"坏"制度，最终使国际市场和全球经济的运行制度与规则趋于一致。由于发达国家和发展中国家农业制度的非对称性，国际化过程中的制度竞争，实质上是处于竞争强势的发达国家现代农业基本制度的不断扩张过程。法国学者雅克·阿达（2000）注意到，国际化作为现代化的一种伴生现象，同时是现代性的各项制度向全球的推广和扩散。"资本主义在全世界的扩张不仅表现为在不同发展水平的经济之间建立统治关系，也是资本、技术和组织方式传播的发动机。"[①]美国经济学家埃伦·伍德指出，目前人们之所以如此关注全球化这个问题，其原因在于资本主义正在成为真正的全球化制度。换言之，国际化、全球化并不是在真空中出现的，它是世界经济市场一体化的更广泛趋势的一部分。全球经济的市场化，是经济国际化、全球化的重要基础。只有市场化才能使世界经济取得共同规范和共同语言，离开市场化，就根本谈不上国际化与全球化。

如果说，农业开放在某种程度上就是农业市场体制的国际一体化，那么，农业开放也就必然意味着政府干预农业能力的下降。这是因为，正如卡尔·波拉尼（Polany，Karl）所指出的："国际市场是唯一的不由跨越其上的政治权威所控制的市场。"[②]就全球化、国际化过程中政府功能的弱化这一问题，丹尼·罗德瑞克有过明确的阐述："与世界经济融为一体会减弱政府重新分配税收或执行慷慨的社会计划的能力，这一点已被广泛接受。"[③]罗德瑞克同时认为，政府减少国内市场干预是市场经济国际一体化的依赖条件之一。"政府的退缩、管制的放松，以及社会责任的减少都是各国经济相互交织的国内对应物。如果没有这些补充力量，全球化就

①　［法］雅克·阿达：《经济全球化》，北京：中央编译出版社 2000 年版，第 197 页。

②　［美］丹尼·罗德瑞克：《全球化走得太远了吗？》，北京：北京出版社 2000 年版，第 82 页。

③　同上书，第 76 页。

不可能走这么远。"① 从当今世界经济国际化、全球化的实践来看，国际市场也并非像波拉尼所说的那样，不受政治权威所控制，不过是由民族国家和政府转变为超国家的组织在发挥影响。这种超国家的组织有全球性的，如"世界贸易组织"；也有区域性的，如"欧洲经济联盟"。它们的出现，是为了克服国际层面上的市场"失灵"，使国际经济交往更加规范有序，交易成本减少，从而实现全球范围资源配置的合理化。

农业开放的制度效应，给发展中国家的传统农业制度提出了严峻挑战。这一挑战表现在：第一，传统的内生体制与现代的外生体制相冲突。当国外的自由化市场农业制度连同国外农产品、农业资本与技术一并进入时，国内的低市场化农业必然受到冲击。克鲁格曼在其《萧条经济学的回归》中指出，当今经济的迅速全球化能够给各国带来突然的、出乎意料的威胁。社会规范、经济制度差异越大，面临的冲击和威胁也越大。第二，发展中国家必须在一定程度上实现外生体制的内生化。"各国之间有非常不同的习惯做法，而各国的自由贸易则要求或者是愿意赞成本国制度的消亡，或者是接受某种程度的协调一致。换句话说，某种程度的国际协调可能对获得贸易利益是很必要的。"② 内生化具有被迫的性质，因而内生化不会自发地进行。"尽管资本主义的全球扩张在历史上不容置疑地将一种源自欧洲的生产方式传播到世界各地，但对这种扩张的理解，仍不能脱离社会将它国内化、适应它和创造出自己的方式的能力。在没有能力将资本主义生产方式国内化或其能力太微弱的国家，资本携带着发达国家的设备和消费品进入该国，而资本主义则停留在门外。"③ 第三，来自外生制度的挑战又是不可避免的。以市场化为中心的国际开放，本身是现代化进程中的一项基本内容。在人类社会已步入现代进程的历史时代，任何试图闭关自守、偏安一隅从而自甘落后的国家和民族，均不可避免或迟或早地要被迫纳入世界现代化的总体进程和全球化经济体系之中。因而，发展中国家的低市场化的传统农业制度必将要为现代市场化农业所改造。

---

① ［美］丹尼·罗德瑞克：《全球化走得太远了吗?》，北京：北京出版社2000年版，第99页。

② 同上书，第43页。

③ ［法］雅克·阿达：《经济全球化》，北京：中央编译出版社2000年版，第155—156页。

二　国际开放与农业市场发展

（一）农业交易规模的扩大

市场是一种制度存在。农业开放的制度效应，首先表现为对农业市场交易关系的影响，其中又以对农业市场交易范围、交易强度的影响最为直接。

市场概念是与贸易联系在一起的生产性活动的总和。亚当·斯密在分析对外贸易发展对一国经济影响时指出，对外贸易为一国的剩余产品提供了出路，因为参与国际贸易的各个国家只出口本国劳动产品的剩余部分。所以，国际贸易合乎逻辑地使交易国的市场扩大。如图17—1所示，一国由于经济发展水平较低，只能过分集中于低层次的 X 产品的生产，从而造成 X 产品的过剩供给，而高层次的 Y 产品的供给则不足。结果，生产点在 B，消费点却只能在生产可能性曲线之内，假设在 C_0 点。虽然本国的资源得到了充分利用，但居民的整体福利水平却较低。若该国参与国际贸易，剩余的 X 产品在国际市场上找到了出路，并且可以换回 Y 产品，满足国内需求，使消费点外移到 C_1 或 C_2，福利水平将在贸易发展和市场扩大过程中得以提高。

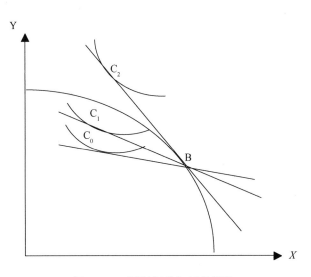

图17—1　国际贸易与福利增长

以上分析表明，农业开放扩大了农产品的交易半径，增加了国际贸易的强度和频率，使农业在国内市场的基础上，又获得了一个国际市场。农业开放对扩大农业交易规模的影响，还表现在如下两个方面：（1）国内市场的国际开放。农业国际开放包括外向国际开放与内向国际开放两个方面。外向国际开放的基本内容之一，如前所述是国内农产品市场向国外的扩展；而内向国际开放，则是国外农业向本国的进入。建立在比较利益基础上的内向国际开放，必然扩大农业的交易规模。（2）农业要素市场的国际开放。农业开放不仅仅意味着农产品在国际范围内的大规模流动，同时意味着农业资源在世界范围的市场化重组。各国加入到农业开放中去的理由有千条万条，其中最基本的一条是，在各国农业资源分布极为不平衡的既定前提下，如何在制度化安排下和平分享世界农业资源。在农业开放背景下，农业要素的交易规模也必将增大。

世界贸易组织的基本职能之一，是组织全世界的贸易成员国进行相互开放的谈判。世界贸易组织的前身关贸总协定，是吸取第一次世界大战和第二次世界大战历史教训而产生的国际性组织。其宗旨是为了避免由于国家分割成各个不同的集团和封闭的市场，而爆发抢占资源、争夺市场的战争。当时人们认为，要避免新的战争爆发，相互间市场应当比较开放。1994 年以前，贸易成员国间开放市场的谈判主要是降低关税，把全世界的平均关税水平从当年的 40%—50% 降低到 1994 年发达国家的 3%—5%，发展中国家的 10%—15%，从而使全世界的货物流动贸易更加容易，成本更低。1994 年结束的乌拉圭回合的谈判加入了进一步开放市场的新内容。这表明，随着农业的入世，农业市场的开放和扩大成为基本趋势。

从山东省潍坊市的农业国际化实践来看，农业市场的扩展，特别是国际市场的不断开拓，既是农业国际化发展的前提，亦是农业国际化的基本内容之一。近年来，潍坊市在农业国际化战略的明确指导下，各部门、各企业和广大农民，通过一年一度的风筝节、农副产品展销会、洽谈会和中国寿光蔬菜博览会等活动，同时走出国门，全方位开拓国际市场。昌乐乐港集团主动走出去，找客户、拉订单，仅仅几年时间，肉鸭产品就占领了日本和韩国市场，其中在日本市场的份额达到 70% 以上。安丘绿洲兔业公司，通过与法国贝蒂公司合资合作，建立起法国布列塔尼亚兔繁殖基地，年繁育种兔 3 万多只，带起了 3.2 万个养殖农户，每年向法国及欧盟市场返销兔肉 4800 吨，毛皮及加工品销往俄罗斯。全市有 500 多种农产品及加工产品出口近 100 个国家和地区，年出口创汇 5 亿多美元。其中许多产品成为国际性品牌，有些产品可以左右国际市场。①

"从亚当·斯密到今天，我们逐渐了解到一个国家市场的大小反映了该国经济发展的潜能。"② 或者说，一个国家市场规模的大小与其现代化程度高低是密切相关的。诺思（1994）认为，长距离贸易的演进与发展，在传统社会向现代社会的转变过程中产生着重要影响。现代西方社会，是与具有全国性和国际化特征的巨型市场联系在一起的。③ 我们说现代农业是一种商业性农业，这不仅表现在国内农业生产及其关联产业的高度发展上，而且表现在现代农业的外向型发展上。现代农业赖以运作的市场基础不仅包括了国内市场，而且包括了国外市场。现代农业已经发展成为深深卷入世界农业生产体系和交换体系的农业。它既不是单纯的出口农业，也不是单纯的进口农业，而是在社会生产力高度发展和居民消费达到很高水平情况下实行资源全球化配置的大农业。这种农业以农产品高度商品化为前提，以合理的国际分工和国际专业化为依据，是一种国内市场与国外市场高度一体化的开放型农业。

（二）农业市场结构的嬗变

在"农业发展的制度含义"一章中，我们把农产品市场分为以小规模、地域性交易为特点的初级市场和以大规模、大范围、专业化、契约化为特征的高级市场两种类型。农业的现代化过程，从一个侧面来看，就是高级市场交易比重不断提高的过程。当高级市场交易成为基本交易形式时，现代农业也就得以确立。农业开放的首要内容，是农业市场的外向型扩展，形成全球化的统一市场，因而可以大大改变农业市场的空间结构，

---

① 参见曹学成《潍坊农业从产业化到国际化》，北京：红旗出版社 2001 年版，第 95 页、第 10 页。

② ［美］道格拉斯·诺思：《制度变迁理论纲要》，《经济学与中国经济改革》，上海：上海人民出版社 1995 年版，第 4 页。

③ 参见［美］道格拉斯·诺思《制度、制度变迁与经济绩效》，上海：上海三联书店 1994 年版，159—160 页。

突破传统农业狭隘市场的局限，促进远程交易和高级市场的快速发展。在山东潍坊，寿光蔬菜市场、尧沟西瓜市场、白芬子姜蒜市场等，都呈现出"买全国"、"卖全国"甚至"买世界"、"卖世界"的特征。寿光蔬菜市场销售的产品，40% 来自外地。2000 年寿光举办的首届蔬菜博览会，接待了 15 个国家的 180 名外商。潍坊农业国际化的初步实践，已使全球性的销售网络雏形已备；随着农业国际化程度的提高，高级市场交易的比重将进一步提升。潍坊市计划，从 2001 年起，农产品出口创汇值在 3 年内要占到农业增加值的 40% 以上。雅克·阿达（2000）指出，国际贸易可以带动市场空间结构的转变，"从局部的农村集市，经过地区的、国家的和国际的市场，最后形成今天的全球市场"。并认为"经济的历史应该是一部市场一体化渐进过程的历史"。[①]

从时间的角度来考察，农业市场可以分为即期市场与远期市场，现货市场与期货市场等。远期交易、期货交易的发展，是市场化程度提高，市场经济趋于成熟的标志之一。农业的国际化，由于交易距离扩大，生产者和消费者难以直接见面，交易多为通过中介组织间接进行，而且成交量庞大，以及交易双方规避风险的需要，使得远期交易和期货市场获得加速发展的机遇。在国际化的推动下，订单农业在潍坊等地应运而生，且迅速发展。加工企业与其他市场中介组织一头与国内外客户签订供销合同，一头与农民签订生产收购合同，发展生产基地。目前，根据合同、订单组织生产的出口创汇基地在潍坊有 40 多万亩。通过加工企业和中介组织，把农户分散的生产与多变的国内外市场联系起来。这样，既保证了加工企业有充足稳定的资源，又保证了农民生产产品的销路。

从交易主体占有市场交易份额的大小，农产品市场可分为竞争性市场与垄断性市场。在封闭经济条件下，市场贸易组织往往较为单一。比如在中国，过去农产品的国内外贸易基本上是国有贸易实体一家经营。这就人为地形成了农产品贸易的垄断，贸易实体往往能够获取较高的垄断租金，因为租金是高度集中市场的共同特点。农业市场的开放，必然导致贸易主体的多元化，从而打破农产品市场的垄断局面。比如在《中国和美国关于中国加入世界贸易组织的协议》中，就要求保证私有贸易实体的贸易

---

① ［法］雅克·阿达：《经济全球化》，北京：中央编译出版社 2000 年版，第 8 页。

份额。更为重要的是，农业的国际化，使国内农业面临着国外农业企业的强有力竞争。多元主体的存在，将把竞争原则有效地引入国内农业领域，这将为中国农产品贸易体制的改革和新体制的运作，提供良好的机遇和强有力的监督机制，从而减少现有农产品贸易体制下的"寻租"行为。大卫·格林纳韦（Greenaway, David）指出："来自进口的竞争是限制国内垄断者市场权力非常有效的机制。这是一种竞争的经济中租金消失的机制。更一般地说，可以认为，只要政府确保不会出现进入障碍，就无须担心租金，市场会解决这个问题。"① 垄断性市场向竞争性市场的转变，必将为农产品贸易发展进而农业生产的发展，提供良好的制度环境。

（三）农业交易秩序的演进

交易与交易秩序是一种共生现象。离开一定的交易秩序，交易活动难以开展。从历史的角度来考察，交易秩序随交易的发展而呈现出不断演进的趋势。其演进的基本规律是：由传统社会建立在人情或人格基础上的交易秩序向现代社会建立在正规契约基础上的非人格化交易的转变。正因为如此，诺斯把从人格化交易向非人格化交换的转变，看作现代经济产生所必需的制度转型。交易秩序的上述规律性演变，至少与如下两个方面的因素有关：第一，经济增长基础上的交易半径的扩大。在经济发展的低级阶段，用于交易的剩余产品较少，交易多发生在一个人际关系熟悉的社会之内，人情关系和人格力量是人们实现社会联系的基本的制度资源，因而也是成为维系经济交易所需的准则的基础。随着经济剩余的增长，交易范围逐渐扩大到陌生社会，人性和人格因素已经无法承担起维系交易秩序的功能，交易秩序顺理成章地向着契约化和正规化的方面转化。第二，随着交易范围的扩大，不同社会、不同地域间的联系增加，不同文化间的沟通与融合也获得发展。异质性文化间的渗透，在不同社会的交易主体间容易就交易准则达成共识，建立起共同遵守的交易秩序。如果把交易半径的延伸看作交易秩序演进的基本前提的话，那么，不同文化间的交融则是交易秩序转型所依赖的又一重要条件。

---

① ［英］V. N. 巴拉舒伯拉曼雅姆、桑加亚·拉尔：《发展经济学前沿问题》，北京：中国税务出版社、北京腾图电子出版社 2000 年版，第 184 页。

　　农业开放的首要内容是农业市场的全球化。统一世界市场的出现，要求有统一的交易规则来规范交易行为，实现交易秩序的世界一体化。原来在封闭市场条件下不同国家、不同地区实行的局部性交易规则，都要适应国际化的要求向全球统一的市场规则转型。农业开放同时为全球市场统一交易规则的形成架构起某种现实的通道。市场经济，是推进农业开放的各个国家共同的经济体制基础。因而可以说，农业开放是世界农业市场经济制度的一体化。在现实世界中，不同国家农业的市场化程度存在着差别。农业市场化程度高的发达国家，市场的规则体系、法律制度较为完备；而农业市场化程度较低的发展中国家，市场规则体系还处在逐渐建立和不断完善的过程之中。随着世界农业市场体系一体化进程的推进，由发达国家所主导的市场交易规则也将逐渐成为世界农业市场共同遵守的规则。这表明，发达国家与发展中国家在世界农业市场交易规则形成中的地位是不对称的，但对于参与农业开放的发展中国家来说，这种非均衡的世界农业市场交易规则的形成已不是一种选择，而是不得不接受的现实。比如，对于中国来说，加入 WTO，就意味着我们必须遵守 WTO 的基本规则，就要实现国内经济运行规则与国际通行规则的对接。

　　市场与市场秩序的相互关系表明，市场秩序的转型过程，也就是市场经济趋向于成熟的发展过程。正如诺思所说："我们力图从人格化交换转向非人格化交换时，我们必须重新构造我们的市场。"[①] 农业的国际化，不仅意味着农业交易秩序的转型和农业生产交换活动融入世界，而且预示着农业领域市场经济体制的不断完善和逐步走向成熟。国际化的开放性举措，与经济体制转轨的改革性目标，呈现出内在的同一性。

三　开放条件下的农业组织成长

（一）农业生产组织的企业化

　　现代经济是以企业为基本经济组织、以市场交易为联系纽带的经济，简言之，是企业—市场经济。作为现代经济部门之一的现代农业，与企业

---

　　① ［美］道格拉斯·诺思：《制度变迁理论纲要》，《经济学与中国经济改革》，上海：上海人民出版社 1995 年版，第 4 页。

化的现代农业生产组织是相联系而存在的。在传统的自给自足的小农户组织的基础上，不可能构筑起现代化农业。农业现代化的推进过程，从某种意义上说，就是农业生产组织由非企业性的自给性单位向企业化和商业化的现代组织的转变过程。农业生产组织的企业化，主要表现为：生产的商品化，即市场销售量构成总产出的主要部分；目标的利润化，生产的主要目的不是满足自给性消费，而是为了最大限度地获取利润；以及在生产投入方面，商品性投入占有较大比重。企业化的现代农业生产组织有两种主要的形成途径和存在形式：（1）传统农业生产组织适应市场经济发展的要求，提高商品性和契约化要素的投入比重，实现自给性生产向商品性生产转换而形成的现代农业生产组织。这是一种内在企业化的途径，这种转换的结果是小农户变成大农场。（2）按照现代企业制度，农业生产单位通过土地、资金、劳动力等入股的方式，与加工企业或商贸企业组成农工商一体化公司。这是一种外在企业化的途径。此外，还有一种农业生产组织非典型的企业化形式，或称为半企业化的形式，即农户在维持独立生产和保障自给性消费的基础上，进行小规模的商品性生产。一个国家或一个地区，在农业现代化进程中，农业生产组织采取何种企业化形式，主要由这个国家和地区的资源禀赋状况决定。

农业生产组织的企业化，首先，决定于农业生产的市场化。企业是市场经济的核心组织，没有市场经济，就不会有通过市场组织资源、销售产品、获取利润的企业存在。农业生产组织的企业化，是农业生产市场化的必然结果或题中应有之义。其次，农业生产组织的企业化与农业技术进步有关。随着农业生产领域的技术进步，特别是替代劳动型技术的进步，劳动生产率不断提高，农业生产者的劳动成果越来越大的比重用于满足市场需求，农业生产的商业化、市场化程度逐渐提升，农业生产组织由此出现企业化的适应性转变。最后，农业生产组织的企业化离不开非农产业的相应发展。企业化的现代农业生产组织与传统农业生产组织的重要区别之一，是土地、劳动等传统农业资源之外的资本、技术等现代农业要素投入占有较大比重。高资本含量和高技术含量的现代农业要素是由非农产业提供的。没有非农产业的快速发展，农业生产组织的企业化会失去保障。农业生产的市场化，产生出农业生产组织企业化的内在要求，而农业领域的技术进步与非农产业的发展则为农业生产组织的企业化提供了现实条件。

农业开放对农业生产组织企业化的影响主要是间接性的。这种间接性影响表现在：第一，农业开放通过加快国内农业市场经济体制的建立和完善，促进农业生产组织的企业化。农业的市场化，是农业开放和走向国际化的前提；农业开放战略的确立，必然会推动农业的市场化进程。由于市场化与企业化是正向关联的，所以，国际化对企业化最终必将产生影响。第二，农业开放通过加速国内农业技术进步而成为推动农业生产组织企业化的力量。在本书第八章，我们分析了农业开放与国内技术进步之间的内在关联。如果说，这种关联经得起事实的检验，技术进步对农业生产组织企业化的影响就将是一种客观存在。那么，通过农业技术的变迁，实现农业开放与农业生产组织企业化间的间接联系也就成为合乎逻辑的结论。第三，农业外部结构的转变建立起农业开放对农业生产组织企业化影响的桥梁。在本书第十三章中，我们揭示了农业开放进程中，农业外部结构转变亦即非农产业比重提升的必然趋势。农业外部结构的转变，一方面改善了农业部门劳动力资源与非劳动力资源间的相对关系，优化了农业资源结构；另一方面又有利于现代农业要素的供给条件的变化，因而有助于农业部门企业化的现代农业生产组织的生成。

农业开放对农业生产组织的企业化，并非仅存在着间接性影响，也会产生直接影响。（1）农业开放，把国内农业生产组织直接推向开放的国际性市场，使国内农业生产者与国外现代农业企业同场竞技。严酷的竞争环境将形成一种生产组织的优化筛选机制，高交易成本和高转换成本的传统组织终将被低交易成本和低转换成本的现代组织所取代。这是因为，生产者之间的竞争，实质上是企业制度之间的竞争。企业制度效率的高低，决定着企业能否在激烈的竞争环境中生存与发展。（2）农业要素的跨国界流动是农业开放的一项重要内容。国外资本、技术人员进入国内农业生产领域，建立现代农业企业，可以对国内农业生产组织产生示范效应。国内农业生产者走出国门，在国外建农场、搞基地，也可以学到国外先进的管理经验，有利于降低国内农业生产组织制度的创新成本。

（二）农业市场中介组织的发展

农业市场中介组织，是随着农业市场化程度的提高和农业部门分工的发展而在农业产前、产中和产后诸环节上出现的并通过市场交易方式与农业生产组织发生要素、产品、信息交换的服务性组织。从空间结构来看，它存在于农业生产者与第二、第三产业部门以及消费者之间；从功能来看，它服务于农业的生产与交换，实现着农业生产要素与农产品供求双方间的有效衔接，并提高农产品的附加值。就实质来讲，农业市场中介组织是在市场化农业高度发展的基础上，围绕直接农业生产部门而形成的一种现代农业分工体系。这一体系主要由三个方面的市场组织所构成：（1）农业产前市场服务组织，包括农业物资供应组织、资金、土地等供给机构，它们为农业生产提供各种商品化的要素。（2）农业产中市场服务组织，如翻耕土地公司、播种公司、中耕公司、施肥公司、喷洒农药公司、收获公司等，它们为农业直接生产活动提供服务。（3）农业产后市场服务组织，主要指由农产品的购买、储藏、经销、加工等企业组成的农业关联组织。农业社会化服务组织还有提供科技信息服务的公共农业服务体系。①

在山东潍坊农业国际化实践中，农业市场中介组织呈现出蓬勃发展之势。潍坊市农业市场中介组织的典型形式是各种类型的龙头企业。潍坊全市从事农副产品加工的企业达 4000 多家，年加工能力近千万吨。较大的农副产品加工集团有 70 多家，如寿光蔬菜产业集团、诸城得利斯集团、昌乐永昌集团、乐港公司、诸城外贸集团等。在 2001 年，农业部、国家计委等八部委联合确定的 151 家国家级重点农业产业化龙头企业中，潍坊就占了 4 家。潍坊 70% 以上的耕地成为龙头企业带动下的配套基地，80% 以上的农户直接或间接地与企业连接。诸城外贸集团不仅带动了 2 万多农户，而且与全国 200 多万农户有联系。在农业产业化、国际化的带动下，潍坊农民的组织化程度显著提高，46% 以上的农民加入了农村经济合作组织。② 从国际经验来看，农业市场化、国际化程度较高的发达国家，其农业市场中介组织也相应较为发达。据不完全统计，美国为农业生产提供产中服务的企业，早在 1968 年已达到 3.26 万家，拥有职工 42 万余人，年总收入达 20.9 亿美元。到 1989 年，美国农业及其关联产业就业人数为

---

① 严格来说，由政府和公共团体组成的公共服务体系是一种非市场化的组织。

② 参见曹学成《潍坊农业：从产业化到国际化》，北京：红旗出版社 2001 年版，第 321、309 页。

2320 万人，其中直接从事农业生产活动的劳动力只有 320 万人，其余，有 80 万人从事农业服务业，40 万人从事农业投入物资的生产，320 万人从事农产品的加工和销售业务，1300 万人从事批发零售业务，260 万人从事间接农工综合体业务活动。[①]

农业开放为什么会推动农业市场中介组织的发展呢？我们可以给出如下两个方面的理论说明：

其一，斯密定理是可以对这一问题作出解释的有用的分析工具之一。农业开放意味着国内农业市场的开放和国际统一市场的形成，交易范围、交易强度大大改善。农业市场的扩大将促进农业分工的发展。正如亚当·斯密在《国民财富的性质和原因的研究》中明确提出的："分工起因于交换能力，因此，分工的程度因此总要受交换能力大小的限制，换言之，要受到市场广狭的限制。"[②] 分工是专业化的前提，而专业化是分工的结果。随着农业分工的深化，农业领域中的专业化生产和经营活动以及专业化组织相应发展起来。其中，"长距离贸易的演进和发展导致了经济结构的显著变迁，这类贸易要求一些人为了生计在其交换过程中更加专门去从事贸易"。[③] 换言之，市场交易的扩大，使得贸易成为一个专业化部门获得发展。而贸易的专业化发展，促进了专业化交易组织形式的增加。

其二，诺思关于市场范围与交易成本间相互关系的理论也有助于我们理解这一现象。诺思在《制度、制度变迁与经济绩效》一书中分析道：小规模的村社贸易，由于存在于一个人际连接的紧密社会，非正规制约的约束非常有效，其交易成本很低。随着市场规模的扩大，地区间的贸易导致更高的交易成本，因为紧密的社会网络已被交易者之间不常进行的交易合约所替代。长距离贸易的增长，则提出了更为复杂的交易成本问题——即贸易的委托代理问题和在世界陌生地方合约的实施问题。市场扩大过程中交易成本问题的凸显以及克服交易障碍的需要，促进了交易制度的不断

---

① 参见宣杏云、王春发《西方国家农业现代化透视》，上海：上海远东出版社 1998 年版，第 52 页。

② ［英］亚当·斯密：《国民财富的性质和原因的研究》（上卷），北京：商务印书馆 1972 年版，第 16 页。

③ ［美］道格拉斯·诺思：《制度、制度变迁与经济绩效》，上海：上海三联书店 1994 年版，第 159—160 页。

完善和专业化交易组织的迅速发展。诺斯指出："所有这些方面的发展以及这些组织，制度与手段，使得交易和从事长距离贸易成为可能。自愿的和半强制的组织的组合，以及那些能有效地驱逐违约协议商人的组织，使得长距离贸易得以发生。"① 这表明，贸易组织与贸易特别是国际贸易是同步发展的。

（三）农业组织规模的扩大

适度规模是现代经济组织建构的一条基本原则。现代化农业在本质上要求有符合适度规模原则的现代农业组织存在。这是因为，只有具备合理的规模，才能实现农业组织内资源的有效配置，提高资源利用效率，降低组织运行的转换成本；只有在较大组织规模的基础上，才能够加大资本和技术投入，实现农业组织技术装备水平的提高，同时提高资本投资的收益率；只有农业组织规模的扩大，才有利于农业劳动生产率和农业劳动者收入水平的提高，从而平衡农业部门与非农产业部门之间的收入差距。

农业国际开放进程中蕴含着农业组织向适度规模演进的积极因素。这些积极因素包括：（1）农业开放的竞争效应。农业开放将国内农业组织推向充分竞争的全球农业市场。这时，农业组织的生存与发展完全取决于其市场竞争能力，而市场竞争能力的强弱与其组织规模合理化水平直接相关。只有那些规模较大、技术先进、成本低廉的企业，才能有较强的竞争实力，才能在竞争中立于不败之地并发展壮大。相反，在技术、资本、管理等方面落后的小规模农业，在国际竞争中必然处于极其不利的地位。对于以小规模农业组织为主体的国家或地区来说，其农业要想在国际化过程中获得生存与发展的机会，农业组织向合理规模的调整是其不得不作出的选择。（2）农业开放的市场效应。组织规模特别是生产组织规模的扩大，要以市场规模的扩大为条件。没有产品市场规模的扩大，生产组织规模的扩大会由于产品不能出清而受到抑制；没有要素市场规模的扩大，生产组织也会因为得不到追加的要素投入而难以实现规模扩张。农业开放意味着产品市场由国内扩大到世界，要素由国内垄断性供给转向国际竞争性供

---

① ［美］道格拉斯·诺思：《制度、制度变迁与经济绩效》，上海：上海三联书店 1994 年版，第 162 页。

给，这为农业组织规模的扩大创造出有利的市场环境。（3）农业开放的结构效应。适应国际化竞争的需要，农业结构的调整势在必行。农业结构转变的基本趋势之一，是农业劳动力大规模非农转移而导致的农业劳动力比重的下降。这一变化有利于改善农业部门的人—地关系，进而有利于人均耕地资源占有数量的增加和农业生产规模的扩大。据理论计算和实际调查，农村非农产业就业份额达到55%—65%，非农产值份额达到65%—75%时，农业才具备了规模化经营的条件。如果说，农业开放的竞争效应为农业组织规模的扩大提出了要求，那么，农业开放的市场效应与结构效应，则在一定程度上使农业组织规模的扩大成为可能。

我们把农业组织分为农业生产组织与农业生产服务组织（或市场中介组织）两类。农业开放对这两类组织规模演进的影响是不一样的。农业生产组织规模演进的决定因素较多，主要有一个国家或地区的资源禀赋状况、农业产权制度等。相对来讲，国际开放对农业生产组织规模变化的影响较小也较为间接。农业市场中介组织规模的演变，不受人地比例关系和农地制度这类难以突破的强约束条件的制约，因而，农业开放对这类组织的规模演变的影响较大并较为直接。

四　开放与现代农业产权制度创新

（一）　开放型农业与现代农业产权制度间的依从性

现代农业产权制度的基本规定包括：第一，产权的完整性。农业产权拥有者对其资产具有排他使用权、收益独享权和自由转让权。第二，产权的可分性。农业产权和其他产权一样，总是以复数形式出现的，是一束或一组权利而不是一种权利。一项完整的产权不仅可分解为使用、收益、转让等权利，而且还能够进一步细分。如一块土地可以耕种，也可以让人通行以及在其上架设通信线路。这样，土地的使用权就分解为耕种的权利、通行的权利和架设通讯线路的权利。第三，产权的有限性。产权的可分性意味着同一产权结构中并存多种权利，每种权利只能在规定范围内行使，超过这个范围，就要受到其他权利的约束。第四，产权的保障性。农业产权是社会对农业产权主体的一种法律承诺，这种承诺能否在经济方面完全实现，取决于社会的法律实施能力。产权的保障性是指社会具有较强的法律实施能力从而可以保证其法律承诺的经济实现具有确定性。

在产权经济学家看来，市场交易的实质是产权交易，产权制度又是随着交易发展程度的提高而不断演进的。简单的市场经济不需要也不可能产生出复杂的现代产权制度，发达的现代市场经济则必须建立在成熟健全的现代产权制度基础之上。如果农业进入市场化发展的新阶段，就必然要求健全的和完善的现代农业产权制度与之相应存在。在产权残缺的制度条件下，不可能建立起市场关系发达的现代农业。开放型农业是市场关系充分发展的农业，或者说，是市场化农业发展的最新阶段与最高阶段。因而，开放型农业与现代农业产权制度之间存在着不可割裂的必然联系。否则，农业难以走向国际大市场，难以适应国际开放的要求。

（二）农业开放进程中的产权变革机制

尚未完成市场化改造的农业经济体，走向国际开放的过程，一方面是市场化加速推进的过程，另一方面亦是农业产权制度不断走向完善并最终确立起现代产权制度的同步过程。因为，国际开放过程中蕴含着产权制度演进和优化的机制。

市场机制。农业开放过程是农业中市场关系的充分发展过程。农业市场关系的发展，必然推动农业产权制度趋向于完善。这是因为，第一，科斯（Coase，R. 1991）认为，市场交易的不是一般的物，而是履行确定行为的权利，并且，个人拥有的这些权利是建立在法律体系之上的。也就是说，市场关系在本质上是实现产权让渡的契约。市场关系的发展，就是这种权利体系或契约体系本身的发展和进步。第二，随着农业交易范围的扩大，交易成本会随之增长。科斯定理表明，一旦引入正交易成本，权利的初始界定会对资源配置和经济运行的效率产生深远的影响。科斯指出："我趋于认为科斯定理是对具有正交易成本的经济进行分析的奠基石。"[①]在交易成本为正和不断增长的情况下，提高产权界定的明晰度，促进产权向更有效率的用途转移，同时在竞争过程中降低产权界定契约的执行成本，是优化农业资源配置效率和提高农业国际竞争能力的内在要求。

竞争机制。农业开放在提高农业市场化程度的同时，也极大地加剧了

---

① R. Coase, 1991: The Institutional Structure of Production, American Economic Reuiew, May.

不同国家与地区农业企业之间的竞争。竞争在很大程度上是不同农业产权制度间的竞争。较强的农业国际竞争力，往往需要有健全的现代农业产权制度作为基础。一个国家其农业要想在国际开放环境中取得竞争优势，完善农业产权制度是其必然的选择。这是由于，产权、激励与经济行为之间具有内在联系。不同的产权界定，能够影响人们对财产的不同评价和预期，会进入决策者的效用函数，因而，一般产权体系变化必然影响人们的行为方式。受到有效激励的经济行为是竞争活力的最大来源。

组织机制。前述分析表明，农业开放过程，同时是企业化现代农业组织的成长过程。随着农业组织的成长，现代农业产权制度也会被孕育并完善起来。第一，从产权制度的角度考察，企业是各要素所有者之间的一种特定的产权契约。企业契约的特点是：一方面，各个要素为了获得某种收益，承诺在某种限度内遵守企业家的指导；另一方面，它规定了企业家权力的边界，确定企业家在何种限度内能够指导其他要素的活动。如果说，企业体现着某种产权安排，那么，企业的发展过程，即古典企业向现代公司的演变过程，同时亦是产权制度的演进过程。阿尔钦（Alchain，A.）和德姆塞茨（Demsetz，H.）指出，现代公司之所以区别于古典企业，一个很重要的方面，就是现代公司的所有者对于修正或终止企业中成员资格的能力下降了，由此所有者在企业中的产权也较古典企业削弱了。第二，科斯认为，企业是在交易成本高昂的情形下产生的一种较为经济的契约安排和组织形式。或者说，企业是市场的一个替代，当市场不能有效地发挥作用时，企业可以取而代之。张五常则认为，企业也是一种市场制度，它是用要素市场（劳务市场）取代了中间产品市场。企业制度的创立是在用高效的市场替代了低效的市场。如果说，市场交易是一种产权交易，市场的发展是产权制度的发展，那么，取代市场或创新市场的企业的进步，也必然意味着产权制度的积极演进。第三，在企业制度和市场制度之间，存在着一种相互推进的正反馈关系。企业制度升一级，市场制度也升一级。这个相辅相成的过程，实质上是产权制度的全面进步过程。伴随着农业国际化过程的农业组织制度的升级，农业市场制度的发展也得到了强化，农业产权制度在企业制度和市场制度的相互推进中会逐渐完善起来。

参考文献

［法］雅克·阿达：《经济全球化》，北京：中央编译出版社 2000 年版。

［英］V. N. 巴拉舒伯拉曼雅姆、桑加亚·拉尔：《发展经济学前沿问题》，北京：中国税务出版
　社、北京腾图电子出版社 2000 年版。

曹学成：《潍坊农业：从产业化到国际化》，北京：红旗出版社 2001 年版。

［美］丹尼·罗德瑞克：《全球化走得太远了吗?》，北京：北京出版社 2000 年版。

［美］道格拉斯·诺思：《制度、制度变迁与经济绩效》，上海：上海三联书店 1994 年版。

［美］道格拉斯·诺思：《制度变迁理论纲要》，《经济学与中国经济改革》，上海：上海人民出版
　社 1995 年版。

［英］亚当·斯密：《国民财富的性质和原因的研究》（上卷），北京：商务印书馆 1972 年版。

宣杏云、王春发：《西方国家农业现代化透视》，上海：上海远东出版社 1998 年版。

Coase，R. 1991：The Institutional Structure of Production，*American Economic Reuiew*，May.

第十八章

中国农业土地制度的创新 [*]

一　土地制度与农业绩效

（一）　土地产权制度界定

一般认为，土地制度包括土地所有权制度和土地经营制度两个方面。所有权与经营权均属产权范畴。因此，土地制度亦即土地产权制度。

产权经济学派将产权视为，一个社会所强制实施的对一种经济物品如何选择使用的权利。^①　就是说，产权是附着在或内含于一种资产或物品实体中的一组权利，这种权利是由社会设定的，它决定着由谁来支配运用这种资产或物品，以及由谁来享受支配和运用这种资产或物品的收益。据此，我们可以将土地产权定义为，附着在土地资源上的一切权利；土地产权制度即社会对土地资源内含的种种权利的设置以及关于这些权利的分配、享益和转让的规则。具体来讲，土地产权制度涉及如下几个方面的主要内容：

第一，土地产权制度产生于土地资源稀缺性所引起的合理利用土地资源的要求。土地产权作为人们对土地资源的权利要求，并非古已有之。在土地资源十分丰裕的条件下，人们使用土地不受限制，就无须明确人们对土地的权利关系；当土地资源相对于社会需求变得日益稀缺时，人们对于

---

　　* 本章内容由笔者发表于《人文杂志》1999 年第 4 期的《土地产权制度三题》和《中国农村经济》2000 年第 7 期的《从家庭承包制到土地股份投包制》两篇文章合并扩充形成。保留了原文观点，原文数据也未做更新。

　　① 　参见 A. 阿尔钦《产权：一个经典注释》，［美］R. 科斯、A. 阿尔钦、D. 诺斯等《财产权利与制度变迁》，上海：上海三联书店 1994 年版，第 166 页。

土地专属使用的权利要求才开始出现。据研究，公元 10 世纪的欧洲，土地是充足的，专属土地所有权的发明还没有出现。随着人口的增长，到 13 世纪，最肥沃的土地开垦殆尽，新的居住地只得依靠比较贫瘠的土地或者需要对已耕地进行深度开发，人们才开始寻求更大的土地专属使用权，并对其他人的使用施以更多的限制，土地产权制度才开始形成。土地产权制度的产生，在个体角度上，是社会成员对稀缺土地资源争夺性使用的制度化反映，但在经济社会整体的角度上，反映了社会对稀缺资源合理利用的理性智慧。

第二，土地产权制度的首要内容是关于土地权利的设置。一块土地，其物质实体虽然只有一个，但其上的权利可以有多种。这多种权利并不是土地自身带来的，而是由于随着社会经济的发展人们发生在土地上的复杂关系决定的，并由社会通过法律作出明确规定。人们对土地的权利包括哪些？不同国家的设置是不相同的。首先是设定的权利名称不统一，其次是内容和含义不一致，再次是权利的多少不相等。现代产权经济学将土地产权看作包括所有权、使用权、收益权和转让权等诸项权能在内的一束权利。其中每一种权利都可以看成为独立的物，或可以占有，或可以买卖、转让或抵押等，也可以有自己的价格。

第三，土地产权制度的关键方面是土地权利的分配。土地权利的主体是人，但这里的人不是单个的孤立的人，因为土地产权问题不会存在于鲁滨孙的世界里；只有在人与人组成的社会中，才会有不同的人对于同一土地的权利要求。这就表明，土地产权制度从其产生就决定了土地权利分配问题的存在。土地产权的多元性同时决定了土地权利的可分割和可分配性。任何土地产权制度都涉及附着在土地上的多种权利的划分问题。在现代社会，没有一个主体角色可以同时拥有对土地资源的所有权利，而是将日益复杂的权利束在多个主体之间进行合理分配，以使资源向充分、有效、合理、节约利用的理性目标趋近。

第四，土地产权制度的核心是划清不同权利主体之间的利益界区。与利益相比，权利属于较浅的手段层次；在权利要求和分割的背后，是人们的利益动机和利益追求。由于权利与利益之间的内在关联，产权也可以说是"一个人或其他人受益或受损的权利"，产权制度就是"界定人们如何受益及如何受损，因而谁必须向谁提供补偿以使他修正人们所采取的行动"。① 如果说，土地权利的分配是土地产权制度的关键内容，那么，划清不同权利主体之间的利益界区就是土地权利分配的题中应有之义。划清利益界区，首先要求不同主体间的权利界限是清晰的，比如土地所有者拥有土地使用的合约控制权，土地经营者拥有土地使用的剩余控制权；其次，不同权利对应有不同的收益，如土地所有者享有土地收益的合约分享权，而土地经营者享有土地收益的剩余索取权。土地权利的分配应当避免不同主体之间权利与利益的相互交叉和模糊不清。

第五，土地产权制度关于土地权利的分配，在空间上是多元的，在时间上又是可变的。从空间看，土地权利分属于不同的主体；从时间的角度观察，通过土地权利的买卖、赠予、继承和抵押等途径，使土地权利主体处于不断变动和更替之中。就是说，土地权利的分配不是一种凝固式的存在，而是随着经济社会发展的需要可调可变的。

不同国家（地区）或同一国家（地区）的不同时期，土地产权制度是不同的。在不同的土地产权制度下，人们拥有的土地产权又是有差异的。依据土地权利主体拥有的权利的程度，可以将土地产权分为有保障的土地产权和缺乏保障的土地产权两种类型。

有保障的土地产权是指：（1）土地权利主体对体现其权利的土地具有排他性的使用性。即土地权利主体在被许可的范围内，对其土地具有不受限制的使用选择权，他可以采取任何方式使用他的土地，并能依法排斥他人对其土地的使用与限制。（2）土地权利主体能完全享有其土地利用所产生的收益。即土地权利主体通过合法方式利用土地进行生产所获得的收益，政府、其他组织或个人不仅不能通过强制手段攫取，而且也不能通过其他手段进行侵蚀。（3）土地权利主体对其土地拥有自由转让权。也就是说，土地拥有者有权决定土地是否转让，转让给谁，以及采取什么样的转让方式。

土地产权的保障性或完整性取决于如下三个条件：（1）土地权利的强度或量必须充足。其充足的标志是土地拥有者获得的权利足以保证其使

---

① ［美］H. 登姆塞茨：《关于产权的理论》，［美］R. 科斯、A. 阿尔钦、D. 诺斯等：《财产权利与制度变迁》，上海：上海三联书店 1994 年版，第 97 页。

用的排他性、收益的独享性和转让的自由性。（2）土地权利的期限应当持续一个较长时期。"期限是对一个给定权利具有法律效力的时间长度。"土地产权在"经济方面则要求时间水平线长到足以使持有者确信，他的投资所形成的全部收入流能得到补偿"。[1]（3）土地权利的实现具有确定性。土地权利的强度和期限首先是一种法律承诺，这种承诺能否在经济方面完全实现，主要取决于一个社会的法律实施能力。有保障的土地产权不仅取决于社会对土地拥有者权利的承诺，还取决于社会必须具备较强的法律实施能力，以保证其法律承诺的经济实现具有确定性。

缺乏保障的土地产权是指，土地拥有者对土地使用的选择权利受到限制；利用土地生产的成果受到侵蚀；土地的转让权受到禁止或不充分。土地产权缺乏保障可能表现为前述某一项权利不足，也可能表现为这几个方面的总和。"从经济角度来看，权利的无保障应是三个部分的函数：（1）权利的量不适当；（2）期限不够；（3）由于实施成本高昂，使其行使权利的确定性不充分。"[2]

（二）土地制度与农业绩效关系的理论分析

在产权学派、新制度学派和一些农业发展经济学家看来，农业绩效是土地制度的函数。虽然不能说土地制度是影响农业绩效的唯一变量，但毫无疑问它是十分重要的变量。二者间函数关系可以具体表述为：有保障的土地产权是农业绩效较佳的必要条件，缺乏保障的土地产权是农业绩效差的重要根源；缺乏保障的土地产权向着有保障的土地产权变迁，可以促进农业经济的明显增长。

对于农业绩效和土地产权制度之间的函数关系，无论在产权学派、新制度学派的有关著述里，还是在农业发展理论中，我们还难以见到充分的分析与论证，但这些理论为认识这一问题提供了十分有益的认识思路与分析框架。

1. 土地制度与激励效应

土地产权制度所以构成影响农业绩效的重要因素，首先因为不同的土

---

[1] 米切尔·卡特等：《土地制度与农业绩效》，《中国农村土地制度的变革》，北京：北京大学出版社1993年版，第172页。

[2] 同上书，第173页。

地产权制度对人们的行为具有不同的激励效应。正如诺斯（1994）所说："制度构造了人们在政治、社会或经济方面发生交换的激励结构。"[1] 不同土地产权制度内含的不同的激励效应，使活动于不同土地制度框架内的理性的人会作出不同的行为选择。或者说，有什么样的土地产权制度，理性的人就会做出什么样的行为反映。土地产权制度的基本作用就是通过激励机制来诱导农业经济活动主体的行为决策，并通过这些决策来影响一个社会的农业绩效。正是由于激励效应和人们的行为选择这些中间环节，建立起土地产权制度对农业绩效发生影响的桥梁。

土地制度的激励效应体现为两个方面：第一，对农业经济主体努力的激励程度。土地制度对农业主体努力的激励程度取决于这一制度内含的收益报酬结构与主体努力供给的一致性。如果一项土地制度安排使主体付出的努力与他应得的报酬相一致，其努力供给量就大；如果一项土地制度安排使农业主体付出的努力与他的报酬之间是离散的，其努力供给量就小。有保障的土地产权制度与缺乏保障的土地产权制度的一个重要区别，在于二者对农业主体努力的激励程度存在着明显的差异。当实际的土地产权安排趋近于有保障的土地产权时，即人们对于土地具有排他性使用和收益独享等项权利时，就可以保证人们生产努力的成果为自己所拥有，从而对他们产生寻求更有效利用土地资源的激励，并带来农业经济的较佳绩效；相反，如果实际的土地产权安排远离有保障的土地产权安排，即人们对土地的使用、转让等项权利受到限制或土地收益受到侵蚀，就会使他们的生产努力与所得报酬不一致，从而导致人们生产积极性的下降和土地资源的非合理利用，农业绩效也必然是较差的。

第二，对农业活动主体努力的激励导向。不同土地产权制度内含的规则对人们的行为具有不同的激励导向，这种激励导向的差异诱导着人们的行为向不同的方向发展，从而必然产生农业绩效的差异。产权学派的代表人物诺斯将制度的激励导向分为生产性激励与非生产性（分配性）激励

---

[1] ［美］道格拉斯·C. 诺斯：《制度、制度变迁与经济绩效》，上海：上海三联书店 1994 年版，第 3 页。

两种类型，由此诱导出人们生产性努力与非生产性努力的行为差异。① 如果某种土地产权安排能激励人们将资源和努力更有效地配置于生产性活动，它就能促进农业经济的增长；反之，如果某种土地产权安排在激励人们将资源与努力配置于非生产性活动方面更为"有效"，它就必然会妨碍农业经济的增长。有保障的土地产权，由于土地利用者生产努力的成果为自己所有的预期较为稳定，因而其激励导向是生产性的。它"将会使农民增加对土地的中期和长期改进，流动性农场设备的需求。……也可望增加对互补性的短期投入或改进的需求（如肥料、劳动）"。② 农民的这种生产性努力必然会使农业绩效得到提高。相反，"对于不稳定的产权，实施很差的法律，进入壁垒以及垄断性限制，利润最大化企业倾向于具有较短时间水平或较少的固定资本，并将倾向于较小的规模。最为有利可图的业务可能是在贸易、再分配性活动或黑市上。……这一组合很难导向生产性的效率"。③

2. 土地制度与资源配置机制

不同的土地产权制度，会导致不同的农业资源配置机制与方式，进而会导致不同的农业资源配置效率与农业经济绩效。

第一，在不同的土地产权制度下，土地资源的流转性不同。缺乏保障的土地产权，往往与土地资源的流转性受到禁止或流转程度很低相联系，土地资源难以配置到最合理的用途和难以向具有企业家才能的人手中集中。土地资源呈现为一种低效率配置。土地的自由转让是有保障土地产权中的一项基本权利。这一权利可促使土地配置到最具效率的使用者手中和用途方面。

第二，不同土地产权制度下土地拥有者的信用价值不同。是否可抵押是土地产权保障程度差异的一个重要内容。土地的可抵押性受到限制，土地拥有者获取信贷支持的能力就较低；如果土地可以作为抵押品，就可以

---

① 参见［美］道格拉斯·C. 诺斯《制度、制度变迁与经济绩效》，上海：上海三联书店1994年版，第11—12页、第148页。

② 米切尔·卡特等：《土地制度与农业绩效》，《中国农村土地制度的变革》，北京：北京大学出版社1993年版，第176页。

③ ［美］道格拉斯·C. 诺斯：《制度、制度变迁与经济绩效》，上海：上海三联书店1994年版，第92页。

提高土地持有者的信用价值，从而较易获得信贷资金的支持，使农业突破资本瓶颈的约束实现较快增长。

第三，不同产权制度下土地的市场化程度不同。市场化程度的重要标志是土地资源能否按照市场价格的形成途径获得正确价格。在缺乏保障的产权制度下，土地资源的市场化流转受到禁止，土地资源不能形成正确的价格，而"价格扭曲可能从根本上毁坏关键性的发展制度"。[①]在有保障的土地产权制度下，自由转让权利决定了土地资源获得正确价格的可能性，从而为借助市场机制实现土地资源的有效配置提供了必要条件。

第四，不同土地产权制度下，农业生产者对信息资源的利用程度不同。在有保障的土地产权制度下，农业生产者会主动地搜集信息，加快信息传递，由此提高经济决策的正确性；在缺乏保障的土地产权制度下，农业生产者却懒得费时费力去搜集信息和加速信息传递，这就难免经济决策的失误和效率低下。同时，不同的产权制度也会使信息资源的质量发生差异。有保障的产权制度鼓励人们说实话，从而使信息资源是可信的和可利用的；缺乏保障的土地产权则可能提供某种激励，使人们故意制造虚假信息和掩盖真实信息。这种信息资源必然加大经济运行的摩擦系数和降低经济运行的效率。[②]

上述几个方面表明，缺乏保障的土地产权制度向有保障的土地产权制度的变迁，可以通过更有效率的组织经济活动的途径对农业增长作出贡献。

3. 土地制度与技术进步

西蒙·库兹涅茨认为，广泛使用先进的科学技术是经济增长的来源，而制度和意识形态的调整是利用先进的科学技术实现经济增长的保证。据此推论，土地产权制度的创新可以影响一国的农业技术进步，进而推动农业经济的增长。土地制度是通过约束、规范和诱导人们的行为决策，从而加快或减慢农业科技研究开发和采纳传播的过程，最终影响一个社会的农业绩效。具体来讲，土地制度创新通过三种途径推动农业技术进步：

---

① ［美］V. 奥斯特罗姆等编：《制度分析与发展的反思》，北京：商务印书馆1992年版，第6页。

② 参见樊纲《渐进改革的政治经济学分析》，上海：上海远东出版社1996年版，第33页。

第一，土地制度创新可以改善采用先进技术的激励机制，促进技术进步。当某种土地制度安排使人们的努力供给与其报酬相一致时，就会刺激他们采用先进技术的积极性，从而加快农业生产的增长速度。

第二，土地制度创新可以优化土地使用规模，实现技术结构的变迁。不同的土地产权制度会产生不同的土地使用规模，与不同的土地使用规模相联系的是不同的技术体系。小规模土地使用制度，经营者提高收益将朝着提高单位面积产量的方面发展，偏重于以劳动对象为中心的技术改良；大规模土地使用制度，经营者偏重于以劳动手段为中心的技术改进，把提高劳动生产率作为增加收益的主要方向。土地制度的创新，能够协调技术创新的发展方向和运动质量，诱导中性和偏向技术的均衡发展。

第三，土地制度创新可以提高技术利用的规模效应。当农地制度向规模经营的方向发展时，就可以实现新技术采用上的规模效应，使采用新技术创造的增加值与投入成本的差额变大。不断增长的利润刺激必然加速新技术的采用与创新。[①]

4. 土地制度与交易费用

在农业发展的现阶段，市场关系已深深渗透到农业经济关系之中。交易不仅存在于产品之间，而且也存在于包括土地在内的要素的配置过程中。表面看来，交易是物与物的交换活动，实质上交易是体现在物之中的人们的权利的交换，即产权的交易。正如物理运动中必然存在着摩擦力一样，人们也必须为交易活动付出代价——交易费用。

在土地产权缺乏保障的情况下，农业主体之间的交易是困难的，交易活动的费用是高昂的，农业发展也会因之受到制约。这时，土地产权的重新安排就能够降低经济运行的摩擦力，实现交易费用的节约。这是因为，"制度是一个社会的游戏规则，更规范地说，它们是为决定人们的相互关系而人为设定的一些制约"。[②] 制度的主要作用就是为人们的经济活动提供规范和保证，使复杂的、不确定的经济关系稳定有序。奥斯特罗姆

---

① 参见刘延凤《农地制度、技术进步与农业增长》，《农业科技与农业发展》，北京：中国农业科技出版社 1996 年版，第 126—127 页。

② ［美］道格拉斯·C. 诺斯：《制度、制度变迁与经济绩效》，上海：上海三联书店 1994 年版，第 3 页。

（1992）明确指出："任何社会中的秩序模式都依赖于一套共同的规则，该规则使得大众个人能够按照一种共同的知识而行动。这套共同的规则把大众改变为一个有秩序的关系共同体。"① 土地产权制度正是通过建立起农业主体共同遵守的规则实现交易关系的有序化，从而降低了交易费用，又通过交易费用的节约影响到农业绩效。

（三）土地制度与农业绩效关系的经验证据

1949 年以来，中国的土地产权制度经历了三次强制性的变迁过程，每一次变迁都对中国农业发展发生了重大影响。中国土地产权制度的变革及其对农业发展的影响，为验证土地制度与农业绩效间的前述函数关系提供了较为丰富的经验材料。

发生在新中国成立之初的土地产权制度变革，是伴随着政权更迭通过没收地主土地并无偿分配给农民的途径，把封建土地制度强制性改造为农民个人所有的土地制度。这次土地制度变革，扩大了直接生产者农民的土地产权，不仅使广大农民获得了土地的所有权，第一次成为土地的主人；而且使他们摆脱了封建地主的剥削和压迫，成为土地生产成果的独立享有者；并拥有土地的自由转让权。也就是说，新中国成立之初的土地制度变革是一种趋近于有保障的土地产权制度安排，它使广大个体农民获得了有保障的土地产权。因而极大地调动了农民的生产积极性，使农业生产在生产条件没有多大改善的情况下连年大幅度增加。农业总产值 1952 年比1949 年增加了 48.5%，年均增长 14.1%；粮食产量 1952 年比 1949 年增长 42.8%，年均增长 12.6%；棉花总产量增长 182%，年均增长率高达29.7%。如此高的农业增长速度，虽然带有恢复性质，但没有这场深刻的土地制度革命，是不可能取得的。可以说，新中国成立初期的这场土地制度变革是 20 世纪 50 年代初农业迅速增长的主要因素。

新中国第二次大规模的土地产权制度变革，是通过 20 世纪 50 年代中期的合作化运动和 20 世纪 50 年代后期的人民公社化运动，建立起来的并存在于 1958—1978 年的人民公社制度。人民公社的基本制度规定是"三

---

① ［美］V. 奥斯特罗姆等编：《制度分析与发展的反思》，北京：商务印书馆 1992 年版，第 46 页。

级所有、队为基础"。公社虽然一般并不拥有可用以从事生产活动的资源，但它一方面是国家政权机构，具有行使行政职能的权利；另一方面又具有直接指导和管理大队和生产队生产、分配以及交换活动和监督完成计划的权利。大队可以拥有一定的属于全体成员的公共资源，可以独立从事一些生产性活动，但它存在的实际目的是减少公社在管理农业生产活动中的交易费用和执行强制性征、派购合约的成本，同时协调完成社区内一些公共基础设施建设。生产队是基本核算单位，它拥有其范围内的所有土地和其他资源，同时拥有因地因时种植和进行收益分配的自主权。生产队作为一个农业生产企业其产权的实施受到了严格限制。在 1962 年八届十中全会上通过的《农村人民公社工作条例修正草案》中规定：第一，生产队所有的土地一律不准买卖、出租，限定了其资产的转让权；第二，具有劳动能力的社区成员必须参加农业生产劳动，社区成员没有自由迁徙和选择职业的权利，人力资源的所有权受到削弱；第三，生产队土地的使用必须保证完成国家粮、棉、油及其他经济作物的生产计划，资源排他性使用权受到严格限制；第四，收益分配之前必须完成政府的征、派购任务，到 20 世纪 60 年代末 70 年代初，超过口粮标准的部分，由政府确定比例，实行国家超购一部分，集体储备一部分，剩余才分配给个人，口粮的分配标准与分配方式也主要控制在政府手中，这就大大弱化了生产队应该拥有的享益权。此外，否定资产具有参与剩余分配的权利。[①] 这些规定，构成了政府对生产队产权的严重侵犯。可见，人民公社的制度安排没有使基本生产组织生产队获得完整的有保障的土地产权，因而在这种产权结构基础上形成的生产组织是不可能有效率的。1958—1978 年，是新中国农业发展最慢的 20 年。在 20 年中，农业生产年均增长率只有 1.48%，粮食生产年均增长率为 2.13%，人均粮食占有水平 20 年只增长了 10 公斤多一点。棉花、油料人均占有水平甚至绝对下降了。在这 20 年期间，由于国家财政支农资金和农业信贷投入的增长和政府主导下的农业技术推广，使劳均资本装备率获得提高，但劳动生产率没有获得相应的提高。农业劳动力人均创造的国民收入（不变价格）每年递减 0.24%，农业劳均粮食净征购年递减 1.09%，农业劳均棉花和食油收购分别年递减 0.15% 和

---

①　参见陈剑波《人民公社的产权制度》，《经济研究》1994 年第 7 期。

2.69%。粮食由"一五"时期的年净出口 20 亿公斤变为"五五"时期的年净进口 20 亿公斤。29 个省、市、区中，有 11 个由粮食调出省区变为调入省区，到 70 年代末只有 3 个省区能够调出粮食。据世界银行的估计，1978 年中国农村低于贫困线的绝对贫困人口为 2.6 亿，占农村人口总数的 33.3%。

在人民公社制度实施的 20 年中，土地产权有过几次调整。这几次调整与其间农业发展的波动呈现为非常密切的联系。1958 年至 1962 年，是公有化程度最高的时期，也是生产队产权权能受到侵犯最严重的时期，这一时期的农业生产出现负增长，平均每年下降 5.9%。三年调整时期（1963—1965），由公社核算降到生产队核算，生产队的产权权能得到提高，这三年的农业生产出现了年均 11.5% 的高增长。1966—1978 年，大搞所有制升级，生产队产权又一次受到削弱，农业生产的增长又一次放慢速度，年均增长率只有 2.29%。虽然不能把这期间农业生产的波动完全看作土地产权变化的结果，因为农业产出的变化还受到气候条件、要素投入和技术变化等因素的影响，但否认二者之间的联系肯定是有悖于事实的。在人民公社制度实施期间，在集体土地产出效率低的同时，由于享益权和经营权的相对较为完整，农民自留地的产出效率明显优于集体土地。

20 世纪 70 年代末 80 年代初，中国农村的土地制度又发生了一次重大变迁，由人民公社制度变为家庭承包制。与人民公社制相比，家庭承包制涉及的土地产权变革的主要内容是：（1）在不改变土地集体所有制的前提下，利用土地资源可分解的自然属性，将农地使用权大体上平均分配给社区成员，形成土地所有权社区占有和土地使用权人人享有的二重产权形式。（2）农民家庭成为最基本的劳动组织和生产单位，农民获得了相对独立的使用自己承包土地的权利，可以独立地决定种什么，如何安排生产，增加多少投资等活动，也就是说，土地资源排他性使用权的限制大大减少。（3）农户除依据有关法规上缴国家税收和集体提留外，包括新增收入流在内的其余劳动产品归农户所有，农户收益的独享权得到一定程度的肯定。这些方面表明，虽然家庭承包制内含的土地产权变革是不彻底的，但它毕竟是向着具有排他性使用权、收益独享权和自由转让权特征的有保障的土地产权的趋近，正是这种趋近提高了农业生产者的产权权能，对他们的行为产生了生产性激励，使中国农业在 80 年代初获得了举世瞩目的增长。1978—1984 年，农业生产年均增长率达到 7.4%，粮食产量从 3 亿吨增加到 4 亿吨，增加了 33.6%，年均增长 4.95%。农民收入的实际年增长率达 15.1%，成为历史上农民收入增长最快的时期，农村贫困人口减少 2/3，由 1978 年占农村总人口的 33.3% 下降到 11%。如此高的增长速度虽然与提高农产品收购价格等因素有关，但家庭承包制的制度变革是最主要的增长因素。国外学者研究表明，在 20 世纪 80 年代前期，家庭承包制对增产的贡献占 52%。也就是说在诸多因素中，土地制度变革的作用在增长中占了一半多。1979—1984 年，中国农业生产率猛增了 41%，在这 41% 中，土地制度所起的作用占了 78%。[①] 家庭承包制的成功，起根本性作用的是合约结构的变化和产权排他性限制的减少，剩余控制权和剩余享益权增大，从而导致剩余要求权更加明确的结果。[②]

二　现行土地制度对农业发展的影响

家庭承包责任制的推行，带来了 20 世纪 80 年代初中国农业的惊人增长；进入 20 世纪 80 年代中期以后，中国农业发展却陷入了困境。中国农业发展面临的困境主要表现在：（1）农业发展速度越来越低，一些大宗农产品处于徘徊和低水平增长状态。1984—1990 年，粮食亩产量分别为 241 公斤、232 公斤、235 公斤、241 公斤、239 公斤、242 公斤、262 公斤。除 1990 年粮食亩产外，其余年份的停滞和衰减征象非常明显。虽然粮食总产量走出 80 年代中期的低谷之后逐年有所增长，但人均粮食占有量并没有提高，1994 年比 1984 年还下降了 29 公斤，出现了人口年均增长率高于粮食年均增长率的严峻局面。（2）农民收入增长停滞，城乡收入差距较大。1984 年至 1989 年，农村居民收入增长速度明显放慢；1989 年至 1991 年，扣除物价因素，农民人均纯收入年增长率仅 0.7%；而且各种提留、集资和摊派等负担明显加重。与农民收入增长过慢同样引人注目的是，城乡收入差距在 20 世纪 80 年代初期缩小之后再次拉大。1985

---

① 参见中国农地制度课题组《中国农村土地制度的变革》，北京：北京大学出版社 1993 年版，第 190 页。

② 陈剑波：《人民公社的产权制度》，《经济研究》1994 年第 7 期。

年城乡居民的收入比率由 1978 年的 2.4∶1 下降到 1.7∶1，1993 年这一比率上升到 2.5∶1。（3）农业中的瓶颈资源耕地不断锐减且地力持续下降。仅 1991 年至 1994 年，中国耕地面积分别净减少 45 万公顷、70 万公顷、62 万公顷、40 万公顷。人均耕地由 1978 年的 0.11 公顷降至目前的 0.08 公顷，如果再延续下去，不久将达到联合国提出的人均耕地危险线。在耕地数量锐减的同时，耕地质量也严重下降。目前耕地有机质含量仅 1% 左右，耕地水土流失面积达 40 万平方公里。1993 年 8 月国际土壤信息中心已把中国列为全世界农业生产用地损失最严重地区之一。

对于导致当前农业发展困境的根源，人们存在着不同的认识。有人认为，这是传统体制下形成的至今仍然在很大程度上延续的以扭曲要素和产品价格为特征的宏观政策环境的必然结果，或者说，工业化倾斜战略下的工农产品"剪刀差"形成的对农业的剥夺，是导致当前农业困境的主要根源。有人认为，目前分散的超小规模的家庭承包经营方式，由于存在严重的规模不经济造成小规模经营与市场化、社会化程度不断提高的农业生产之间的矛盾，从而导致农业陷入困境。也有人认为，导致当前农业发展困难局面的最深层次的根源是现行土地产权制度的缺陷。虽然不能否认宏观政策环境、一家一户超小规模经营对农业发展的不利影响，但是，必须承认，现行土地产权制度的弊端是制约农业发展的更为根本的原因。

尽管前面指出，家庭承包制比人民公社制放大了农民对土地的排他性使用权和收益独享权，但这只是一种趋势性变化。现行土地产权制度还远未完善，农民获得的土地产权还远不是完整和有保障的。现行土地产权制度的缺陷具体表现在：

土地所有权主体事实上模糊。中国农村土地所有权主体是集体，这一点在理论上、法律上是明确的，但集体这个所有权主体在事实上又是模糊的。第一，集体在组织上究竟指哪一级不明确。在《宪法》和《土地管理法》中，集体被界定为乡（镇）、村和村民小组三级，在《民法通则》中集体被界定为乡（镇）、村两级，在《农业基本法》中又是指村委会或地区性合作经济组织。所以在现实中，有的以村民小组作为所有权主体代表，有的以村集体经济组织作为所有权主体代表，有的地方则对所有权主体代表机构确认不清，存在着亦此亦彼的现象。第二，集体的边界具有极大的弹性或伸缩性。集体所有实质上集体成员所有，而集体成员有进有出，有生有死，经常处于变化之中，究竟是静态上的集体成员所有还是动态上的集体成员所有，没有明确规范。第三，国家往往取代集体成为事实上的所有者。农村土地的集体所有制是在传统体制下形成的，受传统体制的长期影响，人们习惯于把集体所有制视作国家所有制的低级形态或过渡形态，从导致国家权能的扩张和国家对集体经济的过度干预，集体所有制成为事实上的准国有制。这一点可以从下面关于国家对集体产权干预的分析中得到证实。

土地产权权能残缺。由于国家的干预，导致农村土地产权权能严重残缺。首先，土地使用权的排他性受到限制。农民必须完成所规定的上缴国家的粮食品种和数量，他们不得不划出相应的土地来种植这些规定的作物以完成任务。许多地方为了完成粮食征购任务，地方政府利用强制手段来保证所规定品种的种植数量，而不管这些品种能否盈利。可见，农民对种植作物的选择和土地的使用权利还受到很大限制。其次，土地收益的独享权受到侵犯。农民向国家交销粮食的价格是由国家规定的，这一价格一般低于农产品集市价格。通过低价收购方式国家每年从农民那里抽走一大笔收入。据估计，在 20 世纪 90 年代初，由于低价收购农民流失的收入每年达 200 多亿元，相当于每年上缴的农业税数量。对农民收益的侵犯不仅来自国家，而且大量来自基层政府。在农民"留够集体的"上缴义务名下，一些地方政府在财政出现赤字时，就靠扩大农民这一义务的项目和数量来弥补，从而加重了农民的负担。再次，土地的转让权实际掌握在政府手中。土地转让可以分为两种情况：其一，农用土地向非农用途转移，其典型形式是对集体土地的征用。中国土地法规定，集体所有土地的转让，只能先由国家依法征用，国家给予低额补偿费，再由国家出让。这不但使集体失去了出让权，也使本应属于集体的巨额出让金流入国家财库。其二，耕地在不同农户之间的转让。农户按人口平均承包的集体土地，其转让、抵押、继承等项权利既不在集体手中，更不在农户手中，而是由国家来规定的。由于目前国家还没有明确赋予集体和农民土地的最终处置权，因而使土地的流转趋于凝固化。据统计，到 1990 年，全国发生转包、转让土地的农户占农户总数不到 1%，流转耕地面积占全国耕地总面积的比重只有 0.44%。

土地产权期限不足。美国威斯康星大学土地研究中心的土地问题专家们指出，土地持有者获得的土地权利的期限，是构成完整的有保障的土地产权的基本内容。"只要土地法赋予的权利束不恰当，其中一个或更多权利的期限不够，……不稳定性就在某种程度上存在着无保障性。"[①] 在中国现行土地制度下，农民作为土地的持有者，其土地持有期限明显不足。其一，农民持有土地期限的长短是由国家来规定的，且处在不断变化之中。家庭承包制实行以来为了满足农民对土地持有期限的要求，国家先后规定 5 年、15 年和 30 年不变的承包期。尽管土地使用期限是不断延长的变化趋势，但它昭示出土地使用期限不稳定性和可变性的内在特征。农民始终担心政策会变，就是基于对这一内在特征的经验性认识。其二，由于集体内人口的增减变化和集体所有制内含的基本权利法则，农户承包土地的数量处在经常性的调整之中。据中国土地制度课题组对全国 300 个村的抽样调查，按其中 253 个有效样本村汇总得出，自实行家庭承包责任制以来，有 65.2% 的村对承包地进行过调整，而且调整土地的 70—80% 村的首位原因是人口发生了变化。[②] 这种调整大大降低了农民对国家规定的持有承包土地的期限的预期。

土地所有权主体的模糊，导致在集体所有制框架下往往出现各个"上级"以所有者的名义来侵蚀农户土地的使用权和收益权；农户土地产权权能的残缺，既是土地所有权主体不清的必然结果，又是农民缺乏农作生产积极性和消极对待土地的直接原因；土地产权期限不足，形成对农户短期化行为的激励而对土地长期投资行为的抑制，其突出表现是化肥使用量增加而有机肥使用量锐减，土壤改良停滞以及资本流向非农产业；土地集体所有制内含的按人均分配土地的逻辑，导致农业超小规模经营和对农业技术进步的制约。如此等等表明，存在上述诸多缺陷的现行土地产权制度，不可能促进农业生产的有效增长。在这种土地制度形成之初，一方面由于其相对于旧制度的优势效应形成对农民的激励，另一方面也由于这一制度的内在缺陷还未来得及显现，因而促成 20 世纪 80 年代初的高速增长。随着这种土地制度存在时间的延伸，其内在缺陷逐渐显露出来，对农

---

① 参见中国农地制度课题组《中国农村土地制度的变革》，北京：北京大学出版社 1993 年版，第 172、174 页。

② 同上书，第 38—39 页。

业发展的制约作用也日趋明显。承认现行农地制度的上述缺陷，也就不难理解当前中国农业发展为何会陷入困境。

如果说，土地制度是影响农业发展的重要因素，那么，变革不合理的土地制度，选择适当的土地制度安排，就是实现农业发展的基本保障；如果说，中国现行土地制度制约着农业增长，那么，要摆脱当前农业发展的困境和实现农业的进一步增长，就必须变革现行土地产权制度。

三　从家庭承包制到土地股份投包制

（一）　土地制度创新的约束条件与方向选择

改革和完善现行土地制度，不仅是广大农民的强烈意愿，[①] 而且成为政府各级部门决策者的普遍共识。然而如何改革和完善现行土地制度，人们的认识却存在着很大的差异。有的主张，在不改变现行土地所有权的前提下，通过完善和变革土地经营方式实现土地制度的创新；有的主张，通过变革现行土地所有权关系来建立起适合现代农业发展要求的新型土地制度；在所有制改革方面，有的主张实行国有化，有的则认为应当实行土地的农民个体占有制或私有制；在经营方式改革方面占主导地位的认识是，继续完善和健全家庭承包经营责任制，也有人主张应把家庭经营提升为集体化经营或合作化经营；有个别经济发展较快的地区，则把股份制、股份合作制等现代企业组织形式引入农村土地制度的创新实践中，建构起土地股份合作制的全新模式。五花八门的土地制度创新设计的出现，一方面是对土地制度创新的强烈需求的反映，另一方面也反映了这一创新活动的艰巨性和目前探索的不成熟性。继续探索和建构适合中国国情的新型土地制度模式，仍然是当前理论工作者和实际工作者的一项重要任务。

土地制度不是一种脱离实际的理论构造和理想化的方案设计，也不是某种因素、某种力量作用的简单函数，它是某个特定时期特定政治、经济及社会诸多因素共同作用的产物。因此，土地制度的创新，必须充分考虑到制约其生成的种种条件。那么，中国当前的土地制度创新受到哪些条件的约束呢？

---

① 这种意愿是通过土地抛荒和短期化经营等消极行为来表达的。

第一，整体经济制度框架的制约。中国是社会主义性质的国家，生产资料的公有制始终被认为是决定经济社会主义性质的基础和根本前提。由于土地资料的特殊重要性，决定了土地制度不仅是农业部门最根本最重要的制度安排，而且是整个社会经济制度最基本的方面，特别是对于那些农业比重还很高甚至是国民经济主体的发展中国家来说，土地制度更成为整个经济制度的基础和核心。正因为如此，在整个社会经济制度建构中，土地制度安排是最受关注的。在新中国的成立和成长过程中，最受关注和投入精力最多的制度安排恐怕莫过于土地制度。鉴于我国的整体经济性质和土地制度在整个经济制度安排中的重要地位，现阶段我国土地制度的创新不能越出公有制的框架，因为土地公有制的放弃意味着占国民经济相当大比重的农业部门的社会主义性质的改变，这种改变会给作为制度供给主体的政府带来巨大的社会压力和很高的政治风险，在缺乏相当广泛的社会各界支持的前提下，这种制度变迁不具有现实性和可行性。

第二，农业发展阶段落后性的制约。美国农业发展经济学家约翰·梅勒按照农业技术的性质，把传统农业向现代农业转变过程划分为技术停滞的传统农业阶段，劳动密集型技术进步的过渡阶段和资本密集型技术进步的现代农业阶段。按照梅勒的阶段理论，中国农业仍具相当的落后性。从总体技术特征来看，中国仅处于从传统农业向现代农业的过渡阶段，广大中、西部地区，传统农业的特征还相当明显。农业发展的落后性还可以从中国经济结构的特征中得到反映：全社会 70% 以上的人口仍然要依靠这个最原始产业提供生存保障；50% 以上的社会劳动人口仍然只能从农业中得到就业机会。根据马克思生产关系适应生产力性质的原理，现阶段土地制度的安排必须与农业发展过渡性阶段的生产力水平相适应，而不能超越农业发展阶段去建构现代农业阶段的先进的土地制度模式。这就是说，土地制度的创新是一个连续渐进的过程，而不可能是一项一劳永逸的突击性工作。

第三，农业发展目标多元性的制约。农业发展问题即传统农业向现代农业的转变过程。从长远的角度来看，农业现代化的实现，是农业发展的归宿与目标。按照先行国家的经验，现代化农业具有如下一些突出特征：农业企业的生产目标由传统农业的产量最大化目标转向利润最大化目标；现代要素替代传统要素成为农业增长的主要源泉；农业企业组织可以获得充分利用现代农业要素的规模效益；高要素生产率特别是劳动生产率，高产品商品率。如果说，农业现代化，也是中国农业发展追求的而且是希望尽早实现的目标，那么，现阶段的土地制度安排必须有利于将农业生产导向现代化目标，也就是土地制度的创新必须有利于农业企业生产目标的转换、现代要素投入的增长，适度生产规模的形成以及劳动生产率、产品商品率的提高。对于政府来讲，在中国农业发展的现阶段，有比现代化的实现更为迫切的任务——粮食产量的增长。鉴于庞大的人口基数和不断增长的人口总量，以及工业化加速导致农业资源的非农转移，粮食安全问题已成为政府推动农业发展的首选目标。政府这一农业发展目标偏好，决定了它必然倾向于有利于土地产出率提高的土地制度的选择。对于农民来讲，增加农业生产收入，缩小农业生产与非农生产之间的利益差距，是他们从事农业生产所追求的最现实的目标。土地制度的设计必须有利于满足农民对收入增长目标的追求，这样才能使农民成为推动农业发展最积极的力量。中国现阶段土地制度的设计，既要有利于政府产量增长目标与农民收入增长追求之间的协调，又必须使它纳入有利于推进农业现代化早日实现的长远目标的轨道之中。背离这些目标的共同要求或只满足某种目标要求的土地制度设计只能被排斥在选择的范围之外。

第四，广大农民意愿的制约。土地制度的构建必须充分考虑制度的需求因素即广大农民的意愿。一种土地制度是否合理有效，最终只能由农民在这种制度下的行为反映作出检验。一种可行的土地制度，不仅不能背离广大农民的意愿，相反必须充分反映他们的利益要求。在中国农业发展现阶段：（1）占有土地是广大农民最基本的愿望，土地的流转化程度低就是证明；（2）产权不受侵犯是来自农民强烈的呼声，一个重要表现就是农民对过重负担的抵制和抱怨；（3）家庭经营是最受农民欢迎的生产组织形式，改革前后农民截然不同的工作态度是最有力的说明。

土地产权制度的有效性，来自制度安排与其所对应的条件束的协调性，针对不同的条件束，只能实行不同的土地制度安排。中国新型土地产权制度，只能在上述条件束给定的框架内生成，并且只能是这些条件的内在要求处在耦合和均衡状态时的产物。新型土地制度的可行性，必然由它与这些约束条件共同要求的契合程度来决定。超越上述条件束或仅从个别条件出发去创新土地产权制度，必然降低这一制度设计的现实性并最终将它从各种可选方案中排除出去。

现有各种土地制度创新模式,大都缺乏对现阶段土地产权制度创新的约束条件的充分考虑。譬如:土地私有化模式,虽然有利于产权关系的明晰,但它显然与中国基本经济制度相违背,对于土地资源相当稀缺的我国来说,也会由于阻碍土地流转制约农业现代化目标的实现;土地国有化模式,不仅忽略了中国农业发展阶段的落后性,而且也不合于广大农民的意愿。

上述约束条件给定的中国现阶段土地制度的创新空间是相当狭小的。它们决定了中国土地制度的创新只能沿着如下方向推进:(1)在土地集体所有制不变的前提下,寻求产权主体明确、产权权能完善的新型集体所有制实现形式。也就是说,虽然对现行土地集体所有制的改革是必要的,但这种改革最好是集体所有制的完善或新型集体所有制实现形式的建构,而不应是对集体所有制的替代。(2)在家庭经营不变的基础上探求土地资源有效配置方式和有利于农业现代化实现的土地利用方式。家庭经营方式的改变,不仅背离了广大农民的意愿,也会使政府粮食总量增长目标至少经受不确定性的风险。

(二)土地股份投包制:新型土地制度模式的设计

1. 土地股份投包制的渊源

在理论界提出的各种土地制度模式中,完善家庭承包制模式对现阶段土地制度创新约束条件的考虑相对最为充分。因而它与制度生成的条件束存在着较大的协调性。正由于此,这一模式受到政府的推崇并成为我国现阶段土地制度构建的主体模式。这一模式最积极的意义在于它对家庭经营方式的充分肯定。这种肯定首先源于推行改革 20 年来农业家庭经营的成功实践,并且可以从世界农业发展的普遍经验中获得支持,同时现代产权理论和农业发展经济学中亦不乏理论依据。但是,家庭承包制完善模式的最大问题在于,它对传统体制下形成的土地集体所有的权属关系存在的固有缺陷采取回避态度,试图绕过所有制通过经营形式的改革来克服根源于所有权的产权缺陷。不可否认,这一创新模式只能延缓和积累矛盾,而不可能从根本上克服现有土地产权制度的不足进而刺激农业增长。

在现有土地制度创新模式中,土地股份合作制最具创新意义和价值。

一方面它在集体所有制或公有制的前提下比较好地实现了集体产权的明晰化，另一方面又为土地的集中和规模化经营提供了一条极富启发性的思路；一方面它迎合了农民实实在在占有土地的愿望，另一方面又满足了政府土地制度创新低政治风险的要求。不难分析，土地股份合作制与我国现阶段土地制度创新依赖的条件束之间在很大程度上是和谐协调的，因而它的出现受到理论界和决策部门的高度关注。由于诞生时间短，土地股份合作制还不具规范性，不同地方的实际做法有异，理论描述也不尽统一。现有土地股份合作制探索反映出来的最突出的问题，是存在着以合作化经营或集体化经营否定家庭经营的倾向。尽管其出发点是试图克服现在家庭分散承包带来的规模不经济，但这种倾向还是值得认真反思的。因为农业中集体经营的低激励效应和高管理成本不仅有大量理论文献的说明，而且不乏经验事实的反复验证。如果说别的国家今天尝试农业集体化经营还可以理解的话，那么，经过过去20多年农业集体化曲折发展的中国再进行这种尝试，无论如何是令人费解的。舒尔茨（1987）改造传统农业模型和发达国家的经验表明，家庭经营并不成为农业规模经营和农业现代化的障碍，相反，农户恰恰是现代化农业典型的企业组织形式。

中国现阶段土地制度创新的约束条件是我们建构新型土地制度的基本前提，而家庭承包制和土地股份合作制的合理成分则是形成新型土地制度的直接渊源。土地股份投包制就是试图抽取土地股份合作制中的土地股份制和家庭承包制中的家庭经营方式的合理因素而综合创新的一种新型土地制度模式。

2. 土地股份投包制的基本内容

土地股份投包制，简单地说，就是土地股份制与家庭投包经营制的结合。土地股份投包制的内容包括两个基本方面：

（1）将现在的产权主体模糊、产权权能残缺的土地集体所有制改革为社区农民土地股份共有制。土地股份共有制的主要内容包括：第一，将现在集体所有的土地创设为若干股份，股份类型一般为单一的个人股。第二，在现有村民数量的基础上，按人口或人口与贡献相结合的原则配置土地股权，并发给土地股权证书；股权分配一次到位，不再根据人口的变动做出调整。第三，土地股权人的基本权益为：股份共有土地管理者的选举权与被选举权；土地股份的收益权即分红权；土地股份的继承权和有偿转让权。第四，成立股份共有土地的管理机构。土地股份共有制的最高权力机构为股东大会，其常设管理机构为董事会，董事会可以与村民委员会合一。股东大会及其董事会的职权是：决定股份共有土地的发包和租金标准；对土地经营者在土地保护、土地利用方向等方面行使监督控制权；收取土地租金并行使租金分配权。

（2）在土地股份共有制的基础上，实行农户对土地的投包经营。第一，为了避免低效率，股份共有土地一般不采取集体统一经营的方式；为了避免规模不经济和兼业化经营，也不再实行按人平均的分散承包经营；在条件成熟时，实行农户对土地的集中连片的适度规模经营。第二，股份共有土地的经营权须通过公开招标投标的方式取得，以促使土地向具有企业家才能的农民手中集中。第三，通过长期承包、租赁合约形成农户对土地的稳定的经营权；承包、租赁合约在乡或县土地管理部门备案，政府提供相应的制度以保证农户经营权的长期有效和鼓励农民对土地的长期投资；承包、租赁合约到期，原经营户有优先承包、租赁权。第四，为了有利于土地集中，根据不同发展阶段，确定承包、租赁土地的数量下限；在开始阶段或发展落后地区，下限应低，以保证无非农就业出路的农民有地可种；在二、三产业发展较快和比重不断提高的情况下，应提高土地经营下限。第五，土地经营者应承担的义务为：完成相应的农业税；缴纳土地租金；按照合约利用和保护土地。其基本权利是，承包土地的独立经营权，缴纳税收和租金后的剩余独享权。

土地股份投包制与现在推行的家庭承包制有两个方面的共同点：土地所有制的公有性质和土地经营的家庭承包方式。但是，两者存在着明显的区别：其一，产权清晰程度不同。作为家庭承包制基础的现有土地集体所有制的产权主体不清、权能残缺等缺陷前面已作分析，而土地股份共有制则把土地所有权主体明确界定为社区农民个体的叠加，并将农民个体的所有权明确为股权。所有权主体和产权界区均实现了明晰化。其二，土地经营规模不同。家庭承包制是集中所有权下的按人平均承包，因而土地经营规模小而分散；土地股份投包制则相反，是分散所有权下的集中承包，所以土地经营规模将扩大，相应的土地承包户将减少。其三，土地经营机制不同。土地股份投包制将通过竞争机制选择经营农户，取代家庭分散承包制按人或人劳比例平均分配土地的办法。其四，土地经营代价不同。家庭承包制的土地使用是无偿的，而土地股份投包制则是有偿的。承包经营户必须向土地股权人交纳地租。以上的比较表明，土地股份投包制相对于家庭承包制的突出优点，是它克服了家庭承包制使土地资源配置分散的矛盾，割断了把农民凝固在土地上的"脐带"，从产权关系上构造了土地合理流动的机制。

土地股份投包制的理论设计与土地股份合作制的理论与实践尽管在股权创设范围、种类等方面存在差异，但二者在最主要的方面是一致的，均主张将传统的土地集体所有制转变为土地股份共有制，并把股份共有制视作集体所有制的新型实现形式。土地股份投包制的提出主要是试图去消除一些土地股份合理论与实践中的一个重要误区，即忽视农业产业特性而试图以集中化统一化的经营取代农户的个体经营。因此，与土地股份合作制相比，土地股份投包制突出特点和优点，是对家庭经营方式的充分肯定和保留，并让家庭经营方式在土地产权清晰健全、土地配置规模合理的基础上继续成为农业持续增长和农业现代化实现的制度性源泉。

（三）家庭承包制向土地股份投包制的过渡

土地股份投包制是从中国基本国情出发以有利于完成农业现代转型的土地制度设计，换言之，这一制度设计的基本目标，是希图在较易得到政府和农民双方接受并支持的基础上，建构起土地合理流转和有效集中的机制，从而实现从传统农业向现代农业的顺利过渡。土地股份投包制的现代化指向和规模经济偏好决定了其建构的主要条件是，农村非农产业应有相当程度的发展，农业劳动力能够实现较大规模的非农转移，使目前紧张的人地关系与劳地关系得以改变。如果没有二、三产业的快速发展来创造出相对宽松的人地比例关系，70%以上的农业人口依然凝固在农业上实现就业和维持生存及低水平发展，那么，以减小土地有效流转阻力的土地股份化设计必然失去意义，以扩大农户经营规模的投包机制亦无发挥作用的可能，土地股份投包制自然成为不切实际的空想。

土地股份投包制建构条件表明，目前中国大部分地区特别是二、三产业发展落后的中、西部地区，还不具备该模式普遍推行的条件。因此，土地股份投包制在中国的建构，第一，在时间上将是一个长期的过程，因为中国农业人口的比重还很高，农业人口的非农转移任务还相当艰巨；第二，在空间上将由点到面逐步扩展，首先在二、三产业发展较快地区形成，然后随着非农产业发展的地域扩张而逐步推开；第三，在农业发展战略上，应把土地股份投包制的建立与加速二、三产业特别是农村非农产业的发展结合起来。

土地股份投包制是土地制度变迁的目标模式，而这一制度变迁的起点则是现行的家庭承包经营责任制。由于在土地所有权性质和经营方式方面的一致，使得两种制度模式之间可以实现较好的衔接。其衔接过渡可以通过三个阶段完成：

第一阶段：由农户对土地承包权向农户对土地股份所有权转化阶段。认定目前集体土地按人均包的合理性；限定这种合理性的有效期限为截至目前，以后土地不再根据人口的变动而调整；在承包权稳定化的基础上，赋予农户对经营的集体土地份额的股份所有权；实行土地股份所有权和相应份额土地经营权的统一，农户可以直接经营自己应占股份的土地。

第二阶段：股权与经营权统一向股权与经营权分离的转化阶段。在农村二、三产业获得一定发展和非农就业机会增加的基础上，确立股份共有土地的经营数量下限，促成小规模经营农户在持有土地股权的条件下寻求农外就业和放弃经营土地，将土地逐而向少数种田能手手中集中。

第三阶段：股权与经营权分离的完成阶段，即社区农民股份共有土地的个别农户规模经营阶段。这时，土地股份投包制模式的建构最终完成。

四 土地股份投包制可行性的讨论

（一）土地股份投包制是否是私有制

土地股份投包制的核心内容，是将传统的"既不是你的、我的，也不是他的"这种抽象的土地集体所有制，转变为人人有份、共同管理、共享利益的"民有、民管、民享"的新型土地所有制。土地股份所有、共同管理的制度创新模式的性质，理论界虽然存在着多种认定，比如合作经济、共有制经济、真正的集体经济或新型的集体经济，但大都把它归于公有制经济范畴。我们认为，把土地股份投包制定性为公有经济或集体经济是能够成立的。第一，公有经济并不存在固定不变的模式。按照马克思重建个人所有制的思想，可以把公有制分为两种类型：一种是排斥个人产权的公有制，一种是承认个人产权的公有制即"社会个人所有制"。土地股份投包制就是"社会个人所有制"在农业生产领域的实践模式。它突破的是传统的公有制模式，创新的是公有制的存在形态。第二，现代产权理论区分了共有产权与集体产权。共有产权的参与者虽然都可以使用其资源为自己服务或获得利益，但他无权声称这种资源乃至其中的某个部分是属于他自己的财产，资源属整个社团共有而没有对象化在各个成员身上。集体产权的参与者尽管在行使他对资源的各种权利时必须由该集体按照一定的规则或程序作出决定，但这种资源可以以某种形式分解或对象化在其成员身上其参与者必要时可以以有偿转让权利的形式退出该集体。传统集体经济更多地具有共有产权的特征，而土地股份制才更符合集体产权的规定。所以，与其把土地股份投包制视为对集体经济的否定，不如把它看作真正集体经济的建构或新型集体经济形式的探索。第三，土地股份投包制的公有性或集体性体现在：土地产权分享基础上的联合，一方面土地归农民所有，农民是土地的主人；另一方面农民以土地入股，构成集体法人产权，统一运作；土地收益的分享，股份共有土地的使用将是有偿的，土地带来的收益按股在所有者之间进行分配；土地管理权力的分享，股份共有土地的经营方式、经营对象、使用方向等重大问题的决策，须经过民主程序由股东大会作出。

土地股份投包制与私有制之间存在着明显的区别：其一，在所有权层面上，私有制下的土地所有者是可以作出统一决策的独立的个体；而股份投包制中的土地所有者尽管具体到个体农民，但每一个体并不具有统一决策权，土地的所有者是社区农民的联合体。其二，在土地管理层面上，私有土地所有者可以独立行使土地的管理权；而股份投包制中的土地管理权在股东大会及其董事会，体现民主化管理。其三，在所有者与经营者关系上，在私有制下，是少数大土地所有者占有大量土地，多数农民无地或少地成为大土地所有者的佃户，即成"大地主—小佃户"的土地利用格局；在土地股份投包制下，土地所有权分散到现有农民身上，经营权却集中于少数农户手中，土地利用格局是"小地主—大佃户"。其四，在价值取向上，私有制承认财富的分化、对立以及社会不公平的合理性，而土地股份占有制的构想则试图保证人们在资源占有方面的平等性和合理性。

（二）　土地股份投包制的社会保障功能

中国是一个具有特殊制度遗产的国家，其中非正规的制度遗产尤为沉重，而价值理想与信念伦理优先、等级均衡和平均主义倾向又是非正式制度遗产中的核心内容。人人平等的"大同"社会，不仅为历代优秀知识分子在笔端上营造，而且在社会底层为造反的穷苦农民挥舞大刀长矛所追求。而平等的理想社会的最主要方面正是土地占有方面的平等。任何一种制度变迁都要考虑到制度的累积性、渐进性以及立法基础。中国当代社会的农地制度变迁，必须保持与传统制度遗产之间的协调性与衔接性，或者说必须深深植根于这种特殊制度遗产的历史土壤之中。

中国又是一个农业人口比重很高和二、三产业发展滞后的发展中国家，产业结构的落后性决定了农业的生存保障功能超过发展功能成为农业制度安排首先考虑的因素。也就是说，8亿多农业人口的就业与吃饭问题在农地制度创新中必须予以充分的考虑和妥善的解决。否则，制度创新会由于失去广泛的社会基础成为空谈。

土地股份投包制中的土地股份占有，实现了农民占有土地方面的平等，迎合了农民平均主义的社会理想；土地股份的收益权，既有利于鼓励一部分农民退出土地经营和优化土地资源配置，又可以使他们在非农产业之外获得必要的生存保障。这一土地制度模式由于较易得到广大农民的支持和减低旧制度对其生成的摩擦，因而具有较大的可行性。

（三）　土地股份投包制的效率源泉

一种土地制度的可行性，最根本的方面取决于其是否具有较高的经济效率。一种土地制度如果不能有效地促进农业的增长，那它必然是缺乏生命力的；相反，一种土地制度如果有利于推动农业快速增长，那么它必然会得到社会的承认而最终被推上实践的舞台。

土地股份投包制的效率源泉来自，第一，明晰产权的激励效应。土地的股份化明确了产权主体，健全了产权权能，划清了利益界区，因而可以对不同产权主体形成有效激励。这种激励将有利于提高土地的利用效率和产出水平。第二，家庭经营方式的有效性。土地制度的效率来源于对农民的有效激励。最具激励效力的制度是能够把个人付出的努力与所得报酬紧密联系的制度安排，而家庭经营制度则能够把个人的努力程度与报酬密切地结合起来。土地股份投包制对家庭经营方式的肯定与保留有利于进一步挖掘农户的生产经营潜力。第三，土地集中的规模效益。土地的投包经营将有利于克服目前分户均包经营规模过小、土地投入不足和机械化作业困难等方面的不足，实现土地经营规模的合理化而获取规模效益。

（四）土地股份投包制与农产品价格上涨的关系

土地股份化以后，土地所有权自然要获取地租，地租的收取必然会加大农产品的生产成本和推动农产品价格上涨。在中国经济发展现阶段，农产品价格上涨会带来许多问题：一是农产品出口竞争能力的下降；二是非农业人口实际生活水平的降低；三是可能加剧通货膨胀。这些问题的存在，可能会导致人们对土地股份投包制可行性的否定。

应当承认，土地股份投包制的设计中存在着引发农产品价格上涨的可能性。但是，也必须看到这种制度设计中也有抑制价格上涨的因素。如果制度变迁前后农业产出水平维持不变，那么地租的缴纳必然加大成本、提升价格；如果新制度带来更高效率，使农产品产出水平获得提高，那么，地租就可以由增加的产出抵消或部分抵消，这样，农产品价格就不一定上涨或有较大幅度上涨。如果我们肯定土地股份投包制具有较高效率，那么，也就应当肯定它对成本和价格提升的抵消作用。换一个角度来考虑问题，不搞土地股份化、土地是否将永远无偿使用下去？肯定不是，土地的有偿使用，是市场经济体制的内在要求，是改革的基本趋势。土地的有偿使用也会加大农产品成本引起价格上扬。因此以地租会引发农产品价格上涨来否定土地股份投包制的可行性是不成立的。当然也必须强调，在土地股份投包制推行的初始阶段，地租水平不宜太高。政府应在市场调节的基础上适度干预地租的形成和对农产品价格进行适度管制。

参考文献

A. 阿尔钦：《产权：一个经典注释》，［美］R. 科斯、A. 阿尔钦、D. 诺斯等：《财产权利与制度变迁》，上海：上海三联书店1994年版。

［美］V. 奥斯特罗姆等：《制度分析与发展的反思》，北京：商务印书馆1996年版。

陈剑波：《人民公社的产权制度》，《经济研究》1994年第7期。

H. 登姆塞茨：《关于产权的理论》，［美］R. H. 科斯、A. 阿尔钦、D. 诺思：《财产权利与制度变迁》，上海：上海三联书店 1994 年版。

樊纲：《渐进改革的政治经济学分析》，上海：上海远东出版社 1996 年版。

卡特、米切尔等：《土地制度与农业绩效》，《中国农村土地制度的变革》，北京：北京大学出版社 1993 年版。

刘守英：《中国农地制度的合约结构与产权残缺》，《中国农村经济》1993 年第 2 期。

刘延凤：《农地制度、技术进步与农业增长》，《农业科技与农业发展》，北京：中国农业科技出版社 1996 年版。

［美］道格拉斯·C. 诺斯：《制度、制度变迁与经济绩效》，上海：上海三联书店 1994 年版。

［美］西奥多·W. 舒尔茨：《改造传统农业》，北京：商务印书馆 1987 年版。

中国农地制度课题组：《中国农村土地制度的变革》，北京：北京大学出版社 1993 年版。

第十九章

中国土地规模经营模式的选择[*]

　　虽然土地规模经营已成为深化农村改革和实现农村经济第二次飞跃的突破口选择，但是，对于土地规模经营的具体所指，以及中国究竟能够选择何种类型的土地规模经营，人们并未取得共识，而明确这些方面的不确定性认识，是土地规模经营在农村实际推开的必要理论准备。

　　土地规模经营是对原有土地经营方式的改革，从中国广大农村的基本状况出发，原有土地经营方式的主要特征可以概括为：土地经营以农户为单位；农户的土地经营规模很小；农户生产仍属传统技术类型，资本投入水平很低，劳动投入基本以一家一户自有劳动为限。

　　土地规模经营问题的提出，是以中国农村家庭联产承包责任制推行以来出现的土地分割细碎和农户经验规模过小为特定背景的。因此，土地规模经营的基本含义即农户土地经营规模的扩大。

　　土地经营规模的扩大往往伴有农业生产组织形式的改变，如由农户家庭经营发展为联户经营、合作经营、集体经营等。本章在讨论土地经营规模变动时不涉及农业生产组织形式的变化，即土地规模经营仍以农户家庭为其生产组织形式。

　　本章所谓的土地指农用土地即耕地。实际中，农用土地的质量是有差别的。农户土地经营规模的扩大，意味着不同质量土地的使用。本章把土地设定为匀质的。土地要素的变动，只是同质土地数量的变动，不涉及土

　　* 本章由作者发表于《经济理论与经济管理》1996 年第 4 期的《农地规模经营三大目标的背后》和《人文杂志》1996 年增刊的《中国土地规模经营目标模式的选择》两篇文章合并整理而成。观点和数据未更新。

地质量的变化。这样做，并不影响所要得出的结论，却大大简化了理论分析的程序。

一 土地规模经营三大目标的背后

（一）扩田农户农业收入增长的背后

土地规模经营的主要目标，是实现农户种田收入的增长。土地经营面积扩大，无疑能够提高农户的经营收益。

在劳动投入和资本投入既定的条件下，农户收入是其耕地面积的函数。因为，在增加的土地面积上，总可以获得增加的收益。尽管随着土地面积扩大，单位土地由于劳动投入和资本投入集约化程度降低而导致土地边际收益递减，但只要边际收益大于零，总收益就能增长。

劳动投入与资本投入随着土地扩大而增加，农户收益则可实现更大增长。从中国当前农业生产实际出发，随着土地经营面积的扩大，农户的资本投入特别是劳动投入也会增加。这是由于现在农业生产中资本投入水平较低，原有土地规模下农户劳动力还有剩余。如果农户在新增的单位土地面积上能够维持原有单位面积上的投入水平，新增土地上就不会出现边际收益递减而能够获得不变的规模收益。如果比过去提高了投入水平，则可获得递增的规模收益。即使投入水平低于原有土地上的水平，也可缓解新增土地上的边际收益递减趋势。

视野不囿于经营土地的个别农户，而扩大到整个农业部门，不难发现，在农地规模经营实现扩田农户收入增长的背后，隐含着收入方面更加突出的问题。

农地规模经营，在实现扩田农户收入增长的同时，却带来让田农户收入的下降，人为地加大农业部门内部的收入分配不公。

农地规模经营，不仅会造成一部分农户收入水平下降，还可能造成农业部门总收入的下降。如果让田农户收入水平下降带来了扩田农户收入水平的更大幅度增长，那么，这种农地规模经营就具有一定的可行性。因为，它提高了总收入，即具有效率意义上的合理性。收入分配公平方面的牺牲是效率进步的代价。同时，在这种情况下，也可以通过税收调节对收入分配不公作出某种补偿。如果扩田农户收入水平的增长不能弥补让田农户收入方面的损失，那么，这种农地规模经营就不具有可行性。

（二）农业机械化程度提高的背后

农地规模经营的目标之二，是提高中国农业机械化装备程度。中国农业处于由传统农业向现代农业过渡的起步阶段。从广大中西部地区来看，传统农业的特征十分明显。所谓传统农业，就是"完全以农民世代使用的各种生产要素为基础的农业"。[①] 在传统农业中，"生产的主要投入要素是劳动和土地，很少利用从市场购买的投入物"。[②] 传统农业的一个突出特征，是农业资本投入水平很低，畜力和简单农具构成农业资本投入的主要内容。农业部门的这种落后状态，严重制约着中国国民经济的现代化进程。实现国民经济现代化，必然要求实现对传统农业的现代化。从世界各国的经验来看，虽然不能直接把农业现代化和农业机械化画等号，但没有农业机械化的农业现代化尚无先例。实现农业现代化目标，提高农业机械化装备程度是顺理成章的选择。

不能否认农地规模扩大对实现农业机械化的积极影响。但也不能认为，农地规模经营就必然能带来农业机械化的实现。农地规模的扩大，只是农业机械技术采用的可能条件之一。机械技术的采用还要受到农户收入水平和农业资源之间价格比率等因素的制约。制约农业机械化的因素尽管较多，只要在扩大农地规模前提下机械化收益大于机械化成本，农户就终将会选择农业机械化的技术革新道路。可以认为，农地规模经营有利于推动农业机械化进程，是一个近于事实的判断。

机械化技术是一项节约劳动的技术。据美国农业部估算，1917—1944年，由于机械化程度提高而节约的劳动达 42 亿人时。1944 年以后，由于农业机械化的进一步发展，节约劳动不断增多。农场耗用的劳动，1940—1950 年减少 53.35 亿人时，1960—1970 年又减少 32.73 亿人时。从 1940年到 1970 年的三十年内，共节约劳动 139.5 亿人时。[③] 农业机械化的直接

---

① ［美］西奥多·W. 舒尔茨：《改造传统农业》，北京：商务印书馆 1987 年版，第 4 页。

② ［印］苏布拉塔·加塔克、肯·英格森特：《农业与经济发展》，北京：华夏出版社 1987年版，第 5 页。

③ 广东省哲学社会科学研究所《美国农业经济概况》编写组：《美国农业经济概况》，北京：人民出版社 1976 年版。

后果，是农业部门就业人数的大幅度下降。农业劳动力占总全部劳动力的比重，在未实现农业机械化的中国高达 52.2%，[①] 而在实现农业机械化的发达国家均在 10% 以下，有的甚至仅为 1%—2%。因此，可以肯定，随着中国农业机械化装备程度的提高，农地经营规模的扩大，必然将大量就业人口从种植业部门排挤出来。

中国农业机械化进程的推进会将多少剩余劳动力从种植业部门排挤出来呢？这主要取决于机械化程度的高低和相应的农地经营规模的大小。机械化程度越高，农地经营规模越大，排挤出来的劳动力越多；相反则少。

据 1989 年的统计资料，中国从事种植业的劳动力有 2.8 亿，全国可耕地面积为 14.3 亿亩。每个种植业劳动力平均耕地面积为 5.1 亩。据测算，按照目前农村劳动生产率水平，每个劳动力利用畜力可耕种土地 15 亩。实现低水平机械化耕种，土地经营规模至少可以扩大一倍，即可耕种土地 30 亩。这样，借助低水平的农业机械，种植业部门用不到 5000 万劳动力就可将全国 14.3 亿亩土地耕种完毕。在这种低水平的机械化实现之后，种植业部门将有超过 2.3 亿的劳动者成为过剩人口。这一数量超过现在种植业部门就业人数的 4/5。

这样庞大数量过剩人口的产生将意味着什么？它意味着在种植业部门之外必须有大量的新的工作岗位供他们重新就业。从中国就业现状来看，首先，城市现在已经有失业人口存在；其次，随着企业改革的深化，将不断地把冗员分离出来，使城市劳动力供给更为过剩；再次，乡镇企业已不可能有初创时期的发展速度，其对剩余劳动力的吸纳能力也将减弱；还有新增人口造成的新的就业压力。即使没有农业机械化带来的剩余人口的出现，中国的就业问题已经变得十分突出。这就是说，一个相当长时期内，在种植业部门之外为这些剩余劳动力寻求就业出路是不可能的。这样庞大的剩余劳动力，如果不能获得新的就业出路，那就意味着全国将有半数左右劳动力成为失业人口。如此高的失业率，对一个国家又意味着什么，无须再言。

------

① 1995 年数据。

（三）粮食生产商品率提高的背后

农地规模经营的目标之三，是提高农户粮食生产商品率，把粮食生产纳入市场经济的运行轨道。

粮食生产商品化程度高低，是传统农业与现代农业区别的一个重要标志。所以说中国农业发展严重滞后，传统农业特征明显，一个重要依据就是粮食生产自给性半自给性突出，农产品商品化程度很低。这种低商品率的生产，不仅严重制约着农民收入的增长，而且大大延长了中国农业向现代农业过渡的时间。要加快中国农业现代化步伐，就必须提高农产品商品率。如何来提高粮食生产的商品化程度呢？一种极其有影响的观点是，改变目前按人均分配的小规模土地利用模式，通过重新调整实现土地大规模经营。

粮食商品率的提高，有利于借助市场机制，在利润最大化目标引导下，激发农户粮食生产的积极性；有利于提高营田种粮的比较收益，缩小农民和务工经商者之间的收入差距；有利于加大粮食生产中的资本投入和提高农业机械化装备程度。但是，通过土地规模经营提高粮食商品率在带来诸多有利的同时，又会产生如下两方面的突出问题：

第一，商品粮供给量的增加同时带来商品粮需求量的大幅度增加。在中国耕地资源极其有限并不断减少的情况下，土地规模经营必须以一部分农户退出耕地为条件。从退出耕地的这部分农户来看，不管能否获得新的就业出路，他们始终是粮食的消费者。不同的只是过去他们既是粮食的消费者又是生产者，现在他们成为粮食的纯粹消费者。过去他们消费的是自给粮，现在他们却需要消费商品粮。也就是说，土地规模经营，一方面把一部分农民造就为商品粮生产大户，另一方面又把一大批农民改变为商品粮的需求者。

拥有世界近1/5人口而耕地资源不足世界7%，政府不得不把粮食安全作为宏观决策首要问题来考虑的中国，粮食商品率提高的真正意义本来在于，农民在满足他们自给性消费之后，能够向社会提供更多粮食，以满足城市居民和工业发展对粮食日益增长的需求，亦即实现粮食总量的增长。那么，有利于提高粮食商品率的土地规模经营，是否也有利于实现粮食总产量的增长呢？

第二，种田农户粮食商品率的提高可能导致整个国家粮食自给率的下降。粮食总量增长一般有两条途径，一是扩大耕地面积，二是提高单位面积产量。耕地资源稀缺的中国，通过扩大耕地面积实现粮食总量增长的余地极小，现实的途径只能是提高单位面积产量。在此背景下，土地规模经营是否有利于实现粮食总量增长的问题，也就等同于它是否有利于提高土地单位面积产量。土地规模经营，即变目前小农户生产为大农场经营，大农场经营是否比小农户生产更有利于提高土地的单位面积产量呢？

总体上，中国农业尚未走出传统农业阶段。"在传统农业条件下，固定质量的单位土地产出与农场规模成反相关。"[①] 这一点，不仅为发展经济学的理论分析所揭示，而且为大量经验统计材料所证实。

（1）传统农业中，土地规模变动会引起经营目标的改变，进而会影响到单位土地产出。小农经济基础脆弱，农业生产又具很大风险，一遇灾年全家生活水平就会下降甚至挨饿。受生存原则支配，小农必然尽可能生产更多粮食以备不测，即以产量最大化作为其生产目标。传统农业中，增产的主要手段是加大劳动投入。在小农生产条件下，劳动由家庭成员提供，而家庭成员的劳动是不需支付费用的。在没有其他就业出路的情况下，小农劳动的机会成本又为零。这样，生产中的劳动投入会直到劳动的边际产量等于零为止。即只要增加劳动投入能带来大于零的产出，就会继续投入劳动。劳动的高集约度必然使土地单位面积产量增加。对于大农场来说，生存问题已不构成威胁，其经营目标是利润最大化。利润最大化的原则是边际收益等于边际成本。由这一原则决定，大农场要素投入边际就小于小农户。就劳动投入边际而言，大农场雇佣劳动需要支付工资，工资制约着劳动投入的最高边际。只有当劳动边际产量（收益）大于工资的时候，农场主才会增加劳动投入；相反，就减少劳动投入。所以，大农场经营条件下，由于劳动投入较少，土地经营的集约化程度较低，因而单位土地产出不及小农户。

（2）传统农业条件下，土地规模变动不会带来规模收益递增，进而不会提高单位土地面积的产出水平。土地规模经营的主张受到这样一种信

---

① 参见［印］苏布拉塔·加塔克、肯·英格森特《农业与经济发展》，北京：华夏出版社1987年版。

念的支持，土地规模扩大，必然会带来生产效率的提高，实现规模收益递增。其实，规模收益递增是有条件的。只有在资本高度密集且资本具有不可分割性特征的行业，生产规模扩大才会带来规模收益的递增。

（3）传统农业土地规模变革的实践表明，土地生产率与土地规模为负相关关联。拉美地区，少数大农场集中了大部分好地，采用雇佣劳动方式进行生产。但土地的高度集中并没有与土地的高生产率相结合，相反，大农场的土地生产率往往很低。在阿根廷、巴西和智利，每公顷耕地产量，小农场是大庄园的 2 倍多。在印度，约托保洛斯与纽金特比较了六个农业区"小"农与"大"农的相对经济效率。他们的研究结果表明，受固定要素的制约，小农场比大农场更有效率。在中国湖北省，最先实行土地规模经营的江陵县紫荆村，承包 100 亩以上高产田的农户，其亩产由原来 700 多公斤降到 200 多公斤。就是在发达国家的现代农业中，也有类似的结论。1970 年，法国每公顷土地平均产值，5—10 公顷农场为 2538 法郎，10—20 公顷农场为 2183 法郎，20—50 公顷农场为 1920 法郎，50 公顷以上农场为 1637 法郎。《纽约时报》1982 年发表文章认为，由农场主及其家人，至多再加上 1 名工人经营的农场，是最有效率的生产单位。

在耕地资源外延扩展受限条件下实行土地规模经营，如果造成土地单位产出降低，就必然导致粮食总产量下降。以家庭联产承包责任制为内容的农村改革，使中国农业获得巨大发展，使拥有 12 亿人口的中国粮食供应基本实现自给。那么，以土地大规模经营作为农村下一次改革的基本内容，则可能否定前面改革带来的这一巨大成果，造成粮食国内供应的较大缺口，因而不得不仰赖于国际市场的商品粮供应。

本节讨论的主旨不是要得出土地规模经营在中国完全行不通的结论，也不是要证明目前家庭联产承包责任制下的土地利用方式就是最佳利用方式。而是要强调，在中国农业发展的现阶段，土地规模经营特别是较大规模经营，是要付出极高成本的。论证土地规模经营的可行性，不应只看到它将带来的积极影响，也应充分认识到其可能导致的消极后果。这样才能使下一步农村改革少走弯路，少缴学费。

二　土地规模经营模式及其收益分析

（一）　土地规模经营的若干模式

土地是农业生产的基本要素，但不是唯一要素。一般来说，作为农业生产投入的要素包括土地、劳动、资本和管理等。在研究土地经营规模时，可以把农业生产要素设定为两大类：（1）土地；（2）其他要素，即土地以外的劳动、资本、管理等要素。为下面表述方便，土地用 X_1 来表示，其他要素用 X_2 表示。

农户经营的土地（X_1）面积扩大，往往伴随着其他要素（X_2）投入量增加。依据土地（X_1）投入与其他要素（X_2）投入之间的相互关系，从抽象的理论意义上，可以把土地规模经营分为以下四种模式：

模式 I：其他要素（X_2）投入不变，土地（X_1）投入增加。即农户在维持原有的劳动投入和资本投入的基础上，单纯扩大土地经营面积。这种土地规模变动，可以称为土地规模的纯粹变动。土地规模纯粹变动可由图 19—1 来表示。图中 S_1 即为土地规模纯粹变动曲线。

模式 II：土地（X_1）投入与其他要素（X_2）投入同比例增加。假定农户的土地经营面积扩大 t 倍，其他要素的投入量也相应地增加 t 倍。这是经济学中规模变动的经典含义。因此，可以把这种土规模变动命名为土地规模的经典变动。这一变动可由图 19—2 表示，图中 S_2 即为土地规模经典变动曲线。

模式 III：土地（X_1）投入与其他要素（X_2）投入同时增加，但土地（X_1）投入增加幅度大于其他要素（X_2）投入增加幅度。当农户土地（X_1）经营面积扩大 t 倍而其他要素（X_2）投入增加 u（$u < t$）倍时，即为这种类型。土地经营规模的这种变动可由图 19—3 表示。土地经营规模的这种变动，可称为土地规模的充分变动。

模式 IV：土地（X_1）投入与其他要素（X_2）投入同时增加，但土地（X_1）投入增加幅度小于其他要素（X_2）投入增加幅度。如果 $t > u$，那么，其他要素（X_2）投入增加 t 倍时，土地（X_1）投入只增加 u 倍。图 19—4 中曲线 S_4 即可用来描述土地规模的这种变动。土地规模的这种变动可称为土地规模的弱性变动。

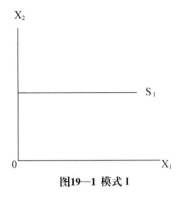

图19—1　模式Ⅰ

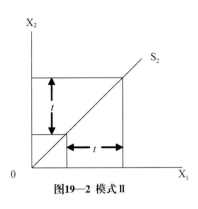

图19—2　模式Ⅱ

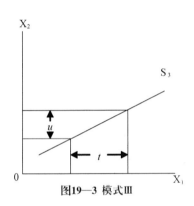

图19—3　模式Ⅲ

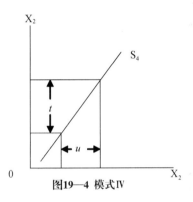

图19—4　模式Ⅳ

（二）各种模式的收益分析

对土地经营规模变动作出如上详细分类的意义在于，土地规模变动的不同模式所产生的收入效应是不同的。有的模型，从某种角度来看是有利的，从另外的角度来看则不一定有利；而另外一些模型则可能相反。进一步讲，土地规模变动的不同模式对农业乃至整个国民经济的发展将产生不同影响。模式选择失当，将导致农业和国民经济发展付出不必要的代价。因此，分清土地规模变动不同模式产生的收益差别以及对整个社会经济的影响，是对土地规模经营模式作出正确选择的重要前提，进而也是保证农业和国民经济持续稳定发展的必要环节。

收益是生产者销售一定量产品获得的收入，它是产量与价格的乘积。若把价格因素视为既定，那么，产量亦可用来表示生产者收益。在下面的分析中，多数情况下即用产量来代表收益。

1. "模式Ⅰ"的收益效应

单位土地的产量变动。在其他要素投入不变的前提下，土地要素的单纯增加，必然会导致单位土地产出效率的下降，也就是说，随着土地经营面积的扩大，单位土地提供的边际产量是递减的。其原因非常简单，在劳动和资本投入不变的条件下，农户经营的土地面积扩大，必然导致单位土地劳动投入和资本投入的减少，因而造成土地的粗放经营。

全部土地资源的产量变动。在一个社会可利用的土地资源为既定的前提下，采用"模式Ⅰ"进行土地规模经营，将导致全部土地资源总产量的下降。因为：（1）按照"模式Ⅰ"实行土地规模经营，必然要求原来经营土地的一部分农户退出土地。这部分农户在退出土地的同时也将原来投在土地上的劳动和资本等要素退出，从而使全部土地资源上的劳动投入和资本投入减少。（2）"模式Ⅰ"的土地规模变动，使原来经营土地的部分农户，在他们的劳动投入和资本投入既定的条件下扩大了土地经营面积，使他们土地经营的集约化程度降低而粗放程度加深。

土地经营者——农户的产量变动。尽管农户的资本投入水平很低，劳动投入也以一家一户为单位，但由于原来土地经营规模很小，扩大土地经营面积，也会使农户的产量水平提高。原因在于，农户现有的劳动投入和资本投入还有潜力可挖，在扩大的土地面积上还可以获得新的产量。即使在新增土地上存在着边际产量递减，总产量却是增加的，总产量的增加直到边际产量等于零为止。

其他要素的生产率变动。设 Q 为农户土地规模变动前的产量，$\triangle Q$ 为扩大土地经营面积新增加的产量，这样，其他要素的生产率，在土地规模变动前为 Q/X_2，在土地规模变动后为 $(Q+\triangle Q)/X_2$，显然，$(Q+\triangle Q)/X_2 > Q/X_2$。这表明，按照"模式Ⅰ"进行土地规模经营，将使劳动和资本等要素的生产率明显提高。

根据以上分析，"模式Ⅰ"的微观意义和宏观意义是不同的。从微观经营单位农户的角度来看，这种土地规模变动对他们是有利的，它意味着农户现有的劳动投入和资本投入将获得更大的报偿，农户的总收益也将增长，从而有利于调动农户耕种土地的积极性。从全社会范围来看，土地规模的这种变动，将造成稀缺土地资源的低效率使用，同时意味着全社会产量水平的下降。

2. "模式Ⅱ"的收益变动

根据规模经济理论，这一规模变动会产生规模收益递增、递减和不变三种可能性。

土地经营规模的这种变动，最有可能出现的结果是规模收益不变。所谓规模收益不变，是指收益增加的比例等于规模扩大的比例。用生产函数来表达，就是当把所有投入 X_1 和 X_2 同时增加 t 倍时，产出也增加同样的 t 倍。出现这种结果的原因，是农户可能会复制他们正在进行的生产方式。当土地增加 1 倍时，他们会把劳动投入、简单的农业资本投入也增加 1 倍。这样，在新增土地上就会再现原有土地上的生产状况，结果导致产出的同比例增加。

按照"模式Ⅱ"实现土地规模经营，也可能带来规模收益递增，即收益增加的幅度大于土地和其他要素投入增加的幅度。假定，土地和其他要素投入同时增加 t 倍，产出增加出现大于 t 倍的情况。农业中出现规模收益递增的基本原因在于，随着农业资本投入规模的扩大，会出现农业资本的技术更新。就是说，农业资本规模的扩大，一般不会是原有落后农业资本的简单叠加，而往往会出现先进农业资本对落后农业资本的替代，从而获得生产效率的提高。

生产要素（X_1 和 X_2）的同比例增加，也有可能出现规模收益递减，即收益增加的幅度小于规模扩大的幅度：在严格的理论意义上，这种结果是不会出现的，因为生产者至少可以按复制方式扩大生产规模来获得不变的规模收益。实践中发生规模收益递减的原因通常在于，在规模扩大时忘记了把某些投入要素考虑在内，这种被遗忘的投入要素往往是管理。当农户把土地、劳动、资本同时扩大一定比例时，他们的管理能力短期内未能获得提高，因而造成生产管理不善和规模收益递减。

单纯从收益角度考察，"模式Ⅱ"如果带来不变规模收益，那么，无论从农户的微观角度还是从整个农业部门的宏观角度来看，都无实质意义；如果产生了规模收益递减，那在微观上和宏观上则都是无益的；如果出现规模收益递增，那将比较理想，因为它既对农户有利，也对整个国民经济有利。但是，必须看到，规模收益递增，只是"模式Ⅱ"可能出现的结果，而不是其必然结果。

3. "模式Ⅲ"的收益含义

对"模式Ⅲ"的收益变动作出精确推算是困难的。困难主要来自两个方面：其一是 X_1 与 X_2 增加幅度之间的差距。在 X_1 大于 X_2 的前提下，也会有二者之间关系的多种可能性。X_1 的增加幅度远远大于 X_2 与略大于 X_2 所带来的收益变动是不同的。其二是 X_2 增量中所包含的技术含量大小的区别。X_2（主要是其中的农业资本）的增量中，技术含量不同，收益不同。

为了简化这一模型收益变动问题的复杂性，作如下两项假设：（1）假设 X_1 的增加幅度较明显地大于 X_2 的增加。这一假设的意义在于，使"模式Ⅲ"成为在规模特征上明显区别于其他模型的一个独立类别。如果 X_1 的增加幅度接近 X_2，这种投入的模式就可以近似地看作"模式Ⅱ"；如果 X_1 的增加幅度远远超过 X_2，这种模式也就可大体地视为"模式Ⅰ"。（2）假设 X_2 的增加不会带来农业生产技术的较大变革。这一假设的根据是，在这一模型中，X_2 的增加只是较小幅度增加；农业资本较小幅度增加也不会出现较大的技术改进。

从上述两个前提出发，"模式Ⅲ"的收益变动趋势类似于"模型Ⅰ"。所谓类似，就是说二者在基本的方面是相同的。即在这种模型变动中，单位土地的产出率趋于下降，全部土地的总产出水平也将下降，基本原因是土地经营的粗放程度加深，而其他要素的生产率则趋于提高，农户的总产量也可获得提高，这种提高主要来自土地经营面积的扩大。所谓类似也包含着二者有所区别的一面，而区别主要表现为收益变动的幅度不同，"模式Ⅲ"要小于"模式Ⅰ"。

可见，"模式Ⅲ"也是有利于微观经营单位的一种土地利用模式，从宏观来看，则是不利的。

4. "模式Ⅳ"的收益变动趋势

第一，土地产出率和全部土地资源总产出的变动趋势。从该模型的定义出发，可以得出如下关系式：$X_2/X_1 < (X_2 + \triangle X_2) / (X_1 + \triangle X_1)$。上述关系式表明，在这一规模变动中，$X_1$ 的每一单位分摊到的 X_2 的数量将增加，也就是说，单位土地的劳动投入和资本投入将加大，生产的集约化程度将获得提高。因而，土地产出率提高，全部土地资源的总产出水平提高。可见，这一模式的最大意义在于，有利于有限土地资源得到充分利

用，有利于国家粮食安全目标的实现。也就是说，从宏观利益方面来看，这一模型具有积极意义。

第二，其他要素生产率和农户收益的变动趋势。在这一模型中，其他要素生产率的变动也是一个较复杂的问题。X_1 与 X_2 增加幅度差距大小不同，对 X_2 生产率的影响不同；X_2 增加中技术进步程度不同，X_2 生产率变动情况也不同。为了把"模式Ⅳ"作为一种特征明显的规模类别，可以设定 X_2 的增加幅度明显地超过 X_1，因为二者增加比较接近的情况可以近似地归为"模式Ⅱ"这一类型。在 X_2 增加较明显地超过 X_1 的情况下，X_2 增加中技术进步较慢，X_2 的生产率将趋于下降。因为，在技术不变的前提下，某种要素投入的连续增加会造成边际收益的递减。这样，农户土地经营的收益率也将趋于下降。X_2 增加中技术进步程度较高，即使 X_2 增加幅度超过 X_1，X_2 的生产率也不一定下降，甚至有增长的可能性。可能性的大小主要取决于技术进步程度的高低。这表明，按照这一模式实现土地规模经营，农户的收益率并不一定必然下降，也有可能实现增长。

与"模型Ⅰ"和"模型Ⅲ"相比，这一模型在收益方面并不明显地把微观利益和宏观利益对立起来，虽然它的收益取向较大程度地倾斜于宏观方面，但并不绝对排斥微观经营单位的利益。在一定的条件下，微观利益仍有可能获得增长。

三　中国土地规模经营模式的选择

对土地规模经营各种模式收益含义进行分析，是为了对中国土地规模经营模式作出正确选择。那么，在前述四种模式中，中国应当或能够选择何种类型来实现土地规模经营呢？

在前述四种模式中，"模式Ⅰ"与"模式Ⅱ"是两种特例，现实中很少会出现这两种类型的土地规模经营。把它们确立为两种类型并进行分析的意义在于，它们是分析其他模型的必要理论铺垫。在对中国土地规模经营模式进行选择时，可以将这两种不具现实意义的抽象模式排除掉。

实际中，土地规模经营的一般状态只能是"模式Ⅲ"和"模式Ⅳ"。因此，中国农业土地规模经营模式的选择问题，也就是如何在"模式Ⅲ"和"模式Ⅳ"之间作出抉择。换句话说，中国农业下一步发展，是走以劳动、资本投入增长为辅，较大规模地扩大农户土地经营面积为主的道路呢，还是走以扩大农户土地经营面积为辅，加大劳动、资本投入为主的道路？

在这两条道路之间作出抉择，并不是一件简单、轻松的事情，因为，其间存在着一种两难选择。"模式Ⅲ"的收益取向偏重于微观单位，它有利于农户收入水平的较大提高，从而有利于调动农民营田种粮的积极性；"模式Ⅳ"在收益方面则倾斜于宏观方面，它有利于粮食总产量的增长，而这两个方面，恰是中国农业发展同时追求的目标。因为面临的是两种模式的选择，因此，难以获得来自两个方面的好处。也就是说，在这个问题上，我们难以作出鱼和熊掌皆得的最优选择。如果退而求次优，我们以为，应当选择"模式Ⅳ"。理由基于：

第一，这是由中国粮食安全问题的巨大压力决定的。粮食安全问题是国家安全的首要问题。任何一国政府，必须把粮食安全作为其优先考虑的问题。如果说，粮食安全问题对于西方一些国家并不构成现实威胁的话，那么，对中国来说，这种威胁则要现实得多。中国是一个人口大国，粮食需求量很大，且人口每年以近两千万的数量在增长，仅新增人口对粮食的需求就是一个可观的量。由于粮食与人类生存之间的特殊关系，决定了粮食的需求弹性极小。不管是丰收还是歉收，也不管粮食供给是依靠国内市场还是国际市场，人们对粮食需求不会有大的变化。如果一个国家的粮食需求不能得到满足，那么这个国家必然陷入灾难。"民以食为天"的古训给我们昭示的正是这个道理。尽管20世纪80年代中国农业发展取得了举世瞩目的成就，创造了用不到世界7%的耕地养活了世界近1/5的人口的奇迹，但直到今天以及今后一个相当长的时期，中国农业最突出的问题仍然是粮食问题。粮食生产的增长如果不能抵补新增人口的需求，就意味着，或者人民群众的温饱问题会被重新提出来，或者粮食供给较大程度地依赖于国际市场。鉴于当今国际关系的复杂性，粮食供应依赖国际市场不仅使中国面临着极大的经济风险，而且会威胁到国家的政治安全。因此，提高土地产出率，实现粮食总产量的较快增长，应成为中国农业发展的重要目标。

第二，这是由中国农业资源的特定结构决定的。"模式Ⅲ"与"模式Ⅳ"代表了两种不同的资源利用技术路径。"模式Ⅲ"是一种节约劳动的资源利用模型。它以劳动稀缺而土地丰裕的资源结构为存在前提，因而在农业生产中形成较多地使用土地而较少地使用劳动的状况，即形成土地利用规模较大的这样一种经营形式。"模式Ⅳ"则是一种节约土地的资源利用模型。它是在土地资源稀缺的背景下，加大土地集约化经营而形成的一种土地经营类型。中国是一个耕地资源十分稀缺而农业劳动力供给过剩的国家。节约稀缺土地资源提高有限土地资源利用效率，应是中国农业资源利用模型的自然选择。

第三，在"模式Ⅳ"中蕴含着农户收入增长和宏观粮食总量增长统一的可能性。"模式Ⅳ"有利于土地产出率和粮食总产量的提高，也不排斥农户收益的增长。在这一模型中，农户的收益受到方向相反的两种力量的影响。（1）由于土地经营面积增加较小而其他要素投入增加较快，导致边际收益递减规律发生作用，造成新投入其他要素报酬率的下降趋势，因而对农户收益的增长形成制约。（2）其他要素投入增长必然伴随着技术的进步，而技术进步又会提高投入要素的生产率，出现收益递增的变动。农户收益率能否出现增长，主要取决于这两种力量何者作用更大。根据中国现有农业生产技术还很落后的实际，可以肯定技术进步的潜在收益较大；同时，土地规模扩大会在一定程度上抵制其他要素投入增加而产生的边际收益递减。因而可以断定，"模式Ⅳ"的选择，农户的微观收益在一定程度上也可实现增长。

准确地说，"模式Ⅳ"是一种土地集约化经营模式。选择这一模式，就是强调应加大稀缺土地资源集约化经营程度，而把土地经营规模的调整作为促进土地集约化经营的辅助手段来考虑。从当前种植业的实际情况来看，土地经营规模的调整确有必要，但这种调整必须有利于土地集约化经营程度的提高，而不是导致土地的粗放经营。

参考文献

广东省哲学社会科学研究所《美国农业经济概况》编写组：《美国农业经济概况》，北京：人民
　　出版社 1976 年版。

［印］苏布拉塔·加塔克、肯·英格森特：《农业与经济发展》，北京：华夏出版社 1987 年版。

［美］西奥多·W. 舒尔茨：《改造传统农业》，北京：商务印书馆 1987 年版。

第五部分

+··+·

外生动力

第二十章

工业化驱动与农业发展[*]

一 工业化进程中农业地位的变化

一般而言,"工业化"具有广义和狭义两层含义。狭义的工业化是指,一个国家通过建立大规模的机器生产体系对手工业生产的替代,以制造业的快速增长为特征的工业部门自身的增长;而广义的"工业化"是指,一个国家通过发展机器大工业,使本国的经济结构从以农业经济为主体向以工业经济为主体的转变过程,工业化过程也是"这个国家由生产技术落后和生产力低下的农业国过渡到具有先进生产技术和高度发达社会能力的先进工业国的过程"。[①] 速水佑次郎、弗农·拉坦(2000)在《农业发展的国际分析》一书中,在对"工业化"界定时指出:"'工业化'一词是广义的,而不是制造业部门的简单扩张。它包括具有工业经济特征的制造业、服务业以及相关产业……的协调发展"。[②] 西方学者有关产业结构的研究证明,工业化与经济增长和经济结构转变有着必然的联系。因此,广义工业化是指:在社会经济发展中,由以农业经济为主过渡到以工业经济为主的一个特定历史阶段和发展过程。

---

[*] 本章内容是在《工业化在农业发展中的贡献》(《经济改革》1998 年第 1 期)和《农业发展中的工业化战略问题》(《山东工程学院学报》1999 年第 4 期,作者笔名辛元)两篇文章合并扩充的基础上形成的。

[①] 方甲:《现代工业经济管理学》,北京:中国人民大学出版社 2002 年版,第 3 页。

[②] [日]速水佑次郎、[美]弗农·拉坦:《农业发展的国际分析》,北京:中国社会科学出版社 2000 年版,第 155 页。

（一）工业化演进的一般规律

早期完成工业化改造的西方国家的经验表明，工业化是经济发展的一个重要阶段，也是发展中国家经济发展的必要途径。西蒙·库兹涅茨（1985）和霍利斯·钱纳里等（1988，1995）经济学家，在大量占有经验材料的基础上，对世界各国工业化演进的一般规律进行了深入研究，得出了具有普遍适应性的结论。

1. 工业化与人均收入的变化

钱纳里等人将各国的人均收入水平划分为 6 个变动时期，其中的第 2—5 个时期为工业化时期，在工业化的 4 个阶段中，第一阶段属于工业化初期阶段，第 2—3 个阶段属于工业化的中期阶段，第 4 阶段为工业化结束阶段或工业化后期阶段。"根据钱纳里等人的研究，准工业国家的人均收入水平一般处于第 1—3 阶段。以 1970 年美元来衡量，准工业国家人均收入的一般模式是 350 美元，大国模式是 300 美元，初级产品出口导向国家是 500 美元。换算为 1996 年美元，进入准工业国家的一般大国的人均收入水平为1860 美元。"[①] 钱纳里的多国模型经验证明：一国的工业化过程与该国经济发展具有密不可分的联系，从表 20—1 显示的人均国民收入水平可以看出，随着工业化程度的加深，人均收入水平呈不断提高趋势。

表 20—1　　　　　　　不同工业化阶段人均收入水平的变化

工业化阶段	人均 GDP（美元）			
	1964 年	1970 年	1982 年	1996 年
第 1 阶段（初期阶段）	200—400	280—560	728—1456	1240—2480
第 2 阶段（中期阶段）	400—800	560—1120	1456—2912	2480—4960
第 3 阶段（中期阶段）	800—1500	1120—2100	2912—5460	4960—9300
第 4 阶段（后期阶段）	1500—2400	2100—3360	5460—8736	9300—14880

资料来源：根据［美］钱纳里等《工业化和经济增长的比较研究》（上海：上海三联书店 1989 年版，第 71 页），《国际经济与社会统计资料》（1950—1982），《国际统计年鉴》（1998），周叔莲、郭克莎《中国工业增长与结构变动研究》（北京：经济管理出版社 2000 年版，第 53 页）整理。

---

① 周叔莲、郭克莎：《中国工业增长与结构变动研究》，北京：经济管理出版社 2000 年版，第 53 页。

2. 工业化与产值结构的变化

库兹涅茨和钱纳里等人的多国模型的三次产业产值比重变化规律表明，在工业化初期，第一产业的产值的比重均高于第二产业。[①] 随着工业化的演进，到工业化中期，第一产业的产值比重大幅度下降，[②] 而第二产业的产值比重增加迅速，[③] 第三产业产值比重也有所增加，但增加幅度小于第二产业。[④] 这说明在工业化中期，国民收入的增加主要依赖于工业的发展。而且在这一时期，工业份额超过了农业，替代农业成为一国国民经济中的主体产业。到工业化后期（结束期），第一产业的产值份额继续下降到 10% 以下，第二产业的产值比重增加缓慢，第三产业比重接近 50%。进入后工业化时期，第三产业将代替第二产业成为国民经济主体，属于第一产业的农业则处于较弱的地位。

表 20—2　　　　　　　　不同工业化阶段产值结构的变化

钱纳里等模式（1970 年）				库兹涅茨模式（1971 年）			
人均 GDP（1964 年）	第一产业比重%	第二产业比重%	第三产业比重%	人均 GDP（1958 年）	第一产业比重%	第二产业比重%	第三产业比重%
200 美元	36.0	19.6	44.4	150 美元	36.1	28.4	35.5
400 美元	26.7	25.5	47.8	300 美元	26.5	36.9	36.6
600 美元	21.8	29.0	49.2	500 美元	19.4	42.5	38.1
1000 美元	18.6	31.4	50.0	1000 美元	10.9	48.4	40.7
2000 美元	16.3	33.4	49.5				
3000 美元	9.8	38.9	48.7				

资料来源：［美］西蒙·库兹涅茨：《各国的经济增长》，北京：商务印书馆 1985 年版，第 128—129 页；H. B. Chenery, Elkington and C. Sims（1970）："A Uniform Analysis of Development Pattern", Harvard University Center for International Affairs Economic Development Report, 148；周叔莲、郭克莎：《中国工业增长与结构变动研究》，北京：经济管理出版社 2000 年版，第 54—55 页。

---

① 在钱纳里等模型中，第一产业产值低于第三产业，而在库兹涅茨模型中第一产业产值比重高于第三产业。

② 如果我们将人均收入 1000 美元时点上的数值进行比较可以看出：钱纳里等模型从 26.7% 下降到 18.6%，下降了 8.1 个百分点；库兹涅茨模型从 26.5% 下降到 10.9%，下降了 15.6 个百分点。

③ 钱纳里等模型从 25.5% 上升到 31.4%，上升了近 16 个百分点；库兹涅茨模型从 36.9% 上升到 48.4%，上升了 11.5 个百分点。

④ 钱纳里模型上升了 2.2 个百分点，库兹涅茨模型上升了 4.1 个百分点。

3. 工业化与劳动力结构的变化

在各国工业化过程中，各产业劳动力结构的变化也表现出与产值结构类似的趋势，即随着工业化的演进，劳动力从第一产业向第二、三产业逐步转移。从表 20—3 可以看出，从工业化初期开始到中期结束，在钱纳里模式中，第一产业的劳动力比重从 58.7% 下降到 23.7%，下降了 35 个百分点；第二产业的劳动力比重从 16.6% 上升到 33.2%，上升了 16.6 个百分点；第三产业劳动力比重从 24.7% 上升到 43.1%，上升了 16.4 个百分点。这表明，在这一时期，劳动力从第一产业向第二产业和第三产业转移的程度基本相同。在库兹涅茨模式中，在相对应的阶段，第一产业的劳动力比重的下降幅度较大，而且，劳动力向第二次产业转移的幅度（增加了 28.3 个百分点）大于向第三产业的转移幅度（增加了 17.7 个百分点）。

在钱纳里模型中，进入工业化后期时，劳动力向第三产业转移的幅度（增加 8.5 个百分点）大于向第二产业转移的幅度（增加了 6.9 个百分点）。这表明，在后工业化时期，作为第二产业的工业的发展速度减慢，劳动力主要从农业向第三产业即服务业转移这一规律性。

表 20—3　　　　　　　　不同工业化阶段的劳动力结构的变化

钱纳里等模式（1970 年）				库兹涅茨模式（1971 年）			
人均 GDP（1964 年）	第一产业比重%	第二产业比重%	第三产业比重%	人均 GDP（1958 年）	第一产业比重%	第二产业比重%	第三产业比重%
200 美元	58.7	16.6	24.7				
400 美元	43.6	23.4	33.0	150 美元	63.7	17.0	19.3
600 美元	34.8	27.6	37.6	300 美元	46.0	26.9	27.1
1000 美元	28.6	30.7	40.7	500 美元	31.4	36.2	32.4
2000 美元	23.7	33.2	43.1	1000 美元	17.7	45.3	37.0
3000 美元	8.3	40.1	51.6				

资料来源：［美］西蒙·库兹涅茨：《各国经济增长》，北京：商务印书馆 1985 年版，第 128—129 页；H. B. Chenery, Elkington and C. Sims, 1970："A Uniform Analysis of Development Pattern", Harvard University Center for International Affairs Economic Development Report, 148；周叔莲、郭克莎：《中国工业增长与结构变动研究》，北京：经济管理出版社 2000 年版，第 54—55 页。

（二）工业化进程中农业地位变迁的原因

尽管世界各国由于具体条件和所采取的措施不同，完成经济结构过渡的途径和所需的时间可能有较大差别，但是，多国模型的理论研究以及世界各国实现工业化过程的经验均证明，在工业化过程中，不论从劳动力比重还是从国民收入比重方面来看，其变化趋势都体现出一个共同特征，即农业份额逐步下降和农业主导地位的丧失。为什么在工业化过程中，农业在国民经济中的地位会逐渐下降呢？归纳起来主要有以下原因：

需求收入弹性的差异。所谓"需求收入弹性"，是指在价格不变的前提下，产品需求的增加率与人均国民收入增加率之比。即：

$$需求收入弹性系数 \ E = \frac{\Delta Q/Q}{\Delta I/I}$$

当 E > 1 时，表明随着收入的增加对该产业产品的需求的增加幅度大于收入增加的幅度，即收入弹性大；当 E < 1 时，表明随着收入的增加对该产业产品的需求的增加幅度小于收入增加的幅度，即收入弹性小。日本经济学家筱原三代平在 20 世纪 50 年代曾将"收入需求弹性"作为确定主导产业的两个基准之一（另一基准是生产率增长率基准）。库兹涅茨认为，大部分农业产品的属性为生活必需品，需求与收入弹性与工业产品相比，是缺乏弹性的。工业化过程，带来了国民总收入和人均收入的增长。收入的增长，带来了消费结构的变化（倾向于工业品和服务），从而引起产业结构的变化。[①] 恩格尔定律（Engel Law）也阐明了随着人均收入的增长，用于食品和生活必需品的支出变化不大，而用于保健、娱乐、奢侈品（价格昂贵的非生活必需品）的支出增加的规律性。因此，随着工业化演进的加深，人均收入水平的增加，消费者对工业品和服务的需求远远大于对农产品的需求，因此，带动社会资本向工业和服务业投入。

劳动生产率的差异。与工业相比，农业技术进步难度大且进步缓慢。因此，使得农业劳动生产率增长落后于工业劳动生产率的增长，从而出现"报酬递减"现象。配第—克拉克定理（Petty-Clark's Law）也揭示了随着经济的发展，第一产业（主要指农业）向第二产业（主要指工业）转移，

---

① Simon Kuznets：Model Economic Growth ：Rate Structure and Spread，Yale University 1966：102 – 103.

而后再向第三产业转移的规律性。并指出收入的差异性是促使劳动力在三次产业间流动的主要动因。

"规模经济"效益的差异。所谓"规模经济"（Scale Economy）效益，是指在一定的范围内，随着生产能力的扩大，使单位成本下降，由此而带来的总收益的增加。规模经济效益产生的原因主要在于：（1）大型化的先进技术装备带来的低成本、高效率；（2）标准化、专业化的大量生产方式能够提高劳动生产率，降低单位劳动成本；（3）大量生产有利于原材料的充分利用，而使单位原材料成本呈下降趋势。因此，工业部门生产活动的特点决定了其规模经济效益的优越性（尽管工业部门内部不同的行业所呈现的优势不同）。但农业生产与工业生产相比，在技术、生产工艺、标准化程度以及销售市场等方面带来的规模经济效益不明显，这是由农业部门的生产特点所决定的。

二　工业化与农业发展的关系

（一）工业化与二元经济转型

所谓"二元经济"是指在发展中国家经济发展过程中，出现的以现代工业部门为代表的"资本主义部门"和以传统的农业部门为代表的"非资本主义部门"并存的经济现象。二元经济是发展中国家在发展过程中最基本的经济特征。美国经济学家刘易斯从新古典学派的经济发展观点出发，在1954年发表的题为"劳动力无限供给条件下的经济发展"论文中，从劳动力流动的角度阐述了二元经济国家的主要特征。他指出，在发展中国家，劳动力的供给弹性是无限的。认为这些无限弹性的劳动力以"隐形失业"的形式聚集在传统的农业部门，致使农业部门的劳动边际生产率为零，甚至为负数。"在这些经济里，劳动力的价格是仅够维持生活的最低工资"，[1] 工业部门只要给出高于"仅够维持生活的最低工资"的工资，[2] 就能雇用到工业部门所需数量的劳动力。因此，工业部门可以通

---

① ［美］阿瑟·刘易斯：《二元经济论》，北京：北京经济出版社1989年版，第6页。

② 这里的工资被称为"制度性工资"。引自［日］速水佑次朗、神門善久《農業経済論》，岩波書店2002年版，第45页。

过不断地将剩余产出转化成资本扩大再生产。

20世纪60年代，费景汉和拉尼斯进一步发展了刘易斯的理论，提出了费景汉—拉尼斯模型。在费景汉—拉尼斯模型中，费景汉和拉尼斯将发展中国家二元经济向一元经济的转换分为三个阶段，并清楚地描述了现代工业部门和传统农业部门的发展过程（如图20—1a、图20—1b）。在费景汉—拉尼斯模型的三个阶段中，第一阶段的特征为劳动边际生产率为零，在这一阶段劳动力的流出不会减少农业总产出（见图20—1b中的 L_1S_1段）。因此，符合阿瑟·刘易斯的观点，即工业部门可以以不变的制度性工资（OW部分）雇用到想要雇用的劳动力数量（如图20—1a中工资曲线 WP_1 呈水平状态）。第二阶段的特征为农业劳动边际生产率大于零，小于不变的制度性工资阶段，在这一阶段，劳动力的流出会导致农业总产出的减少，从而使"平均农业剩余"① 低于不变的制度性工资。这意味着供工业消费的粮食不足以按照制度性工资满足工人的需要。其结果造成粮食价格上升，工业部门劳动力工资成本上升（这个阶段的工业部门工资 P_1 P_2 呈向上倾斜状态）。从而，工业部门的顺利扩张会受到阻碍，因此图20—1a中的 P_1 被称为"短缺点"。第三阶段的特征为农业的边际劳动生产率大于不变的制度工资，农业部门的剩余劳动力已经完全转移。这一阶段的农业部门工资，不再取决于制度性工资，而是取决于工业部门劳动力市场的供求关系。因此，第二和第三阶段的交点 P_3 是二元经济向一元经济转换的转折点或称之为商业化点。

他们指出，农业生产率的提高是保证二元经济顺利转换的必要条件。农业生产率增加，使得农业剩余和边际生产率增加，农业部门能够释放出更多的生产力，满足工业部门不断扩张的需求。但拉尼斯和费景汉认为，仅有农业生产率的增长是不够的，顺利实现二元经济的转换还必须满足的第二个条件是，现代工业部门有足够机会吸纳剩余的农业劳动力。因此，工业化是推动发展中国家从二元经济结构向现代一元经济，使传统农业向现代农业顺利转型的依存条件。

---

① 费景汉和拉尼斯将高于农业消费部分的农业产出称为"总农业剩余"。"平均农业剩余"是指总农业剩余除以转移出的农业劳动力。

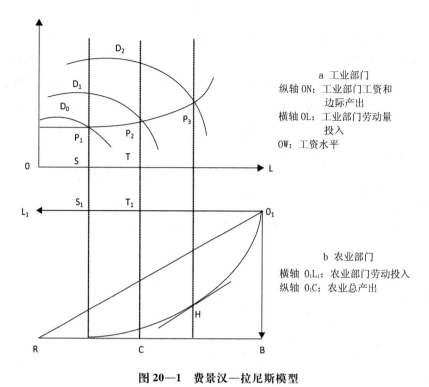

图 20—1　费景汉—拉尼斯模型

资料来源：〔日〕速水佑次朗、神門善久：《農業経済論》，日本岩波書店 2002 年版，第 47 页。

（二）工业化对农业发展的依赖

工业化对农业发展的依赖，即农业发展对工业化的贡献。有关农业发展对工业化的贡献，印度学者加塔克和英格森特（1987）在他们合著的《农业与经济发展》一书中，明确概述为四个方面，即"农业的四大贡献"：（1）农业剩余为工业部门提供了食物和原材料；（2）通过税收和储蓄为工业部门积累了资本；（3）农业部门为工业部门产品提供了需求市场；（4）通过出口和进口替代为经济发展节约了外汇资源。即从产品、要素、市场和外汇四个方面讨论了农业经济发展对工业部门的重要贡献。而这些贡献归根结底来源于一个因素——即"农业剩余"，工业化对农业发展的依赖主要表现在：

1. 工业化对农业剩余的依赖

工业化对农业部门产品的依赖，一方面体现在，工业部门需要农业部门为其提供农业粮食剩余，以满足从农业部门向工业部门不断扩大的劳动力对食物的需求；另一方面体现在，工业部门特别是与农业部门的前向关联较大的轻工业部门，其主要原材料来源于农产品。

从世界各国的工业化过程来看，工业化一般起步于轻工业，并且，在工业化过程的初级阶段轻工业占据主要地位。如工业革命最早的英国，从18 世纪中叶进入工业化初级阶段以来，其工业部门主要是以棉、毛、麻纺织业为代表的轻工业。直到第二次世界大战开始为止，英国轻工业的比重在工业中一直占主要地位。美国的工业革命虽晚于英国，但其工业部门也开始于棉纺织业，进而带动了其他轻工业的发展（1900 年的轻、重工业比为 1.5∶1，轻纺工业占主要地位），① 随后重工业的钢铁、煤炭得到快速发展。因此，工业化过程中，尤其是工业化初级阶段，工业部门对剩余农产品的依存度较高，离开农业部门提供的农产品剩余，工业部门就不可能发展，而农业国际化与现代化是为工业不断提供廉价农产品剩余的前提和保障。

2. 工业化对农业要素的依赖

工业化对农业要素的依赖主要体现在农业部门为工业部门扩张提供了大量的劳动力和农业积累的资本。

工业化对农业劳动力的依赖。二元结构论者认为，发展中国家工业部门的扩张，其劳动力资源依赖于农业部门剩余劳动力的供给。在工业化初期，由于农村中储存着大量的 "隐蔽失业" 劳动力，劳动力的转移不会减少农业总产出。但是，当隐蔽失业的农业劳动力被转移完后，劳动力的继续转移会减少农业剩余，以至于不能满足工业部门对农产品的需求。要维持农业劳动力源源不断地向工业部门的转移，必须提高农业生产率，使得农业剩余和边际生产率增加，使农业部门能够释放出更多的生产力，以满足工业部门不断扩张的需要。因此，工业化的实现依赖于农业机械化的普及对农业劳动力替代，满足工业部门劳动力需求。

工业化对农业资本积累的依赖。关于现代工业部门对农业部门资本的依赖，二元结构论者认为，工业化过程中，工业部门的不断扩张需要资本

————————

① 方甲：《产业结构问题研究》，北京：中国人民大学出版社 1997 年版，第 185 页表 13—16。

的投入，而在工业化初期，如果没有外来资本的引入，工业初级产品又不能够换取足够的外汇的情况下，大部分发展中国家主要依靠农业部门的剩余来进行资本积累。政府部门常常以农业税和土地税的方式，或者采用强制手段压低农产品价格或抬高工业产品价格的方式来获取农业剩余，投入工业扩张。因此，工业部门的发展，尤其是发展初期，很大程度上依赖于农业部门的资本积累。

3. 工业化对农业市场需求的依赖

工业部门的产品，按其使用用途的不同，可分为生产资料和生活资料两大部分。其中，生产资料产品作为其他工业部门及农业部门中间或原始资料投入再生产，而另一部分作为生活资料进入消费品市场用于满足城市居民和农村居民生活需求。因此，工业部门对农业市场的依赖，可以分为两个方面：第一，工业产品中的消费品对农业市场的依赖，即工业部门生产的消费品一部分用于满足城市居民的需要，而另一部分还依赖于销往农村市场。农村人口和农民的收入水平是决定工业产品（尤其是耐用品）在农村市场的需求规模的主要因素，尤其是当某一工业产品在城市消费者中的拥有量趋于饱和时，农村市场便成为该工业部门维持生产活动的主要资本来源。第二，工业产品的农用生产资料对农村市场的依赖，如农业机械、化肥和农药等，其销售对象只能是农业生产者。

4. 工业化对农产品出口创汇的依赖

工业化对农产品出口创汇的依赖，更主要体现在发展中国家实现工业化的初期。这是因为，发展中国家在工业化初期，对工业部门投入的初始资本来源于农业剩余。而发展中国家在对外贸易中，其要素禀赋主要体现在低廉的劳动力和自然资源。因此，发展中国家在对外开放，发展外向型经济过程中，大多采取初级产品出口战略，即通过出口以农产品为主的初级产品换取外汇，进口发达国家的工业制成品和装备，发展本国工业，逐步实现工业化。农业国际化与现代化的程度的提高，是提高本国农产品在国际市场竞争能力的唯一途径。

（三）农业发展对工业化的依赖

速水佑次郎与弗农·拉坦合著的《农业发展的国际比较》一书中，有关"工业化对农业生产率增长"作了如下阐述："工业化可以在很多方面影响农业。非农业部门的发展增加了对农产品的需求。更有利的要素——产品价格比率增加了农业生产者对机械和生物投入品的需求……工业的发展会增加非农业部门的劳动力的需求……不断发展的工业经济还通过它对农业研究的更大的支持能力、支持发展更有效的交通和通讯系统的能力以及为农村地区服务的物质和制度基础设施的其他方面的普遍加强，从而为农业生产率的提高做出贡献。"① 工业化与农业现代化之间，是相互依赖而又互相制约的，一方面，工业化是推动农业发展、实现农业国际化与现代化的推动力和火车头；另一方面，农业现代化又是工业化进一步发展的基础。农业与非农业产业的协调发展是现代经济的基本保障和重要特征。没有农业现代化，工业化进程会受到阻碍，而没有现代的工业，农业国际化和现代化也就难以实现。

阿瑟·刘易斯于1979年在《曼彻斯特大学报》发表的《再论二元经济》中论述了现代部门（主要指工业）与传统部门（主要指农业）的相互影响，他指出："现代部门的扩张可以通过四种方式使传统部门获益，……这四种途径是：提供就业机会，分享物质设施，传播现代的思想和制度，相互之间的贸易。"② 工业化是农业进步的原动力，没有高度的工业体系将科学技术转化成高效率的生产要素，以及为吸纳转移的农业劳动力提供足够的就业岗位，农业发展及其现代化就不可能实现。因此，农业发展对工业化的依赖主要表现在：

1. 对工业化创造的就业机会的依赖

随着工业化的扩张必然产生农业国际化与现代化对劳动要素的需求。正是由于工业化发展的这种需求，使农业剩余劳动力不再滞留在农业部门，不再以隐蔽性失业的形式存在，而是构成了农业劳动力进入非农产业的实现条件。工业化引起了城乡居民收入结构的变化，城市居民比农村居民由于单位时间内提供的产品和服务更多，因而相应地能得到更多的报酬。这种比较利益的诱惑和驱使，也促进了农业劳动力向非农业的转移，

---

① 〔日〕速水佑次郎、〔美〕弗农·拉坦：《农业发展的国际分析》，北京：中国社会科学出版社2000年版，第158—159页。

② 〔美〕阿瑟·刘易斯：《二元经济论》，北京：北京经济学院出版社1989年版，第150页。

而农业国际化与现代化的关键在于，剩余农业劳动力的转移和农业劳动生产率的提高。

2. 对工业产品的依赖

农业国际化与现代化对工业化的依赖，主要体现在，农业发展需要工业部门提供现代化的机器设备和生物技术用于装备农业。一国农业现代化程度一般是指一国农业在工业装备、生产技术和经营管理诸方面的先进程度。因此，一国农业现代化程度的提高，很大程度上取决于该国的工业化程度和该国所处的工业化阶段。从世界各国来看，往往是工业化程度高的国家，其农业现代化水平也较高。

3. 对工业化带来的技术进步的依赖

技术进步对经济发展的意义在于，在生产要素的投入不变的情况下，产出的数量增加或质量提高，或者说，生产一定数量的产出采用新技术后，所需的投入更少。加拿大学者海莱纳（Heleiner, G.）在假设生产要素价格不变的条件下，依据技术进步对生产要素的影响程度将技术进步划分为三种类型：（1）资本节约型（图 20—2 中用 Q_1 表示的等产量线）；（2）劳动节约型（图 20—2 中用 Q_2 表示的等产量线）；（3）中性型（图 20—2 中用 Q_3 表示的等产量线）。资本节约型表现为技术进步对资本的替代作用较强，可以用更少的资本投入得到同样多或更多的产出；而劳动节约型表现为技术进步对劳动的替代作用较强，可以用更少的劳动力投入，得到同样多或更多的产出；中性型表现为技术进步同比例地提高了劳动和资本的边际生产能力，或者说相同的产出会使劳动和资本的投入等比例减少。

工业部门的技术进步对农业发展的意义在于，工业部门通过技术创新，生产出更加先进的农业机械和生物技术产品用于装备农业，能够促进农业劳动生产率和土地生产率的提高，使生产相同数量的农产品需要的劳动力数量和土地数量大为减少，降低单位农产品成本，使农业产品在国际市场更具竞争优势，从而，促进农业国际化和现代化的发展。20 世纪 60 年代后期，美国的弗农·拉坦和日本的速水佑次郎，分别对日本和美国农业现代化历程的研究表明，美国农业现代化是依靠农业机械化实现的，而日本农业现代化则主要是依靠生物技术进步来实现的。

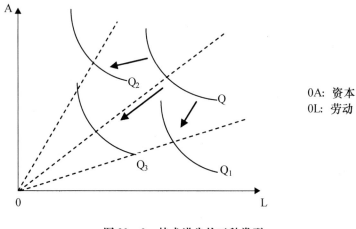

0A: 资本
0L: 劳动

图20—2　技术进步的三种类型

三　农业发展视角的工业化战略选择

　　大体以 20 世纪 60 年代为界，人们关于工业化对农业发展影响的认识可以分为两个阶段：20 世纪 60 年代以前，发展经济学家和发展中国家的决策者，都把工业化看作经济发展的主导力量，同时也被视为是农业发展的先决条件。这种认识的产生有着深刻的国际经济背景：落后国家一般都是工业化程度低甚至还没有开始工业化的农业国，而发达国家无一不是高度工业化的国家。国际经验同时表明，工业化程度与农业发展水平呈正向关联。工业化水平高的英、美等国，农业的现代化水平也高；而工业化水平很低的新独立的欠发达国家，农业还相当落后，属于典型的传统农业形态。因此，第二次世界大战后，具有强烈发展民族经济愿望的落后国家大多顺理成章地把工业化作为本国经济发展的基本战略。在该阶段，工业化在经济发展包括农业发展中的地位和作用被强调到不适当的程度。其突出表现是，忽视甚至牺牲农业的发展，来支持工业化的片面扩张。例如，罗斯托（Roatow，Wait W. 2001）在《经济增长的阶段》中认为，成功的工业化是不平衡的，只能有一个或少数几个产业部门成为发展的根源，这种部门是工业部门。农业部门只能充当向工业部门提供粮食、原料和劳动力的"仆从"的角色。只有等到主导的产业部门现代化以后，通过现代化工业的扩散效应再来实现农业的现代化。刘易斯的二元经济结构理论，是这一阶段人们关于工业化对农业发展影响认识的最具代表性的成果。概言之，在 20 世纪 50—60 年代，人们不仅认识到工业化对农业发展存在着影响，而且突出强调工业化在农业现代化中的决定作用。这种决定作用表现在工业现代化是农业现代化的先决条件，只有先完成工业化，然后才能实现农业的现代转型。

20 世纪 50 年代的"唯工业化"或"片面工业化"战略，在发展中国家的实施中带来许多问题：农业长期停滞，人民生活水平没有获得应有提高，国民经济的发展也受到抑制。因此，20 世纪 60 年代以后，人们转变了 50 年代过分强调工业化在经济发展包括农业发展中的决定性和先导性作用的片面认识，转而注意到和越来越强调农业发展在整个经济增长中的贡献。1961 年，美国经济学家库兹涅茨在《经济增长与农业的贡献》一文中，根据当时对农业发展重要性的认识，分析了农业对经济发展和工业化进程的重要贡献。1984 年，印度学者苏布拉塔·加塔克和肯·英格森特在其合著的《农业与经济发展》一书中，将农业的贡献概括为四个方面：产品贡献、市场贡献、要素贡献和外汇贡献。20 世纪 60 年代以来，关于工业化与农业发展关系的认识，已由过去突出强调工业化对农业发展的决定作用，反过来强调农业发展对工业化和经济增长的重要作用。舒尔茨的《改造传统农业》是这种转变过来的认识的集中体现。这一转变似乎表明，农业发展的关键在于农业自身的创新，包括技术创新和制度创新等方面。虽然不能否认工业化对农业发展的积极影响，但对这种积极影响的全面和系统的探究，由于研究重点的转移受到发展经济学家的关注较少。也就是说，与农业发展对工业化作用的关注相比，工业化对农业发展的应有作用相对地被忽视了。

对工业化在农业发展中地位和作用认识的上述转变，是对发展中国家 20 世纪 50 年代"唯工业化"或"片面工业化"战略失误的反应，因而有其正确和合理的一面。但由此而忽视甚至否定工业化对农业发展的重要影响和工业化在农业现代化转型中的决定性作用，从而把农业看作一个似乎可以独立于工业化进程之外的孤立的发展部门，那则是完全错误的。对于那些工业化虽然取得了一定的成绩，但农业比重仍然较大、传统农业特征明显的发展中国家，特别是像中国这样的发展中大国，试图脱离工业化进程去孤立地寻求农业发展的途径，是必然要走弯路的。因此，在中国农业发展受到社会各界普遍关注的今天，有必要重新审视工业化在农业发展中的应有地位和作用。而正确认识工业化对农业发展作用的前提，是必须对两种不同的工业化作出区分。

（一）片面工业化与协调工业化

依据工业化部门扩张对农业发展和整个国民经济发展的不同影响，我们可以把工业化分为如下两种类型：

1. 片面工业化

片面工业化的主要特征是：（1）工业部门主要是制造业部门被确立为国民经济的优先增长部门。（2）工业化概念是狭义的，制造业部门特别是资本密集的重工业部门的扩张成为工业化的基本内容，劳动密集的轻工业和第三产业的发展没有给予足够的重视。（3）工业部门扩张对农业的波及效应有正有负，但负面影响较为突出。片面工业化往往以剥削甚至牺牲农业为代价。片面工业化对农业的剥夺和负效应主要表现在两个方面：一是对农业剩余通过公开的或隐蔽的手段过度地和长期地抽吸，使农业部门成为工业扩张所需资本的主要的或重要的来源；二是对农业剩余劳动力的低度吸纳能力，使大量过剩劳动力沉聚在农业部门。

片面工业化的直接后果是农业部门的长期停滞。食品短缺，农业技术进步缓慢，农民相对甚至绝对贫困，成为国民经济的突出特征和困扰决策阶层的难题。片面工业化另一个不良后果是经济结构畸形化。从国民经济的整体来看，重工业比重较大，而轻工业比重较小，即过早地出现资本的"深化"；从农业部门来看，就业比重大大高于产值比重，造成农业内部的结构偏离。

2. 协调工业化

协调工业化是与片面工业化相对的一个范畴。其主要特征是：（1）工业部门仍然被确立为经济发展的主导部门，但它的发展不是孤立的和片面的，而是在与农业部门相互协调中均衡地发展的。也就是说，协调工业化，不是工业部门单方面的突进，而是国民经济各部门大体均衡的增长。（2）在协调工业化范畴中，工业化的含义是广义的。这里的工业化，不仅是制造业部门的扩张，而是泛指包括第二、三产业在内的所有非农产业的发展。（3）与片面工业化相反，协调工业化并不以挤压和牺牲农业作为代价，因而其对农业部门的波及效应是正向的。这种正面效应并不限于库兹涅茨和苏布拉塔·加塔克等人所描述的四个方面，还包括在人口减压、组织创新、技术进步等方面的重要影响。

协调工业化可以避免片面工业化的不良后果。第一，由于它在工业化过程中重视与农业的协调发展，所以不但不会造成农业的停滞，反而会促进农业的持续增长。第二，由于协调工业化不是工业部门的单一突进，而是国民经济各部门的协调、均衡增长，因而它不会带来国民经济结构的畸变，而将有利于国民经济结构的合理化和高度化。

3. 片面工业化与协调工业化的关系

片面工业化和协调工业化在空间上具有并存性。从世界范围来看，某些国家或地区的工业化大体上可以视作协调工业化，例如英、美等发达国家的早期工业化进程和战后日本、中国台湾的工业化；而战后许多发展中国家的工业化都具有明显的片面工业化的特征。片面工业化和协调工业化在时间上又有继起性。从工业化的历史过程来看，片面工业化一般是发展中国家工业化的初始阶段，这种工业化战略是由当时特殊的国内、国际经济条件所决定的，因而具有某种必然性；随着片面工业化弊端的逐渐显露，发展中国家大都开始调整工业化战略，使工业化进程逐渐由片面工业化向协调工业化转变。因此，从时间顺序上来看，协调工业化是工业化的成熟发展阶段。当然，对于许多发展中国家来说，这一阶段还没有完全到来。

片面工业化与协调工业化的区分具有重要的理论意义，它有助于澄清人们在工业化对农业发展影响问题上的不同认识。如果把工业化视作片面工业化，那么必然强调工业化对农业发展的消极影响；如果把工业化理解为协调工业化，则必然会把工业化对农业发展影响视为积极的。所以，人们关于工业化对农业发展影响的不同认识，根源于工业化概念理解上的差异，本质上并无不同。如果在两种工业化间取得了一致认识，那么工业化在农业发展中究竟具有何种作用，在理论上是不会产生根本分歧的。片面工业化与协调工业化区分同时也具有重要的实践意义。如果经济决策者们把工业化理解为协调工业化而不是片面工业化，那么他们肯定会不遗余力地推进国家的工业化进程，也必然会在工业化进程的大背景中去顺利地促进农业的发展或农业的现代化。

（二）协调工业化发展的原则

协调工业化发展所遵循的基本原则是：

第一，关联效应原则。在协调工业化的推进过程中，必须克服传统体制下那种与农业相隔离、在城市封闭进行的工业化倾向，而应当强化工业部门扩张对农业发展的关联带动作用。关联带动效应，是指工业部门在其扩张的同时，能够在人口减压、技术进步、人才成长、组织创新、资本援助等方面为农业发展做出积极的贡献。从当前中国的现实出发，这种关联效应首先和主要应当表现在对农业剩余劳动力的有效吸纳即人口减压方面。

第二，协调增长原则。经济增长始终是经济发展的主要内容。经济的持续快速增长涉及工业（包括第二、三产业）和农业的均衡增长。工业增长不能以牺牲农业发展为代价，同样，农业发展也不应以抑制工业增长为代价。协调工业化的推进，以工业与农业的协调增长为原则。

第三，结构优化原则。由于过去片面工业化的推进，使我国的经济结构不尽合理。表现在：（1）在工业结构内部，重工业比重过大，轻工业比重偏小，使工业结构与经济发展阶段不相适应。（2）在农业内部，产值比重较小而就业比重较大，出现了产值比重与就业比重的重大偏离。（3）从整体经济结构看，第一、二产业比重较大，而第三产业发展明显滞后。协调工业化的推进，应当有利于我国整体经济结构和农业、工业内部结构的优化。

（三）协调工业化战略的主要内容

遵循协调工业化的上述发展原则，当前加速中国协调工业化进程的主要内容包括：

第一，拓展工业化的产业范围，加速第三产业发展。工业化有狭义与广义之分。狭义工业化即制造业化，而广义工业化指非农产业化或二、三产业化。过去我们往往是从狭义的角度来理解工业化的，这也正是过去片面工业化形成的认识论根源。从先行工业化国家的经验来看，工业化程度高的国家，并不是制造业比重很高的国家，而是二、三产业份额占绝对优势的国家。比如，在美国 1997 年的国内生产总值中，98.3% 是由非农产业部门提供的，其中第二产业部门提供的产值仅占 26.2%，其余 72.1% 以上的产值份额是由第三产业部门提供的。① 这表明，第三产业比重的提升是工业化的一个越来越重要的方面。由于过去片面工业化战略的推行，中国第三次产业的发展水平很低。表现在第三产业的比重不仅明显低于发达国家，而且也低于大多数发展中国家。据世界银行的统计，低收入国家 1992 年人均国民生产总值是 390 美元，第三产业比重平均为 40%；中国同期人均国民生产总值达 470 美元，而第三业产值比重仅达 38%。经济发展水平落后于中国的印度（41%）、巴基斯坦（49%），第三产业发展水平高于中国。协调工业化是广义的工业化。因此，加速协调工业化进程的一个重要内容，就是拓展传统工业化的产业范围，在制造业继续发展的基础上，加速中国第三产业的发展，提高第三产业在国民经济中的产值比重和就业比重。

第二，拓展工业化的空间范围，加速农村工业化进程。在产业的地域分布上，二、三产业一般集中于城市，强调二、三产业的发展，人们往往首先想到的是城市产业的扩张。协调工业化概念的提出，不仅意味着二、三产业在城市的扩张，更强调在农村地区的发展。也就是说，协调工业化的一个非常重要的方面，是农村工业化的扩张。提出这一主张有两个基本依据：（1）中国的城市化水平很低，二、三产业在现有城市的基础上难以实现快速扩张，而必须依赖于一大批新兴城市的涌现。农村工业化特别是乡镇企业的兴起，是新兴城市产生的基础和条件，是提高中国城市化水平的主要途径。（2）改革开放以来农村工业的崛起，既推动了中国的工业化进程，又带动了农业的发展和农村的变革。这一事实表明，农村工业化具有工业与农业协调发展的特征。所以，要想有效地实现我国二、三产业的扩张，并在二、三产业扩张的基础上带动农业发展，就应当把农村工业化作为中国工业化的一个重点。

第三，强调工业化的就业效应，加速劳动密集型工业发展。从劳动力流动或就业结构变迁的角度来看，工业化就是工业部门不断吸收农业释放

---

① 朱之鑫主编：《国际统计年鉴 2002》，北京：中国统计出版社 2002 年版，第 64 页。

出来的劳动力的过程。日本和其他一些新兴工业国的成功经验表明，在工业化的初期，应保持较高的就业弹性。[①] 中国传统的重工业优先发展的工业化战略，恰恰未能在吸收农业劳动力方面做出应有贡献。今天我们提出加速协调工业化进程，一个重要考虑就是试图弥补过去片面工业化在吸收农业剩余劳动力方面的欠账。这也就是说，协调工业化在现阶段就是具有较高就业弹性的工业化。这就要求：在制造业内部，应更加重视劳动相对密集的轻工业的发展，适当地降低重工业的比重；在农村工业化过程中，应降低资本密集程度较高的机械工业的比重，积极扶持可以更多地吸收农业剩余劳动力的农副产品加工业、农村服务业的发展。

参考文献

方甲：《现代工业经济管理学》，北京：中国人民大学出版社 2002 年版。

方甲：《产业结构问题研究》，北京：中国人民大学出版社 1997 年版。

[印] 苏布拉塔·加塔克、肯·英格森特：《农业与经济发展》，北京：华夏出版社 1987 年版。

[美] 西蒙·库兹涅茨：《各国经济增长》，北京：商务印书馆 1985 年版。

[美] 阿瑟·刘易斯：《二元经济论》，北京：北京经济学院出版社 1989 年版。

[美] W. W. 罗斯托：《经济增长的阶段》，北京：中国社会科学出版社 2001 年版。

[美] H. 钱纳里等：《工业化和经济增长的比较研究》，上海：上海三联书店、上海人民出版社 1995 年版。

[美] 霍利斯·钱纳里、[以] 莫伊思·赛尔昆：《发展的型式 1950—1970》，北京：经济科学出版社 1988 年版。

[日] 速水佑次郎、[美] 弗农·拉坦：《农业发展的国际分析》，北京：中国社会科学出版社 2000 年版。

周叔莲、郭克莎：《中国工业增长与结构变动研究》，北京：经济管理出版社 2000 年版。

朱之鑫主编：《国际统计年鉴 2002》，北京：中国统计出版社 2002 年版。

Chenery, H. B., Elkington and Sims, C. 1970：A Uniform Analysis of Development Pattern, Harvard University Center for International Affairs Economic Development Report, 148.

Kuznets, Simon1966：Model Economic Growth ：Rate Structure and Spread, Yale University, 102 – 103.

---

① 就业弹性在此处是指，工业就业年平均增长率与工业产值年平均增长率之比。

第二十一章

国际化冲击与农业发展[*]

一 国际化条件下农业现代化的紧迫性

（一）国际开放对中国农业的挑战

加入世界贸易组织，中国将在开放的经济环境中进行农业现代化建设。但是，农业的开放，首先给我们带来的是严峻的挑战，使中国农业面临着世界农业特别是发达国家现代农业强大的竞争压力。这是因为：

农业是对自然资源依赖程度很高的一个特殊产业，而中国农业的资源禀赋特别是人均农业资源与其他国家相比并无优势（见表21—1）。以可耕地和淡水资源为例，中国的人均耕地资源不足世界平均数的32%，仅为美国的10.8%，澳大利亚的4.9%，巴西的22.6%，印度的42.6%；人均淡水资源占有量中国仅为世界平均占有量的31.9%，与俄罗斯、加拿大、美国等国差距悬殊。

现代农业的竞争力并非主要取决于自然资源的有利性，在更大程度上，是由其所拥有的技术水平和生产效率决定的。表21—2表明，中国的土地生产率已处于世界领先水平，其中，小麦单产约比美国高40%；而中国的农业劳动生产率却远远落在发达国家后面。农业生产率的差距，是由农业科技投入的差距造成的。在20世纪80年代初期，从用于公共部门农业研究的经费占农业GDP的比重来看，发达国家为2.23%，92个欠发

   * 本章采自作者承担的山东省哲学社会科学规划重点课题"农业国际化对我国农业现代化进程影响的研究"（批准号：01BJJ35）最终成果《开放条件下的中国农业发展》（中国社会科学出版社2004年版）第九章《国际化：中国农业现代化的加速器》。题目和文字有改动，观点和数据未更新。

达国家是 0.41%，而中国仅为 0.39%；从每个农业劳动力拥有的研究经费来看，18 个高收入国家为 213.50 美元（1980 年美元），92 个欠发达国家为 3.78 美元，中国是 2.24 美元；从每公顷土地占有的研究经费来看，中国是 2.23 美元，高于欠发达国家的 1.46 美元，占到发达国家 4.02 美元的55% 以上。这是中国低劳动生产率与高土地生产率并存一个重要根源。而在当今世界，没有较高的劳动生产率，就不可能拥有较强的国际竞争力。

表 21—1 　　　　部分国家可耕地、再生性淡水资源人均
占有量与中国的比较（1995 年）

国　　家	人均耕地（公顷）	人均淡水资源（立方米）
中　　国	0.075	2292
印　　度	0.176	2228
日　　本	0.033	4373
俄罗斯	0.884	30599
法　　国	0.314	3415
美　　国	0.695	9413
加拿大	1.530	98462
巴　　西	0.332	42957
澳大利亚	2.667	18963
世界平均	0.236	7176

资料来源：转引自牛若峰《中国发展报告；农业与发展》，杭州：浙江人民出版社 2000 年版，第 208—209 页。

不同国家对农业的支持水平不同。乌拉圭回合虽然对削减国内农业支持和农产品出口补贴作了规定，但由于许多国家基期的农业保护水平很高，削减后的农业支持和出口补贴水平仍然十分可观。比如，美国在减让基期的国内支持总量高达 239 亿美元，即使按乌拉圭回合规定减让 20%，今后仍可使用 191 亿美元的"黄箱"支持措施；欧盟削减后的国内综合支持总量仍可达 796 亿美元；日本削减后也还有 283 亿美元。此外，世界贸易组织农业协议中，还有一个免于减让的"绿箱"政策。在农产品协议基期，免于减让的"绿箱"政策支持，美国为 241 亿美元，日本为 150 亿美元，韩国为 42 亿美元。中国一直奉行的是农业支持工业发展的产业政策，对农业长期处于负保护水平。相对于目前中国对农业的支持水平，

乌拉圭回合农业协议为中国今后加强对农业的支持提供了较大空间，即不仅可以采取"绿箱"政策以及特殊和区别对待政策，而且可以在农业生产总值的 10% 或某一产品产值的 10% 以内对农业或某一特定农产品实施"绿箱"政策以外的其他支持政策。但是，由于农业比重过大，近期内中国不可能有足够的财力大幅度增加对农业的支持。

表 21—2　　部分国家的土地生产率与农业劳动生产率（1991 年）

（按 1979—1981 年国际美元计算）

国家	土地生产率（每公顷）	农业劳动生产率（%）
中国	1422	422
美国	410	51561
加拿大	247	42830
法国	892	26331
意大利	1106	14001
荷兰	2468	44339
日本	1711	4527
韩国	2011	1391
以色列	1411	16679
印度	500	493
巴基斯坦	527	1030
墨西哥	400	2020
阿根廷	399	16704
世界	515	1080

资料来源：根据牛若峰《中国发展报告：农业与发展》表 14—30 中的有关数据列出，杭州：浙江人民出版社 2000 年版，第 225—226 页。

农业企业的竞争力与其生产的单位产品的平均成本相关，而平均成本的高低与企业规模是否适度相关。据有关资料，1999 年，中国农户总数超过 2.38 亿户，与 1999 年年底 9546.65 万公顷的实有耕地面积相折算，每个农户平均经营的耕地面积仅有 0.4 公顷。[①] 如此小的耕地经营规模在世界各国是很少见的。在欧洲，农业经营规模最小的标本是德国的巴登，那里的小农场最普遍，平均每户经营农田 3.6 公顷，在德国 2 公顷以下的

———————

① 数据来源：中华人民共和国农业部：《1999 年中国农业统计资料》，北京：中国农业出版社 2000 年版。

经营规模，被认为"太小到简直不能供养自身了"。据日本 1934 年的一项调查，农田面积在 3 町 5 反（约合 3.73 公顷）以下的稻作经营是必然要亏本的，他们认为，合理的经营规模必须有 5 町（约合 5.33 公顷）。①农业的国际化意味着，我们这种超小型的家庭经营要与经营规模比我们大百倍甚至更多的欧美大农场去一比高低。

在上述背景下，如果我们缺乏正确的应对战略，那将使中国农业发展陷入十分被动的境地。非常容易预见到的后果将是：第一，农业市场份额减少。缺乏国际竞争力，一方面难于拓展出更大的国际市场，另一方面国内市场也会受到发达国家先进农业的挤占。第二，与农业市场份额的下降相联系，农民的收入也会减少。第三，农业市场份额下降必然导致农业生产的萎缩和农业部门就业容量的减少，这将加剧农业部门的过剩劳动力问题，也可能使一部分农民陷入难于生存的困境。

（二）现代化：应对挑战的出路

如何正确应对农业开放给中国农业带来的严峻挑战？最根本的措施，是加快农业的现代化建设，提高农业的现代化水平。这是因为，农业发展程度不同，国际化因素所带来的挑战和机遇的权重也不相同。对于传统农业来说，国际化带来的更多的将是挑战；而对于现代农业，国际化将给予其更大的发展机遇。

国际经验和理论分析均表明，现代化与国际化在本质上是一致的。这种一致性首先表现在，国际化是现代化的内在要求。（1）现代发展理论指出，向现代工业社会转变的现代化进程，从一开始就是一个世界性的发展现象。我们知道，现代化在近代史上是以资本主义化为开端的，而以资本主义化为内容的现代化，本身即是一个世界性的进程。具体表现在：第一，资本主义的形成是以资本原始积累为历史前提的，对落后国家和地区的殖民掠夺又构成资本原始积累的主要内容之一。第二，作为资本主义制度基础的商品货币关系，具有一种突破国界、扩展向国际的强大的内在驱动力。只有在国际市场上，商品货币关系才能得到充分展现。第三，近代大工业体系构成了资本主义的物质技术基础，而近代大工业体系又是构筑

---

① 岳琛主编：《中国农业经济史》，北京：中国人民大学出版社 1989 年版，第 319—320 页。

在"工业中心—原料外围"的国际分工格局之上的。第四，当资本主义发展到垄断阶段后，产生的大量过剩资本必须到世界各地去寻找新的投资场所。尽管现代化不完全等同于资本主义化，但现代化确实是以资本主义化为开端和主要内容展开的。因此，资本主义化的世界性，从一个侧面揭示了现代化的开放性。（2）世界各国的现代化过程，分为先行现代化与后进现代化两种类型。在后进现代化进程中，外源因素或国际影响往往因内源因素的不足而成为主要或主导的起飞动力。这种外源因素主要包括：先行现代化国家的示范性引力；先行现代化国家的"外围化"、"殖民地化"压力；先行现代化国家已有文明成果——资本、技术以及管理等——助力。对于后进现代化国家来说，国际化与现代化的一致性，同时表现为国际化是现代化首要推动力。

现代化与国际化的一致性，还表现在现代化同时是成功应对国际化的根本保证。国际化将世界农产品市场整合为一个统一的大市场，各国农业将在同一市场上展开竞争。竞争力的强弱，直接决定各国农业在国际化中的收益状况。决定一个国家农业国际竞争力大小的根本因素，是由技术、结构和制度等方面先进性所构成的现代化程度。农业现代化程度越高，国际竞争力越强；相反，单纯由原始资源所支撑的农业，其国际竞争力就会较弱和不可持续。国际经验表明，农业现代化程度高的发达国家，其农业的国际化程度亦较高。从农产品净出口额来看，排名世界前列的国家，大多为已实现农业现代化的发达国家（见表21—3）。单从农产品出口额来看，1992年，美国农产品出口额为654.4亿美元，占世界农产品出口贸易总额5357.9亿美元的12.2%，其中，大豆约占50%，玉米约占70%，棉花占21%；占当年美国出口总额的12.9%；近十多年来，美国的谷物出口量占其生产总值的40%以上。该年，法国农产品出口410.7亿美元，占当年法国出口总额的17.4%，占世界农产品出口贸易额的8.3%。这一年，荷兰农产品出口376.4亿美元，占当年荷兰出口总额的27.9%，占世界农产品出口额的7.5%。[①] 因为国际化可以给现代化农业带来更大的

---

① 杨万江、徐星明：《农业现代化测评》，北京：社会科学文献出版社2001年版，第203页；唐正平、郑志海：《入世与农产品市场开放》，北京：中国对外经济贸易出版社2000年版，第133页。

利益空间，所以，拥有现代农业的发达国家往往成为农业国际化和经济全球化的倡导者和积极推动者。

表 21—3　　　　　　　世界农产品净出口额前 9 名国家　　　　（单位：亿美元）

位次	国家	1980 年	1990 年	1996 年
1	美国	254.1	181.2	283.6
2	荷兰	44.5	129.6	166.4
3	澳大利亚	82.5	100.3	133.0
4	法国	36.5	108.2	127.8
5	阿根廷	48.4	67.5	84.6
6	巴西	68.5	65.0	80.3
7	泰国	27.1	37.9	62.9
8	新西兰	28.6	52.1	59.9
9	丹麦	29.8	41.1	54.2

资料来源：联合国粮农组织贸易年鉴。

现代化与国际化之间的一致性，揭示出两个方面的基本道理：第一，国际化应被看作现代化的一个基本条件或基本组成部分，在当今世界，关起门来搞现代化建设，必然延缓农业的现代化进程。第二，只有加速农业现代化建设，才能积极应对农业国际化提出的种种挑战，化解农业国际化带来的各种消极影响，在国际化中获取收益。或者说，只有推进农业现代化建设，才能更多地看到农业国际化的积极意义和深远影响。

二　国际化与农业发展人口压力的缓解

制约中国农业现代化进程的突出障碍，是庞大的农业人口压力。农业国际化，可以在两个方面有利于中国农业发展面临的人口障碍的突破。

（一）国际化强化了农业人口非农转移的要求

在农业国际化背景下，提高农业国际竞争力，成为农业发展的突出问题。从总体上说，农业国际竞争力是农业现代化水平的函数。而农业现代化，除了表现为技术、结构、制度层面的重要变迁外，作为前述诸方面变迁的结果性指标——生产率将获得明显提高。换言之，农业现代化水平的提高，是与土地生产率和农业劳动生产率的提高同步的。与土地生产率提高相比，农业劳动生产率水平的提高对于农业现代化更具决定性意义。世界各国农业发展的历史经验表明，在农业现代化水平提高的过程中，劳动生产率一般比土地生产率有着更快的增长率（见表21—4）。从1970—1991年的20多年中，不仅美国、加拿大、日本等发达国家的农业劳动生产率的增长率超过其土地生产率，其他一些工业化国家和发展中国家也存在着类似的情况。

表21—4　　　　　　部分国家的土地生产率与农业劳动生产率

（按1979—1981年国际美元计算）

国　　家	土地生产率			农业劳动生产率		
	1970年	1991年	增长率（%）	1970年	1991年	增长率（%）
日　　本	1606	1711	1.07	1390	4547	3.27
韩　　国	1120	2011	1.79	545	1391	2.55
泰　　国	391	515	1.32	461	729	1.58
以色列	1208	1411	1.17	8009	16679	2.08
南　　非	208	317	1.52	1913	4334	2.26
苏　　联	231	220	0.95	3237	6152	1.90
匈牙利	423	742	1.75	3269	12605	3.86
法　　国	653	892	1.37	9065	26331	2.90
荷　　兰	1938	2468	1.27	18847	44339	2.35
丹　　麦	404	756	1.87	14226	42147	2.96
意大利	821	1106	1.35	4811	14001	2.91
美　　国	265	410	1.55	27754	51561	1.86
加拿大	131	247	1.89	17119	42830	2.50
阿根廷	246	399	1.62	9959	16740	1.68
智　　利	250	394	1.58	2850	5461	1.92
澳大利亚	87	128	1.47	28690	43032	1.50

　　资料来源：根据牛若峰主编《中国发展报告：农业与发展》表14—30中的有关数据列出，杭州：浙江人民出版社2000年版，第225—226页。

如果说，农业国际化与农业国际竞争力之间存在着内在联系，农业竞争力提高又与农业劳动生产率进步之间不可分割，那么，农业国际化与农业人口的非农转移之间也就必然存在着某种关联性。因为，农业劳动生产率的提高，意味着资本、技术对劳动的替代。替代劳动技术的应用，必然强化农业部门已经十分突出的人口压力，因而会在更大程度上提出农业人口非农转移的要求。

（二）国际化为人口城市化创造出有利条件

农业国际化不仅提出了加快农业人口非农转移速度的要求，而且为农业人口的城市化创造出有利条件。

根据费景汉—拉尼斯模型，在封闭经济条件下，城市非农产业部门的扩张，取决于在不引发粮食危机的条件下，农业部门所能提供的农业剩余的多少。或者说，农产品剩余量是非农产业和城市部门发展速度和发展水平的最终决定因素。道理在于，城市非农产业部门的发展，既需要农业剩余劳动力向城市转移，也需要相应的剩余农产品作为城市化人口的食品保障；而且，农业剩余的多少，还通过影响着粮食价格水平而间接影响着城市部门的工资水平，工资水平的变动又会与成本相关，进而对城市部门的发展产生影响。农业的开放与国际化，使国外农业部门介入本国的城市化进程，国际农产品市场成为本国城市化发展所需粮食保障的支撑条件之一。这在一定程度上，减轻了城市化发展对国内农业部门剩余农产品的单纯依赖。换句话说，农业国际化可以打破封闭经济条件下城市化进程由国内农产品剩余量决定的费景汉—拉尼斯条件。

中国是一个拥有近 13 亿人口的大国，粮食安全始终是政府不敢掉以轻心的重大问题。而且，长期以来，一直奉行自给自足的粮食安全政策。用世界 7% 的耕地养活了世界 22% 的人口，是我们引以为豪的伟大成就。但是，这种自给自足的粮食目标追求，使中国农业乃至国民经济发展付出了巨大代价。首先，在较低物质技术装备的情况下，这一目标的实现，必然将大量劳动力束缚在有限的土地上。这在一方面造成农业劳动生产率水平和农民收入水平的低下，甚至使部分农民不得不依靠少量贫瘠土地勉强支撑生活；另一方面，社会劳动力资源的配置效率也由于不能向高边际生产率的城市工业部门和服务部门转移而较低。从而制约了国民经济的发展速度。其次，中国的人均土地占有率、水资源占有率以及其他重要自然资源的占有率均远低于世界平均水平；而且，长期以来，在人口压力下，自然资源和生态环境已遭到严重破坏。试图以如此低的人均资源条件达到现代化的生活水平，即使不是可望而不可即，也必然在更大程度上透支后代资源。正如约翰·梅勒（1988）所指出的，"一个低收入国家不接受或不能接受外国援助和外国商业投资的范围越大，它充分地利用本国资源的程度也越高"。[①] 农业的国际化，不仅有利于减轻国内农业资源的利用压力和改善配置效率，而且也可以在更为有利的条件下，实现国内的粮食安全。第一，资源效率的改善，必然带来收入的增长和国力的增强。一个富足、发达、强盛的开放性国家，解决粮食安全问题的能力，不会低于一个相对贫弱的封闭国家。第二，国际化意味着全球市场的整体性开放，个别或少数国家不可能完全垄断世界农产品市场。敌对国家的粮食制裁不足以构成国内的粮食安全问题。何况，随着经济加速增长和国家整体实力的提高，抗拒少数国家垄断世界粮食市场的能力也在增强。农业国际化背景下，粮食安全压力的缓解，有利于改进农业劳动力非农转移的政策环境。

近代以来，中国城市化发展的曲折历史，从经验层面揭示出城市化发展与经济开放程度之间的正向相关性。1840年开始，中国加入最早一轮的全球化进程。由于农产品可由国外进口，城市化进程不再取决于中国本身的粮食剩余，因而城市化一度得以快速发展，出现了以上海、天津、大连、青岛和香港为代表的一批新兴沿海城市。1949年以后，近30年的封闭政策，使中国的城市化发展速度大为减缓。在这个时期，中国的工业化与城市化是不同步的。工业化的快速发展对国内农业剩余提出了较高需求，在土地资源稀缺条件下，农业劳动力的密集投入，成为获得工业化所需农业剩余的保证。因而，农业人口的城市化，被封闭经济环境中的特殊发展政策所遏止。20世纪70年代以来，中国逐步开放了国内经济，同时放松了对人口流动的管制。结果，大约有1亿农村人口离开土地，进入乡镇企业工作；另有约1亿人口成为流动人口，到城市和沿海地区寻找

---

① ［美］约翰·梅勒：《农业经济发展学》，北京：农村读物出版社1988年版，第81页。

工作。①

三　国际化对农业现代化进程的影响

（一）国际化因素在农业现代化进程中的地位

一个国家经济现代化的进程，归根结底，取决于经济机体中现代化因素的成长速度。当现代化因素的积累率较高，并最终取代传统因素成为影响国民经济发展的主导力量时，经济的现代化改造就基本完成。中国农业的现代化也不例外。只有当技术进步、制度创新、结构优化等方面出现快速变化，中国农业的现代化才会加速。

农业经济中现代化因素的成长，为两种进程所影响。其一是本国经济的发展进程，即本国的工业化和市场化发展状况。一般而言，工业化和城市化水平越高，农业中现代化因素的成长就越快；反之则反是。其二是国外经济部门对本国经济的参与程度，即本国经济的开放性和国际化状况。对于资源紧缺、经济落后的许多发展中国家来说，在适当政策的引导下，经济开放往往可以大大加速本国农业中现代化因素的积累和成长。不同的国家，内源性力量和外源性力量对现代农业因素成长所产生的影响是不同的。一些国家，其农业现代化进程，主要是由国内的工业化和市场化发展所推动的；而另一些国家，国际化力量则对现代农业因素的成长起着更大作用。

中国是一个发展中国家。过去20多年的对外经济开放，使中国经济获得了以远高于世界经济平均增长水平的速度快速增长。完全可以肯定，农业的进一步开放乃至走向国际化，必将加快中国农业的现代化进程。但是，中国又是一个拥有世界1/5人口的大国，农业的现代化完全依赖于国际化因素是不现实的。毫无疑问，本国的工业化和市场化是比国际化更为重要更为根本的决定农业现代化的力量。农业国际化对农业现代化的影响，是建立在国内工业化、市场化进程基础上，并与之相结合而产生作用的。

---

① 参见文贯中等主编《WTO与中国：走经济全球化发展之路》，北京：中国人民大学出版社 2001 年版，第 163—164 页。

（二） 国际化互补效应与现代农业因素成长

各国农业资源的禀赋是不同的。有的国家土地资源丰裕而劳动力资源短缺；有的国家则相反，劳动力资源丰富而土地资源紧张。不同农产品的生产，所需的资源比例（技术系数）不同。这样，农业资源禀赋特点不同的国家，在不同农产品的生产上就各具比较优势。大量非熟练劳动力的存在和土地资源的相对匮乏，是中国农业的一项基本国情；而且在一个可以预见的相当长的时期内，这种状况不会有根本性改变。这就决定了中国在劳动密集型产品而非土地密集产品的生产上具有相对优势。农业的国际化，使各国在世界范围内进行农业资源的优化配置成为可能。这种优化配置，不仅能够改善全球农业资源的配置效率，而且可以使各国农业的生产效率提高。李善同、王直等人（2000）的一项研究表明，中国加入世界贸易组织，将会使中国获得很大的效率收益。他们的模拟研究结果显示，如果中国从 1998 年开始加入世界贸易组织，并从是年开始逐步实现各项加入 WTO 的承诺直到 2005 年全部完成，到 2005 年，中国的实际 GDP 和社会福利收入将分别提高 1955 亿和 1595 亿元人民币（1995 年价格）。占当年 GDP 的 1.5% 和 1.2%。1998—2010 年间的年均 GDP 增长率，将比不加入 WTO 情景时提高近 1 个百分点。[①] 这可以从一个侧面证明农业国际化的效率收益。效率提高是收入增长的基础，而收入增长又可以提高农业资本的积累率，进而实现现代农业要素投入的增长。

静态上，农业国际化可以提高参与国农业资源的配置效率；在动态上，农业国际化又能够改变参与国的农业资源结构，主要是通过资本、技术的引进实现现代农业要素的增长和对传统农业要素进行改造。中国是一个资本、技术等现代农业要素稀缺的国家。20 世纪 70 年代末以来，中国农业的对外开放从无到有、由少到多不断发展，同世界上 140 多个国家和主要国际粮农机构建立了长期稳定的合作关系。农业利用外资迅速增加，截至 1998 年年底，全国农业利用外资项目 9392 个，协议外资金额 180.18 亿美元；在科技成果及品种资源引进、科技合作研究、人才交流培训等方面成效明显，引进了动植物种质资源 10 万多份，引进效益在 10 亿元以上

---

① 李善同、王直等：《WTO：中国与世界》，北京：中国发展出版社 2000 年版，第 3 页。

的技术成果数十项，其中地膜覆盖栽培技术已在近百种作物上应用，水稻旱育稀植技术已在十多个省推广，应用面积2亿多亩，推动了中国水稻生产水平的提高。农业开放带来的资本增加和技术进步，有力地推动了中国农业的现代化转变。但是，总体上中国农业的对外开放程度还很低，农业外资和技术引进方面还存在着许多不足。仅就外资引进来说，第一，农业外资利用的总体水平不高、规模不大。1981—1995年，全国农业吸收外商直接投资协议金额，仅占全国外商投资协议金额的1.4%；外商投资项目规模大多在50万美元以下，大大低于外商投资项目的平均规模。第二，农业外资以来源于国际金融机构和各国政府的低息、优惠贷款和赠款为主，商业贷款微乎其微。第三，外商直接投资主要集中在沿海发达地区，1980—1995年，广东、福建和山东三省农业外商直接投资协议额就达40多亿美元，占全国总数的70%以上。第四，农业外资项目的科技含量较低，一般以农产品初级加工为主，高科技含量、高新技术、精深加工项目甚少。① 随着中国农业的入世，农业的对外开放程度将进一步加大，农业的国际化进程也将启动，国际农业资本和技术的引进也将会随之出现前所未有的新局面。这是因为，从国内方面来看，受国际化进程影响，农业组织的市场化、企业化程度将提高，企业化的农业组织受利益的驱动，对收益率较高的资本、技术等现代农业要素将产生较大需求；国际化也将使政府的职能不得不做出适应性调整，从而优化农业外资进入的政策环境。从国际方面或外商角度来看，中国是一个巨大的农产品市场，国际化将大大提高中国这个市场的潜在收益率；同时，农业的国际化，降低了中国政府农业政策多变的风险，使国际资本投资可以获得比较稳定的预期收益。这些无疑会诱使国外现代农业要素在更大程度上进入。

根据钱纳里的结构转变理论，经济结构是决定一国经济发展水平和现代化程度的重要因素。在农业发展的现阶段，落后的农业结构已成为制约中国农业发展的一个十分突出的问题。农业国际化，可以大大拓展中国农业结构调整的资源利用空间，有利于中国农业结构的顺利调整。这种有利性至少可以从两个方面来观察：（1）在农业资源非流动条件下，农业国

---

① 唐正平、郑志海：《入世与农产品市场开放》，北京：中国对外经济贸易出版社2000年版，第111—112页。

际化有利于改善中国农产品贸易环境，有利于根据国际农产品市场需求变化和中国农产品生产比较优势开展农产品贸易。具体来说，有利于中国扩大土地集约的农作物产品及其初加工产品的进口，同时将释放出来的资源用于劳动集约农产品的生产和加工，并扩大这些产品的出口。这无疑使中国农业产业结构发生转换和实现优化。（2）在农业资源流动条件下，农业国际化将使中国传统农业资源结构发生改变。在经济发展过程中，不同生产要素的变化趋势存在着明显的差异。农业用地一般较为稳定，而物质资本和人力资本的积累则较快。农业国际化而产生的农业要素的国际流动，将加速农业生产要素的上述变化趋势。对于中国农业来说，国际化过程也将意味着资本、技术等现代农业要素的快速增长。实际经验显示，在高速发展的经济中，产业结构趋向于扩大那些集约利用积累最迅速的要素的行业演变。由于现代农业要素在国际化过程中的迅速积累，中国农业产业结构的演变趋势将是，密集使用现代要素的行业和产品将不断提高其比重，而依赖土地的行业和产品将出现相对萎缩。

（三）国际化竞争效应与现代农业因素成长

通过与其他国家农产品的互补性贸易以及发达国家农业资本、技术的互补性注入，提高中国农业资源利用的技术效率和加快现代农业要素投入的增长，仅仅是农业国际化有利性影响的一个方面。农业国际化同时在很大程度上拆除或减少了政府保护农业的制度性屏障，使中国农业与其他国家特别是发达国家农业在同一市场上展开竞争。互补性原则是与国际分工和专业化协作相联系而存在的，它毕竟给具有比较优势的农业体留下各自生存的稳定空间；而竞争原则下则没有僻静的港湾，其后果是选择淘汰和适者生存。就是说，与互补性效应相比，农业国际化的竞争性效应更为明显。它将对中国现代农业因素的生成与成长产生更大的影响。

国际农业竞争，首先是农产品的质量竞争。在国际化条件下，农产品质量有国际通行的技术标准来标识。因此，农业国际化与农业标准化是同步发展的。从国际经验来看，农业开放程度较高且农业发达的国家或地区，都非常重视农业标准化建设。美国、日本、以色列、澳大利亚以及欧洲等国的现代化农业，都是建立在高度标准化基础之上的。它们的农产品，从产前的生产资料供应、生态环境治理，到产中的每一个生产环节，直至产后的分级、加工、包装、储运、质量检测等环节，都有一整套严格的标准规范。这些国家或地区的农产品，特别是进入国际市场的农产品，其质量标准稳定、可靠，因而获得了较大的国际市场份额和极高的经济效益。中国的农业标准化工作，虽然自20世纪60年代初就开始起步，但由于一直为解决温饱问题而主要追求农产品数量，加之长期游离于世界贸易组织以外，致使这项工作处于缓慢发展甚至停滞不前的状态。当前，中国农业标准化建设滞后的突出表现是，农产品生产中，超量使用化肥、农药、激素和生长调节剂，从而带来农产品食用安全隐患和农业生态环境恶化。在加入世界贸易组织之后，这种低质量农业不仅缺乏竞争力而难以拓展国际市场，甚至可能逐渐丧失国内市场。这说明，在农业国际化环境下，农业标准化建设已成为我国农业生存和发展的重要保证。没有农业的标准化，就没有较强的农业国际竞争力，就不会有不断拓展的国际农产品市场份额，也就不会有农业的国际化。农业标准化建设，是依靠农业技术进步来推动的。农业国际化条件下农业标准化水平的不断提高，与农业部门的技术进步是同义的。

农业国际化，在事实上加剧了各国之间业已存在的争夺世界农产品市场的竞争。在决定不同国家或地区农业竞争力强弱的诸多因素中，农产品是否适销对路，是否能够适应国际农产品市场需求变化，是一个重要的方面。也就是说，在国际化背景下，农业经济结构因素对一个国家或地区农业国际竞争力的决定性作用将日益凸显出来。谁的结构合理、高级，谁就具有较强的竞争力；否则，在国际竞争中就处于劣势。适应国际竞争力提高的农业结构演变的一个基本趋势是，低附加值的初级农产品比重下降，而高附加值的加工农产品比重提升。长期以来，偏重初级农产品的生产特别是粮食作物的种植，使中国农业结构相当落后。从农产品加工业对农业产值的比例来看，在发达国家，目前前者一般为后者的3—4倍，而中国1997年前者仅为后者的78.7%，差距相当明显。中国农产品加工业不仅总体发展水平不高，而且加工层次低，加工增值幅度小。目前发达国家农产品加工增值部分一般为原值的5—7倍，中国只有2—3倍，某些农产品的加工增值幅度还更低。这种落后的农业结构，既没有发挥中国农业资源的比较优势，也与农产品的市场需求特别是国际化条件下的市场需求越来越不相适应，还严重制约着中国农业的国际竞争力。将中国农业推向国际化，一方面，农业结构的调整会显现出更大的紧迫性；另一方面，由于市场和资源空间的扩大，农业结构可以在更宽松的环境下实现调整。从山东省潍坊市的经验来看，农业国际化战略的推行，不仅使龙头企业带动下的农产品加工业迅速发展，而且加快了农业劳动力的非农转移。目前，潍坊市有近半数的农村劳动力转移到非农产业，有近 70 万人成为龙头企业的职工。[①]

农业国际化带来的巨大国际竞争压力，会成为加速中国现代农业制度确立的影响因子。第一，农业国际竞争是市场化农业间的竞争，参与国际化有利于深化中国农业的市场化改革，并最终建立起完善的市场农业体制。农业国际化在目前的具体内容就是农业加入世界贸易组织，而世界贸易组织是以市场经济为基础的，或者说，世界贸易组织是市场经济国家和地区的政府间组织。它要求国际贸易应遵循国际经济规律形成统一的国际大市场，按公平、公正、公开的原则，进行无扭曲的竞争，克服贸易保护主义和促进贸易自由化，其终极目标是在世界范围内实现资源的统一的市场化配置。世贸组织对其成员起约束作用的是它那一整套按市场经济规则所制定的法律和法规。对加入世界贸易组织的各成员国来说，最重要的一点就是要认同这一整套法律体系。第二，市场效率是决定农业竞争力的一个重要方面，而在施蒂格勒看来，判断一个市场运行是否有效，其标准是看它能否使所有的买主和卖主尽快地相遇，即市场效率与市场中介组织的发展状况密切相关。[②] 农业国际化有利于加速中国农业市场中介组织的发育和成长，提高农业市场的运行效率。当前，中国农业市场化改革过程中的一个突出问题，是"小农户和大市场"的矛盾：由分散的独立生产者所生产的大宗农产品要汇集到城市中或国外市场中去，分销给众多消费者，需要一套有组织的完善的销售网络体系。但农户家庭作为农业生产经营的基本单元并不能支撑起日益放大的农副产品市场化的发展，即单个农户和市场之间缺乏有效的连接机制。农业国际化将会进一步加剧上述矛

---

① 曹学成主编：《潍坊农业：从产业化到国际化》，北京：红旗出版社 2001 年版，第 361 页。

② 参见［美］施蒂格勒《产业组织与政府管制》，上海：上海人民出版社、上海三联书店 1996 年版。

盾。因为，国际化将逐步减少中国农业现存的下层初级市场交易，而大幅度提升上层高级市场交易的比重。上层交易的特点是突破时间和空间的限制，使生产者和消费者联系距离大大扩展而互不见面。这说明，农业国际化会对农业市场中间组织的创新产生出更加强烈的需求和提出更高的要求。必须强调指出，农业市场中介组织创新的根本动力，是农业自身的市场化发展，国际化是作为外部条件而起作用的。第三，农业国际化也会对中国农业生产组织的创新提出要求。市场化农业的一个重要组织载体，是企业化的农业生产组织。我国目前的小农户，由于生产的高成本很难成为具有较强国际竞争力的有效组织。当农业纳入国际化运行轨道之后，我国农业的企业化改造必将更加迫切地提上日程。

四　国际化背景下农业现代化战略的调整

中国的农业现代化建设正处在攻坚阶段。如何尽快地提高中国农业的现代化水平，是一个尚在探索的重大课题。在农业入世的条件下，农业现代化建设的外部环境发生了重大改变，这必然会影响到封闭经济条件下农业现代化的战略选择。也就是说，农业国际化为农业现代化的战略构建提出了新的要求和新的内容。

（一）　农业现代化与农业国际化的互动发展战略

如果说，农业国际化与农业现代化之间存在着正向关联，那么，借助农业国际化来推动农业现代化，就不仅是一个合理的逻辑结论，也应成为一种可行的现实选择。对于既迫切需要提高现代化水平又存在着国内资源强烈约束的中国农业来说，这一结论，无疑具有十分重要的意义。它为提升中国农业现代化的发展速度，找到了一种新的助推器。

从农业国际化与农业现代化正相关关系出发，我们就应当重新审视农业入世给中国农业带来的影响。加入世界贸易组织对中国农业的影响，是当前农业经济理论界和实际部门探讨的一个热点问题。但这种讨论大多是一种短期分析，即从眼前利弊得失的层面来作出的分析，如入世对国内农业市场份额、农民收入、农业就业等方面的可能影响；而较少从长期的角度即农业国际化对农业现代化影响的角度来着眼。从短期和长期两个不同的角度，得出的结论是有区别的。在短期，由于中国农业与发达国家现代农业之间存在着明显差距，开放必然给中国农业带来较多冲击、挑战，因而必然较多地看到农业入世带来的消极影响；从长期看，农业国际化的过程，同时是现代农业因素不断积累和加速发展的过程，它最终是促进了而不是制约了中国农业的发展，农业入世的积极影响才是占主导地位的方面。建立在长期分析基础上的农业国际化与农业现代化正向关联的逻辑结论，不仅为中国农业现代化建设拓展出更大的资源空间和市场空间，也有助于我们在更深层次上认识农业入世的积极意义。

农业国际化与农业现代化间的正向关联，也有助于我们明确中国农业国际化的主攻方向。入世后，国际化成为农业发展的基本趋势。面对国际化的必然选择，中国农业应如何应对？如何在国际化过程中把握农业发展的基本目标和主攻方向？中国经济发展战略目标明确规定，到21世纪50年，基本实现农业的现代化。就是说，现代化目标的实现，是中国农业在当前和今后一个相当长时期内应完成的基本任务。国际化仅仅表明了农业完成现代化改造的外部环境发生了变化，并非是要转换中国农业发展的基本方向。相反，农业国际化还可以成为加速农业现代化的积极因素。这就告诉我们，农业国际化与农业现代化之间，是手段和目的的关系。手段是为目的服务的，在推进农业国际化的过程中，应始终把握住提高农业现代化水平这个主攻方向。具体来说，第一，应借助农业的国际化加速中国农业技术进步。通过资本、技术的引进改变我国传统农业的资源结构，实现现代农业要素对传统农业要素的较大程度的替代；在外源技术引进和国际竞争压力的共同作用下，提高中国农业自身的技术创新能力，进而改变我国农业资源的技术含量。第二，应借助农业国际化调整和优化中国的农业产业结构。在自给自足的生存农业结构的基础上，不可能建立起现代化农业。农业国际化，使粮食供求平衡的着眼点从国内拓展到国外，农业结构的转换在一定程度上摆脱了生存原则的约束；同时，农业国际化还为农业结构转变提供了巨大的市场需求拉力和资源供给推力，从而为农业结构调整创造出有利条件。第三，应通过农业国际化加快中国农业制度变迁。在国际化过程中，不断完善农产品市场和农业要素市场，逐渐建立起规范有效的农业市场秩序，提高农业的市场化程度；加快农业生产组织的企业化、规模化转变，大力培育市场中介组织，推动农业组织的现代化转变；

转变政府职能，提高政府支持农业和服务农业的政策水平。

摘其要而言之，我们应当把农业现代化与农业国际化作为一个统一的进程来看待，通过积极参与农业的国际化，提升农业的现代化水平；通过农业现代化水平的提高，应对农业国际化提出的挑战。

（二）提高国际竞争力是农业现代化建设的重要目标

农业国际化不仅为加速农业现代化提供了契机，同时赋予了农业现代化新的内容。在农业国际化背景下，农业现代化建设就不仅是在技术、结构、制度等方面不断创新和向新的台阶迈进，而且也需要始终把提高本国农业国际竞争力作为一项重要内容。就是说，在国际化条件下，较强的国际竞争力与现代化农业是相统一存在的。

国际竞争力源何而来？早在18世纪、19世纪，亚当·斯密、李嘉图等古典经济学家就以劳动投入和劳动生产率为基础，构造了成本优势的国际比较理论。在他们看来，国际贸易的基础是国际分工和专业化，而国际分工只不过是国内分工在时间和空间上的自然延伸。因此，在国内市场上劳动力成本低、劳动生产率高、有价格优势的产业，在国际市场上也是有实际或潜在竞争力的产业。自19世纪末进入工业经济迅速发展的时代以来，以赫克歇尔、俄林等为代表的新古典经济学家，进一步探讨了各国成本优势的来源。他们认为，一国之所以在某类商品方面拥有比较优势，乃是因为生产该商品所需的主要要素（资本或劳动）在该国更为丰富一些。因此，各国国际竞争力的产业重心，应该放在最密集使用该国最丰裕的生产要素的那些部门。这使得先验的、前定的自然资源状况在国际竞争中扮演了重要角色。

进入20世纪末以来，国际市场竞争发生了显著变化。人们日益清楚地认识到，在经济增长中，劳动、资本、自然资源等要素在生产过程中都服从收益递减规律；在长期，它们不可能充当经济增长与国际竞争的源泉或基础。相反，人力资本积累和内生技术创新则不仅自身具有收益递增趋势，而且它们还能抵消其他要素的收益递减甚至在抵消后还能产生剩余，以保证一个企业、一个产业在长期内呈现出收益递增的发展势头。在这种背景下，一国的国际竞争力越来越取决于它能否不断地对人本身进行投资，促进人的知识化；能否不断地对研究与开发活动、对技术积累和无形资产进行投资，促进生产的知识化；以及能否不断地对高科技产业进行投资，提高传统产业的高科技含量，促进经济的知识化。一句话，知识的积累及其在人、技术和制度上的凝结与体现，成了一国国际竞争力强弱的根本源泉。[1] 国际竞争力源泉的历史演变，无疑为我国农业在现代化过程中应对国际化挑战指出了方向。

参考文献

曹学成主编：《潍坊农业：从产业化到国际化》，北京：红旗出版社 2001 年版。

［美］约翰·梅勒：《农业经济发展学》，北京：农村读物出版社 1988 年版。

李善同、王直等：《WTO：中国与世界》，北京：中国发展出版社 2000 年版。

［美］施蒂格勒：《产业组织与政府管制》，上海：上海人民出版社、上海三联书店 1996 年版。

谭崇台主编：《发展经济学的新发展》，武汉：武汉大学出版社 1999 年版。

唐正平、郑志海：《入世与农产品市场开放》，北京：中国对外经济贸易出版社 2000 年版。

文贯中等主编：《WTO 与中国：走经济全球化发展之路》，北京：中国人民大学出版社 2001 年版。

杨万江、徐星明：《农业现代化测评》，北京：社会科学文献出版社 2001 年版。

岳琛主编：《中国农业经济史》，北京：中国人民大学出版社 1989 年版。

中华人民共和国农业部：《1999 年中国农业统计资料》，北京：中国农业出版社 2000 年版。

---

[1]　参见谭崇台主编《发展经济学的新发展》，武汉：武汉大学出版社 1999 年版，第 596—597 页。

第二十二章

城市化协同与农业发展[*]

一 城市化：经济发展不可逾越的过程

（一） 城市化战略的理论回顾

刘易斯的二元经济发展模型包含着十分鲜明的城市化含义：第一，该模型中，"城市化几乎成了工业化的同义语"。[①] 第二，认为传统经济"大海"中浮现的城市现代经济"小岛"是经济发展的起点。第三，"发展不可能在经济的每一部分同时开始"，[②] 只能在城市工业部门优先增长的基础上进行，经济发展是城市现代工业部门不断扩张的过程。第四，"经济发展的中心事实是迅速的资本积累"，[③] 而资本积累的主要来源是城市工业利润。"如果我们发现按国民收入的比例来说，储蓄增加了，那么，我们就可以理所当然地认为，这是因为在国民收入中利润的份额增加了。"[④] 第五，新就业机会是由城市工业部门的不断扩大创造出来的。"在两种不同经济中就业的相对人口的比例，取决于高工资经济中能提供就业机会的资本数量，也取决于高工资经济中的工资水平。"[⑤] 第六，剩余劳动力由边

---

* 本章在《城市化与中国农业的现代化》（《经济问题》2003 年第 11 期）和《城市化战略的理论回顾与现实思考》（《湖北社会科学》2004 年第 6 期）两篇文章的基础上整理扩充而成。保留了原文观点，原文数据也未作更新。

① ［美］M. P. 托达罗：《第三世界的经济发展》，北京：中国人民大学出版社 1988 年版，第 351 页。

② ［美］阿瑟·刘易斯：《二元经济论》，北京：北京经济学院出版社 1989 年版，第 130 页。

③ 同上书，第 15 页。

④ 同上书，第 17 页。

⑤ 同上书，第 75 页。

际生产力低的农村向边际生产力高的城市转移，必然推动经济增长，城市化带来的人力资源在城市和农村间的重新配置，是实现经济发展的基本途径。第七，经济发展的完成，是城市现代经济部门的扩张促成农业的工业化，即在资本装备、技术水平和组织制度等方面实现农业与工业的趋同。

刘易斯模型是对发达国家曾经经历过的发展道路的理论概括，具有一定的历史经验基础。但它受到来自发展中国家的挑战：刘易斯模型关于城市不存在失业，农村剩余劳动力被吸纳完毕前城市部门实际工资保持不变，农村零值边际生产力的剩余劳动，以及城市工业的就业创造率与其资本积累率成正比等种种假定，不符合发展中国家的实际情况。也不能对发展中国家城市失业与农村人口流入城市同步增长现象作出合理解释。这一模型在发展初期大多造成对农业的过度损害。

托达罗（1988）从发展中国家城乡普遍存在失业的前提出发，提出了他的经济发展模型。托达罗模型的政策含义与刘易斯模型相反：第一，城市就业机会的创造无助于解决城市的失业问题。如果听任城市工资增长率一直快于农村平均收入的增长率，尽管城市失业情况不断加剧，由农村流入城市的劳动力仍将源源不断。城市就业机会越多，诱导了人们对收入趋涨的预期，从而造成城市失业水平越高。第二，改变政府干预城市工资水平形成的政策。政府干预城市工资水平特别是制定最低工资线，并对城市失业人口给予最低生活补贴，会导致要素价格的扭曲，带来更多农村劳动力进入城市，使城市失业率更高。第三，调整教育投资结构。农村人口的教育学历越高，其向城市转移的预期收入越高，不加区别地发展教育事业，会加剧劳动力的迁移和城市失业。因而"应当减少发展教育事业方面的过度投资，特别是在高等教育方面更应如此"。[①] 第四，重视农村与农业发展，缩小城乡经济机会的不均等，扩大农村中的就业机会。超出城市就业机会供给的农村劳动力的迁移，既是发展中国家不发达的标志之一，又是加剧不发达的因素。并且，"由于现代工业部门的大多数职位需要大量的补充资源的投入，使得城市职位的创造远比农村职位创造困难，

---

① ［美］M. P. 托达罗：《第三世界的经济发展》，北京：中国人民大学出版社 1988 年版，第 356 页。

代价也更为昂贵"。①"要解决城市失业问题，最重要的是农村和农业的发展，……恢复城市和乡村在实际收入方面的适当平衡。"②

与刘易斯重点分析农村失业问题相反，托达罗将分析的重点放在城市失业问题的解决方面；与刘易斯将经济发展的重点放在城市工业部门相反，托达罗特别强调农业部门和农村发展的重要性。如果说，前者是一个城市化战略模型，那么，后一模型则包含着抑制城市化的倾向。

在抑制城市化的条件下，农业剩余劳动力的出路只有两条：（1）盲目流入城市。由于现有城市工业部门不可能提供充分的就业机会，流入城市的农业劳动者会因找不到工作而沦为棚户和贫民窟的居住者。他们只能从事一些可能的个体劳动，成为个体手工业者、小商小贩、搬运工、擦皮鞋者以及保姆等。在这些行业中，人们一般在较为困难的物质条件下从事长时间的劳动，收入微薄又不稳定。这样，城市部门被分为两个次级部门：一个是有组织的、主要是工业的正式部门，另一个是无组织的非正式部门。（2）由于剩余劳动力不可能被现有城市部门完全吸收，相当一部分愿意进入但无法进入城市的农民只能继续留在农村。这将导致农村部门也向两个次级部门演化：一个是受城市现代经济影响而形成的有组织的正式部门，它包括商业化农场、种植园等。它们采用现代化管理和先进的生产技术，雇用工资劳动者。另一个是以小农户为组织载体的继续保持原样的传统农业。在传统农业中，农民为家庭消费而生产，收入来源单一且微少。

毫无疑问，在托达罗模型给定的发展框架内，不可能找到农业过剩人口形成的发展困境的突破口。走出托达罗模型困境的可行选择，是降低农业人口比重，缓解农业发展面临的巨大人口压力。唯其如是，才能够摆脱由于劳动力比重过大而导致的农业部门资源配置的低效率均衡；才能够加速农业部门的技术创新特别是机械技术进步，有利于提高农业劳动生产率和增加农民收入；才有利于农业部门的企业化、规模化经营，确立起现代农业所要求的产权基础、组织形式和交易体系；才有利于打破二元经济社会结构的对立，实现产业结构的转换与升级，缩小乃至消除城乡之间的收

---

① ［美］M. P. 托达罗：《第三世界的经济发展》，北京：中国人民大学出版社 1988 年版，第 347 页。

② 同上书，第 358 页。

入差距；才能够有效地、持久地扩大国内市场需求，推动国民经济持续、稳定增长。

降低农业和农村人口比重的必然选择是加速城市化进程。如果说 20 世纪 60 年代以来，中国经济发展战略在很大程度上是托达罗模式的不自觉实践，那么，在 21 世纪，我们必须将刘易斯模型作为发展战略重点的自觉选择。事实上，无论是在理论界还是实际决策部门，已经充分认识到了加速城市化对于中国经济当前和今后发展的决定性意义。否定刘易斯模型的托达罗模型，面临着刘易斯模型的否定之否定。经济发展理论自身的成长，伴随着现实经济发展战略重点的转换，走出了一条螺旋式上升的道路。

（二）城市化进程的经验考察

一个国家走向现代化的必要条件是，从农业社会转向工业社会乃至后工业社会，其核心内容是农业之外的其他产业——工业、服务业有迅速发展。这是任何一个从传统社会转向现代社会的国家都必然要经历的过程。这个过程在一般情况下同时伴随着一个城市化现象，即乡村人口向城市人口转化，人类生产、生活方式由乡村型转向城市型。

钱纳里和赛尔昆在研究各个国家经济结构转变的趋势时，曾概括了经济发展水平与城市化关系的一般变动模式：随着经济发展水平或现代化水平的动态演进（用人均收入水平的上升来表示），城市化程度在相应提高（见表 22—1）。城市化与现代化之间的正相关关系，在中国经济发展的时间序列资料中也可以得到印证（见表 22—2）。在中国 20 世纪 60 年代和 70 年代，有一个城市化的逆向变动时期，这是由人为发展政策的失误造成的。城市化逆向变动时期正是我国经济严重停滞和困难的时期。

表 22—1　　　　　　　　收入水平和城市化水平的相关性

人均 GNP								
（1964 年美元）	100 以下	100	200	300	400	500	800	1000	1000 以上
城市化水平（％）	12.8	22	36.2	43.9	49.9	52.7	60.1	63.4	65.8

资料来源：［美］霍利斯·钱纳里、［以］莫伊思·赛尔昆：《发展的型式 1950—1970》，北京：经济科学出版社 1988 年版，第 32 页。

表 22—2　　　　　　中国经济发展过程中城市化率的变动趋势

年份	1952	1960	1970	1980	1990	2000
城市化率（%）	12.5	19.8	17.4	19.4	26.4	36.1

资料来源：《中国统计年鉴》（2000）；《2000 年第五次全国人口普查主要数据公报》。

表 22—3 表明，现代化水平（用收入水平表示）不同的国家，城市化水平也呈现出明显差异。1997 年，在低收入国家，城市化水平不足 30%，下中等收入国家为 42%，上中等收入国家为 74%，高收入国家则超过 76%。在我国经济发展水平存在明显差距的东、中、西地区，城市化水平也存在着较大的差距（见表 22—4）。另据资料，目前大致推算，京、津、沪和辽宁、吉林、黑龙江等省市，城市化率已超过或接近 50%，其中上海最高，达 70% 以上；云南、河南、广西等省区仅为 20% 多一点或不足 20%。[①]

表 22—3　　　　　　不同收入国家城市化率比较（1997 年）

不同收入水平国家	城市化率（%）
低收入国家	28
下中等收入国家	42
上中等收入国家	74
高收入国家	76

资料来源：转引自"工业化与城市化协调发展研究"课题组《工业化与城市化关系的经济学分析》，《中国社会科学》2002 年第 2 期。

表 22—4　　　　　　中国不同地区城市化水平比较

地区名称	人口密度（人/km²）（1997 年）	城市密度（座/万 km²）（1997 年）	城市非农人口比重（%）（1998 年）
东部	392.1	2.32	26.3
中部	150.4	0.82	18.2
西部	54.0	0.23	12.2
全国	130.0	0.70	20.1

资料来源：《中国城市统计年鉴》（1998 年）；《中国统计年鉴》（1999 年）。

---

① 牛凤瑞：《我国多元城镇化道路》，载饶会林、郭鸿懋主编《城市经济理论前沿课题研究》，大连：东北财经大学出版社 2001 年版，第 75 页。

（三） 城市化进程理论说明

现代化的一个重要标志是人均收入水平的提高，收入水平的变动离不开经济增长，而城市化是推动经济增长的重要源泉。从理论上讲，经济增长的源泉归根结底只有三个：常规投入的增长、技术进步和制度创新。相对来说，在现代经济中，后两个是更为重要的增长源泉。因为，常规投入取决于一个国家有限的资源禀赋，当某些投入不足时，常规投入就会出现边际收益递减现象。但技术进步和制度创新的潜力则是无穷的。技术进步可以推动生产可能性边界不断向外扩张，而制度创新则能够将生产点从生产可能性边界之内推向边界。城市化可以看作制度创新的一个部分。

城市化对经济增长的贡献作用源于两个方面：其一，资源的聚集效应。由于规模经济和外部经济方面的原因，通过将企业和人口向城市转移，用同样数量的常规投入和给定的技术水平，可以获得更多的产出，或以较低的成本取得相同的产出。城市化水平越高，就越能将更多的资源从农业中解放出来，使它们获得效率更高的就业机会。其二，技术的外溢效应。城市化使得人们能够更快、更及时地积累和更新他们的人力资本。城市化通过将不同才能、教育背景、种族、文化和语言背景的人们聚集到一起，为技术进步和外溢提供了最适宜的环境。而在卢卡斯、罗默等人看来，技术外溢恰恰是内生增长的源泉。事实证明，绝大多数技术进步是在城市地区取得的。[①]

钱纳里等人的经济结构转变理论，可以更为直接地揭示城市化与现代化之间的一致性。在钱纳里看来，从传统经济向现代经济的转变过程，亦即经济结构质的变化过程。结构变化最重要的特征，就是城市经济比重的大幅度提升。没有城市经济占主导地位的结构性变化，就不会有经济的现代化。

---

① 参见文贯中《经济全球化、中国的城市化和人口分布优化》，文贯中等主编《WTO 与中国：走经济全球化发展之路》，北京：中国人民大学出版社 2001 年版，第 164—166 页。

二　农业国际化效应对城市化的依赖

（一）国际化技术效应对城市化的依赖

在"经济全球化下的农业技术进步"一章里，我们分析了农业国际开放中内置的促进农业技术进步的机制：农业国际化能够极大地提高农业技术特别是新技术应用的有利性，从而激发农民对新技术的强烈需求；同时，从国内和国外两个方面扩大了农业技术的供给源泉，使内农业技术供给曲线显著地右移。与封闭农业相比，农业国际化可以导致国内农业技术的应用在更高水平上形成均衡点。但是，必须注意到，农业国际化决不是推动国内农业技术进步的唯一因素，也不是最主要因素。一国的农业技术进步，不能离开本国技术创新能力与技术吸纳能力的增长，而这些能力的提高又离不开本国非农产业高速度和高水平发展的支持。也就是说，工业化和城市化是本国农业技术进步更为重要和更为根本的决定因素。非但如此，对具有二元经济结构特征的发展中国家来说，农业国际化中蕴含的技术进步机制，是不能脱离城市化进程而单独发挥作用的。在一定程度上，是城市化的速率决定着农业国际化技术效应的大小。

农业国际化在提高农业技术有利性的同时，也对农民的知识与技能提出了更高的要求。没有较高的文化水平，不具备采用新技术所需的相关知识和能力，必然制约新技术的应用，也会影响农民对新技术有利性的把握。而农民对知识和技能需求的增长，必然对教育和其他相关产业提出更高的发展要求。具体来讲：（1）寻求和获得新技术需求的增长，会引发农民更为经常的流动与迁徙，这会对交通业和服务业提出更快发展的要求；（2）对于成年农民来讲，了解和掌握新技术，就需要对他们开展更为经常的短期培训；（3）更为重要的是，对农民子女正规教育的需求将会进一步增加。教育产业和便利于农民流动的服务产业，由于其对外部经济性的依赖，适合于建立在城市部门。国际化背景下农民对知识和技能需求的增长，必然要求城市部门相关产业的快速发展予以保障。

国际化条件下所激发出来的对农业新技术不断增长的需求，虽然可以通过国外技术引进来满足，但它不应成为最主要的途径，特别是对于一个发展中的大国的长期来说，因为这将导致本国经济被边缘化。这就是说，农业国际化所产生的农业技术需求，不能离开国内农业技术创新能力的大幅度提高作为基本的供给源泉。农业技术创新能力的提高，自然要求农业技术的科研、开发、推广等技术创新行业聚合更多资源和有较快发展。技术创新的规模经济特征，决定了其是适合于在城市中生长和发展的产业。这表明，农业国际化中内源技术供给能力的增长，对城市化水平存在着一定的依赖性。

农业国际化的技术进步效应，最终将导致农业技术的高水平均衡。而农业技术进步的结果之一，是农业生产率的改进，其中，最具革命性意义的是农业劳动生产率水平的提高。因为，农业劳动的单位产出向非农产业部门的趋近或大体平衡，是农业成为一个现代产业部门的主要标志。农业劳动生产率提高的基本前提，是农业劳动和农业人口大规模的非农转移。没有城市化进程的加速及其相应的城市就业岗位的创造，就不可能实现农业人口和农业劳动的有效转移，也就不可能明显地改善农业劳动生产率。

（二）国际化结构效应对城市化的依赖

在农业国际化的冲击下，农业投入结构将会加速转变。这是因为，一方面，农业国际化所包含的农业要素的国际流动，会改变一国的农业资源结构，进而改变不同农业要素投入的供给条件；另一方面，农业国际化带来的巨大的竞争压力，会产生出改变传统农业中低效率投入的强烈需求。农业投入结构转变的基本趋势是，高技术含量的现代农业要素投入的快速增长，低技术含量的传统农业要素不断地被替换出来。农业投入结构的这一转变，不能离开城市部门的快速扩张而孤立地实现。首先，现代农业要素虽然可以从国外获得，但其主要来源应是本国的城市工业部门。现代农业要素投入的增长，必然对城市相关产业部门的发展提出更高的要求。其次，被替代出来的传统农业要素主要是农业劳动，这些要素需要在非农产业寻求新的就业岗位，而这些岗位主要是由城市部门提供的。

在一定意义上，农业国际化是农业市场关系的国际化，它必将加速传统农业的商业化改造。就是说，在国际化进程中，农业产出中自给性部分的比重将趋于下降，而农产品的商品率将大大提高。农业国际化中产出结构的这一变化，要求有不断扩张的农产品市场与其相适应。农产品市场的扩大无非是两个方面：国际农产品市场的不断拓展与国内农产品市场的培育。在一国农业生产无明显比较优势的前提下，国内农产品市场的培育、挖掘，将成为农业产出商品率提高的重要依赖条件。国内农产品市场容量的扩张的根本途径，是城市化水平的大幅度提高。即当大量农业人口转变为城市人口时，农产品的自给性消费比重才会降低，商品性消费的比重才会由于有稳定的市场而明显提高。

无论从世界各国农业发展水平的横向来看，还是从不同国家农业发展过程的纵向考察，农业比重的大小与农业现代化水平的高低存在着明显的负向关联。即，对于不同的国家来说，农业比重高的国家，农业现代化水平则低；农业比重低的国家，农业现代化水平则高。对于同一个国家来说，农业比重大的时期，农业现代化水平则低；农业比重降低后，农业现代化水平则提高。这说明，农业的小部门化，是农业发展的一般规律。[①]在本书第十三章中，我们揭示了农业国际开放对农业小部门变化的积极影响。当今经济全球化和国际化浪潮的兴起，从某种意义上说，是经济结构在世界范围内的重新整合。农业国际化作为经济国际化的一个重要组成部分，无疑会成为一国经济结构转变的重要影响力量。从整体经济结构的层面来看，这种影响的表现之一就是农业的小部门化。如果说，农业国际化对农业的小部门化存在着直接或间接的影响，那么，这种影响作用的实现也不能离开城市化。没有城市化及其相应的非农产业的快速发展，就不会有国民收入中农业产出份额的相对减少；没有城市化创造出来的大量的非农就业岗位的存在，也不会有农业劳动力比重的相对和绝对下降。农业的小部门化与城市化是同义的。

（三）国际化制度效应对城市化的依赖

从一个侧面来看，农业国际化是存在制度差异的各国农业之间的相互开放。这一开放，主动或被动地将各种不同农业制度推向比较、竞争、渗透和整合的必然轨道。总体来看，国际化过程中，世界各国农业制度演进的基本趋势是，市场农业体制的国际一体化发展。无论是发达国家还是发展中国家，农业国际化，均意味着农业市场化、商业化程度的加深。对于市场化程度较低的农业经济体来说，农业国际化将会引起农业领域中制度

---

① 参见郭剑雄《农业比重与农业现代化负相关规律》，《当代经济科学》1997 年第 6 期。

方面的一系列变化。其主要变化之一，将是农业生产组织的企业化。农业生产组织在国际化过程中企业化转变的内在机理在于，企业是市场经济的核心组织，随着国际化而带来的农业市场化程度的提高，必然要求其微观组织作出适应性改变。农业生产组织企业化的主要内容包括：目标的利润化、投入的契约化、组织的规模化以及产出的商品化等。

农业生产组织的企业化转变在如下几个方面对城市化存在着依赖性：第一，农业生产组织的企业化离不开农业生产经营规模的扩大。企业化农业与自给自足农业的一个重要区别，是其生产目标已由维持生存需要的产量目标转向利润最大化目标。利润目标确立的一个必要前提，是对生存压力的超越。除拥有较高的生产力水平外，这种超越还必须有较大的生产经营规模作为条件，即农业生产者应当拥有较多的非劳动资源特别是土地资源。这就要求，原先拥有土地的一部分农民让出土地而转为他业，实现土地等非劳动资源向少数农业生产者集中。农业生产经营规模的这种调整，不能离开城市部门的扩张而孤立地进行；农业规模变动排挤出来的过剩劳动力，必须由不断扩张的城市部门为其提供新的就业岗位。否则，农业生产组织的企业化会由于社会就业压力的加大而难以实现。第二，农业生产组织的企业化离不开现代农业要素投入的增长。企业化农业是高生产率农业，而高生产率必须有高技术和高资本含量的现代要素的投入作为保障。高生产率的现代农业要素主要是可以再生的资源。这些资源如农业机械、化肥和农药等不可能由农业部门自己提供，而且，舒尔茨认为，贫穷国家农业增长所依赖的现代生产要素也主要不能通过进口获得，而必须立足于本国进行研究开发，即由本国城市工业部门或非农产业部门来提供。这表明，没有城市部门的相应发展，没有城市化对农业发展的支持，农业的企业化转变就会由于现代农业要素投入的不足而搁浅。第三，农业生产组织的企业化转变离不开城市农产品市场容量的扩张。农业的企业化必然会提高农业产出的商品率，商品率的提高就要求有能够消化日益增长的农产品供给的较为广阔的农产品市场的存在。一国的农产品市场，无非是国内市场和国际市场两个方面。国际市场的开拓是重要的，国内市场容量的扩展也同样是不可或缺的。在李斯特看来，国内市场比国际市场更为重要："一旦国内工业得到充分的发展，那些以土地为生的人们能够获得的市场远比他们在整个世界可以找到的市场大得多、有利得多。"① 国内农产品市场主要由城市非农人口对农产品的需求构成。没有城市化的推进，就不会有大量农业人口的非农转移，也就不会有国内农产品市场的较快扩大。

三　国际化背景下城市化滞后的可能后果

改革开放以来，中国城市化进程加快。1978—1998 年，城市数量由193 个增加到 668 个，建制镇由 2173 个增至 1.88 万个，市镇总人口由1.7 亿人提高到 3.8 亿人，人口城市化率由 17.9% 上升到 30.4%。但是，从总体上说，中国城市化仍然明显滞后于经济发展。从国际比较来看，根据世界银行统计资料，中国 1997 年人均 GNP 为 860 美元，同年人均 GNP在 630—1090 美元的 12 个国家平均城市化水平为 41.3%，比中国高出 11个百分点。按世界银行的购买力平价计算，1997 年中国人均 GNP 为 3570美元，同年按购买力平价计算，人均 GNP 在 2040—4840 美元的 28 个国家平均城市化水平是 52.6%，中国低了 22 个百分点。从国内发展阶段来看，中国城市化明显落后于产业结构和就业结构的变化，农村人口占总人口的比重（1998 年为 69.6%），高出农业产值占 GDP 比重（1998 年第一产值占 GDP 比重为 18%）50 多个百分点，高出农业就业人口比重（1998年这一比重为 49.8%）近 20 个百分点。从城市基础设施建设投资来看，联合国曾建议，发展中国家城市基础设施建设投资比例，应占全社会固定资产投资的 9% —15% 、GDP 的 3% —5% 。② 中国城市基础设施建设投资远没有达到这一目标，1998 年，中国城市基础设施建设投资仅占全社会固定资产投资的 4.6%，占 GDP 的 1.64%。

城市化滞后已经成为制约中国经济发展的重要因素。近年来经济生活中存在的国内有效需求不足，就业压力增大，农民收入增长缓慢，结构不合理等矛盾，都与城市化滞后密切相关。在农业国际化条件下，如果城市

---

①　［德］弗里德里希·李斯特：《政治经济学的自然体系》，北京：商务印书馆 1997 年版，第 63—64 页。

②　世界银行：《世界发展报告（1994 年）》。

化进程不能加速，城市化滞后的局面得不到扭转，那么，中国农业乃至整个国民经济的发展就会面临许多更加突出的矛盾。

（一）二元结构的次级分化

发展中国家由于经济发展的后起性，导致了国民经济整体中不同部分发展程度的明显差异。这种差异吸引了许多经济学家的注意力。他们从不同角度考察和描述了由于这种差异而形成的国民经济的二元结构特征和表现形式，不同程度上分析和探讨了二元结构产生的原因和消除二元结构的途径，提出了各种二元结构理论。其中，最具影响力的是美国著名经济学家、诺贝尔经济学奖获得者阿瑟·刘易斯的二元经济理论。刘易斯指出，在发展中国家，一般存在着性质完全不同的两个经济部门：一个是发达的"资本主义"部门，又称现代部门；另一个落后的是"维持生计"部门，或称传统部门。

如果说，二元经济结构是发展中国家国民经济体系的共有特征，那么，中国作为一个发展中大国，国民经济的二元结构特征尤为突出。目前，中国经济结构的二元化特征，是以尚没有完全摆脱自给自足影响的依然在很大程度上采用传统生产方式的农业经济和市场化程度高、运用现代生产方式组织的城市经济的并存与对立。新中国成立以来，在工业化战略的推动下，现代工业在城市迅速扩张。1952—1978 年，中国轻工业产值增长了 16 倍，重工业产值增长了 28 倍，其中重加工业产值增长高达 40 倍。现代工业是用现代科学技术装备和现代管理技术组织的，因而成为中国国民经济中技术最先进、生产率水平最高亦即现代化程度最高的一大部门。但在广大农村，发展却十分缓慢。从总体来看，中国农业至今仍没有完全走出传统农业的发展阶段。这一判断基于：第一，以人力和畜力为主要动力的耕作方式在农业中仍然占据重要地位；第二，由于大量过剩人口的存在，导致农业劳动的边际生产力很低；第三，农产品商品率不高，自给自足生产的特征还较为明显。尽管在中国也存在着农业高新技术开发区及利用现代生产方式经营的国有农场，但它不能改变 8 亿多农民大部分还处于较为落后的农业生产方式和生活方式之中的基本事实。

二元结构向一元结构转变，是经济发展追求的基本目标。农业的现代化，就是通过对落后的传统农业的改造填平农业部门与城市部门之间发展的鸿沟，进而实现国民经济结构的一元化。但是，农业现代化以及经济结构的一元化，不会自发生成，它是一系列相关条件存在和变化的产物，城市化是其必要条件之一。对于二元结构下的中国农业来说，如果没有城市化的快速推进，农业国际化非但难以出现前述的现代转型效应，还可能导致二元结构的次级分化。

农业国际化，必然给经营规模小、技术水平低、结构落后的中国农业带来相当大的冲击。这种冲击的直接后果，是农民收入至少是一部分农民收入的下降。在这种背景下，农民的理性选择必然是在非农产业部门寻求新的收入来源，即在这时，农民存在着流出农业部门的强烈冲动。在城市化进程滞后的条件下，受到国际化冲击而试图脱离农业的这部分农民，出路只有两条：（1）盲目流入城市。由于现有城市工业部门不可能提供充分的就业机会，过剩的流入城市的农业劳动者就会因找不到工作而沦为棚户和贫民窟的居住者。他们只能从事一切可能做的个体劳动，成为个体手工业者、小商小贩、搬运工、擦皮鞋者以及保姆等。在这些行业中，人们一般在极端困难的物质条件下从事长时间的劳动，收入微薄又不稳定，但易于进入。这样，城市部门被再分为两个次级部门：一个是有组织的、主要是工业的正式部门，另一个是无组织的非正式部门。（2）不得不在农村沉淀下来。由于剩余劳动力不可能被现有城市部门完全吸收，相当一部分愿意进入但无法进入城市的农民只能继续留在农村。这将导致农村部门也向两个次级部门演化：一个是受城市现代经济影响和国际化冲击而形成的有组织的正式部门，它包括商业化农场、种植园等。它们采用现代化管理和先进的生产技术，雇用工资劳动者。另一个是以小农户为组织载体的继续保持原样的传统农业。在传统农业中，农民为家庭消费而生产，收入来源单一且微少。二元结构的次级分化，并不仅仅是一种理论推演，它已经为一些发展中国家的经验事实所证实。

（二）城乡收入差距进一步拉大

在二元经济结构下，中国城乡之间的收入存在着明显的差距。改革开放以来，中国城乡居民收入差距的变化总的来看是先缩小又扩大的趋势（见表22—5）。改革开放初期，城乡收入差距有所缩小，但从20世纪80

年代中期以后，又呈不断扩大的趋势。尤其值得关注的是，1996 年以来，农村居民收入增幅明显下降。1997—2000 年，增幅分别为 4.6%、4%、3.8%、2.1%，大大低于城市居民收入的增长速度。根据国际公认的一般标准，基尼系数在 0.4 以上被认为是收入差距过大。在 1996—1998 年的 3 年间，中国居民收入分配的基尼系数分别为 0.424、0.425、0.456。居民收入差距存在于地区之间、行业之间、城市各阶层和农村各阶层之间等领域，其中，城乡居民之间的收入差距尤为突出。

表 22—5　　城乡居民家庭人均收入差距动态比较（1978—1995 年）（单位：元）

年份	农村人均收入（A）	城市人均收入（B）	城乡差距（B/A）
1978	133.6	316.0	2.37
1980	191.3	439.4	2.30
1985	397.6	685.3	1.72
1987	462.6	916.0	1.98
1990	686.3	1387.3	2.02
1992	784.0	1826.1	2.33
1994	1221.0	3179.2	2.60
1995	1577.7	3892.9	2.47

资料来源：根据《中国统计年鉴（1996 年）》有关数据列出。

导致中国农村居民收入水平低下的原因可能有许多，但其中最为重要的因素，是城市化进程的滞后。因为，只有减少农民，才能富裕农民。这一点已为当今世界农业发展的广泛实践所反复证实。

在城市化滞后的前提下，从总体来看，农业国际化对农民收入的消极影响将远远大于其积极影响。这是由于：第一，在低城市化水平的条件下，农户的小规模经营不可能得到根本改变，大量简单劳动与低技术含量的非劳动资源之间的低效率配置局面无法扭转，这种农业在激烈的国际竞争面前，必然处于劣势。它非但难以拓展出更大的市场空间，还可能被挤占其原有的市场。第二，小规模农业的资本积累能力较弱，农业部门的资本、技术等现代要素投入难以较快增长，这将不足以应对以技术、知识为主要支撑力的现代国际经济竞争。第三，与低城市化水平相联系，农业在国民经济中占有较大比重。这时，城市非农产业支持农业的能力也极其有限，应对国际竞争也难以获得国内倾斜政策的有效支持。概言之，没有城市化的配套推进，农业国际化将使中国传统特征明显的弱势农业面临更大困境，城乡收入水平将进一步拉大。

（三）农业部门的失业加剧

据统计，到 2000 年年底，中国农业劳动力为 3.56 亿。按现有生产力水平计算，农业生产只需劳动力 2 亿—2.2 亿，有 1.2 亿—1.4 亿隐蔽失业人口。另据黄守宏博士按劳动最佳投入逼近法计算，20 世纪 90 年代后期，中国农业剩余劳动力约有 1.5 亿，剩余率达 43%。[①]

在城市化进程滞后的条件下，农业国际化将进一步加剧中国农业部门业已存在的严重的失业现象。其理由至少有如下三个方面：第一，农业国际化必将给国内农业带来强大的外部竞争压力。在这种压力面前，一部分农户难免因无法应对激烈的竞争而退出农业经营，从而成为农业过剩人口。第二，农业国际化的技术进步效应，最终会导致单位农业劳动推动更多的土地、资本等非劳动资源。土地资源总量大体是既定的，单位劳动拥有的土地面积的扩大，从宏观角度来看，意味着劳动需求总量的减少；资本能够形成对劳动的替代，单位劳动占有的资本数量的增加，在宏观上也必然减少对劳动总量的需求。第三，与农业国际化相伴随的农业领域中市场关系的深化，会推动农业组织制度的变迁，其突出表现是，农业生产组织的企业化。一部分农户向企业化转变与另一大批农户退出农业经营，是一个问题的两个方面。由于国际化原因而被排挤出来的农业过剩劳动力，如果没有城市化相应的快速扩张来吸纳，必然会滞留于农业部门，使目前已经存在大量过剩人口的形势变得更加严峻。

[①]　参见牛若峰主编《中国发展报告：农业与发展》，杭州：浙江人民出版社 2000 年版，第117 页。

四   推进农业发展的城市化战略选择

（一）城市化战略选择的原则

城市化不是一种孤立的进程，而是国民经济整体现代化过程中具有决定性作用的一个方面，或者说，城市化是现代化的主旋律。对于农业现代化和国际化而言，城市化又是不可或缺的依赖条件。在中国农业加速现代化和应对国际化的今天，城市化的积极意义又进一步凸显出来。

如何合理推进中国的城市化，是一个尚在探索中的问题。从城市化与农业国际化、农业现代化的互动关系出发，在中国当前的城市化战略选择中，应当体现如下若干原则的要求：

第一，扩大就业原则。城市化是经济现代化的一种结构性表现，是社会经济资源、主要是劳动力资源从农村地区的传统产业部门向城市领域的现代产业部门转移和聚集的过程。农业劳动力向城市有效转移的前提，是城市部门存在着日益增长的并可以为农村转移劳动力参与的就业机会。就业机会创造率的高低，应成为判断城市化战略是否成功的一个重要标志。因为，只有就业机会的较快增长，城市化发展才不会被"城市病"所累，农村地区资源配置的传统格局才可能被打破。否则，城市化便会成为一种城市与农村相互剥离的畸形发展状态，农业现代化所要求的技术进步、制度创新与结构转变便难以出现，应对国际化的较强竞争能力也不可能形成。

第二，资源合理利用原则。城市化发展在将农业人口非农化的同时，也改变着耕地资源和淡水资源在农业部门与城市部门间的使用比例。中国是一个耕地资源和淡水资源紧缺的国家，人均耕地资源约为世界平均水平的1/3，人均淡水资源仅有世界平均水平的1/4。中国又是一个拥有近13亿人口的国家，粮食安全压力始终存在。因此，在中国城市化战略选择中，土地资源与淡水资源的节约和合理利用，不能不成为一个必须面对的十分现实的问题。

第三，市场机制推进原则。城市化是一个"自然历史过程"，这个过程主要是由经济运行的自然机制——市场机制发挥作用来推动的。城市化的主体并不是城市本身，城市只是城市化的物质载体。从城市化作为一种经济现象、一种经济组织过程的角度来考察，城市化的主体是从事非农活动的个体、企业和社会组织（包括政府）。这些主体参与城市化各有其利益机。个体进入城市主要是对获得更多的可供选择的就业机会、更高的收入、更好的生活环境和城市文明的向往和追求。企业进入城市则是为了占领更具潜力的城市消费市场，利用相对充裕和高素质的劳动力市场，获得企业之间的协作配合，把单独布局所需要承担的许多内部成本外部化，及时了解主流市场的供求情况和技术进步情况，以及政策变化等。社会组织向城市集中，主要是因为在这里可以更好地享受各种非农产品和服务，以保障自身活动的顺利开展，并且可以依托城市来扩大自己的影响范围。尽管这些主体进入城市的利益动机不同，但有一个共同的空间行为特征，就是选择城市这个独特的区域作为活动场所，从而引发经济要素向城市集聚。城市经济以其特有的规模经济效益和集聚经济效益，吸引着各种经济要素持续不断地向城市集中，并通过空间相互作用而激发其他城市的产生和发展。不难发现，没有要素的空间集聚，就不可能有城市化现象，而城市化中的要素集聚又是在市场原则作用下进行区位选择的结果。

（二）城市化战略的重新选择

1. 城市化发展速度战略

世界城市化历史表明，城市化进程大体要经历起步、加速发展和成熟发展三个阶段。在起步阶段，社会经济结构主要表现为城乡对立为主的二元结构。这时，农村劳动力外流的"推动力"和城市对农村人口的"吸引力"都不够强大，城市化速度较为缓慢。随着经济发展水平的提高，城乡对立逐渐转变为城乡联系。在城市引力的作用下，劳动力出现单向流动，城市化呈现出加速发展的态势。城市化加速发展主要表现为城市地域的扩大，城市数量的增加，以及城市人口的上升。经过一个加速发展时期之后，城市化会进入稳定增长的成熟发展阶段。这一阶段的主要特征是，城乡关系由城乡对立、城乡联系发展到城乡之间的相互融合乃至城乡一体化，城乡差别消失；劳动力出现城乡之间的双向流动，城市化"量化"速度减慢，"同化"过程加快。

世界城市化历史大体上呈现出一个临界飞跃的共同规律，即当城市化水平达到 30% 左右时，一个国家的城市发展及其空间布局结构形态会有一次大的飞跃，其变动快速激烈；直至城市化水平达到 75% 左右时又趋于平衡增长状态，城市空间结构也将趋于稳定，由外延式发展转向内涵式提高。依照世界城市化发展的一般规律来判断，中国当前正处于城市化的加速发展阶段。因此，加速城市化进程，提高城市化水平，是中国当前城市化战略的基本内容。那么，在今后一段时期内，中国城市化发展的速度应当如何选择呢？根据"三步走"的经济发展战略，在 21 世纪 40—50 年代，中国要基本实现现代化。从现代化与城市化的相关性考虑，基本实现现代化时的城市化水平可以确定为 70% 左右。即在未来的 40—50 年内，中国的城市化水平要由目前的 36% 提高到 70%，城市化率年均提高至少 1 个百分点。这一城市化速率，是 1978—1998 年城市化年均增长率的 1 倍左右。城市化速率的提高，对于加速中国经济的现代化进程，特别是对于加快农业剩余劳动力转移和实现农业现代化，具有十分重要的意义。如果年均提高 1 个百分点的城市化率是合理的、必要的，那么，加速城市化发展也就成为中国城市化战略的首要选择。

2. 城市化规模结构战略

加速城市化，不仅有个总量问题，而且有城市规模结构问题。从一定意义上说，城市规模结构的合理选择，决定了城市化的道路选择，也关系到城市化总量目标的实现。

城市规模结构，即大、中、小城市间的比例；城市规模结构战略，指城市化发展应走以何种规模城市为重点的道路。1989 年，中国制定的《城市规划法》第 4 条中明确提出："国家实行严格控制大城市规模，合理发展中等城市和小城市的方针，促进生产力和人口的合理布局。"这一方针，在实践中暴露出许多不足和问题。在进入加速现代化进程的 21 世纪之际，有必要重新审视我国的城市化发展方针，提出适应新形势发展要求的新的城市化规模结构战略。依据前述城市化战略选择的若干原则，在城市化加速发展阶段，中国城市化规模结构的选择，应以大中城市发展为主和小城市发展为辅。

首先，以大中城市为主和小城市为辅的城市规模结构战略，有利于提高资源配置效率，是市场机制进行区域资源配置的必然结果。国内有的学者对不同规模城市的净规模收益进行了比较研究。研究发现，城市在 10 万人到 1000 万人这个规模区间，或多或少都有净规模收益。大致在 100 万人到 400 万人这个区间，净规模收益最大，占城市 GDP 的 17% 以上。其中，净规模收益最大的一点出现在 200 万人口这一城市规模上。低于 10 万人口的城市规模，则看不到正的规模收益。从全要素生产率来看，基本上是城市规模越大，全要素生产率水平越高。另外，人均 GDP、人均财政收入和财政支出也随城市规模的上升而上升。中国城市现在的平均规模只有 30 万人。30 万人口规模的城市，净规模收益只有 8% —9%，与最优规模城市相比，净规模收益的损失大概占城市 GDP 的 10%。这里所谓的损失是指机会成本的损失，就是说，如果城市规模更加优化的话，可以额外得到这 10% 的收益，但现在没有得到。① 大规模城市较高的收益率，必然会诱导资源、人口较多地向大规模城市集中。如果说城市化是经济资源的优化配置过程，如果说经济资源的优化配置离不开市场机制的作用，那么，以大中城市为重点的城市规模结构战略，就是城市化加速发展过程中市场机制优化资源配置的一种合理选择。

其次，以大中城市为重点的城市规模结构战略，有利于扩大就业空间，加速农业剩余劳动力的非农转移。大中城市较高的就业机会创造率源于：第一，大中城市的资本积累率较高，大中城市的重点发展，有利于加快资本增长，在工业化过程中创造出更多的就业机会。第二，大中城市较大规模的人口集中，不仅对基础设施建设提出了需求，也使得基础设施投资的效率提高，而城市建筑业和相关产业的发展，将直接促进就业机会的增加。尤其重要的是，第三，第三产业的发展水平与城市规模成正比。表 22—6 表明，城市规模越大，第三产业的发展水平也越高；相反，随着城市人口规模的下降，第三产业的就业比重和产值比重也随之降低。这是因为，第三产业的发展要求人口的集聚，只有当城市规模超过特定服务业存在所要求的最低门槛时，才会有新的服务业部门形成，如商饮服务业、文教卫生事业、金融机构等。没有这个条件，就不可能使服务业获得合理利润。中国城市化滞后，许多城市规模过小，无法满足第三产业发展所需的门槛人口，制约了第三产业的发展。钱纳里和赛尔昆在《工业化与经

---

① 参见王小鲁《城市化与经济增长》，《经济社会体制比较》2002 年第 2 期。

济增长的比较研究》中发现，在工业化过程中，随着人均 GNP 的不断提高，服务业相对于制造业来说，其就业弹性系数（即每 100 万美元产出所需的工人数量之比）不仅大于 1，而且呈现出连续递增的发展趋势。人均 GNP 分别为 140 美元、280 美元、560 美元、1120 美元、2100 美元、3360 美元、5040 美元时，对应的服务业相对于制造业的就业弹性分别为 1.31、1.72、2.31、2.96、3.56、3.72、3.80。以大中城市为重点的城市规模结构战略，有利于弥补中国第三产业发展不足的欠账，有利于扩大就业机会。

表 22—6　　中国城市规模与第三产业发展水平的相关性（1995 年）

城市人口总数（百万）	第三产业从业人员比重（％）	第三产业产值占 GDP 比重（％）
>2	42.4	46.4
1—2	39.4	43.0
0.5—1	33.8	37.8
0.2—0.5	27.2	33.4
<0.2	22.9	29.0
平均	28.9	36.3

资料来源：《中国城市统计年鉴（1996 年）》。

再次，以大中城市为重点的城市规模结构战略，有利于提高土地利用效率，节约稀缺的耕地资源。据有关资料，到 1997 年年底，中国设市城市、建制镇、集镇、村庄的建设用地合计为 18.95 万平方公里（2.84 亿亩，与表 22—7 中的数据略有出入），占全部非农建设用地的 53.7%。其中，城镇（包括设市城市、县城及一般建制镇）用地 4.28 万平方公里（0.64 亿亩），占 23%；乡村居民点（包括集镇和村庄）用地 14.67 万平方公里（2.20 亿亩），占 77%。表 22—7 中的有关数据表明，土地利用的集约程度随居民点规模的下降呈显著下降态势。小城市的人均建设用地是特大城市的将近 1 倍，而建制镇的人均建设用地则超过特大城市的 1 倍。由此可见，城市建设用地是一种更加集约、更有效率的土地利用方式，而大规模城市的土地利用效率又超过小规模城市。

表 22—7　　　　中国不同规模城市建设用地比较（1998 年）

城市规模	城市人口数（万人）	人均建设用地（平方米）	建设用地总量（平方公里）
特大城市	7973.07	75	5979.8
大城市	3349.94	88	2947.9
中等城市	6160.99	108	6653.9
小城市	4450.10	143	6363.6
建制镇	7199.68	154	11087.5
农村居民点	95665.12	170	162630.7
合计	124810	157	195662.4

资料来源：王一鸣等：《关于加快城市化进程的若干问题研究》，《宏观经济研究》2000 年第 2 期。

3. 城市化地区布局战略

加快中国城市化进程，扩大城市数量与规模，以及以大中城市为主、小城市为辅的城市化战略，并不意味着在中国各个地区城市的数量扩张和结构调整齐头并进、平衡发展，而是应当根据不同地区的特点，走一条多元化和非均衡的城市化发展之路。所谓多元化、非均衡的城市化发展道路是指，在城市化的发展速度上，在全国总体提速的前提下，东南部地区的城市化速度应相对更快；在城市规模结构的选择上，在以大中城市为主、小城市为辅的全国整体格局中，东南部地区应更加突出大中城市为重点的发展战略，而西北部地区则可以相对提高小城市的比重。

多元化和非均衡城市地区布局战略的依据是：第一，城市数量的分布和规模的大小，首先是由人口分布和经济发展水平决定的，并不与国土面积的分布直接相关。即经济发展水平越高、人口越集中的地区，城市分布也应越密集。1999 年，中国有建制市 667 座（不包括港、澳、台地区），平均每万平方公里国土面积设建制市 0.70 座。西北部地区（以内蒙古、宁夏、甘肃、新疆、青海、西藏 6 省区为代表）每万平方公里设市 0.12 座，东南部地区设市 1.40 座，二者之比为 1∶12。但按每百万人口设置的建制市数量计算，西北部地区比东南部地区高出 1/3 左右，其中，新疆、宁夏、西藏、内蒙古 4 区每百万人口建制市数量不仅为四川、安徽、河南等省的 2—3 倍，而且高于经济相对发达的山东、江苏、广东、浙江等省份。按每百亿元国内生产总值设置的建制市数量计算，西北部地区高出东南部地区 115%。所以，加速中国城市化进程，西北部地区城市的数量和规模应该扩张，但主要是东南部地区人口和经济大省的城市化进程应加快。东南部地区相对密集，西北部地区相对稀疏的多元城市空间分布，是中国经济社会发展自然选择的结果，也将是中国未来城市空间布局的正常状态。

第二，城市数量的分布和规模结构的选择，与水资源的分布状况密切相关。在发达国家，人口的地理分布越来越取决于其水资源的分布。观察一下美国和其他一些高度城市化的国家，不难发现水资源分布在决定人口分布密度方面的重要作用。美国的城市区主要集中在三大块：濒临大西洋的从华盛顿、纽约到波士顿的城市带；五大湖流域的底特律、芝加哥、克利夫兰等沿湖城市带；从圣地亚哥到洛杉矶到旧金山的太平洋沿岸城市带。日本 70% 以上的人口集中在从东京到大阪的一个狭长地带。中国大部分的水资源和降水集中在华南、华东、华中和西南地区，因此，应当给予这些地区城市数量增长和规模扩大的优先权利。这也是城市化发展的客观规律的内在要求。

第三，城市规模结构的选择，也应当考虑到不同地区土地资源的分布状况。土地资源稀缺的地区，应选择更为节约土地的大规模城市优先发展战略；而土地资源较为宽裕的地区，则可以适当地提高中小城市的发展比重。在中国东南部地区，人口密集而土地资源十分短缺，因此，在城市规模结构的选择上，更应该强调大规模城市的发展地位；西北部地区，人口较少而国土面积广阔，适度强调中小城市的发展地位是合理的。

五　城市化、国际化与农业现代化

（一）以城市化带动农业现代化

所谓现代化，是传统农业社会向现代工业社会转变的历史过程。在这一过程中，工业化起着决定性的作用。没有工业化，不可能有现代工业社会的形成，也不可能有整个社会现代化的转变。工业化是社会经济资源配置的重心逐渐由传统农业部门转向现代工业部门的过程。由于工业生产的聚集经济效应的存在，在一般情况下，工业化与城市化大体是一致的。

工业化、城市化对现代化特别是农业现代化的决定性影响，至少存在于两个方面：第一，工业化、城市化是农业现代化转变的历史起点。从世界近代历史来看，是先有工业化、城市化，然后才出现农业的现代化。离开工业化与城市化，农业部门的现代化是不可思议的。在当今世界，还没有脱离工业化和城市化进程而完成农业现代化改造的先例，实现农业现代化的国家，无一例外地都是高度工业化和城市化的国家。第二，工业化和城市化是农业现代化转变的依存条件。（1）农业现代化是现代农业技术逐渐替代传统农业技术的变革过程，现代农业技术是以现代农业要素为载体的，而现代农业要素大都是由城市工业部门和服务部门研发、生产和推广的。没有工业化与城市化，现代农业要素就会失去来源，农业部门就不可能成为用现代技术装备起来的现代产业部门。（2）农业现代化过程中，必然伴生有农业的小部门化。农业小部门化是整个社会经济结构现代化转变的表现之一，是城市第二、第三产业部门快速成长在农业部门的相对表现。从经济结构的现代特征来看，没有工业化、城市化，便不会有第二、第三产业比重的大幅度提升和农业的小部门化转变，因而也不会有农业的现代化。（3）农业现代化同时是农业领域市场关系的深化与农业生产组织的企业化、规模化转变。随着工业化和城市部门的扩张，农业部门能够获得不断扩大的国内市场。这一市场的扩展会成为农业部门交易范围、交易频率与交易秩序变化的重要推动力量，从而深化农业市场关系；市场化农业必然要求农业微观组织的企业化和规模化经营。没有城市非农产业部门的不断扩张而形成的对农业剩余劳动力的吸收，就不可能扩大农业经营规模，进而也不可能出现农业组织的企业化转变。

从城市化与农业现代化相关性角度来考察，农业现代化不应当也不可能脱离城市化而单独推进。现代化是一个系统的协同变化过程。农业现代化是国家整体现代化进程的一个有机组成部分，没有非农产业部门的协同推进，农业现代化不可能在农业部门内部单独完成。因此，当今中国的城市化，应当被作为实现农业现代化的基本推动力量。

（二）以国际化加速农业现代化

在城市化有效推进的前提下，农业国际化可以成为农业现代化的加速发展因子。在 21 世纪里，当农业现代化建设任务迫切地摆在国人面前时，我们不应当把完成这一艰巨任务的着眼点仅仅局限在农业和农村自身，那样，农业现代化目标是难以实现的，也不应当只注意到城市化对农业现代化转变的决定性作用，同时，应当大胆而合理地利用国际因素来加速国内农业现代化的进程。必须注意到，国际化对农业发展的影响作用具有两面性，对农业现代化的推动作用也不会自发产生。只有借助于适当的发展政策，抑制国际化的消极影响而诱导其积极作用的一面，才能将农业国际化转化为农业现代化的助推力。应对国际化的农业发展政策，应当具备三个方面的功能：其一，有利于加速国际先进农业技术向国内转移，包括更加开放和更加有利的农业技术贸易政策，国外新技术的推广和转化政策，以及刺激农业技术需求的政策等，最终推动国内农业技术的快速进步。其二，有利于借助于国际资源市场和国际产品市场实现国内农业结构优化，包括农业投入结构、生产结构与产出结构的现代性转轨，乃至国民经济结构的升级与农业的小部门化转变。其三，有利于现代农业制度的建立，包括农业市场体制的确立与深化发展，农业产权关系的完善和农业组织性质、功能、结构的转变。

上述分析表明，对于农业国际化，我们不能只看到其带来的竞争压力而感到忧心忡忡，也应当充分注意到其蕴含的和可以利用的积极影响。但是，又不能仅考虑到其有利性的一面而盲目乐观，国际化作为现代化的推动力量是有条件的。既大胆开放，又积极创造国际化发挥作用的相关条件，是将农业国际化与农业现代化有机整合的正确态度。

（三）以农业现代化保障城市化与农业国际化

城市化、国际化与农业现代化之间具有互动性。城市化、农业国际化是农业现代化的动力，反过来，农业现代化又是城市化与农业国际化顺利推进的保障。

城市部门的成功扩张，需要诸多支撑条件的存在。第一，城市化将大量农业人口转化为城市人口的同时，也将大量粮食产品的自给性消费者和商品粮供给者转化为纯粹的商品粮需求者。可见，城市化的推进会对农业剩余产品提出更大的需求。没有相应的那样剩余产品的存在，人口的城市化就会因缺乏食品保障而停止。第二，城市化的一个重要方面是，纺织业、食品加工业等以农产品为原料的工业部门的扩张。特别是对中国当前的发展阶段来说，纺织业和食品加工业是具有比较优势和具有巨大发展潜力的行业。随着城市化的加速，这些行业必然有一个较大的发展，这就会对来自农业部门的原料供应提出更大的要求。第三，随着城市化水平的提高，不断增长的城市工业制成品需要日益扩大的市场空间来消化。这时，农村市场的开拓与培育，会成为工业化、城市化发展的一项重要内容。在经济发展的较低级阶段，工业制成品大多具有高收入弹性的特点，农村工业品市场的培育，必然依赖于农民收入的不断增长。如果农业部门处于停止状态或发展缓慢，就会因食品、原料和市场的不足而制约城市化水平的提高。只有在城市化过程中，农业部门通过技术进步和制度创新实现了现代化的转变，农业生产率明显提高，农民收入大幅度增长，城市化才有可能顺利推进。

农业国际化，首先是农产品市场进入的自由化，最终是农业收益的国际再分配。农业国际竞争力的强弱，始终是决定一国农业进入国际市场自由度的重要因素，同时也是国际范围内农业收入重新分配的决定性力量。农业国际竞争力的主要来源，是农业的现代化水平。低技术含量的弱势农业不可能与发达国家的现代农业展开有效的竞争，充其量，只能在互补性贸易中获益。只有在技术进步和制度创新的基础上，提高农业的现代化水平，才可能在国际竞争中立足并获得相应的收益。

参考文献

"工业化与城市化协调发展研究"课题组：《工业化与城市化关系的经济学分析》，《中国社会科学》2002 年第 2 期。

［德］弗里德里希·李斯特：《政治经济学的自然体系》，北京：商务印书馆 1997 年版。

［美］阿瑟·刘易斯：《二元经济论》，北京：北京经济学院出版社 1989 年版。

牛若峰主编：《中国发展报告：农业与发展》，杭州：浙江人民出版社 2000 年版。

［美］霍利斯·钱纳里、［以］莫伊思·赛尔昆：《发展的型式 1950—1970》，北京：经济科学出版社 1988 年版。

饶会林、郭鸿懋主编：《城市经济理论前沿课题研究》，大连：东北财经大学出版社 2001 年版。

［美］M. P. 托达罗：《第三世界的经济发展》，北京：中国人民大学出版社 1988 年版。

王小鲁：《城市化与经济增长》，《经济社会体制比较》2002 年第 2 期。

王一鸣：《关于加快城市化进程的若干问题研究》，《宏观经济研究》2000 年第 2 期。

文贯中等主编：《WTO 与中国：走经济全球化发展之路》，北京：中国人民大学出版社 2001 年版。

第二十三章

政策支持与农业发展[*]

一　农业支持政策及其效应分析

在当今世界，任何一个国家农业的成功发展，都离不开政府农业发展政策不同程度的支持。正如刘易斯所指出的："没有任何国家可以不需要来自睿智的政府的积极刺激就能够实现经济进步……"[①]

农业政策是指，政府为实现一定的社会、经济及农业发展目标，对农业发展过程中的重要方面及重要环节所采取的一系列有计划的措施和行动的总称。[②] 农业政策属于部门经济政策，是公共政策的一个重要组成部分。农业政策作为部门经济政策，其主要目标是保持农业生产长期稳定增长和实现现代农业的成长。为了实现这一目标，各国政府通常在农业的生产结构、组织形式、资源配置以及生产要素和产品流通等领域制定一系列相互联系的政策，引导市场中各行为主体作出符合总体利益的决策，并且保障最终目标的实现。在农业政策中，对农产品的补贴和价格支持是当今世界许多国家和地区尤其是发达国家和地区普遍采用的重要措施。农业的基础性、弱质性及其公共产品属性，赋予了此类扶持政策经济学意义上的合理性和必要性。

　*　本章来自作者承担的教育部人文社会科学基金项目"生育率下降、人力资本投资与农业内生发展能力的形成机制研究"（06JA790067）最终成果《人力资本、生育率与内生农业发展》（人民出版社 2010 年版）第十三章《工业化中期阶段的农业发展政策选择》。收录时对原稿文字、结构做了修改和调整，观点和数据未做更新。

①　［美］阿瑟·刘易斯：《经济增长理论》，上海：上海三联书店 1990 年版，第 376 页。
②　钟甫宁主编：《农业政策学》，北京：中国农业出版社 2004 年版，第 7 页。

　　农业补贴是政府通过财政手段向农产品的生产、流通、贸易活动或者向某些特定消费者提供的转移支付，其实质是一种国民收入的再分配。农业补贴的宗旨主要在于保护与促进本国或本地区的农业发展，维护与保障粮食安全。

　　一般来说，农业补贴的方式分为直接补贴、投入补贴以及产出补贴。[①]　直接补贴，是政府直接将补贴款项支付给农民。直接补贴不通过市场传递，其效果是能够直接增加农民的收入。当农业补贴政策的目标仅仅在于增加农民的收入，或者在增加农民收入的同时还要限制农产品生产时，可以选择这种补贴方式。[②]　投入补贴可分为降低内部成本的直接投入补助和降低外部成本的间接投入支持。前者包括农用生产资料价格补贴、贷款贴息、小型农田水利及水土保持补助等。这种补贴方式降低了农业投入物的成本，因而能鼓励农民多购买和使用化肥等要素投入，促进农业生产发展。后者包括政府强化农村公共产品投入、农业科技投入、保护农业生态环境投入、加强农业社会化服务体系的投入以及资助农村居民教育培训的投入等。这些投入改善了农业生产经营所需要的交通、通信、水利、科教、社会化服务体系等条件，降低了农业生产经营的外部成本，有利于农业的持续发展和农民收入的增加。[③]　产出补贴最典型的表现就是农产品价格补贴，即政府以高于市场水平的价格从农民手中采购农产品，政府的采购价格与市场均衡价格的差额，就构成了对产出的补贴。产出补贴兼有提高农民收入和增加农产品产量的双重功效。

（一）　直接补贴效应分析

　　在市场上，农民具有双重身份，一是市场消费品的消费者；二是购买生产要素进行生产的生产者。在商品价格既定的条件下，直接补贴可以通过改变补贴对象的预算收入而改变其决策。

　　如图 23—1 所示，X、Y 为农民购买的两种不同商品的数量。AB 为直接补贴前的预算线，与无差异曲线 U_1 相切于效用最大化的均衡点 E_1。

---

　　①　李杨：《财政补贴经济分析》，上海：上海三联书店 1990 年版，第 47—91 页。

　　②　刘渝：《我国农民直接收入补贴问题初探》，《农业经济》2005 年第 6 期。

　　③　冯海发：《对我国农业补贴的理论思考》，《中国农村经济》1996 年第 6 期。

X_1、Y_1为对应的商品的购买量。农民得到直接补贴时，商品的相对价格没有发生变化，因此预算线的斜率不变，由于收入增加使 AB 往外平移至$A'B'$，并且与更高水平的无差异曲线 U_2 相切于 E_2。E_2 相对于原来的均衡点 E_1 代表着一个更高的满足水平，此时购买的商品数量组合为 X_2、Y_2。

直接补贴政策可以从两个方面对农民增收发挥作用：（1）补贴资金直接增加农民收入；（2）从长期来看，由于储蓄的作用，将会有部分的直接补贴投资于生产，促进农民增收。

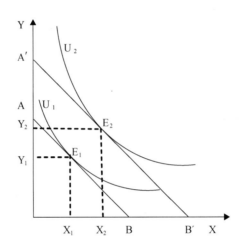

图 23—1　直接补贴的经济效应分析

（二）投入补贴的政策效应分析

图 23—2 描述了在两种投入要素可以相互替代的情况下，对其中一种要素进行补贴所产生的替代效应和收入效应。X 为接受补贴的生产要素，Y 为未接受补贴的生产要素，X、Y 两种要素可以相互替代。Q_1 和 Q_2 为某生产者的等产量线，AB 为其等成本线。补贴前，AB 与 Q_1 相切于 E_1，此时 X 的投入为 X_3。假设生产者的总投资不变，由于投入要素相对价格的变化，从单个生产者的角度来考虑，其生产决策将发生变动。

接受补贴时，生产者会相应地增加受补贴品 X 的投入量，从而非补贴品 Y 的需求量减少。假设该生产者追求最大化利润，在接受补贴后仍将所有的成本投入生产，那么如图 23—2 所示，等成本线将由 AB 转移到 AC，等产量曲线 Q_2 与 AC 切点 E_2 即为新的均衡点，（Q_2-Q_1）为由于投

入要素 X 的价格变动所产生的总效应；(X_2-X_3) 即是总效应在 X 上的反映。(X_1-X_3)，(X_2-X_1) 分别为相应的替代效应和收入效应。由于替代效应的存在，价格相对降低的要素 X 的投入量会增加，同时由于收入效应的存在，Y 投入量的变动不能确定。

投入补贴的经济效果具有两面性。一方面，短期内，存在投入补贴的情况下，生产者以同样的成本可以生产出更多的产品，生产者的福利会提高；另一方面，由于生产量扩大，市场供给增多，市场的均衡价格将降低。一般来讲，农产品的需求弹性较低，因此，价格下降势必会影响生产者的收入。从增加农民收入的角度来看，在进行投入品补贴的时候，要结合价格支持政策才能最终有效地提高农民收入。

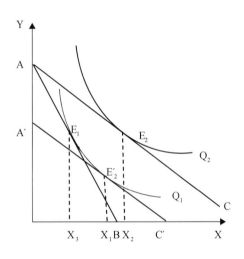

图 23—2 替代要素的补贴效应分析

（三）价格支持政策的效应分析

价格支持是在市场价格低于目标价格时才起作用的政策。农产品的支持价格是一种下限价格，即农产品的市场价格不能低于指定的价格。

图 23—3 中农产品的供给 S 和需求 D 决定了均衡价格 P_e 和产量 Q_e。在高于均衡价格的支持价格 P_s 下，消费者只愿购买 Q_c 单位的农产品，而供给量为 Q_s 单位。为使价格支持有效，所产生的 (Q_s-Q_c) 的过剩必须由政府购买。这些过剩意味着资源配置的低效率和生产的扭曲。另外，农

民得益于价格支持。图 23—3 中，价格支持前，农民的毛收入由面积 $0P_eBQ_e$ 所代表；价格支持后，农民的毛收入则如面积 $0P_sAQ_s$ 所示。

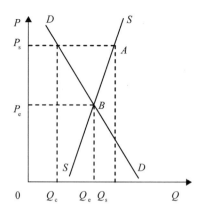

图 23—3　价格支持政策效应分析

由于价格支持鼓励资源流向农业，导致农业资源配置过度，从而使社会福利受损。在图 23—3 中，市场供给线代表了不同产出水平下所有农民生产该产品的边际成本。当市场价格 P_e 等于边际成本时（点 B），资源配置最有效，产出 Q_e 反映了资源的有效配置。与此相比，与支持价格 P_s 相对应的产出 Q_s 代表着资源的过度配置，这是因为在 Q_e 和 Q_s 之间的所有产出水平下，边际成本高于人们愿意为这些单位产品（曲线 D 上）支付的价格。这样，额外产出的边际成本超过了它给社会带来的边际收益，使社会蒙受了"效率损失"。

二　中国农业政策的演变及其效应评价

（一）中国农业政策的演变过程

1. 传统发展观下的工农产品"剪刀差"政策

在 20 世纪 50—60 年代，盛行于发展中国家的是传统发展战略，包括初级产品出口战略、进口替代工业化战略、优先发展重工业战略、优先发展轻工业战略等。这些战略以 GDP 的快速增长为目标，以工业化为突破口，以政府的发展计划和贸易保护政策为手段，推进资本积累，保护民族工业，试图在经济上追赶发达国家。① 受限于当时中国的政治、经济条件和所处的国际环境，在传统发展观②的引领下，中国政府决策层采取了"优先发展重工业"的战略。

为适应国家优先发展重工业的要求，在工业化起步阶段，中国建立了以"工农产品交换价格剪刀差"为核心的农业剩余征缴制度。③ 首先是农产品统购统销制度。这一制度开始于中国工业化大规模起步的 1953 年，并随着工业化的推进而不断强化，到 20 世纪 70 年代末涉及的农产品品种达到 230 多种。由于农民必须按照国家规定的较低的价格将农产品按计划品种、数量如期出售给国家，统购统销制度在保证国家掌握必需的农产品数量的同时把一部分农业剩余转移到了工业部门。其次是在农村实行集体化。统购统销制度是对农民的强行索取，一开始就引起了农民的不满。为缓和矛盾，1955 年国家调减了征购任务，这马上又制约了工业增长的速度，同年工业增长 5.6%，是"一五"期间增长速度最慢的一年。为解决优先发展重工业与农业供给之间的矛盾，借鉴苏联的经验，决策层选择了"集体化制度"。把当时的 1.1 亿个农户组织到 400 万个生产合作社中来，化个体为集体，把农业生产纳入国家的控制之中。集体化制度为用"剪刀差"方式汲取农业剩余提供了组织保证。第三是城乡户籍制度。户籍制度实质上是限制农民自由进入城市的制度，通过户籍管理把农民限定在土地上。这一方面可以在不增加农业资本投入的情况下通过劳动密集投入来保证农业生产任务的完成，另一方面又最大程度地限制了由于城市人口扩张而引发的城市建设资金需求，有利于集中财力发展工业化。正是这三项制度，保证了"剪刀差"政策的长期推行，保证了中国传统经济重工业优先发展战略的资本需求。

---

① 金乐琴：《发展观与发展战略的演变：全球视角》，《学术研究》2004 年第 11 期。

② "二战"后，新独立的贫穷国家为早日取得经济独立，纷纷致力于寻求促进经济增长的道路。当时人们把发展等同于经济增长或 GDP 增长，强调只要把"蛋糕做大"，其余问题就会迎刃而解；把发展的障碍归结为技术落后、资金匮乏和以农业为主的经济结构，提出了以"唯工业化、唯资本化、唯计划化"为特征、以物质财富最大限度增长为中心的发展观。这被称为"传统发展观"。

③ 参见李澂《试论我国工业化汲取农业剩余的"剪刀差"方式》，《经济纵横》1995 年第 5 期。

2. 非均衡发展观下的农业生产补贴政策

20世纪60年代末，人们开始对传统经济发展战略暴露出来的"有增长无发展"、腐败、政治动荡等问题进行了反思，认识到"把发展与经济增长混为一谈是十分轻率的表现"，① 主张在经济增长的同时，改善收入分配，提高社会公共福利水平，减少或消除贫困。

从十一届三中全会开始，中国决策层提出了以经济建设为中心、"发展是硬道理"、"让一部分人、一部分地区先富起来"的发展理念，逐渐形成了"非均衡发展观"。这一发展理念解放并发展了农业和农村生产力，扭转了传统发展观指导下的片面重工业化发展战略，大力发展以轻工业为主的加工制造业，并以东部地区为发展重点。

非均衡发展观的确立，一方面，大幅度降低了工业发展的资本需求，又由于轻工业与农业的产业关联性促进了农业发展；另一方面，在农村实行土地家庭承包经营，农业生产力获得了极大解放，农业产出稳步增长。这两股力量共同促使决策层对在传统时期形成的农产品统购统销制度进行改革。政策的演进尽管很艰难，尽管农民依旧处在社会阶层利益排序中的末位，但农民确因非均衡发展观的确立而获益。

3. 协调发展观下的农业保护政策

20世纪80年代后，人类发展观实现了巨大的飞跃，提出了"以人为中心的发展观"② 和追求人类与自然界和谐共处的可持续发展观。③ 这种发展观把视角由物转向人，强调经济发展只是手段，人的发展重于物的发展，把人置于发展问题的中心地位；同时，强调经济与社会、人与自然的协调发展。

中国推行的非均衡发展战略在给国内经济社会发展带来巨大活力、使经济发展步入快车道的同时，客观上也产生了一些不容忽视的问题。一是认识上的偏差。不少人把以经济建设为中心理解为单一的经济增长，把"发展是硬道理"理解为"增长是硬道理"，把现代化进程看作仅仅是经

① 杜德利·西尔斯：《发展的含义》，载［美］亨廷顿《现代化的理论与历史经验再探讨》，上海：上海译文出版社1993年版，第50—51页。

② ［法］F. 佩鲁：《新发展观》，北京：华夏出版社1987年版，第165页。

③ 世界环境发展委员会：《我们共同的未来》，长春：吉林人民出版社1997年版，第5页。

济发展的过程，并且对经济发展的理解也仅仅停留在粗放式发展的传统模式上，忽视非经济的社会事业的发展。出现了经济与社会、人与自然发展不协调。二是非均衡发展战略本身的问题，特别是"一部分人、一部分地区先富起来"战略引发的城乡之间、东中西部地区之间发展差距的扩大。在此背景下，决策层逐渐转换了发展理念，提出了协调发展观。强调走新型工业化道路，实施可持续发展战略，实现人与自然和谐发展；强调要把缩小地区差距作为一条长期坚持的重要方针，促进区域经济社会协调发展，实现共同富裕；提出了西部大开发的战略构想；并于中共十六大提出了全面建成小康社会的奋斗目标。

由于大量农村劳动力进城务工，城市粮食需求大幅度增加。为保障国家粮食安全，政府先后于 1994 年和 1996 年两次调高粮食定购价格，调幅分别达到 42% 和 40%，从而大大刺激了粮食生产。1994—1996 年连续 3 年粮食生产大幅度增长，连续跨越了 4500 亿公斤和 5000 亿公斤两个台阶，粮食增长超过了人口增长。为保障种粮农民的利益，稳定粮价，1997 年的夏粮收购出台新政策，以保护价敞开收购农民余粮，所需资金从粮食风险基金中支付，从而启动了中国的农业保护政策。由于这一政策以国有粮食部门为政策载体，国有粮食企业市场行为与政策行为相互交织，政策执行的结果是造成了国家财政的巨额挂账，于是粮食生产的价格保护政策又步履维艰地峰回路转到国有粮食企业的改革上，但这并不意味着农业保护就此完结。要实现协调发展，农业确实需要保护，保护不是因为偏爱，而是因为农业是弱质产业。特别是在加入 WTO 以后，开展了减免农业税试点和粮食生产直接补贴试点等农业新政试验。

4. 科学发展观与农业新政

鉴于长期对农业、农村和农民的历史欠账，在国家财力大幅度增长的背景下，决策层逐渐形成了以反哺农业为核心理念的农业保护发展观，这集中体现在 2004 年、2005 年的两份中央一号文件上。一方面，通过"两减免、三补贴"政策稳定农业生产，直接增加农民收入；另一方面，从改善农业生产的基本条件和要素质量入手，通过加强农田水利和生态建设、加快农业科技创新和农业技术推广、加强农村基础设施建设以及改革和完善农村投融资体制、健全农业投入机制、提高农村劳动者素质等措施提高农业综合生产力，建立农民增收的长效机制，间接增加农民收入。

2006 年中央一号文件把新农村建设作为主题。第一，提出把国家基础设施建设投入重点转向农村；第二，推行"两免一补"；第三，建立农村合作医疗制度；第四，在全国范围内全面取消农业税。2007 年中央对扶持发展粮食生产又有一些重大部署，一是发展粮食生产总的政策导向发生变化；二是侧重于提高粮食生产能力建设；三是继续稳定和强化扶持粮食生产政策。2008 年《中共中央关于推进农村改革发展若干重大问题的决定》中指出："我国总体上已进入以工促农、以城带乡的发展阶段，进入加快改造传统农业、走中国特色农业现代化道路的关键时刻，进入着力破除城乡二元结构、形成城乡经济社会发展一体化新格局的重要时期。"①该《决定》把完善农业支持保护制度作为新时期推动农业改革发展的一项重要内容。总之，中国农业发展政策的调整和完善，给今后中国农村和农业的发展带来了日益广阔的空间。

（二）中国现行农业政策效应评价

人们普遍认为，财政支农政策是政府支持和保护农业的有效手段，而中国目前的财政支农政策尚待改革。中国财政支农的主要问题表现在：第一，财政支农绝对量上升，相对量下降；第二，财政支农结构不合理，生产性支出比重下降，事业费比重上升；第三，间接支持多于直接支持。对于财政支持政策的改革，很多学者提出了建议，主要包括支持以水利为重点的农业基础设施建设；以植树造林、种草，恢复植被为重点的生态环境建设；新技术推广、市场信息服务等农业支持服务体系建设；改善农民基本生产条件和生活质量为重点的农村公共基础设施建设等。

关于新农业政策实施效果的研究和预期，成为当前农业政策研究领域的热点问题。陈锡文（2005）认为，2004 年一号文件的精神是直接给农民实惠。通过对种粮农民的直接补贴、减免农业税、对主产区重点粮食品种实行最低收购价等政策，使农民直接得到的实惠达到 450 亿元，并预言中国农业迎来发展的春天。② Fred Gale 等认为，2004 年中国实施的一系

---

① 参见《人民日报》2008 年 10 月 29 日第 1 版。

② 参见陈锡文《中国农业：迎来发展的春天》，《农村、农业、农民（A 版）》2005 年第 3 期。

列新农业政策表明，中国农业在政策取向上进入了以对农民直接补贴逐渐取代世代沿袭的农业税的新时代，而且新农业政策的实施反映了中国已经认识到农业是需要扶持的行业。[①] 程漱兰、任爱荣（2005）认为，2005年的一号文件一个突出特点就是国家财政开始越来越多地向"三农"倾斜，它预示着中国正加大力度调整国民收入分配格局，更加积极地支持"三农"发展。[②]

对新农业政策的具体研究，以粮食直接补贴为最多，争议也较大。如农业部产业政策法规司课题组（2003）分析了2002年安徽、吉林、湖北、河南粮食主产区补贴改革试点的成功经验，认为粮食补贴改革收到了农民基本满意、企业基本满意和政府基本满意的初步效果。[③] 肖海峰等（2005）基于对河南、辽宁农户问卷调查，认为农民对粮食补贴政策评价很高，也提出了逐步提高补贴标准的期望。但是也有一些研究认为，不能过高估计粮食直接补贴政策的作用。[④] 如李国祥（2004）的推算结果是，直接补贴在农民人均纯收入中的比重为2.8%，在人均农牧业生产中纯收入的比重为6.3%，完全依赖直接补贴支持农民收入增长毕竟有限。[⑤] 肖国安（2005）认为粮食直接补贴得利最多的是粮食消费者而不是生产者，粮食直接补贴是产量波动的"加速器"。[⑥] Fred Gale 等认为中国的新农业补贴政策对农业生产刺激作用不大，而且中国人口巨大，分散的补贴对农民增收的作用也很小。[⑦]

根据我们所做的研究，现行农业发展政策存在着立足点上的偏差。即，仅着眼于工业化阶段转变带来的支持农业能力的变化，而未注意到农

[①] Fred Gale，Bryan，Lohmar，Francis Tuan：China's new farm subsidies. http：//www. ers. esda. gov.

[②] 参见程漱兰、任爱荣《新农业政策与2005年的期待》，《农业经济问题》2005年3期。

[③] 参见农业部产业政策法规司课题组"粮食补贴方式改革探讨"，《农业经济问题》2003年第5期。

[④] 肖海峰等：《农民对粮食直接补贴政策的评价与期望——基于河南、辽宁问卷调查的分析》，《中国农村经济》2005年第3期。

[⑤] 李国祥：《我国农业国内支持政策措施选择的分析》，农业国内支持政策国际研讨会论文，北京：2004年10月25日。

[⑥] 肖国安：《粮食补贴政策的经济学解析》，《中国农村经济》2005年第3期。

[⑦] Fred Gale，Bryan，Lohmar，Francis Tuan：China's new farm subsidies. http：//www. ers. esda. gov.

业作为一个自主发展部门意义的出现；与工业化初期阶段一样，仍然把农业看作一个被动发展部门，而没有发现从传统农业向现代农业迅速转换过程中来自农业内部的发展动力的积累和成长。由此可以判断，现行农业发展政策的效应将是非常有限的；在此政策框架内，农业部门要完成现代化改造，也将是十分困难的。

三　工业化中期阶段农业发展政策的目标

诺贝尔经济学奖获得者缪尔达尔（Myrdal，Gunnar）认为，从长期来看，决定经济发展成功与否的关键只能是农业部门。然而，正如舒尔茨（1987）指出的："仅用传统生产要素的农业是无法对经济增长作出重大贡献的，……现代化的农业对于农业能否成为经济增长的一台强大发动机，已不再有任何怀疑了。"[①]中国正处在由传统农业向现代农业转变的时期。这个转变过程从某些方面来看，也就是改善农业生产条件，提高农业生产技术，更新农业技术装备的过程，即对新的现代农业生产要素的引进。那么，相应地，政府农业发展的长远目标是为现代农业的转化提供相应的政策支持，即为引进现代生产要素创造条件。

依据我们的研究，政府支持农业的政策不仅仅只考虑稳定和发展农业本身，更重要的是在农业内部形成一种自主发展能力。这就要求政府一方面调整国民经济资源分配格局，加大对农业的保护力度；另一方面调整农业支持的方向，注重农业自身持续发展能力的培育。

（一）农业发展政策的一般性目标

生产目标，即促进农业增产。在第二次世界大战前后，很多发达国家的农产品不足，例如欧洲的法国、德国、瑞典和亚洲的日本等国。它们的政府都很重视农业的增产和农产品的供求平衡。20 世纪 30 年代至今，历届瑞典政府都把建立一个稳定的、自给自足的农业生产体系作为自己的奋斗目标，以保证国内主要农产品的自给，特别是保证国家紧急状态下的粮

---

① 参见［美］西奥多·W. 舒尔茨《改造传统农业》，北京：商务印书馆 1987 年版，第 5 页。

食供应。日本至今仍把农业增产作为主要的政策目标，以满足国内农产品的需求。

收入目标，即稳定提高农业生产者的收入水平，缩小农业人口与非农业人口的收入差距。工业化国家的经济虽然从总体上说很发达，但由于农业是一个受自然条件制约很大的部门，农民的收入相对较低，而且不稳定，特别是对于那些经营规模小、技术和管理水平低、自然条件较差地区的农民来说，如何增加他们的收入，一直是各国政府十分重视的问题。

效率目标，包括两层意思，一是农产品的价格要合理，在国内能为消费者所接受，在国际市场上具有竞争能力；二是要实现农业生产资源的合理配置，保护农业的生态环境。在农产品生产不足的时期，各国都很注意生产目标，随着农业生产力的提高，农产品剩余的出现，以及自由贸易的发展，各国政府不仅注意农产品的产量，更注重产品的质量和成本，更注意农业的持续、长远和稳定的发展。

（二）中国农业发展政策目标的调整

在不同的经济发展阶段，农业政策的目标是不同的。目前，中国正处于经济转型期。在这一阶段，中国农业政策目标的制定与运行环境处于不断的变动之中。

进入 20 世纪 90 年代以来，困扰中国几十年之久的农产品供给不足问题得到解决，农产品逐步告别了短缺，并开始出现间歇性过剩；与此同时，由于农产品价格下跌，农民增产不增收，农民收入增长缓慢。在这一背景下，中国农业支持政策的目标有了明显的变化，主要表现是农民收入目标重视程度大大提高。

从中国当今的农业政策趋向来看，自 2000 年农业税费改革开始，中央政府开始减轻农业负担，关注增加农民收入。减免农业税和"直补"政策激起了农民对中央政府很高的期望，不少研究者也对政府提出了更高的期盼，希望政府要加大"直补"转移支付，以便能进一步提高农民的收入。但简单地把直补政策看成是提高农民收入的一项措施是不够的，期望"直补"来使农民收入有较大的提高更是不现实的。要正确认识该问题，必须对中国农业政策目标及走向作出客观分析。

若仅着眼于农民眼前收入的增加，那么提高粮食价格、降低农业生产成本、免除农业税赋和对粮食生产"直补"等就是可行的政策选择。然而，依据我们所做的研究，在进入工业化中期阶段以后，农业发展政策设计的主要着眼点，应放在促进农村部门人力资本积累率的提高方面，将生育率下降所带来的人均储蓄的增加及时地转化为人均人力资本投资的增长。其政策目标是实现农业部门和非农部门之间人均人力资本水平的趋同，在农村培育起与非农部门同质的收入创造主体。

四 工业化中期农业发展政策的基本内容

（一）加大对农村地区的教育投入

一方面，教育投入是人力资本投资的最主要内容；另一方面，大量经验研究显示，父母的受教育程度与家庭生育率负相关。为此，需要对忽视或歧视农村的现行教育体制作出重要调整。

第一，在政府教育资源的增量投入中，应加大对农村地区的供给。由于城乡二元体制的设置，中国农村教育出现了"县办高中，乡办初中，村办小学"的局面，其费用也由三级财政分别承担。与此相比，城市的教育费用则完全由政府承担。在各年的教育经费投入中，绝大部分投向了城市。2002年，全社会各项教育投资5800多亿元，不到总人口40%的城市居民占用了其中的77%，而超过总量60%的农村人口只获得23%的教育经费。[①] 在每10万人口中，城镇拥有中学数8.03所（其中高中2.61所），农村拥有中学数5.08所（其中高中0.30所）；每万人中，城镇拥有中学教师数为68.33，而农村仅为24.33，[②] 这里还未涉及教师素质和教育质量方面的差别。直到2005年，义务教育的全国教育经费支出中，对农村地区初级中学的比例占43.69%，但农村的初中学生人数的比例是46.29%；对农村地区小学的经费支出比例为59.32%，而农村小学生的比例却高达65.91%。[③] 这不仅影响了城乡之间人力资本的分布，也显失应有的社会公平。一些学者（Tan and Mingat, 1992；Penrose, 1993）认

---

① 《中国财经报》2004年8月24日第4版。

② 根据《中国统计年鉴2003》有关数据计算得出。

③ 根据《中国教育年鉴2006》中的数据计算得出。

为,以基础教育为主要内容的公共教育资源从富裕流向贫困的原则,是衡量教育资源分配是否公平的最终标准。因此,在今后政府教育增量投资中,应加大对农村地区的投入比重。

第二,完善农村人力资本投资市场,动员和引导社会资源向农村基础教育投资。在国家教育经费不足的前提下,可以通过完善人力资本投资市场,动员和引导社会资源向农村基础教育投资。李建民(1999)的一项研究指出,中国的教育投资并非资源性短缺,而是一种制度性短缺,即存在着社会资源进入教育领域的制度性障碍。如果给予民间教育以公平的成长环境,教育机会供给不足的局面就可以大为改观。

第三,在目前初等教育资源城乡分配严重倾斜的条件下,可以考虑适当降低农村子女接受高层次教育的门槛。中国高等教育自1997年"并轨"后试行全面收费以来,高校学费迅速上涨。1996—2000年,中国高等教育学费的年平均增长率保持在25%左右,而1998—1999年的学费增长率更是高达44%;[①] 同期居民收入水平的增长速度则远远低于这一水平。这导致了按可比价格计算的学费占居民人均收入的比例大幅度提高。2002年,学费占农村居民人均纯收入水平的比例由1996年的68.6%飙升至177.6%;相比而言,对城市居民这一比例只由1996年的37.0%上升至77.3%。[②] 2004年全国高校学费已上涨到5000元,住宿费上涨至1000—1200元,生活费每年为4000—5000元,大学四年要花费4万—5万元。学费占生均培养成本的比例也逐渐提高。如学杂费在生均成本和生均经常性支出中的比重由1995年的13.4%、17.0%分别上升到了2000年的22.2%、27.7%,超过了《高等学校收费管理暂行办法》中规定的25%。在这样的条件下,可以考虑直接或间接降低农村子女接受高层次教育的费用。例如,可以制定和家庭经济收入相联系的弹性学费政策。那样,就可以使承受能力差家庭的子女也有机会接受高等级教育。需要强调的是,在不同层次的教育中,高等教育对形成劳动者跨市场流动能力的作

---

① 参见刘民权等《学费上涨与高等教育机会公平问题分析——基于结构性和转型性的视角》,《北京大学教育评论》2006年第2期。

② 参见李文利、魏新《论学生资助对高等教育入学机会的影响》,《北京大学教育评论》2006年第2期。

用较大，即受教育程度越高，社会经济地位较低家庭的子女才有机会进入职业金字塔的上层。

第四，大力开展面向农村的职业技术教育，提高没有或很少接受正规教育的农民的文化水平和劳动技能。从 2001 年到 2005 年，农村成人学校数从 49.64 万所下降到 16.66 万所，农民教育和培训的教职工数从 41.35 万人下降到 25.07 万人。农民实用技术培训规模也逐年缩小，从 2001 年的年培训 8732.31 万人次下降到 2005 年的 4793.18 万人次。① 据测算，仅完成《2003—2010 年全国农民工培训规划》中的 2006—2010 年 5000 万人的引导性培训和 3000 万人的职业技能培训任务，就需要资金 230 亿元以上。对现有 1.7 亿农村剩余劳动力进行职业技能培训，所需经费在 900 亿元以上。② 因此，综合运用政府部门资源、协调利用社会资源是农村职业教育和农民培训工作中的一个重要方面。中央和地方政府亟须创新体制，综合利用农村各类教育、培训、科技、农业技术推广等资源，同时要协调使用社会资源，做好面向农民的职业技术教育和培训工作。在农村劳动力教育和培训中，也要充分发挥市场机制在教育和培训资源配置中的作用。

第五，有效提升农村转移劳动力的人力资本水平。大量证据表明，当受到更多的教育时，劳动力转移的成本会显著降低。③ 赵耀辉（1997）探讨了农村劳动力不同人力资本状况对外出行为的影响，都阳（1999）研究了教育对贫困地区农户非农劳动供给的影响。他们的研究都证实了人力资本对于农村劳动力的迁移决策具有积极的作用。大规模的农村劳动力迁向城市，带来非农收入的大幅度增加，作为货币流返回农村，这有利于农村新的生产要素投入，从而加快农业现代化进程。

第六，提高农村妇女的人力资本水平。联合国的统计资料显示，教育普及，尤其是妇女扫盲和受教育程度提高，会直接导致生育率迅速下降。妇女所受的教育可以从以下几个方面降低生育率：当女性受到更多教育

---

① 《新农村建设中的农村职业教育与农民培训》，http：//www.docs8.com/p－287604004231.html。

② 同上。

③ ［美］D. 盖尔·约翰逊：《经济发展中的农业、农村、农民问题》，北京：商务印书馆 2004 年版，第 389 页。

时，她们的时间变得更有价值，这会增加抚育孩子的成本；受更多教育的女性更有能力、也更愿意使用避孕技术来得到她们希望的孩子数量；增加教育还可以使女性更有独立的个性，更有可能作出自己的生育选择。Subbarao 和 Raney 利用发展中国家的经验数据证实了这一结果。[1] 吴洪森（2003）的一项研究显示，农村女性受教育程度达到高中的，生育率只有1.2 的水平。此外，妇女对家庭尤其是儿童的健康有重大影响。一项对利马的研究表明：在受过 6 年或 6 年以上教育的妇女中，82% 需求胎儿护理，而未受过教育的妇女只有 62%。另一项研究表明，妇女识字率提高10%，儿童死亡率下降 10%。[2]

（二）加速城市化进程

虽然经过几十年的发展，中国的城市化有了大幅度提升，然而，中国的城市化水平仍然较低，仍落后于世界平均水平。首先，从数量上看，至2008 年年底，中国有建制城市 655 座，其中百万人口以上的特大城市 118座；全国城镇人口为 6.07 亿，城市化水平达到了 45.7%。2005 年，世界城市化水平为 48.6%；其中发达国家平均水平为 74%，发展中国家为42.7%。[3] 其次，从速度上看，中国的城市化水平落后于工业化水平和人均 GDP 增长的幅度。据有关研究者提供的数据，在城市化水平达到 30%左右时，工业劳动人口所占比重与城市人口比重的比例在发达国家为 2:3，在发展中国家为 1:3，而中国只有 1:0.8。如果按照发达国家的比例推算，中国在 1990 年时城市化水平就应该达到 50% 以上。再次，根据世界银行的统计资料，1970 年到 1980 年期间的中国城市人口年均增长率为3%，大大低于低收入国家的水平，但是从 1980 年至 1995 年，中国城市人口的年均增长率为 4.2%，高于低收入国家平均水平，这标志着中国开始步入了城市化的"快车道"。

农业部门的发展，需与加速工业化、城市化的政策相配套。工业化和城市化不仅意味着农业劳动力的转移，同时也将诱致出农业人力资本水平

---

[1]　吴洪森：《关于计划生育的另一种思考》，《羊城晚报》2003 年 11 月 17 日。

[2]　中国社会科学院：《城市蓝皮书：中国城市发展报告（No.2）》，2009 年 6 月 15 日发布。

[3]　World Urbanization Prospects：The 2007 Revision Population Patabase.

的提高。因为：首先，在二元经济结构下，城乡产业部门存在着技术层次的显著差别。城市化将农村劳动力转向城市部门，亦即由低学习率的传统产业转向高学习率的现代产业。转移劳动力可以通过"干中学"实现人力资本水平的提升。而劳动力由传统的低生产效率的农业部门流向高生产效率城市现代产业部门是经济发展的一般规律。其次，城市化提高了转移人口养育子女的成本，可以降低其生育率。据调查，流动人口的生育水平是介于城镇妇女与农村妇女之间的，即她们的生育水平高于城镇妇女而低于农村妇女。[①] 流动人口受城市文明的影响越深，对其固有观念的冲击越大，原有的生育意愿就越容易改变。据测算，在既定的农村和城市生育率、死亡率假设条件下，到 21 世纪中期，有人口城镇化方案可比无人口城镇化方案减少人口 1.3 亿以上。[②] 还应注意到，农村地区教育投入的改善而带来的劳动力素质的提高，需要城市部门的扩张为其提供高收益率的就业机会。因此，农业和农村地区的发展，需要有教育和城市化这两项政策的组合使用。教育与城市化对于增加农民收入来说，存在着一个时滞问题，急功近利的政府行为会成为这类政策实施的障碍。

（三）促进农业技术进步

中国目前的农业科技总体水平同发达国家相比落后较多，甚至不如一些发展中国家。农业科技贡献率只有 42% 左右（发达国家一般为 60%—80%）。中国农民整体的科技文化素质较低，在很大程度上使农业和农村科技机制难以有效运行，并影响技术的推广范围和扩散速度，进而影响到农业综合生产能力的持续提高。因此，提高农民科技文化素质，对改善农业技术效率和促进农业技术进步具有重要的意义。

土地经营权的改变，是改革开放初期推动中国农业经济高速增长的制度因素。但是这种制度没有最大程度地形成对农户农业技术进步的激励，土地资源配置效率不够高，从而造成农户农业技术进步的内在动力不足。

---

① 盛朗：《中国城乡人口流动的计划生育管理》，魏津生、盛朗、陶鹰主编《中国流动人口研究》，北京：人民出版社 2002 年版，第 247 页；王建民、胡琪：《中国流动人口》，上海：上海财经大学出版社 1996 年版，第 142—143、136—137 页。

② 参见曾毅《中国人口分析》，北京：北京大学出版社 2004 年版。

因此，要培育有利于促进农业技术进步的主体，就要鼓励广大农户运用多种形式，不断增加对土地使用的投入，促进农业技术进步。农业技术商品的生产、推广和应用是有风险的。对单个农户而言，其风险与收益不成比例。发达国家中的农户具有较强的风险承担能力。而在发展中国家农业经济中，农户一般具有生产规模小、农产品商品化程度低、市场观念不强等特征。这就决定了他们难以产生强烈的农业技术进步的直接动力。中国农户除了具有这些特点之外，还因为传统文化的影响而具有对农业技术进步风险偏好程度低等特点。因此，应采取多方面的措施，降低农业技术进步的风险，提高农业经济主体承担风险的能力，促进农业技术进步。

第一，建立和完善由政府主导的统一的农业技术社会服务体系。政府按照重大农业技术、一般农业技术和普及型农业技术的分类，分层次地组建由政府主导的重大农业技术研究机构，重构一般农业技术运用研究机构和普及性的农业技术试验、推广、咨询服务体系，为农户提供农业技术服务。

第二，组建规范的市场集合主体，共同防范农业技术进步的市场风险。对于单个农户而言，要求农民在产品的不确定性强、风险大的情形下购买农业技术产品是不现实的。可以让农业技术生产厂商与农民就农药、化肥、种子、耕作方法、产量、价格、收入水平达成一揽子协议，并用合同的形式给予保证，尽量降低风险和农业技术改良的不确定性。

第三，建立农业技术进步基金，加强政府的政策扶持和金融资助。建立一整套适应农业规模、产品质量、产品多样化、专业化生产和新技术推广的政策体系，给予农业技术进步融资和信贷扶持，为农业技术进步提供金融保障。

第四，为农业技术进步提供需求保障。农业技术进步程度是同社会对农产品的总需求水平相一致的。对农产品的需求成为影响农业生产率高低和农业技术发展的重要因素。静态地看，随着人均收入水平的提高，国民农产品的消费中食品所占的比例会逐步下降。人们对农产品消费增加的幅度会越来越小，导致农产品的收入弹性一般较小；甚至对有些农产品，随着收入水平的提高，消费呈下降趋势。由此，农业一旦由短缺走向剩余，对农产品的需求就出现停滞不前，这会极大地限制农业发展和农业技术进步。然而，动态地看，收入水平的增加并不必然导致农产品的社会需求降低。总结西方发达国家农业发展历程可以发现，如果注意调整产业结构，提高农业同国民经济特别是工业的关联度，促进工业要素替代的技术变革等，都可以在很大程度上提高工业和国民经济对农产品的总需求。[①]

五　中国农业发展政策的现实转变

2007 年，中共中央和国务院《关于积极发展现代农业扎实推进社会主义新农村建设的若干意见》指出，发展现代农业是社会主义新农村建设的首要任务，是以科学发展观统领农村工作的必然要求。推进现代农业建设，顺应了中国经济发展的客观趋势，符合当今世界农业发展的一般规律，是促进农民增加收入的基本途径，是提高农业综合生产能力的重要举措，是建设社会主义新农村的产业基础。建设现代农业包括：用现代物质条件装备农业，用现代科学技术改造农业，用现代产业体系提升农业，用现代经营形式推进农业，用现代发展理念引领农业，用培养新型农民发展农业，提高农业水利化、机械化和信息化水平，提高土地产出率、资源利用率和农业劳动生产率，提高农业生产效益和竞争力。

对于新时期的教育，特别是农村教育，中国政府给予了高度的关注。为确保困难家庭子女接受义务教育，国家通过建立农村义务教育经费保障机制和贯彻实施新的《义务教育法》，将农村义务教育经费全面纳入公共财政保障范围，全部免除义务教育阶段学杂费，对家庭经济困难学生免费提供教科书并补助寄宿生生活费。这项深得民心的"两免一补"政策，2005 年首先在 592 个国家重点贫困县实施，2006 年在西部农村和部分中部农村地区实施，2007 年春季开学时在全国农村全面实施，惠及 1.5 亿农村义务教育阶段中小学学生。农民的教育负担得到切实减轻，平均每年每个小学生家庭减负 140 元，初中生家庭减负 180 元。与此同时，国家还不断加大对非义务教育阶段家庭经济困难学生的资助力度。在职业教育方面，设立了中等职业学校国家助学金；在高等教育阶段，初步形成了奖、贷、助、补、减有机结合的高校家庭经济困难学生资助政策体系。这些政策取得了很好的效果。

[①]　参见钟儒刚《着力推进农业技术进步》，《经济日报》2005 年 7 月 25 日。

　　2007 年政府工作报告中郑重宣布，从新学年开始，在普通本科高校、高等职业学校和中等职业学校建立健全国家奖学金、助学金制度；同时，进一步落实国家助学贷款政策，使家庭经济困难学生都能上得起大学、接受职业教育。这是继全部免除农村义务教育阶段学杂费之后，促进教育公平的又一件大事，是推进和谐社会建设的重要行动。

　　在新的资助政策体系中，每年资助 500 亿元，受助学生 2000 万元。具体地说，今后每年用于助学的中央和地方财政投入、学校安排的助学经费将达到 500 亿元，受助学生约 2000 万元，其中包括 400 万大学生和 1600 万中职学生。新的资助政策体系遵循"加大财政投入、经费合理分担、政策导向明确、多元混合资助、各级责任清晰"的原则。中国高等教育从此形成了国家奖学金、国家励志奖学金、国家助学金、国家助学贷款和勤工助学等多种形式的高校家庭经济困难学生资助政策体系。中等职业学校形成了国家助学金，学生工学结合、顶岗实习、半工半读，学校减免学费等多种形式的资助政策体系，国家助学金将资助所有接受中等职业教育的全日制在校农村学生和城市家庭经济困难学生。新的资助政策体系的建立，将使所有家庭经济困难学生都能上得起大学或有机会接受职业教育。[①]

参考文献

陈锡文：《中国农业：迎来发展的春天》，《农村、农业、农民（A 版）》2005 年第 3 期。

程漱兰、任爱荣：《新农业政策与 2005 年的期待》，《农业经济问题》2005 年第 3 期。

都阳：《教育对贫困地区农户非农劳动供给的影响研究》，《中国人口科学》1999 年第 6 期。

冯海发：《对我国农业补贴的理论思考》，《中国农村经济》1996 年第 6 期。

金乐琴：《发展观与发展战略的演变：全球视角》，《学术研究》2004 年第 11 期。

李国祥：《我国农业国内支持政策措施选择的分析》，北京：农业国内支持政策国际研讨会论文，2004 年 10 月 25 日。

李建民：《生育率下降与经济发展内生性要素的形成》，《人口研究》1999 年第 2 期。

李溦：《试论我国工业化汲取农业剩余的"剪刀差"方式》，《经济纵横》1995 年第 5 期。

李文利，魏新：《论学生资助对高等教育入学机会的影响》，《北京大学教育评论》2006 年第

---

　　① 参见中华人民共和国教育部网站（http://www.moe.edu.cn/edoas/website18/info33948.htm），禾青：《把促进教育公平作为国家基本教育政策——访教育部部长周济》，2007 年 10 月 17 日。

2 期。

李杨：《财政补贴经济分析》，上海：上海三联书店 1990 年版。

刘民权等：《学费上涨与高等教育机会公平问题分析——基于结构性和转型性的视角》，《北京大学教育评论》2006 年第 2 期。

［美］阿瑟·刘易斯：《经济增长理论》，上海：上海三联书店 1990 年版。

刘渝：《我国农民直接收入补贴问题初探》，《农业经济》2005 年第 6 期。

农业部产业政策法规司课题组，《粮食补贴方式改革探讨》，《农业经济问题》2003 第 5 期。

［法］F. 佩鲁：《新发展观》，北京：华夏出版社 1987 年版。

盛朗：《中国城乡人口流动的计划生育管理》，魏津生、盛朗、陶鹰主编：《中国流动人口研究》，北京：人民出版社 2002 年版。

［美］西奥多·W. 舒尔茨：《改造传统农业》，北京：商务印书馆 1987 年版。

世界环境发展委员会：《我们共同的未来》，长春：吉林人民出版社 1997 年版。

世界银行：《1993 年世界发展报告：投资与健康》，北京：北京财政经济出版社 1993 年版。

王建民、胡琪：《中国流动人口》，上海：上海财经大学出版社 1996 年版。

吴洪森：《关于计划生育的另一种思考》，《羊城晚报》2003 年 11 月 17 日。

杜德利·西尔斯：《发展的含义》，［美］亨廷顿：《现代化的理论与历史经验再探讨》，上海：上海译文出版社 1993 年版。

肖国安：《粮食补贴政策的经济学解析》，《中国农村经济》2005 年第 3 期。

肖海峰等：《农民对粮食直接补贴政策的评价与期望——基于河南、辽宁问卷调查的分析》，《中国农村经济》2005 年第 3 期。

［美］D. 盖尔·约翰逊：《经济发展中的农业、农村、农民问题》，北京：商务印书馆 2004 年版。

曾毅：《中国人口分析》，北京：北京大学出版社 2004 年版。

赵耀辉：《中国农村劳动力流动及教育在其中的作用》，《经济研究》1997 年第 2 期。

钟甫宁主编：《农业政策学》，北京：中国农业出版社 2004 年版。

Fred Gale, Bryan, Lohmar, and Francis Tuan：China's new farm subsidies. http：//www. ers. esda. gov.

Tan Jee – Peng and A. Mingat, 1992：Education in Asia：A Comparative Study of Cost and Financing, Washington, D. C. World Bank.

Penrose, P. 1993：Affording the Unaffordable：Planning and Financing Education Systems in Sub – Saharan Africa, Occasional Papers on Education 7, London：Overseas Development Administration.

Sabbarao, K. and Laura Raney, 1995：Social Gains from Female Education：Cross – National Study, The World Bank. Unpublished Revision Published in Economic Development and Cultural Change, 44 (1)：105 – 128.

第六部分

+·+

发展模式

第二十四章

农业发展：多维含义下的实现路径

一　农业现代化含义的多维度界定

什么是农业现代化？迄今，仍未形成一种规范性认识。一般地，人们把农业现代化主要视作农业技术进步量的积累和质的飞跃过程，现代农业即用现代农业技术装备起来的先进产业。

在长期，农业技术是一个变量。因此，不同时期，现代农业的技术内涵被不断地补充或修正。基于先行完成农业现代化改造的英、美等国的经验事实，最初，人们将农业现代化与农业机械化相等同。当农业中机械技术的应用达到某种程度时，即"无生命动力源泉对有生命动力源泉的比例已经增长到了或者超过了不可回转的程度"，[①] 现代农业即告确立。机械技术的应用，大大提高了劳动生产率，使农业劳动的边际产出与工业劳动趋同；同时，农业部门资本投资的收益率也与非农产业部门趋于均衡。这些，使农业这个古老产业具备了现代产业的特征。土地与资本的相对丰裕，是机械技术广泛采用的前提。对于人口压力大而经济落后的广大发展中国家来说，提高单位土地面积产量的生物、化学技术更具现实意义，这一技术也是增加产出和提高收益的重要途径。由此，生物化学技术也被纳入现代农业技术体系。机械技术和生化技术在为农业带来革命性变化的同时，产生了环境污染、农产品品质下降等负面影响。有机农业、绿色农业以及生态农业等概念的提出，在一定程度上反映了人们对早先形成的现代农业技术体系的某种怀疑或否定。但

---

① 张培刚：《新发展经济学》，郑州：河南人民出版社 1992 年版，第 109 页。

是，农业技术的进步，不会因为其某种难以预期的成本的存在而回归到它的起点，反而由于这些问题的解决推动着农业技术向着更高层次迈进。可持续发展农业的理念，代表着现代农业技术体系认识的最前沿。它试图将现代农业技术体系建构成为高生产效率、优产出质量和低资源环境代价等特征共生于一体的有机组合。

换一个角度，在工业经济时代，现代农业技术是工业领域先进技术成果在农业部门的选择性反映。在技术和知识飞速发展的今天，生物化、信息化以及知识化又被作为现代农业技术不可或缺的内容。总之，现代农业技术的现代性，是动态的和不断完善的。

生产手段的先进性是现代农业区别于传统农业最为明显的表征，从技术层面定义农业现代化，无疑是可行的。问题在于，农业现代化是一个系统的变化过程，并非是技术因素单纯变革的结果。试想，几千年的传统农业中为什么没有内生出现代农业技术？而农业领域中大规模的技术变迁恰恰发生在农业的市场化和工业化的较高水平阶段？从技术角度规定现代农业本质特征的同时，还必须注意到，这种技术变迁所赖以发生的条件。没有对与农业技术变革相关条件及其他伴生因素的揭示，不能全面和准确地把握农业现代化的本质内涵。

现代化农业不仅是用大量资本投入装备起来的高技术农业，而且是具有产权关系完善、交易体系健全和组织形态先进等一系列制度内涵的现代产业，同时，现代农业有着明显区别于传统农业的高收入弹性的内部生产结构特征和小部门化的外部结构特征。技术、结构与制度是界定现代农业的三个不同层面。高技术特征只是现代农业的表象，结构性规定从产业关联的深层揭示了现代农业的产业特质，而制度性内容则是现代农业的"软件"系统，是现代农业最为本质的特征。农业现代化三重含义是一个相互依存、协调互动的共生体。农业的小部门化和商业化是农业技术变迁的前提，农业技术进步又是农业结构转变和农业制度变革的保障。现代农业含义的扩展，赋予了中国农业现代化建设过程中技术进步的同时不断进行结构调整和制度变革的基本任务。

二 技术进步意义上的农业发展

（一）传统农业的投入与增长

什么是传统农业？舒尔茨（Schultz，T. W.）指出："完全以农民世代使用的各种生产要素为基础的农业可以称之为传统农业。"[1] 从经济分析的角度来看，"传统农业应该被作为一种特殊类型的经济均衡状态"。[2] 形成这种均衡的主要条件是技术状况长期保持不变——传统农民世世代代使用的祖先传下来的农业生产要素，并不因为长期的经验积累而有多大的改变。在美国农业发展经济学家史蒂文斯（Stevens，R. D.）和杰巴拉（Jabara，C. L.）看来："传统农业可以定义为这样一种农业，在这种农业中，使用的技术是通过那些缺乏科学技术知识的农民对自然界的敏锐观察而发展起来的。……建立在本地区农业的多年经验观察基础上的农业技术是一种农业艺术，它通过口授和示范从一代传到下一代"[3]。

一般认为，传统农业停滞、落后的原因，在于传统农业储蓄率和投资率低下，缺乏资本；而储蓄率和投资率低下的原因，又是农民没有节约和储蓄的习惯，或缺乏能抓住投资机会的企业家才能。舒尔茨认为，传统农业中确实存在着储蓄率和投资率低下的现象，但其根源并不是农民缺乏企业家才能，而在于传统农业中对原有生产要素增加投资的收益率低下，对储蓄和投资没有足够的刺激。

舒尔茨把收入看作"是一个流量概念……收入流数量的增加就等于经济增长"。[4] 生产要素是收入流的来源，要增加收入流，也要增加收入流来源。作为收入流来源的生产要素是有价值的，在这一意义上，收入流也是有价格的。收入流价格的高低，直接制约着收入流的增长。研究经济增长，就应该研究收入流的价格。舒尔茨指出，农业经济增长的中心问题

---

① ［美］西奥多·W. 舒尔茨：《改造传统农业》，北京：商务印书馆1987年版，第4页。

② 同上书，第24页。

③ ［美］史蒂文斯、杰巴拉：《农业发展原理》，1988年英文版，第60页。转引自郭熙保《农业发展论》，武汉：武汉大学出版社1995年版，第122页。

④ ［美］西奥多·W. 舒尔茨：《改造传统农业》，北京：商务印书馆1987年版，第57页。

"就是要解释由什么决定这些收入流的价格"。[①] 在传统农业中，由于生产要素及其技术状况不变，持久收入流来源的供给是不变的。另外，传统农业中农民持有和获得收入流的偏好和动机也是不变的。这样，持久收入流的均衡价格就长期维持在一个较高水平上。这说明，"在传统农业中，来自农业生产的收入流来源的价格是比较高的"。换句话说，"传统农业中资本的收益率低下"。[②]

"当农民局限于使用传统生产要素时，他们会达到某一点，此后，他们就很少能对经济增长做出什么贡献，这是因为要素的配置很少有什么改变后可以增加当前生产的明显的低效率。"[③] 当追加的收入流来源被局限于传统生产要素时，相对于表现为实际收入的边际产量而言，这些要素的价格是高昂的。收入流来源价格高，亦即向传统生产要素投资的收益率低。这对传统农民把收入中的更大部分储蓄起来投资于这种要素缺乏足够的激励。"每当收入流的价格变得如此之高，以致于供给曲线和需求曲线的交点沿着长期均衡的水平需求曲线时，（纯）投资就会是零。"[④] 储蓄和投资不能增加，传统农业长期停滞的均衡状态也就不可能打破。

（二）现代农业增长的特征与源泉

现代农业增长的主要特征表现为农业生产率的不断提高。农业生产率通常分为劳动生产率、土地生产率和全要素生产率。[⑤]

国际经验表明，农业劳动生产率与一国的经济发展程度正相关。经济发达的国家和地区，农业劳动生产率水平高且增速较快；相反，经济落后的国家和地区，农业劳动生产率水平则较低，其增长速度也较缓慢。20世纪60年代，发达国家的农业劳动生产率的年均增长率是发展中国家的2.7倍，1970—1976年，前者是后者的2.8倍，到20世纪80年代，前者是后者的2.4倍多。从1965—1995年这一时间区间来观察，发达国家的农业劳动生产率的年均增长率为3.4%，而发展中国家平均仅为1.5%，

---

① ［美］西奥多·W. 舒尔茨：《改造传统农业》，北京：商务印书馆1987年版，第57页。

② 同上书，第64页。

③ 同上书，第20页。

④ 同上书，第61页。

⑤ 参见本书第一章。

前者为后者的 2.27 倍。[①]

土地生产率的高低，首先与一个国家的土地资源禀赋状况有关。一般来讲，在土地资源丰裕的国家里，土地生产率不高且增长率缓慢；而在土地资源稀缺且人口增长较快的国家里，土地生产率较高并增长较快。比如：土地资源丰富的美国，1880—1900 年，单位面积产量每年平均下降0.4%，1900—1920 年，每年平均下降 0.3%，只是到了 20 世纪 30 年代以后，土地生产率才开始有明显提高。人均耕地在 1880 年不到美国 1%的日本，则主要依靠土地生产率的提高来实现农业产出的增长。在1880—1900 年间，日本土地生产率年均增长 1.2%，1900—1920 年间上升到 2.6%，1920—1940 年为 1.6%。[②] 同时，土地生产率的高低与经济发展程度存在着很高的相关性。土地生产率对粮食生产的贡献，发达国家远大于发展中国家。1948/1952—1978/1980 年，发达国家土地生产率的贡献高达 82%，发展中国家为 71%；1979/1981—1989 年，前者为209%，而后者只有 89%。[③]

与劳动生产率和土地生产率相一致，经济较发达和经济发展较快的国家和地区，其农业全要素生产率水平及其增长率也较高。以亚洲的日本、中国台湾地区、韩国和菲律宾为例，在 20 世纪 50 年代和 60 年代，农业全要素生产率增长率，日本为 1.99%，中国台湾地区和韩国分别是1.72%、1.31%，菲律宾仅为 0.71%。农业全要素生产率增长率对农业增长的贡献，日本最高，达到 57.2%；中国台湾地区次之，为 36%；再次是韩国，为 34%；贡献最小的是菲律宾，只有 17.9%。[④] 由于全要素生产率增长率的差异，使这四个国家和地区的农业全要素生产率水平出现很大差别。在 20 世纪 60 年代末，上述四个国家和地区的农业全要素生产率指数分别为 1.45、1.36、1.27 和 1.14。[⑤]

[①] 数据来源：1961—1989 年的数据转引自郭熙保《农业发展论》，武汉：武汉大学出版社1995 年版，第 184 页。1965—1995 年的数据来自 ［日］速水佑次郎、神门善久《农业经济论》，北京：中国农业出版社 2003 年版，第 8 页。

[②] 参见郭熙保《农业发展论》，武汉：武汉大学出版社 1995 年版，第 187—188 页。

[③] 同上书，第 189—190 页。

[④] 数据来源：郭熙保：《农业发展论》，武汉：武汉大学出版社 1995 年版，第 182 页。

[⑤] 同上。

　　农业劳动生产率的提高，主要是依靠替代劳动的现代农业机械如拖拉机、收割机等的大量使用实现的。农业劳动生产率较高的发达国家的农业机械拥有量，远高于农业劳动生产率较低的发展中国家。在 2000 年，美国每千公顷耕地拥有拖拉机和联合收割机台数分别为 27.1 和 3.7，中国这两项数据则是 0.7 和 1.6，美国是中国的 38.7 倍和 2.3 倍。如果以人均拥有量来比较，两国的差距更大。美国每百名农业经济活动人口拥有拖拉机 158.6 台，中国这一指标仅为 0.19 台，美国超过中国 833.7 倍。[①]

　　土地生产率的提高，主要来自化肥、农药、新品种等生物化学技术投入的增加。与农业机械投入的增长相类似，第二次世界大战以来，世界各国农业领域中的生物、化学技术的投入也在迅猛增长。从世界各国的横向比较中可以看到，土地生产率与化肥施用量之间大致呈正向关联。高收入国家的土地生产率平均比低收入国家高，与之相适应，前者的化肥施用量一般也比后者高。虽然发展中国家的生物化学技术进步比发达国家快，比如，1970—1990 年间，低收入国家的化肥施用量年均增长率达 9%，中等收入国家是 3.3%，高收入国家只有 0.6%，然而，从化肥使用的效率来看，高收入国家比低收入国家要高得多。每增加 1% 的化肥投入，低收入国家只能带来 0.33% 的谷物单位面积产量的增加；中等收入国家可以带来 0.61% 单位产量的增加；而高收入国家单位面积产量能够增加 2.67%。化肥的产出弹性，高收入国家是低收入国家的 8.1 倍，是中等收入国家的 4.4 倍。[②]

（三）技术进步在农业发展中的作用

　　以上分析表明，如果仅限于对传统农民世代使用的生产要素做出更好的资源配置以及对传统要素进行更多的投资，并无助于农业的增长，充其量也只能有很小的增长机会。但是，这并不意味着农业部门不能成为经济增长的重要来源。使农业成为经济增长来源的关键，在于给予农业投资以平等的获利机会。"我确信经济增长理论的中心概念应当是投资的收益

---

① 资料来源：《国际统计年鉴 2003》，北京：中国统计出版社 2003 年版。
② 参见郭熙保《农业发展论》，武汉：武汉大学出版社 1995 年版，第 201 页。

率。……如果农业中得到的收益率等于或高于其它经济机会的收益率，那么就意味着，就每个单位的投资而言，农业对经济增长的贡献与其它投资对经济增长的贡献相等或更大一些。"① 换言之，把农业改造成为经济增长的重要源泉，从根本上说是一个投资问题，即必须使农业投资变得有利可图。

在什么情况下对农业的投资才是有利的呢？由于传统农业生产要素是"高昂的经济增长的源泉"，或者说，传统农业要素投资的收益率低下，因此，农业投资不能投向已耗尽其有利性的传统农业生产要素。"处于传统农业中的农民一定要以某种方式获得、采取并学会有效地使用一套有利的新要素。"② 这些新要素可以使农业收入流价格下降，使农业投资有利可图，从而把"农业改造成一个比较廉价的经济增长的源泉"。③

这里有两个问题：第一，这种廉价的新生产要素新在哪里呢？舒尔茨指出："特殊新生产要素现在是装在被称为'技术变化'的大盒子里。""一种技术总是体现在某些特定的生产要素之中，因此，为了引进一种新技术，就必须采用一套与过去使用的生产要素有所不同的生产要素。"④第二，新要素为什么可以成为廉价的经济增长源泉呢？因为新要素比传统要素有着高得多的产出效率。这样，在单位产出中投资成本的比重就下降了，从而使对新的现代生产要素的投资比对传统要素的投资更为合算。从世界农业发展的实践来看，"最近几十年在许多国家里农业生产的增加显然是巨大的。这些增加表明农民对新经济机会的反应。一般说来，这些机会既不是来自可以定居的新开发的农用土地，也不是主要来自农产品相对价格的上升。这些机会主要来自更高产的农业要素"。⑤ 在美国，农业增长主要是由于技术变化而引起的要素效率的改善带来的。"产出的增长有多少来自增加的土地、劳动和'传统'的可再生资本？对美国长期来看，绝大部分（约 4/5）来自'国民效率的改善'，只有大约 1/5 来自增加的

① ［美］西奥多·W. 舒尔茨：《经济增长与农业》，北京：北京经济学院出版社 1992 年版，前言。

② ［美］西奥多·W. 舒尔茨：《改造传统农业》，北京：商务印书馆 1987 年版，第 109 页。

③ 同上书，第 78 页。

④ 同上书，第 79、100 页。

⑤ 同上书，第 80 页。

传统形式资源的投入。"① 一旦辨明了隐蔽在技术变化中的新的生产要素，经济增长源泉的问题也就基本弄清楚了。

改造传统农业的目的，就是要把停滞、贫穷、落后的农业部门，转变为可以对经济增长做出重要贡献的高生产率的现代产业部门。要实现由长期停滞到快速增长的转化，唯有用高生产率的现代农业要素去替代已耗尽有利性的传统要素。因此，引入现代农业生产要素——农业技术进步，是改造传统农业和实现农业增长方式转变的关键之举和根本出路。

三 结构转变层面的农业发展

（一）结构转变对农业资源配置格局的影响

在钱纳里（Chenery，H.）和赛尔昆（Syrquin，M.）经济结构转变的多国模型中，经济发展程度的高低，或者说人均收入水平的高低，与不同产业间份额的大小存在密切的关系。随着经济发展和人均收入水平的提高，工业和服务业的就业比重呈不断提高的变化趋势，而农业的就业份额则显著地下降了。如果说，经济发展就是经济结构的成功转变，而经济结构成功转变的基本内容就是产业结构的如上变化，那么，农业份额的下降也就是经济发展的必然结果；如果说，经济发展必然包含农业部门的发展在其中，那么，农业份额的下降也就是农业发展的内容之一。② 这一发展的意义可以从以下几个方面来看：

经济结构转变过程，是农业高效率资源对低效率资源的替换过程。过多的劳动投入和过少的资本、技术投入的均衡，是传统农业资源配置的基本特点，也是传统农业低效率的根源。传统农业要实现发展，就必须打破资源配置的这种低效率均衡。这依赖于资源的两方面流动：过剩劳动力从农业部门流出和资本、技术等要素流入农业部门，从而在农业部门形成高效率资源对低效率资源的替代。经济结构的转变，为农业部门这两类资源的流动提供了条件。世界经济发展的经验表明，随着经济结构的转变和升

---

① ［美］西奥多·W. 舒尔茨：《经济增长与农业》，北京：北京经济学院出版社 1992 年版，第 202 页。

② 参见本书第十一章。

级，单位农业产出所使用的资本量不断提高，而所需劳动力数量却明显地减少了。比如在钱纳里等人经济结构转变的多国模型中，人均收入由140美元（1970年美元）提高到5040美元时，资本系数（单位产出占用的资本量）由1提高至2.32；劳动系数（美百万美元产出所需劳动力数量）则由3610降至95。[1] 农业资源配置格局在结构转变中由传统型在向现代型过渡。

在经济结构转变过程中，农业生产率特别是农业劳动生产率明显提高。在农业发展的初始阶段，"由于未充分就业的劳动力大量存在，早期农业全要素生产率增长缓慢，但随着工业化的发展而不断加快"。[2] "一旦人口迁徙和资本积累使农业的剩余劳动力大量减少，其相对工资便会增长，农业的赶超过程也就会发生。因而，和其他部门相比，这一部门的资本密集度提高得更快一些，这是和要素生产率的连续增长相关联的。结果，农业开始缩小生产率的差距。"[3] 在整个结构转变时期，"农业劳动生产率的水平也不是始终低于制造业和服务业的劳动生产率。生产率的距离通常在初级阶段拉宽，然后，随着农业生产劳动率的加速增长，差距才开始缩小，直到农业劳动生产率增长超过平均增长"。[4] 进入发达阶段，"最引人注目的变化发生在农业，多数发达国家的农业，已由生产率低速增长的部门转变为劳动生产率增长速度最高的部门"。[5]

在经济结构实现成功转变的过程中，农业产出也在不断增长。结构转变导致农业比重下降，并不意味着农业产出绝对量的减少。这是因为：（1）农业份额的下降是与工业、服务业相比较相对比重的下降，它是由农业的增长率慢于工业和服务业增长率造成的。农业份额的下降与农业产出的增长并不矛盾。（2）农业份额的下降，从资源供给的角度看，主要是劳动力份额的下降。这种份额下降在结构转变的大部分时期，也是相对下降，只有在结构转变的后期，才会出现绝对量的减少。与农业部门劳动

---

① ［美］H.钱纳里等：《工业化和经济增长的比较研究》，上海：上海三联书店、上海人民出版社1995年版，第316—317页。

② 同上书，第94页。

③ 同上书，第327页。

④ 同上书，第323页。

⑤ 同上书，第99页。

力供给这种相对量甚至绝对量减少相对应，是农业部门资本投入和技术投入的增加，还有生产率水平的提高。

在钱纳里的经济发展理论中，伴随经济结构转变的农业发展过程，就是农业比重逐步下降和农业资源现代技术含量及产出效率不断提高的同步变化过程。或者说，农业发展的基本标志，一是宏观经济结构中农业份额的下降；二是伴随农业份额下降过程的农业现代化程度的提高。份额下降是质态改善的前提，质态改善是份额下降的要求乃至必然结果。

（二）结构转变与现代农业要素的供给与需求

1. 结构转变中现代农业要素供给的增长

现代农业要素由各种再生性资源组成，它们主要由工业部门生产出来，并随着工业部门的扩张和生产效率的提高，变成日益廉价的资源。舒尔茨把现代农业生产要素的供给分为"生产"（即研究与开发）与推广两个方面。

高生产率的现代农业资源主要是高技术含量的现代物质投入品。由于农业环境的差异，发达国家或某一个地区的现代物质投入品不是可以在贫穷国家或另一个地区现成拿来使用的，而必须立足于本国或本地区进行研究和开发。研究和开发的主要作用是使现代农业生产要素适应于特定地域的特定条件。现代农业生产要素的研究或"生产"具有两大特征。第一，外部性。现代农业要素投入生产带来的"许多收益不能由该企业所得到而是广泛地扩散了——某些收益归其它企业，而某些收益归消费者"。[①]第二，不可分性。农业研究是一项花费颇多的事业。"适于这一任务的方法，一般要求要有许多各类科学家和辅助人员以及各种用于实验工作的昂贵设备，以便接近于达到最优规模。"[②] 以上两个特征决定了现代农业生产要素的研究与开发不适合由营利的私人企业来承担，"一个有效的研究机构的规模排除了以确保企业竞争为基础的安排"，而"组织公共和私人非营利集团去完成某些研究和开发的职能是必要的"。也就是说"必须使

---

① ［美］西奥多·W. 舒尔茨：《改造传统农业》，北京：商务印书馆 1987 年版，第 113—114 页。

② 同上书，第 114 页。

大部分基础研究和部分应用研究或开发研究'社会化'。① 现代农业资源生产的这些特征，决定了农业生产单位无条件或无能力来从事这种工作，它一般应由政府支持的属于第二或第三产业部门的专门机构来承担。在产业结构升级即二、三产业扩展的过程中，现代农业生产要素的研发能力在增长。

现代农业要素的推广工作，可以由营利的企业或非营利的机构来承担，但在落后国家，则主要应由政府或其他属于第三产业部门的非营利企业来进行。营利企业可否从事推广工作，取决于推广新农业要素期望获得的利润，而利润主要取决于营利企业进入该行业的成本和市场规模。舒尔茨指出，营利企业从事新农业要素推广工作的成本是高的，而新农业生产要素的市场一般都非常小，因而，营利企业"从这一业务中获得利润的可能性是很小的"② 这就决定了"在私人公司能进入这一领域之前，经常需要非营利机构来开辟道路"。③ 舒尔茨所说的非营利机构指，政府建立的农业技术推广站、学校、国外基金会、联合国粮农组织等。与研究工作一样，推广工作也具有外部性和不可分性的特征，由此决定了如上非营利机构成为从事农业新要素推广工作的适当承担者。"只有这样做时，它才会为私人公司参与某些新农业要素的分配开辟道路。也才会使非营利企业和营利企业实现专业化，以便达到它们之间的有效分工变得必要。"④

2. 结构转变对现代农业要素需求的影响

农民是否愿意接受新要素，取决于新要素使用后的盈利情况。舒尔茨说："贫穷社会农民接受一种新农业要素的速度可以根据采取和使用该要素的有利性做出最好解释。"⑤ 那么，使用新生产要素的有利性又是由什么决定的呢？

新农业要素的价格和边际产量。在农业要素供给部门生产率水平一定的条件下，由于"相对于市场规模而言，供给一种新品种种子、肥料、

① ［美］西奥多·W. 舒尔茨：《改造传统农业》，北京：商务印书馆 1987 年版，第 115、113 页。

② 同上书，第 116 页。

③ 同上书，第 118 页。

④ 同上书，第 121 页。

⑤ 同上书，第 126 页。

农药或简单机器，其进入成本是高的"，① 新要素价格即采用新要素的成本，价格高即使用成本高。这构成对新要素需求的一个不利因素。但在产业结构动态提高的过程中，工业部门生产率的进步则可以使现代农业要素的价格降低，使农业新要素成为农业产出增长的廉价源泉。同时，使用新要素的有利性还应看其使用后的收益或产量情况。舒尔茨肯定，新投入要素的边际产量比它所代替的旧要素要高得多，因为"有高度生产性和获利性的农业投入来源于适用农业生产的科学知识的进步"。② 新要素的盈利性，又主要不是取决于新旧要素相比较的相对产量的增长，而取决于新要素投入带来的产量增加的绝对量。因为产量增加的绝对量才是弥补成本后取得利润的来源。新要素的产出效率，也在随着产业结构转换带来的涉农工业部门的技术进步而提高。

产业结构的转变，将大量农业过剩劳动力吸纳到非农产业部门，农业部门的劳均土地装备率因此改善，这将引致农业生产组织形式的企业化转变。这种转变表现在，生产决策类型由产量最大化的生产导向决策转向利润最大化的市场导向决策；土地、劳动、资本等生产投入的自有份额日渐式微，其较大比重通过交易契约从社会租入；农业与非农产业间的投资收益率因农业市场化程度的提高而渐趋平均化。此时，农业新要素引入的有利条件大大改进。一方面，劳动力大规模移出之后，替代劳动的资本投入的收益率提高，对投资农业的物质资本需求变得日渐强烈。另一方面，人均农业收入因人地比例关系的改善而提高；此时，农民家庭又可得自转移劳动力的部分非农收入。比较转移之前，物质资本的供给能力也增强了。

（三）工业化、结构转变与农业发展

工业部门的迅速扩张，是产业结构转变最为突出的特征。在结构转变过程中与农业份额下降相对应，工业份额明显地增长了。在钱纳里等人的多国模型中，当人均收入由 100 美元增加到 1000 美元时，农业的产值份额和就业份额由 45.2% 和 65.8% 下降为 13.8% 和 25.5%；与之相反，工

---

① ［美］西奥多·W. 舒尔茨：《改造传统农业》，北京：商务印书馆1987年版，第125页。
② ［美］西奥多·W. 舒尔茨：《经济增长与农业》，北京：北京经济学院出版社1992年版，前言。

业的产值份额与就业份额却由 14.9% 和 9.1% 提高到 34.7% 和 32.5%。[①]
因此，钱纳里和赛尔昆指出："用初级产品产出的下降和工业的上升来衡量，工业化是构成这一过渡的结构变化的突出特征。"[②]

钱纳里结构转变理论不仅表明，结构转变的主要特征是工业化现象的凸显；而且表明，结构转变主要发生在工业化阶段。"在发展的初期，初级产品出口可以在长期内抵消实现工业化的内在需求；在发展的末期，制造业的长势停止了，因为制成品最终需求的增长速度不再超过国民生产总值的增长速度。工业化处于发展的中期，这一时期发生了初级产品生产向制造业生产的重大转移。"[③]

在钱纳里等人的结构转变理论中，工业化、结构转变与农业发展之间存在着非常密切的逻辑联系。

工业化被视作产业结构转变的主导力量。产业结构转变，简单地说，就是将以传统农业为主体的国民经济结构转变为以现代工业为主并运用现代工业的先进成果装备其他产业的国民经济结构。从结构转变的起点来看，是国民经济中工业比重的微弱；从结构转变的结果来看，是国民经济中工业份额大幅度提高及其力量的扩散。因此，结构转变的突出特征，就是工业部门的扩张。

结构转变包含了农业发展在其内。所谓农业发展，就是传统农业向现代农业的转化。这一转化不是孤立的过程，而必须在整个国民经济结构的转换和升级的大背景下完成。没有产业结构的转变，就不会有传统农业部门过剩劳动力的流出和资源低效率配置均衡状态的打破；没有经济结构的转变，就不会有资本、技术等新型要素向农业部门的流入和用现代机械技术、生物化学技术和管理技术装备起来的现代化农业。一句话，没有经济结构的成功转变，也就不会有农业本身的成功发展。

在工业化与农业发展之间，工业化是农业发展的重要推动力量。既然

---

① ［美］H. 钱纳里等：《工业化和经济增长的比较研究》，上海：上海三联书店、上海人民出版社 1995 年版，第 71 页。

② ［美］霍利斯·钱纳里、［以］莫伊思·赛尔昆：《发展的型式 1950—1970》，北京：经济科学出版社 1988 年版，第 55 页。

③ ［美］H. 钱纳里等：《工业化和经济增长的比较研究》，上海：上海三联书店、上海人民出版社 1995 年版，第 133—134 页。

农业发展依赖于经济结构的成功转变，而经济结构的成功转变又依赖于工业部门的扩张，那么农业发展依赖于工业化进程也就成为必然的逻辑结论。在结构转变理论中，看不出农业发展的独立道路；只有在工业化进程中，才有传统农业向现代农业的转变。工业化既是经济结构转变的主导力量，又是农业完成现代转型的依赖路径。

四　制度创新含义上的农业发展

保尔·芒图（Mantoux，Joseph Paul）在考察 18 世纪产业革命时形成这样一个观点："所谓大工业，首先必须将其理解为一种生产组织，一种生产制度。"[①] 保尔·芒图观点的一个简单推论，那就是现代农业也应被理解为一种新的生产组织，一种新的生产制度。从制度层面来说，农业的发展也就是农业组织的发展；从传统农业向现代农业的过渡，同时就是现代农业组织逐渐取代传统农业组织而占据支配地位的过程。卢西恩·派伊认为："发展和现代化方面的问题，都渊源于能否建立起更有效、更灵活、更复杂和更合理的组织……鉴别发展的最终试金石在于一个民族是否有能力建立和维系庞大、复杂、灵活的组织形式。"[②] 罗纳德·奥克森（Oakerson，Ronald）指出："应将发展看作是各种共同体的人们通过各种社团来解决其集体问题的能力的扩大。"[③] 诺思（North，Douglass）和托马斯（Thowmas，Robert P.）则把有效率的经济组织看作经济增长的关键，"一个有效率的经济组织在西欧的发展正是西方兴起的原因所在"。[④]

（一）农业组织体系与结构的演进

从一个经济社会整体的角度来考察，经济组织表现为经济组织体系或

---

① ［法］保尔·芒图：《十八世纪产业革命》，北京：商务印书馆 1983 年版，第 9 页。

② 转引自［美］亨廷顿《变化社会中的政治秩序》，北京：生活·读书·新知三联书店 1989 年版，第 29 页。

③ ［美］V. 奥斯特罗姆等：《制度分析与发展的反思》，北京：商务印书馆 1992 年版，第 117 页。

④ ［美］道格拉斯·诺思、罗伯特·托马斯：《西方世界的兴起》，北京：华夏出版社 1999 年版，第 5 页。

经济组织结构，它说明一种经济的组织载体的类型及其相互关系。经济组织体系可以分为微观经济组织、中间经济组织和宏观经济组织三个层次。不过，在不同的经济中，三个层次经济组织的相对地位以及相互间的关联程度存在着差别。

在传统农业中，绝大部分经济活动是在微观经济组织内以家庭或农户的组织形式进行的，只有少量的经济活动是由超家庭的中间组织和更高层次的地域性组织或国家组织进行的。就各层次组织所进行的经济活动量占社会全部经济活动的比例而言，是以家庭经济活动为基础，各种中间组织的经济活动只居次要地位，地域性或国家宏观组织的经济活动则更少的金字塔结构。新中国成立以来，中国的农业组织结构则又具特点，是微观组织与宏观组织两头强而中间弱的"工"字形结构。

现代农业组织结构区别于传统农业的一个重要方面，是中间组织（主要是服务于市场交易的社会化组织）的充分发展及其经济活动比重的大幅提升。在现代农业中，不仅产前、产后的各种工序被分离出去，就是产中的部分重要工序也先后独立出来，形成农业的社会化服务体系。原来由一个农场完成的各种工作，现在则由专业服务组织分别承担。许多社会学者特别重视中间组织的地位，认为中间组织的发育是一个社会发展的重要基础，也是区分不同发展阶段的一个基本标志。与传统农业金字塔式（或工字形）的经济组织结构相比，现代农业组织结构是以中间组织所进行的经济活动占据主导地位的菱形结构。从经济组织结构演进的角度来看，农业现代化（包括农村经济增长方式的转变）即为上述金字塔形（或工字形）结构向菱形结构的转化过程。

决定农业经济组织结构变迁的因素可能是多种多样的，但最深层次的原因，是农业商业化进程中交易关系的改变和市场范围的扩大。分工与交换是市场经济发展中不可分割的两个方面。随着市场交换范围的扩展，农业中的专业化分工日益发达。农业专业化的发展过程，同时就是农业组织形式创新和农业组织结构变迁的过程。诺思和托马斯在《西方世界的兴起》中指出："市场的扩大使专业化产生了某些增益，同时在另一方面似乎又带来了组织效率问题"，因而使组织创新成为必要。通过对近代荷兰农业发展的考察，他们发现，市场的扩大特别是国际市场的兴起，使"农业已经如此专业化，市场对农业组织的渗透已如此深入，以致被当作肥料利用的粪肥都有专门市场生产"。① 就是说，只有为大规模市场交易而进行的生产，才能由专业化经济组织进行。现代农业中间组织的发展，实际上就是现代农业分工体系的扩展。②

（二）农业组织的企业化与规模化

农业组织的企业化，是指农业组织特别是农业生产单位与工业企业或商业企业的趋同。其主要表现是：第一，生产决策与消费决策分裂。即由生产决策依附于消费决策向生产决策独立于消费决策转变，换言之，生产目标由产量最大化转向利润最大化。第二，产出结构商品化。即产出中自给性消费部分已微不足道，市场销售量成为总产出的主要构成。第三，要素投入契约化。现代企业理论认为，企业是要素交易的契约。对于现代企业来说，要素已不一定或不可能完全自有，而主要通过交易契约获得。世界农业发展的历史经验告诉我们，当这种交易契约仅限于土地要素时，农业生产单位还不能完全具备企业的性质；只有当这种交易契约同时遍及到非土地要素时，农业生产单位才被企业化。第四，利润率平均化，即农业部门的资本投入能够获得与非农产业部门大体相等的利润率。从本质上说，农业企业化是市场经济条件下农业生产者经济人本性的组织体现，同时也是农业产业成为现代产业的重要的制度保证之一。

当农业生产决策与消费决策分离，农业市场扩大导致农业领域分工和专业化程度提高，农业贸易特别是高级市场交易带来不断增长的利润从而使农业资本积累加速，农业日益成为资本密集和技术密集的产业，当交易秩序准则由以特殊主义人际关系为基础的人格化交易过渡到以普遍主义人际关系为基础的非人格化交易，非农产业部门就业机会的增长对农业劳动力形成较大吸纳力时，农业组织的规模化就不仅是必要的事情，而且同时成为可能。虽然农业组织的规模化受制于一个国家或地区的资源结构，因而会使不同国家或地区的规模化表现出不同的特点，但规模的合理化是经济发展的普遍的和一般的规律，并不以国别或资源结构的差异而转移。农

---

① ［美］道格拉斯·诺思、罗伯特·托马斯：《西方世界的兴起》，北京：华夏出版社1999年版，第77、178页。

② 参考本书第十六章。

业组织规模合理化的基本趋势，是小农业向大农业的转变。[①]

参考文献

［美］V. 奥斯特罗等：《制度分析与发展的反思》，北京：商务印书馆 1992 年版。

郭熙保：《农业发展论》，武汉：武汉大学出版社 1995 年版。

［美］亨廷顿：《变化社会中的政治秩序》，北京：生活·读书·新知三联书店 1989 年版。

［法］保尔·芒图：《十八世纪产业革命》，北京：商务印书馆 1983 年版。

［美］道格拉斯·诺思、罗伯特·托马斯：《西方世界的兴起》，北京：华夏出版社 1999 年版。

［美］钱纳里、［以］赛尔昆：《发展的型式 1950—1970》，北京：经济科学出版社 1988 年版。

［美］钱纳里等：《工业化和经济增长的比较研究》，上海：上海三联书店、上海人民出版社 1995 年版。

［美］西奥多·W. 舒尔茨：《改造传统农业》，北京：商务印书馆 1987 年版。

［美］西奥多·W. 舒尔茨：《经济增长与农业》，北京：北京经济学院出版社 1992 年版。

［日］速水佑次郎、神门善久：《农业经济论》，北京：中国农业出版社 2003 年版。

张培刚：《新发展经济学》，郑州：河南人民出版社 1992 年版。

---

① 　参考本书第十六章。

第二十五章

中国农业发展的协同创新模式[*]

一 协同创新：中国农业现代转型的必由之路

由于农业发展面临的约束条件不同，不同国家农业发展——由传统农业向现代农业转变——的路径亦不可避免地表现出差异。总体而言，农业现代转型的典型范式有二：工业化带动模式和传统农业改造模式。在理论上，前一种模式以刘易斯、费景汉和拉尼斯等人的二元经济发展模型为代表。钱纳里和赛尔昆的结构转型理论所昭示的农业发展模式，由于与刘易斯模型存在着内在的一致性，即工业化是结构转型的决定性因素，而结构转型不过是工业化的必然结果，因而可以将其与刘易斯—费景汉—拉尼斯模型一起归为工业化带动模式。后一种模式以舒尔茨为代表。速水佑次郎和弗农·拉坦的诱致技术变迁模型，我们将其主要视作舒尔茨理论的发展与升华，所以，亦可归于对传统农业直接改造这一模式类别。在实践上，前一种模式主要是对发达国家农业现代化道路的概括；后一种模式则是许多发展中国家尝试工业化带动模式未能成功之后转而在实践中探索的农业发展之路。

无论就刘易斯、舒尔茨等这些诺贝尔经济学奖得主的理论影响力来看，还是从其他国家和地区农业发展成功实践的示范效应来看，农业现代转型这两种典型范式，都对中国农业发展道路的选择产生了或产生着重要

---

* 本章由作者的《协调创新是农业现代化转型之路》（《经济管理》2000 年第 3 期）一文和《二元经济与中国农业发展》（经济管理出版社 1999 年版）第十一章《中国农业发展模式建构》整合形成。原稿观点和数据未作更新。

影响。在如何完成传统农业特征仍十分明显的中国农业的现代化改造问题上，我们似乎还很难跳出工业化带动模式或传统农业改造模式所设定的框架而作出新的抉择。比如，大规模转移农业剩余劳动力，实行农业的农场化经营，提高农业机械化水平等理论主张和政策建议，就主要是把工业化带动模式作为参照系来设置中国农业发展道路的；而对农业在经济增长中重要作用以及农业中生物、化学技术和劳动集约度的强调，则更多地是以传统农业改造模式作为蓝本来构筑中国农业成长之路的。

但是，必须清楚地认识到，中国农业的成功发展，不可能在工业化带动模式和传统农业改造模式之间作出非此即彼的选择。因为，无论是工业化带动模式，还是传统农业改造模式，用之于中国农业发展都存在着难以克服的巨大矛盾。

就工业化带动模式而言，第一，其设定的基本前提之一——只有农村存在剩余劳动力而城市不存在失业，与中国的现实就大相径庭。这就大大降低了工业化带动模式对于中国农业发展的适应性。第二，在工业化带动模式中，工业部门被作为国民经济增长的主导部门，在农业剩余劳动力消失之前，农业只是一个向现代工业提供资本积累和输送劳动力的被动的消极的部门。以这一模式作为中国农业发展的蓝本，必然进一步拉大工农之间、城乡之间的发展差距，进一步强化中国的二元经济社会结构。第三，依据工业化带动模式，农业劳动力、农业剩余以及耕地等资源，都会适应工业部门的扩张而流出农业部门，这就必然恶化农业生产特别是粮食生产的资源条件，给拥有12亿人口且每年净增1500万左右人口的中国带来巨大食品安全的压力。第四，工业化带动模式最积极的意义在于，工业部门扩张对农业剩余劳动力的吸收可以为农业发展创造出较为宽松的人口环境。然而从中国实际来看，工业化并未有效地缓解农业发展的人口压力问题。1952—1978年，由于工业部门的扩张，农业产值份额由45.4%降至20.4%，下降25个百分点，而农业劳动力比重仅由83.5%下降到73.8%，下降不足10个百分点。1982—1992年，由于乡镇企业的崛起，中国农业剩余劳动力实现了较大规模的非农转移，10年间乡镇企业吸纳和转移劳动力7468万人，但在同期，全国农村由于人口自然增长新增加劳动力达9865万人，劳动力的非农转移数量小于劳动力的自然增长量。考虑上述种种因素，工业化带动模式不可能成为中国农业发展道路的唯一合理选择。

　　出于对工业化带动模式上述弊端的认识，更鉴于传统工业化战略给农业发展造成的消极影响，改革开放以来，中国在农业发展道路的选择上，更多地倾向于通过农业自身的技术变革和制度创新来实现农业的增长与现代化改造。但是，农业自身改造模式或称传统农业改造模式用之于中国农业发展，亦存在着十分明显的不足。第一，这一模式没有明确地昭示农业剩余劳动力的转移对于农业现代化的决定性意义。没有农业剩余劳动力的转移，就不可能有农业的适度规模经营，不可能有现代农业生产要素对传统要素的替代，不可能打破传统农业的技术停滞和资源配置的低效率均衡，不可能提高农业劳动生产率和农产品的商品率，不可能实现农业与非农产业间大体平衡的经营收入，不可能实现传统农业生产目标向利润最大的现代农业生产目标的转换。一句话，就不可能有农业现代化的实现。第二，这一模式没有把农业发展纳入经济发展和经济结构转变一般规律所揭示的轨道。经济发展的一条基本规律，是经济结构中二、三产业比重的不断提升与第一产业比重的相对下降；农业现代化，国民经济的现代化，不能在农业占绝对比重的条件下实现。农业作为国民经济的一个有机组成部分，其发展无疑应当适应经济发展的一般规律。强调农业本身发展的传统农业改造模式，在相当大程度上对工业部门的扩张和农业比重的下降表现出担心。如果我们把农业现代化视为农业发展的方向，那么，传统农业改造模式似乎比工业化带动模式离现代化目标更加遥远。

　　上述分析表明，中国不能简单地直接借鉴工业化带动模式或者传统农业改造模式来推进农业现代化进程，而必须一方面借鉴别人的成功经验，另一方面更需要发挥我们的聪明才智，来建构起既符合农业发展一般规律又适合中国国情的新型的农业发展模式。

　　中国农业发展新型模式的建构，必须至少考虑如下三个方面的基本要求：（1）农业剩余劳动力的有效转移。前面已经说明，没有农业剩余劳动力的大规模的非农转移，就不可能有中国农业的现代化，因而，中国农业发展的成功模式，必须能够比较有效地解决农业剩余劳动力非农转移这一难题。（2）农业生产微观目标与宏观目标的统一。在中国农业发展的现阶段，作为微观主体的农户，其从事农业生产的主要目标是增收，即不断提高农业经营的收入，这是他们从事农业生产的基本动力。而作为宏观主体的政府，迫于人口大国的食品安全压力，始终把粮食产量的增长作为宏观调控的主要目标。中国农业的成功发展，一方面必须依赖于农户生产积极性的充分调动，另一方面也必须在宏观上有利于国家粮食安全压力的缓解。中国农业发展模式的设计，必须有利于农业生产微观目标与宏观目标之间的协调统一。（3）农业发展短期目标与长期目标的统一。所谓短期目标，就是在当前和近期农业发展所追求的目标，现阶段即指粮食总产量的增长和农民收入的增加；农业发展的长期目标指 21 世纪中叶的农业现代化的实现。没有科学的农业发展规划，短期目标与长期目标之间就会出现冲突，有利于农业现代化进程推进的措施不一定有利于粮食产量增长和农民增收，而有利于当前增产增收的举措也不一定有利于农业的现代转型。中国农业现代化进程的顺利推进，不能离开农业发展短期目标与长期目标的统一。只有把农业发展短期目标与长期目标有效地统一起来的发展模式设计，才具有付诸实践的可行性。

要实现中国农业发展短期目标与长期目标的统一，微观目标与宏观目标的协调，并有效地解决农业剩余劳动力的转移问题，试图从某一个方面寻求突破来同时满足这些方面的要求是不可能的。而必须全面分析制约中国农业发展的内、外部因素，把中国农业发展看作一个既受内部因素约束又受外部环境掣肘的大系统，并从整个系统的变革和创新入手，来建构中国农业发展的模式，才是唯一可行的选择。

二　协同创新模式的理论构架

（一）农业发展系统的构成

农业的现代转型，并非只是农业本身的技术创新和制度变迁过程，同时也必然涉及非农产业发展战略和经济体制以及宏观政策等方面的相应调整。特别对于农业发展相对滞后的中国来说，农业的快速发展，必然是一项需要多维创新、协同推进的系统工程。当我们把农业发展视作一项系统工程的时候，农业发展系统的概念也就相应地提出来了。

农业发展系统，即由农业和制约农业发展的相关因素组成的有机统一体。农业发展系统由三个子系统构成：本体系统、硬环境系统和软环境系统。后两个子系统可以合称为环境系统。

本体系统，指农业产业本身。农业历来有狭义与广义之分。在中国市场化农业推进以来，农业又出现了小概念、中概念和大概念的区别。小概念农业仅指种植业或农作物栽培业；中概念农业包括种植业、林业、畜牧业、副业与渔业；大概念农业不仅包括农林牧渔业的生产，而且包括为之提供服务的产前环节和加工、储藏、运输、销售等产后环节。[①] 应当说，随着农业生产经营活动内容的丰富，农业内涵的扩充是完全合理的。但这是一个严肃的理论问题，需要有科学的依据，并需要在确立新概念时廓清由此引起的理论混乱。本章不打算在农业概念上作出创新，仍坚持三次产业划分标准来理解和界定农业。这样，所谓农业发展的本体系统，具体指种植业、林业、牧业和渔业生产、经营活动所构成的产业体系。农业发展本体系统的构成可以从不同的角度来观察。从产业部门角度来观察，本体系统由种植业、牧业、林业和渔业构成；从所有制角度来观察，包括国营农业、集体农业和个体农业及其他所有制农业；从地域的角度看，包括平原农业、山区农业；从农业发展动力源泉的角度，本体系统又可分为农业技术、农业制度等方面。

硬环境系统，指非农产业或二、三产业部门。它既包括城镇的第二产业和第三产业，也包括农村的第二产业和第三产业。需要强调指出，我们把为农业提供产前、产中和产后服务以及农产品加工的活动归于二、三产业部门，而不是像一些学者把它们归于大农业范畴。这样，第一，有利于在理论上依据明确的标准分清农业与第二、三产业之间的界限，降低理论探讨的交易成本；第二，有利于在实践中顺应产业结构演进规律，促进产业结构的合理调整。

软环境系统，指制约农业发展的外在制度因素。我们把农业制度（包括土地制度、农业组织制度等）归于农业本体系统，农业制度之外的其他与农业发展紧密相关的制约因素统指农业发展的软环境。在中国农业发展现阶段，软环境系统主要包括经济体制、户籍制度和政府宏观经济政策等几个方面。

在农业发展大系统中，本体系统是发展的出发点和归宿点，它处于整个发展系统的主体与中心地位，农业的发展最终表现为该系统组织制度、

---

① 丁力：《农业产业化重在经营》，《经济学家》1998 年第 4 期。

运行机制与方式、技术特征等方面的重要变化。环境系统的作用需要通过本体系统的变化反映出来。硬环境系统是农业发展最重要的依赖条件之一。没有硬环境系统的存在和扩张，就不可能缓解农业现代转型面临的人口压力，不可能获得现代农业生产要素和较为充足的资本供给，也不可能为农业发展创造出相适应的市场环境。软环境系统是制约农业发展的极其重要的因素。在不同的制度环境中，会产生不同的农业生产绩效，这一点不仅为现代制度经济学所充分阐明，亦为改革前后中国农业发展的实践所证实。制度环境对农业本体发展的影响主要表现在两个方面，一是确立起适合农业发展的经济体制，在国民经济机体中生成有利于农业发展的机制；二是调节本体系统与硬环境系统之间的相互关系，以充分发挥硬环境系统对农业发展的带动作用。在中国现阶段的制度环境中，仍存在着诸多制约农业发展的不合理方面，优化制度环境，必将有利于推进中国农业现代转型。正由于硬环境系统和软环境系统与农业本体系统的发展之间存在着十分密切的联系，所以我们把它们一起视为农业发展的整体系统。

（二）协同创新模式的基本内容

1. 三个子系统适应农业现代化要求的分别创新

本体系统创新。本体系统创新的基本内容，包括农业技术创新和农业制度创新两个方面。创新的主要目标：（1）建立起农业资源特别是土地资源的有效流转机制，实现农业资源的有效配制和土地的适度规模经营。（2）在家庭经营的基础上建立现代农业企业组织形式。（3）建立和健全农业生产经营服务体系和农民利益自我保护机制。（4）提高农业的科学技术含量和装备水平。（5）提高土地产出率，实现粮食总产量稳步增长。（6）提高农业劳动生产率和农产品商品率，逐步平衡农业与非农产业之间的比较收益。

硬环境系统创新。其创新的基本内容是调整二、三产业的发展战略。第一，在对传统体制下片面工业化战略调整的基础上，进一步实现一、二、三产业的平衡发展。应适当加大劳动密集度高的轻工业和第三产业的发展力度，实现片面工业化战略向协调工业化战略的转变。第二，在乡镇企业发展的现有基础上，进一步加快农村地区以农产品加工和为农业生产经营服务的二、三产业的发展。第三，加快中小城镇建设，提高农村地区

二、三产业发展的规模效益，减少非农产业对耕地的占用，实现城镇化与非农产业化的同步推进。硬环境系统创新的主要目标是"钱"进"人"出，即提高二、三产业对农业剩余劳动力的吸纳能力与农业资本的生成能力。

软环境系统创新。该创新的主要内容包括，逐步减少国家计划对农业生产和农产品销售的干预和控制，确立起农业市场化运营的体制条件；废除城乡分割的二元户籍制度；改革剥夺农业的农产品价格政策，逐步实现剥夺农业政策向保护农业政策的转变。软环境系统创新的主要目标，是在国民经济整体中形成有利于农业发展的激励机制，并提高农业资本的积累能力和放宽农业剩余劳动力非农转移的人为限制。

2. 三个子系统之间及各子系统内部不同方面的关联创新

由于农业发展整体系统中三个子系统间存在着相互依存相互约束的有机联系，因此，农业的成功发展，必将是三个子系统之间协同创新的结果。首先，二、三产业发展战略的调整必须有利于带动农业内部的技术创新与制度创新，以更好地发挥二、三产业对农业的现代转型的拉动作用；农业内部的创新活动也要与二、三产业发展战略的调整进程相适应，比如土地的规模经营与农业机械化水平的提高，必须建立在二、三产业吸纳农业剩余劳动力的能力相应提高的基础之上。其次，外在制度环境创新的准则应是有利于推动农业的技术变革和农业现代化进程，而农业内部的创新也必须符合经济体制市场化改革取向与宏观经济政策调整方向的要求。

在农业内部，技术创新与制度创新两个方面必须相互适应和协调。技术创新会提出制度创新的要求，制度创新需有利于促进技术创新。现阶段应特别注意处理好土地制度创新与增产技术之间的相互关系，以保证在粮食总量稳定增长的基础上推进农业的现代化转变。在二、三产业内部，应当协调好二、三产业在城市与农村两个地区扩张的关系，工业化进程与城市化步伐之间的相互关系。在外在制度系统中，既应有市场化体制改革的总体推进，亦应逐步形成保护农业的宏观政策。

3. 协同创新模式图示

综前所述，农业发展是以农业现代化为目标的创新过程。这种创新并非是某一个方面或某一个环节的突破，而必须是构成农业发展整体系统不同方面的多维变革和协同创新。农业现代化并非仅仅是农业自身变革的结果，而且同时是二、三产业充分而合理地发展和外在制度环境优化的结果（见图25—1）。

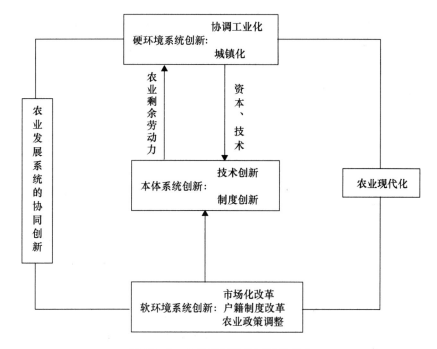

图25—1　农业发展的协同创新模式

三　农业产业化与协同创新模式

（一）农业产业化：协同创新模式的尝试

进入20世纪90年代，中国农业领域在家庭承包制基础上又出现了一次革命性变化——农业产业化经营。所谓农业产业化，"是以国内外市场为导向，以提高经济效益为中心，对当地农业的支柱产业和主导产品，实行区域化布局、专业化生产、一体化经营、社会化服务、企业化管理，把产供销、贸工农、经科教紧密地结合起来，形成一条龙的经营体制"。[①]对于农业产业化的实质，从不同的侧面人们可以作出不同的理解。从农业

① 《人民日报》社论：《论农业产业化》，《人民日报》1995年12月11日。

发展道路的角度，我们认为，农业产业化即以农业现代化为目标的农业发展本体系统与环境系统的协同创新。具体来说，农业产业化是一种创新，这种创新的目标是农业的现代化，创新的内容是农业运行的本体系统、硬环境系统和软环境系统适应现代化要求的全面变革与调整。或者说，它是有效推进农业现代化进程的农业整体系统创新的实践模式。

1. 农业产业化是依托农业的农村二、三产业化

不管农业产业化的具体模式有多少种，其核心内容是"农工商一体化、供产销一条龙"。因此，农业产业化必然带来以乡镇企业为依托的农村工业化和以供销、流通企业为依托的农村商业化，必然促进农村二、三产业的迅速发展。山东省栖霞市果品生产的产业化经营，带动全市兴办果品加工企业25处，配套建立起两条果品洗水、打蜡、分级流水线，年加工能力达1亿多公斤；发展购销公司、运销专业户、经纪人等中介组织1.2万个，流通大军达1.6万人。[1] 湖北省孝感市在农业产业化的推动下，全市农产品加工企业发展到15.5万家，年加工农产品300多万吨，占农产品生产总量的51.4%；加工产值52.9亿元，与农业总产值的比率为0.85:1（农业总产值为1），其中年产值在1000万元以上的农产品加工企业有51家。[2]

农业产业化带动的农村二、三产业化，与产业化前的工业化特别是传统体制下的工业化有着明显的区别。传统体制下的工业化是城乡割裂的城市工业化，它没有在农业剩余劳动力转移和农业资本供给等方面作出应有贡献，因而不但没有有效地带动反而人为地制约了农业的发展。20世纪80年代乡镇企业的兴起虽然转移了大批农业剩余劳动力，但当时乡镇企业发展的主旨并不在于推动农业产业的现代化进程，因而亦未能导致农业的专业化、社会化和市场化程度的提高。农业产业化进程中兴起的农村二、三产业，是以农业为生长点的农村新兴产业。它们与农业之间存在着

---

[1]　吕志海：《栖霞市果品生产实现产业化经营》，《产业化：中国农业新趋势》，北京：中国农业出版社1997年版，第134—143页。

[2]　程建华等：《农业产业化与孝感市的实践考察》，《产业化：中国农业新趋势》，北京：中国农业出版社1997年版，第280—288页。

高度关联性，一方面有效地转移了农业剩余劳动力，另一方面提高了农业资本的积累能力。比如，河南省周口地区以农产品为原料的加工业的发展，既消化掉农村 52% 的剩余劳动力，又使农产品在消化过程中不断增值，使农产品加工业具有了"反哺"农业的能力，目前周口地区对种植业投入的 44%，直接或间接来自农副产品加工业。[①] 这就表明，农业产业化，同时也是工业化（即二、三产业化）自身发展战略的调整，由过去脱离农业发展的片面工业化战略转向带动和促进农业发展的协调工业化战略。这就大大优化了高度制约着农业发展的硬环境系统。

2. 农业产业化是借助二、三产业带动的农业现代化

在农业产业化过程中，为农业产前、产中、产后提供服务的服务业，农产品加工业以及农村市场组织的建立和健全，极大地影响了农业本体系统的发展变化，明显地加快了传统农业向现代农业转变的速度，提高了农业中现代因素的比重。

第一，农业微观主体生产经营目标发生转换。"农业产业化经营……是以利益主体获得利益最大化为目标的。"[②] 在农业产业化的条件下，"农业经营的实质就是从事农业的经营主体在特定的经营环境中，为寻求利益最大化而进行的配置农业资源的综合性活动"。[③]

第二，农业技术进步速度加快。推行产业化经营，龙头企业要围绕市场开发高附加值产品，必然会不断追求技术进步，并对商品基地和农户推广国内外先进技术；农户只有采用科学的栽培模式、先进的养殖方法，才能生产出符合龙头企业要求的农产品，这就必然会增强农民学科技、用科技的内在动力；同时，农业技术服务部门通过加盟或参与贸工农、经科教的一体化经营，必然会促使其转变职能，更加有效地传播和推广农业科技，从而推动农业由传统技术结构向现代技术结构转变。

第三，农业资本积累能力提高。实行农业产业化，使农业生产延伸到二、三产业，把农产品的生产与加工以及商业贸易联系在一起，进行商品

---

① 李湘奇等：《周口地区推进农业产业化的实践与认识》，《产业化：中国农业新趋势》，北京：中国农业出版社 1997 年版，第 157 页。

② 尹成杰：《对农业产业化经营利益分配机制的思考》，《中国农村经济》1998 年第 2 期。

③ 丁力：《农业产业化重在经营》，《经济学家》1998 年第 4 期。

生产流通大循环，增加了农产品的附加值。特别是一些龙头企业与农民建立了利益共同体，在一体化经营体系内进行利益互补，农民除得到种植业、养殖业的收入外，还可以分享加工业和服务业的部分利润，从而增加了农民收入，提高了农业资本的积累能力。

第四，农业生产专业化、规模化程度提高。在农业产业化进程中，为了适应农产品商品量的市场扩大的需求，农业生产采取了专业化的方式，即依据当地资源优势一个村、一个乡、一个地区专门生产某种或某几种农产品，在空间上实现了农业资源的合理配置。农业专业化与规模经营是相辅相成的。专业化把多种经营条件下各个生产单位分散的小批量生产转换成专门企业的大批量生产，这就有利于采用专用机械设备、先进工艺及科学的生产组织形式与管理方式，发挥农业规模经营的优势。

第五，农民组织化程度提高，农业组织形式转变。有效率的产业组织是实现经济现代化的关键所在。农业产业化经营是农业生产者为了提升自身的市场竞争地位而走向集中和联合的一种新型产业组织方式，其制度含义是，农业生产者之间或者与其产前、产后部门的相关企业之间，签订一个或松或紧的长期合约来代替市场中相应的一系列临时性交易关系。农业产业化经营有纵向一体化和横向一体化两种方式。前者指农业生产者同其产前、产后部门中的相关企业在经济上和组织上或松或紧地结为一体，实现某种形式的联合与协作；后者则指分散的众多小规模农业生产者在保持各自独立性的基础上或松或紧地直接结为一体，共同协调原料供应、产品销售加工等。无论是纵向一体化还是横向一体化，都使单个分散的家庭经济向有组织的网络体系转变。

3. 农业产业化推动着市场体制的完善和政府职能的转换

农业产业化是市场化农业发展的必然选择。20 世纪 80 年代末 90 年代初，随着中国经济市场化进程日益加快，一方面，贸工农三方均意识到只有结成长期稳固的合作关系，才有可能驾驭市场风浪；另一方面，经济体系的逐步市场化和产权主体的进一步明晰，也为三方结成利益共同体提供了现实的可能。于是，少数有战略眼光的企业率先与农民结盟，创造出贸工农一体化联合体。随之，这种全新的组织形式得到广泛响应，形成农业产业化这一农业经济领域的新景观。农业产业化启动之后，市场中介组织在市场发育程度很低的农村广泛兴起，农产品市场范围扩大，商品流通量增加，交易秩序优化，极大地推动了市场化改革进程，加快了计划经济体制向市场经济体制的转轨。市场化程度的提高和市场经济体制的完善，将为加快农业发展提供更为有利的外部制度环境。

农业产业化的主体是农户和企业，但也离不开政府的支持和推动。政府在农业产业化进程中可以在多方面发挥作用，最主要的是给予政策引导和提供服务。在政策方面，当前重点是解除农民和企业的各种顾虑、制定优惠政策鼓励和引导农户和企业增加投入，建设高质量高水平的农产品商品基地，采取措施拆除部门所有、地区所有的篱笆，支持产业化组织的跨地区、跨所有制经营。在服务方面，当前比较突出的问题是产前的市场信息、市场预测，产后的流通、销售服务难度大，政府应当在这些方面加大服务力度，为农业产业的顺利推进提供宽松适宜的社会经济条件。适应农业产业化的发展需要，政府的经济职能由过去的直接干预转变为引导和服务。政府职能的这种转变，也将进一步优化农业发展的外部制度环境。

（二）农业产业化基础上协同创新模式的完善

虽然农业产业化涉及包括本体系统、硬环境系统和软环境系统在内的农业发展整体系统的创新与变革，但还不能说，农业产业化就是完善的协同创新模式。作为由传统农业向现代农业转型的道路与方式选择，农业产业化没有把制约中国农业发展的最大障碍——庞大剩余劳动力的非农转移作为最主要和最具战略意义的突破口，而仅仅以扩大农产品市场需求和增加农民收入作为初衷。

必须充分肯定，农业产业化作为协同创新模式的初步实践，对于中国农业发展的重大意义，也必须清醒地认识到农业产业化模式作为中国农业现代转型道路选择的明显不足。农业产业化只有在现有发展思路的基础上，更加有效地实现农业剩余劳动力的非农转移，方可为中国农业的现代化做出实质性贡献。为此——

第一，应当把产业化进程中兴起的农村服务业和农产品加工业作为一个独立的产业系统，实现农村二、三产业的迅速扩张。目前，一些学者撰文把农村服务业与农产品加工业归入农业范畴。[①] 这种认识的根源在于不

---

① 丁力：《农业产业化重在经营》，《经济学家》1998年第4期。

是根据产业分类标准把农业看作具有独立特征的一种产业，而是主要依据户籍观念把农业视为具有农民身份的人所从事的活动。这种认识不仅会引起理论上的混乱，也不符合经济发展过程中产业结构演进的一般规律。中国还是一个处在工业化过程中的国家，工业化的任务远未完成。目前农村二、三产业的兴起，正是中国新一轮工业化的基本内容。基于此，我们与其把农村二、三产业的兴起视为大农业的发展，不如更准确地把它纳入国家工业化进程。当然这种工业化与传统工业化存在着重要区别。它将通过与农业的协调发展，不仅提高二、三产的产值比重，而且在就业结构上实现一、二、三产业之间的合理分布。这既有利于产业结构合理调整和升级，也有利于农业过剩人口形成的压力的缓解。

第二，应当在农村二、三产业迅速扩张的基础上加速城镇化进程。经济发展的国际经验表明，工业化与城镇化必须同步发展，否则将带来一系列矛盾，阻碍整个国家的现代化进程。这是一条不以人的意志为转移的客观规律。中国是城镇化水平很低的国家，城镇化水平明显滞后于工业化进程。在新一轮工业化过程中，应当加快城镇建设，特别是农村地区的中、小城镇建设。唯其如是，才有利于农村二、三产业的健康发展，也有利于农业剩余劳动力的有效转移。单一推进农业产业化，农业剩余劳动力只能实现产业转移，不能实现空间转移。产业化与城镇化的同步推进，则可实现农业剩余劳动力的产业转移与空间转移的统一。

参考文献

程建华等：《农业产业化与孝感市的实践考察》，《产业化：中国农业新趋势》，北京：中国农业出版社 1997 年版。

丁力：《农业产业化重在经营》，《经济学家》1998 年第 4 期。

李湘奇：《周口地区推进农业产业化的实践与认识》，《产业化：中国农业新趋势》，北京：中国农业出版社 1997 年版。

吕志海：《栖霞市果品生产实现产业化经营》，《产业化：中国农业新趋势》，北京：中国农业出版社 1997 年版。

《人民日报》社论：《论农业产业化》，《人民日报》1995 年 12 月 11 日。

尹成杰：《对农业产业化经营利益分配机制的思考》，《中国农村经济》1998 年第 2 期。

第二十六章

中国农业的发展进程与成长路径[*]

21 世纪是中华民族实现伟大复兴和再现辉煌的世纪。根据中国国民经济发展的总体战略，到 21 世纪中叶，将完成国民经济的现代化改造，进入当时中等发达国家的行列。现代化是一项浩大的系统工程。没有农业的现代化，就不会有国民经济的现代化，国民经济现代化完成的重要标志是农业现代化的实现。因此，21 世纪也是中国农业实现现代化、农村全面走向繁荣的世纪。

根据国民经济总体发展战略，在 21 世纪上半叶，中国农业发展的基本目标是：21 世纪的第一个十年，即到 2010 年，实现农业综合生产能力、农村经济和农民收入再上一个新台阶，粮食产量达到 5.6 亿吨，棉花500 万吨，肉类 7000 万吨，水产品 4200 万吨；农民生活在小康基础上更加富裕；全国平均每人每日重要营养素供给量接近世界中等发达国家的平均水平；在农村建立起比较完善的社会主义市场经济体制。21 世纪的第二个十年，即到 2020 年，使农业和农村经济更加发展，基本实现农业生产的商品化、区域化和专业化，农村工业化和城市化达到较高水平，城市化率提高到 55% 以上；农民收入大幅度提高，人均纯收入达到 8000 元，城乡居民收入差距缩小到 1∶2 左右，恩格尔系数下降到 40% 以下，生活比较富裕；农村的社会主义市场经济体制及各项配套制度更加完善。到2050 年，基本实现农业现代化，农业的物质装备、科学技术、经营管理水平显著提高；农村工业化和城市化水平极大提高；农民生活达到富裕；

---

* 本章初稿是为何炼成主编的《中国经济发展新论》（中国社会科学出版社 2005 年版）撰写的《中国农业发展：现状·目标·道路》一章。本章对原稿做了较大幅度删节，并在文字和结构上做了修改。对原文观点和数据未作更新。

建成富强、民主、文明的社会主义新农村。[①]

　　那么，中国农业发展的实际进程怎样？离现代化目标还有多大距离？走什么路径才能实现农业现代化目标？

一　农业发展水平的时序比较

　　新中国成立以来，特别是改革开放以来，中国农业发展水平和现代化程度有了显著提高。主要表现在以下几个方面。

（一）农民收入大幅度增长

　　农村居民每人平均纯收入，1978 年仅 134 元，2000 年增加到 2253元，增长近 16 倍（见表 26—1）。在收入变动的同时，农村居民家庭的耐用消费品拥有量不断增加（见表 26—2）；农村居民每人平均的住房面积明显提高：1985 年为 14.70m²，2000 年为 24.82m²；[②] 恩格尔系数由 1978年的 0.681 下降到 2000 年的 0.491。

表 26—1　　　　　　1978—2000 年农村居民家庭每人平均纯收入　　　　单位：元

年份	1978	1985	1990	1995	2000
纯收入	134	397.60	686.31	1577.74	2253.42

资料来源：《中国统计年鉴 2001 年》，北京：中国统计出版社 2001 年版，第 323 页。

表 26—2　1985—2000 年农村居民家庭平均每百户耐用消费品拥有量

品名	1985 年	1990 年	1995 年	2000 年
洗衣机（台）	1.90	9.12	16.90	28.58
电冰箱（台）	0.06	1.22	5.15	12.31
空调机（台）			0.18	1.32
彩色电视机（台）	0.08	4.72	16.92	48.74
摩托车（辆）		0.89	4.91	21.94
电话机（部）				26.38
移动电话（部）				4.32

资料来源：《中国统计年鉴 2001》，北京：中国统计出版社 2001 年版，第 330 页。

---

　　①　参见牛若峰《中国发展报告：农业与发展》，杭州：浙江人民出版社 2000 年版，第 232—233 页。
　　②　国家统计局：《中国统计年鉴 2001》，北京：中国统计出版社 2001 年版，第 333 页。

在过去的 20 多年里，极大地减少了农村中的贫困现象。根据中国政府制定的农村贫困标准，贫困人口从 1978 年的 2.6 亿下降到 1998 年的 4200 万，即从农村人口的 1/3 下降到 1/20。[①] 到 2000 年，贫困人口进一步降为 3000 万。

（二）农业综合生产能力显著提高

粮食生产有了长足发展。1949 年，全国粮食总产量为 1.13 亿吨，1999 年达到 5.0839 亿吨，50 年间共增长 3.5 倍。农林牧渔总产值，以 1952 年为 100，1949 年为 65.2，1978 年是 206.2，1999 年达到 779.7，50 年间增长 11 倍（参见表 26—3）。1952—1978 年，农业总产值年均增长率为 2.6%，这一增长速度高出同期人口增长率 0.5 个百分点。从国际经验看，属于正常增长。改革开放以来，中国农业综合生产能力的增长速度是世界上最快的。仅 1979—1984 年，农业综合生产能力就提高了 60.7%。

表 26—3　　　　　　　1978—2000 年粮食总产量和农林牧渔总产值

年份	1978	1985	1990	1995	1998	2000
粮食（万吨）	30476.5	37910.8	44624.0	46661.8	51229.5	46217.5
农林牧渔总产值（亿元）	1397.0	3619.5	7662.1	20340.9	24541.9	24915.8

资料来源：《中国统计年鉴 2001》，北京：中国统计出版社 2001 年版，第 366、380 页。

粮食产量和农业总产值的增长，主要是由于单位面积产量和产值提高带来的。1949 年粮食播种面积为 109959 千公顷，1999 年 113161 千公顷，仅增长 3%，而同期每公顷产量则由 1029 公斤提高到 4493 公斤，增长 3.37 倍。粮食人均占有量以及劳均产量也有一定程度的提高，但总体看，这一指标增长不快（见表 26—4）。

[①] 世界银行国别报告：《中国战胜农村贫困》，北京：中国财政经济出版社 2001 年版，第 24 页。

表 26—4   1978—1999 年农业劳均产量、亩收益与人均纯收益

年份	1978	1985	1990	1995	2000
劳均粮食产量（公斤/人）	1071	1222	1357	1435	1551
每亩粮食减税纯收益（元/亩）	1.0	38.0	61.0	219.2	57.0
人均农业纯收入（元/人）	33.8	263.8	456.0	956.5	1139.0

资料来源：《新中国五十年农业统计资料》，北京：中国统计出版社 2000 年版，第 80、83、85 页。

（三）农业技术长足进步

1952 年，农业机械总动力为 18.4 万千瓦，1978 年 11749.6 万千瓦，1999 年达到 48996.1 万千瓦。1999 年为 1952 年的 2662.8 倍，为 1978 年的 4.2 倍。化肥施用量，1979 年是 1086.3 万吨，1999 年增加到 4124.3 万吨，20 年间增长了近 3 倍（见表 26—5）。

表 26—5   1978—1999 年农业机械总动力与农用化肥施用量

年份	1978	1985	1990	1995	1999
农用机械总动力（万千瓦）	11749.6	20912.5	28707.7	36118.1	48996.1
农用化肥施用量（万吨，纯量）	1086.3 *	1775.8	2590.3	3593.7	4124.3

* 为 1979 年数据。

资料来源：《新中国五十年农业统计资料》，北京：中国统计出版社 2000 年版，第 22、27 页。

农业技术的巨大进步，有力地推动了农业由传统型向现代型的转变。科技进步已成为农业生产要素组合中最活跃的因素，其在农业增长中的贡献份额提高的 35% 以上。在中国，单纯依靠增加土地和劳动投入实现农业总量增长的时代基本结束，利用科技创新及其相应的要素投入来提高农业生产率已成为农业增长的重要源泉。

（四）农业生产结构优化

农林牧渔业产值构成中，农业比重下降，1952 年为 85.9%，1999 年

降为 57.5%；牧业、渔业提高较快，1952 年分别为 11.2% 和 1.3%，1999 年为 28.5% 和 10.4%，分别提高 17.3 个百分点和 9.1 个百分点；林业略有提高，1952 年为 1.6%，1999 年提高到 3.6%。

农作物播种面积构成中，粮食作物比重下降，1949 年为 89%，1999 年降为 73%；棉花比重基本稳定，糖料略有提高；油料和其他作物面积分别由 1949 年的 3% 和 6%，提高到 1999 年的 9% 和 15%。

在粮食主要品种的产量构成中，稻谷基本稳定，小麦、玉米增加，高粱、谷子和其他粮食品种呈较为明显的减少趋势。畜产品产量构成中，1985 年到 1999 年，猪肉比重由 85.89% 降为 67.33%；牛、羊、禽肉分别由 2.42%、3.08% 和 8.32%，提高到 8.5%、4.22% 和 18.75%。水产品产量中，捕捞比重下降，养殖比重上升。1952 年，捕捞和养殖比重分别为 89% 和 11%，1999 年，养殖产量超过捕捞产量，其中，捕捞为 44.2%，养殖为 55.8%。[①]

二　农业发展水平的国际比较

在新中国成立以来，特别是近 20 多年来，尽管中国农业取得了巨大发展，但通过国际间的比较不难发现，中国农业的发展水平和现代化程度还是相当低的。

（一）技术性指标比较

发达国家在农业生产上，从播种、中耕、施肥、排灌、治虫、收获到加工等各个环节，全部实现了机械化，早在 20 世纪 70—80 年代，法国种植业就实现了机械化，而且畜牧业由机械化、电气化走向工厂化生产。日本水稻生产在 20 世纪 80 年代实现全面机械化，并发展了农业的工厂化和自动化。与发达国家相比，中国农业的机械化水平还相当低。1996—1998 年，每千名农业生产者拥有的拖拉机数量，中国仅为 1 台，美国为 1515

---

① 国家统计局农村社会经济调查总队：《新中国五十年农业统计资料》，北京：中国统计出版社 2000 年版，第 9—11 页。

台，英国为 898 台，日本为 681 台，法国为 1256 台，德国为 960 台。① 单位土地面积上的化肥施用量，中国较高，甚至高于一些发达国家。但由于施肥技术方面的原因，目前中国化肥利用率仅为 35%，而世界平均水平是 60%，技术先进国家达到 70%（见表 26—6）。

表 26—6　　　　　农业机械和化肥使用量的国别差异与时序变化

	拖拉机数量				化肥耗费量	
	每千名农业工人		每百公顷可耕地		百克/公顷	
	1979— 1981 年	1996— 1998 年	1979— 1981 年	1996— 1998 年	1979— 1981 年	1996— 1998 年
低收入国家	2	5	20	69	290	632
中国	2	1	76	56	1494	2860
中等收入国家	8	11	103	126	985	1081
下中等收入国家	5	7	83	69	1004	1135
上中等收入国家	39	81	137	205	952	936
高收入国家	519	927	387	430	1314	1264
欧洲经济与货币联盟	452	855	896	953	2739	2295
全世界	19	20	172	88	870	988

资料来源：世界银行：《2001 世界发展指标》，北京：中国财政经济出版社 2002 年版。

农业科研经费投入占农业总产值的比重，世界平均水平是 1%，一些发达国家超过 5%，发展中国家为 0.5% 左右，中国仅为 0.2%。每万名农民中拥有农业技术推广员，德国为 13.5 人，美国为 7.2 人，日本为 5 人，中国只有 1 人。每百万农业人口中拥有农业科研人员，发达国家是 2458 人，欠发达国家是 82 人，世界平均 137 人，中国仅有 77 人。农业科技在农业增长中的贡献率，发达国家为 70%—80%，中国大约是其一半。

（二）结构性指标比较

无论从当今世界各国农业发展水平的横向来看，还是从不同国家农业

---

① 世界银行：《2001 世界发展指标》，北京：中国财政经济出版社 2002 年版，第 130—132 页。

发展过程的纵向考察，农业在国民经济中份额的大小与农业现代化水平的高低存在着明显的负向关联。即对于不同的国家来说，农业现代化水平高的国家，农业比重则低；反之则反是。对于同一个国家来说，农业现代化水平低的时期，农业比重则高；反之则反是。

中国农业的就业比重和产值比重大大高于发达国家。目前，欧美等发达国家农业的 GDP 份额与就业比重大多在 5% 以下，中国在 2000 年，上述两项指标分别为 15.9% 和 50%。农业比较劳动生产率，中国则明显低于发达国家（见表26—7）。

表26—7   中国与发达国家农业比重、农业比较劳动生产率比较   （%）

	就业比重	GDP 比重	农业比较劳动生产率
英国（1989 年）	2	2	1
美国（1989 年）	2.4	2	0.83
法国（1989 年）	5.5	3	0.54
日本（1989 年）	6.8	3	0.44
意大利（1989 年）	7.5	4	0.53
中国（2000 年）	50.0	15.9	0.32

资料来源：《中国统计年鉴2001年》，北京：中国统计出版社2001年版，第50、109页；王延生、郭剑雄：《从传统到现代：农业转型的理论探索》，西安：西北大学出版社2000年版，第3页。

（三）制度性指标比较

中国农业发展水平与发达国家的差距还表现在：（1）农地经营规模小。在欧洲，农业经营规模最小的标本是德国的巴登。那里的小农场很普遍，平均每户经营农田 3.6 公顷。在德国，2 公顷以下的农地经营规模被认为小到不能供养自身了。据日本 1934 年的一份调查，农田面积在 3 町 5 反（3.73 公顷）以下的稻作经营是必然要亏本的，认为合理的经营规模必须有 5 町（约合 5.3 公顷）。[①] 2000 年，中国农户总数超过 2.4 亿户，与 1.3 亿公顷的耕地总面积相折算，户均耕地面积不足 0.54 公顷。（2）

① 岳琛主编：《中国农业经济史》，北京：中国人民大学出版社1989年版，第319—320页。

农业市场化程度低。据高尚全主编的《再上新台阶》一书中所提供的资料，目前中国粮食商品率仅在 36% 左右。根据美国农业部的统计资料，1926—1927 年，美国小麦生产的商品化率已经达到 84.6% 左右。[①]（3）农业组织企业化程度低。产量目标和利润目标是区分传统农业与现代农业的重要标志。与发达国家不同，中国多数农户农地耕作还未能实现由产量目标向利润目标的转换。

（四）效益性指标比较

按每个农业劳动力生产的谷物计算，在 20 世纪 90 年代中期，中国只相当于世界平均水平的 70%，是巴西的 1/2，日本的 1/3，英国的 1/34，美国的 1/84，加拿大的 1/111。以每个农业劳动力供养的人口计算，早在 1988 年，德国是 67 人，美国是 75 人，荷兰是 112 人；2000 年，中国这一指标也仅为 2 人。

中国的土地产出率较高，但就某些粮食品种的亩产量来看，与一些发达国家尚有距离。1993 年，中国稻谷平均亩产 390 公斤，澳大利亚为 537 公斤，比中国高出 0.73 倍。1994 年，中国玉米平均亩产 311 公斤，荷兰 613 公斤，是中国的近 2 倍。1995 年，中国小麦平均亩产 236 公斤，英国为 513 公斤，荷兰为 590 公斤，是中国的 2.2—2.5 倍。从单位土地经济效益（美元/亩）看，据 1990 年的资料，以中国为 1 计，美国 7.9，法国 30.9，英国 58.7，德国 62，日本 115。

发达国家农产品的加工数量一般占总量的 80%，发展中国家多数只占到 10%—20%，中国基本上处于后者水平。发达国家食品加工业产值相当于农业产值的 2—3 倍，而中国不到 1/3。

三 农业发展水平的部门比较

中国农业的发展水平，还可以通过与非农产业部门的比较来判断。与第二、三产业特别是工业部门相比，农业发展明显滞后。

[①] 宣杏云、王春法：《西方国家农业现代化透视》，上海：上海远东出版社 1998 年版，第 39 页。

（一）　资本使用量差异

传统部门与现代部门的发展差距，主要决定于两部门间的技术进步程度。而技术进步程度的差别，与资本投入量的多少存在着密切关系。资本投入是技术进步的物质载体。2000 年，全社会基本建设投资总额 13427.27 亿元，制造业为 1175.11 亿元，农林牧渔业为 360.93 亿元，后者占前二者的比例分别为 2.7%、30.7%。全社会更新改造投资 5107.6 亿元，制造业为 2104.15 亿元，农林牧渔业是 26.35 亿元，后者仅为前二者的 0.5% 和 1.2%。[①]

钱纳里等人的研究表明，在人均收入 560 美元时，农业与制造业间的资本存量份额大致相等。[②] 以此推之，中国现阶段农业部门的资本存量与制造业应大体相当。上述差距说明，相对于制造业与其他产业来说，中国农业发展是相当落后的。

（二）　生产率差异

西蒙·库兹涅茨曾以农业与非农产业之间相对国民收入的差异的倍数，来表征二元经济结构的强度。2000 年，中国农业部门创造的 GDP 的相对比重为 15.9%，农业劳动力相对比重为 50%，农业部门的相对国民收入为 0.318。同年，工业部门的 GDP 相对份额是 50.9%，而工业劳动力占全社会劳动力的比重为 22.5%，工业部门的相对国民收入是 2.26。工业部门与农业部门之间的相对国民收入差距，亦即二元经济结构强度高达 7.1 倍。根据库兹涅茨的研究，中国之外的发展中国家，二元结构强度的最大值不过是 4.09 倍。

（三）　收入差异

1998—2000 年，中国城镇居民家庭人均可支配收入分别为 5425.1

---

① 参见国家统计局《中国统计年鉴 2001》，北京：中国统计出版社 2001 年版，第 168、186 页。

② 参见［美］H. 钱纳里等《工业化与经济增长的比较研究》，上海：上海三联书店、上海人民出版社 1995 年版。

元、5854 元和 6280 元；农村居民家庭人均纯收入分别为 2162 元、2210.3 元与 2253.4 元。前者为后者的 2.5 倍、2.65 倍和 2.79 倍。2000 年农民人均货币收入只相当于 1990 年城镇居民的水平，落后整整 10 年。如果将城镇居民事实上存在"隐性收入"因素考虑在内，城乡收入差距则更大。2000 年，城镇居民家庭恩格尔系数为 0.39，农村居民家庭的恩格尔系数是 0.49，后者高于前者 10 个百分点。[①]

国际一般经验表明，当经济发展水平在人均 GDP 为 800—1000 美元阶段时，城镇居民人均收入大体上是农村居民的 1.7 倍。中国这一比例不仅高于其他国家，而且呈不断扩大趋势。另据 1995 年国际劳工组织发表的 36 个国家的资料，绝大多数国家的城乡人均收入比都小于 1.6，只有包括中国在内的三个国家超过了 2。

四　自身改造与农业现代转型

(一)　农业技术进步

农业技术进步的实质，是由于新技术的采用使既定的劳动投入和土地投入获得更大产量，或以较少的劳动和土地投入实现既定产量。技术进步不仅会引起要素投入量的变动，而且，对不同要素投入量变化的影响又有所不同。依据技术进步对劳动、土地等要素影响程度的差异，可以把农业技术进步分为三种类型（设要素价格既定，总产量水平不变）：（1）劳动节约型。技术进步带来劳动使用量的明显减少，从而使土地—劳动比上升。（2）土地节约型。技术进步导致土地投入量的减少，从而使土地—劳动比下降。（3）中性型。技术进步引致土地与劳动的同比例节约，即土地—劳动比在技术进步前后维持不变。

中国农业技术进步路线的选择是一个颇具复杂性的问题。从总体资源条件出发，中国应当选择土地节约型的生化技术进步路线，但资源禀赋的地区性差异，决定了在个别地区也可以有以节约劳动的机械技术进步为主的不同选择。根据农业发展所处的阶段，中国当前应选择劳动密集型的生化技术进步路线，但在一些经济发达地区，也具备了资本密集型的机械技

---

①　国家统计局：《中国统计年鉴 2001》，北京：中国统计出版社 2001 年版，第 304 页。

术进步为主的实施条件。随着经济发展程度的提高，机械技术为主的选择范围还会扩大。依据粮食安全和粮食总量增长的要求，生物化学技术的广泛应用具有现实可行性；但从农业现代转型的需要考虑，机械技术的采用更具实质性意义。制约中国农业技术进步路线选择的多重因素，决定了在中国农业发展的现阶段，不可能选择忽视机械技术进步的单纯生化技术进步路线，更不能选择轻视生化技术进步的单纯的机械技术进步路线，而只能走一条非均衡动态性和中性型的技术创新路线。其基本内涵是：在总体上，中国农业技术的创新方向是生化技术和机械技术并重的中性型进步路线。在空间范围上，应根据各地区资源禀赋的特点和经济发展程度的差异，选择相适宜的技术类型。就是说，中性技术类型在不同地区可以各有侧重，从总体上看，呈现为一种非均衡和非匀质的分布。在时间序列上，在经济发展的不同阶段，生化技术和机械技术的进步程度可以有所差别。在经济发展的较低阶段，应当更加重视生物化学技术的进步；随着经济发展程度的提高，则应在继续重视生化技术进步的基础上，加快机械技术进步的步伐。[①]

在农业技术进步中不可忽视的一个重要问题是，必须加强对农业劳动力的人力资本投资，即重视劳动改进型技术的提高。这是因为：第一，中国农村劳动力的文化水平偏低。据 2000 年全国人口普查资料，农村文盲人口尚有 6665 万，农村文盲率为 8.25%，高出城镇 4.21 个百分点。另据资料，农村劳动力中文盲、半文盲者约占 20%，小学文化程度者占 38.8%。替代性技术是由劳动者来推动的。低劳动力素质，必然成为机械技术和生化技术普遍和高效率运用的制约因素。第二，提高农业劳动者文化水平和科学技术素质，有利于扩大其就业机会，加速农业劳动力的非农转移，优化农业资源结构，实现农业内部高效率资源对低效率资源的替代。劳动改进型技术进步的基本途径，是加大对农村地区的教育投资。目前，应将普及九年制义务教育、职业技术教育的重点放在农村。同时，在高等教育方面，亦应出台对农村地区的适度倾斜政策。

中国是一个耕地资源高度稀缺的国家。提高单位耕地面积产量，始终是中国农业技术进步的主要着眼点。过去，主要是通过增加化肥施用量和

---

① 参见本书第九章。

作物品种改良来实现前述目的的。今后，应当逐步加大对土地改进型技术的投资，通过土地资本含量的增加提高土地的产出效率。这一技术的采用，既是中国耕地资源稀缺性的反映，也是土地替代性技术效率提高的依赖条件。[①]

（二）　农业结构调整

已经步入工业化中期阶段的中国，经济结构的快速转变势在必然。即，第二、三产业的产值比重和就业比重将迅速提高，而农业的发展则出现相对停滞甚至萎缩的趋势。在 20 世纪 90 年代，中国第二产业年均增长13.65％，第三产业年均增长 9.07％，而农业的年均增长率仅为 3.81％。有人预测，到 2020 年，中国农业产值占 GDP 的比重将降到 5％，农业就业比重将降为 20％左右。[②] 农业比重特别是农业劳动力比重的下降，具有双重积极效应：（1）有利于加速国民经济的增长。因为，"劳动和资本从生产率较低的部门向生产率较高的部门转移，能够加速经济增长"，"增长较快的国家倾向于有较快的结构转变率"。[③] 统计回归分析结果显示，一个国家的人均收入水平与农业的产值份额密切相关，可决系数高达0.95。人均收入的农业产值份额弹性为－1.34，即农业在国民产值中的相对份额平均下降 1％，人均收入就平均增加 1.34％。换言之，人均收入每提高 1％，农业产值份额就要下降 0.71％。[④]（2）有利于打破农业部门资源配置的低效率均衡。过多的劳动投入和很少的资本、技术投入间的均衡是传统农业资源配置的基本特点，也是传统农业低效率的根源。要实现对传统农业的改造，就必须打破这种均衡。这依赖于资源两方面的流动：剩余劳动力流出农业部门和资本、技术等要素流入农业部门，从而在农业部门形成高效率的要素替代。加速农业发展，就是顺应经济结构转变的基本

---

① 参见本书第九章。

② 参见中国农村经济编辑部《学习十六大精神，全面实现农村小康》，《中国农村经济》2003 年第 3 期。

③ ［美］H. 钱纳里等：《工业化与经济增长的比较研究》，上海：上海三联书店 1995 年版，第 22、265 页。

④ 参见李春海《农业式微和产业转移：基于农产品收入需求弹性的分析》，《农业经济问题》2003 年第 4 期。

方向，实现农业的小部门化。由于中国农业的产值结构和就业结构存在着较大偏离，因此，农业结构调整的重点应放在农业劳动力资源在非农产业部门的安置方面。

在农业内部：（1）加大农业空间布局的调整力度。根据市场需求变化和各地自然经济条件，在科学规划的基础上，集中连片地发展具有比较优势的农产品，促进各种生产要素向优势区域集中，逐步使各种重要农产品全面实现区域化布局，所有主要农业区域都建成农产品优势产业带。政府应在世贸组织规则框架内，用好用足"绿箱政策"和"黄箱政策"，加强对农产品优势产业带的支持，保护和增强粮食等重要农产品的综合生产能力，使优势产业带的农产品在国内外都具有较强的市场竞争力。（2）全面提升农业产业带的产业层次。在发展优势产业带的同时，根据市场需求的变化，大规模地发展订单农业；通过"公司＋基地＋农户"等途径，依托龙头企业建立原料生产加工基地。按照加工销售的要求，发展优质农产品生产，满足小康社会和国际市场对农产品质量安全的消费要求。由主要提供原料等初级产品变为主要提供食品等深加工产品，实现农产品的价值提升和效益增长。①

（三）农业制度创新

在产权学派、新制度学派和一些发展经济学家看来，农业绩效是土地制度的函数。虽然不能说，土地制度是影响农业绩效的唯一变量，但无疑是十分重要的相关因素。改革和完善中国现行土地产权制度，不仅是广大农民的强烈意愿（这种意愿是通过土地抛荒等消极行为来表达的），而且成为政府部门中各级决策者的基本共识。由具体国情决定，中国农村土地制度的创新，只能沿着如下方向推进：（1）在土地集体所有制不变的前提下，寻求产权主体明确、产权权能完善的新型集体所有制实现形式。（2）在家庭经营不变的基础上，探求土地资源的有效配置方式和有利于农业现代化实现的土地利用形式。现阶段，应在继续稳定土地家庭承包经营的基础上，对于非农产业发达、农民外出务工较多、土地撂荒面积较大的地区，根据依法、自愿、有偿的原则，实行土地承包经营权的流转。借

---

① 参考本书第十二章、第十四章。

助土地的有效流转机制，逐步发展规模经营，改造和优化中国农业发展的微观基础。①

农业市场经济体制的确立和完善，是实现农业现代化的基本制度保障。当前，应深化农产品特别是粮食流通体制改革，在改革和完善主销区粮食市场化改革经验的同时，积极创造条件全面推进主产区粮食流通体制改革；根据农产品及其加工品的流向，加强农产品批发市场等流通基础设施的建设，形成以批发市场为中心的农产品市场体系；从经济发展的需要和可能出发，在条件成熟时，适当增加农产品的期货上市品种，进一步发挥期货市场发现价格和规避风险的功能；整顿和规范市场经济秩序，建立健全市场交易规则；国家通过市场吞吐量调节进行宏观经济调控，减少和平抑市场价格的过大波动，引导农产品生产者、经营者的行为，实现和保持农产品供求关系的相对平衡，促进农村经济和整个国民经济的稳定运行。

在农业市场化推进的过程中，建立农民专业合作经济组织，提高农民的组织化程度，把分散的农户与市场联结起来，减少和避免农民面临的市场风险和自然风险。通过农户以提供原料入股、利润返还等多种途径，与农产品流通、加工企业建立利益共同体，使农民能够分享流通和加工环节的收益。加强农业产前、产中和产后的各种社会化服务。通过完善农业社会化服务体系，逐步增加区域化布局所要求的农业专业化组织的比重，形成生产社会化和农户专业化相结合的新局面。

五　工业化、城市化拉动下的农业发展

农业现代化是国民经济整体现代化的一个有机组成部分。没有非农产业部门的协同推进，农业现代化不可能在其内部单独完成。工业化和城市化，是实现农业现代化的基本前提和重要保证。

（一）农业技术进步对工业化、城市化的依赖

现代农业要素主要是可再生性资源。这些资源如农业机械、化肥和农

---

① 参见本书第十八章。

药等不可能由农业部门自己生产，而必须由城市工业部门提供。因此，城市工业部门是农业技术进步的主要源泉。城市工业部门的发展水平，在很大程度上，决定着农业技术进步的速度。在工业不断进步的条件下，工业部门的生产凝结着先进技术的现代农业要素，能够以日益低廉的价格供给农业部门，从而激发农民较多地使用现代农业要素。农业技术进步，源于技术创新能力的增长。舒尔茨认为，贫穷国家农业增长所依赖的现代生产要素主要不能通过进口获得，而必须立足于本国进行研究、开发。农业技术创新能力的提高，要求农业技术的科研、开发和推广等行业聚合更多资源，并有较快发展。技术创新的规模经济特征，决定了其是适合于在城市中生长和发展的产业。

农业技术进步，对农民的知识与技能提出了更高要求。没有较高的文化水平，不具备采用新技术所需的相关知识和能力，必然制约新技术的应用，也会影响农民对新技术有利性的把握。农民对知识和技能需求的增长，对教育和其他相关产业提出更快的发展要求。具体来讲：（1）寻求和获得新技术需求的增长，会引发农民更为经常的流动与迁徙，这会对交通业和服务业提出更快发展的要求；（2）对于成年农民来讲，了解和掌握新技术，就需要对他们开展更为经常地短期培训；（3）更为重要的是，对农民子女正规教育的需求，也会进一步增加。教育产业和便利于农民流动的服务业，由于其对外部经济性的依赖，适合于建立在城市部门。这就要求城市部门相关产业的快速发展予以保障。

农业技术进步的结果之一，是农业生产率的改进，其中，最具革命性意义的是农业劳动生产率水平的提高。因为，农业劳动的单位产出与非农产业部门的趋近或大体平衡，是农业成为一个现代产业的主要标志。农业劳动生产率提高的基本前提，是农业劳动和农业人口大规模的非农转移。没有工业化、城市化进程的加速及其相应的非农就业岗位的创造，不可能实现农业人口和农业劳动的有效转移，也不可能明显地改善农业劳动生产率。

（二）农业结构调整对工业化、城市化的依赖

如果说，农业小部门化是农业现代化过程中农业外在结构转变的一般趋势，那么，工业化、城市化与农业结构转变就是同义的。因为，没有工

业化、城市化及其相应的非农产业的快速发展，就不会有国民收入中农业产出份额的相对减少；没有工业化、城市化创造出来的大量的非农就业岗位的存在，也不会有农业劳动力比重的相对甚至绝对下降。

从资源配置的角度来看，农业内部结构调整，是农业资源从边际生产率低的传统行业、传统产品的生产向边际生产率高的新型行业、新型产品生产的转移。这一转移无疑可以改善农业资源的配置效率，加速农业收入增长。但是，在高农业人口比重得不到明显改善的前提下，农业结构调整的收入效应是十分有限的。第一，农产品国内市场的扩大，将受到城市非农人口规模相对较小的限制。第二，由于大量农业人口存在形成的农户超小规模经营，其资本积累能力和技术创新能力较低，生产无成本和价格优势，产品的国际市场拓展能力必然较弱。第三，农业资源的农内调整和农外转移相比，前者的收入效应一般低于后者。第四，根据恩格尔定律，食物需求的收入弹性是递减的。国外学者的有关研究表明，当人均收入达到2000美元时，食物需求的收入弹性几乎为零。这说明，没有工业化、城市化带来的产业结构的相应转换，农业结构调整不可能持续地、大幅度地提高农民收入，不可能平衡农业与非农产业之间、城乡之间业已存在的巨大收入差距。

农业内部结构调整，可以在一定程度上扩大农业部门的就业机会。因为，随着收入增长需求迅速扩大的那些农产品，大多是劳动密集型的。对于土地资源稀缺，非农就业机会增长缓慢，大量农业劳动力被迫闲置的中国来说，农业结构调整的这种就业效应，无疑具有重要的意义。但是，没有城市非农产业就业机会的大量增长，农业结构调整不可能从根本上解决中国农业剩余劳动力的出路问题。因为，没有一个国家的现代化是在如此之高的农业人口比重基础上建成的。还必须注意到，农业结构调整的收入效应，提高了农业劳动力非农转移的机会成本，从农业内部加大了人口城市化的难度。

（三）农业制度创新对工业化、城市化的依赖

农业市场化的基本内容之一，是农业生产组织的企业化。农业生产组织的企业化转变，至少在如下两个方面受制于工业化和城市化进程：

第一，农业生产组织的企业化，离不开农业生产经营规模的扩大。企

业化农业与自给自足农业的一个重要区别，是其生产目标已由维持生存需要的产量目标转向利润最大化目标。利润目标确立的一个必要前提，是对生存压力的超越。除拥有较高的生产力水平外，这种超越还必须有较大的生产经营规模作为条件，即农业生产者应当拥有较多的非劳动资源特别是土地资源。这就要求，原先拥有土地的一部分农民让出土地而转入他业，实现土地等非劳动资源向少数农业生产者集中。农业生产经营规模的这种调整，不能离开城市部门的扩张而孤立地推进；农业规模变动排挤出来的过剩人口，必须由不断扩张的城市部门为其提供新的就业岗位。否则，农业生产组织的企业化，会由于社会就业压力的加大而受到遏制。

第二，农业生产组织的企业化转变，离不开城市农产品市场容量的扩张。农业企业化必然提高农业产出的商品率。农产品商品率的提高，要求有能够消化日益增长的农产品供给的较为广阔的农产品市场的存在。一国的农产品市场，无非是国内市场和国际市场两个方面。在农业生产无明显比较优势的前提下，国内农产品市场的培育和扩大，将成为农业产出商品率提高的重要依赖条件。在李斯特看来，国内市场比国际市场更为重要："一旦国内工业得到充分的发展，那些以土地为生的人们能够获得的市场远比他们在整个世界可以找到的市场大得多、有利得多。"[①] 国内农产品市场主要由城市非农人口对农产品的需求构成。没有工业化、城市化的推进，就不会有大量农业人口的非农转移，也就不会有国内农产品市场的较快扩大。

六　国际化互补及其竞争压力下的农业发展

（一）国际化在农业现代转型中的地位

一个国家经济现代化的进程，归根结底，取决于经济机体中现代化因素的成长速度。当现代化因素的积累率较高，并最终取代传统因素成为影响国民经济发展的主导力量时，经济的现代化改造就基本完成。中国农业的现代化也不例外。只有当技术进步、制度创新、结构优化等方面出现快

---

① ［德］弗里德里希·李斯特：《政治经济学的自然体系》，北京：商务印书馆1997年版，第63—64页。

速变化，农业的现代化才会加速。

农业现代化因素的成长，为两种进程所影响：其一，本国经济的发展进程，一般而言，工业化和城市化水平越高，农业中现代化因素的成长就越快；反之则反是。其二，国外经济部门对本国经济的参与程度。对于资源紧缺，经济落后的一些发展中国家来说，在适当政策的引导下，经济开放往往可以大大加速本国农业中现代化因素的积累和成长。不同的国家，内源性力量和外源性力量对现代农业因素成长所产生的影响是不同的。一些国家，其农业现代化进程，主要是由国内的工业化和市场化发展所推动的；而另一些国家，国际化力量则对现代农业因素的成长起着更大作用。

过去 20 多年的对外经济开放，使中国经济获得了远高于世界平均增长率的高速增长。可以肯定，农业的进一步开放乃至走向国际化，必将加快中国农业的现代化进程。但是，作为拥有世界 1/5 人口的大国，农业的现代化完全依赖于国际化因素是不现实的。毫无疑问，本国的工业化、城市化和市场化是比国际化更为重要更为根本的决定农业现代化的力量。农业国际化对农业现代化的影响，是建立在国内城市化、市场化进程基础上，并与之相结合而产生作用的。[①]

（二）国际化互补效应与现代农业因素成长

农业国际化，使各国在世界范围内进行农业资源的优化配置成为可能。这种优化配置，不仅能够改善全球农业资源的配置效率，而且可以使各国农业的生产效率提高。生产效率提高是收入增长的基础，而收入增长又可以提高农业资本的积累率，进而实现现代农业要素投入的增长。

农业国际化能够改变参与国的农业资源结构。这主要是通过资本、技术的引进实现的。中国是一个资本、技术等现代农业要素稀缺的国家。20世纪 70 年代末以来，中国农业的对外开放从无到有、由小到大不断发展，同世界上 140 多个国家和主要国际粮农机构建立了长期稳定的合作关系。农业利用外资迅速增加，截至 1998 年年底，全国农业利用外资项目 9392个，协议外资金额 180.18 亿美元；在科技成果及品种资源引进、科技合作研究、人才交流培训等方面成效明显，引进了动植物种质资源 10 万多

---

① 参见本书第二十一章。

份，引进效益在 10 亿元以上的技术成果数十项，其中地膜覆盖栽培技术已在近百种作物上应用，水稻旱育稀植技术已在十多个省推广，应用面积 2 亿多亩，推动了中国水稻生产水平的提高。农业开放带来的资本增加和技术进步，有力地推动了中国农业的现代化转变。

但是，总体上中国农业的对外开放程度还很低。仅就外资引进来说，第一，农业外资利用的总体水平不高、规模不大。1981—1995 年，全国农业吸收外商直接投资协议金额，仅占全国外商投资协议金额的 1.4%；外商投资项目规模大多在 50 万美元以下，大大低于外商投资项目的平均规模。第二，农业外资以来源于国际金融机构和各国政府的低息、优惠贷款和赠款为主，商业贷款微乎其微。第三，外商直接投资主要集中在沿海发达地区，1980—1995 年，广东、福建和山东三省农业外商直接投资协议额就达 40 多亿美元，占全国总数的 70% 以上。第四，农业外资项目的科技含量较低，一般以农产品初级加工为主，高科技含量、高新技术、精深加工项目甚少。[①]

随着中国农业的入世，农业的对外开放程度将进一步加大，国际农业资本和技术的引进也将会随之出现前所未有的新局面。这是因为，从国内方面来看，受国际化进程影响，农业组织的市场化、企业化程度将提高，企业化的农业组织受利益的驱动，对收益率较高的资本、技术等现代农业要素将产生较大需求；国际化也将使政府的职能不得不作出适应性调整，从而优化农业外资进入的政策环境。从国际方面或外商角度来看，中国是一个巨大的农产品市场，国际化将大大提高中国这个市场的潜在收益率；同时，农业的国际化，降低了中国政府农业政策多变的风险，使国际资本投资可以获得比较稳定的预期收益。这些无疑会诱使国外现代农业要素在更大程度上进入。

农业国际化，可以拓展中国农业结构调整的资源利用空间，有利于中国农业结构的顺利调整。这种有利性至少可以从两个方面来观察：（1）在农业资源非流动条件下，农业国际化有利于改善中国农产品贸易环境，有利于根据国际农产品市场需求变化和中国农产品生产比较优势开展农产

---

① 唐正平、郑志海：《入世与农产品市场开放》，北京：中国对外经济贸易出版社 2000 年版，第 111—112 页。

品贸易。具体来说，有利于中国扩大土地集约的农作物产品及其初加工产品的进口，同时将释放出来的资源用于劳动集约农产品的生产和加工，并扩大这些产品的出口。这无疑使中国农业产业结构发生转换和实现优化。（2）在农业资源流动条件下，农业国际化将使中国传统农业资源结构发生改变。在经济发展过程中，不同生产要素的变化趋势存在着明显的差异。农业用地一般较为稳定，而物质资本和人力资本的积累则较快。农业国际化而产生的农业要素的国际流动，将加速农业生产要素的上述变化趋势。对于中国农业来说，国际化过程也将意味着资本、技术等现代农业要素的快速增长。实际经验显示，在高速发展的经济中，产业结构趋向于扩大那些集约利用积累最迅速的要素的行业演变。由于现代农业要素在国际化过程中的迅速积累，我国农业产业结构的演变趋势将是，密集使用现代要素的行业和产品将不断提高其比重，而依赖土地的行业和产品将出现相对萎缩。[①]

（三）国际化竞争效应与现代农业因素成长

国际农业竞争，首先是农产品的质量竞争。在国际化条件下，农产品质量有国际通行的技术标准来标识。因此，农业国际化与农业标准化是同步发展的。从国际经验来看，农业开放程度较高且农业发达的国家或地区，都非常重视农业标准化建设。这些国家或地区的农产品，特别是进入国际市场的农产品，其质量标准稳定、可靠，因而获得了较大的国际市场份额和极高的经济效益。中国的农业标准化工作，虽然自20世纪60年代初就开始起步，但由于一直为解决温饱问题而主要追求农产品数量，加之长期游离于世界贸易组织以外，致使这项工作处于缓慢发展甚至停滞不前的状态。当前，中国农业标准化建设滞后的突出表现是，农产品生产中，超量使用化肥、农药、激素和生长调节剂，从而带来农产品食用安全隐患和农业生态环境恶化。在加入世界贸易组织之后，这种低质量农业不仅缺乏竞争力而难以拓展国际市场，甚至可能逐渐丧失国内市场。这说明，在农业国际化环境下，农业标准化建设已成为中国农业生存和发展的重要保证。没有农业的标准化，就没有较强的农业国际竞争力，就不会有不断拓

---

① 参见本书第二十一章。

展的国际农产品市场份额，也就不会有农业的国际化。农业标准化建设，是依靠农业技术进步来推动的。农业国际化条件下农业标准化水平的不断提高，与农业部门的技术进步是同义的。

农业国际化，在事实上加剧了各国之间业已存在的争夺世界农产品市场的竞争。在决定不同国家或地区农业竞争力强弱的诸多因素中，农产品是否适销对路，是否能够适应国际农产品市场需求变化，是一个重要的方面。也就是说，在国际化背景下，农业经济结构因素对一个国家或地区农业国际竞争力的决定性作用将日益凸显出来。谁的结构合理、高级，谁就具有较强的竞争力；否则，在国际竞争中就处于劣势。适应国际竞争力提高的农业结构演变的一个基本趋势是，低附加值的初级农产品比重下降，而高附加值的加工农产品比重提升。长期以来，偏重初级农产品的生产特别是粮食作物的种植，使中国农业结构相当落后。从农产品加工业对农业产值的比例来看，在发达国家，目前前者一般为后者的3—4倍，而中国1997年前者仅为后者的78.7%，差距相当明显。中国农产品加工业不仅总体发展水平不高，而且加工层次低，加工增值幅度小。目前发达国家农产品加工增值部分一般为原值的5—7倍，中国只有2—3倍，某些农产品的加工增值幅度还更低。这种落后的农业结构，既没有发挥中国农业资源的比较优势，也与农产品的市场需求特别是国际化条件下的市场需求越来越不相适应，还严重制约着中国农业的国际竞争力。将中国农业推向国际化，一方面，农业结构的调整会显现出更大的紧迫性；另一方面，由于市场和资源空间的扩大，农业结构可以在更宽松的环境下实现调整。

农业国际化带来的巨大国际竞争压力，会成为加速中国现代农业制度确立的影响因子。第一，农业国际竞争是市场化农业间的竞争，参与国际化有利于深化中国农业的市场化改革，最终建立起完善的市场农业体制。农业国际化在目前的具体内容就是农业加入世界贸易组织，而世界贸易组织是以市场经济为基础的，或者说，世界贸易组织是市场经济国家和地区的政府间组织。它要求国际贸易应遵循国际经济规律形成统一的国际大市场，按公平、公正、公开的原则，进行无扭曲的竞争，克服贸易保护主义和促进贸易自由化，其终极目标是在世界范围内实现资源的统一的市场化配置。世贸组织对其成员起约束作用的是它那一整套按市场经济规则所制定的法律和法规。对加入世界贸易组织的各成员国来说，最重要的一点就是要认同这一整套法律体系。第二，市场效率是决定农业竞争力的一个重要方面，农业国际化有利于加速农业市场中介组织的发育和成长，提高农业市场的运行效率。当前，中国农业市场化改革过程中的一个突出问题，是"小农户和大市场"的矛盾。农户家庭作为农业生产经营的基本单元并不能支撑起日益放大的农副产品市场化的发展，即单个农户和市场之间缺乏有效的连接机制。农业国际化将会进一步加剧上述矛盾。因为，国际化将逐步减少中国农业现存的下层初级市场交易，而大幅度提升上层高级市场交易的比重。这说明，农业国际化会对农业市场中间组织的创新产生出更加强烈的需求和提出更高的要求。第三，农业国际化也会对中国农业生产组织的创新提出要求。市场化农业的一个重要组织载体，是企业化的农业生产组织。中国目前的小农户，由于生产的高成本很难成为具有较强国际竞争力的有效组织。当农业纳入国际化运行轨道之后，中国农业的企业化改造必将更加迫切地提上日程。①

参考文献

国家统计局农村社会经济调查总队：《新中国五十年农业统计资料》，北京：中国统计出版社 2000 年版。

国家统计局：《中国统计年鉴 2001》，北京：中国统计出版社 2001 年版。

李春海：《农业式微和产业转移：基于农产品收入需求弹性的分析》，《农业经济问题》2003 年第 4 期。

李善同、王直等：《WTO：中国与世界》，北京：中国发展出版社 2000 年版。

［德］弗里德里希·李斯特：《政治经济学的自然体系》，北京：商务印书馆 1997 年版。

牛若峰：《中国发展报告：农业与发展》，杭州：浙江人民出版社 2000 年版。

［美］H. 钱纳里等：《工业化与经济增长的比较研究》，上海：上海三联书店、上海人民出版社 1995 年版。

世界银行国别报告：《中国战胜农村贫困》，北京：中国财政经济出版社 2001 年版。

世界银行：《2001 世界发展指标》，北京：中国财政经济出版社 2002 年版。

唐正平、郑志海：《入世与农产品市场开放》，北京：中国对外经济贸易出版社 2000 年版。

宣杏云、王春法：《西方国家农业现代化透视》，上海：上海远东出版社 1998 年版。

岳琛主编：《中国农业经济史》，北京：中国人民大学出版社 1989 年版。

中国农村经济编辑部：《学习十六大精神，全面实现农村小康》，《中国农村经济》2003 年第 3 期。

---

① 参见本书第二十一章。

陕西师范大学一流学科建设基金资助

工业化进程中的农业发展

Agricultural Development in the Process of Industrialization

（下卷）走向内生发展

郭剑雄◎ 著

中国社会科学出版社

图书在版编目（CIP）数据

工业化进程中的农业发展/郭剑雄著. —北京：中国社会科学出版社，
2017.8

ISBN 978 - 7 - 5203 - 0718 - 5

Ⅰ.①工… Ⅱ.①郭… Ⅲ.①农业发展—研究—中国 Ⅳ.①F323

中国版本图书馆 CIP 数据核字（2017）第 170476 号

出 版 人　赵剑英
责任编辑　张　林
特约编辑　郑成花　宋英杰
责任校对　李　莉
责任印制　戴　宽

出　　　版　中国社会科学出版社
社　　　址　北京鼓楼西大街甲 158 号
邮　　　编　100720
网　　　址　http://www.csspw.cn
发 行 部　010 - 84083685
门 市 部　010 - 84029450
经　　　销　新华书店及其他书店

印刷装订　北京君升印刷有限公司
版　　　次　2017 年 8 月第 1 版
印　　　次　2017 年 8 月第 1 次印刷

开　　　本　710×1000　1/16
印　　　张　63.5
插　　　页　2
字　　　数　1012 千字
定　　　价　288.00 元（上、下卷）

目　录

（下　卷）

第一部分　劳动力"逆淘汰"的背后

第二部分　人口转型及其影响

第三部分　走向内生发展

第四部分　二元结构演化

第一部分

劳动力"逆淘汰"的背后

第 一 章

劳动力选择性转移下的农业发展机制[*]

一 研究背景与问题的提出

劳动力转移条件下的农业发展机制，被发展经济学的若干经典文献所揭示。刘易斯（中译本，1989）将二元经济的发展问题简化为农业剩余劳动力在现代部门的再配置。在其对该再配置过程的理论阐释中，揭示了传统农业蝶化成现代一元经济组成部分的脱茧路径：劳动力配置的生物学法则[①]转向与现代工业相同的市场之手；工资决定的道德取向[②]代换为市场经济的边际生产力方程。[③] 在刘易斯理论的基础上，费景汉和拉尼斯（中译本，1989，2004）把工业劳动吸收率大于人口（或劳动力）增长率，以及将短缺点和商业化点推向重合的足够快的农业技术进步率，确立为农业部门与现代工业部门趋同的必要前提；同时，将农业劳动边际产出等于平均产出，农业部门的短缺点和商业化点聚合为转折点，作为农业完成现代化改造的实现条件。刘易斯—费景汉—拉尼斯模型的现实影响力是巨大的：劳动力转移→要素替代→扩大农业生产规模→均衡部门收入，成为包括中国在内的广大发展中国家农业发展的主流思潮和基本实践。

　＊ 本章选自郭剑雄、李志俊发表于《经济研究》2009 年第 5 期的《劳动力选择性转移条件下的农业发展机制》一文。该文被中国人民大学复印报刊资料《农业经济研究》2009 年第 9 期全文复印。收录时删减了原题目中"条件"两字，并对文中公式、图表的序号做了调整。

　① 由外生人口生产方式决定的劳动力供给及在传统农业中的自然就业。

　② 按照平均产出获得收入。

　③ 必须注意到，刘易斯理论中的农业发展机制，是内生于劳动力转移这一过程之中的。但刘易斯本人并未对农业发展机制的形成和作用过程做出描述。

中国农业劳动力的转移，呈现出刘易斯—费景汉—拉尼斯模型未曾论及的选择性特征：（1）以青壮年为主。在杜鹰（2006）的调查样本中，四川和安徽两省外出劳动力的平均年龄分别是 26.9 岁和 27.4 岁，比之非外出劳动力，平均年龄分别小 7.6 岁和 4.9 岁。Alan de Brauw、黄季焜等人（2006）的调查样本同时显示了非农就业劳动力年龄结构的变化趋势。2000 年与 1990 年比较，21—25 岁、26—30 岁人群的非农就业参与率翻了一番，16—20 岁的劳动力非农就业参与率提高两倍多；尽管年龄较大的人群非农就业率也在上升，但他们的参与比例不到 16—20 岁人群的一半。 （2）男性高于女性。目前，外出打工的农民中，男性的比例占 65.8%，女性低于男性 31.6 个百分点。[①] 这一特征在早先的其他一些调查样本（赵耀辉，1997；杜鹰，2006）中也得到了证实。[②] 由于教育的进展，劳动力的受教育程度随年龄呈负相关变化；[③] 同时，教育的进展尚未消除教育机会分配中的性别歧视，一般而言，男性的教育程度高于女性。[④] 劳动力转移的前述特征，可能意味着农业从业者的人力资本[⑤]浅化。比如，2005 年，农村未转移劳动力的平均受教育年限[⑥]低于外出务工劳动

---

① 数据来源：《农业部官员：我国农村劳动力素质总体结构性下降》，载新华网，2008 年 4 月 25 日。

② 杜鹰（2006）的调查显示，在四川和安徽外出劳动力中，男性的比重分别为 69.3% 和 65.2%。在赵耀辉（1997）的调查样本中，四川移民中男性劳动力的比重达 72.5%。

③ 2005 年，30 岁以下劳动力的文盲率低于 2.1%，而 50 岁以上劳动力的文盲率则在 13.8%—42.8%。相反，接受高中教育的比率，前者处于 9.2%—16.5%，后者则在 8.1% 以下；在大专及其以上的教育中，年轻人的比率更显著地高于年长者。数据来源：国家统计局人口和就业统计司、劳动和社会保障部规划财务司：《2006 中国劳动统计年鉴》表 1—48，北京：中国统计出版社 2006 年版。

④ 比如，2005 年，在初中、高中和大专及其以上三个等级的教育中，男性分别高于女性 8.96、13.50 和 14.54 个百分点；而在 15 岁及其以上人口中，女性文盲率高达 16.15%，是男性的 2.76 倍。数据来源：国家统计局：《2006 中国统计年鉴》表 4—12、表 4—13，北京：中国统计出版社 2006 年版。

⑤ 人力资本是通过教育、培训、健康和迁徙等方面的投资在人身上形成的较高的生产能力。出于简化分析的需要，本章仅以受教育程度衡量人力资本水平。

⑥ 未转移劳动力平均受教育年数 =（农村劳动力平均受教育年数—转移劳动力平均受教育年数×转移劳动力比重）÷未转移劳动力比重。此处，以外出劳动力的受教育水平代表了全部转移劳动力的受教育状况。受教育年数的计算方法为各级教育年数乘以相应权重加总求和。其中，"不识字或识字很少"以 1 年计；"中专"和"大专及大专以上"合以 15 年计。

力 1. 45 年,[①] 低于全体农村劳动力平均水平 0. 54 年。[②]

刘易斯—费景汉—拉尼斯农业发展模型的有效性,是建立在劳动力同质性假设的新古典经济学传统之上的。[③] 若现实劳动力是不同年龄及性别禀赋且经不同层级教育(培训)铸塑过的差异化个体,没有其他条件给出,该模型所预言的转移引致农业部门的积极变化就未必出现。可能的结果是,被一次又一次转移筛选过的滞留劳动力,由于缺少技能而难以匹配现代农业技术手段,也不能充当实现相对劳动生产率趋同的农业规模化经营的合格主体;特别是,对于拥有近 1/4 世界人口且人口峰值[④]尚未到来、耕地高度稀缺仍受城市化进一步侵蚀的中国而言,还可能面临粮食安全的巨大风险。劳动力择优转移提出的问题是,刘易斯—费景汉—拉尼斯的农业发展模型还是否有效?农业部门的产出增长和现代化转变还能否发生?如果现代化进程是不可逆转的,那么,其发展机制是什么?

Stark 等(1998),Stark 和 Yang wang(2002)以及 Kanbur 和 Rapoport(2005)讨论了高素质劳动力迁移对迁出地的影响,Kanbur 和 Rapoport 同时提供了迁移与迁出地人力资本积累正反馈的分析模型。但他们的迁出地不是农业部门而是欠发达国家。近年,国内一些研究者开始关注劳动力转移的选择性对中国农业发展的影响。其观点截然不同:或认为,这种转移导致了原本就薄弱的农村人力资本的损失,视其为城市对农村的又一次剥夺,以此作为解释城乡发展差距扩大的一种原因(侯风云、徐慧,2004;侯风云、邹融冰,2005;侯风云、张凤兵,2006,2007;李录堂、张藕香,2006;张藕香、李录堂,2006);并着力寻求农村人力资本非农化的

———————————

① 2005 年,外出务工劳动力的平均受教育年限为 9. 07 年。数据来源:国家统计局农村社会经济调查司《2006 中国农村住户调查年鉴》综述。

② 2005 年,农村劳动力平均受教育程度约为 8. 16 年。数据来源:根据国家统计局农村社会经济调查司《2006 中国农村住户调查年鉴》表 2—2 计算得出。

③ 该假设成立的依据是:第一,在经济发展的初始阶段,劳动力的质量差异在事实上并不显著。因为,根据内生增长理论,在人力资本存量很低的经济环境中,向人投资的收益率小于该项投资未来消费的贴现率,人均人力资本水平大致在趋近于零的状态下维持均衡。第二,有利于借助标准的经济学方法,将劳动力的影响分析严格化和简洁化。

④ 对中国的人口峰值,国家计划生育委员会的预测为 14. 68 亿人,国家统计局人口司的预测是 15. 57 亿人。

补偿机制（郝丽霞，2005）。或肯定，劳动力的选择性转移对农村居民家庭教育需求和人力资本投资的正向效应（刘文，2004；张利萍，2006；王兆萍，2007；郭剑雄、刘叶，2008）；甚至对 1978—2004 年中国农村劳动力转移所形成的人力资本进行了计量（谭永生，2007）。前一种观点是建立在农村人力资本积累率为外生给定的假设之上的；如果现实中选择性转移在很大程度上决定着农村居民家庭的人力资本投资决策，那么，所获得的结论就有可能相反。后一类文献虽然正确地把人力资本积累率处理为转移过程的内生变量，但缺乏理论化、模型化和经验实证方面的深入、细致的工作，更未能与刘易斯、费景汉和拉尼斯等人的劳动力转移文献所做出的有价值的工作对接。

本章拟将人力资本因素引入刘易斯—费景汉—拉尼斯的劳动力转移模型，并将分析视野限定在农业部门，[①] 尝试构建一种考察人力资本转移对农业发展影响的初步的分析框架。试图解决的主要问题是：（1）附加人力资本因素的劳动力转移，对刘易斯—费景汉—拉尼斯模型的发展含义将产生何种修正？其中，完成农业发展的条件如何改变？（2）这些新条件是否是人力资本转移过程的内生变量？若是，其机制是什么？（3）与刘易斯—费景汉—拉尼斯模型相比，附加人力资本的劳动力转移模型的政策含义，对于中国农业发展是否更具现实针对性？

二　农民的两部门经济及其人力资本的优化配置

农民的经济世界，可设由农业和不完全非农产业[②]两部门构成。两部门的生产函数为：

---

① 人力资本对农村劳动力非农就业的影响已有大量文献讨论，可参见赵耀辉（1997），周其仁（1997），杜鹰、白南生等（1997），陈玉宇、邢春冰（2004）等相关研究成果。

② 非农产业部门包括城市正规部门、城市非正规部门和农村非农部门。它们共同构成农业劳动力及农业人力资本转移的领域。从劳动力市场结构的角度考察，这三个部门之间是有差异的。农业劳动力（人力资本）转移的主要领域是城市非正规部门和农村非农部门。本章所谓的不完全非农产业部门，即指农村非农部门和城市非正规部门。

$$Q_i(K_i, H_i) \ ① \tag{1.1}$$

式中，Q_i 是 i 部门的产出，K_i 和 H_i 分别为投入 i 部门的物质资本和承载人力资本的有效劳动② （ $i=1$，2。1 代表农业部门；2 代表不完全非农部门）。

假设生产函数满足规模收益不变这一条件，有：

$$Q_i = K_i \frac{\partial Q_i}{\partial K_i} + H_i \frac{\partial Q_i}{\partial H_i} \tag{1.2}$$

假设农民拥有在两部门配置的物质资本总量 K 和有效劳动（人力资本）总量 H；资源能够在两个部门之间流动。

从事 i 部门生产的纯收入 I_i 是：

$$I_i = p_i Q_i - p_i^k K_i - p_i^h H_i \tag{1.3}$$

农民关于物质资本和有效劳动（人力资本）在两部门之间的配置是使两部门的纯收入之和最大化：

$$\underset{K_i, H_i}{Max} \sum_i (p_i Q_i - p_i^k K_i - p_i^h H_i)$$

$$s.t. \quad K = \sum_i K_i$$

$$H = \sum_i H_i \tag{1.4}$$

构造 （1.4） 式最优化问题的拉格朗日函数为：

$$\xi = \sum_i (p_i Q_i - p_i^k K_i - p_i^h H_i) + \eta(K - \sum_i K_i) + \theta(H - \sum_i H_i) \tag{1.5}$$

该式的最优解是：

$$p_i \cdot \frac{\partial Q_i}{\partial K_i} - p_i^k = \eta \qquad p_i \cdot \frac{\partial Q_i}{\partial H_i} - p_i^h = \theta \tag{1.6}$$

拉氏乘子 η，θ 是资本、有效劳动（人力资本）的边际收益。

---

①　土地是农业生产必不可少的条件，现代农业也不例外。但是，一方面，土地可近似地视为常数；另一方面，在现代经济中，土地作为增长的源泉越来越不重要。加入土地要素，并不影响关于两部门人力资本优化配置的结论。所以，此处舍去了土地。现代经济增长中土地重要性下降的观点，参见［美］西奥多·W. 舒尔茨：《报酬递增的源泉》（中译本）第 Ⅱ 篇，北京，北京大学出版社 2001 年版。

②　$H_i = h_i L_i$，h_i 是 i 部门的平均人力资本水平，L_i 表示 i 部门的劳动力总量。

整理（1.6）式并将其代入（1.2）式可得：

$$p_i^* Q_i^* = K_i^* (\eta + p_i^k) + H_i^* (\theta + p_i^h) \qquad (1.7)$$

整理（1.7）式有：

$$I_i^* = K_i^* \eta + H_i^* \theta \qquad (1.8)$$

（1.8）式即为物质资本和有效劳动均衡配置的必要条件。此时，有效劳动亦即人力资本的两部门配置的均衡条件是：[①]

$$\frac{I_1^* - K_1^* \eta}{H_1^*} = \frac{I_2^* - K_2^* \eta}{H_2^*} = \theta \qquad (1.9)$$

三 人力资本转移背景下农业成功发展的条件

当 $\dfrac{I_1^* - K_1^* \eta}{H_1^*} < \dfrac{I_2^* - K_2^* \eta}{H_2^*}$，即农业部门的人力资本的投资回报率小于不完全非农产业时，农业人力资本就会被非农化。这正是当前中国的实际情况。本节，考察这种流动对农业现代化进程产生的影响。出于简化分析的需要，第一，假定劳动增长率、物质资本积累率和人力资本积累率均为零，仅将劳动力流动产生的人均人力资本存量变化作为唯一解释变量；第二，以刘易斯—费景汉—拉尼斯模型定义农业发展。

将农业劳动者差别化的人力资本归为两类：h_1 表示较少或没有接受正规教育的低文化技能的农业劳动者的人力资本状态，设他们的受教育程度低于平均水平；h_2 反映大于及等于平均水平的高素质劳动者的人力资本水平。相应地，农业劳动者在数量上也区分为承载 h_1 的 L_1 和承载 h_2 的 L_2；全部劳动力为 $L = L_1 + L_2$。全部农业劳动力的平均人力资本水平 h，是前述两种类型人力资本的加权平均数。农业部门的总有效劳动是 $hL = h_1 L_1 + h_2 L_2$。

[①] 此时，同时有物质资本两部门均衡条件 $\dfrac{I_1^* = -H_1^* \theta}{K_1^*} = \dfrac{I_2^* = -H_2^* \theta}{K_2^*} = \eta$ 存在。若物质资本市场非完备而存在两部门的收益率差异，人力资本的均衡条件需做出相应的修正。

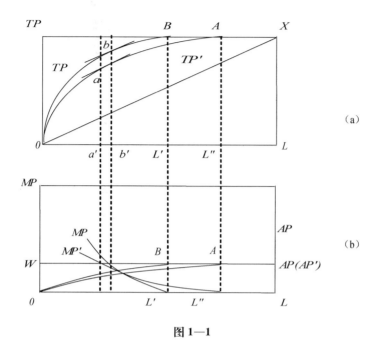

图 1—1

给定农业总量生产函数的一般形式：$Q_a(K, h_j L_j)$（$j = 1, 2$）。假定技术不变，在仅有 $h_1 L_1$ 投入的情况下，农业部门的总产量为 $Q'_a(K, h_1 L_1)$；在 $h_2 L_2$ 同时投入时，农业总产量是 $Q_a[K, (h_1 L_1 + h_2 L_2)]$。图 1—1（a）中，两条总产量曲线分别为 TP' 和 TP。在前述两种情况下，农业部门边际生产力等于零的过剩劳动力数量分别为：$L''L$ 与 $L'L$，且 $L'L > L''L$。

假定，拥有 h_2 的劳动力 L_2 经历一段时期全部进入不完全非农部门，农业部门的劳动力投入量就由 $L_1 + L_2$ 减少为 L_1；由于 $h_2 \geq h > h_1$，因此，农业劳动力的这种转移，会导致农业从业者平均人力资本的降低。农业部门的有效劳动投入由转移开始前的 $h_1 L_1 + h_2 L_2$ 减少至 $h_1 L_1$。

结合中国的实际情况考虑，L_2 的全部移出，仍未能消除农业部门劳动力的过剩状态。[①] 在不考虑劳动力质量因素的条件下，L_2 的全部转移，不会减少农业总产出。但是，由于 L_2 是较高人力资本 h_2 的载体，L_2 移出后，造成了农业劳动力平均人力资本水平降低为 h_1。这会降低农业生产函数

———————————

① 此时，农业部门仍有 $L''L$ 的劳动力剩余。见图 1—1（a）。

中其他投入的产出弹性。[①] 在影响农业生产效率的其他因素为既定时，单位劳动的产出水平就会减少；实现既定总产量，比之于以前需投入更多劳动量。图1—1（a）中，承载 h_2 的 L_2 的移出，导致农业总产量曲线由 TP 下旋至 TP'。图1—1（b）反映了人力资本流动引起的劳动力边际产量（MP）和平均产量（AP）的变化情况。

在人力资本流失带来农业总产量曲线位置变化的过程中，农业生产的短缺点由 TP 时的 B 点移向 TP' 时的 A 点。这表明，刘易斯—费景汉—拉尼斯模型所描述的工业化无代价阶段，会由于人力资本的转移而缩短。在短缺点提前的同时，商业化点却被推后，由 b 点左移至 a 点。[②] 短缺点和商业化点相重合的转折点的出现，由于人力资本的转移而延期。或者说，在其他条件既定时，农业现代化进程会由于人力资本的流失而延长。

短缺点和商业化点重合为转折点，是费景汉和拉尼斯给出的判断农业发展完成的标志。农业部门转折点出现的条件是，农业生产率的进步必须足够快，以推动农业总产量曲线不断上旋，由此使短缺点和商业化点相向移动而聚合为转折点。即，使图1—1（a）中的 TP 曲线外旋，实现 b 点与 B 点的重合。

在引入人力资本的劳动力转移模型中，农业生产率的提高不仅要克服劳动力数量减少带来的产量损失，尚需弥补人力资本浅化而产生的效率缩水。这时，需要有更高的技术进步率，实现 TP' 的上旋，使 a 点与 A 点相合。换言之，在人力资本转移的背景下，农业部门转折点出现的新的必要条件是，农业技术进步带来的产量增长率，必须大于劳动力流动和人力资本转移共同引起的产出损失率。如果说，农业技术进步主要体现为现代投入品的增长，而农业产出对现代投入品是否敏感又决定于使用这些投入品的人的能力，那么，转折点的出现同时需要下述条件存在：

$$\Delta h/h - \Delta h'/h = \dot{h} > 0 \tag{1.10}$$

---

① 在图1—1（b）中，平均人力资本水平的下降所导致的劳动力产出弹性的变化，可由 MP 和 MP' 两条曲线的不同斜率表示。

② 总产量曲线右移时商业化点左移的简单证明：设劳动投入量为 oa' 时，有 TP' 曲线的商业化点 a。此时，在 TP 曲线上，劳动的边际产出由于劳动者素质较高大于 TP' 曲线上 a 点时的劳动边际产出，因此，TP 曲线上的商业化点必然在 a 点之右（b 点）。

即人均人力资本投资增长率 $\Delta h/h$，必须大于高技能劳动力转移产生的人均人力资本的损失率 $\Delta h'/h$，[①] 从而，农业从业者的人均人力资本水平是动态提高的。

与刘易斯—费景汉—拉尼斯模型相比，附加人力资本的劳动力转移模型，对农业技术进步及其生成机制提出了更高要求。

四 选择性转移与农业人力资本的动态深化

(一) 选择性转移与农村人力资本积累

本节引入人力资本积累机制。借鉴 Kanbur 和 Rapoport（2005）提供的分析方法，构造选择性迁移条件下的农村人力资本积累模型如下。

假设农业与不完全非农产业之间的技术差距主要体现在人力资本回报率的差异上。若将农业部门对单位人力资本的报酬化为 1，则单位人力资本在不完全非农部门的报酬是 w（$w > 1$）。[②] 同时，假设不完全非农部门为竞争性就业市场，其工资结构不受迁入者的影响。

将农业劳动者拥有的时间分为两个阶段，每阶段均化为 1。在第一阶段，劳动者选择是否进行教育投资。选择接受教育而分配的时间占单位时间的比例为 e（$0 < e < 1$），该时间投入的教育可以理解为转移所必需的人力资本门槛。同时假定，第 t 期的每个劳动者 i 都有从上一代遗传而来的且相等的人力资本存量 h_t。第二阶段上，劳动者提供固定数量的劳动。本阶段劳动者的生产率水平，取决于其在第一阶段进行的人力资本投资。假设劳动者把他们用于教育上的时间转化为生产技能的能力是不同的，即个人具有不同的学习能力 a^i，并假设 a^i 在区间 $[0, 1]$ 之间均匀分布。

接受教育的劳动者面对着转移的不确定性，他们有 π 的概率可以实现转移，[③] 若转移是可能的，农民会比较农业部门和不完全非农部门的人力资本回报率，从而做出是否进行教育投资的决策。当受教育者的预期收

---

① 取其绝对值。

② w 是扣除了迁移成本的净回报。

③ 相应地，有 $1 - \pi$ 的概率不能实现转移。

入高于未受教育者的预期收入时,[1] 即在满足 (1.11) 式[2]的条件下, 接受教育就会成为理性投资者的选择:

$$(1 - e)h_t + (1 - \pi)(1 + a^i)h_t + \pi(1 + wa^i)h_t > 2h_t \quad (1.11)$$

该式等价于:

$$a^i > \frac{e}{1 + \pi(w - 1)} \quad (1.12)$$

令 $\frac{e}{1 + \pi(w - 1)} \equiv a^E$, a^E 为农民是否选择接受教育的临界学习能力。由于每个人的学习能力被设定为是有差异的, 且在区间 [0, 1] 均匀分布, 因此, a^E 的值越小, 选择对教育进行投资的个人就越多。

依据 (1.12) 式, 如果农民不能在两部门之间流动, 即当 $\pi = 0$ 时, 临界的个人学习能力 $a^F = e$;[3] 当 $\pi = 1$ 时, 即转移对于受教育者是确定的, 临界的个人学习能力 $a^M = e/w$; 一般而言, $\pi \in [0, 1]$, 临界的个人学习能力 $\in [a^M, a^F]$。由 (1.12) 式进一步可得:

$$\frac{\partial a^E}{\partial \pi} = \frac{-e(w - 1)}{[1 + \pi(w - 1)]^2} < 0 \quad (1.13)$$

(1.13) 式表明, 转移概率 π 越大, 临界的个人学习能力 a^E 越小, 此时, 选择对教育进行投资的个人越多; 反之, 转移概率 π 越小, 临界的个人学习能力 a^E 则越大, 对教育进行投资的个人就越少。前述分析所获得的一个确定的结论是, 随着从落后的农业部门向相对较发达的不完全非农部门转移机会的增加, 将刺激农民[4]的人力资本投资。

---

① 为简便起见, 这里未考虑收入的跨期贴现问题, 同时假定农民是风险中性的。

② 若农业部门单位人力资本的报酬为 w^d, 不完全非农部门单位人力资本的报酬为 w ($w > w^d$), 则 (1.11) 式的完整表达式是: $(1 - e) h_t w^d + [(1 - \pi)(h_t w^d + a^i h_t w^d) + \pi(h_t w^d + a^i h_t w)] > h_t w^d + h_t w^d$。该式左边为农民选择进行教育投资时两个阶段的预期收入之和。$(1 - e) h_t w^d$ 为第一阶段农民选择进行教育投资情况下的收入; $(1 - \pi)(h_t w^d + a^i h_t w^d) + \pi(h_t w^d + a^i h_t w)$ 为第二阶段农民收入的一个期望值, 其中, 不迁移的概率为 $1 - \pi$, 收入为 $h_t w^d + a^i h_t w^d = (1 - a^i) w^d h_t$, 迁移概率为 π, 收入为 $h_t w^d + a^i h_t w = (w_d + wa^i) h_t$, 这里, $h_t w^d$ 为该迁移农民具有的同质型人力资本的预期收入, $a^i h_t w$ 为迁移农民具有的异质型人力资本的预期收入。该式右边为农民不选择进行教育投资时两个阶段收入之和。假设, 所以有公式 (1.11)。

③ a^F 为不存在非农转移时的个人学习能力的临界值。$a^F = e$, 由必要的政府投入给出。

④ 此处的农民包括转移农民和未转移农民。

（二）选择性转移背景下农业人力资本深化的条件

转移可以引致人力资本投资的增长，但其直接效应是人力资本的流失。未转移劳动力的人力资本深化，是在两种效应综合影响基础上满足一定条件的结果。

若非农部门对农业部门是封闭的，受教育的农业劳动者比例是 $p^F = 1 - a^F = 1 - e$；在部门开放时，这一比例为：

$$p^E = \frac{(1 - \pi)(1 - a^E)}{a^E + (1 - \pi)(1 - a^E)} \tag{1.14}$$

若 $p^E > p^F$，说明劳动力的非农转移增加了受教育农业劳动者的比重。这一条件等价于：

$$\pi < \frac{w + e - 2}{w - 1} \tag{1.15}$$

令 $\frac{w + e - 2}{w - 1} \equiv \pi^c$，$\pi^c$ 为临界转移概率。[①] 当 $\pi\pi^c$ 时，影响同样是有利的。即，农业部门受教育劳动者的比重因劳动力的非农转移而提高。

将（1.14）式对 π 求导，并将 $a^E \equiv \frac{e}{1 + \pi(w - 1)}$ 代入，可得最优转移概率：

$$\pi^* = \frac{w + e - 2}{2(w - 1)} = \frac{1}{2}\pi^c \tag{1.16}$$

当 $0 < \pi < \pi^*$ 时，由于 $\pi^* = \frac{1}{2}\pi^c$，因此，$\pi < \pi^c$，进而 $p^E > p^F$。此时，未转移劳动力的受教育比例将因转移而增加。

当 $0 < \pi^* < \pi < \pi^c$ 时，由于 $\pi < \pi^c$，所以 $p^E > p^F$，此时，未转移劳动力的受教育比例较不存在转移时是增加的，但由于 $\pi^* < \pi$，减少转移更有利于受教育者比重的提高。

当 $0 < \pi^* < \pi^c < \pi$ 时，与 $\pi > \pi^c$ 对应，有 $p^E < p^F$，说明转移率过大，导致了滞留劳动力中受教育者比例的减少。

可见，当转移率在大于 0 和小于临界转移率 π^c 的范围内取值时，农

---

① π^c 是关于 w 的凹函数，即：$\frac{\partial \pi^c}{\partial w} = \frac{1 - e}{(w - 1)^2} > 0$，$\frac{\partial^2 \pi^c}{\partial w^2} = -\frac{2(1 - e)}{(w - 1)^3} < 0$。

业从业人员中受教育者的比重会较转移前提高。或者说，只要转移率 π 是一个小于临界转移率 π^c 的正值，转移就会带来未转移劳动者的人力资本深化。其中，与最优转移率 π^* 相对应，存在一个最优的人力资本积累率，此时，农业从业者的平均受教育水平达到最高值。

本节的分析表明，若存在适当的干预政策，农业从业者人力资本深化这一由劳动力选择性转移引出的农业成功发展的新条件，可以在人力资本的市场化配置过程中生成。换言之，劳动力的选择性转移，不仅面对农业发展的主流思潮和基本实践提出新的研究课题，同时也孕育出解决此类问题的内在机制。

五 农业的变化：农业人力资本深化的进一步解释

当劳动力的转移具备优选性质时，实际转移率 π 小于临界转移率 π^c，仅是农业人力资本深化的必要条件；此时，吸引高素质劳动者从事农业生产经营，尚需有农业部门高人力资本投资收益率作为充分条件存在。不难证明，农业部门人力资本投资的高收益率，在很大程度上，也是劳动力选择性转移过程的函数。因为，承载人力资本的劳动力的大规模转移，会在农业内部逐渐形成向其从业者进行质量投资的有利机会。这种机会来自：

第一，土地经营规模的扩大。在人力资本因素的推动下，当过剩劳动力持续地和大量地从农业部门流出时，农业部门的劳均土地装备率①将因此改善，农业劳动的边际生产力也由此趋向提高。在土地稀缺性约束不断放松时，人力资本投资将成为影响农业劳动边际生产力的重要因素之一。

第二，现代农业技术手段的广泛采用。当物质资本形态的现代农业技术被日渐广泛地应用时，就会产生物质资本和劳动者能力之间巨大不平衡。这时，提高劳动者素质的投资，不仅可以使高技术含量的物质资本的生产力大大增长，而且能够提高农业从业者的劳动生产率。就是说，只有

---

① 即劳均（人均）土地占有率。它等于农业部门的土地面积除以该部门劳动力（人口）数量的商。

在现代农业技术广泛应用的背景下，向人投资的经济合理性才会显现。[1]
正如 Rosenstein-Rodan（1943）在研究中曾发现的，一个技术迅速变化的
环境中，教育和培训的回报往往特别高。与土地装备水平的变化一样，农
业物质资本装备率的提高，也会发生在人力资本推动下的劳动力转移过程
之中。这决定于两个方面：其一，人均农业收入因人地比例关系的变化而
提高；此时，农民家庭又可得自转移劳动力的部分非农收入。比较转移之
前，物质资本的供给能力增强了。其二，劳动力大规模移出之后，替代劳
动的资本投入的收益率提高，对投资农业的物质资本需求也趋向强烈。

第三，劳动力转移带来的生产规模扩大效应，将引致农业生产组织形
式的企业化转变：由产量最大化的生产导向决策转向利润最大化的市场导
向决策；土地、劳动、资本等生产投入的自有份额日渐式微，其较大比重
通过交易契约租入；农业与不完全非农产业间的投资收益率因农业市场化
程度的提高而渐近平均化。按照 Coase（1937）的观点，企业实质上是一
个小的统制经济。在企业内部，与市场交易相联系的复杂的市场结构被企
业家这一协调者所取代。因此，农业组织形式的企业化，会对其从业主体
的生产组织能力和要素配置能力提出较高要求；同时，这也必然把农业生
产者的高能力与高回报率联系在一起。

只要存在一个适当长的观察期，向农业从业者的人力资本投资的有利
性，在劳动力转移过程中将逐渐显现出来。在农业与不完全非农产业人力
资本报酬率趋同的背景下，高素质劳动者不再流向不完全非农产业部
门；[2] 随着教育的进展和培训的增加，将出现农业从业者人均人力资本水
平的快速增长。

---

[1] 一些实证研究的结果表明，人力资本对农村地区产出的作用不显著，甚至有时起负向作
用（Patric 等，1973；Philips 等，1986；Knight 等，1993；Islam，1995），这一现象被称为"农村
人力资本陷阱"。事实上，"农村人力资本陷阱"仅存在于传统农业阶段或农业欠发达阶段。在
现代农业技术广泛应用的发达农业阶段，农业中人力资本的作用会显著增长。

[2] 那时，仍存在农村人力资本向报酬率更高的城市正规部门的流动。该种流动同样具有如
前所述的人力资本深化效应。农业现代化最终完成于城乡人力资本报酬率大体相同之时。

六 结论、政策建议与尚待解决的问题

本章的研究所获得的主要结论如下：第一，劳动力市场开放时，人力资本在农业和不完全非农部门之间的选择性配置，源于农民收入最大化的理性决策。第二，其他条件既定，农业人力资本的转移，会导致农业总产量曲线的下旋；同时，短缺点和商业化点相重合的转折点的出现，也会因此而延期或未必出现。由此引出的农业成功发展的新的必要条件是，农业从业者的人均人力资本投资增长率大于劳动力转移所产生的农业劳均人力资本存量损失率。第三，若劳动力市场是完备的，农业人力资本的动态深化会内生于劳动力的非农化过程之中。第四，农业生产规模扩大、农业生产组织的企业化和现代农业技术的广泛采用，是农业自身所需具备的从业者技能深化的条件。在刘易斯—费景汉—拉尼斯模型中，农业成功发展的机制，由劳动力的非农化过程生成；同样，引入人力资本的刘易斯—费景汉—拉尼斯模型，完成农业现代转型的新条件，也可以孕育于劳动力的选择性转移过程之中。

依据本章的研究，与劳动力选择性迁移相适应的农业发展政策的主旨，是在健全劳动力市场的基础上强化人力资本动态提高的机制。

中国是一个尚未完成工业化和城市化的发展中国家，劳动力及其附载的人力资本的非农化，是中国在当前及今后一个相当长时期仍将继续面临的事实。实现农业从业者人力资本的深化，是工业化、城市化加速进程中农业发展政策具有决定性意义且实际可行的目标选择。试图阻止农业人力资本流失的政策努力，在极大程度上可能导致农民家庭人力资本投资动机的泯灭而出现事与愿违的结果，进一步，二元经济结构的转变和农业现代化进程，也可能由此而中止。因此，此类政策不具有可行性。

农业劳动者文化技能的增长，主要取决于农民家庭向其成员进行质量投资的动机与能力。这种动机及能力，与劳动力市场的完备程度是密切相关的。在无扭曲的市场条件下，人力资本才可能被正确定价，向人投资的有利性才会充分显现，农民向其人力资本投资的需求才可能被激发出来。同时，劳动力的流动性扩展了农民家庭成员的就业面和收入来源，这又可能把农民提高自身或其子女受教育程度和培训水平的意愿变成有支付能力的需求。由此，政府提高农业从业人员平均人力资本水平目标的首要工作，是进一步开放面向农村劳动力的就业市场，消除阻滞农村劳动力流动的历史遗留的与现实生成的各种制度性障碍。

完全借助市场机制，农业从业者素质的提高将是一个非常缓慢甚至曲折的过程。在这一过程中，政府的政策并非无所作为。政府的工作可以从如下几个方面展开：其一，增加面向农村居民的教育和培训机会的供给。主要包括：增加政府对农村地区人均教育经费的投入，改变长期以来存在的城乡教育资源非均衡配置的状况；[①] 在人口城市化进程中，推进教育资源配置的城市化，保障进城学龄人口的受教育机会；在教育城市化进程滞后的背景下，改变城市教育机会由城市居民垄断的局面，不附加条件，给进城农民工子女与城市居民子女相同的受教育机会；加大面向农村的职业技术教育机会的供给，提高没有或很少接受正规教育的农民的文化水平和劳动技能。其二，通过财政支出结构调整和社会救助制度的改进，提高农村贫困户对教育和培训需求的支付能力。

在农业内部，政府必须适时调整现行土地制度，鼓励扩大农业生产和经营规模，促使农业生产组织向企业化转变，激励和支持现代农业技术的广泛采用。以此提高向农业投资的有利性，逐渐把农业变成高素质劳动者争相从事的新型产业。

中国的经验数据，支持了选择性转移与农村居民受教育程度正相关的结论。[②] 但选择性转移是否最终有利于农业从业者人力资本的深化，还是一个有待检验的假说。由于经济发展进程的局限，在中国验证该假说的经

---

① 2002 年，全社会各项教育投资 5800 多亿元，不到总人口 40% 的城市居民占用了其中的 77%，而超过 60% 的农村人口只获得 23% 的教育经费（《中国财经报》2004 年 8 月 24 日，第 4 版）。在每 10 万人口中，城镇拥有中学数 8.03 所（其中高中 2.61 所），农村拥有中学数 5.08 所（其中高中 0.30 所）；每万人中，城镇拥有中学教师数为 68.33 人，而农村仅为 24.33 人（根据《中国统计年鉴 2003》有关数据计算得出），这里还未涉及教师素质和教育质量方面的差别。

② 比如：从 1985 年到 2005 年，农村非农从业人员比重由 18.1% 提高到 40.5%，21 年间增长了 22.4 个百分点。同期，高中及其以上文化程度劳动者的比重由 7.25% 上升为 13.80%，提高 6.55 个百分点；文盲率则下降了 21 个百分点（国家统计局农村社会经济调查司：《2006 中国农村住户调查年鉴》，北京：中国统计出版社 2006 年版）。若以农村劳动力的平均受教育年数计，2005 年比 1985 年提高了 2.26 年（根据国家统计局农村社会经济调查司《2006 中国农村住户调查年鉴》表 2—2 计算得出，北京：中国统计出版社 2006 年版）。

验事实并不充分（见附图 1—1 和附图 1—2）。寻求此类经验证据，是有待进一步深入的研究工作。

附　录

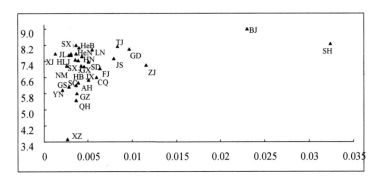

附图 1—1　2005 年中国 30 个省区市农村劳动力迁移率与农业劳动力的受教育水平

注：横轴表示转移率，纵轴表示受教育年限。数据点标注的字母是各省、区、市名称的汉语拼音缩写，其中 SX_1 和 SX_2 分别是山西省和陕西省。该图显示，转移率较高的地区，未转移劳动力的受教育年限也相对较高。

数据来源：国家统计局网站（www. stats. gov. cn/tjsj/ndsj/renkou/2005/renkou. htm）；2005 年全国 1% 人口抽样调查数据。

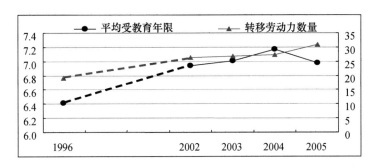

附图 1—2　1996—2005 年中国农村转移劳动力数量与农业劳动力的受教育程度

数据来源：农村劳动力转移数量的估算数据来自相应年份《中国统计年鉴》、《中国农村住户调查年鉴》；其估算方法为：转移劳动力数量 =（城镇从业人员 - 城镇职工人数）+（乡村从业人员 - 农业就业人员），单位：千万人。1996 年农业劳动力的平均受教育年限的数据来源于第一次全国农业普查，2002—2005 年的数据均来源于相应年份的《中国劳动统计年鉴》；受教育年限的计算方法同附图 1—2。

参考文献

Alan de Brauw、黄季焜、Scott Rozelle、张林秀、张依红：《改革中的中国农村劳动力市场演变》，载蔡昉、白南生《中国转轨时期劳动力流动》，北京：社会科学文献出版社 2006 年版。

陈玉宇、邢春冰：《农村工业化以及人力资本在农村劳动力市场中的角色》，《经济研究》2004 年第 8 期。

杜鹰、白南生：《走出乡村——中国农村劳动力流动实证研究》，北京：经济科学出版社 1997 年版。

杜鹰：《现阶段中国农村劳动力流动的基本特征与宏观背景分析》，载蔡昉、白南生：《中国转轨时期劳动力流动》，北京：社会科学文献出版社 2006 年版。

[美] 费景汉、古斯塔夫·拉尼斯：《劳力剩余经济的发展》，北京：华夏出版社 1989 年版。

[美] 费景汉、古斯塔夫·拉尼斯：《增长和发展：演进观点》，北京：商务印书馆 2004 年版。

郭剑雄、刘叶：《选择性迁移与农村劳动力的人力资本深化》，《人文杂志》2008 年第 4 期。

郝丽霞：《农村人力资本非农化补偿机制研究》，西北农林科技大学硕士学位论文，2005 年。

侯风云、徐慧：《城乡发展差距的人力资本解释》，《理论学刊》2004 年第 2 期。

侯风云、张凤兵：《从人力资本看中国二元经济中的城乡差距问题》，《山东大学学报》2006 年第 4 期。

侯风云、张凤兵：《农村人力资本投资及外溢与城乡差距实证研究》，《财经研究》2007 年第 8 期。

侯风云、邹融冰：《中国城乡人力资本投资收益非对称性特征及其后果》，《四川大学学报》2005 年第 4 期。

李录堂、张藕香：《农村人力资本投资收益错位效应对农村经济的影响及对策》，《农业现代化研究》2006 年第 4 期。

刘文：《农村劳动力流动过程中的人力资本效应研究》，《农业现代化研究》2004 年第 3 期。

谭永生：《农村劳动力流动与中国经济增长》，《经济问题探索》2007 年第 4 期。

王兆萍：《迁移与我国农村区域贫困人口的人力资本积累》，《干旱区资源与环境》2007 年第 3 期。

[美] 威廉·阿瑟·刘易斯：《二元经济论》，北京：北京经济学院出版社 1989 年版。

杨金风、史江涛：《人力资本对非农就业的影响：文献综述》，《中国农村观察》2006 年第 3 期。

赵耀辉：《中国农村劳动力流动及教育在其中的作用——以四川省为基础的研究》，《经济研究》1997 年第 2 期。

张利萍：《教育与劳动力流动》，华中师范大学，博士学位论文，2006 年。

张藕香、李录堂：《我国农村人力资本投资收益非均衡性分析》，《电子科技大学学报》（社科版）2006 年第 6 期。

周其仁：《机会与能力——中国农村劳动力的就业和流动》，《管理世界》1997 年第 5 期。

Coase, R. H. , 1937, "The Nature of the Firm", Economic, New Series, 4: 386 – 405.

Islam, N. , 1995, "Growth Empirics: A Panel Data Approach", *Quarterly Journal of Economics*, (4): 1127 – 1170.

Kanbur, R. , H. Rapoport, 2005, "Migration Selectivity and The Evolution of Spatial Inequality", *Journal Economic Geography*, 5: 43 – 57.

Knight, M. , N. Loayza, D. Villanueva, 1993, "Testing the Neoclassical Theory of Economic Growth-A Panel Data Approach", staff papers, 40: 512 – 537.

Patrick, G. F. , E. W. Kehrberg, 1973, "Cost and Returns of Education in Five Agricultural Regions of Eastern Brazil", *American Journal of Agricultural Economics*, 55: 145 – 154.

Phillips, Joseph M. , Robert P. Marble, 1986, "Farmer Education and Efficiency: A Frontier Production Function Approach", *Economics of Education Review*, 5: 257 – 264.

Rosenstein-Rodan, Paul N. , 1943, Problems of Industrialization of Eastern and South-eastern Europe, Blackwell Publishing for the Royal Economic Society.

Stark, O. , C. Helmenstein and A. Prskawetz, 1998, "Human Capital Depletion, Human Capital Formation and Migration: a Blessing or a 'Curse'?", *Economics Letters*, 60: 363 – 367.

Stark, O. , Yong Wang, 2002, "Inducing Human Capital Formation: Migration as a Substitute for Subsidies", *Journal of Public Economics*, 86: 29 – 46.

第 二 章

劳动力"逆淘汰"与农业
产出增长的"悖论"[*]
——非技能偏态技术进步与质量过剩
劳动力假说及其检验

一 问题的提出

20 世纪 80 年代中期以来,中国农村劳动力出现了大规模和持续的非农转移。[①] 农业领域长期紧张的人地关系由此开始有了一定程度的缓解。[②] 但是,值得注意的是,农村劳动力的非农转移呈现出明显的"逆淘汰"特征。根据第二次全国农业普查资料,2006 年,在农村外出劳动力中,男性占比达 64%,高出女性比重 28 个百分点;同时,农村外出劳动力大多是青壮年,2006 年,40 岁以下劳动力占到全部外出劳动力的 82.1%;外出劳动力受教育程度又较高,同年,农村外出务工劳动力的平均受教育

---

* 本章以《劳动力选择性转移下农业产出增长——非技能偏态技术进步与质量过剩劳动力假说及其检验》为题发表于《吉林大学学报》(哲学社会学版)2011 年第 6 期,署名郭剑雄、李志俊。本次收录对题目和文中图、表和公式的序号做了更改。

① 非农转移劳动力数量从 1985 年的 6385 万人增长到 2007 年的 34119 万人,22 年间增长了 6.95 倍;农村劳动力转移数量占乡村劳动力比重由 1983 年的 14.16% 增加到 2007 年的 66.33%。基于目前的统计数据的局限,非农转移劳动力数量我们参考陆学艺的计算方法求得。该估算方法将城镇从业人数减去城镇职工人数得到进入城市就业的"农民工"人数;将乡村从业人员数减去农业就业人数得到农村中非农劳动力数量,然后计二者之和就是农村转移劳动力总量。数据来源于各年《中国统计年鉴》和《中国农村住户调查年鉴》。

② 每公顷耕地上的劳动力,从 1991 年的 2.285 个下降到 2007 年的 1.866 个,单位耕地的劳动力人数下降了 18%。根据相关年份《中国农村统计年鉴》计算得到。

年限为 8.68 年，高于全部农村劳动力平均受教育年限 0.71 年。[①]

与农村劳动力择优性转移密切联系的是务农劳动力的对应变化：第一，女性化。2006 年，女性务农劳动力占 53.2%，高出外出劳动力中女性比重 17.2 个百分点，高于全部农村劳动力中女性比重 5.7 个百分点。第二，中老年化。相同年份，40 岁以上劳动力占全部务农劳动力的比重是 55.6%，大大高于 17.9% 和 41.2% 的同类劳动力在外出劳动力和全部农村劳动力中的比重。第三，低人力资本化。2006 年，未转移的农业劳动力的平均受教育年限为 7.14 年，分别低于外出劳动力和全部农村劳动力平均受教育年限 1.54 年和 0.83 年。[②]

在劳动力数量和质量双重流失的条件下，中国农业的总产出却实现了持续和较快的增长。因而，农业部门也成为国民经济高速增长的一个重要部门。1985 年，农、林、牧、渔业实现的增加值是 2564.4 亿元，2008 年，该增加值达到 33702.2 亿元。以当年价格计算，23 年间增长了 12 倍多，年均增长率约 4%（图 2—1，左轴）。即使以 1978 年价格为不变价格计算，2008 年农林牧渔业实现的增加值也达到 1985 年的 2.46 倍（图 2—1，右轴）。

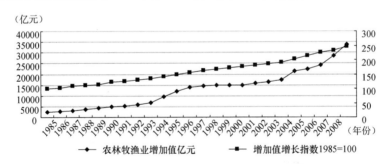

图 2—1　1985—2008 年农林牧渔业增加值及指数[③]

---

① 受教育年数的计算办法是：各级受教育年数乘以各级受教育人口比重再加总求和。其中，不识字或识字很少以 1 年计，大专及以上合并以 15 年计。

② 数据来源：国务院第二次全国农业普查领导小组办公室、国家统计局：《中国第二次全国农业普查资料汇编》（农民卷），北京：中国统计出版社 2009 年版。其中，农村劳动力相关数据根据《中国第二次全国农业普查资料汇编》（农民卷）1-3-2-5、1-3-2-6、1-3-2-7 和 1-3-2-8 计算得出；外出劳动力相关数据根据《中国第二次全国农业普查资料汇编》（农民卷）1-3-2-70、1-3-2-71 和 1-3-2-72 计算得出；农业劳动力相关数据根据《中国第二次全国农业普查资料汇编》（农业卷）1-1-6、1-1-8 和 1-1-9 计算得出。

③ 数据来源：国家统计局农村社会经济统计司：《中国农村统计年鉴 2009》6—1，北京：中国统计出版社 2009 年版。

农业产出是劳动、土地①、资本和技术等生产要素投入的函数。在传统经济阶段,劳动和土地是农业生产最重要的资源;而在现代经济中,资本、技术成为农业产出增长的主要源泉。对于劳动力大规模非农转移未影响农业总产出的原因,现有理论工具能够做出合理解释:第一,农业部门存在着边际生产力等于零的过剩劳动力,假使农业主要表现为传统经济属性,转移尚未将劳动力变为瓶颈性资源。第二,由于存在着资本替代劳动的技术进步,使得劳动力成为一种被挤出的过剩资源,因而它不构成对产出增长的约束。在新增长理论广泛传播、人力资本作为内生增长源泉的观点被普遍认可的情况下,以劳动力为载体的农业人力资本的流失未构成对农业产出增长的影响,却是一个值得讨论的问题。

遵循劳动力同质性假设的新古典经济学传统,一些研究者分析了改革开放以来中国农业产出增长的原因。主要观点有:制度贡献论,认为家庭联产承包责任制、土地制度、价格和财税制度等项改革措施是农业产出增长的主要原因(林毅夫,1995;乔榛、焦方义、李楠,2006);技术贡献论,指出制度变革的贡献程度在某些研究中被高估了,随着农村改革释放的农业增长效应趋于结束,1985年以后,技术进步才是决定农业增长的关键性因素(Huang, J., Rozelle, S. 1996;Fan, S., Pardey, P. 1997)。

近些年,陆续有文献开始关注中国农村劳动力转移过程中的性别差异(中国社会科学院社会学所"农民外出务工女性"课题组,2000;李实,2001;刘晓昀、Terry Sicular、辛贤,2003;李旻、赵连阁,2009a)和年龄差异(庞丽华、Scott Rozelle、Alan de Brauw,2003;李旻、赵连阁,2009b;李琴、宋月萍,2009),并将此归结为农业部门的人力资本流失(侯风云、徐慧,2004;侯风云、邹融冰,2005;侯风云、张凤兵,2006;侯风云、张凤兵,2007;李录堂、张藕香,2006;张藕香、李录堂,2006)。放弃农村劳动力同质性的非现实性假设,有学者探讨了选择性转移对农业发展的可能影响。从由该种转移引致的农业劳动力素质结构、农业技术结构和城乡资源结构变化的角度出发,持否定性评价的观点有之(李旻、赵连阁,2009a;李旻、赵连阁,2009b;侯风云、张凤兵,2007;

---

① 土地是农业生产的基本资源。但是,由于在宏观上土地可视为常量,在现代经济中土地的重要性大大下降,因此,在构造现代农业生产函数时,往往略去土地。

李录堂、张藕香，2006；李新然、方子节，1999）；从对农村居民家庭教育需求和人力资本投资的正向激励效应角度考虑，一些学者则强调了选择性转移对农业和农村发展的积极性一面（郭剑雄、刘叶，2008；郭剑雄、李志俊，2009）。

制度贡献论和技术贡献论忽略了农村劳动力异质性存在的基本事实，因而不能对劳动力选择性转移下中国农业产出的增长作出合理解释。在注意到劳动力转移选择性特征的诸多文献中，其着眼点主要在该种转移对当前和今后中国农业发展的影响方面；至于这种转移与过去中国农业产出增长之间的关系并未予以关注。基于农村劳动力选择性转移和农业产出增长的现实背景，本文拟对人力资本流失条件下中国农业产出增长的原因作出某种尝试性解释，并依据经验事实作出初步的验证。

二　非技能偏态技术进步与质量过剩劳动力假说

对于劳动力大规模选择性转移条件下中国农业产出持续、快速增长的原因，我们给予的解释如下：中国农业部门不仅有数量意义上的过剩劳动力，同时存在着质量意义上的过剩劳动力。质量过剩劳动力产生于农业部门现有的可行技术类型的选择。该种技术的主要特征之一，是其与农业劳动力的人力资本或技能之间非互补，即该种技术的推广和应用对技术使用主体的技能未形成显著依赖。换言之，劳动力选择性转移背景下中国农业产出的增长，并非农业人力资本投入和技能偏态技术进步的函数，这种增长只能够由人力资本以外的其他要素投入的增加和非技能偏态技术的广泛采用加以解释。

（一）非技能偏态技术进步的基本性质

根据技术和使用技术的劳动者技能之间的相互关系，可以把技术进步分成两种不同类型——技能偏态型技术进步和非技能偏态型技术进步（Acemoglu，D. 1998；2002）。如果新技术的使用要求比使用现有技术更高的能力，或必须承担重新学习的成本，那就是技能偏态型技术进步；相反，如果某种技术的推广和应用没有对使用技术的劳动者的技能提出更高的要求，依靠劳动者的原有技能或禀赋能力即可掌握该技术，此时发生的便是非技能偏态型技术进步。相对于技能偏态型技术进步，非技能偏态型技术进步具有如下若干基本性质：

非技能偏态技术进步的基础是劳动力资源的一种特殊禀赋结构。在相对于其他资源劳动力大量过剩的经济形态中，其可行的技术选择，是实现丰裕劳动力资源和其他稀缺性资源之间的有效组合，以谋求既定产出约束下的成本最小化。劳动力过剩的资源结构同时又赋予该类经济以生存保障为其基本功能。此背景下，技术创新的适宜方向必然是劳动力数量偏态，而非劳动力技能偏态。只有当劳动力转变为一种稀缺性资源时，通过提高劳动力技能突破因劳动力短缺而形成的限制，才会成为技术进步的努力方向。截至目前，劳动力过剩仍然是中国农业资源结构的突出特征，保障农民的基本生活需求仍然是中国农业的重要职能。因此，中国农业中非技能偏态技术是比技能偏态技术更适宜的技术类型选择。

非技能偏态技术进步的突出特征是不存在资本对劳动的显著替代。劳动力资源可以分解为数量方面和质量（人力资本或技能）方面。技术进步一般需要通过物质资本投入的增加来实现。不同类型的技术进步，会表现为以物质资本为载体的技术的引入对劳动力数量和对劳动力质量产生不同的影响。存在技能偏态型技术进步时，物质资本投入的增加需要以劳动者技能的提高为条件（互补关系），并将减少对劳动力数量的需求（替代关系）；若存在非技能偏态型技术进步，物质资本的投入并不明显排斥现有劳动力数量的投入（非替代），也不对劳动力的技能提出更高的要求（非互补）。技能偏态型技术与非技能偏态型技术，大体等价于劳动节约型技术和劳动密集型技术。

非技能偏态技术进步条件下，不存在技能的溢价，[①] 也不存在技能劳动力就业比重的上升。根据测度技能水平的某种尺度，可以将全部农村劳动力分为技能劳动力和非技能劳动力两类。在市场化或商业化农业中，由两类劳动力各自边际产出分别决定的技能劳动力工资和非技能劳动力工资

---

① 所谓技能溢价，是指（高）技能劳动力工资和非（低）技能劳动力工资的比率。

是有高低差异的①。基于技术和技能之间的互补性，技能偏态型技术进步可提高技能的边际产量，进而提高技能劳动力相对于非技能劳动力的工资水平；相应地，也会增加对技能劳动力的需求，进而增加技能劳动力的就业比重。与之不同，由于技术与技能之间的非互补关系，非技能偏态型技术进步不增加对技能劳动力的需求，不提高技能的边际产量，因而，也不提高技能劳动力的就业比重和相对工资。

在非技能偏态技术进步条件下，人力资本的"转移效应"大于其"进入效应"。此处所谓的"转移效应"是指人力资本对劳动力移出原就业部门的影响，而"进入效应"则指人力资本对劳动力在某一部门稳定就业的影响。不同技术类型的现实选择，实质是经济发展程度在技术领域的反映，这种选择差异同时决定着人力资本的不同报酬水平。理性的人力资本投资主体，当面对存在技术差异和人力资本报酬率差异的多元经济部门时，收入优化动机会驱使他们做出或进入或转移的抉择。在以非技能偏态为基本技术类型的发展滞后的农业经济中，当人力资本的回报不能补偿其投资成本时，技能劳动力的理性选择必然是转移就业，而非进入就业。"转移效应"大于"进入效应"对农业部门并非不利，它可以引致农业部门的"帕累托改进"——技能劳动力因获得较高非农收入而增进了其福利，非技能劳动力也会因农业劳动生产率的提高而实现收入的增长。

（二）关于质量过剩劳动力的若干解释

质量过剩劳动力，亦即劳动力质量过剩或劳动力技能（人力资本）过剩。借鉴数量意义过剩劳动力的定义方法，当劳动力质量的每一增量单位的投入带来的边际产量等于零时，那么就可以定义存在着质量过剩劳动力，且为绝对过剩。若劳动力质量的增量带来的边际产量大于零但小于其平均产量，或单位技能劳动力的边际产量不大于单位非技能劳动力的边际产量，此两种情况也可以定义为存在着质量过剩劳动力，但属相对过剩。本文所谓的质量过剩劳动力主要是在相对意义上使用的。劳动力的质量过剩可以表现为均量过剩——单位劳动力的人力资本均量供给大于现有技术

---

① 在存在过剩劳动力的非市场化农业中，劳动力工资不是由其边际产出决定，而是由平均产出决定。参见刘易斯、费景汉和拉尼斯二元经济模型的相关论述。

对单位劳动力平均技能水平的需求，导致劳动力的部分人力资本投资没有回报或回报低下；也可以表现为总量过剩——全部农业劳动力的人力资本供给总量超过了现有技术条件下农业生产对人力资本的需求总量，它由均量过剩水平与全部农业劳动力数量的乘积决定。考虑到劳动力的异质性，总量意义的质量过剩的概念更具有实际应用价值。

质量意义的过剩劳动力与数量意义的过剩劳动力是相互依存的。(1) 存在二元经济结构且劳动力市场开放时，农业部门的数量过剩劳动力同时也是质量过剩劳动力。质量须以劳动力为载体，技能劳动力是构成全部劳动力的一个组成部分。由于非农就业存在着一定的技术门槛，率先转移的过剩劳动力往往是技能劳动力。此时，数量过剩与质量过剩统而为一。(2) 数量过剩劳动力的消除有助于质量过剩劳动力的消除。当通过转移使农业劳动力由过剩逆转为稀缺时，资本替代劳动型技术亦即技能偏态型技术取代非技能偏态技术将成为农业技术进步的主要类型。由于与技能之间正相关，技能偏态型技术进步将增加对技能的需求，劳动力质量过剩的状况将可因此被扭转。(3) 若发生技能偏态型技术进步，劳动力质量过剩的消除会加剧劳动力的数量过剩。技能偏态型技术进步在增加对劳动力质量需求并降低劳动力质量过剩程度的同时，会因资本对劳动的替代在生产领域挤出部分劳动，由此形成新的数量过剩。

是否存在劳动力的质量过剩，可以有多种方法衡量。(1) 借助刘易斯 (W. A. Lewis) 的农业劳动力转移模型，若技能劳动力的转移引起的农业产出的变化仅是农业总产量曲线上点的位置的改变，则可以断定存在着劳动力的质量过剩；其他条件既定，若技能劳动力的转移对农业产出的影响是农业总产量曲线位置的下移，表明此时不存在劳动力质量过剩。[①] (2) 更为简单的方法是，构造一个包含人力资本变量的农业生产函数，通过计量经济学方法，分解出考察期人力资本对农业总产出的贡献程度，以此作为判断是否存在劳动力质量过剩的事实依据。(3) 在市场化农业条件下，工资水平是劳动力技能的一种度量。若技能劳动力工资与非技能劳动力工资之比即技能劳动力的相对工资呈上升变化趋势，则无劳动力质量过剩；相反，劳动力质量过剩存在。与此相联系，技能劳动力相对就业

---

① 劳动力质量或技能与农业生产的技术效率有关，因而与农业总产量曲线的位置相关。

份额的变化也可以作为一种测度工具。若其提高，则无质量过剩；反之，质量过剩存在。

质量过剩劳动力是一个技术性概念，是与非技能偏态技术进步相联系的一种特定的劳动力就业状态；离开非技能偏态技术进步环境，就无质量过剩劳动力可言。质量过剩劳动力也是一个阶段性概念，当农业劳动力数量过剩状态被消除，技能偏态技术进步成为农业技术进步的主要类型，质量过剩劳动力也将消失。另外，是否存在劳动力质量过剩仅是一种事实判断，不涉及对这种状态是非得失的评价。

三 非技能偏态技术进步假说的检验

（一）检验分析的基础

中性技术进步假设是技术进步可测度的基础。依据 Hicks（1932）对技术进步类型的定义，设 K 为投入的资本，L 为投入的劳动，MPP_K 和 MPP_L 分别为资本与劳动的边际生产率。若有 $(MPP_K/MPP_L)_{t+1} > (MPP_K/MPP_L)_t$，属于劳动节约型技术进步；反之，为资本节约型技术进步；若二者相等，则为中性技术进步。

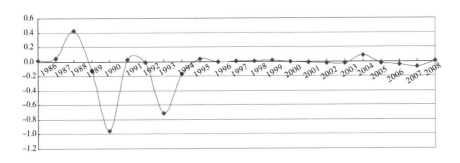

图 2—2　1986—2008 年中国农业资本边际产出与劳动边际产出比率

构建农业产出模型需要农业产出、农业资本投入和农业劳动投入的时间序列数据。此处，我们以农、林、牧、渔业总产值代表农业产出（单位：亿元）；以农、林、牧、渔业从业人员总数代表劳动投入；以农业资本存量代表物质资本投入，它由农村居民家庭生产性固定资产原值乘以农村居民户数求得（单位：万元）。① 将 1985 年定为统计的初始时间。

根据图 2—2 所示，中国农业技术进步在 1986—1994 年分别经历了劳动节约和资本节约的类型交替；到 1995 年以后，农业资本边际产出与农业劳动边际产出比率基本趋于平稳。因此，可以认为，中国农业技术进步在 1995 年以后呈现中性技术进步特征。

根据 1995—2008 年间中国各省区农业投入（包含农业机械总动力 *pow*、化肥施用量 *fer*、劳动力 *lab*、人力资本 *edu*、② 耕地面积 *acr*）与产出（农林牧渔产值 *Y*）的面板数据，③ 利用 Fare 等（Fare，R.，Grosskopf，S. & Lovel，C. A. K.，1994）基于产出的曼奎斯特全要素生产率指数，我们对呈现中性技术进步特征的中国农业技术进步进行了估计，并将此结果作为中国农业技术进步率（*Tech*）。

（二）偏态技术计量模型

因为变量的选取和获得的方便性，成本函数方法在测度技能偏态技术进步的研究中被广泛运用（Berman，Eli，John Bound & Zvi Griliches，1994；Doms，Mark，Timothy Dunne & Kenneth R. Troske，1997；Machin，Stephen & John Van Reenen，1998）。参照 Nina（2000）、Machin 和 Reenen（1998）及姚先国和张俊森（2010）的研究，假设中国农业生产成本函数为超越对数的形式，那么可以得到以下计量方程形式：

$$\ln P = \alpha + \beta_1 \frac{\ln(w^h)}{\ln(w^g)} + \beta_2 \frac{\ln(K)}{\ln(Y)} + \beta_3 \ln(Y) + \gamma Tech + \varepsilon \quad (2.1)$$

其中，*P* 代表技能劳动力收入所占的总收入的比重；w^h、w^g 分别代表技能劳动力和非技能劳动力的工资；*Y* 是农业增加值；*K* 表示资本；*Tech* 代表

---

① 农业总产出和物质资本投入均是以 1985 年不变价格进行换算得到的数据。其中农林牧渔业产值以农业生产资料价格指数进行平滑，生产性固定资产以农业生产资料价格指数进行平滑。农业总产出和农业劳动力 1985—2006 年的数据来自《中国农业统计报告 2007》，其余两年来自《中国统计年鉴》；物质资本投入的数据来自各年份《中国农村住户调查年鉴》。价格指数的数据来自各年份《中国统计年鉴》。

② 用农村居民平均受教育年限来衡量。本章平均受教育年限计算公式为：小学以下 ×0 + 小学 ×6 + 初中 ×9 + 高中 ×12 + 高中以上 ×16。

③ 所有的数据均来自《新中国五十年农业统计资料》和历年的《中国统计年鉴》、《中国农村统计年鉴》。

农业技术进步率；ε 是扰动项。（2.1）式中，如果 $Tech$ 变量前的系数 γ 为正，表明技术进步导致了技能劳动力收入比重的增加，证明技术进步呈现技能偏态特征；反之则为非技能偏态技术进步。如果 $\ln(K)/\ln(Y)$ 前的系数 β_2 为正，并且显著，那么可以证明物质资本与劳动力技能（人力资本）之间互补；相反，二者之间为非互补关系。

在不同技术进步情况下，农业生产对技能劳动力的需求不同。基于生产函数的角度考虑，我们建立的技能劳动力数量与非技能劳动力数量比值的对数值与技术进步之间关系的计量模型如下：

$$\ln \frac{L^h}{L^g} = \alpha + \beta_1 \ln(W^h) + \beta_2 \ln(w^g) + \beta_3 \ln(K) + \gamma Tech + \varepsilon \qquad (2.2)$$

L^h 和 L^g 分别表示技能劳动力与非技能劳动力的数量。方程（2.2）中，β_3 表示了资本对于技能劳动力相对非技能劳动力比例的影响，如果系数为正，则可显示物质资本与劳动力技能（人力资本）的互补性；相反则为非互补。如果技术进步变量的系数 γ 为正，说明技术进步导致技能劳动力比例的提高，体现技能偏态的特点；反之，技术进步为非技能偏态。

上述计量模型特别是基于成本函数构建的计量模型用之于农业生产的适应条件是，农业的市场化。而中国农业远未市场化，突出表现是农业劳动力包括不同技能劳动力的工资尚未是由其边际产出水平决定的。为此，我们拟用转移劳动力的非农工资作为农业部门技能劳动力的影子工资 w^h，用农业劳动力的平均收入代表非技能农业劳动力的工资 w^g，用农村居民家庭工资性收入占总收入的比重衡量 P 。[①] 考虑到样本的数据结构，我们用受教育为高中及以上农村劳动力数与其他劳动力数分别表示技能劳动力和非技能劳动力的数量，用农业机械动力 pow 和化肥投入 fer 来体现资本 K 。

（三）检验结果

表2—1分别报告了中国农业成本函数形式（方程2.1）和生产函数形式（方程2.2）的 OLS 估计结果。

---

① 尽管如此指标选取存在一定的不合理成分，但我们关心的重点是技术进步变量的系数 γ ，这样的处理方式不影响本书的结论。

表 2—1　　　　　　　　　方程（2.1）、（2.2）的 OLS 结果

Variable	方程（1）		Variable	方程（2）	
	Coefficient	t-statistic		Coefficient	t-statistic
$\ln w^h / \ln w^g$	1.276 [1.279]	0.998	$\ln pow$	0.348** [0.145]	2.398
$\ln pow / \ln Y$	13.074*** [1.438]	9.089	$\ln fer$	-0.475** [0.198]	-2.398
$\ln fer / \ln Y$	-15.560*** [1.088]	-14.295	$\ln w^h$	0.114 [0.140]	0.817
$\ln Y$	0.151** [0.051]	2.974	$\ln w^g$	0.276* [0.147]	1.884
$Tech$	-0.763 [0.664]	-1.149	$Tech$	-0.375 [0.513]	-0.730
R^2	0.993		R^2	0.994	
ADR^2	0.989		ADR^2	0.991	

注：*、**、*** 分别表示通过 10%、5%、1% 的显著性水平；括号内为标准误差。

在方程（2.1）的回归结果中，中国农业技术进步率的系数为负，说明农业技术水平的提升并未对高人力资本劳动力的收入产生正面效应，即中国农业的技术进步呈现出非技能偏态的性质。$\ln pow / \ln Y$ 的系数为正，证明农业机械动力与劳动力技能之间体现为很强的互补性，农业机械动力投入的加大带来了对技能劳动力的需求。$\ln fer / \ln Y$ 的系数为负，说明化肥的施用与劳动力人力资本之间为替代关系，即化肥施用量的增加减少了对技能劳动力的需求。农业总产值 $\ln Y$ 的系数为正，说明农业产出的增加与高人力资本劳动力收入比重之间呈现正向变动趋势。

在采用技能与非技能劳动力数量比作为被解释变量时（方程2.2），技术进步率的系数同样为负，说明中国农业技术进步尚不能对技能劳动力的比例产生正面影响，农业技术进步表现出人力资本替代的非技能偏态特征。与方程（2.1）的估计结果相似，$\ln pow$ 的系数为正，且通过 5% 的显著性检验，显示了农业机械动力与人力资本的互补性；$\ln fer$ 的系数为负，也通过 5% 的显著性检验，验证了化肥施用与人力资本之间的替代效应。

这一结果说明，农业生产中的人力资本与其他要素间的配置是有选择的。像农业机械这种技术含量较高的物质资本，对劳动者的技能要求较高，只有当这类技术被普遍采用时，才会在农业部门形成对人力资本的充分需求；否则，农业劳动力的人力资本就会成为一种过剩资源。

四 质量过剩劳动力假说的验证

参考贾半森和罗（1982）提出的农业生产模型[①]：

$$Y = A(S)F(X,Z) \tag{2.3}$$

其中，Y 是产出；S 是家庭特征向量，包括劳动力受教育程度、年龄、性别、劳动力数量等；X 是可变投入向量，包括化肥、机械设施等；Z 是固定投入向量，包括土地等。该模型把农业产出视作包括劳动力者自身特征在内的一系列变量的函数。依据该模型，我们构建中国农业生产函数的具体形式如下：

$$Y = A(edu,sex,age)F[(lab,pow,fer),acr] \tag{2.4}$$

（2.4）式中，Y 是农业产出；edu、sex 和 age 分别是劳动力受教育程度[②]、性别构成[③]和劳动力年龄结构[④]，这三个变量构成了农业劳动力人力资本的主要特征；lab、pow 和 fer 分别代表农业劳动力、农业机械动力和化肥施用等可变投入向量；acr 为耕地面积，是固定投入变量的代表[⑤]。假定农业生产函数的形式为柯布—道格拉斯生产函数，则待估模型如下：

$$\ln Y = \beta_0 + \beta_1 \ln lab + \beta_2 \ln pow + \beta_3 \ln fer + \beta_4 \ln acr +$$
$$\beta_5 \ln edu + \beta_6 \ln sex + \beta_7 \ln age + \varepsilon \tag{2.5}$$

---

① 参见李实、李文彬《中国教育投资的个人收益率的估计》，载赵人伟、基斯·格里芬主编《中国居民收入分配研究》，北京：中国社会科学出版社 1994 年版，第 450 页。

② 劳动力的受教育程度用平均受教育年限来表征，计算方法：小学劳动力比重 ×6 + 初中劳动力比重 ×9 + 高中或中专劳动力比重 ×12 + 大专及以上劳动力比重 ×16。

③ 估算时的指标为男性农业劳动力的比重。

④ 估算时的指标为 41 岁以上农业劳动力的比例。

⑤ 劳动力特征的指标值来自各省、市、自治区的第二次全国农业普查公报；农业机械动力、耕地面积、化肥施用量及农业产出的数据来自《中国统计年鉴 2008》。

表 2—2　　　　2006 年中国农业生产函数模型（方程 2.5）估计结果

Variable	Model 1 Coefficient	Model 2 Coefficient	Model 3 Coefficient	Model 4 Coefficient
C	− 4.158 *** [1.348]	− 3.001 *** [0.999]	− 3.004 *** [0.843]	− 4.240 *** [1.368]
acr	− 0.127 *** [0.032]	− 0.173 *** [0.055]	− 0.166 *** [0.050]	− 0.212 *** [0.044]
pow	0.142 * [0.074]	0.064 [0.052]	0.057 [0.049]	0.166 *** [0.059]
fer	0.763 *** [0.069]	0.627 *** [0.060]	0.631 *** [0.055]	0.741 *** [0.038]
lab	− 0.005 [0.050]	0.275 *** [0.082]	0.279 *** [0.074]	0.079 [0.056]
edu	0.097 [0.183]	− 0.125 [0.117]	− 0.165 [0.100]	0.185 [0.172]
sex	1.227 *** [0.317]	1.092 *** [0.220]	1.091 *** [0.205]	1.309 *** [0.301]
age	0.658 *** [0.085]	0.493 *** [0.132]	0.499 *** [0.128]	0.580 *** [0.112]
D_1		0.319 *** [0.049]	0.328 *** [0.035]	
D_2		− 0.002 [0.061]		− 0.219 *** [0.051]
R^2	0.993	0.999	0.998	0.998
ADR^2	0.991	0.999	0.997	0.997
F-statistic	445.107 ***	5337.417 ***	1107.956 ***	1393.782 ***

注：*、**、*** 分别表示通过 10%、5%、1% 的显著性水平；括号内为标准误差；D_1、D_2 分别为东部、西部的地区虚拟变量。

表 2—2 的估计结果可以提供如下几点结论：首先，农业投入的固定变量（耕地面积 acr）的回归系数为负，并且非常显著，表明土地不再是农业产出增长的重要投入要素。其次，农业投入的可变向量中，农业机械

动力（pow）的系数为正，但仅在西部地区作用显著，这可能与西部地区人均耕地面积更大、更适宜发挥农业机械的作用有关；农业劳动力数量（lab）的回归系数只在东部地区影响显著；化肥施用量（fer）的系数超过 0.6，其作用是显著的，表明现阶段中国农业呈现出化肥对土地和劳动力等要素的替代效应，也说明中国农业技术进步的非技能偏态特征。最后，作为表征劳动力人力资本特征的指标之一的受教育年限（edu）的作用是不显著的；劳动力的性别构成（sex）作用明显，即男性劳动力比例的增加，有利于农业产出的增长；年龄结构（age）的影响也很显著，41 岁以上劳动力比重与农业产出的增加呈现正相关态势。

在反映农业劳动力人力资本的三个变量中，性别构成（sex）和年龄结构（age）属于与投资无关的禀赋性人力资本，它们不构成劳动力人力资本的显著差异；作为获得性人力资本的受教育年限（edu）是由有目的的投资所形成的，劳动力的技能差异主要由这种投资的差异决定。上述有关三变量的检验结果，显示出低级的禀赋性资源比获得性的技能在农业产出增长中的作用更加显著，说明在中国农业生产目前这种较为落后的技术状态下，劳动力的质量或技能过剩在现实中存在。

五　结论及政策含义

本章的研究所获得的主要结论如下：（1）劳动力市场开放以来，中国农业产出的持续增长，主要是非技能偏态技术进步的结果。这种技术进步不仅使虽经大规模转移但至今仍较丰裕的农业劳动力资源得到有效利用，而且使农业劳动力的人力资本流失未能对农业产出增长形成影响。（2）非技能偏态技术进步，首先是劳动力数量过剩的特定资源禀赋结构的反映；同时，由于技术与技能之间非互补，导致了劳动力质量过剩状态的存在，其现实表现是劳动力择优性离农转移与农业产出的同向增长。（3）非技能偏态技术进步和质量过剩劳动力，是与人口规模庞大且未获充分发展的农业成长阶段相联系的一种经济技术现象。随着非农转移和劳动力数量过剩的消除，技能偏态技术进步将逐渐取代非技能偏态技术进步成为中国农业技术进步的主要类型；其时，劳动力的技能或人力资本亦将取代其他要素成为中国农业产出增长所依凭的关键性资源。

非技能偏态技术进步和质量过剩劳动力产生的根源，是数量过剩劳动力的存在；实现农业技术进步升级和技能劳动力在农业部门的稳定就业，必须消除农业劳动力的数量过剩状态。因此，在当前和今后一个相当长时期，中国农业发展政策调节的主要着力点仍然是积极稳妥地实现农业剩余劳动力的非农转移。为此，首先，应当充分重视现有农业技术进步的作用，努力提高现有农业技术的利用效率，保障农业总产出的稳定增长，避免工业化、城市化顺利推进的"李嘉图陷阱"；与此同时，依托工业化和城市化的扩张，大规模转移农业过剩劳动力，实现农业劳动力数量资源和质量资源的双重优化配置；此外，在劳动力非农转移过程中，应适时调整农业生产经营规模，为技能偏态型技术和人力资本在农业生产中的广泛运用创造条件。当农业部门"刘易斯转折点"出现以后，将资源配置格局调整到能够大幅度提高劳动生产率的物质资本和人力资本的双重深化方面，实现农业与非农产业收益率的逐步趋同。

参考文献

郭剑雄、刘叶：《选择性迁移与农村劳动力的人力资本深化》，《人文杂志》2008 年第 4 期。

郭剑雄、李志俊：《劳动力选择性转移条件下的农业发展机制》，《经济研究》2009 年第 5 期。

侯风云、徐慧：《城乡发展差距的人力资本解释》，《理论学刊》2004 年第 2 期。

侯风云、邹融冰：《中国城乡人力资本投资收益非对称性特征及其后果》，《四川大学学报》2005 年第 4 期。

侯风云、张凤兵：《从人力资本看中国二元经济中的城乡差距问题》，《山东大学学报》2006 年第 4 期。

侯风云、张凤兵：《农村人力资本投资及外溢与城乡差距实证研究》，《财经研究》2008 年第 8 期。

李旻、赵连阁：《农业劳动力"女性化"现象及其对农业生产的影响——基于辽宁省的实证分析》，《中国农村经济》2009 年第 5 期。

李旻、赵连阁：《农业劳动"老龄化"现象及其对农业生产的影响——基于辽宁省的实证分析》，《农业经济问题》2009 年第 10 期。

李录堂、张藕香：《农村人力资本投资收益错位效应对农村经济的影响及对策》，《农业现代化研究》2006 年第 4 期。

李琴、宋月萍：《劳动力流动对农村老年人农业劳动时间的影响以及地区差异》，《中国农村经济》2009 年第 5 期。

李实：《中国农村女劳动力流动行为的经验分析》，《上海经济研究》2001 年第 1 期。

李新然、方子节：《试论农业女性化对农业和农村发展的影响》，《农业现代化研究》1999 年第

2 期。

林毅夫:《制度、技术与中国农业发展》,上海:上海三联书店、上海人民出版社 1995 年版。

刘晓昀、Terry Sicular、辛贤:《中国农村劳动力非农就业的性别差异》,《经济学(季刊)》第 2 卷第 3 期(2003 年 4 月)。

庞丽华、Scott Rozelle、Alan de Brauw:《中国农村老人的劳动供给研究》,《经济学(季刊)》第 2 卷第 3 期(2003 年 4 月)。

乔榛、焦方义、李楠:《中国农村经济制度变迁与农业增长——1978—2004 年中国农业增长的实证分析》,《经济研究》2006 年第 7 期。

姚先国、张俊森:《中国人力资本投资于劳动力市场管理研究》,北京:中国劳动社会保障出版社 2010 年版。

张藕香、李录堂:《我国农村人力资本投资收益非均衡性分析》,《电子科技大学学报》(社科版)2006 年第 6 期。

中国社会科学院社会学所"农民外出务工女性"课题组:《农民流动与性别》,郑州:中原农民出版社 2000 年版。

Acemoglu, D. 1998: Why Do New Technologies Complement Skill? Directed Technical Change and Wage Inequality, *Quarterly Journal of Economics*, 113, 1055 – 1090.

Acemoglu, D. 2002: Technical Change, Inequality and The Labor Market, *Journal of Economic Literature*, 40 (1): 7 – 72.

Berman, Eli, John Bound and Zvi Griliches 1994: Changes in the Demand for Skilled Labor within U. S. Manufacturing Industries: Evidence from the Annual Survey of Manufactures, *Quarterly Journal of Economics*, Vol. 109, 367 – 365.

Doms, Mark, Timothy Dunne, and Kenneth R. Troske 1997: Workers, Wages, and Technology, *Quarterly Journal of Economics*, Vol. 112, 253 – 290.

Fan, S. , Pardey, P. 1997: Research, productivity, and output growth in Chinese agriculture. *Journal of Development Economics*, 53, 115 – 137.

Fare, R. , Grosskopf, S. and Lovel, C. A. K. 1994: Production Frontiers, Cambridge University Press.

Hicks, John 1932: The Theory of Wages, London. MacMillan.

Huang, J. , Rozelle, S. 1996: Technological Change: Rediscovering the Engine of Productivity Growth in China's Rural Economy. *Journal of Development Economics*, 49, 337 – 369.

Machin, Stephen and John Van Reenen 1998: Technology and Changes in Skill Structure: Evidence from Seven OECD Countries, *Quarterly Journal of Economics*, 113: 1215 – 1244.

Nina, Pavcnik 2000: What Explains Skill Upgrading in Less Developed Countries? NBER Working Paper, No. 7846.

第三章

劳动力"逆淘汰"背后的
农业技术进步机制*

一 问题的提出

在费景汉和拉尼斯 (Fei, John C. H. & Ranis, Gustav 1989, 2004) 的经济发展理论中,农业技术进步是劳动力大规模非农转移条件下农业成功发展的核心问题之一。因为,当劳动力的非农转移数量超过边际生产力等于零的剩余劳动力数量时,其他条件不变,人均农业剩余就会减少。此时,唯有通过农业技术进步,实现农业总产量曲线的上移和推后粮食短缺点的到来,才能保障工业化劳动力食物供给的非短缺。农业技术进步过程若是可持续的,就可以实现农业总产量曲线上短缺点和商业化点的最终聚合,由此完成工业化进程中农业部门自身的发展任务。可见,农业技术进步对于劳动力转移条件下的二元经济发展具有不可或缺的重要意义,也不难推断,该类技术进步的基本方向是破解由于转移所形成的劳动力短缺的发展瓶颈。

费景汉和拉尼斯以及刘易斯 (Lewis, W. Arthur 1989) 等人的二元经济模型将劳动力设定为同质性要素,即劳动力只有数量意义而无质量内涵,农业技术进步也仅由劳动力的数量变动引起,与劳动力的质量无关。

依照二元经济转变理论描述的发展路径,在工业化和市场化的背景

---

　　* 本章由《劳动力选择性转移下的农业技术进步》(《广东社会科学》2011 年第 6 期) 和《劳动力选择性转移下的农业发展》(中国社会科学出版社 2012 年版) 第八章《选择性转移、资源结构升级与农业技术进步》合并整理写成。

下，中国农业劳动力实现了大规模非农转移。转移劳动力数量从 1985 年的 6385 万人增长到 2007 年的 34119 万人，22 年间增长了 6.95 倍；转移劳动力数量占乡村劳动力比重由 1983 年的 14.16% 增加到 2007 年的 66.33%。[①] 由于工业化尚未完成，中国的农业劳动力转移过程还将继续。中国农业劳动力转移的经验事实所呈现的不同于费景汉—拉尼斯模型的一个显著特征是，转移不仅在相对或绝对地减少农业劳动力的数量，在一定时期内也改变着未转移劳动力的质量。由于在非农部门就业存在着一定的技术性门槛，非农化劳动力大多是文化水平和技术能力较高者。若无其他相关因素的变化，这种转移的选择性可能导致滞留的农业从业者平均人力资本存量水平的整体下降。比如，2006 年，未转移农业劳动力的平均受教育年限为 7.14 年，分别低于外出劳动力和全部农村劳动力平均受教育年限 1.54 年和 0.83 年。[②]

　　由此我们关心的问题是：第一，在劳动力数量减少特别是质量下降的背景下，费景汉—拉尼斯模型所强调的农业技术进步还能否发生？如何发生？第二，农业技术进步与劳动力数量变化相关，与劳动力的质量改变是否亦相关？或者说，替代劳动数量的技术存在，替代劳动质量的技术是否亦存在？第三，技术与技能之间存在何种关联？若二者之间互补，那么，劳动力选择性转移下的农业技术进步将如何推进？

二　非体现型技术进步与体现型技术进步

　　明确技术进步是如何体现的，是厘清劳动力选择性转移下农业技术进

---

　　① 基于目前的统计数据的局限，非农转移劳动力数量我们参考陆学艺的计算方法求得。该估算方法将城镇从业人数减去城镇职工人数得到进入城市就业的"农民工"人数；将乡村从业人员数减去农业就业人数得到农村中非农劳动力数量，然后二者之和就是农村转移劳动力总量。数据来源于各年《中国统计年鉴》和《中国农村住户调查年鉴》。

　　② 数据来源：国务院第二次全国农业普查领导小组办公室、国家统计局：《中国第二次全国农业普查资料汇编》（农民卷），北京：中国统计出版社 2009 年版。其中，农村劳动力相关数据根据《中国第二次全国农业普查资料汇编》（农民卷）1-3-2-5、1-3-2-6、1-3-2-7 和 1-3-2-8 计算得出；外出劳动力相关数据根据《中国第二次全国农业普查资料汇编》（农民卷）1-3-2-70、1-3-2-71 和 1-3-2-72 计算得出；农业劳动力相关数据根据《中国第二次全国农业普查资料汇编》（农业卷）1-1-6、1-1-8 和 1-1-9 计算得出。

步机制、路径等诸多问题的前提之一。

（一）技术进步的新古典处理方法与非体现型技术进步

新古典经济学把稀缺资源的优化配置确立为经济学研究的核心问题。在构造生产函数时，技术被看作是给定的，研究集中于生产要素的不同组合与产出之间的关系，目的是寻求既定投入下达到最大产出的均衡条件。虽然要素间的配置关系以及投入产出比也体现技术，但此时的技术仅构成其分析的前提，而不是它研究的对象。

在新古典经济学最初的分析框架中，产出的增长只能用生产要素（劳动和资本）投入的增长来解释。然而在长期增长的经验分析中，要素投入的增长并不足以解释产出的全部增长。据此，不得不承认还存在着另外的力量对产出增长在做出贡献。Abramovitz（1956）曾将这种力量称为"生产率的提高"，其后将生产率的改进统称为"技术进步"。[①]技术进步是在经验事实面前对用资本和劳动投入无法解释的新的增长源泉的一种概括，因而可以说，技术进步作为增长要素只是新古典理论框架下一个"无奈的发现"，技术进步作为新古典模型的研究对象也是其被动选择的结果。

技术进步引入新古典生产函数的一个突出特征，是技术进步的非体现性。（1）假设技术进步是脱离实体的，即在劳动、资本之外，技术以一种独立的要素形式被引入生产函数。如经典的 Cobb-Douglas 生产函数就采取如下形式：$Q = AK^\alpha L^\beta$。其中，A 代表技术进步因子。（2）技术进步的贡献不被要素投入量的变动所解释。在索洛（Robert M. Solow）的技术进步方程中，技术进步的贡献是产出增长中减去被要素投入增长解释部分后所得的"剩余"。[②]技术进步不被要素变动所解释，亦即技术进步对产出的影响独立化。（3）考察技术进步的独立作用需要对非技术进步因素做客观剔除，这要求将要素投入数量变化对产出的影响做中性化处理，即需要把要素投入设定为某种既定形态：或要素间投入比率不变（希克斯中性），或资本产出比不变（哈罗德中性），或劳动产出比不变（索洛中性）

---

① 转引自李子奈、鲁传一《管理创新在经济增长中贡献的定量分析》，《清华大学学报》2002 年第 2 期。

② 索洛的技术进步方程为：$\dfrac{\Delta A}{A} = \dfrac{\Delta Y}{Y} - (\alpha_L \dfrac{\Delta L}{L} + \alpha_K \dfrac{\Delta K}{K})$。

等。例如希克斯（Hicks）中性技术进步表述为：如果对于一给定的资本劳动比率，技术进步前后资本与劳动的边际产出比率保持不变。这一技术进步等同于同比例地提高了资本和劳动的边际产出，其性质对应于等产量曲线的重新编号。其生产函数可记为：$Y = T(t)F(K, L)$，式中 $T(t)$ 是技术状态指标，且 $T(t) \geq 0$。

非体现型技术进步的方法论基础是要素同质性假设以及与之相联系的边际分析方法。边际分析方法的应用严格依赖于要素的同质性假设。在该假设下，要素在生产中的作用可以由它对产出的边际贡献来确定。这一假设和分析方法把经济学引入了所谓的精确化和形式化的"科学"发展轨道。技术进步若体现于要素之中，要素的同质性假设将不再成立，边际分析法再无用武之地，整个新古典经济学的分析框架亦将因此坍塌。技术进步的独立化和非体现性处理，在引入技术进步因素的同时，恰当地避免了新古典经济学方法论可能遇到的危机。另外，非体现型技术进步是技术进步可测度的基础。根据索洛的"余项法"，可以方便地对技术进步在增长中的贡献进行定量分析。对技术进步定量分析的广泛需要，一定程度上又强化了人们对非体现型技术进步的认可。

（二）非新古典增长理论视角与体现型技术进步

非体现型技术进步仅仅是一种理论抽象。如果我们摆脱新古典经济学分析技术的约束而从现实的角度观察，那么，技术进步就必然是体现型的，即技术进步是由投入生产中的要素的变化来反映的。对此，舒尔茨（Schultz, Theodore W.）曾作出过十分精辟的阐释："一种技术总是体现在某些特定的生产要素之中……引进一种新技术，就必须采用一套与过去使用的生产要素有所不同的生产要素。""除非依靠一种在技术上与旧要素不同的生产要素，技术变化就无法实现"。"当把所有生产要素完全弄清楚时，也就弄清楚了技术"。[①] 针对前述技术进步的新古典处理方法，舒尔茨批评道，把生产技术和要素分割开来是"明显错误的观念"，因为这种方法"并没有抓住所谓技术变化的基础"；此种技术进步用于解释经

---

① ［美］西奥多·W. 舒尔茨：《改造传统农业》，北京：商务印书馆 1987 年版，第 100、104、101 页。

济增长也无异于一种"无知的表白"。①

当割断与要素投入之间的联系时，技术进步就似乎成为一种"天赐之物"，因而非体现型技术进步思路是无法反映技术进步原因的。20世纪80年兴起的新增长理论突破了新古典增长模型关于技术进步存在形态认识的羁绊，将技术进步与要素投入及其质量变化相联系，以内生化方法揭示了技术进步的源泉。因此，与新古典增长模型不同，新增长理论中的技术进步是体现型的。与资本和劳动两种基本要素投入相联系，体现型技术进步存在着两种基本形式。

1. 物质资本体现型技术进步

物质资本是最重要的生产要素之一，其重要性在很大程度上决定于它是新的生产知识和生产技术的有效载体。或者说，现实生产中的技术进步，往往是通过物质资本质量的改进来实现的。物质资本体现型技术进步的思想，恰恰是由新古典增长模型的代表学者索洛（Solow，1960）最早提出的，"正如蒸汽机物化有蒸汽动力这一概念一样，许多发明是需要物化到新的耐用设备中去才能发挥作用的"。菲尔普斯（Phelps，1962）也注意到，每一资本品都物化了它建造之时的最新技术，不同时期投资的资本品不再是同质的。在阿罗（Arrow，1962）"边干边学"的增长模型中，知识是投资的副产品，提高一个厂商的资本投入会导致其知识存量的相应增加。谢辛斯基（Sheshinski，1967）明确地把技术进步视作资本积累的函数，其技术进步方程为 $A = K^b$，其中 K 代表资本总量。受阿罗思想的启发，罗默（Romer，1986，1987）把资本质量改进所体现的技术进步与资本积累过程相统一，开辟了经济增长模型中技术进步内生化的一条简捷路径。罗默认为，新资本与新知识之间是以固定的比例生产的，K 不仅测度了总资本存量，而且可以测度厂商可获得的总知识。或者说，在罗默模型中，K 可以看作是一个复合体，投资既导致资本深化，也会推动技术进步。近些年，国内一些学者也开始关注中国经济增长中物质资本体现型技术进步的存在性。他们认为，经济增长中更为普遍的技术进步类型是内嵌有体现型技术进步的设备投资（黄先海、刘毅群，2006，2008），因而，

① ［美］西奥多·W. 舒尔茨：《改造传统农业》，北京：商务印书馆1987年版，第101、107、104页。

资本积累和技术创新不应被认为是增长过程的两个驱动因素，而是一个过程的两个方面（赵志耘等，2007）。董直庆和王林辉（2010）以及王林辉和董直庆（2010a，2010b）还对中国经济中的物质资本体现型技术进步进行了经验验证。

在物质资本体现型技术进步存在的条件下，如何测度这种技术进步率就成为必须解决的问题。索洛（1960）提出的估计物质资本体现型技术进步率的计量模型如下：假定，（1）对于用同一可比货币量购置的资本品，当年购置的比上一年购置的其生产能力提高一个固定的百分比 λ；（2）各年份购置的资本品均按照同一比例 δ 折旧；（3）在不同年份购置的资本品上进行生产的劳动力是齐质的，支付给每单位齐质劳动力的工资均等于它的边际产出。对物质资本体现型技术进步率 λ 进行估计的方程为：

$$In(\frac{\Delta R + \delta R}{I_t}) = \frac{\lambda t}{1 - \alpha} + c$$

$$R = \frac{Y_t^{1/(1-\alpha)}}{L_t^{\alpha/(1-\alpha)}}$$

此外，在目前国内外相关文献中，存在着多种对物质资本体现型技术进步的经验估计方法，主要有不变质量价格指数方法，核心机器法和生产函数估计法等（王林辉等，2009）。

物质资本体现型技术进步概念和估计方法的产生，对新古典增长模型的增长率核算方法产生了两个方面的重要影响：第一，物质资本在增长中的作用需要重新评估，其对总产出的贡献不仅具有资本深化效应，还应当注意到其技术进步效应。第二，与上一点相关联，全要素生产率并不等于技术进步率，或者说，在全要素生产率很小甚至为零的条件下，也可能存在着体现型技术进步。由此，基于新古典增长模型的技术进步率测算方法可能不再有效。

2. 人力资本体现型技术进步

技术进步既可以由物质资本质量的改进所体现，也可以由劳动者能力的提高来反映。正如舒尔茨所言："一种生产技术是一种或几种要素的一个组成部分。全面的生产要素概念不仅包括所有物质形式的资本……还包括所有的人力（这里也包括了人所得到的知识，即作为劳动能力的一部分的技能和有用知识)。"① 这里，我们把由劳动者能力反映的技术进步称为人力资本体现型技术进步。与新古典增长模型不同，人力资本体现型技术进步放弃了劳动力同质性的非现实假设，视以劳动者为载体的人力资本积累是技术进步的重要源泉之一。

人力资本体现型技术进步表现在：（1）人力资本密集的教育和研发部门是新知识、新技术的创造者。宇泽弘文（Uzawa，1965）认为，技术变化源于专门生产思想的教育部门，若社会配置一定的资源到教育部门，就会产生新知识；技术进步率取决于教育部门使用的劳动份额 $L_E(t)$ 与总劳动 $L(t)$ 的比率：$\dot{A}(t)/A(t) = \varphi[L_E(t)/L(t)]$。罗默不仅开创了物质资本非齐质性下的内生技术进步路径，同时也特别强调附着于劳动力之上的人力资本对于知识与技术创新的决定性影响。罗默（1990）认为，知识和技术是由配置到设计部门的人力资本生产出来的，其生产率可通过设计存量的积累来提高。阿格辛—霍维特（Aghion-Howitt，1992）和格罗斯曼—赫尔普曼（Grossman-Helpman，1991）以产品质量改进代表的技术进步，也是源于专门的研究和开发部门。（2）高人力资本水平的劳动者是新技术的载体和实践者。研发部门创造的新技术能否转化为现实生产力，很大程度上决定于生产部门劳动者的人力资本水平。在宇泽弘文的两部门技术进步模型中，生产部门的技术变化全部体现于生产劳动者的能力之中，并且劳动效率的提高不依赖于资本的使用，这种体现在劳动者能力上的技术进步被认为是产出增长重要源泉。其总量生产函数被设定为：$Y(t) = F[K(t), A(t)L_p(t)]$，其中，$A$ 代表人力资本，L_p 是生产部门的劳动力。卢卡斯（Lucas，1988）的经济增长模型用人力资本来反映生产部门个体劳动力的一般技术水平，生产部门的技术进步率决定于劳动力的人力资本积累率。其技术进步方程为：$h(t) = h(t)\delta[1 - u(t)]$（若通过教育部门实现人力资本积累），或 $h_i(t) = h_i(t)\delta_i u_i(t)$（若通过干中学实现人力资本积累），方程中的 h 表示个体劳动力的人力资本存量，u 表示单位非闲暇时间中用于生产的时间比例。（3）人力资本体现型技术进步的突出特征是其知识和技术的外溢性。知识是一种公共产品，个体知识的积累同

---

① ［美］西奥多·W. 舒尔茨：《改造传统农业》，北京：商务印书馆 1987 年版，第 101 页。

时也增加了社会总体知识存量，后者反过来又会促进个体的知识积累。以知识溢出为特征的这种个体和社会的互惠作用，形象地讲是经由一个"知识池"来传导的。① 正是由于"知识池"中知识存量的不断增长，才为长期经济增长提供了持久的动力。这一特征表明，一个社会的技术水平并不完全由社会中各成员的人力资本的算术总和所体现。

在不同的经济发展阶段上，人力资本体现型技术进步的作用不同，该类技术的发展程度亦存在很大差异。在传统经济中，由于各投入要素的原始性和简单性，知识和技能并非实现产出增长的关键性要素。"采用并有效地播种和收割甘蔗看来并不取决于那些在地里干活的人的教育水平，在锄棉中与教育相关的能力也没有任何经济价值"。② 因而，人力资本积累率不足，由人力资本所体现的技术水平亦很低。工业革命极大地改变了人力资本投资的收益率，促进了人力资本的形成。正如新增长理论所揭示的那样，在现代经济中，人力资本成为推动技术进步的最重要的源泉，人力资本体现型技术进步也成为技术进步的最主要类型之一。

三 非技能偏态技术进步与技能偏态技术进步

在体现型技术进步前提下需要进一步讨论的问题是，物质资本体现型技术进步与人力资本体现型技术进步之间存在着什么关系？把物质资本体现型技术简称为技术，把人力资本体现型技术简称为技能，即技术与技能之间的关系如何？

（一）物质资本体现型技术进步的技能偏态问题

物质资本体现的技术进步与人力资本体现的技能水平之间并不一定始终保持正向关系。现实中，在某些领域或这些领域的一定时期内，存在着无技能需求的独立的物质资本体现型技术进步。技术相对于技能的独立性主要表现为技术与技能之间的非互补性：比如，中国改革开放之初，在产

---

① 参见王争、史晋川《内生生育率、资本存量结构与经济发展：一个分析框架及基于国际比较的实证检验》，第五届中国经济学年会论文。

② ［美］西奥多·W. 舒尔茨：《改造传统农业》，北京：商务印书馆1987年版，第141页。

业工人的技能水平来不及提高的背景下，从国外引进了一大批体现较先进技术的机器设备。该类机器设备不仅在许多生产部门被广泛采用，而且实现了产出的高增长。又如，市场化改革以来，一方面由于转移的选择性使农业劳动力素质呈现整体性下降，另一方面以农业机械投入和化肥投入为代表的物质资本体现型技术却获得了大幅度提高。凭借此类技术进步，中国农业部门也成为国民经济的高增长部门之一。另外，技术相对于技能的独立性，某些条件下也可能表现为技术对技能一定程度的替代。由于智能型技术的开发和应用，许多机器设备的操作规程大大简化了，过去要由高技术工人胜任的工作现在一般的技术工人也能够担当。比较典型的例子如电子计算机和汽车，现在计算机操作人员和汽车驾驶员所需要的技能比早先的要求要低得多。

更为普遍和更为典型的情况是，物质资本体现型技术进步对人力资本体现型技术进步存在着依赖，或者说，更多情况下物质资本体现型技术进步呈现出技能偏态的特征。舒尔茨强调，由于人力资本短缺所导致的物质资本和人力资本之间的巨大不平衡会显著地制约物质资本的生产率。他举例道：假定美国农业中的物质资本投入不变，现代农民被一个世纪以前的农民替代；或者，假定印度在一夜之间获得了与美国农业一样的自然资源和物质要素，而印度农民的技能和知识不变，在这两种情况下，均不可能获得如现代美国农业的成就。[①] 同样的例子还如发展中国家引进技术的"适宜性"问题。发达国家开发的技术适合于本国的熟练劳动力，而发展中国家大量存在的是非熟练劳动力，发展中国家劳动力的技能水平决定了其引进技术的先进程度和技术应用的效率。Acemoglu 和 Zilibotti（2001）认为，正是引进技术与劳动力技能的不匹配，导致了发展中国家和发达国家之间巨大的人均产出和人均收入的差异。Stokey（1996）和 Krusell et-al.（2000）将劳动力分成技能性劳动 s 和非技能型劳动 n，具有单位替代弹性的产出方程为 $y = f(k, s, n) = (k+n)^\alpha s^{1-\alpha}$，则技能型劳动和非技能劳动的边际产出比满足 $f_s/f_n = (k+n)(1-\alpha)/s\alpha$。这表明资本品投资完全可能引致技能需求的增长。基于技术进步的技能偏态特征，一些学者试图用"人力资本密度"——单位物质资本所对应的人力资本存量来定义

---

① ［美］西奥多·W. 舒尔茨：《改造传统农业》，北京：商务印书馆1987年版，第133页。

技术进步率。认为人力资本储蓄率与物质资本储蓄率的比例越高，发展中国家的技术进步率就越快，发展中国家经济就越有可能实现对发达国家的赶超（邹薇、代谦，2003）。

技术进步的技能偏态性与劳动力市场上对技能劳动力需求的增长、技能的溢价或工资的不平等是共生现象，所以可以用技能劳动力需求增长及技能工人相对于非技能工人工资的变动率来检验技能偏态技术进步的存在性。自20世纪60年代起，美国劳动力市场出现了收入差距扩大、高技能劳动力相对供给增加以及教育回报率上升等结构性变化，一些研究者（Acemoglu，2002；Autor，2006）将此归因于美国经济中技术进步的技能偏向性趋向。宋冬林等（2010）利用1978—2007年的时间序列数据考察了中国技能偏向型技术进步的存在性问题。他们将技术进步细分为中性、非中性和资本体现式等不同类型，发现不同类型技术进步均呈现技能偏向特征，其中资本体现式技术进步与技能需求和技能溢价的互补关系更强。

物质资本体现型技术进步的技能偏态性或非技能偏态性，首先，与以物资资本为载体的技术及该技术操作程序的复杂性相关。如果技术较为简单，工人不需要支付重新学习的成本便可运用此项技术，该技术便是非技能偏态的；相反，资本品中的技术较复杂，只有经过专门培训的工人才能够操作这些新的机器设备，其所含技术就是技能偏态的。其次，人力资本投资收益率或人力资本作为技能载体的经济性也是一个重要的决定因素。若获取技能的成本高昂（亦即人力资本收益率低微），由于技能的高度稀缺性资本品中的技术设计不可能是技能偏向的，否则，该技术便是非适宜技术，资本品中技术投入的回报也将无法实现；当人力资本或技能成为丰裕资源时，资本品中的技术投入可以凭借人的能力实现更大回报，技能偏向型技术进步便成为技术进步类型的适当选择。还有，技术进步的阶段性也是可能的影响因素之一。当某项技术为新开发的前沿技术时，该技术只为少数专门技术人员所掌握，其必然呈现技能偏态特征；若该项技术逐渐退化为普及型技术，由于该技术和使用该技术技能的长期外溢性，该技术便会转化为非技能偏态技术。

（二）技术进步载体选择差异化的成因

技术进步既可以体现于物质资本质量的改进，也可以体现为劳动者素质的提高。那么，是哪些因素决定了技术载体及技术进步类型的差异化选择呢？

技术进步体现于何种要素，首先取决于要素的现实禀赋。在传统经济中，资本是极其匮乏的。这种匮乏性一方面决定了人们难以对资本的质量进行改进，另一方面也使得资本不构成关键性生产要素因而使人们忽略对它的质量改进。与资本不同，劳动力是传统经济中相对丰裕且最重要的资源。这一资源效率的改进——劳动力由于生产经验的积累而形成的知识和能力的提高，既对传统经济的产出增长有着重要的影响，也使它成为传统经济技术进步的基本类型。传统经济特有的资源禀赋结构决定了其技术进步基本类型的非资本体现式特征。工业革命以来，经济剩余的增长带来资本的极大丰富。在现代经济中，资本不但成为基本的生产资源，而且使人们有条件把它改造成为质量更好、生产率更高的资源，并且在相当大程度上形成对其他要素的替代。这说明，正是资本的丰裕性变化，导致了资本体现式技术进步的快速发展。

技术创新活动可纳入经济人的行为范式加以讨论。在经济人的视野中，技术创新究竟是投资于物质资本质量的改进，还是投资于劳动者技能的提高方面，取决于在这两种要素上分别投资的成本—收益核算，而这种成本—收益关系又与在不同经济发展阶段上两类要素的丰裕程度及其在经济中的地位相关。若在某个发展阶段上，劳动力是最主要的投入要素且其相对丰裕，而资本是匮乏的又不构成基本资源，这时，改进劳动的质量便成为技术进步的合理选择，因为这一选择的成本较低而收益率较高。如在传统经济中的情况。当经济发展进入资本丰裕阶段，资本不仅是高效率资源，而且又是相对廉价的，改进资本质量的技术创新努力就更具经济合理性。在当今知识经济时代，以人为载体的知识是决定产出增长的最终源泉，因此，向人的质量投资即人力资本投资凸现为技术进步投资的最重要形式。

要素具有社会属性，资本归资本所有者并为其带来利益，劳动属于劳动者也成为其收入的基本源泉。积累资本和改进资本效率出于资本所有者的本能，同样，提高劳动技能实现劳动收入增长也由劳动者经济本性使然。当技术创新活动由资本所有者组织、技术成果的产权归于资本所有者时，技术进步的成就自然会由资本所有者所拥有的资产形式——机器设备、新型产品等来体现，以实现其对新技术的归属权及由新技术产生的利益的索取权。如果某些技术由劳动者发现或获得，由其资源条件决定，他们会把这些新技术转化为他们技能的积累或能力的增长，同时，这也是劳动者实现对技术的所有权并获取新技术收益的最有效方式。

四 劳动力"逆淘汰"下的农业技术进步机制

（一）农业技术进步的定义

如果技术进步是体现型的，即技术进步总是表现为生产要素的更新或生产要素质量的提高，那么，农业技术进步就可以定义为农业生产函数的转变。

传统农业是主要依赖劳动和土地这类初始资源获取产出的经济类型，[1] 其生产函数可记为：$Q_T = f(L, N)$，其中，L 为劳动，N 代表土地。在宏观上和短期，土地为不变量，因此，农业生产函数又可简化为：$Q_T = f(L)$。由于传统农业中技术长期不变，生产函数的典型形式为静态函数。现代农业是以运用资本和高素质劳动力等现代要素为主要特征的经济形式，并且，随着时间的推移，生产要素的质量在不断提高。其生产函数获得了与现代工业相同的形式：$Q_M = f(K, hL, t)$。K 代表物质资本，h 表示农业劳动力的平均人力资本水平，t 用来刻画随时间而发生的技术进步。在静态条件下，可将现代农业生产函数近似地表示为：$Q_M = f(K, H)$。[2] 这里的 H 表示农业部门的人力资本存量。

在二元经济结构条件下，传统农业生产函数的存在是农业技术进步的起点，现代农业生产函数的实现是农业技术进步的目标，农业技术进步的过程就是要逐步完成由传统农业生产函数向现代农业生产函数的转变。这一转变过程的基本内容包括：（1）农业劳动力的大规模非农转移，借此改变以劳动为基本投入的传统农业的资源配置格局。这种改变必然依赖于非农部门扩张对转移的农业劳动力的吸收，因此可以说，工业化是现代农

---

[1] 刘易斯认为，传统农业是"不使用再生产性资本"的经济部门。参见［美］阿瑟·刘易斯《二元经济论》，北京：北京经济学院出版社 1989 年版，第 8 页。

[2] $H = hL$。

业技术进步的逻辑前提。（2）农业物质资本的快速积累，使农业物质资本投入成为实现农业产出增长所依凭的最重要的资源之一，并且，使农业物质资本在相当大程度上形成对劳动的替代。（3）农业劳动力人力资本水平的显著提升。农业物质资本投入的快速增长最终需要农业人力资本水平的提高作为互补性资源存在，因此，农业劳动力规模减小过程中的农业劳动力质量的提升，是农业技术进步进入较高阶段的核心内容。

（二）劳动力"逆淘汰"与农业生产函数转变

若把农业技术进步定义为农业生产函数转变是成立的，那么不难证明，从农业生产函数所包含的多种自变量的角度观察，劳动力转移的选择性有利于促进传统农业生产函数向现代农业生产函数的全面转变。或者说，劳动力转移的选择性蕴含着显著的农业技术进步效应。这些效应包括：

加速农业劳动力转移。假设农业部门和非农部门的发展水平不同，非农工资率高于农业部门，而且非农就业劳动力的平均人力资本水平也高于农业劳动力。同时假设农业和非农部门之间的劳动力市场是开放的，劳动力在两部门之间流动不存在制度性障碍，[①] 但技术性障碍不排除。在前述两个假设前提下，与劳动力转移的非选择性相比，转移所呈现的选择性的一个突出功能是可以提高农业劳动力的非农转移率。因为，第一，非农部门就业机会的获取与就业者人力资本水平正相关。被选择的转移劳动力由于其素质较高在非农部门获得就业机会的概率较大，与其他农业劳动力相比，其更有利于实现非农转移。第二，非农工资率是人力资本的正函数。与其他农业劳动力相比，被选择的较高素质的转移劳动力可以在非农部门获得较高的非农就业收入，因而可以实现更为稳定的非农就业。在农业劳动力非齐质性的现实背景下，劳动力的选择性转移，是摒弃以劳动为基本投入的传统农业生产函数、淘汰劳动密集的低效率的传统农业生产技术的有效途径；否则，过剩劳动力难以消除。

加速农业物质资本积累。劳动力选择性转移过程推进到一定阶段，投

---

① 该假设与目前中国的现实不完全相符。若在非农部门中剔除城市正规部门，该假设近似成立。

入农业生产的劳动力数量就会出现短缺，该时，农业生产必然产生对能够替代劳动的物质资本要素的使用倾向；在劳动力短缺的条件下，物质资本的边际生产力显著，使用物质资本的有利性也会激发农民对该类要素的需求。另一方面，劳动力选择性转移过程能够在很大程度上改善农业物质资本的供给：第一，由于劳动与非劳动资源配比关系的改善，农业劳动生产率会因劳动力选择性转移过程而提高，人均农业剩余也会因此过程而增长，而人均农业剩余是形成农业资本的一个来源。第二，劳动力的非农就业可以增加农民家庭的非农收入，高素质劳动力的非农就业则能够提高这种非农收入的增长幅度。非农收入的增长是加速农业物质资本积累的重要源泉之一。第三，与非选择性转移过程相比，选择性转移为非农部门供给了较高素质的劳动力。这能够在一定程度上避免非农产业的低度扩张，提高工业化的质量。工业化的健康发展为工业反哺农业——转移部分工业剩余积累农业资本创造了有利条件。农业物质资本的需求增加和供给改善，必然带来农业物质资本积累率的实际增长；农业生产函数也必然因此实现由劳动使用偏向向资本使用偏向的转变。

加速农业人力资本积累。其他条件不变，选择性转移的直接效应是降低农业劳动力的人均人力资本存量水平。如果农业部门的物质资本体现型技术同时是技能偏态型技术，那么这种转移必然形成农业物质资本体现型技术进步的瓶颈，从而对农业发展产生消极影响。不可否认，劳动力选择性转移的这种消极效应是存在的。但更需要注意到的问题是，选择性转移对农村居民人力资本投资需求和投资行为产生的巨大的积极影响：(1) 非农就业机会对劳动力素质的选择性向农民表明，除劳动和土地之外，人力资本也是一种重要的资源，农民能够凭此资源为自己开拓新的收入源泉。(2) 人力资本的高收益率机会首先是在非农部门显现的，在劳动力市场开放时，农民可以通过人力资本的非农化配置寻求这种高收益率的机会，劳动力的选择性转移过程实际上是农民发现其人力资本最优价格的过程。(3) 当人力资本的高回报率机会向农民显现并被认识时，改变贫穷命运的动机会极大地激发他们的人力资本投资需求，提高其人力资本的实际积累水平。现实表现如，农民十分重视对实用技术的学习和对其专业技能的培训，以及农民家庭对其子女教育的空前重视。

应当注意到，从静态的角度看，选择性转移并非造就高素质现代农民的充分必要条件，因为，当转移带来的人力资本流失率大于选择性引致的人力资本积累率时，未转移的农业劳动力的平均人力资本水平会降低。但是在长期，选择性转移却是提高从事农业生产劳动力素质的一个十分有利的条件。其一，尽管转移产生了人力资本的流失，但对人力资本投资的普遍重视将在动态上和整体上提高农民的素质。尽管较高能力的劳动力可能进入非农部门，但由于人力资本积累率的普遍提高，未来的第二代、第三代农民的素质将会显著优于他们的前辈。其二，随着选择性转移过程的推进，农业部门将出现土地经营规模的扩大、物质资本体现型技术进步的加速并显现技能偏态特征等变化。基于这些变化的农业生产有利性的增长，将把农业部门逐渐改造成为一个高素质劳动力的竞争性就业部门。其时，非但高素质的农业劳动力不再流出，也可能会吸引从非农部门转入的高素质劳动力。

概言之，随着劳动力的选择性转移，物质资本和人力资本逐渐取代劳动成为农业生产的基本投入，传统农业生产函数由此逐渐过渡到现代农业生产函数形态。在放弃非体现型技术进步假设的条件下，物质资本投入的增长即物质资本体现型技术进步的过程，人力资本积累率的提高亦即人力资本体现型技术进步的过程。

五　劳动力"逆淘汰"与农业技术进步类型转变

如果劳动力选择性转移下的农业技术进步仍将发生，那么，农业技术进步将如何体现？随着农业发展阶段的转变，农业技术进步的类型是否变化？

（一）农业技术类型内生于特定的农业资源结构

农业技术进步可能表现为不同的类型：物质资本体现型或人力资本体现型，技能偏态型或非技能偏态型。一个国家或地区一定发展阶段上的农业技术进步体现为何种类型，与经济决策主体的偏好结构无关，而仅仅取决于其农业部门所拥有的资源结构。①

---

①　排除计划经济体制背景。

技术所描述的是特定投入组合下要素使用的某种效率状态。均衡条件下，不同的技术是不同要素投入结构的反映。因此，Atkinson 和 Stiglitz（1969）以及 Basu 和 Weil（1998）认为，技术为特定的投入组合所专有。资源结构既定，技术创新的目标是寻求现有资源的最优配置或最有效率配置，而资源配置的效率则源于资源利用的比较优势。资源结构不同，由资源结构所产生的比较优势不同，进而由比较优势或成本最小化原则所决定的最优技术类型选择亦不相同。比如在劳动数量偏重型资源结构条件下，比较优势由丰裕并且廉价的劳动力所生成，此时，由劳动数量使用偏向决定的劳动密集型技术便成为最优技术选择。

从来源的角度看，农业资源可以分为禀赋性资源和获得性资源两种类型。前者如劳动和土地，后者有物质资本和人力资本。经济发展过程是农业部门禀赋性资源和获得性资源的此消彼长过程，即获得性资源相对于禀赋性资源的地位和比重的增长过程。这是因为，第一，无论是物质资本还是人力资本的积累决定于经济剩余以及居民的储蓄倾向，随着经济发展，经济剩余在加速增长，居民的储蓄倾向也在提高，因而，资本的积累要比劳动和土地的增长更快。第二，经济发展过程是农业部门禀赋性资源的非农化再配置过程，当经济发展进入到一定阶段，禀赋性资源的非农化率将大于其自然增长率，农业部门的禀赋性资源会出现绝对减少。从如上意义上说，一个经济体或一个经济部门的发展程度，可以由它的资源结构特征来反映：禀赋性资源为主的结构代表着未发展或发展不充分的落后状态，而获得性资源为主的结构则预示着经济进入发达阶段或成功发展的轨道。因此可以说，农业发展过程是农业资源结构的转变或升级的过程。如果说，农业技术进步类型内生于农业资源结构类型，那么，随着农业资源结构的转变，农业技术进步亦将发生主要由禀赋性资源所体现的技术进步向主要由获得性资源体现的技术进步的类型转换。

（二）劳动力"逆淘汰"与农业资源结构转变的阶段性

在第四节中讨论到，劳动力转移的选择性具有加速劳动力非农化、加速农业部门物质资本和人力资本积累等多种效应。这些效应的直接结果就是农业资源结构的改变，即禀赋性资源比重下降和获得性资源比重的上升。随着劳动力选择性转移过程的推进，农业资源结构的转变会呈现出特征明显不同的三个发展阶段。

劳动数量偏重的传统农业资源结构的破坏阶段。土地既定且资源配置有效时，劳动数量投入的增长是传统农业产出增长的唯一源泉。劳动力的非农转移及其选择性所具有的加速转移因素，首先改变的是农业生产中劳动力投入数量的增长趋势；该种转移持续一定时期，传统农业的劳动数量偏重型资源结构便可逆转。[①] 该阶段的主要特征是：农业过剩劳动力由于转移而开始减少，但劳动力的过剩状态尚未消除；农业部门日趋紧张的人地比例关系出现改善，劳均土地装备率有所上升；农业人均收入增长，但以平均收入决定农业工资的"制度性工资"机制仍然存在。

物质资本投入加速增长的过渡型农业资源结构的出现和成长阶段。这一阶段的基本特征有：农业劳动力数量绝对减少，农业生产出现季节性劳动力短缺；由于转移的选择性和人力资本积累的滞后性，农业劳动力素质有所下降；[②] 物质资本的投入快速增长，农业资本品的使用规模显著增加；农业人均产出获得较大幅度提高。农业资本品投入的快速增长首先源于，在劳动力投入数量绝对减少时，需要有替代劳动的资本品投入的增加来实现农业产出的稳定乃至增长，以保障国家的粮食安全。同时，伴随着劳动力选择性转移过程，农业部门的物质资本积累能力在提高；特别是，工业反哺农业政策也在该阶段被提上日程。这一阶段上，无论是农业投入还是农业产出，均处于非稳态结构，因此，该阶段的农业是一种过渡形态。

广义资本[③]偏重的现代农业资源结构的形成阶段。现代农业的核心特征之一是资源结构类型与现代二、三产业的趋同，即物质资本和人力资本成为决定其产出的基本要素，传统要素的重要性大大下降了。劳动力选择性转移过程，由于其物质资本和人力资本的双重深化效应，因而也是现代农业要素的积累过程。当该过程持续到一定阶段，物质资本和人力资本丰裕的资源结构状态就会形成。那时，农业也将具备现代产业的诸多特征：

---

① 假设农村居民的生育率维持不变。

② 造成农业劳动力素质偏低的原因是：第一，劳动力转移的选择性；第二，选择性转移蕴含的加速人力资本积累机制尚未充分体现。

③ 广义资本是物质资本和人力资本的总称。

劳动力成为稀缺性资源，其文化技术水平与非农劳动力无大差异；农业生产组织出现企业化转变；农业生产的有利性提高，农业工资率与非农工资率趋同。进入此阶段，劳动力转移过程将结束。

（三）劳动力"逆淘汰"与农业技术进步类型的演进

依据资源结构决定技术类型的逻辑，与农业资源结构转变的三个阶段相适应，农业技术进步也存在着三种不同的类型。劳动数量体现型技术进步与劳动数量偏重的传统农业资源结构相适应，物质资本体现型技术进步与物质资本快速成长为农业增长最重要源泉的过渡型农业资源结构相适应，而人力资本和物质资本综合体现型技术进步则与广义资本丰裕的现代农业资源结构相联系。如果说，随着劳动力的选择性转移过程，农业资源结构将由劳动数量偏重结构向物质资本偏重结构和广义资本偏重结构逐渐转变，那么，相伴这一过程，农业技术进步也将实现由劳动数量体现型向物质资本体现型、进而向劳动质量和物质资本综合体现型演进。

在技术层面，农业发展过程即农业技术进步类型的升级过程。而农业技术进步类型的升级需要有相应的农业资源结构条件来支撑，背离资源结构条件，任何先进技术都会沦落为不适宜技术。发展中国家的技术引进实践表明，先进技术引进存在着技术吸收障碍，这种障碍来自技术引进国当时的资源结构条件与引进技术所适应的资源条件的不一致。因此，比技术引进或技术创新更为基础性的工作，是实现资源结构的升级。而劳动力的选择性转移对农业资源结构的转变或升级具有无可替代的意义。

六　中国农业技术进步的现实进程和前景判断

随着城乡劳动力市场的开放和农业劳动力的大规模转移，中国农业资源结构发生了显著变化，传统的无质量内涵的劳动要素的地位和作用日渐下降，以资本为代表的新型资源开始大量进入农业生产领域。与此同时，中国农业技术进步的典型类型也发生了相应的改变。这种改变主要表现在以下几个方面：

第一，传统的劳动数量体现型技术进步退居为次要技术进步类型。自20世纪90年代以来，由于劳动力的转移，农业生产从业人员数量从1991

年的 36685 万人减少到 2000 年的 32041 万人和 2008 年的 26872 万人，在相同的几个年份，第一产业劳动力就业比重从 59.7% 下降到 50% 和 39.6%。[①]每公顷耕地上的劳动力，从 1991 年的 2.29 个下降到 2007 年的 1.87 个，单位耕地的劳动力人数下降 18%。[②]在农业劳动力数量减少的背景下，中国农业总产出却实现了持续和较快增长。1985 年，农林牧渔业实现的增加值是 2564.4 亿元，2008 年，该增加值达到 33702.2 亿元。以当年价格计算，23 年间增长了 12 倍多。即使以 1978 年价格为不变价格计算，2008 年农林牧渔业实现的增加值也达到 1985 年的 2.46 倍。这说明，劳动力数量投入的增长已不再是决定中国农业产出增长的重要因素，劳动密集型技术对于中国农业产出增长的意义不再重要。

第二，物质资本体现型技术进步成长为农业技术进步的主要类型。在劳动力大规模非农转移并导致农业从业者数量减少的同时，农业部门的资本品投入却获得了大幅度增加。比较 1990 年和 2008 年，农用机械总动力从 28707.7 万千瓦增长到 82190.4 万千瓦，2008 年是 1990 年的 2.86 倍；农用化肥施用量从 2590.3 万吨增加到 5239 万吨，2008 年比 1990 年提高了 1 倍多；农村居民家庭生产性固定资产原值从 1258.06 元/户增长到 9054.92 元/户，后者是前者的 7.2 倍。[③]在过渡性农业发展阶段，劳动和资本是决定农业产出的基本要素。若劳动力数量在减少且劳动力质量存在下降趋势时，农业产出的增长就只能由物质资本投入的数量增加和质量提高予以解释了。相关的计量分析可以证明，农用机械和化肥等资本品投入的增长是现阶段中国农业产出增长的格兰杰原因。遵循体现型技术进步假设，物质资本体现型技术进步取代劳动数量体现型技术进步已成为现阶段中国农业技术进步的主要类型。

第三，人力资本体现型技术进步尚未出现。劳动力选择性转移的人力资本流失效应和人力资本积累效应产生影响所经历的时间是不同的，前一

---

① 数据来源：中华人民共和国国家统计局编：《中国统计年鉴 2009》，北京：中国统计出版社 2009 年版，第 113—114 页。农业生产从业人员数根据乡村就业人员数减乡镇企业、乡村私营企业和个体企业从业人员数得到。

② 根据相关年份《中国农村统计年鉴》计算得到。

③ 数据来源：中华人民共和国国家统计局编：《中国统计年鉴 2009》，北京：中国统计出版社 2009 年版，第 451、453、457 页。

种效应的影响是即时的，而后一种效应产生作用却需要经历一个较长的时期。因此，在劳动力转移的初始阶段，选择性引致的人力资本流失率可能大于该种转移所激发的人力资本积累率，这样，农业劳动力素质就会出现下降。这一现象在中国农业劳动力转移的现阶段是存在的，比如 2006 年，全部农村劳动力的平均受教育年限为 7.97 年，由于外出劳动力的平均受教育年限高于全部劳动力 0.71 年，未转移的农业劳动力的平均受教育年限低于全体劳动力 0.83 年。[①] 这一现象说明，当前的中国农业尚不能够为高素质劳动力创造出有竞争力的就业机会，以劳动力技能所体现的先进技术因而也不可能在现阶段的中国农业中充分发挥作用。这一现象同时表明，当前的物质资本体现型技术进步仍然处于非技能偏态的较低发展阶段。

从技术演进的角度看，农业的现代化即农业技术由劳动数量体现型向物质资本体现型进而向人力资本和物质资本共同体现型进步的过程。现代农业，是在广义资本丰裕的资源条件下，由发达的物质资本装备和高素质劳动力所推动的高技术农业。现阶段的中国农业技术与现代农业的技术类型尚存在相当大差距。中国农业现代化建设的基本任务之一，就是实现农业技术进步类型的升级，即由当前的物质资本体现性技术进步阶段逐步推进到广义资本体现型技术进步阶段，其中包括非技能偏态的物质资本体现型技术进步向技能偏态的物质资本体现型技术进步的转变。需要强调的是，人力资本体现型技术进步的生成是现代农业区别于其他类型农业的核心特征之一，今后中国农业技术进步的重点应逐步转向培育高素质农民方面。

七　结论

遵循要素同质性假设，新古典增长理论在构造生产函数时，技术进步被处理为一个非体现于要素的独立变量。新增长理论则将技术进步与要素投入的质量变化相联系，以内生化方法揭示了技术进步的源泉。因此，新增长理论中的技术进步是体现型的。基于资本和劳动两种基本要素，体现

[①] 参见本章第一节。

型技术进步存在着物质资本体现和人力资本体现两种主要类型。物质资本体现的技术进步与人力资本体现的技能水平之间并不一定始终保持正向关系，在某些领域或这些领域的一定时期内，存在着无技能需求的独立的物质资本体现型技术进步；但在更多情况下，物质资本体现型技术进步则呈现技能偏态的特征。

若技术进步是体现型的，即技术进步总是表现为生产要素的更新或生产要素质量的提高，那么，农业技术进步就可以定义为农业生产函数的转变。随着劳动力的选择性转移，物质资本和人力资本逐渐取代劳动成为农业生产的基本投入，传统农业生产函数由此逐渐过渡到现代农业生产函数形态。在体现型技术进步假设下，物质资本投入的增长过程即物质资本体现型技术进步的过程，人力资本积累率的提高过程亦即人力资本体现型技术进步的过程。

基于劳动力选择性转移过程的推进，农业资源结构出现或将出现由劳动数量偏重的传统农业资源结构，向物质资本投入加速增长的过渡型农业资源结构，进而向广义资本偏重的现代农业资源结构的转变。技术为特定的投入组合所专有。与农业资源结构的转变或升级过程相适应，农业技术进步也将实现由劳动数量体现型向物质资本体现型、进而向劳动质量和物质资本综合体现型演进。

农业劳动力大规模转移以来，中国的农业资源结构发生了显著变化，其农业技术进步的典型类型也出现了相应的改变：传统的劳动数量体现型技术进步已退居为次要的技术进步类型，物质资本体现型技术进步成长为现阶段农业技术进步的主要形式。由于当前的中国农业尚不能够为高素质劳动力创造出有竞争力的就业机会，因此，人力资本体现型技术进步在现阶段的中国农业中尚未生成。这一现象同时表明，当前的物质资本体现型技术进步仍然处于非技能偏态的较低发展阶段。未来中国农业技术进步的基本方向，是在加速物质资本体现型技术进步的同时，逐步创造人力资本体现型技术进步形成的资源条件。

参考文献

［美］阿瑟·刘易斯：《二元经济论》，北京：北京经济学院出版社1989年版。

董直庆、王林辉：《我国经济增长来源——来自资本体现式技术进步的经验证据》，《吉林大学社会科学学报》2010 年第 4 期。

[美] 费景汉、古斯塔夫·拉尼斯：《劳力剩余的经济发展》，北京：华夏出版社 1989 年版。

[美] 费景汉、古斯塔夫·拉尼斯：《增长和发展：演进的观点》，北京：商务印书馆 2004 年版。

黄先海、刘毅群：《物化性技术进步与我国工业生产率增长》，《数量经济技术经济研究》2006 年第 4 期。

黄先海、刘毅群：《设备资本、体现型技术进步与生产率增长：跨国经验分析》，《世界经济》2008 年第 4 期。

宋冬林、王林辉、董直庆：《技能偏向型技术进步存在吗——来自中国的经验证据》，《经济研究》2010 年第 5 期。

王林辉、董直庆：《我国资本体现式和非体现式技术进步贡献率——来自纺织业的经验证据》，《财经研究》2010 年第 8 期。

王林辉、董直庆：《资本体现式和中性技术进步路径选择：基于我国制造业面板数据的实证检验》，《东北师大学报》（哲学社会科学版）2010 年第 6 期。

王林辉、宋东林、董直庆：《资本体现式技术进步及其对经济增长的贡献率：一个文献综述》，《经济学家》2009 年第 12 期。

赵志耘、吕冰洋、郭庆旺、贾俊雪：《资本积累与技术进步的动态融合：中国经济增长的一个典型事实》，《经济研究》2007 年第 11 期。

邹薇、代谦：《技术模仿、人力资本积累与经济赶超》，《中国社会科学》2003 年第 5 期。

Acemoglu, Daron and Fahrizio Zilibotti (2001), Productivity Differences, *Quarterly Journal of Economics*, Vol. 116 (2).

Acemoglu, D., 2002: Technical Change, Inequality and the Labor Market, *Journal of Economic Literature*, 40.

Aghion, Philippe and Peter Howitt, 1992: A model of Growth Through Creative Destruction, Econometrica, 60, 2 (March).

Arrow, Kenneth J., 196: The Economic Implications of Learning by Doing, *Review of Economic Studies*, June.

Atkinson, Anthony B. and Joseph E. Stiglitz, 1969: A New View of Technological Change, *Economic Journal*, 79 (315).

Autor, D., L. Katz and M. Keamey, 2006: The Polarization of the U. S. Labor Market, American Economic Review, Papers and Proceedings, 96 (2).

Basu, Susanto and David N. Weil, 1998: Appropriate Technology and Growth, *Quarterly Journal of Economics*, 113 (4).

Grossman, Gene M. and Elhanan Helpman, 1991: Innovation and Growth in the Global Economy, Cambridge MA, MIT Press.

Krusell, Per, Lee E. Ohanian, Ros-Rull Jose Victor and Giovanni L. Violante, 2000: Capital Skill Complementarity and Inequality: A Macroeconomic Analysis, Econometrica, Vol. 68, No. 5.

Lucas, Robert E. , 1988: On the Mechanics of Economic Development, *Journal of Monetary Economics*, 22, 1 (July) .

Phelps, E. S. , 1962: The New View of Investment: A Neoclassica Analysis, *Quarterly Journal of Economics*.

Romer, Paul M. , 1986: Increasing Return and Long-Run Growth, *Journal of Political Economy*, 94, 5 (October) .

Romer, Paul M. , 1987: Growth Based on Increasing Return Due to Specialization, *American Economic Review*.

Romer, Paul M. , 1990: Endogenous Technological Change, *Journal of Political Economy*, 98, 5 (October) .

Sheshinski, Eytan, 1967: Optimal Accumulation with Learning by Doing, in Karl Shell ed. , Essays on the Theory of Optimal Economic Growth, Cambridge MA, MIT Press.

Solow, R. M. , 1960: Investment and Technical Progress, Mathematical Methods in Social Sciences, Stanford, CA: Stanford University.

Stokey, Nancy L. , 1996: Free Trade, Factor Returns and Factor Accumulation, *Journal of Economic Growth*, 1.

Uzawa, Hirofumi, 1965: Optimal Technical Change in an Aggregative Model of Economic Growth, *International Economic Review*, 6 (January) .

第 四 章

选择性转移与人力资本深化:
理论及经验证据[*]

一 引言

农业劳动力的非农转移是世界各国工业化过程中一个普遍的社会经济现象。根据发展经济学的经典理论,劳动力在存在发展差异的农业与非农部门之间的再配置,是消除二元经济结构、实现农业现代化的必由之路。

中国的经验事实表明,非农转移的劳动力不仅可以在数量意义上被观察,更需要从质量层面予以关注。由于非农部门较高的就业条件,转移劳动力大多具有如下特征:(1)年轻化。据调查,四川和安徽两省外出劳动力多为 35 岁以下的青壮年,平均年龄分别为 26.9 岁和 27.4 岁,非外出劳动力的平均年龄分别高于外出者 7.6 岁和 4.9 岁(杜鹰,2006)。(2)男性化。2008 年,安徽省转移劳动力中男性劳动力占到 62.3%(国家统计局,2009);第二次全国农业普查公报的主要数据也显示,2006年,农村外出就业的男性劳动力占到全部外出就业人数的 64%。(3)受教育程度较高。农村劳动力平均受教育年数为 7.853 年,外出劳动力平均

---

* 本章收录的是李志俊、郭剑雄发表于《思想战线》2010 年第 4 期的《选择性转移与人力资本深化:理论及实证》一文,收录时文字略有改动。

受教育年数为 8.695 年，高于农业劳动力 1.55 年。[①]

由此所产生的问题是，劳动力非农转移的这种选择性特征，将给农业部门留下一支什么样从业者队伍？换言之，劳动力的选择性迁移，如何影响农村居民的人力资本积累率？进而如何影响农业部门的平均人力资本存量？

许多学者对劳动力转移问题进行过研究，形成了各种理论模型并从不同的角度揭示了农业劳动力转移发生的原因和机制。对于农业劳动力转移动因的研究，基本思路是从迁移者的个人或其家庭特征与其迁移决策间的相关性进行分析（Huffman，1980；Stark，1991；赵耀辉，1997；de Brauw 等，2002；李实，2003；侯风云，2005；杜鹰，2006）。在此类研究中，劳动者的受教育程度，作为影响迁移决策及迁移行为的关键因素被分解出来。相应的理论解释是，二元结构下农业与非农部门之间存在着技术类别和技术层次的差异，较高的文化技术水平是农业劳动力实现职业转换的必要条件；受教育程度高的人在获取就业信息方面占有优势，[②] 从而增加了其在非农行业的就业概率，[③] 同时也降低了转移风险；[④] 根据教育程度起甄别作用的假说，雇主把教育程度作为在申请工作的人中选择高能

---

① 2006 年农村劳动力资源中，文盲 3593 万人，占 6.8%；小学文化程度 17341 万人，占 32.7%；初中文化程度 26303 万人，占 49.5%；高中文化程度 5212 万人，占 9.8%；大专及以上文化程度 648 万人，占 1.2%。外出从业劳动力中，文盲占 1.2%；小学文化程度占 18.7%；初中文化程度占 70.1%；高中文化程度占 8.7%；大专及以上文化程度占 1.3%。农业从业人员中，文盲占 9.5%，小学文化程度占 41.1%，初中文化程度占 45.1%，高中文化程度占 4.1%，大专及以上文化程度占 0.2%。平均受教育年限计算时，文盲半文盲照 1 年计量。资料来源：中华人民共和国国家统计局：《第二次全国农业普查主要数据公报》，2008 年 2 月。

② 参见 Schwartz, Aba, *Interpreting the Effect of Distance on Migration*, Journal of Political Economy, 1973（27）：1153 - 1169。

③ Huffman（1980）对 276 个调查对象的研究表明，教育可直接增加劳动力从事非农工作的概率，其弹性为 1.2。赵耀辉（1997）发现，与没有受过正规教育的人比，高中文化程度的人外出的概率多 21 个百分点，初中文化程度的人多 11 个百分点。李实（2003）的统计分析表明，与文盲相比，高中文化程度的劳动力获得非农就业机会的概率在 1988 年高出近 10 个百分点，在 1995 年要高出 20 个百分点。

④ 劳动力迁移的新经济学强调迁移的保障性动机，根据这一理论，收入不确定性越大，作为风险多样化战略，越会刺激劳动力迁移。参见 Katz, E., Stark, O.（1986）。

力者的识别方法。[①] 同时，迁移成本与受教育程度一般被设定为负向关联，获自教育的能力有助于克服劳动者从自己家乡到不熟悉的工作环境所面临的一系列能力上和心理上的障碍（赵耀辉，1997）。

Stark、Helmenstein 等（1998）和 Kanbur、Rapoport（2005）讨论了高素质劳动力迁移对迁出地的影响。但他们的迁出地不是农业部门而是落后国家。近年，国内学者开始关注人力资本流失对中国农业发展带来的影响，研究结果分为两类：大部分研究认为，这种转移导致了原本就薄弱的农村人力资本的损失，视其为城市对农村的又一次剥夺，并以此作为解释城乡发展差距扩大的一种原因（侯风云、徐慧，2004；侯风云，2005；侯风云、张凤林，2006）。少数学者关注劳动力转移对农村居民家庭教育需求和人力资本投资的正向效应（申培轩，2004；王兆萍，2007；郭剑雄、刘叶，2008；郭剑雄、李志俊，2009）。前一种观点是建立在农村人力资本积累为外生给定变量的假设之上的；如果选择性转移在很大程度上决定着农村居民家庭的人力资本投资决策，那么，所获得的结论可能就会相反。后一类文献虽然正确地把人力资本积累处理为迁移过程的内生变量，但缺乏模型化和经验实证方面的深入、细致的工作。

本章所做的工作是，第一，与关注人力资本对迁移行为影响的已有文献相反，将研究视角转向农村劳动力非农转移对人力资本形成的作用；第二，将人力资本积累率处理为转移决策过程的内生变量，讨论选择性转移条件下农业人力资本的形成机制，并给出相应的经验证据。

二　选择性转移下农业人力资本的形成及其条件

本节借鉴 Stark 和 Yong Wang（2002）的分析方法，构造选择性转移条件下的农业人力资本形成模型。

假定：（1）经济系统由农业部门和现代城市（非农）部门构成。劳动力在两部门的流动没有政策性壁垒，但存在技术性障碍。（2）农业劳动力分为低能力劳动力 1 和高能力劳动力 2，数量分别是 N_1 和 N_2；高能

力劳动力2符合非农部门的就业条件。（3）劳动力的人力资本形成的成本函数假定为线性的，$C(h) = k_i h$，$i = 1,2$。人力资本形成对1类劳动力的成本更高，$0 < k_2 < k_1$。[①]（4）生产的唯一投入要素是劳动力，生产产品的价格为1。

（一）无非农转移时的人力资本形成决策

对于个人而言，产出是劳动力人力资本的函数，假定其形式为 $f(h) = \alpha \ln(h + 1)$，α 表示人力资本的回报。劳动力选择人力资本大小以最大化他的净收入[②]，即：

$$\max W(h) = \alpha \ln(h + 1) - kh \tag{4.1}$$

将（4.1）式对 h 求导，得到劳动力选择的最优人力资本水平为：

$$h^* = \frac{\alpha}{k} - 1 > 0 \tag{4.2}$$

此时，α 足够大，1类劳动力人力资本形成的最优水平为 $h_1^* = \alpha/k_1 - 1$，2类劳动力人力资本形成水平为 $h_2^* = \alpha/k_2 - 1$。图4—1描述了这种产出的配置情况。在没有迁移的情况下，农业部门的人力资本的平均水平为 $\bar{h} = \dfrac{N_1 h_1^* + N_2 h_2^*}{N_1 + N_2}$。

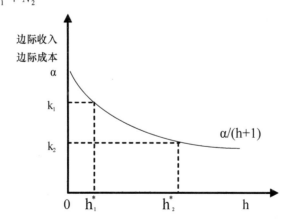

图4—1 无迁移时的农业人力资本形成决策

---

① 这两类劳动力的人力资本投资成本的差异，可以理解为由劳动力本身的学习能力或认知能力的区别导致。

② 净收入等于产出减去人力资本的成本。

（二） 存在非农转移时的农业人力资本形成

假定存在农业劳动力转移到较高技术水平的现代部门的就业机会，并假定人力资本在非农部门不升值也不贬值，且非农部门的人力资本回报率高于农业部门。劳动力在非农部门的产出即他的总收入为 $f(h) = \beta\ln(h+1) + E$ ，此处，$\beta > \alpha$ ，$E \geqslant 0$ ，均为常数，且为模型外生。[①]

农业部门的劳动力在现代部门的就业概率为 π ，$\pi > 0$ ，风险中性的劳动力的期望净收入为：

$$F(h) = \pi[\beta F\ln(h+1) + E] + (1-\pi)\alpha\ln(h+1) - kh \quad (4.3)$$

劳动力的决策问题同样为其人力资本的数量选择以最大化 （4.3），由于

$$\frac{\partial F(h)}{\partial h} = \frac{\pi\beta}{h+1} + \frac{(1-\pi)\alpha}{h+1} - k = \frac{\pi(\beta-\alpha)+\alpha}{h+1} - k$$

劳动力选择最优的人力资本水平[②]：

$$\tilde{h}^* = \frac{\pi(\beta-\alpha)+\alpha}{k} - 1 \quad (4.4)$$

转移机会 π 的出现及更高的工资收入 $\beta\ln(\theta+1) + E$ 引致 2 类劳动力形成更多的人力资本。1 类劳动力因为他们无力形成高于转移到非农部门所需的最小人力资本水平。因此，存在转移机会的前提下，农业部门 1 类劳动力和 2 类劳动力形成的人力资本分别为 $\tilde{h}^* = \tilde{h}_1^*$ ，$\tilde{h}_2^* = \frac{\pi(\beta-\alpha)+\alpha}{k_2} - 1$。这样，留在农业部门的劳动力的平均人力资本水平为：

$$\bar{\tilde{h}}_a = \frac{N_1 h_1 + (1-\pi)N_1 \tilde{h}_2^*}{N_1 + (1+\pi)N_2} \quad (4.5)$$

若 $\bar{\tilde{h}}_a > \bar{\tilde{h}}$ ，说明劳动力的选择性转移增加了农业劳动力的平均人力

---

① 这一产出方程暗含现代部门的人力资本回报率高于农业部门，由于现代部门的收入是传统农业部门的若干倍，因此这一假定 $\beta > \alpha$ 非常合理。常数 E 刻画了现代部门的强化收入因素，而非劳动力自身的人力资本，可能是人力资本外部性或福利效益。

② 由于 $f(\theta)$ 和 $\hat{f}(\theta)$ 函数为拟凹，那么有 $\frac{\partial^2 F(h)}{\partial h^2} = -\frac{\pi(\beta-\alpha)}{(h+1)^2} > 0$ 成立。

资本存量。这一条件等价于：

$$0 < \pi < \pi^m = 1 - \frac{(1 - k_2/k_1)}{(\beta/\alpha - 1)(1 + N_2/N_1)} \qquad (4.6)$$

只要 $0 < \pi < \pi^m$，转移机会的出现使农业部门劳动力的人力资本平均水平高于没有转移机会的人力资本水平。这一结果暗含的结论是：随着从农业部门向相对发达的非农部门转移机会的出现和增加，促使农民进行人力资本投资，一定条件下带来未转移劳动力的人力资本深化。

表 4—1　　　　　变量不同情形下农业劳动力转移的临界概率

k_2/k_1	$N_2:N_1$	π^m
0.9	1:9	0.9416
	2:8	0.9481
	4:6	0.9610
0.8	1:9	0.8831
	2:8	0.8961
	4:6	0.9221
0.6	1:9	0.7662
	2:8	0.7922
	4:6	0.8286
0.5	1:9	0.7078
	2:8	0.7403
	4:6	0.8052

可以依据中国的实际情况对上述结果进行数理分析。根据侯风云（2007）估计的中国城乡收入的教育收益率分别为 9.289% 和 3.655%，我们以此来代替人力资本在农业部门和非农部门的报酬差异，那么，$\beta:\alpha = 2.54$。将 $N_2:N_1$ 定义为农村劳动力资源中高中及以上文化程度的人口与初中及以下的受教育人口规模的比值，1985—2008 年间，中国农村居民高中文化程度的比率在 7.31%—14.90%。[①] 高人力资本与低人力资本的投资成本比值

---

① 数据来源：国家统计局农村社会经济调查总队：《中国农村住户调查年鉴 2008》，北京：中国统计出版社 2009 年版。

在 0.9、0.8、0.6、0.5 的不同情形下的最优转移概率如表 4—1 所示。

基于统计数据的局限，对农业劳动力转移比率（ Lr ）用农业劳动力的转移人数（ Ls ）和农村劳动力人数的比值来计算。[①] 中国 1985—2007 年农业劳动力的非农转移比率在 17.38%—54.36%，小于各情形下的临界概率。因此，按照目前的转移规模及速度，中国农业部门的人力资本水平会因转移倾向的出现而进一步提升，农村劳动力的非农转移将会引致农业人力资本深化。

三 基于脉冲响应函数的检验

本节所采用的研究方法是：（1）基于脉冲响应函数分析方法来分别考察农村劳动力转移与农村人力资本存量及其深化之间的动态冲击反应，以刻画农村劳动力转移与人力资本的长期的相互动态作用。在进行这一分析时，运用 Pearan 和 Shin（1996，1998）等人提出的广义脉冲响应函数法（GIRF），消除了 Sims（1980）方法中变量排序对分析结果的干扰。（2）运用预测方差分解技术来进一步考察农村人力资本与劳动力转移在解释对方变动时的相对重要性。本节中，以 1983—2007 年中国农村居民人均受教育年限（ H_1 ）和高中文化程度的比例（ H_2 ）[②] 分别作为衡量人力资本水平的指标。

（一）模型

大多数情况下，VAR 模型估计方程扰动项的方差—协方差矩阵不是对角矩阵，因此必须首先对其进行正交处理得到对角化矩阵，由 Sims（1980）提出的 Choleski 分解方法是最常用的方法。然而，Choleski 分解

---

① 转移的农业劳动力计算方法为：Ls =（城镇从业人员 - 城镇职工人数）+（乡村从业人员 - 农业就业人员）。该方法参考陆学艺的计算方法，该估算方法将城镇从业人数减去城镇职工人数得到进入城市就业的"农民工"人数；将乡村从业人员数减去农业就业人数得到农村中非农劳动力数量，然后将二者之和就是农村转移劳动力总量。数据来源于各年《中国统计年鉴》、《中国农村住户调查年鉴》。

② 劳动力平均受教育年限 = 文盲 ×0 + 小学 ×6 + 初中 ×9 + 高中和中专 ×12 + 大学及以上 ×16，数据来源于各年份《中国农村住户调查年鉴》。考虑到对时间序列数据进行对数化后容易得到平稳序列，且并不改变时序数据的特征，因此本文实际分析时均采用各变量的对数值。

法的关键问题在于估计结果严重地依赖于 VAR 系统中各个变量的排序关系，因此，运用改进的广义脉冲响应函数法（GIRF）来进行分析。GIRF 方法首先由 Koop et al.（1996）提出，Pesaran 和 Shin（1996，1998）对这一方法进行了拓展研究。GIRF 方法的分析结果并不依赖于 VAR 系统中各个变量的排序，从而大大提高了估计结果的稳定性与可靠性。

（二）劳动力转移与农村人力资本深化的冲击响应分析

本节分析的 VAR 模型包括两类人力资本指标（$\ln H_1$ 和 $\ln H_2$）与农村劳动力转移（$\ln Lr$）在内的双变量系统。由于脉冲响应函数的检验结果严格依赖于误差向量满足白噪声序列向量这一假设前提，因此首先对模型的时间序列变量进行平稳性检验。Johansen 协整检验结果表明在 5% 的显著性水平下，时间序列存在唯一的协整关系，满足原假设条件。运用 GIRF 方法来分别考察两类人力资本指标和劳动力转移之间的冲击响应，得到分析结果见表 4—2。

表 4—2　　中国农村劳动力转移与人力资本的冲击响应分析结果

冲击反应期	Response of$\ln H_1$ to $\ln Lr$	Response of$\ln H_2$ to $\ln Lr$	Response of$\ln Lr$ to $\ln H_1$	Response of$\ln Lr$ to $\ln H_2$
1	0.004319	0.006788	0.034044	0.019895
2	0.009719	0.012690	0.028752	0.013599
3	0.004287	0.000479	0.025937	0.021452
4	0.004112	0.002034	0.024754	0.012223
5	0.005371	0.005356	0.021508	0.007321
6	0.004974	0.005723	0.018846	0.005666
7	0.005055	0.007374	0.016278	0.002194
8	0.004973	0.008110	0.014054	0.000328
9	0.004715	0.008338	0.012191	− 0.001255
10	0.004565	0.008754	0.010194	− 0.003062
累计	0.052089	0.065644	0.206558	0.078360

农村劳动力平均受教育年限与劳动力转移。观察表 4—2 第 2 列的模

拟结果可以发现，在整个冲击响应期内，$\ln H_1$ 对当期 $\ln Lr$ 一个单位冲击的反应曲线形状大致呈倒 V 形：$\ln H_1$ 的当期反应值为 0.004，其后一期的反应值升为 0.010，然后在第三期以后，反应值重新回到 0.004—0.005 的区间内。计算在分析期内 $\ln H_1$ 的累计反应值（Accumulated Response）可发现，当期 $\ln Lr$ 冲击对 $\ln H_1$ 的总体影响为 0.052，这一结果的含义是农业劳动力转移将导致农村人力资本深化。表 4—2 第 4 列的结果显示，$\ln Lr$ 对 $\ln H_1$ 的冲击反应轨迹大致为有下降趋势的直线，然而 $\ln Lr$ 对 $\ln H_1$ 的冲击反应为正，且反应值较大（其累计冲击反应值为 0.207），说明农村居民人力资本深化对农业劳动力转移具有较大的促进作用。

受教育程度在高中及以上的比重与劳动力转移。表 4—2 第 3 列的模拟结果显示，在整个冲击响应期内，$\ln H_2$ 对当期 $\ln Lr$ 一个单位冲击的反应曲线形状大致呈 N 形：$\ln H_1$ 的当期反应值为 0.007，第二期便升为 0.013，其后一期下降，随后又逐渐上升至 0.008 左右。在分析期内的累计反应值为 0.066，说明农村劳动力转移对农村人力资本的现状具有明显的改善作用。从第 5 列的模拟结果可以发现：$\ln Ls$ 对当期 $\ln H_2$ 冲击的反应轨迹呈先波谷后波峰的倒 S 形：$\ln Ls$ 对 $\ln H_2$ 的当期反应值为正，第二期反应值下降，第三期反应值又上升，之后持续下降，直到第九期后，反应值为负。但其累计反应值为 0.078。说明农村居民高中及以上受教育比重的增加，对农业劳动力转移产生正面效应。

比较农村居民人力资本及其深化与农业劳动力转移的累计脉冲响应值可知，农村人力资本对农业劳动力的非农转移的促进效应（0.207）明显大于农业劳动力转移导致的农村人力资本深化效应（0.052）；农村居民人力资本状况的改善对农业劳动力非农转移的引致效应略大于农业劳动力转移带来的农村人力资本水平的提升效应。因此，尽管冲击反应曲线轨迹和累计反应值存在差异，但农业劳动的转移与农村人力资本的状况及其深化的冲击影响均为正值，证实了中国农业劳动力转移与农村人力资本的改善之间动态的、良性的影响路径。

（三）农业劳动力转移与农村人力资本深化的预测方差分解分析

进一步运用方差分解法来考察农业劳动力转移与农村人力资本之间的相互影响。与脉冲响应函数方法不同，方差分解法是将系统的预测均方误差分解成系统中各变量冲击所做的贡献，从而可以考察任意一个内生变量的预测均方误差的分解。

表4—3　　　　　　　　　　变量的方差分解结果

	Variance Decomposition of $\ln Lr$		Variance Decomposition of $\ln H_1$		Variance Decomposition of $\ln H_2$	
	$\ln H_1$	$\ln H_2$	$\ln H_2$	$\ln Lr$	$\ln H_1$	$\ln Lr$
1	25.59681	0.70429	0.00000	0.00000	49.34477	0.00000
2	36.47820	2.16461	5.23277	11.86798	68.84198	0.55487
3	43.31522	2.25583	7.07200	9.64109	69.76495	6.57136
4	47.86966	2.79689	7.02329	8.96476	70.96288	7.86022
5	50.32573	4.18968	9.27879	9.45596	74.04300	7.36460
6	51.48317	5.33919	12.21393	9.73950	76.29245	6.89224
7	51.40064	6.99605	14.51288	10.80694	77.95795	6.38283
8	50.90773	8.63986	16.85648	12.09312	78.88395	6.07176
9	50.00896	10.24413	19.08994	13.26892	79.21494	5.93804
10	48.84817	11.88776	21.11818	14.49133	78.97022	6.03126

农村人力资本与农业劳动力转移的方差分解结果见表4—3。综合方差分解结果可以发现：人力资本两个指标对解释农业劳动力转移的预测方差起了很大的作用。其中，人力资本的两个指标对农业劳动力转移的贡献越来越大，从第四期以后，人力资本解释了农业劳动力转移的50%的预测方差，这个结果刻画了中国农村人力资本变化与农业劳动力转移之间的关系：农村人力资本的深化是促使农业劳动力转移的关键原因之一，导致了大量农村劳动力从农业、农村中释放出来。

与此相比较，农业劳动力的非农转移对农村人力资本的改善及深化的预测方差的解释贡献度较小，但其作用随着响应期的延长而逐渐增加。对这一估计结果大致有如下基本解释：（1）从微观视角，农户劳动力非农转移使其家庭收入增加，从而增加了对教育的投资（Yang，2008）；从对转移劳动力的需求看，由于二、三产业本身对劳动者技能的较高要求，促成农村转移劳动力的人力资本投资。然而，人力资本的投资效应往往存在一定的时滞。（2）农村劳动力迁移或非农转移能够增加个人的工作经历、获得相关信息和技能，从而提升其人力资本水平，但局限于人力资本的测度方法，本节未考虑此意义上的人力资本深化。（3）改革开放以来中国各级劳动力市场的全面开放仅有二十余年的历史，还不能完全体现农业劳动力的转移与农村人力资本深化之间更为长期的内在关系。（4）中国是一个尚未完成工业化和城市化的发展中国家，劳动力及其附载的人力资本的非农化，是中国在当前及今后一个相当长时期仍将继续面临的事实。[1]

四　结论与政策建议

本章的研究表明，农村居民整体人力资本水平的提升，能够孕育于农村劳动力的选择性转移过程之中。源于收入最大化的理性决策，满足一定条件时，农业从业者的人力资本深化，也可以是劳动力在农业和非农部门之间的选择性配置的结果。基于 VAR 模型的广义脉冲响应函数法，对中国 1983—2007 年间农业劳动力转移与农村人力资本之间相互动态影响的分析结果表明，一方面，农村居民人力资本对农业劳动力转移的冲击效果显著为正；另一方面，农业劳动力的转移对农村人力资本的深化同样具有正向的冲击，尽管这种冲击较小。方差分解结果显示，农村居民人力资本状况及其深化对解释农业劳动力转移预测方差起着重要作用，尽管农业劳动力转移对农村人力资本预测方差的贡献度较小，但随着响应期的增加，贡献度也在逐渐增加。这一结果暗示，农业劳动力的非农转移不仅不是对农村剥夺，而且与农村人力资本深化产生协同效应。

本章的基本政策含义有二：一是通过农村的"补偿性教育"[2] 制度的设计，推动农业人力资本的动态提升。主要内容涉及，增加对农村地区教育机会的供给，这有助于农业人力资本长期的、代际的良性互动；加大农村的职业技术教育机会，提高未能非农转移劳动力的劳动技能。二是进一

---

[1]　参见郭剑雄、李志俊《劳动力选择性转移条件下的农业发展机制》，《经济研究》2009年第5期。

[2]　关于补偿性教育的主要含义，参见郭剑雄、李志俊《劳动力选择性转移条件下的农业发展机制》，《经济研究》2009年第5期。

步开放和完善劳动力市场。因为完备的劳动力市场是为人力资本正确定价的前提，只有人力资本被正确定价，对人投资的有利性才会充分显现，从而激发农民向人力资本的投资需求。正如 2009 年世界银行报告中所言，农村流向城市人口的激增不仅不是威胁和毁灭人性的潮流，而且可以是促进经济增长和福利趋同的加速器。[①]

参考文献

杜鹰：《现阶段中国农村劳动力流动的基本特征与宏观背景分析》，载蔡昉、白南生：《中国转轨时期劳动力流动》，北京：社会科学文献出版社 2006 年版。

国家统计局：《安徽农村劳动力转移状况平稳 外出就业意愿仍然较高》，中金在线，2009 年 4 月 30 日。

郭剑雄、李志俊：《 劳动力选择性转移条件下的农业发展机制》，《经济研究》2009 年第 5 期。

郭剑雄、刘叶：《选择性迁移与农村劳动力的人力资本深化》，《人文杂志》2008 年第 4 期。

郝丽霞：《农村人力资本非农化补偿机制研究》，西北农林科技大学硕士学位论文，2005 年。

侯风云、徐慧：《城乡发展差距的人力资本解释》，《理论学刊》2004 年第 2 期。

侯风云、张凤兵：《从人力资本看中国二元经济中的城乡差距问题》，《山东大学学报》（哲学社会科学版）2006 年第 4 期。

侯风云、张凤兵：《农村人力资本投资及外溢与城乡差距实证研究》，《财经研究》2007 年第 8 期。

侯风云、邹融冰：《中国城乡人力资本投资收益非对称性特征及其后果》，《四川大学学报》（哲学社会科学版）2005 年第 4 期。

李录堂、张藕香：《农村人力资本投资收益错位效应对农村经济的影响及对策》，《农业现代化研究》2006 年第 4 期。

刘文：《农村劳动力流动过程中的人力资本效应研究》，《农业现代化研究》2004 年第 3 期。

谭永生：《农村劳动力流动与中国经济增长》，《经济问题探索》2007 年第 4 期。

王兆萍：《迁移与我国农村区域贫困人口的人力资本积累》，《干旱区资源与环境》2007 年第 3 期。

赵耀辉：《中国农村劳动力流动及教育在其中的作用——以四川省为基础的研究》，《经济研究》1997 年第 2 期。

张利萍：《教育与劳动力流动》，华中师范大学博士学位论文，2006 年。

张藕香、李录堂：《我国农村人力资本投资收益非均衡性分析》，《电子科技大学学报》（社科版）

---

① 世界银行：《2009 年世界发展报告：重塑世界经济地理》，北京：清华大学出版社 2009 年版，第 158 页。

2006 年第 6 期。

Kanbur, R. , H. Rapoport, 2005: Migration Selectivity and The Evolution of Spatial Inequality, *Journal Economic Geography*, (5): 43 – 57.

Katz, E. , O. Stark, 1986: Labor Migration and Risk Aversion in Less Developed Countries, *Journal of Labor Economics*, 4 (1): 134 – 149.

Koop G. , M. Pesaran, S. Potter, 1996: Impulse Response Analysis in Nonlinear Multivariate Models, *Journal of Econometrics*, (74): 19 – 147.

Lütkepohl H. , 1993: *Introduction to Multiple Time Series Analysis*, Springer-Verlag, Germany.

Pesaran M. , Y. Shin, 1996: Cointegration and Speed of Convergence to Equilibrium, *Journal of Econometrics*, (71): 117 – 143.

Pesaran M. , Y. Shin, 1998: Generalized Impulse Response Analysis in Linear Multivariate Models, E-conomic Letters, (58): 17 – 29.

Stark, O. , C. Helmenstein and A. Prskawetz, 1998: Human Capital Depletion, Human Capital Formation and Migration: a Blessing or a "Curse"?, Economics Letters, (60): 363 – 367.

Stark, O. , Yong Wang, 2002: Inducing Human Capital Formation: Migration as a Substitute for Subsidies, *Journal of Public Economics*, (86): 29 – 46.

第 五 章

择优迁移、教育深化与
农业发展方式的转变[*]

一 引言

中国农业劳动力的迁移，呈现如下选择性：（1）以青壮年为主。在杜鹰（2006）的调查样本中，四川、安徽两省外出劳动力的平均年龄分别为 26.9 岁和 27.4 岁，比之非外出劳动力，平均年龄分别小 7.6 岁和 4.9 岁。Alan de Brauw、黄季焜等人（2006）的调查样本同时显示了非农就业劳动力年龄结构的变化趋势。与 1990 年相应人群比较，2000 年，21—25 岁和 26—30 岁人群的非农就业参与率翻了一番，16—20 岁的劳动力非农就业参与率提高了两倍多；尽管年龄较大的人群非农就业率也在上升，但他们的参与比例还不到 16—20 岁人群的一半。（2）男性高于女性。据农业部官员提供的数据，目前，外出打工的农民当中，男性的比例占到 65.8%，女性低于男性 31.6 个百分点。[②] 这一特征在早先的其他一些调查样本（赵耀辉，1997；杜鹰，2006）中也得到了证实。[③]

---

* 本章来自郭剑雄发表于《中国人民大学学报》2008 年第 4 期的《择优迁移、教育深化与农业发展方式的转变》一文。收录时文字略有改动。

② 数据来源：《农业部官员：我国农村劳动力素质总体结构性下降》，新华网，2008 年 4 月 25 日。

③ 杜鹰（2006）的调查显示，在四川和安徽外出劳动力中，男性的比重分别为 69.3% 和 65.2%。在赵耀辉（1997）的调查样本中，四川移民中男性劳动力的比重达 72.5%。

由于教育的进展，劳动力的受教育程度随年龄呈负相关变化;[①] 教育的进展尚未消除教育机会分配中的性别歧视，一般而言，男性的教育程度高于女性。[②] 因此，上述两个特征可能同时意味着滞留劳动力平均受教育程度的降低。比如，2005 年，农村劳动力平均受教育年数约 8.16,[③] 外出务工劳动力的平均受教育年限为 9.07。[④] 若以外出劳动力的受教育水平代表全部农村转移劳动力的受教育状况,[⑤] 那么，未转移劳动力的平均受教育年限就是 7.62。[⑥] 后者低于平均水平 0.54 年。

农业劳动力的择优迁移对农业发展将产生何种影响？成为一个非常现实而且重要的研究选题。现有文献对这一问题的关注仅表现在如下两个方面：或认为，这种迁移加剧了原本就薄弱的农业人力资本的损失，视其为城市对农村的又一次剥夺，并将此作为解释城乡发展差距扩大的一种原因（侯风云、徐慧，2004；侯风云，2005；侯风云、张凤林，2006）；或肯定，劳动力转移对农村居民家庭教育需求和人力资本投资的正向效应（申培轩，2004；王兆萍，2007）。前一观点是建立在农村人力资本积累率为外生变量的假设之上的；若择优迁移在很大程度上同时决定着农村居民家庭的教育投资决策，那么，所获得的结论就会不同。后一类文献虽然

---

① 2005 年，30 岁以下劳动力的文盲率低于 2.1%，而 50 岁以上劳动力的文盲率则在 13.8%—42.8%。相反，接受高中教育的比率，前者处于 9.2%—16.5%，后者则在 8.1% 以下。在大专及其以上的教育中，年轻人的比率更显著地高于年长者。数据来源：国家统计局人口和就业统计司、劳动和社会保障部规划财务司：《2006 中国劳动统计年鉴》表 1—48，北京：中国统计出版社 2006 年版。

② 2005 年，在初中、高中和大专及其以上三个等级的教育中，男性分别高于女性 8.96、13.50 和 14.54 个百分点；而在 15 岁及其以上人口中，女性文盲率高达 16.15%，是男性的 2.76 倍。数据来源：国家统计局：《2006 中国统计年鉴》表 4—12、表 4—13，北京：中国统计出版社 2006 年版。

③ 数据来源：根据国家统计局农村社会经济调查司《2006 中国农村住户调查年鉴》表 2—2 计算得出，北京：中国统计出版社 2006 年版。计算方法为各级教育年数乘以相应权重加总求和。其中，"不识字或识字很少"以 1 年计；"中专"和"大专及大专以上"合以 15 年计。

④ 外出务工劳动力的受教育程度构成来自《2006 中国农村住户调查年鉴》综述。其平均受教育年数与农村劳动力平均受教育年数的计算方法相同。

⑤ 全部转移包括就地转移（在本乡镇地域内实现非农就业）和外出转移（转移到本乡镇地域之外）。赵耀辉（1997）的一项研究表明，有更高教育水平的劳动力在当地也会获得更好的就业机会，因而倾向于在本地从事非农工作。

⑥ 未转移劳动力平均受教育年数 =（农村劳动力平均受教育年数 - 转移劳动力平均受教育年数 × 转移劳动力比重）÷ 未转移劳动力比重。

正确地把人力资本积累率处理为迁移过程的内生变量，但缺乏理论化、模型化及经验实证方面深入、细致的工作。

与择优迁移对农业发展可能产生的巨大影响相比，相关研究尚待深入。需要进一步明确的问题是：（1）具有不可逆转趋势的择优迁移所蕴含的可能的农业发展机会是什么？（2）这种机会转化为现实的发展依赖哪些条件？此类条件如何生成？（3）与既有的发展思路相比，这种新机会所预示的农业发展的路径和方式有何不同？（4）这种新的发展方式是否更切合中国的实际？与之相配套的农业发展政策应当如何设计？本章试图初步涉及这些问题，但讨论的重点，是既有文献很少关注的择优迁移可能带来的农业发展方式的改变。

二　择优迁移与新古典农业发展方式面临的理论困境

遵循新古典经济学的方法论[①]传统，刘易斯（Lewis，W. A. 1954）、费景汉和拉尼斯（Fei，J. & Ranis，G. 1989，2004）等人提出了一种认可度较高的农业发展理论。该理论揭示了具有二元结构特征的国家（或地区）农业发展方式的基本内涵：发展启动于工资率较高的现代非农部门的持续扩张而产生的对农业劳动力的吸收；发展的根本途径是劳动力在农业与非农部门之间的流动性再配置；发展完成于边际产出大于零的劳动力转移而导致的"短缺点"和农业劳动力边际产出等于平均产出的"商业化点"聚合而成的"刘易斯转折点"的出现。因为，进入"刘易斯转折点"之后，农业部门呈现出与非农部门趋同的性质：与非农劳动力一样，农业劳动力也成为稀缺性商品；由此，农业劳动力的自然就业转向市场化配置，农业劳动力的工资决定由制度性机制转变为边际生产力方程。

"刘易斯转折点"的出现依赖两个条件：其一，非农劳动吸收率大于人口（或劳动）增长率；其二，保障农业总产出不因劳动力转移而减少且将"短缺点"和"商业化点"推向重合的足够快的农业技术进步率。

---

① 其主要特征是：理性经济人假设、完全竞争市场假设及均衡分析方法等。在新古典经济学分析框架中，经济人受效用（利润）最大化目标驱使，要素在收益率不同的市场间充分流动，要素配置的优化条件是不同部门的边际收益率趋同。

在刘易斯—费景汉—拉尼斯模型所设定的分析框架里，满足这些条件，农业部门就可以在劳动力的非农化过程中完成现代化改造。

刘易斯—费景汉—拉尼斯模型中的农业现代化，是均衡分析逻辑从劳动力同质性[①]前提出发推演出的一种必然结果。若现实中的劳动力是经过不同层级教育铸塑过的差异化个体，且迁移具有择优性，那么，新古典研究思路下的农业发展结果就不一定出现。

将农业劳动力的质量差异分为如下两类：h_1 表示受教育程度低于平均水平的劳动者的人力资本[②]状态，h_2 反映大于等于平均受教育程度的劳动者的人力资本水平。相应地，农业劳动者在数量上也区分为承载 h_1 的 L_1 和承载 h_2 的 L_2；全部劳动力为 $L = L_1 + L_2$。全部农业劳动力的平均人力资本水平 h，是前述两种类型人力资本的加权平均数。农业部门的总有效劳动是 $hL = h_1L_1 + h_2L_2$。

给定农业总量生产函数的一般形式：$Q(K, h_jL_j)$，（$j = 1, 2$）。假定技术不变，在仅有 h_1L_1 投入的情况下，农业部门的总产量为 $Q'(K, h_1L_1)$；在 h_2L_2 同时投入时，农业总产量是 $Q[K, (h_1L_1 + h_2L_2)]$。在图 5—1 中，两条总产量曲线分别为 TP' 和 TP。在前述两种情况下，农业部门边际生产力等于零的过剩劳动力数量分别为：$L'L$ 与 $L''L$，有 $L'L > L''L$。

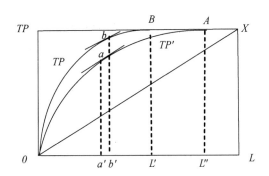

图 5—1 人力资本转移对农业部门的影响

---

① 在刘易斯—费景汉—拉尼斯模型中，劳动力被设定为人力资本禀赋无差异的自然劳动力。

② 人力资本是通过教育、培训、健康和迁徙等方面的投资在人身上形成的较高的生产能力。本章仅以受教育程度来度量人力资本。

假定，拥有 h_2 的劳动力 L_2 经历一段时期全部进入非农部门，农业劳动投入量由 $L_1 + L_2$ 减少为 L_1；由于 $h_2 \geq h > h_1$，农业劳动力的这种转移，会导致农业从业者的人力资本浅化。[①] 农业部门的有效劳动投入由转移开始前的 $h_1L_1 + h_2L_2$ 减少至 h_1L_1。

结合中国的实际情况考虑，L_2 的全部移出，仍未能消除农业劳动力的过剩状态（此时，农业部门仍有 L^*L 的劳动力剩余。见图 5—1）。在不考虑劳动力质量因素的条件下，L_2 的全部转移，不会减少农业总产出。但是，由于 L_2 是较高人力资本 h_2 的载体，L_2 移出后，造成了农业劳动力平均人力资本水平降低为 h_1。这会降低农业生产函数中其他投入的产出弹性。在影响农业生产效率的其他因素为既定时，单位劳动的产出水平就会减少；实现既定总产量，比之以前需投入更多劳动量。图 5—1 中，承载 h_2 的 L_2 的移出，导致农业总产量曲线由 TP 下旋至 TP'。

在农业部门人力资本流失带来农业总产量曲线位置变化的过程中，农业生产的"短缺点"由 TP 时的 B 点移向 TP' 时的 A 点。这表明，刘易斯—费景汉—拉尼斯模型所描述的工业化无代价阶段，由于人力资本的转移而缩短。在"短缺点"提前的同时，"商业化点"却被推后，由 b 点左移至 a 点。[②] "短缺点"和"商业化点"重合的"刘易斯转折点"的出现，由于人力资本的转移而延期。或者说，在劳动力择优迁移的情况下，存在着影响"短缺点"和"商业化点"聚合的相反力量，若未给出新的依存条件，"刘易斯转折点"未必出现。其时，可能的现实后果是，粮食短缺和农业部门的衰败。

可见，只要劳动力的质量是有差异的，且迁移具有择优特征，刘易斯—费景汉—拉尼斯模型所建构的农业发展方式的有效性是值得怀疑的。

---

① 即劳均人力资本存量或劳动力平均受教育水平的降低。

② 总产量曲线右移时商业化点左移的简单证明：设劳动投入量为 $0a'$ 时，有 TP' 曲线的商业化点 a。此时，在 TP 曲线上，劳动的边际产出由于劳动者素质较高大于 TP' 曲线上 a 点时的劳动边际产出，因此，TP 曲线上的商业化点必然在 a 点之右（如 b 点）。

三　择优迁移与教育深化的互动对古典农业发展方式的否定

中国是一个必须把保障粮食安全作为农业发展首要目标来选择的特殊类型国家。新古典农业发展方式隐含的风险，使人们对走"劳动力迁移——规模化农业——均衡部门收入"的发展路线甚是存疑。作为新古典农业发展方式的替代方案，小规模及劳动密集型农业在很大程度上受到了推崇。该替代方案试图通过做足劳动和土地的文章，在基本保障国内粮食需求的前提下来推进中国农业的成长。鉴于其产出增长依赖于古典农业生产函数[①]的性质，姑且将这一农业发展方式以"古典"一词修饰。

在劳动力市场开放时，古典农业发展方式只能是权宜之计，而难成为目标模式选择。因为，依照这一思路，在农业部门无法创造出稳定大规模劳动力就业的高收益率的机会。若市场机制不被人为扭曲，迁移不仅具有必然性，还会在择优迁移和教育深化[②]的互动机制中持续下去；最终，古典农业发展方式必将转型。

（一）择优迁移与农村居民的教育深化

假设农业与非农业部门之间的发展差距主要体现在人力资本回报率的差异上。若将农业部门对单位人力资本的报酬化为 1，则单位人力资本在非农部门的报酬是 w（$w1$）。[③] 同时，假设非农部门存在完全竞争就业市场，其工资结构不受迁入者的影响。

将农村居民所拥有的时间分为两个阶段，每阶段均化为 1。在第一阶段，劳动者选择是否进行教育投资。选择接受教育而分配的时间占单位时间的比例为 e（$0 < e < 1$），该时间投入的教育可以理解为迁移所必需的人

---

①　基于传统农业的实际背景，古典经济学家用劳动和土地来构建农业生产函数。

②　教育深化指劳动力平均受教育水平的提高。这是对经济增长理论资本深化概念转借意义上的运用。

③　w 是扣除了迁移成本的净回报。

力资本门槛。同时假定，第 t 期的每个劳动者 i 都有从上一代遗传而来的且呈平等分布的人力资本存量 h_t。第二阶段上，劳动者提供固定数量的劳动。该阶段劳动者的生产率水平，取决于其在第一阶段进行的人力资本投资。劳动者在第二阶段的人力资本水平，是他们的受教育时间及其学习能力的一个增函数（设为线性形式）。其中，假设个人具有不同的学习能力 a_t^i，并假设 a_t^i 在区间 $[0, 1]$ 之间均匀分布。

接受教育的劳动者面对着迁移的不确定性，他们有 p 的概率可以实现迁移，有 $1 - p$ 的概率不能实现迁移；未接受教育的劳动者的迁移概率设为零。

在有可能实现迁移的情况下，农民会比较农业部门和非农部门的人力资本回报率，从而做出是否进行教育投资的决策。若受教育者的预期收入高于未受教育者的预期收入，[①] 即在满足（5.1）式的条件下，接受教育就会成为理性投资者的选择：

$$(1 - e)h_t + (1 - p)(1 + a^i)h_t + p(1 + wa^i)h_t > 2h_t \qquad (5.1)$$

该式等价于：

$$a^i > \frac{e}{1 + p(w - 1)} \qquad (5.2)$$

令 $\dfrac{e}{1 + p(w - 1)} \equiv a^E$，$a^E$ 为农民是否选择接受教育的临界学习能力。由于每个人的学习能力被设定为是有差异的，且在区间 $[0, 1]$ 均匀分布，因此，a^E 的值越小，选择对教育进行投资的个人就越多。

依据（5.2）式，如果农民不能在农业与非农部门之间流动，即当 $p = 0$ 时，临界的个人学习能力 $a^F = e$；[②] 当 $p = 1$，即迁移对于受教育者是确定的，临界的个人学习能力 $a^M = e/w$；一般而言，$p \in [0, 1]$，临界的个人学习能力 $\in [a^M, a^F]$。由（5.2）式进一步可得：

$$\frac{\partial a^E}{\partial p} = \frac{-e(w - 1)}{[1 + p(w - 1)]^2} < 0 \qquad (5.3)$$

（5.3）式表明，迁移概率 p 越大，临界的个人学习能力 a^E 越小，此时，选择对教育进行投资的个人越多；反之，迁移概率 p 越小，临界

---

① 为简便起见，这里未考虑收入的跨期贴现问题，同时假定农民是风险中性的。

② 为不存在非农转移时的个人学习能力的临界值。$a^F = e$，由必要的政府投入给出。

的个人学习能力 a^E 则越大，对教育进行投资的个人就越少（Kanbur 和 Rapoport，2005）。这说明，随着从低收入的农业部门向高收入的非农部门迁移机会的增加，农村居民的平均受教育水平将会随着教育投资的增加而提高。换言之，在将教育投资处理为迁移过程的内生变量时，择优迁移就会在跨部门套利动机的驱使下提高对教育投资的需求，同时也有利于提高此类投资的能力，因而可能带来农村劳动力教育深化的结果。

（二）教育深化驱动下的劳动力迁移

劳动力的非农迁移行为可以从迁移的收益和成本两个方面考察。迁移收益是非农就业与农业就业在预期净生命周期内收入差距的现值，而非农就业的预期收入是在非农部门找到工作的概率与收入数量的乘积。劳动力的迁移成本包括：更换工作和生活环境而引起的心理调整成本（Sjastad，1962）、交通成本以及由于政府行政控制而增加的移民适应新环境的困难等。[1] 收益大于成本将导致迁移行为，否则，迁移不会发生。

由于，二元结构下农业与非农部门间存在着技术类别和技术层次的显著差异，较高的文化技术水平是农业劳动力实现职业转换的必要条件；文化程度高的人在获取就业信息方面占有优势，因而具有较强的工作搜寻能力；根据教育程度起甄别个人生产率作用的假说，[2] 雇主往往把教育程度作为选择高能力雇员的识别方法，因此，较好的教育背景有利于提高劳动者的非农就业概率。[3]

---

[1] 由政府控制而产生的迁移成本在中国尤为突出，而且是多方面的。参见赵耀辉（1997）。

[2] 阿克洛夫的信息不对称假说认为，受教育程度仅仅是劳动力向市场发出的甄别个人生产率的信号，而与劳动力真实的劳动生产率无关。参见陈曦《农业劳动力非农化与经济增长》，哈尔滨：黑龙江人民出版社 2005 年版，第 177 页注 [11]。

[3] Huffman 对 276 个调查对象的研究表明，教育可直接增加劳动力从事非农工作的概率，其弹性为 1.2。见 Huffman, W. E. 1980: Farm and Off-farm Work Decisions: the Role of Human Capital, *The Review of Economics and Statistics*, 62（1）: 14 — 23. 赵耀辉发现，与没有受过正规教育的人比，高中文化程度的人外出的概率多 21 个百分点，初中文化程度的人多 11 个百分点。见赵耀辉《中国农村劳动力流动及教育在其中的作用——以四川省为基础的研究》，《经济研究》1997 年第 2 期。李实的统计分析表明，与文盲相比，高中文化程度的劳动力获得非农就业机会的概率在 1988 年高出近 10 个百分点，在 1995 年要高出 20 个百分点。见李实《中国个人收入分配研究回顾与展望》，《经济学（季刊）》2003 年第 2 期。

劳动力的非农就业收入，既依赖于其个人的边际生产力，同时决定于他所处的工作环境。即，$w_i = w(h^i, H^i)$。其中，h^i 是由人力资本水平决定的劳动者的生产能力，它直接进入工资函数。在工作环境既定的条件下，劳动力工资取决于个人人力资本水平的高低，并且有 $\partial w_i / \partial h^i > 0$。$H^i$ 用来描述劳动者所处工作环境的整体质量，可以近似地将其表示为该环境劳动者的平均生产能力水平。劳动者对工作环境的选择与其所拥有的人力资本水平相关，因为，职业是人力资本的具体化（宋丽娜、Simon Appleton，2006）。在个人生产能力给定的情况下，随着生产环境的改善，个人收入（工资率）将获得增加，即 $\partial w_i / \partial H^i > 0$。

韦尔奇（Welch, F. 1970）区分了来自教育的两种能力：工作者效应（worker effect）[1] 和配置效应（allocation effect）。所谓配置效应是指针对改变了的环境重新调整生产要素从而获得更高生产成果的能力。这种能力有助于克服劳动力从自己熟悉的生活和就业环境转移到陌生的地方、进入不熟悉的工作环境所面临的一系列能力上和心理上的障碍。受教育程度越高，克服这些障碍的能力越强。由此，研究者一般假设，迁移成本与以教育程度反映的人力资本水平呈负相关（赵耀辉，1997）。

在教育深化以及由此决定的劳动力非农迁移能力不断增强的背景下，农民必然参与城市高收益率就业机会的竞争。此时，除非大规模补贴农民，否则，不能期望农民永远甘心于低收益率的农业劳作而为城市居民保障粮食安全。

四 择优迁移、教育深化与新古典扩展型农业发展方式

择优迁移对新古典农业发展方式的挑战，仅源自这一理论模型本身过分简化的个别前提假设。现实中，"刘易斯—费景汉—拉尼斯困境"[2] 可能绕过。因为，择优迁移引致的教育深化，同时预示了引入人力资本的新

---

① 指教育对劳动者工作能力的影响。

② 即择优迁移给刘易斯—费景汉—拉尼斯模型带来的理论矛盾。

古典扩展型农业发展方式①的存在价值。当然，该扩展方式的可行性还依赖于相关条件的支持。

根据新古典农业发展模型，只要存在某种农业技术进步率，能够将总产量曲线（TP）不断上推，使短缺点（B）和商业化点（b）相向移动聚合为转折点（见图5—1），劳动力迁移条件下的农业发展任务即谓完成。劳动力的择优迁移，并没有否定"刘易斯转折点"作为农业发展完成标志的意义，但它显示了该点的形成需要付出更高农业技术进步率的努力。此时的农业技术进步，不仅要克服边际产出为正的劳动力数量减少而带来的产量损失，尚需弥补人力资本浅化而产生的效率缩水。相对于新古典模型而言，必须有更高的农业技术进步率，才可能推动位置下沉的TP'曲线的上旋，使距离更远的a点与A点实现相合（见图5—1）。

如果说，农业技术进步主要体现为现代投入品的增长，而农业产出对现代投入品是否敏感又决定于使用这些投入品的人的能力，那么，转折点的出现同时需要下述条件存在：

$$\Delta h/h > \Delta h'/h$$

或

$$\Delta h/h - \Delta h'/h = \dot{h} > 0 \tag{5.4}$$

即，人均人力资本投资增长率$\Delta h/h$，必须大于高文化技能劳动力转移产生的人均人力资本存量的损失率$\Delta h'/h$，②从而，农业从业者或未迁移劳动力的人均人力资本水平是动态提高的。这是附加人力资本因素的扩展的新古典农业发展模型给出的实现农业发展的新的必要条件。满足该条件，择优迁移条件下的农业发展任务，仍可在刘易斯—费景汉—拉尼斯模型给出的路径上完成。

迁移可以引致教育投资的增长，但其直接效应是人力资本的流失。未

_____

① 本章所谓的扩展的新古典农业发展方式，是指引入人力资本因素并放弃劳动力同质性假设的修正的刘易斯—费景汉—拉尼斯模型。采用这一称谓的依据是，刘易斯—费景汉—拉尼斯模型的基本分析框架及分析结论是科学的、可用的。

② 取其绝对值。

迁移劳动力的教育深化，是两种效应综合影响基础上满足一定条件的结果。证明如下：

若非农部门对农业部门是封闭的，农民受教育的比例是 $p^F = 1 - a^F = 1 - e$；在部门开放时，这一比例为：

$$p^E = \frac{(1-p)(1-a^E)}{a^E + (1-p)(1-a^E)} \tag{5.5}$$

如果 $p^E > p^F$，说明劳动力的非农转移增加了未迁移劳动力的受教育比重，即劳动力的迁移为提高迁出地的人力资本水平产生了有利的影响。这一条件等价于：

$$p \frac{w+e-2}{w-1} \tag{5.6}$$

令 $\frac{w+e-2}{w-1} \equiv p^c$，$p^c$ 为临界迁移概率。① 当 pp^c 时，影响同样是有利的。亦即，农业部门受教育者的比重因劳动力的非农迁移而提高。

求解最优规划：

$$\underset{p}{Max} p^E = \frac{(1-p)(1-a^E)}{a^E + (1-p)(1-a^E)} \tag{5.7}$$

联立 (5.2) 式和 (5.7) 式，可得最优迁移概率：

$$p^* = \frac{w+e-2}{2(w-1)} = \frac{1}{2}p^c \tag{5.8}$$

如图 5—2 所示，当 $0 < p < p^*$ 时，由于 $p^* = \frac{1}{2}p^c$，因此，$p < p^c$，进而 $p^E < p^F$。此时，未迁移劳动力的受教育比例将因迁移而增加。

当 $0 < p^* < p < p^c$ 时，由于 $p < p^c$，所以 $p^E > p^F$，此时，未迁移劳动力的受教育比例较不存在迁移时是增加的，但由于 $p^* < p$，减少迁移更有利于受教育者比重的提高。

当 $0 < p^* < p^c < p$ 时，与 $p > p^c$ 对应，有 $p^E < p^F$，说明迁移率过大，导致了滞留劳动力中受教育者比例的减少。

---

① p^c 是关于 w 的凹函数，即：$\frac{\delta p^c}{\delta w} = \frac{1-e}{(w-1)^2} > 0$，$\frac{\delta^2 p^c}{\delta w^2} = -\frac{2(1-e)}{(w-1)^3} < 0$。

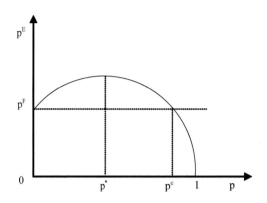

图5—2 迁移对未迁移劳动力受教育程度的影响

可见，当迁移率在大于 0 和小于临界迁移率 p^c 的范围内取值时，农业从业人员中受教育者的比重会较转移前提高。或者说，只要迁移率 p 是一个小于临界迁移率 p^c 的正值，迁移就会带来未迁移劳动者的教育深化。其中，与最优迁移率 p^* 相对应，存在一个最优的教育投资率，此时，未迁移劳动力的平均受教育水平达到最高值。

五 结论及政策含义

引入迁移的择优性质，刘易斯—费景汉—拉尼斯农业发展模型面临着难以获取预期结论的理论困境。现实中，这一困境却可能由于择优迁移的教育深化效应孕育的新的发展机会的出现而绕过。准确理解和把握择优迁移和劳动力素质提高间的相互关系及其发展含义，有助于对中国农业发展方式做出适当选择：若满足农业从业者平均人力资本水平动态提高这一必要前提，迁移背景下的农业发展目标，仍可在刘易斯—费景汉—拉尼斯模型给定的工业化、城市化及农业技术进步的路径上完成；而劳动密集型的小规模农业发展模式只能是一种过渡形态。

实现农业从业者的教育深化，是劳动力择优迁移过程中农业发展政策具有决定性意义的目标选择。试图阻止农业人力资本流失的政策努力，在极大程度上可能导致农民家庭人力资本投资动机的泯灭而出现事与愿违的结果，进而，二元经济结构的转变和农业现代化进程也可能由此中止。因此，此类政策不具有可行性。

农业劳动者的素质提高，依赖于农民家庭向其成员进行质量投资的动机与能力。这种动机和能力，与劳动力市场的完备程度是密切相关的。在无扭曲的市场条件下，人力资本才可能被正确定价，向人投资的有利性才会充分显现，农民向其人力资本投资的需求才可能被激发出来。同时，劳动力的流动性扩展了农民家庭成员的就业面和收入来源，这又可能把农民提高自身或其子女受教育程度和培训水平的意愿变成有支付能力的需求。由此，政府提高农业劳动力平均受教育水平目标的首要工作，是进一步开放面向农村劳动力的就业市场，消除阻滞农村劳动力流动的各种制度性障碍。

参考文献

Alan de Brauw、黄季焜、Scott Rozelle、张林秀、张依红：《改革中的中国农村劳动力市场演变》，载蔡昉、白南生《中国转轨时期劳动力流动》，北京：社会科学文献出版社 2006 年版。

杜鹰：《现阶段中国农村劳动力流动的基本特征与宏观背景分析》，载蔡昉、白南生《中国转轨时期劳动力流动》，北京：社会科学文献出版社 2006 年版。

[美] 费景汉、古斯塔夫·拉尼斯：《劳力剩余经济的发展》（中译本），北京：华夏出版社 1989 年版。

[美] 费景汉、古斯塔夫·拉尼斯：《增长和发展：演进观点》（中译本），北京：商务印书馆 2004 年版。

侯风云、徐慧：《城乡发展差距的人力资本解释》，《理论学刊》2004 年第 2 期。

侯风云：《中国城乡人力资本投资收益非对称性特征及其后果》，《四川大学学报》2005 年第 4 期。

侯风云、张凤林：《从人力资本看中国二元经济中的城乡差距问题》，《山东大学学报》2006 年第 4 期。

申培轩：《农村劳动力转移及其对高等教育的需求》，《武汉大学学报》2004 年第 5 期。

宋丽娜、Simon Appleton：《中国劳动力市场中有权益阶层与无权益阶层的抗衡：寻求就业与政府干预》，载蔡昉、白南生：《中国转轨时期劳动力流动》，北京：社会科学文献出版社 2006 年版。

王兆萍：《迁移与我国农村区域贫困人口的人力资本积累》，《干旱区资源与环境》2007 年第 3 期。

赵耀辉：《中国农村劳动力流动及教育在其中的作用——以四川省为基础的研究》，《经济研究》1997 年第 2 期。

Finis Welch, 1970：Education in Production, *Journal of Political Economy*, vol. 78：35 – 59.

Kanbur. R. , H. Rapoport, 2005: Migration Selectivity and the Evolution of Spatial Inequality, *Journal Economic Geography*, (5) 43 – 57.

Larry Sjastad, 1962: The cost and Returns to Homan Migration, *Journal of Political Economy*, 70 (5), 80 – 93.

Lewis, W. A. , 1954: Economic Development with Unlimited Supplies of Labor, *Manchester School of Economics and Social Studies*, Vol. 35, No. 3: 45 – 72.

第 六 章

劳动力转移的选择性与
中国农业发展的前景*

一　研究背景描述

农业劳动力的非农转移，不仅可以在数量上被观察，更需要从质量层面予以关注。由于在非农部门存在着较高的就业门槛，转移劳动力一般具有如下特征：（1）年轻化。第二次全国农业普查资料显示，2006年，在外出劳动力①中，40 岁以下者占到全部外出者的 82.1%（见表6—1）。另据调查，四川和安徽两省外出劳动力多为 35 岁以下的青壮年，平均年龄分别仅为 26.9 岁和 27.4 岁（杜鹰，2006）。（2）男性化。2006 年，男性外出劳动力占全部外出劳动力的 64%，高出女性外出劳动力 28 个百分点（见表6—1）。这一特征在西部一些省份表现得更加突出。同年，陕西省农村外出劳动力中男性占比 66.3%，其中陕北地区达 68.9%。②（3）受教育程度较高。2006 年，农村劳动力平均受教育年数为 7.97 年，外出劳动力平均受教育年数为 8.68 年，外出劳动力高于全部农村劳动力 0.71 年。从受教育构成来看，在未转移的农业从业人员中，接受过初中以上教育的只占 49.4%，这一比例在外出劳动力中

---

　* 本章收录的是作者发表于《陕西师范大学学报》2011 年第 5 期上的同名文章，该文被《高等学校文科学术文摘》2012 年第 1 期第 36—38 页转载。

　① 非农转移就业动力包括外出非农就业劳动力和就地转入非农部门的劳动力两部分。限于数据的可得性，本章仅以外出劳动力代表转移劳动力。

　② 资料来源：国务院第二次全国农业普查领导小组办公室、国家统计局：《中国第二次全国农业普查资料汇编》（农民卷）2－3－2－35，北京：中国统计出版社 2009 年版。

超过 80%（见表 6—1）。

　　与劳动力选择性非农化过程密切联系的现象是农业从业者群体的变化。其一，当大量青壮年劳动力源源不断地转入非农部门，且当新增劳动力很少选择在农业部门就业时，从事农业生产的劳动者必然趋向于老龄化。据第二次全国农业普查资料，41—50 岁、51—60 岁和 60 岁以上三个年龄段的劳动力比重，务农人员分别高于外出务工劳动力 10.3%、16.9% 和 10.5%。在四川省和安徽省，非外出劳动力的平均年龄分别高于外出者 7.6 岁和 4.9 岁（杜鹰，2006）。其二，较大比重的男性劳动力离农转移的直接后果，是农业生产中女性劳动力比重的显著提升。[①] 第二次全国农业普查资料反映的数据是，2006 年，女性农业从业者的比重占到 53.2%，高于同期女性在全部农村劳动力中比重 5.7 个百分点。其三，由于教育的进展，劳动力的受教育程度随年龄呈负相关变化；[②] 同时，教育的进展尚未消除教育机会分配中的性别歧视，一般而言，男性的受教育程度高于女性。[③] 劳动力转移的前述两个特征，可能导致以受教育程度衡量的农业从业者平均人力资本[④]存量水平的降低。比如，2006 年，农村未转移劳动力的平均受教育年限低于外出务工劳动力 1.54 年，低于全体农村劳动力平均水平 0.83 年（见表 6—1）。

---

　　① 全部农村劳动力中，自然禀赋的男女性别比例的差距不大。2006 年，在全国农村家庭户户籍劳动力资源总量中，男性劳动力占 52.6%，女性劳动力占 47.4%。资料来源：国务院第二次全国农业普查领导小组办公室、国家统计局：《中国第二次全国农业普查资料汇编》（农民卷）1-3-2-6，北京：中国统计出版社 2009 年版。

　　② 2005 年，30 岁以下劳动力的文盲率低于 2.1%，而 50 岁以上劳动力的文盲率则在 13.8%—42.8%。相反，接受高中教育的比率，前者处于 9.2%—16.5%，后者则在 8.1% 以下；在大专及其以上的教育中，年轻人的比率更显著地高于年长者。数据来源：国家统计局人口和就业统计司、劳动和社会保障部规划财务司：《2006 中国劳动统计年鉴》表 1—48，北京：中国统计出版社 2006 年版。

　　③ 比如，2005 年，在初中、高中和大专及其以上三个等级的教育中，男性分别高于女性 8.96、13.50 和 14.54 个百分点；而在 15 岁及其以上人口中，女性文盲率高达 16.15%，是男性的 2.76 倍。数据来源：国家统计局：《2006 中国统计年鉴》表 4—12、表 4—13，北京：中国统计出版社 2006 年版。

　　④ 人力资本是通过教育、培训、健康和迁徙等方面的投资以及"干中学"在人身上凝结的资本，它形成人的较高的生产能力。出于简化分析的需要，本章仅以受教育程度及受培训程度衡量人力资本。

表6—1　　　　　　　　　　外出劳动力与农业从业者的特征比较　　　　单位：%，年

		农村劳动力（A）	外出劳动力（B）	农业从业者（C）	（A）－（C）	（B）－（C）
年龄构成	合计	100	100	100	0	0
	20岁以下	14.25	16.16	5.33	8.92	10.83
	21—30岁	20.46	36.47	14.95	5.51	21.52
	31—40岁	24.17	29.49	24.17	0	5.32
	41—50岁	19.17	12.77	23.07	－3.90	－10.30
	51—60岁	15.09	4.42	21.27	－6.18	－16.85
	60岁以上	6.90	0.72	11.24	－4.34	－10.52
性别构成	合计	100	100	100	0	0
	男	52.58	63.99	46.84	5.74	17.15
	女	47.42	36.01	53.16	－5.74	－17.15
受教育程度构成	合计	100	100	100	0	0
	未上学	5.99	1.22	9.50	－3.51	－8.28
	小学	30.67	18.74	41.14	－10.47	－22.40
	初中	52.57	70.06	45.05	7.52	25.01
	高中	9.22	8.72	4.10	5.12	4.62
	大专及以上	1.57	1.28	0.23	1.34	1.05
平均受教育年数①		7.97	8.68	7.14	0.83	1.54

说明：农村劳动力为农村家庭户户籍劳动力，其包括农业户籍劳动力、非农业户籍劳动力和户籍待定劳动力三种。其中，农业户籍劳动力占农村劳动力96.74%。

资料来源：农村劳动力根据国务院第二次全国农业普查领导小组办公室、国家统计局《中国第二次全国农业普查资料汇编》（农民卷）（中国统计出版社2009年版）1-3-2-5、1-3-2-6、1-3-2-7和1-3-2-8相关数据计算得出；外出劳动力根据国务院第二次全国农业普查领导小组办公室、国家统计局《中国第二次全国农业普查资料汇编》（农民卷）（中国统计出版社2009年版）1-3-2-70、1-3-2-71和1-3-2-72相关数据计算得出；农业劳动力根据国务院第二次全国农业普查领导小组办公室、国家统计局《中国第二次全国农业普查资料汇编》（农业卷）（中国统计出版社2009年版）1-1-6、1-1-8和1-1-9相关数据计算得出。

---

① 受教育年数的计算办法是：各级受教育年数乘以各级受教育人口比重再加总求和。此处，其中的不识字或识字很少以1年计，大专及以上合并以15年计。

由此所产生的问题是：第一，中国农业生产从业者队伍的前景将如何？即在未来几十年甚至更长的时期，中国农业生产是否只能由工业化、城市化筛选过的弱势劳动力被动担当？第二，若女性化、老龄化及低人力资本化是当前和未来中国农业劳动力队伍的基本格局，那么，作为第一人口大国的中国的粮食安全问题能否得到保障？如何保障？第三，若未来农业从业者群体的状况如是，那么，中国的农业现代化建设还是否有望完成？如何完成？概言之，在劳动力选择性转移带来的农业从业者素质变化的背景下，对中国农业发展的前景应作如何判断？

二　相关文献述评

本章研究的问题与如下两类文献相关：一是关于劳动力转移的选择性及其对农业部门影响的研究，二是有关中国农业发展前景的讨论。

始自 20 世纪 90 年代中期，陆续有研究者（高小贤，1994；谭深，1997；中国社会科学院社会学所"农民外出务工女性"课题组，2000；李实，2001；刘晓昀、Terry Sicular、辛贤，2003；李旻、赵连阁，2009a）开始关注中国农村劳动力非农就业的性别差异问题；特别地，他们运用经验实证方法揭示了中国农业劳动力"女性化"事实的存在性及其加剧发展之趋势（陈凤兰、徐延辉，2008；李旻、赵连阁，2009a）。近些年，又有若干文献同时注意到工业化、城市化进程中农业劳动力的"老龄化"现象（庞丽华、Scott Rozelle、Alan de Brauw，2003；李旻、赵连阁，2009b），以及劳动力流动的地区特征给农村老年人农业劳动时间带来的影响（李琴、宋月萍，2009）。更多的研究文献则将农业劳动力的选择性转移归结为农业部门的人力资本流失问题（侯风云、徐慧，2004；侯风云、邹融冰，2005；侯风云、张凤兵，2006，2007；李录堂、张藕香，2006；张藕香、李录堂，2006）。

在关注劳动力择优性离农转移的同时，一些学者论及了这种转移对农业部门和农村发展的影响。（1）整体而言，农业劳动力的"女性化"和"老龄化"不利于农业生产的发展（李旻、赵连阁，2009a，2009b），因为，它导致了农业劳动力结构性文化水平、结构性技术水平和结构性管理水平的下降（李新然、方子节，1999）。（2）虽然农业人力资本的非农化配置是城乡劳动力市场开放下农民理性决策的结果，但侯风云和张凤兵（2007）、李录堂和张藕香（2006）等更愿意对此做出一种道德化评价：认为它是对已落伍的农村部门的稀缺性高效率资源的侵夺，这势必加剧城乡部门的非均衡发展后果。（3）其实，劳动力选择性转移对农业部门人力资本的影响是双向的，既有流失效应，也有对农村居民家庭教育需求和人力资本投资的正向激励效应。一些学者从后一方面弥补了"流失论"或"剥夺论"的偏狭与不足，肯定了农业人力资本非农化配置的有利性一面（刘文，2004；张利萍，2006；郭剑雄、刘叶，2008；李志俊、郭剑雄，2010）。Kanbur 和 Rapoport（2005）关于迁移与迁出地人力资本积累正反馈的分析模型，为分析这一问题提供了有益的分析方法。（4）借鉴Kanbur 和 Rapoport 的分析方法，郭剑雄和李志俊（2009）将人力资本引入刘易斯—费景汉—拉尼斯（Lewis-Fei-Ranis）的二元经济模型，揭示了劳动力选择性转移背景下农业成功发展的依赖条件，以及关于该条件的形成机制问题。

中国农业发展的前景无疑是完成现代化改造，建成现代农业。这集中体现于中国"三步走"经济发展战略的第三步战略目标规划之中。但是，对于中国农业现代化的具体模式及其赖以抉择的因素，却存在着大相径庭的认识。

遵循一般均衡理论和二元结构转变理论的分析逻辑，农业现代化的本质特征可以概括为农业与非农产业间收益率的趋同。由此，在技术层面，需要用现代工业装备农业，用现代科学技术改造农业，用现代管理方法管理农业，用现代科学文化知识提高农民素质（刘志澄，1996；杨万江、徐星明，2001）；在结构层面，需要大规模转移农业人口，消除农业过剩劳动力，最终把农业劳动力变成按边际产出获得报酬的稀缺性要素（刘易斯，1989），同时使农业成为一个小部门产业（钱纳里等，1988，1995）；在制度层面，通过改变资源配置方式，扩大农业生产经营规模，把自给自足的小农经济改造成为企业化或商业化的新型产业组织（托达罗，1988；牛若峰等，2004）。就农业现代化的本质和如上三个方面的基本特征而言，中国与别国无异；所谓中国特色的农业现代化，仅指中国建设现代农业的背景和具体道路可能与发达国家不同（牛若峰等，2004）。

与此相反的认识是，中国拥有世界约 1/5 人口，耕地资源又高度稀缺，这一基本国情决定了中国农业的前景不可能是美国式的大农场，而只能选择具有高密度人口特点的小规模的家庭农场（黄宗智，2006）。黄宗智和彭玉生（2007）预测了到 2030 年时中国小规模家庭农场的具体情景：劳均播种面积 15—16 亩（约是目前的 2 倍）；种植和养殖兼重，每个农民每年要用 300 天种田，120 天从事渔牧，[①] 因而是充分就业的；同时也是相对高收入的，以 2003 年的不变价格计算，劳均农牧渔收入可到 10000 多元。其时，不但劳动力过剩问题可以消除，农业的低收入也可以大为缓解。进入 21 世纪，中国农村劳动力的大规模非农转移、人口自然增长率的减缓和国民食品消费结构的转型，为这种劳动密集又相对高收入的小家庭农场的实施提供了历史性契机。

尽管对中国农业发展前景的判断有差异，现代化本质决定论和国情决定论二者却遵循了同一前提假设——劳动力同质性。在他们看来，农村劳动力无论是务农还是转移，仅需注意到其数量方面足矣。值得怀疑的是，如果考虑到劳动力的技能差异，以及在劳动力非农化过程中农村居民人力资本的变化，他们原先关于中国农业前景的分析结论不知还能否坚持？相比现代化本质决定论和国情决定论，关注到转移劳动力选择性特征的认识是一个重要的进步。但是，客观地讲，从这一新的角度所开展的研究还非常初步，其关于农业劳动力择优转移后果的讨论大多是一种现象描述和短期分析；至于农业人力资本非农化与未来中国农业现代化前景之间的联系，该类文献似乎尚未来得及考虑。本章的研究工作，是试图架通上述两类文献之间联系的桥梁，将劳动力选择性转移对农业发展影响的分析长期化，或者，在附加人力资本变量的劳动力转移的基础上，重新估计中国农业发展的前景。

三　中国农业发展前景：外生 人力资本积累的估计

鉴于中国经济的二元结构特征和市场化程度日益提高的事实，本章分

---

① 种田 300 天和渔牧 120 天是以 2003 年不变劳动生产率推算的所需劳动天数。

析遵循的一个基本前提是，对农民而言，存在着农业和非农产业①两个就业部门。两部门之间发展水平不同，非农部门的工资率明显高于农业的工资率。两部门之间的劳动力市场是开放的，但农民进入非农部门就业存在着技术性门槛②。

为了使分析过程循序渐进，本节假设，农村居民家庭的人力资本积累率外生于劳动力选择性转移过程。即，农民的人力资本投资行为仅由人力资本非农化过程之外的某些因素决定，尽管高技能劳动力能够率先被高工资率的非农部门吸收，但这一现实并未改变农民原先对其家庭成员的人力资本投资决策。并假设，这种外生的人力资本积累率既定。

（一）选择性转移下农业劳动力素质的相对弱化与绝对弱化

农业从业人员是一个流量。每一生产周期，由于人口的自然增长有注入的新增劳动力，也有由于衰老③和非农化退出的劳动力。若退出劳动力大于新增劳动力，农业从业者数量会绝对减少；若退出劳动力小于新增劳动力，则存在农业劳动力的相对减少。

当劳动力存在以人力资本度量的质量差异时，农业从业人员的平均人力资本水平，会由于注入量和退出量以及二者之间对比关系的变化而发生改变。用 L_{0t}、L_{1t} 和 L_{2t} 分别代表当期农业劳动力、新增劳动力和退出劳动力的数量，用 h_{0t}、h_{1t} 和 h_{2t} 依次表示当期三类劳动力的平均人力资本水平。根据经验事实有，$h_{1t} > h_{0t}$，$h_{2t} > h_{0t}$；依据假设条件有，h_1 的增长率外生给定；并设人口增长率既定。这样，农业劳动力的素质④变量的变化情况为：当 $L_{1t+1} \cdot (h_{1t+1}) - h_{0t} < L_{2t} \cdot (h_{2t+1} - h_{0t})$ 时，h_0 的增长率为负，农业劳动力素质绝对弱化；相反，当 $L_{1t+1} \cdot (h_{1t+1} - h_{0t}) > L_{2t} \cdot (h_{2t+1} - h_{0t})$ 时，h_0 尽管有正的增长率，但农业劳动力素质相对于不存在劳动力选

---

① 农民就业的非农产业部门主要是城市非正规部门和农村非农产业部门；除接受高层次教育之外，农民难以在城市正规部门就业。因此，此处的非农产业部门为不完全非农产业部门。

② 尽管随着市场化进程的推进非农就业部门的制度性壁垒在降低，但至目前，农民进入非农部门就业仍有制度性障碍。限于所设定的研究任务，本章仅将技术性障碍纳入分析。

③ 为了简化分析，下面我们仅以选择性转移量代表退出量，忽略劳动力自然老化的退出量。

④ 本章所使用的素质的含义与受教育程度和技术能力等同，无技术之外的其他含义。

择性转移时也弱化。

农业劳动力素质的变化并不是一个理论命题，而是一个实践性问题。在当前中国的现实中，第一，由于农村人口生育率的显著下降和工业化、城市化加速背景下劳动力的持续性转移，农业劳动力的绝对数量已开始减少①；第二，受教育程度较高的新增劳动力中的绝大多数，构成选择性转移队伍的基本部分。如果给定农村居民家庭对新增劳动力的人力资本投资率不变，同时，不考虑农业生产过程中的"干中学"效应和农民的在职技能培训，那么，农业从业者队伍素质的绝对弱化就会成为事实。

（二）劳动力素质弱化影响农业发展的条件

根据刘易斯—费景汉—拉尼斯的二元经济理论，农业发展的基本含义包括：农业剩余劳动力或"伪装的失业者"② 被不断扩张的非农部门吸收；农业成功发展的标志是通过技术进步实现产出增长，保证非农化劳动力能够获得不低于其农业平均产出的食物供给；农业发展的目标，是使农业劳动力和市场化非农部门的劳动力一样，最终成为按边际产出获得报酬的稀缺性资源，并将农业部门转变为谋求利润最大化的商业化部门。

在农业劳动力素质绝对弱化的条件下，选择性转移对农业发展的影响，亦即劳均人力资本存量下降对刘易斯—费景汉—拉尼斯模型农业发展含义的影响。换言之，在添加人力资本变量的刘易斯—费景汉—拉尼斯农业发展理论中，劳动力素质绝对弱化对农业发展影响的问题等价于：农业劳动力平均人力资本存量的降低是否会导致农业总产量曲线的位置移动？进而，它是否改变了农业部门"短缺点"和"商业化点"的位置，并因此影响到农业的商业化进程？

人力资本是与高级产业形态相联系的一个决定性发展（增长）要素。

---

① 2002—2008 年，第一产业就业人员数分别为 36870 万、36546 万、35269 万、33970 万、32561 万、31444 万和 30654 万人，2003—2008 年，第一产业就业人员分别比上一年减少 324 万、1277 万、1299 万、1409 万、1117 万和 790 万人。数据来源：国家统计局：《2009 中国统计年鉴》表 4—3，北京：中国统计出版社 2009 年版。

② 拉尼斯和费景汉把边际生产率等于零和边际生产率大于零但小于平均产出的农业劳动力成为"伪装的失业者"。

人力资本在农业生产中的作用，取决于不同发展阶段上农业技术类型的选择。如果现实中采用的农业技术呈现技能偏态特性，即该类技术的应用需要受过较多教育和专门培训的高技能劳动力作为互补性条件存在[1]，那么，转移引致的农业劳动力人均人力资本流失对农业发展的影响就是消极的。因为，该类农业技术进步将因劳动力素质的降低而受到阻滞，或者，农业技术选择将因此向低级化方向转变；由于技术阻滞或退化产生的效率缩水，农业总产量曲线的位置将会下移，即由图6—1中的 TP 曲线改变为 TP′ 曲线；与此同时，农业部门的"短缺点"将提前到来（如图6—1中的 B 点提前至 A 点），而"商业化点"则推后（由图6—1中的 b 点前移至 a 点）[2]，由"商业化点"和"短缺点"聚合而成的"刘易斯转折点"的出现（农业商业化的完成）也将被延期。

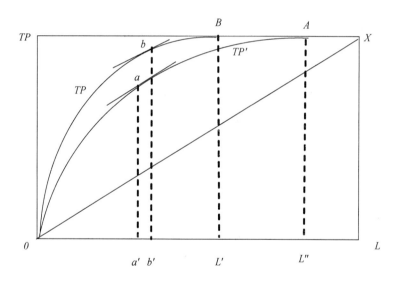

图6—1　劳动力素质弱化对农业发展的可能影响

现实中存在着与技能偏态技术相反的技术类型——非技能偏态技术。

---

① 同时，该类技术的应用往往需要较大的物质资本投入。

② 总产量曲线右移时商业化点左移的简单证明：设劳动投入量为 oa' 时，有 TP 曲线的商业化点 a。此时，在 TP 曲线上，劳动的边际产出由于劳动者素质较高大于 a 曲线上 a 点时的劳动边际产出，因此，TP′曲线上的商业化点必然在 a 点之右（b 点）。

此类技术的主要特征是：第一，对技术应用主体无特殊要求，仅靠劳动者的禀赋能力和简单的学习能力便可操作此技术；第二，该类技术的应用一般不需要大规模的物质资本投入；第三，该类技术大多属于劳动密集型技术，同时也是相对简单技术。若农业领域实际使用的属非技能偏态技术，那么，劳动力的选择性转移就不会影响该类技术的应用，也不会降低该类技术的使用效率，进而它也不会改变农业总产量曲线的位置和影响农业的商业化进程。即在非技能偏态技术下，劳动力质量因素引入经典二元经济模型没有意义，它并未赋予刘易斯—费景汉—拉尼斯模型关于农业发展新的含义，农业的现代化在该模型所描述的原有路径上仍可推进[①]。

在非技能偏态技术被广泛应用时，劳动力选择性转移昭示了农业部门双重意义过剩劳动力的存在——不仅有数量意义上的过剩劳动力，而且存在着质量意义上的过剩劳动力。所谓质量过剩，即体现劳动力质量因素的人力资本在农业部门的边际产出等于零或很低，其非农化不会影响到农业的总产出[②]。

（三）劳动力素质弱化与中国农业发展的前景

遵循本节给定的分析前提，劳动力素质的弱化并非影响农业发展的充分必要条件；而农业技术类型的现实选择，成为决定所讨论问题的答案的关键。现在的问题成为，在分析期内，中国的农业技术究竟主要呈现技能偏态属性还是非技能偏态属性？

依据速水佑次郎（Yujiro Hayami）和弗农·拉坦（Vernon W. Ruttan）的诱致技术变迁理论，农业技术进步源自对缺乏供给弹性的稀缺性资源所形成的发展"瓶颈"的突破；一个国家或地区的农业技术进步类型选择，与其特定的资源禀赋结构而产生的特有的"瓶颈"约束有关。中国农业资源结构的突出特征是，土地稀缺而劳动力丰裕。由这种资源禀赋结构所决定的农业技术类型选择一般不会是技能偏态的，因为，技能偏态技术的

---

① 事实上，这样一种农业的现代化是难以想象的。现实中，难以找到由这样一类劳动力运用这样一种农业技术所从事的现代农业。

② 定义质量意义过剩劳动力的方法与定义数量意义过剩劳动力的方法是相同的。此时，农业人力资本的非农化，不仅是农民的理性选择，而且是有利于增加城乡两部门总产出和提高整体社会福利的"帕累托改进"。

应用需要以劳动力成为稀缺性资源为前提。那时，如何提高劳动效率，使短缺的劳动力资源发挥更大作用，才成为农业技术进步努力的方向；而人力资本投资正是增强劳动力能力和破解劳动约束的可选择途径。相反，非技能偏态技术的运用，则是中国既有农业资源结构赋予的具有充分经济合理性的技术类型选择，它可以将供给充足的"原生态"的低人力资本的劳动力资源转化成最廉价的农业产出增长源泉。相对于农业机械技术来说，化肥技术是更具非技能偏态属性的技术。现实中，偏重于节约土地的化肥技术的广泛采用，是中国农业技术主要呈非技能偏态属性的事实证据。

非技能偏态技术的运用能够消除劳动力转移的选择性对农业现代化进程的消极影响，仅仅是基于刘易斯—费景汉—拉尼斯模型的一种理论推断。事实上，当农村居民家庭的人力资本积累率维持不变，且当非农部门存在着较高的技术性进入门槛时，非技能偏态技术与劳动力素质转移性弱化的动态均衡，会产生多重不利于农业发展的"极化"效应：其一是劳动力素质的两部门分化，较高人力资本水平的劳动力被高工资率的非农部门吸纳，而低人力资本的劳动力则被选择性淘汰于农业部门。其二是技术类型选择的两部门分化——以运用技能偏态技术为主的非农业产业部门和以运用非技能偏态技术为主的农业部门。其三是发展速度和发展水平的两部门分化。高质量劳动力与技能偏态技术的优化组合，形成了加速发展态势的发达的非农部门；低技能劳动力与非技能偏态技术的配置，使农业部门在发展动力和发展速度上完全无法与非农产业相竞争，两部门间的发展差距势必扩大。

还应当注意到，非技能偏态技术和低技能劳动力之间可能会相互强化并在农业部门形成一种低效率均衡。一方面，低技能劳动力使非技能偏态技术的运用成为适宜的和可行的选择，并排斥有利于提高劳动生产率的技能偏态技术的应用。另一方面，由于非技能偏态技术的劳动密集型特征，其广泛采用对低技能劳动力产生着较充分的需求，为较大规模的弱质劳动力提供了一个适合其生存的产业空间。这样一支被筛选的农业从业者队伍，首先由不具备非农转移能力的农业劳动力构成，同时，也会由一部分不能适应非农工作和城市生活的回流劳动力补充。

若劳动力选择性转移的"极化"效应在事实上存在，刘易斯—费景汉—拉尼斯模型的农业现代化路径就可能走不通①。当劳动力素质弱化和存在非农就业门槛时，农业劳动力的转移难以充分，农业过剩劳动力或"伪装的失业者"难以消除，农业部门的"商业化点"因此也难以出现或至少被延期；非技能偏态技术虽属适宜技术，也有利于土地生产率的改进和总产出的增长，但由于它对劳动生产率提高的空间有限，最终将导致该类技术进步的动力不足，从而使得总产量曲线的外推受阻或进程加长，"转折点"的出现无望或被延期。如果把农业现代化的完成理解为二元结构的一元化转变，即农业部门特别是其收益率与发达的非农产业部门的趋同，此时，这样一种结果更难以设想。在本节给定的分析框架内，中国农业发展的最理想前景，充其量不过是黄宗智（2006；2007）所描述的与非农部门存在较大差距的劳动密集又低技术水准的小规模家庭农场。

四 中国农业发展前景：内生
人力资本积累的估计

（一）人力资本积累与选择性转移的真实关系

上一节的分析结果未必是中国农业发展的必然归宿②，因为，该结果赖以形成的基本前提假设之一——农村居民家庭的人力资本积累率外生于劳动力选择性转移过程并且维持不变——非真。

农民是理性的③。面对非农产业显著高于农业的工资率，当劳动力市场开放且当转移收益≥转移成本时，他们就可能在跨部门"套利"动机的驱使下转向非农就业；当教育等人力资本投资有利于提高转移概率、非农工资率进而增进转移收益，并有利于降低转移成本时，农民就会调整支出结构增加有助于提高转移能力的人力资本投资；当人力资本回报率在工

---

① 刘易斯—费景汉—拉尼斯模型的有效性是建立在劳动力同质性假设的基础上的。这里所谓的该模型农业现代化路径的失效，是在引入劳动力异质性（人力资本）和外生人力资本积累率的基础上推演的结果。

② 那样，就等于说，中国农业不可能实现现代化。

③ 早在20世纪60年代，农民的理性就被舒尔茨（T. W. Schuitz）所论及。即使在非市场化的传统农业领域，这种理性亦得到了充分体现。参见［美］西奥多·W. 舒尔茨《改造传统农业》，北京：商务印书馆1987年版。

业化、城市化进程中呈现不断提升之势，且大于其他投资的收益率时，农民就会加速这种投资，实现人力资本积累的动态增长。一句话，人力资本及其积累率是劳动力选择性转移过程的内生变量。

可以从多个角度观察劳动力选择性转移过程中农民及其家庭人力资本投资的诱致性增长。首先，农民家庭对子女教育的重视程度前所未有。为了让子女能够分享城镇的优质教育资源，并期望他们能够争得更多的高层次受教育机会，许多农民带领其子女进入城镇就学，农村学校的生源因此大幅度减少。其次，农村居民家庭的人口生产偏好显著转变。根据贝克尔（Gary S. Becker，2005）的新家庭经济理论，对子女的人力资本投资与生育率负相关。即在工业化、城市化所显现的人力资本收益率不断增长，以及与此同时生育子女的时间价值和相对价格逐渐提高的背景下，家庭的人口生产偏好就会转向质量方面。至 20 世纪 90 年代末，农村妇女的总和生育率已开始降到更替水平以下，其后，一直维持在低生育水平[1]。这表明，伴随着大规模的劳动力转移，中国农村居民的人口生产已由过去的数量偏好转向了质量偏好。第三，农村劳动力的受教育程度在选择性转移过程中不断提升。图 6—2 显示，1990—2008 年，农村非农从业者比重由20.7% 提高至 40%，19 年间增长了近 20 个百分点；同期，农村高中及其以上文化程度劳动者的比重也由 7.6% 上升为 15.8%，提高 8.2 个百分点。计量经济学的因果关系检验可以证明，非农从业人员比重的增加是农村居民家庭高中及以上文化程度劳动力比例提高的格兰杰原因[2]。

这种内生的人力资本积累率究竟在多大程度上对选择性转移过程做出反应，并不完全取决于农民的人力资本投资动机，同时，它决定于农民的人力资本投资能力和对农民人力资本投资机会（主要是受教育机会）的供给。应当承认，目前农民的实际人力资本积累是不足的，它还不是农民

---

[1]　中国农村妇女生育率的下降，早期主要是计划生育工作的效果。随着工业化、城市化和市场化进程推进，低生育率已成为农民的自选择行为。我们对西北农村调查中所获取的经验事实，支持了这一判断。

[2]　参见郭剑雄、刘叶《选择性迁移与农村劳动力的人力资本深化》，《人文杂志》2008 年第 4 期；李志俊、郭剑雄：《选择性转移与人力资本深化》，《思想战线》2010 年第 4 期。

对选择性转移所显现的机会的充分反应①。造成这一局面的主要原因，是面向农民的人力资本投资机会的供给尚存在较大缺口，同时，也受到农民人力资本投资能力不足的约束。

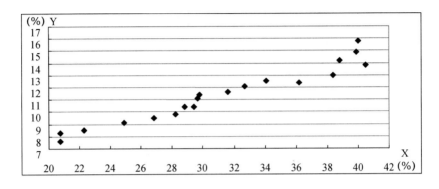

图6—2　1990—2008年中国农村非农劳动力比重与高中及以上
文化程度劳动力比重的关系②

（二）人力资本内生积累与农业劳动力素质变化

假设无投资机会供给短缺和投资能力不足的约束，那么，农业从业者的素质将如何变化？

设农业劳动力和非农劳动力的平均人力资本存量分别为 H_a 和 H_i（$H_a < H_i$），进一步设农业劳动力和非农劳动力的平均人力资本积累率分别是 H'_a 和 H'_i。

图6—3中，（a）图表示与非农劳动力平均人力资本积累率 H'_i 相比较的三种不同的内生于选择性转移的农业劳动力平均人力资本积累率 H'_{a_1}、H'_{a_2} 和 H'_{a_3}。其中，$H'_{a_1} < H'_i$，$H'_{a_2} < H'_i$，$H'_{a_3} < H'_i$。（b）图刻画了在三种不同的人力资本积累率下，农业劳动力平均人力资本存量变化

---

① 持这一判断的基本依据是，城乡居民的人力资本存量和积累率还存在明显差距，并且尚无收敛变化趋势。参见本章第五节图6—4。

② 数据来源：非农劳动力比重来自中华人民共和国农业部《2009中国农业发展报告》，北京：中国农业出版社2009年版；1990—2007年农村高中及以上文化程度劳动力比重来自国家统计局农村社会经济调查司《2008中国农村住户调查年鉴》，北京：中国统计出版社2008年版；2008年农村高中及以上文化程度劳动力比重来自国家统计局农村社会经济调查司《2009中国农村统计年鉴》，北京：中国统计出版社2008年版。

与非农劳动力平均人力资本存量水平之间的关系。其中，M 点和 N 点分别代表非农部门和农业部门初始的劳均人力资本存量水平；H_{a_1}、H_{a_2} 和 H_{a_3} 三条实线为参照线，表示若无劳动力转移时的农业劳动力平均人力资本变动趋势；$[H_{a_1}]$、$[H_{a_2}]$ 和 $[H_{a_3}]$ 三条虚线则反映有劳动力转移时的农业劳动力平均人力资本的变化情况。

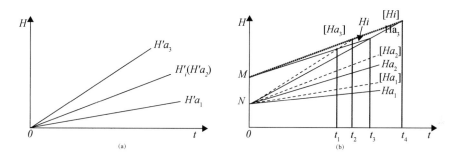

图 6—3　不同人力资本积累率下农业劳动力素质的变化

在人力资本积累率为内生变量时，决定农业劳动力素质变化的关键性因素不是劳动力的转移及其数量，[①] 而是与非农部门相比较的农业部门人力资本积累率的高低。图 6—3 中，若实际发生的农村劳动力的人力资本积累率较低，如 $H'_{a_1} < H'_i$，随时间的延伸，农业和非农劳动力的平均人力资本存量的差距会增大；非农转移有助于弱化两者的差距，但难以改变两部门劳均人力资本存量的发散态势。若农民的人力资本积累率提高到 $H'_{a_2} < H'_i$，当非农部门人力资本积累率不变，两部门平均人力资本存量差距将因非农转移而收敛，即 H_i 与 $[H_{a_2}]$ 经一段时间后会相交。如果农民有条件实现人力资本积累率的较快增长，出现 $H'_{a_3} < H'_i$，假设非农部门人力资本积累率不变（非农部门的人力资本曲线为 H_i），无劳动力转移时，两部门人力资本会在 t_3 时刻趋同；有劳动力非农转移时，两部门人力资本趋同的时间会由 t_3 前移到 t_1；若非农人力资本积累率也增加（即 $H'_1 < H'_i > 0$），但仍未改变 $H'_{a_3} \geq H'_i$，无劳动力非农转移，在 t_4 时可实

---

① 此时，劳动力的转移及其数量也会影响农业劳动力素质的变化，但与人力资本积累率相比，作用居于其次。

现两部门劳动力平均人力资本的趋同；有劳动力非农转移，实现农业劳动力与非农劳动力平均人力资本水平趋同的时间将由 t_4 提前至 t_2。可见，只要有 $H'_a \geqslant H'_i$，劳动力的非农转移非但不会弱化农业劳动力的素质，反而能够加速两部门劳动力平均人力资本存量水平的均衡。[1]

（三）两部门人力资本趋同下的中国农业发展前景

当人力资本积累率内生且有 $H'_a \geqslant H'_i$ 时，将出现一系列有利于农业部门发展的积极变化。第一，劳动力选择性转移的"极化"效应终将消失。此时，劳动力转移在短期可能还会将发展资源在农业和非农部门之间作出选择性配置，但在长期，将逐渐弥合两部门间业已存在的在劳动力素质、技术类别和发展动力等方面的差距。第二，非农部门就业的技术性"门槛"将因劳动者技能的提高而相对降低，农业剩余劳动力的转移能力和非农生存能力增强，农业劳动力有望成为稀缺性资源而商品化，在农业内部实现按边际产出决定劳动报酬。第三，农业劳动力的充分转移有利于从根本上改善农业部门紧张的人地比例关系，实现农业的规模化生产经营，使农业生产由产量最大化目标转向利润最大化目标，使农业组织由自足性的生产生活一体化单位转变为现代性质的企业。第四，农业部门可望打破低劳动力素质和非技能偏态技术互补依存的低效率均衡。基于劳动力的稀缺性转变和人均土地装备率的改善，节约劳动和提高劳动效率的技术进步将提上日程，技能偏态技术取代非技能偏态技术将成为农业技术进步的主要类型，由此实现农业技术水平的升级。第五，农业劳动力素质的改善、农业技术的升级以及农业组织的企业化等一系列变化，将导向一个共同的结果——农业和非农产业投资收益率的趋同，其中，最具意义的是，两部门劳动生产率的趋同。

内生人力资本积累分析具有重要的理论意义，它可以消除人力资本外生化处理而产生的劳动力异质化问题，使异质性重新回归到同质性。此时对农业现代化问题的分析，又可以复归到刘易斯—费景汉—拉尼斯模型的

---

[1] 如果我们把人力资本积累等同于受教育程度的增加，那么，$H'_a \geqslant H'_i$ 就意味着，从现在开始，每一代农民子女的受教育程度不低于甚至高于非农居民子女的受教育程度。考虑到劳动力的代际更替，农业劳动力素质与非农劳动力素质的趋同将需要一个相当长的历史过程。

既有框架内进行。或者说，在人力资本积累率内生时，刘易斯—费景汉—拉尼斯模型仍然是分析劳动力选择性转移条件下农业发展的有效的理论工具。对应的实践含义是，中国农业的现代化如果不打折扣，其道路不可能偏离刘易斯—费景汉—拉尼斯模型所描述的依托于工业化、城市化的农业剩余劳动力的充分转移，其目标也必然是该模型所揭示的二元结构的一元化，亦即不同产业部门比较劳动生产率的一般均衡或一般均衡趋向。黄宗智"蓝图"可能仅仅是这一农业现代化过程中的一个低级阶段目标。

五　人力资本积累与两种农业发展前景的抉择

基于三、四两节的分析，相对于非农部门的农村居民实际人力资本积累率的高低，成为劳动力择优性转移背景下决定中国农业发展两种不同前景的关键。如果企图第二种可能前景成为现实，那么，一项极其紧迫且不可替代并在今后需长期持续的工作是，通过适当的制度安排，大幅度提高农民的人力资本积累率，进而实现农民与非农劳动者平均人力资本存量的大体均衡。

无疑，这将是一项艰巨的工作。从人力资本存量水平来看，目前，农民和非农产业劳动者之间的差距相当显著。据《中国劳动统计年鉴》，2008 年，农林牧渔业就业人员的平均受教育程度是 7.38 年，建筑业、制造业就业人员的平均受教育程度分别为 9.07 年和 9.64 年，而金融业、公共管理和社会组织两个行业就业者的该项数值分别达到 13.47 年和 13.29 年。[①]

也就是说，当前农林牧渔业劳动者的平均受教育程度大约分别是建筑业和制造业劳动者平均受教育程度的 81.4% 和 76.6%，仅及金融业、公共管理和社会组织劳动者平均受教育水平的 54.8% 和 55.5%。

从人力资本积累率来看，农民和非农劳动者之间的差距同样存在，且

---

① 数据来源：国家统计局人口和就业统计司、人力资源和社会保障部规划财务司：《中国劳动统计年鉴 2009》1—51，北京：中国统计出版社 2009 年版。受教育年限的计算办法同前，但大专以上劳动者的受教育程度分别进行了计算，其中，大专以 15 年计，大学本科以 16 年计，研究生以 19 年计。

未出现收敛变化趋势。2008 年与 2003 年比较，农林牧渔业就业人员的平均受教育年限的增长率，要高于同期建筑业、制造业、金融业及公共管理和社会组织等非农行业就业者平均受教育程度的增长率。[①] 但更长期和包括更多非农行业的数据不支持农民的人力资本积累率高于非农劳动者人力资本积累率这一结论。1995 年、2000 年和 2008 年，城镇居民教育文化娱乐服务支出[②]占其人均消费支出的比重分别是 9.4%、13.4% 和 12.1%，同期同项指标，农村居民分别为 7.8%、11.2% 和 8.6%。[③] 2008 年相比1995 年，城镇居民提高 2.7 个百分点，农村居民只提高 0.8 个百分点。取51—60岁、41—50 岁、31—40 岁和 21—30 岁四个年龄组的农村从业人员，相应地取 55—59 岁、45—49 岁、35—39 岁、25—29 岁[④]四个年龄组的全国就业人员，可以发现，在由高到低的不同年龄组别中，全国就业者的平均受教育年限分别高于农村劳动者平均受教育年限 0.06 年、0.86年、0.93 年和 1.16 年（图6—4）。就是说，比较代际劳动力之间的人力资本积累率，农村远远落后于非农部门。

不难设想，如果没有鼓励和支持农业部门人力资本积累的针对性政策的外部冲击，农村居民高于城镇居民人力资本积累率的结果难以出现，农业劳动力与非农劳动力平均人力资本存量的趋同也将遥遥无期。那样，中国农业的发展前景只能如前外生人力资本积累假设的估计。

支持农业部门人力资本积累政策的首要内容，是大幅度增加面向农村居民的教育及培训机会的供给。鉴于农民和城镇居民教育状况的差距主要体现在高层次教育阶段，因此，应当特别地增加面向农民的高中及高中以上教育机会的供给。也可以说，对农村地区教育扶持的重点，应由目前的义务教育阶段进一步提升到非义务教育阶段。这一支持性教育政策应包括如下几个方面的主要内容：（1）借助某种社会扶持方案，大规模实施面

---

① 2008 年与 2003 年相比，农林牧渔业就业人员的平均受教育年限提高了 4.77%，而建筑业、制造业、金融业、公共管理和社会组织 4 个行业就业人员的平均受教育年限的增长率分别为0.84%、0.97%、3.67%、0.49%。

② 在中国公开的统计资料中，未见到居民单独的教育经费支出数据。此处以教育文化娱乐服务支出作为替代指标。

③ 数据来源：国家统计局：《中国统计年鉴 2009》9—5 和 9—25，北京：中国统计出版社2009 年版。

④ 这样分组是限于数据的可得性。

向成年农民的短期职业技能培训；（2）大幅度增加职业技术教育机会，并将该机会的供给向农村子女倾斜；（3）在大专及其以上教育机会的分配中，可适当提高来自农村考生的比重。

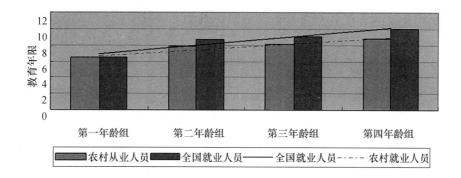

图6—4　不同年龄农村和全国就业人员受教育程度比较

说明：第一年龄组：农村51—60岁，全国55—59岁；第二年龄组：农村41—50岁，全国45—49岁；第三年龄组：农村31—40岁，全国35—39岁；第四年龄组：农村21—30岁，全国25—29岁。

数据来源：不同年龄农村就业人员受教育程度根据国务院第二次全国农业普查领导小组办公室、国家统计局《中国第二次全国农业普查资料汇编》（农民卷）（北京：中国统计出版社，2009年版）1－3－2－46的相关数据计算得出；不同年龄全国就业人员受教育程度根据国家统计局人口和就业统计司《中国人口和就业统计年鉴2008》（北京：中国统计出版社2008年版）3—4的相关数据计算得出。

　　增加的教育和培训的机会能否为农民实际获得，同时取决于农民对教育和培训需求的支付能力。我们知道，农村居民的人均收入水平远低于城镇居民。2008年，城镇居民的人均可支配收入15780.8元，农村居民的人均纯收入4760.6元，后者仅及前者的30%；[1] 在农村地区又存在着较大规模的贫困人口，[2] 2008年，贫困人口的人均纯收入仅有988.8元，不

---

[1]　数据来源：国家统计局：《中国统计年鉴2009》9—2，北京：中国统计出版社2009年版。

[2]　根据对全国31个省（区、市）6.8万农村住户的抽样调查，2008年末农村贫困人口为4007万，贫困发生率为4.2%。数据来源：国家统计局农村社会经济调查司：《中国农村贫困监测报告2009》，北京：中国统计出版社2009年版，第9页。

到农村居民人均纯收入的 21%，只占城镇居民的人均可支配收入的 6.27%。[①] 这说明，支持农业部门人力资本积累的政策，同时应当关注农民对教育和培训的实际支付能力，特别是，应当实施对农村低收入群体教育和培训支付能力的社会救助。

六　结论

劳动力转移，是刘易斯—费景汉—拉尼斯模型所揭示的农业发展的必由之路。劳动力转移的选择性现象，不仅对刘易斯—费景汉—拉尼斯的经典农业发展理论提出挑战，很大程度上，它也影响着人们基于该模型以及新古典经济学一般均衡理论对中国农业发展前景所作出的预期。

若忽略或未识别选择性转移过程中农民人力资本积累率的适应性改变，那么，对劳动力选择性转移背景下中国农业发展前景的判断就会是悲观的，或者，就难以认可依据二元经济模型和一般均衡理论所推演的中国农业现代化前景及其演化路径的有效性。此时，人们对农业现代化前景和发展道路会更多地赋予"中国特色"的解析。

如果观察到农村居民家庭的人力资本积累率是劳动力选择性转移过程的内生变量，并且有某种社会支持方案的实施能够保障农民人力资本投资需求的实现，劳动力的异质化问题将因此最终会回归到同质化。遵循人力资本内生积累假设，刘易斯—费景汉—拉尼斯模型，仍然可以作为分析劳动力选择性转移下农业发展的有效工具；中国农业的现代化，仍然是刘易斯—费景汉—拉尼斯模型所揭示的二元结构的一元化转变。关于中国农业发展的前景，现代化本质决定论的推断可能比国情决定论更接近于事实。

新时期中国农业发展政策的要旨，应是保护和支持面对选择性转移而激发的农民人力资本投资的旺盛需求。其重点是增加面向农村居民的教育和培训机会的供给；同时，对农村低收入群体人力资本投资能力给予资助。所谓农业发展方式的转变，可以理解为，将农业发展的基本驱动力由资本、技术等客体性要素转向劳动者素质的提高方面。

---

①　数据来源：国家统计局农村社会经济调查司：《中国农村贫困监测报告2009》，北京：中国统计出版社2009年版，第12页。

参考文献

［美］威廉·阿瑟·刘易斯：《二元经济论》，北京：北京经济学院出版社 1989 年版。

陈凤兰、徐延辉：《社会排斥与农业从业人员女性化——以福建省东宅村为个案》，《河海大学学报》（哲学社会科学版）2008 年第 1 期。

杜鹰：《现阶段中国农村劳动力流动的基本特征与宏观背景分析》，载蔡昉、白南生《中国转轨时期劳动力流动》，北京：社会科学文献出版社 2006 年版。

高小贤：《当代中国农村劳动力转移及农业女性化趋势》，《社会学研究》1994 年第 2 期。

郭剑雄、刘叶：《选择性迁移与农村劳动力的人力资本深化》，《人文杂志》2008 年第 4 期。

郭剑雄、李志俊：《劳动力选择性转移条件下的农业发展机制》，《经济研究》2009 年第 5 期。

［美］H. 钱纳里、［以］赛尔昆：《发展的型式 1950—1970》，北京：经济科学出版社 1988 年版。

［美］H. 钱纳里：《工业化和经济增长的比较研究》，上海：上海三联书店、上海人民出版社 1995 年版。

黄宗智：《中国农业面临的历史性契机》，《读书》2006 年第 10 期。

黄宗智、彭玉生：《三大历史性变迁的交汇与中国小规模农业的前景》，《中国社会科学》2007 年第 4 期。

侯风云、徐慧：《城乡发展差距的人力资本解释》，《理论学刊》2004 年第 2 期。

侯风云、张凤兵：《从人力资本看中国二元经济中的城乡差距问题》，《山东大学学报》2006 年第 4 期。

侯风云、张凤兵：《农村人力资本投资及外溢与城乡差距实证研究》，《财经研究》2007 年第 8 期。

侯风云、邹融冰：《中国城乡人力资本投资收益非对称性特征及其后果》，《四川大学学报》2005 年第 4 期。

［美］加里·斯坦利·贝克尔：《家庭论》，王献生、王宇译，北京：商务印书馆 2005 年版。

李旻、赵连阁：《农业劳动力"女性化"现象及其对农业生产的影响——基于辽宁省的实证分析》，《中国农村经济》2009 年第 5 期。

李旻、赵连阁：《农业劳动"老龄化"现象及其对农业生产的影响——基于辽宁省的实证分析》，《农业经济问题》2009 年第 10 期。

李录堂、张藕香：《农村人力资本投资收益错位效应对农村经济的影响及对策》，《农业现代化研究》2006 年第 4 期。

李琴、宋月萍：《劳动力流动对农村老年人农业劳动时间的影响以及地区差异》，《中国农村经济》2009 年第 5 期。

李实：《中国农村女劳动力流动行为的经验分析》，《上海经济研究》2001 年第 1 期。

李新然、方子节：《试论农业女性化对农业和农村发展的影响》，《农业现代化研究》1999 年第 2 期。

李志俊、郭剑雄：《选择性转移与人力资本深化》，《思想战线》2010年第4期。

刘文：《农村劳动力流动过程中的人力资本效应研究》，《农业现代化研究》2004年第3期。

刘晓昀、Terry Sicular、辛贤：《中国农村劳动力非农就业的性别差异》，《经济学（季刊）》第2卷第3期（2003年4月）。

刘志澄：《农业现代化建设若干问题之思考》，载蒋建平、陈希煌《中国现代农业之发展——海峡两岸现代农业发展学术讨论会论文集》，北京：中国农业出版社1996年版。

［美］M. P. 托达罗：《第三世界的经济发展》，北京：中国人民大学出版社1988年版。

牛若峰、李成贵、郑有贵等：《中国的"三农"问题：回顾与展望》，北京：中国社会科学出版社2004年版。

庞丽华、Scott Rozelle、Alan de Brauw：《中国农村老人的劳动供给研究》，《经济学（季刊）》第2卷第3期（2003年4月）。

谭深：《农村劳动力流动的性别差异》，《社会学研究》1997年第1期。

杨万江、徐星明：《农业现代化测评》，北京：社会科学文献出版社2001年版。

张利萍：《教育与劳动力流动》，华中师范大学，博士学位论文，2006年。

张藕香、李录堂：《我国农村人力资本投资收益非均衡性分析》，《电子科技大学学报》（社科版）2006年第6期。

中国社会科学院社会学所"农民外出务工女性"课题组：《农民流动与性别》，郑州：中原农民出版社2006年版。

Kanbur, R., H. Rapoport, 2005: "Migration Selectivity and the Evolution of Spatial Inequality", *Journal of Economic Geography*, 5 (1): 43 – 57.

第七章

工业化、选择性就业与农民的职业化[*]

一　引言

将农业现代化和农民职业化视作"一枚硬币的两面"，大概不会被证伪。因为，无论在历史还是现实的经验事实中，尚难找出传统农民与现代农业、现代农民与传统农业交叉共生的广泛例证。经过改革开放以来30多年市场化和工业化的成功推进，中国现代农业建设已由过去的远景规划转变为当下的具体实践。现代农民或职业农民[①]的形成和培育，成为当前和今后中国农业发展自然涵括且日益紧迫的一项任务。由于城乡部门的二元结构性质，农业劳动力的转移呈现明显的"逆淘汰"特征。未来谁种地？农业现代转型所需要的新型农民如何形成？成为一个令人困惑和极富挑战性的研究课题。在工业化、城镇化引致的劳动力"逆淘汰"背景下，揭示现代农业合格生产经营主体的生成机制和成长路径，构成本章讨论的主题。

劳动力"逆淘汰"与农业现代化的冲突，触发了人们对现代职业农民形成问题的高度关注。关注点主要集中于：（1）职业农民的内涵。学界对职业农民的界定有两种理论渊源。其一，中共十七大报告对有文化、懂技术和会经营新型农民基本特征的概括被广泛认可。在此基础上，不同学者又从多维度对新型农民的本质做出引申：新型农民是满足市场需求实

　　[*]　本章是作者承担的国家社会科学基金项目"城镇化背景下现代农民的成长机制及政策环境研究"（14BJY031）中的相关研究内容。

　　①　本章将现代农民、职业农民和新型农民视为同义，有时相互替代，有时交叉组合。它们都是传统农民的对称。

现报酬最大化的市场主体（朱启臻、闻静超，2012；朱启臻，2013；肖黎、刘纯阳，2010）；新型农民的收入主要来自农业，且把农业作为终身职业（朱启臻、闻静超，2012；朱启臻，2013）；新型农民是农业先进生产力的代表，是受社会尊重的高收入者（朱启臻、闻静超，2012；魏学文、刘文烈，2013）；他们还应当具有政治、法律、思想道德等素质和社会责任感（肖黎、刘纯阳，2010；朱启臻、闻静超，2012）。其二，某些国外经典文献成为部分学者认知新型农民的理论工具。根据美国人类学家沃尔夫（Wolf，Eric R.）关于传统农民（Peasantry）和职业农民（Farmer）的区别，认为职业农民的本质特征是超越了"身份"限制而获得自主择业的自由（赖作莲，2014；陈池波、韩战兵，2013）。借鉴阿玛蒂亚·森（Sen，Amartya）"发展即自由的扩展"的思想，主张新型农民成长的实质在于通过制度和立法扩大其选择权利和提高其可行能力（李丙金、徐璋勇，2012）。（2）职业农民形成的农业条件。加大对农业的支持和保护，使农业生产获得社会平均利润，使务农收入接近或相当于外出打工收入，是职业农民形成的前提（吴宏耀：《"三农"在线·高层论坛》）。分散的小农户经营只能产生兼业农民，较大经营规模基础上形成的家庭农场是新型职业农民的载体，为此，需要加速土地流转和稳定土地使用权制度。（朱启臻，2013；张晓山，2013；赖作莲，2014；曾福生、夏玉莲，2014；夏益国、宫春生，2015）。（3）职业农民的培育。职业农民的现代技能和高素质是教育和培训投资形成的高价值和高生产率产品（肖黎、刘纯阳，2010）。培育职业农民的主要途径包括基础教育、职业教育和技能培训（白蕴芳，2007；朱启臻、闻静超，2012）。职业农民的培育对象主要是新生代农民、种田能手和种田大户、城市回流农民（陈池波、韩战兵，2013；魏学文、刘文烈，2013；胡小平、李伟，2014），大学生可否成为新型农民也进入研究者的视野（赵培芳等，2015；郑兴明、曾宪禄，2015）。（4）职业农民培育政策包括：1）政府主导的教育和培训。2012年8月农业部印发《新型职业农民培育试点工作方案》，在全国范围内确定了100个县（市、区）开展培育试点；2014年进一步将试点县规模扩大到300个。2）建立以政府投入为主导、农业院校为主体、社会培训机构为补充、农场企业为基地的教育培训体系（魏学文、刘文烈，2013）。3）建立职业技能鉴定和资格认证制度（魏学文、刘文烈，

2013；张春艳、韦子平，2014）等。发达国家职业农民培育的相关政策，可以为中国借鉴（张桃林，2012；叶俊涛、米松华，2014）。

现有文献关于职业农民研究有待深化的问题是：第一，对职业农民界定遵循的是现象描述基础上的特征归类法。依据该方法，难以形成对职业农民内涵和外延相对确定的一致认识。第二，关于职业农民形成和培育多于具体途径的陈述，缺乏对传统农民和现代农民本质差异临界条件的高度概括。本章企望简化对职业农民本质特征和形成途径的认识。这一研究尝试基于如下考虑：如果说经济学是一门对于既定资源在各种可能的运用机会中做出最优选择的科学，那么，农民的现代化或职业化，是其做出这类选择的艺术的提高，还是其作为选择前提的机会的增多？换言之，相对于现代农民，传统农民是缺乏选择的艺术，还是缺乏选择的机会？对于这个问题，既有文献没有给出明确交代。本章的基本观点是：无论是传统农民还是现代农民，均满足理性经济人假设。农民的现代化，不是主要体现为其理性化程度的提高，而是其理性本质和理性能力适用环境的改变。选择机会的变化对于现代农民形成的意义，构成本章与现有文献相关研究的差异化视角。

二　选择集合视角的传统农民和现代农民

基于状态特征归纳方法，可以列举出传统农民和现代农民的诸多重要区别：（1）收入水平和生产目标不同。传统农民处于勉强维持生存的"马尔萨斯陷阱"，其生产目标只能是保障生存的产出最大化。现代农民则可以获得与现代工商产业从业者大体均衡的收入；与工商企业一样，现代农业生产组织也是利润的追逐者。（2）生产手段和技术体系相异。传统农民的基本资源是土地和劳动。在人地关系日渐紧张的情形下，劳动密集化投入成为技术进步路径的合理选择。由于土地报酬递减规律的强约束，该类技术呈现长期均衡状态。现代农民的关键资源是物质资本和人力资本，广义资本[①]的密集化配置成为现代农业技术体系的基本特征。人力资本规模报酬的递增性质，决定了现代农业技术进步的内生性和动态性。

---

① 广义资本是物质资本和人力资本的合称。

同时，由于劳动力的大规模非农转移，微观层面的土地约束减除；资本相对价格的下降，导致资本对劳动的大规模替代。（3）生产组织与经营制度有别。传统农民的生产组织是非企业性质的家庭，生产规模小，生产决策主要依附其消费决策，因而他们仅与不完全的市场发生有限的联系。现代农民的典型生产组织是企业化农场，[①] 该生产组织具有高土地装备率和高资本装备率的大规模生产特征。现代农民的生产经营完全商业化或市场化，其生产决策完全独立于自身的消费决策。此外，文化因素、政治品性和理性化程度，等等，也成为人们观察传统农民和现代农民广泛差异的视角。[②]

上述几个方面并未穷尽传统农民和现代农民的差异。只要愿意，可以给出二者之间差别的一个更长的清单。如果把关注点集中于——无论是传统农民还是现代农民，他们是如何成为农民的？——这样一个本源性问题，不仅能够大大简化对传统农民与现代农民差异的认识，而且形成的结论较前述方法更加接近于事物的本质。

回答传统农民的形成问题并不困难。第一，传统农民之所以是农民，因为他们出身就是农民。他们不是变为农民的，而是与生俱来即为农民（孟德拉斯，2010）。第二，传统农民可否选择不做农民？机会并非完全没有，比如做小手工商业者，或"学会文武艺货买帝王家"，但这种机会

---

① 包括家庭农场、合作农场和公司化农场等。

② 许多学者给传统农民贴上了诸多异类的文化的或政治的标签。（1）规避风险者："最低收入水平和关于这一水平的最大可接受风险两者被称为安全第一的经验法则。"（艾利思，2006）"注重生存问题的农民……在应付风险方面余地有限"（斯科特，2001）。（2）依附性："……'安全第一'的原则，体现在前资本主义的农民秩序的……社会的和道德的安排中，……它们……意味着一切人都有权利依靠本村的资源而活着，而这种活着的取得，常常要以丧失身份和自主性为代价。"（斯科特，2001，第6—7页）。"只有当种田人受制于他们之外的社会阶层的权势者的需要和制裁的时候，我们才能够恰当地说他们是农民"（Woif, 1966. 转引自艾利思，2006）。（3）平均主义和激进主义的生存伦理："在大多数前资本主义的农业社会里，对食物短缺的恐惧，产生了'生存伦理'。"虽然这种生存伦理"并不意味着绝对平均主义"，但"农民的社会公正概念可以从互惠主义规划和生存权利中引申出来"（斯科特，2001）。由于生存安全的威胁，"激进主义的主要社会基础一直是农民和城镇小手工业工人"（斯科特，2001）。（4）另类理性的争议：几乎在所有经典社会学家的论述中，农民的价值取向和群体特征都被作为与现代理性相对立的另一极（李培林，2004）。恰亚诺夫和斯科特也认为，小农所具有的仅仅是一种生存理性，他们与熊彼特式的企业家完全不同，对于新古典经济学的收益最大化几乎没有计算的机会。舒尔茨对经济学的重要贡献之一，是他大大弱化了农民另类理性观点的影响。

极少，① 对于绝大多数甚或 90% 以上的人来说，只能命定当农民。假定任何社会的劳动者都存在一个就业选择集合，那么，传统农民的这一集合是由单一机会构成的。由此可以说，"没有选择是整个（传统）农民生活的特点"（孟德拉斯，2010）。传统农民单一就业选择机会的存在，从总体来看无疑受限于传统社会单一的农业产业结构；在个体特征上，则与他们缺乏对极其稀缺的非农就业机会的选择能力有关。单一选择机会下，传统农民的从业与现代农民和其他现代产业的劳动者的就业是不同的：其一，他们没有从业年龄限制，没有工龄计算和退休年龄规定，具有劳动能力的一生，都是其务农生涯。其二，他们没有就业门槛，也不存在所谓"失业"问题。其三，没有适用于他们的最低工资法和劳动保护法规。其四，务农不是自主选择的，因而劳碌终身的农民生涯并不是他们真正意义上的"职业"（李培林，2004）。

现代农业建成于高度工业化和充分市场化的社会。其时，不仅存在着众多高生产率和高工资率的非农产业部门及其提供的大量就业机会，而且农业与其他产业以及各非农产业之间又存在着相互开放和可流动的劳动力市场。在这样的背景下，包括现代农民在内的任一劳动者的就业选择集合，就不再是一种单一结构，而是由众多选择机会组成的集束结构。此时，从事农业是劳动者在拥有多种就业机会前提下的一种自主选择。正因为这种选择性特征，现代农民成为一种"职业"。② 由于开放的劳动力市场的存在，非农就业收入构成现代农民职业的机会成本。因而，现代农民的稳定性就业，需其获得与非农产业从业者大体均衡的收入作为前提条件。与传统农民相比，现代农民不再是低人一等的"身份"，也不是无可选择的"选择"，而是在现代产业体系中充满活力和拥有自主选择权利的市场主体。

---

① 由于传统经济的自给自足性质，非农市场是极其狭小的，公共管理事务亦较单纯，因而非农职业机会极少。

② 因为职业一般被认为是个人自主选择的结果（李培林，2004）。

三 工业化与农民的选择性就业

（一） 工业化与身份农民的终结

从经济结构演变的角度观察，工业化是以现代工业和现代服务业表征的新兴产业兴起和大规模扩张的社会经济结构再造过程。[1] 工业化的结构效应表现在，产业和产品种类的横向裂变式分列；[2] 各产业及各产品生产环节的纵向链条式分层；以及通过供给和需求建立起来的各产业类别和各产业层次的网络化联系。工业化的这种结构效应源于专业化分工的充分发展。"当交易效率低下时，人们必须自给自足，由于在自给自足的状态下，每人有限的时间不能用来生产太多种产品，所以产品种类很少。当交易效率上升时，专业化和消费品种类可以通过不同种专家之间的分工同时上升"。（杨小凯，1999）杨小凯（1999）指出，"分工的网络效应使市场大小与分工程度相互依赖"。就是说，专业化分工的充分发展使得任何产业都不能离开其他产业独立存在。产业结构越复杂，产业之间的联系越紧密。因而伴随工业化过程，是日益开放和不断扩大的网络化市场体系的形成，是产业之间产品和要素的充分流动。

对于农民而言，工业化创造出了传统农业社会完全没有和性质完全不同的新的就业岗位。从产业类别来看，这些岗位既存在于采掘业、制造业和建筑业等第二产业内的众多行业和企业，也存在于交通运输、批发零售、金融房产、教育科技等大量第三产业部门；在空间分布上，这些岗位同时出现在城市正规部门、城市非正规部门和农村非农产业部门。工业化扩张必然形成对劳动力的巨大需求。在工业化发展的一定阶段，由于城市人口比重较小，非农生产函数中的劳动投入，主要依赖于农业转移劳动力来充任。另一方面，由于"工业主义的到来对劳动力的实际工资是十分有利的"（希克斯，1987），非农部门的高工资率必然对农业劳动力转移就业形成激励。因此，农业劳动力的大规模非农就

---

① 希克斯指出："工业革命是现代工业的兴起而不是工业本身的兴起。"（希克斯，1987）

② 具体表现在（1）三大产业部门的分列；（2）产业内产品种类的增多和专业化生产；（3）产品零部件的专业化生产；（4）生产工艺的专业化；（5）生产服务的专业化等方面。

业，构成工业化进程的典型化事实。2013 年，中国转移就业的农民工总量达 26894 万人，[①] 与同年第一产业 24171 万人[②]的就业量折算，非农就业比重占 52.8%。城乡收入的巨大差距表明，中国的劳动力非农转移过程尚未完成。

身份农民的生成需满足如下条件：农业之外没有其他可选择的高收益率从业机会；或机会存在但由于制度性藩篱限制了选择；抑或缺乏对非农就业机会的选择能力。工业化恰恰是拆除传统农民"身份围城"的过程。它不但创造出大量非农就业机会；同时形成了日益开放和充分流动的城乡劳动市场；还终将引致人口生产量质偏好转型，提高农民的人力资本水平。[③] 因此，伴随工业化进程，必然是身份农民的终结。这无疑是工业化不可忽略的革命意义所在——延续了几千年的农业文明在工业化面前衰亡了，"永恒的'农民精神'在我们眼前死去了……这是工业社会征服传统文明的最后一块地盘的最后战斗"（孟德拉斯，2010）。同时，工业化结束了几千年来以"身份决定饭碗"的生存逻辑和职业选择规则。需要强调的是，身份农民的改变一定是其自愿选择的结果，任何非自愿或强制改变农民身份的对策，尽管出于良好的动机，也不能被视为工业文明精神的体现。因为此时的非农生存方式的选择，与一个遭受拦路抢劫之人面临的选择无二。

（二）二元劳动市场下农户的选择就业模型

在工业化背景下，对于农民而言，假设：（1）存在农业和非农产业两类就业市场，两类市场之间不存在劳动力流动的制度性障碍。（2）由于劳动力转移带来的人地比例关系的变化，农业部门存在着土地流转市场。（3）农户有多个劳动力。因先天禀赋和后天投入的差异，不同劳动力之间人力资本不同。为分析方便，设农户有 A、B、C 三个劳动力，其中人力资本水平 C 高于 B，B 又高于 A。（4）农业仍属传统部

---

① 数据来源：中华人民共和国农业部：《2014 中国农业发展报告》，北京：中国农业出版社 2014 年版，第 125 页。

② 数据来源：国家统计局农村社会经济调查司：《2014 中国农村统计年鉴》，北京：中国统计出版社 2014 年版，第 27 页。

③ 人口生产转型的分析参见本章第四节。

门，其技术呈非技能偏态性质，因此每个劳动力的劳动生产率相同；由于土地流转市场的存在，农业劳动力的边际生产率不变。（5）非农部门内的不同产业或不同就业岗位的技术效率不同，就业门槛不同，工资水平也不同，且工资水平是人力资本的正函数。（6）农户劳动力配置的目标是家庭收入（效用）最大化，户内个体劳动力的效用函数统一于家庭效用函数。

当存在农业和非农产业两类就业市场时，农户劳动力的选择就业模型可借助图7—1做出说明。图7—1中的纵轴度量实际收入，横轴刻画累加的家庭劳动时间。0-TPP线是农业生产函数，因劳动边际生产率不变，其为直线。0-W线是非农工资函数，由于不同劳动力的能力不同，各劳动力的工资率不同。家庭收入的最大化需满足农业劳动边际生产率（MPP）等于非农就业工资率（w）这一均衡原则。若MPP大于w，家庭劳动配置于农业部门，相反，则配置于非农部门。图7—1中，静态条件下，家庭劳动配置最优点为E，此时，仅有C选择非农就业；当非农工资函数改变为mm'时，家庭劳动配置最优点则为D，非农工资率的提高导致B、C均离农就业。

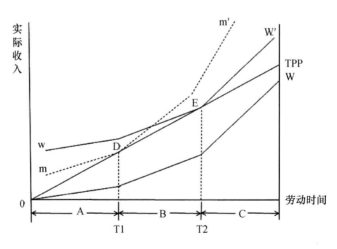

图7—1　农户劳动力选择就业模型

四 农民选择性就业能力的适应性调整

区别于传统农业，工业化中的非农产业呈现明显的异质化特征——不同产业及产业内不同企业的资本装备率不同；技术类别和技术水平不同；劳动生产率和工资率也不相同。由于竞争性市场机制的作用，工业化中的非农产业组织往往又处于资源结构调整、经营方式转换和技术手段改进的动态化成长过程。大量经验事实表明，异质化和动态化的非农产业部门的就业，是完全不同于传统农业的一种择强汰弱[①]的非道义游戏。劳动者职业选择自由度的大小和职业稳定性的高低，与其人力资本呈正相关。那些具有吃苦耐劳精神但缺乏文化技能的离农谋业的农民工，其职业选择空间只能限定在低技术、低工资和临时性的非农次级劳动市场；若企望在高工资率且相对稳定的城市一级劳动市场寻得一份心仪的职业，唯有通过人力资本投资大幅度提高可跨越该类职业门槛的劳动技能和职业素质。[②]

面对新的就业环境，农民将做出何种反应，是无奈坚守？还是适应性改变？这取决于农民是否满足理性经济人假设。在舒尔茨看来，"全世界的农民都在与成本、利润和风险打交道，从这一角度讲，他们都是时刻在算计个人收益的经济人。在自己那小小的、个人的和进行资源配置的领域里，这些农民都是企业家"（舒尔茨，2002）。尽管学界曾有过争议，[③] 但在舒尔茨之后，农民理性人假设被普遍认可。

作为理性经济人，农民对于工业化所显现的"能改变他们命运的经济良机不会无动于衷"（舒尔茨，2001）。短期，他们通过空间流动，寻求现有劳动的最优价格；长期，将逆转其家庭人口生产的量质偏好结构。即，面对城市劳动市场的就业规则，农民会增加其家庭成员特别是其子女的人力资本投资。这将导致农村人口生产的代际优化；若以补偿性人力资

---

① 此处的强弱仅指专业知识和技术能力的差别。
② 假设不存在排斥农业户籍劳动者在正规部门就业的制度性障碍。
③ 参见恰亚诺夫（1996）和斯科特（2001）。

本政策①相配合，最终可实现乡城人口素质的趋同，使农村劳动力也成为一级劳动市场的竞争性就业者。那时的农民，"因其对自身人力资本的巨大投资而成为资本家"（舒尔茨，2001）了。根据贝克尔（2005）的新家庭经济学，以及 Becker，Murphy & Tamura（1990）、卢卡斯（2003，第五章）和 Galor & Weil（2000）等人的人口内生的经济增长理论，家庭人口生产的数量和质量方面存在着替代关系。这是因为，在收入增加和时间价值提高的情况下，一方面，人口生产的直接成本和机会成本增加；另一方面，家庭人口数量投资的贴现率远大于人口质量投资的贴现率。因此，"当家庭收入增加时，父母会选择少要一些孩子，用孩子的质量代替数量"（舒尔茨，2002）。② 工业化的劳动市场扩展效应瓦解了身份农民生存的外部环境，而工业化的人口转型效应则根除了传统农民代际存续的自身条件。

工业化进程中的人口生产量质偏好转型，可以为工业化国家（地区）的大量经验事实所证实。图7—2显示，在20世纪不同时期的十多年间，美国、英国、日本和中国台湾的受教育人数大幅度增长的同时，其生育率均显著下降。经历最近30余年高速工业化和市场化，中国农村人口生产也纳入了量质偏好逆转的轨道。1990—2012年，中国农村劳动力平均受教育年数由6.41年提高至8.38年，生育率则由21.06‰下降到12.08‰（见表7—1）。③人口转型的结果之一是农业劳动力人力资本的提升。根据美国农业部的研究报告，1985年，美国农场主中完成8年以下教育的人数只占农场主总数的13.3%，完成8—12年的占10.9%，完成12年以上教育的人数占到75.5%。参加农业劳动的家庭劳动力的文化水平更高，上述三类人的比例分别为9.6%、13.4%和77.1%。农场主受教育年数的中位数是12.6年（徐更生，2007）。

---

① 这里"补偿性"的含义是，首先消除教育、医疗服务和其他公共基础设施的城乡差异化制度设计，并在一定时期，出台加大教育机会供给等有利于加速农村人力资本积累的倾斜性扶持政策。

② 工业化的人口转型效应还表现在性别偏好的减弱。在低技术的传统经济中，男性偏好有其经济合理性；当知识和技术成为决定收入的关键因素时，家庭人口生产的性别偏好就会减弱；越是发达的经济环境，性别偏好越弱。（当代中国农村家庭性别偏好的变化，参见郭剑雄、刘琦，2013）。

③ 此处生育率是城乡平均数据。关于中国农村人口生产转型的原因分析，参见刘琦、郭剑雄（2013）。

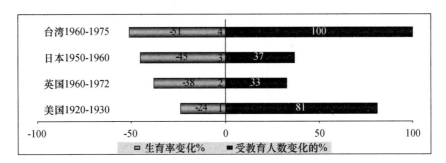

图7—2 若干国家（地区）不同历史时期的生育率和受教育水平的变化

说明：图中生育率的变化均为负，美国、英国是15—44岁妇女的出生率，日本、中国台湾是15—49岁妇女的总和生育率；受教育人数的变化率均为正，美国为在中学注册的14—17岁的人数，日本为完成初中教育的25—34岁的人数，台湾为完成高中教育的25—34岁的人数，英国是有文化的男性人数。资料来源：［美］加里·斯坦利·贝克尔：《家庭论》，北京：商务印书馆2005年版，第177—180页。

表7—1　　　　　　　　　中国农村居民家庭的人口转型

年份	出生率（城乡平均）‰	农村居民家庭劳动力文化状况　年
1990	21.06	6.41
2000	14.03	7.75
2012	12.08	8.38

说明：农村居民出生率用全国平均数替代。

数据来源：生育率数据来源于国家统计局人口和就业统计司《中国人口和就业统计年鉴2014》，北京：中国统计出版社2014年版，第8页；农村居民家庭劳动力文化状况数据来源于国家统计局《中国农村统计年鉴2014》，北京：中国统计出版社2014年版，第29页。

五　农业的企业化与农民的职业化

工业化在扩展农民就业选择集合和逆转农村人口生产偏好的同时，亦将引致农业自身的系统性和结构性变化。[①]（1）资源结构转变。劳动力大

————————

[①]　需要注意，农业自身变化对工业化影响的反映有一个滞后期。"未参加第一次工业革命和资本主义体系的农业是带着前机械化的和前资本主义的社会结构进入工业社会的"（孟德拉斯，2010），只有工业化推进到一定阶段，农业的结构性变化才会充分显现。

规模非农转移，劳动由过剩资源逐渐转变为稀缺性资源，劳动报酬的决定机制由制度性平均工资转变为边际生产力方程；由于劳动力的释放，微观上土地约束的放松，劳均或户均土地装备率渐进提高，最终"相对于机械设备和农业劳动者的技能来说，土地变成一种不太重要的生产资料"（孟德拉斯，2010）；相对价格的变化使资本品成为农业产出增长的廉价源泉，资本作为劳动的替代资源大规模进入农业，逐渐成为影响农业产出的决定性因素；[①] 农业生产函数中的投入变量相应地由土地、劳动转换为资本和劳动，亦即由古典形式转变为新古典形式。（2）技术类型升级。基于劳动的内卷化，传统农业以劳动密集型技术为适宜技术，该技术呈典型的报酬递减性质和低劳动生产率特征；资源结构的前述改变，资本密集型技术将演化为工业化农业的典型技术，虽然资本仍服从报酬递减律，但因土地/劳动比和资本/劳动比的改善，该类技术应用的结果是劳动生产率的大幅度增长。工业化时期的技术进步机制与传统农业完全不同，"新技术直接来自实验室的研究，而不是来自农业劳动者的摸索"（孟德拉斯，2010）。"……人类智慧的有组织的创造力已经成为一种生产力，足以补偿土地和自然资源的种种局限"（罗斯托，2014）。技术进步速率因此大大加快，"这个世界从工业革命以来区别于以往世界的不同点就是，它把科学和技术系统地、经常地、逐步地应用于商品生产和服务业方面"（罗斯托，2014）。（3）生产组织变迁。在资源结构和技术类型改变的基础上，农业生产组织的性质终将由产量最大化的生存型农业转向利润最大化的牟利型农业；由无成本核算的非市场化资源配置方式转向机会成本权衡和投入产出核算的市场化配置机制；由生产决策依赖于消费决策的生产—消费一体化农户，转变为生产决策独立于消费决策的生产—消费分离的农业企业。概言之，"'工业化'这个词意味着农业在自身现代化过程中将追随工业的足迹"（孟德拉斯，2010）。

农业部门的资本密集型技术进步，体现在新机器设备的广泛投入，新粮食品种的引进，新生产工艺的采用，产品质量和生态环境的绿色安全要

---

① "劳动者数量的减少和土地的集中将要求大量的投资，以便改造和装备企业"（孟德拉斯，2010）。结果是"农业较迟地经历着第二次工业革命……借助于拖拉机和联合收割机、内燃机使机器作用于固定的劳动资料上，从而战胜了空间的约束"（孟德拉斯，2010）。

求等方面。该类技术日渐显现技能偏态的特征，即新技术的应用要求相应技能的劳动力与之匹配。正如舒尔茨指出的，"一般来说，在技术上优越的生产要素是农业增长的一个主要源泉的地方，就要考虑教育的重要性"（1987）。"许多新的要素只有在农民进行很繁杂的技术变更之后才会有收益。这就要求农民了解信息，并学习新技术"（2001）。在技能偏态技术进步条件下，"人力资本的积累和实物资本的积累，二者是相互促进的"（弗里德曼，2014），这将促使农业资源结构优化和技术进步的良性互动，提高农业技术的贡献率。更为重要的是，"农业中人发挥的作用遵从报酬递增率"，[①] 这构成农业可持续增长的源泉。农业的市场化和企业化转型，要求农业生产经营者必须具备农产品市场风险的评估和化解能力，差异化农产品的创新能力和市场开拓能力，生产要素的优化配置能力等企业家才能。该种才能成为市场经济中决定农业企业生存和成长的关键因素。"在决定谁能生存下来时，教育的效应非常显著，它提高了应对农业生产变化的能力"（舒尔茨，2001）。新技术操作技能和企业家才能在农业生产经营中作用的显现，将形成对农业人力资本的现实需求。这一需求在随着人力资本作用提高而增强的同时，必然伴生人力资本农业工资的"溢价"——相对于农业普通劳动力工资的显著增长，以及相对于非农就业工资差距的收敛直至趋同。

在农业企业化转变和农业收益率显著增长的背景下，农业也将逐渐成长为一个人力资源的竞争性就业部门。（1）企业家才能的农业就业。当农业企业化演进使企业家才能农业就业的回报率不小于其非农就业回报率时，农业经营就会成为企业家才能就业选择集合中的优先选择。农业企业家才能的供给主体，既包括农业规模化和市场化经营中成长起来的农民企业家，也包括部分接受高层次教育和培训以及非农就业训练的新生代农民，还可能将部分非农企业家吸纳进来——因为进入工业化后期，低端产

[①]　参见马歇尔《经济学原理》第五篇，第十章，第 8 节。转引自西奥多·W. 舒尔茨（2001）。

业利润空间在缩小。① （2）技能劳动力的农业就业。与企业家才能一样，农业技能劳动力的来源也涉及农村和非农两个部门，② 也包括"干中学"形成的实践型技能人才和通过正规教育和专业培训形成的知识型技能人才。其选择农业就业的条件，也是农业和非农两部门就业收益率的权衡。③ （3）农业工人的形成。农业技术进步并不能实现资本对劳动的完全替代，即使在发达农业阶段，劳动仍将构成农业生产的基本投入。农业的企业化过程同时是农业从业者的职业分化过程，有人以农业企业家为其主要职能，有人以专业技能主要从事农业技术服务，更多的人还需充任农业生产过程的一般劳动力。人口生产转型无疑可以提高农村劳动者的平均受教育程度，但不能保障每个劳动者获得相同的人力资本水平和无差异的就业机会。那些缺少企业家才能和技能专长的农村劳动力，虽然拥有在非农次级劳动市场打工的就业选择机会，但当其农业工资率大于等于打工工资率时，他们就会转身为农业工人。

以上分析表明，农业企业化产生了对农业从业者的选择：并非出生在农村就可以成为农业企业家，经营农业首先取决于他们的农业经营才能；除非拥有专业技能，否则，即使出生在农村也不能享有农业技术进步和农业企业化带来的工资"溢价"；除上述两种途径以外，留在农村，只能成为农业工人或农业部门的临时性就业者。在工业化背景下，无论是农业企业家、农业技术劳动力还是农业工人，他们都至少拥有非农和农业两种就业机会构成的就业选择集合。此时从事农业，与他们是否出身于农民家庭关系不大，而主要是各自农业就业收入相对于其所放弃的非农就业机会成

---

① 企业家型职业农民形成的条件，除具有企业家才能或经营管理企业的经验及专业知识外，还应是资本所有者：（1）有能力大规模和长期租赁土地；（2）有能力进行农业基础实施投入；（3）有能力投资现代农业生产工具；（4）有能力承担农业投资的沉没成本；（5）有能力支撑农业投资的长期回报；（6）有能力雇佣农业工人等。相应地，其农业职业门槛条件是：（1）企业家才能的农业经营回报率≥其企业家才能非农经营的回报率；（2）资本农业企业投资的回报率≥资本非农企业投资的回报率。

② "具有高度教育水平的城市人在农业现代化中比教育水平低的农民要有利"。（舒尔茨，1987）

③ 接受高层次教育的农村子女一般可以在城市一级劳动市场获得工作。因此，他们的农业就业应满足农业职业回报率≥非农一级市场职业回报率。

本占优的结果。此时，当农民①不再是与生俱来的一种命运安排，而是从业者和农业组织双向选择的结果。农民由此走向职业化。

六　结论和政策建议

农民的现代化发端于现代工业和现代服务业大规模兴起的工业化进程。其时，不仅衍生出众多高生产率和高工资率的非农产业部门及其提供的大量就业机会，而且农业与其他产业以及各非农产业之间又存在着相互开放和可流动的劳动力市场。与传统农民不同，处于工业化进程中的农民的就业选择集合不再是一种单一结构，而是由众多选择机会组成的集束结构。作为理性经济人，农民对于工业化所显现的能改变他们命运的经济机会不会无动于衷。短期，他们通过空间流动，寻求现有劳动的最优价格；长期，为适应城市劳动市场的就业规则，则将逆转其家庭人口生产的量质偏好结构，实现人口生产的代际优化和乡城人口素质的趋同，使农村劳动力有能力成为现代高收益率部门的竞争性就业者。工业化进程同时也是农业自身资源结构、技术体系和组织形态的系统性和结构性变化过程。这一变化最终可将农业改造成为一个高工资率的现代产业部门。当农业工资率大于等于非农工资率时，从业务农就可以是劳动者在拥有多种就业机会前提下的一种自主选择。此时的农民，不再是低人一等的"身份"，也不是无可选择的"选择"，而是在现代产业体系中拥有自主选择权利和高收入水准的市场主体之一。工业化的劳动市场扩展效应瓦解了身份农民生存的外部环境，工业化的人口转型效应则根除了传统农民代际存续的自身条件，而农业的企业化进一步把农民变成了一种自愿选择的职业。②

如果说农民的职业化取决于工业化进程中的非农就业市场拓展、人口生产量质偏好转型以及农业企业化的系统性和关联性变化，那么，促进职业农民形成的政策就应当从助推上述三个方面的积极变化着眼。首先，从

---

①　此处的农民是农业企业家、农业技术劳动力和农业工人的合称。

②　"工业革命的发生正是由自由激发的"，"自由的生命力，在农业方面展现得淋漓尽致"（弗里德曼《自由选择》，第4—5页）。没有工业化进程中农民就业选择机会扩展，没有自由市场机制引入农业，就没有农民的职业化。

当今中国经济发展的实际来看，农业部门远未形成农业就业收益率大于等于非农就业收益率的劳动力优先选择的门槛条件。为此，加速农业企业化转变的相关对策应当构成农民职业化政策的最主要内容。其次，农业的企业化依赖于农业劳动力的充分转移，制约当前中国农民非农转移的一个突出因素是其非农就业能力不足。针对农民教育和培训机会供给的增加，不仅有利于农民的转移就业，也有利于农业劳动力整体素质的提升。此外，中国尚未完成其工业化进程。非农就业机会的创造，不仅是工业化的题中之意，也是农业现代化和农民职业化的基本前提。

参考文献

［英］弗兰克·艾利思：《农民经济学》，上海：上海人民出版社 2006 年版。

白蕴芳：《农村劳动力外移背景下的新型农民培育》，《西北农林科技大学学报》2007 年第 1 期。

［美］加里·斯坦利·贝克尔：《家庭论》，北京：商务印书馆 2005 年版。

陈池波、韩战兵：《农村空心化、农民荒与职业农民培育》，《中国地质大学学报》2013 年第 1 期。

［美］米尔顿·弗里德曼、罗丝·弗里德曼：《自由选择》，北京：机械工业出版社 2014 年版。

郭剑雄、刘琦：《生育率下降与农村女孩教育的逆歧视性增长》，《思想战线》2013 年第 4 期。

胡小平、李伟：《农村人口老龄化背景下新型职业农民培育问题研究》，《四川师范大学学报》（社会科学版）2014 年第 3 期。

赖作莲：《土地流转与职业农民教育——基于美、英、法、日等国的经验》，《经济研究导刊》2014 年第 22 期。

李丙金、徐璋勇：《赋予选择权利和提高可行能力：新农村建设中新型农民培养的核心》，《西北大学学报》2012 年第 6 期。

李国祥、杨正周：《美国培养新型职业农民政策及启示》，《农业经济问题》2013 年第 5 期。

李培林：《村落的终结——羊城村的故事》，北京：商务印书馆 2004 年版。

刘琦、郭剑雄：《人口生产数量偏好向质量偏好的转变》，《西北师范大学学报》2013 年第 5 期。

［美］小罗伯特·E. 卢卡斯：《经济发展讲座》，南京：江苏人民出版社 2003 年版。

［美］W. W. 罗斯托：《这一切是怎么开始的——现代经济的起源》，北京：商务印书馆 2014 年版。

［英］阿弗里德·马歇尔：《经济学原理》，北京：华夏出版社 2013 年版。

［法］H. 孟德拉斯：《农民的终结》，北京：社会科学文献出版社 2010 年第 2 版。

［俄］A. 恰亚诺夫：《农民经济组织》，北京：中央编译出版社 1996 年版。

［美］西奥多·W. 舒尔茨：《改造传统农业》，北京：商务印书馆 1987 年版。

［美］西奥多·W. 舒尔茨：《报酬递增的源泉》，北京：北京大学出版社 2001 年版。

［美］西奥多·W. 舒尔茨:《对人进行投资——人口质量经济学》，北京：首都经济贸易大学出版社 2002 年版。

［美］詹姆斯·C. 斯科特:《农民的道义经济学：东南亚的反叛与生存》，北京：译林出版社 2001 年版。

王晶:《国外农民生活——美国》，北京：中国社会出版社 2006 年版。

魏学文、刘文烈:《新型职业农民：内涵、特征与培育机制》，《农业经济》2013 年第 7 期。

吴宏耀:《培育新型职业农民要提升农业吸引力》，《农民科技培训》2012 年第 5 期。

［英］约翰·希克斯:《经济史理论》，北京：商务印书馆 1987 年版。

夏益国、宫春生:《粮食安全视域下农业适度规模经营与新型职业农民》，《农业经济问题》2015 年第 5 期。

肖黎、刘纯阳:《新型农民培育的产品属性及其供给主体的行为分析》，《农业经济问题》2010 年第 3 期。

徐更生:《美国农业政策》，北京：经济管理出版社 2007 年版。

杨小凯:《分工与专业化》，载汤敏、茅于轼主编:《现代经济学前沿专题》第三集，北京：商务印书馆 1999 年版。

叶俊涛、米松华:《新型职业农民培育的理论阐释、他国经验与创新路径》，《江西社会科学》2014 年第 4 期。

曾福生、夏玉莲:《农地流转与新型农民培育研究——基于多项式分布滞后模型的实证研究》，《农业技术经济》2014 年第 6 期。

张春艳、韦子平:《改革创新体制机制，培育新职业农民——以安徽省为例》，《经济研究导刊》2014 年第 27 期。

张桃林:《新型职业农民，农业现代化发展的核心》，《农业·农村·农民》2012 年 4B。

张晓山:《家庭农场将培养出一批职业农民》，《农村工作通讯》2013 年第 6 期。

赵培芳、李玉萍、金华旺、姚晓磊:《大学生入职新型职业农民意愿实证分析——基于山西省高校的调研》，《山西农业大学学报》（哲学社会科学版）2015 年第 5 期。

郑兴明、曾宪禄:《农科类大学生能成为新型职业农民的主力军吗？——基于大学生农村基层服务意愿的实证分析》，《华中农业大学学报》（社会科学版）2015 年第 5 期。

朱启臻:《新型职业农民与家庭农场》，《中国农业大学学报》2013 年第 2 期。

朱启臻、闻静超:《论新型职业农民及其培育》，《农业工程》2012 年第 3 期。

Becker, Gary S., Kevin M. Murphy and Mark M. Tamura, 1990: Human Capital, Fertility, and Economic Growth. *Journal of Political Economy*, Vol. 98, No. 5, 734 – 754.

Galor, Oded and David N. Weil, 2000: Population, Technology, and Growth: From Malthusian Stagnation to the Demographic Transition and Beyond. *The American Economic Review*, Vol. 90, No. 4, September: 806 – 828.

第二部分

人口转型及其影响

第 八 章

工业化进程中人口生产量质偏好的转型[*]

一　工业化进程中生育率与
人力资本的逆向变动

两个多世纪以前，马尔萨斯（Malthus, Thomos R. 1992）首次建立了一个包含人口变量的经济增长模型。该模型的核心思想可以概括为如下两个基本方程：

$$\frac{\dot{p}}{p} = \lambda(y - y_0) \tag{8.1}$$

$$\frac{\dot{y}}{y} = (\beta - 1)\frac{\dot{p}}{p} \tag{8.2}$$

式中 p 代表人口，y 表示人均产出，y_0 为与最低生存水平对应的人均产量；参数 $\lambda > 0$，$0 < \beta < 1$。（8.1）式显示，人口增长率是人均收入的增函数，且存在一个最低生存水平，当人均收入高于这一水平时，人口增长率大于 0，反之则小于 0。（8.2）式表明，人均收入增长率又是人口增长率的减函数，即在技术和总产出既定的条件下，生育率的提高会降低人均收入水平，使 y 向 y_0 趋近。因此，在马尔萨斯理论所刻画的世界中，技术进步所带来的生产能力的提高，只会导致人口的增加，而不会改变真实

---

　　[*] 本章采自郭剑雄、李志俊《人力资本、生育率与内生农业发展》（人民出版社 2010 年版）第七章《生育率、人力资本逆向变动之机制及发展含义》。文字有改动。

人均收入，[①] 人均收入长期收敛于仅能够维持生存的低水平均衡陷阱。[②] 在西方经济学界，马尔萨斯模型是被用来作为解析具有超稳态结构的传统经济的有效工具。

后马尔萨斯时代，世界经济的发展呈现出与以往历史大不相同的特征。第一，在工业革命发生并成功推进的国家或地区，人均收入出现快速和持续增长。以 1985 年美元计，1800 年美国的人均 GDP 为 870 美元，到 1900 年、1950 年和 1990 年，分别增长到 3943 美元、8772 美元和 18054 美元。1990 年与 1800 年相比，先行工业化国家人均 GDP 的增长均超过了 15 倍，有的甚至超过 20 倍。后起的工业化国家或地区，人均收入的变动也显现了同样的趋势（见表 8—1 和图 8—1）。[③] 第二，在这些国家或地区，人口增长率并未与人均收入增长率同步提高，相反却下降了。1871—1901 年间，英格兰和威尔士妇女的生育率下降了 26 个百分点；1920—1930 年、1960—1972 年，美国妇女的生育率分别降低 24 个和 38 个百分点；生育率的类似变化同样发生在日本、中国台湾省等国家和地区的工业化高速推进时期（见图 8—2）。人均收入高速增长经济体的生育率下降趋势至今一直在延续着。比如，美国家庭户均人口数 1970 年是 3.33 人，1980 年减少为 2.76 人，2003 年进一步降至 2.57 人。[④] 第三，与此同时，以受教育程度衡量的人口质量或人力资本水平显著改善。图 8—2 同时提供了美国、英国、日本和中国台湾地区的与生育率变化同期的受教育人口增长率数据。另据资料，1920 年，美国完成高中教育和 4 年及以上大学教育的人数的百分比分别是 16.4% 和 3.3%；到 1960 年，这两项数据成

---

① 马尔萨斯模型的突出优点是，能够在人口和技术冲击下预测到不变的生存消费水平的存在。或者说，在一个人均收入保持不变的世界中，人口增长本身就能测量生产增长，从而也能测量技术变化率。参见［美］小罗伯特·E. 卢卡斯《经济发展讲座》，南京：江苏人民出版社 2003 年版，第五章《工业革命：过去与未来》。

② 从人类社会最早期开始直到 19 世纪初左右，世界人口以及商品和服务的产出量大致以不变的速度缓慢增长着。人均收入水平大致维持在 600 美元左右（1985 年美元），穷国与富国的人均收入差距不超过 ±200 美元。参见［美］小罗伯特·E. 卢卡斯《经济发展讲座》第五章《工业革命：过去与未来》，南京：江苏人民出版社 2003 年版。

③ 数据来源：［美］小罗伯特·E. 卢卡斯《经济发展讲座》，南京：江苏人民出版社 2003 年版，附录表 5.2，第 181 页。

④ 数据来源：陈奕平：《人口变迁与当代美国社会》，北京：世界知识出版社 2006 年版，第 102 页。

为 41% 和 7.7% ; 2003 年则分别高达 84.6% 、27.2% 。[①]

表 8—1　　　　　　不同国家（地区）的人均 GDP（1985 年美元）　　1800—1990 年

	1800	1850	1875	1900	1925	1950	1960	1970	1980	1990	1990/1800
英国	840	1864	2633	3527	4362	5395	6823	8537	10167	13217	15.7
美国	870	1519	2581	3943	6034	8772	9895	12963	15295	18054	20.8
法国	752	1207	1612	2152	3110	4045	5823	9200	11756	13904	18.5
德国	738	1048	1488	2179	2974	3122	5843	8415	11005	13543	18.4
加拿大	854	1279	1923	3095	4254	6380	7258	10124	14133	17173	20.1
日本	636	625	681	1025	1401	1430	2954	7307	10072	14331	22.5
东欧	620	709	797	911	1078	1340	1823	2621	3986	3970	6.4
苏 联	620	697	815	991	1114	1713	2397	4088	6119	7741	12.5
东亚	630	630	630	630	630	630	1004	1812	3458	6807	10.8 *
中国	630	630	630	630	630	500	568	697	973	1325	2.7 *

说明：带 * 号的为 1990/1950 的数据。

资料来源：［美］小罗伯特·E. 卢卡斯：《经济发展讲座》，南京：江苏人民出版社 2003 年版，附录表 5.2，第 181 页。

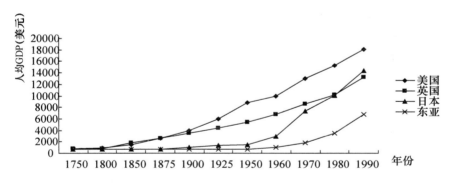

图 8—1　工业化国家（地区）人均 GDP 变化

数据来源：表 8—1。

工业化及其人均收入持续、快速增长过程中生育率下降和人均人力资本水平提高的规律性变化，同样可以在世界各国的横截面数据中观察到。

---

① 数据来源：陈奕平：《人口变迁与当代美国社会》，北京：世界知识出版社 2006 年版，附表 10，第 301 页。

表 8—2 显示，高收入国家 20 世纪 80 年代的人口增长率大多低于 10‰，有的仅为 2‰—3‰，甚至等于 0。1985 年，这些国家的人口平均受教育年数介于 6.3—11.8 年。与此形成显著反差的是低收入国家，他们同期的人口增长率高达 25‰以上，而人均受教育年限一般低于 4.3 年，个别国家甚至不到 1 年。处于中等收入水平的国家或地区，人口增长率和人均受教育程度也介于前述两类国家之间。如果说，发达国家的现状大体上展示了发展中国家未来的情景，那么，工业化过程中人口生产数量与质量偏好的转变就是一条具有普适性的规律。

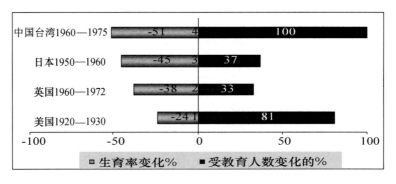

图 8—2 不同国家（地区）不同历史时期的生育率和受教育水平变化

说明：图中生育率的变化均为负，美国、英国是 15—44 岁妇女的出生率，日本、中国台湾是 15—49 岁妇女的总和生育率；受教育人数的变化率均为正，美国为在中学注册的 14—17 岁的人数，日本为完成初中教育的 25—34 岁的人数，中国台湾为完成高中教育的 25—34 岁的人数，英国是有文化的男性人数。资料来源：［美］加里·斯坦利·贝克尔：《家庭论》，北京：商务印书馆 2005 年版，第 177—180 页。

表 8—2 不同发展水平国家（地区）的人口增长率和平均受教育年限

国家（地区）	劳均 GDP（1990）（美元）	平均人口增长率（1980—1990）（‰）	平均受教育年限（1985）
美国	36810.0	9	11.8
加拿大	34233.3	10	10.4
瑞士	32760.9	6	9.1
意大利	30920.4	2	6.3
法国	30184.2	5	6.5

续表

国家（地区）	劳均 GDP （1990）（美元）	平均人口增长率 （1980—1990）（‰）	平均受教育年限（1985）
西德	29448.0	3	8.5
瑞典	28343.7	3	9.4
英国	26871.3	2	8.7
丹麦	25030.8	0	10.3
日本	22454.1	6	8.5
中国台湾	18405.0	13	7.0
韩国	15828.3	12	7.8
阿根廷	13251.6	14	6.7
巴西	11043.0	21	3.5
南斯拉夫	9938.7	7	7.2
巴基斯坦	4785.3	31	1.9
津巴布韦	2576.7	34	2.6
赞比亚	2208.6	35	4.3
加纳	1840.5	33	3.2
肯尼亚	1840.5	37	3.1
卢旺达	1472.4	29	0.8
马里	1104.3	25	0.8

资料来源：［美］查尔斯·I. 琼斯：《经济增长导论》，北京：北京大学出版社 2002 年版，附录 B "经济增长数据"，第 176—179 页。

　　后马尔萨斯时代收入增长和人口转型的现实背景蕴含着诸多富有挑战性的研究课题。其中突出的问题有：（1）工业革命以来，生育率为什么会下降？人力资本投资为什么增长？（2）人均收入是如何跳出"马尔萨斯陷阱"进入快速增长轨道的？生育率及人力资本的变化与长期经济增长（发展）是什么关系？（3）生育率下降与人力资本投资增长之间是否关联？以及如何关联？本章，我们把讨论的重点放在第（3）个问题上。

　　第二节借助贝克尔（Becker, Gary S. 1995，2005）建立的包含子女数量和质量的家庭效用函数，寻求人均收入增长过程中生育率与人力资本相互关系的微观机制解释；第三节将人力资本和生育率关系的讨论引入经济增长框架，运用"B—M—T模型"（Becker，Muphy & Tamura，1990）等内生增长理论工具，试图在宏观层面上对二者关系做出解答；第四节，将着眼点落在中国。首先考察中国经济高速增长以来生育率与人力资本关系的演变，其次阐明这种变化对中国经济发展所蕴含的意义。

二 代际效用函数中子女数量与质量的关系

诺贝尔经济学奖得主、美国芝加哥大学教授加里·斯坦利·贝克尔，以"经济学方法"研究"非经济问题"著称于世。贝克尔抱守"经济人"信条，认为经济人假设不仅可以用来解释经济活动领域人们的行为，而且是剖析歧视、犯罪、婚姻和家庭等各种人类行为的有效工具。总之，在贝克尔看来，经济学研究方法提供了应用于分析一切人类行为的结构。[①] 贝克尔对经济学发展的重大贡献之一，是"在家庭范畴全面应用了传统上只用于研究企业及消费者的分析框架"，[②] 由此重新构造了家庭经济理论。贝克尔的新家庭经济理论，可以对工业化程中人口生产的量质转变现象提供某种解释。

在将微观经济学方法引入家庭问题分析时，贝克尔遵循了如下若干假设：（1）家庭不仅是通过购买市场产品实现效用最大化的消费单位，同时，也是综合运用家庭成员时间和家庭物质资源生产非市场产品的生产组织。[③] 家庭生产的产品诸如睡眠、健康、声望、亲情、子女的数量与质量等。家庭效用函数中的自变量，可以是家庭成员提供市场活动而获得的市

[①] 瑞典皇家科学院在向贝克尔颁发诺贝尔经济学奖的授奖词中指出，贝克尔"把微观经济学的研究领域延伸到人类行为及其相互关系"，"不仅对经济学，而且给其他社会科学学科带来了较大影响"。转引自［美］加里·斯坦利·贝克尔《家庭论》，北京：商务印书馆2005年版，译者的话。

[②] ［英］马克·布劳格：《现代百名著名经济学家》，北京：经济科学出版社1989年版，第60页。

[③] 贝克尔将家庭非市场产品的生产函数记作：$Z_i = f_i(x_i, T_i)$。Z_i是家庭生产的第 i 种基本产品，x_i 表示市场产品向量，T_i 表示用于生产第 i 种产品的时间投入向量。一般来说，Z_i 对于 x_i 与 T_i 的偏导数非负。参见［美］加里·斯坦利·贝克尔《家庭论》，北京：商务印书馆2005年版，第111—112页。

场产品，更包括家庭生产的非市场产品。[①]（2）与传统消费者理论的单人家庭不同，贝克尔的家庭由多人组成。多人家庭的特征是：第一，各个家庭成员拥有的时间、技能和资源，在生产家庭基本产品时具有"联合效用"，因而家庭是有效率的经济组织；第二，不同家庭成员具有相互依赖的效用函数。（3）家庭内每个人存活两代。在第一代，他（她）是孩子，父母对他（她）成人的生产投入时间和其他资源；第二代里，他（她）是成年人，他（她）创造收入，进行消费，并对自己的孩子进行投资。这样，在静态上，一个家庭由两代人组成；若将家庭结构动态化，可以产生一个由代际序列形成的家庭王朝。（4）父母对孩子是利他主义者，即父母的效用函数正向依赖于其子女的效用函数。[②] 一个利他主义者的家庭，可以看作存在一个家庭效用函数，家庭成员都自愿地使这一函数极大化。

从前述假设条件出发，贝克尔构建了一个由两代人组成的家庭的效用函数。如果父母的效用（U_0）是他们自己的消费（c_0）、他们所拥有的子女的数量（n_0）和每个子女效用（U_1, i）的加法离散函数，那么，

$$U_0 = v(c_0, n_0) + \sum_{i=1}^{n_0} \psi_i(U_{1,i}, n_0) \tag{8.3}$$

其中 v 是一个标准的即期效用函数。假设父母对孩子之间差异的反映无足轻重，即对所有孩子来说，函数 $\psi_i = \psi$。在每个孩子的效用中，如果该函数是增加的且呈凹形抛物线，那么，当每个孩子得到相同水平的效用时，父母的效用就极大化：即对所有的 i 和 j 来说，$U_{1i} = U_{1j}$。此时，父母的效用函数就变成：

$$U_0 = v(c_0, n_0) + n_0 \psi(U_1, n_0) \tag{8.4}$$

另外，假设 U_0 线性依赖于 U_1，所以，$\psi(U_1, n_0) = a(n_0) U_1$，父母的效用函数可由下式给出：

$$U_0 = v(c_0, n_0) + a(n_0) n_0 U_1 \tag{8.5}$$

---

① 　与传统消费理论相比，贝克尔对家庭的功能做出了重要的拓展。

② 　严格地说，利他主义应该被定义为：$U_i = U(Z_{1i}, \cdots Z_{mi}, \psi(U_j))$，$\partial U_i / \partial U_j > 0$。这里，$i$ 和 j 分别代表父母和子女。对孩子的利他主义意味着，通过动态效用函数可以把家庭中所有各代人的福利融为一体。参见 ［美］加里·斯坦利·贝克尔《家庭论》，北京：商务印书馆 2005 年版，第 326、212 页。

$a(n_0)$ 项衡量父母对每个孩子的利他主义程度，亦即把孩子的效用转化成父母效用的程度。[①]

在贝克尔看来，子女长大成人时的效用，等于子女长大成人时所获得的收入，也等于子女的质量。[②] 这样，家庭效用函数就可以进一步简化为：

$$U = U(n,q,y) \tag{8.6}$$

式中的 q 表示子女的质量（假设所有子女的质量相同），y 表示所有其他商品的消费比率。（8.6）式是一个简洁的包含子女数量和质量在内的家庭效用函数。该函数表明，父母的效用不仅取决于他们自己的消费，而且还与他们生育的子女数量和每个孩子的质量有关。[③] 该效用函数服从如下预算约束条件：

$$I = nq\pi + y\pi_y \tag{8.7}$$

这里，I 表示家庭收入，π 表示 n、q 的价格，π_y 是 y 的价格。受预算限制的家庭效用函数极大化的一阶条件是：

$$MU_n = \lambda q\pi = \lambda p_n \ ; \ MU_q = \lambda n\pi = \lambda p_q \ ; \ MU_y = \lambda \pi_y = \lambda p_y \tag{8.8}$$

其中，MU 表示边际效用，p 是边际成本或影子价格，λ 表示货币收入的边际效用。[④]

在贝克尔的家庭效用函数中，子女数量和子女质量成为决策变量。因而，在服从预算约束的前提下，在实现家庭效用极大化的行为选择中，不可避免地会涉及子女数量与子女质量间关系的权衡。影响这种权衡的因素包括：

---

① 参见［美］加里·斯坦利·贝克尔《家庭论》，北京：商务印书馆 2005 年版，第 187—188 页。

② 参见同上书，第 273、280—282 页。

③ 贝克尔给出的将子女纳入父母效用函数的理由是，对于父母来说，子女是一种心理收入或满足的来源。按照经济学的术语，子女可以看成是一种消费商品，有些时候，子女还可以提供货币收入，因而又是一种生产品。而且，由于用于子女的支出和子女带来的收入都不是一成不变的，而是随子女年龄变化而有所不同，使得子女既是一种耐用消费品，又是一种生产品。参见［美］加里·斯坦利·贝克尔《人类行为的经济分析》，上海：上海三联书店、上海人民出版社 1995 年版，第 211 页。

④ 参见［美］加里·斯坦利·贝克尔《人类行为的经济分析》，上海：上海三联书店、上海人民出版社 1995 年版，第 236 页。

收入。子女在贝克尔的父母效用方程中被视为耐用消费品，因而，耐用消费品的需求理论在关于子女需求的分析中同样是一个有用的框架①。假定子女的价格不变，提高家庭收入的结果，会导致对子女需求或对子女支出的增加，这称为对子女需求的收入效应。这里潜在的前提是，子女是正常商品而非劣质品。如同对普通商品的需求一样，收入效应并非主要表现为购买的此类商品的数量的简单增加，而是更突出地体现在对所使用商品质量提高的追求方面。从与普通耐用品的类比中，贝克尔得出了对子女数量需求的收入弹性与对子女质量需求的收入弹性间的关系：随着收入的增加，后者远远大于前者。"对汽车、房屋或电冰箱等几乎所有其他耐用消费品来说，同质量的收入弹性比较，数量的收入弹性通常较小，在高收入水平，家庭购买的东西质量更好，数量也更多。如果子女方面的支出也有类似的性质，那么，增加的子女支出的绝大部分将包含子女质量的提高。虽然一般来说数量的减少是个例外，但经济理论并不保证子女数量一定增加，因此，收入的增加可能既增加子女数量，又增加子女质量，但是数量弹性应低于质量弹性。"② 这样，收入效应就可以对经济成功发展过程中人口质量和数量的差别化变动趋势做出部分解释③。

时间价值。人们所拥有的时间可以划分为市场活动时间和非市场活动时间两部分。在市场活动时间，人们通过出售劳动获得货币收入或市场产品；非市场活动时间里，则通过家庭活动生产非市场产品。考虑到非市场产品对消费者福利的重要影响，家庭消费的均衡应是市场活动时间与非市场活动时间的最适组合。经济发展中人均收入水平的提高，首先改变了劳动者市场活动时间的价值，因为单位时间里劳动的收入流增加了④；同时，也改变了市场之外家庭活动时间的价值，因为家庭时间的消费是以放弃市场工作机会为代价的，相对于工作时间生产力的持续提高，家庭时间

---

① 参见［美］加里·斯坦利·贝克尔《人类行为的经济分析》，上海：上海三联书店、上海人民出版社 1995 年版，第 211 页。

② 同上书，第 213 页。

③ 由于收入变动并不能保证人口数量的收入弹性为负，因此，收入效应不是人口量质转变的充分条件。生育率的下降与此并存的平均人力资本水平的提高，还需结合下面给出的其他一些因素的作用做出解释。

④ 人们的收入由劳动报酬、资产受益和遗赠等部分构成，其中，劳动报酬是构成全部收入的主要方面。本章讨论的收入仅限于劳动收入。

的消费就变得更为昂贵。收入提高所带来的家庭活动时间价值的增长可以得到大量经验事实的支持。比如，相对于贫穷国家而言，"美国民众……具有强烈的时间观念：他们不断地作时间记录，安排约会计较分分秒秒，来去匆匆，吃饭也要节省时间"；[①] 尽管"闲暇"时间在增加，但"现代人们的时间使用变得比一个世纪以前更加精打细算……随时记录用去的消费时间、精心盘算消费时间的支出"。[②] 孩子是家庭生产的时间密集型"产品"，家庭消费时间价值的前述变化，提高了生育子女的直接成本和机会成本。这成为收入高增长国家或地区妇女生育率下降的重要的经济动因。在经济高增长时期及成熟经济阶段，人力资本与个人收入正相关。这又会激发利他主义父母增加对其子女的人力资本投资，他们期望子女成人后能得到高质量的生活。

价格效应。无论是增加子女的数量还是提高子女的质量，都需要投入家庭活动时间和其他家庭资源，因此，子女的数量和质量都是有价格的。在生产时间收入增加或在非生产时间所放弃报酬增多的条件下，子女的价格在提高，即子女变成日益昂贵的"产品"。在分析价格变动效应对子女数量和质量的影响时，贝克尔引入影子价格这一概念。此时，贝克尔将（8.7）式的预算限制扩展为如下（8.9）式。其中，子女成本中的成分 $n\pi_n$ 由依赖于数量而非质量的成本构成；类似地，成分 $q\pi_q$ 取决于质量而非数量。

$$I = n\pi_n + nq\pi + q\pi_q + yp_y \qquad (8.9)$$

子女数量、子女质量以及消费品的影子价格 p [③] 分别是：

$$p_n = \pi_n + q\pi \; ; \; p_q = \pi_q + n\pi \; ; \; p_y = \pi_y \qquad (8.10)$$

可见，质量的影子价格 p_q 依赖于数量 n ，数量的影子价格 p_n 亦依赖于质量 q 。表明子女的数量与质量密切相关。此时，相对于数量的子女的影子价格越高，子女的质量越高；相反，相对于子女质量的影子价格越

---

① ［美］加里·斯坦利·贝克尔：《人类行为的经济分析》，上海：上海三联书店、上海人民出版社 1995 年版，第 133 页。

② 同上。

③ 贝克尔的影子价格即边际成本。此处的边际成本包括边际机会成本。

高，子女的数量就越多①。在贝克尔家庭经济理论中，价格效应似乎是解释人口数量与质量反向变动关系最为精致的工具。

利他主义投资的贴现率。家庭中的利他主义，主要表现为父母对子女的转移支付，包括对子女的人力资本投资和物质资产遗赠。相对于遗产赠与而言，人力资本投资是更为普遍的形式。② 父母的利他主义程度 $[a(n_0)]$ 决定着对子女人力资本投资的强度，即"利他主义的父母乐意负担孩子人力资本投资的成本"③。在"经济人"的分析框架中，父母对子女的人力资本投资亦是图求回报的。这种回报，间接地取决于子女的质量（等价于子女成人后获得的收入或其获得的效用)④；直接地决定于子女的质量或效用在多大程度上折合为父母的效用，亦即父母对子女人力资本投资的贴现率的高低。影响父母利他主义投资贴现率的因素有多种，比如孩子的利己主义程度，⑤ 它与该贴现率正相关；比如人力资本投资的收益率，父母的利他主义程度既定，人力资本投资的收益率与该项投资的贴现率负相关；就我们此处讨论的问题而言，孩子数量对贴现率的影响应更受到关注。贝克尔认为，对每个孩子的利他主义程度，从而父母效用与未来相关的权数，会随着孩子数量的增加而减少，因而，出生率的上升提高了对未来的贴现率，这将阻碍对孩子的人力资本投资；反之，出生率下降，贴现率降低，对子女的人力资本投资则会增加⑥。这里，人力资本与生育率之间的联系也是反向的。

---

① 贝克尔还发现，子女数量的价格弹性超过子女质量的价格弹性。这同前面分析到收入弹性的数量—质量排序刚好相反。参见［美］加里·斯坦利·贝克尔《人类行为的经济分析》，上海：上海三联书店、上海人民出版社 1995 年版，第 242 页。

② 能够同时提供人力资本投资和遗产的仅存在于较富裕的家庭，在此类家庭，人类资本投资和遗产赠与之间存在着一定程度的替代关系；对于低收入家庭，父母的利他主义更普遍地表现为对子女的人力资本投资。

③ ［美］加里·斯坦利·贝克尔：《家庭论》，北京：商务印书馆 2005 年版，第 273、10 页。

④ 因为父母的效用正向地依赖于子女的质量获效用。

⑤ 贝克尔用"价值产品"来度量孩子的品质。所谓"价值产品"指"父母所关心的孩子的特殊品质和行为，即他们是否懒惰、在学校是否用功、是否经常去看望自己的父母、是否酗酒、婚姻是否美满及对自己的兄弟姐妹是否友善"。贝克尔认为，孩子减少对"价值产品"的消费，会降低父母对孩子的利他主义程度。见［美］加里·斯坦利·贝克尔《家庭论》，北京：商务印书馆 2005 年版，第 273、15 页。

⑥ 参见［美］加里·斯坦利·贝克尔《家庭论》，北京：商务印书馆 2005 年版，导论。

借助贝克尔的代际效用函数，可以获得如下几点基本结论：第一，家庭的满足并非消费品的一元函数，孩子的数量和质量均可以成为父母效用的来源。第二，在不同的经济环境中，子女数量及其质量的边际效用对父母的意义是不同的。第三，决定孩子数量效用和质量效用差异的因素有：人均收入水平及由此决定的时间价值，数量与质量的影子价格，人力资本投资的贴现率等。第四，随着经济发展，前述诸因素的变化会导致来自孩子数量的效用下降，来自孩子质量的效用提高。因此，生育率下降和人力资本的提高，是经济发展进程中的一般性规律。

值得强调的是，不能简单地把生育率下降看作人力资本提升的直接原因，二者之间的联系是建立在前面所列举的诸多因素作用机制之上的。生育率的降低仅仅意味着，向人力资本投资的有利环境同时存在。

三　内生增长模型中的生育率与人力资本

以一元的工业社会为背景，索洛（Solow，Robert. 1956）建立了一个经典的新古典经济增长模型。索洛模型所依据的总量生产函数是

$$Y = f(AL, K) \tag{8.11}$$

其中，Y 表示总产出，L、K 代表劳动和资本的投入量，A 为技术状态变量。该生产函数的性质为一次齐次函数，即产出关于资本 K 和有效劳动 AL 的规模报酬不变。在索洛的经济增长模型中，当人口增长率[①]和技术进步率不变时，人均收入增长率（$\tilde{y}$）决定于有效劳动的平均资本占用量（$\tilde{k}$），即

$$\tilde{y} = f(\tilde{k}) \tag{8.12}$$

在稳态条件下，即当

$$\Delta \tilde{k} = 0 \ \text{或} \ sf(\tilde{k}) = (n + g)\tilde{k}$$

时，经济增长率则取决于人口增长率 n 和技术进步率 g（设资本折旧率等于零）。虽然给明了经济增长的源泉，但索洛模型令人遗憾地将决定经济

---

① 等于劳动增长率。

长期增长的因素 n、g 设定为外生变量。这样，关于经济长期动态增长的机制仍然是一个未被解释的"黑箱"。

20 世纪 80 年代中期以来兴起的新增长理论，首先着手于索洛模型中技术进步率的内生化处理。罗默（Romer，Paul M. 1986）将技术进步的源泉归结为知识的创造，并在增长模型中引入了知识资本变量。他认为，长期的经济增长是由具有前瞻性的、总是力图最大化利润的微观经济主体的知识积累力量所驱动的。[①] 在卢卡斯（Lucas，Robert E. ）看来，知识的积累与技术进步是以人为载体的。因而，他将舒尔茨（Schults，Thodore W. ）的人力资本概念与索洛的技术进步概念结合起来，试图以人力资本积累率来表征技术进步率，并认为增长的主要动力是人力资本的积累。[②] 基于此类对技术进步源泉认识的进展，知识资本或人力资本被引入经济增长模型，技术进步率外生的新古典模型由此被改造为内生增长模型。[③]

经验研究的发现坚决地拒绝了对经济增长而言人口增长率是外生的观点。总体来看，在经济发展水平很低且经济增长十分缓慢的时期，人口增长率也很低；当经济增长率提高时，人口增长率相应地上升；但是，当经济发展到较高水平后，人口增长率则开始下降，甚至在一些国家出现负增长。因此，将人口变化排除在经济规律之外是不合理的，一个完备的经济增长理论应当包含有一个内生的人口变量。经济增长模型中人口增长率或

---

① 罗默采取了如下代表性厂商的生产函数形式：$Y = F (k_i，K，x_i)$，其中，k_i 代表每个厂商的知识资本存量，K 是社会总知识水平，定义 $K = \sum_{i=1}^{n} k_i$，x_i 则以向量的形式表示一系列其他生产要素。在罗默的模型中，新知识被认为是技术研究部门的产物，而且，知识的生产遵循报酬递减规律；同时，由于对知识的投资存在外部溢出效应，所以在一般消费品生产中会出现知识资本的递增报酬。参见 Romer，Paul M. ：Increasing Returns and Long-Run Growth，*Journal of Political Economy*，1986，Vol. 94，pp. 1002 – 1037.

② 卢卡斯将生产函数的形式表达为：$Y = A \cdot K (t)^\beta [u (t) h (t) N (t)]^{1-\beta} h_a (t) \gamma$。假定经济中共有 N 劳动力，每个劳动力都有相同的技术水平或人力资本水平 h。每个劳动力都将他全部时间的 u 部分用于当期生产，$(1—u)$ 部分用于接收在校教育，即进行人力资本投资。个人的人力资本除具有提升自身的生产能力外，还具有提升社会整体生产能力的外部效应：$h_a{}^\gamma = h^\gamma$。同时，卢卡斯采用的产出形式包含了递增规模报酬假定。参见 Lucas，Robert E. ：On The Mechanics of Economic Development，*Journal of Monetary Economics*，1988，22，pp. 3 – 42.

③ 技术进步内生的增长理论，不仅是经济增长理论，同时也是人力资本理论。

生育率的内生化处理，可以在前述贝克尔的人口量质转化模型的基础上来完成。当人力资本成为经济决策变量时，生育行为就会由对人力资本投资收益率做出反应的家庭或个人的决策所决定。因此，技术内生的经济增长理论可以与人口内生的经济增长理论处于同一分析框架之中。贝克尔、墨菲和田村（1990）以及卢卡斯（2003）等人把生育决策和人力资本积累决策同时整合在一个经济增长模型之中，将内生生育率和内生人力资本积累率同时作为经济发展或经济增长的基本解释变量。在他们的模型中，不可避免地涉及了不同经济发展水平下人力资本与生育率关系的讨论，其中，以贝克尔、墨菲和田村对生育率与人力资本关系的揭示最具代表性。

贝克尔、墨菲和田村在《人力资本、生育率与经济增长》这一重要文章中，首先把人力资本投资作为经济增长的核心问题，"不论是马尔萨斯模型还是新古典模型都没有重视人力资本的作用，然而事实证明，目前，人力资本投资与经济增长之间存在着极为密切的关系"。[①] 并认为，一个经济落后的国家要进入经济成熟发展阶段，最重要的因素并不是物质资本，而是人力资本。[②] 其次，人力资本投资收益率被设定为人力资本存量的函数。当人力资本存量较少或低于某一临界水平时，对现有人力资本进行投资的收益率也较低，因而，此时人力资本的投资很少发生；反之，则会出现相反的结果。由此，人力资本的初始存量，被认为决定着一个国家经济发展的走向。第三，基于一个人获取新知识的能力与他已经具备的知识正相关的基本事实，与物质资本不同，人力资本投资的回报率被设定为递增而非递减。

在"Becker-Murphy-Tamura 模型"中，联结生育率与人力资本积累率之间关系的直接因素是人力资本投资收益率。因为，人力资本投资收益率的高低反映着时间价值的变化，时间价值又体现为生产和养育孩子的成本或价格。这意味着较高的人力资本回报率可以产生一种由于孩子成本提高而对生育率的替代效应；另一方面，人力资本投资收益率的提高将降低未来消费的贴现率，从而会激发家庭对其子女的人力资本投资。这样，生育

[①]　Becker, Gary S., Kevin M. Murphy and Robert F. Tamura: Human Capital, Fertility, and Economic Growth, *Journal of Political Economy*, 1990, 98: S12 - S37.

[②]　Ibid.

率的下降和人力资本积累率的增长就会成为一种共生现象。在更深的层次，生育率与人力资本积累率关系的决定因素是一个社会人力资本的存量规模。如前所述，人力资本的收益率相对于其存量而言具有递增的特征。在人力资本稀缺的社会，人力资本投资的收益率相对于增加子女数量的收益率要低；而当人力资本丰裕的时候，对人力资本投资的收益率则会高于增加孩子数量的收益率。因此，在人力资本存量极其有限的社会中，人们选择较高的生育率，并且对每一个孩子的投资较少；相反，则会呈现低生育率与高人力资本积累率伴行的结果。尽管在人力资本存量丰裕或稀缺的社会中，人力资本积累率和生育率的关系结构不同，但二者间总是负向关联的。[①]

在贝克尔、墨菲和田村的经济增长框架中，生育率与人力资本积累率之间的关系推演如下。

（一）两部门生产模型和家庭资源配置

假设每个人都是相同的，且生存于少儿和成人两个时期。一个成年人的工作时间为 T，少儿期的全部时间用于人力资本投资。一个人在其成年开始时选择生育孩子的数量为 n，养育每个孩子需花费时间 v 和 f 单位商品，并假设 v 和 f 不变。每个孩子的人力资本禀赋能力为 H^0。孩子的人力资本取决于其与生具有的人力资本，教师和父母的人力资本 H，以及花费在教育上的时间 h。假定 H^0 和 H 可以完全替代，孩子的人力资本生产函数可记为：

$$H_{t+1} = Ah_t(bH^0 + H_t)^\beta \qquad (8.13)$$

系数 A 表示投资生产率，b 为使 H^0 等于一个单位 H 的数量，$\beta \leqslant 1$ 表示人力资本生产的规模效应。

消费部门的生产函数为：

$$c_t + fn_t = Dl_t(dH^0 + H_t) \qquad (8.14)$$

---

① 卢卡斯强调了与生育率相关的人力资本的特定含义。"人力资本是个宽泛的术语，它所涵盖的认知成就范围包括从基础的科学发现直到儿童学会怎样阅读和用马耕作。……在任何一个真实社会中，知识积累将同时采取这两种极端方式以及二者之间任何一种可能性，但只有第二种极端才能帮助我们解释生育的减少。"参见［美］小罗伯特·E. 卢卡斯《经济发展讲座》，南京：江苏人民出版社 2003 年版，第 163—164 页。

（8.14）式中的 c 为成年人的人均消费，D 为消费部门的生产率，l 为每个成年人用于消费品生产的时间，d 为 H^0 和 H 间的兑换率。如果假设消费部门对有效时间数量规模收益 $l(dH^0 + H)$ 固定不变，把生育、消费和人力资本投资的时间相加，就可得到时间预算公式如下：

$$T = l_t + n_t(v + h_t) \tag{8.15}$$

（二）家庭效用函数的最优解及生育率与人力资本的关系

设家庭效用函数为：[①]

$$V_t = u(c_t) + \alpha(n_t) n_t V_{t+1} \tag{8.16}$$

如果只考虑生育率的影响。假定 $b = d = 1$，即排除人力资本用在人力资本生产部门相对于用在消费部门的比较优势。同时假定人力资本的积累不会导致收益的减少：$\beta = 1$。父母最大化动态效用，就会同时涉及生育和人力资本投资花费的时间。此时，效用函数可以简化为：

$$\alpha(n) = \alpha n^{-\varepsilon} \quad 和 \quad u(c) = \frac{c^\sigma}{\sigma} \tag{8.17}$$

（8.17）式中，ε 是随着孩子数量的增加对每个孩子利他的不变弹性，$0 \leqslant \varepsilon < 1$，$0 < \sigma < 1$，$\alpha$ 为纯粹的利他程度（当 $n = 1$ 时）。

在 t 时期和 $t+1$ 时期，人均消费之间的套利条件为：

$$\frac{u'(c_t)}{au'(c_{t+1})} = \alpha^{-1} n_t^\varepsilon \left(\frac{c_{t+1}}{c_t}\right)^{1-\sigma} \geqslant R_{ht} \tag{8.18}$$

当投资为正值时，该等式成立，收益率由（8.19）式决定：

$$R_{ht} = A(T - vn_{t+1}) = A(l_{t+1} + h_{t+1} n_{t+1})^2 \tag{8.19}$$

与生育率相关的效用最大化的一阶导数可以从公式（7.17）中取 V_t 对 n_t 的微分：

$$(1 - \varepsilon)\alpha n_t^{-\varepsilon} V_{t+1} = u'(c_t)[(v + h_t)(H^0 + H_t) + f] \tag{8.20}$$

该等式的左边给出了增添一个孩子的边际效用，右边为生育并抚养一个孩子的时间和商品成品的总和。对公式（8.21）中的生育率求一阶导数，简化了稳定状态，$H = h = 0$，故有：

---

① "Becker-Murphy-Tamura 模型"中的家庭效用函数与贝克尔早期提出的家庭效用函数基本相同。参见公式（8.5）。

$$\frac{(T - vn_u)H^0 - fn_u}{vH^0 + f} = \frac{\sigma(1 - \alpha n_u^{1-\varepsilon})}{(1 - \varepsilon)\alpha n_u^{-\varepsilon}} \tag{8.21}$$

公式左边给出了在稳态条件下从孩子身上获得的货币收益率，即成人消费与因生育一个孩子所放弃的消费之比。当 H^0 较大时，用于生育孩子的时间（v）和商品（f）较小，亦即孩子的生育成本较低，且当孩子具有收入能力时，父母就会多生孩子。生育孩子所获得的足够高的收益率将减少父母对孩子的投入，阻碍对孩子的人力资本投资。故 $H = 0$ 是一种低水平均衡状态。

生育率与人均收入水平间的正相关关系是马尔萨斯模型的特性之一，并且巩固了 $H = 0$ 的稳定状态。此时，即使 $H > 0$，高生育率会提高预期消费的贴现率并降低投资收益率，这将减少对投资的刺激，使经济退回到低水平均衡状态。

但是，当一个国家进入某种发展阶段，这一假设就不成立了。那时，即使父母不向孩子投资，投入的时间成本也一定会随着 H 的增加而增加。当 H 足够大时，对孩子需求的替代效应就将开始支配收入效应，生育率就开始下降，并最终导致对孩子投资的收益率等于贴现率。那时，由于经济理性的驱使，父母开始对孩子进行人力资本投资，即有 $h > 0$。当 H 增加超过进入增长轨迹的临界人力资本存量水平时，生育率的下降不仅可以降低未来消费的贴现率，而且还能够带来人力资本投资收益率的递增。这两种变化都可以刺激人力资本投资。只要 $H_{t+1} > H_t$，生育率就会进一步下降，发展进程就会持续下去（李建民，1999）。

四　超越"B—M—T 转折点"的中国经济发展

在贝克尔、墨菲和田村模型中，存在着两种发展稳态：一是高生育率、低人力资本积累率和低人均收入水平的"马尔萨斯均衡态"；二是低生育率、高人力资本积累率和高人均收入水平的持续增长的稳定状态。一个国家或经济社会处于何种发展状态，贝克尔等人认为，取决于其在发展起步阶段所拥有的人力资本存量。若初始存量水平很低，由于未来消费的贴现率大于人力资本投资的收益率，即

$$[a(n_u)]^{-1} > R_h \tag{8.22}$$

人力资本投资一般不会成为家庭的理性决策，此时，收入增长的结果是较大的家庭规模和不变的人均收入。当初始人力资本存量大于某一临界水平时，公式（8.22）中的关系就会颠倒过来，人力资本投资和人均收入将不断增长，而生育率转为下降。可见，贝克尔、墨菲和田村把人力资本的存量水平视作决定一个国家经济发展基本走向的关键性因素。一个国家的经济发展要跳出"马尔萨斯陷阱"进入持续增长阶段，必须使其人力资本存量的积累达到这样一种水平，在这一水平上，

$$[\alpha(n_u)]^{-1} = R_h \qquad\qquad (8.23)$$

满足（8.23）式的人力资本存量水平是经济发展的一个非稳态点。低于这一点的人力资本存量水平，由于公式（8.22）的作用存在，经济发展会退回到落后状态；人力资本存量越过这一点，经济发展就会在人力资本的驱动下远离"马尔萨斯陷阱"。因此，达到人力资本投资收益率等于未来消费贴现率的人力资本存量水平，是区分落后均衡与发达均衡的临界点，我们将此点称为"B—M—T转折点"。

在$[a(n_u)]^{-1} > R_h$的条件下，人们趋向于不对人力资本进行投资。那么，对于一个落后经济体来说，$[\alpha(n_u)]^{-1} = R_h$的人力资本临界存量水平是如何积累起来的？贝克尔、墨菲和田村模型以及卢卡斯都认为，来自一系列技术进步和制度变革——诸如使用煤资源方法的改进，更发达的铁路和海洋运输，对外贸易，减少价格管制等——的外在冲击，是促发一个落后社会进行人力资本积累的原始动力，因为这些事件增加了对人力资本的需求。一个国家或社会是否经历这些外在冲击，在很大程度上被解释为"机遇"或"运气"。"时机和巨大的冲击的发生需要相当的运气，才能给人力资本和物质资本以足够大的推动。但是这看似不可能发生的事情确实发生在千年历史过程中。我们认为西方世界在中世纪开始处于领先，部分地取决于西方国家在技术和政治改革上'幸运'的时机。"[①]

与西方世界相比，中国这种"幸运"的机遇来得较晚。20世纪70年代末的市场化经济体制改革，极大地激发了经济主体的收入创造动机，刺

① Becker, Gary S., Kevin M. Muphy and Mark M. Tamura: Human Capital, Fertility, and Economic Growth, *Journal of Political Economy*, 1990, 98: S12–37.

激了人们对收入创造手段和能力的巨大需求，物质资本积累和技术进步加速，国内生产总值和人均收入呈现持续和高速的增长。与此同时，人力资本投资回报率大幅度上升，[①] 人力资本积累率加快，人均受教育年限显著提高，国家人力资本存量规模迅速扩大。[②] 与此同时，妇女的生育率下降，特别是进入 20 世纪 90 年代末以后，农村居民的意愿生育水平在行政性控制措施渐近减弱的情况下转变，农民家庭的一孩率和两孩率比例明显提高。表 8—3 表明，中国经济已开始进入低生育率、高人力资本积累率和高人均收入增长率的发展阶段。据此，我们可以判断，中国经济总体发展已经越过"B—M—T 转折点"，即在中国经济发展的现阶段，人力资本存量水平超过了满足 $\left[\alpha(n_u)\right]^{-1} = R_h$ 关系的临界值水平。中国经济已实现超越"马尔萨斯稳态"的"起飞"。

表 8—3　　1990 年以来中国的人均 GDP、人口自然增长率和人均受教育年限

年份	人均 GDP（元）	人口出生率（‰）	人均受教育年限（年）
1990	1644	21.06	5.82
1991	1893	19.68	—
1992	2311	18.24	—
1993	2998	18.09	—
1994	4044	17.70	—
1995	5046	17.12	6.88
1996	5846	16.98	6.95
1997	6420	16.57	7.15

---

①　有关研究显示，城镇教育投资收益率，1988 年为 3.8%（李实、李文彬，1994，全国样本）；1995 年是 5.73%（赖德胜，1998，全国 11 省市样本）；1999 年达到 8.1%（李实、丁赛，2003）。参见侯风云《中国人力资本投资与城乡就业相关性研究》，上海：上海三联书店、上海人民出版社 2007 年版，第 152 页。

②　胡鞍钢、门洪华的资料显示，中国的总人力资本存量 1980 年为 27 亿人年，1990 年是 41.7 亿人年，1999 年提高到 60 亿人年，1999 年是 1980 年的 2.22 倍。参见胡鞍钢、门洪华《中美日俄印有形战略资源比较——兼论旨在"富国强民"的中国大国战略》，《战略与管理》2002 年第 2 期。侯风云的研究显示，1980 年，中国的人力资本总量是 2825.58 亿元，1990 年为 8597.65 亿元，2001 年达到 40989.93 亿元，2001 年是 1980 年的 14.51 倍。参见侯风云《中国人力资本投资与城乡就业相关性研究》，上海：上海三联书店、上海人民出版社 2007 年版，第 50 页。

续表

年份	人均 GDP（元）	人口出生率（‰）	人均受教育年限（年）
1998	6796	15.64	7.23
1999	7159	14.64	7.31
2000	7858	14.03	7.72
2001	8622	13.38	7.73
2002	9398	12.86	7.84
2003	10542	12.41	8.01
2004	12336	12.29	8.10
2005	14185	12.40	7.94
2006	16500	12.09	8.13
2007	20169	12.10	8.27
2008	23708	12.14	8.35
2009	25608	11.95	8.45
2010	30015	11.90	—
2011	35198	11.93	8.90
2012	38459	12.10	9.47

数据来源：人均 GDP 和人口出生率数据来源于《中国统计年鉴 2013》；人均受教育年限数据来源：各相应年份《中国统计年鉴》。

说明：人均受教育年限的计算公式如下：人均受教育年限 = 不识字或识字很少人口比重 × 1 + 小学人口比重 × 6 + 初中人口比重 × 9 + 高中人口比重 × 12 + 大学及以上人口比重 × 16。

　　与早期发展阶段相比，越过"B—M—T 转折点"的中国经济，面临着过去不曾有过的诸多有利发展条件：第一，由于国民生育偏好的普遍转变，收入增长将产生人均物质资本的快速增长，导致国民经济中物质资本的迅速深化。第二，日益提高的投资回报率，激发着国民人力资本投资的巨大需求，而生育率的降低和人均收入的增长，又为人力资本投资创造出极其有利的环境。特别值得强调的是，生育率下降对农村居民人力资本投资的积极影响。这时，人力资本的积极变化表现在两个方面——受教育和培训人口数量的增加（广化）及人均受教育和培训程度的提高（深化）。第三，人力资本逐步取代物质资本成为经济发展的主要动力。这一转变的积极意义是，推动产业结构的转变，降低经济发展对初级资源的压力。适应这一发展环境的变化，配套的发展政策应是调整教育结构，实现高等教育的大众化，普遍提高国民的文化技术素质。

同时应当注意到，进入成熟发展阶段也会面临一些新问题的挑战。比如，"人口数量红利"将逐渐消失，劳动力成本开始上升，劳动密集型产业的比较优势将不复存在；人力资本驱动的高技术产业比重逐渐加大，产业结构趋向高度化。换言之，人口生产的转型与产业结构的转变并非相互独立的事件。人口转型推动着产业结构的升级，产业结构的转变也成为人口转型的一种拉力。成功的发展政策应是实现二者间的有效衔接与协同推进。

五　结论

生育率、人力资本反向关联的两类结构——高生育率、低人力资本积累率和低生育率、高人力资本积累率，是工业化成功推进前后所带来的不同经济发展水平在人口生产领域的反映。贝克尔的新家庭理论和人口内生的经济增长理论，既是解析生育率与人力资本逆向变动机制的有效工具，同时扩展了经济发展阶段的度量标准。生育率下降和人力资本积累率加速的现实表明，中国正在向成熟经济阶段迈进。适应人口生产特征的变化，发展政策需做出相应调整。

参考文献

［美］加里·斯坦利·贝克尔：《家庭论》，北京：商务印书馆 2005 年版。

［美］加里·斯坦利·贝克尔：《人类行为的经济分析》，上海：上海三联书店、上海人民出版社 1995 年版。

侯风云：《中国人力资本投资与城乡就业相关性研究》，上海：上海三联书店、上海人民出版社 2007 年版。

胡鞍钢、门洪华：《中美日俄印有形战略资源比较——兼论旨在〈富国强民〉的中国大国战略》，《战略与管理》2002 年第 2 期

李建民：《生育率下降与经济发展内生要素的形成》，《人口研究》1999 年第 2 期。

［美］小罗伯特·E. 卢卡斯：《经济发展讲座》，南京：江苏人民出版社 2003 年版。

［英］马尔萨斯：《人口原理》，北京：商务印书馆 1992 年版。

Becker, Gary S. , Kevin M. Muphy and Mark M. Tamura. 1990: Human Capital, Fertility and Economic Growth, *Journal of Political Economy*, 98: S12 – 36.

Lucas, Robert E. 1988: On The Mechanics of Economic Development, *Journal of Monetary Economics*, 22: 3 – 42.

Romer, Paul M. 1986: Increasing Returns and Long-Run Growth, *Journal of Political Economy*, Vol. 94: 1002 – 1037.

Solow, Robert. 1956: A Contribution to the Theory of Economic Growth, *Quarterly Journal of Economics*, Vol. 70: 65 – 94.

第 九 章

人口转型：来自中国农村家庭的经验[*]

一 人口转型的国际经验是否
适应于中国农村家庭？

第八章的分析表明，先行工业化国家的工业化过程，同时是人口生产由高生育率偏好向高质量偏好的转变过程。这里进一步给出描述这一转变的另外一些经验数据。

无论是最早开始工业化的欧洲国家，还是后起工业化的美、日等国，伴随其工业化过程，人口生育率都经历了一个由高到低的转变。1820—1992年间，每百人出生率，英国和德国分别由 3.03 和 3.99 下降为 1.37 和 1.11，后者仅及前者的 45% 和 28%；美国和加拿大由 5.52、5.69 降至 1.59 和 1.47，降幅分别达到 71% 和 74%；日本则从 1900 年的 3.17 下降到 1992 年的 0.97，成为该时期内人口出生率最低的国家（见表9—1）。

表 9—1 　　　　　　　　1820—1992 年主要国家的出生率

国家	每 100 人出生		
	1820 年	1900 年	1992 年
英国	3.03	2.87	1.37
法国	3.17	2.13	1.30
德国	3.99	3.56	1.11

* 本章由刘琦、郭剑雄发表于《西北师大学报》（社会科学版）2013 年第 5 期的《人口生产由数量偏好向质量偏好的转变：来自中国农村的经验》修改而成。

续表

国家	每100人出生		
	1820 年	1900 年	1992 年
荷兰	3.50	3.16	1.30
瑞典	3.30	2.70	1.42
美国	5.52	3.23	1.59
加拿大	5.69	2.72	1.47
日本	NA	3.17	0.97

资料来源：［英］安格斯·麦迪森：《世界经济二百年回顾》，北京：改革出版社1997年版，表1—7，第7页。

说明：NA 表示未获得数据。

与人口出生率下降相反，工业化进程中人口的平均人力资本水平显著提高。表9—2列示的数据反映了1820—1992年间六个工业化国家的人均受教育年数的增长情况。美国和日本平均每人的人力资本①增加了10倍，英国增加了7倍。在1913年之前，最先爆发工业革命的英国比美国、日本的人均受教育年数要高，之后随着相对经济增长率的变化被两国超越。

表9—2　1820—1992年6个工业化国家15—64岁年龄组人均受教育年数

年份	美国	法国	德国	荷兰	英国	日本
1820	1.75	NA	NA	NA	2.00	1.50
1870	3.92	NA	NA	NA	4.44	1.50
1913	7.86	6.99	8.37	6.42	8.82	5.36
1950	11.27	9.58	10.40	8.12	10.60	9.11
1973	14.58	11.69	11.55	10.27	11.66	12.09
1992	18.04	15.96	12.17	13.34	14.09	14.87

说明：表中的教育年限经过了加权，初等教育、中等教育、高等教育分别赋值为1、1.4、2。

资料来源：［英］安格斯·麦迪森：《世界经济二百年回顾》，北京：改革出版社1997年版，表2—3，第15页。

---

① 仅以受教育程度来衡量。

依据第八章，对于工业化①背景下人口生产数量偏好向质量偏好的转变，贝克尔（2005）的新家庭经济学提供了一种颇具说服力的解释。以包括子女数量和质量在内的家庭效用函数为分析框架，贝克尔认为，家庭效用极大化目标的一个重要决策就是权衡子女的数量和质量，而影响这种权衡的因素主要有收入、时间价值、价格效应和利他主义投资贴现率等。随着工业化的推进和人均收入的增长，父母对子女数量需求的收入弹性小于对子女质量需求的收入弹性；收入的提高改变了人们从事非市场活动时间的机会成本，进而增加了养育孩子的经济成本；在生产时间收入增加以及非生产时间所放弃的收入亦增加的条件下，子女的价格日益昂贵，子女成为家庭的"奢侈品"；父母对子女人力资本投资与该项投资的贴现率呈负相关，出生率的上升提高贴现率，阻碍父母对子女的人力资本投资，反之，则增加该项投资。理性的家庭决策者在收入增加的条件下倾向于对孩子的质量投资。Becker, Murphy & Tamura（1990），以及卢卡斯（2003）的包含生育率和人力资本积累率的内生增长模型的研究表明，联结生育率和人力资本积累率关系的是人力资本投资收益率。较高的人力资本投资收益率不仅引起孩子质量对数量的替代，且降低未来消费的贴现率，诱导父母对子女更多的质量投资。而人力资本投资收益率的提高，正是工业化进程中所发生的典型性事实。

本章拟讨论的问题是，随着市场化改革的推进，中国正在经历快速的工业化和城市化进程。相关研究显示，中国已进入工业化中期阶段的后半段，② 2012 年城市化率达到 52.57%。③ 如果说人口生产数量偏好向质量偏好的转变是工业化过程的一般规律，那么，这种转变在当今中国是否正在发生？特别是，在长期以来存在显著高生育率偏好的中国农村地区是否发生？如果中国农村的人口生产偏好已经或正在改变，那么这种变化对于中国农业和农村发展具有何种意义？

---

① 本书所谓的工业化指市场经济制度基础上的工业化，20 世纪 50—70 年代中国计划经济体制时期推进的工业化除外。

② 周叔莲等：《中国的工业化与城市化》，北京：经济管理出版社 2008 年版，第 16 页。

③ 数据来源：中国国家统计局：《中国统计年鉴 2013》，北京：中国统计出版社 2013 年版。

二　中国农村家庭人口生产
转型的事实描述

（一）总和生育率下降

新中国成立后，中国人口特别是农村人口迅速增长。农村总和生育率 1955 年为 6.39，20 世纪 70 年为 6.38。20 世纪 70 年代中央政府在全国实施了计划生育政策，具有强制性的计划生育政策使得农村妇女总和生育率快速下降，1975 年下降到 3.95，五年时间生育率减少了 38%。20 世纪 80 年代初期，计划生育被定为基本国策，并实行严格的奖罚制度，农村生育率在小幅度波动中保持着下降趋势。1992 年农业人口年龄别生育率下的总和生育率和递进生育率下的总和生育率分别降到 1.83 和 2.04，[①] 均低于 2.1 的生育更替水平。

汤兆云（2009）[②] 的研究表明，中国乡村总和生育率在 1950—1981 年期间呈现振荡下降，其中 1963 年达到峰值 7.78，20 世纪 70 年代之后较平稳地下降，1981 年将至 2.91。1991 年中国社会科学院进行的"中国家庭经济和生育研究"抽样调查结果显示，农村妇女平均期望生育数为 1.89 个，1997 年国家计划生育委员会组织的"全国人口和生殖健康抽样调查"显示的农村妇女平均期望生育数为 1.80 个。[③] 从 Poston 等人绘制的中国生育率趋势图（见图 9—1）中可以清晰地观测到农村生育率的变化趋势。[④] 从国内外学者所列数量来看，中国农村总和生育率自 1970 年以来总体处于下降趋势。

[①]　国务院人口普查办公室、国家统计人口和社会科技统计司：《转型期的中国人口》，北京：中国统计出版社 2005 年版，表 1，第 24 页。

[②]　汤兆云：《农村计划生育与人口控制》，南京：江苏大学出版社 2009 年版，表 8，第 34 页。

[③]　路遇：《新中国人口五十年》（上），北京：中国人口出版社 2004 年版，第 129 页。

[④]　参见叶华、吴晓刚《生育率下降与中国男女教育的平等化趋势》，《社会学研究》2011 年第 5 期。

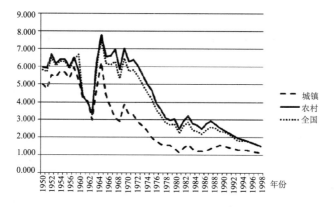

图9—1 全国、城镇、农村人口生育率趋势图

资料来源：叶华、吴晓刚：《生育率下降与中国男女教育的平等化趋势》，《社会学研究》2011年第5期。

农户家庭规模趋于缩小是生育率下降的结果。选取历年有关人口统计资料中的农村人口数和农村家庭户数，二者之比得平均每个农户家庭的人口数。1975年农村户均人口数为4.72人，之后一直在递减，2010年下降到3.66人（见图9—2）。这表明，到2010年，无论是"核心"还是"扩展"的家庭类型，平均每个农村家庭拥有的子女数不超过两个。

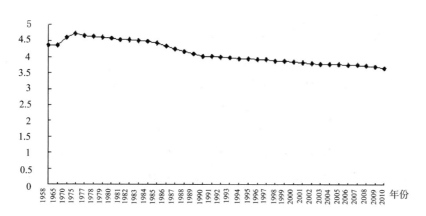

图9—2 农村户均人口数变动趋势图

数据来源：1958—2008年数据来源于《新中国农业60年统计资料》，2009—2010年数据来源于《中国农业统计资料2010》。

根据《中国综合社会调查2008》（CGSS2008）数据库记录的农村样本，计算出生于不同年代的被访问者的兄弟姐妹数，也可以反映农村人口生育率的变化。为了比较不同世代人口的兄弟姐妹数，我们把1950—1990年出生的农村被访问者分为三个世代，[①] 分别为1950—1970年代、1971—1980年代和1981—1990年代。结果表明，三个世代的被访问者的平均兄弟姐妹数依次为3.95个、2.94个、1.71个（见表9—3）。出生于20世纪80年代的被访问者比出生于20世纪五六十年代的被访问者的平均兄弟姐妹数减少了2.24个。平均兄弟姐妹数随着出生世代递减的趋势，再一次表明农村人口生产在数量方面的变化与农村总和生育率和农户家庭规模的变动趋势是一致的。

表9—3 三个世代平均兄弟姐妹数比较

世代	平均兄弟姐妹数	频数	标准差
1950—1970	3.95	1088	1.79
1971—1980	2.94	389	1.30
1981—1990	1.71	194	0.94

（二）人力资本水平显著提升

人力资本一般是指通过教育、培训、保健、劳动力迁移、就业、信息获得等凝结在劳动者身上的技能、学识、健康状况的总和。目前比较容易量化的人力资本指标是个体的受教育年数。

参考郭剑雄、李志俊（2010）关于人均受教育年数的计算方法，利用相关统计年鉴中各教育层次的劳动力百分比以及每个教育层次相应的学制年数，最后求和得出每年的农村劳动力平均受教育年数。[②] 表9—4显示，农村劳动力平均受教育年数逐年递增，1985年的劳均受教育年数为

① 本章研究的起始时间是新中国成立之后出生农村人口，故选取的样本中删去了1949年（含1949年）之前出生的农村人口，CGSS2008中记录的最年轻的被访问者是1990年。

② 劳均受教育年数计算方法：各层次教育年数分别乘以各级受教育劳动力比重再加总求和，其中，"不识字或识字很少"以0年计，"中专"和"高中"合并以12年计，"大专及大专以上"合并以15.5年计。

5.6 年，接近小学毕业文化水平；到 2010 年受教育年数增加到 8.36 年，接近初中毕业水平，2010 年比 1985 年延长了近一个教育层次。

表 9—4　　　　　1984—2010 年农村劳动力平均受教育年数①

年份	平均受教育年数	年份	平均受教育年数	年份	平均受教育年数
1984	6.17	1993	6.76	2002	7.79
1985	5.60	1994	6.86	2003	7.83
1986	5.73	1995	6.99	2004	7.87
1987	5.82	1996	7.25	2005	8.01
1988	5.92	1997	7.36	2006	8.08
1989	6.03	1998	7.45	2007	8.16
1990	6.20	1999	7.54	2008	8.22
1991	6.55	2000	7.67	2009	8.30
1992	6.63	2001	7.76	2010	8.36

数据来源：1985—2011 年《中国农村统计年鉴》有关数据计算得到。

　　CGSS2008 数据库记录了被访问者从小学开始一共受过多少年学校教育。② 同样把 1950—1990 年出生的农村人口分为三个世代（划分标准与表 9—4 相同），比较不同世代之间的人均受教育年数，结果见表 9—5。出生于 20 世纪五六十年代的农村人口平均受教育年数 5.59 年，接近于小学毕业；20 世纪 70 年代出生的农村人口平均受教育年数延长到约 7 年，相当于初中一年级水平；最年轻世代的平均受教育年数达到 8.56 年，已接近初中毕业水平。表 9—5 中的微观调查数据说明农村人口的人力资本水平随着出生世代的递进稳步提升，与宏观统计数据保持一致。

---

　　①　最早的《中国农村统计年鉴》是 1985 年版。

　　②　样本中有部分被访问者还处于在学状态，此处计算的平均受教育年数被低估，但这不影响我们观察随着出生世代递进的人口受教育水平的趋势。

表 9—5　　　　　　　　　　三个世代平均受教育年数比较

世　代	平均受教育年数	频数	标准差
1950—1970	5.59	1088	3.54
1971—1980	6.99	389	3.37
1981—1990	8.56	194	3.30

（三）人口生产偏好转变强度的测度

人口生产数量偏好的减弱和质量偏好的提升，可以用人口生产偏好转变强度指标做出统一度量。如果我们用反映人口生产质量的指标如人均受教育年限（E）作分子，用反映人口生产数量的指标如总和生育率或家庭人口规模（N）作分母，二者之比可以定义为人口生产质量偏好强度（Q），即 $Q = E/N$。该指标越大意味着人口生产由数量偏好向质量偏好转变的强度越强，表明家庭更愿意以孩子的质量代替孩子的数量。

根据表 9—4 中所示的农村劳动力平均受教育年数和图 9—2 中表示的户均人口数，采用我们定义的人口生产质量偏好强度公式，测算出 1984—2010 年中国农村人口生产质量偏好转变强度指数如表 9—6 和图 9—3 所示。在 1985—2010 年间，中国农村人口生产质量偏好转变强度逐年增大，而数量偏好在减弱。

表 9—6　　　1984—2010 年中国农村人口生产质量偏好转变强度指数

年份	Q	年份	Q	年份	Q
1984	1.37	1993	1.70	2002	2.04
1985	1.26	1994	1.74	2003	2.07
1986	1.32	1995	1.77	2004	2.09
1987	1.37	1996	1.85	2005	2.13
1988	1.42	1997	1.88	2006	2.15
1989	1.48	1998	1.92	2007	2.18
1990	1.54	1999	1.95	2008	2.21
1991	1.63	2000	2.00	2009	2.24
1992	1.66	2001	2.03	2010	2.28

数据来源：1984—2008 年数据来源于《新中国农业 60 年统计资料》，2009—2010 年数据来源于《中国农业统计资料 2010》，1985—2011 年《中国农村统计年鉴》。

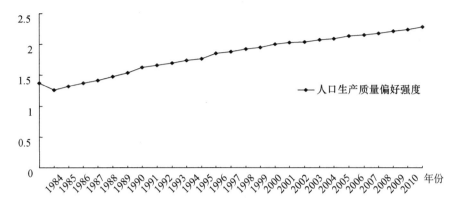

图 9—3 1984—2010 年中国农村人口生产质量偏好转变强度趋势

数据来源：同表 9—6。

三 中国农村家庭人口生产转型的原因分析

与先行工业化国家一样，在工业化、城市化进程中，中国农村人口生产也经历了由数量偏好向质量偏好的转变；但与先行工业化国家不同，在人口生产由数量偏好向质量偏好转变的过程中，中国同时推行了计划生育政策。这就使得中国农村人口生产偏好转变的原因呈现出一定的复杂性。现有文献关于中国生育率下降原因的讨论大体分为三种观点：第一种观点也是主流观点，认为中国的生育率转变是"强制型生育转变"，主要强调政府干预（计划生育政策）在生育率转变中的决定性作用（Arid，J. S. 1986；Feeney，G & Wang，F. 1993；Hesketh，T. & Lu，L. & Xing，Z. W. 2005）。第二种观点认为工业化、城市化表征的经济社会发展是生育率下降的主要原因，特别是人均收入、医疗、教育等因素的提高（Becker，G. S. 1988；Greenhalgh，S. 1990；Mcelroy，M. & Tao Yang，D. 2000；Narayan，P. K. & Xiu jian Peng. 2006；Yong Cai. 2010；曹景椿，1986）。第三种观点认为生育率下降是计划生育政策和经济社会因素交互作用的结果，计划生育政策对生育率下降具有直接影响，而经济社会发展则同时具有直接和间接作用（Tien，H. Y. 1984；Poston Jr，D. L. & Gu，B. 1987；邬沧萍、钟声，1992）。这些研究文献都是以微观调查得到的截面数据来进行检验的，而且是针对城乡整体生育率下降而言的。我们认为，农村人口生产偏好转变的原因是计划生育政策和工业化、城市化综合作用的结果，但是二者在时间序列上有主次之分。即人口生产偏好转变起初是由政府实施的计划生育政策推动的，计划生育政策是人口生产偏好转变的外生变量。随着 20 世纪 90 年代市场经济体制在中国的确立和不断完善，经济社会发生了深刻变革，特别是市场化、工业化、城市化得到快速发展，经济社会因素逐渐代替强制性的计划生育政策在人口生产偏好转变方面起着主导作用。

（一）人口生产偏好转变的外生力量——计划生育政策

1. 生育率显著下降时间与计划生育政策开始实施时间吻合。中国的计划生育政策被称为世界上第一个以国家名义实施的强制性计划生育方案（Banister，1987）。1955 年全国总和生育率为 6.26，农村为 6.39，1970 年全国总和生育率下降到 5.81，城镇 3.27，农村 6.38。[①] 农村生育率在 16 年间仅下降 0.01，几乎未发生变化。在基数庞大且膨胀较快的人口压力下，政府在 20 世纪 70 年代实施了覆盖城乡范围的"晚、稀、少"政策，中国人口生产出现了逆转，全国总和生育率由 1970 年的 5.81 下降到 1980 年的 2.24，[②] 农村总和生育率 1980 年为 2.68，比 1970 年减少 3.7 个，[③] 10 年间下降了 58%。农村总和生育率在较短的时间内如此大幅度的下降，而且下降的起点时间与计划生育政策开始实施的时间相吻合，这不能排除计划生育政策的强制性约束作用。

2. 差异化的计划生育政策和差异化的生育率：汉族与少数民族的比较。表 9—7 表明，汉族与少数民族在计划生育政策的实施方面差异较大，特别对汉族第二胎的严格控制和第三胎的坚决杜绝，而少数民族地区内部的汉族和城镇居民有条件地可生二胎，农村地区的少数民族则可以生第三胎。差异化的计划生育政策，导致了汉族和少数民族妇女不同的总和生育率（见表 9—8）。少数民族生育率由 1970 年的 6.49 下降到 1985 年的

---

① 田雪原：《中国人口政策 60 年》，北京：社会科学文献出版社 2009 年版，第 231 页。
② 杜鹏：《新世纪的中国人口》，北京：中国人民大学出版社 2011 年版，第 87 页。
③ 田雪原：《中国人口政策 60 年》，北京：社会科学文献出版社 2009 年版，第 231 页。

3.07，而这一阶段正是计划生育政策在少数民族地区普遍开展的时期，①
说明计划生育政策对少数民族人口控制效果是明显的。更重要的是，少数
民族生育率历年均高于全国水平，更高于汉族，这与对汉族和少数民族实
施的严格与宽松的计划生育政策不无关系。

表9—7 汉族与少数民族地区生育政策比较

地 区	一 胎	二 胎	三 胎
汉族	大力提倡只生一胎	严格控制生育二胎	坚决杜绝生育三胎
西藏	汉族干部、职工、城镇居民一对夫妻只允许生育一胎	藏族干部、职工、城镇居民可有间隔地生育两个孩子，严格控制三胎	在腹心农牧区，有三个孩子的夫妇不再生育，边境农牧区的乡（区）和门巴族、珞巴族、夏高巴人等暂不提倡生育指标
内蒙古	汉族公民一对夫妻只允许生育一个子女	蒙古族及其他少数民族公民允许生育两个子女	蒙古族农牧民已有两个女孩的可生第三胎，达斡尔族、鄂温克族、鄂伦春族提倡少生，适当优生
新疆	城镇汉族居民一对夫妻生育一个子女	城镇少数民族居民，农牧民可以生育两个子女	少数民族农牧民可生育三个子女，特殊情况可再生一个
宁夏	汉族干部、职工、城镇居民只允许生育一胎	农村居民、夫妇双方或一方为少数民族的，允许生育第二胎	固原、海原、西吉、隆德、泾源、彭阳、盐池、同心八县少数民族农民，最多生育三个孩子
广西	一对夫妻只生育一个孩子	夫妻双方为1000万人口以下的少数民族，经批准可生育第二胎	无论何人、何种民族都不允许生育第三胎

资料来源：张树安：《民族地区人口与经济可持续发展论》，北京：民族出版社2005年版，第375页。

① 少数民族地区的计划生育政策开展较晚。

表9—8   全国、少数民族妇女总和生育率的变化

	1970 年	1975 年	1980 年	1985 年	1989 年	2000 年
全 国	5.70	3.50	2.31	2.20	2.29	1.22
少数民族	6.49	5.52	4.00	3.07	2.91	1.65

资料来源：路遇：《新中国人口五十年》，北京：中国人口出版社2004年版，第817页。

3. 差异化的计划生育政策和差异化的生育率：城乡比较。计划生育政策规定，农村家庭在第一胎为女孩的情况下可以生第二胎（White，1994），所以农村地区实施的不是严格的独生子女政策，实际上是"一孩半"政策，与城镇相比较为宽松。由于计划生育政策在城乡的紧松不同，导致城乡生育率在下降初期的高低差别较大，农村地区始终大于城镇。如表9—9所示，1975—1980年间对应着计划生育政策全面开始实施时期，城镇生育率由2.49下降到1.51，平均减少1个孩子；而农村地区则由5.24降到4.97，平均减少0.27个孩子，农村平均每个妇女要比城镇妇女多生3.46个孩子。如此大的差距显然与城乡分别实施紧、松计划生育政策有关。

表9—9   1950—1990年主要年份全国、城镇、农村总和生育率

	1950 —1955	1955 —1960	1960 —1965	1965 —1970	1970 —1975	1975 —1980	1980 —1985	1985 —1990
全国	6.24	5.04	5.93	5.99	4.76	2.90	2.36	2.45
城镇	5.34	5.07	4.36	3.37	2.49	1.51	1.33	—
农村	6.25	5.49	6.43	6.51	5.24	4.97	2.83	—

数据来源：[美] D. 盖尔·约翰逊：《经济发展中的农业、农村、农民问题》，北京：商务印书馆2004年版，第172页。

（二）人口生产偏好转变的内生动力——工业化、城市化

1992年邓小平"南巡"讲话对中国20世纪90年代的经济改革与社会进步起到了关键的推动作用，一系列的市场化改革促使各项经济社会事业蓬勃发展。一方面是农村生产力获得解放，乡镇企业异军突起，农民就

业领域拓宽，剩余劳动力转移加快；有关户籍、教育、医疗和社会保障等制度改革为农村经济发展创造了有利条件。另一方面城镇化、工业化不断提速，第三产业得到长足发展，各种所有制企业大量涌现，为农村剩余劳动力转移提供更多的机会。农村自身的发展和工业化、城市化的加深提高了农民收入，特别是来自非农的收入。根据中国经济社会自20世纪90年代以来发生的巨大变化，我们推断，20世纪90年代中期之后主导农村人口生产偏好转变的因素是以工业化、城市化为代表的中国经济社会的快速发展。其原因如下：首先，农民收入提高增加了养育子女的时间的机会成本，特别是农村妇女教育水平在代际之间逐渐提高，进城务工的机会增多，从事非农工作获得较高的收入提高了妇女的时间价值，从而放弃生育更多的子女。其次，城镇非农产业的高工资率吸引着农村劳动力向城镇转移，而这种转移是选择性的，具有较高人力资本的劳动力才有利于进入城市非农部门，[①] 人力资本的门槛倒逼农村家庭减少子女数量，重视对子女质量的投资。再次，养育子女的成本随着家庭收入增加而增加，因此孩子越来越"昂贵"，更多的孩子已经不是"耐用消费品"，而是"奢侈品"，其富有的需求价格弹性抑制了家庭对孩子的需求。最后，农村社会保障制度逐步完善，农民的"多子多福"传统观念发生转变，农村老年人口养老模式不再完全依靠子女。因此，农村生育率转变由起初计划生育政策外部推动逐渐内化为家庭对于经济因素变化的自觉行为。

1. 经济社会发展因素与人口生产偏好强度之间的相关系数发生结构性变化。为了比较1992年前后经济发展水平对生育率影响的差异，选取1984—2010年以不变价格计算的农村人均纯收入和人口城市化率来表征经济因素，以1992年为界，分别计算1984—1992年、1993—2010年期间两个指标与表9—6计算的人口生产偏好强度的相关系数，结果见表9—10。表9—10从统计学角度反映城市化水平、农村人均纯收入与人口生产偏好强度的相关系数在1992年前后发生了显著变化，相关系数在1984—1992年分别为0.875和0.836，1993—2010年分别达到0.989和0.937。由此可以看出，社会经济因素对人口生产偏好转变的作用是逐渐增强的，

---

① 郭剑雄、李志俊：《劳动力选择性转移条件下的农业发展机制》，《经济研究》2009年第5期。

另一方面说明计划生育政策的作用在减弱。

表9—10 人口生产偏好强度与农村人均纯收入、城市化率相关系数

	时　期	城市化率	农村人均纯收入
人口生产质量偏好强度	1984—1992	0.875 **	0.836 **
	1993—2010	0.989 **	0.937 **
	1984—2010	0.947 **	0.903 **

说明：① ** 表示在0.01水平（双侧）上显著相关。②采用的是 Pearson 相关性检验方法。

2. 少数民族人口生育率持续下降。20世纪70年代开始实施的计划生育政策抑制了少数民族人口生产（见表9—8），根据20世纪80年代针对少数民族的具体人口政策（见表9—7），可以推算出少数民族妇女在政策允许范围内至少可以生育2个子女，或者平均可以生2.5个。但是少数民族生育率从1970年以来总体呈现递减，1992年为2.09个，达到更替水平，2000年进一步减少到1.70个，比政策允许的平均生育率低0.8个（见表9—11）。表9—11显示20世纪90年代少数民族人口生育率在小幅度振荡中总体保持下降，孩次递进比随着孩次递进而递减，证实少数民族人口生产偏好发生了显著变化。计划生育政策对少数民族地区人口生育的约束是恒定的，在这种宽松的计划生育政策下，少数民族人口生育率保持了下降趋势，从一个侧面说明计划生育政策对人口生产不再是主要影响因素，主要原因还是归结于中国总体工业化、城市化的宏观背景以及少数民族地区自身的发展。农民在收入最大化动机的驱使下减少生育数量、注重对子女质量的培养，是对工业化、城市化、市场化带来的人力资本回报不断增加的趋势作出的积极反应。

表9—11　　　　　　　　1990—2000年非汉族生育率及孩次递进比

年份	总和生育率	孩次递进比			
		0孩→1孩	1孩→2孩	2孩→3孩	3孩→4孩
1990	2.55	0.990	0.884	0.514	0.333
1991	2.28	0.961	0.831	0.552	0.136

年份	总和生育率	孩次递进比			
		0 孩→1 孩	1 孩→2 孩	2 孩→3 孩	3 孩→4 孩
1992	2.09	0.977	0.738	0.381	0.394
1993	2.02	0.973	0.701	0.402	0.162
1994	1.86	0.975	0.684	0.265	0.177
1995	1.89	0.987	0.653	0.315	0.216
1996	1.90	0.971	0.697	0.269	0.374
1997	1.74	0.956	0.632	0.245	0.167
1998	1.67	0.974	0.583	0.188	0.192
1999	1.54	0.938	0.547	0.151	0.113
2000	1.70	0.982	0.605	0.179	0.152

资料来源：国务院人口普查办公室、国家统计人口和社会科技统计司：《转型期的中国人口》，北京：中国统计出版社 2005 年版，表6，第 30 页。

3. 城乡人均收入悬殊导致生育率趋同缓慢。长期的二元经济结构造成城乡居民收入存在较大差距（见表 9—12），也即城乡社会经济发展不平衡。根据贝克尔的生育决策理论，收入与生育率成反向关系，由此推出城镇居民较高的工资水平，其时间价值较大，抚养子女的经济成本较高，城镇家庭更愿意少生育，而注重对孩子的质量的投资。相比较而言，农村地区农民的收入较低，时间价值较小，养育子女的成本较低，其对孩子质量的偏好弱于城镇家庭。所以城乡生育率在下降过程中始终存在着差距，农村地区生育率高于城镇。从图 9—1 可以观察到，城乡生育率虽然有趋同的态势，但二者一直保持着距离。对于 20 世纪 90 年代之后仍然存在的这种差距，只能归结于城镇与农村的工业化和市场化程度的差异。城镇的工业化和市场化水平较高，居民收入增加较快，生育率下降迅速；而农村地区的工业化、市场化程度滞后于城镇，农民人均收入相对偏低，生育率下降缓慢。

表 9—12　　　　　1978—2010 年主要年份城乡居民收入差距　　　　单位：元

年份	城镇居民家庭人均可支配收入	农村居民家庭人均纯收入	差　距
1978	343.4	133.6	209.8
1992	2026.6	784	1242.6
2000	6280	2253.4	4026.6
2005	10493	3254.9	7238.1
2008	15780.76	4760.62	11020.14
2009	17174.65	5153.17	12021.48
2010	19109.44	5919.01	13190.43

数据来源：中国国家统计局编：《中国统计年鉴 2011》，北京：中国统计出版社 2011 年版。

4. 来自二孩生育政策试点地区的证据。中国人民大学人口与发展研究中心"21 世纪中国生育政策研究"课题组在 2005—2006 年对甘肃酒泉、山西翼城、河北承德、湖北恩施、广东省等地区就二孩生育政策的实践进行了实地调研，形成了《八百万人的实践——来自二孩生育政策地区的报告》一书（顾宝昌、王丰，2009）。书中详细报告了对五个二孩生育政策试验区调研所得到的数据以及结论。五个试点地区中，甘肃酒泉、山西翼城、河北承德三个地区主要针对的是农村地区，这三个地区的社会经济发展、人口状况、计划生育政策等均能代表中国广大农村地区的实际状况，具有典型性和代表性，为我们的推论提供了强有力的支持。甘肃酒泉在 1985 年实行农村"二孩"生育政策，经过 20 多年的试点，酒泉市的人口出生率和自然增长率均低于全省和全国平均水平。妇女生育水平在实施二孩生育政策后不仅没有上升反而进一步下降。到 2000 年降至 1.4，远低于全省 1.7 的水平。而酒泉历年的农村人均纯收入远高于甘肃省和全国平均水平，社会经济基础较好。山西翼城也是 1985 年开始推行"晚婚晚育加间隔"的二孩生育政策试点，直至调研期间，翼城的出生率和自然增长率分别达到 7‰—8‰、2‰—3‰，低于全国、全省平均水平，且降速仍在不断加快。河北承德 1984—1986 年实施生育二孩政策，调研结果显示，承德农村妇女生育水平低于 1.8，自然增长率一直未超过 8‰。调研同时通过访谈和问卷形式询问被访问者低生育行为的主要原因并进行了排序，经济负担、提高生活质量和孩子教育质量排在最前面，其次为身体原因和计划生育政策。[①] 这三个农村地区的实地调研结果表明，农村家庭对于宽松的计划生育政策没有做出多生育的选择，生育率反而保持持续下降。农民减少生育的主要原因是经济因素，计划生育政策不再是约束农民生育行为的主要原因。

四　中国农村家庭人口生产转型的发展含义

本章考察中国工业化和城市化过程中农村地区的人口生产偏好变化。首先从宏观统计数据和微观调查数据两方面描述农村人口生产偏好转变的经验事实，一方面农村生育率一直保持下降态势，农户家庭的子女数随着世代递进而减少；另一方面农村人口的平均受教育年数在不断延长，表明农村人口生产由数量偏好转向质量偏好。其次分析了这种转变的原因。把这种转变归结于计划生育政策和经济社会发展，但二者在不同的历史时期的地位不同。20 世纪 90 年代之前计划生育政策对人口生产偏好转变起着决定性作用，而在 20 世纪 90 年代之后计划生育政策的作用和约束力逐渐减弱，主导地位被经济社会因素代替。

农村人口生产偏好转变的直接后果是农村劳动力数量减少和人力资本存量增加，农村人口"量""质"变化孕育着传统农业向现代农业转变的有利契机。

第一，人口生产偏好转变引致农业投入要素结构的转变。传统农业是"完全以农民世代使用的各种生产要素为基础"，[②] 这些生产要素具体为劳动、土地，土地投入在宏观上是既定的，所以传统农业产出的增长主要依赖于劳动。而劳动具有边际报酬递减性质，对农业增长驱动作用是有限的。农村人口生产偏好转变，生育率下降，劳动力数量减少，相对增加劳均资本存量，根据新古典增长理论，劳均资本存量增加带来农业产出的增加。同时生育率下降为人力资本投资创造了有利条件，农村人力资本水平

---

① 本段所列数据均来自《八百万人的实践——来自二孩生育政策地区的报告》相关调研报告。

② ［美］西奥多·W. 舒尔茨：《改造传统农业》，北京：商务印书馆 1987 年版，第 4 页。

的提高，首先为引进先进的技术设备准备了前提条件；其次，人力资本水平较高的农民更容易向城市转移，缓解农村劳动力长期积累下来的过剩状态；再次人力资本能够提高物质资本的产出弹性，减缓边际收益下降速度。由于人力资本对农业生产所独有的积极作用，传统农业向现代农业过渡过程中越来越依赖于人力资本的推动作用，正如舒尔茨指出，改造传统农业的关键是引入现代生产要素，而人力资本是更具决定性意义的现代要素①。

第二，人口生产偏好转变引致农业发展方式的转变。根据农业生产投入要素结构的转变过程，相应地可把农业发展方式划分为三个阶段：第一个阶段称为古典农业发展方式，其主要依靠土地和劳动投入驱动农业产出增长，属于传统形态的农业。第二个阶段称为新古典农业发展方式，即在农业生产要素中引入物质资本，且物质资本成为农业增长的主要驱动力，该方式发展的前提是工业化要达到一定程度。第三个阶段称为内生农业发展方式，其主要借助于新经济增长理论将人力资本引入农业生产函数，农业增长的驱动力由物质资本让位于人力资本。目前中国的农业还处于新古典发展方式，尚没有显现内生发展方式的兆头。随着人口生产偏好的进一步转变，农村人力资本的深化和广化将为由新古典方式向内生方式转变创造出有利条件，从而实现加速农业发展方式的现代化转变。

第三，人口生产偏好转变引致马尔萨斯均衡状态向持续增长状态的转变。Becker，Murphy & Tamura 在对人力资本、生育率与经济增长的分析中认为，经济发展存在着"一高两低"——高生育率、低人力资本积累率和低人均收入水平的马尔萨斯稳态，与"一低两高"——低生育率、高人力资本积累率和高人均收入水平的持续增长稳态。单就农业部门发展来看，也存在着这两种稳态，马尔萨斯稳态是一种低水平均衡，农业在这种稳态中难以获得增长机会，不断复制着原有发展水平，甚至会出现倒退。人口生产偏好转变后的低生育率和高人力资本积累率形成劳动力质量的代际优化，导致农民收入增加，农业发展就有机会跳出马尔萨斯陷阱，迈向高水平的持续增长轨道。

第四，人口生产偏好转变引致二元经济结构向一元经济转变。人口生

---

① 参见［美］西奥多·W. 舒尔茨《改造传统农业》，北京：商务印书馆 1987 年版。

产偏好转变一方面通过改变农业的投入要素结构，引致农业发展方式的转变，促使农业超越传统阶段和走向现代化转变进程；另一方面造就了高素质的劳动力。随着人口生产偏好进一步的转变，农村劳动力人力资本水平逐渐提升，与城镇劳动力人力资本水平趋同，城乡劳动力呈现同质性，二者在劳动力市场上自由竞争，在城乡之间自由流动，结果会出现城乡劳动力工资水平也趋于一致。当劳动力在城乡之间获得的报酬无差异时，都以边际产出作为劳动力定价的基础，这时城乡二元经济就转变为一元经济。这种转变的动力来自人口生产偏好转变引发的人力资本存量的动态增加，其具有内生性、独立性和持久性。

五　结论

农村总和生育率、农户家庭规模、农村人均受教育水平等指标的变化均反映出中国农村正经历着发达国家在工业化、城市化过程中表现出的人口生产特征，即人口生产由数量偏好转向质量偏好。中国农村人口生产偏好转变在 20 世纪 70—90 年代主要是由计划生育政策推动的，20 世纪 90 年代之后则由工业化、城市化所主导。农村人口生产偏好转变将引致农业投入要素结构和农业发展方式转变，促使农业发展跳出"马尔萨斯稳态"迈向持续增长，最终导致城乡二元经济向一元经济转变。

参考文献

［美］加里·斯坦利·贝克尔：《家庭论》，北京：商务印书馆 2005 年版。

曹景椿：《农村经济改革与计划生育》，《人口与经济》1986 年第 4 期。

郭剑雄、李志俊：《人口偏好逆转、家庭分工演进与农民收入增长——基于中国农户经验的分析》，《南开学报》（哲学社会科学版）2010 年第 6 期。

顾宝昌、王丰：《八百万人的实践——来自二孩生育政策地区的调研报告》，北京：社会科学文献出版社 2009 年版。

汤兆云：《农村计划生育与人口控制》，镇江：江苏大学出版社 2009 年版。

邬沧萍、钟声：《社会经济发展和计划生育工作的完善是我国农村生育率下降的前提和必要条件——苏南农村人口转变的启示》，《人口研究》1992 年第 5 期。

［美］小罗伯特·E. 卢卡斯：《经济发展讲座》，南京：江苏人民出版社 2003 年版。

Arid, J. S. 1986: Coercion in family planning: causes, methods, and consequences, in U. S. Congress,

Joint Economic Committee, China's Economy Looks Toward the year 2000, Vol. 1, The Four Modernizations (Washington, DC: Government Printing Office).

Becker, Gary S., Kevin M. Murphy and Mark M. Tamura. 1990: Human Capital, Fertility, and Economic Growth, *Journal of Political Economy*, Vol. 98, No. 5: 734 – 754.

Banister, J. 1987: *China's Changing Population*. Stanford: Stanford University Press.

Becker, G. S. 1988: Family Economics and Macro Behavior, *American Economic Review*, Vol. 78: 1 – 13.

Cai Yong, 2010: China's Below-Replacement Fertility: Government Policy or Socioeconomic Development? *Population and Development Review*, Vol. 36 (3): 419 – 440.

Feeney, G. & Wang, F. 1993: Parity progression and birth intervals in China: the influence of policy in hastening fertility decline, *Population and Development Review*, Vol. 19: 61 – 101.

Greenhalgh, S. 1990: Socialism and fertility in China, Annals of the American Academy of Political and Social Science, World Population: Approaching the Year 2000: 73 – 86.

Hesketh, T. & Lu, L. & Xing, Z. W. 2005: The effect of China's one-child family policy after 25 years. *New England Journal of Medicine*, Vol. 353 (11): 1171 – 1176.

Mcelroy, M. & Tao Yang, D. 2000: Carrots and Sticks: Fertility Effects of China's Population Policies, *The American Economic Review*, Vol. 90 (2): 389 – 392.

Narayan, P. K. & Xiujian Peng. 2006: An Econometric Analysis of the Determinants of Fertility for China, 1952 – 2000, *Journal of Chinese Economic and Business Studies*, Vol. 4 (2): 165 – 183.

Poston Jr, D. L. & Gu, B. 1987: Socio-economic development, family planning and fertility in China, Demography, Vol. 24: 531 – 551.

Tien, H. Y. 1984: Induced fertility transition: impact of population planning and socioeconomic change in the People's Republic of China, Population Studies, Vol. 38 (3): 385 – 400.

White, Tyrene. 1994: Two Kinds of Production: The Evolution of China's Family Planning Policy in the 1980s, *Population and Development Review*, 20.

第 十 章

生育率下降与农村女孩
教育的逆歧视性增长[*]

一 问题的提出

至 20 世纪 70 年代，高生育率一直是中国农村居民家庭人口生产的突出特征。[①] 在 1950—1975 年间，中国农村妇女的总和生育率维持在 5.24—6.51 的高位，每个农村妇女平均生育至少 5—6 个孩子。由于计划生育政策的强制推行，1975—1980 年，全国总和生育率由 1970—1975 年的 4.76 迅速降低到 2.90，但农村地区的总和生育率仍然高达 4.97。即在 20 世纪 70 年代末期，农村总和生育率是全国的 1.71 倍，是城镇的 3.29 倍（见表 10—1）。

表 10—1　　1950—1990 主要年份全国、城镇和农村总和生育率

	1950 —1955	1955 —1960	1960 —1965	1965 —1970	1970 —1975	1975 —1980	1980 —1985	1985 —1990
全国	6.24	5.04	5.93	5.99	4.76	2.90	2.36	2.45
城镇	5.34	5.07	4.36	3.37	2.49	1.51	1.33	—
农村	6.25	5.49	6.43	6.51	5.24	4.97	2.83	—

数据来源：［美］D. 盖尔·约翰逊：《经济发展中的农业、农村、农民问题》，林毅夫、赵耀辉译，北京：商务印书馆 2004 年版，第 172 页。

---

[*] 本章主要内容发表于《思想战线》2013 年第 4 期，原文作者为郭剑雄、刘琦。本章收录时做了扩充。

[①]　其实，人口生产的数量偏好是前工业社会的一个共同特征。参见卢卡斯（2003）；Becker, Muphy & T（1990）。

依照马尔萨斯（Malthus，T. R.，1992）学说和人口内生的新增长理论（Becker，Gary S. & Robert J. Barro，1988；Becker，Muphy & Tamura，1990），高生育率同时意味着人均收入的低水平陷阱。在家庭预算不足的强约束下，高生育率的农民家庭必然面临着在多子女之间如何配置稀缺教育资源的权衡。由于传统社会中男孩在劳动生产力、宗代传承和家庭养老等方面所具有的优势，"重男轻女"成为长期来中国农村家庭内教育机会分配的基本模式。根据《中国综合社会调查 2008》（CGSS2008）数据，在 1949—1990 年出生的农村人口中，男性平均受教育年数为 8.43 年，女性[①]为 6.88 年，男性高出女性 1.55 年。[②] 我们开展的一项针对 20 世纪 50—70 年代出生的农村居民实际教育获得的性别差异化调查结果也显示，在被调查对象中，男性平均受教育年数达 9.36 年，女性为 8.12 年，男性平均高于女性 1.24 年。[③]

高生育率下农村女孩受到的教育歧视，进一步反映在兄弟姐妹数对男孩和女孩各自教育获得的非均衡影响方面。在一个多子女特别是多男孩的家庭里，家庭一般选择减少或放弃对女孩的教育投资，把教育资源更多地分配给其哥哥和（或）弟弟，还可能需要女孩辍学并承担家务劳动和照顾年幼的弟弟妹妹。基于 CGSS2008，当家庭中兄弟姐妹数由 1 个增加到 5 个及其以上时，男孩的平均受教育年数降低 2.46 年，女孩则平均下降 3.79 年。[④] 我们的调查结果同样证明了这一变化趋势的存在。[⑤]

---

① 本章的女性多指农村居民家庭中未出嫁并可接受各种层次正规教育的适龄女性，也可笼统地称之为女孩。

② 参见本章表 10—2。

③ 本次调查在 2012 年上半年进行。调查对象是在校大学生和研究生的父母出生的家庭。共发放问卷 3500 份，收回 3170 份，其中农村样本 1509 份。在 1509 个农村样本中，每个样本分别包含被调查者父亲出生家庭和母亲出生家庭。在父亲出生家庭和母亲出生家庭中剔除独生子家庭、兄弟姊妹同性别家庭和父亲或者母亲出生于 1949 年之前的家庭，最后得到父亲出生家庭样本 1049 个，母亲出生家庭 1069 个。2118 个家庭中男性数 4494 人，女性数 4471 人。本次调查所显示的农村居民平均受教育程度较高，这可能与限定的调查对象有关。一般来讲，父母的受教育程度与子女的受教育程度正相关。来自农村的大学生、研究生一定程度上是其父母受教育程度较高的反映。

④ 参见本章表 10—2。

⑤ 在我们的调查中，当家庭中兄弟姐妹数由 1 个增加到大于 5 个时，男孩的平均受教育年数降低 2.29 年，女孩则平均下降 2.49 年。

进入 20 世纪 90 年代初期以来，中国的人口生育发生了本质性转折，总和生育率迅速下降到更替水平（约为 2.1）以下，并开始了非可逆的低生育率历史进程。[①] 尽管农村的总和生育率仍然高于城镇，但进入 21 世纪，农村总和生育率也未超过 1.8，[②] 且呈现缓慢降低态势。如果说高生育率下农村居民家庭中女孩的受教育机会不同程度地受到剥夺，男女之间的实际教育获得存在着明显的差异，那么，在低生育率条件下，农村女孩的受教育机会和教育获得是否增加？农村居民家庭中的教育资源配置是否趋向于性别间的平等化？这是本章拟开展讨论的问题。

二 相关文献的简要回顾

关注家庭中子女数量对子女个体教育获得或人力资本投资影响的文献较为多见，且一般认为，高生育率抑制对子女的教育投资。Mare & Chen（1986）以发达国家为背景的一项研究指出，每增加一个兄弟姐妹会减少每个孩子 1/5 年的受教育时间。Blake（1989）采用美国的调查数据发现，兄弟姐妹数对儿童的教育获得具有明显的负面影响，这种影响超过了其他家庭特征的作用。Ferrari & Dalla-Zuanna（2010）利用法国和意大利两个国家的数据分析了兄弟姐妹数对个体人力资本水平的影响，结果显示兄弟姐妹数与人力资本呈负相关关系。Lee（2007）以亚洲为研究对象以及 Dang & Rogers（2009）对越南的研究亦取得了与前一致的结论。郭剑雄和李志俊（2010）注意到，在中国农村家庭中同样存在着子女数量（生育率）与子女教育获得（人力资本）之间的逆向联系；值得注意的是，在传统社会和现代社会中，分别存在着高生育率和低人力资本积累率、低生育率和高人力资本积累率两种不同类型的均衡。有多种理论提供了对此

[①] 1992 年国家计划生育委员会组织的中国生育率抽样调查（俗称 38 万人调查）取得的全国总和生育率是 1.57，2005 年全国 1% 人口调查的总和生育率为 1.34，2010 年全国第六次人口普查的全国总和生育率只有 1.18。

[②] 一项研究表明，2000—2009 年间，中国全国的总和生育率维持在 1.22—1.47 之间；城镇总和生育率处于 0.94—1.22，属于超低生育水平；农村总和生育率显著高于城镇，保持在 1.43—1.73 之间。参见郝娟、邱长溶《2000 年以来中国城乡生育水平的比较研究》，《南方人口》2011 年第 5 期，第 27—33 页。

类现象的解释：贝克尔（Becker, Gary S., 1976; 2005）在其构建的新家庭经济学中认为，父母在家庭效用函数优化动机的驱使下，存在着子女"数量"和"质量"之间的权衡。在收入、时间价值和子女养育成本较低的经济环境中，子女"数量"的收益大于其"质量"的收益，因此显现出"数量"对"质量"的替代。当经济环境改变时，贝克尔认为这种关系将发生逆转。Anastasi（1956）、Blake（1981）等提出的"资源稀释效应"理论是解释兄弟姐妹数对个体教育获得影响的经典理论。该理论指出，在家庭资源既定的条件下，子女越多，平均分配在每个子女身上的资源越少，从而对家庭资源的"稀释效应"越强；个体获得的教育资源的多寡决定着其受教育程度的高低。

　　作为长期以来存在着的一种社会不平等现象，家庭内教育投资的性别歧视问题受到人们的普遍关注（孙志军，2003；郑真真、连鹏灵，2004；丁月牙，2004；郑安云、靳连冬，2004；龚继红、钟涨宝，2005）。并且有部分文献将家庭内子女规模引入对这种现象及其变化趋势影响的研究。Gertler & Glewwe（1992）依据 1985—1986 年秘鲁生活标准调查数据发现，在高生育率的发展中国家，由于女孩的教育回报较低抑制了父母对其教育投资的积极性，因而女性教育滞后于男性。Hermalin, Seltzer & ching-Hsiang Lin（1982）对经济较发达的中国台湾地区的研究则获得了与 Gertler & Glewwe 不一致的结论，认为除个别社会阶层和历史时期之外，中国台湾地区的家庭规模对女性教育无影响。叶华、吴晓刚（2011）基于对 CGSS2006 数据的分析，发现在中国家庭内兄弟姐妹数越多，尤其是在有兄弟的情况下，女性的受教育年数相对于男性越低。但是随着生育率的下降，这种状况正在改变，年轻一代性别间教育的不平等相对于老一代显著降低了。与叶华和吴晓刚一样，也有其他一些研究者注意到了在当今中国正在发生的低生育率背景下女性教育的反歧视性增长。Hannum, Kong & Yuping Zhang（2009）以甘肃省为例的研究发现，甘肃农村家庭对于子女性别的态度和对性别间的教育投资趋于平等化；基于对女孩投资大幅度增加的现实，杨春华（2012）把当前中国农村家庭内部的教育资源分配的特点归纳为"保男顾女"。

　　本章拟开展的研究工作与现有文献的主要差异如下：第一，与大多数讨论家庭规模与家庭内子女教育获得关系的文献不同，我们关注的重点不是高生育率的资源稀释效应，而是生育率下降对家庭内各个子女教育获得可能产生的积极影响。第二，无论历史地还是现实地看，性别歧视现象在农村远甚于城市。因此我们把叶华、吴晓刚所讨论的问题限定在中国农村地区，并将视点集中于生育率下降对女孩教育获得的影响方面，同时将数据样本的截止时限由 2006 年延伸到 2008 年。第三，已有讨论低生育率背景下农村女性教育增长的文献，或仅涉及中国农村的局部地区，或缺乏系统的经验实证工作。本章在将生育率下降与女性教育的逆歧视性增长关系的讨论扩及中国农村整体的同时，试图为这一问题的讨论提供更为翔实的经验证据。

三　生育率下降与农村女孩教育逆歧视性增长假说

（一）女性教育的决定因素分析

女性个体的教育获得不仅与其自身特征有关，更决定于她的家庭条件和她所处时代的宏观经济社会发展水平。

影响女性教育的宏观因素主要包括：第一，与经济发展水平相适应的教育发展状况。在经济发展水平较高并政府优先支持教育发展的背景下，社会教育经费的投入就会较快增长。这对个体的教育获得将产生两个方面的有利变化——教育机会的增加和教育机会的低成本获取。不难理解，经济发展所推动的教育发展对女性教育的影响是积极的。第二，对女性教育的社会普遍持有的态度，是排斥歧视，还是接纳支持？这可以归结为一种文化，归根到底，这种文化又与经济社会发展程度相联系。不同文化对女性教育影响的方向和程度需要做具体分析。

个人的教育始于其未成年。因此，个人是否获得教育以及在何种程度上获得教育，首先是其家庭的决策。对于农村女性而言，影响其教育获得的家庭因素有：第一，家庭经济状况。在一定的年龄条件下，接受教育是以放弃家庭收入创造和家庭劳务提供为机会成本的。只有在家庭收入预算许可时，父母才有条件向以子女能力体现的未来收入源泉进行投资。因而家庭收入与子女教育之间的联系是正向的。第二，父母对子女接受教育的态度。这首先与父母对子女的利他主义程度有关，其次取决于父母向子女人力资本投资的未来收益的核算能力。若不考虑父母利他主义程度差异的影响（一般可以假定父母对子女的利他主义程度无差异），对子女教育投资未来收益的核算能力与父母的受教育程度正相关。第三，兄弟姐妹数特别是兄弟数。家庭收入既定，兄弟姐妹数越多，人均家庭教育资源越少，[1] 每个子女获得教育机会的概率就越小。在有兄弟或有多个兄弟时，家庭教育资源会出现偏重于男孩的非对称性配置，[2] 由此女性获得教育机会的概率将变得更小。

对于教育机会的获取而言，个体的秉赋性差异主要表现在两个方面：一是性别，二是对接受教育的态度和接受教育的能力。已知在过去的中国农村家庭中，男孩比女孩有更多获取教育机会的优先。在给定女性性别的前提下，影响教育获得的个体因素就只有后一个方面了。因为学习态度和能力难以量化，同时基于大数原则，该因素的差别并不显著，所以在量化分析中往往可以不予考虑。

（二）生育率下降背景下女性教育的决定

根据前面的分析，可以给出个体教育决定的一般表达式如下：

$$E = E(S, F, P)$$

其中，E 表示家庭内子女个体的受教育程度，S、F 分别表示影响个体教育的宏观经济社会因素和家庭因素，P 代表与接受教育相关的个体因素。在讨论女性教育时，个体因素中的性别是确定的，学习态度和能力又假定为相同，因此个体因素可以不考虑。这样，女性教育的获得（E_w）就仅取决于前两类因素：

$$E_w = E_w(S, F) \tag{10.1}$$

分解宏观经济社会因素和家庭因素，女性教育决定的表达式可以进一步表示为：

$$E_w = E_w(G, N, F_0, F_e, M_e, Q) \tag{10.2}$$

（10.2）式中的 G 表示世代，用来间接度量宏观经济发展水平所决定的社会教育发展状况，因为在其他因素既定时，单纯的教育发展可以用时

---

[1]　即存在 Anastasi（1956）、Blake（1981）等所阐释的"资源稀释效应"。

[2]　家庭教育资源在男孩和女孩之间的非对称配置有其深刻的经济社会根源。参见本章本节假说 1 的相关解释。

间来测度，而人的代际差异是一个适合的替代指标。文化虽然在演进，但它的变化进程非常缓慢；所以我们选择了民族（N）这样一种截面指标来表征文化差异，依据是在不同民族特别是汉族和少数民族之间文化差异较显著。反映家庭特征的变量是：父亲的职业 F_o，用来间接反映家庭经济状况，F_e 和 M_e 分别表示父亲和母亲的受教育程度，Q 表示兄弟姐妹数。

本章将女性教育决定的讨论置于生育率下降的特定背景之下。生育率下降在截面上表现为家庭内兄弟姐妹数的减少，在时间序列上表现为家庭规模的世代变动。由此，生育率下降条件下女性教育的决定又可以写成如下（10.3）式，其中的 X 表示除兄弟姐妹数 Q 和世代 G 两个因素以外的其他变量。

$$E_w = E_w(Q,G,X) \tag{10.3}$$

（三）农村女性教育的逆歧视性增长假说

在农村人口生育率明显下降、农村家庭的子女数随世代递减的背景下，农村女孩获得的教育机会是否在增加？她们与农村男孩在受教育年限方面是否趋于平等？为获得此问题的答案，需要进行三个角度的对比：首先是横向性别角度，同一世代出生的农村女孩和男孩在教育机会的获得方面是否存在差距；其次是纵向时间角度，农村女孩的受教育程度随时间的推移如何发生变化；第三是性别与时间互交的角度，农村女孩和男孩的受教育机会在代际之间呈现何种演变趋势。依据公式（10.3），在假设 X（包括 F_0，F_e，M_e 和 N）不变的前提下，我们提出以下三个假说：

假说1：农村女孩的受教育程度与她们拥有的兄弟姐妹数负相关——兄弟姐妹数越少，其受教育程度越高。这一假说的立论依据有二：（1）个体获得的教育资源与其受教育程度正相关。家庭收入既定，兄弟姐妹数多时，包括女孩在内的每个孩子可得的家庭教育资源较少，他们的教育必然受到抑制；[①] 反之，兄弟姐妹数少时，人均家庭教育资源相对增加，每个孩子的受教育机会由于家庭预算约束的缓解而相应增长。（2）由于：

---

① 类似的讨论可参见 Blau，Peter and Duncan（1967），Blake（1989），Steelman，Lala Carr and Brian Powell（1991）。

第一，男性是比女性更优质的劳动生产力。第二，男性肩负着宗代传承的使命，向男孩投资是向自己家族的未来投资；而女孩是要出嫁的，对女孩的人力资本投资的收益存在着显著的家族外部性。第三，数千年来，儿子一直承担着对父母养老的职责，向儿子投资一定程度上是父母对自己未来养老账户的投资。所以在多子女家庭中，稀缺的家庭教育资源的分配，男孩优先于女孩。[①] 当因计划生育政策的实施和工业化、市场化的推进而导致大多数家庭的子女数减少到只有 1—2 个时，这时不仅家庭预算约束缓解或解除，性别间的家庭职责差异也趋于淡化。因而女性的教育将因生育率的降低而增长。

假说 2：随着生育率下降，农村女孩受教育程度世代递增。其一，在发展中国家，高生育率被认为是人力资本积累的主要障碍之一。[②] 如果生育率随着出生世代的递进而下降，较晚世代出生的女孩的兄弟姐妹数比之较早世代显著减少，那么，兄弟姐妹数就不再构成农村女性人力资本投资的主要障碍。其二，计划生育政策实施特别是经济体制改革以来，随着中国经济的快速增长，教育事业获得长足进步——义务教育由 6 年提高至 9 年，大学大规模扩招，教育信贷建立以及在部分高等院校和某些专业实行减免学费等。教育发展带来的教育机会的增加必然在新近世代农村女性身上比其较早世得到更多体现。若放宽假设条件，农户收入随世代更替显著增长，家庭教育投资份额相应提高；由于家庭子女数普遍减少到一两个，性别歧视现象比多子女时大为减弱；同时，在市场化和工业化进程中教育投资的收益率显著提高，父母对其子女的教育空前重视。由此，即使在农村，较晚出生的女孩的教育获得要比较早出生的女孩有所提高和改善。

假说 3：农村女孩和男孩的受教育程度在生育率下降过程中呈现平等化趋向。这是因为，第一，随着经济社会发展和生育率的下降，家庭预算对子女教育投资的约束降低，父母可能不再需要对子女中"谁获得教育"艰难权衡。相比于多子女世代女性教育的受剥夺情况，低生育率世代的女性教育投资将比男孩有更快增长。第二，伴随世代更迭，义务

---

① 相关研究参见叶华、吴晓刚（2011），Yao Lu, Donald J., Treiman（2008）。

② 参见 Jungmin Lee（2008）。

教育阶段扩展并以法律手段强制义务教育推行。这一制度设计在较大范围为女性争得了与男性平等的受教育机会。或者说，女性在教育扩张中受益更大。[①] 第三，进入低生育率经济社会发展阶段，性别歧视的经济社会基础改变，此时，即使在高层次的非义务教育机会的分配中，女性也不再受到排斥。

四　描述性统计检验

本章所采用的样本数据来源于 CGSS2008。[②] 由于本章研究的对象是中国农村女孩的受教育状况，因此，（1）我们首先要在 CGSS2008 数据中筛选出农村样本。虽然在 CGSS2008 数据中根据调查地点把样本分为城市和农村两种类型，但考虑到中国教育体制和户口制度在城乡的差别，并参考叶华、吴晓刚（2011）的样本选择办法，我们确定的农村样本筛选标准为：女孩入小学时（一般为 7 岁）的户口性质。具体分为三种情况：第一，如果被访者出生时为农村户口，且户口性质未变更，则其为农村出身。第二，如果被调查者在调查时是非农户口，且从未变更；或者被调查者在入小学之前已经"农转非"，就确定为城镇户口；第三，如果被调查者在调查时是非农户口，但在入小学之后才进行了"农转非"，则确定其为农村户口。（2）由于该数据所调查的农村女性中还有少数正处于接受教育过程之中，对于这部分在学的样本我们无法确定其最终的受教育年限，故将其排除在研究范围之外。（3）本章研究的对象是新中国成立后出生的农村女性，所以删减了 1949 年（不含 1949 年）之前出生的农村女性。

本章选取受教育年数作为被解释变量，该变量在 CGSS2008 中对应的调查项目为"从小学开始算起，您一共受过多少年的学校教育？"解释变

---

① 类似的研究参见 Blossfeld，Hans-Peter & Yossi Shavit（1993）。

② 该数据是中国人民大学社会学系所发起的一项全国范围内的、大型的抽样调查项目，主要目的是了解当前中国城乡居民的就业、工作和生活状况，以及人们对当前一些社会问题的看法。本项调查根据随机抽样的方法，在全国 28 个省市抽取家庭户，然后在每个被选中的居民户中按一定规则随机选取 1 人作为被访者。调查数据记录了被访者的教育年限以及家庭特征信息。截至 2012 年 6 月，中国社会调查开放数据库提供的最新数据是 CGSS2008。

量包括：（1）性别。在分析男女教育差异时需要引入性别虚拟变量。（2）兄弟姐妹数。CGSS2008 数据中分别列出了被访问者的兄、姐、弟和妹的人数，把这四项数字加总得到个体女孩的兄弟姐妹数。（3）被访问者父亲和母亲的受教育程度。父母的受教育程度在数据中以其最高教育程度表示，并把不同教育层次的代码转换为对应的教育年数。（4）父亲的职业类型。社会学中的社会分层理论认为 14 岁时父亲的职业类型代表着其所在家庭的经济背景，不同职业类别获得不同的劳动报酬，从而代表着家庭经济收入。由于样本数据中的职业分类过细，且分布集中，为了简化分析，我们把 14 岁时父亲的职业分为两大类，一类是全职就业，此类人员就职于国家机关、企事业单位，享有较高的收入；除此之外的所有其他职业归结为第二类（主要集中于全职务农和兼职务农），[①] 第二类职业较第一类职业收入较低。（5）民族。由于各个少数民族样本较少，本章仅关注汉族与少数民族，民族变量被定义为一个虚拟变量。（6）出生世代。由于计划生育政策的实施，农村人口的出生率在 20 世纪 70 年代以后出现明显的下降趋势。故我们大致以 1970 年为分水岭，把 1949—1970 年出生的农村女性划为第一个世代，将 1971—1990 年出生的划为第二个世代。[②]

（一）兄弟姐妹数对农村女孩教育的影响及其与男孩的比较

表 10—2 的统计结果显示，无论是女孩还是男孩，他们的受教育程度与其兄弟姐妹数负相关。当他们有 5 个及 5 个以上兄弟姐妹时，女孩和男孩的受教育年限仅分别为 5.32 年和 7.38 年，当他们的兄弟姐妹数减少至 1 和 0 时，女孩的受教育年限分别提高到 9.11 年和 9.07 年，同样，男孩的受教育年限也分别增长至 9.84 年和 9.93 年。受教育年数随其兄弟姐妹数的减少而增加。不难发现，兄弟姐妹数的减少对女孩受教育程度提高的影响要大于男孩。兄弟姐妹数由 5 个及其以上减少至 0 个时，男孩的受教育年数提高 2.55 年，而女孩则提高 3.75 年，女孩受教育年数的提高幅度

---

① 总样本为 3084 个，其中全职就业 501 个，全职务农 2131 个，兼职务农 89 个，全职务农与兼职务农所占比例为（2131 + 89）/（3084 − 501）= 86%。

② CGSS2008 数据调查的最年轻的被访问者是 1990 年出生。

大于男孩 1.20 年。与此相联系，随着兄弟姐妹数的减少，女孩与男孩受教育程度的差异趋于缩小。在拥有 5 个及 5 个以上兄弟姐妹时，女孩与男孩的受教育年数差距超过 2 年；当兄弟姐妹数是 1 或者 0 时，二者差距不到 1 年。但总体来看，男女之间的教育差距存在。男孩的平均受教育年数为 8.43 年，接近于初中毕业；女孩为 6.88 年，相当于初中一年级水平，二者相差 1.55 年。

表 10—2　　　　　兄弟姐妹数对农村女孩受教育年数的影响及其与男孩的比较

兄弟姐妹数	0	1	2	3	4	5 及 5 以上	平均受教育年数
男	9.93 (73)	9.84 (223)	9.02 (293)	8.11 (266)	7.65 (228)	7.38 (327)	8.43 (1410)
女	9.07 (58)	9.11 (223)	7.89 (382)	6.50 (326)	5.95 (288)	5.32 (397)	6.88 (1674)
平均受教育 年数差距	0.86	0.73	1.13	1.61	1.70	2.06	1.55

注：括号内为频数。

表 10—2 直观上支持了假说 1，即兄弟姐妹数与农村女孩的受教育程度呈反向联系，并且与男孩相比，兄弟姐妹数对女孩受教育程度的影响更大。

（二）不同世代农村女孩受教育年数的比较

表 10—3 比较了两个世代农村女孩的平均兄弟姐妹数和平均受教育年数。1949—1970 年间出生的农村女孩的平均兄弟姐妹数为 3.85 个，其平均受教育年数为 5.52 年，接近于小学毕业水平。1971—1990 年世代的农村女孩的平均兄弟姐妹数和平均受教育年数分别为 2.54 个和 8.54 年，教育水平接近于初中毕业。两个世代女孩的平均兄弟姐妹数相差 1.31 个，平均受教育年数相差 3.02 年，年轻世代农村女孩的教育水平扩展了一个初中教育层次。

表10—3　　　　　　两个世代农村女孩受教育年数的比较

世代	平均兄弟姐妹数	平均受教育年数
1949—1970 世代	3.85 (921)	5.52
1971—1990 世代	2.54 (753)	8.54
差距	1.31	3.02

注：括号内为频数。

表10—3表明，随着兄弟姐妹数的减少，农村女孩的教育水平在代际之间逐渐提高，验证了假说2是成立的。

（三）不同世代农村女孩和男孩受教育差距变化趋势比较

表10—4表明，出生在1949—1970世代的农村女孩的平均受教育年数比同世代的男孩少约2年，1971—1990世代该差距缩小到1.38年。与前一世代比较，农村女孩和男孩的受教育差距缩小了0.57年。从两个世代男孩、女孩各自的平均受教育年数来看，1971—1990世代的男孩比1949—1970世代的男孩受教育年限多2.45年，而女孩则多出3.02年，也就是说农村女孩的教育获得的增长要快于男孩。

表10—4　　　　　两个世代女孩和男孩受教育年数的差距比较

世代	平均受教育年数		差距
	男孩	女孩	
1949—1970	7.47 (921)	5.52 (861)	1.95
1971—1990	9.92 (549)	8.54 (753)	1.38
差距	2.45	3.02	0.57

注：括号内为频数。

表10—4的结果与假说3相符，揭示了农村女孩在教育扩张过程中受

益大于男孩，与男孩的教育差距趋于缩小。

五 回归分析

根据前面对农村居民家庭子女教育获得影响因素的分析和相关变量的设定，建立一个农村居民家庭子女教育决定的总体线性回归模型如下：

$$Y_e = \alpha + \beta_1 S + \beta_2 Q + \beta_3 N + \beta_4 F_e + \beta_5 M_e + \beta_6 F_0 + \beta_7 G + \beta_8 S * G + \mu$$

$$(10.4)$$

（10.4）式中 Y_e 表示农村子女受教育年数，α 是常数项，S 代表性别虚拟变量（女孩为 1，男孩为 0），Q 代表兄弟姐妹数，N 是表征民族的虚拟变量（汉族为 1，少数民族为 0），F_e 表示父亲受教育程度，M_e 表示母亲受教育程度，F_0 表示父亲的就业类型，也为虚拟变量（全职就业为 1，其他就业类型为 0），G 表征世代虚拟变量（1949—1970 世代为参照组），$S * G$ 表示性别与世代的互交项，β_i （$i = 1$，…，8）为各个解释变量的回归系数，μ 为随机误差项。

（一）农村女孩受教育程度各影响因素的回归结果

为了准确反映各个变量对农村女孩受教育程度的影响，暂不考虑总体模型中的世代及其与性别的互交项，主要观察兄弟姐妹数以及其余变量前系数的正负与大小，经 SPSS17.0 软件运算得出如下结果：

表 10—5　　　　农村女孩受教育程度各影响因素的回归结果

变量	系数 β_i	标准误差	t 值	伴随概率
Q	− 0.299	0.049	− 6.127	0.000
N	1.087	0.031	3.610	0.000
F_e	0.203	0.026	7.945	0.000
M_e	0.344	0.029	11.679	0.000
F_0	1.171	0.241	4.865	0.000
$\overline{R^2} = 0.304\ F = 147.460$				

（二）农村女孩受教育程度世代递增的回归分析

纵向比较农村女孩受教育程度的变化，需加入世代变量。通过世代变量的回归系数，可以反映出两个不同世代的农村女孩受教育年数的变化趋势。模型估计结果如下：

表 10—6　　　　　　　农村女孩受教育程度世代递增的回归结果

变量	系数 β_i	标准误差	t 值	伴随概率
α	4.156	0.373	11.151	0.000
Q	−0.222	0.050	−4.447	0.000
N	1.178	0.298	3.951	0.000
F_e	0.170	0.026	6.594	0.000
M_e	0.312	0.030	10.543	0.000
F_0	1.291	0.239	5.410	0.000
G	1.233	0.196	6.278	0.000

$$\overline{R^2} = 0.320 \quad F = 132.282$$

（三）农村男孩和女孩教育平等化趋势的回归结果

农村女孩受教育年数在纵向上表现为不断延长，那么随着世代更替，农村女孩与男孩的教育差距是否缩小？为此，模型中引入了性别变量、世代变量和性别与世代的互交项。以 1949—1970 世代为参照组，数据样本中加入农村男孩样本，估计结果如表 10—7 所示。

表 10—7　　　　　　农村男孩和女孩教育平等化趋势的回归结果

变量	系数 β_i	标准误差	t 值	伴随概率
α	6.163	0.287	21.506	0.000
Q	−0.157	0.037	−4.285	0.000
N	1.051	0.223	4.713	0.000
F_e	0.162	0.019	8.603	0.000
M_e	0.261	0.022	11.928	0.000
F_0	1.231	0.177	6.968	0.000

变量	系数 β_i	标准误差	t 值	伴随概率
G	0.706	0.206	3.419	0.001
S	−2.033	0.164	−12.362	0.000
$S * G$	0.785	0.255	3.080	0.002

$$\overline{R^2} = 0.293 \quad F = 160.336$$

六　结论和需进一步探讨的问题

本章研究所获得主要结论如下：农村居民家庭女孩的受教育程度，既受社会教育发展水平、传统文化等宏观因素的影响，更决定于家庭经济状况、父母亲的受教育程度和兄弟姐妹数等微观变量。若控制其他变量，农村女孩的受教育程度与她们的兄弟姐妹数负相关，兄弟姐妹数少时，女孩的受教育年数较长，反之，她们的受教育年数缩短；随着生育率的下降，年轻世代农村女孩的受教育程度相对于年老世代显著提升；同时，在生育率下降过程中，女孩受教育年数的增长速度要快于男孩，农村女孩和男孩之间的教育差距趋于缩小，或者说，农村女孩教育随着其兄弟姐妹数的减少出现逆歧视性增长。运用 CGSS2008 数据库提供的相关数据所做的统计分析和回归分析，支持了前述结论。

此外，本章还探讨了其他变量对农村女孩教育的影响。结果表明，父母的受教育程度对农村女孩的教育具有正向作用，并且母亲受教育程度对农村女孩的影响要大于父亲受教育程度的影响；父亲的职业类型代表着家庭经济背景，父亲在非农正规部门就业意味着家庭经济较富裕，其子女的受教育程度较高；引入表征文化差异的民族变量后发现，汉族农村女孩比少数民族农村女孩的受教育年数相对要长。

出于研究的主要目的和数据获得的局限，本章重点分析了家庭特征特别是兄弟姐妹数、父母的教育程度和父亲的职业等因素对农村女孩教育的效应。其实影响农村女孩教育获得性的因素还有很多，对于家庭特征以外的因素，本章或仅个别涉及或未做考虑。在分析兄弟姐妹数对个体教育的影响时，本章只关注了数量，而忽略了结构。现有文献表明，子女个体的出生顺序与其受教育程度存在着密切关系，例如 Ferrari & Dalla-Zuanna

（2010）对法国和意大利的研究表明出生越晚的子女的受教育程度越高；罗凯（2008）采用 CHNS 数据，运用 OLS 和 Ordered Probit 模型对子女个数和出生顺序结构与子女受教育程度之间的关系进行了研究，结果表明子女出生顺序对子女受教育程度有正效应，不过这种效应不如子女个数效应显著。最关键的是，子女性别不同，其出生顺序效应有结构性差异。政治因素和政策倾向在一定程度上也影响着农村女孩的教育。Yao Lu & Treiman（2008）根据不同的政策倾向把中国 1996 年之前的历史分为四个阶段，分别研究了每个阶段兄弟姐妹数与教育获得之间的关系。结果显示，由于各个阶段政策基调的差异导致了兄弟姐妹数对个体的教育获得的影响不同。例如在"文革"时期强调平均主义，兄弟姐妹数对女孩受教育的不利影响消失了；而在改革开放时期，较多的兄弟姐妹对女孩受教育的负面影响更加恶化。此外，孩子个体特征也对受教育有着一定的影响。但是由于诸如爱好、态度、能力等特征量化的困难，目前关于这方面的研究，特别针对中国农村家庭子女的研究甚少，本章也未引入这一因素。以上诸多未涉及的方面说明，我们关于该课题的研究还有待进一步深入。

参考文献

［美］加里·斯坦利·贝克尔：《家庭论》，北京：商务印书馆 2005 年版。

［英］马尔萨斯：《人口原理》，北京：商务印书馆 1992 年版。

丁月牙：《家庭教育资源分配的性别差异问题——来自三都水族村寨的个案调查》，《民族教育研究》2004 年第 2 期。

龚继红、钟涨宝：《农村家庭子女性别结构对家庭教育投资行为的影响——湖北省随州市农村家庭的调查》，《青年研究》2005 年第 3 期。

郭剑雄、李志俊：《人力资本、生育率与内生农业发展》，北京：人民出版社 2010 年版。

［美］小罗伯特·E. 卢卡斯：《经济发展讲座》，南京：江苏人民出版社 2003 年版。

罗凯：《子女的出生顺序结构对其受教育程度的影响》，第八届中国青年经济学者论坛，厦门，2008 年 9 月 20 日。http：//wise. xmu. edu. cn/youth - forum2008/paper/.

孙志军：《中国农村家庭教育决策的实证分析》，CEAC/第三届入选论文，2003 年。

杨春华：《农村家庭教育策略中的性别差异："保男顾女"的资源分配原则》，《教育教学论坛》2012 年第 2 期。

叶华、吴晓刚：《生育率下降与中国男女教育的平等化趋势》，《社会学研究》2011 年第 5 期。

郑真真、连鹏灵：《中国人口受教育状况的性别差异》，《妇女研究论丛》2004 年第 5 期。

郑安云、靳连冬：《贫困地区女童就学障碍的社会性别分析及对策研究》，《西北大学学报》（哲学社会科学版）2004 年第 5 期。

Anastasi, Anne, 1956: Intelligence and Family Size, Psychological Bulletin, 53: 187 – 209.

Becker, Gary S. and Nigel Tomes, 1976: Child Endowments, and the Quantity of Children, *Journal of Political Economy*, Vol. 84, No. 4, part 2, (August 1976): 143 – 162.

Becker, Gary S. and Robert J. Barro, 1988: A Reformulation of the Economic Theory of Fertility, *Quarterly Journal of Economics*, 103, 1 (February): 1 – 25.

Becker, Gary S. , Kevin M. Muphy and Mark M. Tamura, 1990: Human Capital, Fertility and Economic Growth, *Journal of Political Economy*, 98 No. 5, Part 2, (October): S12 – S36.

Blake, Judith, 1989: Family Size and Achievement, Berkeley, CA: University of California Press.

Blake, Judith, 1981: Family Size and the Quality of Children, Demography, 18: 421 – 442.

Blau, Peter M. andO. D. Duncan, 1967: The American Occupational Structure, New York: Wiley.

Blossfeld, Hans-Peter, Yossi Shavit, 1993: Persisting Barriers: Changes in Educational Opportunities in Thirteen Countries. In Y. Shavit, H. P. Blossfeld (eds.), Persistent Inequality: Changing Educational Attainment in Thirteen Countries. Boulder, Colo. : Westview Press.

Dang, Hai-Anb and FH Rogers, 2009: The decision to invest in child quality over quantity: Has declining fertility increased household investment in education in Vietnam? PAA 2009 Annual Meeting. May2.

Downey, Douglas B. , 1995: When Bigger Is Not Better: Family Size, Parental Resources, and Children's Educational Performance, American Sociological Review, 60: 746 – 761.

Featherman, David L. and Robert M. Hauser, 1978: Opportunity and Change, New York: Academic Press.

Ferrari, Giulia and Gianpiero Dalla-Zuanna, 2010: Siblings and human capital: A comparison between Italy and France, Demographic Research, Vol. 23: 587 – 614.

Gertler, Paul and Paul Glewwe, 1992: The Willingness to Pay for Education for Daughters in Contrast to Sons: Evidence from Rural Peru, World Bank Econ, Rev 6 (1): 171 – 188.

Hannum, Emily, 2002: Educational stratification by ethnicity in China: Enrollment and attainment in the early reform years, Demography, Vol. 39, Number 1: 95 – 117.

Hannum, Emily, Peggy Kong, Yuping Zhang, 2009: Family sources of educational gender inequality in rural China: A critical assessment, International Journal of Educational Development, Vol. 29, Issue 5: 474 – 486.

Hermalin, Albert I. , Judith A. Seltzer, Ching-Hsiang Lin, 1982: Transitions in the Effect of Family Size on Female Educational Attainment: The Case of Taiwan, Comparative Education Review, Vol. 26, No. 2 (Jun): 254 – 270.

Lee, Jungmin, 2007: Sibling size and investment in children's education: an asian instrument, Journal of Population Economics, Vol. 21, Number 4: 855 – 875.

Leung, C. Y. S. and Li-Tsang, C. W. P. , 2003: Quality of Life of Parents who have Children with Disabilities, *Hong Kong Journal of Occupational Therapy*, 13: 19 – 34.

Lu, Yao, Donald J. , Treiman, 2008: The Effect of Sibship Size on Educational Attainment in China: Period Variations, American Sociological Review, Vol. 73 No. 5: 813 – 834.

Mare, Robert D. and M. Chen, 1986: Further Evidence on Sibship Size and Educational Stratification, *American Sociological Review*, 51: 403 – 412.

Marteleto, Leticia, 2010: Family size, adolescents' schooling and the Demographic Transition: Evidence from Brazil, Demographic Research, Vol. 23: 421 – 444.

Parish, William L. and Robert J. Willis, 1993: Daughters, Education, and Family Budgets: Taiwan Experiences, *Journal of Human Resources*, 28: 863 – 898.

Steelman, Lala Carr and Brian Powell, 1991: Parental Willingness to Pay for Higher Education, *American Journal of Sociology*, 96 (6): 1505 – 1529.

第十一章

人力资本、生育率与中国农业发展
——基于 1995—2005 年面板
数据的实证分析[*]

一 引言

根据先行工业化国家的经验，大约到 20 世纪 90 年代，中国已经进入了工业化中期阶段。[①] 国际经验表明，工业化中期阶段是工业化和城市化的加速推进期，也是农业发展的一个非常重要和十分关键的时期。发端于英国之后为所有西方发达国家所普遍采用、主流经济学竭力推荐的以工业化和高度城市化为突出标识的近、现代经济发展模式并非是无可争议的（朱乐尧、周淑景，2005）。当前中国农业发展的实践表明，农业发展离不开工业化、城市化以及政府相关政策等外部条件的支持，更需要自身发展因素积累形成的内在动力的推动。我们认为，在进入工业化中期阶段以后，最重要、最关键的内部发展因素，是农业人口人力资本水平的普遍提高，以及有利于这一条件形成的农民家庭生育率选择的改变。

---

[*] 本章由郭剑雄、李志俊《人力资本、生育率与内生农业发展》（人民出版社 2010 年版）第十章《人力资本、生育率与中国农业发展的经验考察》增加第一、第五节改写而成。

[①] 1993 年，中国第一、第二和第三产业增加值占国内生产总值的比重分别为 19.7%、46.6% 和 33.7%，第一产业比重已经降到 20% 以下。数据来源于国家统计局：《中国统计年鉴 2007》，北京：中国统计出版社 2007 年版。参照郭克莎《中国工业化的进程问题与出路》，《中国社会科学》2000 年第 3 期；陈佳贵等《中国工业化进程报告——1995—2005 中国省域工业化水平评价与研究》，北京：社会科学文献出版社 2007 年版。

人力资本可以作为经济持续增长的动力已经是不争的事实（Schultz，1962；Becker，1964；Romer，1990；Mankiw、Romer & Weil，1992；Engelbrecht，1997）。在引入人力资本的基础上，贝克尔和巴罗（G. S. Becker & R. Barro）等人内生地揭示了人力资本和生育率的决定问题。[①] 人力资本积累和生育率的决定均与家庭有关，家庭决策的最优化过程，决定了最优的人力资本水平和生育率水平。在一个有人口量质权衡的经济系统中，会出现高人力资本积累率、低生育率和高产出率的"发展稳态"。当工业化背景下人力资本高收益率特性逐渐显现时，农民及其家庭成员人力资本水平的选择成为其重要的决策变量。在很大程度上，农民是通过生育率的调整来促成家庭成员人力资本水平改善的。在相关研究中，我们将农业人口人力资本水平的不断提升乃至最终与城市居民人力资本的趋同，作为工业化和城市化背景下农业完成现代化改造的充分条件来考虑的（郭剑雄、李志俊，2009）。在本章中，借鉴贝克尔等人的思想，我们同时把农民人力资本水平的提高处理为农民家庭生育决策的内生变量。

现有的一些文献用定量分析方法研究了人力资本对农业增长或农业发展的作用。周晓（2003）、李勋来等（2005）、孙敬水等（2006）测度了人力资本对农业增长的促进作用。尽管这些学者的研究结果都显示了人力资本对农业增长的显著的正向作用，但所取时间段和测度方法存在分歧，且并未就人力资本的形成因素作进一步的分析和测度。本章以工业化和城市化加速发展为背景，试图将解释农业发展的关键因素由人力资本进一步扩展至生育率，利用中国 1995—2005 年的面板数据，进行人力资本、生育率和农业发展间的 Granger 因果关系验证，建立面板数据模型，以期验证人力资本和生育率对中国农业发展的影响程度和作用机制。

---

① Robert J. Barro, Gary S. Becker and Nigel Tomes, 1986: Human Capital and Fall of Families. *Journal of Labor Economics* 4, No. 3, Part 2（July）；Gary S. Becker, Kevin M. Murphy and Mark M. Tamura, 1990: Human Capital, Fertility and Economic Growth. *Journal of Political Economy* 98, No. 5, Part 2（October）.

二 样本、变量设置与数据来源

以进入工业化中期阶段作为起点，选取 31 个省份[①] 11 个年度（1995—2005）的面板数据为样本。各变量描述性统计如表 11—1。

表 11—1　　　　　　　　变量的描述性统计结果

变量	平均值	中位数	最大值	最小值	标准差	方差	观察值
Y	911.580	750.500	3741.800	52.800	690.227	26.272	N = 330 n = 31
L	5134.371	4669.200	13922.700	230.900	3367.536	58.030	N = 330 n = 31
P	1722.386	1248.150	9199.300	96.500	1784.033	42.237	N = 330 n = 31
FE	139.818	112.275	518.100	3.000	112.300	10.597	N = 330 n = 31
H	9.800	8.073	41.330	1.500	5.884	2.426	N = 330 n = 31
FA	3.945	3.965	5.708	2.685	0.520	0.721	N = 330 n = 31

注：采用 Eviews 5.0 计算。

各变量说明如下：

（1）农业发展水平（Y）。该变量为模型的被解释变量。农业发展水平一般用农、林、牧、渔、副总产值来测度。数据来源于中国宏观经济数据库《区域经济》，单位为亿元。

（2）农作物播种总面积（L）。包括粮食播种面积、棉花播种面积及油料作物面积等。数据来源是中国宏观经济数据库《区域经济》，单位为千公顷。

[①]　缺少中国台湾、中国香港和中国澳门地区的数据。另外，1995 年、1996 年重庆的高中以上人口比例与农村家庭户均人数的数据缺失。

（3）农业机械动力投入（P）。机械动力投入以农业机械总动力计算，为主要用于农、林、牧、渔业的各种动力机械的动力总和，包括耕作机械、排灌机械、收获机械、农用运输机械、植物保护机械、牧业机械、林业机械、渔业机械和其他农业机械；不包括专门用于乡镇、村组办工业、基本建设、非农业运输、科学实验和教学等非农业生产方面用的机械和作业机械。数据来源为中国宏观经济数据库《区域经济》，单位为万千瓦。

（4）化肥投入（FE）。化肥投入以各地区当年度实际用于农业生产的化肥折纯数量计算，包括氮肥、磷肥、钾肥和复合肥。数据来源为中国宏观经济数据库《区域经济》，单位为万吨。

（5）人力资本水平（H）。本章用各地区农村居民家庭成员中受教育为高中以上者的比例来衡量农业人力资本水平。1997—2005 年数据来源于 1998—2006 年《中国农村住户调查年鉴》，1995 年和 1996 年数据来源于 1996 年和 1998 年《中国人口统计年鉴》。

（6）农村户均人口数（FA）。农村户均人口数从侧面反映了生育率水平。农村户均人数的计算方法为：FA = 各地区乡村人口数/各地区乡村户数。1995—2004 年数据来源于国家统计局农村社会经济调查司编《中国农业统计资料汇编 1949—2004》（中国统计出版社 2006 年，第 73—76页）；2005 年数据来自《2005 中国农村住户调查年鉴》。

三　人力资本、生育率与中国农业发展的 Granger 检验

（一）各省（区、市）农业发展及其相关变量的平稳性检验

为了消除可能产生异方差的影响，我们对各变量序列均取对数。由于分析的样本为中国各地区的时间序列数据，为了防止谬误回归，先对数据进行平方根检验。采用计量经济软件 Eviews 6.0 提供的 ADF 检验法，现根据各变量序列的基本时序图确定截距项和时间趋势是否存在，再根据 AIC 准则确定滞后阶数，最后对比 Σ 统计量和临界值判定各变量序列是否平稳，检验结果见表 11—2。

表 11—2　　　中国各省（市、区）农村居民受教育程度、
家庭规模与农业发展的单位根检验

		lnY			lnFA			lnH	
	I	ADF 值	P 值	I	ADF 值	P 值	I	ADF 值	P 值
北　京	2	6.1188	0.0469	2	8.4606	0.0145	1	9.6655	0.0080
天　津	2	11.2406	0.0036	2	7.1228	0.0284	1	5.3114	0.0703
河　北	2	9.9907	0.0068	1	5.9707	0.0505	1	9.1063	0.0105
山　西	1	5.3699	0.0682	2	13.9903	0.0009	1	4.6562	0.0975
内蒙古	1	4.7099	0.0949	2	10.2468	0.0060	1	10.1703	0.0062
辽　宁	2	4.7900	0.0912	1	7.8408	0.0198	1	8.0209	0.0181
吉　林	1	7.3347	0.0255	1	5.9726	0.0505	1	7.8261	0.0200
黑龙江	1	7.1170	0.0285	1	18.4207	0.0001	1	7.7893	0.0204
上　海	1	7.2594	0.0265	1	14.9266	0.0006	2	9.5262	0.0085
江　苏	1	4.7049	0.0951	2	7.8266	0.0200	1	8.2894	0.0158
浙　江	1	8.8438	0.0120	2	12.5577	0.0019	1	5.2378	0.0729
安　徽	1	16.2012	0.0003	1	4.5035	0.1052	1	11.7961	0.0027
福　建	1	7.0907	0.0289	2	15.0364	0.0005	1	8.8010	0.0123
江　西	1	6.8033	0.0333	1	5.5424	0.0626	1	9.0265	0.0110
山　东	1	5.2037	0.0741	2	12.4790	0.0020	1	7.9804	0.0185
河　南	1	7.2945	0.0261	1	18.4207	0.0001	1	10.2338	0.0060
湖　北	1	5.9103	0.0521	1	5.1320	0.0768	1	11.5020	0.0032
湖　南	1	5.6414	0.0596	2	14.4432	0.0007	1	7.7814	0.0204
广　东	1	7.6403	0.0219	1	19.8441	0.0000	1	8.4857	0.0144
广　西	1	5.3819	0.0678	2	14.9831	0.0006	1	7.1812	0.0276
海　南	1	7.0936	0.0288	1	6.9533	0.0309	1	10.7052	0.0047
重　庆	1	4.9353	0.0848	1	6.4432	0.0399	1	7.7553	0.0207
四　川	1	5.1048	0.0779	1	8.2287	0.0163	1	5.6992	0.0579
贵　州	1	4.9218	0.0854	2	9.4505	0.0089	1	7.7478	0.0208
云　南	1	4.9805	0.0829	1	13.7153	0.0011	1	5.3840	0.0677
西　藏	1	4.9104	0.0858	1	13.7209	0.0010	—	样本不足	—
陕　西	1	6.4628	0.0395	1	7.4253	0.0244	1	6.9892	0.0304
甘　肃	1	5.3066	0.0704	1	5.5319	0.0629	1	9.6138	0.0082
青　海	2	14.2013	0.0008	1	4.5394	0.1033	1	11.2813	0.0036
宁　夏	1	5.5233	0.0632	1	10.6103	0.0050	1	7.8456	0.0198
新　疆	1	4.6702	0.0968	2	12.0837	0.0024	1	12.3609	0.0021

　　根据对各省（区）农村户均人口、农村居民高中及以上文化程度的
比例与农业发展的平稳性检验可知，三个变量的原始序列在各省区均不平

稳。在 10% 的显著性水平上，农业发展变量仅仅在北京、天津、河北、辽宁和青海五个省区是二阶单整，其余均为 I（1），即一阶单整；北京、天津、山西、内蒙古、江苏、福建、山东、湖南、广西、贵州和新疆的户均人口数是二阶单整，其余省份都是一阶单整，即 I（1）；高中及以上文化程度人口比例仅仅上海为二阶单整，除了西藏数据不足外，其余省份都是一阶单整，即 I（1）。时间序列变量的因果关系检验需要使用上述变量的平稳形式，因此为了研究的一致性，我们统一采用上述变量的变化率作为描述各省区的人力资本、生育率与农业发展变量。

（二）分省（区、市）别的 Granger 因果关系检验

仍然使用 Eviews 6.0 提供的 Granger 因果关系检验方法，根据对各变量的平稳性检验的滞后阶数，对各变量的相应滞后变量进行因果关系检验，以考察各省区农业发展及相关变量的因果关系（见表 11—3）。

表 11—3　　各省（市、区）农村户均人口、高中文化程度比例与
农业发展的 Granger 关系检验

	FA 和 Y		H 和 Y		H 和 FA	
	F 值	结论	F 值	结论	F 值	结论
北　京	0.35869	Y→FA	0.35350	Y→H	5.10118 **	H↔FA
	14.0773 ***		3.55798 *		4.40862 **	
天　津	0.35009	Y→FA	5.82708	H→Y	1.27619	相互独立
	46.1316 ***		0.01419		0.42491	
河　北	0.46229	相互独立	1.28630	相互独立	2.76027 **	H→FA
	0.00399		1.06372		0.38807	
山　西	15.2438 ***	互为因果	4.91653 **	H→Y	4.36638 **	H→FA
	14.4329 ***		0.98284		0.31105	
内蒙古	3.89213 *	FA→Y	1.09020	Y→H	0.20595	相互独立
	2.02617		10.0108		0.42120	
辽　宁	0.34049	Y→FA	0.56879	相互独立	1.40096	FA→H
	2.59912 *		0.53592		7.15639 ***	
吉　林	1.42835	相互独立	2.39321 *	H→Y	2.34927	H↔FA
	0.83419		0.51781		2.44624	

续表

	FA 和 Y		H 和 Y		H 和 FA	
	F 值	结论	F 值	结论	F 值	结论
黑龙江	5.62824 **	FA→Y	11.9805 ***	H→Y	1.50E-06	FA→H
	0.38180		0.59778		4.09995 **	
上 海	0.09958	相互独立	13.9232 ***	H→Y	0.32049	相互独立
	0.00391		0.82167		0.73843	
江 苏	2.87842 *	FA→Y	1.36139	相互独立	2.37150 *	H→FA
	0.19533		0.48571		1.86648	
浙 江	5.06791 **	FA→Y	0.01116	相互独立	6.74859 **	H→FA
	0.96223		0.01858		0.00393	
安 徽	3.74100 **	FA→Y	1.21450	相互独立	0.13514	FA→H
	0.69885		1.20703		4.12964 **	
福 建	1.91114 **	FA→Y	0.95735	相互独立	3.22567 *	H↔FA
	0.86737		1.88882		5.06307 **	
江 西	1.98588 **	FA→Y	1.03930	相互独立	0.05525	FA→H
	0.51237		0.31702		4.15616 **	
山 东	0.07678	相互独立	12.1667 ***	H→Y	3.65929 **	H↔FA
	0.0069		0.13373		4.46920 **	
河 南	0.86908	相互独立	0.16131	相互独立	2.00397	相互独立
	0.25293		0.35769		2.45854	
湖 北	6.51456 ***	FA→Y	2.05506 *	H→Y	85.64570 **	H→FA
	0.18418		0.05370		4.48631	
湖 南	1.79497	相互独立	1.27512	相互独立	4.42212 **	H→FA
	0.88473		0.14367		0.03013	
广 东	16.2126 ***	FA↔Y	1.16487	相互独立	9.23955 ***	H→FA
	28.1572 ***		0.19660		0.52806	
广 西	0.43494	相互独立	2.06603 *	H→Y	0.16442	FA→H
	1.78200		0.03903		3.37190 *	
海 南	0.36418	Y→FA	0.18054	Y→H	4.90948 **	H→FA
	12.577 ***		6.91829 *		0.07417	
重 庆	7.13249 ***	FA→Y	2.48466 *	H→Y	0.46419	FA→H
	0.30419		0.03306		2.82642 *	

续表

	FA 和 Y		H 和 Y		H 和 FA	
	F 值	结论	F 值	结论	F 值	结论
四 川	60.1514 ***	FA↔Y	4.49302 **	H→Y	5.79059 **	H→FA
	4.03413 *		0.22081		1.14039	
贵 州	4.34960	FA→Y	2.09530	相互独立	6.27842 **	H→FA
	0.47065 ***		0.08412		2.96271	
云 南	9.16761	FA→Y	0.19054	Y→H	1.08019	FA→H
	0.93388		5.95341 *		5.63508 **	
西 藏	3.31123 *	FA↔Y	样本不足		样本不足	
	3.95837 *					
陕 西	0.74424	相互独立	0.77364	相互独立	6.70206 **	H→FA
	0.26433		0.29510		1.82454	
甘 肃	0.31076	相互独立	2.48586 *	H→Y	0.84320	FA→H
	1.55634		0.01573		3.16106 *	
青 海	1.78018	相互独立	5.35160 **	H→Y	0.01373	FA→H
	1.96574		1.98730		15.8387 ***	
宁 夏	12.8481 ***	FA→Y	1.34296	相互独立	1.98465	相互独立
	0.07443		2.31251		0.32916	
新 疆	9.41014 ***	FA→Y	0.68908	相互独立	0.61999	FA→H
	0.29224		0.84057		6.43503 **	

注：（1）X→Y 表示 X 是 Y 的 Granger 成因，X↔Y 表示 X 与 Y 互为 Granger 原因。（2）每个省（市、区）的两变量间 Granger 因果关系检验 F 值有两个，以北京的 FA 和 Y 的因果关系检验为例，上面一行的 F 值为 0.35869，表示 FA 不是 Y 的 Granger 原因的 F 统计量，下面一行 14.0773 表示 Y 不是 FA 的 Granger 原因的 F 统计量，其他省（市、区）的变量的 Granger 检验结果亦如此。（3）F 统计量后面的 *、**、*** 分别表示 20%、10% 和 5% 的显著性水平。

1. 生育率与农业发展的 Granger 检验结果。河北、吉林、上海、山东、河南、湖南、广西、陕西、甘肃、青海这 10 个省（市、区）的农村户均人口与农业发展间的关系是相互独立的。北京、天津、辽宁和海南为农业发展是农村家庭规模减少的 Granger 成因。可见，这 4 个东部省市更可能的关系是：农业经济的发展是农村户均人口变动的先导变量，农业发展对农村居民家庭规模产生了影响。其余 17 个省（市、区）的 Granger

检验结果都显示农村居民家庭户均人口数是农业发展的 Granger 成因，证明中国大部分省（市、区）农业发展的内生状态。

2. 人力资本与农业发展的 Granger 检验结果。人力资本与农业发展的 Granger 检验结果并非如预期中明显：河北、辽宁、江苏、浙江、安徽、福建、江西、河南、湖南、广东、贵州、陕西、宁夏、新疆 14 个省区的检验结果是相互独立的。北京、内蒙古、海南、云南 4 个省、市、区的农业发展是农村人力资本的 Granger 成因，可见这几个省、市、区农业经济的发展是农村人力资本的先导变量，农村经济发展有利于农村居民人力资本水平的提升。天津、山西、吉林、黑龙江、上海、山东、广西、重庆、四川、甘肃、青海这 11 个省、市、区验证了农业发展的内生性。追其原因可能是全国各省（市、区）进入工业中期阶段的时间不一致，造成不同区域人力资本对农业经济发展的关键性作用体现出差异的状态。

3. 人力资本与生育率的 Granger 检验结果。人力资本与生育率的 Granger 检验结果显示，仅仅在天津、内蒙古、上海、河南和宁夏二者间相互独立。北京、吉林、福建、山东这 4 个东部省市农村地区人力资本与生育率处于良性循环中，说明在这些省市低生育率与高人力资本积累率的逆向变动机制已经形成。河北、山西、江苏、浙江、湖北、湖南、广东、海南、四川、贵州、陕西这些省份的人力资本推动了农村居民家庭生育孩子的质量替代。这一结果与梅纳德（Menard, S.）对 20 世纪七八十年代影响生育率的各种因素所作的一项统计数据分析结果相一致。梅纳德的结果发现：家庭计划生育的作用是生育率下降的唯一的、最佳的、最强有力的预测因素。然而，一旦控制了人口数量这一因素，社会因素尤其是教育的影响力就超过了计划生育的影响力。[1] 在辽宁、黑龙江、安徽、江西、广西、重庆、云南、甘肃、青海、新疆这些地区，农村家庭规模的变化是其人力资本提升的先导变量，即生育率的下降对人力资本水平提升有显著作用。

---

[1]　Menard, S. 1987: Fertility, development, and family planning, 1970—1980: an analysis of cases weighted by population, Studies in Comparative International Development, 22, 3, Fall: 103 – 127.

需要指出的是，检验结果是在放松了显著性水平的基础上得出的。然而，假如在5%的显著性水平上进行 Granger 检验，可能得不出预期的结论，因为这里统计的仅仅是中国整体上进入工业化中期阶段以来的十多年，统计期相对较短。

四　模型设定、检验、筛选及模型回归结果

（一）模型设定

本章使用的回归模型为：

$$\ln Y_{it} = \alpha + \beta \ln X_{it} + \mu_i + \varepsilon_{it} \tag{11.1}$$
$$i = 1, 2, \cdots, N; t = 1, 2, \cdots, T$$

其中，i 代表横截面维度；t 代表时间维度；α 为样本的总截距；Y_{it} 为农业总产值；X_{it} 是一个 $1 \times k$ 解释变量观察值矩阵，$X_{it} = (L_{it}, P_{it}, FE_{it}, H_{it}, FA_{it})$；$\beta$ 是一个 $k \times 1$ 的系数矩阵，$\beta = (\beta_1, \beta_2, \beta_3, \beta_4, \beta_5)$；设模型的复合误差项 $v_{it} = u_i + \varepsilon_{it}$，其中 μ_i 为具有省份特性、在模型中被忽略的个体效应，如市场因素等；ε_{it} 为随着个体和时间变化的剩余随机扰动。在固定效应模型中，每个个体的截距可合并为 $f_i = \alpha + \mu_i$，因此可将（11.1）式改写为：

$$\ln Y_{it} = f_i + \beta \ln X_{it} + \varepsilon_{it} \tag{11.2}$$

μ_i 对于每个省份而言是不随时间而变化的常量，它与可观测的自变量 X 间存在相关性；在随机效应模型中，μ_i 是一个不随时间变化，但在个体间随机分布的随机常量，它与可观测的自变量 X 之间不存在相关性。

（二）模型的检验和筛选

固定效应模型的设定是建立在如下假设基础之上的，个体之间存在显著差异，但是对于特定的个体而言，组内不存在时间序列上的差异。如果个体间的差异不明显，那么，采用普通最小二乘法（OLS）对混合数据（Pooled OLS）进行估计即可。因此，为了判别模型究竟采用 OLS 还是 FEM，通常使用固定效应显著性检验的方法。

该检验的零假设为 $H_0: \alpha_1 = \alpha_2 = \cdots = \alpha_n$，即个体间（组间）的差异不明显。检验的基本思路为，在个体效应不显著的原假设下，应当有如下关系成立：

$$F = \frac{(R_u^2 - R_r^2)/(n-1)}{(1 - R_u^2)/(nT - n - K)} \sim F(n-1, nT - n - K) \qquad (11.3)$$

可以采用 F 统计量来检验上述假设是否成立。其中，u 表示不受约束的模型，即固定效应模型；r 表示受约束的模型，即混合数据模型，仅有一个公共的常数项。我们采用 Eviews 5.0 检验本模型，得出固定效应显著性检验结果如下：

The F test for all ui = 0 is：0.3659

The P-value is：0.5930

因此，可以接受固定效应不显著的原假设，从而认为相对于 Pooled 模型而言，随机效应优于固定效应模型。

（三）模型回归结果及解释

基于分析的是中国 1995—2005 年各省、市、区的面板数据，为了减少由于截面数据造成的异方差影响，执行可行的广义最小二乘法（GLS）进行估计。采用 Eviews 5.0 提供的合成数据分析模型，得出模型（11.2）的拟合结果如表 11—4 所示，其中，模型 1 表示成分变异系数 Swamy-Arora 截面随机效应模型，模型 2 表示成分变异系数 Wallace-Hussain 的截面随机效应模型，模型 3 表示去掉农作物播种面积 L 以后执行模型 2 的估计，模型 4 为成分变异系数 Swamy-Arora 时期随机效应模型，模型 5 为成分变异系数 Wallace-Hussain 的时期随机效应，模型 6 为双向无权数、无效应使用截面特殊参数法①的估计，模型 7 为去掉土地因素 L 之后执行模型 6 的拟合。

---

①　选择区中应输入合并数据库中所有成员间拥有不同系数的变量。其将可能产生非常多的系数，总数等于合并数据库中多有成员的个数与变量个数的乘积。

表 11—4　　　　1995—2005 年中国农业发展面板数据回归结果

	模型 1 截面随机	模型 2 截面随机	模型 3 截面随机	模型 4 时期随机	模型 5 时期随机	模型 6 无效应	模型 7 无效应
C	4.7854 ***	4.5849 ***	3.4870 ***	3.7936 *	3.9621 ***	3.2866 ***	3.2682
	(8.5652)	(7.8216)	(6.6570)	(11.9627)	(11.1239)	(14.1820)	(16.6815)
lnL	−0.3317 ***	−0.3125 ***		−0.1087 *	−0.0855	−0.0123	
	(−4.6307)	(−4.0571)		(−1.8126)	(−1.3948)	(−0.4380)	
lnP	0.3092 ***	0.2998 ***	0.2441 ***	−0.0072	−0.0231	0.0088	0.0070
	(6.3322)	(5.6643)	(4.7162)	(−0.835455)	(−0.6153)	(0.8515)	(0.6118)
lnFE	0.7431 ***	0.7527 ***	0.5763 ***	0.9379 ***	0.9269 ***	0.8266 ***	0.8169 ***
	(11.7072)	(10.8664)	(10.7606)	(16.7595)	(16.3369)	(35.5571)	(78.4018)
lnH	0.0546	0.0581 ***	0.0986 ***	0.1138 ***	0.0938 **	0.1257 ***	0.1263 ***
	(2.8956)	(−2.8040)	(5.3367)	(3.3806)	(2.1774)	(3.3182)	(3.7322)
lnFA	−0.9219 ***	−0.8786 ***	−1.1358 ***	−0.6436 ***	−0.6836 ***	−0.5802 ***	−0.5991 ***
	(−3.4293)	(−3.0996)	(−4.1190)	(−4.6576)	(−4.9101)	(−11.9170)	(−8.3269)
R^2	0.7385	0.7449	0.7333	0.9058	0.9096	0.9973	0.9979
ADR^2	0.7345	0.7410	0.7300	0.9043	0.9082	0.9973	0.9979
F	183.02	189.24	223.42	622.98	651.98	24043.59	38559.35
P	0.000	0.0000	0.0000	0.0000	0.0000	0.0000	0.0000

注：（1）括号中的数字为 T 检验值。（2）*、** 和 *** 分别表示 10%、5% 和 1% 的显著性水平。

由拟合结果可知，模型具有较强的解释力。模型中解释变量高度显著，系数符号基本具有预期特征，且各自 T 值均通过显著性水平检验。

农作物耕地面积 L 估计系数为负，（见模型 1、模型 2、模型 4、模型 5、模型 6），对此，我们的解释如下：土地对于农业发展来说是必不可少的条件，现代农业也不例外。然而，在推动经济增长和发展方面，人为努力比自然资源更重要，或者，在现代经济中，土地作为增长源泉越来越不重要。这一估计结果也印证了舒尔茨"现代化中土地重要性下降的观点"。[①]

相比较时期随机效应模型来说，农业机械动力 P 在截面随机效应模型中弹性系数要大很多。说明农业机械动力在不同的省份对农业发展贡献作用不同，而不同年份的农机动力对农业经济发展的作用不明显。

化肥施用量 FE 在本章的全部估计模型中系数都较大，而且高度显著。证明无论是不同区域，还是不同年份，农业化肥施用量对农业经济发展均有较强的作用。

农村地区高中文化程度以上人口比例这一衡量农业人力资本水平的变量在各模型中系数均为正，且高度显著，但系数较小。由于统计期较短，且统计样本为刚刚跨入工业化中期阶段的十余年，因此，人力资本的"溢出效应"只是初步体现。随着中国工业化进程的进一步深入，人力资本作为现代经济的关键要素的意义将会日益凸显。

农村居民家庭规模 FA 作为衡量生育率的指标，在 7 个模型的估计结果中系数均为负，且高度显著，这与前述理论的预期相吻合。尤其在截面随机效应模型中，家庭规模的系数较之于其他变量是最大的，说明较低的生育率水平通过劳动生产率的提升对农业经济的发展有重要作用。

五　结论

本章使用中国 1995—2005 年的面板数据，将人力资本和生育率引入农业发展分析，并建立了面板数据模型进行研究，考察进入工业化中期阶段以后各要素对中国农业发展的影响。分析结果表明：

中国进入工业化中期阶段后的 11 年里，农村地区已经形成了人口量质逆向变化的良性发展态势。在东部一些省份，人力资本提升和生育率下降互为因果，形成了人口发展的量质替代；更多省区的 Granger 因果关系检验表明，人力资本的提升是由生育率下降（农村家庭人口规模缩小）导致的。同时，考察期内大部分省区的人力资本是农业发展的先导变量。使用农村居民家庭人口规模为工具变量的估计与普通最小二乘法的结果存

①　参见［美］西奥多·W. 舒尔茨《报酬递增的源泉》，北京：北京大学出版社 2001 年版，第Ⅱ篇《农地的经济重要性正在下降》。

在很大差异。相比较使用普通最小二乘法估计的农业发展模型，使用工具变量法后，人力资本作为农业生产的重要的投入要素作用更为明显。因此，我们得出与预期框架相符合的结论：在进入工业化中期阶段的背景下，很大程度上，农民通过生育率的调整来促使人力资本水平的改善，同时农村人力资本水平的不断提升开始成为中国农业部门发展的源泉。

参考文献

郭剑雄、李志俊：《劳动力选择性转移条件下的农业发展机制》，《经济研究》2009 年第 5 期。

李勋来、李国平、李福柱：《农村人力资本陷阱：对中国农村的验证与分析》，《中国农村观察》2005 年第 5 期。

孙敬水、董亚娟：《人力资本与农业经济增长：基于中国农村的 Panel data 模型分析》，《农业经济问题》2006 年第 12 期。

周晓、朱农：《论人力资本对中国农村经济增长的作用》，《中国人口科学》2003 年第 6 期。

朱乐尧、周淑景：《回归农业——中国经济超越工业化发展模式的现实选择（上）》，北京：中央编译出版社 2005 年版。

Becker, Gary S. 1964: Human Capital. New York: Columbia University Press, for the National Bureau of Economic Research.

Engelbrecht, H. J., 1997: International R & D Spillovers, Human Capital and Productivity in OECD Economies: An Empirical Investigation, *European Economic Review*, 41: 1479 – 1488.

Mankiw, G. N., Romer, D. and Weil, D. N, 1992: A Contribution to the Empirics of Economic Growth, *Quarterly Journal of Economics*, 107: 407 – 437.

Romer, P., 1990: Endogenous Technological Change, *Journal of Political Economy*, 98: 71 – 102.

Schultz, T., 1962: Reflections on Investment in Man, *Journal of Political Economy*, 70: 1 – 8.

第十二章

人口转型、技术进步与中国
农业的可持续增长[*]

一 研究背景描述

改革开放以来，伴随国民经济的高速增长，中国农业也实现了较快增长。农业总产值从 1978 年的 117.5 亿元增长到 2012 年的 46940.5 亿元，人均粮食产量也从 1978 年的 319 公斤增长至 2012 年的 437 公斤。[①] 农业是国民经济的基础，农业的增长很大程度上成为国民经济高速增长的重要保障。

中国的经验表明，非农部门的高速增长可以为农业产出的增长提供诸多有利条件。过剩劳动力源源不断地被非农部门吸收，农业部门长期紧张的人地比例关系大为改善，从而为高生产率的新型要素进入农业生产创造了条件；非农部门成长引致的农民非农收入的增加和社会物质资本供给的丰裕，使农业部门的资本投入显著增长；土地的工程化改造、规模化经营和生产手段的机械化等现代农业技术的广泛应用，在工业化和市场进程中不仅成为可能，也显现出其有利性；农业生产组织的性质亦由过去的生存型农业转向市场化或谋利型农业。

更值得关注的是，非农部门的发展同时给农业总产出的持续增长带来极大的挑战。第一，截至 2012 年年底，全国共有农业农地 64646.56 万公

---

* 本章来自杭帆、郭剑雄发表在《西北农林科技大学学报》2016 年第 1 期的同名文章。

① 数据来源：国家统计局农村社会经济调查司：《中国农村统计年鉴 2013》，北京：中国统计出版社 2013 年版。

顷，其中耕地 13515.85 万公顷（20.27 亿亩），[①] 人均耕地面积约 0.1 公顷，不到世界平均水平的 1/2。随着工业化、城镇化步伐的加快，工农争地的矛盾日益突出。从 2001—2009 年，户均耕地面积从 7.63 亩减少为 7.12 亩。[②] 联合国粮农组织（FAO）公布的人均耕地的警戒线为 0.05 公顷，一旦突破这一警戒线，实现粮食自给的目标即使在现代化生产条件下也难以保证。目前中国有超过 666 个县或行政区划单位的人均耕地低于该指标，占全国县或行政区单位的 23.7%。其中低于 0.03 公顷的县（区）达 463 个，有些县区人均耕地只有 0.01—0.02 公顷。[③] 耕地面积的减少越来越成为制约农业可持续增长的瓶颈。第二，随着工业化和城市化进程的加速，农村劳动力大量流失。尤其是转移到城市从事非农产业的劳动力大多为青壮年，实际从事农业生产的劳动力的多为老龄者和妇女，农村劳动力整体素质呈现结构性下降，老龄化、女性化成为留乡务农劳动力的主要特征。第三，随着工业化加速和城市化扩张对粮食需求的增长，农业生产中长期大规模和大剂量地使用化肥，由此造成土壤肥力减退、板结等问题。长远来看，化肥的过度使用不利于农业的可持续增长。第四，尽管近年来科技对农业生产的支撑逐步加强，农业科技贡献率逐年提高，但和发达国家相比，仍有较大差距。据科技部统计，2013 年农业科技贡献率为 55.2%。而发达国家的农业科技贡献率一般在 70%—80%，德国、英国、法国等则超过了 90%。

中国尚未完成工业化和城市化进程。在今后一个相当长时期，一方面，非农部门的进一步扩张和人口总量的增加将对粮食形成持续增长的刚性需求；另一方面，农业用地和农业劳动力的非农化趋势仍不可逆转。因此，从长远来看，依靠技术进步成为实现中国农业产出持续增长的唯一可选择路径。

本章讨论的问题首先与技术进步对农业增长影响的文献相关。将技术进步视为农业可持续增长的源泉，是现有文献的基本共识。费景汉和拉尼斯（Fei, J. & G. Ranis, 1989；2004）的二元结构转变理论，将农业技术

---

① 数据来源：中华人民共和国国土资源部网站：《2013 中国国土资源公报》，2014 年 4 月。

② 农村固定观察点办公室：《全国农村固定观察点调查数据汇编（2000—2009）》，北京：中国农业出版社 2010 年版，第 12 页。

③ 王伟中：《中国可持续发展态势分析》，北京：商务印书馆 2000 年版，第 76 页。

进步视为劳动力大规模非农转移下农业成功发展的核心问题之一。舒尔茨（Schults, Thodore W., 2006；1990）认为，把农业改造成为经济增长重要源泉的关键，唯有用高生产率的新生产要素替代已耗尽有利性的传统要素，而新农业要素是"装在被称为'技术变化'的大盒子里"。在速水佑次郎和弗农·拉坦（Hayami, Yujiro & V. W. Ruttan, 2002）的"诱导技术变迁模型"中，强调技术变迁是发掘农业增长潜力和突破农业资源瓶颈的最重要的解释变量。国内大量文献同样强调了技术进步对中国农业增长的重要意义。程序（2002）强调大力发展农业科技以及提高农民的文化科技素质对于农业发展的重要意义，指出中国未来的粮食安全保障取决于农民学用科技的状况。郭剑雄（2008）认为，在农业生产函数中，产出的增长既依赖于要素投入的变化，也决定于要素生产效率的改进。要素效率的改善有两个源泉：一是技术变迁，二是制度的演化和进步。刘辉（2009）阐释了中国农业技术变迁与农业发展的路径，强调要实现农业现代化，就必须紧紧依靠农业技术进步。储成祥、毛慧琴（2012）以江苏省为例，计算得出农业技术进步对农业经济增长的贡献率已经达到 62.1%。随着社会进步，农业科学技术发展和应用将进一步助推农业增长。

至于如何推进农业技术进步，则存在见仁见智的不同思路。（1）速水佑次郎和弗农·拉坦（2002）认为，技术变迁是对具有不同供给弹性资源的相对价格变化的反应。土地与劳动价格相比更高时，农业技术进步作为土地的替代可降低农业生产的成本。因而被发明和采用；相反，当劳动成为稀缺性资源并价格高昂时，节约劳动的技术的发明和应用则更具经济合理性。价格机制的诱导，被认为是推动农业技术进步的动力。（2）谢辛斯基（Sheshinski, E., 1967）把技术进步视作资本积累的函数，其技术进步方程为 $A = K^b$，其中 K 代表资本总量。罗默（Romer, Paul M., 1986；1987）开辟了经济增长模型中技术进步内生化的一条简捷路径，新资本与新知识之间的固定生产比例表明，K 在测度总资本存量的同时，也可以测度厂商所获知识总量。在罗默模型中，K 可以看作是一个复合体，投资既导致资本深化，也会推动技术进步。（3）舒尔茨（1990）强调，虽然传统农业向现代农业的转变离不开新的技术、新的生产要素的投入，但要确保新的技术带来更多的产出，就需要提高农民接受新技术的能力。在舒尔茨看来，人力资本投资的快速增长才是"技术先进国家在生产力方面占优势的主要原因"。纳尔逊和菲尔普斯（Nelson & Phelps，1996）认为，人力资本水平是新技术的扩散的重要影响因素，在假定其他条件一定时，人力资本水平越高，技术进步的速度越快，扩散范围越广。卢卡斯（Lucas，Robert E.，1988）也认为是人力资本水平以及为提高人力资本存量耗费资源的多少决定了技术进步率的高低。（4）Mario Coccia（2014）认为，人口增长率和技术产出之间关系存在一个倒U形曲线，其中人口增长率存在一个中间区域与更高的技术产出相关（必要不充分条件）。适度的人口增长率作为主要的决定要素，与其他社会经济要素一起，决定着技术产出。而人口增长率的中间区域以外的部分，技术产出对人口增长具有负效应。（5）国内文献更多地强调了政府政策等制度性因素对农业技术进步的作用。吴敬琏（1999）提出，有利于创新的制度安排是推动技术发展的主要力量。黄振华（2008）发现，当政府财政加大对农业科技推广的扶持力度时，技术进步率随之提高。张永丽、葛秀峰（2010）指出土地政策、投资政策、税收政策等各项农业政策，在影响农民收入水平的同时，也为农业技术进步提供动力和支持。朱广其（1996）认为，在市场经济条件下，农业技术进步机制是农户在利益支配下能动地技术选择和政府对技术选择推动的有机结合。

人口转型是本章研究技术进步与农业可持续增长关系的切入点。因此，有关人口转型的讨论形成本章研究的另一重要文献基础。与人口学将人口转型限定为由高出生率、高死亡率、低自然增长率经高生育率、低死亡率、高自然增长率向低出生率、低死亡率、低自然增长率的转变过程不同，现代经济学把对人口生产变动规律的讨论扩及人口数量和人口质量的关系方面。（1）一些学者注意到经济发展过程中生育率与人力资本之间的逆向变化。贝克尔（Becker，Gary S.，2005）发现，家庭生育子女的数量与质量之间存在替代关系，在家庭收入和时间禀赋的约束下，如果子女数量增加，那么针对单个子女的质量投资将会减少，致使每个孩子的质量下降。贝克尔、墨菲和田村（Becker，Gary S.，Kevin M. Muphy & Mark M. Tamura，1990）以及卢卡斯（1988）等人把生育决策和人力资本积累决策同时整合在一个经济增长模型之中，将内生生育率和内生人力资本积累率同时作为经济发展或经济增长的基本解释变量。在他们的模型中，生育率与人力资本积累率之间的关系伴随工业化进程而发生逆转。Ronald

Lee & Andew Mason（2010）认为是低生育率促进了人力资本的积累，提高了人口的素质，进而提高了人均消费水平。孙文忠（2008）引入"人口素质"变量，将人口发展过程看作为两大阶段：以人口数量增长为主要特征的人口数量扩张阶段；以提高人口质量为显著特征的人口质量内敛阶段。郭剑雄和李志俊（2010）也注意到，在市场化和工业化进程以来，农村生育率一直保持着下降趋势，农村人力资本水平在不断深化，农村家庭已由子女数量的偏好向质量的偏好转变。（2）对于工业化进程中人口量质关系逆转的机制，现有文献提供了多视角的解释。贝克尔强调，人均收入的快速增长和由其决定的时间价值的增加，即使生育率因受到成本约束而下降，[1] 又导致对劳动质量的投资因人力资本收益率的提高而加速。[2] 卢卡斯（2003）直接将工业化过程中人力资本收益率的提高视作人口转型的原因，"人口变迁必须包含人力资本积累的收益率提高以作为新要素"，"要解释人口变迁中的生育行为，我们需要强调由积累的私人收益率激发的内生人力资本积累的作用"。[3] 在 Galor & Weil（2000）看来，人均收入的增加和人力资本收益率的提高，均为技术进步的结果，因此他们将技术进步因素作为工业化进程中人口变迁的基本解释变量。"在我们的模型中，父母关注点也从数量向质量转变，但这不是对收入水平变化的反应，而是对技术进步作出的反应。技术进步所带来的'不平衡'引发的人力资本回报率，从而诱使质量替代数量"。

应当肯定，无论是对农业技术进步意义及农业技术进步路径的研究，还是对人口量质关系转变现象和机制的认识，现有文献是富有较高解释力和一定应用价值的。因而它们构成本章研究的基础。本章的研究试图推进

---

① "当资本装备率以及人均收入增加之时，子女赡养费用将会增加，因为工资水平和花在子女身上的父母时间的价值将随着资本装备率的提高而提高。如果收入增加对出生率的积极影响弱于子女赡养费用增加引起的消极影响，出生率就将下降。"参见［美］加里·斯坦利·贝克尔《家庭经济学和宏观行为》，《现代国外哲学社会科学文摘》1994 年第 12 期；［美］加里·斯坦利·贝克尔：《家庭经济学和宏观行为》，《现代国外哲学社会科学文摘》1995 年第 1 期。

② "经济发展影响生育率和孩子的质量，这不仅是因为收入增加了，而且也是教育和其他人力资本投资收益率提高的结果。"参见［美］加里·斯坦利·贝克尔《家庭论》，北京：商务印书馆 2005 年版，第 184 页。

③ ［美］小罗伯特·E. 卢卡斯：《经济发展讲座》，南京：江苏人民出版社 2003 年版，第 16、161 页。

的工作是：与第一类文献不同，我们拟将农村人口转型作为农业技术进步，特别是现代农业技术形成的重要条件加以考虑；与第二类文献的差异在于，我们将关注点转向人口转型的发展含义之一——对农业技术进步和农业可持续发展的影响方面。本章认为，农村人口量质偏好的转型，将成为农业技术进步和农业可持续增长的重要源泉。

二　中国农村的人口转型

人口作为资源，涉及数量方面和质量方面。本章所谓的人口转型，即为人口生产由数量偏好（高生育率）向质量偏好（高人力资本积累率）转变的过程。先行工业化国家的经验表明，在工业化的一定阶段之前，人口生产长期存在着明显的高生育率和低人力资本积累率的数量偏好；进入工业化的较高发展阶段，人口生产则开始转向高人力资本积累率和低生育率的质量偏好。大致始自20世纪末期，由于对工业化和市场化进程的参与，中国农村居民家庭也开始了发达国家曾经经历的人口转型过程。

进入21世纪，由于农民大规模地参与工业化和城市化进程，农村生育率在计划生育政策推行的基础上进一步呈下降趋势。农村生育率始终低于1.8，2010年农村生育率仅为1.43。[①] 生育率下降的结果是农户家庭规模趋于缩小。农村户均人口数从1990年的4.21人下降到2012年的3.06人（见图12—1）。

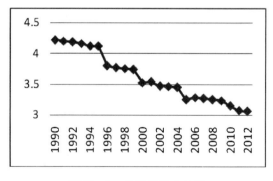

图 12—1　农村户均人口数

---

① 　郝娟、邱长溶：《2000 年以来中国城乡生育水平的比较分析》，《南方人口》2011 年第 5 期。

农村生育率的下降可以通过不同年龄段的农村人口所拥有的兄弟姐妹数的变化进一步来观察。根据《中国综合社会调查2008》（CGSS2008）数据库记录的农村样本，出生于1950—1970年、1971—1980年和1981—1990年三个不同年代的农村被访问者，其平均兄弟姐妹数依次为3.95个、2.94个、1.71个（见表12—1）。平均兄弟姐妹数随着出生年代递减的趋势，再一次表明农村人口生产数量偏好的减弱。[①]

表12—1　　　　　　　三个世代平均兄弟姐妹数比较

世代	平均兄弟姐妹数	频数	标准差
1950—1970	3.95	1088	1.79
1971—1980	2.94	389	1.30
1981—1990	1.71	194	0.94

在生育率下降的同时，中国农村劳动力平均受教育年数呈递增趋势。1990年，劳均受教育年数仅仅6.20年（达到小学毕业的水平），到2012年上升至8.90年（接近初中毕业水平），22年间劳均受教育水平提高了约一个教育层级（表12—2）。

表12—2　中国农村劳动力平均受教育程度的变化（1990—2012年）[②]

年份	平均受教育年数	年份	平均受教育年数	年份	平均受教育年数
1990	6.20	1998	7.45	2006	8.08
1991	6.55	1999	7.54	2007	8.16
1992	6.63	2000	7.67	2008	8.22
1993	6.76	2001	7.76	2009	8.30
1994	6.86	2002	7.79	2010	8.36

[①]　《中国综合社会调查2008》（CGSS2008）数据库统计的人口出生年限的下限为1990年。限于数据的局限性，20世纪90年代以后出生的农村人口的兄弟姐妹数未能反映。

[②]　数据来源于对历年《中国统计年鉴》、《中国农业年鉴》以及《中国农村统计年鉴》的整理计算。

续表

年份	平均受教育年数	年份	平均受教育年数	年份	平均受教育年数
1995	6.99	2003	7.83	2011	8.17
1996	7.25	2004	7.87	2012	8.90
1997	7.36	2005	8.01		

分年龄组来看，年轻一代农村人口的受教育程度明显高于其前代。根据 CGSS2008 数据库，同样把 1950—1990 年出生的农村人口分为三个年代（划分标准同表 12—1）。出生于 20 世纪五六十年代的农村人口平均受教育年数 5.59 年，接近于小学毕业；70 年代出生的农村人口平均受教育年数延长到约 7 年，相当于初中一年级水平；最年轻世代的平均受教育年数达到 8.56 年，已接近初中毕业水平。①

表 12—3　　　　　　　　三个世代平均受教育年数比较

世　代	平均受教育年数	频数	标准差
1950—1970	5.59	1088	3.54
1971—1980	6.99	389	3.37
1981—1990	8.56	194	3.30

人口转型的程度可用人口生产质量偏好强度作为测度指数。人口生产质量偏好强度（Q）可定义为人均受教育年限（E）与家庭人口规模（N）之比，即 $Q = E/N$。根据表 12—2 所列的农村劳动力平均受教育年数和图 12—1 表示的户均人口数，可计算出 1990—2012 年中国农村人口生产质量偏好强度指数如图 12—2。图 12—3 是分东中西部地区计算的农村人口生产质量偏好强度指数。该指数显示，从 20 世纪 90 年代以来，中国农村人口生产质量偏好强度呈上升趋势，明显表现出在农业较发达的中东部地区其较西部地区偏大。

---

①　样本中有部分被访问者还处于在学状态，此处计算的平均受教育年数被低估，但这不影响我们观察随着出生世代递进的人口受教育水平的趋势。

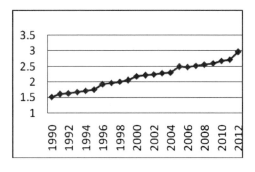

图12—2 人口生产质量偏好强度

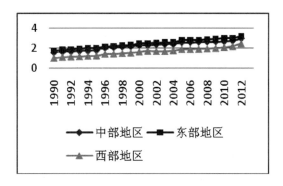

图12—3 东中西部地区人口生产质量偏好强度

　　根据贝克尔和卢卡斯等人人口转型的经典文献，生育率下降和人力资本积累率提高是工业化进程的内生变量。但由于计划生育政策的推行，中国农村人口转型的原因相比国外更为复杂。大体来说，20世纪90年代之前的生育率下降，主要是政府实施的计划生育政策的结果；20世纪90年代之后，随着市场经济体制在中国的确立和不断完善，特别是市场化、工业化、城镇化的快速发展，经济社会因素在人口生产量质偏好转变方面起着主导作用，人口转型由被动转向主动（刘琦、郭剑雄，2013）。

三　人口转型的农业技术进步效应

（一）农业技术进步的定义

舒尔茨认为，"一种技术总是体现在某些特定的生产要素之中，因此，引进一种新技术，就必须采用一套与过去使用的生产要素有所不同的生产要素。"① 依此观点，农业技术进步则可以看作为农业生产函数的变化。

传统农业是通过土地、劳动这类初始资源来获取产出的经济类型。② 以 L 代表劳动，N 代表土地，传统农业生产函数可表示为 $Y_c = f(L,N)$。由于土地在宏观上和短期可视为常量，传统农业生产函数又可简化为 $Y_c = f(L)$。依据舒尔茨的观点，传统农业中的技术是基本保持不变的，所以传统农业的生产函数的典型形态为静态函数。现代农业有别于传统农业的主要特征，是随时间变化的资本运用以及劳动力质量的提高。现代农业生产函数形式为 $Y_m = f(K,hL,t)$，其中 K 表示物质资本，h 表示农业劳动力的平均人力资本水平，t 用来表明随时间而发生的技术进步。若不考虑时间 t 变化或技术进步的影响，可将现代农业生产函数表示为：$Y_m = f(K,hL) = f(K,H)$，其中 H 表示农业部门的人力资本存量。

若舒尔茨的观点成立，那么，农业技术进步可以定义为随着时间的推移逐步实现现代农业生产函数（以 K 和 H 为基本投入）对传统农业生产函数（以 L 为基本投入）的替代。要完成这一替代过程，必然涉及农业部门资源结构的如下变化：（1）农业过剩劳动力的非农化配置，改变传统农业以劳动为基本投入的资源配置方式。农业劳动力的非农转移是建立在随着工业部门的不断扩张带来的劳动力需求增加的基础上的，在此意义上说，没有工业化便没有农业技术从传统向现代的转型。（2）物质资本大规模装备农业。农用机械、化肥、农药和良种等新型要素的是新技术的载体，这类物质资本的投入构成现代农业技术进入的基本内容。（3）以人力资本度量的农业劳动者素质的显著提高。一方面，参与工业化进程激发了农民人力资本积累的动机和农村劳动力素质的代际优化；另一方面，随着劳动力转移和物质资本投入的增加，人力资本农业投资的回报率也将提升。当这种变化持续到一定阶段，人力资本要素将被引入农业生产。

（二）人口转型与农业技术进步

人口转型的农业技术进步效应，可以从其对农业生产函数转变所包含

---

① ［美］西奥多·W. 舒尔茨：《改造传统农业》，北京：商务印书馆 2006 年版，第 100 页。

② 刘易斯认为，传统农业是"不使用再生产性资本"的经济部门。参见［美］阿瑟·刘易斯《二元经济论》，北京：北京经济学院出版社 1989 年版，第 8 页。

的三个方面内容的正向影响视角来观察。

1. 人口转型对农业劳动力就业规模的影响

首先，人口生产的质量偏好对加速农业劳动力的转移起到推动作用。二元经济结构中，由于工业部门和农业部门发展水平的实际差异，工业部门对劳动力的人力资本水平要求远高于农业部门，工业领域的劳动回报率也大大高于农业部门。假设两部门之间的劳动力市场是开放的，且劳动力的流动不存在制度性障碍，① 那么人口转型带来的人口质量的提高，必将促进农业劳动力向非农业部门的转移。因为，农业部门中的劳动力的人力资本水平越高，在非农业部门获取就业机会的概率越大，获得较高非农收入的可能性越大，从而实现更稳定的非农就业成为可能。在这里，非农部门就业机会的获取与就业者人力资本水平正相关。

其次，农业人口生产数量偏好的减弱减缓了来自新增劳动力的就业压力，在劳动力非农转移的基础上，有利于加速消除农业部门的剩余劳动力。因此，人口转型有利于实现对传统农业生产函数（以劳动为基本投入）和低效率农业技术（劳动密集配置）的淘汰与替代。

2. 人口转型对农业物质资本积累的影响

劳动力大规模的非农转移和新增劳动力供给的减少持续到一定阶段，将会减少从事农业劳动的劳动力数量，甚至出现农业劳动力短缺的现象。由此，农业资源投入就会发生物质资本替代劳动的结构转换，因为，当农业劳动力数量短缺时，物质资本的重要性增强，物质资本的边际生产率显著表现出来，使用物质资本的获利效应必将诱导并增强农民对物质资本要素的需求。

同时，与人口转型过程相伴随的又是物质资本供给的日渐丰裕。首先，人均农业剩余是形成农业资本的来源之一。人口转型过程中，因生育率下降而减少对劳动的投入，改善了劳动力与其他资源配比关系，提高农业劳动的生产率，进而促进了人均农业剩余的增长。其次，劳动力的非农就业收入的大幅提升使加速物质资本积累成为可能。农业劳动力向非农部门的转移就业，增加了农民家庭的经济收入，高素质劳动力的非农就业收

---

① 该假设与目前中国的现实不完全相符。若在非农部门中剔除城市正规部门，该假设近似成立。

入更保证了非农收入的增长幅度。再次，人口转型提高了农业劳动力的素质，等同于提高了向工业部门转移的劳动力的人力资本水平，这不仅能够避免非农产业的低度扩张，也有利于推进工业化的进程，提高工业化的质量，使工业反哺农业成为可能。最后，在人口转型过程中，与农业劳动力数量锐减对应的是劳动力转变为稀缺性资源。这将引致资本替代劳动有利性机会的出现，这为资本进入农业生产领域提供了获利可能。农业物质资本的供需环境的改善，对农业物质资本积累的实际增长具有积极意义。

3. 人口转型对农业人力资本投入的影响

这可以从两个方面来观察：首先，在二元经济条件下，人力资本的非农化配置过程同时是农民家庭人力资本的加速积累过程。非农就业机会所呈现的对劳动力高素质的选择性要求，表明农民增加和拓展收入可以从提高自身的素质或提升人力资本水平着手。在非农部门人力资本回报率远高于农业部门的条件下，将引致农民通过人力资本的非农化配置获取高收益率的机会，并在非农化配置的实践中，发现并得到其人力资本的最优价格。当人力资本的高回报率在非农化配置过程中逐渐显现并被农民所认识时，脱贫致富的动机会极大地促使他们加大对人力资本的投资，主动接受更高教育，以提高人力资本的实际积累。新时期农民积极参加各种实用技术的学习和农业技能的培训，十分重视对其子女教育投入便是例证。

其次，当较高素质劳动力转移带来的人力资本流失率大于人口转型引致的人力资本积累率时，从短期来看，这会导致农业劳动力平均素质的下降。但是从长期来看，人口转型对农业部门劳动力素质提高创造了有利的条件：一方面，人力资本积累率的持续提高，将实现农村人口素质的动态优化和代际改善，持续一定阶段，农村劳动力的整体素质将明显提高。另一方面，伴随人口转型过程的农业资源结构转变，将产生农业土地经营规模的扩大和物质资本体现型技术的采用并逐渐显现技能偏态性特征。这些变化最终将带来农业人力资本投资机会的增长，农业部门也将因此逐渐成为高素质劳动力的竞争性就业部门。此时，不仅会留住高人力资本水平的农业劳动力，还可能吸引非农部门高素质劳动力的加入。当人力资本构成农业资源结构的一个基本组成要素时，由于人力资本的规模报酬递增性质，农业技术将呈现可持续增长特征。

总而言之，随着农村人口转型，物质资本和人力资本逐渐取代劳动成为农业生产的基本投入，传统农业生产函数由此逐渐过渡到现代农业生产函数形态；相应地，农业技术进步的方向也由劳动数量偏向型逐渐演化为物质资本偏向型和包含人力资本在内的广义资本偏向型。[①]

四　人口转型与农业技术进步关系的经验考察

（一）数据的选择与模型的设定

选择 1990—2012 年中国 30 个省（市、区）[②] 的面板数据。被解释变量为农业增长指标（农业生产总值 Y[③] 和农业增长率）。解释变量包括：农业有效灌溉面积 LAND，农业劳动力数量 L，表征农业技术水平的农用机械总动力 M 和农用化肥使用量 F，以及反映人口转型程度的人口生产质量偏好强度 Q。[④] 考虑到数据的可得性和统计口径的一致性，各解释变量和被解释变量的数据来源于《中国统计年鉴》、《中国农业年鉴》和《中国农村统计年鉴》中历年数据的整理计算得出。

表 12—4　　　　　　　　　　　变量的特征描述

变量名	符号（单位）	观察值	均值	标准差	最小值	最大值
农业生产总值	Y（亿元）	690	177.5118	156.8438	4.8304	869.8145
农业有效灌溉面积	LAND（千公顷）	690	5302.072	5997.982	214	130317

[①]　以工业化兴起和完成分别为界，农业发展过程可以区分为特征明显的三个阶段——前工业社会的传统农业、工业化进程中的工业化农业和后工业社会的现代农业。由于资源结构的改变，三个农业发展阶段分别存在劳动密集型技术、物质资本密集型技术和广义资本密集型技术等不同类型。与广义资本密集型技术不同，劳动密集型技术和物质资本密集型技术均为报酬递减的不可持续型技术。关于农业发展不同阶段及其技术类型的差异，参见郭剑雄《从马尔萨斯陷阱到内生增长：工业化与农业发展关系再认识》，《中国人民大学学报》2014 年第 6 期。

[②]　包括北京、天津、河北、山西、内蒙古、辽宁、吉林、黑龙江、上海、江苏、浙江、安徽、福建、江西、山东、河南、湖北、湖南、广东、广西、海南、四川、贵州、云南、西藏、陕西、甘肃、青海、宁夏、新疆（其中重庆市的数据并入四川省）。

[③]　Y 为以 1952 年为 100 计算的农业生产总值。

[④]　Q 为人口质量偏好水平，人口质量偏好水平 = 平均受教育年限/家庭规模。

续表

变量名	符号（单位）	观察值	均值	标准差	最小值	最大值
农业劳动力数量	L（万人）	690	2986.923	2343.844	189.8	9399.8
农用机械总动力	M（万千瓦）	690	1932.595	2126..353	45.4	12419.87
化肥施用量	F（万吨）	690	142.9922	122.6333	1.5	684.4
人口偏好强度	Q（%）	690	2.1794	0.6739	0.2830	4.6784

按照对农业增长的影响要素，来考察土地、劳动力数量、农用机械化程度、化肥施用量分别对农业产值增长的影响。据此，设定模型一如下：

模型一：$\ln Y_1 = A_1 + \alpha_1 \ln LAND + \beta_1 \ln L + \delta_1 \ln M + \gamma_1 \ln F + \mu_1$

为了体现人口转型对农业技术进步的影响，进行模型二和模型三的设定。其中，模型二用来检验人口转型对农用机械使用的影响，模型三用来检验人口转型对化肥施用量的影响。两个模型分别设定如下：

模型二：$\ln M = \varepsilon_1 + \alpha_2 \ln Q + \mu$

模型三：$\ln F = \varepsilon_2 + \alpha_3 \ln Q + \mu$

（二）数据的检验和模型估计结果

为了避免伪回归，确保估计结果的有效性，必须对面板序列数据的平稳性进行检验，同时为了确定回归方程的效应模型而进行豪斯曼检验。

将变量进行单位根检验，各变量经过一阶差分后，均拒绝原假设，说明各变量数据为一阶单整 I（1）序列，可以进行协整检验。对多变量进行协整检验的较好的方法是以向量自回归模型为基础的基于回归系数的 Johanson 协整检验，检验结果拒绝假设"r=0、r≤1、r≤2、r≤3"而接受"r≤4"，说明至多存在四个协整关系，变量之间存在着长期稳定的协整关系，方程回归残差呈现平稳，对原方程进行回归分析，其结果较为

精确。故对模型进行检验估计结果如下:

表 12—5　　　　　　　　全国面板数据估计结果①

解释变量＼被解释变量	模型一 lnY	模型二 lnM	模型三 lnF
lnLAND	− 0. 2432 *** (− 4. 38)		
lnL	− 0. 3280 *** (− 5. 70)		
lnM	0. 4219 *** (12. 72)		
lnF	0. 6646 *** (13. 71)		
lnQ		1. 6621 *** (35. 76)	1. 0682 *** (29. 91)
截距项	3. 230 *** (5. 24)	5. 8553 *** (33. 07)	3. 6728 *** (18. 12)
R²	0. 7228	0. 6590	0. 5741
Hausman 检验	chi2 (4) = 34. 80 prob > chi2 = 0. 0000	chi2 (4) = 0. 57 prob > chi2 = 0. 7528	chi2 (4) = 1. 13 prob > chi2 = 0. 5695
	固定效应模型	随机效应模型	随机效应模型

表 12—6　　　　　　　东中西部地区模型一估计结果

解释变量＼被解释变量	模型一 东部地区 lnY	中部地区 lnY	西部地区 lnY
lnLAND	− 0. 3382 *** (− 3. 99)	− 0. 3757 * (− 2. 19)	0. 1037 (1. 2)

---

① 括号内为 t 统计量的值，***、**、* 表示在 1%、5%、10% 水平下显著。下同。

续表

	模型一		
	东部地区	中部地区	西部地区
被解释变量 解释变量	lnY	lnY	lnY
lnL	−0.2085 * (−2.86)	−0.3826 ** (−2.96)	−0.4563 ** (−2.76)
lnM	0.5135 *** (7.73)	0.2507 *** (5.32)	0.4625 *** (9.29)
lnF	0.7547 *** (8.65)	1.079 *** (12.00)	0.4152 *** (5.83)
截距项	2.1327 *** (2.15)	4.131 * (2.26)	1.8930 (1.50)
R^2	0.6700	0.8871	0.7421
Hausman 检验	chi2 (4) = 22.56 prob > chi2 = 0.0004	chi2 (4) = 17.26 prob > chi2 = 0.0004	chi2 (4) = 9.41 prob > chi2 = 0.0936
	固定效应模型	固定效应模型	固定效应模型

表 12—7　　　　　东中西部地区模型二、模型三估计结果

	模型二			模型三		
	东部地区	中部地区	西部地区	东部地区	中部地区	西部地区
被解释变量 解释变量	lnM	lnM	lnM	lnF	lnF	lnF
lnQ	1.2631 *** (15.41)	2.3109 *** (29.22)	1.7075 *** (28.42)	0.9571 *** (15.39)	1.3929 *** (29.24)	1.0544 *** (17.25)
截距项	6.1323 *** (17.88)	5.7535 *** (31.92)	5.8383 *** (36.36.45)	3.7525 *** (10.76)	3.9703 *** (21.06)	3.3764 *** (113.66)

	模型二			模型三		
	东部地区	中部地区	西部地区	东部地区	中部地区	西部地区
被解释变量　解释变量	lnM	lnM	lnM	lnF	lnF	lnF
R^2	0.4964	0.8135	0.7989	0.4983	0.8134	0.6014
Hausman检验	chi2（4）= 0.54　prob > chi2 = 0.7643	chi2（4）= 1.96　prob > chi2 = 0.3747	chi2（4）= 0.53　prob > chi2 = 0.7672	chi2（4）= 2.50　prob > chi2 = 0.2865	chi2（4）= 1.61　prob > chi2 = 0.4482	chi2（4）= 11.35　prob > chi2 = 0.0034
	随机效应模型	随机效应模型	随机效应模型	随机效应模型	随机效应模型	固定效应模型

（三）模型结果分析

1. 技术进步对农业可持续增长的影响

在全国数据模型一的结果中，土地使用面积减少 0.24%，农业生产总值增加 1%；劳动力数量减少 0.33%，农业生产总值增加 1%；农用机械化水平提高 0.42%，农业生产总值提高 1%；化肥施用量提高 0.66%，农业生产总值提高 1%。全国数据检验可知在现代农业中，土地和劳动力数量已不再是影响农业增长的主要因素。作为体现技术进步要素的机械动力和化肥施用量，对农业增长起到正向的影响。其中，现阶段化肥的施用量对农业增长的影响最大，农业机械化水平对农业增长的影响也较大。体现农业技术进步的要素投入对产出的贡献远大于土地和劳动的产出贡献。

分东、中、西部地区的检验结果显示，在东部和中部地区，土地和劳动力已经对农业增长不再起到积极作用，系数符号皆为负，而西部地区土地的产出弹性为 0.1，仍为促进农业增长的影响要素之一，这一点符合农业现代化进程的趋势，即东中部地区农业现代化进程较快，西部地区较为落后。劳动力影响系数分别约为 - 0.21、- 0.38 和 - 0.46，劳动力数量不是农业增长的影响因素。劳动力数量对农业增长的影响由东向西递减，说明西部地区农业劳动力大量过剩，边际收益极低甚至为负，外流现象更为严重。中部地区也存在这一现象，而东部地区多数农业人口的已经转移，使农业人口数量的变动幅度变小，对农业增长的影响也就保持相对稳定的水平。代表农业技术水平机械施用水平和化肥施用水平，对农业增长的影响系数分别是 0.51、0.25、0.46 和 0.75、1.08、0.42，东部地区机械化水平对农业增长影响高于中西部，中部地区最小，而化肥施用量对中部地区农业增长影响高于东、西部地区，西部地区影响最小。总体来看，西部地区农业技术水平对农业可持续增长的影响低于东、中部地区，农业技术水平较为落后也符合现实状况。

2. 人口转型对技术进步的影响作用

全国模型二和模型三的估计结果表明，人口转型不管是对农用机械的使用还是化肥施用量的影响皆为正向，且较显著。印证了农业人口转型对用来表征农业技术进步的农业机械水平与化肥使用量，产生的都是积极作用。

从分东、中、西部地区的模型二和模型三的检验结果可以看出，三个地区人口转型对农业技术进步都起到正向的作用。其中人口转型对中部地区技术进步的影响比东、西部地区更为显著。东部地区人口转型对农业机械水平、化肥使用量影响系数最小，其可能得原因是，东部地区耕地的细碎化程度较高，现代农业技术特别是农业机械技术的作用受限。

五 结论与政策建议

伴随工业化进程的推进，农业劳动力和农业用地的非农化成为不可逆转的趋势。长远来看，中国农业产出的持续增长唯有依靠技术进步。现代农业技术是以物质资本和人力资本等新型要素为载体的，因此，农村人口转型带来的农业人力资本供给的增长，将成为中国现代农业技术体系构建的不可或缺的条件之一。人口转型的农业技术进步机制，源于其对农业劳动力转移、农业物质资本积累和人力资本农业投资有利性机会的积极影响。经验事实表明，人口转型已成为影响当前中国农业技术进步的重要因素。随着时间的推移这一影响作用将进一步凸显。

从加速中国农业技术进步着眼，在农村人口转型的背景下，政府应当出台相关政策，确保农村义务教育能够到位，在保证农村人口最基本的文化素质的同时，积极开展适合当地的农业职业培训，加大对农业职业教育和培训的投入，特别是因地制宜地就农业发展最迫切需要解决的技术问题进行培训。有针对性地培养大中专院校农林类专业学生，有导向性地设置专业，保证他们学有所用。鼓励农业技术专业的学生毕业后回到农村，为农业发展做贡献的同时实现自身价值最大化。以国家为主导，探索职业农民的培养办法，利用城市对农村的技术辐射，建立和完善正规教育与职业培训相结合的农民培养体系，使职业农民成为现代农业健康发展的人才保障。

参考文献

［美］加里·斯坦利·贝克尔：《家庭论》，北京：商务印书馆 2005 年版。

程序：《中国可持续的现代化农业探索》，《农业现代化研究》2002 年第 1 期。

储成祥、毛慧琴：《借助农业技术进步促进农业经济增长的对策探析——以江苏省为例》，《江苏科技大学学报》2012 年第 4 期。

［美］费景汉、古斯塔夫·拉尼斯：《劳力剩余的经济发展》，北京：华夏出版社 1989 年版。

［美］费景汉、古斯塔夫·拉尼斯：《增长和发展：演进的观点》，北京：商务印书馆 2004 年版。

郭剑雄：《农业发展：三部门分析框架》，北京：中国社会科学出版社 2008 年版。

郭剑雄、李志俊：《人口偏好逆转、家庭分工演进与农民收入增长——基于中国农户经验的分析》，《南开学报》（哲学社会科学版）2010 年第 6 期。

郝娟、邱长溶：《2000 年以来中国城乡生育水平的比较分析》，《南方人口》2011 年第 5 期。

黄振华：《技术进步、人力资本与中国农业发展——1985—2005 年中国农业技术进步率的实证与比较》，《财经问题研究》2008 年第 3 期。

［美］小罗伯特·E. 卢卡斯：《经济发展讲座》，南京：江苏人民出版社 2003 年版。

刘辉：《基于技术进步视角的中国农业发展 60 年》，《湖南社会科学》2009 年第 5 期。

刘琦、郭剑雄：《人口生产数量偏好向质量偏好的转变》，《西北师范大学学报》2013 年第 5 期。

［美］西奥多·W. 舒尔茨：《改造传统农业》，北京：商务印书馆 2006 年版。

［美］西奥多·W. 舒尔茨：《论人力资本投资》，北京：北京经济学院出版社 1990 年版。

［日］速水佑次郎、［美］弗农·拉坦：《农业发展的国际分析》，北京：中国社会科学出版社 2002 年版。

孙文忠：《人口转变理论新论——兼论人口量质发展理论》，《人口与经济》2008 年第 4 期。

吴敬琏：《制度重于技术——论发展我国高新技术产业》，《经济社会体制比较》1999 年第 5 期。

张永丽、葛秀峰：《技术进步对农业经济增长的影响研究——以甘肃省为例》，《华南农业大学学报》2010 年第 1 期。

朱广其：《农业现代化过程中的农业技术进步机制》，《农业现代化研究》1996 年第 2 期。

Becker, Gary S. , Kevin M. Muphy and Mark M. Tamura. 1990: Human Capital, Fertility and Economic Growth, *Journal of Political Econamy*, 98 no. 5, Part 2, (October): S12 – 36.

Galor, O. , D. N. Weil. 2000: Population, Techology and Growth: From the Malthusian Regime to the Demographic Transition. *American Economic Review*, 110.

Lucas, Robert E. Jr. 1988: On the mechanics of economic develotment, *Journal of Economics*, 22: 3 – 42.

Mario Coccia. 2014: Driving forces of technological change: The relation between population growth and technological innovation—Analysis of the optimal interaction across countries, *echnological Foreçasting & Social Change*, 82: 52 – 65.

Nelson, R. and Phelps, E. S. 1996: Investment in Humans, Tehnological Diffusion, and Economic Growth, *American Economic Reviews*, 56: 69 – 75.

Romer, Paul M. 1986: Increasing Return and Long-Run Growth, *Journal of Political Economy*, 5: 1002 – 1037.

Romer, Paul M. 1987: Growth Based on Increasing Return Due to Specialization, *American Economic Review*, 2: 56 – 62.

Ronald Lee, Andrew Mason. 2010: Fertility, Human Capital, and Economic Growth over the Demographic Transition, *European Journal of Population*, 26: 159.

Sheshinski, Eytan. 1967: Optimal Accumulation with Learning by Doing, Cambridge MA, MIT press 31 – 52.

第十三章

人口转型对农户收入增长的影响
——基于西北地区农户经验数据的分析[*]

一　西北地区农村家庭的人口生产转型

（一）生育率的下降

图 13—1 显示，就全国而言，20 世纪 80 年代以来，从横向（共时性）进行比较，在生育数量上大部分人趋同于生育一个孩子，而少部分人趋同于生育两个孩子，生育多孩的比例最小。在纵向（历时性）上比较，总的趋势是趋同于生育一孩的比例越来越大，趋同于生育二孩的比例变化不大，而趋同于生育多孩的比例是越来越小。

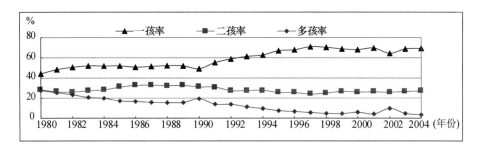

图 13—1　全国分年度出生孩次率

资料来源：各年份《中国人口统计年鉴》。

　* 本章初稿来自郭剑雄、李志俊《劳动力选择性转移下的农业发展》（中国社会科学出版社 2012 年版）第十二章《人口偏好转变对农户收入增长影响的进一步分析——基于西北地区农户经验数据的分析》，其压缩稿以《人口偏好转变对农户收入增长的影响——基于西北地区农户经验数据的分析》发表于《复旦学报》2010 年第 4 期，署名李志俊、郭剑雄。本章在前述两稿的基础上整理写成。

同期，西北五省（区）农村居民家庭的生育率也经历了显著的下降，见表13—1和图13—2。陕西省西安市长安区20世纪80年代生育政策较90年代要严格。从人口出生率来看，20世纪80年代长安区生育率是振荡下降，年均人口出生率是18.27‰，个别年份超过了20‰；90年代后才稳步下降，90年代年均人口出生率是12.3‰，到2001年后稳定在9‰左右。就家庭拥有孩子数而言，20世纪90年代进入婚育期的家庭孩子数明显少于80年代进入婚育期的家庭；年龄在39岁以下者，实际孩子数全都集中在1个或2个，年龄在40—50岁之间者，其多孩率占到40%。[①] 地处西北大漠的甘肃省酒泉地区实行一对夫妇生育两个孩子的政策已经20多年来。尽管政策允许人们可以有两个孩子，可是酒泉的生育率从未达到2，而只有1.6左右，放弃二孩生育的夫妇越来越多（王素银，2000）。

表13—1　　　西北五省（区）1985—2007年农村家庭人口规模　　单位：人/户

	陕西	甘肃	青海	宁夏	新疆
1985	4.470	5.135	5.645	5.550	4.590
1990	4.181	4.810	5.298	4.997	4.789
1995	4.078	4.626	5.101	4.744	4.781
1996	4.047	4.606	5.031	4.728	4.763
1997	4.036	4.579	4.997	4.601	4.739
1998	4.016	4.563	4.934	4.664	4.683
1999	4.010	4.550	4.877	4.681	4.619
2000	4.013	4.524	4.815	4.537	4.546
2001	3.998	4.521	4.768	4.532	4.502
2002	3.986	4.504	4.730	4.485	4.506
2003	3.968	4.497	4.706	4.421	4.459
2004	3.968	4.492	4.665	4.446	4.442
2005	3.400	4.000	4.250	4.140	3.890
2006	4.000	3.520	3.240	3.560	3.320
2007	3.160	3.950	4.350	4.180	4.030

数据来源：各年份《中国农村住户调查年鉴》。

---

① 资料来源：李卫东、李文琴：《经济因素与生育率关系新探——来自西安市长安区农村的实地调查》，《西北人口》2008年第3期。

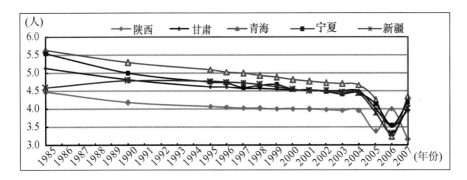

图13—2　1985—2007年西北五省（区）农村家庭户均人口规模变化

注：资料来源同表13—1。

（二）人力资本大幅提升

人力资本存量包括教育、健康、人才流动等方面因素，而教育是人力资本形成的重要途径。从表12—2提供的数据可以看出，自1990年以来，西北五省（区）的农村居民人均受教育年限都有大幅度提升。例如，陕西省1990年居民人均受教育年限为5.6年，文化程度平均未达到小学，到2007年，该项指标为8.3年，农村居民的文化程度已近初中毕业。从区域差别来讲，陕西、新疆较高，宁夏、甘肃其次，青海省最低。

表12—2　　西北五省（区）主要年份农村居民人均受教育年限　　单位：年

	1990	1995	2000	2005	2007
陕西	5.605	6.258	7.728	8.141	8.310
甘肃	4.157	5.289	6.687	7.032	7.290
青海	3.864	3.339	5.234	5.886	5.978
宁夏	4.545	5.209	6.689	6.376	6.586
新疆	5.773	6.468	7.086	7.729	7.807

资料来源：各年份《中国农村住户调查年鉴》。

（三）人口生产数量偏好向质量偏好的逆转

许多研究表明，在影响生育率的诸因素中，教育的影响最广泛、最重要。教育影响生育率往往通过以下途径实现：其一，影响结婚年龄。一个人教育水平越高，则他（她）越容易得到好的工作和获得高的报酬，那些对教育和职业渴望程度较高的人，往往需要腾出更多的时间和精力投入到学习和工作之中，结果使结婚年龄大为推迟。对于妇女来说，这种影响尤其显著。其二，使夫妇对孩子的期望数减少。教育水平的上升，提高了隐含于夫妇身上的人力资本存量，这等于无形中加大了结婚、生育和抚养孩子的机会成本。当孩子的预期收益不变时，成本的提高将降低期望的孩子数量。同时，按照孩子质量与数量的替代理论，孩子成本的提高，夫妇更倾向于要较少的、高质量的孩子。其三，教育还是对世俗化态度转变的一种推动，它有助于促进新的思想、信息和观念，尤其是生育观念的快速传播。因此，当限制生育的观念在一个地区被接受之后，其后的实践行动便会在大众中迅速普及开来，并对生育率的变动产生持久的影响。经济发达国家低出生率的原因很多，但文化教育的发展提高了传统的生育年龄和减少了生育数量，特别是妇女的受教育程度对人口的增长的作用显得尤为重要。一般情况下，文化程度较高的妇女比文化程度较低的妇女和没有文化的妇女生育孩子的数量要少。

1981 年，对中国 49 岁育龄妇女生育率的调查表明，具有小学、初中、高中、大学文化程度者，分别比文盲者平均少生 0.93、1.66、2.33、2.8 个孩子。对中国 50 岁妇女的一次抽样调查也显示了妇女文化水平与生育率的负向关联性：文盲妇女平均生育 5.86 个孩子，小学文化程度的平均生育 4.80 个，初中文化水平的生育 3.74 个，高中文化水平的生育有 2.85 个，大学文化水平的生育 2.05 个。

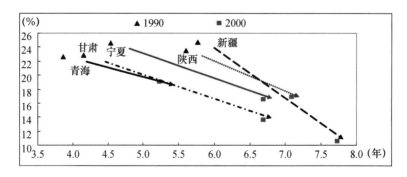

图 13—3　1990 年和 2000 年西北五省农村居民人均受教育年限和生育率的变迁

数据来源：生育率数据来源于两次人口普查数据；平均受教育年限的数据来源于《中国农村住户调查年鉴》。

对于西北五省（区）而言，1990 年时，似乎还处于"高生育率、低人力资本水平"的人口生产的数量偏好之中，而到 2000 年，除青海省外，其余四个省（区）的生育率明显下降，而表征人力资本的人均受教育年限却得到大幅提升。这一变化初步显示了人口质量对其数量的替代关系：人力资本水平越低，生育率越高；人力资本水平越高，生育率越低（见图 13—3）。

二　人口偏好转变对农户劳动分工的影响

（一）理论分析

人口生产偏好的转变，意味着农户人力资本投资的增长。陆慧（2004）将劳动者通过人力资本投资获得的经济能力归纳为四个方面：信息能力、配置能力、生产能力和流动能力，并揭示了人力资本与劳动者能力之间的转换机制。[①] 人力资本与就业能力之间存在着一种内在传导机制，增加人力资本投资，将提高劳动者的素质，进而增强劳动者各项经济能力，这些经济能力最终将体现为就业和获取收益能力的提高。因此，从本质上讲，劳动者的就业能力是劳动者人力资本能力的经济化和市场化的体现。

人力资本对农民就业能力的影响主要体现为非农转移能力的提高。考虑到非农转移的特性，我们把非农转移能力划分为四个层次的衡量指标：非农转移决策能力、非农转移机会把握能力、非农转移职业胜任能力和非农转移收益能力。人力资本对非农转移的影响可以具体化为对上述四个层次能力的作用（见图 13—4）。

贝克尔（Becker，G. S. 1987）的时间配置理论强调了个人复杂决策性在就业行为中的重要性。时间配置理论认为，传统收入—闲暇劳动力供给模型假设时间在工作和非工作间的二分选择过于简单化，"事实上个人（或家庭）并不是简单地在工作和不工作做出选择，而是在时间的各种用途间进行选择，以使包括市场购买品和家庭生产品在内的广义消费最大

[①]　陆慧：《人力资本与农民收入增长》，北京：中国农业出版社 2004 年版。

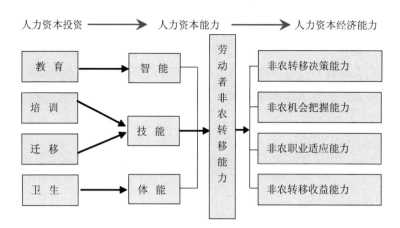

图13—4 人力资本影响非农转移的内在机制

化"。[1] 劳动者的工作决策已经被纳入一个更一般的框架。在这个框架中，个人效用函数包含了由多种商品和时间构成的各种活动，工作只是其中一种特定的活动，因此效用函数最大化条件是作为个体所有活动的边际效用等于相应所有活动的边际成本（David Sapsford & Zafiris Tzannatos，2005）。[2] 可见，个人就业行为将涉及更多变量因素，比如家庭行为、个人生命周期因素等，因此，个人的时间配置意识和决策配置能力的差异等都将显著影响个人的就业行为。非农转移过程中的决策能力和决策效率至关重要。一方面，对于农民个体而言，非农转移首先是其自身的一种非农劳动供给决策过程，农民非农转移意味着他需要实现就业领域和职业角色的根本性变迁，要从熟悉的农业领域转移到陌生的非农领域就业、从传统农业劳动者向非农产业工人角色转变。在此过程中存在着很大的不确定性可能，比如，对于农民而言，要不要"跳槽"，"跳槽"的风险有多大，预期收益水平如何以及选择何种非农转移形式，是当地就业还是外出就业乃至自主创业等。这些都是个体在实施非农转移选择中需要进行谨慎决策的重大问题，理论上只有当其评估的非农转移预期收益大于相应的预期成

① Becker, G. S.:《家庭经济分析》，北京：华夏出版社1987年版，第46页。

② David Sapsford & Zafiris Tzannatos:《劳动力市场经济学》，麦克米伦经济学系列丛书（中文版），北京：中国税务出版社2005年版，第38页。

本和风险时候，非农转移行为才会发生。农民的能力素质、预期状况、风险态度以及冒险创新精神等个体特性都将显著地影响非农转移的决策。对于农户而言，非农转移也是一种农户家庭经济资源重新配置的过程。

Stark（1990）的研究认为，在发展中国家，农村劳动力流动和非农转移不仅仅是一种个人行为，更多的表现是一种家庭决策行为，以追求农户家庭总收入最大化和收入波动风险最小化作为目标。在这种情况下，农户家庭的非农转移决策将更多地考虑如何对家庭劳动力、资本等经济资源在农业和非农业领域之间进行时间和空间上的有效配置，以提高家庭组织的经济效率，实现家庭总收益最大化和风险最小化目标。这无疑扩大了非农转移决策的因素范围，也增加了决策的复杂程度。个体决策能力主要取决于个人的人力资本状况。从人力资本投资形成具体能力类型来看，借助于健康投资形成的体能条件能确保个体大脑功能和意识细胞保持良好的生理活力，进而能提高个体注意力集中程度和观察思考能力；借助于教育投资形成的智能条件能使个体增强获得文化知识、信息、观念和思维方法等方面的能力，而这些方面能力是人体对外界认知和决策思索的重要基础；借助于专业化教育和培训形成的技能条件使得个体获得某些专业化技能，提高人力资本收益率，这可以改变个体微观决策形式，特别是可能改变个体的目标函数和预期状况。

研究发现，人力资本能够极大地提高农民非农转移决策能力。在广大发展中国家，非农转移往往是伴随着二元经济结构下的城乡劳动力转移过程，因此不确定性和风险都很大，而人力资本能够帮助劳动个体增强应对和处置不确定环境风险的能力。Welch（1970）认为，教育具有提高劳动者生产能力和配置能力的作用，其中配置能力又称为"处理非均衡状态的能力"，是指个体发现机会、抓住机会，最优化配置既定资源和处理各类具有生产特征的信息从而增加产出的能力，以及个人适应社会经济条件变化重新配置其个人资源的能力。某种意义上，教育的配置功能比生产功能对个人就业能力和收入状况影响程度更大。

舒尔茨（1990）的研究也支持了这种观点，他认为教育可使人提高认识能力和信息获取与处理能力，了解竞争规则和竞争技能，使人能对周围环境变化和反应能力也越强。[1] 舒尔茨认为，个人对外部信息的认知实质上反映了个体对外部信息资源的配置，但个体能否有效地配置信息资源还取决于个体对信息的收集获取能力。信息能力是个人决策配置能力的前提和基础。人力资本投资是获取信息能力的重要途径，劳动者的人力资本水平与个体的认知能力、理解能力成正比，劳动者所受的教育程度越高，接受的培训越多，则对信息的认识能力和理解能力也越强。[2] 非农转移职业心理适应能力是一种基于社会和心理层面的要求，它不仅决定了农民能否最终实现就业结构的成功转变，而且还最终影响农民向现代市民的人格角色成功转型的实现。

人力资本对提高农民非农转移收益能力同样具有重要作用。人力资本影响农民非农转移决策和岗位筛选能力，进而能提高其预期收益能力。考虑到人力资本对决策能力的影响，农民在进行迁移决策时，将把人力资本因素纳入其预期函数。从人力资本投资收益角度评估迁移预期收益和迁移成本，特别是在预期收益能力上，一般而言，拥有较高人力资本水平的迁移者比较低人力资本水平者的往往具有更高的收入预期定位，因而在非农转移形式和岗位选择上将体现这种预期差异。

（二）农户家庭劳动力就业领域的拓展

1. 西北五省（区）农村劳动力非农转移的总体情况

改革开放前，在农业生产之外，农民很少有其他就业机会。就全国来说，到 2007 年，非农部门就业的劳动力占到农户家庭全部劳动力比重的 44.32%。[3] 尽管相对于全国而言，西北五省（区）农户家庭劳动力非农就业比重较低，但从时间序列上来看，农户家庭非农劳动力人数在大幅增加。比如，陕西省家庭户均非农劳动力从 1985 年的 0.29 人上升到 2007 年的 0.73 人（见表 13—3），家庭户均非农劳动力的比重也从 15.52% 提高到 35.79%（见图 13—5）。

---

[1]　［美］西奥多·W. 舒尔茨：《论人力资本投资》，北京：北京经济学院出版社 1990 年版，第 110 页。

[2]　同上书，第 146 页。

[3]　数据来源于中华人民共和国农业部《2008 中国农业发展报告》，北京：中国农业出版社 2008 年版。

表 13—3　　　西北五省（区）1985—2007 年农户家庭非农劳动力　单位：人／户

年份	陕西	甘肃	青海	宁夏	新疆
1985	0.290	0.432	0.258	0.208	0.118
1986	0.322	0.477	0.302	0.228	0.125
1987	0.341	0.402	0.295	0.262	0.131
1988	0.312	0.353	0.297	0.268	0.132
1989	0.310	0.359	0.279	0.265	0.128
1990	0.315	0.358	0.282	0.236	0.130
1991	0.331	0.368	0.284	0.237	0.128
1992	0.342	0.380	0.285	0.249	0.143
1993	0.362	0.438	0.311	0.274	0.143
1994	0.390	0.477	0.318	0.298	0.154
1995	0.409	0.495	0.330	0.330	0.159
1996	0.418	0.501	0.327	0.379	0.165
1997	0.434	0.506	0.353	0.386	0.171
1998	0.450	0.506	0.361	0.427	0.173
1999	0.461	0.517	0.428	0.483	0.182
2000	0.494	0.528	0.425	0.523	0.197
2001	0.501	0.544	0.455	0.555	0.214
2002	0.528	0.594	0.563	0.589	0.225
2003	0.583	0.634	0.621	0.680	0.239
2004	0.666	0.641	0.694	0.711	0.254
2005	0.692	0.696	0.738	0.763	0.267
2006	0.711	0.728	0.788	0.775	0.286
2007	0.733	0.760	0.868	0.773	0.304

注：户均非农劳动力 = 户均劳动力 - 户均农业劳动力。

资料来源：国家统计局农村社会经济调查司：《改革开放三十年农业统计资料汇编》，北京：中国统计出版社 2009 年版。

从陕西、甘肃、青海、宁夏、新疆不同地区来看，1985—2007 年，家庭非农劳动力的年均增长率分别为 4.11%、2.49%、5.42%、5.87% 和 4.20%。陕西、甘肃、青海、宁夏的农村家庭非农劳动力比重分别从 1985 年的 15.52%、20.19%、10.90%、9.88%，提升到 2007 年的 35.79%、32.33%、36.75%、35.83%。尤其从西部大开发后，这一指标在四个省区间逐渐收敛。新疆地处欧亚腹地，系典型的大陆性气候，日照时间长，地域广阔，农业生物资源丰富。2007 年，新疆农户家庭人均纯收入达 3812.97 元，居西北五省首位，而且，农民家庭经营性收入中，来自第一产业的收入占 77.88%。自 1985 年以来，尽管农户家庭非农劳动力的比重一直较低，但这一比重也在稳步上升（见图 13—5）。

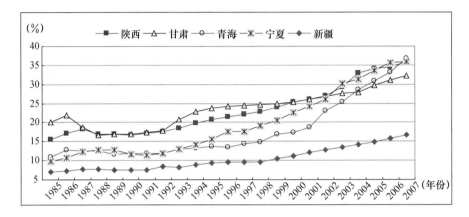

图 13—5 西北五省（区）1985—2007 年以来农户家庭非农劳动力比重变化
资料来源：同表 13—4。

由于农业劳动力的非农转移，促使大量农户转向兼业经营或非农产业。以陕西省为例，根据农村固定观察点的调查资料，2002—2004 年，陕西省兼业农户占到了 48.06%、47.01% 和 40.89%（见表 13—4）。"半工半耕"或"男工女耕"成为包括西北五省（区）在内的当今中国农户生产的普遍特征。

表 13—4 2002—2004 年陕西省调查农户兼业情况

	农村年末总户数	纯务农户	以农业为主，兼营非农业户	以非农业为主，兼营农业户	纯非农业户	其他户
2002	7501	3896	2436	744	238	187
2003	7670	4064	2116	877	393	220
2004	7949	4699	2008	684	375	183

资料来源：各年份陕西省农村固定观察点综合调查汇总资料。

2. 劳动力就业结构的变化——以青海省为例

青海省农村牧区从业人员由 1990 年的 136 万人增至 2004 年的 185 万人，年均递增 2.2%。① 由图 13—6 可以看出，全省农村牧区从业人员中，从事第一产业的劳动力比重逐年下降，从事第二、三产业的劳动力比重则呈逐年上升趋势。2004 年全省农村牧区从业人员中，有 71.4% 从事农业生产，达 132 万人，占了绝对多数；第二产业 23 万人，占 12.4%，其中工业为 10 万人，占 5.4%；第三产业为 25 万人，所占比例 14.0%。

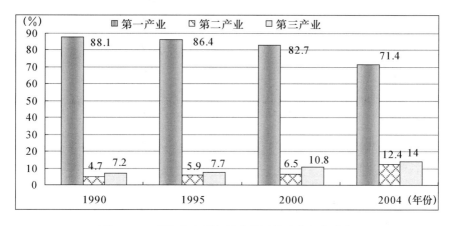

图 13—6　青海省主要年份农牧区劳动力行业分布

资料来源：1990—2004 年青海省农村统计报表。

2004 年年末，青海省农牧区人均耕地仅 2.3 亩，劳均耕地仅 4.1 亩；人均可利用草场 325 亩，劳均可利用草场 581 亩。仅靠耕作这样有限的耕地，放牧有限的草场，农户收入难以快速增长。青海省农牧区劳动力的就业结构的变化对农牧民的收入状况产生很大影响。表 13—5 显示，无论是农户还是牧户，或是处于不同收入水平的农牧户，其 80% 以上的就业劳动力都集中在农业部门，而非农产业劳动者不足 20%，在牧户中非农产业劳动者比例则更低，仅有 3.3%。按照收入五等分分组的情况来看，随着非农劳动力比重的上升，农户的收入也在增加，同时家庭经营性收入中

———————————

① 资料来源：1990—2004 年青海省农村全面统计报表。

非农收入的比重也在上升。由此,在不同收入组中,非农产业就业劳动力占就业劳动力比重是随着收入水平的提高而增加的。虽说这个比重还不高,但它所带来的非农收入对农牧民纯收入的贡献是不可小视的。

表13—5　　　2004年青海省农牧区劳动力不同分组就业及收入结构　　　单位:%

	按农牧民分组		按五等分分组				
	农户	牧户	20%低收入户	20%中低收入户	20%中等收入户	20%中高收入户	20%高收入户
一　就业劳动力	100.0	100.0	100.0	100.0	100.0	100.0	100.0
1. 农业劳动力	81.6	96.7	84.5	84.8	85.2	84.5	82.6
2. 非农劳动力	18.4	3.3	15.5	15.2	14.9	15.5	17.4
外出劳动力	24.1	1.7	20.1	21.9	21.3	20.8	13.0
二　纯收入	100.0	100.0	100.0	100.0	100.0	100.0	100.0
1. 工资性	32.7	2.7	30.7	33.4	28.4	27.4	16.3
2. 家庭经营	59.7	95.8	61.9	59.0	61.7	63.5	78.6
其中:第一产业	45.4	94.9	54.4	51.4	56.6	52.5	62.0
非农产业	14.3	0.9	7.5	7.6	5.2	11.0	16.7
3. 财产、转移	7.6	1.5	7.4	7.6	9.9	9.1	5.1

资料来源:2004年青海省农村住户抽样调查资料。

(三) 人力资本对非农转移的影响

我们将五省(区)农村居民人均受教育年限为横轴,以非农劳动力比率为纵轴,在绘制的散点图中添加趋势线(见图13—7)。可以看出,二者间呈现一种正相关关系。即随着农村居民人均受教育年限的提升,农村非农转移率也在增长。以甘肃省为例,1990年、1995年、2000年、2005年、2007年农村居民平均受教育年限分别为4.16、5.29、6.69、7.03和7.29,农村劳动力的非农比率分别为16.78%、23.80%、25.36%、29.78%和32.33%。

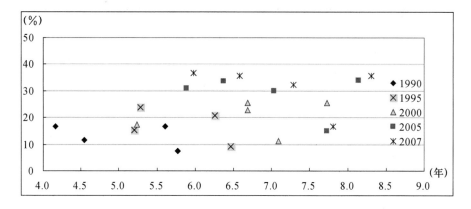

图 13—7　主要年份农村居民人均受教育年限与劳动力非农转移率的关系

资料来源：受教育年限来源于各年份《中国农村住户调查年鉴》；非农劳动力比率来源于《改革开放三十年农业统计资料汇编》。

　　在甘肃省农村转移劳动力中，男性劳动力占主导（80% 左右）；转移劳动力的受教育程度也较高，大多数受过中等教育，且高中以上文化程度的转移劳动力比例很大。其文化构成明显高于农村居民的文化构成：1990年，甘肃省农村居民平均受教育年限为 4.2 年，而转移的农村劳动力的平均受教育年限为 7.9 年，二者相差 3.7 年；到 2004 年，尽管这两个指标的数值都有增加，然而，两者仍然相差近 2 年。

表 13—6　　　　　　　　甘肃省 1990—2004 年农村转移劳动力特征　　　　　　单位：%；年

年份	按性别分组		按文化程度分组							
	男性	女性	文盲或半文盲	小学	初中	高中	中专	大专	平均受教育年限①	农村居民受教育年限②
1990	87.00	13.00	8.70	30.40	43.50	17.40			7.914	4.157
1993	76.61	23.39	15.99	33.41	34.38	16.13	0.05	0.05	7.208	—
1994	80.29	19.71	7.21	30.29	44.71	16.35	1.44		8.048	—
1995	80.81	19.19	15.24	34.48	37.05	12.72	0.13	0.38	7.159	—

---

　　①　平均受教育年限计算方法：文盲半文盲劳动力比重 ×1 + 小学劳动力比重 ×6 + 初中劳动力比重 ×9 + （高中 + 中专）劳动力比重 ×12 + 大专及以上劳动力比重 ×16。

　　②　计算方法同上；数据来源各年份《中国农村住户调查年鉴》。

年份	按性别分组		按文化程度分组							
	男性	女性	文盲或半文盲	小学	初中	高中	中专	大专	平均受教育年限	农村居民受教育年限
1996	54.44	45.56	22.59	32.74	32.13	12.38	0.14	0.02	6.588	—
1997	83.92	16.08	7.79	22.11	50.75	16.83	1.51	1.01	8.334	6.065
1998	82.43	17.57	8.44	24.96	46.05	17.57	1.93	1.05	8.235	5.192
1999	80.52	19.48	8.79	22.76	48.62	18.10	1.04	0.69	8.237	5.469
2000	79.07	20.93	6.91	22.56	51.01	16.67	2.44	0.41	8.372	6.687
2001	70.77	29.23	8.72	17.95	55.89	15.90	0.51	1.03	8.328	6.693
2002	76.27	23.73	11.02	27.12	47.03	13.56	0.85	0.42	7.767	6.833
2003	—	—	4.56	17.31	46.92	18.91	8.43	3.87	9.207	6.851
2004	—	—	4.74	18.68	52.67	18.18	4.05	1.68	8.845	6.940

资料来源：相应年份《甘肃统计年鉴》。

三 西北地区农户收入结构变化和总量增长

（一）收入结构变动

1. 工资性收入成为农户家庭收入的重要来源

随着农村市场经济的发展，尤其是劳动力非农转移规模的不断增加，农民收入格局发生了根本的变化：以外出务工收入为代表的工资性收入呈不断增长的态势，工资性收入成为农户家庭收入的重要来源（见表13—7）。

表13—7　1985—2007 年西北五省（区）农户工资性收入在纯收入中的比重

	1985		1990		1995		2000		2007	
	元	%	元	%	元	%	元	%	元	%
陕西	38.69	13.10	87.92	16.56	186.04	19.32	445.97	30.89	1036.18	39.18
甘肃	40.10	15.71	80.91	18.77	91.68	10.41	355.03	24.85	716.43	30.76
青海	58.57	17.08	81.67	14.59	96.71	9.39	312.30	20.95	790.88	29.47
宁夏	65.00	20.24	80.37	13.90	188.78	18.90	484.02	28.07	1021.37	32.11
新疆	38.26	9.70	54.02	7.90	64.47	5.67	104.58	06.46	330.75	10.39

资料来源：相应年份《中国农村住户调查年鉴》。

自 1985 年以来，西北五省（区）农民的人均工资性收入在农户人均纯收入中的比重一直处于上升状态，尤其是在 1995 年以后，该比重的增幅加快。根据国家统计局农村社会经济调查总队住户调查，1985—2007年，陕西农户人均纯收入增加了 2300 多元，其中近 1000 元为工资性收入增长，占 42.46%。工资性收入已经成为陕西、甘肃、青海和宁夏农户收入的重要来源。到 2007 年，陕西、甘肃、青海和宁夏农户工资性收入的比重分别达 39.18%、30.76%、29.47% 和 32.11%。①

与农民人均纯收入增长相比，工资性收入的增长速度更快。以青海为例，在 1985—2007 年间，青海农户家庭人均收入从 342.95 元增长到 2683.78 元，年均增长率 9.81%；期间，工资性收入从 58.57 增加到 790.88 元，年均增长率 12.56%。在 1999—2001 年间，农民人均纯收入未出现明显增长，但工资性收入仍在增加（见图 13—8）。

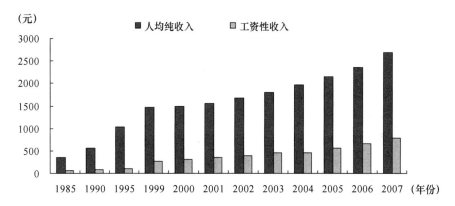

图 13—8　青海省 1985—2007 年农民人均纯收入和工资性收入的变化
资料来源：相应年份《中国农村住户调查年鉴》。

2. 农业收入和非农收入的变化特征分析

剔除财产性和转移性收入，农户家庭人均纯收入按部门来源分为农业

---

① 资料来源：《2008 中国农村住户调查年鉴》。新疆是农业资源大区，农业在其国民经济中一直处于基础性地位。反映在农民收入结构上，新疆农民家庭经营性收入的比重占有绝对优势。工资性收入尽管在总量上有所上升，但其所占收入比重并没有太大的变动。

收入和非农业收入。① 图13—9显示，1985—2007年，农业收入和非农收入均有大幅度增加，但从结构来看，陕西、甘肃、青海和宁夏的农业收入和非农收入在农户人均纯收入中的相对地位发生了较大变化。如青海省，非农收入的比重由1995年的21.12%增至2007年的52.28%，增加了31个百分点。与此相反，农业收入在农民收入中的重要性却逐渐降低。到2007年，在陕西、青海、宁夏三省（区）的农户人均收入中，农业收入和非农收入的份额基本持平。

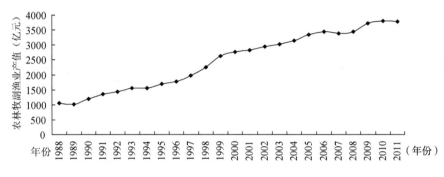

图13—9 西北五省（区）主要年份农业和非农收入

注：农业收入为第一产业收入，非农收入为工资性收入加上家庭经营性收入中的第二和第三产业收入，不包含转移性和财产性收入。

资料来源：相应年份《中国农村住户调查年鉴》。

家庭分工的变化对于农民家庭生产经营的重要意义不仅表现在农村劳动力资源配置的结构性改进，对于农户的收入结构变化也产生着重要的影响。即使在西部的大部分地区，尽管农民收入的主要来源仍然是家庭经营性收入，但其重要性呈现逐渐减弱的趋势。农户家庭劳动力的分工变化所带来的收入已成为农户家庭收入的重要来源。此外，非农收入在农民收入中的比重呈不断上升的趋势，并表现出与农业收入并驾齐驱的态势。

（二）总量增长

市场化改革以来，西北五省（区）农村家庭收入的大幅度增长是显

① 农业收入和非农收入比重的变化可以更为准确地反映农户生产分工变化的状态。

见的事实。2008 年，西北五省（区）农村居民平均人均纯收入达 3221.2
元，是 1985 年 321.8 元的 10 倍。期间，农民收入增长大致经历了三个阶
段：（1）1985—1990 年。改革初期的制度效应、价格政策和技术进步等
因素在促进农业生产增长和农民收入方面产生了显著的影响，西北五省
（区）农户家庭人均纯收入的增长率在此期间年均增长率基本都在 10% 以
上。（2）1991—2000 年。这一阶段是农民家庭收入的振荡期：1991 年和
1992 年，随着农村经济制度改革效应释放，农民收入增长率逐渐下降；
1993—1998 年，乡镇企业的迅速发展、农产品产量和价格上升的共同作
用使得农民收入又出现了一波比较快速的增长，一些省区甚至达到了
20%—30% 的增长率。随后，由于农产品价格的持续下降，农民收入增长
滞缓，2000 年，陕西和宁夏的农民收入甚至是负增长。（3）2000—2008
年。1999 年提出的西部大开发战略及 2002 年生态退耕、农业结构调整，
使这一时期的农户家庭收入出现恢复性增长。

表 13—8　　1985—2008 年西北五省（区）农户家庭人均纯收入情况

年份	农户家庭人均纯收入（元）					人均纯收入指数（上年为 100）				
	陕西	甘肃	青海	宁夏	新疆	陕西	甘肃	青海	宁夏	新疆
第一阶段										
1985	295.3	255.2	343.0	321.2	394.3	100.0	100.0	100.0	100.0	100.0
1986	299.1	282.9	369.2	378.8	419.9	101.3	110.8	107.7	117.9	106.5
1987	329.5	296.1	392.2	382.7	452.7	110.2	104.7	106.2	101.0	107.8
1988	404.1	339.9	492.8	472.5	496.5	122.6	114.8	125.7	123.5	109.7
1989	433.7	365.9	457.5	521.9	545.6	107.3	107.6	92.8	110.5	109.9
1990	530.8	431.0	559.8	578.1	683.5	122.4	117.8	122.4	110.8	125.3
第二阶段										
1991	534.0	446.4	555.6	590.0	703.2	100.6	103.6	99.2	102.1	102.9
1992	558.8	489.5	603.4	591.0	740.4	104.6	109.7	108.6	100.2	105.3
1993	653.0	550.8	672.6	636.4	777.6	116.9	112.5	111.5	107.7	105.0

续表

年份	农户家庭人均纯收入（元）					人均纯收入指数（上年为100）				
	陕西	甘肃	青海	宁夏	新疆	陕西	甘肃	青海	宁夏	新疆
1994	804.8	723.7	869.3	867.0	946.8	123.2	131.4	129.2	136.2	121.8
1995	962.9	880.3	1029.8	998.8	1136.5	119.6	121.6	118.5	115.2	120.0
1996	1165.1	1100.6	1173.8	1397.8	1290.0	121.0	125.0	114.0	139.9	113.5
1997	1273.3	1185.1	1320.6	1512.5	1504.4	109.3	107.7	112.5	108.2	116.6
1998	1405.6	1393.1	1424.8	1721.2	1600.1	110.4	117.6	107.9	113.8	106.4
1999	1455.9	1357.3	1466.7	1754.2	1473.2	103.6	97.4	102.9	101.9	92.1
2000	1443.9	1428.7	1490.5	1724.3	1618.1	99.2	105.3	101.6	98.3	109.8
第三阶段										
2001	1490.8	1508.6	1557.3	1823.1	1710.4	103.2	105.6	104.5	105.7	105.7
2002	1596.3	1590.3	1668.9	1917.4	1863.3	107.1	105.4	107.2	105.2	108.9
2003	1675.7	1673.1	1794.1	2043.3	2106.2	105.0	105.2	107.5	106.6	113.0
2004	1866.5	1852.2	1957.7	2320.1	2244.9	111.4	110.7	109.1	113.5	106.6
2005	2052.6	1979.9	2151.5	2508.9	2482.2	110.0	106.9	109.9	108.1	110.6
2006	2260.2	2134.1	2358.4	2760.1	2737.3	110.1	107.8	109.6	110.0	110.3
2007	2644.7	2328.9	2683.8	3180.8	3183.0	117.0	109.1	113.8	115.2	116.3
2008	3136.5	2723.8	3061.2	3681.4	3502.9	118.6	117.0	114.1	115.7	110.1

资料来源：相应年份《中国农村统计年鉴》。

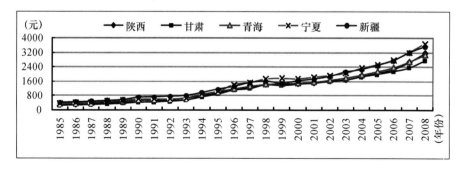

图 13—10　1985—2008 年西北五省（区）农户家庭人均纯收入增长

资料来源：相应年份《中国农村统计年鉴》。

四　人口偏好转变、分工演进与农户收入关系的计量检验

（一）经济计量模型的建立及计量方法

为了准确考量人口偏好变化、农户家庭分工演变与农户收入结构的关系及相互影响，本节利用 1985—2007 年的时间序列数据，建立了一个考虑变量之间内生性的联立方程模型进行估计。为了消除原始数据序列的异方差，使数据更为平稳，本章对变量取对数形式。确立的联立方程模式的基本形式如下：

$$ED = \alpha_0 + \alpha_1 FE + \alpha_2 PW + u \qquad (13.1)$$

$$PL = \beta_0 + \beta_1 ED + \beta_2 PW + \varepsilon \qquad (13.2)$$

$$NI = \lambda_0 + \lambda_1 PL + \lambda_2 LA + \delta \qquad (13.3)$$

方程（13.1）意味着农户家庭的人力资本形成，即受教育情况（用人均受教育年限 ED 来表示），决定于家庭的生育率 FE；表征人力资本投资收益率的非农收入比重（PW）是农户家庭人力资本投资的激励因素。

方程（13.2）表示农户家庭的非农劳动力比例 PL 取决于农户家庭劳动力的人力资本水平（人均受教育年限 ED）；非农收入的比重（工资性收入比重 PW）可以代表非农部门的相对收益，因此也是影响劳动力非农迁移的重要变量。

方程（13.3）是农户收入 NI 的决定方程，将农户家庭人均纯收入作为内生变量，其变动取决于农业部门内部收入和农户家庭的非农收入；用劳均土地规模 LA（外生变量）作为农业部门内收入的重要变量，[1] 而影响非农收入的主要因素是农户非农劳动力的比例 PL。

（二）数据来源及相关说明

本节使用西北五省（区）1985 年、1990 年、1995—2007 年的面板数据

---

[1]　事实上，土地经营规模对农民纯收入的影响，主要是通过对农业生产要素以及要素配置结构的影响进而影响到农业生产绩效及农业收入而实现的。同时，劳均农地规模也是表征农户家庭物质资本存量的一个重要变量。

进行计量分析。表征人力资本的变量——平均受教育年限（*ED*）的计算公式如下：文盲半文盲劳动力比重×1＋小学劳动力比重×6＋初中劳动力比重×9＋（高中＋中专）劳动力比重×12＋大专及以上劳动力比重×16，其中，1985年数据为1988年；各受教育程度构成数据来源于各年份《中国农村统计年鉴》。因为难以获得家庭生育率数据，用家庭人口规模（*FE*）来间接衡量，家庭人口规模的计算公式为：各地区农村人口/农村家庭户数；数据来源于各年份《中国农村住户调查年鉴》。非农收入比重（*PW*）为工资性收入占农户人均纯收入的比重；数据来源于《改革开放三十年农业统计资料汇编》。农户收入为农民家庭人均纯收入；其与非农劳动力比例的数据均来自《改革开放三十年农业统计资料汇编》。劳均土地规模用平均劳动力播种面积间接表征；1999年之前数据来源于《新中国五十年农业统计资料》，1999年后数据来源于《中国统计年鉴》。

（三）估计结果及分析

根据上文的分析，我们仅以西北五省（区）农村的自身效应为条件进行研究，因此使用固定效应模型。所使用的计量分析软件是 Eviews 6.0，具体估计结果见表13—9。

表13—9   方程（13.1）估计结果

Variable	截面固定（OLS）		截面固定（GLS）①	
	Coefficient	t-Statistic	Coefficient	t-Statistic
C	9.059078 ***	8.147678	8.776657 ***	8.147028
FE	−0.903100 ***	−4.367156	−0.851242 ***	−4.216378
PW	0.059213 ***	4.306061	0.061760 ***	4.852198
R-squared	0.780214		0.805327	
Adjusted R-squared	0.760821		0.788150	
F-statistic	40.23201		46.88395	
Prob（F-statistic）	0.000000		0.000000	

注：*** 分别表示估计结果在1%的水平上显著。

---

① 表示使用可行的广义最小二乘法进行估计，目的是为了减少由于截面数据造成的异方差影响。

依据表 13—9 的估计结果，调整后的 R^2 说明方程的拟合优度较高，在两种估计方式下方程（13.1）的拟合优度分别达到了 78% 和 81%，各变量在 1% 的显著性水平上通过 T 检验，而且各变量在两种估计方式下的估计系数相差无几。农户家庭的生育率对其人力资本的系数为 -0.90，说明农户家庭的人口偏好存在量质的替代关系。梅纳德（Menard，1987）对 20 世纪七八十年代影响生育率的各种因素所作的一项统计数据分析结果发现：家庭计划生育的作用是生育率下降的唯一的、最佳的、最强有力的预测因素。然而，一旦控制了人口数量这一因素，社会因素尤其是教育的影响力就超过了计划生育的影响力。事实上，当非农就业机会出现后，家庭参与到市场竞争中来，人口质量的提升成为抑制生育行为的有效因子（邓志强、李文艳，2007）。表征人力资本投资相对收益率的非农收入比重对人力资本投资的系数为 0.06，尽管这一估计系数较小，考虑到人力资本的形成需要时间的积累，且文中使用的人均受教育年限也仅是人力资本的一个替代变量，但是仍然能够显示出非农收益率对农户家庭的人力资本水平的正向效应。

表 13—10　　　　　　　　　　方程（13.2）的估计结果

Variable	截面固定（OLS）		截面固定（GLS）	
	Coefficient	t-Statistic	Coefficient	t-Statistic
C	- 9.612989 ***	- 3.261596	- 7.602378 ***	- 4.855617
ED	3.349452 ***	5.509669	3.105433 ***	12.49285
PW	0.487178 ***	5.720339	0.463917 ***	8.607731
R-squared	0.850858		0.945578	
Adjusted R-squared	0.837698		0.940776	
F-statistic	64.65690		196.9166	
Prob（F-statistic）	0.000000		0.000000	

注：*** 分别表示估计结果在 1% 的水平上显著。

根据方程（13.2）的估计结果，农户人力资本存量的高低和农户非农性收入的相对收益是影响其非农转移的重要因素，人均受教育年限和工资性收入比重对家庭非农劳动力比例的估计系数分别为 3.35 和 0.49，

（以 OLS 估计为例）各估计系数在 1% 的显著性水平上通过了显著性检验，其 P 值接近于零，表明家庭劳动力平均受教育年数对非农活动的参与具有明显的正向作用，也即人力资本积累和工资性收入比例的加大对推动农户家庭分工的作用是稳健的。这一结果，与李实等人（1999）根据农户调查数据，分别对外出劳动力户和非外出劳动力户的收入函数借助 Logit Model 进行估计得出的结论吻合。他们的研究发现，教育是影响个人获取非农就业机会的一个重要因素，而且其重要性越来越大。此外，同样是非外出劳动力，他们在外出劳动力户的边际劳动生产率要高于他们在非外出劳动力户的边际劳动生产率。这一发现说明，外出劳动力不仅能够获得更高的劳动报酬，而且他们的转移或兼业还会对家庭中其他继续务农劳动者的劳动报酬率的提高产生积极影响（邓志强、李文艳，2007）。

表 13—11　　　　　　　　　　　方程（13.3）的估计结果

Variable	固定效应（OLS）		固定效应（GLS）	
	Coefficient	t-Statistic	Coefficient	t-Statistic
C	1287.737 ***	10.75539	1287.737 ***	12.67535
PL	7.679732	1.399558	7.679732 **	1.649395
LA	20.10689	1.248233	20.10689 **	1.471057
R-squared	0.974172		0.974172	
Adjusted R-squared	0.964606		0.964606	
F-statistic	101.8374		101.8374	
Prob（F-statistic）	0.000000		0.000000	

注：***、** 分别表示估计结果在 1% 和 15% 的水平上显著。

　　根据方程（13.3）的估计结果，农户家庭非农劳动力的比重的系数为正，表明非农就业水平的提高对农户家庭人均收入的增长具有正向影响。而且，非农就业比重对农户人均纯收入的系数为 7.68（以 GLS 为例）。李实等人（1999）依据中国社会科学院经济研究所 1995 年居民收入抽样调查数据对农户的收入函数进行估计，发现一个外出劳动力对家庭总收入的贡献率比一个非外出劳动力高出近 11 个百分点。由于农村家庭劳均土地负荷量很小，劳均耕地面积的估计系数为 20.11，与非农就业比重的系数相比较，显示了农户人均收入中来自农业的收入还是占了一定比例。说明非农收入的增加在西北五省（区）还存在很大的拓展空间。对于这一点，国内一些学者做过更为精细的研究：例如卫新等人（2005）和胡初枝（2007）的研究都表明，当农户经营土地的规模在一定范围内时（2公顷以下），农户土地经营规模每增加1亩，农业净收益将增加30元左右。显然，这样的增加并不能改善农户收入的基本现状。

五 结论与政策建议

本章的研究获得的主要结论如下：在工业化、市场化的冲击下，农民家庭的人口生产偏好出现了显著变化，由高生育率和低人力资本积累率逐渐转向低出生率和高人力资本积累率；劳动力市场开放时，人口生产偏好转变引致的劳动力素质提升，促成比例渐增的农业劳动力转向收益率较高的非农产业而实现职业转换，农户生产组织内的劳动分工由此呈现多元化格局；分工的拓展对农户收入具有显见的增长效应，在提高农业劳动生产率的同时开辟了新的收入流源泉。要言之，最近二三十年来中国农村的发展实践表明，工业化和市场化以及内生于这一过程的人口偏好转变，是决定农民跳出"马尔萨斯陷阱"的基本力量。

若工业化、市场化和劳动力市场的开放是不可逆转的或既定的，那么，增加农民收入政策的主要着力点就应当是促进农民家庭人口生产偏好的进一步转变，其核心是提高农村居民的人力资本水平。最终，实现城乡劳动力人力资本的趋同。

第一，增加面向农村居民的教育和培训机会的供给。包括：增加政府对农村地区人均教育经费的投入，改变长期以来存在的城乡教育资源非均衡配置的状况；[1] 在人口城市化进程中，推进教育资源配置的城市化，保障进城学龄人口的受教育机会；在教育城市化进程滞后的背景下，改变城

---

① 2002年，全社会各项教育投资5800多亿元，不到总人口40%的城市居民占用了其中的77%，而超过60%的农村人口只获得23%的教育经费（《中国财经报》2004年8月24日，第4版）。在每10万人口中，城镇拥有中学数8.03所（其中高中2.61所），农村拥有中学数5.08所（其中高中0.30所）；每万人中，城镇拥有中学教师数为68.33人，而农村仅为24.33人（根据《中国统计年鉴2003》有关数据计算得出），这里还未涉及教师素质和教育质量方面的差别。

市教育机会由城市居民垄断的局面，不附加条件，给进城农民工子女与城市居民子女相同的受教育机会；加大面向农村的职业技术教育机会的供给，提高没有或很少接受正规教育的农民的文化水平和劳动技能。此外，通过财政支出结构调整和社会救助制度的改进，提高农村贫困户对教育和培训需求的支付能力。最终，实现城乡劳动力人力资本的趋同。

第二，进一步完善劳动力市场。农村居民人力资本投资率和人力资本存量的提高，依赖于农民家庭向其成员进行质量投资的动机与能力。这种动机和能力，与劳动力市场的完备程度是密切相关的。在无扭曲的市场条件下，人力资本才可能被正确定价，向人投资的有利性才会充分显现，农民向其人力资本投资的需求才可能被激发出来。同时，劳动力的流动性扩展了农民家庭成员的就业面和收入来源，这又可能把农民提高自身或其子女受教育程度和培训水平的意愿变成有支付能力的需求。

此外，还应当充分重视农业部门自身的改造。在劳动力非农化过程中，通过土地制度的调整扩大农地经营规模，并由此引致资本投入的增加和农业技术变迁，把农业部门改造成为高人力资本收益率的现代产业部门。

参考文献

Becker, G. S.：《家庭经济分析》（中译本），北京：华夏出版社 1987 年版。

David Sapsford & Zafiris Tzannatos：《劳动力市场经济学》，麦克米伦经济学系列丛书（中文版），北京：中国税务出版社 2005 年版。

邓志强、李文艳：《社会流动机制的转变对农村生育率的影响》，《西北人口》2007 年第 2 期。

胡初枝：《农户土地经营规模对农业生产绩效的影响分析——基于江苏省铜山县的分析》，《农业技术经济》2007 年第 6 期。

李实、赵人伟：《中国居民收入分配再研究》，《经济研究》1999 年第 4 期。

陆慧：《人力资本与农民收入增长》，北京：中国农业出版社 2004 年版。

[美] 西奥多·W. 舒尔茨：《论人力资本投资》，北京：北京经济学院出版社 1990 年版。

王素银：《在中国人口学会调研酒泉地区人口生育政策座谈会上的发言》，《西北人口》2000 年增刊。

卫新、胡豹、徐萍：《浙江省农户生产经营行为特征与差异分析》，《中国农村经济》2005 年第 10 期。

Menard, S. 1987：Fertility, Development, and Family Planning, 1970 – 1980：An Analysis of Cases Weighted by Population, *Studies in Comparative International Development*, 22, 3, Fall：103 – 127.

Stark, O. 1990：The Migration of Labor, Blackwell. Cambridge, MA.

Welch, F. 1970：Education in Production, *Journal of Political Economy*, January/February：35 – 59.

第十四章

人口转型、人口质量红利与农业发展[*]
——以中国东部地区为例

一　问题的提出与文献回顾

人口数量红利是传统农业发展的显著特征。由于农业生产技术进步缓慢、土地等自然资源的有限性以及人口生产数量的可选择性，劳动力要素长期承担着推动农业增长的重任，历史经验也表明劳动力数量在农业生产规模扩张和农民收入增长过程中功不可没。传统的农业生产方式决定农村人口生产特征，即注重数量，忽视质量，因为低素质的农业劳动力与工业革命前的农业生产技术水平相匹配，无须高素质的农业从业者。然而工业化和城市化的兴起和发展，农村剩余劳动力向城镇转移并在非农部门获得较高的收入，高的非农收入提高了农村劳动力的时间价值和生产"时间密集型"产品——子女的机会成本，子女这种家庭产品变得"昂贵"。又由于劳动力转移具有人力资本门槛，人力资本价值在转移过程中得到体现，农村家庭在收入约束下对孩子数量的需求量下降，转向偏好于子女质量。人口偏好的"量质"转变导致农村人口生育率下降，农业劳动力数量递减，这种依赖人口数量增加农业产出的人口数量红利型农业随着人口偏好结构转变将宣告终结。物质资本由于其边际生产力递减也难以支撑农业的可持续发展，那么未来农业又依靠什么获得增长和发展呢？农村人口生产偏好转变带来农村人力资本水平的提高，而人力资本对农业发展的积

---

　*　本章收录的是刘琦、郭剑雄《人口偏好结构转变、人口质量红利与农业发展：以中国东部地区为例》（《西北人口》2013 年第 6 期）一文。收录时文字有改动。

极作用已被发达国家农业发展所证实。东部地区[①]作为我国工业化、城市化和市场化最发达的区域，其在利用自身优势和享受特殊优惠政策大力发展第二、三产业的同时，农村部门的人口偏好结构是否发生转变？农业是否得到发展？人口偏好结构转变与农业发展之间是否存在着内在逻辑关系？东部地区目前农业发展依赖的是人口数量红利、物质资本红利、人口质量红利中的哪种红利？这些问题是本章研究的出发点和拟解答的问题。

国内外学者对人口转变的研究主要集中于高生育率、高死亡率向低生育率、低死亡率转变的人口数量和人口年龄结构的变化。导致人口转变的原因有：家庭对子女的"量""质"权衡（Becker G，Lewis H G. 1973），孩子成本、死亡率和技术进步的共同影响（Planas Xavier M. 2002），妇女社会地位的提高（Sanderson S K，Dubrow J. 2000），人力资本的需求增加（Galor O. 2012），人口政策的实施（McNicoll G. 2006；杨菊花，2011），向社会上层流动的愿望（Bavel J V. 2006），以及由教育、城市化、经济社会发展、人口政策等因素综合作用的结果（Becker S O，Cinnirella F，Woessmann L. 2010）。人口转变的直接结果是人口负担减轻、青壮年人数增加，出现所谓的"人口红利"。Bloom & Williamson（1997）在对东亚国家人口转变与经济增长研究中发现，人口转变带来的劳动年龄人口比例的增加对"东亚经济奇迹"做出了巨大贡献，进一步把"中间大，两头小"的人口年龄结构称为"人口机会窗口"或者"人口红利"。之后的国内外学者主要从两个角度分析人口红利对经济增长的实现机制。一方面，人口红利直接提高劳动年龄人口的生产性，增加劳动力供给和参与率（Lindh T，Malmberg B. 1999），尤其是女性劳动力的解放（Canning D. 2007），从而有利于经济增长。此观点得到了实证分析结果的支持。Andersson（2001）以丹麦、瑞典等发达国家1950—1992年时间序列数据实证分析得出劳动年龄人口数量增加与经济增长正相关；Wang & Mason（2004）针对中国的一项研究表明人口数量红利为1982—2000年中国经济增长做出15%的贡献；蔡昉（2004）、王德文（2007）等学者的研究结果也证实，丰富的劳动力促进了中国经济增长。另一方面，人口红利为一国储蓄

[①] 东部地区包括北京、天津、河北、辽宁、福建、浙江、海南、广东、上海、江苏、山东11个省和直辖市。

和投资的增加创造了有利条件。劳动年龄人口由于人口负担水平低，有更多的收入用于储蓄，充足的储蓄为增加投资从而拉动经济增长提供了资金保障。Loayza & Servn（2000），王德文、蔡昉和张学辉（2004）的实证结果均显示，儿童和老人抚养比与储蓄率呈现负相关关系；Birdsall（2001）建立包含生育率和储蓄率的增长模型，分析结果也表明生育率下降导致储蓄率的提高；Erlandsen & Nymoen（2008）以挪威为例分析得出劳动年龄人口具有较强的边际储蓄倾向。周祝平（2007）认为人口红利还具有投资效应，"两头小"的年龄结构减少用于抚养儿童和供养老人的非生产性支出，剩余更多的国民收入可用于生产性的投资。蔡昉（2010）把劳动年龄人口的生产性的提高和劳动力供给的增加称为第一次人口红利，并认为中国的"刘易斯拐点"已经出现，第一次人口红利即将消失，应创造条件挖掘第二次人口红利，亦即高比例的劳动年龄人口带来的国民储蓄率升高和资本供给增加。

以上相关研究文献把人口转变理解为人口数量或者人口年龄结构的变化，忽视了人口转变中的人口质量的提高。与人口数量转变观一致，关于人口转变对经济发展的有利性的研究侧重人口数量红利，没有把人口数量和质量的变化同时纳入一个统一的分析框架。而且，相关文献主要围绕人口转变与一国整体经济增长关系进行探讨，尚未发现专门讨论农村人口偏好转变对农业发展的影响的文献。本章在前人研究的基础上将人口转变视为人口数量偏好向质量偏好的转变，重点分析人口数量和质量变化对农业发展的影响，并以中国东部地区为例进行实证检验。

本章其余部分安排如下，第二部分讨论人口偏好结构转变、人口质量红利与农业发展的理论关系，第三部分以中国东部地区为例，实证检验农村劳动力数量和质量对农业发展产生的效应，第四部分对全文进行总结，并针对理论分析和实证检验的结论对东部地区农业发展提出相关政策建议。

二　人口转型、人口质量红利与农业发展关系的理论构建

（一）相关概念界定

人口转型。本章使用的人口转型不同于传统的人口转变概念，是指人

口生产由偏好于数量扩张向偏好于质量提高的转变过程。鉴于研究目的的针对性，此处的人口特指农村人口。

人口质量红利。与传统的人口数量红利相区别，人口质量红利指人口由于人力资本水平提高、健康状况改善以及综合素质的提高而带来的劳动生产率的提高和技术进步。文中的人口质量主要体现在人力资本方面，人力资本又以人口受教育程度衡量，所以本章视人口质量、人力资本和受教育水平为同一概念，可相互借用。

（二）研究假设

存在城乡二元经济结构。二元经济结构是研究发展问题的经典假设，城市部门和农村部门在收入方面的差距诱发农村剩余劳动力向城市转移，实现转移的农村劳动力在城市非农部门获得的高收入提升了其拥有的时间价值，进而提高了时间密集性的人口生产活动的机会成本，生育孩子成本的变化迫使农村劳动力在人口生产与非农转移之间进行选择。

工业化处于中期阶段并继续深化。一方面，当工业化进入中期阶段，工业部门以及由其带动的城市部门扩张速度加快，对劳动力数量的需求增加，为农村剩余劳动力转移创造更多的就业机会，转移规模随之扩大。另一方面，工业发展到一定程度，其技术水平的提高对农村剩余劳动力的转移设有人力资本门槛，人力资本投资回报率随着人力资本水平的提升而增加。所以处于工业化中期阶段的农村劳动力不仅要在人口生产与非农转移之间选择，而且要在人口生产的数量与质量之间进行权衡，特别是后者成为家庭中关键性决策。

（三）人口偏好结构转变理论

Becker（1973）结合家庭效用函数和收入约束，推导出家庭选择子女数量和质量的最优决策条件，为研究人口偏好结构转变提供了精致的分析工具。本章借助该理论的分析范式和工具刻画农村人口偏好结构转变过程。

Becker 认为家庭效用是孩子数量、孩子质量和其他消费品的函数，即：

$$U = U(Q, N, Z) \tag{14.1}$$

U 代表家庭的总效用，Q 为孩子质量，此处特指孩子的人力资本水平（教育程度），N 为孩子数量，Z 为其他消费品。

家庭面临的约束条件为：

$$I = N\Pi_N + Q\Pi_Q + NQ\Pi_C + Z\Pi_Z \qquad (14.2)$$

I 代表家庭收入，$\Pi_i(i = N, Q, C, Z)$ 分别表示孩子数量、质量、质量和数量互交项以及其他消费品的单位成本或者价格。

求解一阶极值条件，并设 P_Q、P_N、P_Z 分别为 Q、N 和 Z 的边际成本或者影子价格，则：

$$P_Q = \Pi_Q + N\Pi_C \qquad (14.3)$$
$$P_N = \Pi_N + Q\Pi_C \qquad (14.4)$$
$$P_Z = \Pi_Z \qquad (14.5)$$

孩子数量的单位成本 Π_N 中包含父母的时间、费用、不舒适、怀孕和分娩的风险、政府对孩子的津贴、避孕和分娩的费用，以及与质量没有密切关系的、花在孩子身上的所有精神上和金钱上的支出[①]。我们认为在工业化和城市化背景下农村家庭父母的时间价值占据 Π_N 绝大部分，其他支出较小，可忽略不计。并且农村家庭父母的时间价值在工业化进程持续推进的条件下变大，从而抚养子女的机会成本上升导致孩子数量成本 Π_N 上升。在 $Q\Pi_C$ 既定的条件下，孩子数量的影子价格 P_N 上升，则 N 减少。如果 Π_Q 不变，由 (14.3) 式推出 P_Q 下降，P_Q 下降又会增加农户对孩子质量 Q 的需求，Q 提高使 P_N 再次增加，P_N 增加导致 N 进一步下降，此过程随着工业化和城市化发展将一直传导下去，也就是农村人口偏好结构转变的演化过程。

（四）人口偏好结构、农业生产函数与农业增长模式

当工业化程度低，农村家庭偏好人口数量时，劳动力供给增加相对于土地等自然要素较容易，农业因劳动力数量增加而获得增长，因此人口数量偏好对应着以土地和劳动力为生产要素的古典农业生产函数，这种增长模式称为人口数量红利型农业。随着工业化逐渐推进，农村人口偏好结构发生转变，人口增长率下降导致农村人均物质资本增加，农业增长则主要

---

① 详细论述参见 ［美］贝克尔《家庭论》，北京：商务印书馆 2005 年版，第 177—178 页。

依靠物质资本的推动，此时的农业生产是物质资本和劳动力的函数，即新古典农业生产函数，对应的增长模式为物质资本红利型农业。当工业化进入后期直至完成之后，农村人口质量偏好愈加强烈，人力资本积累速度提高，人力资本存量增加并代替物质资本成为农业增长的主驱动力时，农业生产函数演变为主要以人力资本投入的内生形式，也称为人口质量红利型农业。

（五）人力资本与人口质量红利型农业

人力资本作为农业的主要投入要素由于其克服了物质资本的边际生产力递减的特性，因而这种内生农业增长方式具有持续性和稳定性。借鉴内生增长理论 AK 模型，在不影响推导结论的前提下抽象掉物质资本，设定内生农业生产函数：

$$Y_t = A_t H_t \tag{14.6}$$

A_t 表示农业生产技术水平，H_t 表示投入的人力资本量。内生农业人均产出增长率为：

$$\frac{\dot{y_t}}{y_t} = \frac{\dot{A_t}}{A_t} + \frac{\dot{h_t}}{h_t} \tag{14.7}$$

其中 $h_t = \dfrac{H_t}{N_t}$，定义为人均人力资本，因为 $\dfrac{\dot{h_t}}{h_t} = \dfrac{\dot{H_t}}{H_t} - \dfrac{\dot{N_t}}{N_t}$，则（14.7）式可改写为：

$$\frac{\dot{y_t}}{y_t} = \frac{\dot{A_t}}{A_t} + \frac{\dot{H_t}}{H_t} - \frac{\dot{N_t}}{N_t} \tag{14.8}$$

在农村家庭人口偏好转为质量偏好后，人力资本增长率 $\dfrac{\dot{H_t}}{H_t}$ 提高，而农村人口增长率 $\dfrac{\dot{N_t}}{N_t}$ 逼近 0 或为负。根据（14.8）式，即使不考虑技术进步率 $\dfrac{\dot{A_t}}{A_t}$，农业人均产出增长率 $\dfrac{\dot{y_t}}{y_t}$ 将显著提高。由于人口质量偏好的不可逆性，农业人均产出持续增长，由人力资本驱动的人口质量红利型农业增长模式显现。

三　基于中国东部地区经验的检验

（一）东部地区的农村人口转型与农业发展

1. 东部地区农村人口偏好结构转变

东部地区是我国内地工业化和城市化的发源地，工业化和城市化发展水平远高于中西部地区和全国平均水平。根据前面理论分析，东部地区工业化和城市化的快速发展对农村剩余劳动力形成强劲的吸引力，农村剩余劳动力的持续转移诱发农村人口偏好结构发生转变，农村生育率下降，人力资本水平不断深化。以农户家庭规模代表农村生育率水平，农村劳动力平均受教育年限①反映人力资本水平，以农村劳动力平均受教育年限与农户家庭规模的比值定义的人口质量偏好强度三个指标描述 20 世纪 80 年代末②以来东部地区农村人口偏好结构演变，见表 14—1。

表 14—1　　1988—2011 年东部地区主要年份的农户家庭规模、劳均

受教育程度与人口质量偏好强度

指　标	1988	1992	1996	2000	2004	2008	2011
农户家庭规模（人／户）	3.91	3.75	3.70	3.63	3.54	3.53	3.41
劳均受教育程度（年／人）	6.57	7.32	7.91	8.28	8.52	8.93	8.94
人口质量偏好强度	1.68	1.95	2.13	2.28	2.40	2.52	2.63

数据来源：根据 1989—2012 年各年的《中国农村统计年鉴》相关数据计算得到。

一方面，东部地区农村家庭规模随年度递进趋于缩小，由 1988 年的每户 3.91 人减少到 2011 年 3.41 人，户均减少 0.5 人，即每个农村家庭在 1988 年至多生育 2 个孩子，到 2011 年不超过 1.5 个孩子，表明东部地区农村生育率在下降。另一方面，农村劳均受教育年数逐年延长，由 1988 年的 6.57 年延长到 2011 年的 8.94 年，接近于初中毕业文化程度，

---

　　①　本章计算方法为：文盲劳动力比重 ×0 ＋小学劳动力比重 ×6 ＋初中劳动力比重 ×9 ＋高中（包括中专）劳动力比重 ×12 ＋大学及以上劳动力比重 ×16。

　　②　有关各省份农村劳动力平均受教育年限数据的统计最早可追溯到 1988 年。

农村人力资本水平即人口质量在不断提高。人口质量偏好强度系数逐年增大说明农村家庭对孩子质量的偏好在不断增强。综合以上三个指标的变化趋势可以看出东部地区农村人口偏好结构正在发生结构性转变，并且质量偏好强度显现渐强之势。

2. 东部地区农业发展现状

统计数据显示，1988 年以来东部地区农业产值占地区生产总值的比例不断下降，但农业总产值绝对规模并没有缩小，而是在增大。从生产角度看，农林牧副渔业产值之和呈现逐年递增趋势（见图 14—1）。由 1988 年的 1058.96 亿元增加到 2011 年的 3784.61 亿元，增长了 3 倍多，年均增长速度为 5.84%。从农村居民家庭人均纯收入名义值来看，1988 年为 797.49 元，2011 年增加到 10485.54 元，是 1988 年的 13.15 倍，是 2011 年全国平均水平的 1.5 倍。以 1985 年农村居民消费价格指数缩减的农民实际纯收入 1988 年为 602.34 元，2011 年上升到 2456.21 元，增长了约 4 倍。衡量农业发展的两个主要指标的变化均表明东部地区农业在工业化和城市化进程中也在发展壮大。

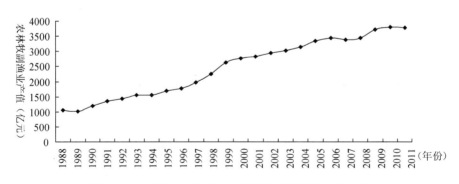

图 14—1　1988—2011 年东部地区农林牧副渔业总产值

数据来源：1989—2012 年各年《中国农村统计年鉴》。

在东部地区农村人口偏好结构发生明显转变的背景下，农业产出增加的源泉是什么？农业增长依赖于人口数量红利、物质资本红利还是人口质量红利？澄清此问题有助于制定东部地区农业下一步发展战略和政策选择。

（二）劳动力数量、人力资本与东部地区农业发展计量分析

1. 模型设定、变量定义与数据来源

农业生产函数被设定为 Cobb-Douglas 形式，放弃原始形式中的规模报酬不变假设，并通过取对数进行线性化，模型采用的数据类型是东部地区 11 个省、直辖市 1988—2011 年的面板数据，待估模型为：

$$\ln Y_{it} = f[\ln pow_{it}, \ln fer_{it}, \ln lab_{it}, \ln lan_{it}, \ln(edu_{it} * lab_{it})]$$

其中，Y_{it} 表示 i 省份第 t 年的农业产出，具体以 1978 年农产品生产价格指数缩减的农林牧副渔业总产值代替。pow_{it} 和 fer_{it} 为 i 省份第 t 年的农业机械总动力和化肥使用量，代表农业物质资本投入量，lab_{it}、lan_{it}、$edu_{it} * lab_{it}$ 依次为 i 省份第 t 年的农村劳动力数量、耕地面积、劳均受教育年限与农村劳动力数量乘积，它们分别代表劳动力投入、土地投入和人力资本投入。

估计模型的数据来源于 1989—2012 年《中国农村统计年鉴》和《中国统计年鉴》以及《新中国农业 60 年统计资料》。

2. 各变量平稳性检验

为避免出现"伪回归"现象，首先对取对数后的各个变量的平稳性进行 LLC（Levin，Lin & Chu）单位根检验，结果见表 14—2。在 5% 的显著水平下，取了对数的各变量均为平稳序列。

表 14—2　　　　　　　　　变量单位根检验结果

变量	检验模型	t 值	伴随概率	结果
$\ln Y$	模型 2	− 5. 81378	0. 0000	拒绝原假设
$\ln pow$	模型 2	− 3. 15658	0. 0008	拒绝原假设
$\ln fer$	模型 2	− 5. 37664	0. 0000	拒绝原假设
$\ln lab$	模型 3	− 2. 23513	0. 0127	拒绝原假设
$\ln lan$	模型 3	− 1. 64577	0. 0499	拒绝原假设
$\ln(edu * lab)$	模型 2	− 2. 70711	0. 0034	拒绝原假设

3. 回归结果

首先剔除人力资本要素，建立农业产出与物质资本、播种面积和劳动

力数量之间的回归模型，经 F 检验和 Hausman 检验，模型应选择随机效应变截距形式，估计方法采用 Cross-section SUR 加权的 EGLS 方法，估计结果见表 14—3。

表 14—3　　　　农业产出与物质资本、播种面积和劳动力数量的估计结果

变量	系数	标准差	T 值	伴随概率
C	0.201350	1.227589	0.164021	0.8699
$\ln lab$	0.221019	0.142921	1.546447	0.1233
$\ln pow$	0.577029	0.117717	4.901852	0.0000
$\ln lan$	0.021407	0.033761	0.634089	0.5266
$\ln fer$	−0.106531	0.049244	−2.163342	0.0315

注：$AR^2 = 0.99$　　F = 1838.058

估计结果显示劳动力和土地两个变量在 5% 的显著性水平下未通过检验，亦即这两个变量不是被解释变量农业产出的显著影响因素，说明东部地区劳动力数量和土地投入已不是农业产出增长的主要推动力量，进一步意味着东部地区农业增长不再依赖于人口数量红利。农业机械总动力和化肥两个变量均通过 5% 显著性水平检验，农业机械总动力的产出弹性为正，在各变量产出弹性中最大，说明以农业机械为代表的现代物质资本是东部地区农业发展的最主要驱动力量，也就是说东部地区农业增长借助的是物质资本红利。而以化肥为代表的传统物质资本投入对农业产出的弹性为负，表明东部地区在农业生产中已累计投入了大量化肥，造成化肥使用过量。如 2002 年，东部的江苏、山东、福建、上海 4 省市单位粮食面积化肥施用量平均已达 $376.2 kg/hm^2$，超过了合理施肥的上限 $345. kg/hm^2$（王瑞玲，2005）。化肥的边际生产力是递减的，长期大量使用造成土地肥力减弱和环境污染，对农业产出增长具有一定的负面影响。

由于劳动力数量变量不是显著影响因素，而人力资本又是附着于劳动力之上，故劳动力数量与劳均受教育程度相乘可以将劳动力转化为人力资本存量引入模型，以检验农村人力资本存量对农业产出的影响，同时模型中排除不显著的土地要素，采取与前一模型相同的模型选择和估计方法，

结果见表14—4。

表14—4　　　　农业产出与物质资本、人力资本的估计结果

变量	系数	标准差	T 值	伴随概率
C	1. 613674	0. 511905	3. 152295	0. 0018
$\ln(edu*lab)$	0. 118319	0. 044691	2. 647511	0. 0087
$\ln pow$	0. 438185	0. 048154	9. 099609	0. 0000
$\ln fer$	− 0. 075153	0. 012551	− 5. 987807	0. 0000

人力资本变量 $\ln(edu*lab)$ 的弹性系数在1%显著性水平下通过检验，弹性系数为0.12，说明人力资本已在东部地区农业生产中发挥着正向促进作用，但系数低于现代物质资本农业机械的产出弹性0.44。其原因是东部地区农村劳动力人力资本还处于低层次状态，平均受教育年限仅达到9年初中毕业水平，低水平的人力资本对应着低的农业产出弹性。当受教育程度越过一定程度的门槛后，人力资本的高生产率才能得以体现，人口质量红利农业随之到来。

（三）小结

通过对农业总产值和农村居民人均纯收入的描述，东部地区农业产出规模在20世纪80年代末期以来不断扩大，农民收入持续增长，农业发展已经跳出了高生育率、低人均收入的"马尔萨斯陷阱"。通过实证检验农业产出与农业机械总动力、化肥、劳动力数量、耕地面积和人力资本的相关关系得出目前东部地区农业发展的主要驱动力已不是土地、劳动力数量和化肥等传统要素，而是主要依靠以农业机械动力为代表的现代物质资本，人力资本的作用虽为正但小于物质资本。因此，东部地区的农业增长模式仍属于物质资本红利型。

四　结论与政策建议

本章在工业化和城市化背景下，借助 Becker 的孩子"量""质"偏好模型探讨了农村人口偏好结构转变的诱因和过程，我们认为工业化和城

市化是农村人口偏好结构转变的主要解释变量，工业化和城市化的不可逆性将促使农村人口质量偏好愈加强烈，农村总和生育率保持下降态势，人力资本存量积累加快。农村生育率逐渐下降导致未来农业劳动力减少和农村人口老龄化趋势加重，以劳动力数量推动的人口数量红利型传统农业发展模式即将走向终结。而人口偏好结构转变带来的人口质量特别是受教育程度的提高又为农业发展提供了全新的动力和更大的空间，人力资本水平将接替劳动力数量与物质资本一同成为农业增长的主要依赖要素，并且随着人口质量偏好的代际强化，当人力资本存量达到一定量时，人力资本将超越物质资本成长为农业发展的主驱动力，农业也将跨越"后马尔萨斯"阶段，进入人口质量红利型的内生增长模式。在理论分析的基础上，我们选择中国工业化和城市化发展最具有代表性的东部地区为例，首先描述了东部地区农村人口偏好结构转变以及农业发展的现状，然后建立了东部地区农业生产计量模型，通过估计模型参数，我们发现以农业机械为代表的现代物质资本和人力资本已经取代土地、劳动力、化肥等传统要素成为东部地区农业发展的推动力量，但目前仍以物质资本为主、人力资本为辅的物质资本红利型发展模式。

鉴于理论分析和实证检验结果，结合东部地区经济社会发展实际，可以引申出以下几方面政策建议：首先，营造有利于农村人口偏好结构转变强化的环境。东部地区农村劳动力受教育水平虽高于全国平均水平，但是劳均受教育程度才达到初中毕业程度，与发达国家农民受教育程度尚有较大的差距，有必要加速农村人口偏好结构转变的进程。理论分析认为工业化和城市化是农村家庭人口生产由数量偏好转向质量偏好的正函数，因此要使人口质量偏好进一步增强，必须在城市化过程中建立健全一系列有利于农村剩余劳动力稳定、有序转移的制度，例如，对农民技能的培训，农民工子女在城市上学问题，进城务工人员的医疗、养老等社会保障制度。通过增强农村劳动力非农转移的能力和消除转移的后顾之忧，转移才会对农村人口偏好结构转变具有正向的激励作用，这种正向效应在代际之间增强，人力资本存量规模将不断扩大。其次，延长农村地区子女的义务教育年限。东部地区凭借自身经济条件可以考虑在目前普遍推行九年义务教育的基础上再延长农村子弟的免费教育年限，将进一步扩展到高中甚至高等教育阶段，进一步深化农村人力资本。再次，对农村地区实施教育补偿。

农村地区曾经为工业化、城市化发展提供了原始资本积累和廉价劳动力，在城市以及工业迅速发展的同时也造成了农村地区经济发展缓慢甚至停滞，形成城乡二元经济结构稳态。经济结构的二元化决定了教育在城乡之间也呈现二元状态，农村地区教育的硬件和软件均落后于城市。目前东部地区工业和服务业相对发达，经济实力雄厚，有条件对农村实施经济补偿。经济补偿关键在于向提高农村人口素质方面投资，特别是农业劳动力的人力资本水平，而人力资本积累的主要途径在于教育，所以城市部门应在教育基础设施、师资配备等方面为农村地区提供必要的资金支持，促进农村地区教育事业发展。最后，引导农民进行土地规模经营是东部地区农业发展的必由之路。本章实证分析表明东部地区土地投入对农业产出影响不显著，其根源在于东部地区土地碎细化严重且流转不畅，粗放式的土地经营模式难以获得规模经济效应，而要获得土地规模经济就必须实施土地规模化经营。农村人口偏好结构转变为土地规模化经营提供了两个最基本的前提条件，即人均耕地面积扩大和农民经营农业的能力提高，但实现土地规模化经营仍需要政府的引导和推动，一是要建立农村土地流转机制，鼓励土地在农户之间自由流转；二是完善相关法律法规，规范土地流转交易制度；三是为土地规模化经营提供资金支持。在内生于农村家庭的人口偏好结构转变和外在政府政策的扶持下，东部地区农业将会更快地走向人口质量红利型发展模式，从而率先完成二元经济向一元转变。

参考文献

蔡昉：《人口转变、人口红利与经济增长可持续性——兼论充分就业如何促进经济增长》，《人口研究》2004 年第 2 期。

蔡昉：《人口转变、人口红利与刘易斯转折点》，《经济研究》2010 年第 4 期。

王德文：《人口低生育率阶段的劳动力供求变化与中国经济增长》，《中国人口科学》2007 年第 1 期。

王德文、蔡昉、张学辉：《人口转变的储蓄效应和增长效应——论中国增长可持续性的人口因素》，《人口研究》2004 年第 5 期。

王瑞玲：《优化化肥资源区域配置 提高粮食整体生产能力》，《中国农业资源与区划》2005 年第 1 期。

杨菊花：《人口转变与老年贫困》，北京：中国人民大学出版社 2011 年版。

周祝平：《人口红利、刘易斯转折点与经济增长》，《中国图书评论》2007 年第 9 期。

Andersson B. 2001: Scandinavian Evidence on Growth and Age Structure, *Regional Studies*, 35 (5): 377 – 390.

Bavel J V. 2006: The Quality—Quantity Trade-Off during the Demographic Transition, *Journal of Biosocial Science*, 38 (04): 553 – 569.

Becker G, Lewis H G. 1973: On the Interaction between the Quantity and Quality of Children, *Journal of Political Economy*, 81 (2): 279 – 288.

Becker S O, Cinnirella F, Woessmann L. 2010: Does Parental Education Affect Fertility? Evidence from Pre-Demographic Transition Prussia, CESifo Working Paper No. 3430: 1 – 39.

Birdsall N, Kelley AC, Sinding SW. 2001: Population matters: demographic change, economic growth, and poverty in the developing world, Oxford University Press.

Bloom D E, Williamson J G. 1997: Demographic transitions and economic miracles in emerging Asia. Cambridge, MA: NBER, Working Paper, 6268.

Canning D. 2007: The impact of aging on Asian development, Seminar on Aging Asia, A New Challenge for the Region, Kyoto, Japan.

Erlandsen S, Nymoen R. 2008: Consumption and population age structure, *Journal of Population Economics*, 21 (3): 505 – 520.

Lindh T, Malmberg B. 1999: Age structure effects and growth in the OECD, 1950—1990, *Journal of Population Economics*, 12 (3): 431 – 449.

Loayza N, Sclnnidt-Hebbel K, Servn L. 2000: What Drives Saving across the World, *Review of Economics and Statistics*, 82 (2): 165 – 181.

PlanasXavier M. 2002: The Demographic Transition in Europe: A Neoclassical Dynastic Approach, *Review of Economic Dynamics*, 5 (3): 646 – 680.

Sanderson S K, Dubrow J. 2000: Fertility decline in the modern world and in the original demographic transition: Testing three theories with cross-national data, *Population and Environment*, 21 (6): 511 – 537.

Galor O. 2012: The demographic transition: causes and consequences, Cliometrica, 6 (1): 1 – 28.

McNicoll G. 2006: Policy Lessons of the East Asian Demographic Transition, *Population and Development Review*, 32 (1): 1 – 25.

Wang F, Mason A. 2004: The demographic factor in Chinese transition, Chinese Economic Transition: Origins, Mechanism and Consequences, Pittsburgh.

第十五章

人口转型、红利结构变迁与现代农业增长[*]

——来自21个高水平工业化国家的经验

一 引言

  高水平工业化国家在其工业化历史过程中伴随有两个明显的人口学现象。其一，人口生育率持续下降直至维持低水平生育状态。美国、德国、英国、荷兰、法国五国 1820 年每 100 人出生率依次为 5.52%、3.99%、3.03%、3.50% 和 3.17%，到 1900 年分别降至 3.23%、3.56%、2.87%、3.16% 和 2.13%，20 世纪中叶之后其妇女总和生育率（TFR）均保持在 2.1 的更替水平之下。正如卢卡斯（Lucas, Robert E.）所言：工业革命不可避免地与被称为人口变迁的生育率降低联系在一起。[①] 其二，人口质量显著提高。[②] 法国、荷兰和英国 1820 年的平均预期寿命分别是 40 岁、32 岁和 39 岁，1900 年分别增至 47 岁、52 岁和 51 岁，2011 年该三国的预期寿命均延长至 81 岁；1900 年美国和德国的人口平均预期寿命均为 47 岁，2011 年分别达到 81 岁和 79 岁。[③] 根据麦迪森（Maddison, Angus）测算，美国和英国 1820 年的人均受教育年数为 1.57 年和 2

  * 本章采自郭剑雄、刘琦发表于《陕西师范大学学报》2014 年第 1 期的同名文章。中国人民大学复印报刊资料《农业经济研究》2014 年第 6 期全文复印该文。

  ① ［美］小罗伯特·E. 卢卡斯：《经济发展讲座》，南京：江苏人民出版社 2003 年版，第 124 页。

  ② 人口质量提高主要体现在预期寿命延长和受教育程度提高两个方面。

  ③ 2011 年数据来源于世界银行数据库，其他数据来源于［英］安格斯·麦迪森《世界经济二百年回顾》，北京：改革出版社 1997 年版，第 7 页。

年，1992 年达到 18.04 年和 14.09 年；法国、荷兰和德国的该指标在 1913 年分别为 6.99 年、6.42 年和 8.37 年，1992 年分别增至 15.96 年、13.34 年和 12.17 年[①]。Barro 和 Lee 测算了 146 个国家 1950—2010 年 15 岁和 25 岁以上的人口平均受教育程度，2010 年上述五国的人均受教育年数均达到 11 年以上[②]。

同时值得注意的是，先行工业化国家或当今高水平工业化国家在其工业化过程中发生的农业增长源泉的变化。由于工业和服务业的扩张，农业从业者人数和农业耕地面积减少，20 世纪 80 代以来物质资本投入也维持不变规模甚至在个别国家出现了下降。在此背景下，大多数高水平工业化国家的农业产出非但没有缩减反而保持增长之势。产出增长是要素投入增加和生产率提高的结果。显然，从土地、劳动和资本这些常规生产要素投入角度已难以解释这些国家的农业增长，需从新的投入及其引发的技术进步视角来揭示高水平工业化国家的农业增长动力。联系工业化进程中的人口生产数量和质量的变化，从人口量质结构转型探索农业增长的源泉构成本章研究的出发点。

现有文献关于促进农业增长动力的研究可以归纳为以下几个方面：一是剩余劳动力转移及其引致的农业资本—劳动比提高。刘易斯（Lewis，W. Arthur 1989）认为，工业化对农业剩余劳动力的吸收，可以极大地改善农业劳动力的土地装备率和资本装备率，农业劳动生产率和农业人均收入可由此大幅度增长。在此意义上，农业逃离"马尔萨斯陷阱"的增长与工业化相关。张培刚（1988）指出，工业化从技术和组织两个方面对农业增长产生重要推动作用，工业化与农业发展可以形成良性互动循环。二是常规生产要素投入的增加。诸多文献以劳动力、土地和资本等农业生产要素作为农业增长的基本解释变量，并利用计量方法估计各种要素对农业增长的贡献，结果表明，劳动力、土地和资本要素投入的增加促成农业

---

① 数据来源：［英］安格斯·麦迪森：《世界经济二百年回顾》5，改革出版社 1997 年版，第 7 页。麦迪森在计算人均受教育年数时，分别赋予初等教育、中等教育和高等教育 1、1.4 和 2 的权重。

② Barro，Robert J.，Jong Wha Lee 2013：A new data set of educational attainment in the world，1950 – 2010. *Journal of Development Economics*，Vol. 104：184 – 198. Robert J. Barro 和 Jong—Wha Lee 测算的人均受教育年数未加权。

产出的增长（张浩、陈昭，2008；闫俊强、李大胜，2009）。三是人力资本的引入。舒尔茨（Schuitz，Theodore W.）认为改造传统农业的出路是引入现代生产要素，他特别强调人力资本在农业生产中的作用（舒尔茨，1987），人力资本可以促进新技术的扩散、提高农民采用和发明新技术的几率（Wozniak，G. 1993）。林毅夫（2005）采用中国的微观数据证实了农民受教育程度与新技术使用的正相关性。但也有实证研究发现人力资本对农业增长的作用不显著，出现所谓"农村人力资本陷阱"问题（李勋来等，2005）。四是农业技术进步。有研究者主张技术变化是过去100多年来农业发展的主要力量之一（Cochrane，S. H. 1979）。速水佑次郎和弗农·拉坦（Hayami，Yujiro；Ruttan，V. M. 1993）建立的"诱导技术变迁模型"把技术进步作为农业增长的主要解释变量，并认为技术进步的路径是借助市场机制实现廉价的丰裕要素对昂贵的稀缺要素的替代。此种替代能够突破稀缺要素形成的农业增长瓶颈。五是相关制度和农业政策的实施。基于农业自身的特征，许多学者把农业增长寄托于政府的保护政策和有关农业制度的改革。农产品价格保护是国内外惯用的惠农政策（Chavas，Jean-Paul. 2001；李国祥，2010），减免农业税费、增加财政支农投入和扶持农村金融被认为是推动农业增长的重要措施（刘铮，2004；范柏乃、段忠贤，2011；曹协和，2008；Xie Ruiping，Sun Fanling，2008）；制度变革特别是土地制度的变迁也被认为是农业增长的动力之一（Snuo，1999；郭熙保，1995；Deininger，Klaus. Feder，Gershon. 2001）。

　　虽有文献涉及人口在农业增长中的作用，但其仅论及人口的某一方面，如与人口数量相关的剩余劳动力转移或者与人口质量相关的人力资本，他们均未把人口数量和质量一同整合在农业增长理论框架内，对于农业部门人力资本是如何进行积累的也没有给予充分的解释。另外，国内外研究者对高水平工业化国家近年来农业增长的关注较少，经验型研究文献更不多见。本章把农业人口数量和质量[①]变化同时纳入农业增长分析框架，从农业人口变迁即农业人口数量向质量转变的角度探索高水平工业化

---

　　①　由于数据的局限性，本章中的人口质量仅指受教育程度。受教育程度是衡量人力资本水平的主要指标。

国家农业增长的内在动力。前工业社会和工业化初期的高生育率及劳动年龄人口的抚养负担减轻为农业生产带来充足的劳动力数量供给，有利于农业产出增长，这是通常意义上的"人口红利"，我们称之为人口数量红利。随着工业化推进，人口生育率显著下降和以人口受教育程度、预期寿命以及健康状况衡量的人口质量的提高把人口数量红利转化为人口质量红利。将一般意义上的人口红利扩展为人口数量红利和人口质量红利是否能够解释高水平工业化国家农业增长的事实？人口质量红利是否已经替代人口数量红利成为这些国家农业增长的主要源泉？这是本章研究试图予以回答的问题。

二　研究方法

从方法论角度，分析人口量质结构转型对农业增长的影响，可以在一个包含劳动数量和劳动质量在内的农业增长方程中进行。只要劳动质量或人力资本取代劳动数量和其他要素成为农业增长的主要解释变量，就可以完成本章预设的研究任务。借鉴新古典增长理论和新增长理论，设定一个内含劳动数量和人力资本的农业增长方程并不困难。但需要注意的问题是，在将人力资本引入农业增长方程时存在一定条件的约束。

第一，人力资本作为农业增长要素存在门槛条件。经验事实表明，人力资本并未构成传统农业的增长源泉。正如舒尔茨所言："采用并有效地播种和收割甘蔗看来并不取决于那些在地里干活的人的教育水平。在锄棉中与教育相关的能力也没有任何经济价值。"[①] 这是因为，传统农业中不存在与人力资本相匹配的技术体系。工业革命的兴起，引致了农业部门资本替代劳动的资源结构改变，农业技术类型相应地由传统农业节约土地的劳动密集型技术逐渐过渡到节约劳动的资本密集型技术。资本密集型技术的成长，表现出非技能偏态和技能偏态两个差异化阶段。起初，由于资本—劳动比较低，资本体现型技术较为简单，该技术的应用未对使用者的技能形成依赖；同时，由于非农部门相对于农业部门较高的工资率，该阶

---

① ［美］西奥多·W. 舒尔茨：《改造传统农业》，北京：商务印书馆1987年版，第141页。

段人力资本的配置呈现非农化特征。因而人力资本也不构成低资本—劳动比阶段农业生产的基本要素。当工业化推进到较高阶段，农业资本—劳动比大幅度提升，资本体现型技术的复杂性使普通劳动力无法成为其运用主体时，人力资本农业投资的收益率由此增长。当这种收益率增长到不小于它非农就业的收益率时，人力资本即进入农业生产，并成为农业增长的动力源。

第二，人力资本进入农业增长方程将改变农业稳态增长路径。限于资源的特定禀赋，传统农业增长只能在不变土地上通过密集投入劳动来实现。由于土地收益递减规律的存在，传统农业人均收入的增长在劳动边际产出等于零时形成均衡。此时偶发的技术进步虽有可能暂时提高人均收入，但人口生产的马尔萨斯机制会最终吞噬这种技术进步带来的人均收入的增长。因此，传统农业人均收入仅在维持生存水平实现稳态增长。资本替代劳动的资源结构变化改变了农业稳态增长路径。短期，资本—劳动比的提高无疑可以提高农业人均收入水平，这种收入增长的最大值存在于资本的边际产出为零之时。若无技术进步发生，此时即呈现增长稳态。长期来看，每有一次技术进步，便有人均收入的一次增长，相应地会在一个更高水平上形成稳态增长路径。新增长理论的重要贡献之一是对人力资本作为增长源泉不同于其他要素特征的发现。人力资本投资的规模报酬是递增的，人力资本与物质资本组合而成的广义资本的边际产出亦被认为非递减。在引入人力资本的增长方程中，人均收入不再存在短期均衡解。若广义资本积累率不变，以及由人力资本内生的技术进步率不变，将导致农业人均收入在持续上升路径上保持稳态增长。

第三，人力资本作为主要增长源泉仅与现代农业相关联。由于技术的简单性和原始性，传统农业是仅仅依靠人的禀赋能力提供的简单劳动推动的经济形式，通过教育、培训和健康等投资形成的人的更高能力在这种经济中基本没有体现。相反，人力资本被用来作为现代农业增长的主要解释变量。舒尔茨认为，"有能力的人民是现代经济丰裕的关键"，[①] 离开大量的人力投资，要取得现代化农业的成果和达到现代工业的富足程度是完全

---

① ［美］西奥多·W. 舒尔茨：《经济增长与农业》，北京：北京经济学院出版社 1992 年版，第 92 页。

不可能的。其中的原因是，在农业成长的较高阶段，技术类型的技能偏态性质在对农业人力资本投入产生需求的同时，人力资本农业投资高收益率机会的出现又对人力资本农业用途的供给形成激励。人力资本的高水平均衡构成现代农业的显著特征之一。据此，在将人力资本或人口质量红利引入农业增长分析时，必须考虑农业发展所处的阶段。

本章选取的研究对象是当今世界已经完成农业现代化改造或农业现代化水平较高的若干高水平工业化国家，因此，在对其农业增长源泉的分析中引入人力资本是适当的。鉴于土地对于农业生产的特殊性，采用柯布道格拉斯生产函数形式，可以把高水平工业化国家的农业生产函数的一般形式设定为：

$$Y = AT^{\alpha} (hL)^{\beta} K^{\theta} \tag{15.1}$$

其中，Y 代表农业产出，A、L、T、K 和 h 分别表示技术、劳动、土地、物质资本和人均人力资本。

三 统计描述

（一）样本国家、变量选取与数据来源

首先把样本锁定在 OECD 组织 34 个成员国，然后根据各国的农业生产数据统计相对完整性，筛选得到 21 个 OECD 国家作为本章分析的横截面个体，具体包括美国、英国、法国、荷兰、丹麦、德国、加拿大、澳大利亚、西班牙、日本、以色列、爱尔兰、意大利、韩国、奥地利、匈牙利、新西兰、波兰、希腊、葡萄牙和瑞士。

根据研究目的，选取代表农业总产出、土地、劳动力、物质资本和人力资本的相关指标，其中农业总产值、土地、劳动力和物质资本的指标均选自联合国粮农组织数据库（FAOSTAT）。农业总产出是以 2004—2006年不变美元价格计算的实际农业总产值，土地以农业用地面积作为替代变量，劳动力对应 FAOSTAT 中的农业经济活动人数，物质资本是以 2005 年不变美元价格计算的资本存量。根据 Lau 等学者提出的使用人均受教育年

数作为人力资本水平的衡量指标,[①] 本章借用 Barro 和 Lee[②] 所估计的世界各国的人均受教育年数并借鉴 Reimers 和 Klasen[③] 计算农村人口受教育年限的办法,分别计算样本国家农村人口平均受教育年数以代替人力资本水平。由于该数据库中各国有关变量的数据统计年限起止时间不一致,为了得到整齐数据,采用统计学方法补齐变量的缺失值,[④] 所有变量取值时间段为 1980—2011 年。

(二) 描述性统计分析

农业总产值是表征农业增长的一个主要综合性指标,以样本国家的实际农业总产值之和及其劳均农业产值反映农业增长状况。

图 15—1 显示 21 个样本国家的农业产值之和自 1980 年以来处于螺旋式上升态势,由 1980 年的 5944 亿美元增加到 2011 年的 6908 亿美元,年均增长速度为 0.5%。劳均农业产值增长非常明显,2011 年的劳均农业产值是 1980 的 3 倍,年均增长 3.6% (见图 15—2)。农业总产值和劳均农业产值均表明发达国家农业产出规模总体呈现扩大趋势。

自 20 世纪 80 年代以来,上述 21 个国家农业用地面积和农业经济活动人口始终处于直线下降趋势,二者分别以年均 0.4% 和 3% 的速度递减(见图 15—3、图 15—4)。资本存量变化呈现先递增再递减,进入 21 世纪基本保持平稳状态,年均增长速度仅为 0.05% (见图 15—5)。农村人均受教育年数变化趋势与农业用地面积和农业经济活动人口变化相反,一直

---

① Lau Lawrence J. , Jamison Dean T. , Liu Shu-Cheung, Rivkin Steven, 1993: Education and Economic Growth: Some cross-sectional evidence from Brazil. *Journal of Development Economics*, Vol. 41: 45 – 70.

② Barro, Robert J. , Lee, Jong Wha. 2013: A new data set of educational attainment in the world, 1950 – 2010. *Journal of Development Economics*, Vol. 104: 184 – 198.

③ Reimers Malte, Klasen Stephan. 2013: Revisiting the Role of Education for Agricultural Productivity. *American Journal. of Agricultural Economics*, Vol. 95 (1): 131 – 152. Reimers 和 Klasen 给出的农村人口平均受教育年数 y 与全国人口平均受教育年数 x 的回归方程为:$y = 0.85 + \underset{(7.08)}{0.491} x + \underset{(7.04)}{0.041} x^2$, $R - sq. = 0.98$。

④ 2011 年农村劳动力受教育年数和 2008—2011 年物质资本存量数据均采用趋势外推统计方法补齐。

保持递增状态，以年均 1.1% 的速度增长（见图 15—6）。2011 年 21 个样本国家农村人均受教育年数达到 11 年，其中美国、加拿大、爱尔兰和新西兰等国已达到或超过 12 年。

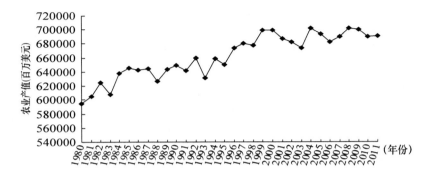

图 15—1　农业总产值

数据来源：FAOSTAT 数据库。

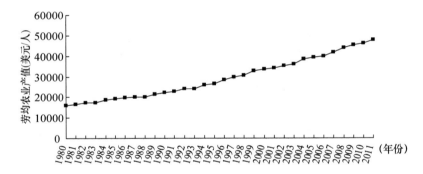

图 15—2　劳均农业产值

数据来源：FAOSTAT 数据库。

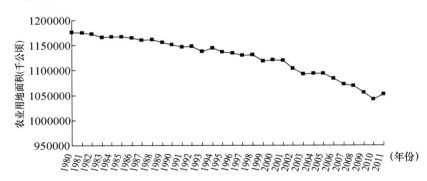

图 15—3　农业用地面积

数据来源：FAOSTAT 数据库。

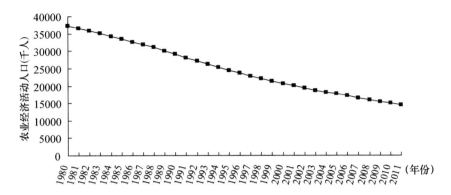

图15—4 农业经济活动人口

数据来源：FAOSTAT 数据库。

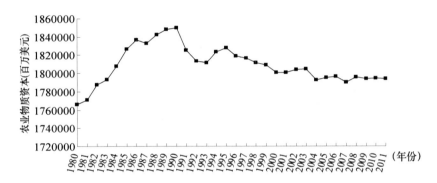

图15—5 农业资本存量

数据来源：FAOSTAT 数据库。

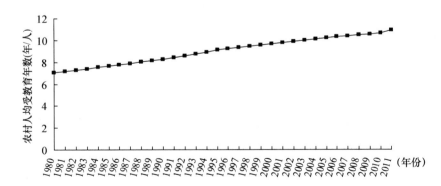

图15—6 农村人均受教育年数

数据来源：根据 Barro-Lee Educational Attainment Dataset 数据经过计算得到。

（三）统计分析结论

1980 年以来，高水平工业化国家农业产出规模总体保持不断扩大，而各个投入要素的数量变化方向各异。土地和劳动力投入逐年减少，特别是劳动力数量急剧下降；物质资本投入以非常低的速度在增长，可以认为基本保持恒定；人力资本是唯一呈现明显增加趋势的投入要素。据此可做出的推断是，推动高水平工业化国家农业增长的主要要素已不是土地、劳动力，而是物质资本和人力资本，其中人力资本是最主要的引擎。换言之，农业增长主要来源于人口质量红利。

四　回归分析

为了证实各生产要素在高水平工业化国家农业增长中的重要性，在描述性统计分析的基础上建立面板数据模型①进一步检验上述推断。由于无法获取发达国家农业人力资本总存量数据，只能得到人均人力资本存量，即人均受教育年数。下面采取两步骤建模分析，首先估计包含土地、劳动力和物质资本的农业总量生产函数；其次估计包含物质资本和人力资本的劳均农业生产函数，检验并比较物质资本和人力资本的产出效应。

（一）三要素农业总量生产函数估计

采用柯布道格拉斯生产函数形式建立包括土地、劳动力和物质资本的三要素农业总量生产函数：

$$Y = AT^{\alpha}L^{\beta}K^{\theta} \tag{15.2}$$

将（15.2）式两边取对数线性化并用面板数据模型表达方式表示待估计模型如下：

$$\ln Y_{it} = \ln A + \alpha \ln T_{it} + \beta \ln L_{it} + \theta \ln K_{it} + \mu \tag{15.3}$$

（15.3）式中被解释变量 Y_{it} 表示第 i 个国家第 t 年的农业总产值，A 为

---

①　采用面板数据估计模型具有诸多优点，诸如显著增加自由度使得统计推断更加有效、降低变量之间的共线性使得参数估计更有效、减少模型估计偏差等。参见李子奈、叶阿忠《高级应用计量经济学》，北京：清华大学出版社 2012 年版，第 175 页。

技术进步参数，L_{it}、T_{it}、K_{it} 分别表示第 i 个国家第 t 年的农业劳动力数量、农业土地面积和农业物质资本存量，μ 为随机误差项。α、β、θ 为各要素产出弹性，是模型的待估参数。各变量数据取值时间和来源与描述性统计所使用的数据相同。

为保证样本数据的质量和完整性，列出包含劳均农业产值、劳均物资资本和劳均人力资本在内的各变量取自然对数后的观测值的数字特征，见表 15—1。

表 15—1　　　　　　　　　　　　变量特征描述

变量	观测值个数	均值	标准差	最小值	最大值
$\ln Y$	672	9.767566	1.057827	7.714361	12.34074
$\ln K$	672	10.54484	1.288355	7.760292	13.36649
$\ln L$	672	6.428984	1.197294	3.912023	8.724532
$\ln T$	672	9.253755	1.658467	6.232055	13.08762
$\ln y$	672	3.338583	0.765762	1.148795	4.665039
$\ln k$	672	4.115853	1.045628	0.141708	6.004623
$\ln h$	672	2.191199	0.253738	1.217165	2.574805
		$t = 32$	$n = 21$		

各个变量的观测值个数均为 672 个，则该面板数据为平衡面板数据。各变量观测值取自然对数后没有出现异常值。由于面板的时间长度 $t = 32$，横截面个体 $n = 21$，$t > n$，故该面板又属于长面板[①]。

为了克服长面板数据存在的组内自相关和组间相关问题，采用同时处理组内和组间相关的可行的广义二乘估计方法（$FGLS$）。首先分别以固定效应（FE）和随机效应（RE）估计参数，再进行 $Hausman$ 检验以确定最终选择的估计结果。本章应用 $Stata$ 12.0 作为估计软件，对应的命令为 $xtgls$，并附加扰动项同期相关而方差不同和允许每个面板有自己的自回归系数的命令选项，估计结果见表 15—2。

---

① 明确面板数据的类型有助于选择适当的估计方法。

表 15—2 估计结果

	FE		RE	
	ln Y		ln Y	
ln K	0. 449 ***	（13. 94）	0. 206 ***	（21. 47）
ln L	− 0. 029 ***	（− 3. 58）	0. 214 ***	（9. 18）
ln T	− 0. 002	（− 0. 08）	0. 029 *	（2. 21）
C	9. 662 ***	（25. 43）	3. 322 ***	（21. 90）
n	21		21	
t	32		32	
	Waldchi2（22） = 109529. 22		Waldchi2（21） = 2347. 88	
	Prob > chi2 = 0. 0000		Prob > chi2 = 0. 0000	
	HausmanTest：chi2（4） = 49. 33 Prob > chi2 = 0. 0000			
	r = 0. 63			

Hausman 检验结果强烈拒绝原假设，故应采用固定效应模型（FE）较为合适。固定效应估计结果显示，物质资本和劳动力两个生产要素的系数在 1% 显著水平下均通过检验，而土地的系数无法通过 5% 显著性水平检验。由于 *xtgls* 估计程式无法得到 R^2 以及调整的 R^2，故本章参考万广华等学者（2008）的方法①，给出观测值与因变量的预测值的相关系数 r 值。

土地的产出弹性未通过显著性检验表明，该要素在高水平工业化国家农业增长中的效应已经殆尽，其农业增长已经突破了自然禀赋的"瓶颈"约束。劳动力产出弹性系数虽然通过显著性检验，但是弹性系数仅为 − 0. 029，显示农业劳动力数量投入在拉动产出增长方面的效应可以忽略，其已不再是农业增长的重要影响因素，即人口数量红利在高水平工业化国家的农业生产中已经消失。物质资本的产出弹性为正说明其对高水平工业化国家农业生产具有重要的正效应，因此该要素将在估计这些国家劳均农业生产函数时继续保留。

——————

① 万广华、张茵：《中国沿海与内地贫困差异之解析：基于回归的分解方法》，《经济研究》2008 年第 12 期。

（二）两要素劳均农业生产函数估计

在规模报酬不变和劳动力齐质性假设下，采用柯布道格拉斯生产函数形式得农业劳均生产函数如下：

$$y = Ak^\sigma h^{1-\sigma} \tag{15.4}$$

将（15.4）式两边取对数线性化并用面板数据模型表达方式：

$$\ln y_{it} = \ln A + \sigma \ln k_{it} + (1-\sigma)\ln h_{it} + \mu \tag{15.5}$$

（15.5）式中 y、k、h 分别表示劳均农业产值、劳均物质资本和劳均人力资本，σ、$1-\sigma$ 分别是 k 和 h 的产出弹性，其他符号和各变量数据取值范围和来源以及估计方法与（15.3）式相同。估计结果列示于表15—3中。

表 15—3　　　　　　　　　　　　　估计结果

	FE		RE	
	ln y		ln y	
ln k	0.652 ***	(45.74)	0.484 ***	(24.10)
ln h	0.596 ***	(15.55)	0.629 ***	(10.00)
C	-0.867 ***	(-9.29)	-0.061	(-0.50)
n	21		21	
t	32		32	
	Wald chi2 (22) = 15265.38		Waldchi2 (21) = 1241.90	
	Prob > chi2 = 0.0000		Prob > chi2 = 0.0000	
	HausmanTest: chi2 (4) = 5.32 Prob > chi2 = 0.1500			
	r = 0.91			

Hausman 检验在10%水平上不能拒绝原假设，故应采用随机效应模型（RE）较为合适。随机效应估计结果显示劳均物质资本和劳均人力资本弹性系数在1%显著水平上均通过检验，$r = 0.91$ 说明模型拟合效果较好。物质资本的产出弹性显著为正，再次表明其对农业增长的重要性。高水平工业化国家人口偏好结构转变完成后导致农业劳动力数量大幅度减少，农业劳动力的物质资本装备得以深化，农业部门的资本有机构成大都

已经超过工业[1]，例如美国在 20 世纪 70 年代，每个农业工人拥有的机械设备达 1.5 万美元，比制造业工人拥有的机械装备率高 22%；加拿大平均每个牧业劳动力拥有 8 万加元的机械设备；法国和德国每个农业工人拥有的固定资本在 2000 美元以上[2]，然而从图 15—5 显示的农业物质资本存量总体变化趋势来看，高水平工业化国家的农业物质资本存量近年来趋于恒定，个别国家甚至逐年下降，所以虽然物质资本的产出弹性为正，但由于数量基本保持原有规模甚至减少，且具有边际报酬递减性质，则其对农业增长的贡献将趋于收敛。劳均人力资本产出弹性大于劳均物质资本，达到 0.63，反映农业产出增长变化对人力资本变化非常敏感。从图 15—6 中显示的高水平工业化国家农村人口受教育程度不断提高的趋势可以推测，人力资本成为农业增长的主要推动力，这些国家已经进入人口质量红利型现代农业增长阶段。

五 结论与启示

人口生产数量偏好向质量偏好的转变是工业化进程中的一般性规律。人口生产量质偏好结构转变对于农业增长的意义在于：一方面，在农业劳动力供给压力减少的同时带来人均农业物质资本的深化；另一方面又为现代农业造就了高素质的劳动力。人力资本进入农业生产，实现了传统边际报酬递减型技术向现代递增型技术的转换，从而使其成为现代农业持续增长的源泉。高水平工业化国家的人力资本积累达到相当高的水平，人力资本在农业增长中已居于主导地位，农业生产函数转变为现代形式。对高水平工业化国家农业增长的相关经验数据分析表明，人力资本超越土地、劳动力、物质资本已成为农业增长的主驱动力，农业增长的人口质量红利取代了人口数量红利。

高水平工业化国家的人口生产转型、人口红利结构转变与农业增长的关系，可以为发展中国家特别是当前中国的农业发展提供参考和启示。首

---

① 张进选：《家庭经营制：农业生产制度长期的必然选择》，《农业经济问题》2003 年第 5 期。

② 资料来源于《东方城乡报》2013 年 4 月 25 日，第 B06 版。

先，人口生产偏好结构转变是工业化的必然结果。工业化提高了劳动力抚养子女的机会成本，孩子成为家庭的"奢侈品"，追求效用最大化家庭的理性选择是减少生育的数量、注重孩子的质量。工业部门对农村转移劳动力的择优性筛选，一定程度上昭示了农村人力资本投资的有利性，这激发了农村家庭将更多资源投资于子女质量方面。中国在20世纪90年代之前曾出现人口生育率提高和人口膨胀现象，它引致了严格的人口控制政策的实施。但在进入工业化中期阶段的20世纪90年代之后，中国的人口生产压力开始缓解。对人口生产数量偏好的主要抑制力量由人口控制政策逐渐转向经济发展因素，与此同时，家庭人口生产的质量偏好特征开始凸显。

其次，人口生产量质结构转型带来农业增长的人口红利结构转变。当人口生产倾向于数量偏好时，农业增长依赖人口数量红利；人口生产偏好开始向质量偏好转变，生育率下降导致人均物质资本深化，农业增长则依赖物质资本红利；当人口生产质量偏好进一步强化，人力资本成为农业生产的主要投入要素之一时，人口质量红利就将出现。中国目前尚处于工业化中期阶段，人口生产偏好正处于转变时期，人口数量红利随着生育率下降和劳动力非农转移趋于消失，人均物质资本存量有所增加，物质资本红利是此时期农业增长的基本力量。随着工业化推进，人口质量偏好将增强，劳动力受教育水平随之不断提高，由此将形成人口质量红利对物质资本红利的替代。可以预想，工业化阶段提升引致的人口生产的进一步转型，将使中国农业增长逐渐过渡到人口质量红利阶段。

再次，人力资本是现代农业增长的发动机。当今高水平工业化国家农业增长的经验表明，人力资本开始在农业生产中发挥主要驱动作用，这是这些国家人口生产偏好转变的结果。由于物质资本的边际报酬递减性质终将会缓减农业增长速度，要保持或者提高农业增长速度，必须利用人力资本所特有的边际报酬递增效应抵消物质资本的递减效应，以支撑农业的可持续增长。中国农业增长不能停留在目前的劳动力数量红利和物质资本红利阶段，其出路只能是在充分利用物质资本红利的同时加快人力资本的积累，以应对劳动力数量红利消失的消极影响，并将农业增长推进到以人力资本为主动力的现代农业阶段。

最后，政府的相关政策可以催生人口质量红利的尽早到来。虽然人力资本积累发生于家庭内部，如果政府能为农村劳动力人力资本积累提供更优越的环境和条件，那么人力资本积累速度会进一步提高，人口质量红利在农业生产中将更早地出现。在农业劳动力素质相对较高的美国、澳大利亚等发达国家，政府要求农业从业者必须具有高中以上的文化程度，并且在高中毕业后再接受3—4年的专门农业技术教育；在从事农业劳动之前，还要受到更加严格的农业职业技能培训；由于从业门槛较高，经过一系列农业教育和培训的人员，一旦进入农业领域，对农业机械、农业管理、农业经营等都能处理得得心应手。借鉴此类经验，中国政府应在农村教育方面实施相应的倾斜政策，鼓励和帮助农村子女接受更优质的高层次教育，同时重视对农业劳动力的职业技术培训，加速农村人力资本积累，以使中国农业发展也能享有人口质量红利。

参考文献

［美］阿瑟·刘易斯：《二元经济论》，北京：北京经济学院出版社1989年版。

曹协和：《农业经济增长与农村金融发展关系分析》，《农业经济问题》2008年第11期。

范柏乃、段忠贤：《财政农业支出与农业经济发展的关系》，《理论探索》2011年第1期。

郭熙保：《论土地制度变革对农业发展的影响》，《经济评论》1995年第1期。

李国祥：《完善农业支持制度，平衡稳定农产品价格》，《中国经贸导刊》2010年第3期。

李勋来等：《农村人力资本陷阱：对中国农村的验证与分析》，《中国农村观察》2005年第5期。

林毅夫：《制度、技术与中国农业发展》，上海：格致出版社、上海三联书店、上海人民出版社2005年版。

刘铮：《取消农业税——一项还富于民的制度安排》，《经济纵横》2004年第12期。

［日］速水佑次郎、［美］弗农·拉坦：《农业发展：国际前景》，北京：商务印书馆1993年版。

［美］西奥多·W. 舒尔茨：《改造传统农业》，北京：商务印书馆1987年版。

闫俊强、李大胜：《我国广义农业经济增长的要素贡献研究——基于面板数据模型的实证分析》，《经济问题》2009年第3期。

张浩、陈昭：《中国农业经济增长的要素贡献度研究——基于分省非稳定面板的实证分析》，《南方经济》2008年第1期。

张培刚：《农业与工业化》，武汉：华中工学院出版社1988年版。

Chavas, Jean-Paul, 2001: Structural Change in Agricultural Production: Economics, Technology and Policy. Handbook of agricultural economics, Vol. 1A: 264 – 282.

Cochrane, S. H, 1979: Fertility and Education. Johns Hopkins University Press, Baltimore, MD.

Deininger, Klaus. Feder, Gershon, 2001: Handbook of Agricultural Economics, Vol. 1A: 288 – 324.

Ruiping Xie, Fanling Sun, 2008: Reduction in Agricultural Tax and the Income Growth of Rural Residents: An Empirical Study. Computer And Computing Technologies In Agriculture, Vol. I: 179 – 186.

Snuo, 1999: The New Growth Evidence. *Journal of Economic Literature*, Vol. 37 (1): 112 – 156.

Wozniak, G, 1993: Joint information acquisition and new technology adoption: Later versus early adoption. Review of Economics and Statistics, 75: 438 – 445.

第三部分

走向内生发展

第十六章

人力资本均衡态转变与农业发展[*]

如何实现农业发展？无论在新古典经济学框架内，还是发展经济学的相关文献中，一般是以客体世界的变迁来描述的：农业发展即农业产出的增长、农业技术的进步、农业资本装备水平的提高以及农业生产组织的企业化演变等。虽然这种发展观可以得到发达国家过去农业成功发展的经验事实的支持，但在当今广大发展中国家，已难以重复过去发达国家农业发展的相同历史。

人力资本理论和新经济增长理论的诞生，在很大程度上创新了人们的农业发展理念，以人为本的新的农业发展观正在形成。特别是，当一个国家经济发展进入到工业化中期阶段以后，人力资本成为经济增长和农业发展的关键性要素，农业部门劳动力人力资本提升的意义日益凸显。本章拟对以人力资本为核心的新型农业发展观作一初步描述，并指出其对中国农业发展的实际意义。

一 传统农业与现代农业的两类人力资本均衡

什么是传统农业？物质资本投入的落后状态的长期均衡，被舒尔茨（Schultz，T. W. 1987）用来作为观察传统农业特征的一种视角。这种认知方式，已成为发展经济学领域的基本共识。此外，与物质资本要素形成互补性投入的传统农民，也可以成为我们进一步鉴别传统农业本质特征的一

---

* 本章收录的是作者发表于《西北大学学报》2005 年第 1 期的同名文章，收录时内容做了一些扩充。原文章被《中国社会科学文摘》2005 年第 3 期全文转载。

个重要途径。

人的劳动能力可以分为天赋能力和后天获得的能力两类。传统农业是仅仅依靠前一种能力提供的简单劳动来推动的经济形式，通过教育、培训、健康和迁徙等投资形成的人的更高能力在这种经济中基本没有体现。由物质资本的简单性和落后性决定，在传统农业中，通过人力资本投资获得的边际产出几乎接近于零。"采用并有效地播种和收割甘蔗看来并不取决于那些在地里干活的人的教育水平。在锄棉中与教育相关的能力也没有任何经济价值"。① 因而，在这种经济中，既不会产生对人力资本投资的需求，也缺乏对人力资本供给的激励，人力资本的供求均衡点大致维持在趋近于零值的状态。人力资本的近零值均衡，是切近于传统农业事实的一个判断。"有很多例子是农民受到更好的教育为年轻农民寻找非农工作创造了条件……显然没有一个例子表明受到更好教育的农民继续留在农业中"。②

基于边际收益递减规律，土地、物质资本和未经培训的劳动力，不可能成为具有高生产率特征的现代农业增长的源泉；人力资本，被用来作为解释现代农业增长的主要变量。舒尔茨认为，"有能力的人民是现代经济丰裕的关键"。③ 离开大量的人力投资，要取得现代化农业的成果和达到现代工业的富足程度是完全不可能的。速水佑次郎和弗农·拉坦（Hayami, Yujiro and V. W. Ruttan，2000）也认识到，以有知识和有创新精神的农民、称职的科学家及技术人员、有远见的公共行政管理人员和企业家的形式表现出来的人力资本的改善，是农业生产率能否持续增长的关键。丹尼森（Denison，E. F.，1962；1974）在对各种经济增长源泉考察后发现，教育投资与物质资本存量增加相比，成为经济增长更重要的源泉。1929—1957 年间的美国经济增长，约有 1/5 是与劳动力的教育增长相联系的。舒尔茨（2001）发现，与人力相关的总收入，在 1970 年就占到美国国民收入的 4/5，来自物质财产的收入只占 1/5。作为经济增长的主要源泉，

---

① ［美］西奥多·W. 舒尔茨：《改造传统农业》，北京：商务印书馆1987 年版，第141 页。

② 同上书，第136 页。

③ ［美］西奥多·W. 舒尔茨：《经济增长与农业》，北京：北京经济学院出版社1992 年版，第92 页。

现代农业必然对人力资本存在着旺盛的需求。

　　需求增长与收益率的提高，会诱致人力资本供给的改变。现代农业中人力资本存量的增长，表现为劳动者用于教育、培训、迁徙和健康等方面投资的增加。这一点恰好可以为已经完成农业现代化改造的发达国家的经验事实所证实。仅就劳动者的受教育程度而言，发达国家明显高于发展中国家。公共教育支出占国民生产总值的比重，欠发达国家低于4%，落后国家不足3%，而发达国家一般超过5%（UNESCO，2000）。15—64岁人口的平均受教育年限，在1992年，美国、英国、法国和日本就分别达到18.04年、14.09年、15.96年和14.87年，发展中国家明显低于发达国家的水平（安格斯·麦迪森，1996）。在美国，1994年，农场主具有大学文化程度的占36.1%，高中文化程度的占44.1%；在25岁以上的农场人口中，具有大学文化程度的占43.7%，高中文化程度的占41.7%（农业部国外农业调研组，1996，第57页）。

　　农业现代化程度不同的国家，农业部门中人力资本需求和供给的均衡水平会存在差异。一般来讲，二者之间是正向关联的。与传统农业相比，现代农业有一基本共同点：无论是用受教育年限还是教育投资额来衡量，人力资本存量均为某一较高的值。仅就人力资本存量这一点，完全可以把传统农业和现代农业区分开来。同时，与传统农业人力资本投资的长期低水平均衡不同，现代农业中人力资本的需求和供给的均衡水平则处在不断的提高之中。

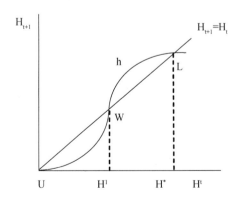

图16—1　人力资本的不同均衡类型

在图 16—1 中，横轴 H_t 表示当期人力资本水平，纵轴 H_{t+1} 表示下一期人力资本水平，h 代表人力资本投资曲线。图中的 U 和 L 分别是传统农业和现代农业中人力资本处于稳定状态的点。当人力资本的存量水平 $H < H^1$ 时，由于对人力资本投资的收益率小于该项投资未来消费的贴现率，人力资本的均衡水平总是向 U 点靠近。但是，当 $H > H^1$ 时，由于人力资本存量水平累积到一个较高的程度，向人力资本投资会因其高收益率而持续增加，人力资本投资将在满足边际收益等于边际成本的条件下达到新的均衡状态。

二 农业发展即农业人力资本均衡态的转变

如果说人力资本的两种不同性质的均衡，是传统农业与现代农业的重要分界，那么，传统农业向现代农业的发展，就会表现为农业部门人力资本近零值静态均衡向高水平动态均衡的过渡。舒尔茨（2002）注意到，在农业现代化过程中，低收入国家农民的能力在显著提高，他们在对与农业现代化相关联的生产机遇中做出反应的同时，学会了如何更有效地利用土地、劳动和资本，成为新型农民。卢卡斯（Lucas，Robert E.，2003）认为，要描述从马尔萨斯停滞状态到收入持续增长状态的变迁，人力资本是最重要的解释变量之一。正是人力资本回报的上升和投资的增加，触发了经济从前一种状态转变到后一种路径上。可以说，农业发展的核心问题，是农民的实践知识和智力技能的发展与传播。

（一）经验考察

若以人均收入水平的差异作为区分农业发展水平的指标，那么，农业现代化程度高的发达国家，以入学率和预期寿命来表示的人均人力资本存量明显处于高水平状态；相反，农业落后的低收入国家，其人均人力资本存量也处于低水平；介于二者之间的中等收入国家，人力资本存量的人均水平则介于二者之间（见图 16—2）。[①] 人均人力资本存量的这种规律性

---

① 图 16—2 资料来源：中华人民共和国统计局：《国际统计年鉴 2003》，北京：中国统计出版社 2003 年版。

分布，在中国经济发展水平不同的东、中、西及东北地区同样得到反映（见表 16—1）。如果农业发展水平的提高并不以空间存在的差异改变其基本规律，那么，农业发展过程中人力资本水平的提高就是不可逆转的。

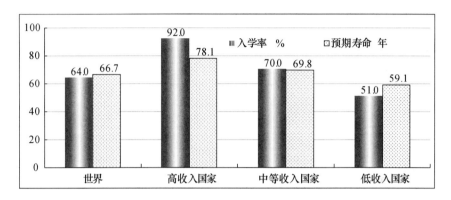

图 16—2　不同收入组别国家人力资本水平的差异

表 16—1　　　　　中国农业劳动力文化程度的地域差异（2009 年）　　单位：%

地区	不识字或识字很少	小学程度	初中程度	高中程度	中专程度	大专及以上
全国	5.9	24.7	52.7	11.7	2.9	2.1
东部	3.9	19.9	54.1	15	3.8	3.4
中部	5.2	22.7	55.5	12.1	2.7	1.7
西部	9.4	31.0	46.6	9.4	2.3	1.3
东北	1.6	23.2	63.2	7.8	2.1	2.1

资料来源：国家统计局农村社会经济调查司：《2010 中国农村统计年鉴》，北京：中国统计出版社 2010 年版。

从美国 1900—1970 年的相关资料中可以发现，随着时间的推移，人力资本水平在显著提高。劳动力平均受教育年限，从 1900 年的 4.14 年增长到 1970 年的 11.70 年，提高了 2.83 倍；每个劳动者的教育经费支出，从 1900 年的 2237 美元增加到 1970 年的 9490 美元，增长了 3.24 倍。[①]　表

---

① ［美］西奥多·W. 舒尔茨：《对人进行投资——人口质量经济学》，北京：首都经济贸易大学出版社 2002 年版，第 92 页。

16—2 表明，在中国农业劳动力中，文盲和半文盲的比例从 1985 年的 27.87% 下降到 2009 年的 5.9%；同期，初中文化程度的劳动力比重从 27.7% 上升至 52.7%，高中、中专和大专及其以上文化程度的劳动力比重均显著提升。

表 16—2　　　1985—2009 年中国农村居民家庭劳动力文化状况　　　单位：%

年份	不识字或识字很少	小学程度	初中程度	高中程度	中专程度	大专及以上
1985	27.9	37.1	27.7	7.0	0.3	0.1
1990	20.7	38.9	32.8	7.0	0.5	0.1
1995	13.5	36.6	40.1	8.6	1.0	0.2
2000	8.1	32.2	48.1	9.3	1.8	0.5
2002	7.6	30.6	49.3	9.8	2.1	0.6
2003	7.4	29.9	50.2	9.7	2.1	0.6
2004	7.5	29.9	50.4	10.1	2.1	0.8
2005	6.9	27.2	52.2	10.3	2.4	1.1
2006	6.6	26.4	52.8	10.5	2.4	1.3
2007	6.3	25.8	52.9	11.0	2.5	1.4
2008	6.1	25.3	52.8	11.4	2.7	1.7
2009	5.9	24.7	52.7	11.7	2.9	2.1

资料来源：国家统计局农村社会经济调查司：《2010 中国农村住户调查年鉴》，北京：中国统计出版社 2010 年版。

时间序列资料还表明，人力资本存量的增加要快于物质资本存量的增长。1900 年，美国全部劳动力的教育存量只占可再生的非人力财富存量的 22%，到 1957 年，这一比例提高到 42%；1930 年，美国劳动力的教育存量是其商业资本存量的 37%，1970 年，前者占到后者的 75%。[①]

（二）理论分析

当我们把农业发展主要定义为农业部门人均收入的增长时，农业人力

———————

① ［美］西奥多·W.舒尔茨：《对人进行投资——人口质量经济学》，北京：首都经济贸易大学出版社 2002 年版，第 94 页。

资本对农业发展的影响也就可以简化为对农业部门收入增长的贡献。这种贡献来源于人力资本在经济增长中的多重效应。

在以技术为主要动力的现代经济中，技术创新资源的丰裕度成为决定增长的关键；而新增长理论认为，技术进步是由知识和人力资本来推动的。宇泽弘文（Uzawa, H. 1965）提出，技术变化源于专门生产思想的教育部门。社会配置一定的资源到教育部门，则会产生新知识，而新知识能够提高生产率并被其他部门零成本获取，进而提高生产部门的产出。卢卡斯运用宇泽的分析框架，将舒尔茨和贝克尔的人力资本理论引入增长模型。卢卡斯（2003）给出的技术进步方程为：$\dot{h} = h\delta(1 - u)$，式中人力资本变化率 $\dot{h}$ 代表技术进步率，它取决于现有人力资本水平 h 和从事人力资本建设的时间 $(1 - u)$，参数 $\delta > 0$［卢卡斯设生产者的全部时间为 1，假定每个生产者都将用一定比例 u 的时间从事生产，用 $(1 - u)$ 比例的时间从事人力资本建设］。罗默（Romer, P. M. 1990）也认为，技术进步的速率是由研究部门的人力资本水平及现有技术水平决定的。总之，在新增长模型中，无须外在的"增长发动机"，仅由于人力资本的积累就能导致人均收入的持续增长。

尼尔森和菲尔浦斯（Nelson, R. & E. Phelps. 1966）的研究表明，新技术扩散的范围和速度与一个国家的人力资本存量具有密切的关系。在其他条件一定时，人力资本存量越大，技术扩散的范围越广，速度也越快。针对发展中国家引进技术的适宜性问题，一些学者发现，发展中国家的技术吸收能力与其人均人力资本水平相关；劳动力技能水平与引进技术之间的不匹配，是阻碍发展中国家技术进步速度和经济追赶能力的重要原因（邹薇、代谦，2004）。对由农民从事的农业活动来说，人力资本的技术扩散效应比技术创新效应更具直接的意义。

人力资本是以人或劳动者为载体的。教育作为人力资本投入的主要方面，对生产领域中劳动者的意义在于：第一，提高劳动生产率，增加劳动者收入。大量的劳动经济学文献显示，个人每多受一年的在校教育，一般可使今后的工资增长 10%（Jones, Charles I. 1998）。第二，在获取信息和逐步适应现代化过程中企业家才能的增加。这种能力有助于提高资源的配置效率，加速技术进步。如果劳动力不具备所需的技能，潜在的、可以带来利润的新技术就不会被采用。第三，扩展劳动者的选择机会，使其向更好的工作机会和更适合于居住的地方迁移。第四，作为未来消费的满足感的增长。人力资本理论把每个人的健康状况当作一种资本储备，健康资本的经济意义在于：（1）增加"健康时间"，改善体力劳动能力，提高工人的效率工资；（2）延长人口寿命，使人们获得更长久的职业生涯；（3）较长的预期寿命提供了一种额外的刺激，促使人们接受更多的学校教育，增加人力资本积累。

人力资本是一种特殊的生产要素，向其投资可以产生"溢出效应"。其一，卢卡斯认为，"一个思想的大部分收益——如果是真正重要的思想，则几乎是所有的收益——都被创造者以外的其他人所获得。"① 这是因为，当今的新发现几乎在瞬间就可以传遍全世界，任何地方只要有人能够理解这种新发现，就能够分享它带来的成果。我们的大部分知识是通过向他人学习获得的，人类智慧的发展史其实就是外部效应的传播史。其二，按照卢卡斯"干中学"的第二个人力资本模型，一个人新增加的知识可以与其已经具有的知识正相关，而且，在某种商品生产上形成的技能还可以成为另一种商品生产的基础。由此决定了人力资本的积累速度是递增的。② 其三，基于在许多发展中国家存在的用一流设备只生产出二流甚至三流产品的事实，一些研究者注意到，人力资本投资的增加是物质资本生产效率提高的基础。人力资本的引入，意味着生产函数中要素的质量和技术状态的改变，这种变化使人力资本成为报酬递增的源泉。在卢卡斯的经济发展模型中，人力资本生产部门是一个关键部门，物质资本生产部门则在人力资本外部性的作用下显现出收益递增的性质。这样，经济就可以实现持续的增长。卢卡斯借鉴丹尼森经济增长经验分析的相关数据，推断"我同事的平均人力资本提高 10%，我的生产率能提高 3.6%"③。

巴罗和萨拉伊马丁（Barro, R. J. & Sala-i-Martin, X. 2000）指出，人力资本是比物质资本更为重要的增长源泉。人力资本的相对丰裕将导致物

---

① ［美］小罗伯特·E. 卢卡斯：《经济发展讲座》，南京：江苏人民出版社 2003 年版，第 6 页。

② 同上书，第 49—58 页。

③ 同上书，第 70 页。

质资本上的大量投资，相应地导致产出的高增长率；反过来，物质资本的相对丰裕对人力资本投资及其产出增长率的影响却小得多。[①] 人力资本投资率和物质资本投资率的比值与经济增长率之间的正相关结论，可以得到亚洲一些发展中国家经验数据的支持：在 20 世纪 70、80、90 年代，印度的人均实际 GDP 增长率分别为 0.26、3.9、3.91，小学加中学的毛入学率与投资率间的比值分别为 4.37、5.35、5.55；相反，同期印尼的上述两组数据分别是 5.32、4.16、2.72 和 5.41、5.07、4.39。此类研究表明，在一个资本匮乏、利率偏高的国家，向人力资本投资的倾斜可能会对该国的经济增长率产生相当大的正面影响；若采取相反的发展战略，经济增长的努力则可能收效甚微。对照这一研究结果，来检讨发展中国家农业中的物质资本投入偏好及其低水平增长，无疑是具有启迪意义的。

三 农业人力资本均衡态转变之机制

农业人力资本是如何由前一种均衡状态过渡到后一种均衡状态的？这一问题的答案是复杂的。这里至少涉及如下几个方面问题的解决：

第一，两种均衡的临界点是如何形成的？我们把人力资本的某一存量水平（图 16—1 中的 H^1）作为两种均衡态间的分界点。这一临界值的形成必须在传统农业时期内得到解释，因为两种均衡间的过渡是一个渐变过程，过渡所依赖的人力资本存量不是在一夜之间积累起来的。但是，依据人力资本投资的近零值均衡假说，在传统农业体系内，人力资本存量的这一临界值又不可能内在形成。因此，这一临界值只能由外部因素决定。事实上，传统农业社会中的人力资本存量在缓慢地增长。促进其增长的因素主要是：（1）较好的非农生活方式的诱使。接受较好的教育是农民跳出"农门"的途径，此时，教育投资对农民的激励还是存在的。这种投资或多或少会在农业部门形成积淀。（2）普及教育的政府计划的推行。

第二，在农业内部，对人力资本投资的激励在什么条件下产生？农民是理性的。向提高人口质量进行的投资，不是被随机配置的，而是理性选

---

① ［美］罗伯特·J. 巴罗、哈维尔·萨拉伊马丁：《经济增长》，北京：中国社会科学出版社 2000 年版，第 163 页。

择的结果。人力资本作为一种新型的经济资源可以为投资者带来收入，但获得它需要付出一定的成本。只有当人力资本的收益大于其成本时，向人投资才会被选择。[①] 也就是说，人力资本投资，是对这种投资面对的高收益率的经济机会的反映。那么，这种机会是在什么条件下出现的呢？经验事实表明，人力资本投资的增长与物质资本形态的现代农业技术的广泛采用紧密相关。建立起物质形态的现代农业技术与人力资本投资之间的某种关联，并将前者看作后者的诱因，是我们考察传统农业人力资本近零值均衡被打破所遵循的方法。当现代农业技术日渐广泛地被采用时，就会产生物质资本与劳动者素质之间的巨大不平衡。这时，提高劳动者素质的投资，不仅可以使高技术含量的物质资本的生产力大大增长，而且能够提高农业劳动者的劳动生产率。就是说，只有在现代农业技术广泛应用的背景下，向人投资的经济合理性才会显现。罗森斯坦—罗丹（Rosenstein-Rodan, Paul N., 1943）在研究中发现，人力资本的回报以及工人和企业投资于培训的激励，对经济中技术变化的反应非常敏感。并指出在一个技术迅速变化的环境中，教育和培训的回报往往特别高。[②] 上述认识是建立在新古典经济学资源最优配置概念基础之上的，"投资资源的有效配置乃是根据各种投资机会的相对收益率所确定的优先次序而进行的一种配置"。[③]

第三，如何保障对农业部门的人力资本的投资？贝克尔等人关于生育率与人力资本投资的家庭决策模型提供了解决这一问题的分析工具。

在引入人力资本的基础上，贝克尔和巴罗等人（Becker, Gary S. & Robert J. Barro. 1988; Becker, Gary S., Kevin M. Muphy & Mark M. Tamura. 1990）在一系列文献中内生地解释了生育率的决定问题。人力资本的生产和生育率的决定均与家庭有关，家庭决策的最优化过程决定了人力资本水平和生育率水平。以下两个概念对于弄清楚人力资本的形成机制及生育率的决定是至关重要的：（1）考虑了代际影响的家庭效用函数。

---

① 由于人力资本的外部性不能给其拥有者带来收益，个人在进行人力资本积累决策和分配时间决策时，不会考虑人力资本外部性对其生产率的影响。

② 参见 Rosenstein-Rodan, Paul N. 1943: Problems of Industrialization of Eastern and South-eastern Europe, *The Economic Journal*, 53: 6—9。

③ ［美］西奥多·W. 舒尔茨：《经济增长与农业》，北京：北京经济学院出版社 1992 年版，第 82 页。

某人的效用水平不仅与其自身的消费水平相关，也决定于其所拥有的子女数目和子女的消费水平。（2）利他性。这里的利他性是指，父母对其子女的关爱所引起的时间和商品支付。正是由于这种利他性，在家庭决策过程中才有可能考虑到对子女进行更高水平的投资。代际效用函数扩展了个人效用函数中效用的源泉，而利他性则增加了个人效用函数中成本支付的内容。

根据贝克尔等人的分析，孩子的数量和质量均可以成为家庭效用的来源。在效用最大化的追求中，父母究竟偏好于子女的数量方面还是质量（人力资本）方面，取决于家庭预算约束既定条件下单位资源在这两个方面分别投资所产生的边际收益率的比较。而这两个方面投资收益率的差异，又与社会人均人力资本的初始存量水平有关。当人力资本存量水平很低时，父母未来消费的贴现率较高，此时，对子女的人力资本投资一般较少发生，而倾向于选择较大的家庭规模。在人均人力资本水平较高的条件下，向人力资本投资的收益率会大于未来消费的贴现率，这时，向子女的人力资本投资会使家庭效用函数实现帕累托改进（Pareto improvement）。在家庭既定预算约束的前提下，向子女质量投资的家庭偏好必然产生降低生育率的替代效应。如果同时考虑到父母人力资本水平的提高，也会导致较小家庭规模选择的后果。因为，养育子女是一种时间密集性活动，父母人力资本回报的上升，提高了抚养子女的机会成本，从而减少了对孩子的需求（普兰纳布·巴德汉、克利斯托弗·尤迪，2002）。正如卢卡斯所说："一个想由知识投资回报上升获益的家庭将通过减少子女数量部分地实现这一目标。"[①] 生育率的降低必须以收益率不断提高的人力资本作为新要素存在，当这种人力资本投资选择影响到每户家庭的生育行为时，经济社会的发展阶段就会跃升。卢卡斯把人力资本收益率上升所导致的生育率下降视为工业革命兴起的根本条件。

在人力资本收益率提高的背景下，生育率的下降又会加速人力资本的积累过程。根据贝克尔和巴罗提出的具有利他（子女）性质的父母效用函数 $V_t = u(c_t) + \alpha(n_t)V_{t+1}$，式中，$V_t$ 和 V_{t+1} 是父母和每个孩子的效用，c_t

---

① ［美］小罗伯特·E. 卢卡斯：《经济发展讲座》，南京：江苏人民出版社 2003 年版，第163 页。

为父母的消费，n_t 为孩子的数量，$u > 0$，$\alpha < 0$；$\alpha(n)$ 表示父母对每个孩子的利他程度，其与孩子的数量成反比；父母未来消费的贴现率等于 $\alpha(n)$ 的倒数，高生育率会提高未来消费的贴现率，降低父母对每一个孩子的利他程度，因而不利于对子女的人力资本投资；生育率的下降则会引致对子女人力资本投资的相反变化。即 "在增长理论中引入生育决策能够使我们更清楚地思考那些对收入增长至关重要的人力资本增长"[①]。在一个人口生产量质权衡的社会中，人力资本水平将内生地增长。

四 农业"起飞"的人口条件

贝克尔和巴罗等人通过人力资本与生育率间的相互关系建立起的理论模型，可以用来说明经济增长的不同稳态，也是揭示传统农业和现代农业本质差别的有用的分析工具。传统农业中，由于人力资本存量水平低，决定了向其投资的收益率小于该项投资未来消费的贴现率。这时，收入增长不会与人力资本水平正相关而只能提高生育率，从而形成高生育率、低人力资本积累率和低产出水平的"马尔萨斯稳态"。与其相反，在现代农业中，人力资本的较高存量水平以及在此基础上对其投资的收益递增性质，会导致人口生产的一种量质权衡，出现高人力资本积累率、低生育率和高产出率的"发展稳态"。同时，这一模型也非常清楚地指明了现代农业脱胎于传统农业所必须具备的人口条件。

生育率的不同决定机制蕴含着完全不同的发展含义。比较中国农业部门和非农产业部门、乡村和城市之间的发展差距，可以清楚地认识这一点。在中国，农村人口的生育率明显高于城市人口：直到 2009 年，城市育龄妇女的平均生育率是 30.06‰，二孩生育率为 4.53‰，三孩及以上生育率为 0.21‰；而农村育龄妇女的上述三个数字分别为 40.41‰、13.08‰和 2.05‰。[②] 根据生育率的内生决定理论，农村部门的高生育率

---

① ［美］小罗伯特·E. 卢卡斯：《经济发展讲座》，南京：江苏人民出版社 2003 年版，第 175 页。

② 国家统计局人口和社会科技统计司：《中国人口和就业统计年鉴 2010》，北京：中国统计出版社 2010 年版。统计期限为 2008 年 11 月 1 日—2009 年 10 月 31 日。

其实是农业发展未摆脱"马尔萨斯稳态"的一种必然现象，因为人力资本还未成为增长因素进而未能对生育率产生抑制性影响；城市部门已进入"发展稳态"，高素质劳动力的高生产成本和高报酬水平，一方面诱致了人力资本的高积累率，另一方面使低生育率成为家庭效用最大化的一种理性选择。20 世纪 70 年代以来，中国的总和生育率是不断下降的。但在城市和农村之间，生育率下降的机制是有差异的。城市部门受人力资本收益率诱使的作用较大，而农村在早期阶段主要是计划生育政策强制性作用的结果。不同的生育率决定机制，不同的生育率水平，必然伴随着不同的人力资本存量水平①和不同的发展状态。这有助于我们重新思考城乡之间发展差距的成因。

如果说传统农业与现代农业是两种不同的长期均衡态，那么，农业发展也就可以描述为从前一种稳态向后一种稳态的转变。其中，最具实质性意义的问题是，如何突破低水平均衡陷阱实现农业的"起飞"。依照新古典增长模型的思路，摆脱低水平陷阱的途径只有两条：一是通过某种"大推进"（big push）式的资本积累活动，把人均资本猛然提高到远离贫困陷阱的水平；二是通过相关政策抑制人口增长，从而相对提高人均资本占有水平。与其不同，卢卡斯则认为，"仅有物质资本积累无法将一个静态经济转化为一个永恒增长的经济"，只有人力资本回报的上升才可能"触发经济从前一种状态转移到后一种路径上"。② 进一步讲，人力资本存量达到经济稳态增长的临界水平，是传统农业走出停滞状态的根本条件。如果农业部门的初始人力资本缺乏或达不到稳态发展的水平，农业发展就难以启动，或者最终又将复归至落后的稳态。根据贝克尔等人的观点，人力资本投资又可以创造出低生育率的有利环境。当人力资本存量足够大时，人口生产替代效应的影响就会超过收入效应的影响，导致生育率水平的下降。当人力资本存量水平的增加超过进入增长轨迹的临界水平时，生育率的下降将提高人力资本投资的收益率。只要人力资本存量水平在不断

---

① 2000 年，在城市、县镇和乡村之间，具有高中文化程度的劳动力比重为 4∶3∶1，具有大专以上文化程度的劳动力比重为 20∶9∶1。资料来源：中华人民共和国教育部：《教育与人力资源问题报告》。载 http∶//www. Chinapop. gov. cn/rkxx/rkxw/t20040326_ 45749. htm。

② ［美］小罗伯特·E. 卢卡斯：《经济发展讲座》，南京：江苏人民出版社 2003 年版，第 147—148、115 页。

提高，生育率在某一限度内就会进一步降低，这种发展进程就会持续下去。可见，低生育率和高人力资本积累率，是农业部门摆脱低水平均衡陷阱和进入持续发展轨道的关键性条件之一。

五　人力资本积累与中国农业发展

农业人力资本均衡过渡理论，把人力资本水平看作是决定农业发展程度的关键因素。这为政府的农业发展政策赋予了新的内容。根据这一理论，在农业发展的较低阶段，存在着人力资本私人投资的不足。这既是农业落后的表现，也是制约农业发展的原因。而中国农业的发展，在总体上还未走出这一阶段。加速农业发展的政府努力的一个不可或缺的方面，应当是借助适当的干预政策，实现农业部门人力资本积累率的提高。

中国现行农业人力资本政策存在明显不足。从农村教育机会的供给来看，第一，在总体上对教育投入水平较低的基础上，[①] 又存在着城乡初等教育公共支出的严重不平衡。在免除农村税费政策出台之前，据教育部的一项调查，在样本地区农村义务教育的投入中，中央补助仅占约 1%，省、县投入各占 11% 和 9.8%，其余 78.2% 是由乡和村筹集的，而乡镇财政中的教育负担又转嫁给了农民（连玉民，2004）。第二，在目前较为稀缺的高中及其以上教育机会的分配中，城乡统一的考试选拔制度其实对农村子女是极为不公平的，因为初等教育资源的城乡差别剥夺了农村孩子本应与城市孩子一样享受的较高层次教育的机会。在需求方面，农民对各种层次特别是较高层次的教育需求远远大于现行供给能力。这种过旺的需求并非是由于在现阶段农业中存在着人力资本投资的收益率递增，而主要是受城市和其他非农部门高工资率就业机会的诱使。农村教育机会供给的短缺，对中国农业乃至国民经济发展产生了一系列消极影响。首先，它把占总人口 70% 左右的农民固化为农业发展的一种沉重负担，而未能使其转

---

① 财政性教育经费支出占国内生产总值的比重，发达国家在 5% 以上，发展中国家的平均水平也在 4% 左右，除个别较特殊的年份（1960 年）外，我国的这一比例一直徘徊在 3% 以下。与国内生产总值（以购买力平价计算）接近的国家相比，我国的教育公共经费支出水平也较低。参见蔡昉等《制度、趋同与人文发展》，北京：中国人民大学出版社 2002 年版，第 111—112 页。

化为经济发展可利用的人力资本优势；其次，生育率决定内生机制的作用受到制约，加大了农村地区计划生育工作的压力；再次，生育率下降所创造的发展机会未能被充分利用，人力资本投资的增长受到抑制。

提高农业部门人力资本积累率的发展政策应包括两个方面：（1）尽快改变农村教育供给短缺和教育资源配置效率低下的现状。第一，适当改变财政支出结构，增加政府对农村地区教育经费的投入。舒尔茨指出，教育不是消费是投资，而且是一项回报率很高的投资。[①] 明确对教育投资性质的认识，是扭转教育经费短缺局面的前提。中国教育经费的不足，主要不是经济总量小的问题，而是投资结构中的物质资本偏好的结果。中国教育投入和物质资本投资占国民生产总值的比重分别为 2.5% 和 30%，这两项数值在美国是 5.4% 和 17%，在韩国是 3.7% 和 30%。[②] 第二，建立和完善人力资本投资的市场环境，动员和引导社会资源向农村教育投资。李建民的一项研究表明，中国教育投资的不足是一种制度性短缺，并非资源性短缺。只要能够向民间教育提供公平的成长环境，教育供给不足的状况可以有根本性改观（李建民，1999）。第三，在初等教育资源城乡分配二元化特征明显的条件下，可以考虑适当降低农村子女接受高层次教育的门槛，相对增加其就学比重。第四，职业技术教育的重点应面向农村。（2）增加农民对教育需求的支付能力。虽然在整体上农民对教育特别是高中以上教育的需求大于现行教育供给，但就许多农民家庭而言，对教育的实际支付能力很有限，考上大学的农村子女的费用会成为其家庭难以承受的一笔负担。为此，可以考虑如下对农民教育需求的援助方案：第一，实行选择性的教育补贴政策。这里的选择性包含两个方面或两个方面相统一的含义，一是农村中低于某一人均收入水平的贫困户的子女，二是遵守计划生育政策家庭的子女。资助对象选择性范围的大小，由财政支付能力的强弱决定，它可以因时因地做出调整。第二，进一步完善农村教育信贷制度。李菁、林毅夫和姚洋（2002）的有关研究发现，信贷约束对教育年数存

---

① ［美］西奥多·W. 舒尔茨：《对人进行投资——人口质量经济学》，北京：首都经济贸易大学出版社 2002 年版，第 18 页。

② 中国教育与人力资源问题报告课题组：《从人口大国迈向人力资源强国》，北京：高等教育出版社 2003 年版，第 30 页。

在着显著影响：与存在信贷约束的农户相比，不存在信贷约束的农户子女，平均受教育年数将增加 0.67 年。目前中国在农村教育信贷方面已经取得了一些成就，但在增加信贷规模和提高信贷资金的使用效率方面尚有诸多工作可做。

六　结论

与传统农业人力资本投资的长期低水平均衡不同，现代农业中人力资本的需求和供给的均衡水平则处在不断的提高之中。人力资本的零值静态均衡和高水平动态均衡是传统农业和现代农业的一个重要分界。传统农业向现代农业的发展，表现为农业部门人力资本近零值静态均衡向高水平动态均衡的过渡。或者说，农业发展的实质和核心，是农民实践知识和智力技能的发展与传播。

传统农业中，由于人力资本存量水平低，决定了向其投资的收益率小于该项投资未来消费的贴现率。这时，收入增长不会与人力资本水平正相关而只能提高生育率，从而形成高生育率、低人力资本积累率和低产出水平的"马尔萨斯稳态"。与其相反，在现代农业中，人力资本的较高存量水平以及在此基础上对其投资的收益递增性质，会导致低生育率、高人力资本积累率和高产出率的"发展稳态"。

参考文献

［美］罗伯特·J. 巴罗、哈维尔·萨拉伊马丁：《经济增长》，北京：中国社会科学出版社 2000 年版。

李建民：《生育率下降与经济发展内生性要素的形成》，《人口研究》1999 年第 2 期。

李菁、林毅夫、姚洋：《信贷约束、土地和不发达地区农户子女教育投资》，《中国人口科学》2002 年第 6 期。

连玉民：《2004 中国数字报告》，北京：中国时代经济出版 2004 年版。

［美］小罗伯特·E. 卢卡斯：《经济发展讲座》，南京：江苏人民出版社 2003 年版。

［英］安格斯·麦迪森：《世界经济二百年回顾》，北京：改革出版社 1996 年版。

农业部国外农业调研组：《国外农业发展研究》，北京：中国农业科技出版社 1996 年版。

［美］普巴德汉，兰纳布、克利斯托弗·尤迪：《发展微观经济学》，北京：北京大学出版社 2002 年版。

［美］西奥多·W. 舒尔茨：《改造传统农业》，北京：商务印书馆 1987 年版。

［美］西奥多·W. 舒尔茨：《报酬递增的源泉》，北京：北京大学出版社 2001 年版。

［美］西奥多·W. 舒尔茨：《对人进行投资——人口质量经济学》，北京：首都经济贸易大学出版社 2002 年版。

［日］速水佑次郎、［美］弗农·拉坦：《农业发展的国际分析》（修订扩充版），北京：中国社会科学出版社 2000 年版。

邹薇、代谦：《适宜技术、人力资本积累与长期增长》，《南大商学评论》，北京：人民出版社 2004 年版。

Becker, Gary S. and Robert J. Barro, 1988: A Reformulation of the Economic Theory of Fertility, *Quarterly Journal of Economics*, 103, 1 (February), 1 – 25.

Becker, Gary S. , Kevin M. Muphy and Mark M. Tamura, 1990: Human Capital, Fertility and Economic Growth, *Journal of Political Economy*, 98 No. 5, Part 2, (October), S12 – 36.

Denison, Edward F. , 1962: The Sources of Economic Growth in the United States and the Alternatives Before US, Comm. for Econ. Development.

Denison, Edward F. , 1974: Accounting for United States Economic Growth, 1929 – 1969, Brookings Ins.

Jones, Charles I. , 1998: Introduction to Economic Growth, W. W. Norton & Company, Inc.

Nelson, R. and E. Phelps, 1966: Investment in Humans, Technological Diffusion, and Economic Growth, *American Economic Review*, 61: 69 – 75.

Romer, P. M. , 1990: Endogenous Technological Change, Journal of Political Economy, Vol. 98. No. 5 (October), part 2, S71 – S102.

Rosenstein-Rodan, Paul N. , 1943: Problems of Industrialization of Eastern and South-eastern Europe, *The Economic Journal*, 53, 6 – 9.

UNESCO, 2000: World Education Report.

Uzawa, H. , 1965: Optimal Technical Change in an Aggregative Model of Economic Growth, *International Economic Review*, 6 (January), 18 – 31.

第十七章

人力资本、生育率与内生农业发展[*]
——兼论工业化中后期的农业发展动力

一 文献背景与问题的提出

在刘易斯—费景汉—拉尼斯（Lewis, W. A. 1989；Fei, J. & Ranis, G. 2004）的二元经济理论中，农业部门与工业部门工资决定机制的趋同，即，工资率的决定由古典经济学的制度因素转变为新古典经济学的边际生产力方程，被视为农业完成现代化改造的基本标志。农业与工业工资决定机制趋同的前提是，农业剩余劳动力被不断扩张的工业部门所吸收。那时，农业部门的工资率将沿着它的边际生产力曲线提高，经济的二元性质不复存在，农业成为现代经济的组成部分。在这一模型中，"农业部门……现代化的动力产生于工业部门"。①

根据投入要素的类型，舒尔茨（Schultz, T. W. 1987）区分了传统农业与现代农业。传统农业"完全以农民世代使用的各种生产要素为基础"，而现代农业则由"装在被称为'技术变化'的大盒子里"的新要素所装备。② 农业发展的基本问题，即实现由现代要素对传统要素的替代。高效率的现代农业要素是可再生资源，这些资源由高技术含量的现代物质投入品和成功地使用这些投入品所需的技艺与能力两方面组成。就前一

---

* 本章收录的是作者发表于《南京大学学报》2006 年第 4 期的同名文章，中国人民大学报刊复印资料《农业经济研究》2006 年第 11 期复印。收录时对个别文字做了修改。

① ［美］费景汉、古斯塔夫·拉尼斯：《增长与发展：演进观点》，北京：商务印书馆 2004 年版，第 143 页。

② ［美］西奥多·W. 舒尔茨：《改造传统农业》，北京：商务印书馆 1987 年版，第 4、79 页。

方面而言，它们不可能产生于农业内部，只能由现代工业部门供给；而农村地区人力资本水平的提高，则取决于政府教育政策的设计。

速水佑次郎和弗农·拉坦（Hayami, Yujiro & Ruttan, V. W. 1980）的诱致技术变迁模型，一方面把技术进步视为农业发展的关键，另一方面又对技术变迁做出一种内生化解释：农业技术进步，首先是对摆脱随着农产品需求增长农业初始资源相对稀缺程度变化而形成的发展瓶颈的反应；同时是对现代农业要素价格下降使其成为相对廉价的增长源泉的反应。在速水和拉坦的模型中，技术进步的决定因素为两类外生变量：一是初始农业资源禀赋，它形成对不同技术进步类型的需求；二是现代农业要素的相对价格，它决定了农业技术进步类型的供给条件。其中，现代农业要素的相对价格由工业部门的生产效率给定。

前述若干理论代表了 20 世纪 50 年代以来农业发展研究领域最具影响力的认识。这类理论成果的主要特征是，均直接或间接地把农业发展的驱动力，归结为独立于农业部门之外的一些因素：主要是非农产业的扩张和政府相关政策的调整。如果把农业部门作为一个独立的发展系统，这些理论则将该系统的"引擎"外置于其他部门。依据这类理论，给发展中国家农业发展开出的最有效"处方"，是工业化或城市化以及有利于这一进程的政策设计。

经典农业发展理论的经验基础是欧美等先行工业化国家的农业成长之路。不难设想，发展中国家也无法绕过工业化或城市化实现农业的现代化。问题在于，当一国经济发展进入工业化中期及后期阶段后，工业化、城市化是否农业发展的充要条件？此时，倘若农民的文化技术水平没有显著改善，二元经济结构必然内生出分割的要素市场，农业过剩劳动力无法与现代部门的资本有效对接，从而形成劳动与资本的双重过剩（王俭贵，2002）；或者，进城农民只能跻身于工资低廉、工作条件差和就业不稳定的次级劳动力市场（郭继强，2005），使城市化与"城市病"相伴；更为重要的是，在农业内部，资本替代型技术由于缺乏互补性条件难以大规模形成，农业技术进步所带来的生产能力的增长不能补偿劳动力转移所造成的生产能力的损失，使粮食安全压力凸显。这说明，没有农业部门的适应性变化，工业化、城市化不可能有效地推进农业的现代化。

本章试图阐明，农业发展离不开城市化、工业化等外部条件的支持，更需要内部发展因素积累的推动。在进入工业化中期及后期阶段以后，最关键的内部发展因素是农业人口人均人力资本水平的提高和有利于这一变化的生育率选择的改变。这一观点的形成，获益于内生增长理论的若干重要思想，主要是：（1）把人力资本确立为现代经济增长最重要源泉的卢卡斯（Lucas，R. E. 1988）模型；（2）可用来说明人力资本形成机制的代际效用函数（Barro，Robert J.，Gary S. Becker，& Nigel Tomes，1986；Becker，G. S. & R. J. Barro，1988）；（3）把生育率和人力资本同时整合在一个增长模型中来描述经济发展不同均衡态的贝—墨—田（Becker，Gary S. Kevin M. Muphy & Mark M. Tamura，1990）模型。本章的研究思路是：将前述分析工具运用于农业发展问题研究，建立起农村部门人力资本、生育率与农业发展间的相关性，获得农村生育率下降带来的人力资本的提高，是进入工业化中期阶段以后驱动农业发展根本动力的结论，并在此基础上给出现阶段中国农业发展的相关政策建议。

二　人力资本、生育率与农业生产函数转变

（一）农业发展即农业生产函数转变

从技术角度看，传统农业是主要依赖劳动和土地这类初始资源获取产出的经济类型，[①] 其生产函数可记为：$Q_T = f(L, N)$。其中，L 为劳动，N 代表土地。在宏观上和短期，土地为不变量，因此，农业生产函数又可简化为：$Q_T = f(L)$。由于传统农业中技术长期不变，生产函数的典型形式为静态函数。现代农业是以资本和高素质劳动力等现代投入为主要特征的经济形式，并且，随着时间的推移，技术水平在不断提高，其生产函数获得了与现代工业相同的形式：$Q_M = f(K, hL, t)$。K 代表物质资本，h 表示农业劳动力的人均人力资本水平，t 用来刻画随时间而发生的技术进步。在静态条件下，可将现代农业生产函数近似地表示为：$Q_M = f(K, H)$。[②]

---

① 刘易斯认为，传统农业是"不使用再生产性资本"的经济部门。参见［美］阿瑟·刘易斯：《二元经济论》，北京：北京经济学院出版社 1989 年版，第 8 页。

② $H = hL$。在现代农业中，劳动力数量投入的贡献是微弱的，因此，舍去了这一要素。这一生产函数形式的建构借鉴了内生增长理论的"AK"模型。

这里的 H 表示农业部门的人力资本存量。

农业发展一般被界定为从传统农业向现代农业的转型。[1] 依据两类不同生产函数的假设，可以把农业发展定义为农业生产函数的改变，即，由传统农业生产函数过渡到现代农业生产函数，或实现农业部门与工业部门生产函数的趋同。[2] 从生产函数转变的角度，农业发展的基本内容可以概括为：（1）农业劳动力的转移及农业的小部门化。以劳动为基本投入的传统农业资源配置格局的改变，依赖于农业劳动力大规模的非农转移。这一转移的结果，是以劳动力比重衡量的农业部门的日渐式微和城市部门的不断扩张。（2）现代投入品大规模进入或生成于农业部门并对传统要素形成替代。在边际生产力低下的过剩劳动力消除以后，农业生产的有利性提高，物质资本和使用新型投入品的技艺与能力替代劳动成为农业生产的基本要素，农业部门发生现代化转变。（3）农业人均产出的增长。产出依赖于创造产出的源泉。生产函数的转变，将通过资本深化和技术效率的改进提高单位劳动的产出率。

（二）人力资本与农业生产函数转变

在发展经济学和增长经济学的相关文献中，农业劳动力转移被认为是城乡收入差距的函数。[3] 像资本从低报酬率的地方流向高报酬率的地方一样，劳动力也趋向于从低工资率和其他不利特征的乡村流向高工资率的城市。刘易斯注意到，大约30%的城乡工资差距就足以把农村劳动力吸引到工业部门。[4] 巴罗和萨拉伊马丁（Barro, Robert J. & Xavier Sala-I-Mar-

---

[1]　费景汉和拉尼斯指出："把发展视为在两大时代，即农业时代和现代增长时代之间的转型，不仅有助于思考发展问题，而且抓住了发展问题的本质。"参见［美］费景汉、古斯塔夫·拉尼斯《增长与发展：演进观点》，北京：商务印书馆2004年版，第5页。

[2]　发展即生产函数转变的观点，参见张培刚《农业与工业化》（上卷：农业国工业化问题初探）中工业化的定义，武汉：华中工学院出版社1984年版。

[3]　托达罗（1971）给出的人口迁移函数是：$S = f(d)$，d 为预期的城乡工资差距。巴罗和萨拉伊马丁的城乡人口迁移模型为：$\dot{u}/u = b(w_I - w_A)/w_A$。其中，$\dot{u}/u$ 表示人口迁移率，w_I 和 w_A 分别表示城市和乡村的工资率。参见［美］罗伯特 J. 巴罗、哈维尔·萨拉伊马丁：《经济增长》，北京：中国社会科学出版社2000年版，第312页。

[4]　参见［美］阿瑟·刘易斯《二元经济论》，北京：北京经济学院出版社1989年版，第10页。

tin，1991）等人使用来自美国各州、日本各地区和 5 个欧洲国家的数据，估计了一国内部迁移对人均收入差异的敏感性，得出净迁移速度对初始人均收入的对数回归系数平均每年为 0.012。[①] 在托达罗（Todalo，M. P. 1985）看来，农村对城市的劳动力供给，同时是城市就业机会的函数：$S = f_s(w\pi - r)$。式中的 w 为城市实际工资，r 是平均农村工资，π 表示在城市获得工作的概率。显然，在其他条件既定时，就业概率与劳动力转移率正相关。如果农村劳动力存在着由于人力资本水平差异而产生的质量阶梯，那么，哪一类劳动力更易于向城市转移？结论是不言而喻的。城市现代产业对从业人员的文化、技术水平有着较高的要求，受教育越多的人，获得就业机会的概率越高，向城市转移的可能性越大。米凯·吉瑟（1965）发现，乡村地区的教育水平提高10%，会多诱使6% —7%的农民迁出农业。[②] 博尔哈斯、布罗纳尔斯和特雷霍（Borjas，George J.，Stephen G. Bronars & Stephen J. Trejo，1992）对 1986 年美国男性青年所作的计量分析表明，移民的学校教育年限要比他们母州当地人的平均受教育年限高出 2% 。

持续的资本深化是现代经济增长的一个程式化事实。发达国家的历史经验表明，迅速的资本积累和资本深化不仅发生在工业部门，而且同时出现在农业的现代化进程中。根据内生增长理论的有关研究，物质资本投入的增加，并不是单独的增长要素，它必须以相适应的人力资本作为互补条件而存在。当一项承载新技术的物质资本的操作需要新技能时，其实施速度取决于对所需技能的投资速度。尼尔森和菲尔普斯（Nelson，R. & E. Phelps，1966）的研究表明，新技术扩散的范围和速度与一个经济体的人力资本存量相关。在其他条件既定时，人力资本存量越大，技术扩散的范围越广，技术扩散的速度也越快。劳动力技能与引进的高技术性能的物质资本间的不匹配，是阻碍后发展经济技术进步速度和追赶能力的重要原因。所以，人力资本存量的高低被认为是生产中引入更先进、更复杂生产

[①]　［美］罗伯特 J. 巴罗、哈维尔·萨拉伊马丁：《经济增长》，北京：中国社会科学出版社 2000 年版，第 276 页。

[②]　参见［美］西奥多·W. 舒尔茨《经济增长与农业》，北京：北京经济学院出版社 1992 年版，第 123 页。

技术的先决条件。物质资本投入中同时存在着人力资本投资增长的促发机制。一项隐含新技术的物质资本的出现，使与该技术相联系的专门知识或技能的报酬率提高，这会刺激劳动者对新知识和新技术的学习。[①] 尽管现代化进程中各新要素的引入需要同时考虑，但人力资本被认为是比物质资本更重要的增长源和发展动力。在巴罗和萨拉伊马丁看来，物质资本与人力资本间的两类不平衡，对经济增长率会产生不同影响：如果人力资本相对丰裕，对于一个广义产出概念而言的增长率仍会随着物质资本与人力资本之间的不平衡变大而增加；相反，增长率则会随着二者不平衡的增大而下降。[②]

　　人力资本引入农业生产函数，农业人均产出会源于以下三种机制获得提高。（1）刘易斯人口流动机制。农业部门的劳动力份额同该部门的劳动生产率负相关。农业劳动力文化、技术水平的提高在增强农业劳动力的转移能力的同时，改善了滞留在农业部门的劳动力的土地装备率，从而使单位劳动的产出水平提高。（2）索洛资本深化机制。劳动力转移与农业部门的资本替代往往是同时发生的，农业部门的资本深化是这两种进程的结果；在索洛增长模型中，人均资本装备率的变化将改变人均稳态产出水平。人力资本作为这两种进程的加速因子，必然会对人均产出水平产生影响。（3）卢卡斯人力资本增长机制。在以技术进步为主要动力的现代经济中，技术创新资源的丰裕度成为决定增长的关键。在卢卡斯（1988）看来，技术进步是由人力资本推动的。技术进步率被认为取决于人力资本建设部门拥有的人力资本存量和从事人力资本建设的时间。人力资本投入的增加，还能够提高物质资本的产出弹性，使物质资本边际收益下降的临界点推后，边际收益下降速度减缓。更为重要的是，人力资本投资中存在着规模经济，已有投资越多，新投资的回报率越高。这种递增的收益源于人力资本投资的外部性：构成人力资本核心内容的技术与知识是一种公共品，在其使用中存在着非排他性；而且，知识存量能够直接参与新知识的创造。人力资本形成的这种扩散性和累积性，使得以其为动力的经济增长

---

　　①　内生增长理论的"干中学"模型，就是对这一机制的形式化描述。

　　②　参见［美］罗伯特 J. 巴罗、哈维尔·萨拉伊马丁《经济增长》，北京：中国社会科学出版社 2000 年版，第 157—158 页。

呈现为一种自我强化的持续过程。

(三) 代际效用函数与人力资本积累

在说明人力资本积累机制时，生育率是需引入的新的解释变量。贝克尔 (1998) 等人假设，父母对子女的行为是利他的。在一个包含子女数量及其消费水平的家庭效用决策模型中，他们内生地解释了人力资本和生育率的决定问题。子女的数量和质量均可以成为家庭效用的来源，在效用最大化的追求中，父母究竟偏好于子女的数量方面还是质量（人力资本）方面，取决于家庭预算约束既定条件下单位资源在这两个方面分别投资所产生的边际收益率的比较。

假设：家庭收入由人力资本决定，人力资本规模报酬递增；人力资本积累是上期人力资本的函数：$h_{t+1} = \gamma h_t$；成人拥有单位时间。

家庭效用函数为：$v(h) = Bh = W(c,n,u')$。其中，B 为正常数，表示家庭效用是人力资本的增函数。c 是父母的消费，n 表示子女的数量，u' 是子女的效用。

设父母的消费：$c \leq h[1-(r+k)n]$。其中，k：用于子女物质产品消费的时间比例；r：用于子女人力资本消费的时间比例；$1-(r+k)n$：表示父母用在自己消费上的时间比例。设子女的效用为：$u' = v[h\varphi(r)]$。

第 t 代人的代际效用函数为：

$$v(h) = \max_{n,r} W\{h[1-(r+k)n],n,v[h\varphi(r)]\}$$

假设，β,η 独立于 h

考虑，$W(c,n,u') = (cn^\eta u'^\beta)^{1/(1+\beta)}$

因为，$v(h) = Bh$

则 B 满足：$B = \max_{n,r} W[1-(r+k)n,n,B\varphi(r)]$

解：$\max \{[1-(r+k)n]n^\eta B\varphi(r)^\beta\}$

求得花在子女上的总时间为：$(r+k)n = \eta/(1+\eta)$。

设 $\varphi(r) = pr^\varepsilon$，其中 p 为常数，ε 人力资本的回报率。

代入家庭效用函数解得：

$$n = \frac{\eta-\beta\varepsilon}{k(1+\eta)}; \qquad r = \frac{\beta\varepsilon k}{\eta-\beta\varepsilon}$$

显然，在人力资本收益率提高的背景下，家庭决策的最优化过程，是生育率的下降和人力资本投资的提高。换言之，"在增长理论中引入生育决策能够使我们更清楚地思考那些对收入增长至关重要的人力资本增长"①；同样，在农业发展动力的形成机制中，引入生育决策，有助于我们更好地理解农业部门的现代化转变。②

三　人力资本、生育率作为农业发展动力的条件

农民是理性的。向提高人口质量进行投资，不是被随机配置的，而是理性选择的结果。人力资本作为一种新型经济资源可以为投资者带来收入，但获得它也需要付出成本。只有当人力资本投资的收益率大于该项投资未来消费的贴现率时，向人的质量投资才会被选择。③ 也就是说，人力资本投资，是对这种投资面对的高收益率的经济机会的反映。这一认识是建立在新古典经济学资源最优配置原则基础上的，"投资资源的有效配置乃是根据各种投资机会的相对收益率所确定的优先次序而进行的一种配置"。④ 那么，这种机会是在什么条件下出现的呢？

经验事实表明，人力资本投资高收益率的机会没有出现在传统农业的生产活动中。由物质资本的简单性和技术落后性决定，在传统农业生产中，人力资本投资的边际产出近乎于零。"采用并有效地播种和收割甘蔗看来并不取决于那些在地里干活的人的教育水平。在锄棉中与教育相关的

---

① ［美］小罗伯特·E. 卢卡斯：《经济发展讲座》，南京：江苏人民出版社 2003 年版，第175 页。

② 对于农业生产函数的改变，生育率不仅通过与人力资本的关联而存在着间接影响，而且具有直接效应。第一，生育率的下降减少了一定时期内向农村剩余劳动力蓄水池的注入量，减轻了农业人口非农转移的压力。费景汉和拉尼斯认为，在劳动力过剩的二元经济中，当人口增长率大于农业劳动力转移率时，经济发展是失败的；在二者相等时，经济发展处于停滞状态；只有后者大于前者时，经济发展才是成功的（费景汉-拉尼斯，1999）。从这一意义上说，生育率下降与农业人口转移率的提高对农业发展具有相同的意义。第二，在索洛模型中，人口增长率的下降有着和储蓄率增加相类似的效应——导致资本深化。在人均产出和其他条件既定时，人口增长率降低，有效折旧率曲线由于斜率变小而外旋。这时，人均稳态储蓄水平将提高，人均资本装备水平亦增加。

③ 由于人力资本外部性不能给其拥有者带来收益，个人在进行人力资本投资决策时，不会考虑人力资本外部性对其生产率的影响。

④ ［美］西奥多·W. 舒尔茨：《经济增长与农业》，北京：北京经济学院出版社 1992 年版，第82 页。

能力也没有任何经济价值。"① 因而，在这种经济中，既不会产生出对人力资本投资的需求，也缺乏对人力资本供给的激励，人力资本的供求均衡点大致稳定在零值状态。这时，收入增长不会与人力资本正相关，而只能产生提高生育率的收入效应，从而形成高生育率、低人力资本积累率和低产出率的"马尔萨斯稳态"。当可再生性资源和现代技术在农业部门被日渐广泛地采用时，产生了物质资本与劳动力素质之间的巨大不平衡，此时提高劳动者技艺和能力的投资，不仅成为提高物质资本产出弹性的需要，而且能够显著改善农业劳动生产率。就是说，只有在现代农业技术广泛应用的背景下，农业生产中向人投资的经济合理性才会显现。罗森斯坦—罗丹（Rosenstein-Rodan，1943）在研究中发现，人力资本的回报以及工人和企业投资于培训的激励，对经济中技术变化的反应非常敏感。并指出在一个技术迅速变化的环境中，教育和培训的回报往往特别高。

在内生增长理论中，人力资本投资的收益率被视为人力资本存量的函数。当人力资本存量达到经济持续增长的临界水平时，人力资本投资借助外部效应可获得递增收益，向人投资的有利性才充分显示，人力资本才可能成为经济增长与发展的主要动力。内生增长理论显示，人力资本存量达到经济持续增长的临界水平，是人力资本投资收益率大于其未来消费贴现率的必要条件。欲使人力资本成为农业发展的动因，农业部门就必须通过积累使人力资本存量达到上述临界值。根据贝克尔等人的观点，人力资本的较高存量以及在此基础上对其投资的收益递增，又会通过家庭效用函数导致人口生产的一种量质权衡，出现高人力资本积累率、低生育率和高产出率的"发展稳态"。

在农业部门，无论是现代要素或现代技术的广泛使用，还是人力资本达到某一临界值的存量，均依赖于工业化一定程度的发展。首先，由于人力资本投资的低收益率，在传统农业体系内，人力资本存量的上述临界值不可能内生地形成，而只能产生于某些外生因素的影响。事实上，传统农业社会中的人力资本存量在缓慢地增长。促成其增长的主要因素是，工业化、城市化引致的农业人口流动的人力资本投资激励效应，以及普及教育的政府计划的推行。在来自城市工业经济的税源不断增长的条件下，重点

---

① ［美］西奥多·W. 舒尔茨：《改造传统农业》，北京：商务印书馆1987年版，第141页。

面向农村的不同层次的普及教育计划就会被实施。其次，在工业化程度不断提高时，工业部门能够以日益低廉的价格向农业提供现代要素，在使农业部门向现代要素投资变得有利可图的同时，又产生出对人力资本投资的巨大需求。当工业化、城市化推进到一定阶段，农业部门人力资本存量水平就会达到某一临界值，向人投资的有利性就会显现。

进入工业化中期阶段以后，人力资本水平的提高以及有利于这一条件形成的生育率下降，对于农业发展的意义日益突出起来。因为，这一阶段农业发展的主要问题成为：第一，如何使农业转移劳动力与技术层次不断提升的城市现代产业创造的就业机会有效对接；第二，如何在农业劳动力大规模转移的条件下，通过现代要素和现代技术的大量投入，实现农业生产能力不降低甚至提高，以保障农业剩余的不断增长和国家的粮食安全。先行工业化国家的发展经验表明，工业化中期阶段的到来，意味着工业化和城市化进入加速发展期。这时，农业发展的关键已非是否工业化、城市化，而是依赖何种条件保证工业化和城市化的成功推进。农业部门人力资本的提高和生育率决策的改变，正是这一阶段工业化、城市化发展以及农业现代化转变的重要支撑条件。

四 结论

与经典发展理论把农业发展的主要动力视为城市部门和政府部门不同，本章通过对贝克尔和巴罗等人关于人力资本和生育率内生决定问题的引入，阐明了生育率下降以及与此相关的人力资本积累率的提高，是农业部门摆脱"马尔萨斯稳态"进入持续增长阶段的关键条件。农业劳动力人力资本的改善，将通过提高非农就业概率，加速城市现代经济规模的扩张和农业的小部门化进程；将打破传统部门资源配置的低效率均衡，加速传统部门现代要素的引进和生成速度；将提高农业生产函数投入的产出弹性，促进部门间的收入均衡。在人力资本投资收益递增时，农业部门生育率的下降，为人力资本的提高创造出有支付能力的需求，因而成为农业发展的依赖条件。[①] 在工业化和城市化的加速发展期，人力资本、生育率的变化成为影响农业发展的最重要因素。这样，我们就把农业发展的动力设置由经典发展观中的外部世界转入农业内部，农业部门由此成为一个自主的发展系统。在经典农业发展理论中，工业化、城市化以及政府的相关政策，对于农业部门的发展作用而言，是外生给定的；在本章提出的农业发展观中，人力资本、生育率不仅是农业发展的解释变量，同时是农村家庭代际效用函数的被解释变量。也就是说，我们不仅把农业发展的动力置于农业内部，而且将这一动力处理为农业发展的内生变量。[②]

参考文献

［美］罗伯特 J. 巴罗、哈维尔·萨拉伊马丁：《经济增长》，北京：中国社会科学出版社 2000年版。

［美］加里·斯坦利·贝克尔：《家讨论》，北京：商务印书馆 1998 年版。

［美］古斯塔夫·拉尼斯、费景汉：《增长与发展：演进观点》，北京：商务印书馆 2004 年版。

［美］阿瑟·刘易斯：《二元经济论》，北京：北京经济学院出版社 1989 年版。

［美］小罗伯特·E. 卢卡斯：《经济发展讲座》，南京：江苏人民出版社 2003 年版。

［美］西奥多·W. 舒尔茨：《改造传统农业》，北京：商务印书馆 1987 年版。

［美］西奥多·W. 舒尔茨：《经济增长与农业》，北京：北京经济学院出版社 1992 年版。

Barro, Robert J., Gary S. Becker, and Nigel Tomes, 1986: Human Capital and the Rise and Fall of Families, Joumal of Labor Economics 4, No. 3, Part 2 (July).

Becker, G S. and R. J. Barro, 1988: A Reformulation of the Economic Theory of Fertility. Quarterly Journal of Economics, 103.

Becker, Gary S., Kevin M. Muphy and Mark M. Tamura, 1990: Human Capital, Fertility and Economic Growth. Journal of Political Econamy, 98 No. 5, Part 2, (October): S12 – 36.

Borjas, George J., Stephen G. Bronars, and Stephen J. Trejo, 1992: Self-Selection and Internal Migration in the United States. Journal of Urban Economics, 32, 2 (September): 159 – 185.

Hayami, Yujiro and Vernon W. Ruttan, 1980: Agricultural Development: an International Perspective. The John Hopkins University Press, Baltimore and London.

---

① 本章的分析对象是典型的劳动力过剩的二元经济。本章的分析结论，不适应于已经完成二元经济改造的发达经济类型，也可能不适合相对于土地而言劳动力短缺的发展中经济。

② 本章提出的观点与经典农业发展理论并非排斥、替代关系。事实上，工业化、城市化是农业发展的必要条件，而农村地区生育率下降和人力资本的提高是进入工业化中期阶段后农业发展的充分条件。二者同为农业现代化不可或缺的因素。

Lucas, Robert E. 1988: On the Mechanics of Economic Development. Journal of Monetary Economics, 22: 3 – 42.

Nelson, R. and E. Phelps, 1966: Investment in Humans, Technological Diffusion, and Economic Growth, American Economic Review, vol. 61.

Rosenstein-Rodan, Paul N. , 1943: Problems of industrialization of eastern and south-eastern Europe, EJ, 53, 6 – 9.

第十八章

人口偏好逆转、家庭分工
演进与农民收入增长[*]
——马尔萨斯模型的扩展及其应用

一 文献背景

研究农民收入增长现有文献的主要思路可以概括为：（1）依据经济增长模型及相关计量经济学方法，给出决定农民收入增长的关键因素。Jamison & Lau（1982）、高梦滔和姚洋（2006）以及郭志仪和常晔（2007）等基于大量经验数据的支持，强调了教育和在职培训体现的人力资本对农户收入的决定性影响；关于物质资本对农民收入增长的作用，却存在着相互对立的研究结论，主张正向效应者有之（陈灿煌，2007；刘忠群等，2008），认为没有显著影响或为负效应者亦有之（高梦滔和姚洋，2006；温涛等，2005）。（2）遵循二元结构及其转变效应理论，[①] 强调劳动力转移和非农产业发展对增加农民收入的重要意义。非农劳动力市场开放后，农民人均纯收入主要决定于农业工资、非农就业工资和非农就业比例三个因素。限于恩格尔定律的作用，农民收入扩张的更大空间只能来自非农就业收入的增长（赵耀辉，1997；蔡昉、王德文，2005；刘秀梅、田维明，2005；刘元梁、肖卫东，2005；李恒，2006）。朱农

---

* 本章收录的是郭剑雄、李志俊发表于《南开学报》2010 年第 6 期的同名文章，原文副标题为《基于中国农户经验的分析》。该文被《新华文摘》2011 年第 7 期、《高等学校文科学术文摘》2011 年第 1 期同时转摘。

① 指刘易斯、费景汉和拉尼斯、乔根森以及钱纳里等人的经济发展理论。

（2002，2005）的研究进一步显示，非农活动的参与还能够降低农村家庭收入分布的基尼系数。（3）信奉政府干预的有效性，主张通过政策调整和增加农村公共产品供给改善农民收入。沈坤荣和张璟（2007）、唐朱昌和吕彬彬（2007）认为，农村公共支出的总量不足和绩效低下是制约农民收入增长的重要因素；林毅夫（2001）、张秀生等（2007）以及何蒲明和黎东升（2008）也强调了农村基础设施建设的滞后对农户增收的消极影响。（4）采用多因素分析方法，肯定上述诸多方面对农民收入的综合影响。比如，有研究者（龙翠红，2008；王广慧、张世伟，2008）把农户收入的增长视为人力资本及其非农配置效应的结果；而金融发展或资本积累对农户收入的影响机制，则是借助人力资本投资增加、劳动力转移以及财政支农强度变化等中间变量建立起来的（王虎、范从来，2006）。

与前述文献不同，本章拟从农户家庭的适应性行为这一微观视角来揭示农民收入的决定问题。确立该研究思路的依据是：第一，在现阶段的中国，作为农民收入创造源泉的农业资源（主要是劳动力）的配置决策主体，既不是集体组织，也不是农民个人，而是农户家庭。第二，在统计实践中，农民人均纯收入也是以农户为单位核算的。本章的基本观点是：农户人均收入水平主要决定于其家庭劳动力资源[①]在工资率不同的就业机会中的选择性配置，而劳动力就业机会的选择和获得在很大程度上又是家庭人口生产量—质偏好的函数。

就方法论而言，本章是试图借助新家庭经济学及家庭分工理论，回归讨论收入决定的马尔萨斯（Malthus）传统。因此，本章的研究又与如下两类文献密切相关：（1）家庭分工理论。虽然在古典经济学和新兴古典经济学的相关文献中，都对分工问题有过精辟的论述（斯密，中译本，2009；杨小凯和黄有光，1999；杨小凯，2003；杨小凯和张永生，2003），但系统地讨论家庭内部的分工则肇始于贝克尔（Becker，G. S. 1995；2005）。贝克尔认为，家庭之所以亘古既有、绵延长存，其原因在于家庭

[①]　决定农民收入的资源虽有多种，但劳动是最主要的源泉。例如，2006 年，在中国农村居民家庭纯收入中，劳动收入占全部收入的比重高达 92.16%。参见国家统计局《中国统计年鉴 2007》，北京：中国统计出版社 2007 年版。

生产是以明确细致的分工协作为基础的；家庭成员之间的分工仅部分地取决于生理上的差异，主要是基于经验和人力资本的不同；分工的程度决定着产出效率的高低，因此，一个完全家庭的效率要高于一个不完全家庭。艾利思（Ellis, F. 2006）也注意到，家庭内女性和男性之间的劳动分工是社会地而非生物学地决定的。他认为此类分工将不断演化。家庭组织及其分工决策对农民收入的影响，受到国内一些研究者的关注。他们发现，家庭成员之间的劳动配置决策是相互依存和相互影响的（曹阳，2005）；家庭在进行决策时，往往是利用家庭成员的比较优势，在农业生产和非农产业之间合理配置劳动力资源，实现家庭收入的最大化（钱忠好，2008）。（2）人口生产的量—质偏好理论。当劳动成为家庭收入的主要源泉时，决定劳动供给的生育率和人力资本投资率就会成为家庭的决策变量。在缺乏内生技术增长时，马尔萨斯模型中的均衡工资率由对生育率的偏好所决定。类似于利率在新古典增长模型中的作用，生育率在马尔萨斯模型中能够促使经济趋于均衡的资本—劳动比和均衡的生存收入（马尔萨斯，中译本，2008）。面对工业革命进程中出现的逆经济增长的生育率趋势，人力资本被引入家庭分析。Becker（1964）、Becker & Lewis（1973）以及 De Tray（1973）最先注意到孩子的数量和质量在家庭生育决策中的替代关系。这是由于外生条件的变化极大地改变了人类活动的时间价值（包括抚养子女的时间成本），同时，大量地显现了人力资本投资的高收益率机会。贝克尔认为，正是替代数量的对子女的人力资本投资，决定着一个家庭的兴衰。[1] 随后的研究（Lucas, 1988；Barro & Becker, 1989；Becker et al., 1990）进一步把家庭的生育和教育投资决策与内生增长理论相结合，并以此来解释人口—经济增长方式的转变。[2]

本章开展的工作与如上两类文献的差异点是：第一，贝克尔的家庭分

---

[1] 贝克尔指出："……实际上只有我们才把家庭的兴衰和人力资本投资结合起来，这种人力资本投资与资产积累、消费发展和对孩子的需求发生相互关系。"［美］加里·贝克尔：《家庭论》，北京：商务印书馆，1998 年版，第 286 页。

[2] 参见王争、史晋川《内生生育率、资本存量结构与经济发展——理论与来自国际比较的证据》，《经济学报》第 3 卷第 1 辑，北京：清华大学出版社 2008 年版，第 13—37 页。

工效率来自家庭成员在市场生产和家庭生产之间以及不同家庭产品[1]生产之间的合理配置，本章则仅将家庭成员间的分工协作引入单一的市场生产领域。[2] 第二，在钱忠好（2008）工作的基础上，本章同时把家庭成员的生产分工水平处理为家庭人口生产偏好的内生变量。第三，在贝克尔那里，人口生产数量偏好向质量偏好的转变，是时间价值提高和收入增长的结果；本章则强调，在较长的时间序列中，前者更是后者的原因。第四，与同时引入生育率和人力资本的内生增长模型不同，本章是以家庭为单位的微观视角，并将家庭分工作为人口偏好和收入增长之间的传导变量。

二 特征性事实描述

市场化改革以来，农民收入的大幅度提高是显见的事实。2008 年，农村居民人均纯收入达 4761 元，[3] 是 1985 年 397.6 元的近 12 倍。[4] 随着时间推移，农民人均纯收入呈现递增增长趋势。按可比价格计算，在 1985—2003 年间，除 1994 年、1995 年和 1996 年，其余年份农民人均纯收入的增长速度均未超过 6%；而在 2004—2007 年，该指标分别较上年增长 6.84%、8.46%、8.59% 和 9.51%。

与农民收入变化紧密相关的典型性事实是农户家庭劳动力就业领域的拓展。改革开放前，在农业生产之外，农民很少有其他就业机会。到 2007 年，非农部门就业的劳动力占到农户家庭全部劳动力比重的 44.32%。[5] "半工半耕" 或 "男工女耕"，成为当今中国农户生产的基本

---

[1] 家庭产品被定义为非市场产品，包括：睡眠、健康、声望、亲情、子女的数量与质量等。贝克尔将家庭非市场产品的生产函数记作：$Z_i = f(x_i, T_i)$。Z_i 是家庭生产的第 i 种基本产品，x_i 表示市场产品向量，T_i 表示用于生产第 i 种产品的时间投入向量。一般来说，Z_i 对于 x_i 与 T_i 的偏导数非负。参见 ［美］加里·贝克尔《家庭论》，北京：商务印书馆 2005 年版，第 111—112 页。

[2] 其依据是，家庭产品未被列入家庭收入的来源。

[3] 数据来源：《2008 年度薪酬状况白皮书》，载中国薪酬调查网（www.xinchou114.com）。

[4] 此为以名义收入计算的结果。若以 1985 年为基期的实际人均收入计算，前者是后者的 3 倍多。

[5] 数据来源：中华人民共和国农业部：《2008 中国农业发展报告》，北京：中国农业出版社 2008 年版。

特征（黄宗智，2006）。农户生产的这种兼业化模式，在改变农业内部人地比例关系和提高农业劳动生产率的同时，为农民收入的增长开辟了巨大的非农空间。2007年，农民人均纯收入中有38.55%来自非农就业的工资性收入，较1985年提高了20.39个百分点。比较人均纯收入，人均工资性收入呈现出更快的增长速度。从1995—2000年，农户人均工资性收入的年均增长速度超过了11%，而2005年和2006年则较上年增长15%。

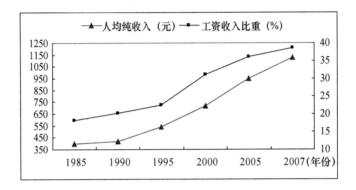

图18—1 农民人均纯收入及工资性收入比重①

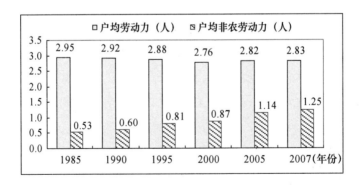

图18—2 户均劳动力数与非农劳动力数比较②

---

① 图中的农民人均纯收入是以1985年为基期折算的实际人均收入。数据来源见本章第五部分第二节。

② 数据来源见本章第五部分第二节。

　　发生在农民收入增长和农民就业领域变化过程中的另一个特征性事实，是农民家庭人口生产偏好的转变。在改革开放之初，农民家庭的人口生产还存在着显著的数量偏好特征。比如 1985 年，农村妇女一般生育率高达 88.83‰，农民家庭户均人口规模 5.12 人；进入 21 世纪，人口生产的数量偏好明显减弱，2007 年，农村妇女一般生育率降为 42.35‰，农户家庭人口规模减少至 3.29 人。① 这同时反映在育龄妇女总和生育率的变化方面，从 1970 年的 5.8 人减少至 1980 年的 2.2 人，继而下降到 2000 年的 1.8 人左右。② 与此相对应，农户家庭人口生产的质量偏好特征逐渐凸显。从 1985—2007 年，农村人口平均受教育年限由 5.9 年提高到 8.23 年，增幅接近 40%。

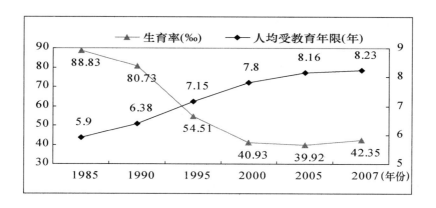

图 18—3　农村妇女生育率与农民人均受教育程度变化③

　　农民人均收入增长与农户劳动力就业领域拓展、农户家庭人口生产偏好变化之间并非相互独立的事件。以下我们尝试将人口偏好转变决定的家庭分工的发展作为农民收入增长的重要解释变量，从而揭示三类特征性事实之间的逻辑关系。

① 数据来源：国家统计局人口和就业统计司：《中国人口和就业统计年鉴 2008》，北京：中国统计出版社 2008 年版。

② 中国育龄妇女总和生育率的下降主要决定于农村育龄妇女总和生育率的降低。

③ 数据来源见本章第五部分第二节。

三 人口生产偏好转变与农户劳动分工的演进

根据 Becker & Barro（1988）的分析，子女数量和质量均是家庭效用函数的变量。在家庭效用优化的过程中，父母对于子女数量和质量（人力资本）的偏好，取决于家庭预算约束既定条件下，在这两个方面分别投资所产生的边际收益率的比较。工业化和市场化进程的兴起，极大地提高了相对于数量投资的质量投资的收益率。从而，与"马尔萨斯世界"不同，在"贝克尔时代"的工业化社会，家庭人口生产偏好明显地转向了质量方面。中国农村居民人口生产量—质偏好的逆转，虽然初期有计划生育政策的影响，但主要是工业化、市场化进程冲击下农户家庭效用函数优化的结果（李建民，1999，2004；郭剑雄，2005）。

人口生产量—质偏好的转变，使新古典经济学长期坚持的劳动力同质性假设背离了事实。在现阶段的中国农村，不同劳动力特别是不同代际劳动力之间，以受教育程度衡量的人力资本水平呈现出明显差异。[①] 由于二元结构下农业与非农部门之间存在着技术类别、技术层次以及收益率的显著差距，当劳动力市场开放时，较高的文化技术水平是农业劳动力实现职业转换的有利条件。根据教育程度起甄别个人生产率作用的假说，[②] 雇主也往往把教育程度作为选择高能力雇员的识别方法。就业市场的这种筛选功能，导致了人力资本差异化的农户劳动力就业领域的不同，从而使家庭内的劳动分工格局出现了历史性改变。

假设：（1）农户面临着农业和非农两个就业部门，两部门存在非农高于农业的不同的均衡工资。（2）家庭由多人[③]组成。由于家庭中利他主

---

① 比如：2007 年，全国就业人员中，20—24 岁劳动力的平均受教育年限达 9.76 年，而 60—64 岁劳动力的平均受教育年限是 5.55 年，65 岁以上者仅为 4.30 年。由于农村劳动力占全国劳动力的多数，因此，全国劳动力中代际间受教育程度的差异数据大体可以作为农村代际劳动力的替代指标。数据来源：国家统计局人口和就业统计司：《中国人口和就业统计年鉴 2008》，北京：中国统计出版社 2008 年版。

② 阿克洛夫的信息不对称假说认为，受教育程度仅仅是劳动力向市场发出的甄别个人生产率的信号，而与劳动力真实的劳动生产率无关。参见陈曦《农业劳动力非农化与经济增长》，哈尔滨：黑龙江人民出版社 2005 年版，第 177 页注［11］。

③ 典型的家庭是由父母和子女多人组成的。

义的存在，家庭成员间的效用是可转移的。家庭资源配置建立在统一的效用函数之上，家庭生产的目标是家庭收入最大化。（3）将存在人力资本差异的家庭劳动力简化为高技能劳动力 L_h 和低技能劳动力 L_l 两类，全部家庭劳动力 $L = L_h + L_l$。（4）基于统一的效用函数，家庭劳动成员间可以实行有效的劳动分工，从而使家庭生产呈现联合生产的特征。（5）家庭仅生产市场产品，包括农产品和非农产品。[①]（6）农业劳动投入遵循边际报酬递减规律；不同水平人力资本劳动力的非农边际收益率存在差异，人力资本水平与劳动力的非农边际收益率正相关。

依据如上假设，家庭内的劳动分工决策可如图 18—4 所示。图中纵轴表示边际收益 MR，横轴 L 表示农户家庭的劳动力，曲线 MR_a 表示农业边际收益，MR_{Lh} 和 MR_{Ll} 分别为承载高低两类人力资本的劳动力的非农边际收益，有 $MR_{Lh} > MR_{Ll}$。[②]

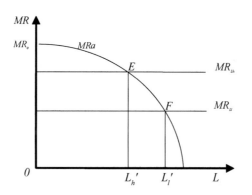

图 18—4　家庭劳动分工决策

图 18—4 中，不同人力资本劳动力的个人收益最大化的农业劳动投入量分别为 L_h' 和 L_l'，E 和 F 分别是其非农转移的临界点。对于人力资本水平较高的劳动力而言，当 $MR_{Lh} < MR_a$ 时，便从事农业生产；当 $MR_{Lh} > MR_a$ 时，就转向非农就业。与高人力资本劳动者的决策相同，低人力

---

① 贝克尔认为，家庭既生产市场产品，也生产家庭产品。本章不考虑家庭内家庭产品的生产情况。

② 农户转移劳动力在非农就业市场上仅仅是其工资水平的被动接受者。

资本劳动者的就业决策也遵循两部门边际收益比较的原则。

由不同人力资本水平的劳动力组成的家庭，其生产分工的均衡情况如表18—1。

表18—1   **家庭生产分工均衡**

条件			家庭生产分工	家庭类型
$MR_{Lh} > MR_0$	$MR_{Ll} > MR_0$	$MR_{Lh} > MR_a$	L_h：从事非农生产	专业化
		$MR_{Ll} > MR_a$	L_l：从事非农生产	
	$0 \leqslant MR_{Ll} < MR_0$	$MR_{Lh} > MR_a$	L_h：从事非农生产	专业化 或兼业化
		$MR_{Ll} > MR_a$	L_l：从事非农生产	
		$MR_{Ll} < MR_a$	从事农业生产	
$0 < MR_{Lh} < MR_0$	$0 < MR_{Ll} < MR_{Lh}$	$MR_{Lh} > MR_a$	L_h：从事非农生产	专业化 或兼业化
		$MR_{Lh} < MR_a$	从事农业生产	
		$MR_{Ll} > MR_a$	L_l：从事非农生产	
		$MR_{Ll} < MR_a$	从事农业生产	
	$MR_{Ll} = 0$	$MR_{Lh} > MR_a$	L_h：从事非农生产	专业化 或兼业化
		$MR_{Lh} < MR_a$	从事农业生产	
		$MR_{Ll} \leqslant MR_a$	L_l：从事农业生产	
$MR_{Lh} = 0$	$MR_{Ll} = 0$	$MR_{Lh} \leqslant MR_a$	L_h：从事农业生产	专业化
		$MR_{Ll} \leqslant MR_a$	L_l：从事农业生产	

四　农户家庭收入的决定

在农业和非农两部门就业的背景下，农户如何配置其差异化劳动力，才能实现家庭收入最大化？

基于上述假设条件，对于农户的农业生产，我们假定其生产函数为规模报酬不变的 Cobb-Douglas 生产函数，其投入要素为农户拥有的物质资本和有效劳动；而对于非农生产，投入要素为有效劳动。假设这两种生产的人力资本分别为 1 和 h（$h > 1$），据此，构造一个较为简单的家庭收入函数为：

$$f = \max_{\theta} [A_1 k^{1-\alpha} \theta^\alpha + A_2 (1 - \theta) hw] \qquad (18.1)$$

其中，k 是家庭拥有的物质资本（包括土地），θ 是农户用于农业生产的时间比重（$0 < \theta < 1$），[①] $\theta \cdot 1$ 为农业生产的有效劳动，α 表示有效劳动的产出弹性，$0 < \alpha < 1$；$(1 - \theta)h$ 为非农生产的有效劳动投入；A_1 和 A_2 分别是对两种生产技术水平的度量。

（18.2）式的一阶条件，即农业生产劳动时间分配为：

$$\theta^* = k \left(\frac{\alpha A_1}{hwA_2} \right)^{\frac{1}{1-\alpha}} \tag{18.2}$$

由于 $\frac{1}{1-\alpha} > 1$，且各参数非负，由此可获如下结论：第一，非农部门的相对于农业的收益率（或报酬率）越高，从事非农生产劳动力的人力资本水平相对于农业人力资本存量越高（h 越大），农户的临界农业生产劳动时间 θ 越小，农户就会将更多时间配置于非农生产，并因此获得较高的家庭收入。第二，相对人力资本水平[②]越高，即家庭劳动力人力资本差异化越大，则家庭从事非农生产的时间越长。或者说，当家庭人口生产偏好从数量转向质量，且存在 Lucas（1988）人力资本积累技术——人力资本的增加不仅取决于投入的时间，也依赖于原有人力资本存量——具体形式为 $\overset{\cdot}{h} = \delta(1 - \tau)h$，[③] 在其他因素不变时，农户劳动力更易于非农转移。第三，在时间配置和人力资本投资方面，专业化人力资本增加的收益也是产生分工的一个强大因素。[④] 人力资本投资的规模经济鼓励一个家庭中本质相同的成员专业化于不同类型的投资，促使他们对时间做出不同的配置，[⑤] 从而使整个家庭显示出分工的特征。这样，家庭分工便内生于家庭劳动力的异质分化过程之中，这一过程又与人口生产偏好的量质替代密不可分。在家庭收益最大化的决策基础上，

---

① 当 $\theta = 1$ 时，表明农户完全从事农业生产；而 $\theta = 0$ 时，表明农户完全从事非农生产，这两种状态下，农户处于专业化的分工结构中。

② 指家庭劳动力中从事非农生产劳动力的人力资本水平与农业劳动力人力资本水平的比值。

③ 其中，参数 $\delta > 0$ 是将时间禀赋标准化后用于工作的时间，$1 - \tau$ 为人力资本积累所耗费的时间。参见［美］小罗伯特·E. 卢卡斯《经济发展讲座》，南京：江苏人民出版社 2003 年版，第 40 页。

④ 参见［美］加里·斯坦利·贝克尔《家庭论》，北京：商务印书馆 2005 年版，第 93—94 页。

⑤ 同上书，第 70 页。

家庭成员个人的专业化知识和技能在农户兼业或非农转移的过程中，获得整个家庭的分工经济。

五 计量分析结果

（一）计量模型的建立及计量方法

为了准确考量人口生产偏好变化、农户家庭分工演进与农户收入变动间的关系及其相互影响，本节建立了一个考虑变量之间内生性的联立方程模型进行估计。为了消除原始数据序列的异方差，使数据更为平稳，本节对变量取对数形式。确立的联立方程的基本形式如下：

$$LnED = f(LnFE, LnPW) \tag{18.3}$$

$$LnPL = g(LnED, LnPW) \tag{18.4}$$

$$LnNI = h(LnPL, LnLA) \tag{18.5}$$

方程（18.3）意味着农户家庭的人力资本形成，即受教育情况（用人均受教育年限 ED 表示）决定于家庭的生育率 FE；表征人力资本投资收益率的城乡收入比[①]（PW）是农户家庭人力资本投资的激励因素。

方程（18.4）表示农户家庭的非农劳动力比例 PL 取决于农户家庭劳动力的人力资本水平（人均受教育年限 ED）；PW 也可以代表非农部门的相对收益率，因此也是影响劳动力非农迁移的重要变量。

方程（18.5）将农户家庭人均纯收入作为内生变量，其变动取决于农业部门内部收入和农户家庭的非农收入；用劳均土地规模 LA（外生变量）作为农业部门收入的重要变量，[②] 而影响非农收入的主要因素是农户非农劳动力的比例 PL。

在估计此联立方程模型时，由于待估方程右端含有内生变量，由似无关估计不能得到参数的一致估计；同时，对于结构式中的方程满足可识别

---

① 用城市居民人均可支配收入与农村居民总收入的比值表示 PW。

② 事实上，土地经营规模对农民纯收入的影响，主要是通过对农业生产要素以及要素配置结构的影响进而影响到农业生产绩效及农业收入而实现的。同时，劳均农地规模也是表征农户家庭物质资本存量的一个重要变量。

的必要条件，使用三阶段最小二乘法（3SLS）可得参数一致且为有效估计。由于考虑了方程之间的相关关系，Greene（2000）认为，当误差项服从正态分布时，该方法得到的估计量是渐进有效的，且它的渐进分布与万全信息最大似然估计量的渐进分布是一致的，能够满足实证分析对工具变量检验的需要。

（二）数据来源及相关说明

本章使用中国 1985—2007 年的时间序列数据进行分析。农户家庭收入数据来自国家统计局农村社会经济调查司《2008 中国农村住户调查年鉴》（中国统计出版社）；农户家庭收入是以 1985 年农村居民消费价格指数为基期进行缩减的实际收入，消费价格指数来源于国家统计局《中国统计年鉴 2008》（中国统计出版社）。户均非农劳动力 = 户均劳动力 – 户均农（林牧渔）业劳动力。户均劳动力数据、非农劳动力比重数据来源于各年份中华人民共和国农业部《中国农业发展报告》（中国农业出版社）。生育率为妇女一般生育率，① 其中，1985 年数据实为 1986 年，1990 年数据实为 1989 年；2006 年、2007 年生育率数据来源于相应年份国家统计局国民经济综合统计司《中国人口和就业统计年鉴》（中国统计出版社）；其余年份生育率数据来源于各年份国家统计局人口和社会科技统计司《中国人口统计年鉴》（中国统计出版社）。人均受教育年限数据来自国家统计局农村社会经济调查司《2008 中国农村住户调查年鉴》（中国统计出版社）。②

（三）估计结果及分析

我们使用三阶段最小二乘法对上述联立方程模型进行了估计，③ 所使用的计量分析软件是 Eviews 6.0，具体估计结果见表 18—2。

---

① 其计算公式是，出生人数/平均育龄妇女人数 ×‰。

② 本章人均受教育年数的计算方法是，各级教育年数分别乘以各级受教育人口比重再加总求和，其中，"不识字或识字很少"以 1 年计，"中专"、"大专及大专以上"合并以 15 年计。

③ 其中，工具变量（instruments）为：$LnFE$、$LnPW$、$LnPL$。

表 18—2 联立方程模型估计结果

variable	equation 3 (Observations：23)		equation 4 (Observations：23)		equation 5 (Observations：23)	
	Coefficient	t-Statistic	Coefficient	t-Statistic	Coefficient	t-Statistic
constant	3.3305 ***	15.3519	- 0.7253 *	- 1.1823	0.5771	0.6353
FE	- 0.3456 ***	- 8.0166				
PW	0.0695	0.9746	0.2869 *	1.1708		
ED			1.9669 ***	5.1365		
PL					0.7617 ***	4.8848
LA					2.1318 **	2.5709
ADR²	0.9598		0.9277		0.9102	
	Determinant residual covariance：1.22E-08					

注：*、**、*** 分别表示估计结果在 25%、5% 和 1% 的水平上显著。

依据表 18—2 的估计结果，调整后的 R^2 说明方程的拟合优度较高，三个方程的拟合优度分别达到了 95.98%、92.77% 和 91.02%，大部分变量在 5% 的显著性水平上通过 T 检验。表明估计的联立方程模型可以用来解释农户人口偏好、家庭分工演进与农户人均收入之间的相互影响。

根据方程（18.3）的估计结果，农户家庭的生育率对其人力资本投资的弹性为 - 0.35，生育率减少 1 个百分点，会造成人均受教育年限提高 0.35 个百分点，说明农户家庭的人口生产存在量质替代关系。表征人力资本投资相对收益率的城乡收入比对人力资本投资的弹性为 0.07，即城乡收入比增加 1%，会引致其家庭人力资本水平上升 0.07%。尽管这一估计系数较小，考虑到人力资本的形成需要时间的积累，且文中使用的人均受教育年限也仅是人力资本的一个替代变量，因此，它还是能够揭示非农收益率对农户家庭人力资本投资的正向效应。

方程（18.4）的估计结果显示，农户人力资本存量的高低和非农性收入的相对收益率是影响农户劳动力非农转移的重要因素。人均受教育年限城乡收入比对家庭非农劳动力比例的弹性分别为 1.97 和 0.29，说明农户家庭人力资本的提升，对农户非农转移的作用远大于工业化、城市化浪潮造成的城乡收入比。尤其是人均受教育年限的估计系数在 1% 的水平上通过了显著性检验，其 P 值接近于零，表明家庭劳动力平均受教育年数对非农活动的参与具有明显的正向作用，亦即人力资本积累和工资性收入比例的加大对推动农户家庭分工的作用是稳健的。这一结果，与李实等人（1999）根据农户调查数据，分别对外出劳动力户和非外出劳动力户的收入函数进行估计所得出的结论吻合。他们的研究发现，教育是影响个人获取非农就业机会的一个重要因素，而且其重要性越来越大。此外，同样是非外出劳动力，他们在有外出劳动力户的边际劳动生产率要高于他们在无外出劳动力户的边际劳动生产率。这说明，外出劳动力不仅能够获得更高的劳动报酬，而且他们的转移或兼业还会对家庭中其他继续务农劳动者的劳动生产率产生积极影响。

李实等人（1999）的研究发现，一个外出劳动力对家庭总收入的贡献率比一个非外出劳动力高出近 11 个百分点。在我们方程（18.5）的估计结果中，非农就业比重对农户人均纯收入的弹性为 0.76。由于农村家庭劳均土地负荷量很小，劳均耕地面积的弹性系数为 2.13，与非农就业比重的弹性相比较，显示了农户人均收入中来自非农收入的弹性大大超过了来自农业部门的收入。对于这一点，国内一些学者（卫新等，2005；胡初枝，2007）做过更为精细的研究：当农户经营土地的规模在一定范围内时（2 公顷以下），农户土地经营规模每增加 1 亩，农业净收益将增加 30 元左右。显然，这样的增加并不能改善农户收入的基本现状。

由于采用联立方程的估计方法，得到的结论中实际上考虑到了变量之间的反作用力。因此，估计结果及结论更为真实地反映了家庭人口偏好变化、分工情况的演变及农户收入的内在联系。

六　结论及扩展含义

本章所做工作的意图在于，从基于外生条件变化而引致的农户家庭行为适应性调整的视角给出解释农民收入增长的一种微观机制。本章研究获得的主要结论如下：由于工业化和市场化极大地改变了人口量—质收益率的对比关系，因此，中国广大农户家庭的生育偏好明显地转向了质量方面。人口生产偏好的这种逆转具有极其重要的发展含义：它提高了家庭成员的专业化技能，促进了家庭劳动分工的发展；人口偏好转变产生的分工经济又成为农户跳出长期以来由于低技能和低分工被动维系的"马尔萨斯贫困陷阱"的重要契机，从而使农民收入实现了前所未有的增长。当人口生产偏好转变成为一种不可逆趋势时，"任何终身的'贫穷文化'在不同世代之间都要消失"。①

贝克尔认为，家庭行为是收入分配不平等的一个重要决定因素。② 本章的研究思路可以为中国城乡居民人均收入差距提供某种合理的解释。经验事实表明，农村居民的人口质量偏好（人均受教育年数）远低于城市居民。③ 在存在报酬率差异的社会分工体系中，具有人力资本存量优势的城镇职工能够获得在高工资率的一级市场稳定就业的机会，且专业化程度较高；而农村劳动力一般仅能在次级市场寻求一份不稳定且低报酬的工作，其中大多数劳动力尚处于兼业化或低专业化状态。分工经济的差异，决定了两种劳动力的工资曲线之间始终存在着一个城市高于农村的截距。④ 同时，现代劳动经济学表明，收入挣得能力的变化率（即工资曲线的斜率），主要决定于劳动者整个生命周期中人力资本投资的变动率，即人力资本积累率越高，随时间推移的挣得能力增长越快。⑤ 考虑到"干中学"效应以及生育率差异决定的人力资本的不同积累率，城市劳动力的工资曲线斜率必然大于农村劳动力。如此，城乡居民间人均收入差距的不

---

① 参见［美］加里·斯坦利·贝克尔《家庭论》，北京：商务印书馆1998年版，第316页。

② 参见同上书，第27页。

③ 比如，2007年，6岁以上人口的平均受教育年限，城市为10.26，乡村是7.18。数据来源：国家统计局人口和就业统计司：《中国人口和就业统计年鉴2008》，北京：中国统计出版社2008年版。

④ 2005年，城镇职工平均货币工资为18364元，农村劳动力平均纯收入仅有6354元。前者是后者的2.89倍。资料来源：城镇职工平均货币工资由《中国统计年鉴2006》5—4，5—25中的有关数据计算得出；农村劳动力平均收入根据《中国农村住户调查年鉴2006》2—1，2—11，2—13有关数据计算得出。

⑤ 严格地说，个人收入挣得能力包括两个方面：先天禀赋能力和后天获得的技能。"天赋能力的水平和分布大概是趋向于相同的"（［美］西奥多·W.舒尔茨：《改造传统农业》，北京：商务印书馆1999年版，第132页）。即相对于后天能力来说，人们之间的先天禀赋差异甚小。在比较人们之间收入挣得能力的差别时，我们可以舍去这种基本不造成差异的因素。

断拉大就成为不可避免的事实。①

依据本章的研究，实现城乡收入差距的收敛必须满足如下要件：其一，在不断扩展和深化的现代经济的分工体系中，农村居民能够争得与城市居民报酬率大体均衡的就业机会，其前提是他们需要具备与城市居民无差异的就业机会选择能力。其二，为此，农村居民需要进一步调整其家庭人口生产偏好，在生育率选择和人力资本投资方面实现与城市居民的趋同。其三，城乡一体化发展政策应当以培育上述两个条件的形成为要旨。

参考文献

［美］加里·斯坦利·贝克尔：《人类行为的经济分析》，上海：上海三联书店、上海人民出版社 1995 年版。

［美］加里·斯坦利·贝克尔：《家庭论》，北京：商务印书馆 2005 年版。

蔡昉、王德文：《经济增长成分变化与农民收入源泉》，《管理世界》2005 年第 5 期。

曹阳：《我国农户劳动力配置决策模型及其应用》，《华中师范大学学报》2005 年第 1 期。

陈灿煌：《农业外商直接投资于农民收入增长的动态关系》，《经济评论》2007 年第 5 期。

［英］弗兰克·艾利思：《农民经济学——农民家庭农业和农业发展》，上海：上海人民出版社 2006 年版。

高梦滔、姚洋：《农户收入差距的微观基础：物质资本还是人力资本?》，《经济研究》2006 年第 6 期。

郭剑雄：《人力资本、生育率与城乡收入差距的收敛》，《中国社会科学》2005 年第 3 期。

郭志仪、常晔：《农户人力资本投资与农民收入增长》，《经济科学》2007 年第 7 期。

何蒲明、黎东升：《我国农村公共物品供给对农民收入影响的实证分析》，《消费经济》2008 年第 5 期。

胡初枝：《农户土地经营规模对农业生产绩效的影响分析——基于江苏省铜山县的分析》，《农业技术经济》2007 年第 6 期。

黄宗智：《制度化了的"半工半耕"过密型农业》，《读书》2006 年第 2 期；第 3 期。

李恒：《外出务工促进农民增收的实证研究——基于河南省 49 个自然村的调查分析》，《农业经济问题》2006 年第 7 期。

李建民：《生育率下降与经济发展内生性要素的形成》，《人口研究》1999 年第 2 期。

---

① 从 1990—2005 年，城镇职工的平均货币工资以 15.72% 的年均速度递增，而农村劳动力的平均收入的年均增长率是 10.18%；除 1994—1995 年、1995—1996 年两个年份以外，其余年份的劳动报酬年均增长率，城镇均高于农村。数据来源：根据《中国统计年鉴 2006》5—4、5—25，《中国农村住户调查年鉴 2006》2—1、2—11、2—13 有关数据计算得出。

李建民:《生育理性和生育决策与我国低生育水平稳定机制的转变》,《人口研究》2004 年第 11 期。

李实、赵人伟:中国居民收入分配再研究,《经济研究》1999 年第 4 期。

林毅夫:《我国城市发展和农村现代化的几点意见》,《决策咨询》2001 年第 8 期。

刘秀梅、田维明:《我国农村劳动力转移对经济增长的贡献分析》,《管理世界》2005 年第 1 期。

刘元梁、肖卫东:《中国城镇化发展与农民收入增长关系的动态计量经济分析》,《数量经济技术经济研究》2005 年第 9 期。

刘忠群、黄金、梁彭勇:《金融发展对农民收入增长的影响》,《财贸经济》2008 年第 6 期。

龙翠红:《教育、配置效应与农户收入增长》,《中国农村经济》2008 年第 9 期。

[英] 马尔萨斯:《人口论》,北京:北京大学出版社 2008 年版。

钱忠好:《非农就业是否必然导致农地流转——基于家庭内部分工的理论分析及其对中国农户兼业化的解释》,《中国农村经济》2008 年第 10 期。

沈坤荣、张璟:《中国农村公共支出及其绩效分析》,《管理世界》2007 年第 1 期。

[英] 亚当·斯密:《国民财富的性质和原因的研究》,北京:商务印书馆 2009 年版。

唐朱昌、吕彬彬:《财政支农政策与农民收入增长:总量与结构分析》,《江淮论坛》2007 年第 2 期。

王广慧、张世伟:《教育对农村劳动力流动和收入的影响》,《中国农村经济》2008 年第 9 期。

王虎、范从来:《金融发展与农民收入影响机制的研究》,《经济科学》2006 年第 6 期。

卫新、胡豹、徐萍:《浙江省农户生产经营行为特征与差异分析》,《中国农村经济》2005 年第 10 期。

温涛、冉光和、熊德平:《中国金融发展与农民收入增长》,《经济研究》2005 年第 9 期。

杨小凯:《发展经济学——超边际与边际分析》,北京:中国社会科学文献出版社 2003 年版。

杨小凯、黄有光:《专业化与经济组织》,北京:经济科学出版社 1999 年版。

杨小凯、张永生:《新兴古典经济学与超边际分析》(修订版),北京:中国社会科学出版社 2003 年版。

张秀生、柳芳、王军民:《农民收入增长:基于农村公共产品供给视角的分析》,《经济评论》2007 年第 3 期。

赵耀辉:《中国农村劳动力流动及教育在其中的作用——以四川省为基础的研究》,《经济研究》1997 年第 2 期。

朱农:《论农村非农活动对收入分布的作用》,《世界经济文汇》2002 年第 2 期。

朱农:《贫困、不平等和农村非农产业的发展》,《经济学(季刊)》2005 年第 5 卷第 1 期。

Barro R,Becker G. S. 1989:Fertility Choice in a Model of Economic Growth. Econometrica. 57:481 – 501.

Becker G. S. 1964（1993, 3rd ed. ）: *Human Capital: A Theoretical and Empirical Analysis, with Special Reference to Education.* Chicago, University of Chicago Press.

Becker G. S. , Lewis H. 1973: On the Interraction between the Quantity and Quality of Children. *Journal of Political Economy.* 81: S279 – S288.

Becker G. S. , Murphy K, Tamura R. 1990: Human Capital, Fertility and Economic Growth. *Journal of Political Economy*. 98: S12 – S37.

Becker G. S. , Barro R. J. , 1988: A Reformulation of the Economic Theory of Fertility. *Quarterly Journal of Economics*, Vol. 103 (1): 1 – 25.

De Tray D. 1973: Child Quality and the Demand for Children. *Journal of Political Economy*. 81: S70 – S95.

Greene W. H. 2000: Econometric Analysis 4th Edition, Prentice Hall.

Jamison D. T. , Lau L. J. 1982: *Farmer Education and Farm Efficiency*, Johns Hopkins Univ. Press, Baltimore.

Lucas R. E. 1988: On The Mechanics of Economic Development, *Journal of Monetary Economics*, 22: 3 – 42.

Menard, S. 1987: Fertility, Development, and Family Planning, 1970—1980: an Analysis of Cases Weighted by Population, Studies in Comparative International Development, 22, 3, Fall: 103 – 127.

Momota, A. , and Futagami, K. 2000: Demographic Transition Pattern in a Small Country, *Economics Letters* 67 (2): 231 – 237.

第十九章

人力资本门槛与农业增长的多重均衡：
理论及中国的经验证据[*]

一　引言

　　人力资本是否是农业增长的源泉？自 20 世纪 60 年代人力资本理论兴起以来，这一命题得到众多学者的广泛关注。作为人力资本理论的开创者，舒尔茨（Schultz，2006）最早强调了人力资本对农业发展的关键性作用。舒尔茨认为，传统农业落后的根源在于资本收益率低下，若要突破传统农业的长期停滞状态，就必须引进新的现代农业生产要素，其核心是向农民进行人力资本投资。Griliches（1963，1964）、Hayami（1969）、Hayami & Ruttan（1970）、Huffman（1974）、Khaldi（1975）等的经验研究发现，教育[①]对促进农业增长或提高农业生产效率具有显著的正向作用，人力资本被看作是触发农业增长的引擎，这与舒尔茨的理论基本一致。然而，另有一些研究结论（Herdt，1971；Patrick & Kehrberg，1973；Phillips & Marble，1986）却显示，人力资本对农业增长或农村经济增长的作用不显著，甚至是负作用。在中国农业增长的分析中同样存在这两种观点，肯定人力资本作用的有之，否定的亦有之。尽管主要结论肯定人力资本的作用，但发现其对农业增长的贡献率相当低（周晓、朱农，2003；李勋来、

　　* 本章选自郭剑雄、鲁永刚发表于《清华大学学报》（哲学社会科学版）2011 年第 6 期的同名文章。中国人民大学报刊复印资料《农业经济研究》2012 年第 2 期全文复印。

　　① 由于早期的研究侧重于教育，人力资本与教育两者在本质上没有区别，主要是表述习惯上的不同。考虑到文献引用的需要，本章在必要之处交替使用两者。

李国平、李福柱，2005；孙敬水、董亚娟，2006；杜江、刘渝，2008）。这种现象被称为"农村人力资本作用之谜"或"农村人力资本陷阱"。

针对农业部门人力资本作用之谜的问题，研究者给出如下两个方面的解释：其一，至今人力资本理论仍不完善，学界对人力资本存量的核算方法尚未达成一致，衡量人力资本的指标不尽相同。教育是投资人力资本的主要形式，大多数研究也选择受教育程度作为衡量人力资本的主要指标，但选择受教育程度又存在识字率、入学率、平均受教育年限等指标的差异。由于衡量标准不同结论可能会出现差异。其二，实证分析受样本数据限制，研究所选的样本不同计量回归的结论可能不同。事实上，当研究支持教育促进农业产出增长或提高农业生产效率的观点时，研究选取的样本通常是美国、日本等发达国家或一些经济增长较快的地区（Griliches，1963、1964；Hayami，1969；Hayami & Ruttan，1970）。当研究持否定观点时，选取的样本大多是拉丁美洲的巴西、亚洲的印度等发展中国家（Herdt，1971；Patrick & Kehrberg，1973）。前者的缺陷可以通过数据的完善和指标的修正加以克服，后者的引申含义则是，人力资本在发达国家的农业增长中作用显著，在发展中国家的农业增长中作用则不明显甚至为负，在不同的农业发展阶段人力资本的作用可能不同。

跨国统计数据表明，过去农业增长最快的地区目前增长也最快，世界各国农业的持续增长和停滞不前同时存在，新古典增长理论预期的趋同现象并未出现。20世纪70年代以来，亚洲和拉丁美洲地区的农业产出增长较快，而撒哈拉以南非洲的增长则非常缓慢。在同一时期，这三大地区劳动力人力资本水平的变化趋势同样存在差异，亚洲和拉丁美洲的平均受教育年限分别从1970年的3.66年和3.82年提高至2000年的6.82年和7.13年，撒哈拉以南非洲仅从2.02年增加到4.62年。[1] 这在一定程度上说明农业增长与人力资本水平的高低存在一定的内在联系。

基于前述的理论与经验分析，Lockheed et al. （1980）、Phillips & Marble （1986）、Lau et al. （1993）等学者指出教育对农业增长作用不能一概而论，教育通过"门槛效应"（threshold effect）对农业做出贡献，农

---

[1]　资料来源：Barro R. J. and J. W. Lee, 2010, A new data set of educational attainment in the world, 1950—2010. NBER Working Paper No. 15902。

民的受教育程度超过一定门槛值时教育对农业生产才具有显著作用，否则不显著。微观计量研究显示门槛值一般是平均受教育年限达到 4 年或 3 年。门槛效应虽然对不同地区教育的贡献差异给出比较令人信服的答案，但该结论的得出建立在大量的经验分析基础上，缺乏理论化的细致分析；而且这些经验分析大多是微观计量研究，鲜有文献从宏观角度分析人力资本对农业增长是否存在门槛效应。

与近年来侧重于计量分析的研究不同，本章从内生经济增长的思想出发，将人力资本引入农业增长的分析框架，构建内生农业增长模型，在理论上探索人力资本与农业增长的一个可能机制。基于各国农业增长和停滞并存的事实，采用叠代模型尝试对农业增长的多重均衡现象作出解释，探讨农业增长路径如何从低水平均衡突破到高水平均衡。在叠代模型框架下，本章的主要观点是：人力资本通过门槛效应作用于农业增长，在不同的农业发展阶段和人力资本水平下人力资本的作用不同，当农业部门的人力资本水平低于某一门槛临界值时，其对农业增长的作用并不显著，只有人力资本水平突破门槛临界值时，人力资本才可以对农业增长做出显著的贡献，此时人力资本才真正成为农业增长的源泉。

本章其余部分的内容安排如下：第二部分为理论模型，主要从理论上分析人力资本积累与农业增长之间的关系，以及人力资本门槛效应下农业增长多重均衡状态的形成。第三部分主要解释农业增长多重均衡的形成机制。第四部分运用中国的跨省数据来检验第二、三部分的理论。最后为本章的结论和有待进一步解决的问题。

二 人力资本与内生农业增长模型

(一) 内生农业增长模型

发展经济学一般将农业发展的基础建立于二元结构理论之上，农业发展的动力来自非农部门，农业增长主要是外生因素驱动的结果。我们认为，当一国的经济发展进入工业化中后期阶段，农业增长的引擎更多来自于农业内部，特别是农业部门的人力资本（郭剑雄，2006）。假定农业部门代表性家庭的效用函数为

$$v(c) = \int_0^\infty \frac{c^{1-\sigma} - 1}{1 - \sigma} e^{-\rho t} dt \qquad (19.1)$$

其中，$\sigma \in (0,1)$，$\rho > 0$，ρ 为时间偏好率，σ 为跨期替代弹性。以 Lucas（1988）的内生增长模型为基准，我们设定农业部门的集约生产函数为扩展的柯布—道格拉斯形式

$$y(t) = Ak(t)^\beta (uh(t))^{1-\beta} \qquad (19.2)$$

其中，y、k 和 h 分别表示人均农业产出、人均物质资本和人均人力资本，A 表示技术水平，u 为劳动力单位时间内用于生产的时间比例，则 $1-u$ 用于人力资本积累。所以，物质资本的积累形式为

$$\dot{k}(t) = Ak(t)^\beta (uh(t))^{1-\beta} - c \qquad (19.3)$$

其中，c 代表消费，假定人力资本的积累满足简化的宇泽—罗森公式，即

$$\dot{h}(t) = \delta(1 - u)h(t) \qquad (19.4)$$

其中，δ 为人力资本的生产技术参数，则求解最优路径的汉密尔顿函数为

$$H(k,h,\lambda,\mu,t) = \frac{c^{1-\sigma} - 1}{1 - \sigma} e^{-\rho t} + \lambda \{Ak(t)^\beta (uh(t))^{1-\beta} - c\}$$
$$+ \mu \{\delta(1 - u)h(t)\} \qquad (19.5)$$

该方程的解即为平衡增长路径上的稳态增长率。求得的稳态增长率为[①]

$$g^* = \frac{\delta - \rho}{\sigma} \qquad (19.6)$$

其中，$\delta > \rho$，同时，积累人力资本的最优时间比例为

$$1 - u^* = \frac{\delta - \rho}{\delta \sigma} \qquad (19.7)$$

结合以上两式可得

$$g^* = (1 - u)^* \delta \qquad (19.8)$$

可见，当把人力资本引入农业部门之后，农业的稳态增长率取决于积累人力资本的生产技术和积累人力资本的最优时间比例。在内生农业增长

---

① 关于该方程的解可参考 Funke 和 Niebuhr（2005）的证明。

模型中，人力资本成为影响农业增长的重要因素。

（二）两期叠代模型

上述模型是内生增长模型在农业部门的具体应用，农业增长只存在一个稳态，这有悖各国农业增长和停滞并存的事实。基于 Azariadis 和 Drazen（1990）的多重均衡分析方法，以人力资本的叠代模型为分析框架，我们通过人力资本的门槛效应描述农业增长的多重均衡。

根据两期叠代模型，假定经济体的每个人都只经历两个相等的时期：在第一期个体的单位时间支配于休闲和学习之间，在第二期个体工作并消费。Lucas 模型以简洁的人力资本积累方程最早对人力资本与内生增长的机制作出研究，但只考虑了时间因素的作用，过于简化，难以反映人力资本的积累机制。事实上，在人力资本的形成过程中父母的投入不仅是时间，而且包含资本品的投资，更涉及整个经济体的公共教育等。Glomm & Ravikumar（1992）将公共教育与私人教育同时纳入分析框架，分析了两种教育投资形式下的人力资本积累以及对经济增长和收入分配的影响。与 Glomm & Ravikumar 的模型不同，本章不考虑公共教育对人力资本积累的作用，但将个人受教育的质量纳入分析范围，这一人力资本积累因素在现有文献中往往被忽视，借鉴 Zhang（1995）的方法我们以父母的教育资本投入来衡量人力资本质量，假定人力资本的积累形式满足如下关系

$$h_{2,t} = B(1 - u)^{\eta} e^{\theta} h_{1,t}^{\lambda} \tag{19.9}$$

其中，$h_{1,t}$ 和 $h_{2,t}$ 分别表示第一期和第二期的人力资本水平，u 表示个体在第一期的休闲时间比例，e 表示父母的教育投资，B 表示人力资本的生产技术参数，$B > 0$ 且 $\eta, \theta, \lambda \in (0,1)$。遵循 Glomm & Ravikumar 假定，个体的收入水平等价于其人力资本积累水平，个体在休闲、学习和消费之间权衡以实现终生效用最大化，将（19.1）式改写为对数效用函数，则个体的效用函数为

$$U = Lnu_{1,t} + Lnc_{2,t} + Lne_{2,t} \tag{19.10}$$

约束条件为

$$c_{2,t} + e_{2,t} = h_{2,t} \tag{19.11}$$

由一阶条件得消费和教育投资的最优分配为

$$c_{2,t} = e_{2,t} = 1/2h_{2,t} \qquad (19.12)$$

由一阶条件得积累人力资本的最优学习时间比例为

$$1 - u^* = \frac{\eta}{1/2 + \eta} \qquad (19.13)$$

可见，积累人力资本的最优时间比例取决于投入学习的产出弹性。根据 Azariadis 和 Drazen（1990）的人力资本外部效应可知，人力资本的门槛外部性存在如下简化形式

$$h = \begin{cases} h_1 & h_1 > 0,\text{当 } h \leqslant h^* \text{ 时} \\ h_2 & h_2 > h_1,\text{当 } h > h^* \text{ 时} \end{cases} \qquad (19.14)$$

其中，h^* 为人力资本门槛值。根据式（19.8）可知，农业的稳态增长率取决于学习时间比例所积累的人力资本。由于人力资本的门槛外部性决定着技术进步的非线性化，因此不同的人力资本积累形成不同的技术水平，在不同的技术水平下农业增长可能呈现出不同的稳态增长率，假定农业部门的技术水平存在如下两种简化形式

$$A = \begin{cases} A_1 > 0,\text{当 } h = h_1 \text{ 时} \\ A_2 > A_1,\text{当 } h = h_2 \text{ 时} \end{cases} \qquad (19.15)$$

由式（19.15）可得：不同的学习时间比例形成不同的人力资本水平和技术水平，因此农业的均衡增长率相应不同。当人力资本水平低于某一临界值时，偏低的技术水平导致农业的稳态增长率偏低，农业增长陷入低水平均衡增长状态；当人力资本水平突破某一临界值时，农业增长则进入高水平均衡增长路径。人力资本成为农业增长的源泉是存在前提条件的，当人力资本存量超过一定门槛值时，人力资本才可以在农业增长中凸显出其重要作用，人力资本才可以成为农业增长的源泉。

三 人力资本门槛效应下的农业增长机制

人力资本的门槛效应之所以存在，是因为在不同农业发展阶段上或不同农业增长类型中，人力资本作用所依赖的条件是不同的。

传统农业或低发展水平农业是一种特殊的投入产出类型，其生产主要依靠劳动力、土地和简单的物质资本的投入。而且，相对于土地和资本，

劳动力是极其充裕的。决定于这种资源禀赋结构，传统农业技术进步的基本方向是寻求充分利用丰裕的"原生态"的劳动力的方法，从而形成对土地和资本等稀缺要素的有效替代。由于技术的原始性和简单性，传统农业中的技术进步往往具有非人力资本偏态的特征，即该种技术仅依靠劳动者的禀赋能力或简单的学习能力便可操作，不产生对劳动者技能的特殊依赖或劳动者不需要为掌握该技术承担重新学习的成本。基于与非人力资本资源的非匹配性，在传统农业中人力资本的回报率非常低下。"采用并有效地播种和收割甘蔗看来并不取决于那些在地里干活的人的教育水平，在锄棉中与教育相关的能力也没有任何经济价值"[1]，亦即投资人力资本的收益率远远小于该项投资未来消费的贴现率。同时，由于缺少其他就业渠道，传统农业的首要职能是向每一个具有劳动能力的人提供"分享式"的就业机会并保障规模庞大的农业人口的生存需要。按照 Lucas（1988）的解释，一个人力资本为 $2h(t)$ 的劳动者的生产率相当于两个人力资本分别为 $h(t)$ 的劳动者，如果农业部门的平均人力资本水平提高一倍，那么隐性失业将扩大一倍，对以平均产出获得收入作为工资标准的传统农业而言，这是难以承受的。因此，在传统农业社会，既缺乏对人力资本的需求，也缺乏投资人力资本的供给，人力资本的存量难以达到高水平的供求均衡状态；人力资本也不会成为传统农业产出增长的源泉。传统农业最终形成低人力资本水平、低技术进步和低农业产出的"马尔萨斯稳态"，农业增长通过锁入效应陷入"低水平均衡陷阱"。

在发达的或持续增长的农业中，投入结构发生显著改变。随着工业化扩张和非农就业机会的增长，农业剩余劳动力大规模转移，农业劳动力逐渐转变为稀缺性资源；以农业机械和化肥等为代表的由工业部门生产的现代农业要素，由于其廉价性和高效率特征成为了农业生产的基本投入。农业生产函数的转变同时意味着农业技术类型的转变。物质资本和现代技术投入的增长，必然要求人力资本作为互补性投入一同增长，因为现代农业技术往往属于人力资本偏态类型，该种技术的采用对农民的技能有着较高

---

[1] ［美］西奥多·W. 舒尔茨：《改造传统农业》，北京：商务印书馆2006年版，第160页。

的要求。正如舒尔茨指出的，"有能力的人民是现代经济丰裕的关键"，[①]
离开大量的人力投资，要取得现代化农业的成果和达到现代工业的富足程
度是完全不可能的。由于投入结构的改变和技术水平的提高，现代农业中
向人力资本投资的获得的边际产出显著，因而成为现代农业增长的主要源
泉。需求的增长和收益率的提升，会诱致人力资本在高水平上形成均衡。
在农业内生增长的分析框架下，人力资本之所以能够成为触发农业增长路
径转变的关键，其原因在于技术进步，而技术进步则内生化于人力资本的
积累中。

　　人力资本门槛与农业增长多重均衡的机制如图 19—1 所示，图中横轴
代表人力资本水平，纵轴代表人力资本收益率，A 与 A′和 B 与 B′分别代
表不同人力资本门槛临界值左右的农业经济体。在长期，农业部门人力资
本存量的增加，不仅表现为人力资本质量的提升，而且伴随着人力资本收
益率的提高。这是因为人力资本的收益率取决于人力资本总量，人力资本
存量越高，人力资本的收益率也越高；反之收益率越低。当农业部门的人
力资本水平超过门槛临界值时，与低人力资本水平相比人力资本收益率大
幅提升，并且呈非线性变化。此时，人力资本突破低收益率均衡而实现高
收益率，农业部门的人力资本投资才有利可图，人力资本所孕育的知识和
技能积累才会为技术进步提供保证。人力资本的高收益率体现于技术创新
所带来的高回报率，技术创新的不断积累导致技术变革发生，随之通过技
术外溢带动整个农业部门的技术进步。农业技术进步发生之后产出大幅提
升，农业实现快速增长。与低水平均衡增长相反，高人力资本水平、高技
术进步和高农业产出成为现代农业的典型特征。因此，当人力资本深化使
得人力资本突破门槛临界值时，人力资本触发农业增长由低水平均衡路径
过渡到高水平均衡增长路径。

　　上述分析表明，在农业增长的动态转型过程中，人力资本水平是决定
农业增长路径的瓶颈。农业部门持续的人力资本动态深化是实现农业增长
路径转型和跳出"马尔萨斯稳态"的前提条件。在长期，农业部门从业
人员的人力资本深化，既是农业增长的源泉又是农业发展的结果。

---

　　① ［美］西奥多·W. 舒尔茨：《经济增长与农业》，北京：北京经济学院出版社 1992 年
版，第 92 页。

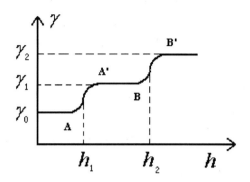

图 19—1 人力资本门槛与多重均衡的形成

四 中国的经验证据

（一）计量模型、变量和数据

上述理论分析表明，人力资本通过门槛效应影响农业增长，只有当人力资本水平达到一定门槛值时才对农业增长起显著作用。下面我们采用 Tong & Lim（1980）、Hansen（1996，2000）发展起来的非线性模型，通过估计和检验门槛值并对样本内生分组来考察不同人力资本水平对农业增长的影响。

鉴于中国各省区历年农业从业人员人力资本的统计资料有待完善，缺乏核算人力资本指标的长期数据，我们选取中国大陆 31 个省市自治区 2008 年的截面样本数据进行经验分析，对式（19.2）两边取对数后引入门槛变量即为相应的模型。各变量为：农业产出以农、林、牧、渔业产值来衡量，物质资本选用耕地、机械投入和化肥施用来衡量，人均农业产出和人均物质资本分别为各总量与农业从业人员数量的比值，农业从业人员数量为各地区第一产业就业人员数。以上各变量的数据均来源于《中国统计年鉴 2009》，农业生产总值的数据按当年价格计算，与以不变价格计算相比，只影响截面模型中常数项的估计值，故忽略价格波动的影响。

本章主要考察中国农业增长中是否存在人力资本门槛效应，因此人力资本指标的合理选取至关重要。如前文所述，人力资本的核算方法尚未统一，为避免单一指标下的认识偏差，本章分别采用以下指标衡量人力资本：（1）中等教育入学率和（2）平均受教育年限。[①] 人力资本是通过正规教育、健康、在职培训、"干中学"以及迁移等凝结在劳动力身上的能力，其中正规教育是形成人力资本的主要途径。考虑到数据上的可获取性，国内外的研究者大多以受教育程度来代表人力资本，为了使分析的结论具有可比性，本章同样选取这两个指标测算人力资本。（3）平均预期寿命。理论和经验研究都揭示了健康对经济增长具有一定正向作用（Fogel，1994；罗凯，2006；王弟海、龚六堂、李宏毅，2008），健康又是人力资本不可或缺的载体，因此我们选取平均预期寿命从健康方面衡量人力资本。（4）人力资本投资成本。我们尝试从投资成本的角度衡量各地区的人力资本水平。与第二部分的理论分析一致，假定中国农村家庭收入中人均生活消费支出以外的投资支出全部投资于人力资本。这种假定虽然过于严格，但与城市地区相比，中国农村地区从公共教育到医疗卫生都缺乏健全的体制保障，农村家庭消费支出以外的大部分支出都用于子女教育或医疗卫生。根据国务院发展研究中心农村经济研究部的调查，农户的生产性支出并不高，教育支出是农村家庭的最大支出，农民一次大病的医疗费几乎相当于一个家庭一年的全部收入（韩俊，2005）。因此我们认为这种估算基本符合现实。以上各指标中，农村人口中等教育入学率和平均受教育年限的数据来自《中国人口和就业统计年鉴2009》，其余数据来自于《中国统计年鉴2009》。

（二）估计结果

本章采用的样本数据为截面数据，故不考虑非平稳性等问题。以前文的四个人力资本指标为门槛变量分别估计和检验门槛效应是否存在，结果如表19—1所示。当第一个门槛显著存在时，可能还存在第二个甚至第三个门槛。本章受选取样本的限制，当存在第一个门槛时，各区制的样本相应减小，没有必要估计和检验下一个门槛，因而本章只考虑单门槛效应。

---

① 以初中和高中教育的入学率衡量中等教育入学率，计算平均受教育年限时未上过学、小学、初中、高中和大专及以上的受教育年限分别为1年、6年、9年、12年和16年，各级受教育程度的权重为抽样调查中的人口比重。

从表19—1中可见，当以中等教育入学率和平均受教育年限为门槛变量时，人力资本门槛效应不存在，但以平均预期寿命和人力资本投资为门槛变量时，人力资本门槛效应显著存在，说明在不同的人力资本指标下门槛效应的存在性呈现明显的差异。中等教育入学率和平均受教育年限尽管被众多学者所采用，但这两种测算方法的缺陷不容忽视。中等教育入学率难以全面代表劳动者的受教育水平，平均受教育年限法假定具有不同教育水平的劳动者之间可以完全替代，将1年的初等教育等同于1年的高等教育，否定了人力资本的异质性。与卡路里摄入量、人均床位数等单个指标不同，平均预期寿命可以全方位的衡量健康人力资本。人力资本投资则从成本上相对全面地衡量了人力资本。与前两个指标相比，后两个指标的衡量更为全面，因而在10%显著水平上人力资本门槛效应显著存在。由此可以预想，如果人力资本的统计方法更为合理，获得的数据更为完备，那么人力资本门槛效应更显著。

表19—1   **门槛效应检验结果**

门槛变量	门槛值	LR	P值	95%置信区间
中等教育入学率（%）	0.538360	9.166394	0.266000	[0.532251，0.538360]
平均受教育年限（年）	7.712185	8.316162	0.392000	[7.657014，7.712185]
平均预期寿命（年）	70.07000	11.224465	0.067000	[69.87000，71.85000]
人力资本投资（元）	707.4900	10.262075	0.079000	[705.3100，1564.3800]

注：P值为采用bootstrap模拟1000次所得的结果。

借助似然函数图可以刻画门槛估计值、似然比统计量和置信区间的关系。图19—2和图19—3分别是平均预期寿命和人力资本投资为门槛变量的似然函数图，其中，实线为似然比统计量，虚线为95%置信度下的似然比统计量临界值。可以看出，门槛估计值均处于相应的置信区间内，即认为门槛估计值为实际门槛值。结合表19—1说明中国农业增长存在人力资本门槛效应，农业发展呈现多重均衡现象。

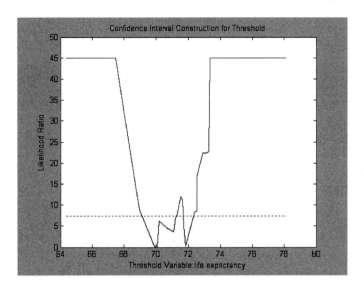

图19—2 门槛估计值和置信区间

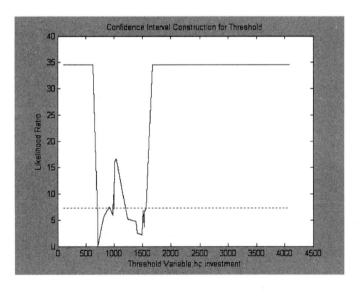

图19—3 门槛估计值和置信区间

通过门槛效应的显著性检验之后，样本可依据门槛估计值划分为不同的区制，在不同的区制内分别回归分析，通过比较门槛变量回归系数就可考察门槛效应。以平均预期寿命和人力资本投资为人力资本门槛变量，回归分析前文设定的基本模型，各模型的参数估计值如表19—2所示。模型

1 和模型 2 是以平均预期寿命为人力资本门槛变量的估计结果，模型 3 和模型 4 是以人力资本投资为门槛变量的估计结果。通过比较可以看出，前后两组模型中各要素系数估计值的差别比较微小，只是后两个模型的显著性更高。从模型 3 和模型 4 可以看出，在低区制下，耕地、化肥和机械三种要素的系数估计值均显著，人力资本的系数为负值，但不显著；在高区制下，耕地、化肥和机械三种要素的系数估计值同样均显著，此时，人力资本的系数不但显著而且为正值，对比可以发现，人力资本的系数和显著性发生明显的改变。

表 19—2 模型的估计结果

变量	模型 1	模型 2	模型 3	模型 4
	H < = 70.07	H > 70.07	H < = 707.49	H > 707.49
常数	4.011757	− 49.251932 ***	− 0.852932 *	− 6.732885 ***
	（3.721590）	（7.024801）	（0.275863）	（1.139130）
耕地	− 0.169137 **	− 0.051834	− 0.600745 ***	0.190843 *
	（0.047796）	（0.135210）	（0.082200）	（0.106594）
机械	0.520667 ***	− 0.152301	0.580745 ***	− 0.297461 **
	（0.059137）	（0.098031）	（0.069068）	（0.134281）
化肥	0.650471 ***	0.642039 **	0.408135 ***	0.511828 ***
	（0.068037）	（0.217695）	（0.055199）	（0.113523）
人力资本	− 1.669332	10.950385 **	− 0.077165	0.681030 ***
	（0.910839）	（1.649194）	（0.037251）	（0.157129）
R^2	0.971122	0.742139	0.940641	0.728597
样本数	9	22	8	23

注：（1）被解释变量为人均农业产出。（2）括号内数值为经怀特异方差调整后的标准差。（3） *** 、 ** 、 * 分别表示 1%、5%、10% 的显著性水平。

总的来看，不论是在低区制下还是在高区制下，耕地、化肥和机械这些物质要素投入均在中国农业生产中处于基础地位。化肥投入的产出弹性估计值在 0.4 和 0.6 之间，始终保持着非常高的显著性，可见化肥在农业生产投入中占据着核心作用，这与国内外一些文献采用时间序列数据或面板数据估计的结果基本一致（乔榛等，2006；李志俊等，2011）。耕地和机械的产出弹性估计值大多为负值，这是有悖常理的，并不能以此就说这两种要素的投入越少农业产出就越多。由于负值主要出现在高区制，一个可能的解释是，当农民的人力资本水平大幅提高之后，农民的技能水平只有通过和大型机械等物质资本的相互结合才能发挥出应有的作用，但中国现行的土地政策下，耕地的细化限制了机械的潜力，这导致耕地和机械的产出弹性相应减小。

人力资本的系数在低区制不仅为负值而且不显著，在高区制不仅为正值而且高度显著，说明人力资本门槛效应显著存在。当人力资本水平低于某一临界值时，人力资本对农业增长几乎没有作用甚至负面作用；只有超过临界值时，人力资本才能促进农业增长，而且此时人力资本的产出弹性明显高于其他物质资本的产出弹性，人力资本成为农业增长的源泉。在低区制下人力资本系数为负值，一个不容忽视的原因是劳动力的选择性转移，农村家庭出于效用最大化的考虑选择投资人力资本，但人力资本的收益却在非农部门，农民向人力资本做出了投资，然而人力资本的收益却并没有体现在农业生产上，所以计量回归的系数为负或不显著也就不足为奇。在高区制下，人力资本水平已越过门槛临界值，凝结在农民身上的技能有助于提高物质资本的生产效率，并优化物质资本的配置，促进或推广技术变革，在既定的资源条件下以实现最大的农业产出。这就对文献中看似相互对立的结论作出解释，人力资本对农业增长的贡献取决于人力资本水平的高低，不同样本中人力资本水平的高低不同，从而对农业增长的作用也就显著不同。

（三）各省份农业发展水平的内生分组

依据门槛值可以将中国各省份的农业发展水平分组。表19—3为2008年各省份依据人力资本门槛值的分组。从分组的结果来看，两个模型中处于低区制和高区制的省份基本一致。划分到高区制的省份主要集中于东部沿海地区，而划分到低区制的省份主要位于内陆西部地区。跨越人力资本门槛的高区制省份，不仅农业人均产值高，而且农业生产的效率高。从前面的数据计算可知，上海、北京和江苏依次是中国大陆农业人均产值最高的省份，而贵州、山西和云南则最低。与一些研究者测算的农业全要素生产率相比较，人力资本水平高的省份其农业生产效率同样高。以方鸿（2010）测算的农业生产技术效率为例，2005 年中国农业技术效率得分前十的省份（市、区）依次是：北京、辽宁、江苏、浙江、福建、山东、广东、青海、新疆和河南，这十个省份（市、区）除位于西部的青海和新疆外其余都处于高区制。这进一步说明技术进步是内生化的，若要使得落后的农业通过技术进步得到发展，必须引进人力资本这个新生产要素，因为新技术从研发到推广应用都必须依靠具备高人力资本水平的农民。

表 19—3　2008 年各省份（市、区）依据人力资本门槛值划分的区制

模型	低区制	高区制
模型 1 和模型 2	内蒙古、江西、贵州、云南、西藏、陕西、甘肃、青海、新疆	北京、天津、河北、山西、辽宁、吉林、黑龙江、上海、江苏、浙江、安徽、福建、山东、河南、湖北、湖南、广东、广西、海南、重庆、四川、宁夏
模型 3 和模型 4	湖南、广西、贵州、云南、陕西、甘肃、青海、宁夏	北京、天津、河北、山西、内蒙古、辽宁、吉林、黑龙江、上海、江苏、浙江、安徽、福建、江西、山东、河南、湖北、新疆

需要注意的是，与发达国家的现代农业相比，中国农业仍然落后。尽管经验分析表明中国一些省份的农业增长已经跨越人力资本门槛，人力资本对农业增长的贡献相当突出，但这并不能说明这些省份的农业增长已经进入真正意义上的高水平增长路径。因为本章的门槛估计值是依据样本内生分组估算的，我们仅描述了两种均衡状态。实际上，农业增长的多重均衡状态不止两个，相应的区制同样不止两个，在低水平均衡状态下，这些省份所在的高区制只是相对低区制而言的。

五　结论

本章研究获得的主要结论如下：第一，在农业内生增长的分析框架下，人力资本是农业内生增长的源泉所在，农业部门积累的人力资本水平决定着农业的增长路径。农业增长存在多重均衡现象，人力资本的存量差异是产生多重均衡状态的原因之一。当人力资本水平低于某一门槛临界值时，农业增长陷入低水平均衡陷阱；一旦人力资本水平突破门槛临界值，农业增长将进入高水平均衡状态。第二，人力资本成为农业增长的引擎存在前提条件，人力资本通过门槛效应对农业增长起作用，只有人力资本水平高于某一门槛临界值时，人力资本才可以成为农业增长的核心要素，才能够通过技术变迁推动传统农业向现代农业转变。第三，中国的经验分析表明，各省份的农业增长呈现多重均衡现象，人力资本门槛效应显著存在，人力资本已经在东部沿海省份的农业生产中发挥着至关重要的作用，而在若干中西部省份人力资本的作用则显现不出来。

本章试图阐明人力资本在农业增长中的作用机制，因此只将人力资本门槛作为形成农业增长多重均衡的先决条件。在农业生产初始条件基本相同的情况下，人力资本门槛的决定性作用尤为突出。但事实并非如此简单，农业增长的多重均衡状态可能是经济、社会、政治等各种因素相互作用的综合结果，究竟何种因素的作用更为重要，这是本章尚未解决的问题之一。若将传统农业全面改造为现代农业这个问题是无法回避的，对于中国而言，这在理论上和实践上都是亟须进一步研究和探索的问题。

中国第二次全国农业普查资料显示，农村劳动力的平均受教育年限仅为 7.85 年。[①] 这与发达国家相比存在一定的差距，20 世纪 90 年代美国、加拿大、日本、新西兰等农村地区的平均受教育年限已经分别达到 10.54 年、9.62 年、10.26 年和 11.89 年。[②] 这一差距不仅说明中国农村地区人力资本深化的潜力巨大，同时凸显出人力资本深化之路任重而道远。当人力资本门槛成为农业增长的瓶颈时，农业部门人力资本深化的机制究竟是什么，中国特别是中国的中西部地区农业发展如何顺利迈过人力资本门槛，政府的农业政策是否应该针对性地做出调整，均是有待进一步深入研究的课题。

参考文献

杜江、刘渝：《人力资本投资与农业经济增长：基于中国分省数据的经验分析》，《经济评论》

---

① 资料来源：第二次全国农业普查主要数据公报（第五号），计算方法同上。

② 资料来源：Ulubasoglu, M. A. and B. A. Cardak, 2007, International comparisons of rural-urban educational attainment: data and determinants. *European Economic Review* 51, 1828—1857.

2008 年第 3 期。

方鸿：《中国农业生产技术效率研究：基于省级层面的测度、发现与解释》，《农业技术经济》
　　2010 年第 1 期。

郭剑雄：《人力资本、生育率与农业部门内生发展机制的形成》，《西北大学学报》（哲学社会科
　　学版）2006 年第 1 期。

韩俊：《涉及农民切身利益的若干问题及政策建议——基于国务院发展研究中心农村部的调查》，
　　《改革》2005 年第 10 期。

李勋来、李国平、李福柱：《农村人力资本陷阱：对中国农村的验证与分析》，《中国农村观察》
　　2005 年第 5 期。

李志俊、郭剑雄、雷小兰：《人力资本、生育率与中国农业发展——基于 1995—2008 年面板数据
　　的实证分析》，《财经论丛》2011 年第 1 期。

罗凯：《健康人力资本与经济增长：中国分省数据证据》，《经济科学》2006 年第 4 期。

乔榛、焦方义、李楠：《中国农村经济制度变迁与农业增长——对 1978—2004 年中国农业增长的
　　实证分析》，《经济研究》2006 年第 7 期。

孙敬水、董亚娟：《人力资本与农业经济增长：基于中国农村的 Panel data 模型分析》，《农业经
　　济问题》2006 年第 12 期。

［美］西奥多·W. 舒尔茨：《改造传统农业》，北京：商务印书馆 2006 年版。

王弟海、龚六堂、李宏毅：《健康人力资本、健康投资和经济增长——以中国跨省数据为例》，
　　《管理世界》2008 年第 3 期。

周晓、朱农：《论人力资本对中国农村经济增长的作用》，《中国人口科学》2003 年第 6 期。

Azariadis，C. and A. Drazen，1990：Threshold externalities in economic development. *Quarterly Journal
　　of Economics* 105：501 – 526.

Fogel，R. W.，1994：Economic growth，population theory，and physiology：the bearing of long-term
　　processes on the making of economic policy. *American Economic Review* 84：369 – 395.

Funke，M. and A. Niebuhr，2005：Threshold effects and regional economic growth-evidence from West
　　Germany. Economic Modelling 22：61 – 80.

Glomm，G. and B. Ravikumar，1992：Public versus private investment in human capital：endogenous
　　growth and income inequality. *Journal of Political Economy* 100：818 – 834.

Griliches，Z.，1963：Estimates of the aggregate agricultural production function from cross-sectional da-
　　ta. *Journal of Farm Economics* 45：419 – 428.

Griliches，Z.，1964：Research expenditure，education and the aggregate agricultural production func-
　　tion. *American Economic Review* 54：961 – 974.

Hansen，B. E.，1996：Inference when a nuisance parameter is not identified under the null
　　hypothesis. *Econometrica*，64：413 – 430.

Hansen，B. E.，2000：Sample splitting and threshold estimation. *Econometrica*，68：575 – 603.

Hayami，Y.，1969，Sources of agricultural productivity gap among selected countries. *American Journal of Agricultural Economics* 51: 564 – 575.

Hayami, Y. and V. W. Ruttan, 1970: Agricultural productivity differences among countries. *American Economic Review* 60: 895 – 911.

Herdt, R. W. , 1971: Resource productivity in Indian agriculture. *American Journal of Agricultural Economics* 53: 517 – 521.

Huffman, W. E, 1974: Decision making: the role of education. *American Journal of Agricultural Economics* 56: 85 – 97.

Khaldi, N. , 1975: Education and allocative efficiency in U. S. agriculture. *American Journal of Agricultural Economics* 57: 650 – 657.

Lau, L. J. , D. T. Jamison, S. -C. Liu and S. Rivkin, 1993: Education and economic growth: some cross-sectional evidence from Brazil. *Journal of Development Economics* 41: 45 – 70.

Lockheed, M. E. , T. Jamison and L. J. Lau, 1980: Farmer education and farm efficiency: a survey. *Economic Development and Cultural Change* 29: 37 – 76.

Lucas, R. E. , Jr. , 1988: On the mechanics of economic development. *Journal of Monetary Economics* 22: 3 – 42.

Patrick, G. F. and E. W. Kehrberg, 1973: Costs and returns of education in five agricultural areas of eastern Brazil. *American Journal of Agricultural Economics* 55: 145 – 153.

Phillips, J. M. and R. P. Marble, 1986: Farmer education and efficiency: a frontier production function approach. *Economics of Education Review* 5: 257 – 264.

Tong, H. and K. S. Lim, 1980: Threshold autoregression, limit cycles and cyclical data. *Journal of the Royal Statistical Society* 42: 245 – 292.

Zhang, J. , 1995: Social security and endogenous growth. *Journal of Public Economics* 58: 185 – 213.

第二十章

人口生产转型、要素结构
升级与现代农业成长[*]

一　研究背景

最近 30 多年来，中国农业获得快速成长。农林牧渔业总产值由 1978 年的 1397.0 亿元增长到 2011 年的 81303.9 亿元，相同年份，农村居民家庭人均纯收入从 133 元增长到 6977 元。[①] 以 1978 年价格为定基价格计算，二者分别增长 6.7 倍和 9.3 倍。

与农业快速成长相伴行的一个典型性事实是，中国农村人口生产类型的转变，即由过去长期存在的数量偏好逐渐转向质量偏好。[②] 1950—1980 年，农村妇女总和生育率维持在 6.51—4.97 的高位，即每个妇女终身平均生育 5—6 个孩子；[③] 20 世纪 80 年代特别是 90 年代之后，农村妇女总和生育率显著下降，2000—2010 年间，仅维持在 1.73—1.43 的水平。[④]

---

[*] 本章收录的是郭剑雄、李志俊发表于《南开学报》2013 年第 6 期的《人口生产转型、要素结构升级与中国现代农业成长》一文。

[①] 国家统计局：《中国统计年鉴 2013》，北京：中国统计出版社 2013 年版，第 378、440 页。

[②] 偏好是一种倾向性选择。人口生产数量偏好是指人口生产的高生育率特征，即家庭倾向于多生育子女；所谓人口生产质量偏好，指在多生育子女和培养高质量子女之间，家庭资源更愿意配置于后者。

[③] 数据来源：［美］D. 盖尔·约翰逊：《经济发展中的农业、农村、农民问题》，林毅夫、赵耀辉译，北京：商务印书馆 2004 年版，第 172 页。

[④] 郝娟、邱长溶：《2000 年以来中国城乡生育水平的比较分析》，《南方人口》2011 年第 5 期，第 27—33 页。

如果选择受教育程度作为衡量人口质量的指标，农村居民家庭子女的受教育程度随生育率的下降大幅度提升。根据《中国综合社会调查 2008》（CGSS2008）①的数据，比较 1949—1970 年出生的农村男性和女性居民，1971—1990 年出生的农村男性和女性的平均受教育年数，分别由 7.47 年和 5.52 年提高到 9.92 年和 8.54 年；②后一代相对于前一代大致扩展了一个初中教育层次。

本章关心的问题是，农村人口生产的这种量质逆转，是否与中国农业的快速成长存在某种联系？特别是，它能否成为影响未来中国农业现代化建设的积极因素？如果肯定性答案不排除，那么二者之间的关联机制和关联状态如何？

讨论农业成长动力和道路的文献，存在如下几种主要类型：（1）结构主义思路。基于落后农业和发达工业并存的二元经济结构假设，刘易斯（Lewis，W. A. 1989）、费景汉和拉尼斯（Fei，J. & Ranis，G. 1989；2004）认为，农业成长在很大程度上是传统农业的过剩劳动力向现代工业的转移过程。当农业剩余劳动力被不断扩张的工业部门吸收完毕时，与工业一样，农业劳动力成为稀缺性商品，其报酬不再等于平均产出，而由边际产出决定。农业由此转变为市场化或资本主义化部门，农业发展过程即告完成。（2）政治经济学思路。大概由于计划经济时期人们形成的一种思维惯性，也可能与特殊的政治体制有关，破解制约中国农业发展瓶颈的任务，人们更愿意交给政府。在加大财政支农投入（朱晶，2003；王敏、潘勇辉，2007）、工业反哺农业（马晓河等，2005；蔡昉，2006；洪银兴，2007）和减免农业税费（刘书明，2001；李瑞，2005）的种种主张中，离开了政府（以及工业部门）的支持，似乎难以看到还有什么力量能够左右农业的发展。（3）新古典主义思路。从要素的趋利性和市场

---

① 该数据是中国人民大学社会学系等单位所发起的一项全国范围内的大型的抽样调查项目。本项调查根据随机抽样的方法，在全国 28 个省市抽取家庭户，然后在每个被选中的居民户中按一定规则随机选取 1 人作为被访者。调查数据记录了被访者的教育年限以及家庭特征等信息。

② CGSS2008 数据调查的最年轻的被访问者是 1990 年出生。1990 年以后出生农村子女，许多仍处于在学阶段，尚无法确定其最终受教育年数。不难预期，1990 年后出生的农村子女的受教育程度将更高。

配置资源的有效性出发，农业发展即农业部门的资源流动和要素再配置过程。因此，在新古典经济学视野中，农业发展可以定义为农业生产函数的转变——现代农业要素对传统农业要素的替代（舒尔茨，1987）。通过要素结构转变和技术效率的提升，农业最终将被改造成为与工业要素收益率趋同的现代产业部门。（4）内生增长思路。由于新增长理论的贡献，教育、人力资本和内生技术进步也被引入农业发展分析框架。人力资本或技能是与较高技术类型和发达产业形态相联系的关键性要素，截至目前中国农业技术还主要表现为非技能偏态特征，因此，人力资本对过去中国农业产出增长的贡献尚未充分体现（郭剑雄、李志俊，2011；郭剑雄、鲁永刚，2011）；随着农业现代化的推进和农业技术水准的提高，人力资本将逐渐成为影响农业产出增长的决定性变量（郭剑雄、李志俊，2010）。

　　将农业发展归结为要素结构转变是既有文献的基本共识。但是，第一，不同文献对于农业发展要素结构的认识存在着差异。在结构主义那里，现代农业要素结构的主要特征被视为劳动力的稀缺性；新古典主义和政治经济学思路，将来自市场配置或政府动员的物质资本投入的增长和劳均物质资本装备水平的提高看作现代农业的关键性特征；内生增长理论则突出强调人力资本对于现代农业发展的决定性意义。第二，不同文献中存在两种农业要素结构的转变机制。新古典主义和结构主义认为，开放的要素市场，既是农业要素结构转变的前提，也是农业要素合理化配置的保障；在政治经济学视角中，政府倾斜性的农业发展政策才是实现农业要素结构转变的关键。第三，技术进步体现于要素的变化，农业要素结构的转变同时意味着农业技术类型的升级。无论在新古典主义、结构主义还是政治经济学文献中，农业部门的技术因素均被处理为外生变量；内生增长理论在引入人力资本的基础上，对技术进步做出内生化处理。

　　除内生增长理论以外，多数文献关注农业成长的重点一般在农业生产投入的物的方面，而忽略作为农业发展主体的人的变化对农业成长的价值。内生增长理论虽然将人的质量因素引入对技术进步和长期增长的解释，但该理论尚未能够提供一个对于发展中国家农业现代化的有效分析框架。本章借助人口生产转型这一范畴，将劳动力的数量和质量同时引入对农业发展问题的分析，试图实现内生增长理论与农业发展理论的某种融合，并对中国农业发展的过去、现在和未来提供一种不同于既有文献的解释。

二 人口生产量质转型的农业成长机制

(一) 农业成长形态划分

根据要素投入结构的差异,可以把农业成长形态区分为如下几种类型:(1) 在古典经济学中,劳动和土地这类禀赋性资源构成农业生产函数的基本投入。借鉴这一思想,可以将依靠劳动和土地驱动产出增长的农业发展类型定义为古典农业。该农业类型主要存在于前工业社会,属于农业发展的低级阶段。(2) 工业革命成就了一种新的极其重要的生产要素——物质资本。新古典经济学在构造生产函数时,物质资本要素的作用被凸显出来。基于此,我们把突出物质资本在产出中贡献的农业发展类型界定为新古典农业。这一类型与工业化进程相依随,体现了工业化成果对农业发展的积极影响,因而相对于古典农业来说它是一个重要的进步。(3) 新增长理论将人力资本引入新古典增长模型,用以揭示产出增长中贡献率日益显著的技术进步的源泉。由于对增长方程中技术进步的内生化处理,人力资本一般被理解为内生性要素。借鉴新增长理论,本章将强调人力资本及其推动的技术进步对产出增长影响的农业发展类型称为内生农业。该种农业目前仅存在于发达经济体,它预示着中国农业成长的未来方向。

一个国家或经济体的农业形态不是一成不变的,它会由于新型要素累积而引致的要素结构变化而改变。农业形态变化的基本规律是,由古典农业转向新古典农业,进而演进到内生农业。农业形态的转变过程,同时是农业由传统到现代的成长过程。因此,农业成长可以定义为,由于要素结构变化而引起的从古典农业向新古典农业再向现代内生农业的发展过程。就农业形态的转变机制而言,农业成长即农业生产函数的转变。

(二) 人口量质偏好转变的要素结构效应

人口生产量质偏好的逆转,对于农业成长或农业生产函数的转变存在着相互强化的多重效应:第一,农业劳动力供给增长率下降。人口生产数量偏好减弱的直接后果,是农村居民家庭子女数的减少和家庭规模的缩小。1949—1970 年和 1971—1990 年两个世代出生的农村居民,平均兄弟姐妹数由 3.85 人减少至 2.54 人。[①] 相应地，农户户均人口规模由 1978 年的 5.7 人下降到 2009 年的 4 人。[②] 即使不考虑劳动力转移，当生育率下降导致新增劳动力数量不足以弥补由于年龄引起的劳动力退出量时，农业劳动力就业量将绝对减少。第二，农村劳动力人力资本深化。在贝克尔（Becker，Gary S. 1995；2005）的新家庭经济学和卢卡斯（Lucas，Robert E. 2003）的人口内生增长理论中，生育率下降和人力资本积累率提高是一个问题的两面，它们由共同的原因引起。一方面，当人力资本的高收益率特征在工业化、市场化进程中充分显现时，向人口质量投资的经济合理性胜于向人口数量投资，家庭代际效用函数的优化解必然是减少生育数量和增加向子女的人力资本投资。另一方面，其他条件不变，生育率下降有利于集聚人均家庭教育资源，从而成为人力资本提升的某种保障。[③] 第三，基于托达罗（Todaro，M. P. 1992）的非农迁移函数 $M = \pi w_i - w_a - c$，农业劳动力的转移决策 M，取决于其非农就业概率 π、净生命周期内非农和农业预期收入的净现值 $w_i - w_a$ 和转移成本 c。由于在非农部门就业存在着较高的技术门槛，较高的人力资本是劳动力实现职业转换的必要条件，因而人力资本成为提高转移劳动力非农就业概率的关键性因素；同时，非农工资率是人力资本的正函数，转移成本又与人力资本负相关。由此，人口生产的质量偏好有助于促进劳动力的离农转移。

劳动力的非农转移不仅是人力资本推动的结果，同时它可以成为加速人力资本积累的原因。设农民群体的人力资本[④]是其先天人力资本禀赋、个人学习能力以及很大程度上由学习能力决定的受教育者比例的函数。假定，第 t 期的每个劳动者都有从上一代遗传而来的相等的人力资本禀赋量 h_t；每个人具有不同的学习能力 a^i，且 a^i 在区间 [0，1] 之间均匀分布。将农民拥有的时间分为两个阶段，每阶段均化为 1。在第一阶段，他们选择是否进行教育投资。选择接受教育而分配的时间占单位时间的比例为 $e (0 < e < 1)$，未接受教育的时间为劳动时间。第二阶段全部用于劳

①　数据来源：根据《中国综合社会调查 2008》的数据计算得出。

②　数据来源：国家统计局农村社会经济调查司：《中国农村住户调查年鉴 2010》，中国统计出版社 2010 年版。

③　同时参见 Anastasi（1956）、Blake（1981）。

④　仅以其受教育程度衡量。

动。该阶段劳动者的生产率水平，取决于其在第一阶段进行的人力资本投资。假设农业与非农产业间的差距主要体现为人力资本回报率的不同。若将农业部门单位人力资本的报酬化为1，则单位人力资本在非农部门的报酬是 w（$w > 1$）。[①] 同时假设非农部门为竞争性就业市场，其工资结构不受迁入者的影响。接受教育的劳动者面对着转移的不确定性，他们有 π 的概率可以实现转移。[②] 若转移是可能的，农民会比较农业和非农部门的人力资本回报率，从而做出是否进行教育投资的决策。当受教育者的预期收入高于未受教育者的预期收入时，[③] 即在满足（20.1）式[④]的条件下，接受教育就会成为理性投资者的选择。

$$(1-e)\,h_t + (1-\pi)\,(1+a^i)\,h_t + \pi\,(1+wa^i)\,h_t > 2h_t \quad (20.1)$$

该式等价于：

$$a^i > \frac{e}{1+\pi\,(w-1)} \quad (20.2)$$

令 $\dfrac{e}{1+\pi\,(w-1)} \equiv a^E$，$a^E$ 为农民是否选择接受教育的临界学习能力。由于每个人的学习能力被设定为是有差异的，且在区间 $[0,1]$ 均匀分布，因此，a^E 的值越小，选择对教育进行投资的个人就越多。依据（20.2）式，如果农民不能在两部门之间流动，即当 $\pi = 0$ 时，临界的个人学习能力 $a^F = e$；[⑤] 当 $\pi = 1$，即转移对于受教育者是确定的，临界的个人学习能力 $a^M = e/w$；一般而言，$\pi \in [0,1]$，临界的个人学习能力 $\in [a^M, a^F]$。由（20.2）

---

① w 是扣除了迁移成本的净回报。

② 相应地，有的概率不能实现转移。

③ 为简便起见，这里未考虑收入的跨期贴现问题，同时假定农民是风险中性的。

④ 若农业部门单位人力资本的报酬为 w^d，不完全非农部门单位人力资本的报酬为 w（$w > w^d$），则(20.1) 式的完整表达式是：$(1-e)h_t w^d + [(1-\pi)(h_t w^d + a^i h_t w^d) + \pi(h_t w^d + a^i h_t w)] > h_t w^d + h_t w^d$。该式左边为农民选择进行教育投资时两个阶段的预期收入之和。$(1-e)h_t w^d$ 为第一阶段农民选择进行教育投资情况下的收入；$(1-\pi)(h_t w^d + a^i h_t w^d) + \pi(h_t w^d + a^i h_t w)$ 为第二阶段农民收入的一个期望值，其中，不迁移的概率为 $1-\pi$，收入为 $h_t w^d + a^i h_t w^d = (1+a^i)w^d h_t$，迁移概率为 π，收入为 $h_t w^d + a^i h_t w = (w^d + wa^i)h_t$，这里，$h_t w^d$ 为该迁移农民具有的同质型人力资本的预期收入，$a^i h_t w$ 为迁移农民具有的异质型人力资本的预期收入。该式右边为农民不选择进行教育投资时两个阶段收入之和。假设 $w^d = 1$，所以有公式(20.1)。

⑤ 与 a^F 为不存在非农转移的个人学习能力临界值。$a^F = e$，由必要的政府投入给出。

式进一步可得：

$$\frac{\partial \ a^E}{\partial \ \pi} = \frac{- e(w - 1)}{[1 + \pi(w - 1)]^2} < 0 \qquad (20.3)$$

（20.3）式表明，转移概率 π 越大，临界的个人学习能力 a^E 越小，此时，选择对教育进行投资的个人越多；反之，转移概率 π 越小，临界的个人学习能力 a^E 则越大，对教育进行投资的个人就越少。前述分析可获得的结论是，随着从低工资率的农业部门向高工资率的非农部门转移机会的增加，将刺激农民的人力资本投资。

人力资本深化有利于进一步加速生育率下降和抑制劳动力增长率。依照贝克尔（2005）的分析，人们拥有的时间可以划分为市场活动时间和非市场活动时间。在市场活动时间，人们通过出售劳动获得货币收入或市场产品；非市场活动时间里，则通过家庭活动生产非市场产品。考虑到非市场产品对消费者福利的重要影响，家庭消费的均衡应是市场活动时间与非市场活动时间的适度组合。人力资本回报率的提高，首先改变了劳动者市场活动时间的价值，因为单位时间里劳动的收入流增加了；其次改变了市场之外家庭活动时间的价值，因为家庭时间的消费是以放弃市场工作机会为代价的。相对于工作时间生产力的持续提高，家庭时间的消费就变得更为昂贵。孩子是家庭生产的时间密集型"产品"，家庭消费时间价值的前述变化，提高了生育子女的直接成本和机会成本。这成为高人力资本投资回报率条件下妇女生育率下降的经济动因。

（三）要素结构转变的农业成长机制

人口生产量质转型的劳动力增长率下降效应和劳动力非农化效应的直接后果，是农业参与劳动力的减少。当农业剩余劳动力因该两种效应逐渐消失，并最终在农业部门出现劳动力短缺时，以劳动为主要驱动力[①]的古典农业形态必然退出历史舞台。

劳动力的减少使农业部门的劳动与非劳动资源配比关系改善，农业劳动生产率因此提高，人均农业剩余也由此增长。而人均农业剩余是形成农

---

① 虽然土地是古典农业的基本要素，但由于土地在总量上既定，因此它不构成农业产出增长的源泉。

业资本的来源之一。劳动力的非农就业可以增加农民家庭的非农收入，高素质劳动力的非农就业则能够提高这一收入的增长幅度。非农收入的增长是加快农业物质资本积累的重要源泉。同时，人力资本推动的劳动力转移，为非农部门供给了较高素质的劳动力。这能够在一定程度上避免非农产业的低度扩张，提高工业化质量。工业的健康发展为工业反哺农业——转移部分工业剩余积累农业资本——创造了有利条件。基于物质资本积累的增长，物质资本要素将在农业生产中被广泛使用，并成为驱动农业产出增长的主要动力，新古典农业形态由此形成。

除人力资本深化的直接效应外，非农就业机会对劳动力素质的选择性向农民表明，人力资本也是一种重要的资源，农民可以凭此资源为自己开拓新的收入流源泉。高素质劳动力的率先转移，是农民发现其人力资本最优价格的过程。当人力资本的高回报率机会向农民不断显现并被充分认识时，改变贫穷命运的动机会极大地激发他们的人力资本投资需求，提高其人力资本的实际积累水平。尽管劳动力择优性转移产生了人力资本的流失，但对人力资本投资的普遍重视将在动态上和整体上提高农民的素质。尽管高能力劳动力目前可能选择非农就业，但由于人力资本积累率的普遍提高，第二代、第三代农民的素质将会显著优于他们的前辈。随着劳动力转移过程的推进，农业部门将出现土地经营规模的扩大、物质资本体现型技术进步的加速并使该类技术逐渐显现技能偏态特征等变化。基于这些变化的农业生产有利性的增长，将把农业逐渐改造成为一个高素质劳动力的竞争性就业部门。其时，非但农业人力资本不再流出，还可能吸引来自非农部门的高技能劳动力的进入。内生农业形态将由高人力资本要素的引入而最终脱胎。

三　人口转型与不同农业成长形态的稳态过渡

生育率或劳动力增长率下降和劳动力转移以及二者之间的关系，对于农业成长形态的转变具有重要意义。费景汉和拉尼斯认为，在劳动力过剩的二元经济中，当人口增长率大于劳动力非农转移率时，经济发展是失败的；在二者相等时，经济发展处于停滞状态；只有后者大于前者，经济发展才是成功的。[1] 在索罗（Solow，R. M. 1956）经济增长模型中，劳动力非农转移与生育率下降有着类似效应——在减少甚至消除资本广化的同时带来资本深化。

若农业产出和其他条件既定，当农业劳动力增长率可变时，物质资本的投资曲线将不再是直线，而是一条近似于 S 形的曲线［如图 20—1 中 $(l+d)k$ 曲线］。图 20—1 中，A 是一个稳态均衡点，它处于劳动力高增长率[2]阶段，该均衡意味着农业部门的低人均物质资本装备水平（$0\,k_A^*$）和低人均产出水平（$0\,y_A^*$），这是对古典农业低收入均衡陷阱的一种刻画。C 也是一个稳态均衡点，它处于低劳动力增长率[3]阶段。此时，人均物质资本装备水平（$0\,k_C^*$）和人均产出水平（$0\,y_C^*$）均远远大于 A 点的情形，它是对以物质资本作为主推动力的新古典农业生产均衡态的一种直观描述。B 是由古典均衡向新古典均衡过渡的一个分界点，人均资本装备水平低于 B 点对应的 $0\,k_B^*$ 时，农业成长收敛于古典均衡；一旦人均资本装备量能够超越 $0k_B^*$ 水平，农业就会趋向于新古典均衡。尽管可以通过外部投资、提高储蓄率或计划调节等手段使资本—劳动比率越过 B 点的水平，但农业部门的生育率下降和劳动力转移是不可忽略的力量。

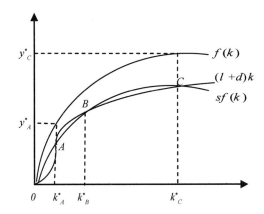

图 20—1　农业部门可变劳动力增长率的索罗模型

说明：索罗模型中 $f(k)$ 为总产出，s 为储蓄率，l 为劳动力增长率，d 为物质资本折旧率。

---

① ［美］费景汉、古斯塔夫·拉尼斯：《增长与发展：演进的观点》，北京：商务印书馆 2004 年版，第 287 页。

② 该高增长率由人口的高增长率和劳动力的低转移率共同决定。

③ 与图 20—1 中的 A 点相反，C 点的低劳动力增长率由低人口增长率和高劳动力转移率共同引致。

　　新古典农业成长阶段的农业生产，与约翰·梅勒（Mellor，John W.）在 20 世纪 60 年代提出的第三阶段的农业发展模式——高资本技术动态农业相似：人地比例逐渐下降，平均农场规模趋于扩大；资本变得越来越充裕，允许农业大量使用资本；劳动力成本变得越来越高昂，用机器和新的生产资料代替劳动可以节约生产成本。[①] 新古典农业的主要特点是物质资本对劳动的替代，劳动节约型和资本密集型技术被不断运用到农业生产中，劳动生产率显著提高。

　　由于新古典农业和内生农业人力资本积累的时间比例不同，导致两类均衡态下的人力资本水平的差别，从而农业均衡产出（率）也不相同。如图 20—2 所示，当人力资本水平处于 h_1^* 时，劳均农业产出为 y_1^*；当人力资本因其积累率的增加提升到 h_2^* 时，农业均衡产出会进入 y_2^* 表征的高水平均衡增长路径。

　　沿着卢卡斯将人力资本引入索罗模型的分析，在平衡增长路径上，人力资本和物质资本以不变的速度增长，两种资本的组合轨迹如图 20—3 所示。[②] 这一点体现出合理调整资本存量结构对于优化农业成长路径的重要性。当物质资本存量达到一定程度，因其边际收益递减规律的作用，影响到该模式下农业的发展效率，因此物质资本必须与人力资本水平的提升作为互补条件同时存在。当一项承载新技术的物质资本操作需要新的技能时，其实施速度将取决于所需技能的投资速度。尼尔森和菲尔普斯（Nelson，R. & Phelps，E. 1966）的研究表明，新技术扩散的范围和速度与一个经济体的人力资本存量相关。在其他条件既定时，人力资本存量越大，技术扩散的范围越广、扩散的速度也越快。劳动力技能与新引进的高技术性能的物质资本之间的不匹配，是阻碍技术进步速度和追赶能力的重要原因。所以，人力资本存量的高低被认为是生产中引入更先进、更复杂生产

---

　　① 参见 ［美］约翰·梅勒《农业经济发展学》，北京：农村读物出版社 1988 年版。

　　② 当人力资本存在外部效应时，物质资本的增长率要高于人力资本的增长率。直觉和经验告诉我们，在农业成长形态的转变期，与非农部门相比，农业部门的物质资本还是相对匮乏的。尽管农业部门人均人力资本（从教育角度来看）存量与非农部门相比仍有不小差距，人均物质资本存量的差距更加悬殊，物质资本相对稀缺的约束是农业发展的瓶颈之一。

技术的先决条件。[①] 巴罗和萨拉伊马丁（Barro，R. J. & Sala-I-Martin，Xavier）认为，物质资本与人力资本间的两类不平衡，对经济增长率会产生不同的影响。如果人力资本相对丰裕，对于一个广义产出概念而言的增长率仍会随着二者不平衡的增大而下降。[②] 由于投入结构的改变和技术水平的提高，发达农业向人力资本投资获得的边际产出显著，因而人力资本成为内生农业增长的主要源泉，此时的农业技术呈现显著的人力资本（技能）偏态特征。

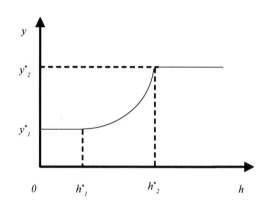

图20—2 人力资本与产出的稳态过渡

四 中国农业成长的现状及前景

（一）估计模型、指标选取及数据来源

假定农业生产函数为 Cobb-Douglas 形式，并放松规模报酬不变假定，待估模型如下：

$$\ln Y = f(\ln pow, \ln fer, \ln lan, \ln lab, \ln edu) \tag{20.4}$$

其中，Y 是农业产出；pow 和 fer 分别代表农业机械动力、化肥施用等

---

① 同时也应当注意到，物质资本投入中同时也存在着人力资本投资增长的促发机制。一项隐含新技术的物质资本的出现是与该技术相联系的专门知识或技能的报酬率提高相联系的，这会刺激劳动者对新知识和新技术的学习。内生增长理论的"干中学"模型就是对这一机制的形式化描述。

② 参见［美］罗伯特 J. 巴罗、哈维尔·萨拉伊马丁《经济增长》，北京：中国社会科学出版社2000年版，第157—158页。

可变资本投入向量；lan 为农作物播种面积，是固定资本投入变量的代表；lab 是农业劳动力投入；edu 是劳动力受教育程度，用以描述农业劳动力人力资本的主要特征。

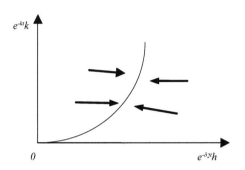

图 20—3　人力资本和物质资本的可能路径

数据样本是中国农业 1978—2010 年的时间序列数据。所有数据均来自《新中国五十年农业统计资料》和历年的《中国统计年鉴》、《中国农村统计年鉴》。使用的农业投入和产出变量①的定义如下：农业产出指标（Y）是以 1978 年农产品生产价格指数计算的农林牧渔可比总产值，它代表中国农业的总体发展水平。农业机械动力投入（pow）以农业机械总动力计算，为主要用于农林牧渔的各种动力机械的动力总和，包括耕作机械、排灌机械、收获机械、农用运输机械、植物保护机械、牧业机械、林业机械、渔业机械和其他农业机械；不包括专门用于乡镇、村组办工业、基本建设、非农运输、科学实验和教学等非农业生产方面用的机械。化肥投入（fer）以当年度实际用于农业生产的化肥折纯量计算，包括氮肥、磷肥、钾肥和复合肥。劳动力数量投入（lab）以乡村年底农林牧渔从业人员数计算，乡村从事工业、服务业的劳动不包括在农业劳动投入内。劳动力质量（人力资本）投入（edu）以年底农村居民的平均受教育年限衡量。平均受教育年限的计算方法：文盲劳动力比重 ×1 + 小学劳动力比重 ×6 + 初中劳动力比重 ×9 + 高中和中专劳动力比重 ×12 + 大学及以上劳动力比重 ×15。

---

①　各变量均取自然对数。

（二）计量分析基础

普通最小二乘法（ OLS ）作为常用的回归分析方法，其应用的前提是各自变量的相互独立。但是，现实中由于各自变量之间往往相互影响，从而易产生多重共线性，导致 OLS 方法的效度弱化。运用 SPSS13.0 对模型（20.4）作多元线性回归，结果中 $\ln fer$ 、 $\ln lab$ 和 $\ln edu$ 的系数无法通过 0.05 的显著性水平检验。用膨胀因子法进行诊断， $\ln pow$ 、 $\ln fer$ 和 $\ln edu$ 的膨胀因子分别为 94.484、106.192 和 67.46，大大超过 10，说明存在严重的多重共线性。因此采用多元岭回归方法以减少共线性对于结果的影响。首先去掉 $\ln edu$ 这一变量，取步长为 0.02，计算该模型的岭参数 k 的岭迹图如图 20—4。对于 k 值的选取，首先应保证岭迹图上个回归系数的岭估计基本稳定，残差平方和增大幅度较小；同时，由于 k 增加时，未知参数岭估计方差减少，但其偏度增加。从图 20—4 中可以看出，当 $k <$ 0.2 时，岭迹波动较大，各要素的回归系数不稳定；当 $k > 0.4$ 时，岭迹趋于平稳。因此取 k 为 0.5，以保证各要素回归系数稳定的同时偏度最小。

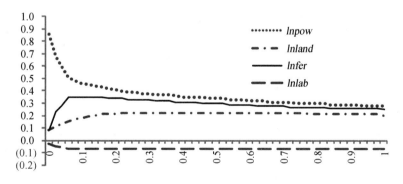

图20—4 农业生产函数投入要素的岭迹图

（三）估计结果分析

剔除人力资本因素的农业生产函数的回归模型如下：

$$\ln y = 0.3220\ln pow + 0.3162\ln fer + 0.2232\ln lan - 0.0464\ln lab$$

$$(20.5)$$

t 值（22.0829）   （19.5701）   （9.9739）   （ - 1.8921） *

$$R^2 = 0.9612 \quad ADR^2 = 0.9557 \quad F = 173.42$$

估计结果（20.5）的拟合优度很高，且除劳动力投入外的其他变量通过了 1% 的显著性检验。[①] 农业机械动力、化肥投入、农作物播种面积的产出弹性分别为 0.3220、0.3162、0.2232；农业劳动力的弹性值很小且为负数。

考虑到人力资本必须有劳动力这一载体才能发挥作用，将模型（20.5）中的劳动力数量转换为有效劳动，再进行岭回归估计，结果如下：

$$\ln y = 0.2849\ln pow + 0.2385\ln fer + 0.2132\ln lan +$$
$$0.1708(\ln lab + \ln edu) \qquad (20.6)$$

T 值　（17.8896）　　（18.9119）　　（9.0255）　　（8.6736）

$$R^2 = 0.9599 \quad ADR^2 = 0.9542 \quad F = 167.58$$

模型（20.6）显示，当劳动力数量转换为有效劳动后，其系数由 -0.0464 变为 0.1708，说明劳动力的质量已经成为中国农业生产中不得不考虑的要素。结合（20.5）的结果，有理由相信，在中国农村劳动力继续非农转移的背景下，农业劳动力的人力资本对农业生产的作用应得到重视。但其弹性值目前还明显低于物质资本。

$$\ln y = 0.3221(\ln pow + \ln edu) + 0.3135\ln fer +$$
$$0.2240\ln lan - 0.0550\ln lab \qquad (20.7)$$

T 值　　（22.1466）　　　（19.7740）　　　（9.9921）　　（-2.2345）

$$R^2 = 0.9611 \quad ADR^2 = 0.9556 \quad F = 173.00$$

检验技能偏态技术的（20.7）式的结果与（20.6）式的各要素弹性系数差别很小，表明中国农业生产目前尚未呈现技能型的内生农业特征。

1978—2010 年，中国农业产出的年均增长率为 6.199%，农业机械动力、化肥施用量、农作物播种面积和农业劳动力的年均增长率分别为 6.694%、6.017%、0.218% 和 -0.111%，[②] 计算得前述各要素的贡献率范围分别为 30.76%—34.77%、20.69%—30.69%、0.75%—0.78%、0.08%—0.31%，人力资本的贡献率为 5.18%—7.04%。中国农业产出

---

① 　*表示通过 5% 的显著性水平检验，未通过 1% 的显著性水平检验。

② 　各变量的计算为年均增长率的算术平均数。

增长的主要贡献力量来源于物质资本投入，土地、劳动力和人力资本的作用不显著。计量分析的结果表明，以劳动和土地为主驱动力的古典农业形态已成为中国农业的历史，物质资本贡献率显著的新古典农业是当前中国农业发展的典型形态，但人力资本和技能偏态技术广泛运用的发达农业的特征尚未显现，内生农业形态尚属中国未来。

（四）中国农业成长的前景

基于人口生产量质转型和劳动力转移，30 年多来，中国农业成功地实现了由古典农业向新古典农业的过渡，在不断增长的物质资本投入的驱动下，中国农业产出实现了持续和快速增长。有理由相信，随着劳动力转移过程的继续和人口生产质量的进一步提升，人力资本将逐渐加大对农业生产的投入，并最终成为驱动农业发展的新型动力，内生农业有望成为现实。

目前，虽然劳动力转移的人力资本流失效应尚为显著，农民人力资本投资增长率还不如人意，但工业化、城市化背景也日益显现出内生农业生成的若干契机。第一，由于对人力资本积累的普遍重视，劳动力的人力资本水平呈现显著的代际提升趋势。比较 1949—1970 年出生的农村人口，1971—1990 年出生的农村男性和女性的受教育程度分别提高 2.45 年和 3.02 年。[①] 第二，农业劳动力过剩程度大大减弱，甚至出现劳动力的季节性短缺，劳均耕地规模扩大，[②] 农业生产的有利性增长。

随着人口生产量质偏好的进一步转变和劳动力持续的非农转移，物质资本对劳动的替代将使农业生产过渡到劳动节约和资本密集的技术类型。与此同时，资本的存量结构对于农业生产路径优化的重要性也将得以体现。当劳动力的减少和资本结构的不断优化导致农业成长阶段转变的临界点出现时，劳动力技能或人力资本将取代其他要素成为影响中国农业产出增长的关键。其时，资源配置格局将调整到能够大幅度提高劳动生产率的物质资本和人力资本双重深化方面，中国农业的现代化进程将由此完成。

[①]　根据《中国综合社会调查 2008》的相关数据计算得出。

[②]　每公顷耕地上的劳动力，从 1991 年的 2.285 个下降到 2007 年的 1.866 个，单位耕地的劳动力人数下降了 18%。根据相关年份《中国农村统计年鉴》计算得到。

参考文献

［美］加里·斯坦利·贝克尔：《人类行为的经济分析》，上海：上海三联书店、上海人民出版社
　　1995 年版。

［美］加里·斯坦利·贝克尔：《家庭论》，北京：商务印书馆 2005 年版。

蔡昉：《"工业反哺农业、城市支持农村"的经济学分析》，《中国农村经济》2006 年第 1 期。

［美］费景汉、古斯塔夫·拉尼斯：《劳力剩余的经济发展》，北京：华夏出版社 1989 年版。

［美］费景汉、古斯塔夫·拉尼斯：《增长和发展：演进的观点》，北京：商务印书馆 2004 年版。

郭剑雄、李志俊：《劳动力选择性转移下的中国农业产出增长——非技能偏态技术进步与质量过
　　剩劳动力假说及其检验》，《吉林大学社会科学学报》2011 年第 6 期。

郭剑雄、鲁永刚：《人力资本门槛与农业增长的多重均衡：理论与中国的经验证据》，《清华大学
　　学报》2011 年第 6 期。

郭剑雄、李志俊：《人力资本、生育率与内生农业发展》，北京：人民出版社 2010 年版。

洪银兴：《工业和城市反哺农业、农村的路径研究——长三角地区实践的理论思考》，《经济研
　　究》2007 年第 8 期。

李瑞：《废除农业税费制度的法制思考》，《武汉大学学报》（哲学社会科学版）2005 年第 2 期。

刘书明：《统一城乡税制与调整分配政策：减轻农民负担新论》，《经济研究》2001 年第 2 期。

［美］阿瑟·刘易斯：《二元经济论》，北京：北京经济学院出版社 1989 年版。

［美］小罗伯特·E. 卢卡斯：《经济发展讲座》，南京：江苏人民出版社 2003 年版。

马晓河、蓝海涛、黄汉权：《工业反哺农业的国际经验及我国的政策调整思路》，《管理世界》
　　2005 年第 7 期。

［美］西奥多·W. 舒尔茨：《改造传统农业》，北京：商务印书馆 1987 年版。

［美］M. P. 托达罗：《经济发展与第三世界》，北京：中国经济出版社 1992 年版。

王敏、潘勇辉：《财政农业投入与农民纯收入关系研究》，《农业经济问题》2007 年第 5 期。

朱晶：《农业公共投资、竞争力与粮食安全》，《经济研究》2003 年第 1 期。

Anastasi, Anne, 1956: Intelligence and Family Size, *Psychological Bulletin*, 53：187 - 209.

Blake, Judith, 1981: Family Size and the Quality of Children, *Demography*, 18：421 - 442.

Nelson, R. and E. Phelps, 1966: Investment in Humans, Technological Diffusion, and Economic
　　Growth, *American Economic Review*, vol. 61.

Solow, Robert, 1956: A Contribution to the Theory of Economic Growth, *Quarterly Journal of Econom-
　　ics*, Vol. 70：65 - 94.

第二十一章

从马尔萨斯陷阱到内生增长：工业化 与农业发展关系再认识[*]

一 引言

农业发展即传统农业向现代农业的过渡。[①] 如何完成这一过渡，构成农业发展理论的中心内容。依照实现该过渡进程动力、路径的差异，可以将以经典发展理论为代表的既有农业发展文献概括为如下几种主要类型。

劳动力转移模型。在刘易斯（Lewis，W. A. 1989）、费景汉和拉尼斯（Fei，J. & Ranis，G. 1989；2004）的二元经济发展理论中，是现代工业的兴起及其不断扩张引致的农业劳动力转移，启动了传统农业的现代化历程。劳动力的工业化配置改变了传统农业劳动过密化的资源结构，农业生产的土地—劳动比进而资本—劳动比由此渐进提高，相应地，农业技术体系也逐步由劳动密集投入类型转向以资本广化和资本深化为标志的资本密集类型。资源结构和技术体系转变的结果，是农业人均收入对传统时代马尔萨斯贫困陷阱的逃离以及对现代工业工资水平的追赶。当农业工资率与工业工资率趋同时，传统农业向现代农业的过渡（或曰农业现代化过程）即告完成。钱纳里（Chenery，H. 1988；1995）等人的经济结构转变理论所包含的农业发展思想，本质上与刘易斯—费景汉—拉尼斯模型无异。从

---

[*] 本章以同题目发表于《中国人民大学学报》2014 年第 6 期，《新华文摘》2015 年第 3 期全文转载，中国人民大学复印报刊资料《农业经济研究》2015 年第 1 期全文复印。

[①] "把发展视为两大时代，即农业时代和现代增长时代之间的转型，不仅有助于思考发展问题，而且抓住了发展问题的本质。"［美］费景汉、古斯塔夫·拉尼斯：《增长与发展：演进观点》，北京：商务印书馆 2004 年版，第 5 页。

方法论上讲，工业化拉动模型是新古典经济学一般均衡分析工具在农业发展研究中应用的成果。

人力资本驱动模型。舒尔茨（Schultz, T. W. 1987；1990；1992；2001）认为，改造传统农业的目的，是把停滞、落后和贫穷的农业转变为可以对经济增长做出重要贡献的现代产业。农业要实现由长期停滞到快速增长的转化，唯有用高生产率的现代生产要素去替代已耗尽有利性的传统要素。高生产率的现代农业要素，由承载先进技术的现代物质投入品和成功地使用这些投入品所需要的技艺与能力两方面组成。通过与自然资源、物质资本比较，舒尔茨发现，决定农业高速增长的关键因素是通过向人投资形成的人力资本："有能力的人民是现代经济丰裕的关键"①，"离开大量的人力投资，要取得现代化农业的成果和达到现代工业的富足程度是完全不可能的"。② 因此，要实现农业的高速增长和传统农业向现代农业的转化，就应当加大对农业部门的人力资本投资。

诱致技术进步模型。速水佑次郎和弗农·拉坦（Hayami, Yujiro & Ruttan, V. W. 2000）把技术进步视为决定农业发展的基本力量，并将技术变迁处理为农业发展过程的内生变量。③ 速水和拉坦认为，一个国家或地区农业的增长受其资源条件的制约，但这种制约可以通过技术变迁来突破。初始资源相对稀缺程度和供给弹性的不同，在要素市场上表现为资源相对价格的差异。相对价格的差异会诱导出节约相对稀缺、价格相对高昂的资源的技术变迁，以缓解稀缺和缺乏供给弹性的资源给农业发展带来的限制。土地供给缺乏弹性或土地相对于劳动价格高昂会诱导出节约土地的生物化学技术进步；劳动供给短缺或劳动相对于土地价格昂贵则会诱导出节约劳动的机械技术进步。

政策庇佑模型。大概是由于计划经济时期人们形成的一种思维惯性，

---

① ［美］西奥多·W. 舒尔茨：《经济增长与农业》，北京：北京经济学院出版社1992年版，第92页。

② 同上书，第16页。

③ "对于一个经济制度来说，技术变革的产生过程在传统上被作为是外生的……诱导创新理论则试图把技术变革过程看作是经济制度的内生变量。根据这一观点，技术变革被认为是对资源禀赋变化和需求增长的一种动态反应。"参见［日］速水佑次郎、［美］弗农·拉坦《农业发展的国际分析》，北京：中国社会科学出版社2000年版，第102页。

也可能与特殊的政治体制有关，在中国，推动农业发展的任务人们更愿意交给政府。政府政策庇佑农业发展的思路主要包括：（1）加大财政支农投入。农业是国民经济的基础产业，同时也是面临自然和市场双重风险的弱质产业。农业的重要性及其特殊性决定了政府必须对农业予以支持与保护，而政府财政支农投资是对农业支持与保护的重要措施之一（朱晶，2003；李琴等，2006；郭玉清，2006；王敏、潘勇辉，2007）。（2）工业反哺农业。世界经济发展的经验表明，一个国家进入到工业化中、后期阶段，就会实施工业对农业的反哺（Olson，M. 1985）。蔡昉（2006）认为，反哺是缩小城乡发展差距、构建和谐社会的要求。（3）免除农业税费。在工业化进程大规模启动后的大部分时期里，中国实行的农业税费制度实质上是一种剥夺农民的政策工具（农业投入总课题组，1996；张元红，1997；刘书明，2001）。在城乡收入拉大和"三农"问题凸显的背景下，取消农业税成为众多研究者的一致呼声（林毅夫，2004；黄莹茜，2004；李瑞，2005）。在农民、基层政府和上级政府的博弈中，由于基层政府的弱势地位，农业税费制度终于走下了历史舞台。

前述若干文献的形成均有其对应的现实背景，毋庸置疑，它们所提供的发展思路在特定农业发展阶段也分别具有可行价值。但是，站在经典发展文献产生数十年之后的今天，再来系统思考传统农业向现代农业过渡问题时，不难发现上述每一种文献的疏漏与不足。第一，既有文献未能全面认识工业化对农业发展存在的多重效应。虽然刘易斯—费景汉—拉尼斯模型揭示了工业化的农业物质资本深化效应，但该模型未注意到工业化过程中农村人口生产转型和人力资本农业投资收益率变化所引致的农业人力资本深化。尽管舒尔茨将人力资本引入农业从传统到现代过渡问题的分析，但他未指明农业部门的人力资本深化机制，更没有把这一机制与工业化过程相联系。速水和拉坦注意到了工业化进程中农业资源丰裕度及其价格变化诱致的技术变迁，但他们的视野主要囿于物质资本深化的报酬递减型技术，未涉及人力资本深化的报酬递增型技术。第二，既有文献对农业发展过程——传统农业向现代农业的过渡历程——的描述失于粗疏。其一，完成这一过渡似乎仅凭借某种单一力量或单一路径——比如农业劳动力转移，或人力资本为代表的新要素对传统要素的替代，或物质资本深化型技术进步，或政府的农业保护政策等——即可实现。其二，完成这一过渡好像也只有一步之遥。无论是刘易斯—费景汉—拉尼斯模型、舒尔茨模型，还是速水—拉坦模型，均未对农业发展过程做出阶段性和不同阶段差异化动力的区分，似乎依据他们给出的某种路径，发展过程便可经此完成。第三，既有文献视农业始终为一个被动发展部门，缺乏工业化高级阶段内生农业发展动力的设计。工业化拉动模型和政策庇佑模型直接将工业部门和政府视为发展的主导力量，人力资本驱动模型和技术进步模型虽然强调新型要素和技术进步对农业发展的意义，但这些新要素和新技术仍然是外生于农业部门的变量。即使进入工业化高级阶段，离开工业部门和政府，在前述文献中难以发现农业发展的自主机制。

相对于既有文献，本章研究试图推进的工作是：（1）细化传统农业向现代农业"过渡过程"的分析。为此，在传统农业和现代农业之间增加了"工业化农业"这样一个过渡性农业成长形态。农业发展被具体化为，由传统农业向工业化农业、进而由工业化农业向现代农业的两阶段过渡过程。（2）关于工业化对农业发展的影响，在物质资本深化的单一资源结构效应的基础上，延伸出工业化高级阶段存在的物质资本深化和人力资本深化的双重资源结构效应；相应地，农业技术进步也在单一的物质资本深化的"索罗型技术"基础上，引入了广义资本深化的"内生型技术"类型。其中，第一种资源结构效应和第一种技术进步类型与传统农业向工业化农业过渡阶段相联系，而第二种资源结构效应和第二种技术进步类型则是决定工业化农业向现代农业过渡的关键因素。（3）在包容上述两方面认知成果的基础上，尝试构建一个农业发展的统一分析框架。该框架不仅可以作为传统农业、工业化农业和现代农业的统一解释工具，而且能够同时适应于传统农业向工业化农业、工业化农业向现代农业过渡过程的分析。

二 基于工业化影响的农业发展含义

世界经济发展的经验事实表明，传统农业向现代农业的过渡发端于工业化进程的兴起，终结于工业化的完成。在此意义上，一个国家的农业发展问题，亦即该国的工业化问题。世界经济发展的经验同时表明，任何一个国家若经工业化过程完成其农业发展，这一发展几无例外地显现如下若干程式化特征。

资源结构改变。工业化对农业发展的直接影响是引致农业资源结构的转变。这一转变大致呈现为三个阶段。最初是传统农业资源的"非农化"阶段，即传统农业资源——其中主要是农业劳动力——向工业用途的转移。这一转移改变了传统农业劳动力过剩的资源格局，提高了农业劳动的土地装备率。在农业资源非农化和农业部门土地—劳动比提升的基础上，工业部门生产的节约劳动和节约土地的农业资本品（如农业机械和化肥等）开始进入农业生产，[①] 此阶段，农业资源逐渐呈现"资本广化"和"资本深化"特征。这是农业资源结构"非农化"基础上的"资本化"阶段。"资本深化"程度的不断提高终将对农业劳动力的技能水平提出要求，同时引致人力资本农业投资回报率的上升和人力资本要素进入农业生产。农业人力资本的参与，将进一步带来农业资源向物质资本和人力资本"双重深化"阶段演进。该阶段农业资源结构呈现出与工业部门趋同的现代化特征。

农业资源结构转变存在"诱致性转变"和"强制性转变"两种不同机制。在市场化条件下，这一转变主要是"诱致性"机制的结果。劳动力非农转移，是工业相对于农业高工资率背景下劳动者的理性选择。农业资本化的现实基础则是：一方面，在工业化进程中资本品价格随其丰裕程度提高而下降；另一方面，资本品农业用途的回报率随农业劳动和农业用地稀缺程度的上升而上升。人口生产数量偏好向质量偏好的转型，是不可忽略的农民工业化参与收益之一，其结果是农民整体素质的代际提升。当农业物质资本深化引致人力资本农业投资收益率提高到大于等于其非农收益率时，人力资本就会成为农业生产的基本要素。"诱致性"机制之外，政府强制的农业人口迁移、工业反哺农业等政策，不难理解亦具有农业资源结构转变之效果。

组织制度变迁。资源结构改变必然带来传统农业生产组织向现代农业生产组织的演进。这种演进基于：第一，土地经营的规模化。由于工业化过程中农业劳动力大规模和持续的转移，以及工业资本品农业装备水平的不断提高，同时由于工业化过程中农村人口生产数量偏好的减弱，它们将导向一个共同的结果——农业土地—劳动比提高，或农业劳均及户均土地

---

① 即资本这一工业化要素开始装备农业。

规模的扩大。第二，资源配置的社会化。传统农户的资源一般为自有，其自有资源基本配置于家庭内部组织的生产经营活动。工业化把传统农业资源（如农业劳动力）改变为一种可以有家庭之外其他广泛用途的社会性资源，同时也将家庭之外甚至农业部门之外的社会资源引入农户的生产活动之中，使过去封闭的农业生产逐渐转变为一种开放的社会化生产。第三，生产目标的利润化。限于土地的狭小、生产手段的落后和资源配置的封闭性，传统农业的生产决策依附于其消费决策，生产目标是维持家庭生存需求的产量最大化。随着工业化进程中土地规模的扩大、资本—劳动比的提高以及资源配置的市场化和社会化，农户逃离了生存陷阱，其生产决策开始独立于其消费决策，生产目标转向谋求最大化利润。土地经营的规模化、资源配置的社会化和市场化以及生产目标的利润化的结果，是企业化农业组织取代传统农户成为农业生产的基本组织形态。

技术类型转换。技术所描述的是特定投入组合下资源使用的某种效率状态。均衡条件下，不同的技术是不同资源投入结构的反映。因此，Atkinson & Stiglitz（1969）以及 Basu & Weil（1998）认为，技术为特定的投入组合所专有。资源结构既定，技术创新的目标是寻求现有资源的最优配置或最有效率配置，而资源配置的效率则源于资源利用的比较优势。资源结构不同，由资源结构所产生的比较优势不同，进而由比较优势或成本最小化原则所决定的最优技术类型选择亦不相同。在劳动数量偏重型资源结构下，比较优势由丰裕且廉价的劳动力生成，此时，由劳动数量使用偏向决定的劳动密集型技术便成为最优技术选择；当农业资源演进到物质资本偏重型结构进而演进到有人力资本参与的广义资本偏重型结构时，物质资本密集型技术和广义资本密集型技术亦将成为新的资源结构条件下的适宜技术选择。如果说，农业发展是农业资源结构由劳动密集型向物质资本密集型进而向广义资本密集型的转变过程，那么，农业技术进步亦将发生由劳动数量所体现的技术进步向由物质资本和人力资本体现的技术进步类型转换。

人均收入增长。依照新古典经济学的一般均衡理论和发展经济学的二元经济转变理论，农业发展的结果是极大离散的农业与工业要素收益率的收敛乃至趋同。因此，农业人均收入增长是衡量农业发展成果的最重要指标之一。这一增长也是农业资源结构转变、农业组织制度变迁和农业技术进步的自然逻辑。不难理解工业化进程中农业资源结构转变的人均收入增长效应。农业劳动力转移和农村人口生产数量偏好的减弱，可以经由人均土地装备水平的提高实现农业人均收入增长；土地—劳动比提高基础上的农业资源的资本化，无疑又能够通过资本—劳动比的优化实现农业劳动生产率和农业人均收入的大幅度提升。农业技术进步对于农业收入的增长更具决定性意义。在既定资源结构条件下，农业技术进步意味着农业总产量曲线位置的上旋。显然，农业总产量曲线位置改变后表征农业人均产出的平均产量曲线的斜率要大于其前。在不同资源结构下，农业技术进步的效率空间大不相同。劳动数量偏重型结构由于土地报酬递减规律的制约，劳动密集型配置的技术选择虽可实现总量增长和维持更多人口的供养，但对人均收入增长的意义不大。基于资本替代劳动的资源结构改变，物质资本密集型技术的农业人均收入增长效应是显著的。现实中，这一技术的引入成为农业跳出"马尔萨斯贫困陷阱"的关键。人力资本运用型技术是一种报酬递增型技术。人力资本不仅为农业收入增长添加了新源泉，而且成为农业人均收入持续增长的不竭动力。农业组织制度的变迁是工业化进程中农业商业化演进的组织表现，而农业的商业化演进则是农业收益率追逐现代工业收益率的一种制度性调整。企业化农业组织作为农业生产基本主体的出现，在组织制度层面标志着高收入农业的形成。

若资源结构转变、组织制度变迁、技术类型转换和农业收入增长是工业化过程中农业发展的特征性事实，自然，这些方面同时构成农业发展分析的基本内容。考虑到它们相互之间的逻辑关系，体现工业化对农业发展影响的分析框架见图21—1。

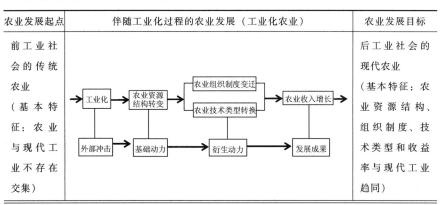

图21—1 体现工业化影响的农业发展分析框架

　　根据以上分析框架的设计，农业发展可以定义为，基于工业化驱动的农业资源结构转变、农业组织制度变迁和农业技术进步类型转换基础上的农业收入加速增长，并最终实现农业收益率与工业收益率趋同的过程。

三　工业化与渐进成长的三种农业形态

　　包含资源结构变化、组织制度变迁、技术类型转换和农业产出增长等因素在内的农业发展模型可以简要地表示为：

$$Y_t = A_t F(L_t, O_t) \tag{21.1}$$

　　（21.1）式中的 L_t 和 O_t 分别表示第 t 期的劳动投入和非劳动资源投入。随着时间（t）的推进，劳动投入（L）存在规模大小的不同；[①] 非劳动资源（O）不仅存在规模的变化，更有种类的差别。这样，在不同时期（即不同 t 的条件下），由劳动（L）和非劳动资源（O）组合而成的农业资源结构就具差异。资源结构随 t 变化（超越传统农业阶段）的基本趋势是，总劳动投入在减少，而人均意义的非劳动资源（如土地和资本等）则在增加。这种资源结构变化同时意味着农业组织规模和农业资源配置方式的制度性调整。[②] 模型中的 A_t 表征技术类型。A 被设定为时间 t 的函数，即随着资源结构和组织制度的演进，农业技术类型及其反映的生产效率亦在发生变化。Y_t 代表农业产出水平，它不仅与 L、O 和 A 有关，更与 t 密切相关。

　　模型（21.1）中的 t 是对农业存在的全部时期的一种度量。考虑到工业化的影响，模型中的 t 可以分解为传统农业、工业化农业和现代农业三种形态相继成长的阶段叠加。在每一成长形态，农业发展模型的具体形式不同。

（一）传统农业

　　传统农业的典型形态存在于前工业社会。比较如上农业发展一般性模型，传统农业的突出特征是其非劳动资源（O）基本由土地（X）

---

　　① 假设劳动力为同质性要素。

　　② 工业化进程中的农业制度调整，由农业资源结构的变化引起，并依附于农业资源结构转变过程之中。出于简化分析考虑，模型中未将其作为独立变量给出。

构成。[①] 这样，传统农业发展模型可记为：

$$Y_c = A_c F(L_c, X_c) \tag{21.2}$$

（21.2）式中的 c 是一个小于 t 的时间变量，用来表征传统农业发展阶段。假设（21.2）式具有 Cobb-Douglas 生产函数性质，该式可转化为其人均形式如（21.3）式：

$$y_c = A_c x_c \tag{21.3}$$

（21.3）式中的 x_c 表示传统农业中的人均土地变量。因为土地总量是不变的（或可视为常量），劳动则随人口总量的增长而增长，因此，传统农业形态的人均土地（x_c）存在变小趋势。在土地不变和人口不断增长的资源禀赋条件下，传统农业技术进步的基本方向是既定土地上劳动的密集化配置，该种农业技术在模型中表示为 A_c。（21.3）式显示，在传统农业形态下，农业人均产出水平（y_c）取决于人均土地规模（x_c）的大小和劳动密集型技术（A_c）的贡献。

依据马尔萨斯（Malthus, T. R. 2008）理论，传统农业的人均收入会形成一种勉强维持生存的低水平陷阱。该陷阱的形成机制是：第一，在无非农就业机会的传统农业条件下，人均收入的增长动力不足——在可耕地开垦殆尽后，人均土地规模无法扩大；单位土地上劳动密集投入的产出效应受边际报酬递减规律的制约。第二，人口自身的生产由于不变的两性情欲和缺乏节制生育的技术手段形成强烈数量偏好，当存在食物生存保障时，这种偏好会转化为人口的几何级数式增长。第三，综合如上两个方面，艰难的农业产出增长的结果仅仅是人口总量的扩张，而非人均收入的提高；超越生存资料保障的过快人口增长，又会由于饥饿和争夺稀缺资源的战争等受到抑制。因此，传统农业的人均收入是一种持续的以贫困为特征的稳态结构。

（二）工业化农业

在工业化阶段，由于农业劳动力大规模非农转移，农业劳动总量投入

---

① 传统农业中，土地之外的其他非劳动资源比如资本极其稀缺。按照舒尔茨的理解，传统农业中存在着资本低水平供给和低水平需求之间的稳定均衡。参见［美］西奥多·W. 舒尔茨《改造传统农业》，北京：商务印书馆 1987 年版，第二、第三章。

绝对减少。假设土地总量规模不变,① 劳动力非农转移的结果之一,是农业劳动力由过剩资源逐渐演变为稀缺资源,人均土地规模由此渐进扩大。在工业化进程中资本资源不断丰裕的基础上,土地—劳动比的提高衍生了资本替代劳动的资源结构变迁。同时,农业技术进步的方向也由传统时代的劳动密集化配置转向新型资本要素的大规模运用及其效率的改善。体现农业资源结构和技术类型变化的工业化阶段的农业发展模型是:

$$Y_i = A_i F(L_i, K_i) ②$$
(21.4)

(21.4)式中的下标 i 表示工业化阶段,同样是一个小于 t 的时间变量。L_i 代表工业化阶段的农业劳动力投入,它在总量上小于(21.2)式中的 L_c。K_i 代表工业化农业中的资本投入,它是工业化农业资源结构变化的最主要体现。A_i 表征工业化阶段在不断减少的农业劳动力投入(L_i)和不断增长的农业资本投入(K_i)资源结构变化基础上的农业技术状态。假设(21.4)式具有规模报酬不变性质,其集约形式为:

$$y_i = A_i k_i$$
(21.5)

(21.5)式表明,在工业化阶段,人均资本规模(k_i)的扩大和资本密集型技术(A_i)进步构成农业人均收入(y_i)增长的基本源泉。

工业化农业中的人均收入不存在传统农业的马尔萨斯式均衡。其一,人均收入可以经由劳动力非农转移产生的劳均土地装备率的提高而提高;其二,资本要素成为一种新的收入增长源泉,它与劳动结合,大大提高了单位劳动的产出水平;其三,由于新知识和新技术手段的引入,资本密集型技术的效率边界远高于传统农业劳动密集型技术的效率边界;其四,资源结构和技术类型的转变,奇迹般地使人均收入的增速超过了人口的增速。③ 工业化农业不仅实现了对传统农业"马尔萨斯陷阱"的逃离,也使

---

① 事实上,工业化进程中农业土地总量规模是减少的。此处土地规模不变假设是出于简化分析的需要。

② 土地是农业生产的基本要素。由于在本章中我们把土地作为常量来处理,同时在工业化农业和现代农业中,土地在产出中的贡献微小,所以在工业化农业发展模型和现代农业发展模型中我们没有引入土地变量。

③ 参见 [美] 小罗伯特·E. 卢卡斯《经济发展讲座》,南京:江苏人民出版社 2003 年版,第五章《工业革命:过去与未来》;Galor, O. and Weil, D. N. 2000:Population, Technology, and Growth:From Malthusian Stagnation to the Demographic Transition and Beyond, The American Economic Review, Vol. 90 No. 4, September:806 - 828。

得马尔萨斯理论的有效性在进入工业化阶段之后终止。需要指出的是，工业化农业人均收入的增长潜藏不可持续因素——资本产出同样服从边际报酬递减规律；在以索洛（Robert M. Solow, 1956）为代表的新古典增长理论中，技术进步因素仅被处理为原因不明的外生变量。

（三）现代农业

现代农业资源结构的突出特征是，由于工业化的完成和劳动力转移过程的结束，农业劳动力投入规模（L_m）相对于工业化农业进一步缩小（即 $L_m > L_i$）。非劳动资源的变化不仅表现在物质资本投入规模（K_m）比工业化农业阶段进一步扩大（$K_m > K_i$），同时表现为新的资本要素——农业人力资本（H_m）——开始装备农业。由于人力资本规模报酬的非递减性质，人力资本参与条件下的现代农业技术（A_m），明显区别于传统农业和工业化农业的报酬递减型技术体系。现代农业发展模型可以表达如下：

$$Y_m = A_m F(L_m, K_m, H_m) \qquad (21.6)$$

若将 K_m 和 H_m 合并为广义资本 K_m^*，则（21.6）式等价于：

$$Y_m = A_m F(L_m, K_m^*) \qquad (21.7)$$

进一步假定（21.7）式具有规模报酬不变性质，则其人均形式可记为：

$$y_m = A_m k_m^* \qquad (21.8)$$

基于（21.8）式，人均广义资本装备率（k_m^*）及其广义资本运用型技术（A_m）不仅是现代农业人均产出增长的源泉，而且其中蕴含着这一增长的持续性。其持续性源于，人力资本进而广义资本边际报酬的非递减性，以及产生于广义资本投入的现代技术的内生性。

传统农业、工业化农业和现代农业，是同一时间轴上不同时段依次出现的农业成长的三种典型形态，所谓农业发展即由如上三种成长形态连接而成的一个演进序列，或者说，农业发展即由传统农业模型向工业化农业模型和现代农业模型的渐进演化过程。在此意义上，农业发展即农业生产函数的转变。这一转变涉及：资源结构的显性改变（$L_c, X_c \rightarrow L_i, K_i \rightarrow L_m, K_m, H_m$）；隐含于资源结构改变（劳动力由过剩转向稀缺以及非劳动资源的扩展）的农业组织制度的企业化演进；[①] 传统农业技术向工业化农业技术和现代农业技术的变迁（ $A_c \rightarrow A_i \rightarrow A_m$ ）；以及基于如上三个方面变化的农业产出增长（ $Y_c \rightarrow Y_i \rightarrow Y_m$ 或 $y_c \rightarrow y_i \rightarrow y_m$ ）。

四　工业化的双重效应与农业发展的两类过渡

在农业由传统形态、工业化形态进而向现代形态的演进序列中，存在两个关键性节点——传统农业向工业化农业的过渡和工业化农业向现代农业的过渡。[②] 前一种过渡是对贫穷的传统农业的逃离，后一种过渡则意味着农业现代化的完成。思考农业发展问题，不仅应当特别注意到上述两种过渡的分别存在，更值得关注的是，实现如上两类过渡的动力和路径的明显差异。[③] 这既将农业发展理论研究的内容具体化，也为不同农业发展政策手段规定了相应的时效边界。

（一）工业化的农业物质资本深化效应与传统农业向工业化农业的过渡

比较传统农业和工业化农业两类模型，二者之间的区别既显见于，前者以低土地—劳动比（同时也是低资本—劳动比）、后者则以高资本—劳动比（同时也是高土地—劳动比）为各自特征的资源结构的差异。同时表现在，前者以劳动过密化配置体现、后者则以资本替代劳动的资本广化及深化体现的技术体系的不同；前者以"马尔萨斯贫困陷阱"、后者则以人均收入增长率超过人口增长率的非马尔萨斯稳态分别反映的收入增长路径的区别。在该两类模型的种种差别中，资源结构的差异是决定性的，它构成其他差异存在的根源和基础。因此，传统农业向工业化农业的过渡，必然发端于传统农业资源结构向工业化农业资源结构的演变。而农业资源结构的这一变化离开工业革命是无法解释的。

---

① 在模型中，没有把组织制度因素作为独立变量，而是将其合并于资源结构之中。这样处理，主要是为了降低分析难度。

② 农业发展研究虽然不应排除对不同阶段农业成长状态的描述，但其重点更应放在对不同阶段转变过程的分析方面。

③ 不同农业发展阶段的差异化动力，又都是工业化过程的产物。

先行工业化国家的历史经验和发展中国家的发展实践均表明，工业化进程中蕴含着资本替代劳动的农业物质资本深化的生成机制。农业国的工业化，集中表现为农业劳动力大规模的非农转移。当新增农业劳动力数量不足以补偿转移劳动力数量，并当该种现象持续发生时，劳动过密化的传统农业资源结构就将被逆转，传统农业生产函数也终将因此遭受淘汰。当工业部门的扩张推进到一定阶段，农业劳动力由过剩性资源逐渐转变为稀缺资源。其他条件不变，此时的农业总产出和农业剩余就会减少。为避免工业化过程中的"李嘉图陷阱"和减轻国家粮食安全压力，资本替代劳动的农业资源结构调整成为并非仅存在于农业部门的一种社会性需求。另一方面，工业化又是农业物质资本积累率增长及其供给环境优化的过程。基于劳动力转移的农业土地装备率提高引致的农业人均收入增长和非农就业工资的获得，是农业物质资本积累率上升的微观源泉；基于政府保护及工业反哺政策的财政支农和金融支农投入的增加，则构成农业物质资本供给增长的宏观来源。在需求增长和供给改善的共同作用下，农业物质资本不仅被引入农业生产，而且最终取代其他要素成为决定农业产出增长的关键性力量。农业发展将由此完成从传统农业向工业化农业的过渡。

据上分析，传统农业在向工业化农业的过渡中，物质资本引入农业生产因循的是一条替代性路径——物质资本被大规模采用是通过替代传统农业要素实现的。若将土地要素处理为常量，替代劳动就成为物质资本进入农业生产函数的唯一实现路径。①

（二）工业化的农业人力资本深化效应与工业化农业向现代农业的过渡

相对于工业化农业模型，现代农业模型的突出特征之一，是技术进步类型由报酬递减型升级为报酬递增型，进而农业人均产出和总产出的增长获得了可持续性动力的解释。现代农业不同于工业化农业的这种差异，同

---

① 事实上，和农业劳动力一样，工业化进程中的土地要素也存在着向非农用途的转移，因而土地也是变量。由此，现实中也存在着实现土地生产率提高的资本替代土地路径。替代劳动引入资本的路径集中体现为农业机械的使用，替代土地引入资本路径表现为化肥、农药和良种的使用，以及农业水利实施、农地工程化投入等方面。出于简化分析的需要，我们未涉及替代土地的资本引入路径分析。

样源于农业资源结构的转变。该资源结构变化的主要方面，是人力资本被引入农业生产函数并成为决定农业产出增长的显性变量。如果说，农业物质资本深化引致了传统农业向现代农业的过渡，那么，农业人力资本深化则是现代农业取代工业化农业的根本原因。不得不强调的是，与农业物质资本深化效应一样，农业人力资本深化同样是工业化内在的农业资源结构效应。

工业化进程中的农业人力资本深化机制可描述如下：（1）工业化带来农村人力资本积累率和供给的现实增长。首先，工业化在为农民开辟新的就业渠道和新的收入源泉的同时，亦向农民显现了工资水平和就业者技能之间正相关的工业工资函数的导向。这一方面引致了农业劳动力的择优性转移和既有农业人力资本的跨部门流动"套利"，另一方面又将激发农民对其本人和家庭成员加大人力资本投资的动机。其次，依据贝克尔（Becker, G. S. 2005）的新家庭经济学和卢卡斯（Lucas, R. E. 2003）的工业革命理论，工业化推进到一定阶段，人口生产将发生由高生育率、低人力资本积累率向低生育率、高人力资本积累率的变迁。存在预算约束和时间禀赋约束时，人口变迁是家庭人口生产面对工业化中高人力资本回报率所做出的一种适应性调整。这一调整的结果在劳动力市场上的表现之一，是农村劳动力人力资本的代际优化。此外，教育被认为是形成人力资本的主要途径。随着工业化的推进，义务教育年限在提高，非义务教育机会在增加，以教育公平为目标的面向农村的教育支持政策不断出台，这些无疑构成农民人力资本提升的有利环境。（2）工业化导致农业部门人力资本需求变化。工业化农业取代传统农业之后，农业物质资本深化不仅表现为单位农业劳动力推动的物质资本规模的扩大，而且反映在物质资本所承载的技术复杂性的提升。当物质资本体现型技术不能由农业劳动者的禀赋能力或简单的学习能力应用时，提高农业劳动者专业技能的人力资本投资就会成为一种现实需求。同时，进入工业化农业阶段，随着劳动力非农转移过程的持续，农业生产经营规模将扩大，农业生产经营组织将向具有现代企业特征的组织类型转变。工业化较高阶段出现的农业的规模化、企业化和社会化，亦将产生对农业现代经营管理技能的广泛需求。（3）工业化进程中农业部门人力资本深化的条件。伴随农业生产经营对人力资本需求的增长，必然有农业人力资本投资回报率的提升。当人力资本农业投资回报率不小于其非农投资回报率，且不存在高素质劳动力的供给约束时，农业人力资本深化现象就会发生。在此背景下，高人力资本的新型农民将成为农业生产经营的基本主体。

与物质资本不同，人力资本引入现代农业生产函数并非通过替代劳动的路径实现，[①] 而是物质资本深化型技术进步到技能偏态阶段而引发的对人力资本互补性需求的结果。引入人力资本的现代农业生产函数，其资源结构特征亦非人力资本对物质资本的替代，而是人力资本与物质资本的双重深化。

（三）工业化双重资源结构效应的关系及农业成长形态的演化序

虽然农业物质资本深化和农业人力资本深化均发生于工业化进程之中，但工业化的这两种资源结构效应之间的差异尚多。农业物质资本深化贯穿于整个工业化过程，而农业人力资本的深化仅与工业化的较高阶段相联系；前者源自农业劳动力由过剩资源向稀缺资源的改变，而后者则产生于物质资本深化型技术由非技能偏态向技能偏态的进步；满足一定条件，前一种效应成为后一种效应存在的前提，后一种效应的出现一定程度上又强化了前一种效应的存在。还需要注意的是，农业物质资本深化机制可获得新古典增长模型和二元经济发展理论的充分解释，而农业人力资本深化机制仅有内生增长理论间接涉及；同时，截至目前，无论是经济理论界还是经济实践部门，对后一种效应及其农业发展含义的认识远不及对前一种效应认识来的充分。

工业化存在由初级阶段、中级阶段向高级阶段渐进演化的规律，工业化双重农业资源结构效应的生成也存在一个先后次序。农业物质资本深化肇始于劳动力大规模转移的工业化初、中期，而离开工业化高级阶段人力资本回报率的显著提升，则难以有农业人力资本深化效应的产生。与两种效应出现的这样一种时序对应，形成由传统农业向工业化农业、再由工业

---

① 如果把全部农业劳动力区分为技能劳动力（人力资本）和非技能劳动力（劳动）两类，技能偏态型物质资本技术进步的结果是对技能劳动力需求的增加和对非技能劳动力需求的减少。在此意义上，人力资本对劳动亦存在着替代关系，不过这种替代是通过物质资本深化而间接发生的。因此，我们不认为人力资本对劳动存在直接的替代关系。

化农业向现代农业分别过渡的演进律。

五 内生农业增长的模型结构与形成条件

若将（21.8）式现代农业人均产出模型改写为如下（21.9）式，根据第二节和第四节的分析，则（21.9）式中的 k_m、h_m 和 A_m 均可视为工业化农业成长过程的内生变量。这样，具有内生增长特征的现代农业的模型结构可以表示为：

$$
\begin{cases}
y_m = A_m k_m^{\alpha} h_m^{\beta} \quad (\alpha + \beta \geq 1) & (21.9) \\
k_m = k(\pi, s) & (21.10) \\
h_m = h(e, g_{A_i}) & (21.11) \\
A_m = A(k_m, h_m) & (21.12)
\end{cases}
$$

（21.10）式表明，现代农业中的人均物质资本装备水平（k_m），是工业化过程中农业劳动力转移率（π）所决定的农业劳动力规模，以及由储蓄率（s）决定的农业物质资本形成水平的函数，且 k_m 与 π、s 正相关。（21.11）式显示，现代农业中的人均人力资本水平（h_m），正向决定于起始于工业化较高阶段的农村人口人均教育投资率（e）和农业物质资本体现型技术进步率（g_{A_i}）。（21.12）式刻画了现代农业技术进步函数，其基本特征是现代农业技术被认为是要素（k_m 和 h_m）体现型的。

需要强调的是，由于人力资本的加入，现代农业模型中的 k_m 和 h_m 的指数之和（$\alpha + \beta$）不小于1。它表明，现代农业不再存在传统农业和工业化农业中要素投入的规模报酬递减现象。同时，依据内生增长理论的"AK模型"，体现于现代农业要素（k_m 和 h_m）之中的现代农业技术（A_m）的边际产出也被设定为或可以等于常数的正值。由此，现代农业产出增长路径就呈现为一条非凹的或持续上升的轨迹。

虽然仅有是否引入人力资本构成现代农业模型和工业化农业模型的基本区别，但人力资本作为农业生产要素，须依赖于一系列条件的存在。首先，当工业化推进到一定阶段，农村居民家庭人口生产由千百年来的数量偏好开始转向质量偏好。经过数代更迭，农村劳动力素质普遍提升，最终实现与城镇劳动力人均人力资本水平大体均衡。这构成现代农业存在的微观人口基础。其次，基于工业化的资源结构效应，农业资本—劳动比大幅度提高，且物质资本深化型技术呈现技能偏态特征；农业生产经营向规模化、企业化转变，由此，人力资本农业投资收益率显著增长。它创造出人力资本进入农业生产的部门条件。还有，随着农业技术进步的加速和农业的规模化及企业化经营的发展，二元经济结构强度开始弱化，包括人力资本在内的要素投资回报率在农业与非农部门之间收敛乃至趋同。其成为现代农业建成的宏观环境。

六　结论及对中国农业发展的启示

基于工业化驱动的农业资源结构转变、农业组织制度变迁、农业技术类型升级以及农业人均收入与非农部门的趋同，构成农业发展的基本含义。以工业化兴起和完成分别为界，存在传统农业、工业化农业和现代农业三种渐进演化的农业成长形态。人均土地规模的大小和劳动密集型技术的贡献，构成传统农业的增长源泉；而人均物质资本规模和物质资本密集型技术、人均广义资本装备率及广义资本密集型技术，则分别是工业化农业和现代农业收入增长的主要动力。由于增长动力的差异，传统农业人均收入陷入一种难以突破生存陷阱的马尔萨斯稳态；进入工业化农业阶段，人均收入不但逃离了马尔萨斯陷阱，而且实现了快速增长；因人力资本及内生技术变量的引入，与工业化农业不同，现代农业人均收入增长呈现为一条持续和平稳上升路径。工业化的农业劳动力转移和农业物质资本深化效应，引发了传统农业向工业化农业的过渡；工业化进程中的人口生产变迁和农业人力资本深化效应，则是促成工业化农业向现代农业转型的关键因素。工业化双重农业资源结构效应生成的先后序，决定了传统农业向工业化农业、进而向现代农业渐进过渡的成长律。

随着30多年来工业化的高速推进和农业劳动力的大规模转移，农业就业劳动力数量相对甚至绝对减少。第一产业劳动力的就业比重从1985年的62.4%下降到2012年的33.6%，就业人数从1985年的31130万人减少为 2012 年的 25773 万人①。农业物质资本投入大幅度增长。农用机械总动力、化肥施用量和农村用电量分别从 1985 年的 20912.5 万千瓦、44035.9 万吨和 508.9 亿千瓦时，提高至 2012 年的 102559.0 万千瓦、63036.4 万吨和 7508.5 亿千瓦时。2012 年相比 1985 年，分别增长 4 倍、0.4 倍和 14 倍②。农村居民家庭人均出收入从 1978 年的 133.6 元提高到 2012 年的 7916.6 元③，农民生活完全摆脱了过去温饱不足的状态。由此判断，中国已经完成了从传统农业向工业化农业的过渡。当前，关于中国农业生产新型主体的培育，农用土地流转和农业规模化、企业化经营，以及提高农民收入缩小城乡差距等种种举措的出台，表明现代农业建设已经成为中国经济发展的重要任务之一。鉴于农业成长阶段的变化，创造和强化人力资本进入农业生产的前述微观条件、部门条件及宏观条件，应当构成新时期中国农业发展政策调节的基本目标。

参考文献

［美］加里·斯坦利·贝克尔：《家庭论》，北京：商务印书馆 2005 年版。

蔡昉：《"工业反哺农业、城市支持农村"的经济学分析》，《中国农村经济》2006 年第 1 期。

［美］费景汉、古斯塔夫·拉尼斯：《劳力剩余的经济发展》，北京：华夏出版社 1989 年版。

［美］费景汉、古斯塔夫·拉尼斯：《增长和发展：演进的观点》，北京：商务印书馆 2004 年版。

郭玉清：《中国财政农业投入最优规模实证分析》，《财经问题研究》2006 年第 5 期。

黄莹茜：《关于免除农业税费的探究》，《四川大学学报》（哲学社会科学版）2004 年第 4 期。

李琴、熊启泉、李大胜：《中国财政农业投入的结构分析》，《中国农村经济》2006 年第 8 期。

李瑞：《废除农业税费制度的法制思考》，《武汉大学学报》（哲学社会科学版）2005 年第 2 期。

林毅夫：《有关当前农村政策的基点意见》，《华中师范大学学报》（人文社会科学版）2004 年第 6 期。

［美］阿瑟·刘易斯：《二元经济论》，北京：北京经济学院出版社 1989 年版。

刘书明：《统一城乡税制与调整分配政策：减轻农民负担新论》，《经济研究》2001 年第 2 期。

［美］小罗伯特·E. 卢卡斯：《经济发展讲座》第五章《工业革命：过去与未来》，南京：江苏人民出版社 2003 年版。

---

① 数据来源：中华人民共和国国家统计局：《中国统计年鉴 2013》，中国统计出版社 2013 年 9 月版。

② 同上。

③ 34 年间名义收入增长超过 58 倍。数据来源：中华人民共和国国家统计局：《中国统计年鉴 2013》，中国统计出版社 2013 年 9 月版。

［英］马尔萨斯：《人口论》，北京：北京大学出版社 2008 年版。

农业投入总课题组：《农业保护：现状、依据和政策建议》，《中国社会科学》1996 年第 1 期。

［美］钱纳里等：《发展的型式：1950—1970》（中译本），北京：经济科学出版社 1988 年版。

［美］钱纳里等：《工业化和经济增长的比较研究》，上海：上海三联书店、上海人民出版社 1995 年版。

［美］西奥多·W. 舒尔茨：《改造传统农业》，北京：商务印书馆 1987 年版。

［美］西奥多·W. 舒尔茨：《论人力资本投资》，北京：北京经济学院出版社 1990 年版。

［美］西奥多·W. 舒尔茨：《经济增长与农业》，北京：北京经济学院出版社 1992 年版。

［美］西奥多·W. 舒尔茨：《报酬递增的源泉》，北京：北京大学出版社 2001 年版。

［日］速水佑次郎、［美］弗农·拉坦：《农业发展的国际分析》，北京：中国社会科学出版社 2000 年版。

王敏、潘勇辉：《财政农业投入与农民纯收入关系研究》，《农业经济问题》2007 年第 5 期。

张元红：《农业税改革研究》，《中国农村经济》1997 年第 12 期。

朱晶：《农业公共投资、竞争力与粮食安全》，《经济研究》2003 年第 1 期。

Atkinson, Anthony B. and Stiglitz, Joseph E. 1969: A New View of Technological Change, *Economic Journal*, 79 (315): 573 – 578.

Basu, Susanto and Weil, David N. 1998: Appropriate Technology and Growth, *Quarterly Journal of Economics*, 113 (4): 1025 – 1054.

Olson, M. 1985: The Exploitation and Subsidization of Agriculture in the Developing and Developed Countries, paper presented to the 19th conference of International Association of Agricultural Economists, Malaga, Spain.

Solow, Robert M. 1956: A Contribution to the Theory of Economic Growth, *Quarterly Journal of Economics*, 70: 65 – 94.

第二十二章

工业化、人口转型与长期农业 增长的差异化路径[*]

一 引言

伴随三十多年国民经济的高速增长，中国农业发生了极其深刻的变化。这种变化的现状可以概括为，存在了数千年的具有超稳定结构的传统农业生产方式基本被淘汰了，而发达的现代化农业尚属未来之愿景。由此所衍生的理论问题涉及，中国农业是如何实现对传统农业超越的？如何界定既非传统又非现代的当前农业形态？如何实现由当前农业形态向现代农业的过渡？特别是，建成现代农业的条件是否与超越传统农业的条件一致？或者说，驱动农业逃离过去长期存在的马尔萨斯（Malthus，T. R.）低收入陷阱的动力，是否仍将构成实现现代高收入农业的引擎？如果不同，二者各自是什么？这种不同发展阶段的差异化动力又是怎样形成的？厘清此类问题，不仅具有扩充既有农业发展文献的理论价值，更具提高新阶段中国农业发展政策选择现实针对性的实际意义。

经典发展理论未曾论及农业发展不同阶段的差异化动力，而且不同的经典作家给出的农业发展路径不同。刘易斯（Lewis，W. A. 1989）、费景汉和拉尼斯（Fei，J. & Ranis，G. 1989；2004）等人构建了一个工业化驱动农业发展的分析框架。传统农业的落后性被认为植根于由劳动过密化的资源禀赋结构而锁定的某种低技术均衡。工业化对农业过剩劳动力的吸

---

* 本章以同名发表于《中国人民大学学报》2016 年第 2 期。

收，首先舒缓了农业部门来自马尔萨斯人口机制而产生的就业压力；由劳动力转移引致的土地（及资本）—劳动比的上升，使得过密化配置劳动的传统技术失去比较优势，而资本密集型技术逐渐显现经济合理性。如果说，资本替代劳动的资源结构转变和技术变迁预示着农业现代性的成长，那么，离开工业化这种变化是无从解释的。在舒尔茨（Schultz，T. W. 2006）看来，把停滞、贫穷和落后的传统农业改造成为具有高增长率和高收益率特征的现代产业，唯有用体现先进技术的现代农业要素替代已耗尽有利性的传统要素。在由高技术含量的物质投入品和成功使用这些投入品所需的技艺及能力组成的两类现代农业要素中，舒尔茨更加强调后者对于农业发展的关键性作用。"有能力的人民是现代经济丰裕的关键"。[①]"离开大量的人力投资，要取得现代化农业的成果和达到现代工业的富足程度是完全不可能的。"[②] 速水佑次郎和弗农·拉坦（Hayami，Yujiro & Ruttan，V. W. 2000）则把技术进步视为决定农业发展的关键。一个国家或地区农业增长受其资源条件的制约，但这种制约可以通过技术变迁来突破。初始资源稀缺程度和供给弹性的不同，在要素市场上表现为资源相对价格的差异。这种价格差异会诱导出节约稀缺且价格昂贵资源的技术变迁，以缓解瓶颈资源给农业发展带来的限制。

经典发展理论应用于当前中国农业发展实践尚待明确的问题是：第一，刘易斯—费景汉—拉尼斯路径、舒尔茨路径和速水—拉坦路径之间存在何种关联，它们是各自独立的发展引擎，还是相互依赖的组合动力系统的不同侧面？第二，传统农业向现代农业过渡是一个漫长的历史过程。若该过程呈现阶段性差异，那么，刘易斯—费景汉—拉尼斯路径和舒尔茨路径的发展价值是否因发展阶段的不同而相异？第三，速水—拉坦节约禀赋性稀缺资源的诱致技术变迁，在刘易斯—费景汉—拉尼斯与舒尔茨不同发展路径中分别是如何体现的，它是否与刘易斯—费景汉—拉尼斯的物质资本深化技术和舒尔茨的人力资本深化技术分别兼容？本章在寻求这些问题

---

① ［美］西奥多·W. 舒尔茨：《经济增长与农业》，北京：北京经济学院出版社 1992 年版，第 92 页。

② ［美］西奥多·W. 舒尔茨：《论人力资本投资》，北京：北京经济学院出版社 1990 年版，第 16 页。

答案的同时，试图对当前及今后中国农业发展政策内容做出选择性设定。

本章其余内容安排如下：第二部分在将农业发展区分为传统农业、工业化农业和现代农业的基础上，分别讨论了三个阶段农业产出（收入）增长的稳态结构特征。第三部分讨论传统农业马尔萨斯稳态向工业化农业索洛稳态过渡的动因和依存条件。第四、第五两部分关注工业化农业向现代农业演进的过程和条件，其中决定这一演进的人口生产转型构成第四部分的内容。最后部分是基于本章研究而衍生的对当前中国农业增长稳态过渡阶段的判断及与该阶段相适应的农业发展政策的讨论。

二　农业发展阶段及其收入增长的稳态结构类型

以工业化兴起和完成分别为界，农业发展过程可以区分为特征明显的三个阶段，该三个阶段相继存在传统农业、工业化农业和现代农业三种农业成长形态。[①]

比较于工业化农业和现代农业，传统农业的突出特征是其与现代工业不存在或很少存在交集。[②] 劳动（L）和土地（X）此类禀赋性资源构成传统农业的基本投入，由于土地在总量上近似于常数（$\bar{X}$），传统农业的总量生产函数的一般形式可记为 $Y = f(L, \bar{X})$；人均产出（收入）函数为 $y = f(\dfrac{\bar{X}}{L}) = f(x)$。[③] 因人口总量在增加，人均土地（$x$）趋于缩小。因此，传统农业人均产出（收入）增长的源泉，只能依赖于土地节约型技术的发明和应用。在给定劳动和土地的资源结构下，土地节约型技术进步的适宜方向必然是在稀缺土地上密集使用丰裕且廉价的劳动，亦即采用劳动密集型技术。

受收益递减规律制约，传统农业的人均产出（收入）在劳动投入的

---

① 参见郭剑雄《从马尔萨斯陷阱到内生增长：工业化与农业发展关系再认识》，《中国人民大学学报》2014 年第 6 期。

② 传统农业的典型形态是前工业社会的农业；它也可以存在于一种限制农业劳动力转移的特殊工业化阶段（比如中国计划经济时期的农业）。

③ 假设传统农业总量生产函数具有规模报酬不变的性质。

边际产出等于零时达于均衡。由于如下两个方面的原因，这种均衡会形成一种长期的稳态结构：劳动密集型技术进步的空间狭小且效率较低，其难以推动人均产出（收入）持续和较大幅度增长；另外，人口生产的马尔萨斯机制（生育率偏好）在不断稀释人均土地的同时，又吞噬了有限技术进步带来的人均产出增长。传统农业产出（收入）增长的稳态结构特征可以归纳为：第一，劳动的边际产出等于零。第二，人均产出（收入）在维持生存水平实现均衡并长期不变，即人均产出（收入）增长率（$\dot{y}/y$）等于零。第三，技术进步带来的产出增长仅转化为人口的增长，因此技术进步率（$\dot{A}/A$）等于人口增长率（n）。第四，农业总产出（收入）的长期增长率（$\dot{Y}/Y$）等于人口增长率（n），同时等于技术进步率（$\dot{A}/A$）。

工业化农业伴生于工业化进程之中，它是传统农业向现代农业的过渡形态。若市场是开放的，低工资率的农业劳动力存在着向高工资率的发达工业跨部门"套利"流动的自然倾向。当该种流动在现实中发生并持续到一定阶段时，劳动过密化的传统农业资源配置格局便退出历史；农业劳动力在渐显稀缺性的同时，工业化进程中不断丰裕起来的新型要素——物质资本——开始大规模进入农业生产，并成为决定农业产出增长的关键性投入。由此，工业化农业生产函数的典型形式为 $Y = f(L, K)$。① 假设该生产函数具有 Cobb-Douglas 生产函数性质，其人均产出（收入）函数可记为 $y = f(\frac{K}{L}) = f(k)$，即人均产出（收入）是人均资本装备水平的正函数。其他条件不变，该生产函数人均产出（收入）的最大值止于人均资本的边际报酬等于零时。若无技术进步发生，此时的人均产出（收入）将形成一种均衡。

不同于传统农业，由于资本—劳动比的变化，工业化农业人均产出（收入）高于维持生存水平；同时，其人均产出（收入）的增长并不必然

---

① 该生产函数构建的现实基础是，在工业化农业阶段，决定农业生产增长的关键性有形要素是劳动和资本。由于总量既定，且在产出增长中贡献的相对重要性下降，土地要素在生产函数中未给出。

与人口增长率正相关，[①] 也可能与人力资本积累率正相关而与生育率负相关（Becker, G. S., Muphy, K. M. and Tamura, M. M. 1990；卢卡斯，2003；Galor, O. and Wei, D. N. 2000）。由于物质资本的边际报酬同样服从递减规律，因此人均资本（k）无法成为人均产出（y）持续增长的源泉。在长期，人均产出（收入）的稳态增长率取决于技术进步率（$\dot{A}/A$）。工业化农业的稳态结构特征包括：（1）人均资本增长率（$\dot{k}/k$）等于零。[②]（2）人均产出（收入）长期增长率（$\dot{y}/y$）等于技术进步率（$\dot{A}/A$）。（3）无技术进步条件下，农业总产出（收入）增长率（$\dot{Y}/Y$）等于人口增长率（n）；[③] 有技术进步时，农业总产出（收入）增长率（$\dot{Y}/Y$）等于人口增长率（n）与技术进步率（$\dot{A}/A$）之和。

先行工业化国家的经验表明，现代农业建成于工业化完成之时。其时，农业劳动力转移过程终结，由于现代要素的引入，农业资源结构与现代工业趋同，农业因此成为一个高收益率部门。现代农业资源结构的主要特征是：在高劳均土地装备率的基础上，资本—劳动比提高到接近甚至超过工业的水平；由于物质资本承载的技术的复杂性对农业劳动力技能提出要求，农业生产条件的改善又带来农业劳动力技能投资回报率的上升，人力资本成为推动现代农业增长的关键性要素。基于物质资本和人力资本的双重深化，现代农业技术进步的方向是实现此两类要素边际产出率以及综合要素生产率的不断提升。现代农业生产函数的一般形式为 $Y = f(K, H)$，其中 $H = hL$ 表征总有效劳动或总人力资本；人均生产函数为 $y = f(\frac{K}{L}, h)$。若借鉴内生增长理论"AK 模型"的相关思想，将物质资本 K 和人力资本 H 合并为广义资本 K^*，[④] 并用 A 来表示现代农业技术，现代农

---

① 人均收入与人口生产数量/质量之间的关系，取决于生产技术是否具有技能偏态性质以及由其决定的人力资本投资回报率是否提高。正如在 Galor and Weil（2000）模型中一样，人口生产类型独立于人均收入水平。

② 人均产出的短期非稳态增长率等于人均资本增长率。

③ 此时，总资本增长率等于人口增长率，人均资本装备水平不变。

④ 为区别于物质资本 K，本章将广义资本表示为 K^*。本章的广义资本 K^* 与"AK 模型"中的 K 同义。

业总量生产函数可记为 $Y = AK^*$；人均产出（收入）函数即为 $y = A(\frac{K^*}{L}) = Ak^*$。

在高技术产业中，人力资本的边际报酬被设定为递增，因此，广义资本 K^* 的边际报酬非递减。若技术度量的是资源的产出效率，那么在现代农业中，技术变量 A 取正值且显著大于传统农业和工业化农业之时。现代农业人均产出（收入）增长率（y/y）既决定于广义资本的积累率（K^*/K），同时与现代农业技术进步率（A/A）正相关。由于广义资本收益路径的非凹性质，现代农业人均产出（收入）不存在短期均衡解。现代农业的稳态结构特征是：在技术不变时，人均产出（收入）增长率等于人均广义资本积累率；[①] 存在技术进步时，人均产出（收入）增长率等于人均广义资本积累率和技术进步率之和；在人口增长率不变时，农业总产出（收入）增长率等于人均产出（收入）增长率；考虑人口增长率的变化，农业总产出（收入）增长率等于人均产出（收入）增长率与人口变化率之和。

对照马尔萨斯模型、索洛模型和内生增长模型，将传统农业、工业化农业和现代农业产出（收入）增长的稳态类型分别概括为马尔萨斯稳态、索洛稳态和现代持续增长稳态并无不妥。据此，传统农业经由工业化农业向现代农业的发展过程，等价于马尔萨斯稳态经索洛稳态向现代持续增长稳态的过渡。

三 工业化与马尔萨斯稳态
向索洛稳态的过渡

（一）工业革命与马尔萨斯稳态的突破

传统农业的马尔萨斯稳态是一种超稳定型结构，没有强有力的外部冲击，该种稳态难以被打破。发达国家的历史经验和发展中国家的发展实践表明，推动传统农业逃离马尔萨斯陷阱的外部力量是工业革命。

---

① 不考虑广义资本的折旧。

马尔萨斯稳态形成的基础是传统农业劳动过密化配置的特殊资源结构。现代工业的兴起，不仅为劳动力开辟了新的就业领域，而且为其创造了高工资率的升迁机会。因此，工业化过程成为劳动力在传统农业部门和现代工业部门之间的再配置过程，更确切地说是传统农业劳动力向现代工业的跨部门转移过程。当不断扩张的现代工业部门对农业转移劳动力的吸收率大于人口（劳动）增长率时，劳动过密化的传统农业资源格局终将被逆转，建立在该种资源结构基础上的马尔萨斯贫困陷阱也将失去其存在的根基。

当工业化对转移劳动力的吸收率大于人口（劳动）增长率时，农业人均土地规模扩大，此时农业人均产出（收入）可以由人均土地的增加而增长；同时，当工业化对转移劳动力的吸收率大于人口（劳动）增长率时，边际生产力为零的农业过剩劳动力被消除，农业人均产出（收入）可以由劳动边际产出的提高而增长；随着工业化的持续推进，农业劳动力逐渐由过剩变为稀缺，劳动过密化配置的传统农业技术体系随之演进到资本替代劳动的工业化农业技术体系，农业人均产出（收入）又能够由于提高劳动生产率的技术进步而增长。基于工业化带来的农业资源结构改变和技术体系升级，人均产出（收入）获得了超越维持生存水平增长的契机，从而有条件实现对马尔萨斯低收入稳态的逃离。

（二）工业化与索洛稳态的形成

工业化不仅是劳动力转移引致的传统农业生产函数的淘汰过程，继之又是物质资本大规模进入农业生产的新型农业生产函数的建立过程。当工业化扩张对转移劳动力的吸收规模超过边际生产力等于零的农业过剩劳动力数量时，若无替代劳动的技术进步发生，劳动力的进一步转移①将导致农业总产出的减少。此时，无论是维持粮食安全的宏观目标还是增加农业收入的微观动机，都会产生对节约劳动的物质资本要素投入的需求；随着劳动力转移的持续和劳动稀缺性的提高，对物质资本的需求渐甚。天造地设之巧，工业化过程又恰恰是农业物质资本供给增长的过程。劳动力转移及其土地—劳动比的提高带来人均农业剩余的增长，增长的人

---

① 此时，农业劳动力的边际产量大于零。

均农业剩余是农业资本的来源之一；劳动力的非农就业产生非农收入，非农收入无疑也可以成为农业资本积累的源泉；当工业化推进到一定阶段，转移部分工业剩余积累农业资本的反哺农业政策成为一种现实选择；在农业生产规模扩大和技术装备水平提升的基础上，农业投资的有利性增长，农业资本投入的金融支持机会亦将随之增加。当物质资本取代劳动成为农业生产的关键性投入时，农业发展便由传统农业提升至工业化农业阶段。

　　基于资源结构的改变，工业化农业的增长源泉不同于传统农业。① 因为工业化进程中农业劳动投入趋于减少，工业化农业的产出增长显然无法由劳动投入做出解释；而物质资本投入与农业产出增长正相关，因此物质资本成为驱动工业化农业增长的主要动力。Atkinson 和 Stiglitz（1969）以及 Basu 和 Weil（1998）认为，技术为特定的要素投入组合所专有。工业化农业相对于传统农业资源结构的改变，同时意味着资本密集投入替代劳动集约化配置的农业生产技术体系的转换。与劳动过密化资源结构和劳动集约化技术相比，高资本—劳动比基础上的资本密集型技术的运用，无疑能够大幅度提高农业劳动生产率和人均农业收入。这种人均收入水平是传统农业的维持生存收入不能相及的。

　　在短期或技术既定条件下，工业化农业人均产出（收入）的增长路径决定于物质资本边际产出的一阶条件和二阶条件。一阶条件大于零时，人均产出（收入）随物质资本投入的增长而增长；二阶条件小于零时，人均产出（收入）在物质资本边际产出等于零时达于均衡（即形成索洛稳态）。二阶条件为负虽然刻画了短期人均农业产出（收入）增长的上界，但正的一阶条件还是为工业化农业人均产出（收入）增长提供了足够的空间——它表明，在索洛稳态形成之前，资本—劳动比提高或物质资本深化构成人均农业产出（收入）增长的源泉。阿罗（Arrow，

---

　　① 设土地规模不变。事实上在工业化过程中农业土地规模可能减少。此处设土地规模不变，是出于简化分析的需要。

K. J. 1962）、① 罗默（Romer，P. M. 1986）② 、阿吉翁和霍依特（2004）③
等人的若干研究成果显示，资本积累并非资本要素数量的单纯增长，同时
也是由资本投入所体现的技术进步过程。考虑到工业化农业中物质资本
的持续增长和技术进步的不断发生，与马尔萨斯稳态相异，索洛稳态不具
有不变人均收入的超稳定特征。长期来看或在技术外生变化的背景下，
索洛稳态下的人均收入曲线呈现为沿着技术进步阶梯不断攀升的梯度
形状。

（三）马尔萨斯稳态转向索洛稳态的临界条件

传统农业的人（劳）均产出（收入）函数如（1）式。其中，y_t^c 为人
（劳）均农业产出（收入），A_t^c 为传统农业的技术变量，L_t 代表劳动力，$\bar{X}_t$
代表土地，α 度量人（劳）均土地的产出弹性。

$$y_t^c = f(\frac{\bar{X}_t}{L_t}) = A_t^c(\frac{\bar{X}_t}{L_t})^{\alpha} \tag{22.1}$$

假定工业化农业规模报酬不变的 Cobb-Douglas 生产函数的集约形式为
（22.2）式。式中，y_t^i 表示该种农业的人（劳）均产出（收入），A_t^i 为其技
术变量，β 反映人（劳）均物质资本的产出弹性。

$$y_t^i = A_t^i(\frac{K_t}{L_t})^{\beta} \tag{22.2}$$

基于人（劳）均产出最大化原则选择农业成长形态，即：

$$y_t = \max\left[A_t^c(\frac{\bar{X}_t}{L_t})^{\alpha}, A_t^i(\frac{K_t}{L_t})^{\beta}\right] \tag{22.3}$$

由于物质资本积累可导致传统农业向工业化农业的转变，这一物质资

---

① 阿罗模型假定，技术进步或生产率提高是资本积累的副产品。参见 K. J. Arrow（1962）。

② 罗默认为，专业化生产知识的积累随着资本积累的增加而增加。参见 P. M Romer
（1986）。

③ 阿吉翁和霍依特强调，"资本积累和创新不应当被认为是增长过程中的两个不同的驱动
因素，而是同一过程的两个方面。因为新技术几乎总是要体现在新的物质资本和人力资本形式
中，而如果要使用这些新技术，就必须积累这些资本。"参见［美］菲利普·阿吉翁、彼得·霍
依特《内生增长理论》，北京：北京大学出版社 2004 年版，第 78 页。

本的临界水平为：

$$K_t^* = \left(\frac{A_t^c}{A_t^i}\right)^{\frac{1}{\beta}} \bar{X}_t^{\frac{\alpha}{\beta}} L_t^{1-\frac{\alpha}{\beta}} \tag{22.4}$$

此处所关注的是物质资本积累率与劳动力变化率对从传统农业向工业化农业转变的影响。对（22.4）式两边取对数，并求出关于时间的一阶导数可得（22.5）式。（22.5）式中，g_c 和 g_i 分别为两种农业形态下的技术进步率，η 为人（劳）均土地变化率，劳动力变化率 $l = n - \pi$，其中 n 为农业劳动力增长率，π 为劳动力转移率。

$$\frac{\dot{K_t^*}}{K_t^*} = \frac{1}{\beta}\left[(g_c - g_i) + \frac{\alpha}{\beta}\eta + \left(1 - \frac{\alpha}{\beta}\right)l\right] \tag{22.5}$$

若存在物质资本的深化，需使物质资本积累率大于劳动力增长率 l；限于技术和资源等条件，假定物质资本的积累率低于参数 δ_1。由此，临界物质资本积累率应满足：

$$n - \pi \leqslant \frac{\dot{K_t^*}}{K_t^*} \equiv \frac{1}{\beta}\left[(g_c - g_i) + \frac{\alpha}{\beta}\eta + \left(1 - \frac{\alpha}{\beta}\right)(n - \pi)\right] \leqslant \delta_1 \tag{22.6}$$

设人口增长率 n 不变，[①] 求解劳动力转移率 π：

$$n + \frac{\alpha\eta}{\beta - \alpha} + \frac{g_c - g_i}{\alpha} \leqslant \pi \leqslant n + \eta + \frac{g_c - g_i - \beta\delta_1}{\beta - \alpha} \tag{22.7}$$

结合（22.6）、（22.7）式，若劳动力转移率 π 的范围为 $\left[n + \frac{\alpha\eta}{\beta - \alpha} + \frac{g_c - g_n}{\alpha}, n + \eta + \frac{g_c - g_n - \beta\delta_1}{\beta - \alpha}\right]$，物质资本积累率将在 $[l, \delta_1]$ 区间内。此时，就会随着劳动力转移与物质资本积累实现从传统农业的马尔萨斯稳态向工业化农业的索洛稳态过渡。

四　工业化进程中人口生产量质偏好的转型

工业化对农业发展影响的资源结构效应并不限于因劳动力转移和物质

---

① 此处人口增长率设为既定，一是出于简化分析的考虑，再是相对于劳动力转移率而言，人口增长率的变化较小且较慢。

资本积累而引致的农业资本—劳动比提高，工业化也改变着农村居民家庭人口生产的数量—质量偏好结构。[①] 人口数量和质量都是资源，人口生产量质偏好结构的转型，自然构成工业化不可忽略的农业资源结构转变效应之一。[②]

本书第八章表明，人口生产由数量偏好向质量偏好的转变，首先可以为先行工业化国家的历史经验所证实。市场化改革以来，随着工业化和城市化的急速推进，中国农村居民家庭也正在经历着发达国家曾经经历的人口生产转型过程。对于人口生产的量质转型，贝克尔（2005）的新家庭经济学提供了一个有益的分析框架。在由父母和子女组成的家庭中，家庭效用不仅取决于父母的消费，而且包括子女的数量和子女的效用，[③] 子女的效用被认为与其成人时获得的收入进而与其人力资本（或质量）有关，因此，家庭效用又可以表示为父母的消费、子女数量和子女人力资本的函数。受家庭收入和父母时间禀赋既定的约束，家庭效用函数的最优解必然涉及子女数量和子女质量之间的权衡。权衡的结果是偏好于子女的数量还是其质量，决定于单位投入在二者之间收益率的对比；而两者间的收益率差异内生于不同经济发展阶段或不同资源结构基础上的技术体系的差别。

Komlos J. 指出，"工业革命只是诞生在一个使用拥有更高生产力机器的社会里。"[④] 换言之，相对传统农业极低且不变的资本—劳动比的马尔萨斯技术类型而言，工业化经济体所拥有的则是一种物质资本处于不断深化之中的索洛型技术体系。与马尔萨斯技术不同，索洛技术是不断成长型技术。依据技术和使用技术的技能（人力资本）之间的关系，索洛技术的成长可以区分为非技能偏态技术进步和技能偏态技术进步两个阶段。非

---

① 家庭人口生产包括数量方面和质量方面。家庭人口生产的数量一般由生育率度量，其质量的度量尺度是人力资本。历史地看，传统社会家庭人口生产主要表现为一种数量偏好结构，而在现代社会则主要表现为质量偏好结构。经验事实和相关理论文献表明，家庭人口生产由数量偏好向质量偏好的转变，发生于工业化进程之中。

② 相对于工业化的农业物质资本深化效应，工业化的人口生产转型效应——或者说人力资本深化效应，未受到足够的重视。

③ 基于家庭内的利他主义假设，后代消费的效用以贴现可加的形式进入当前决策者的效用。

④ Komlos, J. 2003：The Industrial Revolution as the Escape from the Malthusian Trap, Working Paper, University Munich.

技能偏态技术是指，新技术的应用并未对劳动者的技能提出更高要求，依靠劳动者的原有技能或简单学习能力便可操作该技术。索洛非技能偏态技术是工业化初期的典型化技术，它与资本装备率较低的低端产业相联系。如果新技术要求比现有技术更高的能力，或者只有承担重新学习的成本才能掌握该项新技术，那么这种技术就属于技能偏态类型。索洛技能偏态技术产生的基础是高资本—劳动比体现的技术复杂性，此种技术存在于高级产业形态和较高工业化阶段。在马尔萨斯技术和索洛非技能偏态技术环境下，因为产出增长未对人的能力（人力资本）形成依赖，人力资本投资回报率低于人口数量投资的回报率，因而人口生产呈现为高生育率和低人力资本积累率的数量偏好结构。当索洛技能偏态技术成为经济体的主导甚至主体技术时，鉴于技能对产出增长的决定性作用，人力资本投资回报率显著增加，人均人力资本水平由之大幅度提高；在家庭时间禀赋既定以及由于人力资本回报率上升引致的时间成本增加的前提下，人力资本提高的同时对应着生育率的下降。因此，在索洛技能偏态技术环境中，家庭人口生产便过渡到低生育率和高人力资本积累率的质量偏好类型。人是环境的产物，工业化进程中人口生产转型的事实证明斯言不伪。

工业化的人口生产转型机制，现有文献提供了多视角的解释。贝克尔（1994；1995；2005）强调，人均收入的快速增长和由其决定的时间价值的增加，既使生育率因受到成本约束而下降，[①] 又导致对劳动质量的投资因人力资本收益率的提高而加速。[②] 卢卡斯（2003）直接将工业化过程中人力资本收益率的提高视作人口转型的原因，"人口变迁必须包含人力资本积累的收益率提高以作为新要素"，[③] "要解释人口变迁中的生育行为，我们需要强调由积累的私人收益率激发的内生人力资本积累的作用"[④]。在 Galor & Weil（2000）看来，人均收入的增加和人力资本收益率的提

---

① "当资本装备率以及人均收入增加之时，子女赡养费用将会增加，因为工资水平和花在子女身上的父母时间的价值将随着资本装备率的提高而提高。如果收入增加对出生率的积极影响弱于子女赡养费增加引起的消极影响，出生率就将下降。"参见 [美] 加里·斯坦利·贝克尔（1994；1995）。

② "经济发展影响生育率和孩子的质量，这不仅是因为收入增加了，而且也是教育和其他人力资本投资收益率提高的结果。"参见 [美] 加里·斯坦利·贝克尔（2005），第 184 页。

③ 参见 [美] 卢卡斯（2003），第 164 页。

④ 参见同上书，第 161 页。

高，均为技术进步的结果，由此他们将技术进步因素作为工业化进程中人口变迁的基本解释变量。① 还应当注意到，现代工业建立在高度分工的基础之上，分工经济既依赖于个人的专业化能力，也对个人的专业化技能投资形成激励。类同卢卡斯机制，新兴古典经济学（杨小凯、黄有光，2000；杨小凯，2003）的分工理论也是理解人口转型的可用分析工具。无论是收入增长、人力资本收益率提高、技术变迁还是分工扩展，都是工业化经济的不同侧面，因此，把人口生产转型和工业化相联系是现有文献的一种共识。本章所注意到的是，人口生产转型并非与全部工业化过程重叠，而仅与工业化的较高阶段（索洛技能偏态技术进步阶段）相关联。②

如果说，人口生产转型是工业化推进到较高阶段才出现的典型化事实，那么，人口质量偏好带来的资源结构升级，同时意味着农业发展一个新的更高阶段的来临。

五 人口转型与索洛稳态向现代持续增长的演进

（一）人口转型与农业人力资本的动态深化

工业化背景下人口生产的转型，意味着农村劳动力人力资本的动态提升——其突出表现是农村劳动力③质量的代际优化。但是，在劳动力市场开放的二元经济中，人口生产的质量偏好同时提高了农村劳动力的非农转移概率。考虑到劳动力转移及其择优性特征，人口转型并不必然导致农业从业劳动力的人力资本深化。理论上，若劳动力转移带来的平均人力资本

---

① "在我们的模型中，父母关注点也从数量向质量转变，但这不是对收入水平变化的反应，而是对技术进步作出的反应。技术进步所带来的'不平衡'引发的人力资本回报率，从而诱使质量替代数量。"参见 Galor, O. & Weil, D. N.（2000）。

② 由于计划生育政策的实施，中国农村人口生产质量偏好转变的原因略显复杂。贝克尔等人的理论应用于中国人口生产转型原因的解释时，也往往会受到一些质疑。事实上，20 世纪 70—90 年代初的中国生育率的下降主要是计划生育政策的结果；而 20 世纪 90 年代以后的中国农村人口生产的转型，更大程度上则是受到工业化、市场化进程加速带来经济因素变化的影响。关于中国农村人口生产转型原因的分析，参见刘琦、郭剑雄（2013）。

③ 指农村户籍劳动力，包括农村户籍的农业劳动力和农村户籍的非农劳动力。

流失率①大于人口转型产生的平均人力资本增长率②时，未转移劳动力的平均素质③会降低；只有在前述关系逆转的条件下，农业从业者的人力资本深化才会成为事实。人均人力资本投资增长率大于人均人力资本流失率，只是农业劳动力素质优化的理论条件；现实中，仅当人力资本农业投资的收益率不低于甚至高于其非农就业机会的收益率时，人力资本的农业用途相对于其非农用途才具有竞争优势，农业人力资本的深化才可能由此渐行渐近。

正如人口转型是工业化演进到一定阶段的结果一样，人力资本农业投资收益率的提高也是工业化发展阶段提升的函数。一方面，当工业化推进到较高阶段，由于生育率下降和持续性劳动力转移，与工业部门类似，农业劳动力也转变为稀缺性资源。另一方面，物质资本则随工业化的发展逐渐丰裕起来。这时，物资资本替代劳动的农业技术进步不仅具有现实可能性，而且由于劳动工资相对于资本价格的上升显现经济合理性。如前所述，物资资本深化型技术的成长存在一个质变点。在劳均物质资本装备水平提高到一定程度时，物质资本承载的技术的复杂性，不但对使用该技术的劳动者技能提出要求，也将使技能成为影响农业技术效率的决定性因素。当该类技术在农业生产中普遍应用时，由人口转型所形成的高素质劳动力将成为农业生产的基本主体。

（二）人力资本深化与现代农业的持续增长

农业部门的人力资本深化一旦发生，农业资源结构由此进一步改变，工业化农业的索洛稳态亦将因这种资源结构的改变而逐渐驱离。第一，在Lucas（1988）看来，人力资本也是最终产品生产的基本投入，和其他要素一样，人力资本投入的增加也将推动产出（收入）的增长。④ 与索洛型

---

① 劳动力转移引致的平均人力资本流失率 =（转移前的劳均人力资本 − 转移后的劳均人力资本）/转移前的劳均人力资本 ×100% 。

② 人口转型的平均人力资本增长率 =（转型后的劳均人力资本 − 转型前的劳均人力资本）/转型前的劳均人力资本 ×100% 。

③ 本章中，劳动力质量、劳动力素质和人力资本是等价的概念。

④ 卢卡斯给出的包含人力资本的最终产品生产函数的一般形式为：$Y_{it} = A_{it} K_{it}^a L_{it}^B H_{it}^r$。参见 R. E. Lucas（1988）。

增长相比，人力资本显然为产出（收入）增长添加了新的解释变量。第二，更为重要的是，人力资本不同于其他常规要素，其投资收益率与其存量规模正相关。[1] 这一特殊性质不但使人力资本成为产出（收入）持续增长的动力，而且能够带来物质资本和人力资本组合的广义资本的边际报酬非递减。这样，索洛模型中由物质资本边际报酬二阶导数为负形成的人均产出（收入）的最大化点将因人力资本的投入不复存在，技术不变[2]下的人均收入线也将不再是一条水平线。第三，索洛模型技术进步是给定的、偶发的和非连续的，稳态条件下人均收入长期增长的路径因技术进步的这一性质呈现为阶梯式跃升。新增长理论的重要贡献之一是在引入人力资本的基础上构建了技术进步函数，由此将索洛模型中的外生技术变量内生化。在引入人力资本的增长模型中，技术进步是人力资本投资理性选择的结果。此时的技术进步不仅是可解释的或必然的，而且是持续演进的。不同于索洛稳态增长路径，由内生技术进步推动的人均收入的长期增长更具平稳性和可持续性。

在索洛技能偏态技术基础上引入人力资本，农业资源结构将向人力资本和物质资本的双重深化方向演进，农业技术体系亦将由单一物质资本深化的"索洛型技术"转向双重资本深化的"AK"型技术。[3] "AK"型技术中的 K 和 A 都具有非负的边际产出，因此，"AK"型技术驱动下的长期人均农业产出（收入）增长曲线，不会是马尔萨斯稳态下的水平线，也不是索洛稳态下的梯度曲线，而是一条平滑的正斜率曲线，农业发展由此过渡到现代持续增长阶段。

（三）　索洛稳态过渡到现代持续增长的临界条件

假定现代农业生产函数的集约形式如（22.8）式，式中的 y_t^m 为现代

---

[1] "……从前积累的投资越多，教育投资的效果就越大。换句话说，过去知识和能力的积累使现在易于补充知识……这种生产工艺意味着人力资本投资的产出率可以不仅不减少，而且甚至可以随着人力资本蓄积增加而提高。"参见［美］加里·斯坦利·贝克尔《家庭经济学与宏观行为》，《现代国外哲学社会科学文摘》1994 年第 12 期、1995 年第 1 期。

[2] 事实上，人力资本深化条件下的技术不变假设并不成立。

[3] 此处的"AK"型技术是借用内生增长理论的相关概念。在本章第二节中，为区别物质资本 K，将广义资本标记为 K^*，"AK"技术相应地成为"AK^*"技术。

农业的人（劳）均产出（收入），A_t^m 衡量其技术进步，h_t 表示人均人力资本，θ 为物质资本的产出弹性，γ 反映人力资本的外部效应。由于人力资本的参与，此时物质资本的效率改善。因此将工业化农业和现代农业物质资本的效率差异处理为各自产出弹性的区别。

$$y_t^m = A_t^m \left(\frac{K_t}{L_t}\right)^\theta h_t^{1-\theta+\gamma} \tag{22.8}$$

处在工业化农业向现代农业过渡期，对于农业成长形态的选择，同样基于人（劳）均产出最大化原则：

$$y_t = \max\left[A_t^i \left(\frac{K_t}{L_t}\right)^\beta, A_t^m \left(\frac{K_t}{L_t}\right)^\theta h_t^{1-\theta+\gamma}\right] \tag{22.9}$$

在人力资本较低的情况下，选择工业化农业形态；拥有较高人力资本水平时，则采用现代农业形态。由于人力资本的积累，导致了工业化农业向现代农业转变。这一转变的人力资本临界水平为：

$$h_t^* = \left[\frac{A_t^i}{A_t^m}\left(\frac{K_t}{L_t}\right)^{\beta-\theta}\right]^{1/(1-\theta+\gamma)} \tag{22.10}$$

此处所关注的是人力资本积累率与劳动力变化率对农业成长形态选择的影响。对（22.10）式两边取对数，并求出关于时间的一阶导数，得：

$$\frac{\dot{h}_t^*}{h_t^*} = \frac{1}{1-\theta+\gamma}\left[(g_i - g_m) + (\beta - \theta)(\kappa - l)\right] \tag{22.11}$$

（22.11）式中，g_i 和 g_m 分别表示工业化农业和现代农业的技术进步率，κ 为物质资本增长率，l 仍为劳动力变化率（$l = n - \pi$）。假定现代农业沿用卢卡斯人力资本积累技术：$\frac{\dot{h}_t}{h_t} = \delta(1-\mu)$，[①] 其中 $1-\mu$ 为人力资本积累时间。令 $\delta(1-\mu) = \delta_2$，由此得临界人力资本积累率应满足：

$$0 \leqslant \frac{\dot{h}_t^*}{h_t^*} \equiv \frac{1}{1-\theta+\gamma}\left[(g_i - g_m) + (\beta - \theta)(\kappa - l)\right] \leqslant \delta_2 \tag{22.12}$$

仍设人口增长率 n 不变，[②] 求解劳动力转移概率 π，得：

$$\frac{g_m - g_i}{\beta - \theta} - \kappa + n \leqslant \pi \leqslant \frac{\delta_2(1-\theta+\gamma) + g_m - g_i}{\beta - \theta} - \kappa + n \tag{22.13}$$

---

① 参见 Lucas, R. E. (1988)。

② 理由同（22.7）式。

结合（22.12）和（22.13）式，只要劳动力转移概率 π 的范围为

$$\left[\frac{g_m - g_i}{\beta - \theta} - \kappa + n, \frac{\delta_2(1 - \theta + \gamma) + g_m - g_i}{\beta - \theta} - \kappa + n\right]$$，人力资本积累率将在

$[0, \delta_2]$ 区间内，农业就会随着人力资本积累和劳动力转移从工业化农业成长为现代持续增长农业。

六　结论与当前中国农业发展政策选择

传统农业、工业化农业和现代农业分别存在马尔萨斯稳态、索洛稳态和现代持续增长稳态三种不同产出（收入）增长结构。传统农业经由工业化农业向现代农业的发展，亦即马尔萨斯稳态经索洛稳态向现代持续增长稳态的渐进过渡。本章研究表明，两类过渡所涉及的资源结构、技术类型和人均收入增长方式均不相同。马尔萨斯稳态转向索洛稳态是劳动力转移基础上农业物质资本深化的结果，而人力资本深化或农民素质的普遍提升则是建成现代持续增长农业的主因。与前一种稳态过渡相联系，是索洛物质资本深化技术对马尔萨斯停滞技术的替代；后一过渡则是索洛技术向"AK"技术的演进。由于动力系统产出"排量"和技术进步类型的差异，后一稳态过渡阶段的人均产出（收入）增长率高于前一阶段，且增长轨迹平滑。离开工业化的外部冲击，难以设想突破传统农业低技术均衡的前一种过渡；而人口生产转型则是工业化农业成长为现代农业的内生动力。

本章研究的主旨，是在准确判断中国农业成长阶段的基础上，对当前中国农业发展政策做出针对性选择。

在工业化和城市化的驱动下，中国农业劳动力投入不仅相对比重显著下降，[①] 而且绝对数量开始减少，[②] 以农用机械总动力等代表的农业物质

---

① 第一产业就业比重由 1978 年的 70.5% 下降到 2011 年的 34.8%。数据来源：中华人民共和国国家统计局：《中国统计年鉴 2012》，北京：中国统计出版社 2012 年版。

② 第一产业就业人数由 1978 年的 2.83 亿增加到 1991 年 3.91 亿后开始减少，到 2011 年减少至 2.66 亿。数据来源：中华人民共和国国家统计局：《中国统计年鉴 2012》，北京：中国统计出版社 2012 年版。

资本投入却大幅度增加。① 与此同时，农林牧渔业总产值由 1978 年的 1397.0 亿元增长到 2011 年的 81303.9 亿元，农村居民家庭人均纯收入从 1978 年的 133 元增长到 2011 年的 6977 元。以 1978 年价格为定基价格计算，二者分别增长 6.7 倍和 9.3 倍。② 计量分析结果（郭剑雄、李志俊，2012）显示，1978—2010 年，中国农业产出的年均增长率为 6.20%，农业机械动力、化肥施用量、农作物播种面积和农业劳动力的年均增长率分别是 6.69%、6.02%、0.22% 和 −0.11%，③ 前述各要素的贡献率范围分别为 30.76%—34.77%、20.69%—30.69%、0.75%—0.78%、0.08%—0.31%，人力资本的贡献率为 5.18%—7.04%。④ 事实表明，以劳动和土地为主驱动力的传统农业形态已成为中国的历史，物质资本贡献率显著的工业化农业是当前中国农业发展的典型形态，但人力资本和技能偏态技术广泛运用的现代农业特征尚未显现。换言之，中国农业发展的成就主要表现为工业化农业对传统农业的超越，农业增长仍处于马尔萨斯稳态向索洛稳态的过渡期，现代持续增长农业的建设尚属未来的任务。

在中国农业发展的现阶段，农业发展政策的首要任务是继续完成马尔萨斯稳态向索洛稳态的过渡。为此，需要在新型工业化和城镇化战略的带动下，实现农业劳动力的进一步转移；在农业部门资本—劳动比不断提高的同时，更大程度地获取物质资本对农业产出（收入）增长的红利；借助物质资本深化型技术进步，把农民收入增长纳入索洛稳态增长路径。此外，当前的农业发展政策还应当前瞻性地为人力资本引入农业生产进而实现向现代农业转变创设条件。一方面，倾斜性地增加面向农村居民的教育、培训和非农就业机会，助推农村人口生产进一步转型，通过代际优化最终实现城乡劳动力素质的趋同。另一方面，在农业劳动力转移的基础上，适时调整现行农村土地配置方式，扩大农业经营规模，并推进索洛非技能偏

---

① 农用机械总动力和农村用电量分别由 1978 年的 11759.9 万千瓦、253.1 亿千瓦时提高到 2011 年的 97734.7 万千瓦和 7139.6 亿千瓦时，分别增长 8.3 倍和 28.2 倍。数据来源：中华人民共和国国家统计局：《中国统计年鉴 2012》，北京：中国统计出版社 2012 年版。

② 数据来源：中华人民共和国国家统计局：《中国统计年鉴 2012》，北京：中国统计出版社 2012 年版。

③ 各变量的计算为年均增长率的算术平均数。

④ 参见郭剑雄、李志俊《劳动力选择性转移下的农业发展》，北京：中国社会科学出版社 2012 年版，第三章。

态技术向技能偏态技术进步，创造人力资本农业投资的高收益率机会。

参考文献

［美］菲利普·阿吉翁、彼得·霍依特：《内生增长理论》，北京：北京大学出版社 2004 年版。

［美］加里·斯坦利·贝克尔：《家庭论》，北京：商务印书馆 2005 年版。

［美］加里·斯坦利·贝克尔：《家庭经济学和宏观行为》，《现代国外哲学社会科学文摘》1994 年第 12 期。

［美］加里·斯坦利·贝克尔：《家庭经济学和宏观行为》，《现代国外哲学社会科学文摘》1995 年第 1 期。

［美］费景汉、古斯塔夫·拉尼斯：《劳力剩余经济的发展》，北京：华夏出版社 1989 年版。

［美］费景汉、古斯塔夫·拉尼斯：《增长与发展：演进的观点》，北京：商务印书馆 2004 年版。

郭剑雄、李志俊：《劳动力选择性转移下的农业发展》，北京：中国社会科学出版社 2012 年版。

刘琦、郭剑雄：《人口生产数量偏好向质量偏好的转变》，《西北师范大学学报》2013 年第 5 期。

［美］阿瑟·刘易斯：《二元经济论》，北京：北京经济学院出版社 1989 年版。

［美］小罗伯特·E. 卢卡斯：《经济发展讲座》，南京：江苏人民出版社 2003 年版。

［美］西奥多·W. 舒尔茨：《改造传统农业》，北京：商务印书馆 2006 年版。

［日］速水佑次郎、［美］弗农·拉坦：《农业发展的国际分析》，北京：中国社会科学出版社 2000 年版。

杨小凯、黄有光：《专业化与经济组织：一个新兴古典微观经济学框架》，北京：经济科学出版社 2000 年版。

杨小凯：《经济学：新兴古典与新古典框架》，北京：社会科学文献出版社 2003 年版。

Arrow, K. J. 1962: The Economic Implications of Learning by Doing, *Review of Economic Studies*, (6): 155 – 173.

Atkinson, Anthony B. and Stiglitz, Joseph E. 1969: A New View of Technological Change, *Economic Journal*, 79 (315): 573 – 578.

Basu, Susanto and Weil, David N. 1998: Appropriate Technology and Growth, *Quarterly Journal of Economics*, 113 (4): 1025 – 1054.

Becker, G. S., Muphy, K. M. and Tamura, M. M. 1990: Human Capital, Fertility and Economic Growth, *Journal of Political Econamy*, 98 No. 5, Part 2, (October): S12 – 36.

. Galor, Oded and Weil, David N. 2000: Population, Technology, and Growth: From Malthusian Stagnation to the Demographic Transition and Beyond, *The American Economic Review*, Vol. 90 No. 4, September: 806 – 828.

Lucas, R. E. 1988: On the Mechanics of Economic Development, *Journal of Monetary Economics*, (22): 3 – 42.

Romer, P. M. 1986: Increasing Return and Long-Run Growth, *Journal of Political Economy*, (94): 1002 – 1037.

第四部分

二元结构演化

第二十三章

内生增长要素与城乡收入差距的初步分析[*]

一　引言

市场化改革以来，中国经济经历了 20 多年的高速增长。但经济增长的成果，未能在城乡居民之间公平地分享。除 20 世纪 80 年代初农民人均收入出现过较快增长以外，在其余大部分时间里，收入增长的较大份额为城市居民所拥有。当前是中国市场化改革以来城乡收入差距最突出的时期;[①] 同时，中国成为现在世界上城乡收入差距最大的国家之一。[②]

在大量相关研究文献中，城乡收入差距的成因，主要被归结为一系列显性制度因素。比如：工业化偏好的经济发展战略（Krueger, A., Schiff, M. & Valdes, A. eds. 1991, 1992；林毅夫、蔡昉、李周, 1999；林毅夫、刘明兴, 2003；蔡昉、杨涛, 2000），城乡利益集团失衡的政治影响力（Lipton, M. 1981；蔡昉、杨涛, 2000），以及城乡分割的二元管理体制（蔡继明, 1998；Shi Xinzheng, 2002；姚先国、赖普清, 2004；林光彬, 2004）等。这些因素，均可以导致有利于城市的收入增长和利益分配格局。

---

　* 本章以题《内生增长要素与城乡收入差距》发表于《清华大学学报》（哲学社会科学版）2006 年第 3 期，署名郭剑雄、吴佩。中国人民大学复印报刊资料《国民经济管理》2006 年第 8 期全文复印该文。收录时对题目和文中个别文字做了改动。

　① 城乡居民货币收入之比，1978 年为 2.57∶1，2000 年提高到 2.79∶1，2003 年进一步扩大为 3.23∶1。数据来源：根据《中国统计年鉴 2004》第 357 页有关数据计算得出。

　② 中国社会科学院经济研究所的一份全国性调查报告指出，仅看货币收入，非洲津巴布韦的城乡差距略高于中国，但把公费医疗、失业保险等非货币因素考虑在内，中国的城乡收入差距是世界上最高的。资料来源：新华网（www.xinhuanet.com）2004 年 2 月 25 日。

前述研究隐含着一个前提，即假定城乡经济存在着无差异的生产函数。收入差距仅来自于影响收入创造的外部环境。对于处在转型过程中的中国经济而言，虽然不能否认非均衡制度这类外生变量对城乡收入差距的解释力，但也应当注意到此类研究中的一个重要疏漏：中国的城乡经济并非是同质的，城乡收入并非源自相同的生产函数。

本章认为，城乡收入差距，主要是城乡经济增长源泉的差异问题。对城乡收入差距的研究，可以纳入经济增长模型来进行。本章借助内生增长理论中的卢卡斯（Lucas, R. E. 1988）模型以及巴罗和贝克尔等人（Barro, R. J., Becker, G. S. & Tomes, N. 1986; Becker, G. S. & Barro, R. J. 1988）的代际效用函数等分析工具，试图在不考虑制度差异的基础上，对城乡收入差距的成因作出一种新的解释，并给出这一理论解释所包含的政策含义。

二　理论分析

卢卡斯（1988）曾建构了一个包含人力资本要素的生产函数。这一理论工具将人力资本视作推动经济持续增长的核心资源。依据卢卡斯模型，城乡收入差距的主要根源，应当是城乡部门生产函数中的人力资本差异。或者说，在城市部门，居民收入主要是人力资本投入的函数；而在农村，提高劳动力质量的投资，尚未成为家庭收入增长的基本源泉。不同的收入增长源，有着不同的收入创造效率，必然导致收入增长结果的差异。

人力资本差距导致收入差距的机制是：第一，人力资本是技术进步的源泉。技术进步率，被认为决定于人力资本建设部门拥有的人力资本存量和从事人力资本建设的时间；而新技术扩散的范围和速度，也与一个经济体所拥有的人力资本存量正相关。在以技术为主要推动力的现代经济中，技术创新资源的丰裕度，成为决定收入增长的关键。第二，人力资本投入能够提高劳动者的生产技能，扩展劳动者的就业选择机会，促进企业家才能的增长，从而增加劳动者的收入创造能力。第三，人力资本投入的增加，可以提高物质资本的产出弹性，使物质资本边际收益下降的临界点推后；同时，人力资本水平的提高有利于促进质量更好、效率更高的新资本设备对旧设备的替代。第四，人力资本投资中存在着规模经济，已有投资越多，新投资的回报率越高。这种递增的收益源于人力资本的外部性：构成人力资本核心内容的技术和知识是一种公共品，在其使用中存在着非排他性；而且，知识存量能够直接参与新知识的生产。人力资本形成的这种扩散性和累积性，使得以其为推动力的经济增长呈现为一种自我强化的持续发展过程。

城乡部门不同的人力资本存量和积累率，是处在不同经济发展阶段的城乡经济的内生变量。在说明城乡人力资本差距的形成机制时，代际效用函数是一个非常有价值的工具。贝克尔和巴罗等人假设，父母对子女的行为是利他的。在包含子女数量及其消费水平的家庭效用决策模型中，他们内生地解释了人力资本和生育率的决定问题。

假设：家庭收入由人力资本决定，人力资本规模报酬递增；人力资本积累是上期人力资本的函数：$h_{t+1} = \gamma h_t$；成人拥有单位时间。

家庭效用函数为：$v(h) = Bh = W(c, n, u')$。其中，B 为正常数，表示家庭效用是人力资本的增函数。c 是父母的消费，n 表示子女的数量，u' 为子女的效用。

设父母的消费：$c \leq h[1 - (r + k)n]$。其中，k 为用于子女物质产品消费的时间比例；r 表示用于子女人力资本消费的时间比例；$1 - (r + k)n$ 是父母用在自己消费上的时间比例。设子女的效用为：$u' = v[h\varphi(r)]$。

第 t 代人的代际效用函数为：

$$v(h) = \max_{n,r} W\{h[1 - (r + k)n], n, v[h\varphi(r)]\}$$

设：β, η 独立于 h

并且：$W(c, n, u') = (c n^\eta u'^\beta)^{1/(1+\beta)}$

由于 $v(h) = Bh$

则 B 满足：$B = \max_{n,r} W[1 - (r + k)n, n, B\varphi(r)]$

同时假设：$\varphi(r) = p r^\varepsilon$，其中 p 为常数，ε 人力资本的回报率。

$$\max_{n,r} v(h) = \max_{n,r} Bh = h \max_{n,r} B = h \max_{n,r}\{[1 - (r + k)n]n^\eta B\varphi(r)^\beta\}$$

解：$\max_{n,r}\{[1 - (r + k)n]n^\eta B\varphi(r)^\beta\}$

得：

$$n = \frac{\eta - \beta\varepsilon}{k(1 + \eta)}; \qquad r = \frac{\beta\varepsilon k}{\eta - \beta\varepsilon}$$

代际效用函数揭示了人力资本积累的一种微观机制。在人力资本收益率提高的背景下，家庭决策的最优化过程，是生育率的下降和人力资本投资水平的提高。或者说，在满足人力资本投资收益率不小于该项投资未来消费贴现率的条件下，生育率的下降是人力资本积累率提高的原因。根据代际效用函数，城乡收入差距，在一定程度上是城乡家庭生育率差别的结果。

三　实证检验

本章以 1978 年以来的中国经济为分析样本，考察城乡部门人力资本、生育率差距与城乡收入差距之间的相关性。

城乡收入差距（dinc）用城市居民人均可支配收入与农民人均纯收入的比值来表示，其相关数据来自历年《中国统计年鉴》（中国统计出版社，1995—2004）。城乡人力资本水平的差距（dedu）用城镇居民家庭人均文教服务支出与农村家庭人均文教服务支出的比值表示，其数据采自《中国劳动统计年鉴》（中国统计出版社，1996—2003）和《中国农村住户调查年鉴》（中国统计出版社 2004 版）。用城市居民生育率与农村居民生育率之比来表示城乡生育率差距（dbir），数据来自姚新武、尹华《中国常用人口数据集》（中国人口出版社 1994 版）和姚新武《中国生育数据集》（中国人口出版社 1995 版），样本区间为 1978—1987 年。其中，1978—1981 年数据为全国 1‰人口生育率抽样调查结果，1982—1987 年数据为全国生育率抽样调查的结果。

首先，运用格兰杰检验方法（Granger no-causality test）[1] 构造以下模型，来检验城乡人力资本差距和城乡收入差距间的因果关系。

$$\Delta \ln dinc = c^0 + a^0 \Delta \ln dinc_{-1} + b^0 \Delta \ln dedu_{-1} + \mu \quad (23.1)$$

$$\Delta \ln dedu = c^1 + a^1 \Delta \ln dedu_{-1} + b^1 \Delta \ln dinc_{-1} + \mu \quad (23.2)$$

$\Delta \ln dinc$、$\Delta \ln dedu$ 分别表示对收入差距、人力资本差距求对数，再取一阶差分，$dinc_{-1}$、$decu_{-1}$ 分别表示收入差距和人力资本差距的滞后一期变量，μ 为误差项。模型（23.1）的零假设为 $b^0 = 0$，意味着人力资本差

---

[1]　参见谢识予、朱弘鑫编《高级计量经济学》第三篇"时间序列计量经济学"，上海：复旦大学出版社 2005 年版。

距的增大不是收入差距增大的原因；模型（23.2）的假设为 $b^1 = 0$，意味着收入差距的增大不是人力资本差距增大的原因。

分析结果如下：

表 23—1　　　　　　　人力资本差距和城乡收入差距的格兰杰检验

	模型（23.1）			模型（23.2）	
解释变量	系数	T 检验值	解释变量	系数	T 检验值
$\Delta\ln dinc_{-1}$	0.119562	0.309033	$\Delta\ln dedu_{-1}$	0.620211	1.088390
$\Delta\ln dedu_{-1}$	0.638491	2.089550	$\Delta\ln dinc_{-1}$	−0.479338	−0.664356
R^2	0.631021		R^2	0.104225	
ADR^2	0.569524		ADR^2	−0.045071	
DW 值	1.809264		DW 值	1.730669	
F 统计量	10.26108		F 统计量	0.698113	
样本区间	1993—2002 年		样本区间	1993—2002 年	

其次，利用类似的模型来检验城乡生育率差距与城乡收入差距间的因果关系。建立模型如下：

$$dinc = c^0 + a^0\ln dinc_{-1} + b^0\ln dbir_{-1} + d^0\Delta dinc + \mu \quad (23.3)$$

$$dbir = c^1 + a^1\ln dbir_{-1} + b^1\ln dinc_{-1} + \mu \quad (23.4)$$

收入差距存在自相关。为消除自相关，模型（23.3）中加入了收入差距的一阶差分。模型（23.3）的零假设为 $b^0 = 0$，即生育率差距的增大不是收入差距增大的原因；模型（23.4）的零假设为 $b^1 = 0$，表示收入差距的增大不是生育率增大的原因。

分析结果如下：

表 23—2　　　　　　　生育率差距和城乡收入差距的格兰杰检验

	模型（23.3）			模型（23.4）	
解释变量	系数	T 检验值	解释变量	系数	T 检验值
$\ln dinc_{-1}$	2.249115	25.63304	$\ln dbir_{-1}$	0.089157	0.762651
$\ln dbir_{-1}$	0.616738	7.214196	$\ln dinc_{-1}$	−0.801659	−1.927791
$\Delta dinc$	1.091998	14.44078			

续表

模型（23.3）		模型（23.4）	
R^2	0.987908	R^2	0.432597
ADR^2	0.983877	ADR^2	0.243462
DW 值	1.458412	DW 值	2.436734
F 统计量	245.0897	F 统计量	2.287244
样本区间	1978—1987 年	样本区间	1978—1987 年

四 结论及政策含义

城乡收入差距是多因素综合作用的结果。在解析城乡收入差距的成因时，一个不可忽略的前提，是城乡收入产生于城乡经济部门不同的生产函数。其突出特征是，人力资本要素在城乡经济中的重要差别，而人力资本的差别又在很大程度上决定于城乡家庭生育率的不同选择。相对于城市来说，农村地区的高生育率和低人力资本积累率所导致的低水平均衡，是农民收入增长困难的重要原因；而城市部门已进入低生育率、高人力资本存量和积累率所推动的持续增长阶段。

缩小城乡收入差距政策设计的主要着眼点，应放在促进农村部门人力资本积累率提高和生育率下降方面。其政策目标是：实现城乡之间生育率和人均人力资本水平的趋同，在农村培育起与城市部门同质的、在城乡统一的劳动力市场上具有同等竞争力的收入创造主体。这一政策的基本内涵包括：第一，促进农村部门人力资本积累率的快速提高，利用人力资本的增长效应增加农民的人均收入；第二，借助人力资本增长对生育率的抑制效应，实现农村部门由高生育率、低人力资本水平的马尔萨斯稳态向低生育率、高人力资本水平的增长稳态转变；第三，充分利用农村部门生育率下降创造出来的发展机会，将生育率下降所带来的人均储蓄的增加及时地转化为人均人力资本投资的增长。

参考文献

蔡昉、杨涛：《城乡收入差距的政治经济学》，《中国社会科学》2000 年第 4 期。

蔡继明：《中国城乡比较生产力和相对收入差距》，《经济研究》1998 年第 1 期。

林光彬:《等级制度、市场经济与城乡收入差距》,《管理世界》2004 年第 4 期。

林毅夫、蔡昉、李周:《中国的奇迹:发展战略与经济改革》,上海:上海三联书店、上海人民
出版社(修订版)1999 年版。

林毅夫、刘明兴:《中国的经济增长收敛与收入分配》,《世界经济》2003 年第 8 期。

姚先国、赖普清:《中国劳资关系的城乡户籍差异》,《经济研究》2004 年第 7 期。

Barro, R. J. , Becker, G. S. and Tomes, N. 1986: Human Capital and the Rise and Fall of Fami-
lies. *Journal of Labor Economics* 4, No. 3, Part 2 (July).

Bates, Robert. 1981: *Markets and States in Tropical Africa. Berkeley*: University of California Press.

Becker, G. S. and Barro, R. J. 1988: A Reformulation of the Economic Theory of Fertility. *Quarterly
Journal of Economics*, 103.

Krueger, A. , Schiff, M. and Valdes, A. (eds.), 1991, 1992: *The Political Economy of Agricultural
Pricing Policy.* 5 Vols. Baltimore, Maryland: The Johns Hopkins University Press.

Lipton, Michael. 1977: *Why Poor People Stay Poor*: *Urban Bias in Word Development*, Cambridge,
MA: Harvard University Press.

Lucas, R. E. 1988: On the Mechanics of Economic Development, *Journal of Monetary Economics*, 22:
3 – 42.

Shi Xinzheng, 2002: Empirical Research on Urban-Rural Income Differentials: The Case of China, un-
published manuscript, CCER, Beijing University.

Shi Xinzheng, Sicular, T. and Zhao Yaohui, 2002: Analyzing Urban-Rural Income Inequality in Chi-
na. Paper presented at the International Symposium on Equity and Justice in Transitional China, Bei-
jing, July 11 – 12.

第二十四章

人力资本、生育率与城乡
收入差距的收敛[*]

一　相关文献回顾与问题的提出

西方学术界有两种主要理论范式试图回答发展中国家普遍存在的城乡收入差距现象。一是经济发展战略的工业化偏好理论。早期发展经济学的基本认识是，小农经济是增长力已耗尽的落后部门，工业作为新型产业具有高的增长率；在小农经济占主导地位的国家推进工业化，不仅可以提高人民生活水平，而且是实现经济赶超的适当战略选择〔Krueger, A., Schiff, M. & Valdes, A. (eds.), 1991; 1992〕。二是政治结构的特殊性理论。在发展中国家，城市阶层的政治影响力是巨大的，因而能够导致城市偏向政策的形成；农民由于居住分散而决定的集体行动的高交易成本，以及与单个农民产出份额微小相关联的免费搭车心态，造成农民数量与其对政策制定影响力之间的一种悖论现象（Lipton, M. 1977; Bates, R. 1981）。

在解释中国城乡收入差距时，上述理论被国内一些学者所借用。林毅夫等人认为，政府实施的以赶超为目的的发展战略，一方面使少数资本密集型产业得到保护，并使被保护产业的收入水平明显高于其他产业；同

---

　　* 本章收录的是发表于《中国社会科学》2005 年第 3 期的同名文章，本章收录时对部分数据做了更新。原文分别被《新华文摘》2005 年第 19 期和《中国社会科学文摘》2005 年第 5 期全文转载，被中国人民大学复印报刊资料《人口学与计划生育》2005 年第 5 期全文复印。该文2007 年获陕西省第八届哲学社会科学优秀成果一等奖。

时，政府对生产剩余的控制又使大量劳动密集型产业因资金投入不足而发展缓慢。城乡差距和收入分配的不平等，被认为是政府采取的发展战略背离了本地比较优势的结果（林毅夫、蔡昉、李周，1999；林毅夫、刘明兴，2003）。蔡昉和杨涛综合运用上述两种理论分别解释了以经济体制改革为分界点的城乡收入差距的不同成因。1978 年之前，与重工业优先发展战略相关的一整套干预政策导致了稳定的城市偏向；改革开放以后，城乡差距的变化主要导源于城市利益集团的压力以及传统经济体制遗留的制度性障碍（蔡昉、杨涛，2000）。

在其他讨论中国城乡收入差距的相关文献中，城乡分割的管理体制（其核心是户籍制度）造成的劳动力市场扭曲，被认为是最重要的原因。蔡继明的一项研究表明，城乡户籍歧视可以解释城乡收入差距中的24.8%（蔡继明，1998）；Shi 等运用经验实证的研究方法，将不能得到解释的城乡收入差距的 42% 和小时收入的 48% 归因于劳动力市场扭曲，其中户籍制度可以直接解释城乡收入差距的 28%（Shi Xinzheng，2002；Shi Xinzheng，Sicular，T. & Zhao，Yaohui 2002）；姚先国和赖普清把城乡工人劳资关系差异的 20%—30% 归为户籍歧视的结果（姚先国、赖普清，2004）。林光彬将城乡收入差距的制度性成因进一步扩展，认为中国城乡收入差距的发生机制和根本原因，是社会等级秩序格局、市场等级化格局以及资源流动性障碍格局等一系列社会安排相互作用的结果（林光彬，2004）。吴群则把城市偏向的制度安排具体化为城市对农村的三次剥夺：即，新中国成立初期的高级社和人民公社化运动对农民生产资料的无偿剥夺，1950—1990 年实行的工农产品价格"剪刀差"政策，以及目前不少地方正在或已经发生的土地不合理征用（吴群，2002）。

前述研究的共同特点是，都将显性制度因素作为城乡收入差距的基本解释变量。应当承认，对处于转型期的中国经济而言，这种见解无疑是具有深刻解释力的。但是，此类研究难以给出下述问题合理答案：第一，农民为什么总是处在被剥夺的地位？即这种显失公平的现实有无农民自身方面的原因？第二，假设制度变迁导致前述诸因素对城乡收入差距的影响消除，其他条件不变，城乡居民收入是否可以趋同？因为，城乡收入差距形成的原因是复杂的，某些非制度变量的影响非但不能忽略，反而在一定程度上不亚于甚或重于制度的作用。本章试图在制度因素之外，建立起人力资本、生育率更长期影响因子与城乡收入差距间的关联关系，从而对城乡收入差距的成因及收敛条件作出新的理论解释。

二　研究方法的讨论

城乡收入差距，在本质上是城乡经济增长分别由哪些因素决定的问题。因此，对这一问题的讨论，可以纳入经济增长模型来进行。

对经济增长动力源泉的解释都可以从生产函数的分解中找到。新古典增长模型的典型生产函数可记为：

$$Y = A(t)K(t)^{\alpha}N(t)^{1-\alpha} \tag{24.1}$$

借助这一模型，城乡收入差距无非形成于：（1）资本 $K(t)$ 和劳动 $N(t)$ 投入量的差别；（2）技术水平和制度效率 $A(t)$ 的差异；（3）前述两类因素的差距同时存在。由于新古典增长模型的建构遵循了诸多严格假设：完全竞争市场且交易费用为零，因此制度对经济增长并不重要；技术水平外生给定，且规模收益不变；资本与劳动只有数量的不同，没有质量的区别；在技术和制度参数既定的条件下，要素报酬服从边际收益递减规律，所以，只要要素可以自由流动，存在初始人均收入差距的两个经济系统之间，经济增长率和人均收入水平最终将趋向于均衡。对于人均收入增长率长期趋于离散状态的城乡经济而言，新古典增长模型显然不是合理的分析工具。

前述相关研究文献试图在新古典增长模型的基础上引入"制度分析工具"，以提高对非收敛性现象的解释力。因为：（1）基于科斯定理，政治和经济制度是经济业绩的潜在决定因素。城市偏向的体制设计和政策干预，带给城乡部门迥异的制度效率。（2）城市偏向政策具有资源"逆向再分配"效应，它导致了资本这类高效率资源在城乡之间的非均衡配置。由此，城乡收入差距的形成，似乎可以获得比新古典增长模型更合理的解释。其实，此类研究并未从新古典增长理论那里走出多远。与新古典增长理论一样，他们相信竞争性市场具有自动趋同功能，只要消除不合理制度对市场的扭曲，城乡收入差距就将会收敛。由此出发的一个合理的逻辑推论是，随着市场化体制改革的推进和要素流动性的加强，城乡收入差距应趋于缩小，而中国城乡收入差距变动的经验事实恰恰相反。根源在于，要素同质性和边际报酬递减仍然是其坚持的基本假设。因而，这种理论努力最终也难以摆脱如同新古典增长模型一样的理论推演结论与经验事实相矛盾的尴尬。

要克服新古典增长模型在增长收敛性问题分析上的局限，必须修正其在模型建构之前就为收敛性埋下伏笔的前提假设，即，应以异质性要素和规模报酬递增作为增长的新源泉纳入经济增长模型。同时，坚持统一的竞争性市场制度背景假设，离散与收敛并非政策干预和市场机制的分别对应物，在充分竞争的市场条件下，部门间的经济增长率也不会是单向度的变化走势。内生增长理论的出现，标志着收敛性问题研究的重要进展。这一理论将人力资本引入增长函数，要素同质性假设由此被放弃；同时发现人力资本投资中存在着外溢效应，因而边际报酬并不一定递减；技术进步被看作是知识和人力资本积累的函数。与对新古典增长模型的"制度性"修正不同，内生增长理论是从技术变化内生性源泉的角度对新古典增长模型给予了补充和扩展。修正的着眼点虽然都是针对着新古典模型中的效率因子，仅仅由于侧重点的不同，却可以大大提高经济增长模型对增长率差异的解释力。由于内生增长模型提供了一个"能与持续增长和持续的收入水平差异相一致的机制"，[①] 因而，它成为我们描述城乡收入差距较为理想的工具选择。

三　技术内生视角城乡收入差距的成因

（一）人力资本与城乡收入差距

1988 年，卢卡斯（Lucas，R. E.）在发表于美国《货币经济学杂志》上的《论经济发展的机制》一文中，建构了一个包含人力资本要素的生产函数：

$$Y = A(t)K(t)^{\alpha}\left[u(t)h(t)N(t)\right]^{1-\alpha}h_a(t)^{\gamma} \text{[②]} \qquad (24.2)$$

---

① ［美］小罗伯特·E. 卢卡斯：《经济发展讲座》，南京：江苏人民出版社 2003 年版，第66 页。

② ［美］小罗伯特·E. 卢卡斯：《论经济发展的机制》，《经济发展讲座》，南京：江苏人民出版社 2003 年版。根据其技术内生变化的思想，这里用 A（t）取代了卢卡斯原式中的 A。

（24.2）式中，$h(t)$ 表示生产工人的人力资本水平，$h_a(t)^\gamma$ 反映人力资本的外部效应，$u(t)$ 表示每个工人的生产时间。[①] 其他变量的含义与前述新古典模型相同。依据这一模型，城乡收入差距的关键决定因素，是城乡人力资本的差距。

在经济增长的动力来源上，内生增长理论强调技术进步的重要影响。而技术进步被认为是由人力资本推动的。卢卡斯给出的技术进步方程是：$\dot{h}(t) = h(t)\delta[1 - u(t)]$。其中，$\dot{h}(t)$ 人力资本变化率代表技术进步率，它取决于现有人力资本水平 $h(t)$ 和从事人力资本建设的时间（$1 - u$），参数 $\delta > 0$（卢卡斯，2003）。罗默（Romer, P. M. 1990）也认为：$\dot{A} = H_2 A$，即，技术进步的速率（$\dot{A}$）是由研究部门的人力资本水平（H_2）及现有技术水平（A）决定的。不仅如此，人力资本又被认为是技术扩散的必要条件。尼尔森和菲尔普斯（Nelson, R. & Phelps, E. 1966）的研究表明，新技术扩散的范围和速度与一个经济体的人力资本存量有着密切关系。在其他条件一定时，人力资本存量越大，技术扩散的范围越广，技术扩散的速度也越快。在以技术为主要推动力的现代经济中，技术创新资源的丰裕度成为决定增长的关键。城乡部门不同的人力资本水平，就意味着增长动力在城乡之间的差异。

人力资本是以人或劳动者为载体的。教育作为人力资本投入的主要方面，对生产领域中劳动者的意义在于：第一，提高劳动者生产技能，增加劳动者收入。大量劳动经济学文献显示，个人每多受一年在校教育，一般可使今后的工资增长 10%（Jones, Charles I. 1998）。第二，在获取信息和逐步适应现代化过程中企业家才能的增长，这种能力有助于提高资源的配置效率。第三，扩展劳动者的就业选择机会，使其向更好的工作机会和更适合于居住的地方转移。第四，作为未来消费的满足感的增长。人力资本理论把每个人的健康状况当作一种资本储备，健康资本的经济价值体现在：第一，增加"健康时间"，改善体力劳动能力，提高工人的效率工资；第二，延长人口寿命，使人们获得更长久的职业生涯；第三，较长的

---

① 卢卡斯假设生产者的全部时间为 1，每个生产者都将用一定比例 u 的时间从事生产，用（$1-u$）比例的时间从事人力资本建设。

预期寿命提供了一种额外刺激，促使人们愿意接受更多的学校教育，增加人力资本积累。人力资本的城乡差异，标志着生产函数中的单位劳动在城乡部门并不具有相同的产出效率。

还应当注意到，人力资本投入的增加通过劳动者操作技能的改进，能够提高物质资本的产出弹性，使物质资本边际收益的最大值外展，边际收益下降的临界点推后，以及边际收益下降速度减缓等。发展中国家普遍存在的用一流设备只生产出二流甚至三流产品的事实，是人力资本这种特殊功能的反证。同时，人力资本投入的增加，亦将产生质量更好、效率更高的新资本设备对旧设备的替代，推动物质资本的改造更新。巴特尔和里奇坦伯格（1987）对美国 61 个制造业的一项研究显示，就业人员的受教育程度越高，机器设备越新；在技术密度越大的产业里，这种关系越显著。[①] 在城乡部门资本投入量本来就悬殊的情况下，人力资本的差异，会使两部门倾斜的资本结构表现出差别化的技术和效率状态。

更为重要的是，人力资本并非生产函数的一般投入，在其投资方面存在着规模经济，已有投资越多，新投资的回报率越高。这种递增的收益主要源于人力资本投资的外部性：人力资本在一定意义上是一种公共产品，对其使用具有非排他性。"一个思想的大部分收益——如果是真正重要的思想，则几乎是所有的收益——都被创造者以外的其他人所获得。"[②] 不仅如此，知识存量能够直接参与新知识的生产，研究部门可以免费利用自己已生产出的知识进行新知识的生产。此外，按照卢卡斯"干中学"（learning by doing）的第二个人力资本增长模型，[③] 专业化的人力资本随着生产某种商品数量的增加而增加，且在某种商品的生产上形成的技能可以成为生产另一种商品的基础。人力资本形成的这种扩散性和累积性，使得以其为推动力的经济增长呈现为一种自我强化的持续发展过程。人力资本的外部性"与人们对他人生产率的影响有关，因此这种效应的范围与

---

① 参见李建民《人力资本与经济持续增长》，《南开经济研究》1988 年第 4 期。

② ［美］小罗伯特·E. 卢卡斯：《经济发展讲座》，南京：江苏人民出版社 2003 年版，第 6 页。

③ ［美］小罗伯特·E. 卢卡斯：《论经济发展的机制》，《经济发展讲座》，南京：江苏人民出版社 2003 年版。

不同群体之间的作用方式有关"。[①] 也就是说，城市比农村更有利于体现人力资本的外部效应。

（二）生育率与人力资本的内生决定

内生增长理论不仅在宏观上建立起人力资本与经济增长之间相关关系，而且揭示了生育率与人力资本相互影响的微观机制。

在引入人力资本的基础上，贝克尔和巴罗等人内生地解释了生育率的决定问题（Barro，R. J. ，Becker，G. S. 1986；Becker，G. S. ，Muphy，K. M. & Tamura，M. M. 1990）。人力资本积累和生育率的决定均与家庭有关，家庭决策的最优化过程，决定了人力资本水平和生育率水平。根据贝克尔等人的分析，子女的数量和质量均可以成为家庭效用的来源。在效用最大化的追求中，父母究竟偏好于子女的数量方面还是质量（人力资本）方面，取决于家庭预算约束既定条件下单位资源在这两个方面分别投资所产生的边际收益率的比较。

在人力资本收益率提高的背景下，生育率的下降会加速人力资本的积累过程。贝克尔和巴罗曾提出一个具有利他（子女）性质的父母效用函数：

$$V_t = u(c_t) + \alpha(n_t)V_{t+1} \text{[②]} \tag{24.3}$$

式中的 V_t 和 V_{t+1} 是父母和每个孩子的效用，c_t 为父母的消费，n_t 为孩子的数量，$u > 0$，$\alpha < 0$；$\alpha(n)$ 表示父母对每个孩子的利他程度，其与孩子的数量成反比；父母未来消费的贴现率等于 $\alpha(n)$ 的倒数，即 $[\alpha(n)]^{-1}$。依据这一分析工具不难发现，高生育率会提高未来消费的贴现率，降低父母对每一个孩子的利他程度，因而不利于对子女的人力资本投资；生育率的下降则会引致对子女人力资本投资的相反变化。即"在增长理论中引入生育决策能够使我们更清楚地思考那些对收入增长至关重要

---

① ［美］小罗伯特·E. 卢卡斯：《经济发展讲座》，南京：江苏人民出版社 2003 年版，第 61 页。

② Becker，G. S. & R. J. Barro，1988：A Reformulation of the Economic Theory of Fertility. *Quarterly Journal of Economics* 103.

的人力资本增长"。①

通过人力资本这一中间变量，生育率与经济增长率或人均收入增长率之间的函数关系被建立起来。由于生育率与人力资本负相关，因此，生育率与人均收入增长率之间亦负相关。卢卡斯甚至认为，不是技术进步，而是人力资本收益率上升所导致的生育率下降，且当这种变化影响到大多数家庭时，才是近代工业革命兴起的根本条件。"1800 年前后发生的真正的新事件——它把近代同以往时代区别开来，不是技术变迁本身，而是生育率的增长不再将技术的提高转化为人口的增长……事实上工业革命不可避免地与被称为人口变迁的生育率降低联系在一起"。② 如果说，人力资本是决定收入增长的重要因素，那么，在内生增长理论的分析框架中，生育率差异对城乡收入差距的影响也应当予以考虑。

四　基于中国经验的检验

（一）截面分析

中国的城乡人均收入差距，在地域上呈现为一种非均衡态。经济较发达的东部地区，城乡居民人均收入差距较小；相对落后的西部地区这一差距明显高于东部，而中部则介于两者之间。

城乡人力资本水平的差异，在空间分布上亦显示出一种很强的规律性。城乡人口的平均受教育年数的差距与经济发展程度相关，经济越是发达的地区，城乡 6 岁及其以上人口的平均受教育程度差距越小；相反，经济越是落后的地区，这一差距越大。生育率（用少儿抚养比替代）的城乡差距（乡村高于城镇）分布格局与人力资本相似，从东部、中部到西部，城乡生育率差距呈递增态势（见表 24—1）。

---

① ［美］小罗伯特·E. 卢卡斯：《经济发展讲座》，南京：江苏人民出版社 2003 年版，第 175 页。

② 同上书，第 124 页。

表 24—1　　　　不同地区城乡居民的人均收入差距与人力资本、生育率差距

		城乡居民人均收入差距（城镇÷乡村）	城乡 6 岁及以上人口平均受教育年限差距（城镇－乡村）	城乡人口少儿抚养比差距（乡村－城镇）
东部地区	北京	2.48	0.64	4.38
	天津	2.26	1.58	11.85
	河北	2.54	2.19	2.59
	辽宁	2.47	1.46	3.03
	上海	2.23	1.00	1.60
	江苏	2.18	1.20	4.20
	浙江	2.45	1.91	4.18
	福建	2.68	1.63	11.55
	山东	2.67	1.61	1.80
	广东	3.05	1.31	15.74
	海南	2.80	2.19	10.43
	平均	2.53	1.52	6.49
中部地区	吉林	2.77	1.92	3.72
	黑龙江	2.66	1.33	2.54
	山西	3.05	1.42	7.16
	安徽	3.19	1.65	6.83
	江西	2.81	1.64	10.00
	河南	3.10	1.92	8.51
	湖北	2.85	2.45	14.40
	湖南	3.03	2.07	9.34
	平均	2.93	1.80	7.81
西部地区	内蒙古	3.09	2.28	1.32
	广西	3.72	2.03	12.17
	重庆	3.65	1.62	8.38
	四川	3.16	2.20	8.34
	贵州	4.20	3.02	20.05
	云南	4.50	1.76	8.90
	西藏	5.18	—	—
	陕西	4.06	2.27	8.80
	甘肃	3.98	3.10	13.98
	青海	3.76	3.27	15.67
	宁夏	3.20	3.04	23.60
	新疆	3.41	1.65	15.14
	平均	3.83	2.38	12.40

　　说明：表中第 1 列数据根据 2003 年城镇居民可支配收入与农村居民家庭人均纯收入计算得出；第 2 列和第 3 列数据根据 2003 年全国人口变动情况抽样调查相关数据计算得出；平均值均为简单算术平均数；"—"表示数据不可用。

　　资料来源：国家统计局：《中国统计年鉴 2004》，北京：中国统计出版社 2004 年版；国家统计局人口和社会科技统计司：《中国人口统计年鉴 2004》，北京：中国统计出版社 2004 年版。

（二）时序分析

对于中国市场化改革以来的城乡收入差距，可以给出如下基本判断：经济增长的成果，未能在城乡之间公平地分享。除 20 世纪 80 年代初农民人均收入经历较快增长外，在其余大部分时期里，收入增长的较大份额为城市居民所拥有；进入 21 世纪前 10 年，成为中国改革开放以来城乡收入差距最突出的时期（见图 24—1[①]）；同时，中国也成为世界上城乡收入差距最大的国家之一。[②]

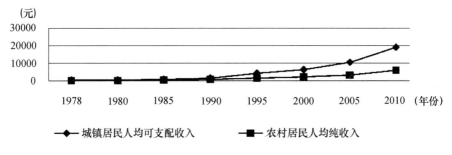

图 24—1　城乡居民收入差距变化

长期数据显示，城乡之间以受教育程度衡量的人力资本水平的差异始终存在。1982 年，城镇和乡村劳动力平均受教育年限相差 2.97 年，1990年这一差距为 2.78 年，2000 年是 2.87 年。[③] 在进入 21 世纪的十多年间，如果以 6 岁及其以上人口为统计对象，城市[④]和乡村的人均受教育年限还有扩大的趋势。2001 年城市高于乡村 2.67 年，到 2013 年，扩大至 3.07年（见图 24—2[⑤]）。

---

①　数据来源：国家统计局：《中国统计年鉴 2014》，北京：中国统计出版社 2014 年版。

②　中国社会科学院经济研究所的一份全国性调查报告指出，仅看货币收入，非洲津巴布韦的城乡差距略高于中国，但把公费医疗、失业保险等非货币因素考虑在内，中国的城乡收入差距是世界上最高的。载新华网 2004 年 2 月 25 日。

③　中国教育与人力资源问题报告课题组：《从人口大国迈向人力资源大国》，北京：高等教育出版社 2003 年版。

④　此处的城市未包括镇。

⑤　数据来源：国家统计局人口与就业统计司：《中国人口统计年鉴》（2002—2006），《中国人口和就业统计年鉴》（2007—2010，2013），北京：中国统计出版社。

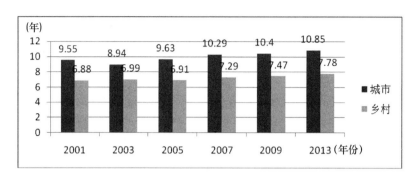

图 24—2　城乡人力资本差距

　　同期，城乡人口出生率的差距（乡村高于城镇）亦相当明显。从 1978—1999 年的 22 年间，这一差距的年均值为 4.35 个千分点。虽然城乡生育率差距的长期趋势是在缩小（见图 24—3①），但至 20 世纪末，农村人口再生产类型尚难归于与城市相同的阶段。蔡昉和张车伟等人（2002）比较了 20 世纪 90 年代中期和 70 年代中期城乡人口的出生率、自然增长率和总和生育率，得出农村人口的转变进程大约滞后城市 20 年左右的结论。进入 21 世纪，农村人口的出生率在持续降低，但农村育龄妇女的平均生育率仍然显著高于城市（见图 24—4②）。

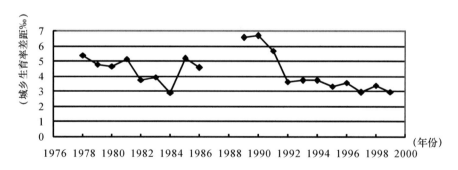

图 24—3　1978—1999 年城镇与乡村生育率变化趋势

―――――――――――――――

　　①　1978—1988 年生育率的数据来自中国社会科学院人口与劳动经济研究所《中国人口年鉴 2000 年》；1989—1999 年的生育率采用国家统计局《中国统计年鉴 2001》的数据。

　　②　数据来源：国家统计局人口与就业统计司：《中国人口统计年鉴》（2002—2006），《中国人口和就业统计年鉴》（2007—2010），北京：中国统计出版社。此处的城市未包括镇。

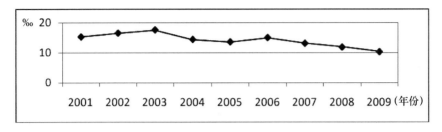

图 24—4　2011—2009 年城市和乡村育龄妇女平均生育率差距

（三）经验分析的结论

第一，无论是截面分析还是时间序列分析，均显示了城乡之间的人力资本差距和生育率差距，是城乡人均收入差距的共生现象。第二，在城镇人均收入普遍和长期高于农村的同时，城镇人口的受教育程度也普遍地、长期地高于农村。而且，数据表明，城乡人力资本差距与城乡收入差距之间呈正相关，即，城乡人均收入差距大的地区，其人均人力资本差距亦大；反之则反是。第三，截面数据和时序数据表明，城镇高于农村的人力资本差距对应着相反的乡村高于城镇的生育率差距，或者，城市较高的人力资本水平，其生育率水平较低；而较高的农村生育率却与较低的人力资本水平相联系，说明城乡之间的人力资本水平与生育率水平负相关。经验考察的结论，在很大程度上拟合了前面基于内生增长理论分析的结果。

五　人力资本、生育率趋同与城乡收入差距的收敛

1990 年，贝克尔、墨菲和田村（Becker, G. S. , Muphy, K. M. & Tamura, M. M. 1990）发表了"人力资本、生育率与经济增长"的重要论文，把生育率和人力资本同时整合在一个经济增长模型中。借助贝—墨—田模型（B－M－T 模型），可以更加清楚地理解中国城乡之间的人均收入差距。

贝克尔等人认为，生育率作为经济增长的内生要素可能导致经济发展的两种稳态：其一是高生育率、低人力资本存量的马尔萨斯低水平均衡状

态；其二是低生育水平、高人力资本存量和积累率的发达经济稳定状态。他们还认为，人力资本的初始水平及其相应的规模效率，决定着一个经济发展的基本走向。当人力资本存量很低时，家庭向子女质量投资的预期收益率较低，此时，对子女的人力资本投资一般较少发生，而倾向于选择较高的生育率。这样，经济发展就会陷入低水平均衡陷阱。在人均人力资本水平较高的条件下，人力资本投资中出现收益递增的趋势，这种条件使得向子女人力资本投资的收益率大于未来消费的贴现率，可以实现家庭效用函数的帕累托改进（Pareto improvement），进而导致低生育水平的存在，并使经济进入持续稳定增长的轨道。

从人力资本和生育率的角度来考察，中国城乡经济目前实际上分属于两种不同类型的发展状态：高生育率和低人力资本存量水平和积累速度，表明农村部门还未走出马尔萨斯理论所描述的贫困陷阱。在这种条件下，经济增长缺乏功率强劲的"发动机"，高生育率又在不断地吞噬着最有效增长动力的形成机会，农民人均收入的增长必然是艰难的。城市部门已完全越过了这一发展阶段，高人力资本水平可以使城市居民获得农民无法获得的高收益率的就业机会，同时，低生育率又成为城市部门高人力资本投资率的一种保障。

强调人力资本、生育率的收入效应，并不否认其他因素对城乡居民收入的影响。相反，城乡之间人力资本和生育率的两类均衡，在很大程度上强化了其他决定城乡收入差距因素的作用。第一，农村的低水平发展均衡，决定其不可能成为以加速发展为主要目标的政府推动型经济的增长极点的选择，城市偏向发展战略的经济合理性因此被强化。第二，数量巨大但素质较低的农民组织成本始终是高昂的，其政治影响力弱的局面不会改观，不利于农民的政策，特别是出自地方政府的土政策很容易被推行。第三，这样的农民很难融入城市现代文明之中，他们进城只能在城市非正规部门谋生，二元经济的次级分化使城乡分割的管理体制的改革进程变得艰难而且缓慢。

B－M－T模型指出，马尔萨斯贫困陷阱并不是牢不可破的。由马尔萨斯均衡转向增长均衡需满足两个基本条件：未来消费的贴现率等于人力资本投资的收益率；人力资本存量必须达到经济稳定增长状态的临界水平。前者是人力资本投资发生的逻辑前提，后者为一个经济彻底摆脱马尔萨斯低水平陷阱的依赖条件，而生育率下降与这些条件的形成是不可分割的。由此可以认为，生育率与人力资本的趋同是城乡收入差距收敛的必要条件。

假使农民具有与城市居民相同的生育率水平和人力资本存量水平及积累率，不难推断，将会出现如下一系列积极变化：其一，农民的工资性收入明显增加。这种增加来自就业空间的扩大，劳动者生产效率的提高，以及由劳动者技能提高而带来的非劳动资源利用效率的改进。其二，生育率下降将减少农民子女抚养负担，使城乡人口的抚养比持平。其三，城市化进程加速。城市化推进以城市部门存在就业机会为前提。在城乡人均人力资本水平无差异时，非农就业机会就会平等地呈现在城乡居民面前，农民的市民化就会成为一种自然进程。其四，生育率下降和城市化的加速，在减少农民数量和加速农民人力资本积累的同时，又有利于提高农民的组织化程度，农民数量越多其政治影响力越小的"舒尔茨悖论"现象①将得以扭转，农民最终可能获得与城市居民一样的国民待遇。其五，在城乡居民人均人力资本水平趋同的条件下，农民非农转移的能力增强，剥夺农业和农民所引发的社会成本就会较为平均地为全社会分担，而不是主要落在农民身上。这时，农业作为一个战略性产业部门才可能真正为全社会所重视。

尽管影响城乡居民收入差距的相关变量是多方面的，但本章把人力资本和生育率看作是在诸多影响力量中更为根本和在长期持续起作用的因素。城乡收入差距的最终消除，从根本上来说，依赖于城乡之间生育率水平、人力资本存量水平及其积累率的趋同。在其他因素的影响作用被消除时，人力资本和生育率的趋同，将导致城乡居民人均收入的"绝对收敛"；如果城市偏向的发展战略、城乡分割的二元体制等被继续维持，农村部门生育率下降和人力资本水平的提高，也能够导致一种"条件收敛"结果的出现。可以预见，在城乡人力资本和生育率相同的条件下，传统发展战略与二元体制的维持，政府和社会将须付出比以前更大的代价，这也

---

① 舒尔茨发现，农民数量与其政治影响力负相关。这种情况一般被称为农民数量悖论。参见［美］西奥多·W. 舒尔茨《报酬递增的源泉》，北京：北京大学出版社 2001 年版，第 141 页。

可能促成城市偏重的发展战略和城乡分治的不合理体制最终被摒弃。

六　城乡收入调节政策的选择

若仅着眼于农民眼前收入的增加，提高粮食价格、降低农业生产成本、减免农业税赋等就是可行的政策选择；如果政策目标是缩小乃至消除城乡居民间的收入差距，那么，前述政策的效力是极其微小的。因此，在讨论城乡收入差距调节问题时，本章没有将这类政策考虑在内。

内生增长理论及相关的实证研究表明，缩小城乡收入差距政策设计的主要着眼点，应放在促进农村部门人力资本积累率提高和生育率下降方面。其政策目标是，实现城乡之间生育率和人力资本水平的趋同，在农村培育起与城市部门同质的、在城乡统一的劳动力市场上具有同等竞争力的收入创造主体。这一政策的基本内涵包括：第一，促进农村部门人力资本积累率的快速提高，利用人力资本的增长效应增加农民的人均收入；第二，借助人力资本增长对生育率的抑制效应，实现农村部门由高生育率、低人力资本水平的马尔萨斯稳态向低生育率、高人力资本水平的增长稳态转变；第三，充分利用农村部门生育率下降所创造出来的发展机会，将生育率下降所带来的人均储蓄的增加及时地转化为人均人力资本投资的增长。

加大对农村地区的教育投入，是调节城乡收入差距的首选政策。因为，教育投入是人力资本投资的最主要内容，同时，大量经验研究显示，父母的受教育程度与家庭生育率负相关（李菁、林毅夫、姚洋，2002）。为此，需要对城乡分割和偏重城市的现行教育体制做出调整。

在教育供给方面：（1）增加政府对农村地区中、小学教育的投入，改变对农民的教育歧视。2002 年，全社会各项教育投资 5800 多亿元，不到总人口 40% 的城市居民占用了其中的 77%，而超过总量 60% 的农村人口只获得 23% 的教育经费。[①] 在每 10 万人口中，城镇拥有中学数 8.03 所（其中高中 2.61 所），农村拥有中学数 5.08 所（其中高中 0.30 所）；每

---

① 《中国财经报》2004 年 8 月 24 日，第 4 版。

万人中，城镇拥有中学教师数为 68.33，而农村仅为 24.33，[①] 这里还未涉及教师素质和教育质量方面的差别。这不仅影响了城乡之间人力资本的分布，也显失应有的社会公平。一些学者（Tan & Mingat，1992；Penrose，1993）认为，以基础教育为主要内容的公共教育资源从富裕流向贫困的原则，是衡量教育资源分配是否公平的最终标准。因此，在今后政府教育增量投资中，应加大对农村地区的投入比重。（2）增加教育公共支出是以政府不面临财政约束为前提的，这一假定显然不现实。因此，还应通过完善人力资本投资市场，动员和引导社会资源向农村基础教育投资。李建民（1999）的一项研究指出，我国的教育投资并非资源性短缺，而是一种制度性短缺。如果民间教育能够获得平等的成长环境，教育供给不足的局面就可以改观。（3）在初等教育资源城乡分配倾斜的条件下，可以考虑适当降低农村子女接受高层次教育的门槛，相对增加其就学比重。（4）大力开展面向农村的职业技术教育，提高没有或很少接受正规教育的农民的文化水平和劳动技能。

农民对各种层次特别是高层次教育的需求远远大于现行供给能力。这种旺盛的需求主要不是由于在农业内部存在着人力资本投资的高收益率，而是受到城市部门高工资水平诱使的影响，托达罗（Todaro，M. P. 1988）指出，个人对教育的需求同现代部门和传统部门之间的工资水平差距正相关。但对许多农民家庭而言，对教育的实际支付能力还极其有限。在中国的西部地区，子女上大学的费用会成为农村家庭支出的很大部分。[②] 为此，可以考虑如下对农民教育需求的援助方案：（1）对农村中低于某一人均收入水平的贫困户子女，以及不违背计划生育政策家庭的子女，给予一定的教育补贴。资助对象范围的大小和强度的高低，由财政支付能力决定，并可因时因地做出调整。（2）进一步完善农村教育信贷制度。江韦斯特（Ljungqvist）认为，收入和人力资本不平等的持续在很大程度上决

---

① 根据《中国统计年鉴 2003》有关数据计算得出。

② 在甘肃，孩子上大学的费用占家庭支出的 32%，在陕西这个比例达到 34%。［美］詹姆斯·赫克曼：《中国的人力资本投资》，北京大学中国经济研究中心编《站在巨人的肩上——诺贝尔经济学奖获得者北大讲演集》，北京：北京大学出版社 2004 年版，第 17 页。

定于资本市场的不完善。[1] 李菁、李毅夫和姚洋（2002）的有关研究发现，信贷约束对教育年数存在着显著影响：与存在信贷约束的农户相比，不存在信贷约束的农户子女，平均受教育年数增加 0.67 年；存在信贷约束的农户，其子女完成高中教育的概率会降低 17%。

加速城市化进程是与城乡教育结构调整具有类似功能的一项政策。首先，城市化将农村劳动力由低学习率的传统产业转向高学习率的现代产业，因而能够通过"干中学"实现转移人口人力资本水平的提升。其次，城市化提高了转移人口养育子女的成本，可以降低其生育率。据测算，在既定的农村和城市生育率、死亡率假设条件下，到 21 世纪中期，有人口城镇化方案可比无人口城镇化方案减少人口 1.3 亿以上。[2] 还应注意到，农村地区教育投入的改善而带来的劳动力素质的提高，需要城市部门的扩张为其提供高收益率的就业机会。因此，实现城乡收入差距的收敛，需要这两类政策的组合使用。教育与城市化对于增加农民收入来说，存在着一个时滞问题，急功近利的政府行为会成为这类政策实施的障碍。

参考文献

蔡昉、杨涛：《城乡收入差距的政治经济学》，《中国社会科学》2000 年第 4 期。

蔡昉、张车伟等：《人口：将给中国带来什么》，广州：广东教育出版社 2002 年版。

蔡继明：《中国城乡比较生产力和相对收入差距》，《经济研究》1998 年第 1 期。

［美］詹姆斯·赫克曼：《中国的人力资本投资》北京大学中国经济研究中心编：《站在巨人的肩上——诺贝尔经济学奖获得者北大讲演集》，北京：北京大学出版社 2004 年版。

李菁、林毅夫、姚洋：《信贷约束、土地和不发达地区农户子女教育投资》，《中国人口科学》2002 年第 6 期。

李建民：《生育率下降与经济发展内生性要素的形成》，《人口研究》1999 年第 2 期。

林光彬：《等级制度、市场经济与城乡收入差距》，《管理世界》2004 年第 4 期。

林毅夫、蔡昉、李周：《中国的奇迹：发展战略与经济改革》，上海：上海三联书店、上海人民出版社 1999 年修订版。

林毅夫、刘明兴：《中国的经济增长收敛与收入分配》，《世界经济》2003 年第 8 期。

［美］小罗伯特．E．卢卡斯：《论经济发展的机制》，《经济发展讲座》，南京：江苏人民出版社

---

① 参见［美］普兰纳布·巴德汉、克利斯托弗·尤迪《发展微观经济学》，北京：北京大学出版社 2002 年版，第 120 页。

② 参见曾毅《中国人口分析》，北京：北京大学出版社 2004 年版。

2003 年版。

［美］普兰纳布·巴德汉、克利斯托弗·尤迪：《发展微观经济学》，北京：北京大学出版社 2002 年版。

［美］M. P. 托达罗：《第三世界的经济发展》，北京：中国人民大学出版社 1988 年版。

吴群：《我国农村土地制度改革面临的主要问题及发展方向》，《求是学刊》2002 年第 4 期。

姚先国、赖普清：《中国劳资关系的城乡户籍差异》，《经济研究》2004 年第 7 期。

曾毅：《中国人口分析》，北京：北京大学出版社 2004 年版。

Barro, R. J. , Becker, G. S. and Tomes, N. 1986: Human Capital and the Rise and Fall of Families. *Journal of Labor Economics* 4 , No. 3 , Part 2 （July） .

Bates, Robert 1981: Markets and States in Tropical Africa. Berkeley: University of California Press.

Becker, G. S. , Muphy, K. M. and Tamura, M. M. 1990: Human Capital, Fertility and Economic Growth. *Journal of Political Economy* 98 No. 5 , Part 2 （October） .

Jones, Charles I. 1998: Introduction to Economic Growth, W. W. Norton&Company, Inc.

Krueger, A. , Schiff, M. and Valdes, A. （eds. ）, 1991; 1992: *The Political Economy of Agricultural Pricing Policy*, 5 Vols. Baltimore, Maryland: The Johns Hopkins University Press.

Lipton, Michael. 1977: *Why Poor People Stay Poor: Urban Bias in Word Development. Cambridge*, MA: Harvard University Press.

Nelson, R. and Phelps, E. 1966: Investment in Humans, Technological Diffusion, and Economic Growth, *American Economic Review*, 61.

Penrose, P. 1993: Affording the Unaffordable: Planning and Financing Education Systems in Sub-Saharan Africa, Occasional Papers on Education 7, London: Overseas Development Administration.

Romer, P. M. 1990: Endogenous Technological Chang. *Journal of Political Economy* 98 （5） part 2.

ShiXinzheng, 2002: Empirical Research on Urban-Rural Income Differentials: The Case of China. unpublished manuscript, CCER, Beijing University.

Shi Xinzheng, Sicular, T. and Zhao Yaohui, 2002: Analyzing Urban-Rural Income Inequality in China, Paper presented at the International Symposium on Equity and Justice in Transitional China, Beijing, July 11 – 12.

Tan Jee-Peng and Mingat, A. 1992: Education in Asia: A Comparative Study of Cost and Financing, Washington, D. C. World Bank.

第二十五章

公平教育、竞争市场与收入
增长的城乡分享[*]

一　研究背景

市场化改革以来，中国经济持续了 20 多年的高速增长。人民生活水平获得显著改善。然而，经济增长的成果未能在城乡之间公平地分享。城乡居民收入差距在波动中呈现不断拉大的趋势。1978 年，城镇居民家庭人均可支配收入是农村居民家庭人均纯收入的 2.57 倍，二者的绝对差距为 209.8 元；到 2005 年，前者成为后者的 3.22 倍，绝对差距扩大到 7238.1 元。[①]

这一现象引发了两个方面的讨论。其一，收入不平等与经济增长的关系。讨论不仅涉及收入差距在何种方向上影响着增长，[②] 而且对二者间的

---

[*]　本章以同题目发表于《陕西师范大学学报》2007 年第 4 期，《中国社会科学文摘》2007 年第 6 期全文转载，中国人民大学复印报刊资料《社会主义经济理论与实践》2007 年第 12 期全文复印。

[①]　数据来源：根据国家统计局《中国统计年鉴 2006》（北京：中国统计出版社 2006 年版）10—2 相关数据计算得出。

[②]　关于收入不平等对经济增长影响的认识存在着争议。一些研究者持有利论；更多的文献则持相反的观点；近来一些研究者区分了经济发展阶段对二者关系的不同影响。参见陆铭、陈钊、万光华：《因患寡，而患不均——中国的收入差距、投资、教育和增长的相互影响》，《经济研究》2005 年第 12 期。另外，参见 [美] 菲利普·阿吉翁、彼得·霍依特《内生增长理论》，北京：北京大学出版社 2004 年版，第 250—252 页。

关联机制进行了分析。① 这一讨论不同结论的背后，一定程度上反映了人们对收入不平等社会可接受程度的差别化判断。② 其二，更加受到关注的是，收入差距动态演化的决定因素。即，城乡收入持续扩大的现实是如何发生的？其收敛条件是什么以及此类条件在何种背景下出现？这成为当前理论研究的重点和治理政策设计的基本前提。

从研究方法的角度，可以把对收入差距存在性问题讨论的文献归为几种主要类型：（1）无论是国外还是国内，解释收入不平等最具影响力的理论工具是新古典模型。如果市场是完善的，同时，不存在个人能力差异和持续性随机性冲击，不管初始分配状态如何，随着时间的推移，社会成员间的收入最终会收敛到一个稳定的平等状态。在这一理论结构下，第一，只有存在持续性个人能力差异和持续性随机性因素扰动时，才可以解释收入分配长期内非收敛动态演化的现象（Becker & Tomes，1979；Loury，1981；Lucas，1992；Mulligan，1997；侯风云，2004；邹薇、张芬，2006）。或者，第二，市场是分隔的，要素的趋利性流动和收益率趋同机制受到抑制，社会收入分布格局的演化趋势只能是多重稳态，而非一般均衡。此时，不同市场间的收入差距将会永远存在下去（Banerjee & Newman，1993；Galor & Zeira，1993；Ljungquvist，1993；Aghion & Bolton，1997；Matsuyama，2000；mookherjee & Ray，2003；蔡昉，1998；张展新，2004）。（2）更多的特别是来自国内的文献，立足于政治经济学视角，把城乡收入差距产生和持续存在的主要原因，归结为政府推行的一系列城市倾向的政策和制度安排。以赶超为目的的经济发展战略的实施，使城市工业由于受到保护获得垄断性收益，政府对生产剩余的控制又使农业因资金投入不足而发展缓慢，城乡收入差距由此产生，并被维持该战略的

---

① 尹恒、龚六堂和邹恒甫将收入不平等对经济增长的影响机制归纳为：储蓄—投资机制，政治—经济机制，教育—生育决策机制，社会稳定机制和市场规模机制。参见《经济研究》2002年第8期，第83—91页。

② 一个社会对收入不平等的包容力在很大程度上取决于社会发展目标的选择。如果经济增长成为首选，对收入差距的可接受程度就较高，因为，在经济发展的一定阶段，收入差距的扩大被认为能够加快物质资本积累，从而有利于经济增长；如果社会发展目标中更多地融入平等、和谐等人文关怀，收入差距过大就会成为社会改革和政府治理的内容。当前中国和谐社会建设目标的提出，表明包括城乡收入在内的收入差距扩大已接近社会可接受程度的边界以及政府扭转这一趋势的意向。

配套政策所恶化（林毅夫、蔡昉、李周，1999；林毅夫、刘明兴，2003）。蔡昉和杨涛（2000）把政府的城市偏向政策分为两类：一是对生产要素市场的干预，二是农村对城市的生产剩余的转移。前者把农村居民限制在城市利益的围城之外，后者则使农村经济增长丧失了索罗（Solow, R. M.）机制。许多研究文献强调户籍歧视对城乡收入差距形成的重要影响，并运用计量工具检验了这种影响的程度（蔡继明，1998；姚先国、赖普清，2004；世界银行，2004）。（3）近些年，一些研究者把收入不平等纳入内生增长理论的分析框架，使技术发展、教育和人力资本成为解释不平等演化的关键变量。若生产函数中资本规模收益递增，随着经济增长，不平等程度将趋于扩大（Li Hongyi, Xie Danyang & Zou Heng-fu, 2000；Gong Liutang & Zou Heng-fu, 2001）。在成熟的市场经济条件下，收入差距更多地存在于劳动技能不同的工人之间，而技能决定于劳动者的受教育程度和经验积累（Abowd, Kramarz & Margolis, 1994；Kremer & Maskin, 1996；Willen, Hendel & Shapiro, 2004；Lang & Manove, 2006）。郭剑雄（2005）认为，相对于城市来说，农村地区的高生育率和低人力资本积累率所导致的"马尔萨斯稳态"，是农民收入增长困难的根本原因；而城市部门已进入低生育率、高人力资本存量和积累率共同推动的持续均衡增长阶段。（4）森（Sen, Amartya 2002）从福利经济学的角度，探讨了自由、正义和公平同人们经济地位之间的联系。他认为，个人从收入和财富中获得的能力（capability）与个人选择自由（freedom）的不平等，比收入和财富不平等本身更为重要；应当突破收入和财富不平等的界限，从更广泛的公平角度来探讨经济中的不平等问题。

前述文献对于中国城乡收入差距的形成及其动态演化，是具有解释力的；所给出的解释变量，大都经得起经验事实的显著性检验。尚需进一步推向深入的问题是：第一，一些文献在注重分析形式精确化的同时，往往以简化市场条件为前提。面对中国城乡劳动力市场分隔这一基本事实，此类研究所获结论的解释力自然要打折扣。第二，在引入反映中国国情的解释变量时，大量的工作是集中在相关性的计量检验方面，缺乏深入的理论描述或理论模型的创新努力。本章试图通过弥补现有文献的一些疏漏，深化对城乡收入差距问题的研究，以期获得更具现实针对性的城乡收入调节政策设计方案。

二 城乡收入决定模型

不考虑转移支付、遗赠等因素，个人收入来源于劳动者所拥有的各种资源在经济活动中提供服务获得的报酬，其中，劳动是个人取得收入的最主要途径。[①] 相关文献显示，决定个人收入不均等的主要因素，不是劳动收入和资本（以及土地）收入之间职能分配的差别，而是劳动收入的变化。[②] 出于简化分析的需要，本章仅以劳动收入为考察对象。

单纯考察来自劳动的收入差别时，劳动的质量因素必须引入分析模型。[③] 劳动的质量主要决定于劳动者接受教育和培训的程度以及生产经验的积累水平。在现代经济中，相对于劳动的数量而言，劳动质量日益成为一种关键性要素。[④] 因此，在劳动报酬函数中，我们将人力资本确立为基本解释变量。根据卢卡斯（Lucas. Robert E.）等人的内生增长理论，包含人力资本的收入函数具有规模报酬递增的重要性质。

现代劳动经济学将整体劳动力市场区分为相互非具竞争性的一级市场和二级市场。在一级市场就业，工资率高，工作环境优越，就业稳定，且职业升迁机会多；二级市场的工作便大为逊色：报酬率低，工作条件差，失业风险高，个人职业发展前景渺茫，教育和经验的回报率显著低于一级

[①] 比如，2005 年，扣除转移性收入，中国城镇居民人年均总收入是 8670.07 元，其中，工薪收入为 7797.54 元，占 89.94%，考虑经营性收入的 679.62 元中也有来自劳动的份额，劳动报酬的比重更大；同年，扣除转移性收入 203.81 元，农村居民家庭人均年收入 4427.40 元，工资性收入和家庭经营收入（主要是劳动收入）两项合计为 4338.96 元，占到 98%（资料来源：国家统计局：《中国统计年鉴 2006》，北京：中国统计出版社 2006 年版）。即使在资本丰裕的发达国家，这一情况亦类似："在发达国家中，劳动报酬几乎占总收入的四分之三"（[英] 大卫·桑普斯福特、泽弗里斯·桑纳托斯：《劳动力市场经济学》，北京：中国税务出版社 2005 年版，第 160 页）。

[②] 参见 [美] 雅各布·明塞尔《人力资本研究》，北京：中国经济出版社 2001 年版，第 2、357 页。

[③] 匀质劳动假定，构成职能收入分配研究方法和以人时来测量劳动投入的理论前提。从中国经济现实出发，本章放弃了这一传统假设。

[④] 参见 [美] 雅各布·明塞尔《人力资本研究》，北京：中国经济出版社 2001 年版，第 2、367 页。

市场。① 目前，中国的城乡劳动力市场事实上分为差异明显的三个部门：非农正规部门，非农非正规部门和农业部门。② 大体上，前一部门对应于一级市场，后两个部门属于二级市场。劳动力市场的分隔可以由多种源泉产生。本章仅以劳动力差别化所决定的竞争程度不同的劳动力市场结构③为分析对象。

基于如上假设，一个简单的适合于城市和农村劳动力共同的收入决定模型可以设定为：

$$I_{ti} = I_{ti}(p_{ti}, P_{ti}) \tag{25.1}$$

其基本含义是，劳动者 i 在工作期 t 来自劳动的收入取决于本人的劳动生产力 p_{ti} 和他所就业的部门劳动生产力水平 P_{ti}。在市场化部门，劳动者的边际劳动生产力决定其工资水平，工资率又是其人力资本的正函数，④ 因此，劳动者 i 在工作期 t 的劳动生产力 p_{ti} 等价于其人力资本水平 h_{ti}。由此推演，部门劳动生产力可以近似地看作部门劳动者平均人力资本水平 H_{ti} 的函数。这样，劳动收入决定模型能够进一步表示为：

$$I_{ti} = I_{ti}(h_{ti}, H_{ti}) \tag{25.2}$$

这一模型的几何意义如图 25—1 所示。图中，横轴 0T 表示工作时间，纵轴 0w 表示工资水平，I 为劳动者的工资曲线。一个劳动者在全部工作期的工资收入——工资挣得剖面，主要决定于两个因素：工资曲线的截距及

---

① 参见［英］R. 麦克纳勃、P. 瑞安《劳动力市场分隔理论》，［英］大卫·桑普斯福特、泽弗里斯·桑纳托斯《劳动经济学前沿问题》，北京：中国税务出版社、北京腾图电子出版社 2000 年版，第 185—218 页。

② 非农正规部门存在于城市，以现代组织形式进行生产，一般由大型企业、政府及其他公共部门构成。由于其进入门槛高，就业竞争不充分，工资水平较高。非农非正规部门指遍布于城乡的小企业、自我雇佣部门及社区服务单位等。其特点是，以传统的组织形式进行生产和经营活动，进入门槛低，就业竞争充分，工资水平较正规部门低。中国现阶段的农业部门尚属于非正规部门，由于大量过剩劳动力的存在，农业劳动的回报低于非农非正规就业所得。

③ 与产品的差别化导致自然垄断一样，劳动异质性假定与劳动力市场分隔是同一问题的两面。

④ 明塞尔给出的一般劳动挣得函数是：$E_{ji} = X_{ji} + \sum_{t=0}^{j-1} r_{ti} C_{ti}$。其中 X_{ji} 是未进行人力资本投资条件下可能得到"原始"挣得流，C_{ti} 第 i 个人在第 t 时期的人力资本投资，r_{ti} 是其人力资本投资的收益率。参见［美］雅各布·明塞尔《人力资本研究》，北京：中国经济出版社 2001 年版，第 70—71 页。

其斜率。①

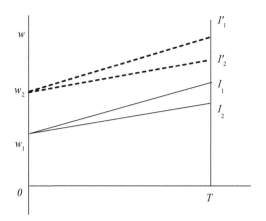

图 25—1 城乡收入决定模型

　　工资曲线斜率的决定因素。在先赋能力同质性假设下讨论个体收入差异时，挣得可以视为对人的技能投资的一种收益或回报。不考虑劳动力市场差异的影响，劳动者在某一时点的收入挣得能力（工资曲线的点弹性），主要依赖于先于观察期的人力资本投资量；而挣得能力的变化率（即工资曲线的弧弹性），则决定于劳动者整个生命周期中人力资本投资的变动率。② 因此，劳动者的人力资本存量及其积累率与工资曲线的斜率正相关。即，劳动者的人力资本存量越高，其收入挣得能力越强；人力资本积累率越高，随时间推移的挣得能力增长越快。现有文献对此能够提供的解释是：第一，接受人力资本投资的劳动者可以提升其素质从而具有较高的生产率（舒尔茨，1999；詹姆斯·赫克曼，2006）；第二，较高的人力资本能够提高与其相匹配的其他要素的边际产出，通过溢出效应贡献于整体生产率增长，并实现规模报酬递增（巴罗和萨拉伊马丁，2000；卢

――――――――――――

　　① 劳动者全部工作期的工资收入同时决定于劳动者工作期的长短。在本章中，我们设每个劳动者的工作期大致相同，因此，不作为变量引入。

　　② 严格地说，个人收入挣得能力包括两个方面：先天禀赋能力和后天获得的技能。"天赋能力的水平和分布大概是趋向于相同的"（［美］西奥多·W. 舒尔茨：《改造传统农业》，北京：商务印书馆 1999 年版，第 132 页）。即，相对于后天能力来说，人们之间的先天禀赋差异甚小。在比较人们之间收入挣得能力的差别时，我们可以舍去这种基本不造成差异的因素。

卡斯，2003）；第三，人力资本投资会提高投资者的生产力，但耗费在这种投资上的时间必然导致挣得向较高年龄延迟。理性的就业选择假定，在做出选择时终生挣得收入的现值应当均等化。这种均等化意味着在需要更多人力资本投资的就业岗位上将有更高的工资率（明塞尔，2001）。第四，可以将工资剖面的形状解释成一种"学习曲线"，或者是对于被称为"干中学"的现象——技能随年龄和经验而增长的一种反映。[①]

工资曲线截距的决定因素。即使不考虑政策性、制度性因素的影响，[②] 劳动力市场也会因为下述一系列原因而呈现多元分隔状态：由于产品需求稳定性、资本积累率和技术选择类型的差别，不同产业间的组织结构类型存在着显著差异；产业内的企业，会由于资本积累规模和技术创新动因及技术创新能力的差别而不同；企业内的不同工种，技术含量和技术变化率也是有区别的。明塞尔（Mincer, J. 2001）发现，技术进步和资本积累率的变化具有人力资本偏态的性质：一个就业部门更急剧的技术进步将产生日益增长的对劳动力教育和培训的需求；物质资本使人力资本边际产品的提高幅度大于原始劳动边际产品的增长幅度，作为物质资本积累的一种结果，对于人力资本的需求将会增长。当劳动被按照在培训和技术方面不同的各个就业岗位来细分时，每一类就业岗位可被视为具有不同人力资本积累量的独特的生产要素集合。在转借的意义上，可以凭借劳动者人力资本平均水平的差异来观察劳动力市场的区隔。根据收入挣得能力与人力资本存量和积累率正相关的假说，以及不同岗位就业竞争充分程度[③]所导致的工资决定机制的差别，不同劳动力市场的工资率必然会出现高低分异。

从单纯技术角度来观察，工资曲线截距的决定因素与该曲线斜率的决定

[①] 在整个任职期，工资曲线的斜率不是不变的。"经验研究表明，在达到某一点之前，报酬率会随年龄而提高，此后则会保持不变甚至下降。……造成这种模式的主要原因有两个：第一，在一生中，开始时工人的生产率会很快地提高，但提高的速度会逐渐降低。第二，随着时间的流逝，工人的生产率会由于生病等身体的原因而下降。"参见［英］大卫·桑普斯福特、泽弗里斯·桑纳托斯：《劳动力市场经济学》，北京：中国税务出版社2005年版，第41页。

[②] 在中国，特别是城乡之间，劳动力市场的政策性、制度性分割现象十分突出。对此，已有大量的文献做出过深入的讨论。本章所要强调的是，即使制度性障碍被消除，劳动力市场间的分隔也会由于技术性原因存在。

[③] 一级市场由于存在进入障碍，就业竞争不充分，属于垄断市场或垄断竞争市场；二级市场就业竞争充分，接近于完全竞争市场。

因素是相通的。区别仅仅在于，前者所关注的是社会整体劳动者间的类特征，后者则着眼于类内个体特征的差异。在内涵上，二者所指属一。基于上述模型，可以给出如下基本假说：居民来自劳动的收入，首先，取决于他所就业部门的劳动生产率水平或部门平均人力资本水平。劳动者的个人收入与部门平均人力资本水平正相关。其次，个别劳动者相对于其他劳动者的人力资本存量及其积累率越高，收入水平及其增长率也越高；反之则反是。同时，劳动者个人的人力资本水平，决定着其就业市场的选择机会。

三　城乡收入差距缘何存在

基于上述模型，判断城乡居民收入差距成因最简捷的方法，一是考察城乡劳动者是否存在着就业部门或就业职位的差别，以及他们各自就业部门的平均工资率状况。或者，给出两类劳动者间工资曲线截距相差的经验证据。再是，随着时间的推移，观察城乡劳动力各自就业市场中工资率的变动趋势，比较二者间工资曲线的斜率大小。

长期以来，中国的劳动力市场借助政权力量被分割为城乡两个壁垒森严的部门，农村劳动力的就业领域曾被严格地限定在保障粮食供给的第一产业。在市场化改革的进程中，农民凭借自己的创业精神和改变命运的不屈努力，不仅开拓出广阔的农村二、三产业市场，也使农民工成为支撑城市经济快速发展的一个新的重要的就业群体。然而，城乡劳动者的就业机会选择仍然差异明显。[1] 国有经济单位、城镇集体经济单位、股份公司、联营经济、外商及港澳台商投资经济等正规部门的就业岗位几乎被城市劳动者完全垄断；农村劳动力的主要就业领域是农业和农村非农产业；进入城市的农民工只能在城镇非正规部门中谋求生计，从事着城里人不愿屈就的脏、重、险、累的工作；即便同在城镇非正规部门就业，城镇劳动者的工作岗位也与农民工有所不同。[2]

---

① 见附表 25—1。

② 宋丽娜和 Simon Appleton（2006）在一项研究中比较了进城民工和城市下岗工人再就业的工作特征分布：在专业技术人员、主管/经理、文秘和产业工人等职业中，下岗工人再就业的从业比重分别高于进城民工 4.9、3、2.8、54 个百分点。

　　具有就业选择机会优势的城镇职工，始终存在着一个高于农村劳动力工资曲线的截距。2005 年，城镇职工平均货币工资为 18364 元，农村劳动力平均纯收入仅有 6354 元。[①] 前者是后者的 2.89 倍。根据杜鹰、白南生（1997）的调查，四川省和安徽省的农村外出劳动力每小时劳动报酬分别只有城市工薪劳动者的 54.5% 和 57.1%。另据资料，2001 年城市劳动力和农村乡镇企业劳动力的平均工资分别为 10870 元和 5908 元，[②] 前者是后者的 1.84 倍。即便同为外出打工者，非农户籍劳动力的工资也比农业户籍劳动力要高 6.3%（严善平，2000）。[③]

　　差距同时存在于城乡劳动力报酬的动态演化趋势之间。1978 年，城镇职工的平均货币工资是农村劳动力平均收入的 1.7 倍，到 2000 年，这一差距扩大到 2.1 倍，2005 年进一步拉大到近 2.9 倍；绝对差距由 255 元增加至 4876 元和 12010 元。[④] 从 1990—2005 年，城镇职工的平均货币工资以 15.72% 的年均速度递增，而农村劳动力的平均收入的年均增长率是10.18%；除 1994—1995 年、1995—1996 年两个年份以外，其余年份的劳动报酬年均增长率，城镇均高于农村。[⑤] 时间序列数据，显示了中国城乡劳动力工资曲线的斜率的差异（见图 25—2[⑥]）。

　　当城镇职工供职于劳动生产率较高且工资率以较大幅度逐年递增的部门，而农村劳动者不得不聚集在低生产率部门，其报酬增长率显著低于城镇职工时，城乡居民间的收入差距及其动态拉大趋势就是一种必然结果。依据本章提出的模型，在这种现象背后起作用的关键因素，是城乡居民人力资本存量及其积累率的不同的现实状态。

　　2003 年，农村小学和初中文化程度人口在总人口中占 75.14%，高中

---

　　① 　数据来源：附表 25—2。

　　② 　《中国乡镇企业年鉴 2002》，北京：中国农业出版社 2002 年版，第 111 页。

　　③ 　参见乐君杰：《中国农村劳动力市场的经济学分析》，杭州：浙江大学出版社 2006 年版，第 36—37 页。另外，工资差异同样存在于农村劳动力的不同就业岗位之间。Zhao Yaohui（1999）的一项研究发现，农业工作、非农工作和迁移后工作的边际生产率差别很大。如果一个农业劳动者从事了迁移后的工作，可使家庭收入提高 49.1%；若从事本地非农工作，可提高家庭收入13%；而增加一个农业从业者，家庭收入仅能够增加 9%。

　　④ 　数据来源：附表 25—2。

　　⑤ 　数据来源：附表 25—3。

　　⑥ 　数据来源：附表 25—2。

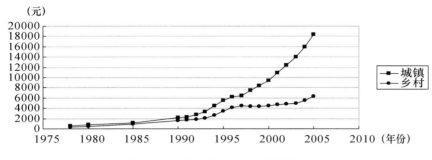

（元）

图 25—2　城乡劳动力收入差距变化

文化程度的占 5.86%，大专以上的比例仅为 0.69%，农村的文盲率达 11.17%；城镇高中以上文化程度人口的比重占到 33.55%，小学和初中文化程度的人口是 55.45%，城镇文盲率为 5.23%。[①] 在城、镇与乡之间，具有大专及以上受教育水平人口的比例是 20∶9∶1，高中教育人口的比例为 4∶3∶1。[②] 而且，这种差距在时间序列上表现为一种变化并不显著的稳定态势。1985 年，城镇和乡村劳动力受教育年限相差 2.88 年，这一差距在 1990 年为 2.78 年，2000 年是 2.87 年。[③]

　　文化技能不同的城乡劳动力分别进入各自的就业领域时，部门平均人力资本水平就会显现差异。2000 年，在以城镇户籍人口为基本从业者的国家机关与党群组织以及企事业单位负责人、专业技术人员、办事人员等职业中，人均受教度年数分别达到 12.24 年、13.05 年和 12.15 年，大大高于从事农、林、牧、渔及水利业劳动者受教育年限的 6.78 年。[④] 孟昕和张俊森（2006）根据对上海农村移民和城镇居民的职业分布、个人特征分布的有关调查发现，在 20 世纪 90 年代中期，进入城镇非正规部门就业的农村移民的受教育年数的均值为 7.90 年，而主要在正规部门就业的城镇居民该值是 10.52 年。此外，实现了职业转换的农业户籍劳动者，其

　　① 国家统计局人口和社会科技统计司：《中国人口统计年鉴 2004》，北京：中国统计出版社 2004 年版。

　　② 连玉明主编：《2004 中国数字报告》，北京：中国时代经济出版社 2004 年版，第 337 页。

　　③ 数据来源：中国教育与人力资源问题报告课题组《从人口大国迈向人力资源大国》，北京：高等教育出版社 2003 年版。

　　④ 数据来源：2000 年全国第五次人口普查 10% 抽样长表数据。

受教育程度也高于农业从业者。[①]

　　低受教育水平并非农民自愿选择的结果。在很大程度上，它根源于国家教育资源配置的城乡失衡。

　　教育是分层的。在数量方面，教育分为初级、中级和高级等不同层次；在质量意义上，同级教育也会由于教育机构所拥有的资源差异和名气大小而呈优劣。等级越高、条件越好、名气越大的教育机构提供的教育机会越是稀缺。[②] 这样，选拔考试和分数竞争就成为教育资源分配的有效形式。教育资源的这一配置方式，将一群天资并无多大差异的受教育者塑造成具有不同素质和技能信号的差别化个体。由于"消费"教育产品的职业市场存在着事实上的等级化，收益率和社会地位不同的就业岗位导致了职业竞争，职业竞争又衍生出职业资格的前端竞争。现实中，职业资格主要由接受教育和培训的程度来赋予。教育层次高、质量好的受教育者，在信息不对称的职业市场中往往被赋予高能力信号，因而能够较容易地进入一级市场并稳定下来。可见，教育机会的竞争，不过是社会职业地位的高下在前劳动力市场的一种折射。在存在城乡教育歧视的条件下，教育的筛选功能对农村居民极为不利。以接受初级和中级教育为主的农村劳动力，一般只能进入二级市场从事不理想和不稳定的工作，并在他们身上会形成一些不能让一级市场雇主们接受的工作特点，从而可能被长期锁定于低级就业职位。

　　教育增加个体能力表现在受教育者的创新（如发明新活动、新产品、新技术）能力、采纳新技术能力以及在加速技术扩散中作用的提高诸方面（Nelson & Phelps，1966）。来自教育的技术效率的改进在生产中会转化为高技能劳动者收入的增长。大量劳动经济学文献揭示，个人每多受 1 年的在校教育，一般来说，可以使今后的工资增长 10%。[③] 对于中国进城

---

　　① 人口和社会科技统计司课题组的一项研究证实，跨省流动就业者（主要是农业户籍人口）的平均教育年限为 8.95 年，而未迁移人口（大多数仍然是农民）仅为 7.72 年。人口和社会科技统计司课题组：《我国劳动力迁移的情况与特征》。国家统计局人口和社会科技统计司：《中国人口统计年鉴 2004》，北京：中国统计出版社 2004 年版，第 314 页。

　　② 这种情况在非义务教育阶段的教育机会中更甚。

　　③ ［美］查尔斯·I. 琼斯：《经济增长导论》，北京：北京大学出版社 2002 年版，第 47 页。

的民工而言，受教育年限每提高 1 年，所估计的工资能够上升 5%。[1] 中国农村居民家庭人均纯收入分组情况也显示了收入与教育间的正相关关系：在人均收入超过 4000 元的组别中，劳动力平均受教育水平达到 8.38 年；在低于 2000 元的人均收入组中，劳动力平均受教育年限是 7.03 年。[2] 因此，明塞尔的学校教育模型，把人们挣得中的百分比级差视为其耗费于学校教育上的时间的函数；并认为，学校教育分布上的绝对离散性越大，挣得分布中的相对离散性和偏态也越大。[3]

四　城乡收入差距如何收敛

在本章给出的城乡收入决定模型的基础上，借鉴明塞尔挣得函数[4]的构造方法，可将城乡劳动者的收入方程分别记为：

$$y_{ut} = \alpha_{ut} + \beta_{ut} h_{ut} \tag{25.3}$$

$$y_{rt} = \alpha_{rt} + \beta_{rt} h_{rt} \tag{25.4}$$

式中，y_{ut}、y_{rt} 和 h_{ut}、h_{rt} 分别表示在时间 t 城乡劳动者各自的收入和人力资本，α_{ut}、α_{rt} 是在 t 时的城乡劳动力在各自就业部门的平均工资率，β_{ut}、β_{rt} 为时间 t 城乡两部门劳动者人力资本的边际收益率，且有 $y_{ut} > y_{rt}$，以及 $h_{ut} > h_{rt}$、$\alpha_{ut} > \alpha_{rt}$、$\beta_{ut} > \beta_{rt}$ 存在。据方程（25.3）和（25.4），要

---

①　见宋丽娜、Simon Appleton：《中国劳动力市场中有权益阶层与无权益阶层的抗衡：寻求就业与政府干预》，蔡昉、白南生主编《中国转轨时期劳动力流动》，北京：社会科学文献出版社 2006 年版，第 178 页。

②　数据来源：不同人均纯收入组别农村劳动力的文化程度构成数据来自国家统计局农村社会经济调查司《中国农村统计年鉴 2006》3—7，北京：中国统计出版社 2006 年版，第 35 页；劳动力平均受教育年数根据完成各级教育年数乘以各自权重再求和得出。

③　在明塞尔的模型中，对于分别具有 S_1 和 S_2 学校教育年限以及 n_1 和 n_2 工作年限的两类人未来挣得的现在值均等化，将会产生如下年挣得比率：$k_{2,1} = E_{S2}/E_{S1} = e^{-rs1} (1 - e^{-rn1}) / e^{-rs2} (1 - e^{-rn2})$ 其中，r 代表市场贴现率，E 是年挣得，e 是自然对数的底。如果 n_1 与 n_2 的数值较大，k 将接近于 $e^{r(S2 - S1)}$。如果令 $S_2 = S$，$S_1 = 0$，则有 $k_s \to e^{rs}$。另一方面，当 $n_1 = n_2 = n$ 时，不论工作寿命长度如何，都精确地有 $k_s = e^{rs}$。见［美］雅各布·明塞尔：《人力资本研究》，北京：中国经济出版社 2001 年版，第 68 页。

④　参见［美］雅各布·明塞尔《人力资本研究》北京：中国经济出版社 2001 年版，第 110 页。

实现城乡收入差距的收敛，即 $y_{ut} \Rightarrow y_{rt}$，[①] 应当有 $\alpha_{rt} \Rightarrow \alpha_{ut}$，且 $\beta_{rt} \Rightarrow \beta_{ut}$ 作为充分必要条件存在。[②]

在城乡劳动力就业部门之间存在报酬率的高低势差时，低工资率部门的劳动力就存在着跨市场"套利"的冲动。若跨市场流动在事实上能够发生，城市职工就业部门（特别是正规部门）的工资率，就会因为劳动力供给竞争程度的加强而受到抑制或降低；同时，这一流动有助于缓解农村劳动力就业市场中的过度拥挤现象，并提高农业和其他非正规市场劳动力的边际产出和平均工资。就是说，在给定劳动力充分流动的前提下，城乡劳动力产生于就业部门分隔的工资率级差，将由于市场结构的改变而趋于缩小或最终消失，即导致 $\alpha_{rt} \Rightarrow \alpha_{ut}$ 出现。劳动力市场的这种均平功能为经济学家们所看重。约翰逊（Johnson, D. G. 2004）认为，确保农民公平地分享经济增长成果的途径只有一条，那就是改善劳动力市场（以及其他要素市场）的运作，实现就业机会的公平。

在无扭曲的情况下，劳动力市场可以为人力资本的服务正确定价，使人力资本投资获得相应回报。此时，经济中均衡工资的差异，仅可以唯一地归结为个人在人力资本存量上差异的反映。针对中国目前的现实，即使跨市场流动的障碍被消除，城乡劳动力的挣得水平的差距，也会由于二者之间人力资本存量的差异而存在。换言之，在 $\alpha_{rt} = \alpha_{ut}$ 的条件下，当 $h_{ut} > h_{rt}$ 并由其决定了 $\beta_{ut} > \beta_{rt}$ 时，仍然会有 $\alpha_{rt} > \alpha_{ut}$。可见，城乡收入差距的最终收敛，尚需以城乡劳动力人力资本的趋同（$h_{rt} \Rightarrow h_{ut}$），以及由此决定的人力资本收益率趋同，即 $\beta_{rt} \Rightarrow \beta_{ut}$，作为不可或缺的前提之一同时存在。

城乡收入差距收敛的两个基本条件之间，存在着正向反馈的交互作用。乡城劳动力人力资本的趋同，有助于消除源自技能差别化的劳动力市场垄断。这时，由于农村劳动力的跨市场流动能力的提高，一级市场高工资率的职位会被与城市职工无差异的新进入者所分享；还应当注意到，当物质资本、技术作为互补条件与人力资本一同增长时，新的高工资率的流

---

① 符号"$\Rightarrow$"在此表示趋近并最终等于。下同。

② 理论上讲，当农村劳动力的人力资本积累率超过城市劳动力时，单纯的 $\beta_{rt} > \beta_{ut}$ 也可实现城乡收入差距的收敛。由于这一假设的非现实性，本章放弃了这一理论收敛条件。

动岗位，将因为二级市场日益升级为一级市场被创造出来。在劳动力的流动被阻滞时，类似于企业专用性资产投资中被套牢的现象一样，二级市场中的人力资本投资必然是不足的；相反，开放的市场和可能获得的高收益率的就业岗位，将会对过去锁定于二级市场的人们的人力资本投资产生激励。同时，流动是人力资本最优价格的搜寻过程。它有利于使初始投入获得更高的回报。从这一意义上说，流动本身也是人力资本投资。

相对于竞争性就业市场而言，人力资本的趋同在城乡收入差距收敛中的作用更具决定性意义。在质量分层的条件下，高素质农村劳动力的先行转移，其积极意义仅在于降低社会贫困人口的比重，它并无助于改善甚至还会恶化城乡间的收入分布。竞争性市场的收敛功能，在劳动力质量分层条件下是不存在的。当农村劳动力的平均人力资本存量与城市职工无差异时，不仅来自技术壁垒的劳动力市场的自然垄断将被打破，分割劳动力市场的制度性壁垒的设置也将失去意义。因为制度性保护措施虽然可以在政府控制部门为城市职工筑起利益高地，但是，不断崛起的市场化正规部门创造出来的新的高收益率就业机会，将使政府保护部门的就业职位逐渐贬值。在社会分层结构中，人力资本的提升，可以促成下层社会成员的上行流动，并在保障经济效率的同时实现社会公平。

教育是人力资本形成的主要途径。教育机会的公平，是人力资本对收入分配公平化影响的前提条件。或者说，只有当学校教育的方差降低时，人力资本的提高才具有促进收入平等的作用。在中国现阶段，公平教育的基本含义包括：第一，逐步实现初级和中级教育资源的城乡均衡配置，保障农民子女能够受到与城市孩子相同质量的教育。其中，包括让进城农民工子女不附带条件分享城市的优质教育资源。第二，在初、中级教育资源均享的基础上，实现高等教育机会的城乡均等。在城乡教育歧视尚未消除阶段，可考虑高等教育机会分配适当向农村应试者倾斜。第三，加大面向农村地区的职业教育机会的供给，提高已脱离学校教育的成年农民的实用技能，为其寻求高收益率的就业机会准备条件。

需要强调的是，在不同层次的教育中，高等教育对劳动者跨市场流动能力的形成作用较大，而初等和中等教育的这一作用相对较小。即，受教育程度越高，代际之间向上流动的可能性越大，社会经济地位较低家庭的子女才有机会进入职业金字塔的上层（郭丛斌，2004）。因此，城乡公平教育的要义是实现高等教育机会的平等。

附录

附表 25—1　　　　城乡劳动力就业部门、就业人数及就业结构　　　　单位：万人

年份	城镇					乡村		
	合计	正规部门		非正规部门		合计	农业	非农产业
		传统正规部门①	新型正规部门②	个体、私营	未统计部分③			
1978	9514	9499		15	0	30638	28456	2827
1980	10525	10444		81	0	31836	29808	3000
1985	12808	12314	44	450	0	37065	30352	6979
1989	14390	13610	129	648	3	40939	32441	9367
1990	17041	13895	162	671	2313	47708	33336	10869
1991	17465	14292	214	760	2199	48026	34186	11341
1992	17861	14510	277	838	2236	48291	34037	12487
1993	18262	14313	518	1116	2315	48546	33258	14542
1994	18653	14499	750	1557	1847	48802	32690	14884
1995	19040	14408	883	2045	1707	49025	32335	16387
1996	19922	14260	952	2329	2381	49028	32260	17630
1997	20781	13927	1092	2669	3093	49039	32678	17172
1998	21616	11021	1665	3232	5698	49021	32626	17129
1999	22412	10284	1825	3467	6836	48982	32912	17500
2000	23151	9601	1983	3404	8163	48934	32798	16893
2001	23940	8931	2193	3658	9158	49085	32451	16902
2002	24780	8285	2585	4268	9642	48960	31991	17173
2003	25639	7876	2933	4922	9908	48793	31260	17587
2004	26476	7607	3330	5515	10024	48724	30596	17956
2005	27331	7298	3927	6236	9870	48494	29975	18761

　　注：①传统正规部门指国有、集体单位。其就业人数为两部门合计数。②新型正规部门指联营经济、股份制经济、股份合作经济、港澳台商投资经济和外商投资经济，其就业人数是这几个部门的合计数。③未纳入统计的就业人数，根据城镇就业总数减去传统正规部门、新型正规部门、个体和私营单位就业人数得出。

　　资料来源：国家统计局：《中国统计年鉴2006》，北京：中国统计出版社2006年版，5—4；13—4。

附表 25—2　　　　　　　　　城乡劳动力的劳动报酬差异

| 年份 | 城镇职工平均货币工资（元）① | | | | 农村劳动力平均收入（元）② | | | | | 城乡劳动力收入差距③ |
	合计	传统正规部门	新型正规部门	其他单位	合计	家庭经营收入	其中：第一产业收入	其中：二、三产业收入	工资性收入	
1978	615	615			360	137	126	11	223	255
1980	762	762			438	198	174	24	241	324
1985	1148	1147			907	773	681	92	134	241
1989	1935	1926			—	—	—	—	—	—
1990	2140	2127			1569	1341	1217	124	228	571
1991	2340	2324			1675	1422	1295	127	253	665
1992	2711	2686			1832	1527	1391	136	304	879
1993	3371	3306	5014	3279	2044	1733	1481	252	312	1327
1994	4538	4440	6322	4954	2680	2267	1963	331	413	1858
1995	5500	5252	7496	6494	3471	2921	2564	357	549	2029
1996	6210	5864	8289	7131	4178	3476	3057	419	702	2032
1997	6470	6277	8823	7063	4461	3659	3173	486	803	2009
1998	7479	7247	9030	6133	4424	3538	2971	567	887	3055
1999	8346	8072	9874	8425	4359	3393	2748	645	967	3987
2000	9371	9026	11019	10223	4495	3427	2716	711	1068	4876
2001	10870	10575	12158	11621	4708	3534	2940	594	1147	6162
2002	12422	12141	13362	10242	4819	3561	2818	743	1258	7603
2003	14040	13810	14833	10572	4940	3595	2918	677	1345	9100
2004	16024	15889	16590	10102	5569	4107	3416	691	1462	10455
2005	18364	18430	18518	12009	6354	4634	3838	796	1720	12010

注：①城镇职工平均货币工资为城镇各部门职工的平均工资的加权平均值。②农村劳动力平均收入则是农民家庭经营劳均收入和劳均工资性收入两项的和；其中，不包括劳均财产性收入和劳均转移性收入。③城乡劳动力收入之差由城镇职工平均货币工资减去农村劳动力平均收入得出。

资料来源：城镇职工平均货币工资由《中国统计年鉴 2006》5—4，5—25 中的有关数据计算得出；农村劳动力平均收入根据《中国农村住户调查年鉴 2006》2—1，2—11，2—13 有关数据计算得出。

附表 25—3　　　　1990—2005 年城乡劳动力报酬的年均增长率　　　　　%

年份	城镇	农村	年份	城镇	农村
1990—1991	9.35	6.67	1998—1999	11.59	—1.47
1991—1992	15.85	9.37	1999—2000	12.28	3.12
1992—1993	24.35	11.57	2000—2001	16.00	4.74
1993—1994	34.62	31.12	2001—2002	14.28	2.36
1994—1995	21.20	29.51	2002—2003	14.89	2.51
1995—1996	12.91	20.37	2003—2004	14.13	12.73
1996—1997	4.19	6.77	2004—2005	14.60	14.10
1997—1998	15.60	—0.83	各年平均	15.72	10.18

数据来源：根据附表 25—2 中的相关数据计算得出。

参考文献

蔡昉：《二元劳动力市场条件下的就业体制转换》，《中国社会科学》1998 年第 2 期。

蔡昉、杨涛：《城乡收入差距的政治经济学》，《中国社会科学》2000 年第 4 期。

蔡继明：中国城乡比较生产力和相对收入差距，《经济研究》1998 年第 1 期。

［美］D. 盖尔·约翰逊：《经济发展中的农业、农村、农民问题》，北京：商务印书馆 2004 年版，中译本序言（二）。

杜鹰、白南生：《走出乡村：中国农村劳动力流动实证分析》，北京：经济科学出版社 1997 年版。

郭丛斌、丁小浩：《职业代际效应的劳动力市场分割与教育的作用》，《经济科学》2004 年第 3 期。

郭剑雄：《人力资本、生育率与城乡收入差距的收敛》，《中国社会科学》2005 年第 3 期。

侯风云：《中国农村人力资本收益率研究》，《经济研究》2004 年第 12 期。

林毅夫、蔡昉、李周：《中国的奇迹：发展战略与经济改革》，上海：上海三联书店、上海人民出版社 1999 年修订版。

林毅夫、刘明兴：《中国的经济增长收敛与收入分配》，《世界经济》2003 年第 8 期。

［美］小罗伯特·E. 卢卡斯：《为何资本不从富国流向穷国》，《经济发展讲座》，南京：江苏人民出版社 2003 年版。

［美］罗伯特·J. 巴罗，哈维尔·萨拉伊马丁：《经济增长》，北京：中国社会科学出版社 2000 年版。

孟昕、张俊森：《中国城镇的双层劳动力市场——上海城镇居民与农村移民的职业分割与工资差距》，蔡昉、白南生主编《中国转轨时期劳动力流动》，北京：社会科学文献出版社 2006 年版。

[美] 雅各布·明塞尔:《人力资本研究》,北京:中国经济出版社 2001 年版。

[印] 阿马蒂亚·森:《以自由看待发展》,北京:中国人民大学出版社 2002 年版。

世界银行:《中国:推动公平的经济增长》,北京:清华大学出版社 2004 年版。

[美] 西奥多·W. 舒尔茨:《改造传统农业》,北京:商务印书馆 1999 年版。

宋丽娜、Simon Appleton:《中国劳动力市场中有权益阶层与无权益阶层的抗衡:寻求就业与政府干预》,蔡昉白南生主编《中国转轨时期劳动力流动》,北京:社会科学文献出版社 2006 年版。

姚先国、赖普清:《中国劳资关系的城乡户籍差异》,《经济研究》2004 年第 7 期。

张展新:《劳动力市场的产业分割与劳动人口流动》,《中国人口科学》2004 年第 2 期。

詹姆斯·赫克曼:《中国的人力资本投资》,《比较》2006 年第 22 期。

邹薇、张芬:《农村地区收入差异与人力资本积累》,《中国社会科学》2006 年第 2 期。

Abowd, J. G. , Kramaz, F. and Margolis, D. N. 1994: High Wage Worker and High Wage Firms, NBER Working Paper 4917.

Aghion, P. and Bolton, P. 1997: A Theory of Trickle-down and Development, *Review of Economic Studies*, 64 (2): 151 – 172.

Banerjee, A. and Newman, A. 1993: Occupational Choice and The Process of Development, *Journal of Political Economics*, 101 (2): 274 – 298.

Becker, G. and Tomes, N. 1979: An Equilibrium Theory of Income and Intergenerational Mobility, *Journal of Political Economic*, 87 (6): 1153 – 1189.

Galor, O. and Zeira, J. 1993: Income Distribution and Macroeconomics, *Review of Economic Studies*, 60 (1): 35 – 52.

Gong Liutang and Zou Heng-fu, 2001: Comments on the Paper 'Dynamics of Income Distribution', Mimeo. Peking University and Wuhan University.

Kremer, M. and Maskin, E. 1996: Wage Inequality and Segregation by Skill, NBER Working Paper 5781.

Lang, K. and Manove, M. 2006: "Education and Labor-Market Discrimination", NBER Working Paper 12257.

Li Hongyi, Xie Danyang, and Zou Heng-fu, 2000: Dynamics of Income Distribution, *Canadian Journal of Economics*, Vol. 33, No. 4: 937 – 961.

Ljungquvist, L. 1993: Economic Underdevelopment: The Case of Missing Market for Human Capital, *Journal of Development Economics*, 40 (2): 219 – 239.

Loury, G. 1981: Intergenerational Transfers and the Distribution of Earning, *Econometrica*, 49 (4): 843 – 867.

Lucas, R. 1992: On Efficiency and Distribution, *The Economic Journal*, 102 (411): 233 – 247.

Matsuyama, K. 2000: Endogenous inequality, *Review of Economic Studies*, 67 (4): 743 – 759.

Mookherjee, D. and D. Ray, 2003: Persistent Inequality, *Review of Economic Studies*, 70 (243): 369 – 393.

Mulligan, C. 1997: Parental Priorities and Economic Inequality. Chicago, IL: University ofChicago Press.

Nelson, R. and E. Phelps, 1966: Investment in Humans, Technological Diffusion, and Economic Growth. *American Economic Review* 61.

Willen, P., I. Hendel and J. Shapiro, 2004: "Educational Opportunity and Income Inequality", NBER Working Paper 10879.

Zhao Yaohui, 1999: "Labor Migration and Earning Differences: The Case of Rural China", *Economic Development and Cultural Change* 47 (4): 767 – 782, July.

第二十六章

人力资本非农化配置下的二元经济发展[*]
——刘易斯—费景汉—拉尼斯模型的扩展研究

一　问题的提出

农业劳动力大规模的非农转移，是近 20 几年来中国经济持续高速增长的重要动因之一（陈宗胜、黎德福，2004）。这在很大程度上印证了刘易斯（Lewis，W. A.）、费景汉和拉尼斯（Fei，J. & Ranis，G.）关于劳动力再配置是二元经济成功发展途径命题的正确性。同时，中国农业劳动力转移，也显现出刘易斯—费景汉—拉尼斯模型未曾涉及的一些重要内容，从而为补充和扩展该模型提供了有益的经验材料。

刘易斯—费景汉—拉尼斯模型将欠发达经济区分为传统和现代两个部门。这种二元经济的显著特征是，传统的农业部门中存在着大量的剩余劳动力，[①] 工业部门只需支付略高于农村维持生计水平的工资，就会面对一条无限弹性的劳动供给曲线。并且，在剩余劳动力消失之前，工业工资水平会维持不变，[②] 或仅仅出现缓慢的上升。[③] 该类经济发展的根本问题，是以足够快的速度，将农业剩余劳动力重新配置到具有较高生产率的工业

---

* 本章收录的是发表于《陕西师范大学学报》2009 年第 1 期的《农业人力资本转移条件下的二元经济发展——刘易斯—费景汉—拉尼斯模型的扩展研究》一文。

① 刘易斯和费景汉、拉尼斯关于农业剩余劳动力的定义不同。刘易斯将边际生产力为零的农业劳动力定义为过剩劳动力，费景汉和拉尼斯在刘易斯的基础上，把边际生产力大于零但小于平均产出的隐蔽失业者也归入剩余劳动力范畴。

② 在刘易斯剩余劳动力假设条件下。

③ 在费景汉和拉尼斯隐蔽失业的假设条件下。

部门，以保证逃离"马尔萨斯陷阱"。[①] 二元经济发展完成的标志，是农业剩余劳动力的消失，以及农业部门的工资决定机制转向与工业部门相同的新古典边际生产力方程。

二元经济成功发展的关键，是工业部门的劳动力吸收率必须大于总人口（或总劳动力）的增长率。[②] "对工业部门劳（动）力吸收的任何分析，均等于考察决定工业部门在长时期内对劳（动）力的需求曲线的水平和位置的各种力量。"[③] 这些力量包括：工业资本积累率，创新强度，创新的要素使用倾向，劳动报酬递减率和工业工资增长率。[④] 在刘易斯模型中，工业资本积累率和创新强度的提高，会推动劳动力需求曲线右移；创新的劳动力使用倾向，劳动边际报酬递减率作用的减弱，可以使劳动力需求曲线变得平直。这些均有利于提高工业部门劳动力的吸收率。同时，工业工资增长率不变或缓慢上升，也是保证工业劳动力增长的有利条件。

在边际生产力为零的假设下，农业剩余劳动力转移并不减少农业总产出和农业剩余。因此，刘易斯模型中经济发展对农业部门提出的要求仅仅是，向非农生产活动转移劳动力，以及提供由劳动力转移而产生的农业剩余。[⑤] 在费景汉—拉尼斯模型中，当技术不变时，边际生产力大于零小于平均产出的隐蔽失业者的流出，会导致农业总产出和农业剩余的减少，进而使工业贸易条件恶化和工业实际工资上升，工业化进程可能由此而阻

---

① ［美］费景汉、古斯塔夫·拉尼斯：《劳力剩余的经济发展》，北京：华夏出版社1989年版，第133页。

② 费景汉和拉尼斯用工业劳动力增长速度（η_θ）作为二元经济发展中最重要的"绩效指标"。参见［美］费景汉、古斯塔夫·拉尼斯《增长和发展：演进的观点》，北京：商务印书馆2004年版，第157页。

③ ［美］费景汉、古斯塔夫·拉尼斯：《劳力剩余的经济发展》，北京：华夏出版社1989年版，第75页。

④ 费景汉和拉尼斯给出的经济成功发展关键性最低努力标准是：$\eta_P < \eta_L = \eta_K + \dfrac{B_L + J}{\epsilon_{LL}}$，（$\eta_w = 0$）。即，在工业实际工资 η_w 不变的条件下，工业资本积累率 η_K 必须足够大，创新强度 J 必须足够高，创新的劳动力使用倾向 B_L 必须足够强，劳动的报酬递减规律 ϵ_{LL} 必须足够弱，才能使它们合起来对劳动力需求 η_L 的影响超过人口增长率 η_P。参见［美］费景汉、古斯塔夫·拉尼斯《劳力剩余的经济发展》，北京：华夏出版社1989年版，第101页。

⑤ 农业剩余被处理为工业部门的"工资基金"。参见［美］费景汉、古斯塔夫·拉尼斯《劳力剩余的经济发展》，北京：华夏出版社1989年版，第19—22页。

滞。与刘易斯模型不同,费景汉和拉尼斯进一步将农业生产率的提高确立为农业劳动力转移过程中经济成功发展不可缺少的条件。

工业对劳动力的高吸收率,以及农业生产率的提高,并非二元经济成功转型过程中各自独立存在的条件;转型的稳态来自二者间的协调或平衡增长。如果农业中连续的过度的投资使农业生产率增长和农业剩余增长超过工业对劳动力吸收率的增长时,就会使贸易条件发生不利于农业部门的变化,那样,农业的改善将面临农产品市场不足的制约;相反,工业的过度投资和过度扩张同样会恶化其贸易条件,工业化也可能因此陷入"李嘉图陷阱"。[①] 两部门平衡增长的条件是,在维持部门间贸易条件[②]相对稳定的前提下,实现两部门劳动力释放和劳动力吸收的均衡。

刘易斯和费景汉、拉尼斯理论建构匠心独具之处在于:只要对传统部门存在的大量剩余劳动力进行再配置,欠发达经济的发展进程就可以启动;而且,在这一再配置中会内生出经济的持续发展机制。[③] 但在分析方法上,他们简单地延续了生产函数要素同质性假设的新古典经济学传统。在费景汉和拉尼斯的论著中,虽然可以见到他们对农民能力的关注,[④] 但人力资本并未成为其模型建构中的分析变量。应该说,在经济发展的初始阶段,刘易斯—费景汉—拉尼斯模型的劳动力同质性假设是能够成立的。因为,根据内生增长理论,在人力资本存量很低的经济环境中,向人投资的收益率小于该项投资未来消费的贴现率,人均人力资本水平大致在趋近于零的状态下维持均衡;在经验上,传统经济中劳动力的质量差异并不显著。问题在于,刘易斯—费景汉—拉尼斯模型的分析视野是长期的经济发展。考虑到从传统到现代转型的整个过程,特别是其中的较高发展阶段,劳动力的同质性假设显然难以坚持。首先,进入工业化中期以后,由于收益率的提升,人力资本成为农民家庭投资的重点,农村劳动力素质在分化

[①] 参见 [美] 费景汉、古斯塔夫·拉尼斯《劳力剩余的经济发展》,北京:华夏出版社1989 年版,第 158—159 页。

[②] 贸易条件 $d = Pa/Pi$。其中,Pa 为农产品价格,Pi 为工业品价格。

[③] 工业资本积累机制由转移劳动力而产生的生产剩余和农业剩余内生,农业的现代转型机制则由工业化进程中农民获得的参与收益(现代农业要素、工业消费品和工业产权)内生。

[④] 参见 [美] 费景汉、古斯塔夫·拉尼斯《劳力剩余的经济发展》,北京:华夏出版社1989 年版,第 39 页、142—143 页;[美] 费景汉、古斯塔夫·拉尼斯《增长和发展:演进的观点》,北京:商务印书馆 2004 年版,第 11、62 页。

的基础上普遍提高。[1] 其次，如果没有人力资本的引入，刘易斯—费景汉—拉尼斯模型中农业部门短缺点与商业化点重合的转折点的出现也是难以设想的。

本章仍以具有劳动过剩特征的二元经济为分析对象，但将分析起点确立为工业化中期阶段。考虑到劳动力文化技术能力的显著变化，拟将人力资本因素引入刘易斯—费景汉—拉尼斯模型。试图说明，在拥有较高人力资本的劳动力率先转移的条件下，刘易斯—费景汉—拉尼斯模型的理论建构和发展含义会有何不同？引入人力资本的刘易斯—费景汉—拉尼斯模型，对处在工业化中期阶段的中国二元经济的转化是否更具解释力？其政策建议是否更具针对性？

二　人力资本转移对农业发展的影响：短期分析

经验事实和相关研究显示，农业劳动力的转移呈现选择性特征：第一，以青壮年为主（杜鹰，2006；Brauw、黄季焜等，2006）；第二，男性高于女性（农业部，2005；[2] 赵耀辉，1997；杜鹰，2006）。由于教育的进展，劳动力的受教育程度随年龄呈负相关变化；教育的进展尚未消除教育机会分配中的性别歧视，一般而言，男性的受教育程度高于女性。前述两个特征同时意味着转移率先发生在拥有较高人力资本的劳动者身上（Schultz，1988；周其仁，1997；赵耀辉，1997；都阳，1999；陈玉宇、邢春冰，2004）。[3] 这里，我们来考察该种转移对农业生产及农业现代化转变会产生何种影响？出于简化分析的需要，假定，劳动力增长率、物质资本积累率和人力资本积累率均为零，仅将劳动力流动引致的人均人力资本存量变化作为唯一解释变量。

---

　　① 比如：中国农村劳动力平均受教育年限 1982 年为 5.01 年，1990 年达到 6.04 年，2000年提高到 7.33 年。资料来源：中国教育与人力资源问题报告课题组：《从人口大国迈向人力资源大国》，北京：高等教育出版社 2003 年版，第 49 页。

　　② 见《人民日报》2005 年 1 月 16 日。

　　③ 因为，非农现代产业对从业人员的文化、技术水平有着较高的要求，受教育越多的人，获得就业机会的概率越高，向城市转移的可能性越大。具体分析请见本章第三部分第（一）小节。

设农业劳动力的人力资本①为如下三种类型：h_1 代表高文化技术素质的农业劳动力的平均人力资本水平，本章规定，h_1 大于等于城镇劳动力的平均受教育程度；② h_2 表示大于等于农业劳动力平均受教育水平、但小于城镇劳动力平均受教育程度的那部分劳动力的人力资本状态；h_3 则为受教育程度小于平均值的农业劳动力的人力资本水平。假定全部农业劳动力的平均人力资本水平为 h，它是前述三种类型人力资本的加权平均数。相应地，农业劳动力在数量上也分为三类：具有 h_1 的 L_1，具有 h_2 的 L_2 和仅有 h_3 水平的 L_3。全部劳动力为 $L = L_1 + L_2 + L_3$。农业部门的总有效劳动是 $A = f(K, hL, t)$。

给定农业总量生产函数的一般形式：$A = f(K, hL, t)$。③ 考虑到不同层次人力资本的影响，农业总量生产函数可记为：$A_i = f(K, h_i L_i, t)$，（$i = 1, 2, 3$）。假定技术不变，在仅有 $h_3 L_3$ 类型劳动投入的情况下，农业部门的总产量 $A_3 = f(K, h_3 L_3)$；在 $h_2 L_2$ 和 $h_3 L_3$ 两类劳动同时投入时，农业总产量 $A_2 = f[K, (h_2 L_2 + h_3 L_3)]$；当进一步加入 $h_1 L_1$ 类型劳动时，农业总产量 $A_1 = f[K, (h_1 L_1 + h_2 L_2 + h_3 L_3)]$。在图 26—1（a）中，三条总产量曲线分别为 TP_3、TP_2 和 TP_1。在前述三种情况下，农业部门刘易斯含义上的过剩劳动力数量分别为：$L''L$、$L'L$ 与 $L'L$，且 $L'L > L'L > L''L$。

假定拥有 h_1 的劳动力 L_1 首先并经历一段时期全部进入非农部门；其后，拥有 h_2 的劳动力 L_2 也经过一段时期全部转入非农部门。那时，农业部门的劳动力投入量就由 $L_1 + L_2 + L_3$ 减少为 L_3；由于 $h_1 > h_2 \geq h$，因此，农业劳动力的这种转移，会造成农业部门人力资本的浅化。农业部门的有效劳动投入由转移开始前的 $h_1 L_1 + h_2 L_2 + h_3 L_3$ 减少至 $h_3 L_3$。

结合中国的实际，设 L_1 和 L_2 的全部移出，仍未能消除农业部门劳动力的过剩状态。此时，农业部门仍有 $L''L$ 的过剩劳动力。见图 26—1

---

① 人力资本是通过教育、健康和迁徙等方面的投资在人身上形成的较高的生产能力。为分析方便，本章仅以受教育程度来度量人力资本。

② 比如：2000 年城镇劳动力平均受教育年限是 10.20 年。大于这一受教育年限（高中一年级以上）的农村劳动力的人力资本水平即为此类。

③ 与以劳动和土地为基本投入的传统农业生产函数不同，进入工业化中期阶段后，除了劳动以外，物质资本、人力资本成为农业生产中的重要投入。在总量上，土地可作为常量处理，并将其并入物质资本中。

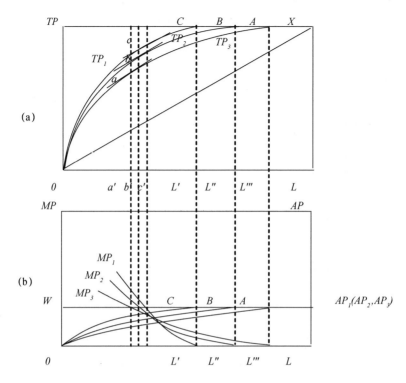

图 26—1　人力资本转移对农业发展的影响

（a）。在不考虑劳动力质量因素的条件下，L_1 和 L_2 的全部转移，不会减少农业总产出。但是，由于 L_1、L_2 是较高人力资本 h_1 和 h_2 的载体，L_1 和 L_2 移出后，造成了农业劳动力平均人力资本水平降低至 h 以下（等于 h_3）。人力资本的这种负向变化，会降低农业生产函数中其他投入的产出弹性。[①] 在影响农业生产效率的其他因素为既定时，单位劳动产出下降，农业总产量的减少也会提前到来。图 26—1（a）中，承载 h_1 和 h_2 的 L_1、L_2 的分别移出，导致农业总产量曲线由 TP_1 右旋至 TP_2，由 TP_2 又进一步右旋到 TP_3。图 26—1（b）反映了人力资本流动引起的劳动力边际产量和平均产量的变化。

　　[①]　在图 26—1（b）中，平均人力资本水平的下降所导致的劳动力产出弹性的变化，可由 MP_1、MP_2 和 MP_3 三条曲线的不同斜率表示。

在农业部门人力资本流失带来农业总产量曲线位置变化的过程中，农业生产的短缺点由 TP_1 时的 C 点移向 TP_2 时的 B 点，由 TP_2 时的 B 点又移向 TP_3 时的 A 点。这表明，刘易斯—费景汉—拉尼斯模型所描述的工业化无代价阶段，会由于人力资本的转移而缩短。在短缺点提前的同时，商业化点却被推后，分别由 c 点左移至 b 点、a 点。[①] 短缺点和商业化点相重合的转折点的出现，由于人力资本的转移而延期或未必出现。换言之，在其他条件既定时，农业现代化进程会由于人力资本的流失而加长或受阻。

三　农业人力资本转移条件下的工业化

（一）人力资本对劳动力非农迁移行为的影响

劳动力的非农转移行为可以从转移的收益和成本两个方面考察。转移收益是非农就业与农业就业在预期净生命周期内收入差距的现值，而非农就业的预期收入是在非农部门找到工作的概率与收入数量的乘积。劳动力的迁移成本包括：更换工作和生活环境而引起的心理调整成本（Sjastad，1962），交通成本，以及由于政府行政控制而增加的移民适应新环境的困难等。[②]

劳动力的非农迁移函数可记为：$M = pw_i - w_a - c$。其中，M 表示迁移决策，w_i 和 w_a 分别表示劳动者在非农和农业部门的净生命周期预期收入的现值，p 表示非农就业概率，c 是迁移成本。收益大于成本将导致迁移行为，否则，迁移不会发生。

由于二元结构下农业与非农部门间存在着技术类别和技术层次的显著

[①] 总产量曲线右移时商业化点左移的简单证明：设劳动投入量为 $0\alpha'$ 时，有 TP_3 曲线的商业化点 a。此时，在 TP_2 曲线上，劳动的边际产出由于劳动者素质较高大于 TP_3 曲线上 a 点时的劳动边际产出，因此，TP_2 曲线上的商业化点必然在 a 点之右（b 点）。同理，TP_1 曲线的商业化点必然在 TP_2 曲线商业化点 b 点之右（c 点）。

[②] 由政府控制而产生的迁移成本在中国尤为突出，而且是多方面的。参见赵耀辉《中国农村劳动流动及教育在其中的作用——以四川省为基础的研究》，《经济研究》1997 年第 2 期。此外，非农就业的不确定性也可视为一种成本因素。严格地讲，不确定性是通过减低迁移的预期收入而起作用的。

差异，较高的文化技术水平是农业劳动力实现职业转换的必要条件；文化程度高的人在获取就业信息方面占有优势，因而具有较强的工作搜寻能力；根据教育程度起甄别个人生产率作用的假说，[①] 雇主往往把教育程度作为选择高能力雇员的识别方法，因此，人力资本有利于提高劳动者的非农就业概率。[②]

劳动力的非农就业收入，既依赖于其个人的边际生产力，同时决定于他所处的工作环境。即，$w_i = w(h^i, H^i)$。其中，h^i 是由人力资本水平决定的劳动者的生产能力，它直接进入工资函数。在工作环境既定的条件下，劳动力工资取决于个人人力资本水平的高低，并且有 $\partial w_i / \partial h^i > 0$。$H^i$ 用来描述劳动者所处工作环境的整体质量，可以近似地将其表示为该环境劳动者的平均生产能力水平。劳动者对工作环境的选择与其所拥有的人力资本水平相关，因为，职业是人力资本的具体化（宋丽娜、Appleton，S. 2006）。在个人生产能力给定的情况下，随着生产环境的改善，个人收入（工资率）将获得增加，即 $\partial w_i / \partial H^i > 0$。

韦尔奇（Welch，F. 1970）区分了来自教育的两种能力：工作者效应（worker effect）[③] 和配置效应（allocation effect）。所谓配置效应是指针对改变了的环境重新调整生产要素从而获得更高生产成果的能力。这种能力有助于克服劳动力从自己的家乡和熟悉的就业环境转移到陌生的地方、进入不熟悉的工作环境所面临的一系列能力上和心理上的障碍。受教育程度越高，克服这些障碍的能力越强。由此，研究者一般假设，迁移成本与以教育程度反映的人力资本水平成反比（赵耀辉，1997）。

---

① 阿克洛夫的信息不对称假说认为，受教育程度仅仅是劳动力向市场发出的甄别个人生产率的信号，而与劳动力真实的劳动生产率无关。参见陈曦《农业劳动力非农化与经济增长》，哈尔滨：黑龙江人民出版社 2005 年版，第 177 页注［11］。

② Huffman 对 276 个调查对象的研究表明，教育可直接增加劳动力从事非农工作的概率，其弹性为 1.2。见 Huffman, W. E. Farm and Off-farm Work Decisions: the Role of Human Capital, *The Review of Economics and Statistics*, 62（1）：14 — 23, 1980. 赵耀辉发现，与没有受过正规教育的人比，高中文化程度的人外出的概率多 21 个百分点，初中文化程度的人多 11 个百分点。见赵耀辉《中国农村劳动力流动及教育在其中的作用——以四川省为基础的研究》，《经济研究》1997年第 2 期。李实的统计分析表明，与文盲相比，高中文化程度的劳动力获得非农就业机会的概率在 1988 年高出近 10 个百分点，在 1995 年要高出 20 个百分点。参见李实《中国个人收入分配研究回顾与展望》，《经济学（季刊）》2003 年第 2 期。

③ 指教育对劳动者工作能力的影响。

（二）非农劳动力市场的技术性分割

德瑞格和皮埃尔（Doringer，P. & Piore，M. 1971）把整体劳动力市场区分为相互间不具竞争性的两大部门：一个是工资率高、就业稳定、工作环境优越以及存在升迁机会的一级市场（Primary Market）；另一个则是在前述诸方面均逊色于一级市场的二级市场（Secondary Market）。其中，二级市场与新古典经济学描述的竞争性劳动力市场一致；而一级市场的工资决定与劳动力配置则由管理和制度性规则来调控，市场力量的作用受到限制。基于双元市场结构理论的启示，大量研究文献对中国现实劳动力市场也进行了类似的划分（Knight，J. & L. Song，1999；王检贵，2002；胡鞍钢、赵黎，2006）。

劳动力非农就业市场的分割，意味着转移劳动力的就业范围存在着限制。此类限制，在中国大多被归结为诸如户籍制度、就业政策等一系列歧视性制度安排的结果（卢周来，1998；蔡昉等，2003；杨云彦、陈金永，2000；徐林清，2006）。如果转移劳动力由于受教育程度的差异存在着技术异质性，那么，正如产品的差别化产生产品市场的自然垄断一样，劳动力市场的区隔也会由于劳动力的人力资本差异而生成。

非农劳动力需求市场的技术分布是非匀质的。产品需求稳定的产业，资本密集型技术的生产具有合理性；如果产品需求变化难测，该类产业就会看好劳动密集型技术的生产方式。产业内的大型企业，产品差别化创新的动因，决定其对从业者的要求是高技术水准的；而采取跟随策略的中小企业，其生产技术大多属于产业内的一般技术。同样，企业内某些工种的技术和工艺是复杂的，对工作技能有着较高的要求；而另一些工种则蜕化为纯粹的简单劳动。这些不同产业、不同企业和不同工种的就业岗位，不是由转移劳动力随机填补的，而必须由相应技术类型和技术层次的劳动者来承接。即，工人的技术特征需与工作岗位的技术要求相匹配。高技术的工作岗位和高人力资本的工人相结合形成一级市场，而二级市场则是低技术或非技术类工人与一般岗位结合的产物。Kremer 和 Maskin（1996）曾解释了基于劳动力技能差别而导致的工资差异和职业分离（segregation）。可见，人力资本是劳动力市场分割现实形成的一个无法忽略的因素。

（三）多元工业化及其动态演化

劳动力转移的上述格局，必然使工业化[①]呈现多元分立的特征。第一，工业化的空间分散化，即，城市正规部门、城市非正规部门和农村工业部门的并存与发展。其中，城市正规部门可对应于一级市场，后二者大体属于二级市场。第二，工业化进程中的技术多极化。城市正规部门通常由大于平均规模的企业组成，它依赖于现代化的生产方式和资本密集的生产技术；在城市非正规部门和农村工业部门中，大多是中小型企业，充分利用来自农村的廉价劳动力成为其生产技术路线的理性选择。第三，转移劳动力中最充裕的类型，是非技术或低技术人员，由此所支持的是资本浅化型工业化。或者说，工业化的主导部门[②]是农村工业部门和城市非正规部门。第四，工业扩张在实现国民经济结构高度化的同时，资本浅化式工业化却使工业结构低度化，即，资本深化型工业部门中的劳动力相对比重在下降。第五，在城市正规部门和其他非农部门之间，存在着劳动力流动的技术性障碍。短期内，两级市场间的劳动力替代率近乎于零。[③]第六，由于人力资本和劳动力拥挤程度的差别，不同工业部门之间存在着多重均衡工资。城市正规部门的工资水平不仅高于另两类市场，在某一特定时期，且存在拉大差距的趋势。

异质劳动力供给条件下的多元工业化，可由图26—2给出一种形式化描述。该图以全部农村劳动力就业市场为考察对象。它由四个分市场拼接构成。其中，Ⅰ、Ⅱ、Ⅲ分别代表城市正规部门、城市非正规部门和农村工业部门，它们共同形成农村转移劳动力的非农就业市场；Ⅳ为农业部门，它吸纳农业劳动者的就业。横轴表示全部农村劳动力数量，[④]纵轴用

---

① 本章所使用的工业化概念是广义的，泛指非农产业的扩张。具体包括：城市正规部门、城市非正规部门和农村非农部门的成长与扩大。

② 此处的主导部门仅指就业扩张最快的部门。

③ Kremer 和 Maskin 认为，不同技术工人是不完全替代品。参见 Michael Kremer and Eric Maskin, 1996: Wage Inequality and Segregation by Skill, NBER working paper, 5718. 另有研究表明，转移劳动力进入非农市场往往成递进的方式，即首先进入的是非技术性岗位，然后再进入城市现代部门。参见［美］M. P. 托达罗《经济发展与第三世界》，北京：中国经济出版社1992年版。

④ 出于简化分析的需要，本章舍去了人口增长对劳动力供给的影响。

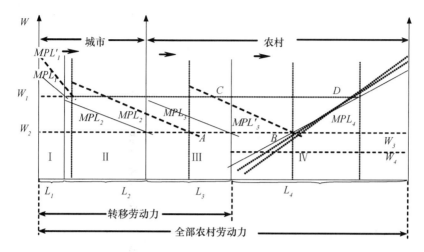

图26—2 多元工业化及其动态演化图式

来度量工资率。W_1、W_2、W_3分别为城市正规部门、城市非正规部门和农村工业部门的工资水平，同时也是三部门具有无限弹性特征的劳动力供给曲线，W_4是农业部门的平均工资；有$W_1 > W_2 = W_3 > W_4$存在。[①] MPL_1、MPL_2、MPL_3和MPL_4分别是相应的四个部门的劳动力边际生产力曲线或劳动需求曲线。[②] MPL_1与MPL_2、MPL_3不同的斜率，反映一级市场和二级市场劳动使用倾向的差别。在三个非农产业部门中，就业量由劳动供给和劳动需求的均衡点决定。来自农村的大于等于城市平均文化技术水平的高素质劳动者数量很少，其在城市正规部门的均衡就业量仅有L_1；而吸收农村转移劳动力的主要部门——城市非正规部门和农村工业部门——均衡就业量分别为L_2和L_3；其余的L_4是农业劳动力数量，他们尚未能够按照边际产出获得劳酬。

如果说，农业现代化的一个基本指标是农业部门与非农部门工资率的趋同，那么，在多元工业化图式中，存在着两种意义上的剩余农业劳动力

[①] 事实上，城市非正规部门与农村工业部门的工资率是有差异的，即，$W_2 \neq W_3$。由于本章将二者共同合并为二级市场，同时，出于简化分析的需要，设该两部门的工资率相等。

[②] 遵循新古典生产函数假设，劳动边际生产力服从递减规律。因此，劳动边际生产力曲线的形状应为向下弯曲。在不影响分析结论的前提下，本章用斜率不变的直线替代，及与其相交的两条虚线，表示劳动力质量变化所引起的边际生产力曲线位置的变化［参见图26—1（b）］。

数量。以城市非正规部门和农村工业部门的工资率 W_2（W_3）作为标准，农村剩余劳动力数量由图中 AB 线段的长度度量；若以城市正规部门的工资率 W_1 作为趋同目标，那么，农业剩余劳动力就增加为 CD 线段所刻画的数量了。[①] 从这两种意义的劳动力剩余，可以引申出农业现代化的不同阶段。消除了第一种意义上的剩余劳动力，只是实现了农业现代化的初级目标；第二种意义上剩余劳动力的消失，才是农业现代化最终完成的标志。

图 26—2 上，非农部门的扩张，显示为 Ⅰ、Ⅱ 和 Ⅲ 市场上劳动边际生产力曲线的外推（即，$MPL_1 \rightarrow MPL_1'$，$MPL_2 \rightarrow MPL_2'$，$MPL_3 \rightarrow MPL_3'$），和就业均衡点的右移（如图 26—2 上方三个右向箭头所示）。在农村劳动力的人力资本水平整体低于城市劳动者的情况下，转移劳动力主要依靠 Ⅱ、Ⅲ 两市场吸纳，这由图 26—2 中就业均衡点右移的距离来反映。当三个非农部门就业扩张导致图 26—2 中 A 点与 B 点重合时，农业发展就进入一个新阶段。此时，农业部门与农村工业部门、城市非正规部门的工资率持平，农业劳动力不再向二级非农市场转移，资本浅化式工业化进程即告终止。[②]

在此后的发展阶段，城市正规部门成为唯一的高收益率部门，而获取该部门就业岗位的关键条件是高文化技术水平。这将诱致其他部门从业者的人力资本投资和劳动者素质的整体提升。在国民文化技术素质整体不断提高的基础上，此后发生的是，多元工业化向一元工业化的转化，包括农业部门工资率与城市正规部门工资率的趋同。

四 二元经济成功发展的人力资本条件

费景汉和拉尼斯用来判断二元经济成功发展的主要标志，是农业部门

---

① 这里的剩余劳动力含义与刘易斯和费景汉—拉尼斯的有所不同。当部门间收益率非均衡时，存在着低收益率部门劳动力的流出倾向。收益率趋同之前，低收益率部门的劳动力流出数量仍可视为过剩劳动力。

② "一旦经济中无技能的剩余劳动力耗尽……就可预期到非农业部门逐渐离开它几乎完全集中于劳动力密集型生产结构。"［美］费景汉、古斯塔夫·拉尼斯：《增长和发展：演进观点》，北京：商务印书馆 2004 年版，第 460 页。

的下列变化：第一，剩余劳动力不断减少，最终农业劳动力成为稀缺性商品；第二，农业劳动力的边际产量不断提高，由小于平均产量逐渐转向等于或大于平均产量。决定农业部门产生这些变化的前提，是工业劳动力的需求增长率（η_{Li}）大于人口（或劳动力）增长率（η_P），即，$\eta_{Li} > \eta_P$。

当劳动力存在异质性时，人均人力资本水平的变化，会引起农业劳动力边际产量和平均产量的改变，[①] 进而也会改变农业剩余劳动力的数量。此时，二元经济成功发展的条件，就相应地扩展为：

$$\eta_{Li} > \eta_P + \eta_{sh}$$

其中，η_{sh} 是人力资本变化引起的农业剩余劳动力数量的变化率。η_{sh} 的值有多大？大于零或小于零？取决于人力资本的变动方向，以及生产函数中的其他投入如何给定。

设土地为常量，资本投入和技术投入既定，人均人力资本水平的降低，会使劳动力的边际产量在一定区间内下降，边际产量等于零的剩余劳动力数量减少，而边际产量大于零小于平均产量的剩余劳动力则增加；[②]同时，由于农业部门平均工资水平的降低，平衡部门工资率所需转移的劳动力数量增加了。因此，总剩余劳动力数量是随着人均人力资本水平的下降而增加的，即 η_{sh} 为正值。

如果人均人力资本水平是不断提高的，理论上，农业剩余劳动力数量就会出现与前相反的变化，即 η_{sh} 可能为负值。事实上，η_{sh} 为负的结果不可能出现，因为，在人均人力资本水平大幅度提高的背景下，资本和技术投入不变的假设是不现实的。当人均人力资本和人均资本、技术装备同时提高时，农业剩余就可以大幅度增长，由此所释放出来的农业剩余劳动力也是增长的。

前述分析表明，人力资本因素提高了二元经济成功发展的"关键性最低努力标准"。[③] 此时，工业部门需要有更高的劳动力吸收率，才能够

---

① 参见图 26—1（b）。

② 如图 26—1（a）中 TP$_1$ 曲线向 TP$_2$ 曲线和 TP$_3$ 曲线移动时线段 c—C、b—B 和 a—A 的水平距离所示。

③ 关键性最低努力标准，即 $\eta_{Li} > \eta_P$。参见［美］费景汉、古斯塔夫·拉尼斯《劳力剩余经济的发展》，北京：华夏出版社 1989 年版，第四章第四节。

完成二元经济向一元经济的转化。

农业部门的短缺点和商业化点重合为转折点，是费景汉和拉尼斯给出的判断二元经济发展成功的又一标准。农业部门转折点出现的条件是，农业生产率的进步必须足够快，以推动农业总产量曲线不断上移，由此使短缺点和商业化点相向移动而聚合为转折点。即，使图26—1（a）中的 TP_1 曲线上旋，实现 c 点与 C 点的重合。

在引入人力资本的劳动力转移模型中，农业生产率的提高不仅要克服劳动力数量减少带来的产量损失，尚需弥补人力资本浅化而产生的效率缩水。这时，需要有更高的技术进步率，实现 TP_2 或 TP_3 的外旋，使 b 点与 B 点、或 a 点与 A 点的重合。换言之，在人力资本转移的背景下，农业部门转折点出现的必要条件是，农业技术进步带来的产量增长率，必须大于劳动力流动和人力资本转移共同引起的产出损失率。如果说，农业技术进步主要体现为现代投入品的增长，而农业产出对现代投入品是否敏感又决定于使用这些投入品的人的能力，那么，转折点的出现同时需要下述条件存在：

$$\Delta h/h > \Delta h'/h$$

$$或，\Delta h/h - \Delta h'/h = \dot{h} > 0$$

即，人均人力资本投资增长率 $\Delta h/h$ ，必须大于高素质劳动力转移产生的人均人力资本的下降率 $\Delta h'/h$ ，[1] 从而，农业从业者的人均人力资本水平是动态提高的。

与费景汉—拉尼斯模型相比，包含人力资本的劳动力转移模型，对农业技术进步和技术进步的生成机制提出了更高的要求。

二元经济的转型增长是一个动态均衡系统。在劳动力同质性假设条件下，农业部门生产率进步所推动的劳动力释放量与工业部门资本积累、技术创新所支持的劳动力吸收量维持相等，是保障两部门均衡增长的条件。这一均衡条件，没有因为劳动力异质性分析变量的引入而改变。道理是，在引入人力资本因素的劳动力转移模型中，对前述均衡条件的偏离，仍然会改变两部门产品市场的贸易条件。

---

[1]　取其绝对值。

　　但劳动力的异质性赋予两部门均衡增长新的内涵：农业部门释放的人力资本结构应当与工业化部门吸收的人力资本结构相衔接。在农村转移的大部分劳动力的文化技术水平普遍低于城市劳动力时，低人均资本装备水平的农村工业部门和城市非正规部门的快速扩张，就成为工业化结构战略的合理选择。在费景汉—拉尼斯模型中，资本浅化式工业化仅仅被视为储蓄率增长无法超过快速转移所形成的非农劳动力增长率的结果；在本章给出的分析框架中，此类工业化同时被处理为新增工业劳动力特定技术素质的函数。工业化进程中的资本深化，不仅像费景汉和拉尼斯指出的那样，只能出现在农业剩余劳动力消失之后，而且，尚需以农业部门和城市非正规部门、农村工业部门中劳动力平均人力资本水平的显著提升作为条件。工业结构战略转变的拐点，大致应出现在农业部门与城市非正规部门、农村工业部门工资率趋同的发展阶段之后。

五　初步的经验证据

　　图 26—3 显示，中国农村外出劳动力的受教育程度以初、高中毕业为主，远高于农村劳动力平均受教育水平。农业部对 2002 年全国 31 个省（自治区、直辖市）所属的近 300 个农村固定观察点约 2 万个农户进行的劳动力外出就业情况的调查，也证实了上述结果。[①] 另据资料，2005 年，农村劳动力平均受教育年数约 8.16 年；[②] 外出务工劳动力的平均受教育年限为 9.07 年。[③] 若外出劳动力的受教育水平大体代表了全部农村转移

---

　　①　该项调查同时显示，西部外出劳动力 69.8% 受过初中以上教育，而西部农村劳动力中受过初中以上教育的比重是 48.1%，前者高出后者近 22 个百分点。西部农村劳动力中很少识字的比重为 14.1%，外出劳动力对应比重仅占 5.5%。资料来源：http://www.jcrb.com/zyw/n126/ca69140.htm。

　　②　根据《2006 中国农村住户调查年鉴》表 2—2 计算得出。计算方法为各级教育年数乘以相应权重加总求和。其中，"不识字或识字很少"以 1 年计；"中专"和"大专及大专以上"合以 15 年计。

　　③　外出务工劳动力的受教育程度构成来自《2006 中国农村住户调查年鉴》综述。其平均受教育年数用与计算农村劳动力平均受教育年数的同样方法计算得出。

劳动力[①]的受教育状况,[②] 那么,未转移劳动力的平均受教育年限就是 7.62 年。[③] 前者高于后者约 1.45 年。如果农村新增劳动力由于文化水平较高大多流向非农产业,那么,以受教育程度衡量的人均人力资本水平的降低,成为中国农业发展在一定时期内难以规避的事实。

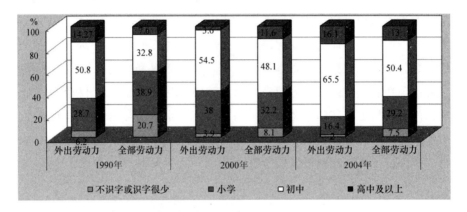

图 26—3　农村外出劳动力与全部劳动力受教育程度比较

数据来源:国务院人口普查办公室、国家统计局人口统计司编:《中国 1990 年人口普查资料》,北京:中国统计出版社 1993 年版;国务院人口普查办公室、国家统计局人口和社会科技统计司编:《中国 2000 年人口普查资料》,北京:中国统计出版社 2002 年版;国家统计局农村社会经济调查司编:《2006 中国农村住户调查年鉴》,北京:中国统计出版社 2006 年版。

中国的农产品产量,在 1996—1999 年间,一直维持在 6 亿多吨的高位,以后连续多个年份均低于 6 亿吨,直到 2004 年才出现恢复性提高。同期,农作物总播种面积维持基本不变,农业机械总动力和化肥施用量是逐年增长的,农业劳动力投入变化不大,即使有变动,其微小变化与农产品产量的变动方向也不一致(见图 26—4)。遵循本章第二部分给定的农

① 全部转移包括就地转移(在本乡镇地域内实现非农就业)和异地转移(转移到本乡镇地域之外)。异地转移即外出转移。

② 赵耀辉的一项研究表明,有更高教育水平的劳动力在当地也会获得很好的就业机会,因而倾向于在本地从事非农工作。参见赵耀辉《中国农村劳动力流动及教育在其中的作用》,《经济研究》1997 年第 2 期。

③ 未转移劳动力平均受教育年数 =(农村劳动力平均受教育年数 - 转移劳动力平均受教育年数×转移劳动力比重) ÷未转移劳动力比重。

业生产函数，制约农业总产出增长的因素，只能归为农业劳动力人力资本水平的降低，或农业部门物质资本与人力资本的不相匹配。[①] 农业人力资本转移形成的发展瓶颈，无疑将影响到农业产出增长和农业的现代化进程。

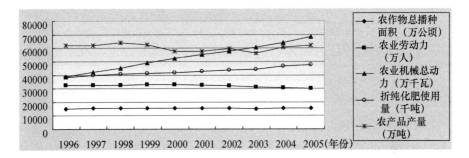

图 26—4　1996—2005 年中国农业各项生产投入与农产品总产量

数据来源：国家统计局：《中国统计年鉴 2000》，北京：中国统计出版社 2000 年版；国家统计局：《中国统计年鉴 2006》，北京：中国统计出版社 2006 年版。

中国市场化改革以来，工业化、城市化的扩张，城乡收入差距的拉大，以及限制劳动力流动政策的逐渐松动，共同推动了农村转移劳动力的快速膨胀。但与城市劳动力相比，农业转移劳动力的职业分布呈现明显的低技术特征。Knight，Song 和 Jia（1999）的实证研究发现，只有 1% 的移民成为管理者或技术人员，而有 19% 的非移民从事这些工作。表 26—1 通过对中国大城市本地人口和外来移民从业结构的比较，反映出农村移民与城市居民在职业分布上的差别。农村进城劳动力大都集中在工业、建筑业、批发零售业和餐饮业这样一些低技术含量的领域，即使有少数所谓的技术工，也主要是传统意义上的木工、瓦工、油漆工和修理工等（杜鹰，1997）。除极少数农村青年通过接受中专以上高层次教育等身份转换途径之外，农村劳动力很难取得一级市场中的"正式工作"。

[①] 农业产量的变化也会受到气候因素的影响。在较长时期的考察中，气候因素的影响作用可以剔除。

表 26—1　　　　　城市本地人口与外来移民从业结构的比较　　　　　%

年份		农业	工业	建筑业	批发和零售贸易	社会服务卫生体育	金融保险教育等	水利勘探交通仓储	合计	
1990	本地人口	36.6	31.5	2.9	8.4	2.9	11.2	6.4	100
	外来人口	14.4	31.6	17.0	14.5	6.2	6.7	9.5	100
2000	本地人口	34.2	24.3	3.7	11.4	7.1	13.7	5.5	100
	外来人口	9.0	32.2	11.5	28.7	9.4	4.6	4.6	100

资料来源：根据 2000 年全国人口普查 0.95‰抽样数据汇编。

与农村转移劳动力的就业领域相适应，中国城镇非正规就业呈现高增长。1990—2004 年间，主要吸纳农村转移劳动力的未统计城镇非正规部门的就业年均增长率为 11%，累计增长 333%；明显高于同期全国城镇就业增长率的 3.2% 和累计增长的 55%。在非正规部门中，由农村向城市转移劳动力所组成的未统计从业人员，所占就业比重逐渐增大，到 2004 年，这一比重达 70.6%（胡鞍钢、赵黎，2006）。同时，乡镇企业也是转移农村剩余劳动力的重要渠道。1978 年，乡镇企业的就业人数仅有 2826.56 万，1990 年增至 9264.75 万，2004 年达到 13866.17 万。[1] 2004 年乡镇企业的就业人数占全国农村劳动力的比重为 25.9%。在传统正规部门从业人员比重由 1990 年的 81.54% 下降到 2004 年的 28.73%，新兴正规部门的就业比重由不到 1% 提高至 12.58% 的同时，非正规部门的从业比重却由 17.51% 猛增至 58.69%，其中，未统计部门的就业比重由 13.57% 上升为 37.86%。[2] 这与本章关于附加人力资本因素的劳动力流动，将导致劳动力市场分割及工业部门多元分化和低层次扩张的结论是一致的。

---

[1] 国家统计局人口和就业统计司、劳动和社会保障部规划财务司：《中国劳动统计年鉴 2005》，北京：中国统计出版社 2005 年版。

[2] 胡鞍钢、赵黎：《我国转型期城镇非正规就业与非正规经济（1990—2004）》，《清华大学学报》2006 年第 3 期，附表 4。

六　政策含义

若将农业剩余劳动力的消失与工农两部门工资形成机制的趋同，作为二元经济发展成功的关键性标志，自然，促成农业过剩劳动力快速、有效转移的工业化和城市化，就成为发展政策目标的合理选择。然而，当转移不仅在减少剩余劳动力的数量，同时也在降低农业从业人员的平均人力资本存量的时候，正如本章前面分析的那样，如果没有其他配套政策存在，这一发展政策的有效性就需要重新评价了。

必须注意到，试图限制农业人力资本流失的政策努力，将会产生更加严重的消极后果。其一，它将破坏劳动力配置的竞争性优选机制，使工业化进程面临劳动力数量和质量的双重制约，二元结构的转变将难以避免地趋向于停滞；其二，结构性增长因劳动力流动的政策性障碍而受阻，国民经济增长率和就业机会增长率也将因此而降低；其三，更为重要的是，这种政策并不能维持或提高农业部门的人均人力资本存量。当大量劳动力聚集于农业得不到释放时，由于土地、资本等短边资源的约束，微观个体人力资本投资收益率的低下，将导致部门人均人力资本水平最终收敛于一个微小的常数，使农业资源配置陷入传统状态下的低效率均衡陷阱。即，在市场机制被扭曲的情况下，个体人力资本投资的理性选择，将形成一种集体贫困的自我维持机制。

合理的发展政策应是这样一种组合：首先，必须存在促进农业剩余劳动力加速转移的政策构件；同时，以大幅度提高农业劳动力平均人力资本水平的政策相配套。后一类政策的功能是，保障以单位农业劳动力衡量的人力资本形成率大于其流失率。这一政策组合设计，（1）保留了刘易斯—费景汉—拉尼斯模型政策含义的合理成分，肯定了工业化、城市化是二元经济发展不可背离的中心和主题。（2）将农业部门技术进步的源泉内生化，人力资本的增长既是现代农业技术引入的前提，也是农业技术持续进步的动力。（3）当农民的人均人力资本水平提高到与城市居民无差异时，劳动力市场的二元分割和工业扩张的多元化格局将获致改善；那时，非农就业机会亦将平等地呈现在城乡居民面前，农民的市民化相应成为一种自然进程。

参考文献

Alan de Brauw、黄季焜、Scott Rozelle、张林秀、张依红：《改革中的中国农村劳动力市场演变》，蔡昉、白南生：《中国转轨时期劳动力流动》，北京：社会科学文献出版社 2006 年版。

蔡昉、都阳、王美艳：《劳动力流动的政治经济学》，上海：上海三联书店、上海人民出版社 2003 年版。

陈玉宇、邢春冰：《农村工业化以及人力资本在农村劳动力市场中的角色》，《经济研究》2004 年第 8 期。

陈宗胜、黎德福：《内生农业技术进步的二元经济增长模型》，《经济研究》2004 年第 11 期。

杜鹰：《现阶段中国农村劳动力流动的基本特征与宏观背景分析》，《中国农村经济》1997 年第 7 期。

都阳：《教育对贫困地区农户非农劳动供给的影响研究》，《中国人口科学》1999 年第 6 期。

［美］费景汉、古斯塔夫·拉尼斯：《劳力剩余经济的发展》，北京：华夏出版社 1989 年版。

［美］费景汉、古斯塔夫·拉尼斯：《增长和发展：演进观点》，北京：商务印书馆 2004 年版。

胡鞍钢、赵黎：《我国转型期城镇非正规就业与非正规经济（1990—2004）》，《清华大学学报》2006 年第 3 期。

［美］威廉·阿瑟·刘易斯：《二元经济论》，北京：北京经济学院出版社 1989 年版。

卢周来：《当前我国劳动力市场中的歧视问题透视》，《经济体制改革》1998 年第 3 期。

宋丽娜、Simon Appleton：《中国劳动力市场中有权益阶层与无权益阶层的抗衡：寻求就业与政府干预》，蔡昉、白南生主编：《中国转轨时期劳动力流动》，北京：社会科学文献出版社 2006 年版。

王检贵：《劳动与资本双重过剩下的经济发展》，上海：上海三联书店、上海人民出版社 2002 年版。

徐林清：《中国劳动力市场分割问题研究》，北京：经济科学出版社 2006 年版。

杨云彦、陈金永：《转型劳动力市场的分层与竞争——结合武汉的实证分析》，《中国社会科学》2000 年第 5 期。

赵耀辉：《中国农村劳动力流动及教育在其中的作用——以四川省为基础的研究》，《经济研究》1997 年第 2 期。

周其仁：《机会与能力——中国农村劳动力的就业与流动》，《管理世界》1997 年第 5 期。

Doringer, P. and Piore, M. 1971: *Internal Labour Markets and Manpower Analysis*, Lexington, Mass: D, C. Heath.

Knight, J. and Song, L. 1999: *The Rural-Urban Divide*, *Economic Disparities and Interactions in China*, Oxford University Press.

Knight, J., Song Lina, and Jia Huaibin, 1999: Chinese Rural Migrants in Urban Enterprises: Three Perspectives, *Journal of Development Studies*, 35 (3): 73 – 104.

Kremer, M. and Maskin, E. 1996: Wage Inequality and Segregation by Skill, NBER working paper, 5718.

Schultz, T. P. 1988: Education Investment and Returns, Handbook of Development Economics, Vol. 1, ed. H. Chenery and T. N. Srinivasan, New York: North-Holland.

Sjastad, Larry 1962: The cost and Returns to Homan Migration, *Journal of Political Economy*, 70 (5): 80 – 93.

Welch, Finis 1970: Education in Production, *Journal of Political Economy*, Vol. 78: 35 – 59.

第二十七章

人口转型与二元结构演化：
多国经验证据[*]

本章试图开展的工作是：以历史上或现实中进入到工业化中期阶段的国家为分析样本，选取这些样本中人力资本、生育率和二元经济结构的相关衡量指标，建立起人力资本、生育率与二元结构演化关系的分析模型，以期获得人口转型是否二元结构反差指数降低的结论。

一 二元经济结构和二元反差指数

人们通常从农业与非农产业的角度来形成二元经济结构的分析架构。其中一元为乡村农业（以下称农业部门），另一元为由城市和乡村二、三产业共同组成的非农产业（以下称非农业部门）。按照三次产业的划分，通常将第一产业归为一元，而将第二、三产业合并后归为另一元。

根据二元经济理论，在未完成现代化改造的国家，一般均程度不同地存在着二元经济结构。在二元经济部门之间，又存在着技术状态和发展水平间的显著差异。二元反差指数就是用来描述一个经济体二元结构特征的一种指标。二元反差指数是指，两部门产值（或收入）比重与劳动力比重之差的绝对数的平均值。其计算公式是：

$$R = \frac{1}{2}(|y_1 - l_1| + |y_2 - l_2|) \qquad (27.1)$$

（27.1）式中，y_1、l_1 为农业部门产值比重和劳动力比重，y_2、l_2 为非

---

[*] 本章选自郭剑雄、李志俊《人力资本、生育率与内生农业发展》（人民出版社 2010 年版）第九章《人力资本、生育率与农业发展：多国经验证据》。收录时文字有改动。

农部门产值与劳动力比重。

如果二元反差指数较小，说明农业部门与非农部门之间的发展差距较小，亦即农业部门较发达；反之，二元反差指数较大，则表明农业发展水平较低，农业部门较落后。经验事实也显示，已经完成农业现代化改造的国家，其二元反差指数均很小；相反，在发展中国家，二元反差指数则要大得多。比如，在2001年，美国、加拿大、德国和澳大利亚的二元反差指数分别仅为1.33、1.02、1.44和1.36；同年，巴西、印度尼西亚、埃及与巴基斯坦等发展中国家的二元反差指数分别高达15.64、29.53、25.76和20.65（见表27—1）。

表27—1 1995年、2001年部分发达国家和发展中国家的二元反差指数

发达国家	二元反差指数		发展中国家	二元反差指数	
	1995年	2001年		1995年	2001年
美 国	1.27	1.33	马来西亚	7.02	6.56
日 本	3.72	3.80	巴 西	16.12	15.64
加拿大	1.08	1.02	南 非	7.49	8.19
德 国	1.96	1.44	印度尼西亚	29.71	29.53
意大利	3.28	2.48	埃 及	30.69	25.76
澳大利亚	1.55	1.36	巴基斯坦	22.29	20.65

资料来源：劳动力比重数据来自国家统计局人口和社会科技统计司、劳动和社会保障部规划财务司编《中国劳动统计年鉴20004》，北京：中国统计出版社2004年版，第633、635页；农业比重数据来自世界银行网站（http://www.worldbank.org.cn）。

二 人口转型与二元反差指数变化：美国和日本的经验证据

（一）美国和日本工业化中期阶段的确定

本节，以资源富裕型国家美国和资源短缺型国家日本作为先行工业化国家的例子，考察这两个国家在进入到工业化中期阶段以后，各自的人力资本和生育率的变化对其二元结构反差指数变化的影响。

关于一国工业化阶段的划分，目前尚无统一的标准。为了简化工业化中期阶段的界定，本章把一个国家从工业产值超过农业产值到重工业占优势之前这段时期划分为工业化初期阶段，把重工业占优势向服务社会过渡这段时期看作工业化中期阶段，而把进入服务社会以后的时期视作工业化后期阶段。依据这一标准，1900 年美国工业结构实现重工业化，到 20 世纪 50 年代中期，零售业占有重要地位。因此，大体可以认为 1900—1960年是美国的工业化中期阶段。同样，根据产业结构和就业结构的变动，日本的工业化中期阶段可确立为 1936—1972 年。[①]

（二）指标选取与数据来源

出生率是最基本的生育率度量指标之一，它能较准确地反映生育对人口总数增长的影响。基于数据的可得性，我们采用人口出生率来衡量美国、日本工业化中期阶段的生育率。

教育投资是人力资本投资的主要部分，所以也可以把人力资本投资视为教育投资问题；而人力资本投资形成的存量，一般用平均受教育年限来衡量。[②] 由于资料收集的限制，我们利用各年份的每万人的大学生人数和人均国家教育经费作为衡量相应时期人力资本的指标。对于少量缺失数据依据插值法进行修补。[③]

基于本章第一节的限定，用二元反差指数的变化来衡量农业部门的发展。

各项数据均取自中国社会科学院世界经济与政治研究所综合统计研究室编《苏联和主要资本主义国家经济历史统计集（1800—1982）》（人民出版社 1989 年版）。

（三）人力资本、生育率与二元反差指数的变化趋势

从图 27—1 中可以看到，在美国的工业化中期阶段，其人口出生率呈

---

① 1936 年日本建立了以重工业为主的工业体系。至 1972 年，日本第三产业的劳动力和国民收入构成比例达到 49.4%，超过第二产业的 35.7%。

② Barro 用平均受教育年限作为人力资本的间接度量。这种方法否定了教育的质的差别，并假定接受过不同教育水平的劳动者是完全可替代的。参见 Barro, Robert: Economic Growth in a Cross Section of Countries. Quarterly Journal of Economics, 1991, 106, 2 (May): 407 - 433.

③ 由于统计期较长，而且口径一致，所以，利用插值法所得数据可信度也很高。

现下降趋势，从 32.3‰降低至 9.5‰。人均国家教育经费呈现出指数增长的态势，从工业化中期阶段开始的 2.8 美元，上升到 1960 年的 136.7 美元；每万人口中的大学生人数，从期初的 31.3 人大幅度上升到期末的 178 人。在此期间，二元经济反差指数总体上趋于下降，从 1900 年的 16.36 下降到 1960 年的 4.00。

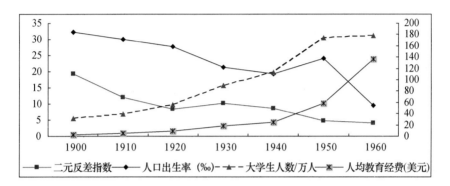

图 27—1 美国工业化中期阶段的人力资本、人口出生率与二元反差指数变化情况

1935 年日本的二元反差指数是 30.25，到工业化中期阶段结束时，这一指数降为 6.70。需要说明的是，日本在 1945—1946 年，连续两次进行土地改革。土地改革的结果令 95% 农民获得耕地，农业经济随之好转，农业生产水平获得提高。由于战争期间日本的工业衰落，战后初期国民经济和生产能力严重下降，此期间的生产总额仅达 1934—1936 年间平均产量的 27.6%。[①] 因此，此特殊阶段的经济和就业结构出现较大幅度变化。

在日本的工业化中期阶段，人口出生率从期初的 31.6‰，下降为期末的 17.1‰；在战后恢复的 1945—1950 年间，人口出生率同样也出现了小幅上升。人均国家教育经费在此期间持续增加，尤其是 1960—1975 年的 15 年间，人均教育经费增长了 16.4 倍；同时，每万人口的大学生人数也持续线性增加，到 1970 年，全国大学生人数增长到 166.97 万人，是 1945 年的近 17 倍。

---

① 参见《战后经济恢复：1945—1955》，http：//web.cenet.org.cn/upfile/。

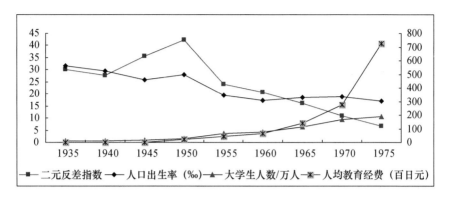

图27—2　日本工业化中期阶段的人力资本、人口出生率与二元反差指数变化情况

从先行工业化国家美国和日本的情况来看，自工业化中期阶段以后，人口出生率与二元反差指数同向变化，用每万人大学生人数、人均教育经费衡量的人力资本与二元反差指数反向变动，这些变量之间可能存在相互作用的内在机制。

（四）人力资本、生育率与二元反差指数的 Granger 检验——以日本为例

生育率（人口出生率 Birth）、人力资本（每万人大学生人数 H_1 和人均国家教育经费 H_2）与二元反差指数（Index）之间可能互为因果关系。我们通过对日本工业化中期阶段（1936—1975 年）的各相关指标作 Granger 检验，来判断它们之间存在的逻辑因果关系。按照现代计量经济思想，高度相关的两个变量并不意味着它们之间就存在因果关系。一般使用最小二乘法进行因果检验。我们知道，在使用该方法时，如果样本容量大且时间序列都服从单位根过程（即是非平稳的），即使它们之间不存在任何相关性，以一个时间序列对另一个时间序列回归也总能得到显著的参数，这就是所谓"伪回归"问题。为了避免这种"伪回归"，根据计量方法的要求，在做 Granger 检验之前对数据进行平稳性检验。①

---

① 本章采用计量经济软件 Eviews 5.0 进行各项检验及回归。

1. 工业化中期阶段日本各指标的平稳性分析与协整检验

首先对各序列采用 Augmented Dickey-Fuller（ADF）方法进行单位根检验，考察各序列是否为稳态。结果如表 27—2 所示，其中，ADF 检验是根据具有最小 Akaike 信息准则（AIC）的滞后期的检验值。从结果可以看到，所有序列经过二阶差分后都拒绝单位根假设，其中大部分都在 0.01 的显著性上拒绝零假设。这说明各变量的时间序列均为 I（2），可以进行下一步检验。

表 27—2　　　　　　　　　　　ADF 单位根检验

变量	ADF-t 检验值	滞后	AIC	DW 值	R^2
Index	− 9.814749	2	3.776	2.056	0.809
Birth	− 11.65327	2	4.747	2.349	0.804
H_1	− 5.701061	2	5.178	1.984	0.468
H_2	− 7.773717	2	17.665	1.282	0.798

注：单位根检验的显著性水平为 5%。

在单位根检验的基础上进行 Johansen 协整检验。通过建立迹统计量和最大特征值似然比统计量来确定各变量之间的协整关系。二元反差指数等各变量的检验结果见表 27—3。可以看到，迹检验和最大特征值检验表明，5% 的显著性水平上，人口出生率、每万人口的大学生人数、人均国家教育经费和二元反差指数之间存在 3 个协整方程。由 Johansen 协整检验的模型分析可知，二元反差指数与其他变量的协整关系均与理论预期相吻合，表明前述分析框架是有效的。

表 27—3　　　　　　　　　　Johansen 协整检验结果

协整方程个数假定	特征根	迹统计量	15% 的临界值	P 值
0	0.7816	82.5576	55.2458	0.0000
至多 1 个	0.5997	46.0473	35.0109	0.0023
至多 2 个	0.4736	24.0744	18.3977	0.0072
至多 3 个	0.3034	8.67589	3.84147	0.0032

2. Granger 因果关系检验

基于以上两个检验，Granger 因果关系检验采用二阶差分后的数据（在表27—4中仍然使用原序列表示），通过对日本工业化中期阶段的人口出生率（Birth）、表征人力资本的相关变量（H_1 和 H_2）与二元反差指数（Index）进行 Granger 因果关系检验，以考察生育率、人力资本与农业发展的相互作用机制。由于某些变量样本数的限制，根据 AIC 或者 SC 最小准则，选取不同的滞后阶数。

表 27—4   Granger 因果关系检验

原假设	样本数	F 统计量	P 值	结论
Birth does not Granger Cause Index	25	3.50456	0.07455	拒绝
H_1 does not Granger Cause Index	25	56.0936	1.7E—07	拒绝
H_2 does not Granger Cause Index	25	10.6710	0.00353	拒绝
H_1 does not Granger Cause Birth	38	3.87366	0.05701	拒绝
Birth does not Granger Cause H_1	32	4.10901	0.01175	拒绝
H_2 does not Granger Cause Birth	34	0.31479	0.57879	接受
Birth does not Granger Cause H_2	30	2.47735	0.08678	拒绝

注：以上检验中的结论是在10%的显著性水平上做出的。

由表27—4的 Granger 因果关系检验结果可知，人口出生率、每万人大学生人数和人均国家教育经费均可以作为二元反差指数变动的 Granger 原因，证明日本工业化中期阶段二元经济转化和农业发展的内生性。更进一步地，每万人口大学生人数与人口出生率是互为 Granger 原因的，说明此阶段日本的人力资本与生育率处于良性变动状态。但人均国家教育经费并非人口出生率的 Granger 成因，而人口出生率却是人均国家教育经费的 Granger 成因。对此，可能的解释为，人均国家教育经费的增加，在短期内无法形成人力资本，从而无法对生育率做出影响。

三 人口转型与二元结构转变：多国经验的实证结果

（一）样本的扩展

为了进一步验证人力资本与生育率变化是农业发展或二元结构转变的

原因，本节将样本国家扩大到世界范围内 1960 年以来进入到工业化中期阶段、到 2005 年已经基本进入工业化后期阶段的中、高收入国家。

城市化是工业化进程中的伴生现象，一般情况下，工业化与城市化呈高度正相关关系，因而城市化水平常被用来反映工业化发展阶段。城市化水平一般用城市人口占总人口的比例来衡量。当城市人口占总人口比例在 20% 以下时，被认为是非城市化阶段，此时经济大体处于工业化初期阶段；当该比例超过 50% 时，被认为基本实现城市化，此时经济大体处于工业化中后期阶段；当此比例超过 70% 时，被称作高度城市化阶段，此时经济大体处于后工业化阶段。

据此，将 1960 年城市化率在 30%—50%、1990 年城市化率提升到 55%—70%，进而到 2005 年基本进入工业化中后期阶段或已完成工业化的国家作为样本。[①] 样本国家城市化率的数据取自世界银行《世界发展指标 2002》，《2007 World Development Indicators》，具体数据详见本章附录。

（二）数据来源及性质

对于二元经济结构特征的变化，因缺乏各产业劳动力比重的数据，因此，改用农业产值比重（G）来衡量。[②] 本节使用总和生育率（F）来表征生育率。总和生育率指一定时期（如某一年）各年龄组妇女生育率的合计数。这一指标不受育龄妇女年龄构成的影响，反映了随时间推移由于各种因素的影响总和生育率的年变化情况。人力资本是体现在人身上的体能、技能、知识和经验的总和，因此可以利用出生时预期寿命（L）

---

① 在研究中，分析样本根据 1960 年世界银行以人均国民收入为标准对世界各国进行分类（包括低收入国家，中等收入国家和高收入国家），包括 1 个低收入国家：埃及；32 个中等收入国家（地区）：玻利维亚、摩洛哥、多米尼加、厄瓜多尔、刚果、萨尔瓦多、巴拉圭、秘鲁、哥伦比亚、突尼斯、土耳其、罗马尼亚、波兰、巴拿马、哥斯达黎加、阿尔及利亚、保加利亚、马来西亚、黎巴嫩、蒙古、尼加拉瓜、墨西哥、南非、巴西、匈牙利、捷克、特立尼达、韩国、希腊、沙特阿拉伯、伊拉克、利比亚；5 个高收入国家：爱尔兰、奥地利、阿拉伯联合酋长国、芬兰、瑞士。

② 二元经济向一元经济转化的过程中，二元反差指数会趋于降低，同时，农业在国民经济的比重也是趋于降低，但是，二元经济的转化过程并非仅仅是农业比重的降低，还包括其他产业、城市经济等诸多问题，在此，由于资料收集限制，只是利用农业比重来代替二元经济指数趋于下降的趋势。

和初等教育完成率（P）来衡量各经济体的人力资本。

本节数据均取自世界银行网站（http：//www. worldbank. org. cn/）公布的世界发展指标（World Development Indicators）数据库。

表27—5 给出了各变量的基本统计量。[①] 由 Panel A 的中等收入国家与 Panel B 的高收入国家比较可以看到，高收入国家的二元结构特征明显弱于中等收入国家，而且波动幅度也较小；其他变量的特征亦是如此。这说明人力资本的迅速增加与生育率的下降与二元经济转化过程相伴随。

表 27—5　　　　　　　　　　各变量的描述性统计

	农业比重（G）		总和生育率（F）		预期寿命（L）		初等教育完成率（P）	
	Panel A	Panel B	Panel A	Panel B	Panel A	Panel B	Panel A	Panel B
平均值	10. 24	3. 00	2. 36	1. 90	71. 01	77. 73	90. 54	91. 82
标准差	6. 04	1. 27	0. 98	0. 64	5. 05	1. 79	12. 80	14. 04
最大值	39. 00	6. 34	5. 89	4. 26	79. 41	81. 24	119. 57	106. 20
最小值	0. 68	1. 29	1. 08	1. 34	44. 61	73. 2	44. 50	51. 69
观测数	232	46	232	46	232	46	232	46

（三）面板数据的平稳性与 Granger 关系检验

由于分析的是各个国家（地区）的时间序列数据，为防止出现谬误回归，先对数据进行平方根检验。[②]

对于农业产值比重这一变量的检验，忽略样本不足的国家，根据对各国相关变量序列的平稳性检验可知，除了萨尔瓦多、秘鲁、罗马尼亚、尼加拉瓜外，其余国家都是一阶单整的，即 I（1）；妇女总和生育率变量，除了摩洛哥是二阶单整，玻利维亚、厄瓜多尔、萨尔瓦多、保加利亚、墨西哥、特立尼达、伊拉克是水平平稳外，其余国家也同样是一阶单整；出生时预期寿命、初等教育完成率除少数国家（厄瓜多尔、萨尔瓦多等）外，均为一阶单整。需要指出的是，初等教育完成率不像其他变量检验结

---

①　在实证分析的过程中，将低收入国家埃及与中等收入国家合并为 Panel A，高收入国家合并为 Panel B。

②　本节仍然使用软件 Eviews 5.0 提供的 ADF 检验法，先根据基本时序图确定截距项和时间趋势是否存在，再根据 AIC 和 SC 准则确定滞后阶数，最后比对统计量和临界值判定是否平稳。

果显著。这主要是因为在我们收集的数据中，大部分国家的初等教育完成率数据年份不长，大都是从 1985 年以后统计的。

　　进一步，对各变量进行 Granger 因果关系检验，以考察各国人力资本、生育率与二元经济转化的因果关系（见表27—6）。

表 27—6　　　　各国生育率、人力资本与农业比重序列的单位
　　　　　　　　　根检验及 Granger 检验结果

国家	单位根检验				Granger 因果检验				
	G	F	L	P	F 和 G	L 和 G	P 和 G	F 和 L	F 和 P
埃　　及	I(1)***	不足	I(1)**	I(1)***	样本不足	L→G**	P↔G**	L→F*	P→F*
玻利维亚	I(1)***	I(0)***	不足	I(1)***	F→G**	L→G*	P→G	样本不足	样本不足
多米尼加	I(1)***	I(1)***	I(1)***	I(0)***	F→G	相互独立	P↔G*	F↔L*	F→P*
摩洛哥	I(1)***	I(2)**	I(1)**	不足	相互独立	L→G**	样本不足	样本不足	P→F**
厄瓜多尔	I(1)***	I(0)***	I(2)**	I(0)*	相互独立	L→G	P→G	F↔L	F→P*
刚　　果	I(1)***	不足	I(1)**	I(1)**	F→G*	相互独立	样本不足	L↔F*	样本不足
萨尔瓦多	I(0)***	I(0)***	I(1)**	I(2)*	F→G*	L→G**	P→G***	样本不足	F→P*
巴 拉 圭	I(1)***	I(1)***	I(0)***	I(1)**	F→G*	L→G**	P→G*	F↔L*	P→F*
秘　　鲁	I(0)***	I(1)***	I(0)***	I(1)***	相互独立	L→G*	P↔G*	F→L**	相互独立
哥伦比亚	I(1)***	I(1)***	I(1)***	I(1)	F→G*	L→G	P→G***	F→L***	F→P*
突 尼 斯	I(1)***	不足	I(1)**	不足	F→G*	L→G**	样本不足	相互独立	相互独立
土 耳 其	I(1)***	I(1)	I(1)**	I(0)***	相互独立	相互独立	P→G***	L→F*	F→P*
罗马尼亚	I(0)***	I(1)***	I(1)**	I(1)***	F→G**	G→L**	P→G	L↔F*	相互独立
波　　兰	I(1)***	I(1)***	I(1)**	I(1)*	F→G**	L→G*	P↔G*	F↔L***	P→F**
巴 拿 马	I(1)***	I(1)***	I(1)***	不足	相互独立	L→G*	样本不足	相互独立	样本不足
哥斯达黎加	I(1)***	不足	I(0)***	I(1)*	F→G*	相互独立	G→P*	L→F*	样本不足
阿尔及利亚	I(1)***	I(1)	I(1)***	I(1)**	F→G**	L→G*	P↔G**	相互独立	P→F*
保加利亚	I(1)***	I(0)***	I(1)	I(1)*	F→G*	L→G**	P↔G*	F↔L*	F↔P**
马来西亚	I(1)***	I(0)***	I(1)**	I(1)**	相互独立	L→G*	P↔G**	L→F	样本不足
黎 巴 嫩	I(1)***	I(1)***	I(1)**	I(1)**	F→G*	L→G*	P→G	F↔L	F→P*
蒙　　古	I(1)***	I(1)***	不足	I(1)	相互独立	L→G	样本不足	L→F*	样本不足
尼加拉瓜	I(0)*	I(1)***	I(1)***	I(1)**	F→G***	L→G*	P→G*	相互独立	F↔P*
墨 西 哥	I(1)***	I(0)***	I(1)**	I(1)**	F→G*	L→G*	G→P*	F→L**	P→F*
南　　非	I(1)***	不足	I(1)***	I(1)*	相互独立	L→G	P↔G*	F↔L*	样本不足

续表

国家	单位根检验				Granger 因果检验				
	G	F	L	P	F 和 G	L 和 G	P 和 G	F 和 L	F 和 P
巴　西	I (1)***	I (1)***	I (1)***	I (1)**	F→G*	L→G	P→G*	F→L*	F↔P**
匈牙利	I (1)***	I (1)***	I (0)***	I (1)	G→F**	G→L***	P↔G*	F↔L**	F↔P*
捷　克	I (1)***	I (1)**	I (1)***	I (1)*	G→F**	L↔G**	相互独立	L→F***	相互独立
特立尼达	I (1)**	I (0)	不足	不足	样本不足	样本不足	样本不足	L↔F*	P→F**
韩　国	I (1)***	I (1)***	I (1)**	I (1)*	F→G***	L↔G*	P→G*	相互独立	相互独立
希　腊	I (1)***	I (1)***	I (1)**	不足	相互独立	L→G	样本不足	L↔F*	P→F**
沙特阿拉伯	I (1)***	I (1)**	I (1)**	I (1)***	F→G*	样本不足	P→G**	F→L*	样本不足
伊拉克	I (1)**	不足	I (1)**	不足	样本不足	样本不足	样本不足	样本不足	样本不足
利比亚	I (1)**	I (1)**	不足	I (1)**	F→G	样本不足	P→G*	F→L*	P→F
奥地利	I (1)**	I (1)*	I (1)**	不足	相互独立	L↔G*	样本不足	L→F*	样本不足
阿联酋	I (1)**	I (1)*	不足	不足	样本不足	样本不足	相互独立	样本不足	样本不足
芬　兰	I (1)***	I (1)***	I (1)**	I (1)**	G→F**	L→G*	相互独立	相互独立	F→P
瑞　士	I (1)***	I (1)**	I (1)**	I (1)	G→F*	相互独立	相互独立	相互独立	F↔P*
爱尔兰	I (1)***	I (1)**	不足	I (1)**	F↔G*	相互独立	相互独立	相互独立	相互独立

注：* 表示单位根和 Granger 因果关系的检验显著性水平，***、**、* 分别为 1%、5%、10% 的显著性水平，没有 * 表示显著性水平为 20%。X→Y 表示 X 是 Y 的 Granger 成因，X↔Y 表示 X 与 Y 互为 Granger 原因。

检验结果表明，对于生育率与农业产业比重，埃及、特立尼达、伊拉克、阿联酋由于样本数据不足不能检验；摩洛哥、厄瓜多尔、秘鲁、土耳其、巴拿马、马来西亚、蒙古、南非、希腊、奥地利生育率与农业产业比重间关系相互独立，说明这些国家二元经济的转化与生育率变动均处于外生状态；匈牙利和捷克的时序数据表明农业产值比重是生育率的 Granger 原因，证明这两个国家人口转变伴随着二元经济转化过程；其余国家的检验结果均显示生育率是农业产值比重的 Granger 原因，说明在大部分国家的生育率的下降与二元经济结构转化具有较强的相关性。

出生时预期寿命与农业产值比重之间相互独立的只有多米尼加、刚果、土耳其、哥斯达黎加、瑞士和爱尔兰，说明这 6 个国家用预期寿命表征的人力资本的提升与二元经济的转化均来自外部作用；除罗马尼亚和匈牙利外，其余国家的检验结果，表明预期寿命是农业产值下降的 Granger

原因，证明这些国家偏向于二元经济转化的内生状态。

另一个表征人力资本的初等教育完成率，忽略样本不足的国家后，只有捷克的结果显示两者相互独立；墨西哥和哥斯达黎加的结果显示农业产值比重是初等教育完成率的 Granger 原因；其余近 1/3 的国家，检验结果显示初等教育完成率与农业产值比重互为因果，二者间有较强的相关性，证明这些人力资本与二元经济的转化处于良性循环中。

总之，20 世纪 60 年代以来，样本中的大多数国家的发展历程显示出二元经济转化的内生性，而妇女总和生育率、人口出生时预期寿命、初等教育完成情况和二元经济的转化有着明显的关联性。

（四）计量模型及其分析结果

采用一国农业产值比重（G）作为被解释变量来分析生育率（F）和人力资本（L 和 P）对各国二元经济转化的影响。计量模型设定如下：

$$G_{it} = \alpha + \beta_1 F_{it} + \beta_2 L_{it} + \beta_3 P_{it} + \varepsilon_{it} \qquad (27.2)$$

其中，i 表示截面变量，t 为时间序列，ε 为扰动项，α 和 β 为待估系数。

基于面板数据特征，为了减少由于截面数据造成的异方差影响，执行可行的广义最小二乘法（GLS）对各国 1960—2007 年的相关数据进行估计。分别采用面板数据的截面固定效应模型（模型 1）、成分变异系数 Swamy-Arora 截面随机效应模型（模型 2）和成分变异系数 Wansbeek-Kapteyn 截面随机效应模型（模型 3）进行估计。模型拟合结果见表 27—7。

表 27—7　　　　中等收入国家与高收入国家 1960—2007 年二元经济转化模型

	Panel A			Panel B		
	模型 1	模型 2	模型 3	模型 1	模型 2	模型 3
C	50.1828 ***	36.4093 ***	37.4571 **	52.2754 ***	56.9445 ***	55.8135 ***
	（4.6859）	（2.7831）	（2.8779）	（9.0353）	（11.2149）	（7.8970）
ln F	1.1923 **	1.4694 **	1.5342 **	-2.3207 ***	-1.0449 **	-2.4267 ***
	（2.0892）	（2.2374）	（2.3633）	（-5.0604）	（-2.5276）	（-5.5676）
ln L	-0.5502 ***	-0.3099 **	-0.3303 *	-0.5795 ***	-0.6841 ***	-0.6208 ***
	（-2.3404）	（-2.3788）	（-2.5809）	（8.7381）	（-10.9062）	（-7.1430）

续表

	Panel A			Panel B		
	模型 1	模型 2	模型 3	模型 1	模型 2	模型 3
ln P	- 0. 0407 ***	- 0. 0930 ***	- 0. 0907 ***	- 0. 0020	- 0. 0133 **	- 0. 0005 ***
	（ - 4. 2766）	（ - 4. 2611）	（ - 4. 2774）	（ - 5. 2866）	（ - 2. 0930）	（ - 0. 0075）
ADR²	0. 9879	0. 2901	0. 3073	0. 9211	0. 6413	0. 7398
DW	0. 7804	0. 5263	0. 5478	0. 5103	0. 0808	0. 3010
F 值	570. 8374	32. 4628	33. 7111	76. 0292	21. 8173	43. 647
P 值	0. 0000	0. 0000	0. 0000	0. 0000	0. 0000	0. 0000

注：括号内是系数估计的 T 统计量。* 表示在 10% 水平上显著，** 表示在 5% 水平上显著，*** 表示在 1% 水平上显著。

从模型的分析结果来看，中等收入国家的生育率在截面固定效应模型（模型 1）与截面随机效应模型（模型 2、模型 3）中都是在 5% 水平上显著为正，而且系数分别是 1. 1923、1. 4694、1. 5342，这与我们预期的结果和相关的经验研究是一致的。20 世纪 60 年代以来，总和生育率在中等收入国家总体趋于下降，这对二元经济的转化具有很强的积极作用。但是，对于高收入国家而言，三个模型的估计结果均显示总和生育率与农业产值比重负相关，且通过 1% 显著性水平的检验，也即总和生育率的下降，会导致农业产值比重的上升。对这一结果的可能性解释如下：纳入我们分析的高收入国家的样本显示（见表 27—5），总和生育率的平均值为 1. 90，出生时预期寿命达到 77. 7 岁，说明样本国家在估计期已经进入了后人口转变时期①。在人口发展的低位静止（low stationary）阶段②，人力资本的作用更为明显和关键，因此，农业部门的劳动生产率会上升，造成比重很少的农业部门产出的增加，从而影响到农业比重的变化。

影响二元经济结构转化的另一个重要变量——人力资本的估计显示，无论中等收入国家还是高收入国家，它与农业比重始终是负向关系，仅仅

---

① 判断人口转变完成的两个标准是：（1）妇女总和生育率下降至更替水平以下，即 TFR < 2. 1；（2）人口出生时的平均预期寿命达到或高于老年人口年龄下限，即 e > 65 岁。

② 关于人口转变的阶段，参见查理斯·布莱克（Charles Blacker）提出的人口发展五阶段论。参见李仲生《中国的人口与经济发展》，北京：北京大学出版社 2004 年版，第 1 页。

在高收入国家的截面固定效应模型（模型1）中，初等教育的完成率检验结果在10%的水平上不显著，但这并不影响各模型总体结果。更进一步，人力资本（尤其是出生时预期寿命）估计系数（绝对值）也较大，说明人力资本水平越高，二元结构越不明显。而且，高收入国家的人力资本系数（绝对值）大于中等收入国家，反映出人力资本是现代（一元）经济发展的关键因素。

四 人力资本和生育率关系的进一步考察

基于前面关于日本工业化中期阶段人力资本与生育率 Granger 因果关系的检验（见表27—4），可以得到生育率是人力资本的 Granger 成因的结论，亦即，人力资本内生于生育率的变动模式中。从20世纪60年代以来样本国家的妇女总和生育率与出生时预期寿命、初等教育完成率（表27—6中 F 和 L、F 和 P）的 Granger 检验结果来看，生育率与预期寿命相互独立的有8个国家，其中有3个是高收入国家；出生时预期寿命为生育率 Granger 成因的国家有9个，生育率是预期寿命的 Granger 成因的有7个国家，有11个国家的检验结果表明二者之间互为 Granger 成因；生育率与初等教育完成率间相互独立的有6个国家；初等教育完成率为生育率的 Granger 原因的有9个国家，二者互为 Granger 成因的共有11个国家。从所有样本国家的总体检验结果来看，人力资本是生育率内生变量的比例居多。

因高收入国家 Panel B 处于后人口转变时期，总和生育率变动非常小，所以，我们采用样本国家 Panel A 的人力资本（L 和 P）作为解释变量来分析人力资本对妇女总和生育率（F）的影响。计量模型设定如下：

$$F_{it} = c + \theta_1 L_{it} + \theta_2 P_{it} + u_{it} \qquad (27.3)$$

其中，i 表示截面变量，t 为时间序列，u 为扰动项，θ 为待估系数。由于前述二者间并非单一的因果关系，使用此模型进行估计，实际上我们仅仅需要判定待估系数 θ 的正负，就能验证二者的逆向变动关系。

仍然执行可行的广义最小二乘法（GLS）对各国1960—2007年的人力资本与生育率数据进行估计。结果见表27—8，其中，模型1为截面随机效应，模型2为截面固定效应，模型3为时期随机效应，模型4为时期固定效应，模型 5 为双向固定效应。

表 27—8　　　中等收入国家 1960—2005 年人力资本与生育率的估计模型

	模型 1	模型 2	模型 3	模型 4	模型 5
C	10.2427***	11.5463***	9.852536***	8.7145***	5.2612***
	(9.4138)	(33.7496)	(8.8162)	(9.0471)	(5.1629)
$\ln L$	−0.0824***	−0.1149***	−0.058002***	−0.0551***	−0.03270**
	(−5.5172)	(−18.5728)	(−3.5933)	(−4.5347)	(−2.3927)
$\ln P$	−0.0205***	−0.0113***	−0.037472***	−0.0269***	−0.006247**
	(−4.5389)	(−7.9791)	(−5.6577)	(−3.9390)	(−2.1041)
ADR²	0.5583	0.9986	0.4342	0.3939	0.964987
DW	0.2406	0.4061	0.0799	0.5478	0.4309
F 值	150.7562	5112.1550	91.9535	9.1081	134.3048
P 值	0.0000	0.0000	0.0000	0.0000	0.0000

注：括号内是系数估计的 T 统计量。** 表示在 5% 水平上显著，*** 表示在 1% 水平上显著。

从估计结果中可以看到，无论采用截面固定（随机）效应模型，还是时期固定（随机）效应模型，还是双向固定效应模型，各系数的 T 检验值均在 5% 的水平上成立，估计系数均为负，充分验证了人力资本与生育率的逆向变动机制。

再追溯先行工业化国家的发展历程，一国较高的人力资本水平总是与较低的生育率相伴随。在步入工业化中期阶段伊始，美国完成高中教育的人口比例为 13.5%，完成 4 年及以上大学的人口比例为 2.7%，到 1960 年工业化中期阶段结束时，这两个比例分别上升到 41% 和 7.7%。值得指出的是，美国女性教育程度的提高尤其突出。1940 年，仅 3.7% 的妇女完成四年制大学，约 12.2% 的妇女仅仅接受不到五年的初级教育，到工业化中期阶段结束时，这两个指标分别为 5.8% 和 7.3%。[①] 同时，美国家庭户均人口数从 1947 年的 3.56 人下降至 1970 年的 3.14。

① 参见陈奕平《人口变迁与当代美国社会》，北京：世界知识出版社 2006 年版，第 301—302 页。

五　结论

一个国家经济发展进入到工业化中期阶段以后，人力资本日益成为推动农业发展的关键性要素，而生育率下降又为人力资本的积累创造出有利环境。本章以历史上或现实中进入到工业化中期阶段的国家为分析样本，选取这些样本中人力资本、生育率和间接测度农业发展的二元结构反差指数，建立人力资本、生育率与二元结构反差指数之间相关关系的分析模型，对前述假说的可靠性进行验证。

以资源富裕的美国和资源短缺的日本作为先行工业化国家例子的检验结果是，进入工业化中期阶段以后，人口出生率与二元反差指数同向变化，用每万人大学生人数、人均教育经费衡量的人力资本与二元反差指数反向变动。将样本国家扩大到世界范围内1960年以来进入到工业化中期阶段、到2005年已经基本进入工业化后期阶段的38个中、高收入国家时，检验结果也基本支持前述理论预设。具体结论是，无论是中等收入国家还是高收入国家，人力资本与二元结构反差指数负相关，且估计系数的绝对值较大；生育率与二元结构反差指数之间，除少数高收入国家外，在中等收入国家正相关。

附录

样本国家 1960 年、1990 年、2005 年城市化率

国家	城市化率			国家	城市化率		
	1960 年	1990 年	2005 年		1960 年	1990 年	2005 年
埃　　及	41	47	43	黎巴嫩	50	68	87
玻利维亚	40	51	64	蒙　古	42	52	57
多米尼加	35	60	67	尼加拉瓜	43	60	59
摩洛哥	32	48	59	墨洛哥	55	73	76
厄瓜多尔	37	56	63	南　非	47	60	59
刚　果	32	41	60	巴　西	50	75	84
萨尔瓦多	39	44	60	匈牙利	43	61	66

续表

国家	城市化率			国家	城市化率		
	1960 年	1990 年	2005 年		1960 年	1990 年	2005 年
巴拉圭	36	48	59	捷 克	51	78	74
秘 鲁	52	70	73	特立尼达	30	69	78
哥伦比亚	54	70	73	韩 国	32	72	81
突尼斯	40	54	65	希 腊	48	63	47
土耳其	34	61	67	沙特阿拉伯	39	77	81
罗马尼亚	38	53	54	伊拉克	51	71	70
波 兰	50	62	62	利比亚	26	70	85
巴拿马	44	53	71	奥地利	51	58	66
哥斯达黎加	38	47	62	阿联酋	41	78	77
阿尔及利亚	38	52	63	芬 兰	44	60	77
保加利亚	46	68	70	瑞 士	53	60	75
马来西亚	26	43	67	爱尔兰	49	57	61

资料来源：世界银行：《世界发展指标 2002》，《2007 World Development Indicators》。

参考文献

陈奕平：《人口变迁与当代美国社会》，北京：世界知识出版社 2006 年版。

郭剑雄、李志俊：《人力资本、生育率与内生农业发展》，北京：人民出版社 2010 年版。

国家统计局人口和社会科技统计司、劳动和社会保障部规划财务司：《中国劳动统计年鉴 2004》，北京：中国统计出版社 2004 年版。

李仲生：《中国的人口与经济发展》，北京：北京大学出版社 2004 年版。

世界银行：Word Development Indicators，http：//www. worldbank. org. cn/。

《战后经济恢复：1945—1955》，http：//web. cenet. org. cn/upfile/。

Robert Barro 1991：Economic Growth in a Cross Section of Countries. Quarterly Journal of Economics，106，2（May）407 – 433.

第二十八章

农村人口转型与二元结构演化：中国的经验证据[*]

一　问题的提出

发展中国家一般存在着传统的农业部门和现代城市工业部门的二元经济结构反差（Lewis，W. A. 1954）。作为最大的发展中国家，中国经济的二元结构特征尤为突出：无论用人均资本存量、相对劳动生产率还是人均收入水平来衡量，两部门之间的差距均相当显著，而且在时间序列上尚难观察到明显收敛的迹象，某些指标甚至呈现出逆向转化的趋势。[①] 加速这种非均衡经济结构的转变，是 21 世纪上半叶中国经济发展的基本任务。

在刘易斯和费景汉—拉尼斯（Fei，J. & Ranis，G. 1964，1999）的二元经济模型中，非均衡经济结构转化的路径，被设定为经济资源在性质完全不同的两个部门之间的重新配置，其中主要是农业剩余劳动力向现代部门的转移。二元经济结构转化的目标之一，是现代部门的不断扩张。进入现代部门的劳动力，一方面贡献出远高于传统部门的边际产出，另一方面则以传统部门的不变制度工资为基础形成的工资率获得劳酬。现代部门在生产率和工资率之间取得利润，再将利润资本化并扩大部门规模。二元结构转化的另一目标是农业的现代化，其基本标志是农业部门与工业部门工资决定机制的趋同。当农业剩余劳动力被工业化消除之后，农业部门的工资率将沿着劳动的边际生

　＊　本章收录的是郭剑雄、李志俊发表在《思想战线》2006 年第 3 期上的《人力资本、生育率与二元经济结构转变》一文。收录时对题目和文中个别文字做了修改。

　①　如人均收入的城乡差距，在改革开放以来，总体上呈现不断拉大的趋势。

产力曲线提高。那时，农业就成为现代经济的组成部分。

刘易斯—费景汉—拉尼斯模型关于二元经济转化目标和路径的刻画，是建立在先行工业化国家经济成功转型的历史经验基础之上的。毋庸置疑，发展中国家也无法绕过农业劳动力转移和工业化、城市化完成二元结构改造。对拥有世界 1/5 人口并处在工业化中期阶段的中国来说，刘易斯—费景汉—拉尼斯条件是否完成二元结构转化的充要条件？譬如，在农业劳动力的文化技术素质显著低于城市劳动力时，二元经济结构会内生出分割的要素市场，使农业过剩劳动力与现代部门的资本无法有效对接；或者，进城农民只能跻身于工资低廉、工作条件差和就业不稳定的次级劳动力市场，使"城市病"与城市化相伴；更严重的问题是，由于缺乏成功地使用现代投入品和成功地驾驭现代生产方式的技艺与能力，农业部门的技术进步和制度变迁进程缓慢，农业劳动力转移造成的生产能力损失不能通过技术效率和制度效率的改进而弥补，粮食安全压力必然凸显。这时，二元经济结构的转化，就会由于陷入"李嘉图陷阱"而停滞。

本章认为，刘易斯—费景汉—拉尼斯模型仅仅给出了二元经济结构转化的必要条件。中国的二元经济结构要实现成功转变，还依赖于其他一些要件的存在。这些要件的功能是：促进农业剩余劳动力与现代部门就业机会的有效衔接；同时，有利于资本、技术对传统农业要素的替代，加速农业部门的现代化转变和生产能力增长。本章试图将农村居民家庭生育率下降和人力资本提升作为工业化中期阶段二元结构转化的充分条件，以期对刘易斯—费景汉—拉尼斯模型做出某种补充，并指出这种补充与刘易斯—费景汉—拉尼斯模型所不同的政策含义。

二　农业人力资本、生育率与二元经济结构转变

（一）二元经济结构转变的界定

在技术角度，可用生产函数来刻画传统部门与现代部门的发展差距。传统农业是主要依赖劳动和土地这类初始资源获取产出的经济类型，[①]其

---

① 刘易斯认为，传统农业是"不使用再生产性资本"的经济部门。参见［美］阿瑟·刘易斯《二元经济论》，北京：北京经济学院出版社 1989 年版，第 8 页。

生产函数可记为：$Q_T = f(L, N)$。其中，L 为劳动，N 代表土地。在宏观上和短期，土地为不变量，因此，传统农业生产函数又可简化为：$Q_T = f(L)$。由于传统农业中技术长期不变，生产函数的典型形式为静态函数。现代部门是以资本和高素质劳动力等现代投入为主要特征的经济形式，并且，随着时间的推移，技术水平在不断提高，其生产函数的一般形式是：$Q_M = f(K, hL, t)$。K 代表物质资本，h 表示劳动力的人均人力资本水平，t 用来刻画随时间而发生的技术进步。在静态条件下，现代部门的生产函数可记为：$Q_M = f(K, hL)$。

在上述意义上，二元经济结构的转化可定义为，实现传统部门生产函数与现代部门生产函数的趋同。[1] 这一趋同意味着：（1）工业化、城市化以及农业的小部门化。以劳动为基本投入的传统部门资源配置格局的改变，依赖于农业劳动力大规模的非农转移。只有非农产业的持续扩张，转移劳动力才会被不断吸纳，传统农业的生产函数才可能改变。（2）现代要素大规模进入或生成于农业部门并对传统要素形成替代。在边际生产力低下的过剩劳动力消除后，农业生产的有利性提高，物质资本和使用新型投入品的技艺和能力替代劳动成为农业生产的基本要素，传统部门发生现代化转变。（3）传统部门与现代部门人均产出的趋同。收入决定于创造收入的源泉。在生产函数趋同的条件下，部门间的人均收入亦将渐近于均衡。

（二）农业部门人力资本提高的结构转化效应

在发展经济学和增长经济学的一些文献中，农业劳动力转移被认为是城乡收入差距的函数。[2] 像资本从低报酬率的地方流向高报酬率的地方一

---

[1]　费景汉和拉尼斯指出："把发展视为在两大时代，即农业时代和现代增长时代之间的转型，不仅有助于思考发展问题，而且抓住了发展问题的本质。" 参见［美］费景汉、古斯塔夫·拉尼斯著《增长与发展：演进观点》，北京：商务印书馆 2004 年版，第 5 页。发展即生产函数转变的观点，参见张培刚《农业与工业化》（上卷）（武汉：华中工学院出版社 1984 年版）中工业化的定义。

[2]　托达罗（1971）给出的人口迁移函数是：$S = f_s(d)$，d 为预期的城乡工资差距。巴罗和萨拉伊马丁的城乡人口迁移模型为：$\dot{u}/u = b(w_I - w_A)/w_A$。其中，$\dot{u}/u$ 表示人口迁移率，w_I 和 w_A 分别表示城市和乡村的工资率。参见［美］罗伯特 J. 巴罗、哈维尔·萨拉伊马丁《经济增长》，北京：中国社会科学出版社 2000 年版，第 312 页。

样，劳动力也趋向于从低工资率和其他不利特征的乡村流向高工资率的城市。巴罗和萨拉伊马丁（Barro, R. J. & Sala-I-Martin, X. 1991）等人使用来自美国各州、日本各地区和5个欧洲国家的数据，估计了一国内部迁移对人均收入差异的敏感性，得出净迁移速度对初始人均收入的对数回归系数平均每年为0.012。[①] 在托达罗（Todalo, M. P. 1985）看来，农村对城市的劳动力供给，同时是城市就业机会的函数：$S = f_s(w\pi - r)$。式中的 w 为城市实际工资，r 是平均农村工资，π 表示在城市获得工作的概率。在其他条件既定时，就业概率显然与劳动力转移率正相关。如果农村劳动力存在着由于人力资本水平差异而产生的质量阶梯，那么，哪一类劳动力更易于转移到城市？城市现代产业对从业人员的文化、技术水平有着较高的要求，受教育越多的人，获得就业机会的概率越高，向城市转移的可能性越大。米凯·吉瑟（1965）发现，乡村地区的教育水平提高10%，会多诱使6%—7%的农民迁出农业。[②] 博尔哈斯、布罗纳尔斯和特雷霍（Borjas, G. J., Bronars, S. G. & Trejo, S. J. 1992）对1986年美国男性青年所作的计量分析表明，移民的学校教育年限要比他们母州当地人的平均受教育年限高出2%。进入工业化中期以后，城市部门的产业层次普遍提升，城市创造的就业岗位的技术含量进一步增加，农业转移劳动力的文化技术素质没有适应性变化，工业化、城市化就会由于技术性障碍而停滞。

持续的资本深化是现代经济增长的一个程式化事实。根据内生增长理论的有关研究，物质资本投入的增加，并不是单独的增长要素，它必须与人力资本水平的提升作为互补条件同时存在。当一项承载新技术的物质资本的操作需要新技能时，其实施速度取决于对所需技能的投资速度。尼尔森和菲尔普斯（Nelson, R. & Phelps, E. 1966）的研究表明，新技术扩散的范围和速度与一个经济体的人力资本存量相关。在其他条件既定时，人力资本存量越大，技术扩散的范围越广、速度越快。劳动力技能与引进的高技术性能的物质资本间的不匹配，被认为是阻碍后发展经济技术进步速

[①] ［美］罗伯特 J. 巴罗、哈维尔·萨拉伊马丁：《经济增长》，何晖、刘明举译，北京：中国社会科学出版社2000年版，第267页。

[②] ［美］西奥多·W. 舒尔茨：《经济增长与农业》，北京：北京经济学院出版社1992年版，第123页。

度和追赶能力的重要原因。所以，人力资本存量的高低是生产中引入更先进、更复杂生产技术的先决条件。物质资本投入中同时存在着人力资本投资增长的促发机制。一项隐含新技术的物质资本的出现使与该技术相联系的专门知识或技能的报酬率提高，这会刺激劳动者对新知识和新技术的学习。① 尽管传统部门现代化进程中各新要素的引入需要同时考虑，但人力资本被认为是比物质资本更重要的增长源和发展动力。在巴罗和萨拉伊马丁看来，物质资本与人力资本间的两类不平衡，对经济增长率会产生不同影响：如果人力资本相对丰裕，对于一个广义产出概念而言的增长率仍会随着物质资本与人力资本之间的不平衡变大而增加；相反，增长率则会随着二者不平衡的增大而下降。②

人力资本引入农业生产函数，农业人均产出会通过以下三种途径而提高：（1）农业部门的劳动力份额同该部门的劳动生产率负相关。农业人力资本水平的提高在增强农业劳动力转移能力的同时，改善了滞留在农业部门的劳动力的土地装备率，从而使单位劳动的产出水平提高。（2）劳动力转移与农业部门的资本替代往往是同时发生的，农业部门的资本深化是这两种进程的结果；在索洛经济增长模型中，人均资本装备率的变化将改变人均稳态产出水平。人力资本作为这两种进程的加速因子，必然对人均产出水平产生积极影响。（3）在以技术进步为主要动力的现代经济中，技术创新资源的丰裕程度成为决定增长的关键。在卢卡斯（Lucas, R. E. 1988）看来，技术进步是由人力资本推动的。与其他要素不同，人力资本投资中存在着规模经济，已有投资越多，新投资的回报率越高。这种递增的收益源于人力资本投资的外部性：构成人力资本核心内容的技术与知识是一种公共品，在其使用中存在着非排他性；而且，知识存量能够直接参与新知识的创造。人力资本形成的这种扩散性和累积性，使得以其为动力的经济增长呈现为一种自我强化的持续过程。简言之，由于人力资本的引入，农业生产函数中产出对于投入的弹性变大，人均产出由此提高。

---

① 内生增长理论的"干中学"模型，就是对这一机制的形式化描述。

② ［美］罗伯特·J. 巴罗、哈维尔·萨拉伊马丁：《经济增长》，北京：中国社会科学出版社 2000 年版，第 157—158 页

（三） 农村家庭生育决策改变对二元经济结构转变的影响

在说明人力资本积累机制时，生育率是需引入的新的解释变量。根据贝克尔等人 （Barro, R. J., Becker, G. S. & Tomes, N. 1986; Becker, G. S. & Barro, R. 1988） 的分析，子女的数量和质量均为家庭效用的来源。在效用最大化的追求中，父母究竟偏好于子女的数量方面还是质量（人力资本）方面，取决于家庭预算约束既定条件下单位资源在这两个方面分别投资所产生的边际收益率的比较。在人力资本收益率提高的背景下，生育率下降会加速人力资本的积累。贝克尔和巴罗曾提出一个具有利他 （子女） 性质的代际效用函数：$U_t = u(c_t) + \alpha(n_t) U_{t+1}$。[①] 式中的 U_t 和 U_{t+1} 是父母和每个孩子的效用，c_t 为父母的消费，n_t 为孩子的数量，$u > 0$，$\alpha < 0$；$\alpha(n)$ 表示父母对每个孩子的利他程度，其与孩子的数量成反比；父母未来消费的贴现率等于 $\alpha(n)$ 的倒数，即 $[\alpha(n)]^{-1}$。依据这一分析工具，高生育率会提高未来消费的贴现率，降低父母对每一个孩子的利他程度，因而不利于对子女的人力资本投资；生育率的下降则会引致对子女人力资本投资的相反变化。即 "在增长理论中引入生育决策能够使我们更清楚地思考那些对收入增长至关重要的人力资本增长"。[②]

对于二元经济结构转化，生育率不仅通过与人力资本的关联而存在着间接影响，而且具有直接效应。第一，生育率的下降减少了一定时期内向农村剩余劳动力蓄水池的注入量，减轻了农业人口非农转移的压力。费景汉和拉尼斯认为，在劳动力过剩的二元经济中，当人口增长率大于农业劳动力转移率时，经济发展是失败的；在二者相等时，经济发展处于停滞状态；只有当后者大于前者时，经济发展才是成功的。[③] 从这一意义上说，生育率下降与农业人口转移率的提高对二元结构转化具有相同的意义。第二，在索洛模型中，人口增长率的下降有着和储蓄率增加相类似的效

---

① Becker, G. S. and Barro, R. J. 1988: A Reformulation of the Economic Theory of Fertility, *Quarterly Journal of Economics*, 103.

② ［美］小罗伯特·E. 卢卡斯：《经济发展讲座》，南京：江苏人民出版社 2003 年版，第 175 页。

③ ［美］费景汉、古斯塔夫·拉尼斯：《增长与发展：演进观点》，北京：商务印书馆 2004 年版，第 287 页。

应——导致资本深化。在人均产出和其他条件既定时，人口增长率降低，有效折旧率曲线会由于斜率变小而外旋。这时，人均稳态储蓄水平将提高，人均资本装备水平增加。

三 基于 1978 年以来中国经验数据的初步检验

依据前述定义，二元经济结构转化的测度指标可设置为：（1）城镇化水平（Urb），反映农业剩余劳动力转移的程度和国民经济中现代经济的比重。（2）农业机械动力（Pow）。（3）农用化肥施用量（Fer）。Pow·Fer 两项指标可近似地反映农业部门现代要素的投入情况和农业技术进步程度。（4）农业人均 GDP（Gdp），它是测度传统部门发展程度的一个综合性指标。

人力资本是通过在正规教育、在职培训、迁徙和健康等方面的投资而形成的人的更高生产能力。出于简化分析和资料可得性考虑，本章仅以教育投入代表人力资本投资水平，以平均受教育年数（Edu）作为对人力资本存量的间接度量。平均受教育年限，是各类教育就学年数与各类教育人口百分比的加权平均数。本章选取的生育率指标为总和生育率（Bir）。

上述各项指标的数据均采用 1978 年以来中国的经验数据。城镇化水平、农业机械动力、农用化肥施用量和农业人均 GDP 的时序数据，来自历年《中国统计年鉴》；各年农业人口的受教育年数和总和生育率，根据人口普查资料和历年《中国人口统计年鉴》计算得出。

为消除数据中存在的异方差，分别对城镇化水平、农业机械动力、农用化肥施用量和农业人均 GDP 取自然对数，即 $LnUrb$、$LnPow$、$LnFer$、$LnGdp$，其相应的差分序列为 $\Delta LnUrb_t$、$\Delta LnPow_t$、$\Delta LnFer_t$、$\Delta LnGdp_t$。相关数据见表 28—1。

表 28—1 $LnGdp$、$LnUrb$、$LnPow$、$LnFer$、$LnEdu$、Edu、Bir **数据表**

年份	lnGdp	Urb	lnPow	lnFer	Bir	Edu
1978	8.187661	17.92	7.069015	6.784457	2.97	—

续表

年份	lnGdp	Urb	lnPow	lnFer	Bir	Edu
1979	8.235774	18.96	7.03694	6.990533	0.31	—
1980	8.204639	19.39	7.296122	7.1463	2.68	—
1981	8.249857	20.16	7.357556	7.196612	3.04	—
1982	8.323271	21.13	7.415416	7.322114	3.32	4.73
1983	8.393157	21.62	7.496763	7.414452	2.78	4.90
1984	8.524087	23.01	7.575431	7.461525	2.70	5.07
1985	8.533818	23.71	7.645517	7.482006	2.48	5.60
1986	8.562134	24.52	7.738488	7.565586	2.77	5.73
1987	8.595398	25.32	7.817464	7.600752	2.94	5.81
1988	8.601738	25.81	7.885141	7.669262	2.54	5.92
1989	8.602220	26.21	7.939765	7.765187	2.45	6.03
1990	8.515335	26.41	7.962336	7.859529	2.27	6.20
1991	8.533942	26.37	7.985777	7.939194	2.03	6.55
1992	8.590254	27.63	8.016595	7.982826	1.81	6.63
1993	8.662835	28.14	8.065158	8.055761	1.70	6.76
1994	8.730551	28.62	8.125705	8.107087	1.47	6.86
1995	8.809649	29.04	8.191973	8.186938	1.58	6.99
1996	8.879500	29.37	8.257046	8.250072	1.38	7.25
1997	8.913343	29.92	8.343211	8.289213	1.35	7.37
1998	8.938130	30.40	8.416438	8.314759	1.39	7.45
1999	8.949207	30.90	8.496911	8.324652	1.37	7.54
2000	8.766226	36.22	8.567384	8.329996	1.29	7.67
2001	8.980107	37.66	8.615628	8.355568	1.38	7.74
2002	8.999103	39.09	8.664404	8.375491	1.40	7.80
2003	9.032531	40.53	8.705936	8.391993	1.65	7.82

资料来源：根据历年《中国统计年鉴》（中国统计出版社）和历年《中国人口统计年鉴》（中国统计出版社）中的相关数据计算得出。

将 1978 年以来中国的城镇化水平，农业机械动力，农用化肥施用量以及农业人均 GDP 作为被解释变量，同期农村人口的平均受教育年数和总和生育率作为解释变量，二者间相关性的统计检验结果见表 28—2。

表 28—2　人均农业产出、城市化率、农业机械动力、化肥施用量与农业人力资本、生育率的相关性

人均农业产出（$lnGdp$）						
变量	系数	T 检验值	P 值	R^2	$\overline{R}^2$	F 检验值
Bir	- 0. 203391	- 3. 510047	0.0018	0. 339215	0. 311682	12. 32043
Edu	0. 196528	11. 04837	0. 0000	0. 859221	0. 852182	122. 0665

城市化水平（$lnUrb$）						
变量	系数	T 检验值	P 值	R^2	$\overline{R}^2$	F 检验值
Bir	- 4. 586443	- 3. 326446	0.0028	0. 315562	0. 287043	11. 06524
Edu	4. 965529	9. 324109	0. 0000	0. 812978	0. 803626	86. 93901

农业机械动力（$lnPow$）						
变量	系数	T 检验值	P 值	R^2	$\overline{R}^2$	F 检验值
Bir	- 0. 360230	- 3. 234981	0.0035	0. 303643	0. 274629	10. 46510
Edu	0. 387706	23. 87042	0. 0000	0. 966090	0. 964395	569. 7969

化肥施用量（$lnFer$）						
变量	系数	T 检验值	P 值	R^2	$\overline{R}^2$	F 检验值
Bir	- 0. 142727	- 3. 162199	0.0051	0. 986493	0. 985072	693. 8632
Edu	0. 279041	9. 466540	0. 0000			

四　结论

从劳动力同质性假设出发，刘易斯—费景汉—拉尼斯模型将工业化、城市化以及农业剩余劳动力的非农转移，作为二元经济结构转化的目标与路径。对于中国这样的发展中大国，刘易斯—费景汉—拉尼斯模型仅仅给出了二元结构转化的必要条件，仅此，并不足以保证非均衡经济结构转变的最终完成。

当经济发展进入工业化中期阶段以后，二元经济结构转化的主要问题成为：第一，如何使农业转移劳动力与技术层次不断提升的城市现代产业创造的就业机会有效对接；第二，如何在农业劳动力大规模转移的条件下，实现农业生产能力不降低甚至提高，以保障农业剩余的不断增长和国家的粮食安全。先行工业化国家的发展经验表明，工业化中期阶段的到来，意味着工业化和城市化进入加速发展时期。这时，二元结构转化的关键不是工业化本身，而是如何保证工业化和城市化的成功推进。本章认为，农业劳动力人力资本水平的提高以及有利于这一条件生成的农村家庭生育率的下降，是工业化中期阶段到来后二元经济结构转化的充分条件。本章给出的条件与刘易斯—费景汉—拉尼斯模型的结合，构成二元经济结构成功转型的充分必要条件。进入工业化中期阶段后，农业发展政策的重点，应是加大对农村地区的教育投入，以满足农民家庭生育率下降而产生的对其子女人力资本投资的巨大需求。

参考文献

［美］罗伯特·J. 巴罗、哈维尔. 萨拉伊马丁：《经济增长》，北京：中国社会科学出版社 2000 年版。

［美］费景汉、古斯塔夫·拉尼斯：《增长与发展：演进观点》，北京：商务印书馆 2004 年版。

［美］小罗伯特·E. 卢卡斯：《经济发展讲座》，南京：江苏人民出版社 2003 年版。

［美］西奥多·W. 舒尔茨：《经济增长与农业》，北京：北京经济学院出版社 1992 年版。

Barro, R. J., Becker, G. S. and Tomes, N. 1986: Human Capital and the Rise and Fall of Families, *Journal of Labor Economics* 4, no. 3, Part 2 （July）.

Becker, G. S. and Barro, R. J. 1988: A Reformulation of the Economic Theory of Fertility, *Quarterly Journal of Economics*, 103.

Becker, G. S., Muphy, K. M. and Tamura, M. M. 1990: Human Capital, Fertility and Economic Growth, *Journal of Political Economy*, 98 No. 5, Part 2 （October）.

Borjas, G. J., Bronars, S. G. and Trejo, S. J. 1992: Self-Selection and Internal Migration in theUnited States, *Journal of Urban Economics*, 32, 2 （September）.

Lucas R. E. 1988: On The Mechanics of Economic Development, *Journal of Monetary Economics*, 1988, 22: 3 - 42.

Nelson R. and Phelps, E. 1966: Investment in Humans, Technological Diffusion, and Economic Growth, *American Economic Review*, vol, 61.